MEYERS
GROSSES
TASCHEN
LEXIKON

Band 15

MEYERS GROSSES TASCHEN LEXIKON

in 24 Bänden

Herausgegeben und bearbeitet
von Meyers Lexikonredaktion
3., aktualisierte Auflage

Band 15:
Monk – Nov

B.I.-Taschenbuchverlag
Mannheim/Wien/Zürich

Chefredaktion:
Werner Digel und Gerhard Kwiatkowski
Redaktionelle Leitung der 3. Auflage:
Dr. Gerd Grill M.A.
Redaktion:
Eberhard Anger M.A., Dipl.-Geogr. Ellen Astor,
Dipl.-Math. Hermann Engesser, Reinhard Fresow, Ines Groh,
Bernd Hartmann, Jutta Hassemer-Jersch, Waltrud Heinemann,
Heinrich Kordecki M.A., Ellen Kromphardt, Wolf Kugler,
Klaus M. Lange, Dipl.-Biol. Franziska Liebisch, Mathias Münter,
Dr. Rudolf Ohlig, Heike Pfersdorff M.A., Ingo Platz,
Joachim Pöhls, Dr. Erika Retzlaff,
Hans-Peter-Scherer, Ulrike Schollmeier, Elmar Schreck,
Kurt Dieter Solf, Klaus Thome, Jutta Wedemeyer, Dr. Hans Wißmann,
Dr. Hans-Werner Wittenberg

CIP-Titelaufnahme der Deutschen Bibliothek
Meyers Großes Taschenlexikon: in 24 Bänden/hrsg. u. bearb.
von Meyers Lexikonred. [Chefred.: Werner Digel
u. Gerhard Kwiatkowski].
Mannheim; Wien; Zürich: BI-Taschenbuch-Verl.
Früher im Bibliograph. Inst., Mannheim, Wien, Zürich.
ISBN 3-411-11003-1 kart. in Kassette
ISBN 3-411-02900-5 (2., neu bearb. Aufl.)
ISBN 3-411-02100-4 (Aktualisierte Neuausg.)
ISBN 3-411-01920-4 (Ausg. 1981)
NE: Digel, Werner [Red.]
Bd. 15. Monk – Nov. – 3., aktualisierte Aufl. – 1990
ISBN 3-411-11153-4

Als Warenzeichen geschützte Namen
sind durch das Zeichen Ⓦz kenntlich gemacht
Etwaiges Fehlen dieses Zeichens bietet keine Gewähr dafür,
daß es sich um einen nicht geschützten Namen handelt,
der von jedermann benutzt werden darf

Das Wort MEYER ist für
Bücher aller Art für den Verlag
Bibliographisches Institut & F.A. Brockhaus AG
als Warenzeichen geschützt

Lizenzausgabe mit Genehmigung
von Meyers Lexikonverlag, Mannheim

Alle Rechte vorbehalten
Nachdruck, auch auszugsweise, verboten
© Bibliographisches Institut & F.A. Brockhaus AG, Mannheim 1990
Druck: Klambt-Druck GmbH, Speyer
Einband: Wilhelm Röck GmbH, Weinsberg
Printed in Germany
Gesamtwerk: ISBN 3-411-11003-1
Band 15: ISBN 3-411-11153-4

Monk

Monk, Egon, * Berlin 18. Mai 1927, dt. Regisseur. - Ab 1949 Regieassistent B. Brechts; danach selbständiger Regisseur u. a. in Rostock und Berlin (Ost). Ging 1953 in die BR Deutschland; 1960–67 Leiter der Hauptabteilung Fernsehspiele im NDR; 1968 kurzzeitig Intendant des Dt. Schauspielhauses Hamburg; seither wieder am NDR als Regisseur tätig.

M., Thelonius [engl. mʌŋk], * Rocky Mount (N.C.) 10. Okt. 1920, † Englewood (N.J.) 17. Febr. 1982, amerikan. Jazzmusiker (Pianist und Komponist). - Zus. mit C. Parker und D. Gillespie einer der Wegbereiter des Bebop; seine bekanntesten Kompositionen waren u. a. „Round about midnight" (1945), „Well you needn't" (1947), „Rhythm-a-ning" (1951), die innerhalb weniger Jahre zu Standardtiteln wurden. M. gilt heute als wegweisend für den Jazz der 1960er Jahre.

Monkees, The [engl. ðə ˈmʌŋkiːz], amerikan. Rockmusikgruppe 1965–69; entstand aus für eine Fernsehserie in den USA zusammengesuchten Musikern, die mit Hilfe von für die musikal. Aufnahmen hinzugezogenen Studiomusikern und der von führenden Komponisten und Textern der Popmusik für sie geschriebenen Songs zahlr. Hits hatten und zw. 1966 und 1968 zu den Idolen der amerikan. Teenager wurden.

Mon-Khmer-Sprachen, zu den austroasiatischen Sprachen gehörende Sprachgruppe in Hinterindien, gliedert sich in zwei Gruppen: 1. Khmer-Gruppe: Khmer (Kambodschanisch), Angrak, Pnar, Khmer Dong, Samreh, Budeh sowie Bahnar und Stieng (S-Vietnam); 2. Mon (Talaing, Peguanisch) in SO-Birma und W-Thailand. Gemeinsames charakterist. Merkmal der Nominal- und Verbbildung ist ein differenziertes Prä- und Infigierungssystem einsilbiger und tonloser Grundwörter; syntakt. Beziehungen werden durch Wortstellung (Subjekt–Verb–Objekt) bestimmt.

Mon-Khmer-Völker, Sammelbez. für eine Reihe sprachl. zusammengehörender, kulturell und anthropolog. aber verschiedener Völker in Hinterindien.

Monmouth [engl. ˈmʌnməθ], Geoffrey of, ↑ Geoffrey of Monmouth.

M., James Scott, Hzg. von (seit 1663), * Rotterdam 9. April 1649, † London 15. Juli 1685, engl. General. - Illegitimer Sohn Karls II.; 1670 Mgl. des Kronrats, 1678 General der gesamten Truppen in England. Nach seiner Beteiligung an einer Verschwörung (Rye House Plot) im Exil; versuchte 1685 den engl. Thron zu erobern, wurde von den königl. Truppen besiegt und hingerichtet.

Monn (Mann), Mathias Georg, * Wien 9. April 1717, † ebd. 3. Okt. 1750, östr. Komponist. - Mit Sinfonien (Einführung eines zweiten Themas, Ausbildung der Durchführung), Konzerten, Kammer-, Klavier-, Orgelmusik, Messen und Motetten einer der wichtigsten Vertreter der Wiener Vorklassik und Wegbereiter des Wiener klass. Stils.

Monnet, Jean [frz. mɔˈnɛ], * Cognac 9. Nov. 1888, † Montfort-l'Amaury (bei Paris) 16. März 1979, frz. Wirtschaftspolitiker. - 1919–23 stellv. Generalsekretär des Völkerbundes, 1943 Mitbegr. des frz. Befreiungskomitees in Algerien; 1946–50 als Leiter des Amtes für wirtsch. Planung maßgebl. an der Ausarbeitung eines großen Modernisierungsprogramms für die Wirtschaft Frankr. und der frz. überseeischen Gebiete und am Entwurf des Schumanplanes beteiligt; 1952–55 Vors. der Hohen Behörde der Montanunion; gründete 1955 das bis 1975 bestehende „Aktionskomitee für die Vereinigten Staaten von Europa" (dessen Vors.).

Mönnich, Horst, * Senftenberg 8. Nov. 1918, dt. Schriftsteller. - Mgl. der „Gruppe 47"; wurde bekannt durch den Industrieroman „Die Autostadt" (1951). Schrieb auch Gedichte, Novellen, Hörspiele, Reisebücher und Berichte, u. a. „Einreisegenehmigung" (1967), „Labyrinthe der Macht: Stinnes, Thyssen, Flick" (1975), „Jugenddorf" (1984).

Monnier [frz. mɔˈnje], Henri, * Paris 6. Juni 1799, † ebd. 3. Jan. 1877, frz. Schriftsteller. - Autor von humorist. Dialogen, Vaudevilles und Romanen; Schöpfer der Kunstfigur Joseph Prudhomme, des mit scharfer Beobachtungsgabe realist. gezeichneten Typs des beschränkten, großtuer. Spießbürgers seiner Zeit.

M., Thyde, eigtl. Mathilde M., * Marseille 23. Juni 1887, † Nizza 18. Jan. 1967, frz. Schriftstellerin. - Gegenstand ihrer oft naturalist.-harten Romane sind Landschaft und Menschen der Provence, das Leben von Hirten, Fischern, Arbeitern und Handwerkern. Als Hauptwerk gilt der R.zyklus „Les Desmichels", der z. T. auch ins Dt. übersetzt wurde:

Mono

Bd. 1 und 2 u. d. T. „Liebe, Brot der Armen" (1937), Bd. 3 u. d. T. „Nans der Hirt" (1942), Bd. 4 u. d. T. „Unser Fräulein Lehrerin" (1944), Bd. 5 „Die Familie Revest" (1945), Bd. 6 „Der unfruchtbare Feigenbaum" (1947). - *Weitere Werke:* Die kurze Straße (R., 1937), Fünf Finger einer Hand (R., 1959), Der jungfräul. Ölbaum (R.trilogie, 1952–1954).

Mono [griech.], Kurzform für Monophonie (↑Stereophonie).

mono- [griech.], Bez. der chem. Nomenklatur für ein, einzeln, einfach.

mono..., Mono..., mon..., Mon... [zu griech. mónos „allein"], Bestimmungswort von Zusammensetzungen mit der Bed. „ein, allein, einzeln".

Monoaminooxidase, Abk. MAO, u. a. in den Mitochondrien der Gehirnzellen lokalisiertes Enzym, das die Konzentration biogener Monoamine (z. B. Adrenalin, Noradrenalin, Dopamin) reguliert, die als Neurotransmitter für die Funktion des Nervensystems wichtig sind. Die Derivate einiger M.hemmstoffe (sog. MAO-Hemmer, z. B. Cyanide, Hydroxylamin) werden daher als Psychopharmaka verwendet.

Monobiblos [griech. „Einzelbuch"], eine antike, aus einer einzigen Buchrolle bestehende Schrift.

Monocarbonsäuren, organ. Verbindungen mit nur einer Carboxylgruppe (−COOH), z. B. die Fettsäuren. Die einfachste aromat. M. ist die Benzoesäure.

Monoceros [griech.] ↑Sternbilder (Übersicht).

Monochasium [mono'ça:ziʊm; griech.] ↑sympodiale Verzweigung.

Monochlormethan, svw. ↑Methylchlorid.

Monochord [...'kɔrd; griech.-lat.], antikma. Instrument, das die Zusammenhänge zw. Tonhöhe und Saitenlänge deutlich macht. Es besteht in der Regel aus einem längl. Resonanzkasten, über den eine Saite gespannt ist, die durch einen verschiebbaren Steg in zwei Abschnitte geteilt wird. Das Verhältnis der Saitenlängen von 1 : 2 ergibt die Oktave, das von 2 : 3 die Quinte usw.; diente seit dem 10. Jh. theoret. wie prakt.-pädagog. Zwecken.

monochrom [...'krom; griech.], einfarbig (Kunstwiss., Photographie); in der Malerei wird bei Arbeiten in einer Farbe unter Abstufung der Tonwerte neben m. auch die Bez. ↑Camaieu gebraucht, bei ausschließl. Verwendung von Grautönen ist die Bez. ↑Grisaille üblich.

Monochromasie [...kro...; griech.], Eigenschaft einer Strahlung, nur einen sehr engen Wellenlängenbereich zu enthalten (↑monochromatisch).

◆ ↑Farbenfehlsichtigkeit.

Monochromat [griech.], Mikroskopobjektiv, das nur für eine bestimmte Wellenlänge oder einen kleinen Spektralbereich korrigiert ist und nur bei einer Beleuchtung mit Licht dieser Wellenlänge benutzt werden kann.

monochromatisch, einfarbig; Licht oder eine andere Wellenstrahlung einer bestimmten Wellenlänge (genauer: eines sehr engen Wellenlängenbereichs) enthaltend; in bezug auf eine Teilchenstrahlung: Teilchen einheitl. Energie enthaltend; m. Licht kann z. B. mit Hilfe von ↑Lasern erzeugt werden.

Monochromator [griech.], Vorrichtung zur Erzeugung eines sehr engen opt. Wellenlängenbereichs, d. h. von Licht einer bestimmten Spektralfarbe.

Monochromie [griech.], Einfarbigkeit. - ↑auch monochrom.

Monod, Jacques [frz. mɔ'no], * Paris 9. Febr. 1910, †Cannes 31. Mai 1976, frz. Biochemiker. - Direktor am Institut Pasteur, seit 1967 Prof. für Molekularbiologie am Collège de France. M. erhielt 1965 zus. mit A. Lwoff und F. Jacob den Nobelpreis für Physiologie oder Medizin für die Entdeckung der genet. Steuerung der Enzym- und Virussynthese. In seinem Werk „Zufall und Notwendigkeit" (1970) befaßt sich M. mit philosoph. Fragen der modernen Biologie.

Monodelphia [griech.], svw. ↑Plazentatiere.

Monodie [griech.-lat.], in der altgriech. Lyrik Bez. für das zur Instrumentalbegleitung vorgetragene Sololied. In der att. Tragödie Bez. für eine lyr. oder mel., vom Schauspieler zum Instrument (Aulos, Lyra, Kithara) gesungene Partie von größerem Umfang und gewisser Eigenständigkeit, meist mit klagendem Charakter.

Im Anschluß an die griech. Antike von der Florentiner Camerata gebrauchte Bez. für den neuentwickelten, instrumental begleiteten Sologesang, bei dem die Musik ganz dem Sinn- und Affektgehalt des Textes untergeordnet wurde. Die Hauptmeister der gegen den motett.-polyphonen Stil gerichteten M. waren G. Caccini und C. Monteverdi.

Monogamie [griech.], Fortpflanzungssystem, bei dem sich stets dieselben beiden Geschlechtspartner paaren, d. h. monogam sind. Bes. verbreitet ist die M. bei Vögeln, sehr selten dagegen bei Säugetieren. Sie kommt unter höheren nichtmenschl. Primaten fast nur bei Gibbons vor.

◆ svw. Einehe, ↑Ehe (Völkerkunde).

Monogenea [griech.], Ordnung etwa 0,1–3 cm lange Saugwürmer mit über 1 300 Arten; fast ausschließl. an Fischen und Lurchen (v. a. an Kiemen und der Haut) parasitierende Blutsauger mit Haftorganen; bekannt ist das ↑Doppeltier.

Monogenismus [griech.], Bez. für die lehramtl. nicht qualifizierte kath. Lehrmeinung, nach der alle Menschen von Adam und Eva, d. h. von einem von Gott bestimmten Urelternpaar abstammen; entscheidend

Monophthongierung

hierfür ist die kirchl. Lehre von der Erbsünde als einem Sündenzustand, der auf der Tat eines einzigen Menschen beruht.

Monogonie [griech.], svw. ungeschlechtl. ↑Fortpflanzung.

Monogramm [griech.], Namenszeichen (Initialen), insbes. eines Künstlers zur Kennzeichnung seiner Arbeiten, kann auch eine Herkunftsangabe (Geburtsort) mit einschließen; v. a. im 15. und 16. Jh.; abgelöst von der Signatur.

Monographie [griech.; „Einzelbeschreibung"], wiss. Darstellung eines bestimmten Problems, eines einzelnen literar. Werkes oder einer einzelnen Persönlichkeit mit dem Ziel einer möglichst gründl. und umfassenden abschließenden Analyse und Beurteilung.

Monokel [frz., zu lat. monoculus „einäugig"] (Einglas), Korrekturlinse für ein Auge, die durch die Muskulatur der Augenlider gehalten wird; auch Bez. für einen monokularen Feldstecher.

Monoklinie [griech.], Gemischtgeschlechtigkeit bei Blüten, die gleichzeitig Staub- und Fruchtblätter tragen, d. h. zwittrig sind. - ↑dagegen Diklinie.

monoklonale Antikörper ↑Antikörper.

Monokotyledonen, svw. ↑Einkeimblättrige.

Monokratie [griech.], Alleinherrschaft, Herrschaft eines einzelnen.

monokratisches System, svw. ↑Ministerialsystem.

Monokultur, Form landw. Bodennutzung; jährl. wiederkehrender Reinanbau derselben einjährigen Nutzpflanzenart auf der gleichen Fläche (z. B. Reis, Mais, Tabak) oder langjähriger Reinanbau von Dauerkulturen (z. B. Wein, Obst, Kaffee, Fichten). Bei einer M. liegt der Schwerpunkt auf der Erzeugung großer Mengen und auf der arbeitssparenden Bodenbearbeitung mit Maschinen. Nachteile sind die leichte und schnelle Ausbreitung von Pflanzenkrankheiten und Schädlingen. Außerdem wird durch die einseitige Bodenbeanspruchung der natürl. Mineralgehalt des Bodens in kurzer Zeit verbraucht, weshalb eine intensive Kunstdüngung durchgeführt werden muß.

Monolaterale [griech./lat.], svw. ↑Unilaterale.

Monolith [griech.], aus einem einzigen Steinblock gefertigtes Architekturglied, z. B. Säule, Obelisk, Kuppelschale oder Menhir, auch Kolossalstatuen.

monolithisch, aus einem Stück hergestellt (bei Bauwerken oder Bauteilen). Ganze Tempel wurden v. a. in Indien aus Fels herausgeschlagen.

Monolog [zu griech. monológos „mit sich selbst redend"], literar.-theatral. Gestaltungsmittel, das im Unterschied zum Dialog und der an den Partner gerichteten Rede v. a. der Selbstauseinandersetzung dient. Als künstler. Mittel des Selbstgesprächs bes. im ↑Drama; in der ep. Literatur v. a. als ↑innerer Monolog.

Monom [griech.], eingliedriger mathemat. Ausdruck (im Ggs. zum Binom bzw. Polynom).

Monomach, Wladimir [russ. mɪna'max] ↑Wladimir II. Monomach.

monoman [griech.], von einer einzigen Idee oder Zwangsneigung besessen; **Monomane,** an Monomanie Leidende(r).

Monomanie (Partialwahn, Einzelwahn), Bez. für die in eine bestimmte Richtung gelenkte oder gesteigerte und isolierte Manie (z. B. Kleptomanie, Nymphomanie). Das Vorherrschen einer Idee (unter Ausschaltung des normalen relativierenden Denkablaufs) und Festhalten an dieser fixen Idee bzw. das Beherrschtsein von einer bestimmten Verhaltenstendenz sowie die Einengung des Bewußtseins in der Hypnose werden häufig auch als **Monoideismus** bezeichnet.

Monomere [griech.], niedermolekulare Verbindungen, die sich auf Grund ihres Gehalts an Doppel- bzw. Dreifachbindungen oder reaktionsfähigen Gruppen zu hochmolekularen Verbindungen (↑Polymere) umsetzen lassen.

Monometallismus, im Ggs. zum ↑Bimetallismus auf der Grundlage nur *eines* Metalls fußendes Währungssystem.

Monomorphismus [griech.], in der Biologie Bez. für den einheitl. Bau von Organen, Geweben usw.; z. B. Aufbau pflanzl. oder tier. Gewebe aus gleichartigen Zellen. - ↑auch Dimorphismus, ↑Polymorphismus.

Monomotapa, ehem. Bantureich in Simbabwe, eigtl. das Reich des M., d. h. des „Herrn der Bergwerke". M. ist vor allem bekannt geworden durch seine heute verlassenen Goldbergwerke und die Ruinen von Simbabwe. Das Reich erlebte vom 14. bis 16. Jh. seine Blütezeit, geriet im 17. Jh. unter portugies. Einfluß und verfiel ab Ende des 17. Jahrhunderts.

Mononukleose [griech./lat.], Zunahme, Überwiegen der mononukleären (einfachkernigen) Leukozyten im Blut. Die *infektiöse M. (Pfeiffer-Drüsenfieber,* Monozytenangina, Mononucleosis infectiosa) ist eine gutartige, mit allg. Lymphknotenschwellung und Angina, auch mit Milz- oder Lebervergrößerung einhergehende Erkrankung (v. a. des Jugendalters); Erreger: Barr-Epstein-Virus. Die Erkrankung hinterläßt lebenslange Immunität.

Monoparese [griech.], svw. ↑Monoplegie.

Monophonie [griech.] ↑Stereophonie.

Monophthong [griech.], im Gegensatz zum ↑Diphthong ein einfacher Vokal.

Monophthongierung [griech.], Verwandlung eines Diphthongs (oder Triphthongs) in einen Monophthong; die neuhochdt. M., die mittelhochdt. Diphthonge *ie,*

7

Monophysitismus

uo, üe erfaßt und diese zu einfachen Langvokalen *ie* [i:], *u, ü* umwandelt, betrifft eine der wesentl. Veränderungen der mittelhochdt. hin zur neuhochdt. Sprachstruktur.

Monophysitismus [zu griech. mónos „allein" und phýsis „Natur"], theolog. Position innerhalb der christolog. Streitigkeiten des 5. Jh., nach der es in der Person Jesu Christi nur eine Natur gebe; bei der Vereinigung des göttl. Logos mit dem Menschen Jesus wurde die menschl. Natur von der göttl. absorbiert. Anliegen des M. war es, die Einheit der Person Jesu Christi zu begründen. Die sog. Räubersynode von Ephesus (449) billigte den M.; das 4. ökumen. Konzil von Chalkedon (451) verurteilte den M. als Irrlehre.

Monoplegie [griech.] (Monoparese), Lähmung nur einer Körpergliedmaße oder einer einzelnen Muskelgruppe.

monopodiale Verzweigung [griech./dt.] (razemöse Verzweigung), pflanzl. Verzweigungsart, bei der die Seitenachsen in der Entwicklung gegenüber der Hauptachse *(Monopodium)* zurückbleiben. - Ggs. ↑ sympodiale Verzweigung.

Monopodie [griech.], Maßeinheit für Versfüße, die als Metrum einzeln gewertet werden, z. B. der Daktylus. - ↑ auch Dipodie.

Monopol [zu griech. mónos „allein" und pōleīn „Handel treiben, verkaufen"], im engeren [Wort]sinn eine Marktform, bei der nur ein Verkäufer (Anbieter) auf einem bestimmten Markt auftritt; Ggs.: *Monopson* (Alleinkäufer). Oft wird unter M. weiter jede marktbeherrschende Stellung verstanden.

Geschichte: Für das Bestehen von M. in diesem weiteren Sinne finden sich Hinweise bereits bei Hammurapi. Im antiken Griechenland und im Röm. Reich gibt es nicht nur ebenfalls Belege für das Bestehen von M., sondern auch bereits Verbote, z. B. das Edikt des oström. Kaisers Zeno 483 n. Chr. Im MA bestanden M. und monopolähnl. Verhältnisse in vielen Bereichen: Gilden und Zünfte stellten ein *Kollektiv-M.* für den jeweiligen Markt dar; M.privilegien für Herstellung, Einfuhr und Verkauf zahlreicher Produkte wurden im 15. und 16. Jh. v. a. in England vergeben; der [Kolonial]handel wurde von mit M.rechten ausgestatteten ↑ Handelskompanien betrieben; ausgehend von den Regalien, entstanden z. T. heute noch bestehende *Staats-M.* v. a. auf Tabak, Zündhölzer und Salz (↑ Finanzmonopol). Mit der Durchsetzung des Konkurrenzkapitalismus (↑ Kapitalismus) wurden die M. abgebaut, doch führte der Konkurrenzkampf selbst wieder zur Bildung von Kartellen und Trusts mit monopolähnl. Stellung; in diesem Zusammenhang ist auch die marxist. Bez. ↑ Monopolkapitalismus zu sehen.

In der *Wirtschaftstheorie* (erste Untersuchungen von A. A. ↑Cournot) blieb die Wirkung von M. ebenso umstritten wie ihre Abgrenzung gegenüber anderen Marktformen. Liberale Richtungen betonen die Störung der Regulierungsmechanismen der freien Konkurrenz, wogegen eine positive Wirkung von M. auf techn. Fortschrittt und Stabilität des Wirtschaftswachstums z. T. in der Konjunktur- und Wachstumstheorie behauptet wird.

Monopolkapitalismus, in der marxist. Theorie Bez. für das durch Konzentration und Zentralisation des Kapitals aus dem Konkurrenzkapitalismus hervorgegangene Stadium des Kapitalismus, das durch das Bestehen von (internat.) Monopolen und die bestimmende ökonom. Macht der mit dem Industriekapital verbundenen Banken als Finanzkapital gekennzeichnet ist. Dabei wird „Monopol" als „großes Unternehmen" mit einer solchen ökonom. Macht verstanden, das in der Lage ist, auf Kosten des nichtmonopolist. Teils des Kapitals einen Extraprofit, den sog. Monopolprofit, zu erzwingen. In dem Sinne, daß - nach Lenin - das Monopol der ökonom. Kern des Imperialismus ist, stellt der M. die Wirtschaftsordnung des ↑Imperialismus dar. - Als bes. Ausprägung des M. Weiterentwicklung des M. wird z. T. der ↑staatsmonopolistische Kapitalismus betrachtet.

Außerhalb der marxist. Theorie begegnet der Begriff M. in unterschiedl. Bedeutungen, deren gemeinsamer Kern die Bez. einer Marktwirtschaft ist, deren spezif., durch die Konkurrenz vermittelte Regelungsmechanismen durch Monopole zumindest teilweise gefährdet bzw. außer Kraft gesetzt sind.

Monopson [griech.] ↑ Marktformen.

Monopsychismus [griech.], die von Averroes vertretene Auffassung, es gebe nur eine einzige (überindividuelle) menschl. Seele; die Unterschiede der Einzelseelen seien leiblich bedingt. Der M. schließt deshalb die christl. Lehre von der Unsterblichkeit der Einzelseele aus.

Monopteros [griech.], kleiner antiker Rundtempel ohne Cella; im Barock und Klassizismus als Gartentempel.

Monosaccharide, einfach gebaute Zucker, Grundbausteine der ↑ Kohlenhydrate. M. sind meist süß schmeckende, farblose, kristalline, leicht wasserlösl., stets opt. aktive Substanzen. Nach der Anzahl der Kohlenstoffatome unterscheidet man *Triosen, Tetrosen, Pentosen, Hexosen* und *Heptosen* sowie *Aldosen* und *Ketosen* nach Vorhandensein einer Aldehyd- bzw. Ketogruppe (eine *Aldohexose* ist z. B. die Glucose). M. liegen aber meist nicht in Form der offenkettigen Aldehyd- bzw. Ketoform vor, sondern bilden intramolekulare, fünf- oder sechsgliedrige cycl. Halbacetale (sog. Furanosen bzw. Pyranosen). Durch Zusammenschluß von zwei oder mehr M. entstehen Disaccharide und Polysaccharide.

Monosemantikon [griech.], Wort bzw. Lexem, das für einen nur einmal vorhandenen Gegenstand oder Sachverhalt steht, z. B. *Welt*.

Monroedoktrin

Monosemie [griech.], in der Sprachwiss. die Eindeutigkeit eines Wortes. Wörter, die mehrere Bedeutungen haben (↑ Polysemie), werden durch den sprachl. oder situativen Kontext **monosemiert,** z. B. „Das *Pferd* zieht einen Wagen" - „Hans turnt an einem *Pferd*".
Monosomie [griech.] ↑ Chromosomenanomalien.
monosyllabische Sprachen [griech./dt.] (einsilbige Spachen), Sprachen, die ausschließl. oder überwiegend aus einsilbigen Wörtern bestehen, z. B. Chinesisch.
Monosyllabum [griech.], einsilbiges Wort.
Monotheismus [zu griech. mónos „allein" und theós „Gott"], im Ggs. zum ↑ Polytheismus Bekenntnis und Verehrung nur eines einzigen Gottes, der als Schöpfer und Erhalter der Welt gilt. Der Glaube an ein sog. ↑ höchstes Wesen (Hochgott) und die zeitweilige oder dauernde Verehrung *eines* Gottes bei gleichzeitiger Anerkennung der Existenz mehrerer Götter (Henotheismus oder Monolatrie) gilt nicht als Monotheismus. Monotheist. Religionen i. e. S. sind Judentum, Christentum, Islam sowie der heutige Parsismus.
Monotheletismus [zu griech. mónos „allein" und (e)thélein „wollen, wünschen"], Lehre vom einen Willen; theolog. Theorie, im 7. Jh. im Ostöm. Reich entwickelt: In Christus gibt es zwei Naturen (göttl. und menschl.), aber nur eine Wirkweise und einen Willen; durch das 6. ökumen. Konzil (680/681) in Konstantinopel verurteilt.
Monotonie [griech.], Gleichförmigkeit, Eintönigkeit, Einsilbigkeit (etwa Sprechen ohne Veränderung des Tonfalls); im übertragenen Sinn auch Bez. für den Umstand, sich in einer Umwelt bzw. Situation zu befinden, die keine oder nur wenig Abwechslung aufweist, wobei es leicht zum Abfall der Aufmerksamkeit bzw. der phys. und psych. Wachheit kommt (↑ Ermüdung). Bes. untersucht wurde bisher die durch Arbeitsteilung und Mechanisierung bedingte M. am Arbeitsplatz.
Monotremata [griech.], svw. ↑ Kloakentiere.
Monotropa [griech.], svw. ↑ Fichtenspargel.
Monotype ⓦ ['mɔnotaɪp; griech.-engl.], Einzelbuchstaben-Setz-und-Gießmaschine (↑ Setzerei).
Monotypie [griech.], graph. Verfahren, bei dem von einer mit langsam trocknenden Pigmentfarben bemalten Glas- oder Metallplatte ein einziger Bilddruck gewonnen wird.
Monoxide, Verbindungen von Metallen und Nichtmetallen mit Sauerstoff, bei denen die Atome jeweils nur mit einem Atom Sauerstoff verbunden sind, z. B. Bleimonoxid, PbO, Kohlenmonoxid, CO.
Monözie [griech.] (Synözie, Einhäusigkeit), Form der Getrenntgeschlechtigkeit (↑ Diklinie) bei Blütenpflanzen: ♂ und ♀ Blüten treten stets auf der gleichen Pflanze auf (die Pflanzen sind *monözisch* oder einhäusig), z. B. bei Eiche, Buche, Kastanie. - ↑ auch Diözie, ↑ Triözie.
monozygot [griech.], eineiig, von einer einzigen befruchteten Eizelle (Zygote) herkommend; von Mehrlingen gesagt.
Monozyten [griech.] ↑ Blut.
Monreale, italien. Stadt auf Sizilien, 301 m ü. d. M., 24 000 E. Kath. Erzbischofssitz (seit 1183); Wohnvorort von Palermo. - Um das ab 1174 errichtete Benediktinerkloster Santa Maria Nuova und die Kathedrale entwickelte sich die Stadt. - Der Dom ist eine spätnormann. dreischiffige Basilika mit zwei roman. Bronzetüren von Barisanus von Trani (gegen 1200) und Bonanus von Pisa (1185); innen bed. Mosaikzyklen des 12. und 13. Jh.; berühmt ist der roman. Kreuzgang des benachbarten Klosters (12. Jh.).
Monroe [engl. mən'roʊ, 'mʌnroʊ], Harriet, * Chicago 23. Dez. 1860, † Arequipa (Peru) 26. Sept. 1936, amerikan. Schriftstellerin. - Gründete die Zeitschrift „Poetry: a magazine of verse" (1912 ff.), die - mit der Unterstützung E. Pounds und anderer - zum zentralen Organ der bedeutendsten anglo-amerikan. Dichter der Zeit wurde.
M., James, * Monroe's Creek (Westmoreland County, Va.) 28. April 1758, † New York 4. Juli 1831, 5. Präs. der USA (1817–25). - Rechtsanwalt; Vertrauter T. Jeffersons, 1782/83 und 1787–90 M[?] Mgl. der gesetzgebenden Versammlung Virginias, 1783–86 Mgl. des 2. Kontinentalkongresses, 1790–94 Mgl. des Senats; 1794–1805 im diplomat. Dienst; erreichte 1803 den Kaufvertrag für das westl. Louisiane. 1811–17 war M. Außenmin., 1814/15 auch Kriegsmin. unter J. Madison, folgte diesem 1817 im Amt des Präs.; seine Präsidentschaft war eine Zeit der Konsolidierung. Im Mittelpunkt standen die Gründung Liberias, der Erwerb Floridas (1819), das Gesetz über die Begrenzung der Sklaverei auf die Südstaaten (1820), die Anerkennung der neuen lateinamerikan. Staaten (1822) und v. a. die Verkündigung der ↑ Monroedoktrin (1823).
M., Marilyn, eigtl. Norma Jean Baker, * Los Angeles 1. Juni 1926, † ebd. 4. Aug. 1962 (Selbstmord), amerikan. Filmschauspielerin. - Zunächst Photomodell; wurde ab 1952 von Twentieth Century Fox systemat. zum neuen amerikan. Sexidol aufgebaut, v. a. durch Filme wie „Blondinen bevorzugt" (1953), „Wie angelt man sich einen Millionär" (1953), „Rhythmus im Blut" (1954). 1956–60 ∞ mit A. Miller, der für sie das Drehbuch zu „Nicht gesellschaftsfähig" (1961) schrieb. - *Weitere Filme:* Manche mögens heiß (1959), Machen wir's in Liebe (1960). - Abb. S. 10.
Monroedoktrin [engl. mən'roʊ, 'mʌnroʊ], seit 1852 gebrauchte Bez. für die am 2. Dez. 1823 von Präs. J. Monroe in einer

9

Monrovia

Marilyn Monroe (um 1955)

Kongreßbotschaft dargelegten Prinzipien der amerikan. Außenpolitik. Der Grundgedanke der M. - strikte polit. Trennung der Alten und der Neuen Welt - enthält 2 Hauptaussagen: 1. keine weitere Kolonisation der europ. Mächte auf dem amerikan. Kontinent; 2. Nichteinmischung der USA in die inneren Angelegenheiten Europas. Befürchtungen hinsichtl. russ. Expansionsbestrebungen in Alaska und hinsichtl. Eingriffen der Hl. Allianz in den unabhängig gewordenen span. Kolonien M- und S-Amerikas ließen in der M. zunächst das defensiv-isolationist. Element überwiegen. Die zunehmend imperialist. Außenpolitik der USA führte jedoch zu einer immer breiteren Interpretation der M., bis T. Roosevelt sie im Sinne einer internat. Polizeifunktion der USA in der westl. Hemisphäre ausdehnte. Diese insbes. in Lateinamerika heftig kritisierte hegemoniale Haltung wurde nach 1930 revidiert und machte nach dem 2. Weltkrieg einer Ära der Kooperation Platz. Zugleich wurde die 2. Komponente der M. aufgegeben.

Monrovia, Hauptstadt der Republik Liberia, an der Mündung des Saint Paul River in den Atlantik, 425 000 E. Sitz eines Methodisten- und eines episkopalist. Bischofs; Univ. (gegr. 1863 als College); Nationalmuseum; Handels- und Ind.zentrum, u. a. Fischkonservierung, Eisfabriken, Textilfabrik, Kaffeeröstereien, chem. Ind.; größter Hafen des Landes; ✈. - 1822 gegr., urspr. **City of Christ,** seit 1824 Monrovia.

Mons [frz. mõ:s] (niederl. Bergen), belg. Stadt im Borinage, 29–105 m ü. d. M., 90 600 E. Verwaltungssitz der Prov. Hennegau; Univ. (gegr. 1965), kath. Handelshochschule, Polytechnikum, Konservatorium, Bergbauakad., Akad. der Schönen Künste, Wirtschafts-, Handelshochschule; mehrere Museen; Handels- und Versorgungszentrum des Borinage; Binnenhafen. - Das erstmals 642 unter dem Namen **Castri locus,** den es bis ins 12. Jh. behielt, erwähnte M. entwickelte sich aus dem im 7. Jh. gegr. Waltrudiskloster. - Spätgot. Kollegiatskirche Saint-Waudru (1450–1621) mit bed. Glasfenstern (16. Jh.), spätgot. Rathaus (1458) mit barockem Belfried (17. Jh.).

Monsaemon ↑ Tschikamatsu Monsaemon.

Monschau, Stadt an der Rur, nahe der belg. Grenze, NRW, 400–650 m ü. d. M., 11 000 E. Museum, Textilind., Brauerei. - Der Ort unterhalb der 1217 erstmals erwähnten Burg M. erhielt vor 1353 Stadtrecht. Der alte Name **Montjoie** wurde 1918 amtl. in M. umgewandelt. - Palas der Burg (heute Jugendherberge); Alte Pfarrkirche (1649/50), ehem. Franziskanerkirche (1726–51), ev. Kirche (1787–89), Fachwerk- und Patrizierhäuser (16.–18. Jh.).

Monseigneur [mõsɛn'jo:r; frz.], Abk. Mgr., Titel [und Anrede] hoher Geistlicher, Adeliger und hochgestellter Personen [in Frankreich].

Monsieur [məsi'ø:, frz. mə'sjø „mein Herr"], Abk. M., frz. Anrede: Herr.
♦ seit dem 17. Jh. Prädikat für den ältesten Bruder des frz. Königs.

Monsignore [mɔnzɪn'jo:re; italien., eigtl. „mein Herr"], Abk. Mgr., Titel höherer und niederer Prälaten der kath. Kirche.

Monster [lat.-engl.], svw. ↑ Monstrum.

Monstera (Philodendron), Gatt. der Aronstabgewächse mit über 20 Arten im trop. Amerika; krautige Stauden und Kletterpflanzen mit Luftwurzeln und durchlöcherten Blättern (durch Absterben bestimmter Zellbezirke verursacht). Eine bekannte Art ist das ↑ Fensterblatt.

Monstranz [zu lat. monstrare „zeigen"], in der kath. Kirche das liturg. Gefäß für die Darbietung der konsekrierten Hostie zur eucharist. Verehrung. Entwickelt aus einem aufrecht stehenden Glaszylinder als Schaugehäuse, das nach und nach mit Schmuckteilen umgeben wurde, bes. in der Gotik v. a. Turm- und Retabel-M., im Barock Sonnen- oder Strahlenmonstranz.

monströs [lat-frz. (zu ↑ Monstrum)], ungeheuerlich, unförmig, überaus aufwendig.

Monstrosität (Monstrum, Monstrositas) [lat.], Mißgeburt, bei der Körperteile oder -organe fehlen, in Überzahl oder an verkehrter Stelle auftreten.

Monstrum [lat.] (Monster), großer, unförmiger Gegenstand; Ungeheuer.

Monsun [portugies., zu arab. mausim „(für die Seefahrt geeignete) Jahreszeit"], beständig wehende Luftströmung großer Ausdehnung mit halbjährl. Richtungswechsel in den Tropen, hervorgerufen durch die im Zusammenhang mit der unterschiedl. Erwärmung von Meer und Landmassen stehende jahreszeitl. Verlagerung der ↑ innertropischen Konvergenz (ITC). Bes. ausgeprägt tritt der M. im süd- und südostasiat. Raum (bis nach O-Afrika) auf; diesen Raum erreicht im Nordwinter, wenn die ITC weit im S liegt, der Nordostpassat als trockener, kühler *Winter-M.* (NO-M.), im Nordsommer dagegen, wenn die ITC nach N verschoben ist, der zur äquatorialen Westwindzone gehörende, feuchtwarme, mit starken Niederschlägen verbundene *Sommer-M.* I. w. S. werden als M. alle auch außertrop., großräumigen, jahreszeitl. wechselnden Luftströmungen mit einer Änderung der Windrichtung um mindestens 120° bezeichnet.

Monsunwald, überwiegend regengrüner trop. Wald mit zwei Baumschichten; oberes Stockwerk (25–35 m hoch) in der Trockenzeit völlig, unteres z. T. entlaubt; immergrüne Strauchschicht, z. T. mit Bambus.

Mont [frz. mõ; lat.], frz. svw. Berg.

Montabaur [...baʊər], Krst. und Luftkurort im Westerwald, Rhld.-Pf., 231 m ü. d. M., 10 700 E. Verwaltungssitz des Westerwaldkreises; Akad. der Volks- und Raiffeisenbanken; Metallverarbeitung, Nahrungsmittel- und Textilind. - Der 931/49 erstmals gen. Ort entstand um die namengebende Burg; 1291 Stadtrecht. - Got. Pfarrkirche Sankt Peter in Ketten (14. Jh.), altes Stadtbild mit zahlr. Fachwerkhäusern (17. und 18. Jh.) und Resten der ma. Stadtbefestigung; ehem. Schloß (v. a. 17. Jh.).

Montafon, 40 km lange Talschaft der oberen Ill in Vorarlberg, Österreich, Hauptort Schruns.

Montag, 1. Tag der Woche; gemeingerman. Lehnübersetzung der lat. Bez. „dies Lunae" (nach griech. hēméra Selénēs „Tag des Mondes").

Montage [mɔn'ta:ʒə; frz., zu monter „hinaufbringen, aufstellen" (eigtl. „aufwärtssteigen")], allg.: das Zusammenfügen von Einzelteilen zu einem Ganzen, z. B. von Bauteilen zu einer Anlage oder von Kopiervorlagen zu einer Druckform.
◆ als *filmtechn.* Mittel erstmals von D. W. Griffith benutztes, von S. Eisenstein zur Perfektion entwickeltes und seither zu den wichtigsten Gestaltungsmitteln zählendes Verfahren, mit dem einzelne Einstellungen und Tonquellen zu einem vollständigen Film zusammengestellt werden. Während der Schnitt durch einzelne Szenen- und Bildübergänge den Gesamtablauf des Films gestaltet, bezeichnet M. eine in sich abgeschlossene, rasch aufeinanderfolgende Schnittsequenz, die verschiedene Funktionen haben kann. Prinzipiell dient die M. der Dynamisierung und Verdichtung des Gezeigten.
◆ im *literar. Bereich* das Zusammenfügen sprachl., stilist. inhaltl. Teile unterschiedl., oft heterogener Herkunft; in der Lyrik u. a. bei den Dadaisten, G. Benn, H. M. Enzensberger; in der Erzählprosa z. B. Dos Passos „Manhattan Transfer" und A. Döblins „Berlin Alexanderplatz"; im Drama F. Brucknes „Die Verbrecher" und P. Weiss' „Die Verfolgung und Ermordung Jean Paul Marats ..." sowie im Hörspiel. Seit Mitte der 1960er Jahre setzte sich zunehmend die Bez. Collage durch.
◆ Technik bzw. Gattungsbegriff der *zeitgenöss. Kunst:* ↑ Collage und ↑ Assemblage bedienen sich der M.technik, d. h., heterogene Bestandteile werden zu einem Kunstwerk zusammenmontiert. V. a. große Assemblagen wurden als M. bezeichnet; die Bez. **Materialmontage** betont die ausschließl. Verwendung von Fundstücken, die Bez. **Combine painting** die Verbindung von Malerei und Montage.

Monstranz. Johann Zeckl, Darstellung der Seeschlacht von Lepanto (1708). Ingolstadt, Bürgerhaus Sankt Maria Victoria

Montagnards [frz. mõta'ɲa:r] ↑ Bergpartei.

Montagne [frz. mõ'taɲ; zu lat. mons „Berg"], frz. svw. Gebirge.

Montagu, Lady Mary Wortley [engl. 'mɔntəgju:], geb. Pierrepont, ≈ London 26. Mai 1689, † ebd. 21. Aug. 1762, engl. Schriftstellerin. - 1716–18 in Konstantinopel, 1732–62 in Italien; hinterließ mit ihren geistreichen „Briefen aus dem Orient" (hg. 1763–67) an bed. Persönlichkeiten in der Heimat wertvolle kulturhistor. Dokumente.

Montaigne, Michel Eyquem de [frz. mõ'tɛɲ], * Schloß Montaigne (= Saint-Mi-

Montale

chel-de-Montaigne, Dordogne) 28. Febr. 1533, † ebd. 13. Sept. 1592, frz. Schriftsteller, Philosoph, Moralist. - 1557–70 Parlamentsrat und 1582–86 Bürgermeister in Bordeaux. Mit seinem Hauptwerk „Les essais" (1580–88) war M. der eigtl. Begründer des Essays als eigenständiger literar. Form, den er zur Darstellung seiner Reflexionen über Literatur, Politik, Geschichte, Philosophie, Religion, Fragen der persönl. Lebensführung, der Kindererziehung u. a. verwendete. Philosoph. begründete er im Anschluß an antike Traditionen den neuzeitl. Skeptizismus. Mit der vorurteilsfreien Menschen- und Selbstbetrachtung leitete M. die Tradition der frz. Moralisten ein.

Montale, Eugenio, * Genua 12. Okt. 1896, † Mailand 12. Sept. 1981, italien. Lyriker. - Maßgebl. italien. Lyriker, Hauptvertreter des Hermetismus, den er mit Ungaretti begründete. Seine Verse zeigen eine eigenwillige Verknüpfung des konkreten Motivs mit inneren Erfahrungen sowie Elemente des Symbolismus und des Surrealismus, z. B. „Nach Finisterre" (1943), „Satura" (1971), „Diario del '71 e del '72" (1973). 1975 erhielt M. den Nobelpreis für Literatur.

Montalembert, Charles Forbes, Graf von [frz. mõtalã'bɛːr], * London 15. April 1810, † Paris 13. März 1870, frz. Publizist und Politiker. - Vorkämpfer des liberalen frz. Katholizismus; sein bes. Kampf galt dem staatl. Unterrichtsmonopol; Gegner des Dogmas von der Unfehlbarkeit des Papstes.

montan [lat.], das Gebirge, den Bergbau oder das Hüttenwesen betreffend.

Montana [mɔn'taːna, engl. mɔn'tænə], Bundesstaat im NW der USA, 381 084 km, 817 000 E (1983), Hauptstadt Helena.
Landesnatur: Im mittleren und östl. M. erstrecken sich die Hochebenen der Great Plains, speziell das Missouri-Plateau. Im westl. Drittel liegt M. im Bereich der nördl. Rocky Mountains. Der nw. Teil dieser Gebirgsregion wird von präkambr. Ketten durchzogen, die SW durch tertiäre Becken gegliedert. Im inneren, stark zerteilten Hochland werden Höhen bis 3 600 m erreicht. M. liegt im Bereich des kontinentalen Trockenklimas.
Vegetation, Tierwelt: In den semiariden Landesteilen des Missouri-Plateaus treten baumlose Kurzgrasfluren auf. Die nördl. Rocky Mountains sind bewaldet. - Dort gibt es eine artenreiche Fauna: Elche, Maultierhirsche, Grizzly- und Braunbären und Bergziegen, in den Prärien Herden von Gabelantilopen, vereinzelt auch Bisons (Bisonreservat). An Raubtieren sind Puma und Kojote vertreten.
Bevölkerung, Wirtschaft, Verkehr: Als stärkste Minderheitengruppe zählen die Indianer (37 000), die fast ausschließl. in 7 Reservaten leben. M. besitzt zwei Univ., mehrere Colleges und eine Bergakad. in Butte. - Führender Wirtschaftszweig ist die Landw.; in den für Feldbau zu trockenen Geb. spielt die Wollschaf- und Fleischrinderhaltung eine überragende Rolle. Auf bewässerten Ackerflächen (18 %) werden v. a. Luzerne, Zuckerrüben, Mais, Bohnen und Gemüse angebaut, bed. ist die Dry-farming-Region der Great Plains mit bed. Weizen- und Gerstenerzeugung. Bed. Bergbau: führend ist die Förderung von Kupfererz, dann folgen Zink, Silber, Gold, Erdöl und Phosphate. Im industriellen Bereich dominieren Erzverhüttung und Nahrungsmittelind.; Hauptindustriestandorte sind Anaconda/Butte, Helena und Great Falls; Fremdenverkehr. - Das Eisenbahnnetz umfaßt 5 469 km, das Straßennetz rd. 93 000 km. M. verfügt über 121 meist private ✈.
Geschichte: Als erste Weiße kamen um die Mitte des 18. Jh. Franzosen in das Gebiet des heutigen M., das als Teil von Louisiane 1803 zu den USA kam. 1864 wurde das Territorium M. geschaffen, 1889 als 41. Staat in die Union aufgenommen.

Montaña [span. mɔn'taɲa], die von Flüssen tief zerschnittene O-Abdachung der Anden in Peru.

Montand, Yves [frz. mõ'tã], eigtl. Ivo Livi, * Monsummano Terme (Prov. Pistoia) 13. Okt. 1921, frz. Schauspieler und Chansonnier. - Seit 1951 ∞ mit S. Signoret. Seit 1946 beim Film, wurde er mit der Darstellung u. a. psych. starker Männer internat. bekannt, bes. durch „Lohn der Angst" (1952), „Der Krieg ist vorbei" (1960), „Z" (1970), „Vincent, François, Paul und die anderen ..." (1975), „Straßen nach Süden" (1978), „Feuer und Flamme" (1981), „Jean de Florette" (1986).

Montanelli, Indro, * Fucecchio bei Florenz 22. April 1909, italien. Schriftsteller. - Verf. zahlr., oft zeitkrit. Essays, Reisebücher und literar. Porträts; auch Erzählungen, u. a. „Drei Kreuze" (1945), und Theaterstücke („Die Träume sterben bei Sonnenaufgang", 1961). Großen Erfolg hatten seine populärwiss. histor. Werke, u. a. „Eine Geschichte Roms" (1957).

Montañés, Juan Martínez ↑ Martínez Montañés, Juan.

montane Stufe ↑ Vegetationsstufen.

Montanindustrie, Sammelbez. für die Eisen- und Stahlind. und den Bergbau.

Montanismus, altkirchl. Bewegung, nach 150 in Phrygien entstanden und nach dem Begründer Montanus († vor 179) benannt. Die Bewegung trug prophet.-eschatolog. Charakter: Montanus beanspruchte, im N. T. angekündigte Paraklet zu sein, und verkündete das nahe Ende der Welt. Eth. Rigorismus bis zur strenger Weltentsagung. Die Bischöfe der Großkirche verurteilten M. als Häresie. - Um 207 schloß sich Tertullian in Karthago den **Montanisten** an und sammelte eine montanist. Sondergemeinde um sich.

Montanunion ↑Europäische Gemeinschaft für Kohle und Stahl.

Montauban [frz. mõto'bã], frz. Stadt im Tarntal, 50 700 E. Verwaltungssitz des Dep. Tarn-et-Garonne; kath. Bischofssitz; Verarbeitungszentrum landw. Produkte; Flugzeug-, Elektro-, Textil-, Schuhind., Porzellanmanufaktur. - Entstand zunächst auf dem rechten Ufer des Tescon als **Montauriol** bei einem um 820 gegr. Kloster; seit 1808 Dep.hauptstadt. - Barocke Kathedrale (17./18. Jh.), got. Kirche Saint-Jacques (14. und 15. Jh.), Backsteinbrücke aus dem 14. Jahrhundert.

Montbéliard [frz. mõbe'lja:r], frz. Stadt in der Burgund. Pforte, Dep. Doubs. 31 800 E. Wichtiges Ind.zentrum im Bereich der Burgund. Pforte; v. a. metallverarbeitende, Textil- und Holzind.; Hafen am Rhein-Rhone-Kanal. - M. war seit dem 10. Jh. Hauptort der gleichnamigen Gft. des Kgr. Burgund, die 1397/1409 durch Heirat an Württemberg kam (dt. Mömpelgard); seit 1801 französisch. - Schloß (15.–18. Jh.; heute Museum), Markthallen (16. Jh.), Wohnhäuser (16. und 17. Jh.).

Montblanc [frz. mõ'blã] (italien. Monte Bianco), höchster Gipfel der Alpen und Europas, in der Montblancgruppe der Westalpen, an der frz.-italien. Grenze, 4 807 m hoch; Observatorium in 4 362 m Höhe; Erstbesteigung 1786 (J. Balmat und M. Paccard).

Montblancgruppe [frz. mõ'blã], Gebirgsmassiv in den Westalpen, bis 4 807 m hoch, erstreckt sich in SW-NO-Richtung beiderseits der frz.-italien. Grenze bis in die Schweiz südl. des Rhoneknies bei Martigny, im NW durch das Tal von Chamonix-Mont-Blanc, im W vom Bon Nant, im S und SO vom Val Veni und dem Val Ferret begrenzt.

Montblanctunnel [frz. mõ'blã] ↑Chamonix-Mont-Blanc.

Montbretie [...'bre:tsiə; nach dem frz. Naturforscher A. F. E. Coquebert de Montbret, * 1805, † 1837] ↑Tritonie.

Montchrétien (Montchrestien), Antoine de [frz. mõkre'tjɛ̃], Sieur de Vasteville, * Falaise (Calvados) um 1575, ✕ bei Les Tourailles (Orne) 7. Okt. 1621, frz. Nationalökonom. - Mit dem Titel seines einzigen nationalökonom. Werkes („Traité de l'oeconomie politique", 1615) benutzte er als erster den Begriff „polit. Ökonomie". - Schrieb außerdem pathet.-melanchol. Schauspiele.

Mont-de-Marsan [frz. mõdmar'sã], frz. Stadt an der Midouze, 27 300 E. Verwaltungssitz des Dep. Landes; Stierkampfarena; Marktzentrum. - Kam 1607 zur frz. Krondomäne; Stadtrecht 1141; 1790 Dep.hauptstadt.

Monte, Philipp de, * Mecheln 1521, † Prag 4. Juli 1603, niederl. Komponist. - Vermutl. 1542–54 in Neapel, dann in Antwerpen, England, erneut in Italien, wurde 1568 Kapellmeister am kaiserl. Hof unter Maximilian II. und Rudolf II. Komponierte u. a. Messen, Motetten, Madrigale (drei- bis zehnstimmig) und frz. Chansons; einer der bedeutendsten Vertreter der spätniederl. Polyphonie.

Monte [zu lat. mons „Berg"], italien., portugies. und span. svw. Berg.

Monte Albán [span. 'monte al'βan], Ruinenstätte in Mexiko bei Oaxaca de Juárez, Sierra Madre del Sur, 1950 m ü. d. M.; Hauptort der Zapoteken (bis 1025 n. Chr.). Die ältesten Bauten datieren 700 v. Chr., in die Frühzeit gehören auch die Flachrelieffiguren („Tänzer"). Nach 300 n. Chr. (2. Phase) begannen die Planierung der Bergspitze und die Anlage eines Zentralplatzes, der von Tempelanlagen umgeben wurde, an den Hängen befanden sich die Wohnbauten sowie Hunderte von teilweise ausgemalten Grabkammern, in der klass. Epoche (3. und 4. Phase, 500–1000) mit Tonfiguren. Seit dem 14. Jh. von den Mixteken als Nekropole benutzt. - Abb. S. 14.

Monte Carlo ↑Monaco.

Montecassino, Benediktinerabtei in Latium, Italien, auf einem Berg (519 m) über der Stadt Cassino; gegr. wohl 529 von Benedikt von Nursia an der Stelle älterer heidn. Heiligtümer. Das Mutterkloster der Benediktiner wurde schon zw. 581 und 589 von den Langobarden zerstört. Nach der Wiedererrichtung 717 wuchs unter karoling. Schutz die Bed. der Abtei. Die Blütezeit des Klosters begann im 11. Jh. und wurde bes. unter Abt Desiderius (1058–87) auf den Höhepunkt geführt. 1349 wurden die Klostergebäude durch ein Erdbeben zerstört. Im 16./17. Jh. entstanden Neubauten, u. a. die frühbarocke Basilika. Nach 1799 wurde die Abtei von den Franzosen, den Neapolitanern und seit 1860 von den Piemontesen ihrer Schätze beraubt. 1866 wurde M. zum Nationaldenkmal erklärt. Im Febr. 1944 wurde das Kloster durch Bombardements der Alliierten völlig zerstört, nach dem Krieg nach den alten Plänen wieder aufgebaut. Die in Rom ausgelagerten wertvollen Bestände der Bibliothek und des Archivs sowie Gemälde konnten gerettet werden.

📖 *Ben Arie: Die Schlacht von M. C. Freib. 1985. - Dormeier, H.: M. u. die Laien im 11. u. 12. Jh. Stg. 1979.*

Montecatini Edison SpA [italien. monteka'ti:ni 'ɛ:dizon ɛssepi'a], Abk. Montedison, bed. italien. Mischkonzern, entstanden 1966 durch Fusion der Montecatini Società Generale per l'Industria Minerarie e Chimica (gegr. 1888) und der Società Edison (gegr. 1884). Haupttätigkeitsbereiche: Petrochemie, Bergbau, chem. Ind., Elektrizitätsversorgung, Textilind., Maschinenbau. 1988 aufgespalten und fakt. aufgelöst.

Montecristo, italien. Insel 40 km südl. von Elba, 10,4 km³, bis 645 m hoch. Bekannt durch A. Dumas' Roman „Der Gaf von Monte Christo" (1845–46).

Montecuccoli, Raimondo (Raimund)

13

Montélimar

Graf von [italien. monte'kukkoli], Reichsfürst und Hzg. von Melfi (seit 1679), * Schloß Montecuccolo bei Pavullo nel Frignano, 21. Febr. 1609, † Linz 16. Okt. 1680, kaiserl. Feldherr italien. Herkunft. - Errang im Türkenkrieg 1664 den Sieg bei Sankt Gotthard (Bez. Vas, Ungarn); 1668 Präs. des Hofkriegsrats; befehligte 1672-75 das kaiserl. Heer im Niederl.-Frz. Krieg.

Montélimar [frz. mõteli'ma:r], frz. Stadt im Rhonetal, Dep. Drôme, 81 m ü. d. M., 29 200 E. Theater; Herstellung von weißem Nougat, Zementind.; Hafen am Rhoneseitenkanal. - Seit 1198 Stadt.

Montelius, Oscar, * Stockholm 9. Sept. 1843, † ebd. 4. Nov. 1921, schwed. Prähistoriker. - 1907-13 Reichsantiquar; erarbeitete die typolog. Methode der Vorgeschichtsforschung; begr. ein System der eisenzeitl. und bronzezeitl. Periodisierung, das für den sog. nord. Kreis noch heute gebräuchl. ist.

Montenegro, Teilrepublik Jugoslawiens, nw. von Albanien, 13 812 km², 600 000 E (1983), Hauptstadt Titograd. M. ist im wesentl. ein schwer zugängl. Gebirgsland, das unmittelbar an der Adriaküste aufragt und im N, im Durmitor, 2 522 m ü. d. M. erreicht. Der Ackerbau beschränkt sich auf die im Karsthochland ausgebildeten Becken und die Ebene nördl. des Skutarisees. Bed. Schaf-, daneben Rinder- und Schweinehaltung; wenig Industrie; kleinere Vorkommen von Bauxit, Eisen-, Zink-, Chrom-, Bleierz und Pyrit werden z. T. abgebaut. Bed. Fremdenverkehr, v. a. an der Küste.

Geschichte: Der Name **Crna Gora** erscheint seit dem Ende des 13. Jh. Im 14. Jh. bildete sich auf dem Gebiet des heutigen M. das unabhängige Ft. **Zeta,** das nach dem Erlöschen der Familie Balšići seit 1420 von den Crnojevići beherrscht wurde (Residenz 1482 Cetinje); 1528 dem Osman. Reich einverleibt. Der Vladika (Metropolit) Danilo Petrović Njegoš (⚭ 1697-1735) erreichte für M. eine relative Unabhängigkeit und machte die Würde des Vladika in seinem Hause erbl.; Peter I. (⚭ 1782-1830) befriedete die rivalisierenden Stämme und schuf 1798 ein neues Staatsrecht mit einem Grund- und Staatsgesetzbuch. Danilo I. Petrović Njegoš (⚭ 1851-60) verzichtete 1851 auf die Würde des Vladika und erreichte die Anerkennung des erbl. Fürstentitels und eine Festlegung der Grenzen. Auf dem Berliner Kongreß (1878) wurde M. als unabhängiger Staat mit erweitertem Staatsgebiet anerkannt, 1910 Königreich. In den Balkankriegen und im 1. Weltkrieg kämpfte M. an der Seite Serbiens. Ab 1918 Teil des Kgr. der Serben, Kroaten und Slowenen, im 2. Weltkrieg italien. Protektorat, seit 1945 zu Jugoslawien.

Montepulciano [montepul'tʃa:no], italien. Ort in der Toskana, westl. des Trasimenischen Sees, 605 m ü. d. M., 14 200 E. Bed. Baudenkmäler sind u. a. der Dom (1570-1680), zahlr. Paläste (14.-16. Jh.) und die vor den alten Stadtmauern (13./14. Jh., z. T. erhalten) frei stehende Wallfahrtskirche der Madonna di San Biagio (16. Jh.).

Monterey [engl. mɔntɪ'reɪ], Stadt in Kalifornien, USA, am Pazifik, 28 000 E. Kath. Bischofssitz (zus. mit Fresno); Marineakad.; Seebad; Fischereihafen; Konservenfabriken. - 1770 span. Gründung; Tagungsort der ersten gesetzgebenden Versammlung Kaliforniens (1849).

Montería, Hauptstadt des kolumbian. Dep. Córdoba, im Küstentiefland, 229 200 E. Kath. Bischofssitz; Univ. (gegr. 1966), Forschungsinst. für Rinderzucht; landw. Handelszentrum. - Seit 1952 Hauptstadt.

Monte Rosa, stark vergletschertes Ge-

Monte Albán. Pyramide und Plattform auf der Südseite des Zentralplatzes (500-900)

birgsmassiv in den Walliser Alpen, mit der Dufourspitze (4 634 m ü. d. M.).

Monterrey [span. mɔntɛˈrrɛi], Hauptstadt des mex. Staates Nuevo León, auf der O-Abdachung der Sierra Madre Oriental, 540 m ü. d. M., 1,92 Mill. E. Kath. Erzbischofssitz; 4 Univ. (gegr. 1933, 1957, 1969, 1973), TH. Zentrum der mex. Eisen- und Stahlind., außerdem Zinn- und Bleischmelzen, Zementfabrik, Kfz.ind. u. a.; Verkehrsknotenpunkt, ✈. - 1596 (nach Zerstörung) Neugründung unter dem Namen **Ciudad de Nuestra Señora de Monterrey**; 1846 von amerikan., 1864 von frz. Truppen eingenommen. - Kathedrale (1603 ff.) mit barocker Fassade.

Montespan, Françoise Athénaïs de Rochechouart, Marquise de [frz. mõtɛsˈpã], * Schloß Tonnay-Charente (Charente-Maritime) 5. Okt. 1641, † Bourbon-l'Archambault bei Moulins (Allier) 27. oder 28. Mai 1707, Geliebte Ludwigs XIV. - Ab 1660 Hofdame der Königin; seit 1668 enge Beziehungen zu Ludwig XIV., auf den sie starken Einfluß ausübte; von Madame de Maintenon verdrängt.

Montesquieu, Charles de Secondat, Baron de La Brède et de [frz. mõtɛsˈkjø], * Schloß La Brède bei Bordeaux 18. Jan. 1689, † Paris 10. Febr. 1755, frz. Schriftsteller und Staatstheoretiker. - 1714 Rat, 1726 Präs. des Parlaments in Bordeaux; 1728 Mgl. der Académie française. Gilt als Vorläufer für die wiss. Begründung fast aller sozialwiss. Disziplinen; seine Bed. im Rahmen der Aufklärungsliteratur beruht insbes. auf den 1721 anonym erschienenen „Persischen Briefen", die eine scharfe Kritik der gesellschaftl. und polit. Zustände unter Ludwig XIV. sowie die exemplar. Darstellung der Doppelperspektive des kulturwiss. Werterelativismus enthielten. In der Abhandlung „Betrachtungen über die Ursachen der Größe und des Verfalls der Römer" (1734) versuchte M. die Methoden der wiss. Erklärung auf einen abgeschlossenen histor.-polit. Gesamtzusammenhang unter Ausschluß des Zufalls als eines histor. Entwicklungen determinierenden Faktors anzuwenden. In seinem 1748 anonym veröffentlichten Hauptwerk „Vom Geist der Gesetze" versuchte M. die Gesetzmäßigkeiten der Geschichte zu analysieren und sah im natürl. Milieu († Milieutheorie) den wichtigsten objektiven Faktor. Als Gegner des Absolutismus und Vertreter des konstitutionellen Monarchie entwickelte M. seine Lehre von der ↑ Gewaltentrennung (Gewaltenteilung), die erhebl. Einfluß auf die Ausbildung des modernen Verfassungsstaates ausübte.

📖 *Chaimovicz, T.:* Freiheit u. Gleichheit im Denken Montesquieus u. Burkes. Wien 1985. - *Joly, M.:* Macht u. Recht. Machiavelli contra M. Dt. Übers. Hamb. ²1979. - *Aron, R.:* Hauptströmungen des klass. soziolog. Denkens. M. - Comte - Marx - Tocqueville. Dt. Übers. Rbk. 1979. - *Falk, B.:* M. In: Klassiker des polit. Denkens.

Hg. v. Hans Maier, H. Rausch u. H. Denzer. Bd. 2. Mchn. ⁴1979.

Montessori, Maria, * Chiaravalle (Prov. Ancona) 31. Aug. 1870, † Nordwijk aan Zee (Niederlande) 6. Mai 1952, italien. Ärztin und Pädagogin. - Leitete 1896 ff. eine Kinderabteilung an der psychiatr. Universitätsklinik in Rom, danach eine Hilfsschule, und entwickelte didakt. Materialien, mit denen sie geistig behinderte Kinder erhebl. fördern konnte. 1904 erhielt sie einen Lehrstuhl für Anthropologie an der Univ. Rom. Seit 1907 übertrug sie (zunächst in der Casa dei Bambini im röm. Stadtteil San Lorenzo) ihre Methode auf normalbegabte Kinder. Ihre Methode besteht darin, in einer didakt. vorbereiteten Umgebung die gesammelte Aufmerksamkeit des Kindes und damit seine Selbsttätigkeit zu wecken. Sie benutzt dazu insbes. pädagog. Spielzeug (*M.-Material*) sowie Übungen und Spiele. Ihre Methode fand internat. Anerkennung, nicht zuletzt dank ihrer eigenen Aktivität, in **Montessori-Kindergärten** bzw. Vorschulen Verbreitung, aber auch in **Montessori-Schulen**, u. a. in den Niederlanden, auch in der BR Deutschland (Frankfurt am Main, Köln), die z. T. bis zum Abitur führen.

Werke: Selbsttätige Erziehung im frühen Kindesalter (1909; 1969 u. d. T. Die Entdeckung des Kindes), M.-Erziehung für Schulkinder (1916), Kinder sind anders (1938), Von der Kindheit zur Jugend (1948), Über die Bildung des Menschen (1949).

📖 *Helming, H.:* M.-Pädagogik. Freiburg ¹¹1984. - *Holstiege, H.:* Modell M. Freiburg ³1983. - *Schulz-Benesch, G.:* M. Darmst. 1980. - *Kramer, R.:* M. M. Leben u. Werk einer großen Frau. Dt. Übers. Mchn. 1977.

Monteux, Pierre [frz. mõˈtø], * Paris 4. April 1875, † Hancock (Maine) 1. Juli 1964, frz.-amerikan. Dirigent. - 1924-34 Dirigent des Concertgebouworkest in Amsterdam, 1929-38 des von ihm gegr. Orchestre Symphonique de Paris, 1936-52 des San Francisco Symphony Orchestra, seit 1961 des London Symphony Orchestra.

Monteverdi, Claudio [italien. monte-ˈverdi], ≈ Cremona 15. Mai 1567, † Venedig 29. Nov. 1643, italien. Komponist. - 1590-1612 Hofmusiker in Mantua, seit 1613 Kapellmeister an San Marco in Venedig. Seine frühen Werke zeichnen sich durch vollendete Beherrschung der polyphonen A-cappella-Technik aus. Doch schon früh übernahm M. die von der Florentiner Camerata und ihrem Kreis ausgehenden neuen Prinzipien. Grundlage seines neuen Stils wurde eine unerhört gesteigerte Affektdarstellung, von ihm auf eine Höhe geführt, die in diesem Stil keine Nachfolge kannte und die europ. Musik bis in den Anfang des 18. Jh. prägte. Der sich bei M. vollziehende Wandel läßt sich am deutlichsten in den einzelnen Madrigalbüchern verfolgen, greift aber auch auf die zunehmend

freier gestaltete Kirchenmusik über und findet seinen Niederschlag in einem überströmenden Reichtum der kompositor. Mittel in Melodik, Harmonik, Verwendung der „stile recitativo", Chorbehandlung und Einsatz der Instrumente.
Werke: Opern: L'Orfeo (1607), L'Arianna (1608; erhalten nur das Lamento d'Arianna), Il ballo delle ingrate (1608), Il combattimento di Trancredi e Clorinda (1624), Il ritorno d'-Ulisse in Patria (1640?), L'Incoronazione di Poppea (1642). - Sacrae cantiunculae (1582), Madrigali spirituali (1583), Canzonette (1584), Madrigali (9 Bücher, 1587–1651), Scherzi musicali (1607), Sanctissimae virginis missa ... ac vesperae (1610), Scherzi musicali (1632), Selva morale e spirituale (1641), Messa ... e salmi (1650).

Harnoncourt, N.: Der musikal. Dialog. Gedanken zu M., Bach u. Mozart. Salzburg 1984. - Leopold, S.: C. M. u. seine Zeit. Laaber 1982. - Schrade, L.: M. New York Neuaufl. 1969.

Montevideo, Hauptstadt Uruguays und des Dep. M., am Río de la Plata, 1,36 Mill. E. Kulturelles, wirtsch. und polit. Zentrum Uruguays; kath. Erzbischofssitz; 2 Univ. (gegr. 1849 und 1942), Academia Nacional de Letras, mehrere wiss. Inst., Goethe-Inst.; Theater; Nationalarchiv, -bibliothek, Museen; botan. Garten. Bedeutendster Ind.standort (v. a. Fleischverarbeitung) und wichtigster Hafen des Landes, Ausgangspunkt des uruguay. Verkehrsnetzes; Transitverkehr nach Buenos Aires; internat. ⚓.
Geschichte: 1724 als span. Vorposten gegen das portugies. Eindringen in die Banda Oriental, das heutige Uruguay, gegr.; 1807–30 zw. Spaniern, Argentiniern, Briten, Portugiesen und Brasilianern umkämpft; Hauptstadt Uruguays seit 1830. - Ursprüngl. schachbrettartiger Grundriß; Ende des 19. Jh. wandelte sich die Altstadt zur City, um die neue Viertel mit mehr radialer Straßenführung entstanden.

Lola Montez (um 1847)

Montez, Lola ['mɔntɛs], eigtl. Maria Dolores Gilbert, * Limerick 25. Aug. 1818, † New York 17. Jan. 1861, Tänzerin. - Tochter eines schott. Offiziers und einer Kreolin; Geliebte Ludwigs I. von Bayern, der sie 1847 zur Gräfin von Landsfeld erhob; 1848 nach Unruhen, die zur Abdankung des Königs führten, ausgewiesen.

Montezuma ↑ Moctezuma.

Montfort (M. L'Amaury) [frz. mõ'fɔ:r], frz. Adelsgeschlecht mit Stammsitz M. (= Montfort-l'Amaury, Yvelines); spielte als eine der führenden Fam. der kapeting. Krondomäne eine bed. Rolle in der frz. und engl. Geschichte v. a. des 11. bis 13. Jh. Bed. Vertreter:
M., Simon IV., Graf von, * Muret (Haute-Garonne) um 1160, † Toulouse 25. Juni 1218. - Ab 1209 Führer des Kreuzzuges gegen die Albigenser; brachte große Teile des Adelsbesitzes im Languedoc an sich, der ihm von Papst Innozenz III. bestätigt wurde.
M., Simon de, Earl of Leicester (seit 1231/36), * Montfort um 1208, ✕ bei Evesham 4. Aug. 1265. - Sohn von Graf Simon IV. von M., erbte durch seine Großmutter mütterlicherseits Würde und Besitzungen eines Earl of Leicester. Als Schwager des engl. Königs Heinrich III. von großem Einfluß; trat an die Spitze der Opposition der Barone und gestaltete 1258 die Provisionen von Oxford entscheidend mit (Magnatenrat als Kontroll- und Beratungsorgan, regelmäßig „Parlamente"). M. fiel im Kampf gegen den späteren Eduard I.

Montfort, Hugo von ↑ Hugo von Montfort.

Montgelas, Maximilian Joseph de Garnerin, Graf von (seit 1809) [mɔʒə'la], * München 12. Sept. 1759, † ebd. 14. Juni 1838, bayr. Minister. - Unter Maximilian I. Joseph 1799–1817 leitender Min.; erreichte durch Annäherung an Frankr. eine bed. Vergrößerung des bayr. Staatsgebiets; reorganisierte und zentralisierte das Staatswesen, u. a. in der Konstitution von 1808 (Abschaffung der Ständeprivilegien); wurde 1817 gestürzt.

Mont Genèvre, Col du [frz. kɔldymõʒ'nɛ:vr] ↑ Alpenpässe (Übersicht).

Montgolfier [frz. mõgɔl'fje], Étienne Jacques de, * Vidalon-lès-Annonay (= Annonay) 6. Jan. 1745, † Serrières (Ardèche) 1. Aug. 1799, und sein Bruder Michel Joseph de M., * Vidalon-lès-Annonay 26. Aug. 1740, † Balaruc-les-Bains (Hérault) 26. Juni 1810, frz. Erfinder. - Nach Experimenten ab 1782 ließen die Brüder M. am 5. Juni 1783 vom Marktplatz in Annonay den ersten (aus Leinwand gefertigten, mit Papier gefütterten und mit einem Hanfnetz überzogenen) unbemannten Heißluftballon, die **Montgolfiere**, bis auf 1 800 m Höhe emporsteigen.

Montgomery [engl. mənt'gʌmərɪ, mənt'gɔmərɪ], Bernard Law, Viscount M. of Alamein and Hindhead (seit 1946) * Kensington (= London) 17. Nov. 1887, † Isington

Mill bei Alton 24. März 1976, brit. Feldmarschall (seit 1944). - Besiegte im 2. Weltkrieg als Oberbefehlshaber der 8. brit. Armee (1942/43) die dt. Truppen bei Al Alamein und die italien. Verbände bei Tunis und leitete die Landung der Alliierten auf Sizilien; wurde 1943 Oberbefehlshaber der brit. Invasionstruppen und führte 1944 bei der Landung der alliierten Truppen in Frankr. die 21. brit. Heeresgruppe; 1945/46 Oberbefehlshaber der brit. Besatzungstruppen in Deutschland und Mgl. des Alliierten Kontrollrats in Berlin, 1946–48 Chef des Empire-Generalstabs, 1951–58 Stellvertreter des Oberbefehlshabers der NATO-Streitkräfte.

M., Wes, eigtl. John Leslie M., * Indianapolis 6. März 1925, † ebd. 15. Juni 1968, amerikan. Jazzmusiker (Gitarrist, Komponist). - Autodidakt; spielte 1948–50 bei L. Hampton, danach u. a. in der Gruppe „Mastersounds" seiner Brüder *Buddy* (* 1930) und *Monk M.* (* 1921); pflegte einen am Blues orientierten Gitarrenstil; wandte sich später dem Pop-Jazz zu.

Montgomery [engl. mənt'gʌməri], Hauptstadt des Bundesstaats Alabama, USA, am Alabama River, 50–68 m ü. d. M., 177 900 E. Univ., Kunstmuseum, Staatsarchiv; eines der führenden Viehhandelszentren im SO der USA; bed. Baumwollhandel. - Entstand 1819 durch Zusammenschluß der Städte New Philadelphia und East Alabama (beide gegr. 1817) mit Alabama Town; seit 1846 Hauptstadt von Alabama und 1861 erste Hauptstadt der Konföderierten Staaten. - State Capitol (1851).

Montherlant, Henry [Millon] de [frz. mɔ̃tɛr'lɑ̃], Graf von Gimart, * Neuilly-sur-Seine 21. April 1896, † Paris 21. Sept. 1972 (Selbstmord), frz. Schriftsteller. - Seine männl.-heroische, elitär-kleinbürgerfeindl. Lebensanschauung zeigt sich sowohl in seinen antihumanen, Gewalt und Krieg verherrlichenden Romanen „La relève du matin" (1920) und „Die Tiermenschen" (1926) als auch in der abwertenden Darstellung der Frau in seinem vierteiligen R.-Zyklus „Erbarmen mit den Frauen" (1936–39). Nach 1945 schrieb M. vorwiegend christl. bzw. histor. Themen behandelnde Dramen (u. a. „Port Royal", 1956; „Der Bürgerkrieg", 1965) und Romane („Das Chaos und die Nacht", 1963; „Ein Mörder ist mein Herr und Meister", 1971).

Monthey [frz. mɔ̃'tɛ], Bez.hauptort im schweizer Kt. Wallis, im Rhonetal, 408 m ü. d. M., 11 500 E. Metallverarbeitende und chem. Industrie. 2 km nördl. die Erdölraffinerie **Collombey.** - Seit 1352 Stadt, nach 1476 Landvogtei. - Ehem. Schloß (15. Jh., 1664 umgestaltet).

Monti, Vincenzo, * Alfonsine bei Ravenna 19. Febr. 1754, † Mailand 13. Okt. 1828, italien. Dichter. - Einer der bedeutendsten italien. Dichter zw. Klassizismus und Romantik; seit 1778 Mgl. der Accademia dell'Arcadia; 1802 von Napoléon Bonaparte zum Prof. der Eloquenz in Pavia, 1806 zum Historiogra-

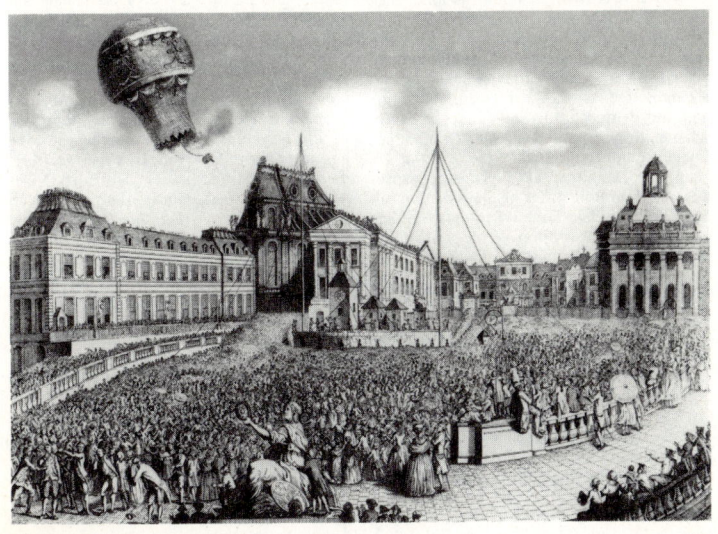

Montgolfier. Aufstieg eines Heißluftballons der Brüder Montgolfier am 19. September 1783 in Versailles (anonymer zeitgenössischer Kupferstich)

Montmartre

phen des Kgr. Italien ernannt, später jedoch auf seiten des östr. Regimes. Seine opportunist. polit. Einstellung spiegelt sich in den Werken, u. a. dem antirevolutionären Epos „La Basvilliana" (1793), dann prorevolutionären antiklerikalen Gedichten und dem den Bonapartismus feiernden Epos „La Mascheroniana" (1800).

Montmartre [frz. mõ'martr], Stadtviertel von Paris, 1859 eingemeindet, bis in die 30er Jahre des 20. Jh. Künstlerviertel. Auf dem Butte M. (130 m hoch) die Basilika Sacré-Cœur (geweiht 1919).

Montmorency [frz. mõmɔrã'si], frz. Adelsgeschlecht mit Stammsitz in M. bei Paris; seit dem 10. Jh. nachweisbar, teilte sich seit dem 13. Jh. in mehrere Linien. Bed. Vertreter:

M., Anne, Hzg. von (seit 1551), * Chantilly (Oise) 15. März 1493, † Paris 11. Nov. 1567, Marschall (1522), Konnetabel (1538) von Frankreich. - Bestimmte ab 1526 u. a. als Seneschall entscheidend die frz. Politik; 1541–47 vom Hof verbannt; 1557 von den Spaniern gefangengenommen, drängte er auf den Abschluß des ungünstigen Friedens von ↑Cateau-Cambrésis; schloß 1561 mit dem Hzg. von Guise und dem Marschall de Saint-André ein Triumvirat, das die Spitze der kath. Partei bildete.

Montmorency [frz. mõmɔrã'si], frz. Stadt im nördl. Vorortbereich von Paris, Dep. Val-d'Oise, 20 800 E. Jean-Jacques-Rousseau-Museum. - Seit dem 10. Jh. Hauptort der gleichnamigen, 1551 zum Hzgt. erhobenen Herrschaft. - Renaissancekirche Saint-Martin (16. Jh.).

Montmorillonit [mõmorijo'niːt; nach der frz. Stadt Montmorillon (Vienne)], Mineral von grauweißer oder gelbl. Farbe, das fast nur in feinerdigen Massen auftritt. Schichtsilikat; der Abstand der Schichten des Kristallgitters schwankt mit dem Wassergehalt, mit dem sich auch alle anderen Eigenschaften ändern; quillt bei Wasseraufnahme. Chem. kompliziert; Dichte zw. 1,7 und 2,7 g/cm^3. Vorkommen als Verwitterungsprodukt in vielen Böden, bes. rein aus der Umbildung vulkanischer Tuffe (↑Bentonit). Infolge seines hohen Adsorptionsvermögens steuert M. Wassergehalt und Basenaustausch in Böden; Verwendung als Adsorptionsmittel.

Montparnasse [frz. mõpar'nas], Stadtviertel von Paris im 14. Arrondissement; in den 1920er und 1930er Jahren Künstlerviertel.

Montpelier [engl. mɔnt'piːljə], Hauptstadt des Bundesstaats Vermont, USA, in den Green Mountains, 160 m ü. d. M., 8 200 E. - Metall- und holzverarbeitende Ind., Mühlen. - Entstand 1787; Hauptstadt seit 1805.

Montpellier [frz. mõpə'lje, mõpɛ'lje], frz. Stadt im Languedoc, 197 200 E. Hauptstadt der Region Languedoc-Roussillon und des Dep. Hérault; kath. Bischofssitz; 3 Univ. (auf die Gründung von 1289 zurückgehend), landw., Handelshochschule, Konservatorium, biophysikal. und biochem. Forschungszentrum; mehrere Museen, u. a. das bed. Musée Fabre; Theater; botan. Garten (gegr. 1593). Zentrum des Weinhandels; internat. Weinmesse. Großcomputerbau u. a. Ind.betriebe; ⚓. - Geht auf einen Markt des 9. Jh. zurück; seit dem 10. Jh. als Besitz der Bischöfe von Maguelonne belegt, kam 1204 unter die Lehnshoheit der Könige von Aragonien und erhielt von ihnen Stadtrechte. Die Hoheit ging 1276 an das Kgr. Mallorca und 1349 an den frz. König über; 1577 hugenott. Sicherheitsplatz, 1622 rekatholisiert. Seit dem 16. Jh. Hauptstadt des Languedoc, 1790 Dep.hauptstadt. - Kathedrale (ehem. Abteikirche, 14. Jh.), zahlr. Patrizierhäuser (17. und 18. Jh.); die Promenade du Peyrou (1689–1776) ist eine Anlage mit einem klassizist. Wasserturm am Ende eines neuzeitl. 880 m langen Aquädukts.

Montreal [engl. mɔntrɪ'ɔːl] (frz. Montréal [frz. mõre'al]), größte Stadt Kanadas, Prov. Quebec, auf einer Insel im Sankt-Lorenz-Strom, 980 400 E, als Metropolitan Area 2,83 Mill. E (fast zwei Drittel Frankokanadier). Sitz eines kath. und eines anglikan. Erzbischofs; 4 Univ. (gegr. zw. 1821 und 1969; je 2 französisch-, 2 englischsprachig), College, Museen, Konzert- und Opernhaus, Theater, Sinfonieorchester; botan. Garten, Zoo, Planetarium; Olympiastadion. Kultur-, Handels-, Ind.- und Finanzzentrum mit Nahrungs-, Genußmittel-, Textil- und Bekleidungsind., Flugzeug- und Waggonbau, Erdölraffinerien u. a. Industrie. Der Hafen am Sankt-Lorenz-Strom, 1 600 km vom Atlantik entfernt, ist der bedeutendste Kanadas, obwohl er im Winter nicht zugängl. ist; mehrere Brücken, U-Bahn, internat. ⚓.

Geschichte: Entwickelte sich zw. dem Sankt-Lorenz-Strom (im O) und dem Hang des Mount Royal; aber die erste Siedlung wurde 1611 angelegt, aber 1623 von Irokesen zerstört; die zweite Siedlung (um ein Holzfort), **Ville-Marie-de-Montreal,** wurde 1642 gegründet. Im Siebenjährigen Krieg für Frankr. strateg. wichtiger Punkt des Kampfes gegen die brit. Kolonien; kapitulierte als letzte frz. Bastion am 8. Sept. 1760; 1775/76 von amerikan. Truppen besetzt; nach dem Nordamerikan. Unabhängigkeitskrieg infolge Zuwanderung wirtsch. von der engl.-sprachigen Bev. beherrscht; 1844–49 Hauptstadt von Kanada.

Bauten: Zu den ältesten erhaltenen Gebäuden zählen das Château Ramezay (1705; heute Histor. Museum) und die Seemannskirche Notre-Dame-de-Bonsecours (1771). Sw. des die Stadt beherrschenden Mont Royal (234 m ü. d. M.) liegt die Wallfahrtskirche Saint-Joseph (1924–67). Aus dem 20. Jh. stammen die Bauten für die Weltausstellung 1967 (u. a.

Wohnkomplex Habitat '67), für die Olympiade 1976 (u. a. Olympiastadion, 70 000 Plätze), die von der Witterung unabhängige Untergrundstadt unter dem Zentrum und die Gestaltung von Plätzen (u. a. Place des Arts mit Theater, Oper, Konzertsaal).
📖 *Rumilly, R.: Histoire de Montréal. Montreal 1970–72. 3 Bde. - Roberts, L.: M., from mission colony to world city. Toronto 1969.*

Montreux [frz. mõ'trø], Stadt am O-Ende des Genfer Sees, im schweizer. Kt. Waadt, 398 m ü. d. M., 18 700 E. Museum; internat. Veranstaltungen, u. a. Musikfestwochen; heilklimat. Kurort. - Gehörte urspr. dem Bischof von Sitten, im Spät-MA im Besitz Savoyens, seit 1536 Berns. - Spätgot. Kirche (1507 ff.), Theater (1870–80).

Montrose [engl. mɔn'trouz], schott. Adelstitel seit 1488; 1503 erbte ihn die Fam. Graham. Der 5. Earl of M., James Graham, wurde 1644 Marquess, sein gleichnamiger Enkel 1707 Duke.

Mont-Saint-Michel [frz. mõsɛ̃mi'ʃɛl], 78 m hohe frz. Granitinsel vor der Normandieküste, in der Bucht von M.-S.-M., durch einen Damm mit dem Festland verbunden, mit dem Wallfahrtsort Le M.-S.-M. (80 E). - Vermutl. schon im 6. Jh. von Mönchen bewohnt. 708 (?) baute der Bischof von Avranches nach einer Michaelserscheinung dort eine Kapelle, die sich im 8. Jh. zu einem der meistbesuchten Wallfahrtsorte Frankr. entwickelte. Das bisherige Kollegiatstift wurde 966 in ein Kloster umgewandelt (1790 aufgehoben; bis 1863 Staatsgefängnis; 1865–86 erneut Kloster). Seit den Normannenüberfällen des 8./9. Jh. entwickelte sich M.-S.-M. zu einer befestigten Siedlung; wurde 1254 königl. Festung. - Ehem. Benediktinerabtei (gegr. 996) mit roman.-got. Abteikirche (11.–16. Jh.; Barockfassade 18. Jh.), got. Klosterbauten; Befestigungsanlagen (13.–15. Jh.); Museen. - Abb. S. 20.

Montserrat [span. mɔnsɛ'rrat], nach allen Seiten steil abfallender Berg im katalan. Hügelland, nw. von Barcelona, Spanien, 1 224 m ü. d. M. Berühmter Wallfahrtsort ist das Benediktinerkloster (gegr. 1023) mit der „Schwarzen Madonna von M." (Gnadenbild aus dem 12. Jh.). Die Abtei (seit 1409) ist eine bed. Stätte wiss. Studien.

M. [engl. mɔnsə'ræt], brit. Kronkolonie im Bereich der Kleinen Antillen, 102 km^2 (97 km^2 [?]), 12 100 E (1980, zu 95% Neger und Mulatten), Hauptstadt Plymouth. Amtssprache Englisch. Die Insel ist vulkan. Ursprungs, bis 917 m hoch. Zu zwei Dritteln mit Gras- und Buschland, in höheren Lagen mit Wald bedeckt. Anbau von Baumwolle, Obst, Gemüse, Pfeffer und Zuckerrohr; Viehzucht; Fischerei. Verarbeitung landw. Produkte. Fremdenverkehr. - 1493 von Kolumbus entdeckt; 1632 ließen sich die ersten brit. Siedler nieder; nach mehrfachem Besitzwechsel 1783 endgültig brit. Besitz; gehörte ab 1871 als Kronkolonie zum Verband der Leeward Islands; 1960 erhielt M. innere Autonomie.

Montur [lat.-frz.], Uniform, Dienstkleidung, Anzug für bestimmte Zwecke.

Monument [lat.], baul., literar. u. ä. histor. Zeugnis (Bau- und Kulturdenkmal).

Monumenta Germaniae historica [lat. „histor. Denkmäler Deutschlands"], Abk. MGH, MG, zentrale Quellenausgabe der dt. Mediävistik, urspr. bearbeitet von dem 1819 für dieses Unternehmen auf Initiative des Frhr. vom Stein gegr. „Gesellschaft für ältere dt. Geschichtskunde". Die Vorarbeiten wurden im „Archiv der Gesellschaft für ältere dt. Geschichtskunde ..." (12 Bde., 1820–74) und seinen Nachfolgezeitschriften veröffentlicht (heute: „Dt. Archiv für Erforschung des MA", 1950 ff.). 1826 erschien der 1. Bd. der MGH (heute weit über 300). 1824–74 hatte G. H. Pertz die wiss. Leitung. 1875 wurde der bis dahin private Verein in eine öffentl.-rechtl. Körperschaft umgewandelt und seitdem vom Dt. Reich mit östr. Hilfe finanziert. 1935 Umwandlung in das „Reichsinstitut für ältere dt. Geschichtskunde", Neugründung nach dem 2. Weltkrieg unter dem Namen „MGH (Dt. Institut für Erforschung des MA)", Sitz München (seit 1963 Körperschaft des öffentl. Rechts). - Nach dem inzwischen wesentl. erweiterten Editionsplan gliedern sich die MGH in fünf Hauptabteilungen: Scriptores (erzählende Quellen, jedoch z. B. auch spät-ma. Staatsschriften), Leges (Rechtsquellen), Epistolae (Briefe), Diplomata (Königsurkunden), Antiquitates (u. a. lat. Dichtungen, Gedenk- und Totenbücher).

Monumentalschrift (Lapidarschrift), Großbuchstaben-(Majuskel-)Schrift, v. a. auf Stein und Erz.

Monument Valley [engl. 'mɔnjumənt 'vælɪ], Naturschutzgebiet im nö. Arizona und sö. Utah, USA, im Navajoreservat; Tafelberge, pfeiler- und turmförmige Felsen aus Sandstein, z. T. auch Reste von Vulkanschloten.

Monza, italien. Stadt in der Lombardei, 162 m ü. d. M., 123 100 E. Ind.- und Handelszentrum; jährl. Möbel- und Hausratsmesse; Autorennstrecke. - An der Stelle von M. lag in vorröm. Zeit eine Siedlung der kelt. Insubrer; in der Römerzeit **Modicia**; in langobard. Zeit Krönungsstadt (seit dem 6. Jh.); stand seit 1126 mit kurzen Unterbrechungen im 12. und 14. Jh. unter der Herrschaft Mailands. - Roman.-got. Dom (13. Jh.) mit Marmorfassade, im Kirchenschatz u. a. die eiserne Krone der Langobarden (9. Jh.); altes Rathaus mit Loggia (1293 ff.); etwas außerhalb die klassizist. Villa Reale (1777 ff.).

Moody Blues [engl. 'muːdɪ 'bluːs], brit. Rockmusikgruppe 1964–74; spielten zunächst Rhythm and Blues; erfolgreich seit etwa 1967 mit einer Musik, die Rock und Klassik mit religiösen Inhalten zu verbinden suchte; mach-

Moog

Mont-Saint-Michel. Ehemalige Benediktinerabtei

ten wohl als erste Rockgruppe Schallplattenaufnahmen mit einem Orchester und benutzten als eine der ersten Bands ein Mellotron.

Moog [engl. mu:g], Bez. für den von R. A. Moog (* 1934) 1964 vorgestellten ersten funktionstüchtigen [Voll]synthesizer (↑ Synthesizer).

Moon, estn. Ostseeinsel, von der Küste durch die 6 km breite M.straße getrennt, mit Ösel durch einen Straßendamm verbunden, 204 km^2; bis 24 m ü. d. M.

Moor [niederdt.], Bez. für ein dauernd feuchtes, schwammiges, tierarmes Gelände mit charakterist. Pflanzengesellschaften auf einer mindestens 30 cm mächtigen Torfdecke. Grundvoraussetzung für die Entstehung eines M. ist ein großer Wasserüberschuß, der das Wachstum feuchtigkeitsliebender Pflanzen begünstigt. Daneben werden durch den Wasserüberschuß anaerobe Verhältnisse geschaffen, die den mikrobiellen Abbau der abgestorbenen Pflanzenreste hemmen und einen Inkohlungsprozeß einleiten, der zur Torfbildung führt. – Nach der letzten Eiszeit, während der nachfolgenden, noch kalten Periode, bildeten sich in den Schmelz- und Stauwasserseen, die zw. den Moränen zurückgeblieben waren, sog. Mudden (Ablagerungen von Schlamm) aus. Man unterscheidet je nach ihrer Entstehung die bei der Verlandung von Seen gebildeten **Flachmoore** (Nieder-M., Riede), die in der Regenwasserzone entstandenen **Hochmoore** (Torf-M., Heide-M.) und bei wechselnder Ausbildung beider Typen die

Moor. Schematische Darstellung der Entwicklungsstadien eines Moores aus einem Moränensee:
1 einsetzende Verlandung; Armleuchteralgen, Laichkrautarten, Seerosen, Schilf und Seggen rücken nacheinander gegen den See vor, der sich zunehmend füllt;
2 Flachmoor; der See ist nahezu verlandet; 3 im Flachmoor hat sich Flachmoortorf gebildet, auf dem Wald wächst; in der Mitte siedeln sich bei feuchter werdendem Klima Torfmoose an, die einen flachen Hochmoorschild bilden, auf dem die Bäume absterben; 4 das Hochmoor ergreift vom gesamten Gebiet Besitz und bedeckt den alten Waldboden mit Waldtorf und Hochmoortorf

Übergangsmoore. Typ. Pflanzen der Flach-M. sind Rohrkolben, Seggen, Schilf, Schwarzerle und Weide, des Hoch-M. Torfmoose, Wollgras, Glockenheide, Binse und Haarsimse. Im Übergangs-M. treten Birke und Kiefer und unterschiedl. Anteile der Pflanzengesellschaften der Flach- und Hoch-M. auf. Die gewölbte Oberfläche der Hoch-M. kam dadurch zustande, daß die Torfmoose große, geschlossene Polster bildeten, die immer höher wuchsen, während die unteren Pflanzenteile abstarben und zu Torf wurden. Grabenartige Vertiefungen zur Ableitung des Wassers am Rande von Hoch-M. werden **Laggs** genannt. Durch Aufreißen der M.decke können sich *Mooraugen* (**Kolken**) bzw. *Moorseen* bilden. Das in ihnen stehende Wasser ist durch Humussäuren braungefärbt. **Schlenken** sind die sich zw. den hohen Moospolstern (**Bülten**) hinwindenden wassergefüllten Senken. Bülten und Schlenken geben der M.oberfläche das charakterist. Aussehen. Die M.bildung ist nicht an bestimmte Erdzeitalter gebunden. Soweit nicht durch Kulturmaßnahmen unterbunden, findet sie (klimat. bedingt verlangsamt) auch heute noch statt. Bes. reich an M. sind die UdSSR (71,5 Mill. ha), Finnland (9,7 Mill. ha), Schweden (6 Mill. ha) und Kanada (10 Mill. ha). Die Fläche nicht kultivierter M. in der BR Deutschland beträgt 107 200 ha (1985).
📖 *M.- u. Torfkunde*. Hg. v. K. Göttlich. Stg.
²*1980*. - Overbeck, F.: *Botan.-geolog. M.kunde, unter bes. Berücks. der M. Nordwestdeutschlands als Quellen z. Vegetations-, Klima- u. Siedlungsgesch*. Neumünster 1975.

Moorantilope ↑ Riedböcke.

Moorbad, therapeut. Anwendung von breiig aufgeschwemmten Torf-Wasser-Mischungen. Auf Grund des hohen Wasserbindungs- und Wärmespeichervermögens wird der durch Wasserdampf erhitzte Moorbrei mit höherer Temperatur als Wasser auf der Haut vertragen und gibt seine Wärme kontinuierlich über einen längeren Zeitraum ab. Zusätzl. wirksam beim M. im Unterschied zu ↑ Fango Inhaltsstoffe der Moorsubstanz, gelöste organ. Stoffe und Schwebstoffe. Die kreislaufbelastenden **Moorvollbäder** werden v. a. bei chron. Gelenk- bzw. Wirbelsäulenleiden, **Moorteilbäder** bes. bei chron. Unterleibserkrankungen der Frau, **Moorpackungen** bei isolierten chronisch-entzündl. oder rheumat. Prozessen einzelner Gelenke oder Gliedmaßen angewandt.

Moorbeere, svw. ↑ Rauschbeere.

Moorbirke (Haarbirke, Betula pubescens), strauch- oder baumförmige, bis 15 m hohe Birkenart auf Mooren, Sümpfen und in feuchten Wäldern; junge Zweige samtig behaart; Rinde kalkweiß bis bräunlich.

Moore [engl. mu:ə], George, * Moore Hall (Mayo, Irland) 24. Febr. 1852, † London 21. Jan. 1933, ir. Dichter. - Ab 1872 in Frankr.; kehrte 1901 nach Irland zurück; stand zeitweise der „kelt. Renaissance" (Yeats u. a.) nahe; 1903 Konversion zum Protestantismus; ab 1911 in England; schrieb, zunächst vom frz. Naturalismus beeinflußt, den Roman „Ein Drama in Musselin" (1886), die Autobiographie „Confessions of a young man" (1888) und den bed. naturalist. Roman eines Dienstmädchens, „Arbeite und bete" (1894), dann den religiösen Doppelroman „Evelyn Innes" (1898) und „Sister Teresa" (1901, beide dt. 1905 u. d. T. „Ird. und himml. Liebe").

M., George Edward, * London 4. Nov. 1873, † Cambridge 24. Okt. 1958, engl. Philosoph. - Mit und neben B. Russell Begründer der ↑ analytischen Philosophie. - *Werke:* Ethics (1912), Eine Verteidigung des common sense (1925).

M., Gerald, * Watford (Herts) 30. Juli 1899, engl. Pianist. - Anfangs Konzertpianist, später erfolgreicher Klavierbegleiter bed. Sänger (D. Fischer-Dieskau, H. Hotter, E. Schwarzkopf, C. Ludwig u. a.) und Instrumentalisten (Y. Menuhin, P. Casals u. a.). - † 13. März 1987.

M., Henry, * Castleford (Yorkshire) 30. Juli 1898, † Much Hadham 31. Aug. 1986, engl. Bildhauer und Graphiker. - Kunststudium in Leeds; danach 1921–25 Stipendium für das Royal College of Art in London. Hier bis 1932 auch Lehrer einer Bildhauerklasse. M. strebt bewußte Elementarisierung seiner Formen an (Einflüsse primitiver und archaischer Kunst); erkennbar ist ein Prozeß der Abstraktion in seinen figürl. Arbeiten (Liegende Mutter-und-Kind-Gruppen, Sitzende, Kopfstudien). Volumen und Hohlformen treten in seinen Skulpturen in Beziehung zueinander. M. reduziert dabei seine Figuren auf archetyp. Formen, verleiht ihnen monumentalen Charakter (Freiluftplastiken). Neben dem plast. Werk umfangreiches graph. Oeuvre, Einzelblätter und Zyklen, Bergwerkmotive, Menschen im U-Bahn-Schacht während des 2. Weltkrieges.
Bildhauer. Werke: Krieger mit Schild (Bronze, 1953/54; Mannheim, Kunsthalle), Schott. Kreuz (Bronze, 1955/56; Hannover, Maschpark), Drei aufrechte Figuren (Bronze, 1955/56, Otterloo, Rijksmuseum Kröller-Müller). - Abb. Bd. 6, S. 151, Bd. 10, S. 55.

M., Roger, * London 14. Okt. 1927, brit. Filmschauspieler. - 1953–60 in Hollywood; wurde durch die Fernsehkrimiserie „Simon Templar" (1962–68) weltbekannt. Auch James-Bond-Darsteller u. a. in „Leben und sterben lassen" (1973), „Der Mann mit dem goldenen Colt" (1974), „Der Spion, der mich liebte" (1975), „Moonraker - streng geheim" (1979), „Im Angesicht des Todes" (1984).

M., Stanford, * Chicago 4. Sept. 1913, † New York 23. Aug. 1982, amerikan. Biochemiker. - Prof. am Rockefeller Institute of Medical Research; trug zur Aufklärung der Struktur des Enzyms Ribonuklease bei; erhielt hierfür gemeinsam mit C. B. Anfinsen und W. Stein

1972 den Nobelpreis für Chemie.

M., Thomas, * Dublin 28. Mai 1779, † Sloperton Cottage bei Devizes 25. Febr. 1852, ir. Dichter. - 1803–18 Admiralitätsregistrator auf den Bermudas. Gewann als ir. Nationaldichter europ. Ruhm durch seine „Ir. Melodien" (1808–34), lyr. Gedichte, deren Texte alten ir. Melodien angeglichen sind. Die erzählende Versdichtung „Lalla Rukh" (1817) umfaßt 4 poet. Erzählungen aus der Welt des Nahen Ostens (darunter „Das Paradies und die Peri", 1843 vertont von R. Schumann). Enger Freund und Biograph Byrons.

Mooreiche, Bez. für jahrhundertelang in Hochmooren gelegenes, durch Verbindung von Gerbsäure mit eisenhaltigen Huminsäurevorstufen grüngrau bis blauschwarz verfärbtes Eichenholz; wird für hochwertige Möbel verwendet.

Moorente ↑ Enten.

Moorfrosch ↑ Frösche.

Moorfunde, in der Vorgeschichtsforschung Bez. für auf Mooren (Torfbildungen) oder in Seen, die später vermoorten, deponierte Opfer- und Votivgaben. Die seit dem Neolithikum geübte Sitte, Opfer- und Votivgaben im Moor oder im Wasser zu versenken, erreichte in der Eisenzeit ihren Höhepunkt, wie die großen Fundplätze in S-Skandinavien und Norddeutschland zeigen (v. a. Gundestrup, Hjortspring, Nydam, Thorsberg, Vimose). - ↑ auch Moorleichen.

Moorgelbling ↑ Gelblinge.

Moorheide ↑ Glockenheide.

Moorhufenflur ↑ Fehnkultur.

Moorkiefer (Pinus mugo ssp. rotundata), strauchförmig wachsende oder niedrige Bäume ausbildende Unterart der Bergkiefer; Nadeln zu zweien, beide Seiten dunkelgrün; Zapfen asymmetrisch; Schuppenschilder schwach hakenförmig; wächst meist auf Hochmooren.

Moorkultur, die landw. Nutzung bzw. die Urbarmachung der Moore. Die ältesten landw. genutzten Moore sind die Flachmoore. Das Kultivierungsverfahren dazu ist die **Deckkultur** (Sanddeckkultur). Nach Anlage von Entwässerungsgräben und Zersetzung der Mooroberfläche (durch Eggen, Umbruch, Walzen) wird eine 10–15 cm hohe Sandschicht aufgetragen. Sie gibt den Pflanzen festeren Halt und verringert die Wasserverdunstung. Dadurch ergeben sich gute Ackerböden, die lange Zeit keinen Stickstoffdünger brauchen. Bei der **Moordammkultur** wird der Sand aus dem Untergrund der gezogenen Entwässerungsgräben zur Besandung der stehengebliebenen „Dämme" benutzt. Selten angewendet wird die **Schwarzkultur,** denn sie verlangt neben mehrfacher Durcharbeitung und Verfestigung der oberen Bodenschicht eine Nährstoffanreicherung. Bei Hochmooren wird die **dt. Hochmoorkultur** durchgeführt. Das nicht abgetorfte Moor wird durch Dränung, Umbruch, Kalkung, Düngung und Pressung in Kultur gebracht. Eine andere Methode ist die ↑ Fehnkultur. Eine bei beiden Moortypen mit geringer Mächtigkeit (50–100 cm) angewendetes Verfahren ist die **Sandmischkultur.** Ein Pflug schneidet die unter dem Moor lagernde Mineralbodenschicht bis zu 30 cm Tiefe an, bricht die häufig vorhandene Ortsteinschicht auf und bildet einen Umbruch, auf dem schräg stehende Moor- und Sandschichten miteinander abwechseln. Der Sand sorgt für Wasserabfluß und Durchlüftung. Allmähl. entsteht ein stark humoser Boden. Der Vorläufer der M. war die **Moorbrandkultur.** Sie bestand hauptsächl. aus vorwinterl. Entwässerung, Abbrennen im Frühjahr und Einsaat von Buchweizen und Schwarzhafer in die nährstoffreiche Asche; sechs- bis siebenmaligem Abbrennen und Bestellen folgten 30 Jahre Brache.

Moorleichen (Torfleichen), Bez. für alle aus dem Moor kommenden Menschenfunde. Die bisher über 1 300 M. stammen überwiegend aus Norddeutschland und S-Skandinavien und gehören v. a. in die jüngere Eisenzeit. Sie geben durch ihren Erhaltungszustand wertvolle Aufschlüsse über Kleidung, Ernährung und Gesundheitszustand der damaligen Populationen sowie über die Motive und Ursachen der Versenkung im Moor (Hinrichtung, Menschenopfer, Verbrechen, Unfälle). - ↑ auch Moorfunde.

Moorse, George [engl. muːəz], * Bellmore (N. Y.) 1. Mai 1936, amerikan. Filmregisseur. - Lebt seit 1959 in der BR Deutschland, wo er als Regisseur des „Jungen Dt. Films" hervortrat, u. a. „Inside out" (1964), „Der Findling" (1967; nach Kleist), „Kuckucksjahre" (1967), „Der Griller" (1968), „Liebe und so weiter" (1967), „Lenz" (1971; nach G. Büchner), „Pan" (1973), „Schattenreiter" (1974), „Brandmale" (1983).

Moos, Ludwig von, * Sachseln (Unterwalden ob dem Wald) 31. Jan. 1910, schweizer. Politiker. - Mgl. der Christl. demokrat. Volkspartei; 1943–59 Mgl. des Ständerats; 1959–71 Bundesrat (Justiz- und Polizeidepartement), 1964 und 1969 Bundespräsident.

Moos ↑ Moose.

♦ süddt. für Moor.

♦ Bez. für einige kleinblättrige Pflanzen aus den verschiedensten Gruppen des Pflanzenreiches mit kriechendem, polsterartigem Wuchs; z. B. Isländ. Moos, Sternmoos.

Moosbeere (Vaccinium oxycoccus), Art der Gatt. Heidelbeere; kriechende Pflanze mit dünnem, fadenförmigem Stämmchen und bis 10 mm langen, eiförmig-längl. Blättern (Unterseite bläulich); hellrote, in Trauben stehende Blüten; Beerenfrüchte erbsengroß, säuerl. schmeckend; Charakterpflanze der Hochmoore.

Moosbrugger (Mosbrugger), Kaspar, eigtl. Andreas M., * Au (Bregenzerwald) 22. 7.

Moostierchen

1656, † Einsiedeln 26. Aug. 1723, östr.-schweizer. Baumeister. - Durch Aufnahme italien. Zentralraumgedanken bereicherte er das Vorarlberger Langhausschema: in der Stiftskirche in Muri (1694–98) in kleinem Maßstab und einfachen Formen; in seinem Hauptwerk, der Stiftskirche in Einsiedeln (1719 ff.), schuf er eine der kompliziertesten und kontrastreichsten Raumfolgen des barocken Kirchenbaus.
Weitere Werke: Klosterkirchen in Fischingen (1685–87) und in Disentis (1696–1712).

Moosburg a. d. Isar, Stadt am N-Rand des Erdinger Mooses, Bay., 421 m ü. d. M., 13 600 E. Apparate-, Maschinen- und Transportgerätebau, Baustoff-, chem. Ind. - Entstand um ein vor 772 gegr. Kloster; erhielt 1331 Landshuter Stadtrechte. - Roman. Münster mit spätgot. Chor (1468). Der Hochaltar ist einer der bedeutendsten spätgot. Schnitzaltäre Süddeutschlands; spätgot. Sankt Johanniskirche (1347 und 15. Jh.); spätgot. ehem. Stiftsherrenhäuser.

Moosdorf, Johanna, * Leipzig 12. Juli 1911, dt. Schriftstellerin. - Schrieb v. a. vom Erlebnis des NS und des Krieges geprägte Romane und Erzählungen, u. a. „Schneesturm in Worotschau" (Nov., 1956), „Nebenan" (R., 1961), „Die Andermanns" (R., 1969), „Die Freundinnen" (R., 1977).

Moose (Bryophyten, Moospflanzen), Abteilung der Sporenpflanzen mit rd. 26 000 Arten, die in die beiden Klassen ↑Laubmoose und ↑Lebermoose unterteilt werden. Es sind kleine, wurzellose, nur mit Rhizoiden (wurzelähnl. Organe) ausgestattete autotrophe Pflanzen, die überwiegend auf dem Land vorkommen. Typ. für die M. ist der heterophas. Generationswechsel (d. h. der Generationswechsel ist mit einem Kernphasenwechsel gekoppelt). Dabei stellt die unterschiedl. gestaltete und beblätterte Moospflanze den (haploiden) Gametophyten dar, auf dem sich hier (erstmalig in der stammesgeschichtl. Entwicklung der Pflanzen) die mit einer sterilen Hülle umgebenen ♀ (Archegonien) und ♂ (Antheridien) Sexualorgane befinden. Die völlig anders gestaltete (diploide) Sporophytengeneration entsteht aus der befruchteten Eizelle (↑Zygote) und bleibt zeitlebens mit dem Gametophyten verbunden, von dem sie auch ernährt wird. In der Kapsel der Sporophyten (Mooskapsel, Sporogon) erfolgt unter Reduktionsteilung die Bildung der Moossporen, die der Verbreitung dienen. Pflanzengesellschaften, in denen die M. dominieren, sind nur die Hochmoore der niederschlagsreichen Gebiete mittlerer Breiten. Zahlr. M. leben epiphyt. auf Baumstämmen. Eine wichtige Rolle im Wasserhaushalt der Landschaft spielen die Moosdecken unserer Wälder, die auf Grund ihres großen Wasserbindungsvermögens ausgleichend auf die Quellschüttung wirken. - M. trockener Standorte bilden dichte Polster, die durch

Moorleiche von Tollund, Jütland. Die Schlinge, mit der der Mann erwürgt wurde, ist deutlich zu erkennen. Kopenhagen, Nationalmuseet

das Auftreten von chlorophyllfreien Blattspitzen (Glashaare) bei Trockenheit weiß erscheinen.

Moosfarn (Mooskraut, Selaginella), bereits seit dem Erdaltertum nachgewiesene Gatt. der Bärlappordnung **Moosfarne** (Selaginellales) mit mehr als 700 Arten, hauptsächl. im trop. Regenwald; verschieden gestaltete, moosähnl., ausdauernde Kräuter mit dünnen, meist gabelig verzweigten Sprossen, flachgedrückten Zweigen und kleinen, schuppenförmigen, oft zweigestalteten Blättern (kleine Ober-, größere Unterblätter). Bekannt sind u. a. der moosartige Rasen bildende **Gezähnte Moosfarn** (Selaginella selaginoides) auf feuchten, grasigen und moosigen Stellen höherer Gebirge Europas und in der Arktis; mit bis 7 cm hohen Stengeln und sehr kleinen, spiralig angeordneten Laubblättern.

Moosglöckchen, svw. ↑Erdglöckchen.
Mooskarpfen, svw. Teichkarpfen (↑Karpfen).
Mooskraut, svw. ↑Moosfarn.
Moosrose ↑Rose.
Moostierchen (Bryozoen, Bryozoa), seit

dem Kambrium bekannte Klasse der Tentakelträger, heute mit rd. 4 000 Arten v. a. im Meer verbreitet. Die M. bilden durch Knospung entstehende, festsitzende, bäumchen- oder moosförmige Kolonien (**Zoarien**), die bis etwa 90 cm hoch, bei kriechenden Formen bis 2 m lang werden können. Die Einzelindividuen (**Zoide**) sind etwa 1–4,5 mm groß und von einer Kutikula umgeben, aus der das Vorderteil mit einem Kranz von Fangarmen herausragt. M. haben kein Blutgefäßsystem. - Die M. sind Strudler, die sich v. a. von Plankton und Detritus ernähren. Viele M. waren in früheren geolog. Epochen am Aufbau von Riffkalken (Bryozoenkalk) beteiligt.

Moped [Kw. aus **Mo**tor und **Ped**al] ↑ Kraftrad.

Mops [niederdt.], zu den Doggen zählende Rasse kurzhaariger, bis 32 cm schulterhoher Kleinhunde mit gedrungenem Rumpf, rundl. Kopf und kleinen Hängeohren; Fell meist silbergrau oder beigefarben mit Aalstrich und schwarzer Gesichtsmaske.

Mopsfledermaus ↑ Fledermäuse.

Mopti, Regionshauptstadt im Nigerbinnendelta, Mali, 263 m ü. d. M., 53 900 E. Kath. Bischofssitz; Verarbeitungszentrum eines Landw.- und Fischereigebiets; Herstellung von Töpfer- und Schmiedewaren. ⚙.

Moquegua [span. moˈkeɣwa], Hauptstadt des Dep. M. in Peru, auf der W-Abdachung der Anden, 1 440 m ü. d. M., 7 800 E. Zentrum eines Bewässerungsfeldbaugebiets.

M., Dep. in S-Peru, am Pazifik, 16 175 km², 101 600 E (1981), Hauptstadt M. Reicht von der Küstenebene bis in die Westkordillere der Anden.

Mor, Anthonis, * Utrecht um 1520, † Antwerpen zw. 17. April 1576 und 12. Mai 1577, niederl. Maler. - Tätig an fast allen europ. Höfen, v. a. in England und Spanien. In seinen lebensgroßen, höf.-aristokrat. Porträts verbindet sich repräsentative und psycholog. Erfassung, u. a. Maria I. Tudor (1554, Madrid, Prado), Wilhelm I. von Oranien-Nassau (1555; Kassel, Staatl. Kunstsammlungen).

Mora (More) [lat. „Verzögerung"], von G. Hermann für die antike Metrik eingeführter Begriff für die kleinste mehr. Zeiteinheit (-); eine metr. Länge besteht demnach aus zwei Moren; von A. Heusler für die dt. Verslehre übernommen.

Móra, Ferenc [ungar. ˈmoːrɔ], * Kiskunfélegyháza 17. Juli 1879, † Szeged 8. Febr. 1934, ungar. Schriftsteller. - Verfaßte Bauernromane, Novellen, Skizzen und Lyrik, auch Märchen und hervorragende Jugendbücher, u. a. „Der Wundermantel" (Nov., 1918), sowie breitangelegte histor. Romane: „Lied von den Weizenfeldern" (R., 1927), „Der einsame Kaiser" (R., 1933).

Morabitina [span.] ↑ Maravedi.

Moral [lat., zu mos „Sitte, Gewohnheit, Charakter"], 1. im modernen Sprachgebrauch Sammelbez. für die der gesellschaftl. Praxis zugrundeliegenden, als verbindl. akzeptierten und eingehaltenen eth.-sittl. Normen[systeme] des Handelns; 2. insbes. bei Kant noch weitgehend synonym zu ↑ Ethik die „Wiss. von den allg. Regeln des reinen Willens"; 3. Stimmung, Kampfgeist; 4. lehrreiche Nutzanwendung [einer Geschichte].

Morales, Cristóbal, * Sevilla um 1500, † Málaga oder Marchena (Prov. Sevilla) zwischen dem 4. Sept. und 7. Okt. 1553, span. Komponist. - War 1535–45 Mgl. der päpstl. Kapelle, bis 1547 Kapellmeister der Kathedrale von Toledo, danach in Marchena und ab 1551 Kapellmeister der Kathedrale von Málaga; einer der ersten bed. Vertreter der Polyphonie in Spanien.

M., Luis de, gen. el Divino, * Badajoz um 1509, † ebd. 9. Mai 1586, span. Maler. - Der bedeutendste Manierist in Spanien vor El Greco. Seine myst.-religiösen Andachtsbilder verarbeiten italien. und fläm. Einflüsse, u. a. „Kreuztragung Christi" (Florenz, Uffizien).

M., Tomás, * Moya (Gran Canaria) 10. Okt. 1886, † Las Palmas de Gran Canaria 23. Aug. 1921, span. Dichter. - Schrieb kunstvolle, vom Modernismo beeinflußte lyr. Gedichte über seine Heimat und das Meer („Poemas de la gloria, del amor y del mar", 1908).

Morales Bermúdez, Francisco [span. moˈralez βɛrˈmuðes], * Lima 4. Okt. 1921, peruan. General und Politiker. - Offiziierslaufbahn; 1968–74 Wirtschafts- und Finanzmin.; 1974/75 Generalstabschef; Febr.–Aug. 1975 Min.präs., Kriegsmin. und Oberbefehlshaber der Streitkräfte; 1975–80 Staatspräsident.

Moralische Aufrüstung (Moral Rearmament; Abk. MRA), seit 1938 Name der 1921 in Oxford unter der Bez. **Oxfordgruppenbewegung** ins Leben gerufenen Vereinigung mit dem Ziel, aus christl. Geist einen sittl. Wandel der Menschheit herbeizuführen. Die wichtigsten Prinzipien sind die vier „Absoluta": Ehrlichkeit, geschlechtl. Reinheit, Selbstlosigkeit, dienende Nächstenliebe. Hierüber erfolgen Aussprachen in einer Gruppe sowie Beichten.

moralische Wochenschriften, Zeitungstypus der Aufklärung; entstand in England aus der bürgerl.-puritan. Prostesthaltung gegen die galanten Sitten der Aristokratie; vorbildhaft in ganz Europa wurden die von den Essaysten R. Steele und J. Addison herausgegebenen m. W. „The Tatler" (1709–11), „The Spectator" (1711/12) und „The Guardian" (1713). M. W. waren bes. in Deutschland außerordentl. beliebt: insgesamt sind für das 18. Jh. 511 Titel nachgewiesen; Blütezeit um 1750–80. - Die m. W. verarbeiteten das rationalist., später auch das pietist.-empfindsame Gedankengut der Zeit mit dem Ziel der Belehrung und v. a. der sittl.-moral. Erziehung des Bürgertums (ausgespart blieben, i. Ggs. zum engl. Vorbild, polit. Themen). Eine durch Originalität und Qualität herausragende Zeitschrift war „Der Wandsbecker Bote" (1771–76) von M. Claudius. Die m. W. waren von großer Bed. für die Entwicklung des bürgerl. Selbstverständnisses im 18.Jh. wie auch für Haltung und Stil der bürgerl. Literatur des 19. Jahrhunderts.

Moralismus [lat.], alle Formen der Verabsolutierung eth. Normen[systeme], mit denen eine freie Entfaltung der menschl. Persönlichkeit unmöglich gemacht wird.

Moralisten [lat.], im allg. Sinne Philosophen und Schriftsteller, die in ihren Werken das menschl. Tun und Verhalten unter bestimmten Moralgesetzen behandeln; insbes. Bez. für frz. Schriftsteller des 17.Jh., z. B. F. de La Rochefoucauld, Saint-Évremond, J. de La Bruyère, die sich im Anschluß an Montaigne (16.Jh.) im Rahmen der Salonliteratur bes. der Analyse der menschl. Psyche widmeten und ihre pessimist.-misanthrop. Lebenserfahrungen in kunstvoller Rhetorik zur Belehrung ihrer Zeitgenossen darboten. Bevorzugte literar. Formen waren Maximen oder Aphorismen, Essay und Briefe.

Moralität [lat.], bei Kant im Ggs. zur Legalität die wahre Sittlichkeit des Handelns, die Übereinstimmung des Willens mit dem Sittengesetz, mit der Idee der Pflicht.
◆ religiös-erbaul. Schauspiel des Spät-MA: Der Kampf um die Seele eines Menschen wird durch Personifizierung und Allegorisierung abstrakter Begriffe und Eigenschaften (z. B. Tugenden und Laster, Leben und Tod) dargestellt. Seit etwa dem ausgehenden 14.Jh. bes. in Frankr., England und Italien.

Moralitätsprinzip [lat.], nach S. Freud das an den Grundsätzen der Ethik orientierte und vom Über-Ich beanspruchte Prinzip des Verhaltens bzw. Handelns (im Unterschied zum Lustprinzip und zum Realitätsprinzip).

Moralphilosophie, allg. svw. ↑Ethik, i. e. S. in der kath.-theolog. Ethik die philosoph. Lehre von den natürl. eth. Normen des Handelns und ihrer Begründung.

Moral Rearmament [engl. 'mɔrəl riː'ɑːməmənt] ↑ Moralische Aufrüstung.

Moraltheologie, Disziplin der kath. systemat. Theologie, die menschl. Handeln angesichts der in der Bibel bezeugten Offenbarung erforscht und beurteilt. Kernpunkt dieses Handlungsverständnisses bildet die zentrale Glaubensaussage, daß der im christl. Glauben als Schöpfer verehrte Gott sich in Christus offenbart und damit jenen absoluten Sinn konstituiert, von dem aus menschl. Handeln eth. von seinem Anspruch und Ziel her bewertet werden kann. - Die Ausbildung der M. als eigenes Fach geschah gegen Ende des 16.Jh., als sie sich aus der Dogmatik löste und als „Theologia moralis" selbständige systemat. Gestalt gewann. Die Nähe zum Kirchenrecht und zur Pastoraltheologie, in die die M. im 17. und 18.Jh. rückte, führte zu einer kasuist. Engführung, die seit der Mitte des 19.Jh. eine wiss. Neubesinnung auf die offenbarungstheolog. Grundlagen der M. notwendig machte, die bis in die Gegenwart hineinreicht.

Morand, Paul [frz. mɔ'rã], * Paris 13. März 1888, † ebd. 23. Juli 1976, frz. Schriftsteller. - Vielseitiger, kosmopolit. eingestellter, zeitweise auch dem literar. Avantgardismus nahestehender Romancier, Reiseschriftsteller, [polit.] Essayist und Biograph (Maupassant, Proust). Während des 2. Weltkrieges (im Auftrag der Regierung Pétain) Gesandter in Bukarest und Bern, nach Kriegsende vorübergehend im Exil; seit 1969 Mgl. der Académie française. - *Werke:* Ouvert la nuit (En., 1922), Fermé la nuit (En. 1923; beide dt. 1926 u. d. T. Nachtbetrieb), Der lebende Buddha (R., 1927), New York (1930), Flagellant von Sevilla (R., 1951), Sophie Dorothea von Celle (R., 1968), Les écarts amoureux (En., 1974).

Morandi, Giorgio, * Bologna 20. Juli 1890, † ebd. 18. Juni 1964, italien. Maler und Graphiker. - Entwickelte auf der Grundlage der Kunst von Cézanne und des Kubismus ein eigenständiges lyr. Werk, v. a. formal vereinfachte Stilleben mit feinen Licht- und Schattennuancen. - Abb. Bd. 10, S. 353.

Moräne [frz.] ↑ Gletscher.

Morante, Elsa, * Rom 18. Aug. 1912, † ebd. 25. Nov. 1985, italien. Schriftstellerin. - War ∞ mit A. Moravia; Verf. psycholog. [Familien]romane, die sich sowohl durch scharfe Beobachtungsgabe als auch durch außergewöhnl. Phantasie auszeichnen, u. a. „Lüge und Zauberei" (1948), „Arturos Insel" (1957), „La Storia" (1974).

Moratorium [zu lat. moratorius „säumend, verzögernd"], vertragl. vereinbarter oder hoheitl. angeordneter Aufschub der Erfüllung fälliger Verbindlichkeiten im zwischenstaatl. Verkehr. Schuldner und Gläubiger der unter ein M. fallenden Verbindlichkeiten können Privatleute oder jurist. Personen des privaten wie des öffentl. Rechts sein. Ein M. ist regelmäßige Folge des Kriegszustandes. Die internat. Finanzabkommen lassen Moratorien z. B. bei Gefährdung der Währungsstabilität eines Entwicklungslandes zu.

Morava, rechter Nebenfluß der Donau, wichtigster Fluß Serbiens, entsteht nördl. von Kruševac durch den Zusammenfluß von **Südlicher Morava** (entspringt nördl. von Skopje, 318 km lang) und **Westlicher Morava** (entspringt östl. von Titovo, 298 km lang), mündet 30 km östl. Belgrad, 221 km lang. Das Tal der M. und das der Südl. M. ist die bedeutendste Verkehrsleitlinie S-Jugoslawiens, da über eine nur 460 m ü. d. M. liegende Talwasserscheide Verbindung zum Vardar besteht *(Morava-Vardar-Furche).*

Moravia, Alberto, eigtl. A. Pincherle, * Rom 28. Nov. 1907, italien. Schriftsteller. - War ∞ mit Elsa Morante; 1959–62 Vorsit-

zender des internat. PEN-Clubs. Einer der erfolgreichsten zeitgenöss. italien. Schriftsteller; als Romancier und Erzähler wichtiger Vertreter des psycholog. Realismus (psycholog. Durchdringung der Geschlechterbeziehungen und der Familie, z. B. in seinem ersten Roman „Die Gleichgültigen" [1929]); dabei schonungsloser Kritiker des Bürgertums, u. a. in dem Roman „Desideria" (1978), der den sozialen und psycholog. Prozeß darstellt, der der Zuwendung bürgerl. junger Menschen zum Terrorismus vorausgeht.
Weitere Werke: Gefährl. Spiel (R., 1935), Adriana, ein röm. Mädchen (R., 1947, 1959 u. d. T. Die Römerin), Die Mädchen vom Tiber (En., 1954, 1962 u. d. T. Röm. Erzählungen), Die Verachtung (R., 1954), La Noia (R., 1960), Inzest (R., 1965), Ich und er (R., 1971), Ein anderes Leben (En., 1973), Die Frau im schwarzen Cape (En., 1986).

Moray Firth [engl. 'mʌrɪ 'fɔːθ], rd. 60 km lange, trichterförmige Bucht der Nordsee an der schott. NO-Küste.

morbid [lat.], kränklich; im Verfall begriffen.

Morbidität [lat.], Erkrankungsrate, das zahlenmäßige Verhältnis zw. Kranken und Gesunden in einer Bevölkerung.

Morbihan [frz. mɔrbi'ã], Dep. in Frankreich.
M., flache, von zahlr. Inseln durchsetzte Bucht an der S-Küste der Bretagne bei Vannes, Frankr.; Austernzucht.

Morbilli [lat.], svw. ↑Masern.

Gustave Moreau, Galatea (1880/81). Privatbesitz

Morbus [lat.], in der Medizin svw. ↑Krankheit.

Morchel [zu althochdt. morhala, eigtl. „Möhre"], (Morchella) Gatt. der Schlauchpilze mit 15 Arten; Fruchtkörper in Stiel und Hut gegliedert; Hut 4–12 cm groß, kegel- bis birnenförmig, bräunl., mit wabenartig gefelderter Oberfläche, auf der die Sporen gebildet werden; z. T. gute Speisepilze, z. B. bis 25 cm hoch werdende **Speisemorchel** (Morchella esculenta); wächst von Mitte April bis Juni bes. auf humus- und kalkreichen Böden unter Eschen und Pappeln; Stiel gelblichweiß, Hut gelblichbraun.
♦ Bez. für Pilze aus verschiedenen Gatt., die ähnl. Fruchtkörperformen besitzen wie die Arten der Gatt. Morchella, z. B. Frühlorchel.

Morcote [italien. mor'kɔːte], schweizer. Ort am Luganer See, Kt. Tessin, 660 E. - Beherrschend über dem Ort die Wallfahrtskirche Madonna del Sasso (13. Jh.; 1462 und 1758), Glockenturm (16. Jh.).

Mord ↑Tötung.

Mordellsche Vermutung [engl. 'mɔːdl...], eine von dem brit. Mathematiker L. J. Mordell (* 1888, † 1972) im Jahre 1922 aufgestellte mathemat. Vermutung, die besagt, daß auf einer algebraischen Kurve, deren Geschlecht größer als 1 ist, höchstens endl. viele rationale Punkte (d. h. Punkte mit rationalen Koordinaten) liegen. Die M. V. wurde 1983 von dem dt. Mathematiker G. Faltings (* 1954) bewiesen.

Mordent [italien.] (italien. mordente; frz. mordant oder pincé), musikal. Verzierung, die in ein- oder mehrmaligem Wechsel zwischen Hauptnote und unterer kleiner (oder großer) Sekunde besteht; Zeichen ✦ bzw. ✦✦.

Mörderbiene, volkstüml. Bez. für die Adansonbiene, an deren Stichen mehr als 150 Menschen gestorben sein sollen.

Mörderwal, svw. Großer Schwertwal (↑Schwertwale).

Mordfliegen (Laphria), weltweit verbreitete Gatt. der Raubfliegen mit großen, dicht behaarten und oft bunt gefärbten, manchmal hummel- und wespenähnl. Arten; jagen vorbeifliegende Insekten (bes. Käfer); Larven leben räuberisch in Baumstümpfen und Rindenritzen; in M-Europa zwölf bis 3 cm lange Arten.

Mordowien [...i-ɛn] ↑Mordwinische ASSR.

Mordwespen, svw. ↑Grabwespen.

Mordwinen, Volk mit finn.-ugr. Sprache in der UdSSR, v. a. an der mittleren Wolga; 1979: 1,19 Mill. Mordwinen.

Mordwinische ASSR (Mordowien), autonome Sowjetrepublik innerhalb der RSFSR, 26 200 km² mit 971 000 E (1984), Hauptstadt Saransk. Die M. ASSR hat im W Anteil an der Oka-Don-Ebene, im O an den stark gegliederten Höhen am rechten Wolgaufer. Angebaut werden Getreide, Kar-

Mörel

toffeln, Zuckerrüben, Hanf; neben Milchwirtschaft Schweine-, Schaf- und Ziegenhaltung. Etwa ¹/₄ der M. ASSR ist von Wald bedeckt.
Geschichte: Die Mordwinen werden erstmals im 6. Jh. erwähnt; seit dem 9. Jh. Heranbildung von Stammes-Ft.; Mitte des 13. Jh. durch die Mongolen unterworfen, kamen unter die Herrschaft der Goldenen Horde, nach deren Verfall unter das Khanat Kasan; Anschluß an Rußland 1552; 1928 Bildung eines Mordwin. Nat. Kreises, der 1930 in ein Autonomes Gebiet, 1934 in eine ASSR umgewandelt wurde.

More, Sir Thomas [engl. mɔː], hl., latinisiert Morus, * London 7. Febr. 1478 (?), † ebd. 6. Juli 1535 (enthauptet), engl. Staatsmann und Humanist. - Nach humanist., theolog. und jurist. Studien 1504 Mgl. des Unterhauses, 1518 Aufnahme in das King's council. M. war Mitverfasser der als Antwort auf Luthers Schrift „Über die babylon. Gefangenschaft der Kirche" gedachten und unter dem Namen Heinrichs VIII. veröffentlichten Streitschrift „Verteidigung der 7 Sakramente"; er verteidigte diese 1523 unter dem Pseudonym W. Ross gegen Luther. Im gleichen Jahr Sprecher des Unterhauses, 1529 Nachfolger T. Wolseys als Lordkanzler. Er untersützte die Kirchenpolitik des Königs, soweit sie sich gegen den Protestantismus richtete, lehnte aber die Errichtung einer Staatskirche ab und trat 1532, als Heinrich VIII. die Unterwerfung der engl. Priesterschaft forderte, zurück. Seine Weigerung, dem König als dem Oberhaupt der anglikan. Kirche den Suprematseid zu leisten, bestimmte Heinrich VIII., ihn auf Grund eines Hochverratsprozesses zum Tode verurteilen und enthaupten zu lassen. Die kath. Kirche hat M. 1886 selig- und 1935 heiliggesprochen. - M. hielt engen Kontakt zu Erasmus von Rotterdam (seit 1499). Lat. Gedichte und Epigramme, eine Übertragung griech. Dialoge Lukians ins Lat. sowie sein Hauptwerk „De optimo statu reipublicae deque nova insula Utopia" (1516) weisen ihn als einen der hervorragendsten Latinisten seiner Zeit aus. In „Utopia" (Begründung der Utopie als literar. Gattung) benutzt M. einen dialog. angelegten „Reisebericht" über die glückl. Insel, deren Bewohner alle Attribute äußerer Unterscheidung abgeschafft haben, zu einem Rehabilitationsversuch für den Epikureismus. Philosophiegeschichtl. steht M. damit am Ende einer Rezeptionsphase, in der die griech. Philosophenschulen des Aristotelismus, Platonismus, Stoizismus und Epikureismus christianisiert wurden. Allerdings führt M. eine Pflichtenethik ein, die nicht dem Epikureismus, wohl aber der Suche nach der besten Staatsform entspricht.

⌑ *Marius, R.: T. M.: A Biography. London; Melbourne 1985. - Berglar, P.: Die Stunde des T. Morus. Freib. ²1979. - Ahrbeck, R.: Morus - Campanella - Bacon. Köln 1977. - Süßmuth, H.:* *Studien zur Utopia des T. Morus. Münster (Westf.) 1967.*

Morea ↑ Peloponnes.

Moreau [frz. mɔˈro], Gustave, * Paris 6. April 1826, † ebd. 18. April 1898, frz. Maler. - Einer der letzten bed. Maler histor. und mytholog. Themen der frz. Kunst des 19. Jh., der gleichzeitig großen Einfluß auf Stilrichtungen wie Fauvismus, Surrealismus, auf Künstler wie O. Redon, Rouault, Matisse und Marquet hatte. M. taucht seine prunkvollen symbolist. Szenen in eine eigenartige unnatürl. Beleuchtung.
Werke: Ödipus und die Sphinx (1864, New York, Metropolitan Museum), Sebastian und die Engel (1870, Paris, Musée Gustave Moreau), Aquarelle zu den Fabeln La Fontaines (1881 ff.).

Sir Thomas More

M., Jeanne, * Paris 23. Jan. 1928, frz. Schauspielerin und Regisseurin. - 1948–53 an der Comédie-Française, später bei Jean Vilars Théâtre National Populaire. Bed. Charakterrollen auch im Film: „Die Liebenden" (1958), „Die Nacht" (1960), „Jules und Jim" (1961), „Tagebuch einer Kammerzofe" (1963), „Viva Maria" (1965), „Die Braut trug Schwarz" (1967), „Der Boß" (1971), „Erinnerungen aus Frankreich" (1975), „Le Paltoquet" (1986). Nach „Im Scheinwerferlicht" (1976; hier auch in der Hauptrolle) drehte sie den Frauenfilm „Mädchenjahre" (1979).

Morecambe and Heysham [engl. ˈmɔːkəm ənd ˈhiːʃəm], engl. Stadt in der Morecambe Bay, Gft. Lancashire, 41 200 E. *Heysham* ist Passagier- und Posthafen, Anlegestelle für Tanker, Erdölraffinerie; *Morecambe* ist Seebad. - Morecambe wurde 1902 Stadt, 1928 mit Heysham vereinigt.

Morecambe Bay [engl. ˈmɔːkəm ˈbeɪ], Bucht der Irischen See an der NW-Küste Englands.

Mörel, Hauptort des Bez. Raron im schweizer. Kt. Wallis, 780 m ü. d. M., 541 E. Seilbahnen zum Erholungs- und Wintersportgebiet Riederalp (1 925 m ü. d. M.).

Morelia

Morelia, Hauptstadt des mex. Staates Michoacán, in einem Becken der Cordillera Volcánica, 1 890 m ü. d. M., 353 100 E. Kath. Erzbischofssitz; Univ. (gegr. 1541 als Colegio); Kunstakad., Konservatorium; Museen; Textilind., Verarbeitung landw. Erzeugnisse; Bahnstation, ⚒. - Bei einer 1537 angelegten Mission 1540 unter dem Namen **Valladolid** gegr., erhielt 1547 Stadtrecht (Ciudad); 1828 zu Ehren des hier geborenen mex. Patrioten und Helden der Unabhängigkeitsbewegung J. M. Morelos y Pavón (* 1765, † 1815) umbenannt. - Kathedrale (um 1640 begonnen; mit Azulejos verkleidete Vierungskuppel), Regierungsgebäude (18. Jh.) in kolonialem Stil.

Morelle [lat.-roman.] † Sauerkirsche.

Morellet, François [frz. mɔr'lɛ], * Cholet 30. April 1926, frz. Künstler. - Lebt in Paris; einer der Hauptvertreter der Op-art; Reliefs mit bewegl. Elementen, auch Lichtkinetik.

Morelly [frz. mɔrɛ'li], * um 1715, frz. Philosoph. - Abbé in Vitry-le-François; über sein Leben ist nichts weiter bekannt. Früher Vertreter eines utop. Kommunismus. Entwarf unter Rezeption und Weiterentwicklung von Denkelementen Platons und Lockes eine bed. Staats- und Sozialutopie, die das größtmögl. Glück aller garantieren soll. Sie geht von der Grundannahme aus, daß der an sich gute Mensch durch die „Verhältnisse", insbes. das Privateigentum, korrumpiert würde, und erhebt die Forderung nach Verstaatlichung der Güter und nach Gesetzen für Produktion und Güterverteilung.

Morelos, Staat in Z-Mexiko, 4 941 km^2, 1,02 Mill. E (1982), Hauptstadt Cuernavaca. M. liegt auf dem Abfall der Cordillera Volcánica zur Senke des Río Balsas. - Seit 1869 mex. Bundesstaat.

morendo [italien.], musikal. Vortragsbez.: ersterbend, verhauchend, gleichzeitig an Tonstärke und Tempo abnehmend.

Møre og Romsdal [norweg. 'møːrɔ ɔ 'rumsdɑːl], Verw.-Geb. in Westnorwegen, 15 076 km^2, 237 600 E (1984), Hauptstadt Molde. Stark durch Fjorde und Inseln gegliedert mit tiefen Tälern und oft alpin zugespitzten Gipfeln (bis 1 999 m). Neben Landw. und Fischerei Fischverarbeitung, Möbel- und Textilind., Schiffbau sowie ein Aluminiumwerk; Fremdenverkehr.

Moresby Island [engl. 'mɔrɛsbɪ 'aɪlənd] † Queen Charlotte Islands.

Moreto y Cavana, Don Agustín [span. mo'reto i ka'βana] (Don A. M. y Cabaña), ≈ Madrid 9. April 1618, † Toledo 26. oder 27. Okt. 1669, span. Dramatiker. - Neben Calderón der erfolgreichste span. Dramatiker des 17. Jh.; seine Charakterkomödien erinnern stilist. an Plautus und Molière, u. a. „Donna Diana" (1654) und „Der Unwiderstehliche" (1662).

Moretus, Johann, eigtl. Jan Morentorff, * Antwerpen 22. Mai 1543, † ebd. 25. Sept. 1610, fläm. Buchdrucker. - Als Schwiegersohn des Antwerpener Druckers und Verlegers C. Plantin übernahm M. nach dessen Tod die Leitung des Betriebes. Auch unter seinem Sohn *Balthasar M.* (* 1574, † 1641), der Rubens heranzog, und dessen Neffen *Balthasar M.* (* 1615, † 1674) vorzügl. Ausgaben.

Mörfelden-Walldorf, hess. Stadt in der Untermain-Ebene, 100 m ü. d. M., 29 800 E. Metallverarbeitende und Kunststoffind., Pendlerwohngem. für Frankfurt am Main und Rüsselsheim. - Entstand 1977 als **Waldfelden** durch Zusammenschluß der beiden Städte **Mörfelden** und **Walldorf**; seit 1978 jetziger Name.

Morgan, Charles [engl. 'mɔːgən], * Kent 22. Jan. 1894, † London 6. Febr. 1958, engl. Schriftsteller. - Verband in seinen philosoph. Romanen neuplaton. und neoromant. Interpretationsmuster mit psycholog. Erzähltechniken, v. a. „Das Bildnis" (1929), „Die Flamme" (1936), „Das leere Zimmer" (1941), „Der Richter" (1947), „Der Reiher" (1949), „Herausforderung an Venus" (1957).

M., John Pierpont, d. Ä. [engl. 'mɔːgən], * Hartford (Conn.) 17. April 1837, † Rom 31. März 1913, amerikan. Bankier. - Gründete 1895 das Bankhaus J. P. Morgan & Co. (heute Morgan Guaranty Trust Co. of New York), das unter seiner Leitung eines der mächtigsten der Welt wurde; förderte insbes. die Stahl- und die Elektroind. sowie den Eisenbahnbau; auch bed. Kunst- und Büchersammler.

M., John Pierpont, d. J. [engl. 'mɔːgən], * Irvington (N. Y.) 7. Sept. 1867, † Boca Grande (Fla.) 13. März 1943, amerikan. Bankier. - Sohn von John Pierpont M. d. Ä. Er finanzierte die Alliierten im 1. Weltkrieg und den Wiederaufbau Europas in beträchtl. Umfang.

M., Lee [engl. 'mɔːgən], * Philadelphia 10. Juli 1938, † New York 19. Febr. 1972 (ermordet), amerikan. Jazzmusiker (Trompeter, Komponist). - Spielte u. a. mit D. Gillespie, A. Blakey, M. Davis; gilt als einer der besten Trompeter der 1960er Jahre.

M., Lewis Henry [engl. 'mɔːgən], * bei Aurora (N. Y.) 21. Dez. 1818, † Rochester (N. Y.) 17. Dez. 1881, amerikan. Ethnologe. - Rechtsanwalt und Politiker; Feldforschungen v. a. bei Irokesen, Arbeiten über Verwandtschaftssysteme; Vertreter des Evolutionismus. Unterteilte die Kulturgeschichte in drei Stadien (Wildheit, Barbarei, Zivilisation); beeinflußte die Geschichtskonzeption des histor. Materialismus.

M., Michèle [frz. mɔr'gã], eigtl. Simone Roussel, * Neuilly-sur-Seine 29. Febr. 1920, frz. Schauspielerin. - Als vielseitige Charakterdarstellerin seit 1937 beim Film, u. a. „Hafen im Nebel" (1938), „Und es ward Licht" (1946), „Menschen im Hotel" (1959), „Benjamin - Aus dem Tagebuch einer männl. Jungfrau" (1968), „Der Kater und die Maus" (1979).

M., Thomas [engl. 'mɔːgən], * Lexington (Ky.) 25. Sept. 1866, † Pasadena (Calif.) 4. Dez. 1945, amerikan. Genetiker. - M. führte die Taufliege (Drosophila) als Versuchstier in die Genetik ein und konnte an ihr die schon von H. de Vries für Pflanzen erarbeitete Mutationstheorie für Tiere bestätigen. Er entdeckte die geschlechtsgebundene Vererbung und den ↑ Faktorenaustausch; erhielt 1933 den Nobelpreis für Physiologie oder Medizin.

M., Walter [engl. 'mɔːgən], * London 5. Okt. 1900, brit. Biochemiker. - Prof. in London; wichtig sind seine molekularbiolog. Arbeiten über das menschl. Blutgruppensystem (insbes. AB0- und Lewis-System).

morganatische Ehe [zu mittellat. matrimonium ad morganaticam „Ehe auf bloße Morgengabe" (zu althochdt. morgan „Morgen")], nicht standesgemäße Ehe (Mißheirat), bei der die vermögens- und erbrechtl. Stellung der unebenbürtigen Frau und der Kinder durch einen Ehevertrag festgelegt wurden; auch **Ehe zur linken Hand** gen., da die Frau bei der Trauung an der linken Seite des Mannes stand.

Morgen, altes dt. Feldmaß; landschaftl. verschieden zw. 0,255 und 0,388 ha; häufig 0,25 ha = 2 500 m².

Morgenduft ↑ Äpfel (Übersicht).

Morgengabe, im german. und älteren dt. Eheguterrecht (bis ins 19. Jh.) Geschenk des Mannes an die Ehefrau am Morgen nach der Hochzeitsnacht, auf das die Frau einen Rechtsanspruch hatte. In islam. Ländern noch übl.; ein ursprl. Kaufpreis für die Frau (mahr) wird heute der Ehefrau selbst zu ihrer finanziellen Besserstellung übergeben, im allg. jedoch nur die Hälfte des mahr, die andere Hälfte ist erst bei Tod oder Scheidung des Ehemannes fällig.

Morgenland, poet., sonst veraltete Bez. für ↑ Orient.

Morgenländisches Schisma, Trennung der morgen- und abendländ. Kirche, ausgelöst durch die Bannung des Patriarchen Michael Kerullarios durch Kardinal Humbert von Silva Candida 1054. Die tieferen Ursachen der Trennung liegen in den verschiedenen Weisen theolog. und polit. Denkens in Ost und West. Die gegenseitige Bannung wurde zwar am 7. Dez. 1965 formell aufgehoben, das Schisma dauert aber immer noch an.

Morgenrot ↑ Abendrot.

Morgenstern, Christian, * München 6. Mai 1871, † Meran 31. März 1914, dt. Schriftsteller. - Stammt aus einer Künstlerfamilie; seit 1894 freier Schriftsteller (bis 1898 in Berlin); schrieb Lyrik und Kabarettexte u. a. für M. Reinhardts „Überbrettl"; Lektor bei B. Cassirer. Wegen Tuberkulose häufig in Sanatorien, lebte seit 1910 in Südtirol. M. wurde bekannt durch seine, der Nonsensedichtung nahestehenden, skurrilen Sprachgrotesken (z. B. „Galgenlieder", 1905; „Palmström", 1910; „Der Gingganz", 1919). Sein Denken war beeinflußt von Nietzsche, von dem er das Spiel mit der Kindlichkeit übernahm, dem Buddhismus und der Anthroposophie seines Freundes R. Steiner. Verfaßte auch Aphorismen und Kinderlieder.

M., Lina, geb. Bauer, * Breslau 25. Nov. 1830, † Berlin 16. Dez. 1909, dt. Schriftstellerin. - Begründete 1866 den Verein Berliner Volksküchen, 1869 den dortigen Kinderschutzverein und die erste Akad. zur wiss. Fortbildung junger Frauen, die sie bis 1873 leitete. 1874-1904 Leitung und Redaktion der „Dt. Hausfrauenzeitung". Veröffentlichte neben Schriften zur sozialen und Frauenfrage (u. a. „Die Frauen des 19. Jh.", 1888-91) Gedichte und Erzählungen für Kinder im Sinne der Spiel- und Bildungsgedanken F. Fröbels.

M., Oskar, * Görlitz 24. Jan. 1902, † Princeton (N. J.) 26. Juli 1977, amerikan. Nationalökonom dt. Herkunft. - Ab 1950 Prof. an der Princeton University. M. begr. zus. mit J. von Neumann die ↑ Spieltheorie. - *Werke:* Spieltheorie und wirtsch. Verhalten (1944; mit J. von Neumann), Spieltheorie und Wirtschaftswissenschaften (1963).

Morgenstern ↑ Abendstern.

◆ ma. Schlagwaffe; Keule mit eisernen Stacheln oder eine mit einer Kette an einem Stock befestigte Stachelkugel.

Morgenthau, Henry, jr. ['mɔrgəntau, engl. 'mɔːgənθɔː], * New York 11. Mai 1891, † Poughkeepsie (N. Y.) 6. Febr. 1967, amerikan. Politiker dt. Herkunft. - Zunächst Landw.politiker, 1933 Unterstaatssekretär, 1934-45 Finanzmin.; entwarf als enger Mitarbeiter Roosevelts 1944 einen 14-Punkte-Plan, demzufolge Deutschland nach Ende des 2. Weltkriegs Agrarland werden sollte, den sog. **Morgenthau-Plan** (sah u. a. vor: Entmilitarisierung, Verkleinerung und Teilung des Landes in einen norddt. und einen süddt. Staat, Internationalisierung von Ruhrgebiet, Rheinland, Westfalen, Nordseeküste, Nord-Ostsee-Kanal; Demontage von Ind.anlagen; Bergwerksstillegungen), den Roosevelt schließl. nach bereits erteilter Unterschrift zurückzog, der aber dennoch die amerikan. Nachkriegspolitik wesentl. beeinflußte.

Morgenweite, der Winkelabstand des Aufgangspunktes eines Gestirns vom Ostpunkt.

Morges [frz. mɔrʒ], Hauptort des Bez. M. im schweizer. Kt. Waadt, am Genfer See, 374 m ü. d. M., 13 400 E. Nahrungsmittelind. und Maschinenbau. - Um 1290 errichteten die Grafen von Savoyen Schloß und Stadt, die 1536-1798 unter Berner Herrschaft standen. Nach 1691 Hafenausbau. - Schloß (13. und 16. Jh.; heute waadtländ. Zeughaus und histor. Waffensammlung), Bürgerhäuser (17. und 18. Jh.).

Morghen, Raffaello [italien. 'mɔrgen],

* Neapel 19. Juni 1758, † Florenz 8. April 1833, italien. Kupferstecher. - Bed. einfühlsame Reproduktionsstiche nach Gemälden großer Meister, u. a. „Das Abendmahl" nach Leonardo da Vinci.

Morgner, Irmtraud, * Chemnitz 22. Aug. 1933, dt. Schriftstellerin. - Seit 1958 als freie Schriftstellerin in Berlin (Ost); bezeugt in ihren Romanen eine Vorliebe für Phantast.-Iron.: Märchen, Träume, Parabeln, Münchhausiaden werden mit einer realist. Rahmenhandlung verbunden, z. B. in „Leben und Abenteuer der Trobadora Beatriz nach Zeugnissen ihrer Spielfrau Laura" (1974). - *Weitere Werke:* Hochzeit in Konstantinopel (R., 1968), Die wundersamen Reisen Gustavs des Weltfahrers (R., 1972), Amanda (R., 1983).

Morhof, Daniel Georg, * Wismar 6. Febr. 1639, † Lübeck 30. Juli 1691, dt. Literarhistoriker. - 1660 Prof. für Poesie in Rostock, ab 1665 in Kiel. Schrieb eine umfassende Geschichte der Weltliteratur, „Polyhistor, sive de notitia auctorum et rerum commentarii" (1688–92), die neben seinem „Unterricht von der Teutschen Sprache und Poesie, deren Ursprung, Fortgang und Lehrsätzen" (1682) bis ins 19. Jh. hinein benutzt wurde.

Mori, Ogai, eigtl. Mori Rintaro, * Tsuwano bei Hiroschima 17. Febr. 1862, † Tokio 9. Juli 1922, jap. Schriftsteller. - Ab 1919 Leiter der kaiserl. Akad. der Schönen Künste. Als antinaturalist. Erzähler, u. a. „Die Wildgans" (1911), „Der Untergang des Hauses Abe" (1914), sowie als Übersetzer (Lessing, Goethe, Kleist) und Kritiker von großem Einfluß auf die jap. Literatur.

moribund [lat.], in der Medizin für: im Sterben liegend, dem Tod nahe.

Móricz, Zsigmond [ungar. 'mo:rits], * Tiszacsécse 30. Juni 1879, † Budapest 4. Sept. 1942, ungar. Schriftsteller. - Einer der bedeutendsten Vertreter des ungar. Realismus. Zunächst naturalist. Romane und Erzählungen über das drückende, von Haß, Sexualität und Egoismus beherrschte Dorf- und Kleinstadtmilieu, u. a. „Gold im Kote" (R., 1910), „Die Fackel" (R., 1917). Später großangelegte histor. und zeitbezogene sozialkrit. Gesellschaftsromane wie „Siebenbürgen" (R.-Trilogie, 1922–34). Auch Kinder- und Jugendbücher.

Mörike, Eduard, * Ludwigsburg 8. Sept. 1804, † Stuttgart 4. Juni 1875, dt. Lyriker und Erzähler. - Gilt als einer der großen deutschsprachigen Lyriker des 19. Jh.; 1834–43 Pfarrer in Cleversulzbach bei Weinsberg; lebte nach vorzeitiger Pensionierung 1844–61 in Hall, dann in Bad Mergentheim, ab 1851 als Lehrer in Stuttgart. Seine persönl. Beziehungen waren geprägt durch tiefe Freundschaften, jedoch unglückl. Liebe und Ehe; nahe Verbindung zur „Schwäb. Dichterschule". Schuf in seinen Werken eine Synthese zw. klass. Antike und gegenwärtiger Romantik, Existenzbewußtsein und Spiel, Humor und Schwermut, Parodie und Ernst, geschlossener und offener Form. „Maler Nolten" (1832) ist ein Spätprodukt des romant. Künstlerromans und enthält einen großen Teil der frühen Lyrik (so die „Peregrina"-Gedichte). Als Höhepunkt seiner Prosa gilt jedoch die Novelle „Mozart auf der Reise nach Prag" (1856), in der er das bieder-bürgerl., heiterproblemlose Mozartbild seiner Zeit korrigierte. Neben meisterhaften idyll.-eleg. Dichtungen in antiken Maßen stehen in naivem Volksliedton gehaltene Lieder und phantasiereiche Naturballaden, die vielfach vertont wurden (von R. Schumann und H. Wolf).
Weitere Werke: Die Idylle vom Bodensee (1846), Stuttgarter Hutzelmännlein (Märchen, 1853).

📖 *Simon, H. U.: M.-Chronik. Stg. 1981. - Wiese, B. v.: E. M. Mchn. 1979. - Graevenitz, G. v.: E. M.: Die Kunst der Sünde. Tüb. 1978. - Heydebrand, R. v.: E. Mörikes Gedichtwerk. Stg. 1972.*

Morin [lat.], gelber Farbstoff (Flavonoid) aus dem „Gelbholz", dem Kernholz des Färbermaulbeerbaums, heute als Mikroskopierfarbstoff und als Reagenz zum Nachweis von Aluminium verwendet.

Moringagewächse [Malajalam/dt.] (Meerrettichbaumgewächse, Moringaceae), Fam. der Zweikeimblättrigen mit der einzigen, zehn Arten umfassenden Gatt. *Moringa;* hauptsächl. im trop. Afrika, auf Madagaskar und in Vorderindien vorkommende Bäume mit dicken, flaschenförmigen Stämmen.

Morioka, jap. Stadt auf Hondo, 229 100 E. Verwaltungssitz der Präfektur Iwate; medizin. Univ. (seit 1952), TU, Nahrungsmittel- und Textilind. - Anfang des 17. Jh. als Burgstadt gegr.; Hauptstadt des Ft. Nambu.

Morio-Muskat-Rebe [nach dem dt. Züchter P. Morio], Kreuzung aus den Rebsorten Silvaner und Weißer Burgunder; intensives Muskatbukett.

Morion [griech.-lat.] ↑ Quarz.

Morisca [span. „Maurentanz"] (Moriskentanz), ein vom 15.–17. Jh. über ganz Europa verbreiteter, wahrscheinl. in Spanien beheimateter pantomim. Tanz, der solist. oder von mehreren Personen mit Masken oder geschwärzten Gesichtern, unterschiedl. Verkleidungen, gelegentl. als Schwerttanz, fast immer mit Schellen an den Knöcheln oder Waden getanzt wurde. Seit dem 15. Jh. werden auch Balletteinlagen in Intermedien und Opern M. genannt. Der engl. **Morris dance,** der im 19. Jh. in sog. Morris-Gilden wiederbelebt wurde, weist örtl. stark unterschiedl. Formen auf, wird teils als Schwerttanz, teils mit Tüchern und Schellenbändern fast ausschließl. von Männern getanzt. Die zum Tanz gespielten Melodien sind teilweise die der M., teilweise auch Lieder und Opernmelodien des 17./18. Jahrhunderts.

Mormonen

Morisken [span.], die nach der Reconquista in Spanien zurückgebliebenen Mauren, die rein äußerl. zum Christentum bekehrt, von der Inquisition verfolgt und in den Jahren 1609–14 ausgewiesen wurden.

Moriskentanz, svw. ↑ Morisca.

Moritat, auf bekannte Melodien gesungenes und mit der Drehorgel begleitetes Lied des Bänkelsangs, das eine sensationelle, schauerl. oder rührselige Geschichte zum Inhalt hat. Die ersten Belege für Sache und Wort stammen aus dem 17. Jh. Die Entstehung des Namens wird verschieden erklärt: aus 1. lat. moritas („erbaul. Geschichte, Moralität"), 2. Rotwelsch moores, jidd. mora („Lärm, Schrecken"), 3. aus der Verballhornung von Mordtat. Bes. im 18. Jh. fand die M. als moralisierende, tragikom. Ballade bzw. Romanze Eingang in die dt. Literatur, v. a. bei J. F. Löwen, J. W. L. Gleim, G. A. Bürger. Die Blütezeit kommerziellen M.sangs war das 19. Jh. Als literar. Form wieder im 20. Jh. u. a. bei F. Wedekind, E. Mühsam, J. Ringelnatz, G. Heym, B. Brecht, W. Mehring, E. Kästner, H. C. Artmann.

Moritz (öster. Moriz), männl. Vorname (zu lat. Mauritius, eigtl. „der aus Mauretanien Stammende").

Moritz, Name von Herrschern:
Hessen-Kassel:
M. der Gelehrte, * Kassel 25. Mai 1572, † Eschwege 15. März 1632, Landgraf (1592–1627). - Sohn Wilhelms IV., des Weisen; selbst Dichter und Komponist, machte den Kasseler Hof zu einem kulturellen Mittelpunkt. Nach Einführung des Kalvinismus (1605) trat er 1609 der prot. Union bei, suchte Anschluß an Frankr. und Schweden und verlor 1623 seine Herrschaft über Oberhessen durch kaiserl. Schiedsspruch. Die luth. Landstände und die kath. Liga zwangen ihn zur Abdankung.
Niederlande:
M., Prinz von Oranien, * Dillenburg 13. Nov. 1567, † Den Haag 23. April 1625, Graf von Nassau-Dillenburg, Statthalter der Niederlande (seit 1585). - Sohn Wilhelms I. von Oranien; seit 1585 Statthalter der Prov. Holland und Seeland, 1590 von Utrecht, Geldern und Overijssel sowie Generalkapitän und Admiral der Union. Durch Heeresreformen (Einführung einer neuen Taktik und Kriegstechnik) konnte er 1591–98 die niederländ. Nordprovinz von den Spaniern zurückerobern.
Sachsen:
M., * Freiberg 21. März 1521, † bei Sievershausen (= Lehrte) 11. Juli 1553, Hzg. (seit 1541), Kurfürst (seit 1547). - Trat, obwohl Protestant, im Okt. 1546 auf seiten Karls V. in den Schmalkald. Krieg ein und erhielt 1547 Kurwürde und Kurlande des Kurfürsten Johann Friedrich I. von Sachsen. 1551 betrieb M. die Fürstenverschwörung gegen Karl V., wobei er sich im Vertrag von Chambord frz. Unterstützung sicherte. Im Passauer Vertrag mußte der Kaiser entscheidende religionspolit. Zugeständnisse machen. 1541/42 schuf er eine Kirchenverfassung und 1542–45 drei Konsistorien. In der siegreichen Schlacht bei Sievershausen (9. Juli 1553) gegen Albrecht Alcibiades von Brandenburg-Kulmbach wurde er tödl. verwundet.

M., Graf von Sachsen, ↑ Sachsen, Moritz von.

Moritz, Karl Philipp, * Hameln 15. Sept. 1756, † Berlin 26. Juni 1793, dt. Schriftsteller. - Hutmacherlehrling, Schauspieler; studierte dann in Erfurt und Wittenberg Theologie, ging 1782 nach Großbrit., 1786 nach Italien; 1789 Prof. für Altertumskunde in Berlin. Sein Hauptwerk, der pietist. gefärbte autobiograph. Roman „Anton Reiser" (1785–94, Nachdruck 1971), ist eine psycholog. und kulturgeschichtl. interessante Darstellung der geistigen Entwicklung eines jungen Menschen in der Sturm-und-Drang-Zeit; sein „Versuch einer dt. Prosodie" (1786) ist von Unterhaltungen mit Goethe beeinflußt.

Morlaix [frz. mɔr'lɛ], frz. Hafenstadt an der breton. N-Küste, Dep. Finistère, 18 300 E. Austernzucht, Markt für Fischereiprodukte; Fremdenverkehr. - Kirchen Saint-Melaine und Saint-Matthieu (beide 16. Jh.).

Morley [engl. 'mɔːlɪ], John, Viscount (seit 1908) M. of Blackburn, * Blackburn 24. Dez. 1838, † London 23. Sept. 1923, brit. Historiker und Politiker. - Journalist; 1867–82 Hg. von „Fortnightly Review", 1883–1908 (mit Unterbrechungen) liberales Unterhausmitglied. Setzte sich v. a. für ein Homerule für Irland ein; 1886 und 1892–96 als Chief Secretary for Ireland Initiator der großen Gesetzesvorlagen über die ir. Autonomie; 1905–10 Staatssekretär für Indien.

M., Thomas, * London 1557, † ebd. 1602, engl. Komponist. - Schüler von W. Byrd, Organist an Saint Paul's in London, ab 1592 „Gentleman" der Chapel Royal; bed. engl. Madrigalkomponist.

Mormon (Buch M.), hl. Schrift der ↑ Mormonen, angebl. von Joseph ↑ Smith in engl. Sprache diktierte Übersetzung eines in „reformägypt." Sprache und Schrift auf Goldplatten verzeichneten Textes, den Smith von einem Engel namens Moroni erhalten zu haben behauptete. Der Name des Buches M. ist einer Persönlichkeit der in ihm berichteten Heilsgeschichte entlehnt. Das Buch M. ist an bibl. Vorbildern orientiert, bietet aber inhaltl. eine ganz auf Amerika bezogene Geschichtstheologie.

Mormonen, die, Mgl. der „*Kirche Jesu Christi der Heiligen der letzten Tage*" (engl. „Church of Jesus Christ of Latter-Day Saints"), ben. nach dem für ihre Religionsgemeinschaft grundlegenden Buch ↑ Mormon. Die M.kirche wurde am 6. April 1830 von Joseph ↑ Smith begründet. Die M. vertreten betont den Gedanken der Höherentwicklung des Menschen und haben sich in ihren Anfän-

Mornay

gen bis zum Jahre 1890 zur Mehrehe bekannt. - Nach der Ermordung ihres Stifters J. Smith wurde B. Young Präsident der M.kirche. Er zog 1846/47 mit 12 000 Gefolgsleuten in den menschenleeren Westen der USA in die Nähe des Großen Salzsees. Dort errichteten die M. ein eigenes Territorium, ↑ Utah, ein theokrat. verfaßtes Gemeinwesen mit einem Präsidenten und einem vielklassigen Priestertum. Das Zentrum der Hauptstadt Salt Lake City ist der aus hellem Granit erbaute M.tempel, von dem aus nach mormon. Glauben Christus das Jüngste Gericht halten wird. Außerhalb der USA sind die M. bereits ab 1837 missionar. hervorgetreten. 1986 bekannten sich etwa 5,6 Mill. zur M.kirche, in der BR Deutschland waren es 21 000.
 Haack, F. W.: M. Mchn. ⁵*1981. - Mullen, R.: Die M. Dt. Übers. Weilheim 1968.*

Mornay, Philippe de [frz. mɔr'nɛ], Seigneur du Plessis-Marly, gen. P. Duplessis-Mornay, * Schloß Buhy (Val-d'Oise) 15. Nov. 1549, † La Forêt-sur-Sèvre (Deux-Sèvres) 11. Nov. 1623, frz. Staatsmann und Publizist. - Wohl ab 1560 Kalvinist, flüchtete nach der Bartholomäusnacht nach England. 1576 (?) trat M. in den Dienst Heinrichs von Navarra. 1589–1621 Gouverneur von Saumur und als einer der Führer der Hugenotten für den Ausgleich zw. den Konfessionen tätig; förderte das Zustandekommen des Edikts von Nantes.

Mornellregenpfeifer [span./dt.] ↑ Regenpfeifer.

Moro, Aldo, * Maglie (Prov. Lecce) 23. Sept. 1916, † 9. Mai 1978 (ermordet), italien. Politiker. - Jurist; 1946 Abg. der Democrazia Cristiana (DC) in der Konstituante, seit 1948 im Parlament, 1955–57 Justiz-, 1957–59 Unterrichtsmin., 1959–64 Generalsekretär der DC, 1963–68 Min.präs., 1969–72 und 1973/74 Außenmin., 1974–76 erneut Min.präs., seit 1976 Präs. des Nat.rates der DC. M., der als führender Exponent des linken Flügels der DC galt, wurde am 16. März 1978 von Mgl. der „Roten Brigaden" entführt und fast 8 Wochen später erschossen aufgefunden.

Morogolf, Bucht der Celebessee an der S-Küste von Mindanao.

Morogoro, tansan. Regionshauptstadt am N-Fuß der Uluguru Mountains, 61 900 E. Kath. Bischofssitz; Lehrerseminar, Handelszentrum eines Landw.gebiets mit Sisalplantagen.

Morone, Giovanni, * Mailand 25. Jan. 1509, † Rom 1. Dez. 1580, italien. Kardinal (seit 1542). - Ab 1536 Nuntius in Deutschland, wo er an den Religionsgesprächen von Hagenau (1540), Worms und Regensburg (1541) und Speyer (1542) teilnahm. 1555 als Legat zum Reichstag nach Augsburg entsandt, 1557–59 von Papst Paul IV. wegen des Verdachtes (ev.-)häret. Gesinnung gefangengehalten. Nach seiner Rehabilitierung (1560) brachte er, ab 1563 Konzilspräsident in Trient,

das Konzil erfolgreich zu Ende (↑ auch Tridentinum).

Moroni, Hauptstadt der Komoren, an der Westküste von Njazidja, 20 100 E. Handelszentrum für Vanille, Kaffee und Kakao; Hafen, ✈.

Moronobu, Hischikawa, * Hoda (Prov. Awa) 1618? (1625?), † Edo (= Tokio) 1694, jap. Maler und Holzschnittmeister. - Zahlr. Schwarzweißdrucke mit Genredarstellungen (Ukijo-E), begr. damit den Holzschnitt als selbständige Kunstgattung.

Moro-Reaktion [nach dem dt. Kinderarzt E. Moro, * 1874, † 1951] ↑ Tuberkulinreaktion.

moros [lat.], mürrisch; **Morosität,** Verdrießlichkeit.

Moros, Bez. für die muslim. Bev. auf Mindanao und Palawan sowie den Suluinseln, Philippinen.

Morotai, Insel der N-Molukken, Indonesien, 80 km lang, bis 40 km breit, bis 1 250 m hoch.

Morph [griech.] ↑ Morphemik.

morph..., Morph... ↑ morpho..., Morpho...

Morphem [frz., zu griech. morphḗ „Gestalt, Form"], kleinste bedeutungstragende sprachl. Form, auch als *Monem* (A. Martinet) oder *Plerem* bezeichnet und meist zw. Schrägstrichen/.../ notiert. M. sind entweder Wörter (/Haus/, /Arbeit/, /alt/) oder Teile von Wörtern (/Kind/er/, /arbeit/en/, /glück/lich/). Man unterscheidet v. a. zw. *freien M.*, die als Wörter vorkommen, und *gebundenen M.*, die nur als Teile von Wörtern vorkommen (Flexionssuffixe wie -er, -en, Wortbildungssuffixe wie -lich, -ung), sowie zw. *lexikal. M.* (↑ Lexeme) als Einheiten des Wortschatzes und *grammat. M.* als Trägern grammat. Kategorien wie z. B. Kasus, Numerus, Tempus.

Morphemik (Morphematik) [griech.], Lehre von der Struktur der Wörter bzw. die Lehre von den Morphemen und ihrer Kombination zu Wörtern; bildet neben Phonologie und Syntax einen der Hauptteile der strukturellen Grammatik. Mit der ↑ Morphologie der traditionellen Grammatik hat die M. den Gegenstand gemeinsam, unterscheidet sich aber im theoret. Ansatz. Die *strukturelle M.* bedient sich zur Wortanalyse der Grundoperationen Segmentierung und Klassifikation; Äußerungen werden zunächst mittels der Minimalpaaranalyse in solche kleinste Teile (**Morphe**) segmentiert, die sich mit gleicher Bedeutung im Korpus wiederholen (z. B. schön*er*, klein*er*, frei*er*); die Klasse gleicher Morphe (hier: /-er/ = Komparativ) wird als Morphem identifiziert. Die Klassifikation der Morpheme erfolgt nach ihrer Distribution, d. h. nach der Umgebung, in der sie vorkommen können. So bilden z. B. /-e/, /-st/, /-t/ u. a. in *sage, sagst, sagt* usw. die Klasse der Konjugationsmorpheme. Ziel der Analyse ist

Morphologie

eine Grammatik, die eine nach Klassen gegliederte Liste der Morpheme und eine Liste der mögl. Konstruktionen (Morphemkombinationen) enthält.

Morphin (Morphium) [griech., nach Morpheus, dem Gott des Schlafs], $C_{17}H_{19}O_3N$, neben dem Noskapin das Hauptalkaloid des Opiums; kristalline, stark bas. reagierende Substanz, die in der Medizin als starkes schmerzlinderndes Mittel eingesetzt wird. Die therapeut. wirksame Dosis beträgt beim Erwachsenen 10 mg. M. wirkt zusätzl. beruhigend, häufig löst es auch ein Gefühl allg. Wohlbefindens (Euphorie) aus. Weitere Wirkungen sind Pupillenverengung, Verlangsamung der Atem- und Herzfrequenz, Benommenheit, Übelkeit, Erbrechen, Verstopfung. Bei Anwendung höherer Dosen tritt ein narkoseähnl. Zustand ein. M. unterliegt, ebenso wie die halbsynthet. M.derivate Oxycodon, Hydromorphon, Hydrocodon und die synthet. Substanzen Methadon, Levorphanol u. a., dem Betäubungsmittelgesetz.

Die **Morphinsucht** (Morphinismus, chron. M.vergiftung) beruht nicht nur auf einer psych., sondern hauptsächl. auf einer körperl. Abhängigkeit von der Droge. Die ersten Anzeichen treten bei fortgesetzter M.zufuhr innerhalb von etwa drei Wochen auf. Während M. von vielen zunächst als unangenehm empfunden wird und häufig Schwindel, Übelkeit und Erbrechen hervorruft, erleben etwa 10% aller Menschen die M.wirkung als wohltuend und stimmungshebend. Gerade die letzteren sind suchtgefährdet. Bei ihnen entsteht leicht der Wunsch, Sorgen, Ängste und Verstimmungen mit M. zu überwinden. So kommt es zur wiederholten Einnahme und allmähl. zur Gewöhnung und körperl. Abhängigkeit. Diese drückt sich dadurch aus, daß bestimmte Funktionen des Zentralnervensystems sich an die ständige Anwesenheit von M. gewöhnt haben. Heilung kann gewöhnl. nur eine Entziehungskur in einer geschlossenen Anstalt mit intensiver ärztl. Betreuung bringen. Die Dauerheilungsquote beträgt bei freiwilliger Entziehung etwa 15–30%, bei der Zwangsentziehung nur etwa 7–10%. Die Entziehungserscheinungen setzen etwa 5–8 Stunden nach der letzten M.zufuhr ein und erreichen ihren Höhepunkt nach 40–72 Stunden. Nach 7–10 Tagen sind die schwersten körperl. Erscheinungen überwunden. Das starke Verlangen nach M. bleibt allerdings noch wochenlang bestehen, so daß Beaufsichtigung und psychotherapeut. Behandlung auch weiterhin erforderl. sind. Die Entziehungserscheinungen können mit morphinanalogen Verbindungen aufgehoben werden. - Durch hohe Dosen von M. kommt es zur **Morphinvergiftung**. Die Symptome sind Pupillenverengung, Koma, extreme Reduzierung der Atmung (bis auf 2–4 Atemzüge pro Minute). M.vergiftung (tödl. Dosis 0,3–0,4 g) kann infolge Atemlähmung zum Tode führen. **Geschichte**: M. wurde von dem Apotheker F. W. Sertürner 1804 als erstes Pflanzenalkaloid entdeckt und seit 1844 als Schmerzmittel angewendet. Die chem. Strukturformel wurde 1926 von R. S. Cahn, C. Schöpf und R. Robinson aufgeklärt. Chem. Strukturformel:

Morphin: R' = R" = H
Heroin: R' = R" = $CH_3 CO$
Kodein: R' = CH_3; R" = H

📖 *Schaumann, O.: M. u. morphinähnl. wirkende Verbindungen. Bln. u.a. 1957.*

Morphinismus [griech.], svw. Morphinsucht, ↑ Morphin.

Morphium, svw. ↑ Morphin.

morpho..., Morpho..., morph..., Morph... [zu griech. morphḗ „Form"], Bestimmungswort von Zusammensetzungen mit der Bed. „Gestalt"; auch als Endsilbe ...morph.

Morphofalter (Morphidae), Fam. bis 20 cm spannender, blau schillernder (♂♂) oder unscheinbar brauner (♀♀) Tagschmetterlinge mit rd. 50 Arten in den Urwäldern M- und S-Amerikas.

Morphogenese (Morphogenie), individuelle und stammesgeschichtl. Entwicklung der Gestalt der Organismen und ihrer Organe.

Morphologie (Formenlehre), allg. die Lehre oder Wiss. von den Gestalten, Formen, den Organisationsprinzipien, insbes. von Lebewesen, aber auch von histor., sozialen, sprachl., ästhet. Erscheinungen und Gegenständen.
♦ als Teilgebiet der *Biologie* die Wiss. und Lehre vom äußeren Bau (Gestalt, Organisation) der Organismen und ihrer Teile sowie deren Umgestaltung im Verlauf ihrer Entwicklung (Ontogenie).
♦ in *Geographie* und *Geologie* Kurzbez. für ↑ Geomorphologie.
♦ in der traditionellen *Spachwiss.* die Lehre von der Gestaltveränderung der Wörter, die die Wortarten und Flexionsformen (und der Wortbildung) untersucht. Die M. betrachtet das Wort als Grundeinheit der Sprache. Sie unterscheidet Wortarten (Wortklassen) nach ihrer allg. Bed. (z. B. „Substantive bezeichnen Gegenstände"), nach ihrer syntakt. Funktion (z. B. „Konjunktionen verbinden Sätze miteinander") oder nach ihrer Form (z. B. „Verben werden konjugiert"). Bei den flektierten Wortarten unterscheidet die M. zw. den „substantiellen" Eigenschaften der Wortart und den „akzidentiellen" Eigenschaften wie

Morphose

MORSECODE

a ·—	n —·	å ·——·—
ä ·—·—	o ———	é ··—··
b —···	ö ———·	ñ ——·——
c —·—·	p ·——·	
ch ————	q ——·—	0 —————
d —··	r ·—·	1 ·————
e ·	s ···	2 ··———
f ··—·	t —	3 ···——
g ——·	u ··—	4 ····—
h ····	ü ··——	5 ·····
i ··	v ···—	6 —····
j ·———	w ·——	7 ——···
k —·—	x —··—	8 ———··
l ·—··	y —·——	9 ————·
m ——	z ——··	

Punkt	·—·—·—	Doppelstrich	—···—
Komma	——··——	Trennung	—····—
Apostroph	·————·	Bruchstrich	—··—·
Doppelpunkt	———···	Anfangs-	
Bindestrich	—····—	zeichen	—·—·—
Klammer	—·——·—	Schlußzeichen	·—·—·
Fragezeichen	··——··	Verstanden	···—·
Anführungs-		Aufforderung	
zeichen	·—··—·	zum Senden	—·—
Auslassungs-		Warten	·—···
zeichen	·————·	Irrung	········
Unter-		Notruf	
streichung	··——·—	(SOS)	···———···

Genus, Kasus, Tempus, Modus u. a., die durch die Flexion ausgedrückt werden. Die Formenlehre stellt Flexionsmuster (Paradigmen) zusammen (z. B. *das Kind, des Kindes, dem Kind[e], das Kind; ich gehe, du gehst, er geht* usw.) und gibt an, nach welchem Paradigma sich ein Wort richtet. Die Wortbildungslehre behandelt die Mittel, mit denen neue Wörter gebildet werden, v. a. Zusammensetzung (*Kinder-wagen, fertig-stellen*) und Ableitung (*Bind-ung, trag-bar*). - ↑auch Morphemik.

◆ (soziale M.) von É. Durkheim 1898 eingeführte Bez. für die Hilfsdisziplinen der Soziologie, die die Mengenverhältnisse der Individuen in gegebenen Räumen, ihre Verteilung nach bestimmten Merkmalen und die Veränderungen dieser Verhältnisse untersuchen. Wichtigste Teilbereiche: Soziogeographie, Demographie und Sozialökologie.

Morphose [griech.], in der Botanik Bez. für nichterbl. Gestaltvariationen der Pflanzen bzw. einzelner Organe, die durch Umwelteinflüsse (*morphogenet. Reize*) verursacht werden (↑ Modifikationen).

Morphotropie [griech.], in der *Kristallographie* und *Mineralogie* Bez. für: 1. die [gesetzmäßige] Änderung der Kristallform bzw. -gestalt, die bei partieller Änderung der chem. Zusammensetzung (z. B. bei Mischkristallen einer Reihe) eintritt bzw. bei Stoffen gleichen chem. Formeltyps (z. B. bei Calcit und den zu ihm isomorphen Mineralen) festzustellen ist (*M. nach P. von Groth*); 2. das Vorliegen unterschiedl. Kristallstrukturen bei Stoffen vom gleichen chem. Formeltyp (*M. nach V. M. Goldschmidt*).

Morphy, Paul [engl. ˈmɔːfɪ], * New Orleans 22. Juni 1837, † ebd. 10. Juli 1884, amerikan. Schachspieler. - Gilt als einer der genialsten Angriffsspieler seiner Zeit, zählt zu den inoffiziellen Schachweltmeistern des 19. Jh.

Morricone, Ennio, * Rom 10. Nov. 1928, italien. Komponist. - Arbeitete in der Improvisationsgruppe „Nuova Consonanza". Komponierte Filmmusiken, z. B. „Spiel mir das Lied vom Tod".

Morris, engl. Form des männl. Vornamens Moritz.

Morris, Desmond [John] [engl. ˈmɒrɪs], * Purton (Wiltshire) 24. Jan. 1928, brit. Verhaltensforscher. - Studierte Zoologie, insbes. Ethologie (u. a. bei N. Tinbergen); wurde bekannt mit Filmen und Fernsehsendungen über das Verhalten von Tieren.

M., Robert, * Liverpool 31. Jan. 1734, † Philadelphia 7. Mai 1806, amerikan. Kaufmann und Bankier brit. Herkunft. - Mgl. des 2. Kontinentalkongresses (1775–78), gründete 1781 die Bank of North America und finanzierte durch Aufnahme öffentl. Kredite den Nordamerikan. Unabhängigkeitskrieg.

M., Robert, * Kansas City (Mo.) 9. Febr. 1931, amerikan. Objektkünstler. - M. ist einer der Hauptvertreter der Minimal art in den USA. Setzt seine meist geometr. Objekte in Beziehung zu dem sie umgebenden Raum.

M., William * Walthamstow (= London) 24. März 1834, † Hammersmith (= London) 3. Okt. 1896, engl. Kunsthandwerker und [Kunst]schriftsteller. - Einer der vielseitigsten Künstler des 19. Jh., der die Kunst seiner Zeit vom Handwerk her erneuern wollte, da er den Geschmacksverfall in Zusammenhang mit der Auflösung des Handwerkerstands infolge der Industrialisierung brachte. Gründete 1861 gemeinsam mit D. G. Rossetti, E. Burne-Jones, F. M. Brown und P. Webb kunstgewerbl. Werkstätten in Upton, 1865 in Bloomsbury, 1878 in Hammersmith und 1881 in Merton Abbey (Surrey). Neben Möbeln (Eßzimmer im Victoria and Albert Museum, London), Gläsern, Kacheln wurden seit 1878 die Bildteppiche (Hammersmith-Teppiche) und Tapeten seiner Firma von Bedeutung. Bed. Wirkung hatten die Ausstellungen der ↑Arts and Crafts Exhibition Society und die von ihm 1890 begr. Kelmscott Press (Chaucerausgabe, 1896), bes. auf den kontinentalen Jugendstil. Seine z. T. von J. Ruskin beeinflußten Vorstellungen von einer sozialist. Gesellschaft legte er u. a. dar in „Eine königl. Lektion. - Ein Traum von John Ball" (E., 1888) und „Kunde von Nirgendwo" (News from nowhere) (dt. 1974).

Mörtelbienen

📖 *Kirsch, H. C.: W. M. Leben u. Werk.* Köln 1983. - *Witkinson, R.: W. M. as designer.* Westfield (N. J.) 1980.

Morris Jesup, Kap [engl. 'mɔrɪs 'dʒɛsəp], Kap an der N-Küste Grönlands.

Morrison, Herbert Stanley [engl. 'mɔrɪsn], Baron M. of Lambeth (seit 1959), * London 3. Jan. 1888, † Sidcup (= London) 6. März 1965, brit. Politiker (Labour Party). - War u. a. Verkehrsmin. (1929–31), Min. für Inneres und Sicherheit (1940–45), Lord President (Vors. des Privy Council) und Führer des Unterhauses (1945–51) sowie Außenmin. (1959); ab 1951 stellv. Parteivors., erwies sich als glänzender Parteiorganisator.

M., Jim ↑ Doors, The.

M., Van, * Belfast 31. Aug. 1945, brit. Rockmusiker (Gitarre, Mundharmonika, Tenorsaxophon, Gesang). - Gilt als einer der besten weißen Blues-Interpreten; sang und spielte Mitte der 1960er Jahre in Europa mit der Rhythm-and-Blues-Band „Them", von der er sich 1967 trennte; 1968 Aufnahme seiner Rock-Oper „Astral weeks".

Morrison, Mount [engl. 'maʊnt 'mɔrɪsn], mit 3 997 m höchster Berg auf Taiwan.

Mors, Insel im westl. Limfjord, Dänemark, 363 km², v. a. landw. Nutzung.

Morse, Samuel [engl. mɔːs], * Charlestown (Mass.) 27. April 1791, † Poughkeepsie bei New York 2. April 1872, amerikan. Maler und Erfinder. - Bed. Porträtist, 1826–45 erster Präs. der „National Academy of the Arts of Design" in New York. Arbeitete seit 1833 an der Erfindung des elektromagnet. Schreibtelegrafen (↑ Morsetelegraf; 1837 zum Patent angemeldet). Über eine versuchsweise angelegte Telegrafenlinie zw. Washington und Baltimore übermittelte M. 1844 das erste Telegramm. Aus der zunächst verwendeten Zickzackschrift entwickelte M. den Morsecode.

Morsecode [...koːt; nach S. Morse] (Morsealphabet), in der Telegrafie verwendeter Code aus Strich-Punkt-Kombinationen; Längenverhältnis von Punkt oder Pause zu Strich gleich 1 : 3.

Morse-Kegel ↑ Kegel (Maschinenbau).

morsen [nach S. Morse], durch Betätigen einer Taste (elektr. Kontakt) eine Nachricht nach dem ↑ Morsecode codieren.

Mörser [zu lat. mortarium (↑ Mörtel)], Gefäß mit gerundetem Innenboden zum Zerstoßen körnigen Materials (mit Hilfe des keulenförmigen Pistills).
◆ seit dem 15. Jh. Bez. für ein kurzrohriges Steilfeuergeschütz (↑ Geschütz); heute auch Bez. für einen Granatwerfer, eine leicht bewegl. Infanterie-Steilfeuerwaffe (übl. Kaliber z. B. 81 mm und 120 mm), deren Rohr sich auf eine Bodenplatte und einen Zweibein abstützt (auch in gepanzerten Fahrzeugen).

Morsetelegraf [nach S. Morse], elektromagnet. Telegrafenapparat: Über eine Doppelleitung (oder Einfachleitung und Erde) wird der Stromkreis einer Batterie für eine Magnetspule (Empfänger) durch eine Taste (Sender) geschlossen bzw. geöffnet; der Magnet zieht seinen Anker an und drückt dabei einen Schreibstift gegen einen sich gleichförmig bewegenden Papierstreifen.

Morsztyn, Andrzej [poln. 'mɔrʃtin], * bei Sandomierz um 1613, † Châteauvillain 8. Jan. 1693, poln. Dichter. - Seine formgewandte, vom Marinismus beeinflußte Dichtung gilt als Höhepunkt der barocken poln. Literatur.

Mortadella [italien., zu lat. murtatum „mit Myrte gewürzte (Wurst)"], harte Brühwurstsorte aus Rind- und Schweinefleisch und/oder Speck.

Mortalität [lat.], Sterblichkeitsrate, Verhältnis der Zahl der Todesfälle (als Folge einer Erkrankung) innerhalb eines bestimmten Zeitraums zur statist. Vergleichsgröße (Gesamtheit der berücksichtigten Personen bzw. Gesamtbevölkerung).

Mörtel [zu lat. mortarium „Mörser", „Gefäß für die Mörtelherstellung"] (Speis), Gemisch zum Verbinden von Mauersteinen oder zum Verputzen von Wänden und Decken. M. besteht aus einem oder mehreren Bindemitteln (gebrannter Kalk, Gips, Zement) sowie Sand und wird mit Wasser „angemacht". Bindemittel und Sand erhärten zu einer steinartigen Masse. M. mit Zement als Bindemittel erhärtet auch unter Wasser.

Mörtelbienen (Maurerbienen, Chalicodoma), Gatt. pelzig behaarter Bienen mit zahlr. Arten, v. a. in trockenen, felsigen Landschaften Eurasiens und Afrikas; bauen an Mauern und Steinen steinharte Nester aus Sand und Speichel, die meist aus 6–10 (von einer Mörtelschicht umhüllten) Brutzellen bestehen. Jede Brutzelle erhält als Larvenfutter Honig und Blütenstaub und wird verschlossen. - Bekannteste Art bei uns ist die 14–18 mm große **Chalicodoma muraria**.

Bronzemörser (um 1300; links);
Mörser aus Fayence (15. Jh.).
Heidelberg, Deutsches Apothekenmuseum

35

Mortillet, Gabriel de [frz. mɔrti'jɛ], * Meylan (Isère) 29. Aug. 1821, † Saint-Germain-en-Laye 25. Sept. 1898, frz. Prähistoriker. - Mitbegr. der im wesentl. noch heute gültigen Stufeneinteilung des Paläolithikums.

Mortimer [engl. 'mɔːtmə], John, * London 21. April 1923, engl. Dramatiker. - Die Stoffe zu seinen Dramen, u. a. „Das Pflichtmandat" (Kom., 1958), „Die Mittagspause" (Kom., 1960), „Collaborators" (Dr., 1973) entnimmt M. v. a. dem bürgerl. Mittelklassenmilieu der Gegenwart. 1985 schrieb er den Roman „Paradise postponed".

M., Roger de, Earl of March (seit 1328), * 1286 oder 1287, † Tyburn (= London) 29. Nov. 1330 (gehängt), engl. Adliger. - 1316–21 Statthalter von Irland; beteiligte sich (1327) an der Ermordung König Eduards II., übte im Namen der Königin eine Gewaltherrschaft aus, bis ihn Eduard III. hinrichten ließ.

Morton, Jelly Roll [engl. mɔːtn], eigtl. Ferdinand Joseph La Menthe, * Gulfport (La.) 20. Sept. 1885, † Los Angeles 10. Juli 1941, amerikan. Jazzmusiker (Pianist und Komponist). - M., in dessen Musik sich der New-Orleans-Jazz mit Elementen des Ragtime, des Blues und der span. Folklore vereinigt, gehört zu den bedeutendsten Pianisten und Komponisten des frühen Jazz.

Mortuarium [lat.], svw. ↑ Besthaupt.
◆ Trauerhalle auf einem Friedhof.

Morula [lat.] (Maulbeerkeim), frühes Stadium der Keimesentwicklung, in dem sich die Eizelle durch zahlr. totale Furchungsteilungen zu einem kompakten Zellhaufen entwickelt hat. Die M. zeigt noch keine Volumenzunahme, sondern entspricht in ihrer Größe noch der urspr. Eizelle.

Morungen, Heinrich von ↑ Heinrich von Morungen.

Morus, Thomas ↑ More, Sir Thomas.

MOS, Abk. für engl.: metal oxid silicon, in der Halbleiterelektronik verwendeter Vorsatz, der besagt, daß bei einem Feldeffekttransistor (FET) die metall. Steuerelektrode (Gate) durch eine Isolatorschicht aus Siliciumdioxid vom halbleitenden Grundmaterial (meist ein Siliciumeinkristall) isoliert ist (sog. *MOS-Struktur*). Bei den Herstellungsverfahren für MOS-Strukturen (MOS-Technik) unterscheidet man die PMOS-Technik mit MOS-FETs, bei denen sich bei negativer Spannung an den Gates ein leitender p-Kanal ausbildet, die NMOS-Technik mit MOS-FETs, bei denen sich bei positiver Spannung an den Gates ein leitender n-Kanal ausbildet, und die beide Effekte verbindende CMOS-Technik. Die MOS-Technik eignet sich v. a. zur Herstellung von Mikroprozessoren (Packungsdichten von über 200 000 Bauelementen pro Chip).

Mosaik [italien.-frz., zu griech. moũsa „Muse, Kunst"], Flächendekoration aus kleinen, meist würfelförmigen Stückchen von verschiedenartigem Material (Stein, Keramik, Glas), die zu Bildern und Ornamenten zusammengesetzt sind. Das M. wird als Schmuck von Fußböden, Wänden und Gewölben, gelegentl. auch als selbständiges M.bild verwendet. Die M.steine werden nach einer Vorzeichnung dicht in ein feuchtes Mörtelbett gesetzt und später poliert. - Die ältesten, aus farbigen Tonstiften zusammengesetzten M. stammen aus Babylonien (Uruk, 4. Jt.), erhebl. jünger sind die aus Würfelchen zusammengesetzten (Ur, Mitte 3. Jt.). Seit dem 5. Jh. v. Chr. treten im griech. Bereich Boden-M. aus schwarzen und weißen Kieselsteinen auf, erst hellenist. ist das farbige M. aus vorbereiteten Steinen (Wand-M., Delos, 2. Jh. v. Chr.); es spiegelt die verlorene gleichzeitige Malerei wider. In der röm. Kunst der Kaiserzeit stehen große Boden-M. aus farbigen Steinen zw. ornamentalen Rahmungen mytholog. und bukol. Motive, Jagd- und Zirkusszenen und histor. Themen dar (Alexander-M. aus Pompeji, um 100 v. Chr.). Nur bei Thermen und Brunnen kommen auch Wand-M. vor. Während sich in Rom das Schwarz-Weiß-M. durchsetzt, wird in den röm. Provinzen das polychrome M. weitergepflegt (Tunesien, Sizilien [Piazza Armerina], Rheinland [Köln], Syrien [Antiochia], 2.–6. Jh.). Die frühchristl. Wand-M. verwenden für die heilsgeschichtl. Darstellungen zunehmend Glassteine und Goldplättchen, der antike illusionist. Stil wird aufgegeben (Santa Maria Maggiore, Rom, 2. Viertel 5. Jh.). Byzanz übernimmt diesen flächig-ornamentalen Stil. Erhaltene Hauptwerke sind die M. von Ravenna (San Vitale, Sant'Apollinare Nuovo, 6. Jh.); byzantin. M. kommen auch in Aachen (um 800) und Kiew (Mitte 11. Jh.) vor. Im 11. bis 13. Jh. ist die zweite Blütezeit der byzantin. M.kunst (Hosios Lukas [im 1. Drittel des 11. Jh.], Dafni [um 1100]). Im 12. Jh. entstehen die großen Zyklen von Sizilien (Cefalù, Palermo, Monreale) und Venetien (San Marco, Murano, Torcello), im 13. Jh. die M. des Baptisteriums von Florenz. Mit der Deesis der Hagia Sophia (Ende 13. Jh.) und den M. des Choraklosters in Istanbul (Anfang 14. Jh.) lebt in der byzantin. M.kunst der antike Naturalismus noch einmal auf. Die italien. Renaissance pflegt dann v. a. das *Platten-M.* für Fußböden (Cosmaten). - Der Islam übernahm zunächst das spätantike Wand-M. (Felsendom Jerusalem [688–91], Große Moschee von Damaskus [um 715], Moschee von Córdoba [965]). Im 13./14. Jh. kam das Fayence-M. auf, wohl pers. Ursprungs, das eigene neue Techniken (Aussägen der Fayencefliesen) entwickelte. Der nichtfigürl. M.schmuck überzog dann auch die Außenwände und erlebte in Persien und Indien eine große Blütezeit im 15.–16. bzw. 17. Jh. - Abb. S. 38.

📖 *Rossi, F.:* M. u. Steinintarsien. Stg. ²1979.

Mosaikeier, Eizellen mit determinierten Plasmabezirken, d. h., in der Eizelle ist bereits

Moschus

festgelegt, welche Organanlagen bzw. Gewebe im Laufe der Entwicklung aus den einzelnen in die Furchungszellen übergehenden Plasmaanteilen der Zelle hervorgehen werden (z. B. bei Seescheiden).

Mosaikglas, svw. ↑ Millefioriglas.

Mosaikjungfern, svw. ↑ Aeschna.

Mosaikkrankheiten, durch Viren verursachte Krankheiten bei Gemüse- und Zierpflanzen, Obstgehölzen und landw. Kulturen; z. B. ↑ Tabakmosaik; Kennzeichen: v. a. mosaikartige Helldunkelscheckung, oft auch Verkleinerung und Kräuselung der Blätter, verbunden mit Stauchung der Stengel und Mißbildungen von Blüten und Früchten.

Mosaikzwitter, svw. ↑ Gynander.

mosaisch [nach Moses], svw. jüd., israelit., auf die Religion des A. T. bezogen.

Mosbach, Krst. 16 km sö. von Eberbach, Bad.-Württ., 154–338 m ü. d. M., 22 500 E. Verwaltungssitz des Neckar-Odenwald-Kr., Johannes-Anstalten (für behinderte Kinder); u. a. Lokomotiven-, Schürfraupen- und Zahnradfabrik, Bau von Spezialanhängern, Armaturen, Klimaanlagen, Majolika- und Kachelofenfabrik. - In der Nähe des um 736 gegr. und 976 erstmals erwähnten Klosters entstand im 9. Jh. die Dorfsiedlung M., die vermutl. zw. 1273/91 Stadtrecht erhielt. - Spätgot. Stadtkirche mit Wandmalereien; spätgot. Friedhofskapelle mit Wand- und Deckenmalerei; Rathaus (16. Jh.), zahlr. Fachwerkhäuser (v. a. 17. Jh.).

Mosbacher, Peter, * Mannheim 17. Febr. 1914, † Kempfenhausen (= Berg, Landkr. Starnberg) 9. Okt. 1977, dt. Schauspieler und Regisseur. - Bühnenengagements u. a. in Darmstadt, Düsseldorf, Berlin (West), Hamburg. Wurde internat. bekannt durch seine Darstellung des Marat in P. Weiss' Revolutionsdrama „Die Verfolgung und Ermordung Jean Paul Marats ..." (1964). Vielseitiger Charakterdarsteller.

Mosbrugger, Kaspar ↑ Moosbrugger, Kaspar.

Mosca, Gaetano, * Palermo 1. April 1858, † Rom 8. Nov. 1941, italien. Soziologe und Politiker. - 1896–1923 Prof. in Turin, 1914–16 Unterstaatssekretär im Kolonialministerium, ab 1919 Senator, 1923–33 Prof. in Rom; versuchte in seinem Hauptwerk „Die herrschende Klasse" (1895) zu beweisen, daß für die gesellschaftl. Stabilität die Herrschaft einer privilegierten, gut organisierten Elitenminderheit über eine der Reg. unfähige Masse unabdingbar sei.

Moschee [zu arab. masdschid „Anbetungsort" (eigtl. „Ort, an dem man sich niederwirft")], Kultgebäude des Islams, Versammlungsort für den fünfmal tägl. stattfindenden Gebetsgottesdienst der Gläubigen. Auch Stätte der Gemeindeversammlungen, der persönl. Andacht und des theolog. Unterrichtes. In den Freitags-, Haupt- oder Versammlungs-M. (Dschami) findet freitags ein Predigtgottesdienst statt. Bestandteile der M. sind der ummauerte Hof mit Brunnen für die rituellen Waschungen (Wudu), ein überdachter Betsaal mit der Gebetsnische (Mihrab), welche die Richtung (Kibla) nach Mekka angibt, sowie meist ein oder mehrere Minaretts, eine Predigtkanzel (Minbar), die Estrade (Dikke) für den Vorbeter und ein abgesonderter Raum für den Herrscher (Maksura). Zur bewegl. Ausstattung gehören Leuchter, Koranständer, Lampen und Teppiche. Der Wandschmuck innen und außen besteht aus Zierschriften von Koran- und Widmungstexten und nichtfigürl. Ornamentik. - Die Entwicklung der islam. M. begann mit dem Gebetsplatz, den Mohammed im Hof seines Hauses in Medina einrichtete. Auf diese Anlage geht der Typ der **Hofmoschee** (Lager-M.) zurück. Ihr Merkmal ist der von überdachten Galerien (Riwaks) umgebene rechteckige Hof (Sahn) mit der mehrschiffigen Betsaal (Haram) in der Richtung nach Mekka. Dieser M.typus ist im gesamten Islambereich verbreitet (älteste Beispiele: Große M. von Samarra [848/49–52], Ibn-Tulun-M. in Kairo [878–879]). Die im 12. Jh. in Persien entwickelte **Iwanmoschee** besteht aus einem von Galerien umgebenen zentralen Hof, auf den sich ein bis vier große, tonnengewölbte Hallen (Iwane) öffnen. Dieser M.typ dient häufig als Schul-M. (Medrese) oder Kloster (Zawija). Die **Kuppelmoschee** entstand im 14. Jh. und ist v. a. im osman. Bereich verbreitet. Ihre Mittelkuppel wird von einem System aus Halb- und Nebenkuppeln getragen. Die schönsten Beispiele errichtete der Baumeister Sinan im 16. Jh. in Istanbul (Suleiman-M. [1550–57], Prinzen-M. [1544–48]).

📖 *Frank, F.: Moscheen. Stg. 1985. - Vogt-Göknil, U.: Die M. Grundformen sakraler Baukunst. Mchn. u. Zürich 1978. - Kuban, D.: Muslim religious architecture. Tl. 1: The mosque and its early development. Leiden 1974. - Kühnel, E.: Die M. Bln. 1949. Nachdr. Graz 1974.*

Moscherosch, Johann Michael, Pseud. Philander von Sittewald, * Willstätt bei Kehl 5. März 1601, † Worms 4. April 1669, dt. Satiriker. - Seit 1645 Mgl. der Fruchtbringenden Gesellschaft. Sein kulturhistor. bed. Hauptwerk ist die in der Ichform gehaltene Zeitsatire „Wunderl. und wahrhaftige Gesichte Philanders von Sittewald" (1640 ff.; Nachdruck 1964), die das höf. Wesen mit seiner Nachahmung ausland. Mode und Sitte, allg. Eitelkeit, Heuchelei und Torheit verurteilt und dabei einen betont nat. und konservativen Standpunkt vertritt.

Moschinae [nlat.], svw. ↑ Moschustiere.

Moschus [pers.-griech., zu Sanskrit muschka „Hodensack" (wegen der Ähnlichkeit mit dem Moschusbeutel)] (Bisam), das ein bes. Riechstoffgemisch enthaltende braunrote, schmierige, in getrocknetem Zustand

Moschusbisame

pulverigschwarze, auch heute noch in Asien stark begehrte Sekret aus dem M.beutel der männl. ↑Moschustiere. Die M.beutel (enthalten bis 30 g M.) kommen getrocknet in den Handel; die Sekretinhaltstoffe, v. a. Muscon und Muscopyridin werden z. T. noch in der Parfümherstellung verwendet; sie werden jedoch immer mehr durch ähnl. riechende synthet. Substanzen verdrängt. Moschusartig riechende Sekrete werden auch von anderen Tieren (z. B. Moschusochse, Moschusböckchen, Bisamratte, Bisamrüßler, Moschusspitzmaus) ausgeschieden.

Moschusbisame, svw. ↑Bisamrüßler.

Moschusbock (Aromia moschata), 22–32 mm langer, metall. grün glänzender Bockkäfer in Europa; mit stahlblauen Fühlern und Beinen und buckelig gerunzeltem Halsschild; scheidet ein moschusartig riechendes Sekret aus ventralen Drüsen der Hinterbrust aus.

Moschusböckchen (Suni, Neotragus moschatus), etwa 30–40 cm lange, oberseits graugelbe bis rotbraune, undeutl. hell gesprenkelte, unterseits weißl. Antilope (Unterfam. Böckchen) im dichten Busch O- und SO-Afrikas; mit moschusähnl. Sekret absondernden Voraugendrüsen und (♂) bis 10 cm langen, gerade nach hinten gerichteten, spitzen Hörnern (♀ hornlos).

Moschusente (Bisamente, Türkenente, Warzenente, Carina moschata), aus dem trop. S-Amerika stammende, zu den Glanzenten zählende, 80 cm. große, langschwänzige Hausente; nacktes Gesicht mit roten Warzen, die ein moschusartig riechendes Fett absondern.

Moschuskörner, svw. ↑Bisamkörner.

Moschuskraut (Bisamkraut, Adoxa), Gatt. der Moschuskrautgewächse mit der einzigen Art *Adoxa moschatellina;* bis 15 cm hohe, ausdauernde Frühlingspflanze der feuchten Wälder der Nordhalbkugel.

Moschuskrautgewächse (Bisamkrautgewächse, Adoxaceae), zweikeimblättrige Pflanzenfam. mit der einzigen Gatt. ↑Moschuskraut.

Moschusmalve ↑Malve.

Moschusochse (Schafochse, Ovibos moschatus), etwa 1,8–2,5 m langes (bis 1,4 m schulterhohes) Horntier, v. a. in arkt. Tundren

Mosaik. Liebespaar (4. Jh. n. Chr.). Fußbodenmosaik in einer römischen Villa (links); Iacopo Torriti, Krönung Mariens (um 1292–95). Rom, Basilika Santa Maria Maggiore (unten)

Alaskas, N-Kanadas und N-Grönlands; auf Spitzbergen und in Norwegen eingebürgert; in Herden lebende Tiere mit ungewöhnl. langem, zottigem, dunkel- bis schwarzbraunem Fell, dessen Winterhaar im Frühjahr gelblichbraun ausbleicht; Hörner (bes. bei ♂♂) an der Basis breit, die Stirn helmartig bedeckend. - Die ♂♂ riechen während der Brunstzeit stark nach Moschus.

Moschustiere (Moschushirsche, Moschinae), Unterfam. etwa 0,8–1 m langer, geweihloser Hirsche mit der einzigen Art *Moschus moschiferus*, v. a. in feuchten Bergwäldern Z- und O-Asiens; vorwiegend nachtaktive, meist einzeln oder paarweise lebende, dunkel rötlichbraune Paarhufer mit nach hinten ansteigender Rückenlinie und kleinem Kopf. Die ♂♂ besitzen stark verlängerte obere Eckzähne und einen etwa 6 cm langen, 4 cm starken, behaarten, ↑Moschus enthaltenden Moschusbeutel zw. Nabel und Penis.

Moschuswurzel ↑Steckenkraut.

Mose (sechstes und siebentes Buch M.), Titel verschiedener volkstüml. Zauberbücher, die auf Moses zurückgeführt werden und vorgebl. dessen zauber. Geheimwissen enthalten. Die in der Neuzeit verbreiteten Ausgaben des „sechsten und siebenten Buches M." sind sicher nicht vor dem 18.Jh. entstanden und reihen verschiedene Zaubertexte, Wundermittel, Gebetstexte und Texte mit „Geheimlehren" unterschiedl. Herkunft aneinander.

Mosebücher ↑Pentateuch.

Mosel (frz. Moselle), größter linker Nebenfluß des Rheins, in Frankr., Luxemburg und der BR Deutschland, entspringt in den S-Vogesen, mündet bei Koblenz, 545 km lang. Da die M. als Wasserstraße für das lothring. Ind.gebiet von Bed. ist, war Frankr. an einer Kanalisierung interessiert; sie war von Épinal bis Thionville bereits in das ostfrz. Kanalnetz einbezogen; die Strecke Metz–Koblenz wurde bis Mitte der 1960er Jahre mittels zwölf Stauanlagen (z. T. mit Kraftwerken) ausgebaut. Im Tal der luxemburg. und der dt. M. Weinbau und Fremdenverkehr.

Moseley, Henry [engl. 'moʊzlɪ], * Weymouth (Dorset) 23. Nov. 1887, ✕ auf der Halbinsel Gelibolu (Türkei) 10. Aug. 1915, brit. Physiker. - Fand 1913/14 das nach ihm ben. **Moseleysche Gesetz,** eine Beziehung zw. der Frequenz einer Spektrallinie der charakterist. Röntgenstrahlung und der Ordnungszahl des emittierenden Elements. M. lieferte den Nachweis, daß die Ordnungszahl die Stellung eines Elements im Periodensystem der chem. Elemente bestimmt.

Moselfränkisch, mitteldt. Mundart, ↑deutsche Mundarten.

Moselhöhen (frz. Côtes de Moselle), Höhenzug in Frankr. westl. des Moseltals zw. Nancy und Thionville, bis 400 m hoch.

Moselle [frz. mɔ'zɛl], Dep. in Frankr.

Mosel-Saar-Ruwer, Weinbaugebiet, unterteilt in die vier Bereiche *Obermosel* (bis zur Saarmündung; v. a. Sekt), *Saar-Ruwer, Bernkastel* (Mittelmosel; bis kurz vor Zell) und *Zell-Mosel* (untere Mosel). - Die Weine sind leicht, spritzig und z. T. würzig.

Moser, Edda Elisabeth, * Berlin 27. Okt. 1938, dt. Sängerin. - Tochter von Hans Joachim M.; seit 1971 Mgl. der Wiener Staatsoper; bed. dramat. Koloratursopran, auch Interpretin moderner Musik (Henze, B. A. Zimmermann, Boulez) sowie Konzertsängerin.

M., Friedrich Karl Frhr. von (seit 1767), * Stuttgart 18. Dez. 1723, † Ludwigsburg 11. Nov. 1798, dt. Politiker und Schriftsteller. - Trat 1747 in hessen-homburg. Dienste, wurde 1767 Reichshofrat in Wien und war 1772–80 Min. in Hessen-Darmstadt. M. verfaßte vielgelesene Schriften, in denen er Despotie und Sittenlosigkeit an den Höfen und Korruption bei den Beamten anprangerte, v. a. in seinem Fürstenspiegel „Der Herr und der Diener, geschildert mit patriot. Freiheit" (1759).

M., Georg, * Leutkirch im Allgäu 10. Juni 1923, dt. kath. Theologe. - Seit 1975 Bischof von Rottenburg-Stuttgart. - † 9. Mai 1988.

M., Hans, eigtl. H. Julier, * Wien 6. Aug. 1880, † ebd. 18. Juni 1964, östr. Schauspieler. - Wurde von M. Reinhardt als Komiker engagiert. Bekannt wurde M. durch zahlr. Filmkomödien, in denen er seine gekonntes Nuscheln *("Mosern")* anbrachte, z. B. „Das Ekel" (1939), „Anton, der Letzte" (1939), „Opernball" (1939), „Wiener Blut" (1942), „Hallo, Dienstmann!" (1951), „Ober, zahlen" (1957), „Kaiser Joseph und die Bahnwärterstochter" (1963). M., der im Film meist Dialektrollen spielte, zählte zu den beliebtesten Volksschauspielern Österreichs.

M., Hans, * München 11. April 1903, dt. Volkskundler. - 1932–62 wiss. Leiter der Bayer. Landesstelle für Volkskunde; zahlr. Beiträge zur Volksschauspiel- und Brauchtumforschung sowie wissenschaftsgeschichtl. und methodolog. Arbeiten.

M., Hans Joachim, * Berlin 25. Mai 1889, † ebd. 14. Aug. 1967, dt. Musikforscher. - Prof. in Heidelberg, Berlin, Jena, 1950–60 Direktor des Städt. Konservatoriums in Berlin. Zahlr. Schriften v. a. zur Geschichte der dt. Musik und der ev. Kirchenmusik, u. a. „Geschichte der dt. Musik" (3 Bde., 1920–24), „Musiklexikon" (1935, Nachtrag 1958, Ergänzungsbd. 1963), „Heinrich Schütz" (1936), „Die ev. Kirchenmusik in Deutschland" (1954).

M., Hugo, * Esslingen am Neckar 19. Juni 1909, dt. Germanist. - Prof. in Tübingen, Nimwegen, Saarbrücken, seit 1959 in Bonn. Mitbegr. des Instituts für Sprache. Bed. sprachsoziolog., sprach- und literaturgeschichtl. Arbeiten, u. a. „Dt. Sprachgeschichte" (1950), „Annalen der dt. Sprache von den Anfängen bis zur Gegenwart" (1961). - † 22. März 1989.

Moser

M., Johann Jakob, *Stuttgart 18. Jan. 1701, †ebd. 30. Sept. 1785, dt. Jurist. - 1720–24 und 1729–34 Prof. in Tübingen, 1725 Konsulent des Reichsvizekanzlers in Reichssachen in Wien, 1736 bis 1739 Direktor der Juristenfakultät in Frankfurt/Oder, ab 1751 Landschaftskonsulent in Stuttgart. 1759–64 aus polit. Gründen auf dem Hohentwiel eingekerkert. M. war der erste Jurist, der sich bemühte, die komplizierte Rechtslage des Reiches an Hand von Dokumenten darzustellen.

M., Lucas †Tiefenbronn.

Möser, Justus, *Osnabrück 14. Dez. 1720, †ebd. 8. Jan. 1794, dt. Schriftsteller, Historiker und Staatsmann. - 1768–83 Leiter der Verwaltung des Fürstbistums Osnabrück. Wirkte durch seine Wochenschriften im Geist der Aufklärung auf die öffentl. Meinung. In der Vorrede zur „Osnabrück. Geschichte" (2 Bde., 1768, Bd. 3 1824) entwickelte er seine konservative Auffassung von Geschichtsschreibung. Sein Hauptwerk, die „Patriot. Phantasien" (4 Bde., 1774–78), ist eine Sammlung von Verlautbarungen von Regent zu Volk seit den 1760er Jahren in Zeitschriften und Reg.blättern und zugleich ein bed. Staats- und Gesellschaftsspiegel, in dem die verschiedenen Stände dargestellt und die religiösen und weltl. Sitten sowie die Rechtsbräuche aufgezeichnet werden. Sein polit. Ideal war ein freier, in einem Eigentum gesicherter und durch Selbstverwaltung am polit. Leben mitwirkender Bauern- und Bürgerstand.

Moses (Mose), im A. T. Führer, Prophet und Gesetzgeber der Israeliten. Die Herkunft des Namens ist unklar: entweder von ägypt. „mos" (Sohn) oder von kopt. „mo" (Wasser) und „useh" (retten). Grundlage für die Kenntnisse über M. sind die im A. T. von 2.–4. Mos. geschilderten Sagen, die in verschiedenen Gegenden und Orten lokalisiert sind: in Ägypten und Midian in den Anfängen seines Wirkens (2. Mos. 1–12) bis zur Flucht durch das Rote Meer (2. Mos. 15); um den Berg Sinai (Bundesschluß; 2. Mos. 33, 7–11) und in Kadesch (Gesetzesüberlieferung; 2. Mos. 15, 22). In der Forschungsgeschichte kam es immer wieder zu Zweifeln an der Historizität des M. Wenngleich M. für das Volk Israel nicht die Funktion hatte, die in den Sagen erscheint, so war er doch eine zentrale Figur für mehrere israelit. Stämme und scheint bed. zum israelit. Recht beigetragen zu haben, wie auch zur Ausprägung des monotheist. Jahweglaubens. - Im Judentum wurde M. v. a. wegen seiner gesetzgeber. Funktion verehrt; das N. T. sieht in M. v. a. den Mittler des Gesetzes und ein Vorbild für den Glauben. - Zu den *literar.* Gestaltungen des M.stoffes zählen Dramen von J. van den Vondel, C. Hauptmann, E. Bacmeister und C. Fry, erzähler. Werke von J. H. Ingraham und S. Asch; *Opern* stammen u. a. von A. L. Tottola/G. Rossini, S. von Mosenthal/A. Rubinstein und A. Schönberg. In der *bildenden Kunst* wird M. mit über der Stirn entsprossenen Hörnern (entstanden durch die irrtüml. Übersetzung „Strahlen" in 2. Mos. 34, 29–35) dargestellt. Zu den berühmtesten M.darstellungen gehört die Sitzstatue des M. von Michelangelo (1513 ff.; Rom, San Pietro in Vincoli) und der M. vom Brunnen des C. Sluter (1395–1406).

  Bock, E.: Beitr. zur Geistesgesch. der Menschheit. Bd. 2: M. u. sein Zeitalter. Stg. ⁷1983. - *Lehmann, J.:* M. Hamb. 1983. - *Freud, S.:* Der Mann M. u. die monotheist. Religion. Neuaufl. Ffm. 1979. - *Duvernoy, C.:* M. Dt. Übers. Köln 1977.

Moses, Anna Mary [engl. 'mouzɪs], gen. Grandma Moses, *Washington county (N. Y.) 7. Sept. 1860, †Hoosick Falls (N. Y.) 13. Dez. 1961, amerikan. naive Malerin. - Farmersfrau, begann im Alter von 70 Jahren freundl. Landschaftsbilder mit kleinen Figuren zu malen.

Moses [nach dem kleinen im Körbchen ausgesetzten M.], seemänn. Bez. für das jüngste Besatzungsmitglied an Bord, Schiffsjunge.
♦ Beiboot einer Jacht, kleinstes Boot.

MOSFET, svw. MOS-Feldeffekttransistor († Transistor).

Moshav [mo'ʃaːf; hebr.] (Mrz. Moshavim), landw. Gruppensiedlung in Israel, gekennzeichnet durch 4 Prinzipien: die Mgl. sind zur Eigenarbeit und zur gegenseitigen Hilfeleistung verpflichtet, Einkauf und Vermarktung erfolgen kooperativ, der Boden ist Staatseigentum; ansonsten lebt und wirtschaftet jeder Siedler mit seiner Familie auf seinem Grundstück selbständig (im Ggs. zum †Kibbuz). Der erste M. wurde 1921 gegründet.

Moshi ['mɔʃiː], Regionshauptstadt in NO-Tansania, am Fuße des Kilimandscharo, 809 m ü. d. M., 52 200 E. Sitz eines luth. und eines kath. Bischofs; christl. medizin. Zentrum; Zentrum des bedeutendsten Kaffeeanbaugebietes Tansanias, mit Aufbereitungs- und Verpackungsbetrieb sowie Exportauktionen; Gerberei, Konfektions-, holzverarbeitende Betriebe, Eisenbahnreparaturwerkstätten, Nahrungs- und Genußmittelind. M. liegt an der Bahnlinie Tanga–Arusha; ✈. - Entstand 1911.

Mösien [..iən] (lat. Moesia), seit 29 v. Chr. röm. Prov., urspr. südl. der Donau von Drina und Save bis zum Schwarzen Meer reichend. Unter Domitian geteilt in Moesia inferior und Moesia superior; im 4. Jh. von Goten besetzt.

Moskau (russ. Moskwa), Hauptstadt der UdSSR und der RSFSR sowie des Geb. M., im Zentrum des europ. Teils der UdSSR, an der Moskwa, 120 m ü. d. M., 8,64 Mill. E. M. ist das polit., kulturelle und wirtsch. Zentrum der UdSSR; Sitz des russ.-orth. Patriarchen. Lomonossow-Univ. (gegr. 1755), Patrice-Lumumba-Univ. der Völkerfreundschaft

40

Moskau

(gegr. 1960), 75 Hochschulen, Akad. der Wiss. der UdSSR, Akad. der Medizin-, der Landw.-, der pädagog. Wiss., Kunstakad., über 3000 Bibliotheken; 65 Museen, 31 Theater, Philharmonie, zwei Zirkusse, Planetarium, botan. Garten, Zoo. Bed. Ind.standort, u. a. Automobil- und Waggonbau, Herstellung von Werkzeugmaschinen, Präzisionsmaschinen, Kugellagern, Werkzeugen; Textil-, Nahrungs- und Genußmittel-, Druck- ($^2/_3$ der Bücher der UdSSR), elektrotechn., Uhren-, Baustoff- und chem. Ind.; bed. Verkehrszentrum. Fernstraßen aus allen Landesteilen, 9 Kopfbahnhöfe, Untergrundbahn (rd. 200 km, 115 Bahnhöfe). An das Wasserstraßennetz ist M. durch den Moskaukanal über die Wolga angeschlossen; 3 große Häfen, 5 ✈, darunter der internat. ✈ Scheremetjewo.

Geschichte: Erstmals 1147 als Landsitz des Susdaler Fürsten Juri Dolgoruki erwähnt, 1156 mit einem Palisadenzaun befestigt und als Stadt bezeichnet. Obwohl günstig am Schnittpunkt der großen O–W- und N–S-Handelswege gelegen, blieb M. bis Anfang 14. Jh. eine Kleinstadt. 1237 Zerstörung durch die Mongolen; 1263 Sitz eines kleinen Teil-Ft., seit 1326 Sitz des russ. Metropoliten (vorher Wladimir). Östl. des Kremls entstand im beginnenden 14. Jh. die älteste und bedeutendste Handelsvorstadt, der Kitaigorod; Mitte 14. Jh. war M. als Hauptstadt des Groß-Ft. M. bereits Zentrum des zentralruss. Handels. 1367 erhielt der Kreml die erste Steinmauer. Nach Zerstörung durch die Krimtata-

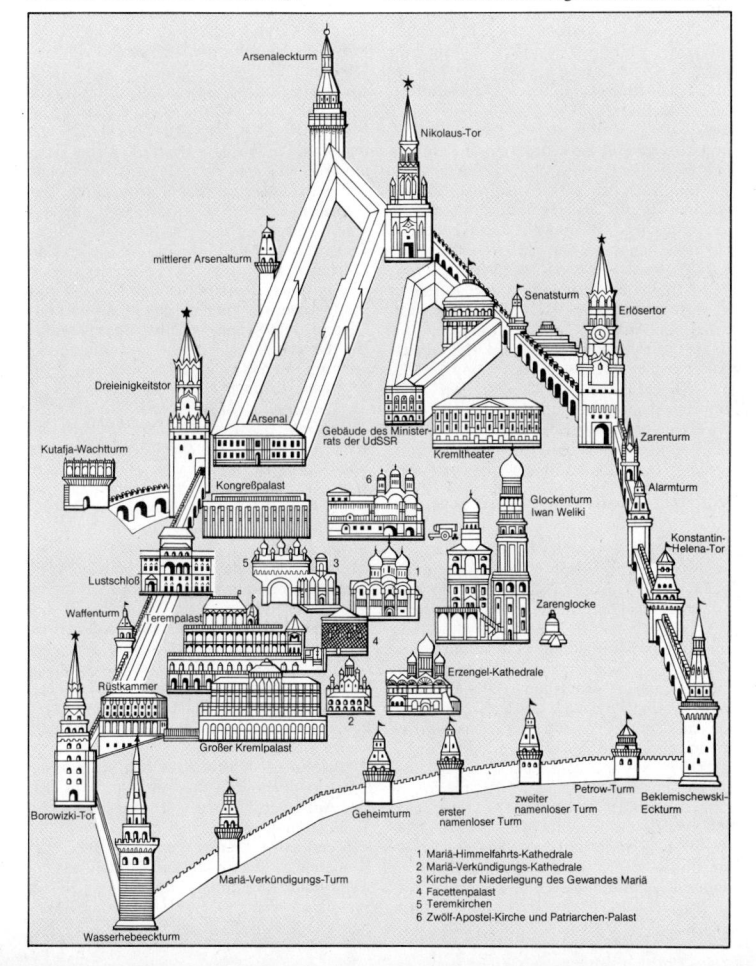

Moskau. Schema der Kremlanlage

1 Mariä-Himmelfahrts-Kathedrale
2 Mariä-Verkündigungs-Kathedrale
3 Kirche der Niederlegung des Gewandes Mariä
4 Facettenpalast
5 Teremkirchen
6 Zwölf-Apostel-Kirche und Patriarchen-Palast

Moskau

ren 1571 wurde zw. 1586/93 zum Schutz der zentralen Stadtteile (Weiße Stadt) die sog. mittlere Festung mit 10 Stadttoren angelegt (beim heutigen Boulevardring). 1591/92 entstand nach einem neuerl. Überfall der Krimtataren ein 4. Ring von Befestigungen (beim heutigen Gartenring [Sadowaja]). Bis zum 17. Jh. blieb M. eine aus Holz gebaute Stadt mit wenigen, meist im Kreml konzentrierten welt. und kirchl. Steinbauten. 1730/31 wurde der letzte Verteidigungsring (Kammer-Kollegien-Wall) errichtet; unter Elisabeth Petrowna entstand u. a. die Univ. Auf Befehl Katharinas II. wurde 1775 der 1. Generalbebauungsplan ausgearbeitet, der u. a. die Umwandlung der Befestigungsringe in Boulevards vorsah. Der goße Stadtbrand, der am 14. Sept. 1812 ausbrach (Einmarsch Napoleons I.), vernichtete in 8 Tagen mehr als $^2/_3$ der Stadt, der Wiederaufbau war jedoch schnell abgeschlossen. Zw. 1812–63 stieg die Bev. von etwa 250 000 E auf 350 000 E. 1863–82 - bedingt durch Aufhebung der Leibeigenschaft und zunehmende Industrialisierung - von 350 000 E auf 750 000 E, erreichte um 1900 1 Mill. E und 1916 1,6 Mill. E. 1895 gab es 645 Fabriken mit 67 000 Arbeitern, 1913 fast 1 000 mit 157 000. Nach der in M. ohne große Kämpfe verlaufenen Oktoberrevolution wurde die Stadt am 14. März 1918 de facto Hauptstadt Sowjetrußlands, offiziell 1923 Hauptstadt der UdSSR. Im 2. Weltkrieg gelangten dt. Truppen Mitte Dez. 1941 bis in die äußersten Vororte, Anfang Jan. 1942 warf ein Gegenstoß der Roten Armee sie wieder zurück.
Bauten: Bestimmender architekton. Mittelpunkt ist der Kreml (spätes 15. und 16. Jh.), die Kremlmauer (1485–99) ist ein zinnengekrönter Mauerring in Form eines unregelmäßigen Dreiecks mit runden Eck- und rechteckigen Seitentürmen, u. a. Geheimturm (1485; A. Novi), Borowizki-Tor (1490; P. A. Solario), Erlösertor (1491; M. Ruffo und P. A. Solario; got. Glockenturm, 1624/25). Die wichtigsten Bauwerke des Kremls gruppieren sich auf und um den Kathedralenplatz, überragt vom Glockenturm Iwan Weliki (1505–08; 81 m hoch), der von weiteren Glockentürmen umgeben ist. Im W der Turmgruppe liegt die nach dem Vorbild der Uspenski-Kathedrale in Wladimir 1475–79 von A. Fieravanti errichtete Uspenski-Kathedrale, eine Kreuzkuppelkirche, deren Wandabschnitte alle die gleiche Breite haben. Gegenüber der SW-Ecke der Uspenski-Kathedrale erhebt sich, in den Großen Kremlpalast (1838–49) einbezogen, der Facettenpalast (1487–91; M. Ruffo und P. A. Solario), es schließen u. a. der Terempalast an (1508, 1635, 1682) sowie die Rispoloschenski-Kathedrale (1484–86; 1956 restauriert). Südl. des Facettenpalastes steht vor der Fassade des Großen Kremlpalastes die Blagowoschtschenski-Kathedrale (1484–89; Ikonostase mit Ikonen von A. Rubljow, Feofan Grek, Prochor), ihr gegenüber errichtete A. Novi 1505–09 die Erzengel-Michael-Kathedrale, eine Kreuzkuppelkirche mit Renaissancefassade (urspr. unverputzt), Grablege der Moskauer Großfürsten und Zaren. Der östl. Kremlmauer folgt im mittleren Abschnitt der Rote Platz, alter Marktplatz am Schnittpunkt der Handelswege von Twer (= Kalinin), Nowgorod und aus dem Süden. Direkt an der Kremlmauer erhebt sich das Leninmausoleum (1930). Den südl. Abschluß des Platzes bildet die bed. vielkuppelige prunkvolle Basiliuskathedrale (1555–60; zahlr. Ausbauten im 16. und 17. Jh.) in nationalruss. Stil. Charakterist. Bauten der Barockzeit sind die Maria-Geburt-Kirche in Putinki (1649–52) und die Kirche Mariä Fürbitte in Fili (1693). M. ist von einem Ring von Klosterfestungen umgeben: u. a. das Nowodewitschi-Kloster (gegr. 1524) mit 12 Festungstürmen mit durchbrochenen Kronen, Smolensk-Kathedrale (1524/25), Glockenturm (1689/90) und Verklärungskirche (1687–89); das Don-Kloster (gegr. 1591) besitzt 7 Kirchen (u. a. Alte Kathedrale, 1593) und erhielt 1686–1711 eine starke Befestigung mit Wehrtürmen. In *Kolomenskoje*, ehem. Sommerresidenz der Zaren, sind mehrere Kathedralen erhalten, u. a. die Himmelfahrts-Kathedrale (1533 geweiht) mit steilem Zeltdach, der Palastkomplex wurde 1768 abgebrochen. - Nach dem 2. Weltkrieg wurden u. a. die Univ., Hochhäuser am Sadowaja und große Wohnsiedlungen gebaut. Anläßl. der Olympiade 1980 zahlr. Neubauten (Sportstätten, Unterkünfte, Fernseh- und Rundfunkzentrum mit 548 m hohem Sendeturm).
📖 *Luppi, A./Biagi, E.: M. Dt. Übers. Zürich 1981. - Parigi, I.: M. u. Sagorsk: Studienreiseführer mit Landeskunde. Stg. ^{2}1979. - Burian, J./Oleg, A. S.: Der Kreml in M. Architektur und Kunst. Dt. Übers. Stg. 1975. - Knackstedt, W.: M. Studien zur Gesch. einer ma. Stadt. Wsb. 1975. - Alexandrov, V.: Die Geheimnisse des Kreml. 800 Jahre Gesch. Dt. Übers. Mchn. 1964.*

M., Patriarchat der russ.-orth. Kirche; 1589 unter Zustimmung Konstantinopels zum Patriarchat erhoben. Peter d. Gr. hob 1721 das Patriarchat M. auf und schuf ein kollektives Kirchenoberhaupt, den hl. Synod, unter der Aufsicht eines kaiserl. Beamten (Oberprokuror). Nach der Revolution 1917 und der Trennung von Kirche und Staat führte das Landeskonzil der russ.-orth. Kirche das Patriarchat wieder ein.

Moskauer Kohlenbecken, Braunkohlenvorkommen südl. und westl. von Moskau. Der Abbau erfolgt v. a. im S des M. K., wo Tagebau mögl. ist.

Moskauer Konferenzen, Bez. für Konferenzen, die in Moskau stattfanden: **Außenministerkonferenz (Okt./Nov. 1943):** Von den Außenmin. der USA, Großbrit. und der UdSSR unter Teilnahme Chinas wurde u. a. beschlossen, den Krieg gegen die Achsenmächte bis zu deren bedingungsloser Kapitulation fortzusetzen, die Demokratie in Italien und die östr. Unabhängigkeit wiederherzustellen sowie eine allg. internat. Organisation zur Erhaltung des internat. Friedens und der internat. Sicherheit zu schaffen.

Außenministerkonferenz (März/April 1947): Die USA, Großbrit., Frankr. und die UdSSR erörterten (ohne Einigung) die dt. Frage.

Moskauer Meer ↑Wolgastausee.

Moskauer Künstlertheater, 1898 von K. S. Stanislawski und W. I. Nemirowitsch-Dantschenko gegr. Avantgarde-Bühne. Als Konzeption galt: realist. Theaterstil, Werktreue, intensives Ensemblespiel. Das Ensemble bestand aus Laienspielern und Schauspielschülern der Philharmonie. Erster großer Erfolg war die Uraufführung von Tschechows „Die Möwe" (1898). Das M. K. setzte sich für den europ. Dramennaturalismus ein und war lange Jahre einflußreiches Zentrum der Theateravantgarde in Europa.

Moskauer Vertrag ↑Deutsch-Sowjetischer Vertrag.

Moskitogras (Bouteloua), Gatt. der Süßgräser im sw. N-Amerika bis Argentinien; die Art *Bouteloua gracilis* ist eine Charakterpflanze der Weiden der Great Plains, andere Arten sind wichtige Futtergräser *(Gramagräser)* dieser Gebiete.

Moskitoküste, größtenteils bewaldete Küstenlandschaft in O-Nicaragua mit zahlr. Strandseen, kaum erschlossen und besiedelt. Nur im äußersten N und S Anbau in größerem Ausmaß (v. a. Bananen und Reis).

Moskitonetz [span./dt.], tüllartiges Gewebe oder grob gewirkter, luftdurchlässiger Stoff; verhindert - über Betten, vor Zelteingängen - das Eindringen von Stechmücken.

Moskitos [span., zu mosca (lat. musca) „Fliege"], svw. ↑Stechmücken.

Moskwa [russ. mas'kva] ↑Moskau.

M., linker Nebenfluß der Oka, entspringt in den Smolensk-Moskauer Höhen, mündet bei Kolomna, 502 km lang, schiffbar ab Moskau.

Moslem ↑Muslim.

Moslembruderschaft ↑Muslimbruderschaft.

Moslem-Liga ↑Muslim-Liga.

Mosley, Sir Oswald Ernald, Baronet [engl. 'mɔzlı, 'moʊzlı], * London 16. Nov. 1896, † Paris 3. Dez. 1980, brit. Politiker. - 1918-31 Abg., zuerst als Konservativer, ab 1926 für die Labour Party; gründete 1932 die „British Union of Fascists" (1940 verboten); 1948 gründete er das rechtsradikale „Union Movement".

Mosonmagyaróvár [ungar. 'moʃonmɔdjɔro:va:r] (dt. Wieselburg = Ungarisch-Altenburg), ungar. Stadt an der Mündung der Leitha in die Kleine Donau, 30 000 E. Landwirtschaftsakademie, Milchforschungsinst., Museum; Landmaschinenbau, Tonerdefabrik, Nahrungsmittelind. - Entstand 1939 durch Vereinigung der alten Festungs- und Handelsstadt Moson (dt. Wieselburg) und der Ind.stadt Magyaróvár (dt. Ungarisch-Altenburg).

Moss, norweg. Hafenstadt an der O-Küste des Oslofjords, 24 900 E. Hauptstadt des Verw.-Geb. Østfold. Holzverarbeitender Betrieb, Glaswerk, Werften.

Mossadegh (Mossaddegh), Mohammad [...'dɛk], * Teheran um 1880, † ebd. 4. oder 5. März 1967, iran. Politiker. - 1920 Justiz-, 1921 Finanz-, 1922 Außenmin.; forderte als Abg. (ab 1923) liberale Reformen und wurde von Schah Resa Pahlawi vorübergehend inhaftiert; Führer der Parlamentsfraktion der „Nat. Front" (ab 1939); 1951 zum Min.präs. gewählt, verstaatlichte die Erdölvorkommen des Landes und der Anglo-Iranian Oil Company; nach Machtkämpfen mit Schah Mohammad Resa Pahlawi 1953 durch die Armee gestürzt und zu 3 Jahren Haft verurteilt.

Mößbauer, Rudolf, * München 31. Jan. 1929, dt. Physiker. - Prof. in Pasadena und München; entdeckte 1957 die rückstoßfreie Kernresonanzabsorption von Gammastrahlen (↑Mößbauer-Effekt), und gab auf der Grundlage der Quantenmechanik auch die Theorie dieses Effekts an. Nobelpreis für Physik 1961 zus. mit R. Hofstadter.

Mößbauer-Effekt, Bez. für die von R. Mößbauer 1957 entdeckte physikal. Erscheinung, daß die Kerne der in ein Kristallgitter eingebauten Atome bestimmter Elemente rückstoßfrei Gammaquanten emittieren und absorbieren können, wobei die zugehörigen Spektrallinien (Gammalinien) nur die natürl. Linienbreite besitzen und keine Verbreiterung infolge therm. Bewegung der strahlenden Atome zeigen (Doppler-Verbreiterung). Die Bedeutung des M.-E. in der Physik liegt v. a. in der Tatsache, daß er Energie- und Frequenzmessungen mit einer Genauigkeit von über 10^{-15} gestattet, wie sonst nirgends in der Physik auch nur annähernd erreicht wird. So konnten z. B. erstmals die von der allg. Relativitätstheorie geforderte Frequenzverschiebung von Gammalinien unter dem Einfluß des Gravitationsfeldes der Erde und die Konstanz der Lichtgeschwindigkeit auch für Licht extrem schnell bewegter Lichtquellen nachgewiesen, sowie die Formeln für die Zeitdilatation und die Geschwindigkeitsabhängigkeit der Masse mit bestätigt werden.

Mosse, Rudolf, * Grätz (= Grodzisk, Woiwodschaft Posen) 9. Mai 1843, † Schenkendorf bei Königs Wusterhausen 8. Sept. 1920, dt. Verleger. - Gründete 1867 in Berlin eine bed. Annoncenexpedition; später kamen ein Zeitungsverlag (u. a. mit den Zeitungen „Berliner Tageblatt und Handels-Zeitung",

Mossi

"Berliner Morgenzeitung" und "Berliner Volkszeitung") sowie ein Buchverlag (populärwiss. Werke, Adreßbücher) hinzu. Ab 1930 geriet der **Mosse-Konzern,** führender liberaler Presseverlag, in finanzielle Schwierigkeiten (Umwandlung in eine Stiftung, Gründung von Auffanggesellschaften); ging schließl. (wahrscheinl.) Anfang 1939 in Parteibesitz der NSDAP über.

Mọssi, Volk der Sudaniden in Burkina Faso, sprechen eine Gursprache. Feldbau in der Savanne (Hirse, Mais, Erdnüsse), Rinderhaltung. Viele M. leben als Arbeiter in Ghana. - Im 11. oder 12. Jh. entstanden im Nigerbogen 3 M.reiche: Ouagadougou, Tenkodogo und Yatenga; 1896 wurde das ganze Gebiet der M. ein Teil von Frz.-Westafrika.

mọsso [italien.], musikal. Vortragsbez.: bewegt, lebhaft; *più m.:* lebhafter; *meno m.:* weniger bewegt.

Mọst, Stadt in der ČSSR, ↑ Brüx.

Most [zu lat. (vinum) mustum, eigtl. „junger (Wein)"], gärfähiger Traubensaft († auch Wein).

Mostaert, Jan [niederl. 'mɔsta:rt], * Haarlem um 1475, † ebd. 1555 oder 1556, niederl. Maler. - Im Frühwerk von Geertgen tot Sint Jans beeinflußt. Altmeisterl. Bildnisse von eindrucksvoller Schlichtheit sowie oft kleine bibl. Szenen in harmon. Farbgebung mit Hintergrundlandschaften.

Mostaganem, alger. Dep.hauptstadt am Mittelmeer, 102 000 E. Metall-, Elektro-, Tabakind., Zellstoff- und Papierfabrik (auf Alfagrasbasis); Hafen, Eisenbahnendpunkt.

Mọstar, Gerhart Herrmann, eigtl. G. Herrmann, * Gerbitz bei Bernburg/Saale 8. Sept. 1901, † München 8. Sept. 1973, dt. Schriftsteller. - Sein illegal gedruckter Karl-Marx-Roman „Der schwarze Ritter" (1933) wurde von den Nationalsozialisten verboten; emigrierte 1933; 1945-48 Leiter und Textdichter des von ihm gegr. polit.-satir. Kabaretts „Die Hinterbliebenen", 1948-54 engagierter Prozeßberichterstatter. Schrieb Bühnenstücke (u. a. „Meier Helmbrecht", 1946), Lyrik, Hörspiele, humorvolle Essays und histor. Plaudereien, u. a. „Weltgeschichte höchst privat" (1954).

Mọstar, jugoslaw. Stadt an der unteren Neretva, 60 m ü. d. M., 63 300 E. Verwaltungs-, Wirtschafts- und Kulturzentrum der Herzegowina, Sitz eines kath. und eines orth. Bischofs; Hochschule, zwei Theater. Spinnereien, Tabak- und Lederverarbeitung. Fremdenverkehr. - Entstand Mitte des 15. Jh. als osman. Gründung (1452 erwähnt); unter östr.-ungar. Verwaltung (ab 1878) Zentrum der serb. und muslim. Opposition.

Mostgewicht ↑ Mostwaage.

Mostrich [lat.-roman.], svw. ↑ Senf.

Mostwaage, Senkwaage († Aräometer), zur Bestimmung der Dichte bzw. des Zuckergehalts von Trauben- u. a. Obstsäften. Der von der M. angezeigte Wert (**Mostgewicht**) gibt an, um wieviel Gramm 1 Liter Most schwerer als 1 Liter Wasser ist. Der Zuckergehalt läßt sich daraus in % nach der Näherungsformel $c = {}^n\!/_5 + 1$ bestimmen (n = Öchslegrade, c = Zuckergehalt). Die Öchslegrade geben auch an, wieviel g Alkohol der aus dem Most entstehende Wein im Liter enthält. Ein Most von 80 Grad Öchsle enthält also rund 17 % Zucker und gibt einen Wein mit rd. 80 g Alkohol pro Liter.

Mọsul, irak. Stadt am rechten Ufer des Tigris, 250 m ü. d. M., 293 100 E. Hauptstadt des Verw.-Geb. Ninive, Sitz eines chaldäischen Metropoliten und eines syr.-orth. Metropoliten; Univ. (gegr. 1967); archäolog. Museum, Bibliotheken; Handelszentrum eines Agrargebiets, Textilind., Zement-, Zuckerfabrik. M. liegt an der Bagdadbahn; ⌀. - Nachfolgesiedlung von Ninive; gehörte 661-750 den Omaijaden, danach bis zum 10. Jh. den Abbasiden.

Motala [schwed. ‚mu:tala], schwed. Stadt am Vättersee, 41 400 E. Radiosender; u. a. Herstellung von Lokomotiven, hydraul. Pressen und Kränen. - Seit 1881 Stadt.

Mota Pinto, Carlos [portugies. 'mɔtɐ 'pintu], * Pombal 25. Juni 1936, † Coimbra 7. Mai 1985, portugies. Politiker. - Mitbegr. der Sozialdemokrat. Partei (PSD), die er Ende 1975 verließ; 1976-77 Min. für Handel und Tourismus; Min.präs. Nov. 1978-Sept. 1979.

Motel [amerikan.], Abk. für: **mo**torists' ho**tel,** Hotelbetrieb, der v. a. für die Unterbringung von motorisierten Reisenden mit ihren Wagen bestimmt ist.

Motette [italien., zu vulgärlat. muttum († Motto)], eine der zentralen Gattungen mehrstimmiger Vokalmusik der abendländ. Musikgeschichte; ihr Ursprung liegt in der nachträgl. (zunächst lat., später frz.) Textierung von Discantus-Oberstimmen des Notre-Dame-Repertoires. Noch im 13. Jh. verselbständigte sich die M. zur wichtigsten Gatt. der Ars antiqua sowohl im welt. wie auch im geistl. Bereich. Mit Zentrum in Frankr. war die M. im 14. Jh. bereits auf dem ganzen Kontinent verbreitet. Ihre Veränderung durch artist. Kompositionstechniken begann die M. von Guillaume de Machault. Entscheidenden Anteil an der für das 15. und 16. Jh. gültigen techn. Ausformung gewann G. Dufay; italien. Komponisten schufen mit M. im Kantilenensatz einen eigenen Zweig. Die im ausgehenden 15. Jh. sich vollziehende ausschließl. Bindung der M. an die Kirchenmusik ist bis heute gültig geblieben. Maßgebende M.komponisten des 16. Jh. waren Josquin Desprez, Palestrina und Orlando di Lasso. Neben der Fortführung der traditionellen Formen brache im 17. Jh. die instrumental begleitete Solo-M. (L. Viadana; noch bis zu Mozarts „Exsultate, jubilate", KV 165, 1773) sowie aus der venezian. Tradition die häufig ebenfalls instrumental begleitete mehrchörige M. hervor (beide vielfach als „Concerti" bezeichnet). Von den M. J. S. Bachs abgesehen, folgte die Gatt. dem allg. Niedergang der Kirchenmusik, blieb aber auch im 19. Jh. (Schumann, Mendelssohn Bartholdy, Brahms, Bruckner, Reger) lebendig und fand im 20. Jh. neue Impulse im Anschluß an die Vorbilder der Renaissance und des Barock (u. a. bei Distler, Pepping, Křenek).

📖 *Hüschen, H.: Die M. Köln 1975. - Blume, F.: Gesch. der ev. Kirchenmusik. Kassel u.a. ²1965. - Apfel, E.: Beitr. zu einer Gesch. der Satztechnik v. der frühen M. bis Bach. Mchn. 1964–65. 2 Bde.*

Moth [engl. mɔθ „Motte"], kleine Einmannjolle; Länge max. 3,36 m, Breite 2,25 m, Mastlänge 6,25 m, Segelfläche 8 m².

Mother of Invention [engl. 'mʌðəz əv in'venʃən „Mütter der Erfindungsgabe"] ↑Zappa, Frank.

Motherwell, Robert [engl. 'mʌðəwəl], * Aberdeen (Wash.) 24. Jan. 1915, amerikan. Maler. - Einer der Hauptvertreter des amerikan. Action painting (↑abstrakter Expressionismus), seine großzügige Malweise konzentriert sich zu symbol. Chiffren („Elegy to the Spanish Republic LXX", 1961; New York, Metropolitan Museum).

Mo Ti, chin. Philosph, ↑Mo Tzu.

Motilität [lat.], Beweglichkeit, Bewegungsvermögen von Organismen oder Zellorganellen.

◆ Gesamtheit der nicht bewußt gesteuerten Bewegungsvorgänge des menschl. Körpers und seiner Organe (im Ggs. zur Motorik).

Motion [lat.], im schweizer. Verfassungsrecht Antrag der Mehrheit von Ständeund Nationalrat, der die Regierung mit der Vorlage bestimmter Gesetze oder Beschlußentwürfe beauftragt.

Motiv [mittellat., zu lat. movere „bewegen"], allg.: Beweggrund, Antrieb, Ursache; Zweck; Leitgedanke.

◆ in der *Psychologie* svw. Bestimmungsgrund (↑ auch Antrieb) des menschl. (und tier.) Verhaltens, bes. hinsichtl. Ablauf, Ziel und Intensität des Handelns. Analog dem hierbei zu befriedigenden Bedürfnis wird zw. einem **primären** (ungelernten, biogenen oder konativen) und **sekundären** (gelernten, soziogenen oder kognitiven) **Motiv** unterschieden.

◆ im *Recht* Beweggrund des Wollens und Handelns. Soweit das M. für ein Rechtsgeschäft nicht Bestandteil desselben geworden ist, bleibt es rechtl. unbeachtlich (↑Motivirrtum). - Im Strafrecht ist das M. einer Straftat regelmäßig bei der Strafzumessung zu beachten (§ 46 Abs. 2 StGB), im übrigen nur, soweit es in den Tatbestand aufgenommen ist.

◆ in der *Literatur* ein stoffl.-themat., situationsgebundenes Element, dessen inhaltl. Grundform schematisiert beschrieben werden

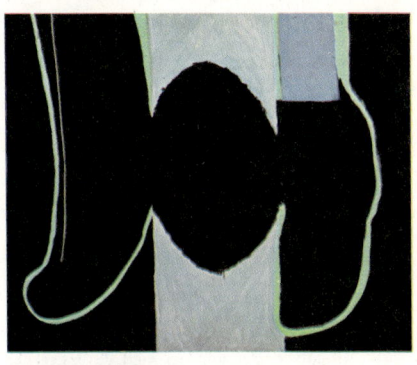

Robert Motherwell, Irische Elegie (1965). Privatbesitz

kann. Inhaltl. unterscheidet man *Situations-M.* (Dreiecksverhältnis, unerkannter Heimkehrer, der Doppelgänger, feindl. Brüder) und *Typus-M.* (Einzelgänger, Bohemien), deren Kontinuität auf der Annnahme menschl. Verhaltenskonstanten beruht; dagegen sind **Raum-** und **Zeitmotive** (Schloß, Ruine, Nebel, Wettlauf mit der Zeit) in stärkerem Maße vom geschichtl. Standort abhängig. Nach der formalen Funktion differenziert man in **primäre** oder **Kernmotive**, **sekundäre** oder **Rahmenmotive** und **detailbildende** oder **Füllmotive**. Nach der vorherrschenden Gattungszugehörigkeit unterscheidet man spezif. **Dramenmotive** (Bruderzwist), **lyr. Motive** (Dämmerung, Liebesleid, Waldeinsamkeit) und v. a. **Volkslied-** und **Märchenmotive** (↑Märchen).

◆ in der *bildenden Kunst* ein gegenständl. oder formales Element eines künstler. Werkes, das bedeutungsvermittelnde Eigenschaften besitzt.

◆ in der *Musik* die kleinste gestaltbildende Einheit innerhalb einer Komposition, v. a. im Thema. Ein M. kann in einem bestimmten Rhythmus, einer Melodie, einer Harmonie oder einer Kombination solcher Elemente bestehen. - ↑auch Leitmotiv.

Motivation [lat.], Bez. für die Summe jener Motive, die bestimmten Verhaltensweisen oder Handlungen vorausgehen und sie leitend (insbes. richtungsweisend sowie fördernd [bei Motivmangel hemmend]) beeinflussen.

Motivirrtum, Irrtum über Voraussetzungen oder Auswirkungen eines Rechtsgeschäfts, der rechtl. unbeachtl. ist, d. h. nicht zur ↑Anfechtung berechtigt.

Moto-Cross [engl.], Motorradrennen auf einem geschlossenen Geländerundkurs mit durchschnittl. 1,5–2,5 km Länge, bestehend aus 2 Läufen (Durchgängen) von 20–40 Min. und jeweils 2 Runden je Klasse. Klassen 125, 250, 500 cm³ und Seitenwagen.

Motodrom

Motodrom [frz., zu lat. motor „Beweger" und griech. drómos „Lauf"], einem Stadion ähnl., meist ovale Rennstrecke, die ganz oder zum Großteil übersehbar ist, wobei sich im Innenraum Zuschauerplätze befinden können (v. a. amerikan. Speedways, z. B. Indianapolis, Daytona). Durchschnittl. Rennstreckenlänge 4–6 km. In der BR Deutschland: *Hockenheimring*.

Motologie [lat.; griech.], interdisziplinärer Diplomstudiengang für Sport- und Bewegungspädagogen als Erweiterung der Fachausbildung auf eine Kenntnis der menschl. Motorik und deren Anwendung in Erziehung und Therapie.

Motonobu, Kano, * Kioto 28. Aug. 1476, † ebd. 5. Nov. 1559, jap. Maler. - Einer der Hauptvertreter und der eigtl. Gründer der Kanoschule, in der die präzise Tuschelinie der akadem. Sungmalerei zu großflächig dekorativer Wirkung gelangte, wobei er chin. und jap. Elemente (Jamato-E) verschmolz.

Motor [lat. „Beweger"], allg. Bez. für eine Kraftmaschine, die eine gegebene Energieform in nutzbare Bewegungsenergie (mechan. Antriebskraft) umwandelt, z. B. Verbrennungs-M., Elektro-M. oder Linear-M., Dampf-M. oder Stirling-M., Druckluftmotor. Die Bez. wird vorwiegend für Kolbenmotoren verwendet (z. B. Otto-M., Dieselmotor).

Motorboot, kleines Wasserfahrzeug, das durch Motoren (Otto-, Diesel-, Elektromotoren) angetrieben wird. M. können aus Holz, glasfaserverstärktem Kunststoff, Leichtmetall, Stahl oder in Kompositbauweise hergestellt sein und dienen als Arbeits- und Freizeitfahrzeug sowie für den Rennsport. Als Behördenfahrzeug, für Überwachungs- und Rettungsaufgaben in der Fischerei und für militär. Zwecke findet man M. mit bis zu vier Motoren und Schrauben. M. gibt es als Verdrängungsboote mit Rund- oder Knickspantkonstruktion, als Halb-Gleiter (V-Boden) und Gleitboote, sowie mit Tragflügeln.

Motorbootsport ↑Motorsport.
Motorbremse ↑Bremse.
Motorelastizität ↑Elastizität.
Motorenöle ↑Schmieröle.
Motorfahrrad, svw. Mofa (↑Kraftrad).
Motorflugsport, umfaßt als Teilbereich des Flugsports Wettbewerbe mit maschinell angetriebenen Flugzeugen (meist mit Sportflugzeugen leichter Bauart), z. B. Wettflüge, Rundflüge, Sternflüge mit Navigationsaufgaben, Ziellandewettbewerbe sowie Geschwindigkeits- und Zuverlässigkeitsprüfungen. Eine eigene Wettbewerbsart ist der ↑Kunstflug.

Motorgenerator, Maschinenaggregat zum Umformen einer gegebenen Stromart bestimmter Spannung und Frequenz in eine andere, z. B. Drehstrom in Gleichstrom, Wechselstrom von 50 Hz in Wechselstrom von $16^{2}/_{3}$ Hz *(Frequenzwandler, Frequenzumformer)*. Der M. besteht aus einem Elektromotor für die vorhandene Stromart und einem von ihm angetriebenen Generator für die gewünschte Stromart.

Motorik [lat.], Lehre von den Bewegungsfunktionen.
♦ Gesamtheit der willkürl. gesteuerten Bewegungsvorgänge. - Ggs. ↑Motilität.

Motoriker [lat.] (motorischer Typ), vorwiegend mit Bewegungsabläufen arbeitender Menschentyp; der Vorstellungstyp, bei dem gleichermaßen akust. Vorstellungsbilder stark vertreten sind, wird auch als **Akustomotoriker** bezeichnet.

motorisch, in der Physiologie: der Bewegung dienend, Bewegungsvorgänge betreffend; z. B. von Nervenbahnen, die zur Skelettmuskulatur gehören, gesagt.

Motorjacht ↑Jacht.
Motorleistung, die von einem Verbrennungsmotor abgegebene nutzbare Leistung in PS oder kW, wobei alle zum Betrieb notwendigen *Hilfseinrichtungen* vom Motor angetrieben werden. **Innenleistung (indizierte Leistung):** Die durch die *Gasdrücke* am Kolben abgegebene Leistung; **Reibungsleistung:** Leistung zur Überwindung der mechan. Reibung aller zum Antrieb des Motors erforderl. Hilfseinrichtungen; **Motornutzleistung:** Leistung an der Schwungscheibe; Angabe stets mit der zugehörigen Drehzahl. Der **mechan. Wirkungsgrad** ist das Verhältnis von Motornutzleistung zu Nutzleistung + Reibungsleistung. Das Verhältnis aus Innenleistung und Kraftstoffverbrauch ist ein Maß für den **Innenwirkungsgrad**. Das **Leistungsgewicht** ist das Verhältnis aus Höchstleistung und Gewicht des Motors bzw. des betriebsfertigen Kraftfahrzeugs.

Motorrad ↑Kraftrad.
Motorradsport ↑Motorsport.
Motorroller ↑Kraftrad.
Motorschiff, Abk. MS, Schiff jegl. Art, das durch Verbrennungsmotoren angetrieben wird. Segelschiffe mit Hilfsmotor werden als **Motorsegler** bezeichnet.

Motorschlitten ↑Schlitten.
Motorsegler ↑Segelflugzeug, ↑Motorschiff.

Motorsport, Bez. für sportl. Wettbewerbe mit motorgetriebenen Fahrzeugen. Der Motorsportler benötigt eine Lizenz der nat. Sportbehörde.
Im **Motorradsport** werden jährl. Weltmeisterschaften für folgende Sportarten ausgetragen: *Straßenrennen* (Klassen 80, 125, 250, 500 cm³ und Seitenwagen), *Moto-Cross* (Klassen 125, 250, 500 cm³ und Seitenwagen), *Trial*, *Speedway* (Einzel, Paar und Mannschaft), *Langstrecken-*, *Eis-*, und *Sandbahnrennen*. Als Mannschaftsweltmeisterschaft im Geländesport gilt die Internat. Sechstagefahrt, eine sechstägige Geländeprüfung. Zusätzl. gibt es

Motten

noch internat. ausgeschriebene Trophäen und Preise sowie verschiedene nat. Meisterschaften. In der BR Deutschland gibt es dt. Meisterschaften im Straßenrennsport (Rundstrecken- und Bergrennen), für Zuverlässigkeitsfahrten, im Speedway (für Mannschaften und Einzelfahrer) auf 1 000-m-Sandbahnen, für Geländefahrten, im Moto-Cross und im Trial.
Für den gesamten **Automobilsport** bestehen internat. festgelegte Formelvorschriften (Rennformel), nach denen die Fahrzeuge in Klassen eingeteilt und die jeweiligen Meisterschaften ausgetragen werden:

Kategorie I: Homologierte (↑ Homologation) Produktionswagen
  Gruppe N: Großserien-Tourenwagen
  Gruppe A: Tourenwagen
  Gruppe B: Grand-Tourisme-Wagen
Kategorie II: Rennwagen
  Gruppe C: Sportwagen
  Gruppe D: Einsitzige Formel-Rennwagen
  Gruppe E: Formelfreie Rennwagen

Die Weltmeisterschaften der einsitzigen Rennwagen der Formel 1 ermitteln bei den sich jährl. wiederholenden Grand-Prix-Rennen (1987: 17 Meisterschaftsläufe) den weltbesten Fahrer; daneben gibt es die sog. Markenweltmeisterschaft bei Wertungsrennen für die Fabrikate der Hersteller, für Formel-2-Rennwagen eine jährl. ausgefahrene Europameisterschaft, die auch im Bergfahren und in Rennen für die Tourenwagen ausgetragen wird. Bei Zuverlässigkeitsprüfungen müssen die Fahrer mit den Fahrzeugen bes. Bedingungen erfüllen, deren Nichteinhaltung zu Strafpunkten führt. Sternfahrten sind Dauerprüfungen mit Sonderkontrollen und -prüfungen in meist mehreren Etappen. Außer der Rallye-Weltmeisterschaft wird eine Rallye-Europameisterschaft ausgetragen. Daneben bestehen zahlr. Geschicklichkeitswettbewerbe.
Weltbekannte **Rennstrecken** sind: Anderstorp (Schweden), Brands-Hatch (Großbrit.), Buenos Aires (Argentinien), Clermont-Ferrand (Frankr.), Daytona (USA), Hockenheimring (BR Deutschland), Imola (Italien), Indianapolis (USA), Interlagos (Brasilien), Isle of Man (Großbrit.), Kyalami (Südafrika), Le Mans (Frankr.), Monaco (Monaco), Montjuich (Spanien), Monza (Italien), Mosport (Kanada), Nürburgring (BR Deutschland), Österreichring-Zeltweg (Österreich), Paul-Ricard (Frankr.), Sachsenring (DDR), Sebring (USA), Silverstone (Großbrit.), Spa-Francorchamps (Belgien), Watkins Glen (USA), Zandvoort (Niederlande), Zolder (Belgien).
Im **Motorbootsport** werden Wettbewerbe (Regatten) mit Renn- und Sportbooten, mit Innen- oder Außenbordmotoren, die in Klassen eingeteilt werden, durchgeführt. Wettbewerbsarten sind Kurz- und Langstreckenrennen, Küstenrennen (Offshore) und Rallyes.

  Hack, G.: Rallye-Autos. Tuning - Reglement - Einsatz. Stg. 1985. - *Rausch, W.:* Hohe Schule des Fahrens. Stg. 1974.

Mott, John Raleigh, * Livingston Manor (N. J.) 25. Mai 1865, † Orlando (Fla.) 31. Jan. 1955, amerikan. methodist. Theologe. - Gründete 1895 den Christl. Studenten-Weltbund; 1915–28 Generalsekretär des YMCA, 1921 Präsident des Internat. Missionsrates; 1946 Friedensnobelpreis (zus. mit E. G. Balch).

M., Sir (seit 1962) Nevill Francis, * Leeds 30. Sept. 1905, brit. Physiker. - Prof. in Bristol und Cambridge; 1951–57 Präsident der IUPAP. Seine Arbeiten betrafen v. a. elektr. und mechan. Eigenschaften der Metalle und Halbleiter (u. a. Theorie der Gleichrichterwirkung von Halbleitergrenzschichten). 1977 Nobelpreis für Physik (zus. mit P. W. Anderson und J. H. Van Vleck).

Motta, Giuseppe, * Airolo 29. Dez. 1871, † Bern 23. Jan. 1940, schweizer. Politiker. - Ab 1911 konservatives Mgl. des Bundesrats (1920–40 Leiter des polit. Departements); vollzog 1920 den Beitritt der Schweiz zum Völkerbund unter Übergang zu einer differenzierten Neutralität, erreichte aber 1938 die Rückkehr zur unbedingten Neutralität; 1915, 1920, 1927, 1932 und 1937 Bundespräsident.

Motte [frz. „Erdhügel"], wehrhafter bewohnbarer Holzturm auf künstl., wassergebenem Erdhügel. Vorstufe ma. Burgformen (v. a. auf den Brit. Inseln).

Motte Fouqué, Friedrich [Heinrich Karl] Baron de la [dəlamɔtfu'ke:] ↑ Fouqué, Friedrich [Heinrich Karl] Baron de la Motte.

Mottelson, Benjamin (Ben) [engl. 'mɔtəlsn], * Chicago (Ill.) 9. Juli 1926, dän. Physiker amerikan. Herkunft. - Prof. in Kopenhagen; erhielt (zus. mit Aage Bohr und James Rainwater) für die Entdeckung des Zusammenhangs zw. Kollektiv- und Partikelbewegungen in Atomkernen sowie für die darauf basierende Entwicklung einer Theorie der Kernstruktur 1975 den Nobelpreis für Physik.

Motten (Echte Motten, Tineidae), mit rd. 2 000 Arten weltweit verbreitete Fam. bis 2,5 cm spannender Kleinschmetterlinge; Kopf dicht behaart, Rüssel kurz und häufig zurückgebildet; Flügel schmal mit langen Fransen; Raupen meist in Gespinströhren, fressen v. a. an Flechten, Pilzen, Körnerfrüchten, vertrocknetem Kadaver. Viele Arten werden schädlich durch Fraß an Filz, Pelzen und Wollstoffen (z. B. *Fellmotte, Kleidermotte, Pelzmotte, Tapetenmotte*). **Schutzmaßnahmen:** Verwendung von Insektiziden, v. a. in Form von Sprüh- oder Stäubemitteln. Textilien und Pelze werden in dicht schließenden Behältern durch Zugabe von Mottenkugeln, Mottenpulver oder Mottenstrips (enthalten z. B. Naphthalin, Kampfer) eingemottet. Mottenechte Textilien sind mit Wirkstoffen (z. B. Eulane) versehen, die mit den Fasern eine dauerhafte Verbindung eingehen.

Mottenschildläuse

Mottenschildläuse (Mottenläuse, Schmetterlingsläuse, Schildmotten, Weiße Fliegen, Aleurodidae), mit rd. 200 Arten weltweit verbreitete Fam. etwa 1–3 mm großer Insekten (Ordnung Gleichflügler); von Wachsstaub weiß bepuderte, an Pflanzen saugende Tiere, deren Entwicklung über eine frei bewegl. und drei seßhafte, schildlausförmige Larvenstadien verläuft. M. können (bes. in Zitruskulturen) sehr schädl. werden. In M-Europa kommen 15 Arten vor, u. a. die 1–2 mm lange **Weiße Fliege** (Trialeurodes vaporariorum); mit vier dachförmig gehaltenen Flügeln; Schädling in Gewächshäusern.

Mottl, Felix [...təl], * Unter Sankt Veit (= Wien) 24. Aug. 1856, † München 2. Juli 1911, östr. Dirigent. - Seit 1881 Hofkapellmeister (1893 Generalmusikdirektor) in Karlsruhe, seit 1903 in München tätig, wo er 1907 Direktor der Hofoper wurde; bed. Interpret v. a. der Werke R. Wagners.

Motto [italien., zu vulgärlat. muttum „Wort" (eigtl. „Muckser")], Denk-, Wahl-, Leitspruch; z. B. der einer Schrift vorangestellte Leitspruch, der meist dem Werk als Ganzem vorangestellt ist, aber auch auf einzelne Teile (Kapitel, Akte, Bücher) bezogen sein kann; auch svw. Kennwort.

Motuproprio [lat. „aus eigenem Antrieb"], im kath. Kirchenrecht Bez. v. a. für einen der persönl. Initiative entstammenden Verwaltungsakt des Papstes.

Motz, Friedrich von, * Kassel 18. Nov. 1775, † Berlin 30. Juni 1830, preuß. Politiker. - Reformierte als preuß. Finanzmin. 1825–30 die Finanzverwaltung und schuf mit dem Zollvertrag mit Hessen-Darmstadt (1828) die Voraussetzung für den Dt. Zollverein.

Mo Tzu (Mo Zi) [chin. mɔdzi], eigtl. Mo Ti, auch Meh Ti gen., latinisiert Micius, * um 479, † 381, chin. Philosoph. - Gründete die Philosophenschule der Mohisten. Seine Lehre ist im Buch „Mo Tzu" niedergelegt. Er war Gegner der Konfuzianer, v. a. von Meng Tzu. Hauptgedanke seiner Lehre ist die „universale Liebe" und die Ablehnung der traditionellen Klassenunterschiede.

Mouches volantes [frz. muʃvɔ'lãːt „fliegende Mücken"] † Mückensehen.

Moudon [frz. mu'dõ], Bez.hauptstadt im schweizer. Kt. Waadt, im Broyetal, 514 m ü. d. M., 3 800 E. Museum; Kartonagenfabrik, Eisengießerei, Werkzeugmaschinenbau, Diamantenschleifereien. - Die Grafen von Savoyen besaßen M. seit 1219 und bauten es zum Mittelpunkt ihrer waadtländ. Besitzungen aus. - Frühgot. Pfarrkirche (13. Jh.); in der Altstadt u. a. die Schlösser Rochefort (1595) und Billens (1677).

Moulay-Idriss [frz. mulɛi'dris], marokkan. Stadt nördl. von Meknès, 550 m ü. d. M., 10000 E. M.-I. ist eine den Muslimen hl. Stadt mit dem Grabmal von Idris I. († 792). - 4 km nö. von M.-I. liegen die Ruinen der röm. Volubilis, das seine Ursprünge mindestens im 3. Jh. v. Chr. hat; 1.–3. Jh. n. Chr. eine der wichtigsten Städte der röm. Prov. Mauretania Tingitana. - Ausgrabungen seit 1915 legten beachtl. röm. Reste frei.

Moulin-Rouge [frz. mulɛ̃'ruːʒ „Rote Mühle"], Pariser Nachtlokal am Boulevard de Clichy (1889 eröffnet), für das Toulouse-Lautrec Plakate schuf.

Moulins, Meister von [frz. mu'lɛ̃] † Meister von Moulins.

Moulins [frz. mu'lɛ̃], frz. Stadt im Bourbonnais, 220 m ü. d. M., 25200 E. Verwaltungssitz des Dep. Allier; kath. Bischofssitz; Museen; u. a. Leder-, Wirkwaren-, Möbel-, Elektroind. - Mitte des 14. Jh. bis 1523 Residenz der Hzg. von Bourbon und bis 1789 Hauptstadt der Prov. Bourbonnais; seit 1790 Dep.hauptstadt. - Neugot. Kathedrale (v. a. 19. Jh.; spätgot. Chor) mit Marienaltar des Meisters von M. und Glasmalereien (15./16. Jh.); Mausoleum von Henri II de Montmorency (1648–52), Renaissancepavillon der Anne de Beaujeu (um 1500).

Moulmein, Stadt in Birma, an der Mündung des Saluen in die Andamanensee, 203 000 E. Verwaltungssitz der Prov. Tenasserim; College; Staatsbibliothek und -museum. Zentrum für Schiffbau und Handel.

Moundou [frz. mun'du], Stadt am linken Ufer des Mbéré, Tschad, 66000 E. Verwaltungssitz der Präfektur Logone Occidental, kath. Bischofssitz; Handelszentrum eines Baumwollanbaugebiets; Fahrradmontagewerk; Fischerei; Flußschiffahrt von Juni bis Okt.; ⌫.

Mounds [engl. maʊndz], große künstl. Erdhügel aus vorgeschichtl. Zeit am Mississippi sowie in M- und S-Amerika, bis 30 m hoch, Durchmesser bis 100 m; im allg. Bestattungsanlagen, auch Tempelplattformen und Verteidigungsanlagen.

Mount [engl. maʊnt, zu lat. mons „Berg"], engl. svw. Berg.

Mountains [engl. 'maʊntɪnz, zu lat. mons „Berg"], engl. svw. Gebirge, Bergland.

Mountbatten [engl. maʊnt'bætn], seit 1917 anglisierter Name des Hauses Battenberg; bed.:

M., Louis, Earl M. of Burma (seit 1947), * Windsor (= New Windsor) 25. Juni 1900, † Mullaghmore (Gft. Sligo, Republik Irland) 27. Aug. 1979, brit. Großadmiral (seit 1956). - Sohn des Prinzen Ludwig Alexander von Battenberg; führte 1943–46 als Oberbefehlshaber die alliierten Streitkräfte in SO-Asien; 1947/48 letzter Vizekönig bzw. Generalgouverneur von Indien; 1953/54 Oberbefehlshaber der NATO-Streitkräfte im Mittelmeer; 1955–59 1. Seelord und Stabschef der brit. Flotte, 1959–65 Chef des brit. Verteidigungsstabes; seit 1965 Gouverneur der Isle of Wight; fiel einem Attentat zum Opfer.

M., Philip † Philip, Herzog von Edinburgh.

Möwen

Mount Isa [engl. 'maʊnt 'aɪzə], austral. Bergbaustadt in NW-Queensland, 350 m ü. d. M., 25 000 E. Technikerschule; eines der größten Kupfererzbergwerke der Erde, außerdem Abbau von silberhaltigem Blei-Zink-Erz; Kupfer- und Silberschmelze; Eisenbahnendpunkt, ⚒.

Mount Lofty Ranges [engl. 'maʊnt 'lɔftɪ 'reɪndʒɪz], niedrige Fortsetzung der Flinders Ranges in S-Australien, 320 km lang, bis 727 m hoch.

Mount Rushmore National Memorial [engl. 'maʊnt 'rʌʃmɔː 'næʃənəl mɪ'mɔːrɪəl], Erinnerungsstätte mit 1927–41 von G. Borglum aus dem Fels gehauenen Büsten der Präsidenten Washington, Jefferson, Lincoln und T. Roosevelt in den Black Hills, 30 km sw. von Rapid City.

Mount Vernon [engl. 'maʊnt 'vəːnən], nat. Gedenkstätte am Potomac River (Va.), USA, 20 km südl. von Alexandria; ehem. Landgut mit dem Wohnhaus (1743, später verändert) und der Grabstätte (erbaut 1831–37) von G. Washington.

Mousse [frz. mus], kalte pürierte Vor- oder Nachspeise aus Fleisch, Schinken oder Schokolade (**„mousse au chocolat"**), Früchten und Sahne; auch als Beilage.

Mousseron [musəˈrõː; lat.-frz.], svw. Knoblauchschwindling (↑Schwindling).

moussierend [mu...; frz., zu mousseux „schäumend"], gesagt von allen schäumenden (perlenden) Weinen, z. B. bei Jungweinen oder bei der zweiten Gärung in der Flasche oder auch durch eingepreßte Kohlensäure.

Moustérien [musteri'ɛ̃ː; frz.], nach Funden (seit 1863) in Höhlen und Felsnischen von Le Moustier (Gemeinde Peyzac-le-Moustier, Dordogne) ben. mittelpaläolith. Formengruppe, die auf das Acheuléen und Micoquien folgt und dem jungpaläolith. Aurignacien vorausgeht. Kennzeichnend v. a. Schaber, Handspitzen und Blattspitzen. Ob die ältesten Funde des M. bis in die Rißeiszeit zurückgehen, ist umstritten; die jüngsten reichen in den älteren Teil (etwa 70 000–30 000 v. Chr.) der Würmeiszeit hinein. Aus dem M. sind die bisher ältesten Bestattungen und Überreste von Behausungen bekannt. In das späte M. fällt das Auftreten des ↑Neandertalers.

Mouton d'or [frz. mutõ'dɔːr „Goldhammel"], Bez. verschiedener frz. Goldmünzen 1311–1417 mit dem Bilde des die Kreuzfahne tragenden Gotteslamms, mehrfach auswärts nachgeahmt, bes. in den Niederlanden.

Mouvement Républicain Populaire [frz. muvmɑ̃repyblikɛ̃pɔpy'lɛːr „republikan. Volksbewegung"], Abk. MRP, 1944 gegr., 1967 aufgelöste frz. Partei, die das Programm einer christl.-sozialen Demokratie vertrat; spielte in der 4. Republik als Partei der Mitte eine bed. Rolle (Min.präs.: G. Bidault 1946 und 1949/50, R. Schuman 1947/48, P. Pflimlin 1958); förderte im Zeichen des kalten Krieges die atlant. Bündnispolitik sowie die europ. Einigung; verfocht innenpolit. soziale Reformen; hatte 1958 maßgebl. Anteil an der Berufung de Gaulles; fortschreitender Schwund der Wählerbasis führte einen Teil der leitenden Politiker zu den Gaullisten, ein anderer Teil schloß sich 1966 dem neugegr. Centre Démocrate an.

Mövchen ↑Möwchen.

Movens [lat.], bewegender Grund, Antrieb, Ursache.

Movie ['muːvi; engl.-amerikan., zu moving pictures „bewegl. Bilder"], [engl.-]amerikan. Bez. für [Unterhaltungs]film, Kino; auch bes. für Heimkino.

Movimento Sociale Italiano [italien. ...soˈtʃaːle... „soziale italien. Bewegung"], Abk. MSI, 1946 gegr. neofaschist. italien. Partei; nationalist.-antikommunist. geprägt, mit Rückhalt v. a. im Kleinbürgertum und Subproletariat S- und M-Italiens; trat bei den Wahlen 1976 nach Zusammenschluß mit den Monarchisten als M.S.I.-Destra Nazionale (Abk. MSI-DN) auf; 1977 Abspaltung der Splitterpartei Democrazia Nazionale - Costituente di Destra.

Möwen [niederdt.] (Larinae), weltweit verbreitete Unterfam. geselliger Vögel (Fam. Möwenvögel, Laridae), mit über 40 Arten; gewandt fliegende Koloniebrüter (bauen Bodennester v. a. auf Küstenfelsen und Sandinseln); mit leicht hakigem Schnabel, zugespitzten Flügeln und Schwimmhäuten zwischen den Vorderzehen; ernähren sich v. a. von Wirbellosen, z. T. auch von Fischen, Eiern und Jungen anderer Küstenvögel; z. T. Zugvögel. - Zu den M. gehören u. a.: **Lachmöwe** (Larus ridibundus), etwa 40 cm groß, v. a. an Flüssen, Seen, in Sümpfen und auf Wiesen der nördl. und gemäßigten Regionen Eurasiens; Körper weiß, Flügel grau, mit dunklem Hinterkopffleck (Ruhekleid) oder schokoladenbraunem Kopf (Brutkleid). **Mantelmöwe** (Larus marinus), bis 76 cm groß (Flügelspannweite bis 1,7 m), vorwiegend an den Küsten und Flußmündungen, auch auf Mooren N-Eurasiens und N-Amerikas; Rücken und Flügeloberseite schwarz, sonst weiß, Beine fleischfarben. **Silbermöwe** (Larus argentatus), fast 60 cm groß, an Meeresküsten und Süßgewässern Eurasiens, N-Afrikas und N-Amerikas; unterscheidet sich von der sonst sehr ähnl., doch etwas kleineren Herings-M. v. a. durch den hellgrauen Rücken, ebensolchen Flügeloberseiten und die schwarzweißen Flügelspitzen; Schnabel gelb mit rotem Fleck. **Sturmmöwe** (Larus canus), etwa 40 cm groß, an Meeresküsten N-Eurasiens und Kanadas; unterscheidet sich von der sonst sehr ähnl., doch größeren Silber-M. durch den grünlichgelben Schnabel und die grünlichgelben Beine. **Heringsmöwe** (Larus fuscus), ca. 50 cm groß, paläarkt. verbreitet an Meeresküsten, Flüssen, Süß- und Salzwasserseen und auf Moo-

Möwensturmvögel

ren, auch im Binnenland; mit schiefergrauem bis schwarzem Rücken und ebensolchen Flügeloberseiten; von der sonst sehr ähnl., aber größeren Mantel-M. durch die meist gelben Beine unterschieden; übriger Körper und Flügelränder weiß. **Dreizehenmöwe** (Rissa tridactyla), etwa 40 cm groß, im Bereich des N-Atlantiks und N-Pazifiks; mit weißem Gefieder, grauem Rücken und schwarzen Flügelspitzen; Schnabel gelb, Füße schwärzl., Hinterzehe fehlt. **Elfenbeinmöwe** (Pagophila eburnea), etwa 45 cm groß, rein weiß mit schwarzen Füßen; in der Arktis. **Eismöwe** (Larus hyperboreus), bis 80 cm groß, im Sommer an den Felsküsten aller arkt. Meere, im Winter an den Meeresküsten der gemäßigten Regionen; weiß mit hellgrauem Rücken und ebensolchen Flügeloberseiten, Beine fleischfarben, Schnabel gelb, rot gefleckt. **Polarmöwe** (Larus argentatus glaucoides), Unterart der Silber-M., etwa 65 cm groß, v. a. an den Küsten Islands und des arkt. N-Amerikas; unterscheidet sich von der sonst sehr ähnl., größeren Eis-M. durch einen rötl. Augenring.

Möwensturmvögel ↑ Sturmvögel.

Moyobamba, Hauptstadt des peruan. Dep. San Martín, in den östl. Ausläufern der Anden, 860 m ü. d. M., 16 500 E. Zentrum eines Agrargebietes. - Gegr. 1539.

MOZ, Abk. für: Motoroktanzahl (↑ Oktanzahl).

Mozabiten ↑ Mzabiten.

mozarabischer Gesang [arab.-span./dt.], der Kirchengesang der altspan. Christen mit röm., griech. und oriental. Elementen, der wohl schon im 6. Jh. ein festgefügtes Repertoire besaß; wurde im 11. Jh. durch den Gregorian. Gesang verdrängt, 1500 durch Jiménez de Cisneros in einer fragl. Tradition neu belebt (heute noch in der Corpus-Christi-Kapelle des Domes von Toledo).

mozarabischer Stil [arab.-span./dt.], kunstwiss. Bez. einer im 10.–12. Jh. in den ehem. arab. Gebieten im S Spaniens zu beobachtenden Tendenz der Durchdringung maur. Elemente (Hufeisenbogen) mit roman.; in der Architektur z. B. San Miguel de Escalada (Prov. León) und San Baudel de Berlanga (Prov. Soria), beide 10. Jahrhundert.

Mozart, Leopold, * Augsburg 14. Nov. 1719, † Salzburg 28. Mai 1787, östr. Komponist. - Vater von Wolfgang Amadeus M.; trat 1743 in den Dienst des Erzbischofs von Salzburg; widmete sich intensiv der musikal. Ausbildung seines Sohnes; komponierte Sinfonien, Konzerte, Divertimenti („Die Bauernhochzeit", „Musikal. Schlittenfahrt"), Messen, Oratorien, Kantaten, Lieder in einem im wesentl. zeitgebundenen Stil; bed. seine Schrift „Versuch einer gründl. Violinschule" (1756).

M., Wolfgang Amadeus, * Salzburg 27. Jan. 1756, † Wien 5. Dez. 1791, östr. Komponist. - Wurde von seinem Vater Leopold M. früh in Klavier- und Violinspiel sowie Komposition unterrichtet (erstes Stück 1761/62). Leopold M. stellte die Leistungen des sechsjährigen Wolfgang und seiner elfjährigen Schwester Maria Anna („Nannerl", * 1751, † 1829) 1762 auf Kunstreisen nach München und Wien, 1763 nach Paris vor. Für Konzerte in London komponierte M. seine ersten Sinfonien (KV 16 und 19). - In Wien (1767/68) entstanden neben einigen Sinfonien seine erste Oper, die Opera buffa „La finta semplice", und das Singspiel „Bastien und Bastienne". 1769 wurde M. in Salzburg unbesoldeter Hofkonzertmeister. Die erste Italienreise mit Leopold M. brachte ihm der Anerkennung führender italien. Komponisten; erfolgreich war die Opera seria „Mitridate" (Mailand 1770). In Italien entstanden auch die ersten Streichquartette (KV 80, 1770; KV 155–160, 1772/73). - Der neue Fürsterzbischof H. von Colloredo-Waldsee, zu dessen Einsetzung M. die Oper „Il sogno di Scipione" schrieb, zwang M. zu enger Bindung an den Hofdienst. Er komponierte hier u. a. die bed. Violinkonzerte, Sinfonien (u. a. in g-Moll, KV 183, 1773) und für den Münchner Karneval 1775 die Opera buffa „La finta giardiniera". - Nach vergebl. Suche nach einer festen Anstellung am Münchner und Mannheimer Hof reiste (nach dem unglückl. Ausgang seiner Liebe zu der Sängerin Aloysia Weber [* 1760, † 1839]) M. mit seiner Mutter von Mannheim nach Paris. Ohne den erhofften Erfolg kehrte er nach dem Tod der Mutter (1778) in den Salzburger Dienst zurück. Bis zum endgültigen Bruch mit dem Erzbischof komponierte M. u. a. die „Krönungsmesse" (KV 317) „Missa solemnis" (KV 337) und die Auftragsoper „Idomeneo" für München, Werke, die den Übergang zu M. klass. Periode markieren. - Als freier Künstler in Wien lebend scheiterte M. trotz der Protektion Josephs II. und trotz einiger Anfangserfolge (Singspiel „Entführung aus dem Serail", 1782) letztlich. 1782 heiratete er Constanze Weber (* 1763, † 1842), die Schwester seiner Jugendliebe. In Privatkonzerten stellte M. viele Klavierwerke (u. a. Konzerte zw. KV 413 und 491) und Sinfonien („Haffner", KV 385; „Linzer", KV 425) vor. Haydn regte ihn zu den bed. 6 Streichquartetten (KV 387, 421, 428, 458, 464, 465) an. - Mit der gesellschaftskrit. Oper „Le nozze di Figaro" (1768) verlor M. die Gunst des tonangebenden aristokrat. Publikums; „Figaro" und die nächste Oper, „Don Giovanni", waren nur in Prag erfolgreich. Ohne den breiten öffentl. Rückhalt schuf M. 1768–1791 Werke, die zu den Höhepunkten der jeweiligen Gatt. zählen, u. a. die Sinfonien in D-Dur (KV 504, „Prager"), Es-Dur (KV 543), g-Moll (KV 550) und C-Dur (KV 551, „Jupiter"), die Konzerte für Klavier in D-Dur (KV 537), B-Dur (KV 595) und für Klarinette (KV 662), die Streichquartette KV 499, 575, 589, 590 und andere Kammermusik (u. a. die Serenade KV 525,

„Eine kleine Nachtmusik"). Eine letzte Reise (1789) nach Berlin, Dresden und Leipzig hatte keinen, die Opera buffa „Così fan tutte" geringen Erfolg; ein Fehlschlag wurde das Konzert bei der Krönung Leopolds II. in Frankfurt und die Opera seria „La clemenza di Tito" (Prag 1791). Den Beginn einer allmähl. Durchsetzung der „Zauberflöte" (Wien, Sept. 1791) erlebte M. noch; er starb über der Arbeit am „Requiem". Seine Grabstätte auf dem Sankt Marxer Friedhof in Wien ist unbekannt.

Wolfgang Amadeus Mozart (1782/83)

Sein Gesamtwerk umfaßt alle Stile und Gattungen der Zeit von den autonomen Werken höchster Vollendung über gesellschafts- bis zur Gebrauchsmusik; Werke für Theater, Kirche, Konzert, aristokrat. „Kammer" und bürgerl. Haus. Das erstmals 1862 von L. von Köchel erstellte Verzeichnis nennt neben vielen Einzelstücken (jeweils etwa) 90 liturg. oder sonstige geistl. Werke (Messen oder Meßsätze, Litaneien, Kirchensonaten, Freimaurerkantaten), 20 Bühnenwerke (Opern, Singspiele, Ballette, Schauspielmusiken), 60 dramat. Szenen und Arien, 50 Sinfonien, 30 Konzerte für Klavier und 20 für andere Soloinstrumente, 50 Serenaden und Divertimenti, 60 Quintette, Quartette, Trios, Duos (jeweils für Streicher, Bläser oder eine Kombination beider), 40 Sonaten oder Variationen für Violine und Klavier, 40 für Klavier, zahlr. mehrstimmige Gesänge, Lieder, Kanons, Tänze und Märsche. - M. Personalstil bildete sich in steter Auseinandersetzung mit der zeitgenöss. europ. Musik. In der Klaviermusik verarbeitete er Einflüsse J. Schoberts, J. C. Bachs mit seiner kantablen Melodik und ausgewogenen Form, der Mannheimer und der Wiener Schule mit ihrer Kontrastthematik und Affektdynamik. Diese prägen auch die Sinfonien; M. ging von der dreisätzigen Ouvertüre der italien. Opera buffa aus, erweiterte sie meist durch ein Menuett auf vier Sätze und verstärkte (wie auch in den Streichquartetten) motiv.-themat. Arbeit und zykl. Verknüpfung. In den dramat. Werken, denen seine bes. Vorliebe galt, bearbeitete er die typisierende Formen-, Stimm-, Orchester- und Charakterbehandlung der italien. trag. Opera seria und der heiteren Opera buffa, individualisierte der Gattungsnormen aber spätestens seit dem „Idomeneo", vertiefte den dramat. Ausdruck und erreichte in „Figaro", „Don Giovanni", „Così fan tutte" und „Entführung aus dem Serail" einen Höhepunkt musikal.-theatralischer Gestaltung; die „Zauberflöte", eine Mischung aus volkstüml. Zauberposse und Humanitätsdrama, ist eine Synthese seines Opernschaffens. - Schon bald nach seinem Tod wurde seine Musik ein Leitbild des Komponierens. Obwohl heute die Idealisierung in wiss. wie populärer Rezeption einem differenzierteren M.-Bild zu weichen beginnt, bleibt M. Inbegriff eines Komponisten, der eindringl. Welterfahrung in einem Werk von realist. Schönheit, Humanität und fortdauernder Klassizität gestaltete.

📖 *Einstein, A.: M. Sein Charakter - sein Werk. Ffm.* [4]*1985. - Gruber, G.: M. u. die Nachwelt. Salzburg 1985. - Ortheil, H.: M. - Im Innern seiner Sprache. Ffm.* [2]*1985. - Perfahl, J.: M. im Urteil der Völker u. Zeiten. Mchn. 1985. - Kunze, S.: Mozarts Opern. Ditzingen 1984. - Valentin, E.: Lübbes M.-Lexikon. Bergisch Gladbach 1983. - Kolb, A.: M. Sein Leben. Zürich* [2]*1983. - Schenk, E.: M. Mchn. 1983. - Hildesheimer, W.: M. Ffm.* [2]*1980. - Paumgartner, B.: M. Freib.* [8]*1980. - Floros, G.: M.-Studien. Bd. 1: Zu Mozarts Opern- u. Kirchenmusik. Wsb. 1979.*

Mozarteum, 1841 in Salzburg als „*Dom-Musikverein und M.*" gegr. Inst. zur Pflege und Erforschung der Musik Mozarts. 1880 wurde das M. mit der 1870 gegr. „*Internat. Mozart-Stiftung*" zur „*Internat. Stiftung M.*" vereinigt. Diese eröffnete 1880 eine „Öffentl. Musikschule M.", die 1914 zum Konservatorium erhoben, 1922 verstaatlicht, 1954 in die „*Akad. für Musik und darstellende Kunst 'M.'*" umgewandelt wurde. 1931 wurde das „*Zentralinst. für Mozartforschung*" errichtet.

mp, Abk. für italien.: **m**ezzo**p**iano (↑mezzo).

MP, Abk.:

für **M**aschinen**p**istole (↑Maschinenwaffen).

◆ [engl. 'ɛm'piː] für engl.: **M**ilitary **P**olice (↑Militärpolizei).

m. p., Abk. für lat.: ↑**m**anu **p**ropria.

M. P. [engl. 'ɛm'piː], Abk. für engl.: ↑**M**ember of **P**arliament.

Mpc, Einheitenzeichen für **M**ega**p**arse**c** (↑Parsec).

mph [engl. 'ɛmpiː'ɛitʃ], Einheitenzeichen für die in Großbrit. und in den USA verwendete Geschwindigkeitseinheit **M**iles **p**er **h**our (Meilen pro Stunde).

Mr. [engl. 'mɪstə], Abk. für engl.: ↑**M**iste**r**.

MRA [engl. 'ɛm-ɑː'ɛɪ], Abk. für engl.: **M**oral **R**e**a**rmament (↑Moralische Aufrüstung).

MRBM [engl. 'ɛm-ɑːbiː'ɛm], Abk. für engl.: Medium range ballistic missile [engl. 'miːdjəm 'reɪndʒ bə'lɪstɪk 'mɪsaɪl], militärische ↑ Raketen.

Mridanga [Sanskrit], klass. ind. Trommel mit einem Holzkörper in längl. Faßform und zwei Fellen unterschiedl. Größe. Die M. wird mit den Fingerspitzen und den Handgelenken angeschlagen.

Mrożek, Sławomir [poln. 'mrɔʒɛk], * Borzęcin bei Krakau 26. Juni 1930, poln. Schriftsteller. - Lebt seit 1968 in Paris; sozialkrit. Erzähler und Dramatiker mit der Tendenz zum Antiideolog. und Undogmatischen; stellt in oft gespannt. wirkenden, surrealist. Satiren unter - meist polit. - Terror und Totalität leidende Individuen oder Kollektive dar. *Werke:* Der Elefant (Satire, 1957), Die Polizei (Dr., 1958), Auf hoher See (Dr., 1961), Striptease (Dr., 1961), Tango (Dr., 1965), Emigranten (Dr., 1974), Buckel (Dr., 1975), Das Leben ist schwer (Satiren, 1985).

MRP [frz. ɛmɛr'pe], Abk. für frz.: ↑ Mouvement Républicain Populaire.

Mrs. [engl. 'mɪsɪz], Abk. für engl.: ↑ Mistress.

MS, Abk. für: ↑ Motorschiff.

M. Sc. [engl. 'ɛm-ɛs'siː], Abk. für engl.: Master of Science (↑ Magister).

M-Schale, die dritte Elektronenschale (von innen) im ↑ Atommodell.

MSH, Abk. für: melanozytenstimulierendes Hormon (↑ Melanotropin).

MSI, Abk. für italien.: ↑ Movimento Sociale Italiano.
♦ für engl.: medium scale integration, Integrationsstufe der Mikroelektronik mit 12 bis 100 Logikelementen pro Chip.

Mt (MT), Einheitenzeichen für Megatonne.

MTB [Abk. für: Methyl-tert.-butyläther], $CH_3-O-C(CH_3)_3$, farblose Flüssigkeit mit characterist. Geruch, die durch Anlagerung von Methanol an Isobutan (Isobutylen) hergestellt wird; wirksames Antiklopfmittel für Vergasertreibstoffe, das sich als Ersatz für Bleitetraäthyl eignet.

Mtwara, tansan. Regionshauptstadt am Ind. Ozean, mit dem westl. Nachbarort Mikindani 48 500 E. Sitz eines kath. Bischofs; Seifenfabrik, Aufbereitung von Kokosfasern; Überseehafen, ⚓.

Muallakat, Al, aus dem 8. Jh. stammende Sammlung von Gedichten (Kassiden), die zu den ältesten Denkmälern der altarab. Literatur gehören.

Muawija, * Mekka um 605, † Damaskus im April 680, Kalif (661–680) und Begründer der Dyn. der Omaijaden. - Beanspruchte im Bürgerkrieg 660 die Kalifenwürde, die ihm 661 zufiel; einigte das Reich und schuf die Voraussetzung für die Konsolidierung der arab. Herrschaft in den Ländern des Vorderen Orients.

Mubarak, Muhammad Husni, * Kafr Al Musaihila (Prov. Al Minufijja) 4. Mai 1928, ägypt. General und Politiker. - Seit 1972 Marschall, 1975–81 Vizepräs.; seit Okt. 1981 Nachfolger Sadats als Staatspräs., bis Jan. 1982 auch Min.präsident.

Mucha, Alfons, * Ivančice (Südmähr. Gebiet) 24. Juli 1860, † Prag 14. Juli 1939, tschech. Graphiker und Kunstgewerbler. - Seit 1888 in Paris, wo er durch seine Plakate für Sarah Bernhardt berühmt wurde. Gleichzeitig entwarf er Buchschmuck, kunstgewerbl. Gegenstände, Innendekorationen (Pavillon von Bosnien-Herzegowina, Weltausstellung Paris 1900) im Jugendstil.

Muche, Georg, * Querfurt 8. Mai 1895, dt. Maler. - Leitete 1920–27 die Webereiklasse am Bauhaus, malte rhythm. gefügte abstrakte Kompositionen und schuf v. a. Architekturentwürfe. - † 26. März 1987.

Muchina, Wera Ignatjewna, * Riga 19. Juni 1889, † Moskau 6. Okt. 1953, lett.-sowjet. Bildhauerin. - Mit monumentalen Denkmälern und Porträtplastiken eine der Begründerinnen des sozialist. Realismus in der Plastik, u. a. „Arbeiter und Kolchosbäuerin" für die Pariser Weltausstellung 1937.

Muchinga Mountains [engl. muːˈtʃɪŋɡə ˈmaʊntɪnz], 480 km langer Höhenzug im nö. Landesteil von Sambia, bis 1 848 m hoch.

Mucius, Name eines altröm. Geschlechtes. Bed. Vertreter:
M., Gajus M. Cordus (Scaevola), Held der röm. Sage. - Verbrannte als Beweis seiner Furchtlosigkeit seine rechte Hand, weswegen er Scaevola („Linkshand") gen. wurde und den Abbruch der Belagerung Roms durch den Etruskerkönig Porsenna (507 v. Chr.) erreicht haben soll.
M., Quintus M. Scaevola, * um 140, † Rom 82 v. Chr. (ermordet), röm. Jurist, Konsul (95), Pontifex maximus (um 89). - Berühmtestes Mgl. der Fam.; brachte als Konsul die *Lex Licinia Mucia* (über die Ausweisung von Nichtbürgern) ein; Verf. eines systemat. Handbuch des Rechts (nicht erhalten).

Muck, Carl, * Darmstadt 22. Okt. 1859, † Stuttgart 3. März 1940, dt. Dirigent. - 1892–1912 Kapellmeister der Berliner Königl. Oper (1908 Generalmusikdirektor), 1901–30 Dirigent der „Parsifal"-Aufführungen bei den Bayreuther Festspielen, 1912–18 Leiter des Boston Symphony Orchestra, 1922–33 der Philharmon. Konzerte in Hamburg.

Mücken (Nematocera), mit rd. 35 000 Arten weltweit verbreitete Unterordnung meist schlanker, langbeiniger, 0,5–50 mm langer (bis 10 cm spannender) Zweiflügler; mit langen, fadenförmigen Fühlern. Die Imagines (erwachsene Insekten) ernähren sich teils von Pflanzensäften, teils räuber., bes. aber blutsaugend. Ihre Larven haben (mit Ausnahme der Gallmücke) horizontal zangenartig gegeneinander bewegl. Oberkiefer; sie leben v. a. in

Muffelfarben

stehenden Süßgewässern, Pflanzengeweben und faulenden Pflanzenstoffen. - Zu den M. gehören u. a. Falten-, Dung-, Pfriemen-, Stech-, Stelz-, Lid-, Schmetterlings-, Zuck-, Kriebel-, Haar-, Pilz-, Trauer- und Wintermücken sowie Schnaken und Gnitzen.

Mückenhafte (Bittacidae), mit rd. 70 Arten weltweit verbreitete Fam. schnakenförmiger, bis über 5 cm spannender Insekten (Ordnung Schnabelfliegen), davon in M-Europa zwei bis 1,5 cm lange Arten; mit sehr langen Beinen, von denen die beiden letzten als Fangbeine mit je einer Kralle ausgebildet sind; saugen andere Insekten aus.

Mückensehen (Mouches volantes), mückenartig im Gesichtsfeld umherschwirrende Pünktchen und Figuren („fliegende Mücken") als Folgen kleiner Glaskörpertrübungen.

Muckermann, Hermann, * Bückeburg 30. Aug. 1877, † Berlin 27. Okt. 1962, dt. Anthropologe. - Ab 1896 Jesuit, ab 1926 Weltgeistlicher; 1900-06 Prof. für Naturwiss. an jesuit. Hochschulen; 1927-33 Abteilungsleiter am Berliner Kaiser-Wilhelm-Institut für Anthropologie, menschl. Erblehre und Eugenik; nach 1933 ohne öffentl. Amt. Ab 1948 Prof. für angewandte Anthropologie und Sozialethik an der TU und an der Freien Univ. Berlin, gleichzeitig Leiter des dortigen Instituts für natur- und geisteswiss. Anthropologie; zahlr. Arbeiten v. a. zu Problemen der Genetik, Eugenik und Sozialethik.

Mucor [lat.], svw. ↑ Köpfchenschimmel.

Mucur (Mudjur) [türk. 'mudʒur] ↑ Orientteppiche (Übersicht).

Mucus [lat.], svw. ↑ Schleim.

Mudd [nieuderdt.], dunkler, kalkarmer Halbfaulschlamm, reich an organ. Stoffen.

Muddy Waters [engl. 'mʌdɪ 'wɔːtəz, „schmutzige Wasser"], eigtl. McKinley Morganfield, * Rolling Fork (Miss.) 4. April 1915, † Chicago 30. April 1983, amerikan. Jazzmusiker (Gitarrist, Mundharmonikaspieler, Sänger). - Bed. Bluesinterpret mit rhapsod. Vortrag (Country Blues), dessen „Rollin' Stone" (1953) die Spielweise z. B. der Rolling Stones, die hiervon ihren Namen bezogen, beeinflußte.

Mudejarstil [muˈdɛxar; span.], nach den *Mudejaren* (arab. Künstler und Handwerker) ben. Bau- und Dekorationsstil in Spanien (13.-15. Jh.), stilgeschichtl. eine Verbindung von maur. und got. Formengut. Charakterist. Merkmale sind hufeisenförmige Bögen und ornamental sehr reicher und prunkvoller Stuck- und Majolikaschmuck.

Mudjur ↑ Orientteppiche (Übersicht).

Mudra [Sanskrit „Siegel, Zeichen"], im ind. Tanz und in der ind. Ikonographie bestimmte Handhaltungen mit symbol. Bedeutung.

Muelich, Hans ['myːlɪç] (Mielich), * München 1516, † ebd. 10. März 1573, dt. Maler. - 1536 Schüler A. Altdorfers; 1541 in Rom; v. a. als Bildnismaler (Halbfiguren) und Miniaturist in München tätig. - *Werke:* Porträt des Herzogs Albrecht V. von Bayern (1545, München, Alte Pinakothek, und 1556, Wien, Kunsthistor. Museum), Miniaturen zu C. de Rores „Motetten" (1557-59) und O. di Lassos „Bußpsalmen" (1565-70, beide München, Bayer. Staatsbibliothek).

Mueller ['myːlər], Harald, * Memel 18. Mai 1934, dt. Schriftsteller. - Verf. von Hörspielen („Ein seltsamer Kampf um die Stadt Samarkand", 1969), zeitkrit. Dramen wie „Halbdeutsch" (1970), „Stille Nacht" (Uraufführung 1974), „Winterreise" (Uraufführung 1977), „Henkersnachtmahl" (Uraufführung 1979), „Das Totenfloß" (Uraufführung 1986), mit denen M. Krisenhaftes in Gesellschaft, Wirtschaft und Moral der BR Deutschland aufzeigen will. Wirkte an den Drehbüchern der Schlöndorff-Filme „Der plötzl. Reichtum der armen Leute von Kombach" (1970) und „Die Moral der Ruth Halbfass" (1972) mit.

M., Otto, * Liebau i. Schles. 16. Okt. 1874, † Breslau 24. Sept. 1930, dt. Maler und Graphiker. - 1910 Mgl. der Künstlergemeinschaft ↑„Brücke", seit 1919 Prof. an der Akad. in Breslau. Charakterist. für seine figürl. Bilder (v. a. Zigeunerinnen im Freien) sind die grob konturierten Zusammenhänge und die großen, auf rauhe Leinwand oder Rupfen aufgetragenen Farbflächen; auch Lithographien, Zeichnungen, u. a. „Stehender Akt unter Bäumen" (1915; Düsseldorf, Kunstmuseum), „Zigeunerin mit Sonnenblume" (1927; Saarbrükken, Saarlandmuseum). - Abb. Bd. 4, S. 68.

Muezzin [arab.], der Gebetsrufer, der fünfmal tägl. vom Minarett der Moschee herab aus Muslimen durch den Gebetsruf (Adhan) die Gebetszeit ankündigt; heute zunehmend durch Tonband und Lautsprecher ersetzt.

Muff [niederl., zu mittellat. muffula „Pelzhandschuh"], Pelzhülle zum Schutz der Hände, die von links und rechts hineingesteckt werden können. Kam wohl in Italien auf (1590 bei C. Vecellio abgebildet), bis Ende des 18. Jh. auch von Männern getragen.

Muffe [niederl., nach der Ähnlichkeit mit einem Muff] (Rohr-M.), Rohrverbindungselement (Fitting) in Form eines Hohlzylinders, in das die zu verbindenden Rohrenden eingeschoben oder eingeschraubt werden.

Muffel [zu ↑ Muffe wegen der Form], luftdicht verschließbares, längl. Reaktionsgefäß aus feuerfestem Material, z. B. Schamotte oder Siliciumcarbid, zum Glühen, Brennen, Schmelzen oder Härten von Substanzen. Die M. werden in sog. **Muffelöfen** von außen beheizt, so daß die Heizgase mit den reagierenden Produkten nicht in Berührung kommen.

Muffelfarben, bei mittlerer Hitze eingebrannte Farben auf Glasuren von Gefäßen. - Ggs. ↑ Scharffeuerfarben.

Mufflon

Mufflon [italien.-frz.] (Europ. M., Europ. Wildschaf, Muffelwild, Ovis ammon musimon), mit etwa 1,1–1,3 m Länge und 65–90 cm Schulterhöhe kleinste Unterart des Wildschafs; urspr. auf Korsika und Sardinien, heute in vielen Gebieten Europas eingebürgert; Körper im Sommerkleid oberseits braun, unterseits weiß (Winterkleid des ♂ mit meist weißl. „Sattelfleck"); Stammform der europ. Hausschafrassen; mit großen, quer geringelten, kreisförmig nach hinten gebogenen (♂♂) oder kurzen, nach oben gerichteten Hörnern (♀♀; diese manchmal auch ohne Hörner).

Mufti [arab.], islam. Rechtsgelehrter, der Gutachten (Fetwa) zu einzelnen Rechtsfällen erstellt. Im Osman. Reich gehörten die M., nach Provinzen gegliedert unter einem **Großmufti**, meist der Rechtsschule der Hanefiten an.

Mufulira, Stadt im Kupfergürtel von Sambia, an der Grenze gegen Zaïre, 1350 m ü. d. M., 149 800 E. Kupfermine mit Raffinerie; Handelszentrum; Bahnstation.

Mugabe, Robert Gabriel, *1925 (?), simbabw. Politiker. - Lehrer; 1964–74 unter Arrest gestellt bzw. in Verbannung; 1975 Mitbegr. der Guerillaorganisation „Simbabwe Volksarmee" (ZIPA); seit 1976 Chef der Simbabwe Afrikan. Nationalunion (ZANU), gründete mit J. Nkomo die Patriot. Front (PF); bekämpfte den Verfassungskompromiß mit den Weißen von 1978/79 auch mit Waffengewalt; seit März 1980 Premiermin.; nach Verfassungsänderungen am 31. Dez. 1987 als erster Exekutivpräs. von Simbabwe vereidigt.

mugelig, gewölbt geschliffen (von Schmucksteinen gesagt).

Mügeln, Heinrich von ↑Heinrich von Mügeln.

Mügge, Theodor, *Berlin 8. Nov. 1806, †ebd. 18. Febr. 1861, dt. Schriftsteller. - Gründete 1848 in Berlin die nationalliberale „Nationalzeitung"; übte scharfe Kritik an der preuß. Zensur. Verfaßte Reisebeschreibungen und zahlr. Unterhaltungsromane.

Müggelsee, von der Spree durchflossener See (7,4 km²) im SO von Berlin, DDR.

Mugokiefer [italien./dt.] (Sumpfföhre, Pinus mugo var. mughus), Unterart der Bergkiefer im mittleren und östl. Teil der Alpen; niedrig, kriechende Bäume mit schwärzl.-brauner Rinde, 2–5 cm langen, dunkelgrünen Nadeln und meist sitzenden, symmetr. Zapfen.

Muhammad, Name von Herrschern:
Marokko:
M. V., *Fes 10. Aug. 1909, †Rabat 26. Febr. 1961, König (seit 1957), als Sidi M. V. Ibn Jusuf Sultan (1927–53 und 1955–57). - 1953 wegen seiner Forderung nach nat. Unabhängigkeit von den Franzosen als Sultan abgesetzt, nach 2 Jahren Exil wiedereingesetzt; erreichte 1956 die Unabhängigkeit Marokkos von Frankr. und Spanien; seit Aug. 1957 König, seit Mai 1960 auch Min.präsident.
Osman. Reich:
M. II. Fatih (der Eroberer) (türk. Mehmet Fâtih), *Adrianopel (= Edirne) 30. März 1432, †bei Gebze 3. Mai 1481, Sultan (seit 1451). - Vollendete 1453 mit der Eroberung Konstantinopels die Großmachtstellung des Osman. Reiches. Durch Beseitigung der letzten Fürstentümer in Anatolien sowie durch die Besetzung Serbiens (1454/55), der noch byzantin. Peloponnes (1460), Trapezunts (1461) und Bosniens (1463) baute er seine Macht aus und konnte sie im Krieg gegen Venedig (1463–79) behaupten.

Muhammad Ahmad Ibn Abd Allah, islam. Führer im Sudan, ↑Mahdi, Al.

Muhammad Ali [engl. məˈhæməd ˈælɪ], eigtl. Cassius Marcellus Clay, *Louisville (Ky.) 17. Jan. 1942, amerikan. Boxer. - Gewann 1960 bei den Olymp. Spielen in Rom die Goldmedaille im Halbschwergewicht; wurde 1964 Weltmeister der Berufsboxer im Schwergewicht; 1967 wurde ihm der Titel aberkannt, da er wegen Kriegsdienstverweigerung verurteilt wurde; 1965–68 Mgl. der Black Muslims; errang 1974 erneut den Weltmeistertitel, den er 1978 an L. Spinks verlor, im gleichen Jahr jedoch erneut zurückeroberte; trat im Juni 1979 kampflos zurück und scheiterte im Okt. 1980, den Titel in einem Kampf gegen seinen Nachfolger L. Holmes zurückzugewinnen. Verfaßte die Autobiographie „Der Größte. Meine Geschichte" (1976).

Muhammad Ibn Abd Allah Hasan, gen. „the mad Mullah" (der tolle Mullah), *um 1860, †im Ogaden (Äthiopien) 23. Nov. 1920, afrikan. Aufstandsführer. - Führendes Mgl. eines Derwischordens; organisierte 1899–1905 und 1908–20 den Widerstand der Stämme am damaligen Somaliland gegen die brit. und italien. Kolonialisierung.

Muhammad Ibn Abd Al Wahhab, *Ujaina um 1703, †Ad-Darijja (Saudi-Arabien) 1792, islam. Reformer, Begründer der ↑Wahhabiten. - Seine Lehre wendet sich gegen alle Glaubensformen und Sitten, die dem urspr. Islam nicht entsprechen; um 1740 schloß sich ihm die Dyn. der Ibn Saud an.

Muharrak, Al, Insel im Pers. Golf, ↑Bahrain.

Muharram [arab. „der heilig gehaltene (Monat)"], erster Monat des islam. Mondjahrs.

Mühl, Karl Otto, *Nürnberg 16. Febr. 1923, dt. Schriftsteller. - Hauptprobleme seiner Stücke sind Kontaktlosigkeit und Liebesunfähigkeit von Menschen in der heutigen BR Deutschland, u. a. „Rheinpromenade" (1975), „Rosenmontag" (Uraufführung 1975) und „Kellermanns Prozeß" (1982).

Mühlacker, Stadt an der Enz, Bad.-Württ., 210–240 m ü. d. M., 23 600 E. Metall-, holzverarbeitende, opt., Textil-, Bekleidungs-, u. a. Ind.; Großsendeanlage des Südt. Rund-

Mühlhausen

funks; Bahnknotenpunkt. - Mit dem rechts der Enz gelegenen Ortsteil **Dürrmenz** im 8. Jh. erstmals gen. (1930 Stadt).

Mühlbach, rumän. Stadt, ↑ Sebeş.

Mühlberg/Elbe, Stadt an der Elbe, Bez. Cottbus, DDR, 85 m ü. d. M., 3 600 E. Heimatmuseum, Steingutind., Hafen. - Wohl Ende des 12. Jh. gegr. (Altstadt), im 13. Jh. die Neustadt. In der **Schlacht bei Mühlberg** wurde am 24. April 1547 der sächs. Kurfürst Johann Friedrich I., der Großmütige, im Schmalkald. Krieg von Karl V. besiegt und gefangengenommen. - Schloß (nach 1545), ehem. Klosterkirche Güldenstern (v. a. 14. Jh.), Renaissancerathaus (1543).

Mühlberger Josef, * Trautenau (= Trutnov, Ostböhm. Gebiet) 3. April 1903, † Eislingen/Fils 2. Juli 1985, dt. Schriftsteller. - Die Themen seiner rhythm. Prosa, seiner Lyrik, Dramen und Hörspiele sind Menschen, Landschaft und Geschichte seiner sudetendt. Heimat, Eindrücke seiner Reisen und das Kriegserlebnis.

Mühldorf a. Inn, bayr. Krst. am unteren Inn, 383 m ü. d. M., 14 600 E. Heimatmuseum; Elektrogerätebau, Textil-, Möbel- und Mühlenind. - 888 urkundl. Ersterwähnung; vor 955 Stadt. In der **Schlacht bei Mühldorf** (auch Schlacht bei Ampfing gen.) besiegte am 28. Sept. 1322 Kaiser Ludwig IV., der Bayer, den Gegenkönig Friedrich den Schönen. - Barokke Stadtpfarrkirche (18. Jh.) mit spätgot. Chor (15. Jh.) und roman. Turm; spätgot. Rathaus, Häuser des 15. und 16. Jh. mit Lauben; Türme mit ma. Befestigung.

M. a. I., Landkreis in Bayern.

Mühle [zu lat. molina „(durch Wasserkraft betriebene) Mühle"], Maschine zum Mittel- (Grieß-) und Feinmahlen, bei der das Mahlgut durch Druck-, Schlag-, Prall- oder Scherbeanspruchung zerkleinert wird. Die **Walzenmühle** arbeitet mit zwei sich gegenläufig drehenden zylindr. Walzen; das Mahlgut wird zw. den glatten (bei Feinmahlung) oder geriffelten oder mit Nocken oder Zähnen (bei Grobmahlung) versehenen Walzen zerkleinert. *Reib-M.* werden zur Vermahlung geringer Mengen bei hohem Zerkleinerungsgrad eingesetzt. Sie beanspruchen das Mahlgut scherend (**Schermühle**) zw. einer feststehenden und einer rotierenden Mahlfläche. Hierzu gehören die **Glockenmühle** (ein Mahlkegel dreht sich in einem glockenförmigen Hohlkegel) und die **Scheibenmühle** (das Mahlgut wird zw. zwei radial gerippten Scheiben zerrieben). **Schlagmühlen** zerkleinern das Gut mit Hilfe von Schlagkörpern. Bei **Prallmühlen** wird das Mahlgut von Rotoren gegen feststehende Prallplatten geschleudert, bei **Luftstrahlmühlen** in einem Gas- oder Luftstrom auf über 300 m/s beschleunigt; Zerkleinerung durch Stöße auf Prallklötze. **Trommelmühlen** zerkleinern das Mahlgut in schwingenden Mahltrommeln; man unterscheidet nach der Gestalt der Mahltrommel **Doppelkegelmühlen**, **Dreikegelmühlen (Triconemühlen)**, **Rohrmühlen** und nach den verwendeten Mahlkörpern **Kugelmühlen** (Mahlkugeln) und **Stabmühlen** (zylindr. Stangen, die in der Trommel abrollen). - I. w. S. versteht man unter einer M. auch die gesamte Anlage einschließl. des Antriebs und umschließender Gebäude. Nach der Antriebsart unterscheidet man dabei Wasser-M., Wind-M. und sog. Kunst-M. (mit elektr. Antrieb). Darüber hinaus wird die Bez. auch für Anlagen verwendet, die allg. zum Zerkleinern, Auspressen oder zu anderen Bearbeitungsvorgängen dienen, z. B. Öl-, Papier-, Walk- oder Sägemühlen.

Geschichte: Wasser-M. waren schon im 1. Jh. v. Chr. bei den Römern bekannt und traten vereinzelt ab dem 3. Jh. auch nördl. der Alpen auf. Größere Bed. erlangten die M. aber erst im 12. Jh., in dem auch die Kenntnis von Wind-M., wohl durch die ersten Kreuzfahrer, nach Europa vermittelt wurde. W.-M. wurden zunächst häufig an gemeinschaftl. genutzten Gewässern errichtet; sie unterstanden dem ↑ Landfrieden. Nach der Festigung des Feudalismus wurden M. meist von Grundherrn betrieben; für die umliegenden Dörfer bestand als M.zwang die Pflicht, diese M. zu benutzen. - 1784 wurde die erste Dampf-M. in Betrieb genommen. - Abb. S. 56.

📖 Gleisberg, H.: *Das kleine M.buch.* Dresden 1956. - Mittag, C.: *Die Hartzerkleinerung.* Bln. u. a. 1953.

◆ Brettspiel zw. 2 Spielern, von denen jeder abwechselnd die 9 schwarzen bzw. weißen Steine auf die Schnitt- oder Endpunkte der Linien des Spielfeldes setzt. Beim Setzen (nach dessen Beendigung beim Ziehen) versucht jeder Spieler, möglichst oft eine M. zu erhalten (3 Steine in einer Linie neben- oder untereinander). Falls dies gelingt, darf ein gegner. Stein, der sich nicht in einer M. befindet, weggenommen werden. Bes. vorteilhaft ist eine **Zwickmühle** (Doppel-M., bei der durch das Öffnen einer M. eine zweite geschlossen wird). Hat ein Spieler nur noch 3 Steine, so darf er springen. Verlierer ist, wer nur noch 2 Steine besitzt oder von den gegner. Steinen eingeschlossen worden ist.

Mühlenstelle ↑ Getreidegesetz.

Mühlhausen (amtl. Zusatz: Thomas-Müntzer-Stadt), Krst. an der Unstrut, Bez. Erfurt, DDR, 215 m ü. d. M., 43 300 E. Verwaltungssitz des Landkr. M.; Heimatmuseum, Stadtarchiv; Textilind., Herstellung von Fahrrädern und Zubehör für Kfz., elektron. Ind., Zigarrenfabrik. - Die Siedlung entwickelte sich bei einer im 10./11. Jh. von den Kaisern häufig aufgesuchten Pfalz bereits 974 als städt. bezeichneter Marktflecken (Altstadt). Wahrscheinl. in der 2. Hälfte des 12. Jh. wurde die Neustadt gegr., die um 1180 mit der Altstadt vereinigt wurde; im gleichen Jahr ist M. als Reichsstadt bezeugt. Zw. 1224/30

Mühlhausen

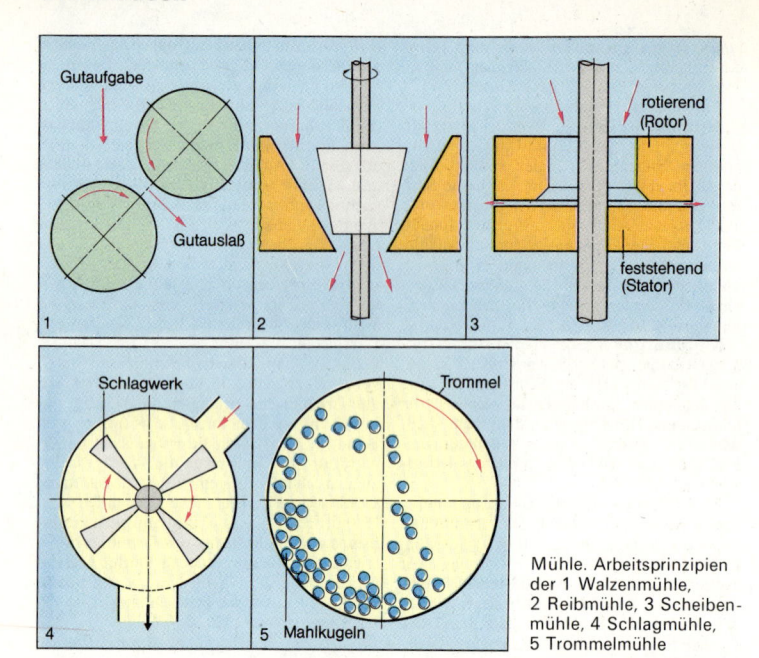

Mühle. Arbeitsprinzipien der 1 Walzenmühle, 2 Reibmühle, 3 Scheibenmühle, 4 Schlagmühle, 5 Trommelmühle

entstand das **Mühlhausener Reichsrechtsbuch**, eine private Bearbeitung des Stadtrechts von Mühlhausen. Ab 1408 war M. Hansestadt. Der Anschluß an T. Müntzer im Bauernkrieg führte zum vorübergehenden Verlust der Reichsfreiheit. - Ma. Stadtbild mit Resten der Stadtbefestigung. Got. sind die Pfarrkirchen Sankt Blasius und Sankt Marien, Rathaus (v. a. 16. Jh.); Wohnhaus von T. Müntzer (jetziger Bau von 1697).

M., Landkr. im Bez. Erfurt, DDR.

Mühlheim am Main, hess. Stadt am linken Mainufer, 100–115 m ü. d. M., 23 900 E. Polizeischule; Metallverarbeitung und Elektrogerätebau. - 815 als Fronhof genannt; 1939 Stadt.

Mühlmann, Wilhelm Emil, * Düsseldorf 1. Okt. 1904, dt. Ethnologe und Soziologe. - Prof. in Mainz und Heidelberg. Im Zentrum seiner Untersuchungen stehen die religiösen und polit. Sozialbewegungen („Chiliasmus und Nativismus", 1961) in den ehem. kolonisierten Ländern. - † 23. Mai 1988.

Mühlviertel [nach der Großen Mühl, einem linken Nebenfluß der Donau], der nördl. der Donau liegende Teil von Oberösterreich, im äußersten NW 1 378 m hoch. Viehwirtschaft, Anbau von Roggen, Hafer und Flachs (Grundlage der traditionellen Leinenind.); Holzverarbeitung, Lederind.; Abbau von Kaolin, Quarz und Granit.

Mühsam, Erich, * Berlin 6. April 1878, † KZ Oranienburg 10. oder 11. Juli 1934, dt. Schriftsteller. - U. a. Mitarbeiter an Münchner Kabaretts und verschiedenen Zeitschriften (u. a. „Simplicissimus" und „Aktion"); 1911–14 und 1918/19 Hg. der Monatsschrift „Kain, Zeitschrift für Menschlichkeit"; 1919 Mgl. des Zentralrats der bayr. Räterepublik; nach deren Sturz zu 15 Jahren Festungshaft verurteilt, von denen er 6 Jahre verbüßte. 1933 erneut verhaftet und ermordet. Verf. satir.-antikapitalist., später revolutionär-anarchist. Balladen („Der Revoluzzer") und Gedichte („Wüste - Krater - Wolken", 1914; „Revolution. Kampf-, Marsch- und Spottlieder", 1925), Dramen („Staatsräson", 1928) und Essays („Die Befreiung der Gesellschaft vom Staat. Was ist kommunist. Anarchismus?", 1932).

Muiscakultur [span. 'mµiska], Kultur der Muisca in Z-Kolumbien, wo sie seit etwa 1200 nachweisbar sind. Charakterist.: Feldbau, Kleinstädte und geschlossene Dörfer mit Rundhäusern, Pälasten, Tempeln und Palisaden aus Holz. Gut ausgebildetes Kunsthandwerk: Metallarbeiten, v. a. gegossene Votivfiguren aus Gold, Töpferei, Weberei, Smaragdverarbeitung. Bei Ankunft der Spanier beherrschten 2 rivalisierende Reiche das Gebiet der Muisca. Aus dem Opferzeremoniell des Kaziken von Guatavita entstand die Sage vom ↑Eldorado. Die Muisca wurden 1538 von den Spaniern unterworfen.

Mujib-ur-Rahman ↑Rahman, Mujib.
Mukalla, Al, Hafenstadt an der S-Küste der Arab. Halbinsel, Demokrat. VR Jemen, 100 000 E. Handelsplatz; Fischerei und Trockenfischherstellung, Bootsbau; Ausgangsort einer Straße ins Wadi Hadramaut, ⚴.
Mukarnas [arab.], in der islam. Baukunst svw. ↑Stalaktiten bzw. Stalaktitenwerk.
Mukden, chin. Stadt, ↑Schenjang.
Mukopolysaccharide [lat./griech.], hochpolymere Kohlenhydrate, die aus Aminozuckern und Uronsäuren aufgebaut sind; häufig ist auch Schwefelsäure in esterartiger Bindung enthalten. Zu den M. gehören v. a. die in Bindegewebe oder in Schleimen des tier. Körpers verbreiteten Substanzen Hyaluronsäure und Chondroitinschwefelsäure sowie das in der Leber gebildete Heparin.

mukös [lat.], schleimig, von schleimartiger Beschaffenheit (im Hinblick auf Sekrete); schleimabsondernd (von Drüsen bzw. Drüsenzellen, auch von bestimmten Karzinomen).

Mukoviszidose [lat.] (zyst. Pankreasfibrose), chron. autosomal rezessiv erbl. Erkrankung der Bauchspeicheldrüse mit fibrösen Veränderungen und Auftreten von Zysten bei gleichzeitiger Störung aller schleimsezernierenden Drüsen. Therapie: Substitution fehlender Verdauungsenzyme bzw. Behandlung örtl. Lungenkomplikationen mit Antibiotika.

Mulatte [span., zu mulo (lat. mulus) „Maultier" (im Sinne von „Bastard")], Mischling mit europidem und negridem Elternteil.

Mulch [engl.], Bodenbedeckung aus Stroh, Gras oder ähnl., oder synthet. Schaumstoffen zur Förderung der Bodengare sowie als Erosions-, Deflations- oder Verdunstungsschutz. Gemulcht wird v. a. unter Obstkulturen, im Gemüsebau und im Landschaftsbau, um den Unkrautwuchs zu unterdrücken.

Mulde, linker Nebenfluß der Elbe, entsteht nördl. von Colditz durch Zusammenfluß von Zwickauer und Freiberger Mulde; DDR, mündet bei Dessau, 124 km lang.

Mulde [zu lat. mulctra „Melkkübel"], in der *Geologie* ↑Falte.
◆ in der *Geomorphologie* eine ringsum von sanften Hängen begrenzte flache Hohlform.
◆ längl., flacher offener Behälter, z. B. zum Kneten des Teigs, zum Beschicken von Industrieöfen.

Muldenfalzziegel ↑Dachziegel.
Muldenkipper ↑Kipper.
Muldoon, Robert David [engl. mʌl-'du:n], * Auckland 21. Sept. 1921, neuseeländ. Politiker (National Party). - Buchprüfer; seit 1960 Abg.; 1967 Min. für Tourismus und Öffentlichkeitsarbeit; 1967–72 Finanzmin.; 1972 stellv. Premiermin.; 1974/75 Oppositionsführer; 1975–84 Premiermin., zugleich Finanzmin. und Min. für Nat. Sicherheitsdienst.

Mulhacén [span. mula'θen], mit 3 478 m höchster Berg der span. Sierra Nevada.
Mülhausen (amtl. frz. Mulhouse), frz. Stadt im Oberelsaß, Dep. Haut-Rhin, 112 200 E. Univ. (gegr. 1970), Textilfachschule; 5 Museen, botan. Garten, Zoo. Führend sind Textilind., Maschinenbau und chem. Ind., außerdem Autoind., Waffenfabrikation, Druckereien, Gerbereien, Nahrungsmittelind. - Entstand um eine Mühle an der Ill; 717 als Besitz des Klosters Sankt Stephan in Straßburg erstmals erwähnt; im Hoch-MA gleichzeitig teils in bischöfl. straßburg., teils in stauf. Besitz; erlangte im 13. Jh. Selbständigkeit und galt als Reichsstadt, erhielt 1293 eine Stadtrechtsbestätigung; verbündete sich 1333 mit den elsäss. Reichsstädten und trat 1354 dem elsäss. Zehnstädtebund (Dekapolis) bei. Wurde 1515 zugewandter Ort der Eidgenossenschaft; 1523 Einführung der Reformation, seit Ende des 16. Jh. streng ref. Stadtrepublik. Schied 1648 aus dem Reichsverband aus und schloß sich 1798 Frankr. an; gehörte 1871–1918/19 zum dt. Reichsland Elsaß-Lothringen. - Neugot. Kirche Sankt Stephan (19. Jh.) mit Glasmalereien (gegen 1340), got. Johanniskapelle (1351; jetzt Lapidarium) mit Wandmalereien (um 1515); Renaissancerathaus (1552); moderne Kirche Sacré-Cœur (1959).

Mülheim a. d. Ruhr, Stadt im westl. Ruhrgebiet, NRW, 26–152 m ü. d. M., 171 000 E. Max-Planck-Inst. für Kohlenforschung und Strahlenchemie, Kunstmuseum, Theater a. d. Ruhr, Freilichtbühne. Kraftwerk-, Röhren-, Maschinen- und Apparatebau, Leder-, Nahrungsmittel-, Genußmittelind. u. a.; Sitz bed. Großhandels- und Dienstleistungsunternehmen. Umschlagplatz in verkehrsgünstiger Lage am Ruhrschiffahrtsweg. - Entstand aus verschiedenen Siedlungskernen, zu denen die Ende des 9. Jh. errichtete Burg *Broich* gehörte; um 1000 erstmals gen.; Landesherren des Kirchspiels Mülheim wurden um 1200 die Grafen von Berg, die es in der 1. Hälfte des 15. Jh. an Köln und Kleve verpfändeten. Kam 1446/59 als Pfandlehen an die Herren von Broich, wurde dann mit der Herrschaft Broich zus. als *Unterherrschaft Berg* bezeichnet. Diese fiel nach mehrfache Herrschaftswechsel 1766 an Hessen-Darmstadt, 1806 an das Groß-Hzgt. Berg, 1815 an Preußen. 1808 wurde Mülheim zur Stadt erhoben. Im 2. Weltkrieg stark zerstört. - Über dem linken Ufer der Ruhr Schloß Broich: Mauerresté einer spätkaroling. Burg (9. Jh.), Ringmauer, Hochschloß als Torbau (1648).

Mulhouse [frz. my'lu:z] ↑Mülhausen.
Muli [lat.], Bez. für das (wegen seiner Trittfestigkeit) als Gebirgslasttier eingesetzte Maultier (↑Esel).

mulier taceat in ecclesia [...liɛr; lat. „die Frau schweige in der Gemeindeversammlung"], in der kath. Kirche und den

Mull

Ostkirchen bibl. Beleg (1. Kor. 14,34) für den Ausschluß der Frauen von der Priesterweihe. Auch außerhalb bibl. und kirchl. Sprachgebrauchs als Parole zur Beschneidung des öffentl. Wirkens von Frauen verwendet.

Mull [engl. mʌl], zweitgrößte Insel der Inneren Hebriden, durch den Sound of M. und den Firth of Lorne von der schott. Küste getrennt, bis 966 m hoch; Hauptort Tobermory.

Mull [Hindi-engl.], leindwandbindiges, sehr poröses Gewebe aus dünnen Fäden (bes. Baumwolle); verwendet u. a. als Vorhang- und Verbandsstoff.

Müll, Abfälle aus Haushalt, Gewerbe- oder Ind.betrieb o. ä., die meist in speziellen Behältern (*Mülleimer, Mülltonnen, Müllcontainer*) gesammelt und abtransportiert (*Müllfahrzeuge, Müllabfuhr*) und nach verschiedenen Methoden der Müllbeseitigung weiterverarbeitet oder abgelagert werden. Man unterscheidet u. a. nach *Konsistenz* (fest, schlammförmig, flüssig) und nach *Herkunft* (kommunale Abfälle wie Hausmüll, Sperrmüll, Straßenkehricht, Klärschlamm aus Kläranlagen; gewerbl. Abfälle wie Industriemüll, Altöl, Autowracks, Altreifen, Bauschutt, tier. Exkremente aus Massentierhaltungen, Schlachthofabfälle, Glas, radioaktive Abfälle). Eine gebräuchl. Form der Entsorgung ist die Ablagerung auf **geordneten Deponien:** Wannenförmige Senken oder Geländeeinschnitte mit wasserundurchlässigem Untergrund, der ein Eindringen flüssiger Abfälle ins Oberflächen- bzw. Grundwasser verhindert. Der Müll wird zerstampft oder niedergewalzt (*Müllverdichtung*) und mit Isolierschichten z. B. aus Bauschutt o. ä. sog. *Inertmaterial* überdeckt. Anschließend werden die bisweilen 100 m hohen Müll- und Schuttberge mit Erde überdeckt und bepflanzt (*Rekultivierung*). Als Untertagedeponien dienen ehemalige Bergwerke. **Offene Deponien** sind z. B. **Müllkippen,** auf denen Abfälle unbehandelt und unkontrolliert gelagert häufig unter Geruchsentwicklung verrotten oder sich selbst entzünden. Von **wilden Deponien** spricht man bei heimlichem Ablagern von Müll in Wald und Flur.

Durch **Müllkompostieren** oder **Müllvererdung** werden abgestorbene organ. Stoffe in krümelige, nährstoffreiche Komposterde überführt. Mikroorganismen (Bakterien) bewirken die Umwandlung mittels Luftsauerstoff und Feuchtigkeit bei 25–50 °C. In sog. **Müllkompostwerken** wird bes. Hausmüll verarbeitet: Zerkleinerung auf der Müllraspel, Entfernen von Eisenteilen wie Konservendosen (mittels Magnetscheider) und Hartstoffen wie Glas (mittels Schleudermühle), Verrottung des Mülls in sog. **Gärzellen** mit optimalen Lebensbedingungen für Mikroorganismen, bisweilen auch Zugabe von Klärschlamm aus Kläranlagen, anschließend mehrmonatige Lagerung.

In **Müllverbrennungsanlagen** wird bes. M. aus dem kommunalen Bereich unter Ausnutzung der darin enthaltenen Energie (z. B. zur Dampf- und Heißwassererzeugung) zu Schlacke und Asche (etwa 10% des urspr. M.volumens) verbrannt; wobei das sonst benötigte Deponievolumen erhebl. verringert wird. Aus hygien. Gründen wird bes. M. aus Krankenhäusern verbrannt. Massenkunststoffe wie Polyäthylen, Polystyrol oder Polypropylen verbrennen zu Kohlendioxid (CO_2) und Wasser, während aus Polyvinylchlorid (PVC) schädl. Chlor- und damit Salzsäuregase entstehen; Entfernung zus. mit Schwefel- und Fluorverbindungen durch nasse Abgasreinigung, sonst erhebl. Umweltbelastung. Chem. Abfälle (z. B. Pestizide) werden auch auf sog. **Verbrennungsschiffen** auf offener See verbrannt.

Die enorme Gefährlichkeit des z. T. sehr langlebigen **Atommülls** († radioaktiver Abfall) z. B. aus Wiederaufbereitungsanlagen für abgebrannte Kernbrennstäbe kann durch Verbrennen (chem. Reaktion) nicht gemindert werden. Radioaktive Stoffe zerfallen nach einem nicht beeinflußbaren Zerfallsgesetz zu letztl. stabilen, ungefährl. Spaltprodukten. *Atommüll* wie auch andere *hochgiftige Sonderabfälle* werden bislang in Spezialbehältern ins Meer versenkt; daneben auch Einlagerung z. B. in ehemaligen Salzbergwerken oder künstl. geschaffenen Kavernen.

In der BR Deutschland fallen pro Jahr im Mittel allein rd. 30 Mill. t Hausmüll und hausmüllähnl. Gewerbeabfälle an. Es bestehen über 3 000 Deponien und rd. 50 Müllverbrennungsanlagen.

Abfallbeseitigungsgesetz des Bundes und der Länder. Vorschriftenslg. ... Bearb. von A. Hoschützky u. a. Köln u. Stg. ⁴1985. - Bilitewski, B.: Recyclinganlagen für Haus- und Gewerbeabfälle. Bln. 1985. - M.verbrennung und M.verbrennungsanlagen. Bearb. von U. Barnbeck. Stg. ²1985. - Richtlinie über Deponiebasisabdichtungen aus Dichtungsbahnen. Hg. vom Landesamt für Wasser und Abfall NRW 1985. - Neumann, U./Ooyen, G. van: Rekultivierung v. Deponien u. M.kippen. Bln. 1979. - Rohrbeck, M.: Standortauswahl in der Abfallwirtschaft. Bln. 1979. - Bälder, K. H.: Recht der Abfallwirtschaft. Bln. 1979.

Mullemminge (Steppenlemminge, Lemmingsmulle, Ellobius), Gatt. 8–15 cm langer, gelblichbrauner Wühlmäuse mit zwei Arten in Steppen und Halbwüsten SW-Asiens; grabende Erdbewohner mit stumpfer Schnauze, großen Schneidezähnen und winzigen Augen; Ohrmuscheln fehlen.

Müllenhoff, Karl, * Marne 8. Sept. 1818, † Berlin 19. Febr. 1884, dt. Germanist. - 1846 Prof. in Kiel, ab 1858 in Berlin; beeinflußte die dt. Altertumskunde maßgebl. durch seine quellenkundl. und mytholog. Forschungen und seine bis heute Gültigkeit besitzende fünf-

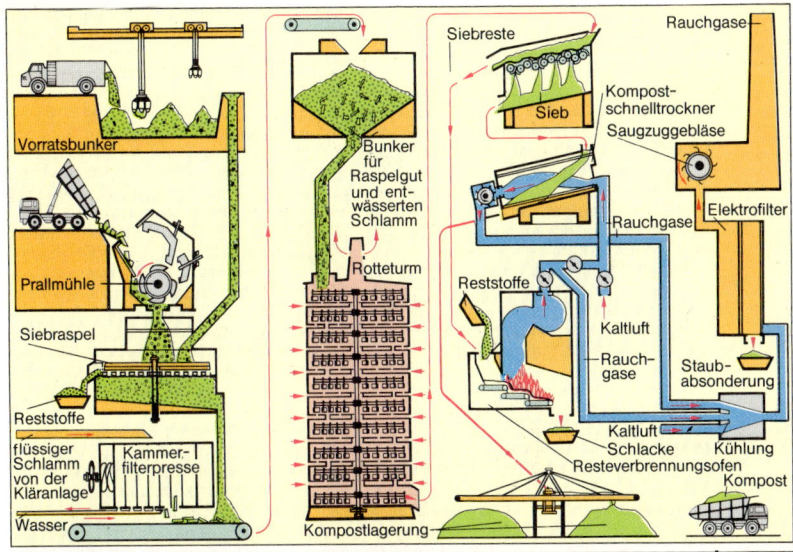

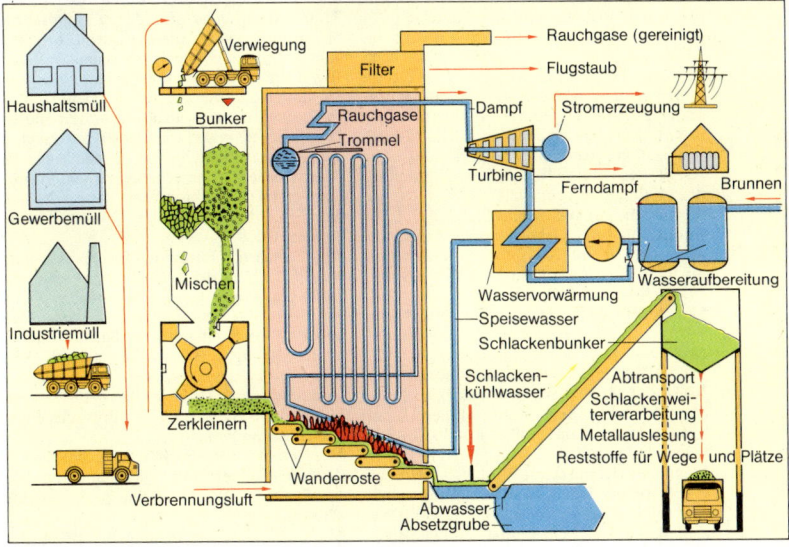

Müll. Oben: Schema der Anlage eines Müllkompostwerks (Heidelberg); unten: Schema einer Müllverbrennungsanlage (Mannheim)

bändige „Dt. Altertumskunde" (1870 bis 1900).

Muller, Hermann Joseph [engl. ˈmʌlə], * New York 21. Dez. 1890, † Indianapolis 5. April 1967, amerikan. Biologe. - 1933–37 Mitarbeiter am Inst. für Erbforschung in Moskau; danach Emigration und Professur in Edinburgh und an der Indiana University in Bloomington. M. konnte bei genet. Versuchen an Taufliegen (Drosophila) durch Röntgenstrahlen Mutationen auslösen und erhielt für die Entdeckung der Möglichkeit und damit der Gefahr künstl. Mutationsauslösung durch Röntgenbestrahlung 1946 den Nobelpreis für Physiologie oder Medizin.

Müller, Adam Heinrich, Ritter von Nitterdorf (seit 1826), * Berlin 30. Juni 1779, † Wien 17. Jan. 1829, dt. Staats- und Gesellschaftstheoretiker. - Stand in Verbindung mit F. Gentz, gab zus. mit H. von Kleist 1808 die Literaturzeitschrift „Phöbus" heraus. 1809-11 Sekretär der Kurmärk. Ritterschaft und Organisator der Opposition gegen die Hardenbergschen Reformen. Ab 1813 in östr. Diensten; 1815 Generalkonsul in Leipzig; wegen seines Widerstandes gegen die preuß. Zollvereinspolitik abberufen. - In seinem 1809 erschienenen Hauptwerk „Elemente der Staatskunst" stellte sich M. gegen die Staatslehre der Aufklärung, die Ideen der Frz. Revolution, leugnete die begriffl. Trennung von Staat und Gesellschaft und trat für einen korporativen Ständestaat ein.

M., Albin, gen. Albinmüller, * Dittersbach bei Freiberg 13. Dez. 1871, † Darmstadt 2. Okt. 1941, dt. Architekt. - Mgl. der Darmstädter Künstlerkolonie, Prof. an der dortigen TH. Erbaute auf der Mathildenhöhe eine Mietshäusergruppe (1911/12), Löwentor (1914) und Brunnen (1914) und stellte 1914 sein zerlegbares Holzhaus aus.

M., Artur, Pseud. Arnolt Brecht, * München 26. Okt. 1909, dt. Schriftsteller. - 1944 aktiv in der Widerstandsbewegung; 1953-58 Programmdirektor des Hess. Fernsehens; verfaßte Novellen, Dramen, Hör- und Fernsehspiele sowie Zeitromane, u. a. „Am Rande einer Nacht" (R., 1940), „Die verlorenen Paradiese" (R., 1950); ferner zeitgeschichtl. Arbeiten wie „Gespräche zur Weltgeschichte" (1965), „Die Deutschen. Ihre Klassenkämpfe, Aufstände, Staatsstreiche und Revolutionen. Eine Chronik" (1972), „Das Dritte Reich" (Mithg., 1979). - † 11. Juli 1987.

M., Eduard, * Dresden 12. Nov. 1848, † Bern 9. Nov. 1919, schweizer. Politiker (freisinnig). - 1895-1919 Mgl. des Bundesrats; 1899, 1907 und 1913 B.-Präs.; wesentl. an Reformen der Justiz und des Militärwesens beteiligt.

M., Friedrich, gen. Maler Müller, * Bad Kreuznach 13. Jan. 1749, † Rom 23. April 1825, dt. Dichter und Maler. - Ab 1774 in Mannheim (Kontakt mit W. H. von Dalberg), wo er, von der Sturm- und-Drang-Bewegung angeregt, v. a. als Schriftsteller tätig war (Dramen, Balladen). 1777 kurfürstl. Kabinettsmaler, ab 1778 in Rom, wurde 1780 dort kath.; 1895 zum bayr. Hofmaler ernannt. - Schuf v. a. bis 1777 niederl. beeinflußte kraftvolle Zeichnungen und Graphik.

M., Friedrich von, * Augsburg 17. Sept. 1858, † München 18. Nov. 1941, dt. Mediziner. - Prof. in Bonn, Breslau, Marburg, Basel und München; grundlegende Arbeiten auf fast allen Gebieten der inneren Medizin, bes. der Physiologie und Pathologie des Stoffwechsels.

M., Friedrich Max (im engl. Sprachgebrauch auch: Max Müller, Friedrich), * Dessau 6. Dez. 1823, † Oxford 28. Okt. 1900, brit. Indologe, Sprach- und Religionswissenschaftler dt. Herkunft. - Sohn von Wilhelm M.; 1854 in Oxford Prof. für moderne europ. Sprachen und Literaturen, ab 1868 für vergleichende Sprachwiss.; sein Hauptarbeitsgebiet war zunächst die Wedaforschung, die er durch seine monumentale Ausgabe der „Rig-Veda-Sanhita" (6 Bde., 1849-74) und durch „A history of ancient Sanskrit literature" (1859) entscheidend förderte. Vom „Weda" aus wandte sich M. Studien der vergleichenden Religionsgeschichte zu und wurde so zum Begründer der modernen Religionswiss. („Einleitung in die vergleichende Religionswiss.", 1873), für die er als Hg. der 50bändigen „Sacred books of the East" (1882-1910) eine bed. Textgrundlage schuf.

M., Friedrich Wilhelm Karl, * Neudamm bei Küstrin 21. Jan. 1863, † Berlin 18. April 1930, dt. Orientalist und Ethnologe. - 1906-28 Direktor des ostasiat. Abteilung des Museums für Völkerkunde in Berlin; Arbeiten zur chin. und jap. Philologie, dann zur Entzifferung und Erschließung der durch die preuß. Turfanexpeditionen gefundenen Handschriften; grundlegend wurden bes. seine Arbeiten zum Soghdischen und Uigurischen.

M., Fritz, * Windischholzhausen bei Erfurt 31. März 1821, † Blumenau (Brasilien) 21. Mai 1897, dt. Zoologe. - Prof. in Florianópolis; Darwinist („Für Darwin", 1864); untersuchte die Stammesgeschichte der Krebstiere zum Nachweis der Deszendenztheorie und formulierte erstmals das biogenet. Grundgesetz.

M., Fritz, dt. Schriftsteller, † Müller-Partenkirchen, Fritz.

M., Gebhard, * Füramoos (= Eberhardzell bei Biberach an der Riß) 17. April 1900, dt. Jurist und Politiker. - In Württemberg-Hohenzollern 1947-52 Landesvors. der CDU und 1948-52 Staatspräs.; maßgebl. Verfechter der Bildung eines Südweststaats; seit 1952 Mgl. der verfassunggebenden Landesversammlung bzw. MdL in Bad.-Württ., dort Min.präs. 1953-58; 1958-71 Präs. des Bundesverfassungsgerichts.

M., Gerhard, * Marburg 10. Mai 1925, dt. ev. Kirchenhistoriker; seit 1982 Landesbischof der Evangel.-luth. Landeskirche in Braunschweig.

M., Hans, gen. H. M.-Einigen, * Brünn 25. Okt. 1882, † Einigen (= Spiez, Schweiz) 8. März 1950, östr. Schriftsteller. - Chefdramaturg in Hollywood; schrieb Gedichte, Novellen und Erzählungen (u. a. „Träume und Schäume", 1911; „Die Menschen sind alle gleich", 1946) sowie Lustspiele (u. a. „Im weißen Rößl", 1930) und v. a. Dramen.

M., Heiner, * Eppendorf (Landkr. Flöha) 9. Jan. 1929, dt. Dramatiker. - Chefdramaturg

des Berliner Ensembles; schrieb zahlr. Stücke zus. mit seiner Frau *Inge M.* (Pseud. Ingeborg Schwenkner [* 1925, † 1966]) in der Tradition Brechtscher Lehrstücke, überwiegend als dramat. Auseinandersetzungen mit Problemen der sozialist. Entwicklung in der DDR, u. a. „Der Lohndrücker" (1959), „Der Bau" (1965). Bed. aktuelle Neufassungen antiker Stoffe.
Weitere Werke: Zement (nach Gladkow, 1974), Die Schlacht (1975), Germania Tod in Berlin (Uraufführung 1978), Leben Gundlings Friedrich von Preußen, Lessings Schlaf Traum Schrei (Uraufführung 1979), Hamletmaschine (1979).

M., Hermann, * Mannheim 18. Mai 1876, † Berlin 20. März 1931, dt. Politiker. - 1916–18 und ab 1920 MdR (nach seinem Wahlkreis **Müller-Franken** gen.); 1920–28 Vors. der Reichstagsfraktion, 1919–27 einer der Parteivors. der SPD; unterzeichnete als Reichsaußenmin. (Juni 1919–März 1920) mit J. Bell den Versailler Vertrag; März–Juni 1920 und 1928–30 Reichskanzler.

M., Johannes, dt. Mathematiker und Astronom, ↑ Regiomontanus.

M., Johannes (seit 1791), * Schaffhausen 3. Jan. 1752, † Kassel 29. Mai 1809, schweizer. Historiker. - Bibliothekar, Publizist und Diplomat in Kassel, Mainz und Wien. Als Historiograph ab 1804 in preuß. Diensten, 1808 Generaldirektor des öffentl. Unterrichtswesens im Kgr. Westfalen. Seine „Geschichten der schweizer. Eidgenossenschaft" (5 Bde., 1786–1808, Neuausgabe 1942) bestimmten das Bild der Schweiz im 19. Jahrhundert.

M., Johannes, * Koblenz 14. Juli 1801, † Berlin 28. April 1858, dt. Physiologe, Pathologe und Anatom. - Prof. in Bonn, dann in Berlin; Lehrer u. a. von R. Virchow und T. Schwann. M. war einer der bedeutendsten medizin. Wissenschaftler seiner Zeit. Bes. eingehend befaßte er sich mit der Nerven- und Sinnesphysiologie, baute die Reflexlehre weiter aus und leistete grundlegende Forschungen zur Entwicklungsgeschichte des Urogenitalapparats.

M., Johann Gottwerth, gen. M. von Itzehoe, * Hamburg 17. Mai 1743, † Itzehoe 23. Juni 1828, dt. Schriftsteller. - Buchhändler, ab 1783 Privatgelehrter in Itzehoe; schrieb satir. Werke nach dem Vorbild des engl. kom. Romans des 18. Jh.; in dem satir. Roman „Siegfried von Lindenberg" (4 Tle., 1779) werden Empfindsamkeit und Geniekult verspottet.

M., Josef, * Steinwiesen bei Kronach 27. März 1898, † München 12. Sept. 1979, dt. Jurist und Politiker. - Vor 1933 in der BVP tätig, wirkte danach als jurist. Berater kirchl. Institutionen; seit 1939 in der Abwehrabteilung des OKW, sondierte 1939/40 im Auftrag der Gruppe Beck/Canaris/Oster über den Vatikan wegen der Möglichkeit eines dt. Verständigungsfriedens bei einem Sturz Hitlers; 1943 verhaftet; 1945 Mitbegr. der CSU, 1945–49 Landesvors., 1947–49 bayr. Justizmin. und stellv. Min.präs., 1950–52 erneut Justizminister.

M., Karl Alexander von, * München 20. Dez. 1882, † Rottach-Egern 13. Dez. 1964, dt. Historiker. - 1936–44 Präs. der Bayer. Akademie der Wiss.; 1935–45 Hg. der „Histor. Zeitschrift"; veröffentlichte v. a. Arbeiten zur dt. und bayr. Geschichte des 19. und 20. Jh. sowie zur Wissenschaftsgeschichte.

M., Karl Alexander, * Basel 20. April 1927, schweizer. Physiker. - Prof. am IBM-Forschungslaboratorium in Rüschlikon; erhielt 1987 zus. mit J. G. ↑ Bednorz den Nobelpreis für Physik für die Entdeckung von Supraleitung in keram. Materialien.

M., Karl Otfried, * Brieg 28. Aug. 1797, † Athen 1. Aug. 1840, dt. klass. Philologe. - Ab 1819 Prof. in Göttingen; betrieb durch vielseitige Arbeiten maßgebl. die Ausweitung der Altphilologie zur klass. Altertumswissenschaft.

M., Manfred, * Augsburg 15. Nov. 1926, dt. kath. Theologe, seit 1982 Bischof von Regensburg.

M., Paul Hermann, * Olten 12. Jan. 1899, † Basel 13. Okt. 1965, schweizer. Chemiker. - M. entwickelte 1939 das ↑ DDT und erhielt hierfür 1948 den Nobelpreis für Physiologie oder Medizin.

M., Robert, * Zürich 11. Juni 1920, schweizer. Bildhauer. - Sein iron.-humorvolles Werk besteht aus geschweißten [Schrott]montagen, die an Fabelwesen erinnern.

M., Traugott, * Düren 28. Dez. 1895, † Berlin 29. Febr. 1944, dt. Bühnenbildner. - Gestaltete in Zusammenarbeit mit E. Piscator und J. Fehling schulemachende Bühnenräume.

M., Wilhelm, gen. Griechen-Müller, * Dessau 7. Okt. 1794, † ebd. 30. Sept. 1827, dt. Dichter. - Vater von Friedrich Max M.; nahm als Freiwilliger an den Befreiungskriegen teil; schrieb „Gedichte aus den hinterlassenen Papieren eines reisenden Waldhornisten" (1821–24) und „Lieder der Griechen" (1821–24), in denen seine Sympathie für die Freiheitskampf der Griechen gegen die Türken begeisterten Ausdruck fand, sowie „Neugriech. Volkslieder" (Übers., 1825) und „Lyr. Reisen und epigrammat. Spaziergänge" (1827). Einige seiner Gedichte, z. B. „Ich hört ein Bächlein rauschen", „Das Wandern ist des Müllers Lust" wurden v. a. durch die Vertonung von F. Schubert zu bekannten volkstüml. Liedern.

Müller-Armack, Alfred, * Essen 28. Juni 1901, † Köln 16. März 1978, dt. Nationalökonom und Soziologe. - Prof. in Münster und in Köln; gehörte zur ↑ Freiburger Schule, prägte den Begriff der sozialen Marktwirtschaft und gilt als einer der Väter dieser Wirtschaftsordnung, war als Leiter der Abteilung Wirtschaftspolitik sowie der Grundsatzabteilung im Bundesministerium für Wirtschaft und als Staatssekretär für europ. Angelegenheiten prakt. vertrat.

Müller-Blattau

Müller-Blattau, Joseph, *Colmar 21. Mai 1895, † Saarbrücken 21. Okt. 1976, dt. Musikforscher. - Prof. für Musikwiss. in Königsberg, Frankfurt, Freiburg i. Br., Straßburg, Saarbrücken sowie Direktor des Staatl. Konservatoriums ebd. (1952–58). Zahlr. Veröffentlichungen zur dt. Musik- und Liedgeschichte, u. a. „Geschichte der Fuge" (1922).

Müller-Gang [nach Johannes Müller, *1801] (Ductus paramesonephricus), bei den meisten Wirbeltieren in beiden Geschlechtern embryonal neben jedem der beiden Urnierengänge angelegter, bei den ♀♀ zu den Eileitern werdender Kanal. Bei den Säugetieren (einschließl. Mensch) differenziert sich der M.-G. im weibl. Geschlecht außer in den paarigen Eileiter noch (durch Verschmelzung) in die Gebärmutter und den oberen Scheidenteil. Im männl. Geschlecht wird der M.-G. reduziert.

Müller-Guttenbrunn, Adam, Pseud. Ignotus, Franz Josef Gerhold, *Guttenbrunn (= Zăbrani, Rumänien) 22. Okt. 1852, † Wien 5. Jan. 1923, östr. Schriftsteller. - 1892–96 Direktor des Raimundtheaters, 1898–1903 des Stadttheaters in Wien; setzte sich für die Erneuerung des Wiener Theaters ein; 1919 Nationalrat. Schrieb Dramen, Romane, Erzählungen, Kultur- und Geschichtsbilder aus seiner donauschwäb. Heimat; Verf. einer bed. biograph. Romantrilogie über Lenau (3 Bände, 1919–21).

Müller-Lyer-Täuschung [nach dem dt. Psychiater und Soziologen F. Müller-Lyer, *1857, †1916] ↑ optische Täuschungen.

Müller-Partenkirchen, Fritz, auch gen. Müller-Zürich, eigtl. F. Müller, * München 24. Febr. 1875, † Hundham (Landkr. Miesbach) 4. Febr. 1942, dt. Schriftsteller. - Schrieb unterhaltende Romane und Erzählungen, humorvolle Dialektgeschichten, Skizzen und Plaudereien, u. a. „Kramer & Friemann" (R., 1920), „Der Kaffeekönig" (R., 1939).

Müller-Schlösser, Hans, *Düsseldorf 14. Juni 1884, † ebd. 21. März 1956, dt. Schriftsteller. - Schrieb rhein. Volkskomödien, Schnurren, Schwänke; bes. beliebt ist seine Komödie „Schneider Wibbel" (1914).

Müller-Thurgau-Rebe [nach dem schweizer. Pflanzenphysiologen H. Müller-Thurgau, *1850, †1927], 1882 in Geisenheim aus einer Kreuzung zw. Riesling und Silvaner gewonnene Rebsorte; liefert einen milden, duftigen, durchweg säurearmen Wein.

Müller von Itzehoe [...'ho] ↑ Müller, Johann Gottwerth.

Müller-Zürich, Fritz ↑ Müller-Partenkirchen, Fritz.

Müllheim, Stadt am W-Rand des Markgräfler Landes, Bad.-Württ., 267 m ü. d. M., 13 400 E. Textil- und metallverarbeitende Ind., Weinbau. - 758 erstmals erwähnt, Stadtrechte 1810 bzw. 1950. - Spätgot. ehem. Pfarrkirche (15. Jh.; jetzt Festhalle).

Mulligan, Gerry [engl. 'mʌlɪgən], eigtl. Gerald Joseph M., * New York 6. April 1927, amerikan. Jazzmusiker (Baritonsaxophonist, Arrangeur und Komponist). - Ab 1949 in der Band von G. Krupa, dann als Arrangeur und Saxophonist in der „Capitol Band" von M. Davis, wo er Mainstream und Cool-Stil miteinander verband.

Mulliken, Robert Sanderson [engl. 'mʌlɪkən], * Newburyport (Mass.) 7. Juni 1896, † Arlington (Va.) 31. Okt. 1986, amerikan. Chemiker und Physiker. - Prof. in New York und Chicago; entwickelte die Theorie der Molekülorbitale zur Berechnung der Elektronenkonfigurationen von Molekülen und erklärte die Erscheinung der ↑ Hyperkonjugation; 1966 Nobelpreis für Chemie.

Mullmäuse, svw. ↑ Blindmulle.

Müllschlucker, Bez. für die in größeren modernen Wohnbauten installierten Abfallbeseitigungsanlagen, bei denen Schächte mit Einschüttöffnungen in jeder Wohnung; M. i. e. S.) zu zentralen Stauräumen oder Großbehältern führen.

Mulm [niederdt.] ↑ Humus.
♦ verfaultes, getrocknetes und zu Pulver zerfallenes Holz.

Mulmbock (Zimmermannsbock, Ergates faber), etwa 3–6 cm langer, rost- bis pechbrauner Bockkäfer, v. a. in Kiefernwäldern Europas; mit (beim ♂) körperlangen Fühlern und zwei auffälligen Höckern auf dem scharfkantigen Halsschild; Raupen werden bis 9 cm lang und entwickeln sich bes. im Mulm in Nadelholzstümpfen.

Mulroney, Martin Brian [mʌl'roʊnɪ], * Baie Comeau (Prov. Quebec) 20. März 1939, kanad. Politiker (Progressive Conservative Party, PCP). - Jurist; leitende Tätigkeiten in der Wirtschaft; seit 1983 Vors. der PCP und Parlamentsabg.; seit Sept. 1984 Premierminister.

Multan, pakistan. Stadt am linken Ufer des Trinab, 122 m ü. d. M., 730 000 E. Kath. Bischofssitz; medizin. College mit Krankenhaus, Museum; botan. Garten. Textilind., Getreide- und Ölmühlen, Glashütte, Gießereien, Düngemittelfabrik, Verkehrsknotenpunkt, ✈. - Angebl. bereits von Alexander d. Gr. erobert, kam 1526 zum Mogulreich von Delhi; fiel nach dessen Ende im 18. Jh. an die Afghanen und kam 1818 zum Sikhstaat. - Zahlr. islam. Grabbauten.

Multatuli [niederl. mylta:'ty:li:], eigtl. Eduard Douwes Dekker, *Amsterdam 2. März 1820, † Nieder-Ingelheim (= Ingelheim am Rhein) 19. Febr. 1887, niederl. Schriftsteller. - Ab 1851 Resident der niederl. Kolonialverwaltung in Ambon, später in Lebak (bei Djakarta); kehrte 1857 zurück und schrieb unter dem Decknamen M. (lat. multa tuli „ich habe viel getragen [gelitten]") den Roman „Max Havelaar oder Die Holländer auf

Java" (1860, 1951 u. d. T. „Max Havelaar oder Die Kaffeeversteigerung der Niederl. Handelsgesellschaft"), in dem er die Mängel der niederl. Kolonialregierung schilderte.

multi..., Multi... [zu lat. multus „viel"], Bestimmungswort von Zusammensetzungen mit der Bed. „viel, vielfach".

Multicoating [engl. 'mʌltɪkoʊtɪŋ] ↑ Vergütung.

Multienzymkomplex [...ti-ɛn...], verschiedene Einzelenzyme einer biolog. Reaktionskette (z. B. Fettsäuresynthese) oder eines Substrats (z. B. Hefepreßsaft), die sich gegenseitig strukturell und funktionell beeinflussen und damit regulieren.

multifil [lat.], mehrfädig; Bez. für Fäden aus mehreren Einzelfasern (Stapelfasern).

Multifokalglas, svw. Mehrstärkenglas († Brille).

multilateral [lat.], mehrseitig, mehrere Seiten betreffend, z. B. **multilaterale Verträge,** Verträge zw. mehr als zwei Vertragspartnern.

Multimediaveranstaltung [lat./dt.] (Mixed-media-Veranstaltung, Intermediaveranstaltung), avantgardist. Vorstellungen, oft unter Einbeziehung des Publikums, bei denen die verschiedensten traditionellen wie die modernsten visuellen und akust. Medien eingesetzt werden, z. B. Verbindungen von Ballett, Aktionen, Bildprojektionen, Musikcollage, Sound, Lichtorgel, Lichtkunst, bewegl. Skulptur, Maschinerien, Textvortrag u. a. Gegen ein traditionelles Kunstverständnis, eine traditionelle Kunstdarstellung gerichtet, stellen die M. eine moderne Form des Gesamtkunstwerks dar, wobei der Akzent auf eine Aufhebung der Diskrepanz von Leben und Kunst gelegt wird. Vorläuferstadien hat es insbes. im Dadaismus gegeben.

multinationale Unternehmen, i. w. S. Unternehmen, die in mehr als zwei Staaten wirtsch. tätig sind; i. e. S. [meist weltweit operierende] Unternehmen, die Entscheidungen über die Standortwahl ihrer Konzernunternehmen sowie geschäftspolit. Entscheidungen unter Berücksichtigung nat. Rechts- und Wirtschaftsordnungen und der Stabilität der polit. und wirtsch. Verhältnisse in einem Staat jeweils so treffen, daß die Konzernziele möglichst optimal verwirklicht werden. Die möglichen *Vorteile* m. U.tätigkeit u. a.: Kostensenkung (Faktor-, Roh- und Betriebsstoff-, Transportkosten); Ausnutzung von Investitionsanreizen; Umgehung von Handelshemmnissen (Gründung von Unternehmen innerhalb der jeweiligen Zollgrenzen); Schaffung von Wachstumsmöglichkeiten und damit Ausnutzung der übl. Vorteile der steigenden Größenordnung der wirtsch. Aktivitäten; Verminderung der Konjunkturanfälligkeit; Ausnutzung von Steuervorteilen. Die *Kritik* an der Geschäftspolitik der m. U. richtet sich insbes. gegen die Ausnutzung des internat. Lohngefälles, um das nat. Lohniveau zu drücken; die Verschaffung von Wettbewerbsvorteilen, die durch die jeweilige nat. Wettbewerbspolitik verhindert werden sollen; die Steuerflucht durch manipulierte interne Verrechnungspreise, welche Gewinne dort „entstehen" lassen, wo sie am wenigsten Steuern verursachen; die Undurchsichtigkeit der Konzerne, die keine nat. Rechtsordnung allein beseitigen kann.

multipel [lat.], vielfältig, an vielen Stellen auftretend.

Multiple [frz. myl'tipl, lat.], innerhalb der zeitgenöss. Kunst Bez. für ein (dreidimensionales) Kunstobjekt, das in mehreren Exemplaren hergestellt wird.

Multiple-choice-Verfahren [engl. 'mʌltɪpl 'tʃɔɪs; engl.; dt.], Prüfungsmethode oder Test, bei dem der Prüfling bzw. die Testperson unter mehreren vorgegebenen Antworten eine oder mehrere als richtig kennzeichnen muß.

multiple Sklerose (Polysklerose), durch schubartige Ausfälle unterschiedl. Nervenleistungen gekennzeichnete Krankheit. Hervorgerufen werden diese Ausfälle durch Veränderungen des Nervengewebes: Die Markscheiden der Nervenfasern gehen zugrunde, und das Nervengewebe, die Neuroglia, beginnt zu wuchern. Schließl. findet man unregelmäßig (multipel) über Gehirn und Rückenmark verteilt scharf begrenzte, graue, harte (sklerotische) Herde. Die Ursache der m. S. ist nicht sicher bekannt; u. a. wird neben einer ↑Autoaggressionskrankheit v. a. die Infektion durch sog. Slow-Virus-Formen diskutiert. Die m. S. ist in unseren Breiten die häufigste neurolog. Erkrankung. Frauen erkranken etwa doppelt so häufig wie Männer. Erstes Krankheitszeichen ist oft ein einseitiger, innerhalb von Tagen auftretender Abfall der Sehschärfe. Frühe Krankheitszeichen sind ferner Doppelbilder, unbestimmter Schwindel und Gehunsicherheiten. Sehr häufig tritt eine doppelseitige Trigeminusneuralgie hinzu. Die Sprache wird langsam und schleppend. Bei der Durchführung einer bestimmten Bewegung treten unwillkürl. Zitterbewegungen der Hände oder Finger auf. Im weiteren Verlauf der Krankheit sind die Gliedmaßen oft krampfartig gelähmt, die Reflexantworten gesteigert. - Die m. S. ist unheilbar (95 % Sterblichkeit innerhalb von 25 Jahren); Behandlungsversuche werden v. a. mit Nebennierenrindenhormonen und adrenokortikotropem Hormon vorgenommen. Krankengymnast. Maßnahmen sind fast immer von großer Bedeutung.
📖 *Bauer, Helmut:* MS-Ratgeber. Stg. ³1985. - *Dünkel, R.:* M. S. Patient, Arzt und Umfeld. Stg. ²1985. - *Höher, P., u. a.:* Masern und m. S. *Serolog. Analyse.* Bln. u. a. 1985.

Multiplett [lat.-engl.], in der Spektroskopie eine Gruppe dicht beieinanderliegender, bei geringem Auflösungsvermögen des

Multiplexsignal

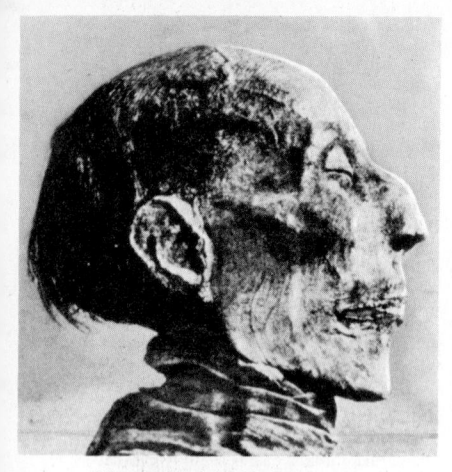

Mumie. Kopf der Mumie Ramses II. nach dem Entfernen der Mumienumhüllung. Kairo, Ägyptisches Museum

Spektralapparates nicht zu trennender Spektrallinien *(spektroskop. M.)*, in der Quantentheorie eine Folge eng benachbarter, diskreter Energiezustände eines mikrophysikal. Systems.

Multiplexsignal [zu lat. multiplex „vielfach"] ↑ Stereophonie.

Multiplier [engl. 'mʌltɪplaɪə, lat.], svw. ↑ Photomultiplier.

Multiplikation [lat., zu multiplex „vielfach"], eine der vier Grundrechenarten; die M. ist eine durch das Zeichen · oder × symbolisierte Verknüpfung zweier Zahlen *a* und *b*, der **Faktoren**, denen eine bestimmte Zahl *c*, das **Produkt**, zugeordnet wird: $a \cdot b = c$; der erste Faktor ist der **Multiplikand**, der zweite der **Multiplikator**. Die M. genügt den Regeln: $a \cdot b = b \cdot a$ *(Kommutativgesetz)*, $(a \cdot b) \cdot c = a \cdot (b \cdot c)$ *(Assoziativgesetz)*, $a \cdot (b + c) = a \cdot b + a \cdot c$ *(Distributivgesetz)*. Die M. läßt sich auch auf andere mathemat. Objekte (Vektoren, Matrizen u. a.) übertragen.

Multiplikativum [lat.], Zahlwort, das angibt, wie oft oder wievielmal etwas vorkommt; Wiederholungszahlwort, Vervielfältigungszahlwort, z. B. lat. *bis* („zweimal"). Im Dt. wird die Wiederholung durch das Suffix *-mal*, die Vervielfältigung durch *-fach* ausgedrückt.

Multiplikator [lat.] ↑ Multiplikation.
♦ in der *Wirtschaftstheorie* Quotient, der angibt, um das Wievielfache sich das gleichgewichtige Volkseinkommen bei der Änderung einer vom Volkseinkommen unabhängigen Größe verändert; z. B. können die Wirkungen eines Einfuhr- oder Ausfuhrüberschusses, auf das Volkseinkommen mit Hilfe des Außenhandels-M. dargestellt werden.

Multipol, allg. eine Anordnung von beliebig vielen (punktförmigen) elektr. Ladungen, Magnetpolen oder Massen, z. B. ↑ Dipol, Quadrupol (zwei Dipole), Oktopol (vier Dipole).

Multiprogramming [engl. 'mʌltɪ-ˌproʊɡræmɪŋ] (Multiprogrammbetrieb), Betriebsart von elektron. Datenverarbeitungsanlagen, bei der gleichzeitig mehrere Programme (mit zeitl. Verzahnung) ablaufen, so daß „Wartezeiten" innerhalb eines Programms durch andere Programme genutzt werden können.

multivalent [lat.] (polyvalent), mehrwertig, „vielwertig"; in der *Psychologie* von psych. Eigenschaften, Schriftmerkmalen und Tests gesagt.

Multivibrator, elektr. Schaltung mit zwei steuerbaren Schaltelementen (z. B. Röhren, Transistoren), von denen sich jeweils das eine im Durchlaß-, das andere im Sperrzustand befindet; der M. entspricht einem mit definierter Frequenz schwingendem ↑ Flip-Flop; Verwendung z. B. als *Rechteckgenerator* zur Erzeugung von Rechteckspannungen.

Multscher, Hans, * Reichenhofen (= Leutkirch im Allgäu) um 1400, † Ulm 1467, dt. Bildhauer und Maler. - War in Ulm als Leiter einer großen Werkstatt tätig. Seine Werke zeigen in ihrer lebensvollen Charakterisierung und Intensität eine deutl. Abwendung vom Weichen Stil (Schmerzensmann am Ulmer Münsterportal, um 1430; Landsberger Madonna, 1437). Seine wegweisende Wende zum spätgot. Realismus drückt sich auch in seinen Tafelbildern aus (Wurzacher Altar, 1437, Berlin-Dahlem, zu dem die Muttergottes in der Pfarrkirche von Landsberg wohl gehörte). Der späte Sterzinger Altar (1456-59, gemalte Flügel und einige Skulpturen heute im M.-Museum in Sterzing, Madonna in der Pfarrkirche) zeigt eine verfeinerten Stil. M. ist für die Entwicklung des südd. Flügel- und Schnitzaltars wichtig.

multum, non multa [lat. „viel, nicht vielerlei"], lieber wenig, dafür aber gut.

Mumie [...iə; arab.-italien., zu pers. mūm „Wachs" (mit dem Perser und Babylonier ihre Toten überzogen)], Bez. für eine durch bes. natürl. Umstände (große Trockenheit in Wüstengegenden, andauernde große Kälte, Luftabschluß in Verbindung mit Huminsäuren in Mooren, Versinken in Pech- und Asphaltsümpfen, Harzen) oder künstl. Austrocknung der Gewebe vor dem natürl. Zerfall geschützte Leiche. Die älteste künstl. Herstellung von M. in Ägypten zu Beginn des 3. Jt. dürfte durch Beobachtung natürl. Austrocknung im Wüstensand angeregt worden sein. Dabei wird dem Körper nach Entfernung von Gehirn und Eingeweiden (außer dem Herzen) durch bis zu 70 Tage langes Einlegen in Natronsalz und andere Chemikalien das Wasser entzogen. Danach wird die M. mit Binden umwickelt. Zahllose M., auch solche von Tieren, sind in Museen erhalten (Pharaonenmumien in Kairo). Der Brauch wurde (bis Ende des 4. Jh.) von ägypt. Christen übernommen. - ↑ auch Einbalsamieren.

Mumienporträts, in Unterägypten, meist im Becken von Al Faijum, v. a. in hellenist. Friedhöfen gefundene Bildnisse des 1. bis 4. Jh., die über dem Kopf von Mumien in die Binden gewickelt waren. Am bedeutendsten ist die Gruppe der M. aus Wachsfarben auf Holz.

Mumifikation [zu ↑ Mumie] (Mumifizierung), einen toten Körper oder Teile davon durch Austrocknung oder Einbalsamierung vor Verwesung schützen.

◆ in der *Medizin* svw. trockener ↑ Brand.

Mummel, svw. ↑ Teichrose.

Mummelsee ↑ Hornisgrinde.

Mummenschanz, Zusammensetzung aus Mumme (mummen „sich verhüllen") als verkleidete Person und Schanz (mittelhochdt. Fall der Würfel) als gewagter Einsatz beim Spiel, Glückswurf. Daraus abgeleitet die Bed.: Tanz und Spiel verkleideter Personen. Im MA gingen zur Fastnachtszeit Maskierte in die Häuser, um den Bewohnern stumm einen Wurf im Würfelspiel anzubieten. - Übertragen auch für übertriebenen Aufwand.

Mumps [engl.] (Parotitis epidemica, Wochentölpel, Ziegenpeter, Bauernwetzel), weltweit verbreitete, hochinfektiöse Viruserkrankung der Ohrspeicheldrüsen mit sehr schmerzhafter Anschwellung der Ohrspeicheldrüsen, meist auch der Unterzungen- und Unterkieferspeicheldrüsen, sowie Schwellung und Rötung des Wangenbereichs. Die Übertragung des M. erfolgt durch Tröpfcheninfektion. Die Inkubationszeit beträgt 20 Tage. Das Haupterkrankungsalter liegt zw. dem 4. und 15. Lebensjahr. Etwa 50 % der Erkrankungen verlaufen ohne klin. Erscheinungen. Die Infektion hinterläßt eine dauerhafte Immunität. Die häufigsten Komplikationen des M. sind Gehirnhautentzündung, Bauchspeicheldrüsenentzündung, gelegentl. entzündl. Schwellungen der Tränendrüsen, der Schilddrüse und des Thymus. Bei männl. Erkrankten kommt es nach der Pubertät in bis zu 30 % der Fälle zu einer Hodenentzündung, die zu Unfruchtbarkeit führen kann; bei Mädchen kann eine Entzündung der Eierstöcke auftreten. Behandlung: Bettruhe, Mundpflege mit desinfizierenden Mitteln, Umschläge, fiebersenkende Medikamente.

Munch, Edvard [norweg. muŋk], * Løten (Hedmark) 12. Dez. 1863, † Hof Ekely bei Oslo 23. Jan. 1944, norweg. Maler und Graphiker. - Ausbildung seit 1881 in der Zeichenschule in Kristiania, 1882/83 bei dem Maler C. Krogh. Reiste 1885 zum erstenmal nach Paris und wurde 1892 zu einer großen Ausstellung nach Berlin eingeladen, die in einer heftigen Kontroverse endete und zur Gründung der „Berliner Secession" führte. 1895-97 arbeitete M. vorwiegend in Paris; Auseinandersetzung mit dem frz. Impressionismus. 1906-08 lebte M. meist in Deutschland, Arbeit am „Lebensfries" für die Berliner Kammerspiele (8 Gemälde heute in der neuen Nationalgalerie); seit 1908 in Norwegen, Bilder für die Osloer Universitätsaula (1906-16). M. ist entscheidender Wegbereiter des Expressionismus in Europa, v. a. von starkem Einfluß auf die dt. Kunst. Thema der Weltangst in symbol. Darstellungen, Einsamkeit, Eifersucht, Liebe und Tod. Figuren und Umwelt bilden in den von linienhaften Formen beherrschten Werken eine Einheit. Bed. graph. Œuvre. *Weitere Werke:* Das Geschrei (1893; Oslo Nasjonal Galleriet), Der Tanz des Lebens (1899/1900; ebd.), Mädchen auf der Brücke (1900; Hamburg, Kunsthalle), Tageszeitenzyklus (1925; Oslo, Munch Museet). - Abb. auch Bd. 10, S. 59.

M., Peter (Rochegune) [dän. mɔŋˀɡ], * Redsted 25. Juli 1870, † Kopenhagen 12. Jan. 1948, dän. Historiker und Politiker. - Führendes Mgl. der Venstre; 1909-45 Mgl. des Folketings; 1909/10 Innen-, 1913-20 Verteidigungsmin.; ab 1920 Delegierter beim Völkerbund, 1933-36 im Völkerbundsrat; schloß als Außenmin. (ab 1929) den Nichtangriffspakt mit Deutschland (1939) und trat im Juli 1940 nach dem dt. Einmarsch zurück.

Münch, Charles [mynʃ, frz. mynʃ], * Straßburg 26. Sept. 1891, † Richmond (Va.) 6. Nov. 1968, frz. Dirigent. - Ab 1923 Konzertmeister des Leipziger Gewandhausorchesters; leitete seit 1938 das Orchester der Socié-

Edvard Munch, Vier Mädchen auf der Brücke (1905). Köln, Wallraf-Richartz-Museum

Münchberg

té des Concerts du Conservatoire de Paris, 1949–62 das Boston Symphony Orchestra. 1967 wurde er Leiter des Orchestre de Paris.

Münchberg, Stadt auf der Münchberger Hochfläche, Bay., 553 m ü. d. M., 11 800 E. Abt. Textiltechnik und -gestaltung der Fachhochschule Coburg; Textilind. - Vermutl. Ende des 10. Jh. entstanden, vor 1298 Stadt.

Münchberger Hochfläche ↑ Frankenwald.

Müncheberg, Stadt 16 km nnö. von Fürstenwalde/Spree, Bez. Frankfurt, DDR, 5 300 E. Inst. für Acker- und Pflanzenbau der Dt. Akad. der Wiss. zu Berlin. - Vom Kloster Leubus als Marktort *Lubes* gegr., erhielt 1245 dt. Recht und ist seither als M. bezeugt.

München, Hauptstadt von Bayern, an der Isar, 530 m ü. d. M., 1,27 Mill. E. Verwaltungssitz des Landkr. M. und des Reg.-Bez. Oberbayern; kath. Erzbischofssitz; Univ. (gegr. 1472 in Ingolstadt), TU, zahlr. Hochschulen, u. a. Hochschule der Bundeswehr, Hochschule für Philosophie, Hochschule für Musik, Akad. der bildenden Künste, Schauspielschule, Dt. Journalistenschule, Hochschule für Film und Fernsehen; Bundesbahn-Zentralschulen, Verwaltungs- und Wirtschaftsakad., Meisterschule für Mode. M. ist Sitz der Max-Planck-Gesellschaft und des Goethe-Inst. zur Pflege dt. Sprache und Kultur im Ausland, der Dt. Akad. für Städtebau und Landesplanung, der Bayer. Akad. der Wiss., der Bayer. Akad. der Schönen Künste, verschiedener Behörden und Institutionen (Europ. sowie Dt. Patentamt, Bundesfinanzhof, Bundesbahndirektion, Oberpostdirektion); Bayer. Verfassungsgerichtshof, Staatl. Münzprägeanstalt. Zahlr. Museen, u. a. Bayer. Staatsgemäldesammlungen in der Alten und der Neuen Pinakothek, Bayer. Nationalmuseum, Dt. Museum; Bayer. Staatsbibliothek u. a. Bibliotheken; Dt. Bucharchiv M.; 40 Bühnen, u. a. Bayer. Staatsoper; Kulturzentrum Gasteig mit Konzertsaal; botan. Garten, Tierpark Hellabrunn; Olympiagelände. M. ist eines der Wirtschaftszentren der BR Deutschland, v. a. Elektrotechnik, Maschinen- und Fahrzeugbau, Luftfahrt-, feinmechan., opt., Nahrungsmittel-, chem. und Textilind., Verlage. Bed. Handels- (Ausstellungen und Messen) und Bankenzentrum (Börse); Fremdenverkehr; jährl. Oktoberfest auf der Theresienwiese. U- und S-Bahn, internat. ✈ Am-Riem.

Geschichte: Herzog Heinrich der Löwe von Bayern und Sachsen zerstörte 1157/58 den bischöfl.-freising. Marktort Oberföhring und verlegte den dortigen Markt nach der 1158 als **Munichen** („bei den Mönchen") erwähnten Siedlung, die er mit Zoll- und Münzrechten ausstattete. Das nach 1180 bischöfl.-freising. M. war seit 1214/17 Stadt und fiel 1240 an die Wittelsbacher (seit 1180 Herzöge von Bayern), die M. ab 1255 zeitweilig, später dauernd (bis 1918) zur Residenz machten. Vom Röm. König der Stadt verliehene umfangreiche Handelsfreiheiten (1294 erstes Stadtrecht) förderten den starken Aufschwung. Nach Handwerkeraufständen wurden 1403 durch den „Wahlbrief" die innerstädt. polit. Verhältnisse bis zum Ende des 18. Jh. geregelt und als Organe der städt. Verfassung der innere und äußere Rat sowie die Gemeinde (d. h. Ausschuß der Gesamtbürgerschaft) geschaffen. In Reformation und Gegenreformation war M. ein jesuit. geprägtes Zentrum des Katholizismus in Deutschland. Im Span. Erbfolgekrieg 1705–15, im Östr. Erbfolgekrieg fast durchgehend 1742–44 östr. besetzt. Sein Ruf als ein Zentrum der dt. und europ. Kunstpflege und der Wiss. wurde im 16. Jh. begr., im 19. Jh. zur Blüte gebracht. 1826 kam die 1800/02 von Ingolstadt nach Landshut verlegte Univ. endgültig nach München. Als Folge der Ermordung K. Eisners, dessen sozialist. Revolution 1918 die bayer.-wittelsbach. Monarchie durch den republikan. Freistaat Bayern ersetzt hatte, wurde am 7. April 1919 in M. die (kurzlebige) Räterepublik ausgerufen. 1919 wurde in M. die „Dt. Arbeiterpartei" gegr., aus der dann die NSDAP hervorging (daher 1935 zur „Hauptstadt der Bewegung" deklariert). Am 9. Nov. 1923 scheiterte vor der Feldherrnhalle der Hitlerputsch. 1938 wurde das ↑Münchner Abkommen abgeschlossen. 1972 Austragungsort der Olymp. Sommerspiele.

Bauten: Die Kuppelhauben (vor 1525) der spätgot. Hallenkirche (seit 1821 Dom) Unserer lieben Frau (1468 ff., nach dem Krieg wiederhergestellt) sind Wahrzeichen der Stadt, ebenso der „Alte Peter" (Sankt Peter, im Kern got., Rokokoinnenausstattung 1753–56, restauriert). Ein epochemachender Renaissancebau ist die Jesuitenkirche Sankt Michael (1583–97). Die Theatinerkirche Sankt Kajetan (1663 ff., seit 1674 von E. Zuccalli, Fassade von F. Cuvilliés d. Ä., 1765–68) wurde bestimmend für den bayr. Barock, eine Rokokokirche ist Sankt Johann Nepomuk der Brüder Asam (1733 ff.; restauriert). In mehreren Bauperioden entstand der Komplex der Residenz (z. T. wiederhergestellt), u. a. mit Antiquarium (1569–71) und Residenztheater (heute Cuvilliés-Theater, 1751–53). Erhalten blieb von Profanbauten u. a. das Alte Rathaus (1470 ff.). Einschneidende Bautätigkeit des 19. Jh.: unter Ludwig I. Ludwigstraße, 1806–50 unter der Leitung von Klenze und Gärtner, mit Feldherrnhalle im S, Odeon, Staatsbibliothek, Ludwigskirche, Univ. und dem Siegestor als nördl. Abschluß. Klenze leitete seit 1816 den Bau der Glyptothek und 1826–36 den der Alten Pinakothek (beide wiederaufgebaut). Vor der Ruhmeshalle (1843–53) Bavariastatue von Schwanthaler (1844–50). Maximilian II. ließ 1853–59 die Maximilianstraße erbauen; neugot. das Neue Rathaus (1867–1909). Außerhalb des Stadtkerns das ehem.

Münchner Dichterkreis

kurfürstl. Schloß Nymphenburg (1663–1745) mit Amalienburg (1734–39 von F. Cuvilliés d. Ä.), Jagdschloß Blutenburg mit spätgot. ehem. Kapelle (1488, bed. Figurenzyklus), die ehem. Hofkirche Sankt Michael, Berg am Laim (barocker Zentralbau, 1738–51). Nach dem 2. Weltkrieg, in dem M. zur Hälfte zerstört wurde, entstanden Park- und Trabantenstädte, 1972 der Olympiapark mit Stadion für 80 000 Zuschauer. - Abb. S. 68.
📖 *Lieb, N.: M. Die Gesch. seiner Kunst. Mchn.* ³*1982. - Nöhbauer, H. F.: M. Eine Gesch. der Stadt u. ihrer Bürger. Mchn. 1982. - Baumann, C. A.: Die Haupt- und Residenzstadt M. u. ihre Umgebungen. Erlangen 1979. - Kronawitter, G.: M. Mchn. 1978. - M. Kunst- u. Kultur-Lex. Hg. v. J. H. Biller u. H.-P. Rasp. Mchn. 1972. - Erdmannsdorffer, K.: Das Bürgerhaus in M. Tüb. 1972.*

M., Landkr. in Bayern.

München und Freising, Erzbistum, 1818 mit den Suffraganen Augsburg, Regensburg und Passau gebildet. - ↑ auch katholische Kirche (Übersicht).

Münchhausen, niedersächs. Adelsgeschlecht, 1149 urkundl. erstmals erwähnt; durch Giselher († 1294) und Statius (Justacius; † 1297) wurde die Fam. in die sog. *schwarze* und *weiße* Linie geteilt. Bed. Vertreter:

M., Börries Frhr. von, Pseud. H. Albrecht, * Hildesheim 20. März 1874, † Schloß Windischleuba bei Altenburg 16. März 1945 (Selbstmord), Dichter. - Hauptvertreter der neueren dt. Balladendichtung, einer Gatt., der er auch zahlr. theoret. Abhandlungen widmete; Themen v. a. aus der ma. Ritterwelt, Sage und Märchen.

M., Karl Friedrich Hieronymus Frhr. von, gen. Lügenbaron, * Bodenwerder 11. Mai 1720, † ebd. 22. Febr. 1797, Offizier. - Nach einem abenteuerl. Leben in fremden Ländern und der Teilnahme an 2 Türkenkriegen erzählte M. im Freundeskreis die unglaublichsten Kriegs-, Jagd- und Reiseabenteuer, die als Lügengeschichten oder *Münchhausiaden* bezeichnet wurden. 17 Schwankerzählungen, die angebl. von M. stammten, erschienen 1781 im „Vademecum für lustige Leute" und wurden 1785 von R. E. Raspe ins Engl. übersetzt und erweitert. G. A. Bürger übersetzte und vermehrte die 2. engl. Ausgabe um 13 Lügengeschichten und gab diesen ihre endgültige und typ. volkstüml. Form. Es folgten zahlr. Bearbeitungen im Roman (K. L. Immermann), im Drama (H. Eulenberg, F. Lienhard, H. von Gumppenberg) und im Film (Drehbuch von E. Kästner, 1943).

Münchinger, Karl Wilhelm, * Stuttgart 29. Mai 1915, dt. Dirigent. - Gründete 1945 das Stuttgarter Kammerorchester, mit dem er weltweit erfolgreiche Gastspielreisen unternahm. 1965 gründete er die Klass. Philharmonie Stuttgart. - † 13. März 1990.

Münchner Abkommen, nach 2 Treffen Hitlers mit A. N. Chamberlain (Berchtesgaden 15. Sept., Bad Godesberg 22.–24. Sept. 1938) am 29. Sept. 1938 in München zw. dem Dt. Reich, Großbrit., Italien und Frankr. abgeschlossener, am 30. Sept. unterzeichneter Vertrag, durch den die Sudetenkrise beendet und die durch Hitlers ultimative Forderungen an die ČSR entstandene Kriegsgefahr zunächst beseitigt wurde. Das M. A. verfügte (ohne Beteiligung der ČSR) insbes., daß die überwiegend von Deutschen bewohnten Grenzgebiete Böhmens (Sudetengebiete) an das Dt. Reich abgetreten werden (28 643 km² mit 3,63 Mill. E = $^1/_5$ der Gesamtfläche und $^1/_4$ der Bev. der ČSR) und sah eine - von Hitler sabotierte - Garantie der Unterzeichnerstaaten für den Bestand und die Sicherheit der Rest-ČSR vor. Mit dem M. A. waren die territoriale Revision des Versailler Vertrags abgeschlossen und die großdt.-nationalstaatl. Forderungen vollständig erfüllt. Hitlers Außenpolitik schien das Selbstbestimmungsrecht der Deutschen und deren nationalstaatl. Traditionen zu vollenden. In Wirklichkeit betrachtete Hitler die Angliederung der Sudetengebiete ledigl. als eine Etappe auf dem Weg zur Zerschlagung der ČSR, die er dann 1939 durchsetzte, und zu einer expansiven Raumpolitik im O. In den nach 1945 geführten Auseinandersetzungen über die völkerrechtl. Qualität des M. A. wurden im wesentl. 3 Standpunkte vertreten: 1. Nichtigkeit des unter Zwang zustande gekommenen Abkommens von Anfang an (z. B. Auffassung der ČSSR); 2. völkerrechtl. gültiges Zustandekommen, aber nachträgl. Zerstörung des M. A. durch die Politik Hitlers (z. B. Auffassung der BR Deutschland); 3. rechtsgültig erfüllter Vertrag, der nur durch einen neuen Vertrag wieder abgelöst werden könne. Im Vertrag über die gegenseitigen Beziehungen zw. der BR Deutschland und der ČSSR vom 12. Dez. 1973 wurde in der Frage einer Nichtigkeit des M. A. keine übereinstimmende Formulierung gefunden.
📖 *Douglas, R.: In the year of Munich. New York 1978. - Raschhofer, H.: Völkerbund u. M. A. Mchn. u. Wien 1976. - Die sudetendeutsche Frage. Hg. v. W. Götz. Mainz 1974.*

Münchner Bilderbogen, Einblattdrucke, die 1849–98 und 1900–05 im Verlag Braun & Schneider in München erschienen (1216 Blätter; später in 50 Bden.). Den meist volkstüml. Bildillustrationen (Holzstiche) nach Zeichnungen u. a. von W. Busch, M. von Schwind, F. von Stuck, F. von Pocci, A. Oberländer und dem Verlagsmitinhaber C. Braun sind kurze Texte (Legenden) oder Verse beigegeben.

Münchner Dichterkreis, von König Maximilian II. von Bayern ab 1852 initiierter Kreis hauptsächl. norddt. Schriftsteller (u. a. E. Geibel, P. Heyse, F. M. Bodenstedt,

67

Mund

München mit dem Dom Unserer lieben Frau

Dahn, F. Dingelstedt, M. Greif, J. Grosse, W. Hertz, H. Leuthold, H. von Lingg, W. H. Riehl, A. F. von Schack, J. V. von Scheffel). Die literar. Bed. des Kreises liegt in der Pflege nichtpolit. klassizist. Dichtung, die zuerst gegen das Junge Deutschland, später gegen Realismus und Naturalismus gerichtet war.

Mund (Os, Stoma), der meist durch Muskeln verschließbare und im allg. durch die Kiefer begrenzte Eingang zum Darmtrakt beim Tier und beim Menschen. Die Größe und Ausbildung des M. ist der Ernährungsweise angepaßt. - Beim Menschen wird der M. durch die mit dem M.schließmuskel versehenen, die M.spalte (**Mundöffnung**) begrenzenden Lippen verschlossen. Zw. den Lippen und den Kieferwällen mit den beiden Zahnreihen befindet sich der M.vorhof, dessen seitl. Außenwand die Wangen bilden. In den M.vorhof münden die Ohrspeicheldrüsen. Der Raum zw. den Zähnen und der Rachenenge wird als **Mundhöhle** bezeichnet. Sie ist von Schleimhaut ausgekleidet. In sie münden die Unterkiefer- und Unterzungendrüse. Ein Teil der Muskeln des M.höhlenbodens bildet die Zunge. Das M.höhlendach stellt den Gaumen dar, der zum Rachen überleitet. - Im M. wird die Nahrung gekaut, außerdem ist er am Vorgang des Sprechens beteiligt.

Mundart (Dialekt), regional begrenzte, ursprüngl. und nicht an die Normen der Standardsprache (Hochsprache) gebundene Sprachform. Das grammat. System der M. ist von dem der Standardsprache verschieden (im Dt. z. B. im Tempussystem, in den Flexionsklassen, im Satzbau); sie unterscheiden nach eigenen Normen streng über Richtigkeit, Modernität, Stilschicht usw., sie stehen anderseits mit Hochsprache und Umgangssprache in ständiger Wechselbeziehung. - M. ist im wesentl. gesprochene Sprache, schriftl. Aufzeichnung ist literar. Sonderverwendung (v. a. in der ↑Mundartdichtung). Von der Hochsprache unterscheidet sich die M. durch stärkere Bildhaftigkeit, viele Augenblicksbildungen und Analogien, in vielen Fällen genauere und konkretere Aussagefähigkeit, dafür geringere Möglichkeiten der Abstraktion. - ↑auch deutsche Mundarten.

Mundartdichtung (Dialektdichtung), entstand neben der hochsprachl. Dichtung in Deutschland etwa seit Luther aus verschiedenen Gründen: aus regionaler Selbstbehauptung (z. B. niederdt. M.), aus volkstüml. Gründen, aus dem Bestreben nach stärkeren Realitätsbezügen (Naturalismus), gelegentl. auch aus parodist. oder polit.-tendenziöser Absicht. Sie umfaßt alle traditionellen Gattungen volkstüml. Erzähl- und Dichtkunst wie Märchen, Sage, Anekdote, Sprichwort, Lyrik. Grenzfälle stellen solche Dichtungen dar, in denen vor einem hochsprachl. Hintergrund mundartl. Elemente zur milieugetreuen Charakterisierung verwendet werden, v. a. in Dialogen im Roman oder Drama. Da es für M. noch keine Lesertraditionen gibt, begegnet sie meist in mündl. vorzutragenden Literaturformen (Lyrik, Drama). Neben der Fülle einer in ihrem ästhet. und landschaftl. Wirkungskreis beschränkten M. stehen Werke mit breiterer Wirkung. Z. B. das „Schertz-Spill" „Die gelibte Dornrose" in A. Gryphius' Doppeldrama „Verlibtes Gespenst" (1661). Seit dem 18. Jh. trat M. häufiger auf (v. a. plattdt., fränk. und schwäb. Gedichte); von weitreichender Wirkung war das Wiener Volkstheater mit seinen Hanswurstiaden und Volksstücken v. a. A. Bäuerles, F. Raimunds, J. N. Nestroys; Entdeckung und Wertschätzung vor- und unterliterar. Volksdichtung in der Romantik ließen zahlr. M. entstehen, z. B. die „Alemann. Gedichte" (1803 und 1820) J. P. Hebels; im 19. Jh. die ep. Werke F. Reuters in mecklenburg. Dialekt, und das lyr. Werk K. Groths. Programmat. wurde der Dialekt im Naturalismus (G. Hauptmann, F. Stavenhagen), Realismus (O. M. Graf) und wieder seit etwa 1960 in den Experimenten literar. Gruppen, die mit der akust.-visuellen Verwendung des Dialekts neue Aussageweisen zu erschließen suchen (insbes. die Wiener Gruppe um H. C. Artmann). Seit den 1960er Jahren trugen [Freilicht]aufführungen mundartl. Stücke, Mundartsendungen im Hörfunk und das Mundarttheater (z. B. Hamburger Ohnsorg-Theater, Münchner Komödienstadel) stark zur Verbreitung der M. bei; im Ggs. zu deren idyll.-beschaul. Lustspielen stehen die Mundartstücke M. Sperrs, R. W. Fassbinders und F. X. Kroetz', die in ihrer zeitnahen, krit. Aussage die etwa um 1970 einsetzende Dialektwelle einleiteten.

Mundgeruch

Auf räuml.-landschaftl. Gebiete bezogen, wird eigenständige M. als **Regionalliteratur** bezeichnet. So sind u. a. bekannt für Württemberg S. Blau [J. Eberle], für Oberbayern M. Dingler (*1883, †1961), für Franken Fitzgerald Kusz (*1944), für den niederdt. Raum W. A. Kreye (*1911), J. Steffen (*1922), O. Andrae (*1926), für Berlin W. Mewes (*1952), für die Pfalz E. Janda (*1923), F. Nötzold (*1908) und M. Berner (*1947).
Berlinger, J.: Das zeitgenöss. Dialektgedicht. Ffm. 1983. - Hoffmann, F./Berlinger, J.: Die neue dt. M. Hildesheim 1978. - M. In: Rellex. der dt. Lit.gesch. Begr. v. P. Merker u. W. Stammler. Hg. v. W. Kohlschmidt u. W. Mohr. Bd. 2. Bln. ²1965.

Mundartforschung (Dialektologie), sprachwiss. Disziplin, die sich mit der Erforschung der Mundarten und der Veröffentlichung des gesammelten Materials beschäftigt, v. a. in Form von Wörterbüchern, Dialektatlanten, Abhandlungen über die Mundart größerer Gebiet oder einzelner Orte („Ortsgrammatiken") und Tonbandaufnahmen. - Als Begründer der dt. M. gilt J. A. Schmeller mit seinem Werk „Die Mundarten Bayerns, grammat. dargestellt" (1821). 1876 begannen die Bemühungen um eine vollständige geograph. Beschreibung der dt. Mundarten († Deutscher Sprachatlas). Bed. Institute für M. gibt es u. a. in Marburg (Lahn), Zürich, Wien und München.

Mundartwörterbuch (Idiotikon), Wörterbuch, das den Wortschatz einer Einzelmundart, einer größeren Dialektlandschaft oder eines gesamten Sprach- oder Dialektgebiets alphabet. verzeichnet.

Mundasprachen, zu den austroasiat. Sprachen gehörende Sprachengruppe in Vorderindien; gliedert sich in folgende Gruppen: 1. Ostgruppe mit den Hauptdialekten Santali, Mundari, Birhar, Koda und Korwa; 2. Westgruppe mit Kurku, Kharia und Juang; 3. Südgruppe mit Sawara und Gadaba. Die früher über ganz Indien verbreiteten M. sind von den Sprechern der tibeto-birman. Sprachen im N und O, der indogerman. im W und der drawid. im S abgedrängt worden, so daß sich mit Ausnahme des Chota Nagpur Plateaus nur noch isolierte Sprachinseln erhalten haben.

Mundavölker, Mundasprachen sprechende Völker und Stämme in Vorderindien, weisen neben melaniden auch mongolide und weddide Rassenzüge auf. Sie leben v. a. in abgelegenen Geb. des nö. Z-Indien, in die sie abgedrängt worden sind. Die M. betreiben meist Feldbau, einige Stämme auch Jagd und Sammelwirtschaft.

Munddusche (Mundbad, der Mundhygiene und Vorbeugung bzw. Behandlung von Zahnfleischerkrankungen, z. B. von Parodontose, dienendes Gerät. Eine Elektropumpe erzeugt (über einen Schlauch mit Mundstück und Düse[n]) einen feinen, pulsierenden Wasserstrahl (evtl. mit Arzneimittelzusätzen), der das Zahnfleisch massiert und Speisereste aus den Zahnzwischenräumen herausspült.

Mündel [zu althochdt. munt „Schutz"], ein (minderjähriger oder volljähriger) Mensch, der unter † Vormundschaft steht oder zu stellen ist.

Mündelgeld, zum Vermögen des Mündels gehörendes Geld. Falls nicht anderweitig benötigt, ist es vom Vormund verzinsl. und mündelsicher anzulegen. **Mündelsichere Anlageformen** sind: 1. Hypotheken, Grund- und Rentenschulden an inländ. Grundstücken; 2. Staatspapiere, Schuldbuchforderungen, verbriefte Forderungen mit staatl. Verzinsungsgarantie, andere Wertpapiere oder verbriefte Forderungen, wenn das Papier oder die Forderung von der Bundesregierung (mit Zustimmung des Bundesrats) für mündelsicher erklärt ist; 3. Konten bei einer für mündelsicher erklärten Sparkasse, hilfsweise bei einer für mündelsicher erklärten Bank. Die Anlage soll (außer bei befreiter Vormundschaft) nur mit Genehmigung eines etwa bestellten Gegenvormunds oder des Vormundschaftsgerichts erfolgen, und zwar bei Anlagen auf Konten mit Sperrvermerk (Abhebung nur mit Genehmigung des Gegenvormunds oder Vormundschaftsgerichts). Inhaberpapiere, blankoindossierte Orderpapiere, auf Anordnung des Vormundschaftsgerichts auch andere Wertpapiere, sind mit dem Sperrvermerk „Herausgabe nur mit Genehmigung des Vormundschaftsgerichts" zu hinterlegen.

Münden (früher Hannoversch Münden, post- und bahnamtl. heute noch Hann. Münden), Stadt am Zusammenfluß von Fulda und Werra, Nds., 125 m ü. d. M., 23 900 E. Holz-, kautschuk- und kunststoffverarbeitende Ind.; Herstellung von Blei-, Zinn-, Aluminium- und Schmirgelwaren. - seit 1182/85 als Stadt bezeugt; verdankt seinen Aufschwung dem um 1000 einsetzenden Schiffsverkehr auf der Weser, dem 1247 verliehenen Stapelrecht (1823 aufgehoben) und dem Werraübergang. - Got. Sankt-Blasius-Kirche (12.-15. Jh.); Rathaus mit Renaissancefassade, Schloß (16. Jh., Werrenaissance; jetzt Heimatmuseum); zahlr. Fachwerkhäuser (15.-19. Jh.); die Werrabrücke bewahrt 5 Bögen bis 1329.

Münder am Deister, Bad † Bad Münder am Deister.

Mundfäule (Stomatitis ulcerosa), nekrotisierende Entzündung der Mundschleimhaut infolge Infektion mit Bakterien. Therapie: Desinfizierung, evtl. Antibiotika.

Mundflora, Bez. für die in der Mundhöhle vorkommende Hefe- und Bakterienflora, die teilweise eine Schutzfunktion ausübt.

Mundgeruch (Foetor ex ore, Kakostomie), unangenehmer Geruch aus dem Mund; Symptom zahlr. Erkrankungen der Mundhöhle und der mit der Mundhöhle

Mundgliedmaßen

kommunizierenden Organe. Ursachen: bakterielle Zersetzung von Nahrungsresten (mangelhafte Mundhygiene), Zahn- und Zahnfleischerkrankungen (nach Zahnextraktion, bei Zahnkaries, Parodontose), Erkrankungen des Rachens (süßl. M. bei Diphtherie), des Schlundes (chron. Mandelentzündung), des Magen-Darm-Traktes (Geschwüre, Tumoren, Verstopfung), des Kehlkopfs, der Bronchien und Lungen sowie Stoffwechselkrankheiten (Acetongeruch bei dekompensiertem Diabetes mellitus).

Mundgliedmaßen, für den Nahrungserwerb und die Nahrungsaufnahme umgebildete Gliedmaßenpaare der Gliederfüßer, v. a.

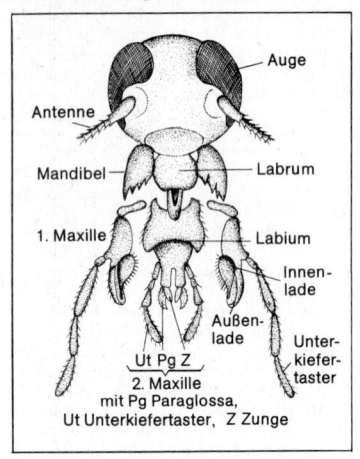

Mundgliedmaßen. Beißend-kauende Mundgliedmaßen einer Küchenschabe

an den Kopfsegmenten. Die *M. der Höheren Krebse* bestehen aus dem paarigen Oberkiefer (Mandibeln), zwei Paar Unterkiefern (Maxillen) und drei Paar Kieferfüßen an der Brust. - Die *M. der Insekten* sind je nach Art der Nahrung sehr unterschiedl. gebaut, sie gehen aber auf einen gemeinsamen Grundtypus zurück. Man unterscheidet beißend-kauende (kauend-leckende; Holz, Blätter, tier. Gewebe und feste tier. Stoffwechselprodukte werden aufgenommen), leckend-saugende (Nektar, Honigtau, Pflanzensäfte, vorverdaute Substanzen werden aufgenommen) und stechendsaugende M. (pflanzl. oder tier. Säfte werden nach Durchstechen der Epidermis aufgenommen). *Beißend-kauende M.* (bei Steinfliegen, Libellen, Käfern, Heuschrecken): Eine unpaare Hautfalte bildet die Oberlippe *(Labrum)*. Sie überdeckt den paarigen Oberkiefer, der Schneidezähne trägt. Hinter ihm sitzt der stärker gegliederte und vielseitig bewegl. paarige Unterkiefer (erste Maxillen). Seitl. gehen nach außen die Unterkiefertaster und nach innen die Kauladen ab. Das zweite Maxillenpaar ist zur Unterlippe (Labium) verschmolzen, die das Mundfeld nach hinten begrenzt. Sie trägt seitl. ein Paar Lippentaster (Labialtaster). *Leckend-saugende M.* (Biene): Teile der Unterlippe bilden die lange, röhrenförmige Zunge. Die Außenladen des Unterkiefers und die Lippentaster bilden um die Zunge ein Saugrohr. *Saugende M.* (Schmetterlinge): Unterkiefer und Lippe sind zurückgebildet. Erhalten bleiben die Lippentaster. Die beiden Außenladen des Unterkiefers sind stark verlängert und rinnenförmig. Sie legen sich zu einem einrollbarem Saugrohr zus. *Stechendsaugende M.* (Stechmücken): Die Unterlippe bildet eine Rinne, die von der Oberlippe bedeckt wird. In ihr gleiten die Stechborsten, die aus dem Oberkiefer und den Kauladen des Unterkiefers entstanden sind.

Mundharmonika, volkstüml. Musikinstrument mit durchschlagenden Zungen, die mit dem Mund angeblasen werden. Die Tonkanäle sind in ein schmales Hartholzbrett eingefräst, auf dessen beiden Seiten je eine Stimmplatte mit den Zungen befestigt ist. Zu jedem Tonkanal gehören beim Richter-Modell (10–12 Kanäle) zwei Zungen, von denen die eine auf Druck-, die andere auf Saugwind anspricht. Im Wechsel von Blasen und Saugen ergibt sich die diaton. Tonleiter; bei gleichzeitigem Anblasen bzw. Ansaugen mehrerer Kanäle entstehen - da jeweils nur jeder zweite Ton der Skala anspricht - Terzakkorde (im wesentl. Tonika und Dominante). Bei einstimmigem Melodiespiel werden die nicht benötigten Kanäle mit der Zunge abgedeckt; bei zweistimmigem Spiel bläst man mit zugespitztem Mund. In chromat. M. sind die Töne klaviaturartig angeordnet, oder C- und Cis-Dur werden kombiniert und jeweils eine dieser Tonarten durch einen Schieber ausgeschaltet. Als Erfinder der M. gilt F. L. Buschmann (1821).

Mündigkeit ↑ Volljährigkeit.

mündliche Anfrage ↑ parlamentarische Anfrage.

mündliche Verhandlung, entsprechend dem Mündlichkeitsgrundsatz von den meisten Prozeßordnungen für das Urteilsverfahren vorgeschriebene Verhandlung, bei der die Anträge mündl. und in Person vorgetragen und verhandelt werden.

Mündlichkeitsgrundsatz, Prozeßmaxime, nach der vor Gericht mündl. verhandelt werden muß und das Gericht nur das in der mündl. Verhandlung Vorgebrachte bei seiner Entscheidung berücksichtigen darf.

Mundorgel, asiat. Musikinstrument, bestehend aus einer Windkammer mit Mundstück, in der zehn oder mehr Bambus- oder Holzröhren verschiedener Länge stehen.

Mundpflege ↑ Zahnpflege.

Mundraub (heutige Bez.: Diebstahl und Unterschlagung geringwertiger Sachen), wird

Munition

nach § 248 a StGB nur auf Antrag oder bei Vorliegen eines bes. öffentl. Interesses verfolgt.

Mundschenk ↑ Schenk.

Mundsperre, svw. ↑ Kieferklemme.

Mundstück, i. e. S. das Kessel-M. der Horninstrumente, i. w. S. die Anblasvorrichtung von Flöten und Rohrblattinstrumenten.

Mundt, Theodor, * Potsdam 19. Sept. 1808, † Berlin 30. Nov. 1861, dt. Schriftsteller. - Maßgebl. Vertreter des Jungen Deutschland und unermüdl. Kämpfer gegen die preuß. Zensur, von der seine Zeitschriften wiederholt betroffen wurden. Veröffentlichte neben Novellen, Romanen und Reiseschilderungen zahlr. literarhistor., literaturtheoret. und ästhet. Schriften.

Mundwässer, wäßrige, wäßrig-alkohol. oder alkohol. Lösungen, die äther. Öle, Drogenauszüge, Süßstoffe, desinfizierende und grenzflächenaktive Stoffe enthalten und in geringen Mengen dem Mundspülwasser zugesetzt werden.

Mundwerkzeuge, svw. ↑ Mundgliedmaßen.

Mund-zu-Mund-Beatmung ↑ Erste Hilfe.

Mund-zu-Nase-Beatmung ↑ Erste Hilfe.

Mungbohne [Hindi/dt.] (Mungobohne, Phaseolus aureus), v. a. in Asien kultivierte Bohnenart; die grau-dunkelgrünen Samen sind kleiner als bei der Gartenbohne.

Mungenast, Ernst-Moritz ['muŋənast], * Metz 29. Nov. 1898, † Stuttgart 3. Sept. 1964, dt. Schriftsteller. - Verf. breitangelegter, gestaltenreicher Romane über Volk und Geschichte Lothringens, bes. „Der Zauberer Muzot" (1939).

Munggenast, Joseph ['muŋənast], * Schnann (= Pettneu am Arlberg) 5. März 1680, ▭ Sankt Pölten 3. März (Mai?) 1741, östr. Baumeister. - Vetter und Schüler von J. Prandtauer, dessen Bauten er z. T. sehr selbständig vollendete; u. a. Stift Seitenstetten (1717–32), Dürnstein (1721–25), Zwettl (1722–35, u. a. Bibliothek), Melk (1736–38, v. a. Turmabschlüsse), Stift Geras (1736–40), Altenburg (1730–33). Zarte, elegante Formen; bewegte Innenraumgestaltung.

Mungo [Tamil-engl.] ↑ Mangusten.

♦ Kurzbez. für ↑ Indischer Mungo.

Mungobohne [Hindi/dt.], svw. ↑ Mungbohne.

Muni, Paul [engl. 'mju:nɪ], eigtl. Meshulom Meyer Weisenfreund, * Lemberg 22. Sept. 1895, † Santa Barbara (Calif.) 28. Aug. 1967, amerikan. Schauspieler östr. Herkunft. - Ab 1902 in den USA; 1918–26 Engagements an verschiedenen jidd. Bühnen in New York; seit den 1930er Jahren einer der virtuosesten Charakterdarsteller des amerikan. Films, u. a. in den Filmen „Ich bin ein entflohener Kettensträfling"/„Jagd auf James A." (1932), „Narbengesicht" (1932), „Louis Pasteur" (1936), „Der Zorn des Gerechten" (1959).

Municipium ↑ Munizipium.

Munin ↑ Odin.

Munition [frz. zu lat. munitio „Befestigung, Verschanzung"], Sammelbez. für das gesamte, aus Geschossen, Sprengladungen und deren Treibladungen, Zünd- und Leuchtsätzen bestehende Schieß- [und Wurf]material für Feuerwaffen zu militär., zu Sport- und Jagd- oder sonstigen Zwecken; i. w. S. zählen zur M. auch Handgranaten, Bomben, Sprengladungen von Torpedos und Sprengbooten, Treib- und Sprengladungen von Raketen, Minen und alle pyrotechn. Signalmittel. Nach der Legaldefinition des § 2 WaffenG vom 19. 9. 1972: 1. Hülsen mit Ladungen, die das Geschoß enthalten (**Patronenmunition**); 2. Hülsen mit Ladungen, die ein Geschoß nicht enthalten (**Kartuschenmunition**). 3. Geschosse mit Ladungen, die nach dem Abschuß durch die mitgeführte Ladung angetrieben werden (**Raketenmunition**). Für den Erwerb und den Besitz von wie den Umgang

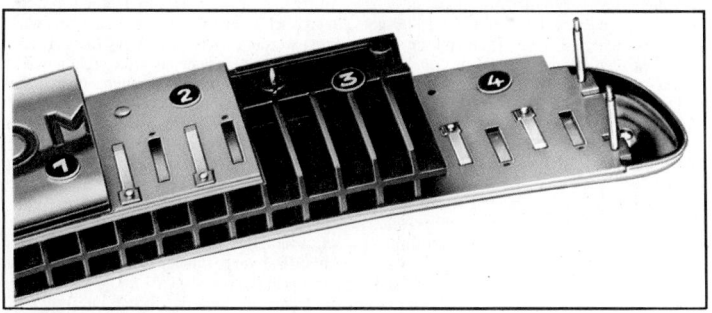

Mundharmonika. 1 Kanzellenkörper mit ausgefrästen Luftkanälen zur Führung der Atemluft;
2 Stimmplatten mit ausgestanzten Stimmzungenschlitzen;
3 Stimmzungen,
4 Metalldeckel

Munition

mit M. gelten ähnl. Vorschriften wie für Waffen.
M. für militär. Zwecke: Patronenmunition, bei der das Geschoß und die die Treibladung enthaltende Patronenhülse fest zusammengesetzt sind, wird in allen Hand- und Faustfeuerwaffen, in Maschinengewehren und -kanonen sowie in schnellfeuernden Geschützen bis zum Kaliber von 15 cm verwendet. **Getrennte Munition,** bei der die Geschosse und die dazugehörige, in Kartuschen befindl. Treibladung jeweils für sich geladen werden, wird in Geschützen von etwa 12,7 cm an aufwärts verschossen. Bei der Patronen-M. enthält die aus Messing oder Stahl gefertigte Hülse an ihrem Bodenende die Zündpille, die beim Aufschlag des Schlagbolzens die Treibladung entzündet (Die Zündschraube bei Geschütz-M. funktioniert entsprechend oder durch elektr. Zündung). In den vorderen Hülsenmund ist das Geschoß *(Blei-, Stahlmantel-, Hartkerngeschoß)* eingepreßt; bei Geschützen großen Kalibers ist das vordere Hülsenende in eine sog. Würgerille am hinteren Ende der Patrone eingewalzt. Der Hülsenboden hat außen eine Rille, in die die Hülsenzieher eingreifen, die die leere Hülse nach dem Schuß aus dem Lauf ziehen bzw. bei Patronen für Geschütze größeren Kalibers einen Rand, der das Auswerfen der leeren Hülse nach dem Schuß ermöglicht. Verwendet wird die M. in Ladestreifen, Gurten, Trommeln oder Magazinen. **Geschosse** werden aus Feuerwaffen mit gezogenen oder glatten Läufen oder Rohren verschossen, **Vollgeschosse** ohne Sprengladung meist aus kleinkalibrigen Läufen, Geschosse mit Sprengladung **(Granaten)** aus leichten, mittleren, schweren und überschweren Rohren. Maßgebend für die Größenangabe ist das Kaliber. Die Außenform des Geschosses soll eine möglichst günstige ballist. Flugbahn († Geschoßbahn) ergeben. Beim Schuß wird das Geschoß durch den Gasdruck in Längsrichtung sehr stark beschleunigt (bis zum 200 000fachen Wert der Fallbeschleunigung), durch schraubenlinienförmige Züge im Lauf zu einer Rotation um seine Längsachse (Drall) gezwungen. Während die Außenform des Geschosses v. a. nach ballist. Grundsätzen festgelegt wird, richtet sich der Innenaufbau nach der beabsichtigten Wirkung im Ziel: **Sprenggranaten mit Kopfzünder** haben eine verhältnismäßig dünne Geschoßwand, aber eine große Sprengladung. Ihre Wirkung beruht auf der großen Zahl von Splittern. **Sprenggranaten mit Bodenzünder** haben eine dickere Wandung und eine etwas geringere Sprengladung. Meist arbeiten diese Geschosse mit einer kleinen Verzögerung, damit die Sprengladung erst nach dem Eindringen in das Ziel wirksam wird. **Panzersprenggranaten** (nur mit Bodenzündern) haben eine dicke Geschoßwand mit gehärteter Spitze und einen noch geringeren Sprengstoffanteil. **Leucht[spur]geschosse** oder **Leucht[spur]granaten** sind Sprenggranaten mit Kopfzünder, die im Geschoßboden einen Leuchtpursatz haben. **Hohl[ladungs]geschosse** oder **Hohl[ladungs]granaten** besitzen eine mit einem leichten Blechmantel ausgekleidete Aussparung des Sprengladungskopfes; bei ihrem Aufschlag bildet sich ein enggebündelter heißer Gasstrahl, der auch dicke Panzerplatten durchdringen kann. **Leuchtgranaten** dienen der Gefechtsfeldbeleuchtung; anstelle der Sprengladung haben sie im Innern einen Leuchtsatz, der von einer durch Zeitzünder gezündeten Ladung ausgestoßen wird und an einem Fallschirm zu Boden schwebt. **Nebelgranaten** enthalten außer einer leichten Sprengladung, die nur dem Zerlegung des Geschosses dient, eine chem. Füllung, die nebelähnl. Rauch bildet. **Brandgeschosse** oder **Brandgranaten (Brandmunition)** haben neben der Zerlegerladung eine Füllung aus leicht entzündbarem Material, um an der Aufschlagstelle eine Brandwirkung zu erzielen. **Gasgranaten,** während des 1. Weltkrieges verwendet, besitzen neben der Zerlegerladung eine Füllung aus chem. Kampfstoffen. **Unterkalibergeschosse** (Treibspiegelgeschosse) haben ein kleineres Kaliber als das verfeuernde Geschütz; zu ihrer Führung im Geschützrohr ist ein Zwischenkolben, der Treibspiegel, vorgesehen, der nach dem Verlassen des Rohres abfällt. **Überkalibergeschosse (Gewehrgranaten)** werden auf Gewehre aufgesetzt und verschossen. Ein aus einer normalen Gewehrpatrone verfeuertes Geschoß teilt seine Mündungsenergie dem auf dem Gewehrlauf steckenden Überkalibergeschoß mit. **Geschosse mit Zusatztreibladung** werden zur Reichweitensteigerung durch eine nach Art des Raketenantriebs wirkende Zusatzladung nach dem Verlassen des Rohres weiter beschleunigt. Bei getrennter M. wird die Treibladung mit ihrer Umhüllung als Kartusche bezeichnet **(Beutelkartuschen:** Treibladung in Stoffbeuteln; **Metallkartuschen:** Treibladung in Messing- oder Stahlhülsen).
Aufschlagzünder bringen das Geschoß beim Auftreffen auf das Ziel zur Detonation. Soll das Geschoß erst im Inneren des Ziels wirksam werden, wird in den Zünder eine Verzögerungseinrichtung eingebaut. Aufschlagzünder ohne Verzögerung sind fast ausnahmslos **Kopfzünder,** Aufschlagzünder mit Verzögerung Kopf- oder **Bodenzünder** (im Geschoßboden eingebaut). **Zeitzünder** sprechen nach Ablauf einer bestimmten Geschoßflugzeit an. Bei **Brennzündern** wird ein langsam abbrennender Pulverring, dessen wirksame Länge vorher eingestellt wurde, beim Abschuß entzündet; seine Flamme greift nach Ablauf der vorgesehenen Zeit auf die Treibladung des Geschosses über. **Uhrwerkszünder** besitzen ein Uhrwerk, dessen Laufzeit nach

der vorberechneten Sprengpunktlage mittels einer Zünderstelleinrichtung eingedreht wird. **Zerlegerzünder** sind Zeitzünder ohne veränderl. Zeiteinstellung; sie werden z. B. infolge des kleiner gewordenen Dralls automat. wirksam, wenn ein Geschoß sein Ziel nicht getroffen hat bzw. nach dem Aufschlag unzerlegt als Abpraller weiterfliegt. **Abstandszünder** (**Annäherungszünder**) haben eine auf elektron. Wege arbeitende Einrichtung, die anspricht sobald das Geschoß eine bestimmte Nähe zum Ziel erreicht hat. **Doppelzünder** sind Zünder, bei denen 2 verschiedene Zündarten miteinander vereinigt sind, z. B. Zeit- und Aufschlagzünder.

Für **Salutmunition** wird meist Schwarzpulver mit starker Rauch- und Knallwirkung verwendet. Die zu Lehrzwecken verwendete **Ausbildungsmunition** oder **Unterrichtsmunition** besteht aus entschärften M.teilen oder aus Teilen, die dem Aufbau der Gefechts-M. nachgebildet sind.

M. für Sportzwecke: Beim Schießsport werden aus meist kleinkalibrigen Gewehren und Pistolen Patronen (**Randfeuerpatronen** wegen des am Rand der Patronen liegenden Zündstreifens) mit Bleikugeln vom Kaliber 5,6 mm, aus Luftgewehren oder -pistolen mittels komprimierter Luft Bleigeschosse von etwa 4 bis 5 mm Durchmesser verschossen.

M. für Jagdzwecke: Den Jagdzielen entsprechend werden aus Flinten Schrotladungen (**Schrotpatronen**) oder aus Büchsen Kugeln (**Kugelpatronen**) verschossen.

⊞ *Rausch, W.: Alles über M. f. Jagdwaffen. Stg. 1980.*

Munizipium (lat. Municipium), in der Antike einstmals selbständige, dann in den röm. Staatsverband mit oder ohne Stimmrecht eingegliederte Gemeinde, die zur Übernahme staatl. Aufgaben verpflichtet war („munera capere"). Das M. war ein wesentl. Faktor bei der Romanisierung Westeuropas.

Munk, Andrzej, * Krakau 16. Okt. 1921, † Łódź 21. Sept. 1961 (Autounfall), poln. Regisseur. - Drehte zunächst Dokumentarfilme, ab 1955 Spielfilme, die durch ihren krit. Ansatz und ihren formalen Einfallsreichtum internat. Anerkennung fanden, z. B. „Das blaue Kreuz" (1955), „Der Mann auf den Schienen" (1957), „Das schielende Glück" (1960), „Die Passagierin" (1963, Fragment).

M., Georg, eigtl. Paula Buber, geb. Winkler, * München 14. Juni 1877, † Venedig 11. Aug. 1958, dt. Schriftstellerin. - ∞ von 1901 M. Buber; von der Romantik beeinflußte Erzählerin; u. a. „Am lebendigen Wasser" (R., 1952), „Muckensturm" (R., 1953).

M., Kaj Harald Leiniger [dän. moŋˈg], * Maribo 13. Jan. 1898, † Hørbylunde Skov 4. Jan. 1944, dän. Schriftsteller. - Pfarrer in Vedersø (W-Jütland), 1944 von der Gestapo ermordet. Setzte sich in seinen bühnenwirksamen Dramen leidenschaftl. mit theolog., philosph. und polit. Fragen auseinander; Gestalten der Weltgeschichte, u. a. Herodes, Heinrich VIII., bestimmen seine ersten (expressionist.) Dramen; thematisierte auch Probleme der Liebe und des Vertrauens in die Macht des Glaubens, bes. in seinem Hauptwerk „Ordet" (1932); wandte sich später dem aktuellen polit. Geschehen zu.

Munk [schweizer.], landschaftl. Bez. für das Alpenmurmeltier.

Munkácsy, Mihály von (seit 1878) [ungar. ˈmuŋkaːtʃi], eigtl. Lieb, * Munkács (= Mukatschewo, UdSSR) 20. Febr. 1844, † Endenich (= Bonn) 1. Mai 1900, ungar. Maler. - Mit dem Bild „Letzter Tag eines Verurteilten" (Budapest, Magyar Nemzeti Galéria) begründete M. 1870 in Paris seinen Erfolg als Maler von pathet. Historien- sowie Genrebildern.

Münnerstadt, Stadt in der südl. Vorrhön, Bay., 249 m ü. d. M., 7900 E. Stadtmuseum; Metallverarbeitung, Glaswaren- Kleiderfabrik. - Ersterwähnung 770; Stadtrecht 1335. - Stadtpfarrkirche (13. und 17. Jh.) mit spätgot. Glasmalereien und Werken von T. Riemenschneider sowie V. Stoß; Augustinerkirche (1752) mit Rokokoausstattung; spätgot. Rathaus.

Münnich, Burkhard Christoph Graf von (seit 1728), * Neuenhuntorf (= Berne, Nds.) 19. Mai 1683, † Petersburg 27. Okt. 1767, russ. Feldmarschall (seit 1732) und Politiker dt. Herkunft. - Wasserbauingenieur; ab 1721 als General in russ. Diensten (Erbauer des Ladoga-Umgehungskanals); 1731 Kabinettsmin.. 1732 Präs. des Kriegskollegiums; als Oberbefehlshaber des russ. Heeres eroberte er im Poln. Thronfolgekrieg 1734 Danzig und im Türkenkrieg 1736–39 die Moldau und die Krim. 1740 leitender Min., im Dez. 1741 nach Sibirien verbannt (bis 1762); unter Katharina II. Generaldirektor der balt. Häfen.

M., Ferenc, * Seregélyes (Bez. Fejér) 16. Nov. 1886, † Budapest 29. Nov. 1967, ungar. Politiker. - 1919 Mitbegr. der ungar. KP; flüchtete nach dem Sturz der Räterepublik in die Sowjetunion; Teilnehmer am Span. Bürgerkrieg, danach wieder in Moskau; 1945 Rückkehr nach Ungarn, 1949 Polizeipräs. von Budapest, 1950–56 im diplomat. Dienst, u. a. 1956/57 Verteidigungs- und Innenmin., 1958–61 Min.-präsident.

Muñoz Grandes, Agustín [span. muˈɲoθ ˈɣrandes], * Madrid 27. Jan. 1896, † ebd. 11. Juli 1970, span. Generalkapitän (seit 1957). - Berufsoffizier; wurde 1939 Generalsekretär der Falange; 1941/42 erster Kommandeur der Blauen Division; 1943 Chef des Militärkabinetts, als Vertrauter von Franco Bahamonde 1951–57 Heeresminister, 1958–70 Chef des Generalstabs, 1962–67 stellv. Staatsoberhaupt und stellv. Ministerpräsident.

Munro, Hector Hugh [engl. mʌnˈroʊ, ˈmʌnroʊ], engl. Schriftsteller, † Saki.

Mun-Sekte

Mun-Sekte ↑ Vereinigungskirche e. V.
Münsingen, Stadt auf der Schwäb. Alb, Bad.-Württ., 707 m ü. d. M., 11 200 E. Zementwerke, Maschinen- und Apparatebau, holzverarbeitende Betriebe; Truppenübungsplatz. - Um 630 von den Franken angelegt, 770 Ersterwähnung; 1263 und 1339 zur Stadt erhoben. - Frühgot. Stadtkirche mit spätgot. Chor (gegen 1500); Fachwerkrathaus (17. Jh.); Schloß (14., 15. und 17. Jh.).
M., Gem. im schweizer. Kt. Bern, am rechten Aareufer, 540 m ü. d. M., 9 300 E. Metallverarbeitende Ind. - Bei M. fundreiche Flachgräberfelder der älteren und mittleren La-Tène-Zeit (4. bis Anfang des 1. Jh. v. Chr.) - Reste eines Bades einer röm. Villa (1./2. Jh.); Pfarrkirche (18. Jh.), das ma. Schloß wurde 1550 und 1749 umgebaut.
Munster, ['--] Stadt in der südl. Lüneburger Heide, Nds., 70 m ü. d. M., 18 400 E. Kieselgurind.; Truppenübungsplatz, Bundeswehrfachschule. - Spätgot. Kirche mit Flügelaltar und Taufbecken (15. Jh).
M., [frz. mœs'tɛːr] ↑ Münster (im Elsaß).
M., [engl. 'mʌnstə] histor. Prov. in S-Irland, 24 127 km², 998 300 E (1981); umfaßt die Gft. Clare, Cork, Kerry, Limerick, Tipperary und Waterford. - M. war eines der alten ir. Teilkönigreiche; 1127 wurde es in Nord- (Thomond) und Süd-M. (Desmond) aufgeteilt. Im 16. Jh. setzte sich die engl. Herrschaft durch.
Münster, Sebastian, * Ingelheim am Rhein 20. Jan. 1488, † Basel 26. Mai 1552, dt. reformator. Theologe und Kosmograph. - 1524-27 Prof. in Heidelberg, ab 1529 in Basel. M. war v. a. bekannt als Hebraist und Kosmograph. Er gab zahlr. alttestamentl. und jüd. Werke heraus und verfaßte lexikal. und grammat. Arbeiten. Seine bekanntesten Werke sind die „Biblia Hebraica" (1534/35) und seine „Cosmographia" (1544), eine Beschreibung v. a. der Länder und Städte Deutschlands.
Münster, Stadt im Zentrum des Münsterlandes, NRW, 62 m ü. d. M., 268 900 E. Verwaltungssitz des Reg.-Bez. M.; kath. Bischofssitz; Verfassungsgerichtshof für NRW u. a. Gerichte,; Bundesanstalten für Fettforschung und für Güterfernverkehr, Inst. für Biolog. Bundesanstalt für Land- und Forstwirtschaft; Universität (1780 konstituiert), mehrere Fachhochschulen, Staatl. Kunstakad., Dt. Inst. für Auslandskunde, Inst. für religiöse Volkskunde; Westfäl. Verwaltungsakad., Sitz zahlr. wiss. und berufsständ. Gesellschaften und Vereinigungen und des Landschaftsverbandes Westfalen-Lippe; Stadttheater, Museen, botan. Garten, Zoo. Handels- und Verwaltungszentrum, kultureller Mittelpunkt Westfalens, daneben pharmazeut. und chem. Ind., Möbelherstellung, Kraftfutterwerk, Druckereien u. a.; Hafen am Dortmund-Ems-Kanal.
Geschichte: Die an der Stelle einer german. Siedlung der röm. Kaiserzeit gelegene Sachsensiedlung wurde unter Karl d. Gr. durch eine umfangreiche befestigte Siedlung ersetzt (Ausgrabungen 1953-59), die Anfang des 9. Jh. Mittelpunkt eines Bistums wurde und nach dem „monasterium" („Kloster") um die Kirche ben. wurde. Die Bürgersiedlung war bereits unter Kaiser Otto III. Münzstätte; kann seit der 2. Hälfte des 12. Jh. als Stadt gelten; erweitert und bis 1278 ummauert. 1278 erlangte sie die fakt. Unabhängigkeit vom Bischof und galt später als Immediatstadt, aber nie als Reichsstadt. Ab 1246 Mgl. der rhein.-westfäl. Städtebündnisse; ein führendes Mgl. der Hanse (ab 1494 Vorort von Westfalen) sowie ab 1368 Vorort der Städteschaft des bischöfl. Territoriums. Nachdem die luth. Lehre um 1531 Eingang in M. gefunden hatte,

Münster mit der ehemaligen Residenz des Fürstbischofs (heute Hauptgebäude der Universität) im Vordergrund

Münstermann

setzten sich die Täufer (Wiedertäufer) durch und errichteten 1534 unter Johann von Leiden ein demokrat.-sozialist. „Reich", das schon 1535 durch den Bischof blutig niedergeworfen wurde; ab 1585/88 wurde M. rekatholisiert; 1645-48 einer der beiden Konferenzorte der Verhandlungen über den Westfäl. Frieden. Die Niederlage der Stadt gegen den Bischof (1661) beraubte M. seiner Privilegien; verstärkter wirtsch. Niedergang nach Verlegung der bischöfl. Residenz nach Köln bzw. Bonn (1723). 1802/03 fiel M. an Preußen, 1807 an das Groß-Hzgt. Berg, 1810 an Frankr., 1815 abermals an Preußen (1816-1946 Hauptstadt der Prov. Westfalen).
Bauten: Der stark zerstörte bed. roman.-got. Dom (1225-63 anstelle eines otton. Vorgängerbaus; u.a. mit Epitaph für Fürstbischof C. B. von Galen [† 1678] und Fürstbischof F. C. von Plettenberg [† 1706]) wurde wiederaufgebaut (1946-56), ebenso die übrigen sämtl. ausgebrannten - Sakral- und Profanbauten: Sankt Ludgeri, die früheste Hallenkirche (Stufenhalle; um 1200; got. Chor), die Überwasserkirche (1340-46) und als reifster (spätgot.) Hallenbau in Westfalen Sankt Lamberti (1375 bis um 1450), an der S-Seite des Turmes die Wiedertäuferkäfige (1536; einer erneuert), Sankt Clemens (1745-53) ein barocker Zentralbau von J. C. Schlaun. Das hochgot. Rathaus (2. Hälfte des 14. Jh.) ist ein Hauptwerk des got. Profanbaus mit Giebelfront und „Friedenssaal" (die Ausstattung ist gerettet worden). Die Fassaden der Laubenhäuser sind in einem an die Vorgängerbauten angelehnten Stil, die ehem. Residenz (von Schlaun, 1767-87) 1947-53 als Univ., der barocke Erbdrostenhof (1753-57 von Schlaun) mit Festsaal wiederhergestellt worden.

📖 *Prinz, J.:* Mimigernaford–Münster. Die Entstehungsgesch. einer Stadt. Münster ³1981. - *Albsmeier, W.:* M. - Metropole Westfalens. Münster ³1977. - *Hager, W.:* M. in Westfalen. Mchn. u. Bln. ²1966.

M., Reg.-Bez. in NRW.

M., ehem. (Fürst-)Bistum, 804 von Karl d. Gr. gegr. (1. Bischof Liudger) und der Kirchenprov. Köln zugeordnet. Es umfaßte das Geb. zw. der Lippe und dem Oberlauf der Ems, dazu bis ins 16. Jh. Teile Frieslands. Die Machtkämpfe der Adelsgeschlechter im rhein.-westfäl. Raum führten 1450-57 zur **Münsterschen Stiftsfehde,** als Graf Johann von Hoya gegen Walram, den Bruder des Kölner Erzbischofs Dietrich von Moers, seinen Bruder Erich auf den Bischofsstuhl von M. bringen wollte. 1535 beseitigte Bischof Franz von Waldeck (1532-53), ein Anhänger des Luthertums, die Herrschaft der Täufer in M., scheiterte aber mit seinem Plan, M. in ein weltl. Ft. umzuwandeln; 1585 setzte sich in M. endgültig die Gegenreformation durch. 1815 fiel das Oberstift (etwa der heutige Reg.-Bez. M.) größtenteils an Preußen, das Niederstift (Meppen, Cloppenburg, Vechta) an Hannover und Oldenburg.

M., Bistum, 1821 als Suffragan von Köln wiedererrichtet; 1958 fiel ein Teil des Bistums an das neugegr. Bistum Essen. - ↑ auch katholische Kirche (Übersicht).

M. (amtl. Müstair), schweizer. Ort im Münstertal, Graubünden, 1 247 m ü. d. M., 707 E. Benediktinerinnenkloster; berühmt ist die Ausmalung der Kirche (um 800).

M. (amtl. Munster), frz. Ort im Oberelsaß, Dep. Haut-Rhin, 4 700 E. Luftkurort, hydrotherapeut. Kuren. - Allmähl. wachsende Siedlung um eine um 660 gegr. Benediktinerabtei (Reichsabtei bis zur Reformation), Reichsstadt vermutl. unter Friedrich II., 1354 Colmarer Stadtrecht und Mgl. der Dekapolis. - Spätgot. Rathaus (1550).

Münster [griech.-lat. (zu ↑ Monasterium)], urspr. das gesamte Kloster, dann die Kirche eines Klosters oder Kapitels (Stiftskirche), auch eine große Pfarrkirche (Hauptkirche einer Stadt). „M." ist wie „Dom" auch Bischofskirche (Betonung des Domkapitels oder Domstifts); beide Bez. stehen im dt. Sprachgebiet gleichbedeutend nebeneinander.

Münster am Stein-Ebernburg, Bad ↑ Bad Münster am Stein-Ebernburg.

Münster (BE) (frz. Moutier), schweizer. Bez.hauptort im Birstal, Kt. Bern, 535 m ü. d. M., 8 000 E. Herstellung von Uhrenteilen, Werkzeugmaschinen, Glasfabrik. - Ursprung der Siedlung ist die ehem. Abtei M.-Granfelden (Moutier Grandval), gegr. um 640, in der Reformation aufgehoben.

Münsterberg, Hugo, * Danzig 1. Juli 1863, † Cambridge (Mass.) 16. Dez. 1916, dt.-amerikan. Psychologe und Philosoph. - Schüler W. Wundts; Prof. in Freiburg im Breisgau und an der Harvard University in Cambridge (Mass.); bed. Arbeiten zur angewandten Psychologie, für die er die Bez. *Psychotechnik* prägte („Psychologie und Wirtschaftsleben", 1912; „Grundzüge der Psychotechnik", 1914).

Münstereifel, Bad ↑ Bad Münstereifel.

Münsterkäse, nach dem elsäss. Bez. (Canton) Münster benannter Weichkäse mit 44-46% Fett i. T., von mild-würzigem Geschmack.

Münsterland, der zw. dem Teutoburger Wald und der Lippe gelegene zentrale Teil der ↑ Westfälischen Bucht.

Münsterländer (Großer Münsterländer), bis 58 cm schulterhoch dt. Vorsteh- und Stöberhund mit Hängeohren und langbehaartem Schwanz; Fell leicht gewellt; Farbe weiß mit schwarzem Kopf und schwarzen Platten und Flecken am ganzen Körper oder schwarz getigert.

Münstermann, Ludwig, * um 1580, † Hamburg um 1638, dt. Bildhauer. - Ausbildung in Bremen, wo M. den Florisstil kennen-

Münstertal

lernte. Führender norddt. Meister des Manierismus. Kanzeln, Altäre und Taufbecken bes. im Oldenburgischen, z. B. Innenausstattung der Kirche in Varel (1614–17), Rodenkirchen (1629–31), Tossens (1631), Holle (1637).

Münstertal (rätoroman. Val Müstair), 18 km langes Tal im schweizer. Kt. Graubünden, vom Ofenpaß bis zur schweizer.-italien. Grenze bei Münster.

Munt [althochdt. „Schutz, Schirm"], im german. Recht ein familienrechtl. Vertretungs- und Schutzverhältnis, das als Herrschaftsrecht über freie Hausgenossen zunächst in der Hausgewalt (Vormundschaft) des Sippen- bzw. Fam.oberhaupts (*M.walt*) über Sippen- bzw. Fam.mgl. bestand und sich v. a. in der weitgehenden Gerichtsbarkeit des Hausvaters äußerte, aber andererseits diesen zu Haftung und Schutz der in seiner M. Stehenden verpflichtete. Der Begriff der M. umfaßte auch verschiedene Herrenrechte (mit gleichzeitigem Schutz), z. B. des Grundherrn oder die *Königs-M. (Königsschutz)*, in der die Kaufleute standen.

Münter, Gabriele, * Berlin 19. Febr. 1877, † Murnau 19. Mai 1962, dt. Malerin. - Sie war Mgl. des Blauen Reiters und wurde nachhaltig vom Frühwerk ihres langjährigen Lebensgefährten W. Kandinsky beeinflußt. Ihr Werk (Stilleben und Interieurs, Landschaften) zeichnet eine leuchtende Palette und ein breiter, sicherer Pinselauftrag aus.

Munthe, Axel Martin Fredrik, * Oskarshamn 31. Okt. 1857, † Stockholm 11. Febr. 1949, schwed. Arzt und Schriftsteller. - Erwarb als königl. schwed. Leibarzt durch ihn berühmt gewordenen Besitz San Michele auf Capri. Weltbekannt wurden seine Erinnerungen „Das Buch von San Michele" (1931).

M., Gerhard, * Elverum (Østerdal) 19. Juli 1849, † Oslo 15. Juni 1929, norweg. Maler. - Landschaften, dekorative Wandbilder mit Sagenmotiven, z. T. Jugendstil, sowie Buchillustrationen in kantigem Stil.

Muntjak [javan.-engl.] (Muntiacus muntjak), etwa 0,9–1,3 m langer, 40–65 cm schulterhoher, oberseits vorwiegend rötlichbrauner, unterseits weißer Hirsch (Unterfam. Muntjakhirsche), v. a. in trop. Dschungeln und Wäldern S-Asiens.

Müntzer (Münzer), Thomas, * Stolberg/Harz im 1490, † bei Mühlhausen 27. Mai 1525 (hingerichtet), dt. ev. Theologe. - Lernte 1519 in Leipzig Luther kennen, auf dessen Empfehlung er 1520 die Pfarrstelle in Zwickau erhielt. Dort schloß er sich den „Zwickauer Propheten" an, mußte aber 1521 nach Böhmen fliehen, wo er Ende 1521 das Prager Manifest abfaßte, das erstmals die Grundlagen seiner Theologie zeigt: die Vorstellung von der unmittelbaren Wirkung des göttl. Wortes durch den Hl. Geist und von der prakt. Verwirklichung des Evangeliums. 1523/24 schrieb er die „Deutsch Evangel. Messe" und das „Deutsch Kirchenamt", beide Vorbild für Luthers Liturgie und Kirchenlied. Mit der Zielsetzung, für die Verwirklichung des Reiches Gottes auf Erden zu arbeiten, gründete M. den „Bund getreul. und göttl. Willens" und forderte 1524 die Fürsten zum Eintritt auf. Als diese sich - von Luther gewarnt - gegen M. entschieden, floh er nach Mühlhausen, von dort nach Nürnberg, wo er die „Hochverursachte Schutzrede und Antwort wider das geistlose, sanftlebende Fleisch in Wittenberg" gegen Luther schrieb. Auch aus Nürnberg ausgewiesen, nahm er Kontakt mit den aufständ. Bauern in Oberdeutschland auf, kehrte 1525 nach Mühlhausen zurück und arbeitete für die Einsetzung einer christl. Demokratie. An der Spitze eines Bauernheers wurde M. im Mai 1525 verhaftet, gefoltert und in der Nähe von Mühlhausen hingerichtet. - Die Bed. von Person und Theologie M.s sind bis heute umstritten: Während v. a. die marxist. Geschichtsschreibung M. in erster Linie als Revolutionär und polit. Führergestalt deutet, rückt in der neueren kirchengeschichtl. Forschung seine Bed. als Reformator und Theologe mit spezif. religiösen Anliegen in den Mittelpunkt des Interesses.

 Wolgast, E.: T. M. Göttingen 1981. - Schwarz, R.: Die apokalypt. Theologie Thomas Müntzers und der Taboriten. Tüb. 1977. - Elliger, W.: T. M. Leben und Werk. Gött. 1975. - Bloch, E.: T. M. als Theologe der Revolution. Ffm. 1972.

Münzautomat, Vorrichtung (Automat), die nach Einwerfen eines bestimmten Münzbetrages oder Geldscheines eine Ware ausgibt (*Waren-* und *Getränkeautomat*), eine bestimmte Dienstleistung ausführt (*Dienstleistungsautomat* wie z. B. Wertzeichen-, [Fahr]kartenverkaufsautomat, Geldwechsler, Münzfernsprecher u. a.) oder einen Spielablauf freigibt (*Unterhaltungsautomat* wie z. B. Musikbox, Spielautomat, Flipper).

Münzbetrug ↑ Geld- und Wertzeichenfälschung.

Münzbuchstaben, Einzelbuchstaben auf Münzen zur Bez. der ↑ Münzstätte, der verantwortl. Münzbeamten, der Reihenfolge der Stempel oder der Ausgaben der Münzsorte u. a.

Münzdelikte, frühere Bez. für ↑ Geld- und Wertzeichenfälschung.

Münze, ältere Bez. für ↑ Münzstätte.

Münzen [zu lat. moneta (in gleicher Bed.)], Zahlungsmittel, meist scheibenförmig und aus Münzmetall; in Gewicht und Güte (↑ Münzfuß) kraft Münzhoheit, zumindest Münzrecht, staatl. garantiert durch das Gepräge: meist zweiseitig (Vorderseite bzw. Avers sowie Rückseite bzw. Revers), entweder nur Bild (sog. stumme bzw. anepigraph. M.) oder nur Schrift (sog. monepigraph. M.) oder beides.

Münzmetalle als jeweils gesetzl. festgelegte

Münzfuß

Metallsorte zum Ausprägen von M. waren zunächst Gold, Silber und Elektron; Kupfer und Bronze folgten seit dem 5. Jh. v. Chr., Nickel und Kupfernickellegierungen traten im 19. Jh. hinzu, im 20. Jh. auch Aluminiumbronze, Tombak, Leichtmetalle, Stahl, für Notgeld Zink, Neusilber, Eisen u. a. Die **Münzprägung** als Verarbeitung von Münzrohlingen zu M. durch mechan. Einwirkung mittels Münzstempeln, die den Rohlingen das Gepräge geben, geschieht in den eigens dazu hergerichteten Münzstätten.

Die M. wurden im 7. Jh. v. Chr. in Kleinasien (Elektronmünzen, anfangs bildlos, aus einer Mischung von Gold und Silber bestehend) erfunden, zunächst als Sonderform der Tauschware Edelmetall, speziell des Barrens, und erleichterten ungemein das Aufkommen eines intensiven, weitgespannten Handelsverkehrs. In langen Perioden blieben die M. die ausschlaggebende Form des Geldes schlechthin. Allerdings setzt ein geordnetes Münzwesen voraus: 1. stabile Währung, 2. eine dem Bedürfnis des Verkehrs angepaßte Mischung verschiedener Wertstufen († Münzsystem), 3. die Möglichkeit des Umtauschens und Umwechselns verschiedener M. ohne Verlust, 4. den Ausschluß von Stücken, die nicht den gesetzl. Bestimmungen entsprechen, aus dem Verkehr. Die Einsicht in diese Notwendigkeiten hat sich voll erst im 19. und 20. Jh. entwickelt.

Nach der Verkehrsbedeutung sind **Kursmünzen** (zu gewöhl. Umlauf im Inland bestimmte M.), **Handelsmünzen** (Gepräge eines Staates für Zwecke des überterritorialen und internat. Handelsverkehrs) und **Denkmünzen** (auch **Gedenkmünzen**; offizielle Zahlungsmittel, deren Bilder bestimmte Ereignisse [z. B. eine Krönung] festhalten) zu unterscheiden, bei den Kursmünzen außerdem **Kurantmünzen** (urspr. alles tatsächl. kursierendes Münzgeld, seit dem 17. Jh. eingeengt auf die Silbermünzsorten als eigtl. Währungsmetall) und **Scheidemünzen** (**Schiedgeld**; Münzen kleinen Nennwerts für den tägl. Kleinverkehr). Schließl. schuf moderne Spekulation **Pseudomünzen** (nur für der Sammler bestimmte Scheinmünzen zur Erzielung staatl. Gewinne). Nach dem überwiegenden Bestandteil der Münzlegierung werden **Goldmünzen**, **Silbermünzen**, **Kupfermünzen**, **Platinmünzen** u. a. unterschieden. - Zu bloßen Schaumünzen † Medaille, zu Ersatzmünzen † Notgeld.

Der Wert der einzelnen M. wird unterschieden nach 1. Materialwert (Metall- oder Sachwert, Realwert), 2. Nennwert, 3. Kurs- oder Verkehrswert (u. U. abweichend vom Nennwert entwickelt), 4. Tauschwert, bedingt durch Kaufkraft, 5. Seltenheits- oder Sammlerwert. Im 20. Jh. wurden die M. durch das vordringende Papiergeld überall auf den Kleinverkehr des Alltags beschränkt. Dies hängt auch damit zusammen, daß das alte Realwertprinzip durch das Kredit- oder Zeichengeldprinzip ersetzt werden konnte.

In übertragener, veralteter Bed. konnte Münze auch ungeprägte Werteinheiten bezeichnen. **Idealmünze** (Werteinheit im Bankverkehr, die einer jeweils festgelegten Edelmetallmenge entsprach, nicht unbedingt einer Einheit kursierenden Geldes), **Rechnungsmünze** (v. a. nicht ausgeprägtes Vielfaches bestehender Münzen, Gegenwert einer nicht mehr ausgeprägten Münze), **Zählmünze** (nicht ausgeprägte Geldeinheit im älteren Geldverkehr, die nur durch die Summe vor- und nachzuzählender kleinerer Geldstücke dargestellt werden konnte).

M. mit einem am Rand oder in der Mitte eingebohrten Loch (sog. **gelochte Münzen**) sind i. d. R. Schmuckstücke, doch werden Scheidemünzen zuweilen (zur besseren Unterscheidung) auch mit einem Loch in der Mitte geprägt.

Zum geltenden Recht † Münzrecht.

📖 *Die Münzen der Welt*. Hg. v. M. J. Price. Dt. Übers. Freib. u. a. 1981. - *Heutger, N.*: Einf. in die Münzkunde. Ffm. 1975. - *Hobson, B.*: Geliebte Münzen. Einf. in die Münzkunde. Dt. Übers. Mchn. ⁵1973. - *Wörterb. der Münzkunde.* Hg. v. N. Bauer u. a. Bln. ²1970.

Münzenberg, Willi, * Erfurt 14. Aug. 1889, † bei Saint-Marcellin (Isère) 1940, dt. Politiker und Publizist. - 1919 Anschluß an den Spartakusbund bzw. die KPD; bis 1921 Sekretär der kommunist. Jugendinternationale; schuf 1921 die Internat. Arbeiterhilfe; Propagandist und Organisator kommunist. Verlage und Filmunternehmen (Aufbau des sog. M.-Konzerns); MdR seit 1924; ab 1927 Mgl. des ZK der KPD; emigrierte 1933 nach Frankr., wo er den publizist. Kampf gegen den NS fortsetzte; bei wachsender Abkehr vom Stalinschen Kurs 1937 aus der KPD ausgeschlossen; 1940 interniert; kam auf der Flucht vor den dt. Truppen unter ungeklärten Umständen ums Leben (am 21. Juni 1940 zuletzt gesehen, im Nov. tot aufgefunden).

Münzer, Thomas † Müntzer, Thomas.

Münzfunde, wiederentdeckte, einst verlorene oder (als Münzschatz) bewußt vergrabene Münzen. M. sind eine bes. wichtige Quellengruppe der Numismatik. Sie unterliegen in der BR Deutschland einer Anzeige- und Verwahrpflicht, geregelt durch §§ 965/966 und 984 BGB, ergänzt durch Landesrecht.

Münzfuß, die gesetzl. Vorschriften über **Rauhgewicht** (auch **Münzgewicht**, das Bruttogewicht einer Münze [mit den Legierungszusätzen]), **Feingewicht** (das Gewicht des in einer Münze enthaltenen Edelmetallanteils) und **Feingehalt** (der Anteil eines Edelmetalls in einer Edelmetallegierung) einer Münze, früher meist ausgedrückt durch die Zahl der aus einer Gewichtseinheit (z. B. einer Mark) Münzmetall gleichmäßig auszuprägenden Exemplare einer Wertstufe (z. B. Dreißigtaler-

Münzgewinn

fuß, Konventionsfuß, Leipziger Fuß, Reichsfuß, Vierzehntalerfuß, Zinnaischer Fuß); i.w.S. auch die entsprechende Normierung von Rechnungsmünzen (z. B. Vierundzwanzigguldenfuß); Abweichungen vom M. sind nur in gesetzl. festgelegten Grenzen zulässig (**Remedium**). Sie werden durch **Justierung** (Anpassung des Münzrohlings an das vorschriftsmäßige Rauhgewicht) reguliert und durch **Münzproben** (chem.-physikal. Untersuchungen der Münzen) überwacht. - Der M. ist von Münzsystem einerseits, von Währung andererseits zu unterscheiden. - Als **Interimsfuß** werden Münzfüße bezeichnet, die nach dem Scheitern der Reichsmünzordnung ohne reichsgesetzl. Grundlage auf unterer Ebene vorbehaltl. endgültiger Neuregelung durch das Reich eingeführt wurden.

Münzgewinn, der Gewinn des Münzherrn (↑Schlagschatz).

Münzhoheit, Recht des Staates, das Münzwesen zu regeln, insbes. Gestalt, Gewicht, Material, Mischungsverhältnisse und Menge der umlaufenden Münzen zu bestimmen und sie zu prägen. Träger der M. (Münzherr) ist in der BR Deutschland der Bund (Art. 73 Nr. 4 GG). Ausgeübt wird die M. seit dem Gesetz über die Prägung von Scheidemünzen vom 8. 7. 1950 durch die Bundesreg. (zuvor durch die Bank dt. Länder). Die Münzen werden im Auftrag und für Rechnung des Bundes in Münzstätten der Länder geprägt.

In *Österreich* liegt die M. beim Bund, der sie durch das Bundesfinanzministerium ausübt. Die Münzen werden durch das Hauptmünzamt für Rechnung des Bundes geprägt. Auch in der *Schweiz* liegt die M. beim Bund; er übt sie durch das Eidgenöss. Finanz- und Zolldepartement aus.

Geschichte: Die M. lag in der Antike beim Staat und ging in der röm. Kaiserzeit auf den Kaiser über, der sie auch in abhängigen Staaten innehatte. Im Zerfallsstadium des Röm. Reiches blieb die prinzipielle M. des röm. bzw. oström. Kaisers zunächst in der Form anerkannt, so daß die neuen Germanenreiche sich lange auf bloße Nachprägung kaiserl. Typen beschränkten, ohne abweichende eigene zu wagen (bes. beim Gold). Die Merowingermünzen entglitten weitgehend der staatl. Kontrolle, worauf die karoling. Münzordnung eine straffe Erneuerung der kaiserl. bzw. königl. M. durchzuführen suchte. Seitdem blieb die M. theoret. beim Reich, wurde aber durch umfangreiche Verleihung des Münzrechts seit dem 10. Jh. dermaßen durchbrochen, daß sie seit dem 13. Jh. prakt. nicht mehr zur Geltung zu bringen war. Mit dem Untergang des Hl. Röm. Reiches 1806 fiel die M. auch theoret. an die nun souveränen Fürsten und Städte, die sich durch Münzverträge jedoch bald freiwilligen Beschränkungen unterwarfen. 1867 zog der Norddt. Bund, 1871 das Dt. Reich die uneingeschränkte M. an sich. Nach dem 2. Weltkrieg nahmen sie die BR Deutschland und die DDR in Anspruch.

MÜNZSTÄTTEN (Auswahl)

Münzbuchstabe	Orte	Münzbuchstabe	Orte
A	Berlin, Wien, Paris	J	**Hamburg***
B	Hannover, Breslau, Bayreuth, Kremnitz (= Kremnica), Rouen	K	Kremnitz (= Kremnica), Bordeaux
BB	Straßburg	L	Bayonne
C	Kleve, Frankfurt am Main, Clausthal, Prag, Saint Lô, Caen	M	Mailand, Toulouse
		N	Montpellier
D	Aurich, Düsseldorf, **München***, Graz, Salzburg, Lyon	O	Riom (bei Clermont-Ferrand)
		P	Dijon
E	Dresden, Muldenhütten (= Hilbersdorf bei Freiberg), Königsberg (Pr), Karlsburg (= Alba Iulia), Tours	Q	Perpignan
		R	Orléans
		S	Troyes, Reims, Schmöllnitz (= Smolnik)
F	**Stuttgart***, Magdeburg, Hall in Tirol, Angers	T	Nantes, Tarent, Turin
		U	Turin
G	**Karlsruhe***, Stettin, Glatz, Graz, Günzburg, Nagybánya (= Baia Mare), Poitiers, Genf	V	Amiens, Toulouse, Troyes, Turin, Venedig
		W	Lille, Wien, Breslau
H	Darmstadt, Hall in Tirol, Günzburg, La Rochelle	X	Villefranche, Amiens, Besançon
		Y	Bourges
I	Limoges	Z	Grenoble

(Die gen. Orte waren i. d. R. nur zeitweilig Münzstätten; gelegentl. wurde eine Münzstätte zu verschiedenen Zeiten durch verschiedene Münzbuchstaben gekennzeichnet).

* Münzstätten der BR Deutschland.

Münzkonventionen ↑ Münzsystem.
Münzkunde, svw. ↑ Numismatik.
Münzmeister, ältere Bez. für den verantwortl. Leiter einer ↑ Münzstätte, der teils selbständiger Münzunternehmer (oft im Pachtverhältnis), teils eine Art Angestellter oder Münzbeamter war; auch Vorsitzender einer Münzerhausgenossenschaft.
Münzmetall ↑ Münzen.
Münzprägung ↑ Münzen.
Münzrecht, 1. die vom Inhaber der Münzhoheit persönl. wahrgenommene oder (z. B. durch Verleihung) übertragene Befugnis, in eigener oder fremder Münzstätte Münzen prägen zu lassen; bis ins 19. Jh. wegen des ↑ Schlagschatzes vielfach begehrt und häufig durch Münzverschlechterung mißbraucht; 2. die Summe der das Münzwesen regelnden rechtl. Bestimmungen eines Staates.
Für die BR Deutschland sind grundlegend: Reichsgesetz vom 9. 7. 1873 über die einheitl. Münzverfassung, die anstelle der Landeswährungen die Goldwährung setzte. Auch das Münzgesetz vom 30. 8. 1924 bestimmte die Goldwährung als geltende Reichswährung. Nach der Währungsreform von 1948 übertrugen die Militärregierungen zunächst der Bank dt. Länder (heute Dt. Bundesbank) das ausschließl. Recht zur Ausgabe von Noten und Münzen. Durch das BG über die Ausprägung von Scheidemünzen vom 8. 7. 1950 (geändert am 18. 1. 1963) ist das Recht hinsichtl. der Scheidemünzen auf die Bundesregierung übergegangen. Im Ggs. zu den früheren Münzgesetzen bestehen jetzt keine allg. gesetzl. Bestimmungen über Gestalt, Gewicht, Metallzusammensetzungen u. a. der Münzen.
Münzregal [dt./lat.], 1. im Münzwesen des ma. Hl. Röm. Reiches svw. Münzhoheit; 2. im heutigen Münzwesen das von dem Staat, der die Münzhoheit besitzt, an Münzstätten verliehene Recht, Münzen auszuprägen.
Münzstätte (Münze, Prägeanstalt), Werkstatt bzw. Fabrik zur Münzprägung, früher vielfach unter einem Münzmeister. Bis ins 16. Jh. unterhielten zahlr. Münzstände, um risikoreiche Geldtransporte zu vermeiden, mehrere M., deren Zahl die Reichsmünzordnung zwecks besserer Überwachung drast. zu beschränken suchte. Die Einführung moderner, kostspieliger Prägemaschinen ließ die Zahl der M. nachhaltig zurückgehen. Auch heute besitzen viele (bes. neue) Staaten keine eigene Münzstätte. Die M. ist auf der Münze meist durch einen Münzbuchstaben bezeichnet.
Münzsystem, die Bestimmungen eines Staates über die als Münzen auszuprägenden Wertstufen, über ihre Benennung, ihr wechselndes Wertverhältnis (↑ Stückelung), über Münzmetall und -fuß sowie das auf ihnen basierende System tatsächl. ausgeprägten Münzgeldes (nicht zu verwechseln mit Währung); in seiner Geltung meist auf ein Staatsgebiet begrenzt (Ausnahmen auf Grund von **Münzverträgen** [**Münzkonventionen**], d. h. von verschiedenen Münzherren zwecks gemeinsamer Münzpolitik geschlossenen Abmachungen; auf Grund von **Münzvereinen,** d. h. regionalen Zusammenschlüssen zu gemeinsamer Münz- und Währungspolitik im späteren MA; auf Grund von **Münzunionen,** d. h. internat. währungs- und münzpolit. Zusammenschlüssen, die eine vollständige Übereinstimmung des M. anstreben.

Münzverrufung, älterer Ausdruck für Außerkurssetzung von Münzen (v. a. im MA).

Muonioälv (finn. Muonionjoki), Grenzfluß zw. Finnland und Schweden, linker Nebenfluß des Torneälv, 387 km lang.

Mur, linker Nebenfluß der Drau, entspringt am Murtörl im östr. Bundesland Salzburg, bildet im Unterlauf auf etwa 45 km Länge die östr.-jugoslaw. Grenze, mündet als Grenzfluß zw. Jugoslawien und Ungarn bei Legrad, 454 km lang; mehrere Kraftwerke.

Murad (türk. Murat), Name mehrerer osman. Sultane:

M. I., *1326 (?), † auf dem Amselfeld im Juni 1389 (ermordet), Sultan (seit 1359). - Erster osman. Sultan: eroberte 1361 Adrianopel (= Edirne), machte Byzanz und Bulgarien zu Vasallen, besiegte die Serben 1389 auf dem Amselfeld.

M. II., *Amasya im Juni 1404, † Adrianopel (= Edirne) 3. Febr. 1451, Sultan (seit 1421). - Dehnte das Osman. Reich auf dem Balkan weiter aus (1430 Einnahme des venezian. Saloniki), siegte 1444 bei Warna und 1448 auf dem Amselfeld über die Ungarn.

Muralt ['mu:ralt, mu'ralt], Alexander von, *Zürich 19. Aug. 1903, schweizer. Physiologe. - Prof. in Bern; Leiter des dortigen Theodor-Kocher-Instituts der Univ. sowie der Hochalpinen Forschungsstation Jungfraujoch; Arbeiten hauptsächl. zur Neurophysiologie und zur Bioklimatologie.

M., Leonhard von, *Zürich 17. Mai 1900, † Cavalaire-sur-Mer (Var) 2. Okt. 1970, schweizer. Historiker. - Ab 1940 Prof. in Zürich; ging von reformationsgeschichtl. Studien aus (Mithg. der Werke Zwinglis) und wandte sich v. a. Problemen der Renaissance und der Bismarckgeschichte zu.

Muränen (Muraenidae) [griech.-lat.], Fam. meist bis 1 m langer Knochenfische (Ordnung Aalartige Fische) mit über 100 Arten, v. a. an Felsküsten der trop. und subtrop. Meere; räuber. lebende, oft gelbbraune, z. T. auffallend gefärbte und gezeichnete, aalförmige Fische mit dicker, schuppenloser Haut, großem Maul und giftigem Biß. - Zu den M. gehören u. a. **Drachenmuräne** (Muraena pardalis), braun bis orangefarben mit leuchtend weißer Fleckung; beide Nasenöffnungspaare zu Röhren ausgezogen, die vorderen kurz, die hinteren über den Augen stehenden, schnorchelartig lang, aufrecht stehend. **Pam-**

pan (Pompa, Thyrsoidea macrurus), bis über 3 m lang. Als Speisefisch geschätzt ist die bis 1,5 m lange, braune, gelbl. marmorierte **Mittelmeermuräne** (Muraena helena).

Murano, Stadtteil von Venedig auf einer Insel in der Lagune von Venedig, Oberitalien. Glasmuseum im Palazzo Giustinian (1689). - Dom (12. Jh.), San Petro Martire (1348 ff., nach Brand wiederhergestellt und 1511 geweiht; 1928 restauriert). - M. war seit etwa dem 12./13. Jh.–17. Jh. Hauptsitz der venezian. Glasindustrie. Die **Muranogläser** sind vom Orient angeregt und zeigen vielfältige Techniken (Email-, Faden-, Flügelgläser u. a.).

Murasaki Shikibu, * Kioto um 978, † ebd. (?) um 1016, Pseud. einer jap. Schriftstellerin. - In Diensten der Kaiserin Akiko; ihr Hauptwerk ist das „Gendschi-monogatari", berühmt ist auch ihr Tagebuch „Murasaki-Shikibu-nikki" (um 1000, engl. 1935).

Murat, Joachim [frz. my'ra], * Labastide-Fortunière (= Labastide-Murat, Dep. Lot) 25. März 1767, † Pizzo (Prov. Catanzaro) 13. Okt. 1815, frz. Marschall (seit 1804) als *Joachim* Großhzg. von Berg und Kleve (1806–08), König von Neapel (seit 1808). - Sohn eines Gastwirts; trat 1789 in militär. Dienste und wurde 1796 Adjutant Napoléon Bonapartes im Italienfeldzug; 1799 Divisionsgeneral; ∞ seit 1800 mit Bonapartes jüngster Schwester Karoline (Marie-Annonciade, * 1782, † 1839). Militär. erfolgreich und ehrgeizig, wurde er 1804 Marschall, 1805 kaiserl. Prinz, 1806 rheinbünd. Großherzog. Am 15. Juli 1808 bestimmte ihn Napoleon I. zum König von Neapel, dessen Staatsverwaltung und Sozial- und Rechtsordnung er modernisierte. Die Betonung „nat." Interessen gegenüber frz. Ansprüchen führte nach dem Rußlandfeldzug von 1812 zum offenen Bruch. M. arrangierte sich 1814 mit Österreich, schloß sich aber während der Hundert Tage wieder Napoleon an. M. wurde von Österreich besiegt, bei einem Landungsversuch in Italien gefangen-

Murano. Schale aus Muranoglas mit Schuppenmuster in Blattgold und Email (um 1500). München, Bayerisches Nationalmuseum

genommen und standrechtl. erschossen.

Muratori, Ludovico Antonio, * Vignola (Prov. Modena) 21. Okt. 1672, † Modena 23. Jan. 1750, italien. Theologe und Historiker. - Bibliothekar an der Ambrosiana in Mailand (ab 1695); 1700 Bibliothekar und Archivar in Modena. Gab 3 bed. Quellenwerke zur italien. Geschichte heraus („Rerum italicarum scriptores", 25 Bde., 1723–51; „Antiquitates italicae medii aevi", 6 Bde., 1738–42; „Annali d'Italia ...", 12 Bde., 1744–49) und begr. damit die moderne italien. Geschichtswissenschaft.

Murawjow-Amurski, Nikolai Nikolajewitsch Graf, * Petersburg 23. Aug. 1809, † Paris 30. Nov. 1881, russ. General und Politiker. - Betrieb als Generalgouverneur von Ostsibirien (1847–61) intensive Erforschungs- und koloniale Expansionspolitik.

Murawjow-Apostol, Sergei Iwanowitsch, * Petersburg 9. Okt. 1796, † ebd. 25. Juli 1826, russ. Offizier und Revolutionär. - Leitete im Aufstand der ↑ Dekabristen den militär. Putschversuch in der Ukraine; wurde nach dessen Niederschlagung hingerichtet.

Mürbeteig, Knetteig aus Zucker, Fett, Eiern, Mehl und wenig Flüssigkeit.

Murböden ↑ Judenburger Becken.

Murchisonfälle [engl. 'mə:tʃɪsn], aus drei Einzelfällen bestehende Wasserfälle des Victorianil, Uganda, die von diesem beim Eintritt in den Zentralafrikan. Graben gebildet werden.

Murcia [span. 'murθja], span. Stadt am unteren Segura, 288 600 E. Verwaltungssitz der Region und der Prov. M.; Univ. (seit 1915), Konservatorium mit Theaterhochschule. Zentrum der zweitgrößten Bewässerungsoase Spaniens und Handelsplatz für deren Erzeugnisse; Konservenherstellung. - 825 vom dem Arabern gegr.; Hauptstadt der histor. Prov. Murcia; seit 1291 Bischofssitz. - Die got. Kathedrale wurde im 18. Jh. erneuert und erhielt eine prunkvolle Barockfassade (1749), Turm (1521–1792); Renaissance- und Barockbauten: San Esteban (1561–69), San Miguel (17. Jh.), San Bartolomé und Kapelle Ermita de Jesús (18. Jh.; jetzt Museum), Bischöfl. Palast (1695–1748).

M., Provinz und Region in SO-Spanien, 11 317 km², 955 500 E (1981). Umfaßt den NO der Bet. Kordillere und die Küstenebene zw. Elche und Cartagena. Sommertrockenes Klima. Die urspr. Vegetation (Steineichen, Kiefern) ist nur in Resten erhalten; weite Teile sind von Garigue und Steppenvegetation bedeckt; Bewässerungsfeldbau entlang der Flüsse (Gemüse, Mais, Kartoffeln, Datteln, Zitrusfrüchte, Oliven, Mandeln, Feigen, Wein; auch Baumwolle); Maulbeerbaumpflanzungen, daher das für Spanien wichtigste Geb. der Seidenraupenzucht. An Bodenschätzen werden silberhaltige Bleierze bei Cartagena. Die Ind. verarbeitet landw. Produkte. Touristenzentrum La Manga am Strandsee Mar

Menor. - Seit dem 9. Jh. unter arab. Vorherrschaft, erklärte 1063 seine Unabhängigkeit, wurde aber 1092 dem Reich der Almoraviden einverleibt; wohl seit Mitte des 12. Jh. unabhängiges Kgr.; kam 1243/66 an Kastilien. Die 1789 entstandene Prov. M. erhielt ihre heutigen Grenzen bei der Verwaltungsreform von 1883.

Murdoch, Iris [engl. 'mɔːdək], * Dublin 15. Juli 1919, angloir. Schriftstellerin. - Gestaltet in ihren vom frz. Existentialismus und von der Erzählkunst R. Queneaus beeinflußten Romanen, oft mit den Mitteln der symbolhaften Darstellung, teils grotesk-kom., Lebensprobleme des modernen Menschen.
Werke: Unter dem Netz (R., 1954), Flucht vor dem Zauberer (R., 1956), Die Wasser der Sünde (R., 1958), Lauter feine Leute (R., 1968), Der schwarze Prinz (R., 1973), Werke der Liebe (R., 1974), The good apprentice (R., 1985).

Mure (Schlammstrom), in Gebirgen nach Starkregen oder bei plötzlich einsetzender Schneeschmelze an Hängen und in Wildbächen sich talwärts wälzender Strom aus einem Gemisch von Wasser, Erde und Gesteinsschutt mit oft verheerender Wirkung.

Mureinsacculus [lat.], Stützschicht in der Zellwand der Bakterien und Blaualgen und in den Stielen der gestielten Bakterien, aus dem sackförmigen Riesenmolekül des Peptidoglykans (= Murein) bestehend. Der M. wird durch Lysozyme und andere Enzyme oder durch Penicillin zerstört.

Murg, rechter Nebenfluß des Rheins, entspringt am Vogelskopf im Nordschwarzwald, mündet nw. von Rastatt, 70 km lang.

Muri (AG), schweizer. Bez.hauptort im Kt. Aargau, 479 m ü.d.M., 5 000 E. Metall-, Kunststoffverarbeitung. - Das 1027 gegr. Benediktinerkloster Muri galt Ende des 17. Jh. als reichstes Kloster der Schweiz; 1701 wurde sein Abt in den Reichsfürstenstand erhoben, doch verlor er durch die Frz. Revolution die weltl. Herrschaft. Das Kloster wurde 1841 aufgehoben. Seit 1803 ist M. Gemeinde. - Teile der Klosteranlage sind erhalten, u.a. Krypta (11. Jh.); im 17. Jh. umgebaute Kirche.

muriatische Quellen [zu lat. muria „Salzbrühe"], svw. ↑Kochsalzquellen.

Murillo, Bartolomé Esteban [span. mu-'riʎo], ≈ Sevilla 1. Jan. 1618, † ebd. 3. April 1682, span. Maler. - M. verarbeitete insbes. Einflüsse der Caravaggionachfolge (Zurbarán, Ribera) und nach 1648 fläm. Künstler (van Dyck, Rubens). Er gelangte um 1660 zu einer weichen Nuancierung der Tonwerte. Schuf großformatige, religiöse Darstellungen, mädchenhafte Madonnenbilder (bes. als Immakulata), Porträts sowie Genreszenen (Betteljungen). - *Werke:* Die Engelsküche (1646; Paris, Louvre), Trauben- und Melonenesser (um 1645; München, Alte Pinakothek), Die Gründung von Santa Maria Maggiore in Rom (2 Bilder aus Santa María la Blanca, Sevilla, von 1665; Prado), Häusl. Toilette (um 1670–75; München, Alte Pinakothek), Buben beim Würfelspiel (um 1670–75; ebd.), Die Pastetenesser (um 1670–75; ebd.), Gemälde aus dem Kapuzinerkloster in Sevilla (1665–70; Sevilla, Museo Provincial de Bellas Artes), Moses schlägt Wasser aus dem Felsen (1670–74; Sevilla, Hospital de la Caridad).

Murinsel, Geb. zw. der unteren Mur und der Drau, Jugoslawien.

Müritz, von der oberen Elde durchflossener, größter See (116,8 km^2) der Mecklenburg. Seenplatte, DDR.

Murmansk, sowjet. Gebietshauptstadt im N der Halbinsel Kola, RSFSR, 412 000 E. Seefahrthochschule und -fachschule, PH, Forschungsinst. für Fischereiwirtschaft und Ozeanographie; zwei Museen, zwei Theater; Bodenempfangsstation für Fernmeldesatelliten; Schiffsreparatur, fischverarbeitende Ind.; eisfreier Hafen, ✈. - Gegr. 1915 beim Bau der Murmanbahn.

Murmeln [zu Marmor, dem urspr. Herstellungsmaterial] (Marmeln, Klicker, Schusser), kleine Kugeln aus Stein, Glas oder Ton, zum Spielen für Kinder.

Murmeltiere [zu lat. mus montis „Bergmaus" (unter Einfluß von murmeln)] (Mar-

Bartolomé Esteban Murillo,
Lachender Knabe (undatiert).
London, National Gallery

Murnau

mota), Gatt. etwa 40–80 cm langer, gedrungener Erdhörnchen mit neun Arten, v. a. in Steppen, Hochsteppen und Wäldern Eurasiens und N-Amerikas; tagaktive, umfangreiche Erdbauten anlegende Bodenbewohner mit kurzem, buschigem Schwanz, kurzen Extremitäten und rundl. Kopf. - M. halten einen ausgedehnten (im N ihres Verbreitungsgebietes bis acht Monate dauernden) Winterschlaf. Im Handel werden die Felle *(Murmel)* oft auf Nerz *(Nerzmurmel)* oder Zobel *(Zobelmurmel)* umgefärbt. - Zu den M. gehören u. a. ↑Alpenmurmeltier; **Steppenmurmeltier** (Bobak, Marmota bobak), Fell gelbbraun, Rükken dunkler; in O-Europa und M-Asien. **Waldmurmeltier** (Marmota monax), Fell gelblichbraun bis braun, mit grauweißen Grannenhaaren, Bauchseite hell, Füße dunkelbraun bis schwarz; in N-Amerika.

Murnau, Friedrich Wilhelm, eigtl. F. W. Plumpe, * Bielefeld 28. Dez. 1888, † Santa Barbara (Calif.) 11. März 1931 (Autounfall), dt. Filmregisseur. - Zunächst als Schauspieler und Regieassistent bei M. Reinhardt tätig; wurde mit seinen phantast. Filmen einer der bedeutendsten Regisseure der dt. Films der 1920er Jahre, v. a. mit „Schloß Vogelöd" (1921), „Nosferatu - eine Symphonie des Grauens" (1922), dem ersten bed. Werk des Vampirfilms, „Der letzte Mann" (1924), „Tartüff" (1925), „Faust" (1926). Ging danach nach Hollywood, wo er u. a. „Sunrise" (1927) und (mit R. Flaherty) den Südseefilm „Tabu" (1931) schuf.

Murnau a. Staffelsee, bayr. Marktgemeinde, 688 m ü. d. M., 10 600 E. Textilind., Brauereien; Luftkurort mit Moorbadebetrieb am M.er Moos.

Murner, Thomas, * Oberehnheim (= Obernai) bei Straßburg 24. Dez. 1475, † ebd. vor dem 23. Aug. 1537, elsäss. Volksprediger, Humanist und Dichter. - Gilt als der bedeutendste Satiriker des 16. Jh.; 1497 Priesterweihe; 1505 von Maximilian I. zum Dichter gekrönt; Pfarrer (1525–29 in Luzern, dann in Oberehnheim). Übernahm in seinen 1512 erschienenen satirischen Hauptwerken „Narrenbeschwörung" und „Schelmenzunft" das Narrenmotiv von S. Brant und geißelte Laster, Torheiten und Mißstände seiner Zeit scharf und witzig; sein allegor.-satir. Gedicht „Von dem großen Lutherischen Narren, wie ihn Dr. Murner beschworen hat" (1522) ist eine geistreiche und schonungslose Verspottung der Reformation; auch Übersetzer (Vergils „Äneis" in Versen).

Murom [russ. 'murəm], sowjet. Stadt am linken Ufer der Oka, RSFSR, 120 000 E. Zwei Museen; Lokomotivbau, Herstellung von Kühlschränken und Rundfunkgeräten, Holz- und Leinenind. - Ende des 10. Jh. als Siedlung des finn. Stammes M. gegr.; Mitte des 12. Jh. Hauptstadt des Ft. M.; seit Ende des 14. Jh. im Groß-Ft. Moskau.

Muroran, jap. Hafenstadt auf einer Halbinsel an der S-Küste Hokkaidos, 150 200 E. Verwaltungssitz der Unterpräfektur Iberi; TH, Inst. zur Erforschung von Seetang; Meeresaquarium; eisenschaffende Ind.; Erdölraffinerie, Nahrungsmittel- und Papierind.

Murphy [engl. 'mə:fɪ], Robert Daniel, * Milwaukee 28. Okt. 1894, † New York 9. Jan. 1978, amerikan. Diplomat. - Ab 1944 polit. Berater General Eisenhowers und der amerikan. Militärreg. in Deutschland; 1949–52 Botschafter in Brüssel, 1952/53 in Tokio; 1954–59 stellv. Unterstaatssekretär im Außenministerium; 1954 als Sonderbotschafter Vermittler zw. Italien und Jugoslawien, 1958 zw. Tunesien und Frankreich.

M., William, * Stoughton (Wis.) 6. Febr. 1892, amerikan. Mediziner. - Lehrtätigkeit an der Harvard University; bed. Forschungsarbeiten über die Insulinwirkung bei Diabetes mellitus und zur Behandlung der perniziösen Anämie durch Leberdiät. M. erhielt 1934 (gemeinsam mit G. R. Minot und G. H. Whipple) den Nobelpreis für Physiologie oder Medizin. - † 9. Okt. 1987.

Murray (Morray), James Stuart, Earl of (seit 1562) [engl. 'mʌrɪ], * um 1531, † Linlithgow 21. Jan. 1570 (ermordet), Regent von Schottland (seit 1567). - Natürl. Sohn Jakobs V.; Führer der prot. Partei in Schottland; revoltierte 1565 gegen die Ehe seiner Halbschwester Maria Stuart mit Lord Darnley und mußte nach England fliehen. Nach Marias Abdankung Regent für Jakob VI.

Murray [engl. 'mʌrɪ], Hauptfluß Australiens, entspringt in den Snowy Mountains, mündet in den Küstensee Lake Alexandrina und über ihn in die Encounter Bay des Ind. Ozeans, 2 560 km lang, bildet 1 930 km lang die Grenze zw. Neusüdwales und Victoria; mehrfach gestaut.

Mürren ↑ Lauterbrunnen.

Murrhardt, Stadt im Tal der Murr, Bad.-Württ., 290 m ü. d. M., 13 100 E. Museum; holzverarbeitende Ind., Metallwarenfabriken, Pelzveredelung, Leder- und Gerbstoffabrik; Luftkurort. - Um die 873 erwähnte Benediktinerabtei entstand die Siedlung M., 1328 als Stadt bezeugt. - Spätgot. Stadtkirche (v. a. 15. Jh.) mit roman. Bauteilen (12. Jh.).

Murrhardter Wald, Teil der Schwäbisch-Fränk. Waldberge; erstreckt sich südl. der Murr bis Backnang und Murrhardt, bis 575 m hoch.

Murry, John Middleton [engl. 'mʌrɪ], * Peckham (= London) 6. Aug. 1889, † London 13. März 1957, engl. Schriftsteller. - Journalist, Hg. von Zeitschriften; u. a. ∞ mit K. Mansfield, die sein literar. Werk ebenso beeinflußte wie D. H. Lawrence. Schrieb außer psychoanalyt. Biographien und Studien, u. a. über Keats, D. H. Lawrence, K. Mansfield, J. Swift, zeitkrit. Essays, in denen er einen christl. Kommunismus vertrat.

Mursa, antiker Name von ↑Osijek.
Mursili (Murschili), Name mehrerer Könige der Hethiter:
M. I., regierte etwa 1560–31. - Setzte die Eroberung N-Syriens fort (Sieg über Aleppo), verhalf den Kassiten zur Herrschaft in Babylon; nach seiner Rückkehr ermordet.
M. II., regierte etwa 1330–1295. - Vermochte das Hethiterreich in N-Syrien neu zu festigen.
Mursuk, Ort in einer Oase im Fessan, SW-Libyen, 395 m ü. d. M., 1 000 E. Herstellung von Zelten, Teppichen, Flechtwerk. - Seit dem 16. Jh. Residenz einer lokalen Dyn.; einst blühendes Handelszentrum, mußte aber nach häufigen Nomadenüberfällen weitgehend verlassen werden; Reste eines Forts (1310) mit Moschee.
Murten, schweizer. Bez.hauptort am O-Ufer des Murtensees, Kt. Freiburg, 457 m ü. d. M., 4600 E. Museum; Elektrogerätebau, Nahrungsmittel-, Holz-, Uhrenind.; Fremdenverkehr. - Der zur Festung ausgebaute Ort wurde 1034 zerstört. Nach 1159 Neugründung der Stadt; 1475–1798 von Bern und Freiburg verwaltet; gehört seit 1803 zum Kt. Freiburg. - 1476 widerstand M. der Belagerung Herzog Karls des Kühnen von Burgund bis zum Sieg der Eidgenossen in der **Schlacht von Murten** (22. Juni). - Spätgot. (frz.) Katharinenkirche (1484); barocke (dt.) ref. Kirche (1710–13); Schloß (im 15./16. und 18. Jh. erneuert); Häuser mit Laubengängen (17./18. Jh); fast vollständig erhaltene Stadtbefestigung (13.–15. Jh.).
Murtensee, See im westl. Schweizer Mittelland, 23 km², 429 m ü. d. M., bis 46 m tief.
Mururoa [frz. myryrɔ'a], unbewohntes Atoll der sö. Tuamotuinseln, Frz.-Polynesien; seit 1963 Ausbau zum frz. Testzentrum für Kernwaffen.
Mürz, linker Nebenfluß der Mur in der Steiermark; entspringt an der Schneealpe, mündet bei Bruck an der Mur, 98 km lang.
Mürzzuschlag, Bez.hauptstadt an der Mürz, Steiermark, Österreich, 669 m ü. d. M., 11000 E. Stahlwerk, Herstellung von Strick- und Wirkwaren; ältester östr. Wintersportplatz (seit 1889). - Vor 1227 entstanden, seit 1924 Stadt. - Barocke Pfarrkirche (1766), ehem. Franziskanerkloster (17. Jh.).
Mus [lat.], Gatt. der Mäuse (i. e. S.) mit rd. 20 Arten, davon am bekanntesten die ↑Hausmaus.
Mus [zu althochdt. muos „Speise"], breiförmige Speise aus gekochtem Obst, Kartoffeln, Hülsenfrüchten oder Fleisch.
Musaceae [arab.], svw. ↑Bananengewächse.
Musangs [malai.] (Palmenroller, Rollmarder, Paradoxurus), Gatt. der Schleichkatzen mit drei Arten in S-Asien (einschließl. der Sundainseln); Körper etwa 45–55 cm lang; Fell bräunlichgrau bis braun, oft mit dunklerer Zeichnung; nachtaktive Baumbewohner; ernähren sich von Wirbellosen, kleineren Wirbeltieren und Früchten. Häufig ist der **Malaiische Palmenroller** (Fleckenmusang, Paradoxurus hermaphroditus), mit dunklen Punkten auf dem bräunlich-grauen Körper und schwärzl. Gesichtsmaske.

Musäus, Johann Karl August, * Jena 23. März 1735, † Weimar 28. Okt. 1787, dt. Schriftsteller. - Parodierte die Rührseligkeit S. Richardsons im ersten dt. satir. Roman „Grandison der Zweite" (1760–62, Neubearb. 1781/82) und die Physiognomik J. K. Lavaters in seinen anonym erschienenen „Physiognom. Reisen" (1778/79). Bekannter sind seine in rationalist.-iron. Manier bearbeiteten „Volksmärchen der Deutschen" (1782–86).

Musca [lat.] ↑Sternbilder (Übersicht).
Muscari [griech.-lat.], svw. ↑Traubenhyazinthe.
Muscarin ↑Muskarin.
Muschel ↑Muscheln.
Muschelbank ↑Miesmuschel.
Muschelgift (Mytilotoxin), vermutl. in den Genitalprodukten von Muscheln, v. a. während der heißen Jahreszeit, sich bildendes Toxin. - ↑auch Muschelvergiftung.
Muschelhaufen, Anhäufungen v. a. von Muschelschalen sowie Resten von Schnecken, Fischen u. a., weltweit v. a. an Meeresküsten, auch an Seen und Strömen verbreitet; von vor- und frühgeschichtl. Küstensammlern (v. a. aus dem Mesolithikum und Neolithikum) stammende Abfallhaufen, die auch Stein- oder Knochenwerkzeuge enthalten; bes. häufig in Japan; bekannt auch die dän. ↑Kökkenmöddinger.
Muschelkalk, mittlere Abteilung der german. Trias (↑Geologie, Formationstabelle).
Muschelkrebse (Ostracoda), Unterklasse etwa 0,25 mm bis wenige cm langer Krebse mit rd. 12000 Arten in Meeres- und Süßgewässern; mit stark verkürztem, von einer zweiklappigen Schale völlig umschlossenem Körper, wenigen Extremitätenpaaren und (meist) mit Naupliusauge. Manche ausgestorbenen M. spielen neuerdings als „Leitfossilien" bei Probebohrungen nach Erdöl eine bed. Rolle.
Muscheln [zu lat. musculus „Mäuschen", (übertragen:) „Miesmuschel"] (Bivalvia, Lamellibranchiata, Acephala), seit dem Kambrium bekannte, heute mit rd. 8000 Arten in Meeres- und Süßgewässern verbreitete Klasse der Weichtiere; Körper zweiseitig symmetr., meist mit muskulösem Fuß, von zweiklappiger Kalkschale umgeben. Die Schalen können durch zwei Schließmuskeln fest verschlossen werden. Den M. fehlt die für die meisten Weichtiere kennzeichnende Radula, der Nahrungserwerb geschieht bei ihnen durch Ausfiltern von Kleinlebewesen aus dem Wasser mit Hilfe der Kiemen. Ein

Muschelschaler

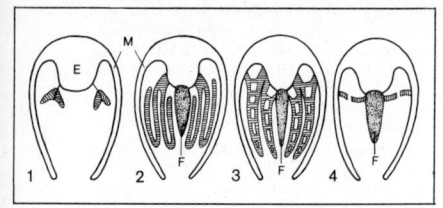

Muscheln. Schematische Querschnitte zur Morphologie der verschiedenen Kiementypen: 1 Fiederkiemen, 2 Fadenkiemen, 3 Blattkiemen, 4 verwachsene Kiemen (E Eingeweidesack, F Fuß, M Mantel)

eigentl. Kopf fehlt; Sinnesorgane sind meist sehr spärl. entwickelt. - Die Befruchtung der meist getrenntgeschlechtl. M. erfolgt entweder außerhalb (Eier und Spermien werden ins Wasser ausgestoßen) oder innerhalb der Tiere (Spermien werden von den ♀♀ mit dem Atemwasser eingestrudelt). Manche M. spielen als Nahrungsmittel eine bed. Rolle (z. B. Miesmuscheln, Herzmuscheln, Austern), andere (Bohrmuscheln, Schiffsbohrwurm) können am Holz von Hafenbauten und Schiffen beträchtl. wirtschaftl. Schaden verursachen. Für die Schmuckindustrie ist v. a. die Seeperlmuschel von großer Bedeutung. Man unterscheidet vier Ordnungen: Fiederkiemer, Fadenkiemer, Blattkiemer, Verwachsenkiemer.

Muschelschaler (Conchostraca), Ordnung wenige Millimeter bis 1,7 cm großer Blattfußkrebse mit rd. 180 Arten; v. a. in kleinen Seen und Tümpeln lebend (versteinerte Arten vermutl. auch im Meer); Gehäuse muschelartig, zweiklappig, durch Kalkeinlagerungen verstärkt.

Muschelseide (Byssusseide, Seeseide), Bez. für die glatten, glänzenden, 4–10 cm langen Fäden, die von verschiedenen Steckmuschelarten gebildet werden († Byssus).

Muschelvergiftung (Mytilismus), durch ↑ Muschelgift, Giftalgen im Darmtrakt der Muschel oder (bakterielle) Fäulnisprodukte hervorgerufene, gelegentl. auch allerg. bedingte Vergiftung nach dem Genuß von Muscheln, v. a. der Miesmuscheln und Austern; Symptome und Therapie ähnl. wie bei Fischvergiftung.

Muschelwerk, svw. ↑ Rocaille.

Muschg, Adolf, * Zollikon 13. Mai 1934, schweizer. Schriftsteller. - Seine vielschichtigen Romane und Erzählungen sind durch Ironie und schwarzen Humor bestimmt, u. a. „Im Sommer des Hasen" (R., 1965). „Gegenzauber" (R., 1967), „Entfernte Bekannte" (En., 1976); auch Dramen, Hör- und Fernsehspiele.
Weitere Werke: Kellers Abend. Ein Stück mit einem Nachspiel (1975), Gottfried Keller (Biogr., 1977), Noch ein Wunsch (E., 1979), Goethe als Emigrant (Essays, 1986).

M., Walter, * Witikon (= Zürich) 21. Mai 1898, † Basel 6. Dez. 1965, schweizer. Literarhistoriker. - Ab 1936 Prof. in Basel; zahlr. literarhistor. Arbeiten; wurde v. a. bekannt durch seine z. T. stark polem. „Trag. Literaturgeschichte" (1948).

Muschik [ˈmʊʃɪk, mʊˈʃɪk; russ.], veraltete Bez. für den russ. Bauern.

Museion [griech.], in der Antike svw. Musensitz, den ↑ Musen geweihte Stätte (Haine, Grotten u. a.), auch Lehrstätte; daher auch Name großer Schulen; zu den bed. Schulen gehört das M. in Alexandria († Alexandrinische Bibliothek).

Musen, bei den Griechen die Schutzgöttinnen der Künste und des geistigen Lebens überhaupt. Urspr. wohl 3, später 9 Schwestern im Gefolge des Apollon: **Kalliope** (die „Schönstimmige"), Muse der ep. Dichtung (Attribut: Wachstafel und Griffel), **Melpomene** (die „Singende"), Muse der trag. Dichtung (Attribut: trag. Maske), **Thalia** (die „Blühende"), Muse der kom. Dichtung (Attribut: kom. Maske), **Euterpe** (die „Erfreuende"), Muse der Lyrik (Attribut: der Aulos), **Terpsichore** (die „Reigenfrohe"), Muse der Chorlyrik und des Tanzes (Attribut: die Lyra), **Erato** (die „Liebevolle"), Muse der Liebesdichtung, **Polyhymnia** (die „Hymnenreiche"), Muse der Hymnendichtung, **Klio** (die „Rühmerin"), Muse der Geschichtsschreibung (Attribut: Papyrusrolle und Griffel), **Urania** (die „Himmlische") Muse der Sternkunde (Attribut: Himmelsglobus und Zeigestab).

Musenalmanach, seit der Mitte des 18. bis ins 19. Jh. beim gebildeten Bürgertum beliebtes belletrist. Publikationsorgan; jährl. erscheinende Anthologie meist noch unveröffentlichter Dichtungen, vorwiegend Lyrik und andere poet. Kleinformen, aber auch Dramen- und Epen[auszüge], Übersetzungen, Kompositionen, oft auch mit Kalendarium und Illustrationen. Bed. waren u. a. der „*Göttinger M.*" (1770–1802), sowie „*Schillers M.*" (1796–1800), in dem u. a. die „Xenien" (Jahrgang 1797) erschienen, die M. der Romantiker A. W. Schlegel und L. Tieck in Jena (1802/03), A. von Chamissos und K. A. Varnhagen von Enses „*Grüner M.*" (1804–06), J. Kerners „*Poet. Almanach*" (1812/13), A. von Chamissos und G. Schwabs „*Dt. M.*" (1832–39). Ein (konservativer) Wiederbelebungsversuch war „*Cotta'sche M.*" (1891), dem der progressive „*Moderne M.*" (1893/94) O. J. Bierbaums folgte. Im 20. Jh. hat sich v. a. bei Verlagen eine neue Form der Almanache (mit Proben von Neuerscheinungen) herausgebildet.

Musette [frz. myˈzɛt; zu vulgärlat. musum „Maul"], in Frankr. im 17./18. Jh. beliebte ↑ Sackpfeife, deren Sack durch einen an

Museum

den Arm geschnallten Blasebalg mit Luft gefüllt wird. Zunächst war nur eine zylindr. gebohrte Spielpfeife mit Doppelrohrblatt vorhanden, ab Mitte des 17.Jh. trat eine zweite mit Klappen versehene hinzu.

◆ ruhiger Tanz im $^6/_8$-, $^3/_4$- oder $^2/_4$-Takt, der seinen Namen wohl von den (auf das gleichnamige Instrument zurückzuführenden) liegenden Baßtönen erhalten hat; als Gesellschaftstanz zur Zeit Ludwigs XIV. und Ludwigs XV. beliebt; aus der dreizeitigen M. entwickelte sich der **Musettewalzer.**

Museum [griech.-lat. (zu ↑ Museion)], seit dem 18.Jh. Bez. sowohl für Sammlungen künstler. und wiss. Gegenstände als auch für die Bauten, in denen sie untergebracht werden. Das moderne M. ist, je nach Größe, ein personalintensiver Betrieb mit Labor, Bibliothek, Verwaltung und Institutionen für Öffentlichkeitsarbeit, mit wiss. Personal, Präparatoren, Restauratoren, Technikern und Aufsehern. Es dient der Sammlung, Bewahrung, Erforschung und Wiederherstellung von Kulturgut, v.a. aber dessen sinnvoller Präsentation und Erläuterung. Es versucht, Bezüge zur Gegenwart herzustellen, zeigt anhand von Sonderausstellungen und mit Hilfe von Film, Diareihen, Tonbändern, Führungen, Diskussionen, Seminaren, Kursen usw. Querverbindungen zw. den einzelnen M.beständen sowie zw. diesen und der Gegenwart auf. Die Museen sind im International Council of Museums (ICOM) zusammengeschlossen. In der BR Deutschland besteht der Dt. Museumsbund (gegr. 1929).

Geschichte: Das Ansammeln wertvoller Gegenstände ist bei Heiligtümern, weltl. und geistl. Herrschersitzen schon in frühester Zeit zu beobachten. Wichtigstes psycholog. Motiv für das Sammeln war wohl von Anfang an Selbstverständnis und Selbstdarstellung in sichtbarem, vorzeigbarem Besitz. Dieser Aspekt dominiert bei den berühmten Sammlern antiker Werke der Renaissance, etwa bei Lorenzo de' Medici oder Papst Julius II. In Frankr. gehören der Herzog Jean de Berry, König Franz I., später Richelieu und Mazarin zu den leidenschaftlichsten Sammlern. Kunst- und Wunderkammern trugen Erzherzog Ferdinand von Tirol auf Schloß Ambras und Kaiser Rudolf II. in Prag zusammen, auch die sächs. Kurfürsten in Dresden (Grünes

MUSEEN (Auswahl)

Abkürzungen: A = Antike Kunst, AaK = Altamerikan. Kunst, AäK = Altägypt. Kunst, AK = Afrikan. Kunst, AM = Alte Malerei/Graphik, E = Völkerkunde, G = Geschichte, IK = Ind. Kunst, IsK = Islam. Kunst, Kh = Kunsthandwerk, N = Naturkunde, NM = Neuere und neueste Malerei/Graphik, MI = Musikinstrumente, OK = Ostasiat. Kunst, P = Plastik, PK = Präkolumbian. Kunst, S = Spezialmuseum, T = Technik, V = Volkskunde

Ort	Museum (Schwerpunkte der Sammlung)
Bundesrepublik Deutschland	
Berlin-Charlottenburg	Ägypt. Museum (AäK)
Berlin-Charlottenburg	Antikenabteilung (A)
Berlin-Dahlem	Gemäldegalerie (AM, NM)
Berlin-Dahlem	Skulpturengalerie (P)
Berlin-Dahlem	Museum für Völkerkunde (E)
Berlin-Dahlem	Museum für Dt. Volkskunde (V)
Berlin-Dahlem	Museum für Ind. Kunst (IK)
Berlin-Dahlem	Museum für Ostasiat. Kunst (OK)
Berlin-Dahlem	Museum für Islam. Kunst (IsK)
Berlin-Tiergarten	neue Nationalgalerie (NM, P)
Berlin-Tiergarten	Musikinstrumenten-Museum des staatl. Instituts für Musikforschung (S)
Bochum	Dt. Bergbau-Museum (T)
Bonn	Rhein. Landesmuseum (A, AM, S, Kh)
Braunschweig	Herzog Anton Ulrich-Museum (AM, Kh)
Bremen	Kunsthalle (AM, NM, S)
Bremerhaven	Dt. Schiffahrtsmuseum (T)
Darmstadt	Hess. Landesmuseum (N, AM, NM, S, Kh, A, P)
Dortmund	Museum am Ostwall (NM, P)
Düsseldorf	Kunstmuseum (AM, NM, Kh)
Düsseldorf	Kunstsammlung Nordrhein-Westfalen (Schloß Jägerhof; NM)
Duisburg	Wilhelm-Lehmbruck-Museum (NM, P)
Essen	Museum Folkwang (NM, P, Kh, OK, AaK)
Frankfurt am Main	Naturmuseum Senckenberg (N)
Frankfurt am Main	Museum für Kunsthandwerk (Kh)
Frankfurt am Main	Liebighaus (Museum alter Plastik; P, A, OA, AäK)

Museen (Fortsetzung)

Ort	Museum (Schwerpunkte der Sammlung)
Frankfurt am Main	Städelsches Kunstinstitut (AM, NM)
Freiburg im Breisgau	Städt. Museen – Augustinermuseum (AM, NM, P)
Hamburg	Kunsthalle (AM, NM, P)
Hamburg	Museum für Kunst und Gewerbe (Kh, S, AäK, OK)
Hannover	Niedersächs. Landesmuseum (AM, NM, S)
Hannover	Kestner-Museum (A, AäK, Kh)
Hannover	Kunstmuseum Hannover mit Sammlung Sprengel (NM)
Hildesheim	Roemer-Pelizaeus-Museum (AäK)
Karlsruhe	Bad. Landesmuseum (A, AäK, Kh, P, V)
Karlsruhe	Staatl. Kunsthalle (AM, NM)
Kassel	Dt. Tapeten-Museum (S)
Kassel	Staatl. Kunstsammlungen (AM)
Köln	Röm.-German. Museum (A, Kh)
Köln	Wallraf-Richartz-Museum/Museum Ludwig (AM, NM, P)
Köln	Rautenstrauch-Joest-Museum für Völkerkunde (E)
Köln	Museum für ostasiat. Kunst (OK)
Mainz	Gutenberg-Museum (S)
Mainz	Röm.-German. Zentralmuseum (A)
Mannheim	Städt. Kunsthalle (NM, P)
München	Bayer. Nationalmuseum (Kh)
München	Alte Pinakothek (AM)
München	Neue Pinakothek (NM, P)
München	Dt. Museum von Meisterwerken der Naturwiss. und Technik (S)
München	Prähistor. Staatssammlung/Museum für Vor- und Frühgeschichte (S)
München	Glyptothek (S)
Nürnberg	German. Nationalmuseum (AM, S, Kh, V)
Recklinghausen	Ikonenmuseum (S)
Stuttgart	Staatsgalerie (AM, NM, P)
Stuttgart	Linden-Museum (E)
Wuppertal	Von der Heydt-Museum (NM, P)

Übriges Europa

Ort	Museum (Schwerpunkte der Sammlung)
Amsterdam	Rijksmuseum (AM, P, ISK, IK, OK, Kh)
Amsterdam	Stedelijk Museum (NM, P)
Athen	National Archaeological Museum (A, P)
Basel	Kunstmuseum (AM, NM, P, MI)
Belgrad	Nationalmuseum (A, AM, NM, P, Kh)
Berlin (Ost)	Museumsinsel (Bode-Museum, früher Kaiser-Friedrich-Museum; A, AäK, AM, IK, OK, IsK, Kh, AM, NM, P)
Berlin (Ost)	Museum für Naturkunde an der Humboldt-Univ. (N)
Berlin (Ost)	Museum für dt. Geschichte (G)
Bern	Kunstmuseum (AM, NM, P)
Brügge	Stedelijk Museum voor Schone Kunsten (AM, P, KH, A)
Brüssel	Musées Royaux d'Art et d'Histoire (A, AäK, IsK, OK, AM, S, Kh)
Brüssel	Musées Royaux des Beaux-Arts de Belgique (AM, NM, P)
Budapest	Museum der bildenden Künste (A, AäK, AM, NM, P)
Bukarest	Muzeul de Arta al R. S. R. (AM, NM, P, Kh, V)
Colmar	Musée d'Unterlinden (AM)
Den Haag	Mauritshuis (AM, NM)
Den Haag	Gemeentemuseum (G, MI, Kh, NK)
Dresden	Staatl. Kunstsammlungen (AM, NM, P, Kh)
Edinburgh	National Gallery of Scotland (AM, S)
Florenz	Galleria dell'Accademia (AM)
Florenz	Galleria degli Uffizi (Uffizien; AM, P, A)
Florenz	Bargello (P)
Florenz	Palazzo Pitti (Galleria Palatina; AM, NM)
Genf	Musée d'Art et d'Histoire (A, AM, NM, P, Kh)
Haarlem	Frans Hals Museum (NM)
Humlebaek bei Kopenhagen	Louisiana-Museum (NM)
Kopenhagen	Ny Carlsberg Glyptotek (NM, P, A, AäK, IsK)
Kopenhagen	Nationalmuseet (E, V, S)
Leipzig	Museum der bildenden Künste (NM, P)

Museen (Fortsetzung)

Ort	Museum (Schwerpunkte der Sammlung)
Leningrad	Staatl. Eremitage (A, AäK, IsK, AM, P, Kh, V)
Lissabon	Museu Nacional de Arte Antiga (AM, P, Kh, IsK)
London	British Museum (A, AäK, IsK, IK, Kh)
London	National Gallery (AM, NM)
London	Victoria and Albert Museum (OK, IK, Kh, MI, S)
London	Tate Gallery (AM, NM, P)
London	Science Museum (T)
Luzern	Verkehrshaus der Schweiz – Schweizer. Verkehrsmuseum (S)
Madrid	Museo del Prado (AM, NM, P, A, Kh)
Mailand	Pinacoteca di Brera (AM, NM)
Moskau	Staatl. Tretjakow-Galerie (S, NM, AM)
Neapel	Museo Nazionale (A, P, Kh, AM)
Neapel	Museo e Gallerie Nazionali di Capodimonte (AM, P, Kh)
Neapel	Pinacoteca Ambrosiana (NM)
Olympia	Archäolog. Museum (A, P)
Oslo	Nasjonalgalleriet (NM, AM, P, A, Kh)
Oslo	Norweg. Volksmuseum (S)
Oslo-Bygdøy	Museumsinsel (T, V, S)
Otterlo	Rijksmuseum Kröller-Müller (NM, AM, P, Kh, A, AäK, OK)
Palermo	Museo Nazionale Archeologico (A)
Paris	Musée National du Louvre (A, AäK, IsK, OK, IK, AM, P, Kh)
Paris	Musée des Arts Décoratifs (Kh, OK, IK, IsK)
Paris	Centre Georges-Pompidou (NM, P)
Paris	Musée d'Orsay (P, NM, Kh des 19.Jh.)
Paris	Musée Guimet (OK, IK, hinterind., jap.-chin. Kunst)
Prag	Nationalgalerie (AM, NM, P, AäK, IsK, Kh)
Rom	Galleria Borghese (A, AM, P)
Rom	Galleria dell'Accademia di San Lucca (AM)
Rom	Galleria Nazionale d'Arte Moderna (NM, P)
Rotterdam	Museum Boymans-van Beuningen (AM, NM, P)
Stockholm	Nationalmuseum (AM, NM, S, Kh)
Stockholm	Seehistor. Museum (S)
Turin	Galleria Sabauda (AM, P, Kh)
Turin	Museo Egizio (AK)
Vatikan	Pinacoteca Vaticana (Vatikan. Sammlungen; AM, Kh)
Venedig	Galleria dell'Accademia (AM)
Warschau	Nationalmuseum (A, AäK, AM, NM, P, Kh)
Weimar	Staatl. Kunstsammlungen (AM, NM, Kh)
Wien	Graph. Sammlung Albertina (AM, NM, OK)
Wien	Kunsthistor. Museum (A, AäK, IsK, AM, Kh)
Wien	Heeresgeschichtl. Museum (S)
Wien	Museum des 20.Jh. (NM)
Zürich	Kunsthaus (A, AM, NM, P)
Zürich	Museum Rietberg (S, OA, IK, IsK)

Außerhalb Europas

Ort	Museum (Schwerpunkte der Sammlung)
Bagdad	Irak-Museum (IsK, A)
Bombay	Ind. Museum (IK, S)
Boston	Museum of Fine Arts (A, AäK, IK, MI, OK, AM, NM, P, Kh)
Chicago	Art Institute of Chicago (AM, NM, A, PK, P, Kh)
Cleveland	Museum of Art (A, AäK, IsK, IK, OK, AM, NM, P, Kh, V)
Istanbul	Antikenmuseum (A, IsK, P)
Kairo	Ägypt. Museum (AäK)
Mexico City	Museo Nacional de Arqueologia (PK, S)
New York	Metropolitan Museum of Art (A, AäK, IsK, IK, OK, PK, AM, NM, P, Kh, MI)
New York	Museum of Modern Art (NM, P)
New York	Solomon R. Guggenheim Museum (NM, P)
Ottawa	National Gallery of Canada (AM, NM, P, Kh)
Philadelphia	Museum of Art (AM, NM, P, IsK, IK, OK, PK, Kh, V)
Rio de Janeiro	Musen Nacional de Belas Artes (PK, NM, P, Kh, V)
Sydney	Australian Museum (S)
Tokio	Nationalmuseum (OK, S)
Washington	National Gallery of Art (AM, NM, OK, Kh)

Gewölbe) und die bayr. Herzöge in München, die Hainhofer in Nürnberg, die Prauns und Imhoffs in Augsburg waren große Sammler. Diese Schätze wurden nicht isoliert und um ihrer selbst willen präsentiert, sondern vielmehr auf z. T. überaus originelle Weise in die jeweilige Architektur einbezogen, ebenso wie die Bibliothek mit Kupferstich- und Münzkabinett, eventuell Waffen-, Jagd- oder Instrumentensammlungen. Im späten 18. Jh. wurden v. a. die Antikensammlungen ausgebaut, so in den Vatikan. oder in den Farnes. Sammlungen (Funde aus Herculaneum und Pompeji) in Neapel. Die Villa des Kardinals Albani in Rom entstand als reine Antikengalerie. Das M. als öffentl. Institution wurde im 18. Jh. geschaffen, wenngleich schon vorher vereinzelt Galerien dem Publikum zugängl. gemacht worden waren, v. a. in Italien (Uffizien 1580, Palazzo Pitti 1640, beide in Florenz), und in Basel 1662 die öffentl. Kunstsammlung gegr. wurde. Als erste staatl. Gründung entstand das Brit. Museum in London (1753), in Deutschland das Kasseler Museum Fridericianum (erbaut 1769–76). Z. T. wurden die M. in alten Bauten zugängl. gemacht bzw. untergebracht (z. B. die ehem. königl. Sammlungen 1793 im Louvre in Paris, die 1805 gegr. Pinacoteca di Brera in Mailand, die 1822 gegr. nat. Gemäldegalerie im Mauritshuis in Den Haag, das 1859 gegr. Florentiner Museo Nazionale im Bargello [woher es seinen Namen hat]). Wurden M. neu errichtet, bringt die Bauweise dieser Museen zum Ausdruck, was das Wort M. besagt: Man errichtet einen „Musentempel", einen würdevollen, feierl. Rahmen für die wertvollen Kunstobjekte. Solche M.bauten entstanden in München: Glyptothek (1816–34) und Alte Pinakothek (1826–36; von L. von Klenze); Madrid: Prado (1785 ff.); London: National Gallery (1832–38); Berlin: Altes Museum (1825–28; von K. F. Schinkel); Leningrad: Neue Eremitage (1839–52; von Klenze); Dresden: Gemäldegalerie (1847–54; von G. Semper); Darmstadt: Hess. Landesmuseum (1897–1902); Amsterdam: Rijksmuseum (1877–85). Das M. entwickelte sich zu einem Ort der Neuordnung von Kunstwerken, die bes. durch Säkularisierung und Revolution in beträchtl. Mengen aus ihrem urspr. Zusammenhang gerissen wurden, mithin zu einem Ort, an dem - folgenschwer für die Herausbildung des noch heute geläufigen Kunstverständnisses - bestimmte Objekte, die urspr. für einen ganz bestimmten Zweck hergestellt worden waren, nun ausschließl. unter dem Aspekt ihrer histor. und/oder formalen Qualitäten, als Kunstwerke, betrachtet werden. Das M. wurde in der Folgezeit mehr und mehr spezialisiert auf Einzelgebiete, es wurden unterschieden: Kunst-, Kunstgewerbe-, Völkerkunde-, Volkskunde-, archäolog., Naturkunde-, techn., Heimat-, Freilicht-, Spezialmuseum. - Nach dem 2. Weltkrieg wurden in Europa und in den USA zahlr. M.bauten errichtet. Wegen ihres architekton. Einfalls oder der Innenraumgestaltung und Repräsentation der Objekte sind bes. zu erwähnen das Guggenheim-M. in New York von F. L. Wright (1956–59), das Museo del Tesoro di San Lorenzo in Genua von F. Albini (1956), das Center for Visual Arts der Harvard-Univ., Cambridge (Mass.) von Le Corbusier (1961–64), die neue Nationalgalerie von Mies van der Rohe in Berlin (1968), der „Breuer Wing" des Cleveland Museum of Art (1971), das Oakland Museum (Calif.) von K. Roche und J. Dinkeloo (1973), das Röm.-German. Museum in Köln (1974) von H. Röcher, das Centre Georges-Pompidou in Paris von R. Piano und R. Rojers (1971–77), Ostflügel der National Gallery of Art in Washington (1978) von I. M. Pei, die Neue Pinakothek in München von A. Frhr. von Branca (1975–81) und der Umbau eines Bahnhofs in Paris zum Musée d'Orsay durch G. Aulenti (1980–86). - ↑ auch Freilichtmuseen (Übersicht).
 ⌑ *M.architektur.* Hg. v. *I. Flagge.* Hamb. 1985. - *Klotz, H./Krase, W.:* Neue *M.bauten in der BR Deutschland.* Stg. 1985. - *Der Österr. M.führer.* Innsbruck 1985. - *Haefs, H.:* Die dt. *Heimatmuseen. Ffm.* 1984. - *Der dt. M.führer in Farbe.* Hg. v. *K. Mörmann. Ffm.* ²1983. - *Museen der Schweiz.* Hg. v. *N. Flüeler.* Mchn. 1982. - *Hdb. der Museen.* Mchn. ²1981.

 Museumsinsel, in Berlin (Ost) gelegenes Museumszentrum (Staatl. Museen) auf der Insel zw. Spree, Kupfergraben und einem Graben zum Marx-Engels-Platz. Die M. umfaßt das Alte Museum (1825–28 erbaut von K. F. Schinkel), Bode-Museum (ehem. Kaiser-Friedrich-Museum, 1897–1903), Pergamon-Museum (1909–30), Nat.galerie (1866–76).

 Museumskäfer (Anthrenus museorum), weltweit verbreiteter, 2–3 mm großer, dem ↑ Kabinettkäfer ähnl. Speckkäfer; Larven können durch Fraß an Bälgen und Insektenpräparaten sowie an Pelz- und Wollwaren schädl. werden.

 Musgrave Ranges [engl. ˈmʌzgreɪv ˈreɪndʒɪz], Gebirgszug in Südaustralien, 160 km O–W-Erstreckung, 16 km breit, bis 1 440 m hoch.

 Musical [englisch ˈmjuːzɪkəl; Kurzform für musical comedy „musikal. Komödie" oder musical play „musikal. Spiel"], eine musikal.-theatral. Mischgattung aus Sprechstück, Operette, Revue und Varieté, bestehend aus Liedern, Songs, Tanz- und Unterhaltungsmusik, Jazzelementen und Ballett, die zu einer meist zweiaktigen Handlung zusammengefügt werden. Das M. entwickelte sich nach 1900 aus amerikan. und europ. Formen des leichten Unterhaltungstheaters und der Show und fand seine Heimat am New Yorker Broadway. Musikal. zu einem eigenen Stil gelangte es bei G. Gershwin („Lady be good", 1924; „Oh

Kay", 1926; „Porgy and Bess", 1935), V. Youmans („No, no, Nanette", 1925), J. Kern („Show boat", 1927), C. Porter („Anything goes", 1934), R. Rodgers („The boys from Syracuse", 1938; „Oklahoma", 1943). Die Stücke behandeln eine gegenwartsnahe, dem Alltag des Publikums entnommene Thematik in realist. Darstellung. Vielfach werden Stoffe aus der Weltliteratur aktualisiert. So geht die Handlung von C. Porters „Kiss me, Kate" (1948) auf Shakespeares „Der Widerspenstigen Zähmung", F. Loewes „My fair lady" (1956) auf Shaws „Pygmalion" und L. Bernsteins „West side story" (1957) auf Shakespeares „Romeo u. Julia" zurück. Als Produkt des Showbusineß neigt das M. zum Aufwendigen und Sensationellen und muß sich bei hohen Produktionskosten v. a. am Einspielgewinn ausrichten. Die künstler. Linie wird daher mehr vom Produzenten oder Regisseur bestimmt, weniger vom Komponisten, Buchautor, Songtexter oder Choreographen, die alle am Zustandekommen eines M. beteiligt sind. Bes. erfolgreich waren nach dem 2. Weltkrieg die M. von R. Rodgers („Carousel", 1945; „South Pacific", 1949), I. Berlin („Annie get your gun", 1946), F. Loesser („Guys and dolls", 1950), J. Herman („Hello Dolly", 1964) und J. Bock („Fiddler on the roof", 1964, dt. „Anatevka"). Zum Typ des Rock-M. mit Elementen der Rockmusik gehören G. McDermots „Hair" (1968) und A. Lloyd Webbers „Jesus Christ Superstar" (1970).

📖 *Pflicht, S.: M.-Führer. Mchn. Neuaufl. 1985. - Bartosch, G.: Die ganze Welt des M. Wsb. 1981. - Star, L. E.: Der M.-Film. Dt. Übers. Mchn. 1979. - Green, S.: The world of musical comedy. Cranbury (N. J.) Neuaufl. 1973.*

Musik (lat. Musica) [zu griech. musikḗ (téchnē) „musische (Kunst)"], in seiner umfassendsten Bed. bezeichnet das Wort M. die absichtsvolle Organisation von Schallereignissen. Das akust. Material dieser Schallereignisse sind Töne (hervorgerufen durch period. Schallschwingungen) und Geräusche (nichtperiod. Schallschwingungen). Die im Bereich des Hörbaren vorhandenen, als „hoch" oder „tief" empfundenen und unterschiedenen Töne und gegebenenfalls Geräusche werden in eine Ordnung gebracht, die einerseits einer gewissen Eigengesetzmäßigkeit unterliegt (wie sich z. B. aus der Obertonreihe ergibt) oder durch äußere Gegebenheiten bestimmt wird (z. B. durch den Bau von Musikinstrumenten mit festen Stimmungen), andererseits einem histor. sich wandelnden Formungswillen unterliegt. Töne treten in ihrer Eigenschaft als Intervalle zueinander in Beziehung; die Intervallordnung schlägt sich nieder im Tonsystem (Pentatonik, Heptatonik, Dur, Moll). Neben der Höhe sind weitere Grundeigenschaften des Tons seine Dauer, Lautstärke und Klangfarbe. Aus der zeitl. Aufeinanderfolge von Tönen und Geräuschen entsteht Rhythmus; aus der Aufeinanderfolge verschiedener Tonhöhen Melodie (Einstimmigkeit); aus dem gleichzeitigen Erklingen mehrerer Töne der Zusammenklang (Akkord, Heterophonie, Mehrstimmigkeit). Das Hervorbringen mit unterschiedl. Schallwerkzeugen (Instrumente und Singstimme) bestimmt den Klangfarbe und unterscheidet die M. in Vokal- und Instrumentalmusik. Sowohl den Tonabständen (Intervalle) und den aus ihnen gebildeten Zusammenklängen als auch den Tondauern (Rhythmus) liegen in der abendländ. M. Zahlenproportionen zugrunde, die das rationalmathemat. Fundament der M. bestimmen und sie theoriefähig machen.

Die europ. **Musikgeschichte** manifestiert sich primär als Geschichte einzelner M.werke. Das Werk repräsentiert den individuellen Kunstwillen seines Schöpfers (Komponist) und ist zugleich von histor. und sozialen Gegebenheiten abhängig, die sich als Gattungsmerkmal oder Stil niederschlagen. M.werke sind in der Absicht hergestellt, aufgeführt zu werden. Die europ. M.geschichte und v. a. die außereurop. M. kennt jedoch auch M. ohne Werkanspruch (Volks-M., Improvisation). Problemat. ist der Werkcharakter auch für einige Richtungen in der modernen M., die improvisator. und Zufallsmomente in die Komposition einplanen (Aleatorik, offene Form). M.werke richten sich an Hörer und sind als Objekte sinnl.-ästhet. Wahrnehmung konzipiert. Als Sinn- und Bedeutungsträger setzen sie das Verstehen des Rezipienten voraus. Stufen dieses Verstehens sind die Aufnahme des physikal. Reizes der Tonhöhen, -dauern und Klangfarben, das Herstellen ihrer Beziehungen untereinander, sodann das Erkennen von Themen, Motiven, Perioden usw., das Erfassen von Formen und Gattungen. Das Verstehen musikal. Zusammenhänge hängt einerseits von der Kenntnis der kompositionstechn., histor. und sozialen Bedingungen, unter denen das M.werk entstanden ist, andererseits von der intentionalen Einstellung des Hörers ab. Zu diesem erkenntnismäßigen (kognitiven) Erfassen von M. tritt das sinnl.-ästhet. Erleben von Musik.

M., lange Zeit eingebunden in Ritus und Kult, hat sich als eigenständige Kunst erst spät herausgebildet. Viele Kulturen kennen auch heute keinen eigenen Begriff für M., die sie nur in der Einheit etwa mit Tanz, Kult, Wortsprache fassen können. Auch der aus dem griech. Antike übernommene Begriff „musikḗ" bezeichnete zunächst die Einheit von Poesie, Tanz und M., aus der sich im 4. Jh. als Eingeung des Begriffs die Tonkunst herauslöste. Ihre enge Beziehung zu Sprache und Tanz hat die M. immer behalten. Im Laufe ihrer abendländ. Geschichte trat entweder ihr sprachl. oder ihr musikal. Moment mehr hervor. Erst in der Renaissance kam die reine Instrumental-M. auf, die ohne Zuhil-

Musik

fenahme von Sprache Sinnzusammenhänge vermittelte. Seit dem Ende des 19. Jh., mit dem Aufkommen der M.geschichtsforschung und mit dem Einsetzen der techn. Reproduzierbarkeit ist M. verschiedenster histor., sozialer und ethn. Bereiche in bisher nicht möglicher Weise präsent. Diese totale Verfügbarkeit ist einer der Gründe dafür, daß im 20. Jh. die traditionellen Grenzen von Gattungen, Stilen und Sparten der M. aufgehoben werden und musikal. Denken auf außermusikal. Erscheinungen ausgedehnt wird (etwa im modernen M.theater, wo das Theatralische, z. B. Wort, Licht, Bewegung ähnl. wie Töne, Tondauern und Klangfarben behandelt werden). Bereits in den frühen Hochkulturen bemühte man sich um begriffl. Erfassung und systemat. Darstellung musikal. Sachverhalte durch die **Musiktheorie**. Diese war dabei, wie auch in griech. Antike und frühem MA, mit kosmolog. und mathemat. Spekulationen verbunden und hatte wenig Bezug zur musikal. Praxis. Erst mit der Entstehung von Mehrstimmigkeit und Komposition als dem Hintergrund der Entwicklung der neuzeitl. Stadtkultur und des Bürgertums wandte sich die M.theorie empir., kompositionstechn.-handwerkl. Problemen zu und griff dann oft sogar der Praxis voraus. Während die v. a. der Komponistenausbildung dienenden musikal. Handwerkslehren des 18. und 19. Jh. normative Ansprüche stellten, entwickelte sich im 20. Jh. eine histor.-deskriptive M.theorie. - Als Lehrfach umfaßt die M.theorie heute allg. Musiklehre, Kontrapunkt, Harmonie- und Formenlehre. Komponierte, schriftl. fixierte und so überlieferte Werke hält die **musikal. Aufführungspraxis** zur Voraussetzung, die die im Notentext festgehaltene Autorenabsicht, Gestalt und Gehalt klangl. realisiert. Dabei muß sie auch das im Notentext nicht Fixierte (oder Fixierbare) sinngemäß ausführen und, notwendig auch subjektiv, „interpretieren". - V. a. [Kunst]musik bis ins 17. Jh. kennt keine verbindl. Form der Wiedergabe, die sich vielmehr nach vorhandenen Besetzungs- und Ausführungsmöglichkeiten richtete, und zudem in mehr oder minder großem Umfang improvisator. Momente einschloß. Die musikal. Aufführungspraxis kann daher höchstens eine (und nicht die einzig auth.) Werkgestalt rekonstruieren, zumal sich der zum Werk gehörende Wirkungszusammenhang histor. verändert. Das gilt, trotz der Norm der „Werktreue", und trotz wachsender Präzision der Notation, auch für die Musik seit der Klassik. Einige Richtungen in der neuesten Musik (Aleatorik) lassen, im Gegenzug zur wachsenden kompositor. Durchgestaltung der Werke, der musikal. Aufführungspraxis bzw. dem Interpreten, bewußt größeren Spielraum.

Zu den Institutionen einer seit Ende des 17. Jh. sich v. a. mit dem Konzertwesen entfaltenden bürgerl. M.öffentlichkeit gehört die **Musikkritik** in M.zeitschriften (in Deutschland seit 1722, J. Mattheson) wie in der Tagespresse (seit 1788, F. Rellstab). Sie informiert, auch subjektiv Stellung nehmend, über Musikkultur, Ereignisse und Tendenzen, Werke, Publikationen, Interpreten und heute auch Schallplatten. Bed. M.kritiker: F. Rochlitz, E. T. A. Hoffmann, J. F. Reichardt, R. Schumann, E. Hanslick, G. B. Shaw, H. Wolf, P. Bekker, J. Korngold, Alfred Einstein, W. Schuh, T. W. Adorno, H. H. Stuckenschmidt, H. Kaufmann.

Bed. für die M.öffentlichkeit sind die **Musikzeitschriften**, period. erscheinende Fachblätter; ihr Ursprung liegt in den Musiknachrichten von Zeitschriften allg. Inhalts (z. B. „Mercure de France", ab 1672). Ihr Muster wurden die gelehrten Periodika seit dem 17. Jh., obwohl die frühesten M.zeitschriften eher Bücher in Form von Lieferungen als M.zeitschriften i. e. S. sind, so z. B. J. Matthesons „Critica musica" (1722–25) oder J. A. Scheibes „Crit. Musicus" (1737–40). Die erste eigtl. M.zeitschrift waren J. A. Hillers „Wöchentl. Nachrichten und Anmerkungen die M. betreffend" (1766–70), die, wie spätere M.zeitschriften Nachrichten aus dem Musikleben mit Einzelstudien verbanden. Bed. wurden J. F. Reichardts „Musikal. Kunstmagazin" (1782–91), F. Rochlitz' „Allg. musikal. Zeitung" (1798–1848) und bes. die anfangs von R. Schumann herausgegebene „Neue Zeitschrift für M." (1834–1943 und ab 1950). Bereits seit Anfang des 19. Jh. spezialisierten sich die M.zeitschriften oft auf einzelne Musikbereiche. - Deutschsprachige M.zeitschriften (mit erstem Erscheinungsjahr) u. a.: „Cäcilia" (1824), „Signale für die musikal. Welt" (1834), „Schweizer. M.zeitung" (1861), „Musica sacra" (1866), „Musikalienhandel" (1899), „Die M." (1901), „Archiv für M.wiss." (1918), „Melos" (1920; 1975–78 vereinigt mit der „Neuen Zeitschrift für M."), „Östr. M.zeitschrift" (1946), „M.forschung" (1948), „M. und Gesellschaft" (1951), „Das Orchester" (1953), „Beiträge zur M.wiss." (1958), „Die Oper" (1960), „M. und Bildung" (1969), „Neue M.zeitung" (1969).

Der Verbreitung musikal. Bildung, dem Sammeln und Katalogisieren von Musikalien und meist auch Schriften über M. dienen die öffentl. oder privaten **Musikbibliotheken**, denen heute oft Sammlungen von Tonträgern (Phonotheken) angeschlossen sind. M.bibliotheken finden sich als eigenständige Einrichtungen (auch „M.bücherei") wie als Teil einer allg. Bibliothek. Bes. bed. sind u. a. die M.bibliotheken in Berlin, München, Paris, London sowie die in Washington.

Öffentl. oder private Institutionen vergeben Geldpreise als Anerkennung, Förderung (auch in Form von Stipendien) oder als Prämie auf Grund eines Wettbewerbs. Solche

Musik

Musikpreise sind u. a. der Rompreis des Conservatoire in Paris, der Internat. M.wettbewerb der ARD und der Tschaikowski-Wettbewerb (Moskau).
Mit M. in ihren vielfältigen histor., sozialen, ethn., nat. Ausprägungen von den vorgeschichtl. Anfängen bis zur Gegenwart, M.kultur und akust. wie biolog.-psycholog. Grundlagen von M.machen und -hören, schließl. den Beziehungen zw. M., M.kultur und jeweiliger Gesellschaft befaßt sich die **Musikwissenschaft**. Ihre Anfänge gehen auf die antike M.theorie zurück, die im MA aufgegriffen wurde. Die Ars musica wurde vom 12.–16. Jh. an den Univ. als Disziplin des Quadriviums der ↑ Artes liberales gelehrt. Zur Wiss. im neuzeitl. Sinn im Unterschied zu der religiös gebundenen, spekulativen ma. M.theorie wurde die M.wissenschaft v. a. mit der Musikgeschichtsschreibung der Aufklärung; als organisierte Univ.disziplin etablierte sie sich dann in der 2. Hälfte des 19. Jh. Bei der inneren Gliederung der M.wissenschaft unterscheidet man i. d. R. als Hauptzweige die histor. (Musikgeschichtsschreibung, Musikgeschichte) und die systemat. M.wissenschaft sowie die M.ethnologie (auch Ethnomusikologie, musikal. Völkerkunde).
Nach Ansätzen in der Renaissance entfaltete sich die histor. M.wiss. in der Aufklärung als musikal. Universalgeschichte (Padre Martini, 1757–81; J. Hawkins, 1776; C. Burney, 1776–89; J. N. Forkel, 1788–1801). Im 19. Jh. nahmen u. a. F. J. Fétis und R. G. Kiesewetter die Fortschrittskonzeption zurück. Auch verlagerte sich das Schwergewicht auf Spezialforschung, wie den Bereich der kath. Kirchenmusik, des ev. Kirchengesangs, der National- und Lokalforschung sowie der Musikerbiographie. Die Stoffülle vermehrten Studien zur antiken und ma. Musik, zur Notations- und Instrumentenkunde sowie zur M.theorie. Im Rahmen einer geisteswiss. Konzeption wurde und wird M.geschichte nach verschiedenen Gesichtspunkten erforscht und dargestellt: als Problem- (H. Riemann), Gatt.- und Formen- (H. Kretzschmar, H. Leichtentritt, P. Bekker), Stil- (G. Adler) oder Geistesgeschichte (C. Sachs, E. Bücken). Bed. Sammelwerke gaben u. a. G. Adler (1924), E. Bücken (1927–34), J. A. Westrup (1954 ff.) heraus; beachtl. lexikograph. Leistungen sind „Die M. in Geschichte und Gegenwart (hg. von F. Blume, seit 1949), „Grove's Dictionary of Music & Musicians" (hg. von E. Blom, 5. Auflage 1954), „Riemann M. Lexikon" (hg. von W. Gurlitt u. a., 12. Auflage 1959–75) und „Handbuch der musikal. Terminologie" (hg. von H. H. Eggebrecht, seit 1971). Neben umfangreicher Einzelforschung treten seit 1945 v. a. Gesamtausgaben von Komponisten und großangelegte Reihenwerke hervor (z. B. „Corpus Mensurabilis Musicae", seit 1947; „Corpus Scriptorum de Musica", seit 1950; „M.geschichte in Bildern", hg. von H. Besseler u. a., seit 1965) sowie die bibliograph. Erfassung der Bestände („Répertoire international des sources musicales", seit 1967) und der wiss. Literatur („Répertoire international de la littérature musicale", seit 1967). Andererseits erweitert sich das Spektrum der Ansätze um Sozial- (G. Knepler), Struktur- (C. Dahlhaus) und Wirkungsgeschichte. Zu den von der Philologie herkommenden Methoden (Editionstechnik), den allg. historiograph., den ikonograph. und den Verfahren der Kontrapunkt-, Harmonie- und Formenlehre tritt ein vielfältiges Instrumentarium der Struktur-, Form-, Stil- und Inhaltsanalyse, das u. a. durch mathemat.-statist., musiksoziolog. und semiot. (H. Goldschmidt) bereichert wird. Während traditionell die europ. Kunst-M. vom MA bis heute im Zentrum stand, wird nun auch Volks- und Populär-M. als Gegenstand der M.geschichte begriffen.
Stärker in Teildisziplinen gegliedert ist die systemat. Musikwiss. Dazu zählt die musikal. Akustik (als Lehre von den Schallvorgängen ein Zweig der Physik), die Physiologie der Tonerzeugung und -wahrnehmung. - Die **Musikpsychologie** ging aus der musikal. Akustik und Psychophysik des 19. Jh. (H. von Helmholtz) hervor. Als Ton- oder Hörpsychologie untersuchte sie zunächst (C. Stumpf, 1883) v. a. elementare Erscheinungen wie Intervall, Konsonanz, Dissonanz, psychophys. Grundeigenschaften von Klängen. Unter dem Einfluß der Gestalt- und Ganzheitspsychologie wandte sich komplexeren Sachverhalten zu (absolutes Gehör, Musikalität, Typen der musikal. Wahrnehmung). Die behaviorist. Forschung in den USA seit den 1930er Jahren verfeinerte das Instrumentarium und untersuchte u. a. auch die emotionalen Wirkungen von Musik. Daran knüpft seit den 1960er Jahren u. a. H.-P. Reinecke an. Derzeit tritt ein sozialpsycholog. Ansatz in den Vordergrund, der (u. a. im Rahmen der Musikpädagogik bei Musikalitätstests u. ä.) soziale Faktoren miteinbezieht.
Die **Musikästhetik** versucht, Normen und Kriterien musikal. Wertung, Qualität und Schönheit zu analysieren und zu systematisieren. Sie wurde innerhalb der Philosophie u. a. als Teil der Erkenntnistheorie (Kant) oder innerhalb einer umfassenden Kunst-Ästhetik (Hegel, Schelling) behandelt. Stärker auf innermusikal.-kompositionstechn. Phänomene geht u. a. T. W. Adorno ein. Die Musikphilosophie dagegen zielt eher darauf, „aus dem Geist der M." eine Philosophie zu entwerfen (Schopenhauer, Nietzsche, E. Bloch).
Die Beziehungen zw. M. und Gesellschaft untersucht die **Musiksoziologie**, die systemat. wie histor. (musikal. Sozialgeschichte) gerichtet sein kann. Soweit sie sich nicht darauf beschränkt, zu fragen, wie M. in die Gesellschaft eingeht, sondern auch untersucht, wie

Musikakademien

die gesellschaftl. Wirklichkeit in M. eingeht, berührt sie sich mit der M.ästhetik (T. W. Adorno). Hauptsächl. untersucht sie die Schichtenzugehörigkeit, Arbeitsverhältnisse und Organisationsformen von Musikern und M.vermittlern (Kritiker, Agenten), Struktur und Funktion von Institutionen (z. B. Hof, Oper, Konzert, Salon, Massenmedien), soziale Zusammensetzung, Verhaltensweisen und Geschmack verschiedener Publika, Funktionen von M. in unterschiedl. Sozialgruppen, Zeiten und Gesellschaftsformen.

Mit der M. nichteurop. Völker, und zwar sowohl der sog. Naturvölker wie auch der Hochkulturen, befaßt sich die **Musikethnologie.** Obwohl damit primär Teilgebiet der M.wiss., hat sie enge Beziehungen u.a. zu Völkerkunde, Anthropologie, Soziologie, Religionswiss. und Linguistik. Dieser interdisziplinäre Charakter prägt bes. die moderne M.ethnologie, die M. als Teil der Gesamtkultur eines Volkes oder Stammes begreift, während sich die um 1900 begr. „vergleichende M.wiss." hauptsächl. auf das Studium isolierter Elemente, wie Tonsysteme, Rhythmen, Instrumentarium beschränkte. Die heutige Forschung stützt sich neben der durch Feldarbeit gewonnenen allg. Daten auf Tonaufzeichnungen, die meist mit elektron. Apparaturen untersucht und nicht mehr nach dem Gehör in Noten übertragen werden; bei Hochkulturen werden auch Notation und theoret. Quellen erschlossen. Neben der jeweils traditionellen Musik werden verstärkt auch histor. u. aktuelle kulturelle Austauschprozesse (z. B. Akkulturation) erforscht.

In der **Religionsgeschichte** bildet M., oft in Verbindung mit dem Tanz, einen wichtigen Bestandteil religiös-ritueller wie auch mag. Handlungen. Dabei genießt der Rhythmus den Vorrang vor einer meist kurzen und oft wiederholten Melodie. Der Ton gilt als Kraftträger. Er soll Geister in seinen Bann zwingen, aber auch die Harmonie zw. den Menschen und der Gottheit bewirken sowie die Verehrung der Gottheit ausdrücken. Als Machtträger wirkt die M. nach Jos. 6: beim Blasen der Posaunen fallen die Mauern Jerichos. Mag. Wirkungen der M. ließen sie zunächst für den christl. Gottesdienst suspekt erscheinen, so daß sie erst ab dem 4./5.Jh. Eingang in die Liturgie fand.

📖 *Eggebrecht, H. H.: Musikal. Denken. Aufss. zur Theorie u. Ästhetik der M. Wilhelmshaven ^{2}1985. - Federhofer, H.: M.wiss. u. M.praxis. Wien 1985. - Jammers, E.: Anfänge der abendländ. M. Baden-Baden 1985. - Hausswald, G.: Musikal. Stilkunde. Wilhelmshaven ^{3}1984. - Meyers Taschenlex. M. Hg. v. H. H. Eggebrecht u. Red. Musik des Bibliograph. Inst. Mhm. 1984. 3 Bde. - Söhner, P.: Allg. M.lehre Mchn. ^{4}1984. - Kolneder, W.: Gesch. der M. Wilhelmshaven ^{12}1983. - Nicol, K. L.: Gesch. der M. Dt. Übers. Freib. 1983. 2 Bde. - Der M.-Brockhaus. Wsb. 1982. - Nestler, G.: Gesch. der M. Mchn. Neuaufl. 1982. - Husmann, H.: Einf. in die M.wiss. Wilhelmshaven ^{3}1980. - Frotscher, G.: Aufführungspraxis alter M. Wilhelmshaven ^{5}1980. - Unbehaun, J.: M.unterricht. Bensheim 1980. - Wiora, W.: Ideen zur Gesch. der M. Darmst. 1980. - Burow, H.W.: Beitr. zur Theorie u. Methode der M.wiss. Hamb. 1979. - Karbusicky, V.: Systemat. M.wiss. Mchn. 1979. - Schülderduden - Die M. Hg. v. d. Red. Musik des Bibliograph. Inst. Mhm. 1979. - Stuckenschmidt, H.: M. des 20. Jh. Mchn. 1979. - Brockhaus-Riemann-M.lex. in zwei Bdn. Hg. v. C. Dahlhaus u. H. H. Eggebrecht. Wsb. 1978. - Boulez, P.: M.denken heute. Bd. 1. Dt. Übers. Mainz 1963. - Blume, F.: Was ist M.? Kassel u. Basel 1959.*

Musikakademien ↑ Musikhochschulen.
Musikalien [griech.-lat.], i. w. S. Bez. für

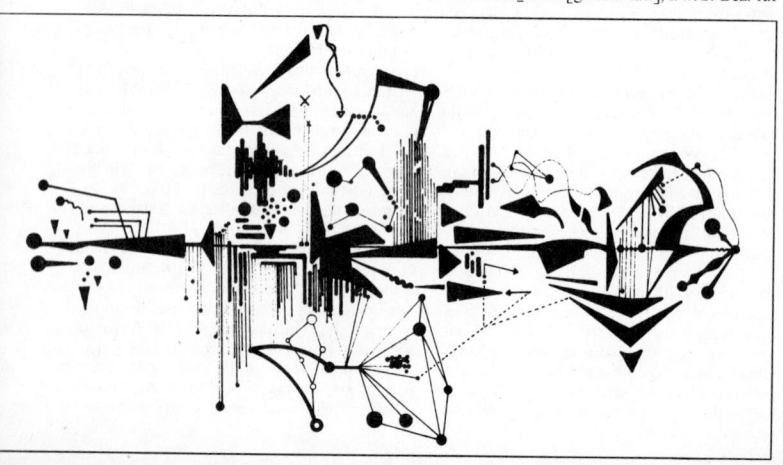

Musikalische Graphik.
Robert Moran, Four Visions (1963)

Musikerverbände

Handschriften und Drucke von Musikwerken, heute v. a. für gedruckte Noten, den im M.handel vertrieben werden. Der **Musikalienhandel** vermittelt den Verkauf von Notendrucken, in den Musikgeschäften häufig verbunden mit dem Verkauf von Instrumenten und Tonträgern (Schallplatten, Tonbändern, Kassetten).

musikalisch [griech.], die Musik betreffend; auf den Menschen bezogen im Sinne von musikbegabt (↑ Musikalität).

musikalische Graphik (graphische Notation), ein von herkömml. Notenschrift abweichendes Notationsverfahren für Musik, das keine eindeutige, auf Konvention und exakter Abmachung beruhende Interpretation der graph. Zeichen erlaubt. Der Spieler läßt sich von den graph. Zeichen inspirieren oder zu instrumentalen Aktionen anregen. Sowohl in der avantgardist. Musik seit etwa 1960, als auch in der neueren Musikpädagogik ist mehrfach Musik graph. notiert worden.

Musikalität [griech.], musikal. Begabung, umfaßt einen weitgefächerten Bereich unterschiedl. Fähigkeiten, die sich teils gegenseitig bedingen, teils nur lose miteinander zusammenhängen. Dazu gehören allg. Fähigkeiten der Sinneswahrnehmung (Erkennen von Tonhöhen-, Tondauer- und Tonstärkeunterschieden), spezielle musikal. Fähigkeiten des Auffassens und Behaltens von Melodien, Rhythmen, Akkorden, Klangfarben usw. und schließl., bei zunehmender Erfahrung, Fähigkeiten der stilist. und ästhet. Bewertung von Musikwerken. Für die Musikausübung treten ergänzend produktive Fähigkeiten der musikal. Gestaltung sowie die Geschicklichkeit im Umgang mit einem Instrument hinzu.

Musikantenknochen [griech./dt.], volkstüml. Bez. für einen Knochenhöcker (Epicondylus medialis humeri) am Ellbogen des Menschen, an dem der Ellennerv (Nervus ulnaris) sehr oberflächl. liegt und der daher leicht unter charakterist., in das Hautgebiet der Kleinfingerseite projizierter Schmerzempfindung angestoßen werden kann.

Musikbibliotheken ↑ Musik.

Musikbogen, primitives Musikinstrument aus der Gattung der ↑ Zithern, bestehend aus einem elast., gebogenen Stab, der eine an beiden Enden befestigte Saite spannt. Zum Spiel wird die Saite mit einem Stäbchen geschlagen, gestrichen oder gezupft. Eine über Saite und Bogen gelegte Stimmschlinge oder das Abteilen der Saite mit den Fingern oder einem Stäbchen ermöglichen die Änderung der Tonhöhe. Als Resonator können die Mundhöhle oder ein ausgehöhlter Kürbis dienen.

Musikdirektor (Director musices), Abk. MD, urspr. Titel des Musikbeauftragten einer Stadt (z. B. J. S. Bach in Leipzig), in seiner Funktion etwa dem Hofkapellmeister vergleichbar; seit dem 19. Jh. allg. verliehen an die Leiter musikal. Institutionen (Städt. M., Universitäts-, [ev.] Kirchenmusikdirektor). Seit dem 1. Weltkrieg gingen größere Städte nach bereits 1819 in Berlin gegebenem Beispiel (G. Spontini) dazu über, ihren M. zum Generalmusikdirektor (Abk. GMD) zu ernennen.

Musikdrama, Bez. für ein musikal. Bühnenwerk, bei dem im Unterschied zur traditionellen Oper die Vorherrschaft des Gesangs aufgegeben und Singstimme wie Orchester allein in den Dienst des Ausdrucks eines inhaltl. und sprachl. dem Wortdrama nachgebildeten Textes gestellt werden. Konzipiert und verwirklicht wurde die Idee der geistigen Einheit von dichter. und musikal. Absicht durch R. Wagner (↑ Gesamtkunstwerk).

Musiker [griech.], allg. Bez. für Musikausübende, v. a. für solche, die dieser Tätigkeit berufl. nachgehen („Berufs-M." im Unterschied zu den Laienmusikern). Sie umfaßt Instrumental-M. (Orchester- und Kammer-M.), Dirigenten (Kapellmeister, Chorleiter) und Komponisten, i. w. S. auch die Musiklehrer an öffentl. und privaten Lehranstalten, Privatmusiklehrer und Sänger. - Als Berufsstand organisierten sich die M. (Spielleute) im MA in Bruderschaften und Zünften, um sich von den rechtl. ungeschützten Fahrenden (M.) und umherziehenden Gauklern abzuheben. M. standen seither als Vokalisten (Sänger) und Instrumentalisten im Dienst der Höfe (Hof-M.), der Städte und der Kirche (Kirchen-M.; heute v. a. für Organisten und Kirchenchorleiter gebrauchte Bez.), wozu sich seit dem Aufblühen des öffentl. kommunalen Musiklebens im 18./19. Jh. die sog. „freien" (d. h. nicht in einem festen Anstellungsverhältnis stehenden) M. gesellten.

Musikerverbände, Berufsorganisationen, die sich der sozialen und wirtschaftl. Belange der Musiker annehmen; sie sind i. d. R. eingetragene Vereine und damit rechtsfähig. In Deutschland ermöglichte erst die Reichsgründung größere Zusammenschlüsse; der erste war der 1872 gegr. Allg. Dt. Musikerverband, der schon bald 180 Ortsgruppen umfaßte. Nach 1900 entstanden einzelne Berufsverbände; die beiden größten vereinigten sich 1922 zum Reichsverband Dt. Tonkünstler und Musiklehrer (200 Landesgruppen). 1933 wurden alle M. aufgelöst und durch die Reichsmusikkammer ersetzt (bis 1945). - Heutige dt. Verbände: Verband Dt. Musikerzieher und konzertierender Künstler (Abk. VDMK, München), Verband dt. Komponisten und Musikwissenschaftler (Abk. VDK, Berlin [Ost]), Dt. Orchestervereinigung (Hamburg), Dt. Komponisten-Verband (Berlin), Dt. Musikerverband (Düsseldorf), Verband dt. Schulmusikerzieher (Köln), Genossenschaft Dt. Bühnenangehöriger der Gewerkschaft Kunst des DGB (Hamburg), Verband dt. Musikschulen (Bremen), Dt. Musik-

Musikerziehung

verleger-Verband (Bonn), Verband der Dt. Konzertdirektionen (Frankfurt am Main) u. a.
Musikerziehung, svw. ↑ Musikpädagogik.
Musikethnologie (Ethnomusikologie, musikal. Völkerkunde) ↑ Musik.
Musikgeschichte ↑ Musik.
Musikhochschule, staatl. Lehrinst. für die musikal. Berufsausbildung (bisweilen auch **Musikakademie** genannt) mit hauptsächl. folgenden Studienzielen: a) Orchestermusiker, Instrumentalsolist, Dirigent, Komponist, Opern- und Konzertsänger, Tänzer; b) Privatmusiklehrer und Lehrer an Musikschulen; c) Schulmusiker, Kirchenmusiker. - Eingangsvoraussetzung ist in jedem Fall eine bestandene Aufnahmeprüfung, ferner zu a) der Hauptschulabschluß, zu b) die sog. mittlere Reife, zu c) das Abitur. Die Studienabschlüsse sind zu a) hochschulinterne (gegebenenfalls Diplom-), zu b) und c) staatl. Prüfungen. Die erste so bed. M. war die 1869 gegr. Königl. Hochschule für Musik in Berlin. Heute gibt es in der BR Deutschland 16 M., die nach und nach aus Konservatorien, Akademien u. ä. hervorgingen; in Berlin (West), Detmold (mit Dortmund und Münster), Essen (mit Duisburg), Frankfurt am Main, Freiburg im Breisgau, Hamburg, Hannover, Heidelberg-Mannheim, Karlsruhe, Köln (mit Düsseldorf, Aachen und Wuppertal), Lübeck, München, Saarbrücken, Stuttgart, Trossingen und Würzburg; in der DDR vier: in Berlin (Ost), Dresden, Leipzig und Weimar.
Musikinstrumente, sie werden in der Instrumentenkunde gegliedert in Idiophone, Membranophone, Chordophone, Aerophone und Elektrophone, in der musikal. Praxis ungenau in ↑ Saiteninstrumente, ↑ Blasinstrumente und ↑ Schlaginstrumente.
Die lückenhafte Überlieferung durch Funde erlaubt es nicht, die Entstehung der M. im einzelnen zu datieren. Nach der (nicht mehr voll anerkannten) Theorie von C. Sachs besteht diese Reihenfolge: In prähistor. Zeit entstanden Schlagidiophone, in der Altsteinzeit Schraper und Knochenpfeife, in der Jungsteinzeit Grifflochflöte, einfellige Trommel, Panflöte, Musikbogen, Xylophon, Maultrommel und Rohrblattpfeife, in der Metallzeit Zither und Glocke. Seit der Jungsteinzeit verfügen die M. über wechselnde Tonhöhen. - Über das Instrumentarium der frühen Hochkulturen können schon verhältnismäßig genaue Angaben gemacht werden. Rekonstruierbare Funde, Abbildungen und schriftl. Zeugnisse lassen für das 3. Jt. v. Chr. in Mesopotamien den Schluß auf den Gebrauch von Harfe, Leier und zweifelliger Trommel zu. Ein Jt. später sind in Ägypten Laute, Becken, Trompete und Doppelrohrblattpfeife bezeugt. Das griech. Instrumentarium im 1. Jt. v. Chr. ist aus dem Vorderen Orient übernommen und brachte an Neuerungen Sackpfeife, Kastagnetten und Hydraulis. Wahrscheinl. über die Etrusker und Kelten gelangten Harfen, Leiern und Hörner ins ma. Europa; aus dem Orient kamen weitere für die Folgezeit wichtige Instrumente wie Orgel, Psalterium, Fidel, Rebec, Laute, Schalmei und Trompete. Eine bed. Neuerung des MA war die Einführung von Tasten bei Saiteninstrumenten (Monochord, Psalterium), wodurch spätestens im 14. Jh. die Vorformen von Klavichord und Cembalo entstanden. In der Renaissance wurde das Instrumentarium stark ausgeweitet; der Tonraum erweiterte sich um 2 Oktaven nach unten, es entstanden viele Instrumentenfamilien (d. h. Bau des gleichen Instruments in Diskant-, Alt-, Tenor- und Baßlage). Neue Typen wurden entwickelt, bes. bei den Blasinstrumenten (z. B. Rackett, Sordun, Rausch- und Schreierpfeife, Dulzian, Krummhorn, Pommer, Zink). Aus Fidel und Rebec entstanden die drei Gruppen der Streichinstrumente, die Liren, Violen und die Violinfamilie. Das 16. Jh. unterschied die akkordfähigen „Fundament"-Instrumente wie Orgel, Cembalo und Laute von den in der Regel einstimmigen Ornamentinstrumenten. Im 17./18. Jh. bildete sich das Orchester mit dem Streicherchor als Kern aus. Bedeutsam war im 18. Jh. die Entwicklung des Hammerklaviers und die Einführung der temperierten Stimmung. Die allg. Technisierung führte im 19. Jh. im Instrumentenbau zur Verbesserung vorhandener M. (z. B. Einführung der ausgereiften Klappenmechanik bei Flöten und Rohrblattinstrumenten, von Ventilen bei Blechblasinstrumenten, der Repetitionsmechanik beim Klavier). Daneben entstanden neue Instrumente wie Saxophon, Harmonium, Mund- und Handharmonika. Neue Klangmöglichkeiten erschlossen im 20. Jh. die Elektrophone.
📖 *Meer, J. H. van der: M. Mchn. 1983. - Sliacka, D.: M. Hanau 1983. - M. Hg. v. A. Baines. Mchn. ^{2}1982. - Kolneder, W.: M.kunde. Wilhelmshaven ^{6}1982. - Munrow, D.: M. des MA u. der Renaissance. Celle 1980. - Jansen, M.: Alte M. Stg. 1979.*
Musikkritik ↑ Musik.
Musiklehre (allgemeine M.), Bez. für die musikal. Elementarlehre, in der die Grundbegriffe der Akustik, Notation, Melodie, Harmonik, Formen u. ä. behandelt werden.
Musikleistung ↑ Verstärker.
Musikpädagogik, Wiss. von der Erziehung im Bereich der Musik; Sammeldisziplin, die einerseits theoret. Ergebnisse u. a. der allg. Pädagogik, der Jugend- und Entwicklungspsychologie, der Musikwiss. und der Musiksoziologie aufgreift, andererseits prakt. Kenntnisse in der Musikübung und Musikpflege sowie Erfahrung in dem umfangreichen Feld der Musikerziehung verlangt. Die Geschichte der M. reicht weit in die antiken

Musiktheater

Hochkulturen zurück und hat v. a. von Griechenland (Platon) wesentl. Impulse empfangen. Viele Denker und Praktiker des MA und der Neuzeit haben musikpädagog. Fragestellungen erörtert. Im 19. Jh. rückte sowohl die fachl. künstler. wie die allg. humane und sozialpädagog. Komponente der M. immer stärker in den Vordergrund, basierend auf den Ideen Rousseaus, Goethes, Pestalozzis u. a. Das Schwergewicht der M. im 20. Jh. liegt im Bereich der Schulmusik. Zentrale Gedanken im Sinne der mus. Erziehung gingen von der ↑Jugendmusikbewegung aus (F. Jöde), wurden jedoch nach 1950 von T. W. Adorno scharf kritisiert und mit der Besinnung auf die gesellschaftl. Bedingtheit und krit. Funktion des Kunstwerks konfrontiert. Heute finden sich in der M. eine Vielzahl von Richtungen, die sich um Leitvorstellungen wie Kreativität, Chancengleichheit, krit. Wahrnehmungserziehung u. a. gruppieren lassen und die insgesamt den Erfordernissen einer akust. überladenen Umwelt und der Pluralität heutiger musikal. Produktion in U- und E-Musik Rechnung zu tragen suchen.

Musikpsychologie ↑Musik.

Musikschulen, städt. oder private Institutionen für die musikal. Laienausbildung (v. a. von Jugendlichen) und mittlere Berufsausbildung (z. B. von Privatmusikerziehern, Chorleitern). - ↑auch Musikhochschulen.

Musiksoziologie ↑Musik.

Musiktheater, 1. i. w. S. Bez. für alle Verbindungen von Bühnendichtung und Musik, in einem sehr speziellen Sinne für eine dramat. sinnvolle und darsteller. glaubwürdige Darbietungsweise musikal.-szen. Werke, wie sie von zeitgenöss. Regisseuren (z. B. W. Felsenstein, G. Rennert, G. Friedrich) angestrebt wird. - 2. Sammelbez. für eine Vielfalt musikal.-szen. Gestaltungsweisen des 20. Jh., die in der traditionellen Auffassung von ↑Oper nicht mehr aufgehen oder sich bewußt von ihr abkehren. Dabei richtet sich die Absage an die Oper zum einen gegen die weitgehende Unterwerfung der Musik unter den Zweck, den Textgehalt zu illustrieren und die dramat. Aktion verdeutlichend zu begleiten (wie im ↑Musikdrama), zum anderen gegen die Verselbständigung der Musik gegenüber einer dürftigen Handlung, die nur Anlässe für den Ausdruck von Emotionen und für die Entfaltung von Melodien- und Klangseligkeit bietet (wie in der italien. Oper des 19. Jahrhunderts). Das Bedürfnis nach einer sorgfältigen Stoff- und Textwahl zeigt sich in der häufigen Zusammenarbeit zw. Dichtern und Komponisten (z. B. R. Strauss-H. von Hofmannsthal, P. Claudel-D. Milhaud, B. Brecht-K. Weill) und in der Vorliebe für Literaturdramen als Grundlage des Librettos (z. B. G. Büchners „Woyzeck" bei A. Berg, O. Wildes „Salome" bei R. Strauss). Die Stoffwahl reicht von antiken Vorlagen (z. B. A. Honegger, „Antigone", 1927; I. Strawinski, „Oedipus rex", 1927; D. Milhaud, „Orestie", 1913–22) über romantische Sujets (z. B. P. Hindemith, „Cardillac", 1927) bis hin zum aktuellen Zeittheater (z. B. E. Křenek, „Jonny spielt auf", 1927; P. Hindemith, „Neues vom Tage", 1929). Während R. Strauss, H. Pfitzner, F. Schreker u. a. in der Nachfolge Wagners dessen Verfahren der Durchkomposition und psychologisierenden Orchesterbehandlung verfeinerten, schlugen andere Komponisten ab etwa 1910 folgende neue Wege ein: a) die stärkere Betonung des Eigenwerts der Musik durch die Verwendung neuer kompositionstechn. Mittel und vorgegebener, instrumentalmusikal. Formen (wie Variation, Rondo, Suite, Sonatensatzform; z. B. bei F. Busoni, „Doktor Faust"; A. Berg, „Wozzeck", beide 1925 uraufgeführt); b) die Reduktion des musikal. Dramas auf die komprimierten Formen der Kammeroper, der Einminutenopern und des Songsspiels (z. B. P. Hindemith, „Hin und zurück"; D. Milhaud, „Entführung der Europa", beide 1927; B. Brecht - K. Weill „Die Dreigroschenoper", 1928); c) die Loslösung der Musik von der Bindung an den Text oder den dramat. Ablauf, woraus sich die Hinwendung zur ep. Theaterform ergibt; bei ihr tritt neben oder anstelle des Gesangs das Sprechen eines Erzählers oder Darstellers; die Musik ist von der Handlung unabhängig und verknüpft das lockere Szenengefüge oder reflektiert den Szenengehalt (z. B. I. Strawinski, „L'histoire du soldat", 1918; B. Brecht - K. Weill, „Aufstieg und Fall der Stadt Mahagonny", 1930). Andere Mischformen sind das szen. Oratorium (z. B. D. Milhaud, „Christophe Colomb", 1930; A. Honegger, „Johanna auf dem Scheiterhaufen", 1938) oder das szen. Konzert (z. B. C. Orff, „Trionfi", 1953); d) der Rückgriff auf histor. Operntypen wie der Nummernoper oder der Opera buffa (z. B. I. Strawinski, „The rake's progress", 1951; H. W. Henze, „Der junge Lord", 1965); e) die Konzeption des totalen Theaters, d. h. einer additiven Verbin-

Muskatfink

Musiktheorie

dung verschiedener Kunstformen in einer Art Mediencollage (z. B. B. A. Zimmermann, „Die Soldaten", 1965; P. Schat, „Das Labyrinth", 1966; f) das sog. musikal. Theater, bei dem die affektiven und gestischen Momente klangl. und stimml. Artikulation (z. B. G. Ligeti, „Aventures", 1962; D. Schnebel, „Maulwerke", 1974) oder die theatral. Momente des Musikmachens und -aufnehmens (M. Kagels sog. instrumentales Theater: „Staatstheater", 1971; „Zwei-Mann-Orchester", 1973) szen. erfahrbar gemacht werden.

📖 *Pipers Enzyklop. des M. Hg. v. C. Dahlhaus u. a. geplant 8 Bde. Bd. 1 Mchn. 1986. - Behr, M.: M. Wilhelmshaven 1983. - Zöchling, D.: Opernhäuser in Deutschland, Österreich u. der Schweiz. Düss. 1983.*

Musiktheorie ↑ Musik.

Musiktherapie, Methode der angewandten Psychologie, die darin besteht, die Einwirkung von Musik und ihren Elementen (Ton, Harmonik, Rhythmus) auf die Psyche als (spannungslösende und kontaktbildende) Heilmaßnahme einzusetzen.

Musikübertragung, 1. das öffentl. Wahrnehmbarmachen der Aufführung eines Musikwerks (mittels Lautsprecher oder ähnl. techn. Einrichtungen) außerhalb des Raumes, in dem die Aufführung stattfindet. Sie bedarf bei urheberrechtl. geschützten Musikwerken der Zustimmung des Musikurhebers sowie stets der Zustimmung des ausübenden Künstlers; 2. die Übertragung von Musikwerken durch Funk, durch öffentl. Abspielen von Tonträgern oder durch öffentl. Wiedergabe von Hörfunk- oder Fernsehsendungen; auch für sie ist bei urheberrechtl. geschützten Musikwerken die Zustimmung des Urhebers erforderl., ferner für Funksendungen stets die Zustimmung des ausübenden Künstlers.

Musikwissenschaft ↑ Musik.
Musikzeitschriften ↑ Musik.

Musil, Robert, * Klagenfurt 6. Nov. 1880, † Genf 15. April 1942, östr. Schriftsteller. - Studierte Ingenieurwiss., Psychologie und Philosophie in Berlin; 1914 Redakteur der „Neuen Rundschau"; im 1. Weltkrieg Offizier; 1921–22 im östr. Staatsdienst, lebte bis 1933 in Berlin, bis 1938 in Wien, emigrierte dann in die Schweiz. Sein Werk, das während des NS verboten war, umfaßt mehrere Novellen, den Pubertätsroman „Die Verwirrungen des Zöglings Törleß" (1906), der seinen Ruf als psycholog. exakt analysierender Erzähler begründete, und den fragmentar. Roman „Der Mann ohne Eigenschaften" (entstanden 1930–42; 1931 und 1933 erschienen erste Teile); Schauplatz der Handlung ist hauptsächl. Wien, Zeit des Geschehens die Wende der Jahre 1913/14; Österreich wird dabei zum Spiegel für alle geistigen und kulturellen Strömungen dieser Zeit und des modernen Lebens, das M. einer unnachsichtigen Analyse und Kritik unterzieht. M. schrieb ferner Essays („Der dt. Mensch als Symptom", hg. 1967), ein Drama („Die Schwärmer", 1921), eine Komödie („Vinzenz und die Freundin bed. Männer", 1924) und gab einen „Nachlaß zu Lebzeiten" (1936) heraus; auch zahlr. bed. Reden (u. a. „Über die Dummheit", 1937).

📖 *R. M. - Lit., Philosophie u. Psychologie. Hg. v. Josef u. Johann Strutz. Mchn. 1984. - Heydebrand, R. von: R. M. Darmst. 1982. - Baumann, G.: M. Ein Entwurf. Mchn. u. Bern 1981. - Arntzen, H.: M.-Kommentar. Mchn. 1980–82. 2 Bde.*

Musique concrète [frz. myzikkõ'krɛt] ↑ konkrete Musik.

musisch [griech.], 1. die schönen Künste betreffend; 2. künstler. begabt, den Künsten gegenüber aufgeschlossen.

musische Erziehung, die planvolle Entfaltung der schöpfer. Kräfte und der künstler. Ausdrucksfähigkeiten von Kindern und Jugendlichen. M. E. ist um die Jh.wende in der dt. Jugendbewegung als Reformprogramm in Wendung gegen den vorherrschenden Intellektualismus entwickelt worden. Sie hat v. a. die Kunsterziehung, die Jugendmusikbewegung, das Laienspiel, den Volkstanz und die rhythm. Erziehung neu belebt.

Musivgold [griech.-lat./dt.] (Muschelgold), aus Zinndisulfid bestehendes, goldglänzendes Pulver, das früher in der Malerei und zum Vergolden von Spiegel- und Bilderrahmen verwendet wurde.

musivisch [lat., zu griech. moũsa „Muse, Kunst"], eingelegt; m. Arbeiten sind Einlegearbeiten aus Steinen oder Glasstücken (↑ Mosaik) oder zurechtgeschnittenen und eingefaßten Glasscherben (m. Glasmalerei).

Muskarin (Muscarin) [lat., nach dem Fliegenpilz Amanita muscaria], sehr giftiges Alkaloid des Fliegenpilzes, das auf die Rezeptoren des parasympathischen Nervensystems einwirkt.

Muskat [zu mittellat. (nux) muscata, eigtl. „nach Moschus duftende (Nuß)"], Bez. für: 1. aus der geriebenen Muskatnuß gewonnenes Gewürz (↑ Gewürze [Übersicht]); 2. ↑ Muskatweine.

Muskatblüten, fälschl. Bez. für Mazis (↑ Muskatnußbaum).

Muskateller [italien., zu Muskat], svw. ↑ Muskatweine.

Muskatfink (Muskatvogel, Lonchura punctulata), bis 12 cm (einschließl. Schwanz) langer ↑ Prachtfink in S-Asien (einschließl. der Sundainseln); ♂ und ♀ oberseits rotbraun, unterseits weiß mit schwärzl. Federenbänderungen. - Abb. S. 95.

Muskatnußbaum (Myristica), Gatt. der Muskatnußgewächse (Myristicaceae); 15 Gatt. mit insgesamt 250 Arten mit rd. 100 Arten, v. a. auf den Molukken. Die wirtschaftl. bedeutendste Art ist der **Echte Muskatnußbaum** (Myristica fragans), ein heute überall in den Tropen kultivierter, immergrüner, bis

Muskeln

15 m hoher Baum mit ganzrandigen, wechselständigen Blättern und zweihäusigen, kleinen Blüten. Die Frucht ist eine fleischige Kapsel mit nur einem von der Mazis (Samenmantel) umhüllten Samen, der **Muskatnuß**. Diese wird getrocknet und gegen Insektenfraß in Kalkmilch getaucht. Verwendung als Kuchengewürz. In der Medizin wird sie als Magenmittel, Stimulans und Aromatikum benutzt. Aus minderwertigen Samen wird Muskatbutter bzw. Muskatnußöl gewonnen, das in der Pharmazie und Parfümind. verwendet wird. Größere Mengen Muskatnuß sollen halluzinogene Wirkungen haben.

Muskatweine (Muskat, Muskateller), Weine aus einer der ältesten Rebsorten (Tafel- und Keltertraube) mit zahlr. Varianten (Mutationen, Selektionen, Kreuzungen), die v. a. in den Mittelmeerländern sowie in Österreich, im Elsaß, in der Pfalz, Baden und Württemberg angebaut wird. M. haben eine harmon. Säure und feines Muskataroma, außer zu selbständigen Weinen werden sie zum Verschnitt und als Grundweine verwendet. Der Morio-Muskat ist nicht verwandt.

Muskeladenylsäure [dt./griech./dt.] (Adenosin-5'-monophosphorsäure), ein v. a. in Muskeln enthaltenes, aber auch in Gehirn, Niere und Milz (sowie in Hefen) vorkommendes Adenosinphosphat, aus dem der Organismus Adenosindiphosphat synthetisieren kann; therapeut. zur Durchblutungsförderung (besonders der Herzkranzgefäße) angewandt. - ↑ auch Adenosinphosphate.

Muskelatrophie, Schwund der Skelettmuskulatur als altersbedingte Erscheinung oder infolge Unterernährung, Inaktivität, Störung des Muskelstoffwechsels, Degeneration der motor. Nerven.

Muskelentzündung (Myositis, Myitis), akute oder chron.-entzündl. Erkrankung des interstitiellen Bindegewebes eines Muskels oder einer Muskelgruppe.

Muskelerschlaffung (Myatonie), Fehlen oder krankhafte Verminderung des normalen Muskeltonus, mit einer Verminderung des Muskeltonus einhergehende Erkrankung.

Muskelfasern ↑ Muskeln.

Muskelgeschwulst, svw. ↑ Myom.

Muskelgewebe, aus kontraktilen Zellen (Muskelzellen, Muskelfasern) und Bindegewebe aufgebautes Gewebe bei vielzelligen Tieren und beim Menschen.

Muskelhärte (Myogelose, Hartspann, Verspannung), schmerzhafte Verhärtung im Bereich der Skelettmuskulatur, die durch reflektor. Kontraktion einzelner Muskelfasern oder Muskelstränge verursacht wird und bes. nach Fehlbeanspruchung sowie bei Muskelrheumatismus auftritt.

Muskelkater, Muskelermüdung mit vorübergehender Schmerzhaftigkeit und Verhärtung der Muskulatur als Folge von Belastungen, die über den jeweiligen Trainingszustand hinausgehen. Als Ursache des M. werden Stoffwechselschlacken und v. a. auch feinste Risse im Muskelgefüge angenommen. Zur Behandlung eines (schweren) M. sind bes Ruhe, Wärme und Massagen geeignet.

Muskelkontraktion ↑ Muskeln.

Muskelkoordination, das vom Zentralnervensystem gesteuerte und den jeweiligen Gegebenheiten angepaßte, geordnete, harmon. Zusammenspiel der Skelettmuskulatur.

Muskelkrampf (Myospasmus), wahrscheinl. durch Überdehnung entsprechender Muskelgebiete verursachte schmerzhafte Kontraktion oder Teilkontraktion überbeanspruchter, ermüdeter Muskeln, bekannt v. a. als ↑ Wadenkrampf.

Muskellähmung (Myoparese, Myoplegie, Myoparalyse), Funktionsausfall eines Muskels oder von Muskelgruppen infolge Störungen der motor. Innervation oder des Muskelstoffwechsels.

Muskelmagen, der starkwandige, muskulöse Magen verschiedener Tiere, durch dessen Muskelkontraktionen, oft in Verbindung mit aufgenommenen Sandkörnchen (z. B. bei Regenwürmern), kleinen Steinchen (als Mahlsteine; v. a. bei körnerfressenden Vögeln) oder bes. Bildungen der Mageninnenwand (und damit zum Kaumagen überleitend), die Nahrung bes. intensiv durchgeknetet und auch zerkleinert wird.

Muskeln (Musculi, Einz. Musculus) [lat., eigtl. „Mäuschen"], aus Muskelgewebe bestehende Organe, die sich kontrahieren (d. h. chem. Energie in mechan. [Arbeit] umwandeln) können. Sie dienen der Fortbewegung sowie der Gestaltveränderung und der Bewegung von Gliedmaßen und Organen. Der einzelne M. ist von Bindegewebssepten mit Nerven und Blutgefäßen umschlossen und wird an seiner Oberfläche von einer straffen, an den Bewegungen des M. nicht beteiligten Muskelscheide (M.faszie) begrenzt. Nach ihrer Form unterscheidet man längl. M., runde M. und breite, fleischhafte Muskeln. Die Gesamtheit der M. eines Organismus bezeichnet man als **Muskulatur**. Nach ihren funktionellen Einheiten, den M.zellen bzw. -fasern unterscheidet man glatte M., quergestreifte M. und Herzmuskulatur.

Glatte Muskeln: Die nicht dem Willen unterworfenen glatten M. bestehen aus langgestreckten, spindelförmigen, räuml.-netzförmig angeordneten, locker gebündelten oder in Schichten gepackt liegenden M.zellen, die beim Menschen etwa 15–225 μm lang und 4–7 μm breit sind. Im Zentrum dieser M.zellen liegt ein stäbchenförmiger Zellkern. In der Umgebung des Zellkerns liegen Mitochondrien. Parallel zur Längsachse verlaufen uneinheitl. angeordnete, dünne Eiweißfilamente *(Muskelfibrillen, Myofibrillen)*, die, wie elektronenmikroskop. Aufnahmen zeigen,

Muskeln

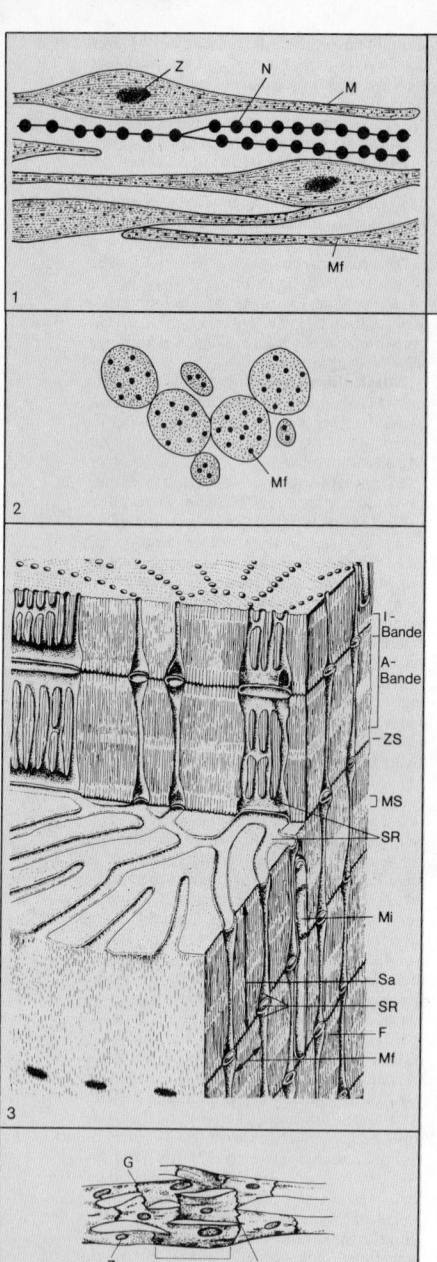

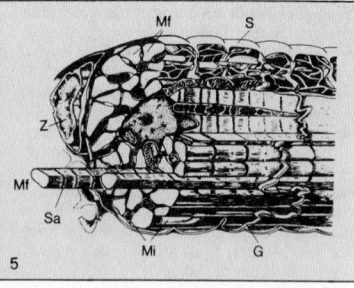

Muskeln. Glatte Muskulatur
(1 Längsschnitt; 2 Querschnitt);
Blockdiagramm eines quergestreiften
Muskels (3); Herzmuskulatur
(4 Längsschnitt; 5 Blockdiagramm).
F Filamente, G Glanzstreifen,
M Muskelzelle, Mf Muskelfibrille,
Mi Mitochondrium, MS M-Streifen,
N Nervenfaser, S Sarkolemm,
Sa Sarkomeren, SR sarkoplasmatisches
Retikulum, Z Zellkern,
ZS Z-Streifen

aus Untereinheiten bestehen. Je ein Aktin- und Myosinstrang von etwa 5 nm Durchmesser sind spiralig umeinander gewunden. Durch die parallele Anordnung der M.fibrillen ist der Brechungsindex der Zellen in Längsrichtung größer als in Querrichtung. Glatte M. arbeiten meist langsam und können die Kontraktion ohne großen Energieverbrauch oft längere Zeit aufrechterhalten (z. B. Schließ-M. der Muscheln). Vorkommen v. a. im Darm- und Urogenitalsystem, in den Luftwegen, Blut- und Lymphgefäßen, im Auge und in der Haut.

Quergestreifte Muskeln: Grundelemente der willkürl. quergestreiften M. (Ausnahme Herz-M.), der Skelett-M., sind immer die quergestreiften M.fasern. Sie sind zylindr. geformt, mehr- bis vielkernig, etwa 9–100 µm dick und etwa 2–30 cm lang (längste Faser beim Menschen etwa 12 cm). Jede M.faser ist von Bindegewebe umhüllt. Die Zellkerne liegen am Rand, die Mitochondrien sind verstreut. Das Plasma *(Sarkoplasma)* der Fasern ist von M.fibrillen erfüllt, die in gleiche, einander entsprechende Struktureinheiten, die *Sarkomeren*, gegliedert sind. Diese sind Bündel aus zwei Sorten streng geordneter, unterschiedl. langer, miteinander verzahnter Elementarfibrillen, den dickeren Myosin- und den dünneren Aktinfäden. Die Myosinfäden setzen in der Mitte des Sarkomers am sog. M-Streifen an, die Aktinfäden an den Z-Streifen. Wegen unterschiedl. opt. Eigenschaften (Doppelbrechung), die die M.fibrillen (und durch die entsprechende gleiche Anordnung der Sarkomeren in den benachbarten Fibrillen auch

die ganze M.faser) quergestreift erscheinen lassen, wird der einfach-brechende Bereich der Aktinfilamente als *I-Bande* (von isotrop), der doppelt-brechende Bereich der Myosinfilamente als *A-Bande* (von anisotrop) bezeichnet. Bei der Verkürzung der M.fasern verschieben sich die Aktin- und Myosinfilamente teleskopartig ineinander. Quergestreifte M. arbeiten sehr rasch und sind äußerst leistungsfähig. Deshalb ist auch der **Herzmuskel** quergestreift, obwohl er nicht dem Willen unterliegt. Sein Bau weicht etwas von dem der quergestreiften Skelett-M. ab. So bestehen die Herzmuskelfasern aus hintereinander geschalteten Herzmuskelzellen, die durch sog. Glanzstreifen gegeneinander abgesetzt sind. Alle M. beziehen ihre Energie aus den Nährstoffen, die mit dem Blut an sie herangeführt werden. Dies geschieht z. T. im Verlauf der sauerstofffreien Kohlenhydrateverwertung (anaerobe Glykolyse) oder während der letzten gemeinsamen, sauerstoffverbrauchenden Abbaustufen für Kohlenhydrate und Fette im Zitronensäurezyklus und in der Atmungskette (sog. Endoxidation). Für die Umwandlung in mechan. Arbeit ist entscheidend, daß die chem. Energie schließl. in hochwirksamer Form auf Adenosintriphosphat (ATP) übertragen wird, das gewissermaßen ein muskeleigenes, schnell mobilisierbares Energiereservoir darstellt. ATP enthält u. a. eine endständige Phosphatbindung, aus der durch Spaltung in Adenosindiphosphat (ADP) und Phosphat (P) rasch ein hoher Energiebetrag freigesetzt und für die Kontraktionsarbeit zur Verfügung gestellt werden kann. Der mechan. Grundvorgang der **Muskelkontraktion** (Verkürzung der M.) besteht darin, daß ATP seine Energie an bestimmte fadenförmige Eiweißstoffe (die kontraktilen Proteine Aktin und Myosin) abgibt, die sich mit Hilfe kurzlebiger Haftbrücken ineinanderschieben. Die Kontraktion von Skelett-M. wird durch elektr. Erregungen (Aktionspotentiale) ausgelöst, die über die zuführenden motor. Nervenfasern kommen. Zw. Nervenfaser und M.fasern ist die *motor. Endplatte* als spezialisierte Übertragerstelle (Synapse) eingebaut. Die Übertragung der Erregung zw. Nerven- und M.faser geschieht durch den Übertragerstoff (Transmitter) Acetylcholin. Dieses erzeugt im Bereich der subsynapt. Membran der M.faser ein stehendes Potential (das sog. Endplattenpotential), das auf der M.fasermembran ein neues Aktionspotential entstehen läßt. Das neue (muskeleigene) Aktionspotential läuft als elektr. Signal die M.faser entlang und löst in ihr schließl. auf indirektem Weg den Kontraktionsvorgang aus. Das Pfeilgift Kurare macht die subsynapt. Membran unempfindl. gegen Acetylcholin und verhindert so die Entstehung des Endplattenpotentials. Der M. ist dann durch einen myoneuralen Block gelähmt. Die Kontraktion der glatten M. verläuft ähnl., jedoch über ungeordnet liegende Fibrillen. Sie setzt erst etwa 150 ms nach Ende eines Aktionspotentials ein. - *Besonderheiten der Kontraktion des Herz-M.:* Seine Fasern verzweigen sich und nehmen über bes. durchlässige Querwände untereinander Kontakt auf. Daher breiten Aktionspotentiale im Herz-M. sich über immer weitere Fasern aus, bis die Erregung ganze Abschnitte und schließl. das ganze Herz erreicht. Das Herz kann und muß sich folgl. immer als Ganzes kontrahieren. Die Aktionspotentiale dauern länger, entsprechend länger ist die Erholungsphase. Dadurch können Extrareize abgehalten und Extraschläge (oder Extrasystolen) vermieden werden.
M. können sich nur zusammenziehen, nicht jedoch selbständig aktiv dehnen. Die der Kontraktion entgegengesetzte Bewegung erfolgt deshalb durch einen als Gegenspieler fungierenden anderen M. (z. B. Beuger und Strecker des Oberarms), durch elast. Bänder oder durch Flüssigkeiten (bei den Blutgefäßen). - Je nachdem, was die Kontraktion eines M. bewirkt, spricht man von: Abspreizer (Abduktoren), bewegen Gliedmaßen vom Körper weg; Adduktoren, bewegen sie zum Körper hin; Beuge-M. (Flexoren), veranlassen eine Beugebewegung im Gelenk; Streck-M. (Extensoren); Hebe-M. (Levatoren), ziehen Organe nach oben (z. B. das Schulterblatt); Senker (Depressoren), bewegen ein Organ nach unten (z. B. den Unterkiefer). Für Drehbewegungen gibt es die Einwärtsdreher (Pronatoren) und die Auswärtsdreher (Supinatoren).

Katz, B.: Nerv, M. und Synapse. Einf. in die Elektrophysiologie. Stg. [4]*1985.* - *Wilkie, D. R.: Muskelphysiologie. Dt. Übers. Stg. 1983.* - *Hoepke, H./Landsberger, A.: Das Muskelspiel des Menschen. Stg.* [7]*1979.* - *Reichel, H.: Muskelphysiologie. Bln. u. a. 1960.*

Muskelrelaxanzien [lat.], Arzneimittel zur Entspannung der Skelettmuskulatur. Die *peripher wirkenden M.* greifen an die motor. ↑Endplatte an, wo sie die Erregungsübertragung blockieren (z. B. Kurare). Die *zentral wirkenden M.* führen zu einer Lähmung von Interneuronen (Schaltneuronen) im Bereich des Hirnstamms und Rückenmarks und hemmen so die Ausbreitung polysynapt. Reflexe. Peripher wirkende M. werden v. a. in der Allgemeinanästhesie zur Erzielung einer ausreichenden Muskelentspannung ohne allzu tiefe Narkose und zur Linderung von Krampfzuständen (z. B. bei Vergiftungen), die zentral wirkenden u. a. zur Behandlung von schmerzhaften Spasmen der Skelettmuskulatur angewendet.

Muskelrheumatismus ↑Rheumatismus.

Muskelriß (Muskelruptur), v. a. durch zu rasche oder zu starke Kontraktion bedingte Zerreißung von Muskelbezirken mit plötzl. Schmerzen und Ausfall der betreffenden Muskelfunktion.

Muskelschwäche

Muskelschwäche (Myasthenie, Myasthenia gravis pseudoparalytica), hinsichtl. ihrer Entstehung noch nicht eindeutig aufgeklärte Muskelerkrankung, für die bezeichnend ist, daß bestimmte Muskeln bei wiederholter Betätigung abnorm rasch ermüden oder völlig versagen. Die erfolgreiche Behandlung mit Cholinesterasehemmstoffen und verschiedene elektromedizin. Tests beweisen, daß es sich bei der M. um eine zu geringe Acetylcholinfreisetzung an der ↑ Endplatte handelt.

Muskelschwund ↑ Muskelatrophie.

Muskelsinn (Myästhesie), mechan. Sinn, der Tiere und den Menschen befähigt, Veränderungen der Muskellänge und -spannung wahrzunehmen. Die entsprechenden Rezeptoren liegen in den Muskelspindeln der Skelettmuskulatur, die die Länge und Längenzunahme, auch in den Sehnenspindeln, die die Muskelspannung registrieren.

Muskeltonus, die Grundspannung eines nicht willkürl. innervierten Muskels. Man unterscheidet den *kontraktilen M.*, bei dem auf Grund der Spontanerregung der Muskelfaser eine energieverbrauchende Kontraktion abläuft (z. B. bei der Grund- oder Ruhespannung der Skelettmuskeln, dem Tonus der glatten Muskulatur von Hohlorganen), und den *plast. M.* oder *Sperrtonus*, der mit einer Umordnung der kontraktilen Muskeleiweiße einhergeht und kaum Energie benötigt.

Muskelzerrung, durch ruckartige Überdehnung eines Muskels entstehende Schädigung einzelner Muskelfasern; Behandlung: Ruhigstellung und Wärme.

Muskete [lat.-roman.], alte Handfeuerwaffe mit Gabelstütze; zunächst mit Luntenzündung, später auch mit Rad- und Steinschloß (↑ Gewehr); ab etwa Mitte des 16. Jh. Waffe der Musketiere.

Musketier [lat.-roman.], urspr. mit der Muskete ausgerüsteter Soldat; bis zum Ende des 1. Weltkriegs (neben Grenadier und Füsilier) v. a. Bez. für den einfachen Soldaten bei den Infanterieregimentern.

Musketon [...'tõ:; lat.-roman.] (frz. mousqueton), alte Handfeuerwaffe, die mehrere Kugeln zugleich verschoß (trichterförmige Laufmündung); heute auch Bez. für den frz. Karabiner.

Muskie, Edmund Sixtus [engl. 'mʌskɪ], * Rumford (Maine) 28. März 1914, amerikan. Politiker (Demokrat). - Rechtsanwalt; 1955-56 Gouverneur in Maine, 1959-80 Senator von Maine; April 1980-Jan. 1981 Außenminister.

Muskogee [engl. mʌs'koʊɡɪ], Stadt in O-Oklahoma, USA, 190 m ü. d. M., 37 000 E. Hochschule für Indianer (gegr. 1880); Handels- und bed. Eisenbahnzentrum. - Gegr. 1872, City seit 1898. - In M. befindet sich die Zentrale der Indianeragentur für die „Fünf Zivilisierten Nationen".

Muskogee [engl. mʌs'koʊɡɪ], i. w. S. Bez. für eine indian. Sprachfamilie im SO der USA, i. e. S. ein zu den Creek gehörender Stamm.

Muskovit [zu nlat. Muscovia „Rußland"] (Kalí-Tonerdeglimmer), Mineral von Perlmutterglanz, farblos-durchscheinend, auch gelblich, grünlich oder rötlich. Meist blätterige, schuppige oder dichte Aggregate. Schichtsilikat der chem. Zusammensetzung $KAl_2[(OH, F)_2|AlSi_3O_{10}]$. Mohshärte 2-2,5; Dichte 2,78-2,88 g/cm³. Neben und zusammen mit Biotit der häufigste Glimmer. Vorkommen vor allem in Gneisen, Glimmerschiefern, Graniten, auch Sandsteinen und Sanden, nicht dagegen in vulkanischen Gesteinen. In Pegmatiten gelegentl. in Form großer Platten vorkommend (u. a. in USA, Kanada, UdSSR, Ostafrika). Verwendung als Isoliermaterial in der Elektrotechnik.

Muskulatur [lat.] ↑ Muskeln.

muskulös [lat.], mit starken Muskeln versehen, äußerst kräftig.

Muslim [arab. „der sich Gott unterwirft"] (Moslem, veraltet Muselmann), Bekenner der Religion des Islams; nach der Lehre des Korans sind die M. „die Gläubigen", alle Nicht-M. sind „Ungläubige" (Kafir).

Muslimbruderschaft (Moslembruderschaft), islam. Erneuerungsbewegung und polit.-religiöse Organisation, gegr. 1928 in Ismailijja mit dem Ziel, die traditionellen Ordnungsvorstellungen des Islams in Staat und Gesellschaft durchzusetzen und den westl. Einfluß zurückzudrängen. Trat bis 1936 v. a. durch religiöse und soziale Aktivitäten hervor; wurde mit ihrem uneingeschränkten Eintreten für die Muslime Palästinas nach 1945 zur führenden panislam. und panarab. Bewegung in Ägypten. Ihre extremen gesellschaftspolit. Forderungen führten zum Verbot im Jan. 1954. Nach einem Attentatsversuch auf Nasser 1954 wurden zahlr. Mgl. der M. hingerichtet, die M. endgültig aufgelöst. Sie arbeitete zwar im geheimen weiter, verlor aber an polit. Bedeutung. Die M. war auch in anderen arab. Ländern von Einfluß (Syrien, Jordanien, Saudi-Arabien), wurde aber fast überall verboten.

Muslim-Liga (Moslem-Liga), 1906 in Dacca gegr. polit. Organisation ind. Muslime; forderte, v. a. unter der Führung von M. A. Dschinnah, für die muslim. Minderheit Beteiligung an den nach Mehrheitswahlrecht gebildeten polit. Körperschaften in den ind. Prov., einen autonomen muslim. Bundesstaat, seit 1940 die Teilung Indiens (Pakistan-Resolution); wurde nach der Gründung Pakistans dort Staatspartei. Von ihr trennte sich 1954 in Ost-Pakistan die Awami-Liga, die 1955 einen Wahlsieg über die M.-L. errang. 1965 wurde die M.-L. stärkste Partei in Pakistan; verschiedene Gruppen spalteten sich jedoch ab und gingen in Opposition; seit der Wahlniederlage von 1970 ohne Einfluß; die von ihnen durch Zusammenschluß mit rechtsgerichteten religiösen Parteien für die Wahlen 1977 gegr. „Pakistan National Alliance" (PNA) besteht nominell noch.

Musoma, Regionshauptstadt in N-Tansania, am O-Ufer des Victoriasees, 15 000 E. Kath. Bischofssitz; Handelszentrum eines Agrargebiets; Hafen, ✈.

Muspelheim, in der „Edda" Muspell und Muspellsheimr genannt, nach nordgerman. Mythologie ein südl. Feuerland, über das der Gott Surt mit flammendem Schwert herrscht.

Muspilli, vermutl. im 9. Jh. im bair. Sprachraum entstandenes, als Bruchstück (103 Zeilen, Anfang und Ende fehlen) erhaltenes Gedicht vom Weltuntergang; zeigt noch german. Stabreimform, doch schon einzelne Endreime; dargestellt sind das Schicksal der Seele nach dem Tod, der Weltuntergang und das Jüngste Gericht. Die Bed. des althochdt. Wortes „M." ist nicht eindeutig geklärt (Weltbrand? Jüngstes Gericht?).

Mussala, mit 2 925 m höchster Berg der Rila, Bulgariens und der Balkanhalbinsel.

Muße, das tätige Nichtstun; spezif. Form schöpfer. Verwendung von Freizeit; Möglichkeit und zugleich Grundbedingung der Selbstfindung, der (kreativen) Selbstverwirklichung, des Selbstseins wie auch der Partizipation und Verwirklichung von Kultur, auch Kunst, ja der Freiheit selbst. War M. z. B. im Gesellschafts- und Wirtschaftssystem der griech. Polis durch die körperl. Arbeit der Sklaven ermöglichtes Privileg der „freien" Bürger und galt M. bis in die Neuzeit hinein auch als humanist. Ideal und Statusmerkmal bestimmter Klassen, so ist M. durch die „zweite industrielle Revolution" mit ihrer Entlastung von körperl. Arbeit, v. a. aber mit den durch sie mögl. und notwendigen Arbeitszeitverkürzungen grundsätzl. auch für breitere Bevölkerungsschichten möglich. Das sich auf diesem Hintergrund stellende Problem ist eine Neubestimmung des [Wertungs]verhältnisses von Arbeit und einer wertorientierten, nicht nur formal bestimmten M. und entsprechende Veränderung des Bewußtseins. Eine solche Neubestimmung könnte beitragen zur Verhinderung neuer Abhängigkeiten in Gesellschafts- und Konsumzwängen, von Streß und darüber hinaus zur Ausweitung menschl. Freiheit.

Musselin [italien.-frz., nach der Stadt Mosul (Mossul)], leinwandbindiger Kleiderstoff aus schwach gedrehten, feinen Garnen.

Mussert, Anton Adriaan [niederl. 'mʏsərt], * Werkendam (Prov. Nordbrabant) 11. Mai 1894, † Den Haag 7. Mai 1946, niederl. Politiker. - Ingenieur; gründete 1931 die „Nationaal-Socialistische Beweging" (NSB), schloß sich 1940 dem dt. NS an; 1942 zum „Leiter des niederl. Volkes" ernannt; 1945 verhaftet, wegen Landes-, Hochverrats und Kollaboration zum Tode verurteilt und hingerichtet.

Musset, Alfred de [frz. my'sɛ], * Paris 11. Dez. 1810, † ebd. 2. Mai 1857, frz. Dichter. - Einer der bedeutendsten Vertreter der frz. Romantik. Aus adliger Familie; wurde mit 18 Jahren Mgl. des von V. Hugo gegr. romant. „Cénacle" (bis 1831). Sein emotionaler Protest gegen die Bürgerlichkeit verharrte jedoch in resignativem Weltschmerz (mal du siècle); 1833–35 unglückl. Liebesverhältnis mit George Sand, das sich beis. in seinen lyr. Dichtungen niederschlug, die zum Spiegel einer typ. romant. Seelenlage wurden, z. B. „Beichte eines Kindes seiner Zeit" (R., 1836). Wurde 1852 Mgl. der Académie française. Den nihilist. Grundzug seines Werks verbergen Sarkasmus und Frivolität. Neben Gedichten („Die Nächte", 1835–37), Verserzählungen und psycholog. Novellen („Die Geschichte einer weißen Amsel", 1842; „Mimi Pinson", 1846) schrieb M. eine Reihe geistsprühender Gesellschaftsstücke (Komödien, Dramen, Proverbes), u. a. „Die launische Marianne" (Kom., 1833), „Spielt nicht mit der Liebe!" (Dr., 1834).

Mußkaufmann ↑ Kaufmann.

Mussolini, Benito, * Predappio bei Forlì 29. Juli 1883, † Giulino di Mezzegra bei Como 28. April 1945 (erschossen), italien. Politiker. - In der Jugend geprägt durch die antiklerikalen und sozialist. Traditionen seines Elternhauses (Vater: Schmied und Lokalpolitiker, Mutter: Volksschullehrerin); 1900 Beitritt zur Sozialist. Partei (PSI), 1901 Volksschullehrer; entwickelte, stärker beeinflußt durch Nietzsche, Pareto und Sorel als durch Marx, einen voluntarist. geprägten Sozialismus. 1905/06 Militärdienst, 1907 Prüfung als Mittelschullehrer. Lebte ab 1909 mit R. Guidi in einer 1915 standesamtl., 1925 kirchl. legalisierten Ehe, aus der 5 Kinder hervorgingen. Leitete 1909–12 die Wochenzeitung „Lotta di Classe" in Forlì und schuf sich als Prov.sekretär der PSI eine eigene Machtbasis; auf dem Parteitag in Reggio Emilia 1912 Wortführer des intransigenten Flügels gegen die Reformisten; 1912 Chefredakteur des Parteiorgans „Avanti!", dessen Auflage in 2 Jahren von 20 000 auf 100 000 stieg. Nach Kriegsausbruch 1914 wegen seines revolutionären Aktionismus und seines Votums für den Kriegseintritt Italiens Bruch mit den für die strikte Neutralität eintretenden Sozialisten; nach Gründung seiner Zeitung „Il Popolo d'Italia" (mit Hilfe von Geldern aus der Schwerindustrie), die M. mit der Propagierung eines nat. Sozialismus zum Hauptorgan des Linksinterventionismus ausbaute, Ausschluß aus der PSI. 1915–17 Kriegsdienst, nach Verwundung als Unteroffizier entlassen. Am 23. März 1919 gründete M. die *Fasci di combattimento*, eine aus früheren Linksinterventisten bestehende antisozialist. und antikapitalist. orientierte Bewegung der „Frontkämpfer und Produzenten", die im Nov. 1921 zur Partito Nazionale Fascista, Abk. PNF, umgewandelt, in der Folgezeit Speerspitze der antisozialist. Reaktion und erste bürgerl. Massenpartei Italiens wurde. Als Schiedsrichter über den sich befehdenden Parteifraktionen erlangte M. bald eine unangreifbare Stellung. In der Parteisymbolik und im Mythos vom Duce fand die weitverbreitete Sehnsucht nach Autorität, Führertum und Gefolgschaft Ausdruck. Mit einer Doppelstrategie aus Gewalt, Erpressung und Überredung gelang M. in den Tagen des Marsches auf Rom der Weg zur Macht (30. Okt. 1922 Ernennung zum Minpräs. eines Koalitionskabinetts), ermöglicht durch das Bündnis mit den konservativen Führungsgruppen aus Wirtschaft, Heer, Verwaltung und Kirche. Der in der Folge der Matteotti-Krise 1924 massive Druck des radikalen Parteiflügels zwang M. Anfang 1925 zum Aufbau einer Einparteidiktatur unter Ausschaltung der nichtfaschist. Parteien und Gewerkschaften und unter institutioneller Absicherung der eigenen Vorrangstellung. Nach Zurückdrängung radikalfaschist. Tendenzen 1926/27 setzte sich im *„stato totalitario"* das autoritär-etatist. Staatsprogramm der Nationalisten durch. Als Duce der PNF, Capo del governo, Inhaber zahlr. Min.ämter (bis zu 8), Kommandant der Miliz, Präs. des faschist. Großrats und des Nat.rats der Korporationen nach außen hin als „absolut allmächtig" erscheinend, war M. fakt. durch die 1922–25 geschlossenen Fundamentalkompromisse eingeschränkt. Die führenden Militärs, die Krone (und der von ihr ernannte Senat), kath. Kirche, Großindustrie sowie weite Bereiche der Verwaltung und Justiz blieben in der Hand der traditionellen Führungsschichten. Das Verhältnis M. auch zu seinen engsten,

Benito Mussolini (1934)

period. in sog. „Wachablösungen" ausgetauschten Mitarbeitern beruhte nach 1925 auf deren völliger Unterordnung, ausgerichtet auf Gehorsam und Gefolgschaftstreue. Die im ersten Jahrzehnt gewonnene, 1929 durch die Lateranverträge und die Aussöhnung mit dem Papsttum gekrönte Machtstellung machte M. in der Weltöffentlichkeit zum Prototyp des neuzeitl., mit neuartigen Propaganda- und Organisationsmethoden Massenloyalität mobilisierenden Diktators. Auf außenpolit. Gebiet verfolgte M. nach der Eroberung Abessiniens 1935/36 und der Intervention im Span. Bürgerkrieg einen Kurs der Anlehnung an Hitler-Deutschland (Achse Berlin-Rom, 1936; Stahlpakt, 1939; Dreimächtepakt, 1940), der Italien die Vorherrschaft im Mittelmeerraum bringen sollte. Der Kriegseintritt am 10. Juni 1940 fesselte M. an das totale Sieg- und Durchhaltekonzept Hitlers. Der wider Erwarten lange Krieg enthüllte bald die allseitige Schwäche des faschist. Regimes. Am 25. Juli 1943 sprach der faschist. Großrat M. das Mißtrauen aus und ermöglichte König Viktor Emanuel III. die Entlassung und Verhaftung von M.; von dt. Fallschirmjägern am 12. Sept. 1943 aus der Internierung auf dem Gran Sasso befreit, gründete M. am 23. Sept. 1943 unter dt. Protektorat die teils an den Frühfaschismus anknüpfende *Italien. Soziale Republik* (Republik von Salò). Auf der Flucht in die Schweiz am 27. April 1945 von Partisanen gefangengenommen und mit seiner Geliebten C. Petacci am 28. April auf Befehl des Nat. Befreiungskomitees ohne Gerichtsverfahren erschossen.

📖 *Mack Smith, D.:* M. Dt. Übers. Mchn. 1983. - *Luna, G. de:* B. M. Rbk. 1978. - *Domarus, M.:* M. u. Hitler. Würzburg 1977. - *Borghi, A.:* M. New York 1974.

Mussorgski, Modest, * Karewo (Geb. Pleskau) 21. März 1839, † Petersburg 28. März 1881, russ. Komponist. - Bildete sich während seiner Militärlaufbahn autodidakt. in Komposition aus, kam zum Kreis um Balakirew, dem demokrat.-patriot. „Mächtigen Häuflein", quittierte den Militärdienst 1859. 1862–67 fand er seinen kraftvollen, unkonventionellen Stil, für den eine musikal-realist. Umsetzung und Ausdeutung der Sprache sowie Elemente russ. Volksmusik charakterist. sind; u. a. „Lieder und Tänze des Todes" (1875–77), Klavierwerk „Bilder einer Ausstellung" (1874), Opern „Salambo" (nach Flaubert, 1863–66), „Der Jahrmarkt von Sorotschinzy" (nach Gogol, 1876–81). Viele Werke blieben Fragment und wurden v. a. von Rimski-Korsakow ergänzt und aufführbar gemacht, so u. a. die Opern „Chowanschtschina" (1872–80) und „Boris Godunow" (nach Puschkin, 1871/72, 1. Fassung 1868/69).

Mustafa II., * Adrianopel (= Edirne) 5. Juni 1664, † Konstantinopel 31. Dez. 1703 (ermordet), Sultan (seit 1695). - Beendete den

Mutagenität

Krieg mit der Hl. Liga (von 1684) mit dem Frieden von Karlowitz (1699). Am 21. Aug. 1703 von den Janitscharen gestürzt.

Mustafa (gen. Kara M. „der schwarze M."), * Merzifon 1634, † Belgrad 25. Dez. 1683, osman. Großwesir (seit 1676). - Nachfolger F. A. Köprülüs; nach der vergebl. Belagerung Wiens (14. Juli–12. Sept. 1683) und der Niederlage am Kahlenberge auf Befehl des Sultans erdrosselt.

Mustafa İsmet ↑ İnönü, İsmet.

Mustafa Kemal Pascha ↑ Kemal Atatürk.

Müstair [rätoroman. myʃˈtajr] ↑ Münster (in Graubünden, Schweiz).

Mustang, Distr. mit gewisser Autonomie in N-Nepal, nördlich des Himalajahauptkammes, 3 017 km^2, rd. 28 000 E, Verwaltungssitz Jomosom. Nomad. Schaf- und Ziegenhaltung.

Mustang [span.-engl., eigtl. „herrenloses Tier"], Bez. für die im W der USA verwilderten und später von Indianern und Kolonisten eingefangenen und weitergezüchteten, zähen, genügsamen Nachkommen der im 16. und 17. Jh. aus Europa eingeführten Hauspferde verschiedener Rassen; erst in jüngerer Zeit wurden aus dem M. spezielle Rassen herausgezüchtet, z. B. der 150 cm schulterhohe, kräftige, verschiedenfarbene *Span. Mustang.*

Mustapää, P. [finn. ˈmustɑpæː], eigtl. Martti Haavio, * Temmes 22. Jan. 1899, † Helsinki 4. Febr. 1973, finn. Schriftsteller. - 1949 Prof. an der Universität Helsinki, Folklorist von internat. Rang; leitete durch seine iron.-intellektuellen (Einfluß Brechts) Gedichte mit eigenständiger Bildkomposition und mit rhythm. Neuheiten (zus. mit A. Hellaakoski) die reimlose Moderne in der finn. Lyrik ein.

Mustela [lat.], svw. ↑ Wiesel.

Muster [italien., zu mostrare (von lat. monstrare) „zeigen"], allg.: Vorbild, Modell, Vorlage (z. B. Schnittmuster); Probestück; [wiederkehrende] Zeichnung, Figur.

◆ Gegenstände, die die Beschaffenheit einer Ware kennzeichnen sollen. Als M. dienen: 1. kleine Mengen einer Ware (z. B. bei Getreide); 2. unselbständige Teile eines ganzen Stükkes (z. B. bei Textilien); 3. gebrauchsfähige ganze Gegenstände (z. B. bei Maschinen). Bei einem Kauf, der nach M. erfolgt, sind die Eigenschaften des M. als zugesichert anzusehen.

Mustèr [rätoroman. muʃˈte] ↑ Disentis.

Musterbuch, Sammlung von Vorlagen für Graphiker und Kunsthandwerker, im MA für alle künstler. Bereiche üblich. Das M. enthält typ. Einzelformen und -motive. Das berühmteste M. ist das Bauhüttenbuch des Villard de Honnecourt (um 1240).

Mustermesse ↑ Messe.

Musterprüfung (Typenprüfung), eine von amtl. autorisierten Stellen oder Behörden vorgenommene Prüfung von einzelnen Mustern eines Produkts zum Nachweis seiner Betriebstüchtigkeit, Leistungsfähigkeit und Brauchbarkeit, z. B. bei Kraftfahrzeugen, Dampf- und Heizungskesseln.

Musterregister ↑ Geschmacksmuster.

Musterrolle, die vom Seemannsamt ausgestellte, an Bord eines Seeschiffes befindl. Namensliste der [angemusterten] Besatzung und der sonst an Bord tätigen Personen. Die M. enthält die Heuerverträge.

Musterung, im *Seeschiffahrtsrecht* die in Gegenwart des Kapitäns oder eines Bevollmächtigten des Kapitäns oder Reeders vor dem Seemannsamt stattfindende Verhandlung über die in die Musterrolle einzutragenden Angaben. **Anmusterung** findet bei Dienstantritt, **Ummusterung** bei Änderung der Dienststellung des Besatzungsmitglieds, **Abmusterung** bei Beendigung des Dienstverhältnisses statt.

◆ im *Wehrrecht* Verfahren, in dem entschieden wird, welche ungedienten Wehrpflichtigen für den Wehrdienst zur Verfügung stehen. Die M. wird von den Kreiswehrersatzämtern durchgeführt; die Entscheidung trifft der **Musterungsausschuß,** bestehend aus dem Leiter des Kreiswehrersatzamts als Vorsitzendem und zwei Beisitzern, nach mündl. Verhandlung durch einen schriftl. M.bescheid. Vorher sind die Wehrpflichtigen auf ihre geistige und körperl. Tauglichkeit eingehend ärztl. zu untersuchen. Gegen den M.bescheid kann binnen 2 Wochen Einspruch erhoben werden; über ihn entscheidet die Musterungskammer.

Mut, psych. Gestimmtheit, die zu unerschrockenem, überlegtem Verhalten in gefährl. Situationen - insbes. bei Bedrohung - führt; entspringt u. a. den Bereichen des Selbstbehauptungs- und Selbstwertgefühls (auch dem Geltungsbedürfnis) und des Kraft- und Machtgefühls (auch der Ohnmacht als M. der Verzweiflung); kann sich im sozialen Konflikt sowohl defensiv als auch aggressiv äußern.

Muta [lat.], svw. ↑ Verschlußlaut.

Mutabilität [lat.], Veränderlichkeit, Unbeständigkeit. - Speziell die Fähigkeit der Gene zu mutieren.

Mutagene [lat./griech.], natürl. oder synthet. Stoffe (**chem. M.**) oder Röntgen-, Gamma-, UV-, Neutronen- und Höhenstrahlen (**physikal. M.**), die Mutationen hervorrufen können. M. spielen auch eine große Rolle bei der Krebsentstehung. - **Anti-M.** sind Schutzstoffe gegen M.; z. B. konnten bei einigen Pflanzen Ascorbinsäure und Kinetin als Schutz gegen Gamma- und Neutronenstrahlen nachgewiesen werden.

Mutagenität, Fähigkeit eines Agens, als Mutagen Mutationen zu verursachen. Zur z. T. freiwilligen, z. T. gesetzl. vorgeschriebenen Prüfung von neu auf den Markt kommenden Substanzen (z. B. Arzneimittel, Lebensmittel, Aromastoffe, Kosmetika, Pflanzenbehandlungsmittel, Reinigungsmittel) auf M. werden

Mutanabbi

verschiedene Testorganismen (u. a. Mikroorganismen, Mäuse, Zellkulturen aus menschl. Lymphozyten und Bindegewebszellen) verwendet.

Mutanabbi, Al, Abut Taijib Ahmad Ibn Al Husain, *Al Kufa 915, †bei Bagdad 23. Sept. 965, arab. Dichter. - 948–957 Hofdichter des Emirs Saif Ad Daula in Aleppo; danach in Persien; wurde von einer Räuberbande getötet. Al M. gehört zu den letzten bed. Vertretern der klass. arab. Literatur. Seine Preisgedichte gelten als Musterbeispiele arab. Lobesdichtung; dt. Übersetzung eines Diwans von Hammer-Purgstall (1824).

Mutankiang (Mudanjiang) [chin. mudandzjan], chin. Stadt in der Mandschurei, am M., einem rd. 700 km langen Nebenfluß des Sungari, 252 000 E. Reifenproduktion, Holzind.; Marktort; Bahnknotenpunkt.

Mutante [lat.], Individuum, dessen Erbgut in mindestens einem Gen gegenüber dem häufigsten Genotyp, dem Wildtyp, verändert ist.

Mutasen [lat.], svw. ↑Phosphomutasen.

Mutasiliten (Mutaziliten) [arab.], Angehörige einer theolog. Richtung (**Mutasila**) des Islams; sie hatten an der Schaffung des dogmat. Systems des Islams wesentl. Anteil. Hervorgegangen aus den polit.-dogmat. Kämpfen in der 1. Hälfte des 8. Jh., wurden sie unter den Abbasidenkalifen zur führenden Theologenschule. Die Grundbegriffe ihrer Dogmatik waren die Lehre von der absoluten Einheit Gottes und von Gottes Gerechtigkeit, die den freien Willen des Menschen bedingt. Ihre Lehre vom Erschaffensein des Korans wurde zeitweilig zum Staatsdogma erhoben. Später wurde ihre Dogmatik verworfen, sie lebt in der schiit. Theologie fort.

Mutation [zu lat. mutatio „Veränderung"] (Erbänderung), plötzl. auftretende und dann konstant weitergegebene, also erbl. Veränderung in der Erbsubstanz. Eine M. kann spontan (ohne erkennbare Ursache) entstehen *(Spontan-M.)* oder durch Einwirkung von ↑Mutagenen induziert werden *(induzierte Mutation).* M. an bestimmten Stellen auszulösen, z. B. an einem bestimmten Gen, ist bisher nicht möglich. Molekular betrachtet bedeutet eine M. die Änderung einer bestehenden Nukleinsäuresequenz. Dem entspricht in vielen Fällen auch eine Änderung der genet. Information; sie ändert sich nur dann nicht, wenn bei der M. aus einem bestimmten Codon ein anderes entsteht, das in die gleiche Aminosäure übersetzt wird. Mutative Veränderungen an der DNS (oder RNS) können zustande kommen: 1. durch chem. Umwandlung einer Nukleotidbase in eine andere; eine solche *Punkt-M.* führt zum Austausch nur einer Aminosäure gegen eine andere. 2. Durch Hinzufügen oder Wegnehmen eines Nukleotids aus einer in Nukleotiddreiergruppen „gelesenen" DNS wird der Sinn nicht nur der

Mutation. Links ein normales Weibchen der Taufliege, rechts eine stummelflügelige Form mit kurzen Fühlern

direkt betroffenen, sondern auch aller folgenden Dreiergruppen verändert. Solche *Rasterverschiebungs-M.* *(Frame-shift-mutations)* führen zur Zerstörung der Informationsgehalte eines Gens und haben ein funktionsloses Protein zur Folge. 3. Durch Punkt-M. kann mitten in einem Gen eine Dreiergruppe mit der Bed. „Ende der Proteinbiosynthese", d. h. ein Terminatorcodon, entstehen *(Terminator-M.);* diese Art der M. hat einen Abbruch der Proteinkette an dieser Stelle zur Folge und führt zu einem verstümmelten, funktionslosen Proteinfragment. - Je nach Ort und Umfang einer M. lassen sich auf Grund mikroskop. Analysen (im Unterschied zu den vorigen M. auf Grund molekularbiol. Analysen) unterscheiden: *Genom-M.*, verändern die Anzahl einzelner Chromosomen oder ganzer Chromosomensätze. *Chromosomen-M.*, führen zu Umbauten im Chromosom (↑Chromosomenanomalie). *Gen-M.* betreffen einzelne Gene.

📖 *Gottschalk, W./Wolff, G.: Induced mutations in plant breeding. Bln. u. a. 1983. - Gebhart, E.: Chem. Mutagenese. Stg. 1977.*

Mutationshäufigkeit ↑Mutationsrate.

Mutationsrate (Mutationshäufigkeit, Mutationsfrequenz), die Häufigkeit, mit der in einem bestimmten Gen innerhalb einer Population (bzw. pro Generation) eine Mutation auftritt. Die spontane M. schwankt je nach Gen. zw. 10^{-4} (eine Mutation auf 10000 Individuen) und weniger als 10^{-9} (eine Mutation auf über eine Milliarde Individuen). Die M. kann durch die Einwirkung von Mutagenen (induzierte Mutationen) jedoch für bestimmte Gene bis auf Werte von 10^{-2} erhöht werden *(Experimentalrate).*

Mutationszüchtung, in der Tier- und Pflanzenzüchtung die Gewinnung nützl. Mutanten durch künstl. Auslösung von ↑Mutationen und die züchter. Vermehrung der Mutanten.

mutatis mutandis [lat.], Abk. m. m., mit den nötigen Änderungen.
Mutaziliten ↑ Mutasiliten.
Muth, Carl, * Worms 31. Jan. 1867, † Bad Reichenhall 15. Nov. 1944, dt. Publizist. - Begründer (1903) und Leiter (bis 1941) der kath. Monatsschrift „Hochland"; trug maßgebl. zur Erneuerung der dt. kath. Literatur bei.
Muthesius, Hermann, * Großneuhausen (bei Sömmerda) 20. April 1861, † Berlin 26. Okt. 1927, dt. Architekt und Kunstschriftsteller. - Schrieb als Kenner engl. Kunstgewerbes und engl. Architektur einflußreiche Werke wie „Das engl. Haus" (1904/05); auch eigene Bauten in engl. Stil. Mitgr. des Dt. Werkbundes und der Gartenstadt Hellerau.
Muti, Riccardo, * Neapel 28. Juli 1941, italien. Dirigent. - Seit 1969 Chefdirigent des Teatro Communale in Florenz, zugleich (mit Unterbrechung) des Orchesters des Maggio Musicale Fiorentino, 1973-83 auch des New Philharmonia Orchestra in London, seit 1984 Musikal. Direktor der Mailänder Scala. Geschätzter Gastdirigent.
Mutianus Rufus, Conradus (Mutian), eigentl. Conrad Muth, * Homberg (Efze) 15. Okt. 1470 oder 1471, † Gotha 30. März 1526, dt. Humanist. - Kanonikus in Gotha. Unterstützte die Hinwendung der Geisteswiss. zum Humanismus in Abwendung von der ma. Scholastik. Gab zus. mit Crotus Rubianus u. a. die ↑ „Epistolae obscurorum virorum" heraus.
mutieren [lat.], eine erbl. Veränderung (↑ Mutation) erfahren, sich im Erbgefüge ändern; von Genen, Chromosomen, Zellkernen, Zellen oder Organismen gesagt.
♦ sich im Stimmwechsel befinden.
Mutilation [lat.], svw. ↑ Verstümmelung; **mutiltieren,** verstümmeln (von Krankheiten wie der Lepra gesagt).
Muting [engl. ˈmjuːtɪŋ; zu lat. mutus „stumm"], svw. ↑ Stummabstimmung.
Mutis, José Celestino, * Cádiz 6. April 1732, † Santa Fe de Bogotá (= Bogotá) 11. Sept. 1808, span. Arzt und Botaniker. - Erforschte die Vegetation S-Amerikas, insbes. der Anden. Er widmete sich speziell der Kultivierung und Verbreitung des Chinarindenbaums und machte sich um die Erforschung des Chinins verdient.
Mutismus [zu lat. mutus „stumm"], Bez. für [totales oder selektives] Nichtsprechen bei völliger Intaktheit des Sprechapparates bzw. der Sprechmotorik, entweder als Folge von Taubheit *(Taubstummheit)* oder als neurot. Symptom (bes. bei sprechscheuen Kindern: *infantiler M.*) und als psychot. Symptom (bei Depression, Halluzination, Schizophrenie u. a.; meist bei Erwachsenen: *adulter M.*). Erfolge in der Therapie wurden bisher mit Milieuwechsel und Milieutherapie, Hypnose, analyt. Psychotherapie und Verhaltenstherapie erzielt.

Muton [lat.], das Gen als Mutationseinheit; kleinster mutierbarer Baustein des Erbmaterials in Form eines Nukleotids des Nukleinsäuremakromoleküls.
Mutschler, Carlfried, * Mannheim 18. Febr. 1926, dt. Architekt. - Baute in Mannheim u. a. Ev. Gemeindezentrum Pfingstberg (1960-63), (mit F. Otto) die Multihalle im Herzogenriedpark (1975) mit Holzgitterschale und das Stadthaus (1988-90).
Mutsubucht, Meeresbucht an der N-Küste der jap. Insel Hondo.
Mutsuhito, * Kioto 3. Nov. 1852, † Tokio 30. Juli 1912, Eigenname des 122. Kaisers von Japan (Meidschi Tenno; seit Jan. 1867). - 1860 Thronfolger; wurde durch Abschaffung des Schogunats (1867) zum eigtl. polit. Herrscher; führte die Meidschi-Reformen durch.
Muttenz, Stadt im schweizer. Kt. Basel-Landschaft, 295 m ü. d. M., 17 100 E. Chem. Ind., Elektroapparate- und Maschinenbau; in der Nähe Salinen; Rangierbahnhof, Rheinhafen. - Befestigung von Kirche und Kirchhof durch Mauern und Türme (12. Jh.; im 14./15. Jh. spätgot. Umbau).
Mutter, Anne-Sophie, * Rheinfelden (Baden) 29. Juni 1963, dt. Violinistin. - Gefördert u. a. von H. v. Karajan; gastiert seit 1977 mit großem Erfolg in den Musikzentren Europas und in Übersee.
Mutter, eine Frau, die geboren hat (im rechtl. Sinn auch die Adoptiv-M.); im übertragenen Sinn auch von Pflanzen und Tieren gesagt (M.tier, M.pflanze) sowie z. B. auch bei physikal. Phänomenen (M.substanz).
Die Verhaltensforschung nimmt mit der Geburt (und zwar beginnend mit dem Sehen und Hören des Säuglings bzw. beim Tier des Wurfes) die Auslösung eines angeborenen Mutterinstinkts an, d. h. Pflegeverhalten bzw. Brutpflege u. emotionale Zuwendung. Wenn beim Menschen auch andere Faktoren eine Rolle spielen, sind diese Auslösungsvorgänge für die Entstehung einer echten M.-Kind-Bindung von fundamentaler Bedeutung. Störungen dieser Auslösung werden z. B. bei Haustieren beobachtet. Störungen beim Menschen haben die verschiedensten psycholog. und sozialen Ursachen. Für die Entwicklung des Kindes ist eine emotional sichere, ungestörte M.-Kind-Bindung († Mutterbindung) bzw. eine ständig verfügbare Bezugsperson, normalerweise die eigene M., entscheidend. Andernfalls erfolgen Verzögerungen und Rückschläge, aber auch unreparierbare Schäden in der Entwicklung des Kindes, auch nach der frühkindl. Phase. Das Verständnis der Aufgabe der M. und das mehr oder weniger bewußte Verhalten der M. ist stark von gesellschaftl. Normen und Vorstellungen geprägt, die sich überdies stark nach sozialen Schichten unterscheiden. Traditionell bestimmte Prägungen des Selbstverständnisses sowie sozioökonom. (Einkommen,

Mutterband

Wohnsituation u. a.) und kulturelle Barrieren (Bildungsstand) erschweren die Übernahme und Anwendung wiss.-pädagog. Erkenntnisse über „richtiges Erziehen" zu sozial erwünschten „Persönlichkeiten" (z. B. mit hohem Grad an Selbständigkeit, Urteilskraft, Kommunikationsgeschick u. a.). Zu den häufigen Fehlern mütterl. Verhaltens zählt z. B. die Überprotektion, oft verbunden mit Ungeduld (die das Kind die Dinge nicht selbst erproben läßt), die die Entfaltung von Selbständigkeit, Entscheidungsfreudigkeit und die notwendige Ablösung des Kindes stören oder verhindern. Die veränderten gesellschaftl. Verhältnisse in der Ind.gesellschaft haben für die M. eine bes. Belastung bewirkt. Wenn gilt, daß sich der einzelne Mensch im Rahmen seiner Neigungen und Anlagen nur durch aktive Teilnahme am sozialen und wirtsch. Leben entwickeln kann, entstehen Nachteile und Unterprivilegierungen für die M., die ihre Tätigkeit auf innerfamiliäre Betreuung der Kinder und auf Haushaltsführung beschränkt. Ihre soziale Emanzipation und Gleichstellung erkauft sich die Frau mit ihrer Doppelrolle (Doppelbelastung) als M. (Hausfrau) und Berufstätige. Damit steht sie in bes. starkem Maße im (psych. belastenden) Spannungsverhältnis zw. emotional-affektiv bestimmten (primären) Sozialbeziehungen der Familie und des Eltern-Kind-Verhältnisses einerseits und den rational organisierten (sekundären) Strukturen der Berufs- und Arbeitswelt andererseits. Moderne Gesellschaftspolitik versucht deshalb, die Probleme der Berufsausbildung und -ausübung mit den Anforderungen der M.schaft abzustimmen (v. a. durch Kindergärten, Mutterschutz, Veränderung der Rolle des Vaters, berufl. Fort- und Weiterbildungsmaßnahmen nach Ablösung der Kinder vom Elternhaus bzw. wenigstens nach Abschluß frühkindl. Erziehungsprozesse).
⍟ *Barber, V./Skaggs, M. M.: Die M. Erfahrungen u. Vorschläge f. ein besseres Selbstverständnis. Dt. Übers. Rbk. 1980.* - *Barber, V./Skaggs, M. M.: M. - ein Beruf? Dt. Übers. Mchn. 1978.* -

Schraubenmutter. 1 Sechskant-, 2 Vierkant-, 3 Hut-, 4 Flügel-, 5 selbstsichernde, 6 Kronenmutter

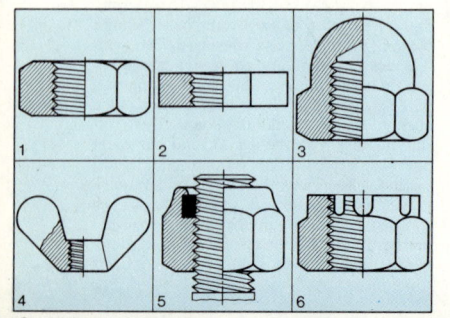

Lehr, K.: Die Rolle der M. in der Sozialisation des Kindes. Darmst. ²1978. - *Wagnerová, A. K./Smaus, G.: M. - Kind - Beruf. Rbk. 1976.* - *Koch, R.: Berufstätigkeit der M. u. Persönlichkeitsentwicklung des Kindes. Köln 1975.* - *König, R.: Die Familie der Gegenwart. Mchn. 1974.* - ↑ *auch Frau.*
♦ in der *Religionsgeschichte* weit verbreiteter Typ einer weibl. Gottheit, bei der die Aspekte des Urtümlichen, des Erdhaften, der Geburt und der Vegetation im Vordergrund stehen. Die M.göttin wird meist als Beschützerin der kultivierten Erde verehrt. Der Aspekt der Gebärerin tritt vornehml. bei der M. aller Götter in Erscheinung. Gegenüber einer Funktion als Geliebte oder als Gattin und Partnerin bei der „heiligen Hochzeit" gewinnt die mütterl. Fürsorge für das Kind eine beherrschende Stellung. Die mütterl. Qualitäten stehen mit Fürsorge, Mitleid und Gnade in enger Verbindung. M.gottheiten können jedoch auch grausame Züge aufweisen. Die kult. Verehrung von M.gottheiten gewann in den Mysterien der Spätantike eine beherrschende Rolle. Die Römer verehrten die Kybele vornehml. als „Große M.", als ↑ „Magna Mater". - Im *Christentum* gilt Maria, die M. Jesu, als „Gottesgebärerin". Mit ihr verbindet sich der Aspekt des Leidens, aber auch der Gnade, Fürsorge und des Mitleids gegenüber den Menschen.
⍟ *Hörig, M.: Dea Syria. Studien zur religiösen Tradition der Fruchtbarkeitsgöttin in Vorderasien. Neukirchen-Vluyn 1979.*
♦ (Schrauben-M.) zu einer Schraube passende Hohlschraube mit Innengewinde; dient je nach dem Gewinde zusammen mit der zugehörigen Schraube als Befestigungsmittel oder als Verschiebeglied auf einer Bewegungsschraube (Gewindewelle oder -spindel). Benennung nach Verwendungszweck und Ausführungsform: Die häufigste Form ist die **Sechskantmutter** mit 6 Schlüsselflächen zum Anziehen. **Vierkantmuttern** werden meist zus. mit Schloßschrauben verwendet. **Hutmuttern** sind zum Schutz des Gewindes einseitig geschlossen. **Bundmuttern** mit einseitig vergrößerter Stirnfläche ersparen zusätzl. Unterlegscheibe. **Flügelmuttern** und **Rändelmuttern** können von Hand angezogen werden. **Kreuzlochmuttern** mit 4 Sacklöchern am Rand und **Zweilochmuttern** mit 2 Löchern auf der Stirnseite werden mit Spezialschlüsseln angezogen. **Selbstsichernde Muttern** mit gewindelosem Kunststoffring in einer Innenringnut ersetzen zunehmend sog. **Kronenmuttern** mit Schlitzen zur Sicherung mit einem Splint (durch Querloch in der Schraube). **Nietmuttern** bzw. **Anschweißmuttern** werden an dünne Blechteile genietet bzw. geschweißt, **Einschlagmuttern** durch Einschlagen in Holz verankert.

Mutterband, 1. das breite M. (Ligamentum latum uteri), eine Eierstöcke, Eileiter und

Muttermilch

Gebärmutter umhüllende Bauchfellduplikatur; 2. das runde M. (Ligamentum teres uteri), ein bindegewebiges Halteband der Gebärmutter, durch den Leistenkanal zu den großen Schamlippen ziehend.

Mutterbindung, emotionale Bindung des Kindes, insbes. des Sohnes, an den weibl. Elternteil, die (ebenso wie eine entsprechende Vaterbindung) die seel. und geistige Entwicklung des Kindes nachhaltig beeinflußt. Nach S. Freud ist M. nicht selten libidinös gefärbt und Ursache von Konflikten († Ödipuskomplex).

Mutterboden, oberste, humusreiche Schicht des Bodens.

Müttergenesungswerk, Kurzbez. für die von E. Heuss-Knapp 1950 gegr. gemeinnützige Stiftung Dt. Mütter-Genesungswerk, Sitz Stein b. Nürnberg. Zu den Trägergruppen des M. zählen kath. und ev. Arbeitsgemeinschaften, Arbeiterwohlfahrt e. V., Dt. Rotes Kreuz, Dt. Parität. Wohlfahrtsverband. In den Heimen des M. (1990: 114) finden jährl. rd. 50 000 erholungsbedürftige Mütter Aufnahme.

Muttergesellschaft ↑ Tochtergesellschaft.

Muttergestein ↑ Erdöl.

Mutter Gottes ↑ Gottesmutterschaft.

Mutterhaus, 1. Ausbildungsstätte für [kirchl.] Krankenschwestern und Diakonissen; 2. im kath. Ordenswesen ein Kloster, von dem aus andere gegründet wurden.

Mutterkirche (Mutterpfarrei), im kath. Kirchenrecht die Gründungspfarrei von „Tochterkirchen".

Mutterkorn (Secale cornutum), hartes, bis zu 2,5 cm großes, schwarzviolettes, hornartig aus der Ähre herausragendes Dauermyzelgeflecht (Sklerotium) des M.pilzes im Fruchtknoten bzw. im Korn des Getreides (bes. Roggen). Das M. enthält biogene Amine, Lysergsäureabkömmlinge und die pharmakolog. stark wirksamen ↑ Mutterkornalkaloide. Durch ins Mehl gelangtes, gemahlenes M. traten früher schwere Vergiftungserkrankungen (**Ergotismus,** Mutterkornvergiftung, Kribbelkrankheit) auf. Symptome: Schwindel, Erbrechen, Durchfälle, Benommenheit und Krämpfe; bei chron. Vergiftung als Ergotismus gangraenosus mit Gefäßkrämpfen und Brand oder als Ergotismus convulsivus mit neurolog. Störungen, die sich zuerst in Empfindungsstörungen äußern, später in schmerzhafte Muskelkontraktionen übergehen.

Mutterkornalkaloide [...o-idə] (Ergolinalkaloide), sich chem. von der Lysergsäure herleitende Alkaloide, wobei die Lysergsäure beim *Ergometrin* mit 2-Amino-1-propanol, bei der *Ergotamin*- und *Ergotoxingruppe* mit versch. Tripeptiden verbunden ist. Vergiftungen mit M. rufen den sog. *Ergotismus* († Mutterkorn) hervor. M. werden medizin. u. a. als Migränemittel verwendet.

Mutterkornpilz (Claviceps purpurea), giftiger Schlauchpilz aus der Ordnung Clavicipitales, der bes. auf Roggen schmarotzt. Der von den Sporen des Pilzes infizierte Fruchtknoten wird vom Myzel des Pilzes durchwuchert und bildet bei der Kornreife das weit aus der Ähre herausragende ↑ Mutterkorn.

Mutterkuchen, svw. ↑ Plazenta.

Mutterkümmel, svw. ↑ Kreuzkümmel.

Muttermal (Nävus, Naevus), zusammenfassende Bez. für verschiedene angeborene fleckförmige Fehlbildungen der Haut von teils dunklem, bläulich-rotem oder behaartem Erscheinungsbild. Zu den M. zählen das Feuermal († Hämangiom) und der Leberfleck.

Muttermilch (Frauenmilch), nach der Entbindung in den weibl. Brustdrüsen auf Grund hormoneller Reize gebildete Nährflüssigkeit für den Säugling. Schon in der Schwangerschaft wird die Brustdrüse unter dem Einfluß des hohen Östrogen- und Progesteronspiegels auf die Milchsekretion vorbereitet: Die Drüsengänge und -bläschen sprossen aus,

ZUSAMMENSETZUNG VON MUTTERMILCH UND KUHMILCH
(Mittelwerte)

	Kolostrum	transitor. Milch	reife Muttermilch	Kuhmilch
Gesamteiweiß g/l	22,9	15,9	10,6	30,9
Fette, gesamt g/l	29,5	35,2	45,4	38,0
Fettsäuren (Massen-% der Gesamtfettsäuren)				
gesättigte	42,8	45,7	47,1	67,4
ungesättigte	57,2	54,3	52,9	32,6
Aminosäuren g/l	12,0	9,4	12,8	33,0
Eisen mg/l	1,0	0,59	0,50	0,45
Calcium g/l	0,481	0,464	0,344	1,37
Milchzucker g/l	57	64	71	47
Energie				
kcal/l	671	735	747	701
kJ/l	2 818	3 087	3 137	2 944

Muttermund

der Drüsenkörper wird vergrößert und besser durchblutet. Gleichzeitig verhindert der hohe Östrogenspiegel durch Hemmung der Tätigkeit der Hypophyse, daß es während der Schwangerschaft schon zur Milchsekretion kommt. Mit der Geburt fällt der Östrogenspiegel im Blut ab; die Hypophyse kann jetzt Prolaktin bilden, das die vorbereitete Brustdrüse zur Milchsekretion anregt. In den ersten vier bis fünf Tagen nach der Geburt wird das ↑Kolostrum gebildet. Es enthält mehrere Immunglobuline (Antikörper), die das Neugeborene u. a. gegen Durchfallerkrankungen und grippeähnl. Viruserkrankungen schützen. Nach der transitor. oder Zwischenmilch produziert die Brustdrüse von der zweiten bis dritten Woche an die reife Muttermilch (Menge der abgesonderten M. 8–10 Tage nach der Entbindung normalerweise rd. 500 cm^3 täglich). Sie ist eine optimale Säuglingsnahrung und unterscheidet sich von der Kuhmilch z. B. durch den höheren Zucker- und Fettgehalt bei geringerer Eiweißkonzentration. Die Eiweiße der M. wirken hemmend auf das Wachstum pathogener Darmbakterien, so daß Durchfallerkrankungen wesentl. seltener vorkommen als bei „Flaschenkindern". Der hohe Anteil an weißen Blutkörperchen bewirkt wahrscheinl. einen Schutz vor Virusinfektionen. Außerdem treten bei mit M. ernährten Säuglingen weniger Allergien auf, weil kein körperfremdes Eiweiß aufgenommen wird. - ↑auch Stillen, ↑Säuglingsernährung.

Muttermund ↑Gebärmutter.

Mutterpfarrei, svw. ↑Mutterkirche.

Mutterrecht, von J. J. Bachofen angenommene, von der neueren Forschung abgelehnte These einer frühgeschichtl. Familienform, die der vaterrechtl. vorangegangen sein soll, mit einer durchweg dominierenden Stellung der Frau.

Der Völkerkunde dient der Begriff M. zur Bez. der Abstammung und Erbfolge in Sozialverbänden, in denen die Kinder der Verwandtschaftsgruppe der Mutter zugerechnet werden und mit ihrem biolog. Vater als nicht verwandt gelten. Solche mutterrechtl. Organisationsformen sind unter den Naturvölkern Ozeaniens, Afrikas und Amerikas verbreitet.

Mutterschaftsgeld ↑Krankenversicherung.

Mutterschaftshilfe ↑Krankenversicherung.

Mütterschulen (Familienbildungsstätten), Bildungsstätten, die Mütter, aber auch Väter („Elternschulen") und Kinder ansprechen wollen; v. a. von den Kirchen und freien Wohlfahrtsverbänden getragen; zusammengeschlossen in der Bundesarbeitsgemeinschaft kath. Familienbildungsstätten (Düsseldorf), der Bundesarbeitsgemeinschaft ev. Familien-Bildungsstätten (Stein b. Nürnberg), der Arbeitsgemeinschaft von Einrichtungen für Familienbildung e. V. - AGEF - (Darmstadt) und dem Arbeiterwohlfahrt Bundesverband e. V. (Bonn); bieten Kurse über Fragen der Säuglings- und Kinderpflege, Gesundheitsfürsorge, Haushaltsführung, kindl. Entwicklung und Erziehung und sehen heute auch Schwerpunkte ihrer Arbeit in der Lösung von Partnerschafts- und Kommunikationsproblemen sowie in der Klärung der Beziehung von Familie und Gesellschaft.

Mutterschutz, Gesamtheit aller Maßnahmen zum Schutz der in einem Arbeitsverhältnis stehenden Frauen (einschl. Heimarbeiterinnen) während der Schwangerschaft und nach der Entbindung. Der M. ist im *Gesetz zum Schutz der erwerbstätigen Mutter (Mutterschutzgesetz, Abk. MuSchG)* i. d. F. vom 18. 4. 1968, zuletzt geändert durch das *Gesetz zur Einführung des Mutterschaftsurlaubs* vom 25. 6. 1979, geregelt. Danach müssen Arbeitsplatz und -geräte sowie sonstige Betriebseinrichtungen den gesundheitl. Belangen der schwangeren oder stillenden Frau Rechnung tragen; schwere körperl. Arbeiten, Akkord-, Sonntags- und Nachtarbeit sowie die Beschäftigung von Frauen 6 Wochen vor und 8 Wochen (bei Früh- und Mehrlingsgeburten 12 Wochen) nach der Entbindung sind verboten. Das Arbeitsverhältnis kann während der Schwangerschaft und bis zum Ablauf von 4 Monaten nach der Entbindung sowie bis zum Ablauf von 2 Monaten nach Beendigung des sechsmonatigen Mutterschaftsurlaubs seitens des Arbeitgebers nicht gekündigt werden. Zum 1. Jan. 1986 wurde der **Erziehungsurlaub** (bis 12 Monate nach der Entbindung) unter Zahlung eines **Erziehungsgeldes** (bis 600,- DM monatl.) eingeführt. Zu den Leistungen der Krankenkassen bei Schwangerschaft ↑Krankenversicherung (Mutterschaftshilfe).

📖 *Zmarzlik, L.: M.gesetz. Köln* ^{4}*1984.*

Muttersegen, in der kath. Kirche die liturg. Hervorhebung des ersten Kirchgangs einer Wöchnerin; seit dem 11. Jh. bezeugt, geht in seinen Reinigungsmotiven weithin auf ehefeindl. Gedankengut im MA zurück. - Im Kindertaufritus von 1969 wurde der M. in den Schlußsegen der Tauffeier übernommen.

Muttersprache, Sprache, die jeder als Kind von den Eltern oder anderen Bezugspersonen gelernt und im primären Sprachgebrauch verwendet. Im allg. hat der Mensch nur eine M.; bei Mehrsprachigkeit werden oft nicht 2 Sprachen in gleicher Weise vollständig beherrscht, sondern in verschiedenen Bereichen gesprochen: die eigentl. M. z. B. im Familien- und Privatleben, eine 2. Sprache als Amts- oder Bildungssprache. - M. ist kein sprachwiss. genau festgelegter Terminus; die entsprechende Wortkombination kommt bereits im Lat. bei Cicero vor: *sermo patrius* („die väterl. Sprache" [als Gegensatz zur

108

Fachsprache der griech. Philosophie]). Erste dt. Belege bestehen noch aus Adjektiv und Substantiv: „*müeterliches deutsch*" (1350). Die Zusammensetzung ist im Niederdt. seit dem 15. Jh. belegt in der Form „*mödersprāke*". Ins Hochdt. kam das Wort M. im 16. Jh., als das Dt. neu bewertet und als den „heiligen Sprachen", Latein, Griech. und Hebräisch, gleichrangig hingestellt wurde. Luther sorgte durch seine Verwendung für die Ausbreitung des Wortes anstelle des älteren Begriffs „Landsprache". Bes. Bed. erlangte der Begriff M. um 1800 für die Romantik und W. von Humboldt, für den die M. das Weltbild des eigenen Volkes enthält.

Muttertag, Festtag zu Ehren der Mütter am 2. Sonntag im Mai (Italien: 6. Januar). 1907 von der Amerikanerin Ann Jarvis (* 1864, † 1948) propagiert. Am 8. 5. 1914 erklärte ihn der amerikan. Kongreß zum Staatsfeiertag. Durch die „Internat. M.gesellschaft", die Heilsarmee sowie Werbekampagnen florist. Organisationen wurde der M. weltweit verbreitet (Kanada und Australien vor 1912, England 1914, Norwegen 1918, Schweden 1919, Deutschland 1922, Schweiz 1930).

Mutterwurz (Ligusticum), Gatt. der Doldenblütler mit über 25 Arten, v. a. auf der Nordhalbkugel; ausdauernde, kahle Kräuter mit fiedrigen Blättern und weißen (meist in vielstrahligen Dolden angeordneten) Blüten. Eine bekannte Art ist die **Zwergmutterwurz** (Ligusticum mutellinoides), eine auf den Wiesen der Alpen verbreitete gute Futterpflanze.

Mutual Balanced Forces Reductions [engl. 'mju:tʃʊəl 'bælənst 'fɔ:sɪz rɪ'dʌkʃənz „beiderseitige ausgewogene Truppenreduzierung"], Abk. MBFR, in den NATO-Staaten gebräuchl. Bez. für die am 30. Okt. 1973 in Wien eröffneten „Verhandlungen über beiderseitige Reduzierungen von Streitkräften und Rüstungen und damit zusammenhängende Maßnahmen in Mitteleuropa" (offizieller Name). Die 19 Teilnehmer (Belgien, BR Deutschland, Bulgarien, ČSSR, Dänemark, DDR, Griechenland, Großbrit., Italien, Kanada, Luxemburg, Niederlande, Norwegen, Polen, Rumänien, Türkei, UdSSR, Ungarn, USA) konnten während der bisherigen Verhandlungsrunden in der Sache keine Annäherung erzielen. Während die NATO-Staaten v. a. die zahlenmäßige Überlegenheit der Bodenstreitkräfte des Warschauer Pakts abbauen und die Reduzierungen in 2 aufeinanderfolgenden Phasen vornehmen wollen (zunächst nur für die in M-Europa stationierten Bodentruppen der USA und der UdSSR), fordern die Staaten des Warschauer Pakts für beide Seiten numer. gleiche Reduzierungen für die Streitkräfte insgesamt (einschl. Luftstreitkräfte und Nuklearwaffen), wobei die Reduzierungsquoten für alle Teilnehmer mit Streitkräften im Reduzierungsraum vor Beginn jegl. Maßnahmen festgelegt werden sollen. Grund für das lange Stagnieren der Verhandlungen sind die beiderseitigen Zweifel über die jeweiligen Angaben der tatsächl. Truppenstärken (NATO-Verbände in M-Europa: 981 000 Mann, Warschauer Pakt: nach Feststellung der NATO um 150 000 Mann höher als die offiziell mitgeteilten 987 000 Mann), und daraus resultierend ein unterschiedl. Verständnis über das, was parität. Truppenabbau bedeutet. Die NATO-Staaten wollen auch das Prinzip der Kollektivität gewahrt wissen, das die Möglichkeit integrierter Streitkräfte aufrecht erhalten soll. Sie lehnen die Forderung des Warschauer Pakts nach Einbeziehung takt. Nuklearwaffen in die Verhandlungen ab. Frankr., das an den bisherigen Verhandlungen nicht beteiligt ist, hat ihre Ausweitung auf den gesamten europ. Raum angeregt.

Mutualismus [lat.] (mutualist. Symbiose), in der Biologie Bez. für enge zwischenartl. Beziehungen von Organismen zum beiderseitigen Nutzen (Symbiose i. w. S.); z. B. Bestäubung von Blüten durch Insekten und Vögel.

Mutung, schriftl. Gesuch an das Oberbergamt, das Bergwerkseigentum an einem bestimmten Feld zu verleihen. Eine ordnungsgemäße M. begründet einen Anspruch auf Verleihung des Bergwerkseigentums. Eine M. ist nur gültig, wenn das in ihr bezeichnete Mineral an dem angegebenen Fundort nachgewiesen wird.

Mütze, krempenlose Kopfbedeckung in [meist] weichem Material; bekannte Formen: ↑Jakobinermütze, ↑Baskenmütze, Schirm-M. (u. a. Uniform-M.), Pudelmütze.

Mützen, in Schweden seit dem Reichstag von 1738/39 Bez. für die Anhänger A. B. Graf Horns; kamen auf dem Reichstag von 1765/66 an die Reg. (bis 1769; erneut 1771/72). Sie lehnten sich außenpolit. an Großbrit. und Rußland an und vertraten innenpolit. ein Konzept der Liberalisierung und wirtsch. Stabilisierung.

Mützenrobbe, svw. Klappmütze (↑ Seehunde).

Muzilago (Mucilago), aus Pflanzenstoffen gewonnenes dickflüssiges, schleimiges Arzneimittel.

Muzine (Mucine) [zu lat. mucus „Schleim"], Sammelbez. für die viskosen, von bes. Schleimzellen abgesonderten Schleimstoffe, die in unterschiedl. Zusammensetzung Glykoproteide, Mukoproteine und Mukopolysaccharide enthalten und u. a. Schutzfunktion für die Schleimhäute besitzen und Gleitmittel darstellen; kommen auch in Darmsaft und Speichel vor.

Muzorewa, Abel Tendekayi, * Old Umtali 1925, simbabw. Politiker. - Lehrer, dann Geistlicher, seit 1968 Bischof der Vereinigten Methodistenkirche Rhodesiens; seit 1974 Leiter des Afrikan. Nat.rats (ANC), nach dessen

Spaltung 1975 Leiter des ausländ. Flügels, nach Rückkehr aus dem Exil 1976 des Vereinigten Afrikan. Nat.rats (UANC); schloß mit anderen einen Verfassungskompromiß mit den Weißen; Mai–Dez. 1979 Premiermin. von Simbabwe-Rhodesien; gewann mit seiner Partei bei den Wahlen im Febr. 1980 nur 3 Mandate (von 80).

m. v., Abk. für: ↑mezza voce.

MW, Einheitenzeichen für: Megawatt: 1 MW = 1 Mill. Watt.

Mwanza, Regionshauptstadt in Tansania, am S-Ufer des Victoriasees, 110 600 E. Sitz eines anglikan. und eines kath. Bischofs; Forschungsinst. für Tropenkrankheiten; Handelszentrum, Verarbeitung landw. Erzeugnisse; Bootsbau; Eisenbahnendpunkt, Hafen; Eisenbahnfähre nach Kenia und Uganda; ⚒.

MWD, Abk. für russ.: Ministerstwo Wnutrennich Del [„Ministerium für Innere Angelegenheiten"], Ministerium der UdSSR; 1946 gebildet, führte die Aufgaben des NKWD weiter; unter Chruschtschow zeitweilig aufgelöst; 1966 als „Ministerium für den Schutz der öffentl. Ordnung" wiedererrichtet; seit 1968 wieder MWD.

Mwerusee, See in Afrika, sw. des Tanganjikasees, beiderseits der Grenze zw. Zaïre und Sambia, 992 m ü. d. M., 4920 km², bis 14 m tief.

My [griech.], 13. Buchstabe des urspr., 12. des klass. griech. Alphabets mit dem Lautwert [m]: M, μ.

My (μ) [griech.], Vorsatzzeichen für ↑Mikro...
◆ ↑Mikron.

my..., My... ↑myo..., Myo...

Mya [griech.], svw. ↑Klaffmuscheln.

Myasthenie (Myasthenia gravis pseudoparalytica), svw. ↑Muskelschwäche.

Myatonie, svw. ↑Muskelerschlaffung.

Mycobacterium [griech.], Bakteriengatt. mit rd. 20 Arten. Säurefeste, aerobe, unbewegl., vielgestaltige Stäbchen; oft durch Karotinoide gelb bis rot gefärbt. Die weitverbreiteten saprophyt. Formen leben im Boden und in Gewässern. Viele bauen Paraffine und Aromaten ab oder gehören zu den Knallgasbakterien. Daneben gibt es fakultative und obligate Parasiten, z. B. *M. tuberculosis* und *M. bovis*, Erreger der Tuberkulose bei Mensch und Rind.

Myconius, (Mykonius) Friedrich, eigtl. F. Mecum (Mekum), * Lichtenfels 26. Dez. 1490, † Gotha 7. April 1546, thüring. luth. Theologe. – Urspr. Franziskaner, ab 1517 Anhänger Luthers. Hatte wesentl. Einfluß auf die Reform des Kirchen- und Schulwesens, war Teilnehmer an der Wittenberger Konkordie (1536), an den Verhandlungen in Schmalkalden (1537) und an dem Religionsgespräch in Hagenau (1540).

M., Oswald, eigtl. O. Geisshüsler, * Luzern 1488, † Basel 14. Okt. 1552, schweizer. ref. Theologe. - Arbeitete seit 1523 mit Zwingli zusammen in Zürich; Verfasser der beiden Basler Konfessionen (1534 und 1536) und der ersten Biographie Zwinglis (1536).

Mycophyta [griech.], svw. ↑Pilze.

Myelin [griech.], aus Lipiden und Proteinen bestehende Substanz in der Markscheide der Nervenfasern.

Myelitis [griech.], svw. Rückenmarksentzündung.
◆ svw. Osteomyelitis (↑Knochenkrankheiten).

myelo..., Myelo... [zu griech. myelós „Knochen-, Rückenmark"], Bestimmungswort in Zusammensetzungen mit der Bed. „Knochen-, Rückenmark".

Myeloblasten [griech.], Vorstufen der ↑Myelozyten im Knochenmark; gelangen bei Erkrankungen des Knochenmarks ins Blut.

myelogen, vom Mark, bes. vom Knochenmark ausgehend, in diesem entstanden.

Myelographie [griech.], röntgenolog. Kontrastdarstellung des Wirbelkanals und seines Inhaltes zur Diagnose von Rückenmarkstumoren, Gefäßanomalien oder Bandscheibenvorfällen.

Myelomalazie [griech.], svw. Rückenmarkserweichung.

Myelopathie [griech.], allg. Bez. für eine Erkrankung des Rückenmarks sowie des Knochenmarks.

Myelozyten [griech.], aus den Myeloblasten hervorgehende direkte Vorstufen der ↑Granulozyten im Knochenmark.

My house is my castle [engl. maɪ 'haʊs ɪz maɪ 'kɑːsl „mein Haus ist meine Burg"], sprichwörtl. Formulierung des brit. Grundrechts der Unverletzlichkeit der Wohnung; i. w. S. das Sichzurückziehen (in die eigene Wohnung).

Myitkyina, birman. Stadt am Oberlauf des Irawadi, etwa 13 000 E. Hauptstadt des Kachinstaates; kath. Bischofssitz; College; Zentrum der Teakholzgewinnung und -verarbeitung; Eisenbahnendpunkt, ⚒.

Mykale, antiker Name (= Samsun dağı) der Bergkette nördl. der Mündung des Mäander (= Büyük Menderes nehri); in der **Schlacht bei Mykale** wurden das pers. Heer und die pers. Flotte von der griech. Flotte vernichtet (479 v. Chr.).

Mykene (neugriech. Mikinä), Ruinenstätte 25 km südl. von Korinth, Griechenland. Achäische Gründung um 1900 v. Chr., errang rasch Vorrangstellung in der Peloponnes und erlebte unter kulturellem Einfluß des minoischen Kreta im 16. Jh. v. Chr. die erste Hochblüte. Um 1100 v. Chr. zerstört. Ausgrabungen H. Schliemanns (1874–76) legten gewaltige Stadtmauern (14. Jh. v. Chr.) in kyklop. Bauweise frei; innerhalb der Mauern befindet sich ein Gräberring mit 6 Schachtgräbern reichster Ausstattung (Goldarbeiten), Siedlung und Palast, an der O-Seite ist ein Zwinger

Mykoplasmen

vorgelegt (13. Jh. v. Chr.). Hauptzugang in der NW-Ecke (Löwentor, um 1250). Außerhalb sind weitere Teile der Stadt, ein zweiter Gräberring und 9 monumentale Kuppelgräber (15./14. Jh.) mit falschem Gewölbe aus mächtigen Steinblöcken ausgegraben (u. a. sog. Schatzhaus des Atreus). M. war nach griech. Sage im 16. Jh. v. Chr. Sitz des Atridengeschlechtes und des Agamemnon.

Mykenisch, Dialekt der griech. Sprache, der auf Tausenden von Tontafeln und Siegel- bzw. Vaseninschriften in der Silbenschrift Linear B († Linearschrift) gefunden wurde.

myk̲e̲nische Kultur, die minoisch bestimmte Spätphase der hellad. Kultur des griech. Festlandes, mit Zentren v. a. in der Argolis (Mykene, Tiryns) und westl. Peloponnes (Pylos), etwa 1570–1150 v. Chr. Typ. sind prunkvolle Gräber (Schacht- und Kuppelgräber von Mykene mit goldenen Masken, Pektoralen, Diademen, Schmuck und Geräten, Prunkschwertern und -dolchen, Alabaster- und Bergkristallvasen u. a.); Felskammergräber und Streitwagen weisen auf Verbindung zum Orient. In spätmyken. Zeit (etwa 1400–1250) entstehen prunkvolle (minoisch beeinflußte) Paläste in Mykene, Tiryns, Theben, Orchomenos und Pylos, deren Zentrum aber wie in den älteren Palästen das Megaron bleibt, gewaltige Befestigungen und monumentale steinerne Kuppelgräber (sog. Schatzhaus der Atreus). Rascher Niedergang und Zerstörung der Städte und Burgen durch Einwanderer aus dem N seit etwa 1230 v. Chr.

Myker̲i̲nos ([gräzisierte Namensform]; altägypt. Menkaure), altägypt. König der 4. Dyn., um 2470 v. Chr. - Sohn des Chephren; Erbauer der **Mykerinospyramide** bei Gise (dritthöchste Pyramide nach der Cheops- und Chephrenpyramide).

myko..., Myko... [zu griech. mýkēs „Pilz"], Bestimmungswort in Zusammensetzungen mit der Bed. „Pilz".

Mykolog̲ie̲, Pilzkunde.

Mykopha̲gen [griech.], pilzfressende Organismen.

Mykopla̲smen [griech.], kleinste (150–300 nm große) freilebende Bakterien; zellwandlos, daher ohne feste Gestalt; passieren bakteriendichte Filter und wachsen nur in komplexen Medien (bilden auf Agarplatten spiegeleiförmige Kolonien). Die beiden artenreichen Gattungen *Mycoplasma* und *Acholeplasma* sind im Boden, Abwasser sowie auf Schleimhäuten von Mensch und Tier weit verbreitet. Einige Vertreter sind Krankheitserreger bei Mensch, Tier und Pflanze.

Mykenische Kultur. Von oben: Goldene Totenmaske (16. Jh. v. Chr.). Athen, Archäologisches Nationalmuseum; Löwentor (Detail; um 1250 v. Chr.); Trichterbecher (14./13. Jh.). Korinth, Museum

Mykorrhiza

Mykorrhiza [griech.] (Pilzwurzel), Symbiose zw. den Wurzeln höherer Pflanzen und Pilzen, hauptsächl. Ständerpilzen. Wesentl. für die M. ist der wechselseitige Stoffaustausch der beteiligten Partner. Die Pilze erhalten von den höheren Pflanzen Kohlenhydrate, während die höheren Pflanzen von ihnen mit Wasser und Mineralsalzen versorgt werden. Man unterscheidet: *Ektotrophe M.:* liegt zumeist obligat bei Waldbäumen (Fichte, Lärche, Eiche), oft mit bekannten Gift- und Speisepilzen (Milchlinge, Röhrlinge, Wulstlinge), vor: Das Myzel umspinnt mit einem dichten Geflecht die Saugwurzeln, die daraufhin als Reaktion keine Wurzelhaare mehr ausbilden und zu einem keulig verdickten Wuchs angeregt werden. *Endotrophe M.:* Hier wachsen die Hyphen in die Zellen der Pflanze hinein, z. B. bei Orchideen (Korallenwurz, Nestwurz, Widerbart), deren Samen nur in Anwesenheit spezif. M.pilze keimen und sich weiterentwickeln können. - Die M. muß als biolog. Ganzheit angesehen werden, da sie eine bes. morpholog.-anatom. Differenzierung darstellt und jeder Partner für sich allein nicht oder nur unvollkommen entwicklungsfähig ist.

Mykosen (Mycosis) [griech.], zusammenfassende Bez. für durch Pilze, v. a. Deuteromyzeten, hervorgerufene Infektionskrankheiten bei Mensch und Tier.

Mykotoxine (Pilzgifte), von Pilzen ausgeschiedene, tox. wirkende sekundäre Stoffwechselprodukte. Zu den M. gehören die Aflatoxine, die Mutterkornalkaloide, das Amanitin und das Phalloidin des Grünen Knollenblätterpilzes, Muskaridin und Muskarin des Pantherpilzes, Fliegenpilzes und Ziegelroten Rißpilzes sowie i. w. S. auch die meisten Antibiotika.

Mylady [mɪˈleːdi, engl. mɪˈlɛɪdɪ], in Großbrit. gebrauchte Anrede (ohne Familienname) für eine adelige Frau (Lady).

Mylitta ↑Astarte.

Mylius-Erichsen, Ludwig [dän. 'myːlius 'eːregsən], *Wyborg 15. Jan. 1872, †Grönland Nov. 1907, dän. Polarforscher. - Untersuchte auf 2 Expeditionen (1902–04 und 1906–07) die Kultur der im NW Grönlands lebenden Eskimos; nach ihm wurde die nordostgrönländ. Halbinsel *Mylius-Erichsen-Land* benannt.

Mylodon [griech.], ausgestorbene, von Oligozän bis Holozän bekannte Gatt. etwa rindergroßer, bodenbewohnender Riesenfaultiere in Amerika.

Mylord [mɪˈlɔrt, engl. mɪˈlɔːd], in Großbrit. Anrede (ohne Familienname) für adlige Männer (Lord).

Mymensingh [ˈmaɪmənsɪŋ], Stadt in Bangladesch, an einem Kanal des Brahmaputra, 107 900 E. Landw.-Univ. (gegr. 1961), College, Inst. für Veterinärmedizin; Verarbeitung landw. Erzeugnisse; Bahnstation.

Mymeson, svw. ↑Myon.

Mynona, Pseud. des dt. Philosophen und Schriftstellers Salomo ↑Friedlaender.

myo..., Myo..., my..., My... [zu griech. mȳs „Muskel"], Bestimmungswort von Zusammensetzungen mit der Bed. „Muskel".

Myogelose ↑Muskelhärte.

Myoglobin (Myohämoglobin), Protein von roter Farbe, das bes. reich in der Muskulatur der Säugetiere (einschließl. Mensch) vorkommt und dort als Sauerstoffspeicher dient. Das menschl. M. enthält 153 Aminosäuren und als prostheth. Gruppe das eisenhaltige ↑Häm. M. ist v. a. in den Muskeln, die Dauerarbeit leisten (rote Muskeln wie Herzmuskeln, Flugmuskeln), reichlich enthalten.

Myokard [griech.], svw. Herzmuskel[schicht] (↑Herz).

Myokardinfarkt, svw. ↑Herzinfarkt.

Myokarditis, svw. Herzmuskelentzündung (↑Herzkrankheiten).

Myom [griech.] (Myoma, Muskelgeschwulst), von Muskelgewebe ausgehende gutartige Geschwulst; am häufigsten sind Gebärmuttermyome.

Myon [griech.] (Müon, Mymeson, μ-Meson), instabiles Elementarteilchen aus der Gruppe der Leptonen, das eine 206,77mal größere Ruhmasse als das Elektron besitzt (in Energieeinheiten 105,66 MeV). Das M. μ^- ist Träger einer negativen, sein Antiteilchen μ^+ Träger einer positiven Elementarladung; beide haben eine mittlere Lebensdauer von $2,2 \cdot 10^{-6}$ s. Einzeln entstehen M. beim Zerfall von Pionen und Kaonen, während sie als M.-Antimyon-Paare bei der Wechselwirkung hochenerget. Elektronen und Positronen entstehen. Ein negatives M. kann von einem Atomkern eingefangen und anstelle eines Elektrons in dessen Atomhülle eingebaut werden; ein positives M. kann mit einem Elektron einen dem Wasserstoffatom ähnl. gebundenen Zustand, das sog. **Myonium** *(Myoniumatom)*, bilden. - Die M. bilden die sog. durchdringende Komponente der Höhenstrahlung.

Myoparalyse, svw. ↑Muskellähmung.

Myoparese, svw. ↑Muskellähmung.

Myopie [griech.], svw. ↑Kurzsichtigkeit.

Myoplegie [griech.], svw. ↑Muskellähmung.

Myosin [griech.], Eiweißkomponente in den Muskeln, die den Hauptbestandteil der Muskelfibrillen ausmacht und an der Kontraktion beteiligt ist. M. ist ein Faserprotein, das sich aus zwei Polypeptidketten mit je etwa 2000 Aminosäuren und zu 15 % aus kleineren Peptidketten zusammensetzt.

Myositis ↑Muskelentzündung.

Myra, lyk. Ruinenstätte nahe der südanatol. Küste, 100 km sw. von Antalya, Türkei. Fast 100 in Felswände eingearbeitete Kammergräber mit architekton. Fassade (5./4. Jh.). In christl. Zeit war M. Bischofssitz (Nikolaus von M.); 809 von Harun Ar Raschid erobert.

Mysien

Myrdal, Alva, *Uppsala 31. Jan 1902, †Stockholm 1. Febr. 1986, schwedische Sozialreformerin und Politikerin. - ∞ mit Gunnar Myrdal; 1956-61 Botschafterin in Indien, Birma und Ceylon; seit 1962 Chefdelegierte bei der Genfer Abrüstungskonferenz; erhielt 1970 mit ihrem Mann den Friedenspreis des Börsenvereins des Dt. Buchhandels, 1982 zus. mit A. Garcia Robles den Friedensnobelpreis; zahlreiche Schriften.

M., Gunnar, *Gustafs (= Säter; Dalarna) 6. Dez. 1898, †Stockholm 17. Mai 1987, schwed. Nationalökonom und Politiker. - ∞ mit Alva M.; 1933-50 und 1960-67 Prof. in Stockholm; 1945-47 Handelsmin.; 1947-57 Leiter der Europ. Wirtschaftskommission (ECE); umfassende Studien über das Problem der Schwarzen in den USA und über die Armut in der Welt (u. a. „Asiat. Drama", 1968; „Polit. Manifest über die Armut in der Welt", 1970); Präs. des Stockholmer Internat. Instituts für Friedensforschung seit 1966; erhielt 1970 mit seiner Frau den Friedenspreis des Börsenvereins des Dt. Buchhandels, 1974 mit F. von Hayek den sog. Nobelpreis für Wirtschaftswissenschaften.

M., Jan, *Stockholm 19. Juli 1927, schwed. Schriftsteller. - Sohn von Alva und Gunnar M.; Journalist. Schrieb satir., gegen den schwed. Wohlfahrtsstaat gerichtete Romane (u. a. „Karriere", 1975, „Barndom" 1982, „En annan värld", 1984), Erzählungen und Dramen sowie Reisebücher, u. a. „Kreuzung der Kulturen" (1960), „Bericht aus einem chin. Dorf" (1963), „Die alban. Herausforderung" (1970), „China: Die Revolution geht weiter" (1970) und Essays.

Myriade [griech.], 1. Anzahl von 10000; 2. unzählig große Menge.

Myriapoda [griech.]. ↑Tausendfüßer.

Myrina, altgriech. Hafenstadt an der W-Küste Kleinasiens, die heutige Ruinenstätte Kalavasi bei Aliağa, 50 km nw. von İzmir, Türkei. Ende des 2. Jt. v. Chr. gegr.; bed. Funde (Nekropole) meist weibl. Gewandfiguren aus hellenist. Zeit.

Myringitis [griech.-lat.], svw. ↑Trommelfellentzündung.

Myriophyllum [griech.], svw. ↑Tausendblatt.

Myristica [griech.], svw. ↑Muskatnußbaum.

Myristinsäure [griech./dt.] (Tetradecansäure), $CH_3-(CH_2)_{12}-COOH$, v. a. in der Muskatbutter und vielen anderen pflanzl. und tier. Fetten vorkommende gesättigte Fettsäure.

Myrmekologie [griech.], Ameisenkunde.

Myrmekophilen [griech.], svw. ↑Ameisengäste.

Myrmekophyten [griech.], svw. ↑Ameisenpflanzen.

Myrmidonen, achäischer Volksstamm in Thessalien, in der Ilias Gefolgsleute des Achilleus.

Myrobalanen [griech./hebr.], sehr gerbstoffreiche, rundl. bis birnenförmig-längl. Früchte einiger Arten der Gatt. ↑Almond; Verwendung zum Gerben und in der Medizin als Adstringens.

Myron, att. Bildhauer des 5. Jh. v. Chr. aus Eleutherai. - Tätig v. a. in Athen; 460 und 430 Med. bed. Götter-, Athleten- und Heroenstatuen sowie ihrer Naturnähe wegen gerühmte Tierfiguren. In Kopien überliefert sind sein Diskuswerfer und die Figuren einer Athena-Marsyas-Gruppe (um 440 v. Chr.; Athena u. a. im Liebieghaus, Frankfurt am Main, Marsyas in den Vatikan. Sammlungen).

Myronsäure [griech./dt.] ↑Sinigrin.

Myrrhe [semit.-griech.], ein aus mehreren Myrrhenstraucharten gewonnenes Gummiharz; wird v. a. als Räuchermittel sowie in der Medizin in Form eines alkohol. Auszugs (*M.tinktur*) zur Behandlung von Entzündungen im Bereich der Mundhöhle verwendet.

Myrrhenstrauch (Commiphora), Gatt. der Balsambaumgewächse mit rd. 100 Arten in den Trockengebieten des trop. Afrikas bis Indiens; kleine, mit Dornen besetzte Bäume oder Sträucher.

Myrte (Myrtus) [semit.-griech.], Gatt. der Myrtengewächse mit rd. 100 Arten, v. a. im außertrop. S-Amerika, in Australien und Neuseeland; immergrüne Sträucher oder kleine Bäume mit ledrigen Blättern, weißen Blüten und meist schwarzen Beeren; z. T. Zierpflanzen. Die bekannteste Art ist die im Mittelmeergebiet vorkommende **Brautmyrte** (Myrtus communis), deren Zweige als Braut- und Grabschmuck beliebt sind. - M. war bei den alten Griechen Symbol der Liebe und der Schönheit. Sie war der Aphrodite heilig. Bei Persern, Babyloniern und Juden (bes. beim Laubhüttenfest) diente bzw. dient M. kult. Zwecken.

Myrtengewächse (Myrtaceae), Pflanzenfam. mit rd. 3000 fast ausschließl. trop. Arten; Bäume und Sträucher mit meist gegenständigen, immergrünen, ledrigen Blättern und in Blütenständen angeordneten Blüten; teils Gewürzpflanzen (Eukalyptus, Gewürznelkenbaum, Pimentbaum), teils Obstbäume (Guajavabaum, Kirschmyrte), teils Zierpflanzen (Myrte, Schönfaden).

Myrtenheide (Melaleuca), Gatt. der Myrtengewächse mit über 100 Arten in Australien und Tasmanien; immergrüne Sträucher mit heidekrautähnl., aromat. duftenden Blättern und in Ähren oder Köpfchen stehenden Blüten; z. T. Zierpflanzen. Aus den Blättern von Melaleuca leucadendron wird **Kajeputöl** gewonnen, das in der Medizin und Parfümerie verwendet wird.

Myrtus, svw. ↑Myrte.

Mysien, histor. Landschaft in NW-Kleinasien, zw. Ägäischem Meer, Hellespont, Propontis, Bithynien, Lydien und Phrygien; wichtige Orte des Gebietes waren u. a. Lampsakos, Troja, und Pergamon; bildete 128 v. Chr. im wesentl. die röm. Prov. Asia.

Mysischer Olymp, türk. Berg, ↑ Uludağ.

Myslbek, Josef Václav [tschech. 'mislbɛk], * Prag 20. Juni 1848, † ebd. 2. Juni 1922, tschech. Bildhauer. - Steht am Beginn der modernen tschech. Bildhauerei, u. a. Reiterdenkmal des hl. Wenzel auf dem Prager Wenzelsplatz (Entwurf 1888, aufgestellt 1913).

Mysłowice [poln. misu̯ɔˈvitsɛ] (dt. Myslowitz), poln. Stadt an der Przemsza, 230 m ü. d. M., 84 800 E. Steinkohlenbergbau; Zinkhütten, Maschinenbau, Baustoff-, Nahrungsmittelind. - 1241 Ersterwähnung, in der 2. Hälfte des 13. Jh. Magdeburger Stadtrecht.

Mysophobie [griech.], krankhafte Furcht vor Beschmutzung; i. w. S. auch Furcht vor jegl. Berührung von Personen oder Gegenständen (im Glauben, daß diese schmutzig sein könnten oder [ansteckende] Krankheiten haben bzw. verbreiten könnten).

Mysore [ˈmaɪzur], Stadt im ind. Bundesstaat Karnataka, auf dem Dekhan, 760 m ü. d. M., 439 200 E. Sitz eines anglikan. und kath. Bischofs; Akad. für bildende Künste, Univ. (gegr. 1916); oriental. Bibliothek; Zoo; Stahlwerk, Textil-, chem. und Nahrungsmittelind., traditionelles Handwerk; Verkehrsknotenpunkt. - M. war bis 1881 (mit Unterbrechungen) Hauptstadt des Fürstenstaates Mysore. - Das Stadtbild wird von zahlr. Parkanlagen und Palästen geprägt, u. a. Palast der Maharadschas (1897). In 40 km Entfernung die Tempelstätte Somnathpur mit dem Keshavatempel (13. Jh.).

M., ehem. Name des Bundesstaats ↑ Karnataka.

M., ehem. südind. Fürstenstaat, Kernland des heutigen Bundesstaates Karnataka; seit Anfang des 17. Jh. von der Wadijardyn. regiert; galt als einer der bestverwalteten, fortschrittlichsten Fürstenstaaten; schloß sich 1947 der Ind. Union an.

Mystagog [griech. (zu ↑ Myste)], Priester, der Neulingen, die sich einem antiken Mysterienkult anschlossen, die Kenntnis der Geheimnisse der Mysterien vermittelte und sie durch Weihen in den kult. Verband aufnahm.

Myste [zu griech. mýein „sich schließen" (der Lippen und Augen)], ein in die kult. Geheimnisse der antiken Mysterien Eingeweihter und durch Weihen Aufgenommener.

Mysterien [griech.-lat. (zu ↑ Myste)], antike Geheimkulte, die im Röm. Reich, bes. zur Zeit des Hellenismus, vorrangige Bed. gewannen. Ihr Ziel war die Beseligung sowie die Sicherung eines glückl. Jenseitsgeschicks. Einzelheiten ihres rituellen Vollzugs sind oft unvollkommen bekannt, da die M.gemeinschaften ein Schweigegebot meist streng befolgt haben. - Oriental. Götter standen im Mittelpunkt bed. M. der Spätantike. Der orgiast. Kult der Göttin Kybele, den kastrierte Priester zelebrierten, war verbunden mit der Verehrung ihres Geliebten Attis, eines sterbenden und wiederauferstehenden Vegetationsgottes. - ↑ auch Mithras.

Mysterienspiel, geistl. Spiel des MA, das aus der kirchl. Liturgie abzuleiten ist und dessen Handlung auf bibl. Erzählungen basiert (z. B. Dreikönigsspiele). Begegnet seit dem 14. Jh. in Frankr. (frz. mystère) und England (engl. mystery play). Die M. waren z. T. extrem umfangreich (62 000 Verse), ihre Spieldauer betrug z. T. Tage und Wochen.

mysteriös [griech.], geheimnisvoll, rätselhaft.

Mysterium [griech.-lat. (zu ↑ Myste)], allg. svw. ↑ Geheimnis, meist im religiösen Bereich verwendet zur Kennzeichnung dessen, was als der rationalen Erkenntnis und der mit rationalen Methoden zu analysierenden Erfahrung grundsätzl. entzogen gilt. 1. In der *Religionsgeschichte* ↑ Mysterien. 2. Im *N. T.* und daran anschließend in der christl. Theologie Kennzeichnung des dem menschl. Verstand grundsätzl. unzugängl. Offenbarungshandelns Gottes (↑ auch Geheimnis). 3. In den *Ostkirchen* auch Bez. für das einzelne Sakrament sowie zusammenfassende Bez. für die Liturgie.

Mystifikation [frz., zu ↑ Myste und lat. facere „machen"], in der Literatur Bez. für falsche Autorenangabe ohne zwingende (z. B. polit. oder moral.) Gründe, aus Freude am Versteckspiel, oder irreführende Angabe des Druckortes, Verlages, Erscheinungsjahres.

Mystik [griech. (zu ↑ Myste)], in der Religionsgeschichte weitverbreitete Sonderform religiösen Verhaltens, die einen bestimmten Frömmigkeitstypus hervorbrachte, der v. a. durch folgende Merkmale zu kennzeichnen ist: 1. das Ziel der erfahrbaren Verbindung mit einer Gottheit bis hin zu einer als „Vereinigung" bzw. Identität mit ihr (**unio mystica**) erlebten Nähe; 2. Praktiken wie Kontemplation, Meditation, Askese u. a. als Wege zu diesem Ziel; 3. eine antiinstitutionalist. Grundtendenz gegenüber der etablierten Religion; 4. [häufig] die Höherbewertung der individuellen religiösen Vorstellungswelt gegenüber der eher kollektiven oder sozialen Objektivation von Religion bzw. deren [prophet.] Rigorismus. - In *Indien* sind zwei myst. Richtungen seit der Zeit der wedd. Upanischaden bekannt. Die impersonale Identitäts-M. erstrebt die erlösende Erfahrung einer Wesenseinheit des „Selbst" mit der einzig reale Größe des Brahman. Daneben findet sich eine personalist. theist. Richtung, die die myst. Vereinigung des Menschen mit der Gottheit erstrebt. Im Buddhismus führen vier Stufen der Versenkung zur Erlangung eines höheren Wissens, das die Erkenntnis des Nichtseienden, der völligen Leere zum Inhalt hat; diese buddhist. M. wird heute v. a. im jap. Zen

114

Mythos

gepflegt. - In China lehrte Laotse eine quietist. M. des Nicht-Tuns ("wuwei"), die der Versenkung in das Tao dienen sollte. - Im *Judentum* wurden als M. bezeichnet: 1. die spätantiken Spekulationen über die Erscheinung des thronenden Gottes und über die himml. Räume; 2. deren ma. Weiterführung, v. a. im aschkenas. Chassidismus M-Europas; 3. die Kabbala; 4. der messian. ↑Sabbatianismus und 5. der osteurop. ↑Chassidismus. Auffallend an der jüd. M. ist die fast durchgängige Traditionstreue v. a. gegenüber der Thora als Quelle aller Erkenntnis und als vorrangiges Mittel und Gegenstand der myst. Frömmigkeit. - Im *Islam* ↑Sufismus. - Im *Christentum* begegnet M. bereits im N. T. v. a. bei Paulus und Johannes als **Christusmystik,** deren Ziel die unmittelbare Einheit mit Christus als dem göttl. Logos oder dem Menschen Jesus ist. Die Christus-M. ist (seit dem MA oft in der Form der **Passionsmystik** als Mitleiden mit Jesus Christus) in der gesamten christl. Frömmigkeitsgeschichte anzutreffen. Die von den Kirchenvätern aufgegriffene [manchmal gnost. gefärbte] M. wurde v. a. in den Klöstern weitergepflegt, wobei sich bes. der Einfluß der Schriften des Pseudo-Dionysios (↑Dionysios Areopagita) bemerkbar machte, der dann durch die Vermittlung von Hugo und Richard von Sankt Viktor für die Blüte der M. bis ins 14. Jh. bestimmend war. Durch Bernhard von Clairvaux kam im Anschluß an das Hohelied das Moment einer religiösen Erotik (Beziehung der Seele zu ihrem Bräutigam Christus) in die M., das mit den anderen Elementen v. a. die Frömmigkeit in den Frauenklöstern und den **deutschen Mystik** des 13.-15. Jh. (David von Augsburg, Berthold von Regensburg, Meister Eckhart, Johannes Tauler, Heinrich Seuse, Mechthild von Magdeburg u. a.) prägte, die über die Frömmigkeitsgeschichte hinaus eine allg. geistesgeschichtl. Bed. durch ihren Einfluß auf die Entwicklung der dt. Sprache gewann.
📖 *Fues, W. M.: M. als Erkenntnis? Bonn 1981. - Rationalität u. M. Hg. v. H. D. Zimmermann. Ffm. 1981. - Scholem, G.: Die jüd. M. in ihren Hauptströmungen. Ffm. Neuausg. 1980. - Wehr, G.: Dt. M. Gütersloh 1980. - Otto, R.: West-östl. M. Gütersloh* ⁴*1979. - Mommaers, P.: Was ist M.? Dt. Übers. Ffm. 1979.*

mystisch, geheimnisvoll, dunkel; bewußt außerrational, die ↑Mystik betreffend.

Mystizismus [griech.], (meist abwertend gebrauchte) Bez. für eine geistige Haltung, die bewußt irrational die der Mystik zugrundeliegenden Erkenntnisformen und Denkweisen ohne deren religiöse Intentionen übernimmt und dabei die Möglichkeit zum Wunderbarem, Geheimnisvollem, Dunklem als höherwertig und wirkl. betont.

Mythe [griech.], archaischer Poesietypus, der im Mythos wurzelt und entweder Vorzeitgeschehnisse erzählt oder die Welt und ihre Erscheinungen zu deuten versucht.

Mythen ['miːtən], Gebirgsstock nö. von Schwyz, Schweiz, im *Großen M.* 1 899 m, im *Kleinen M.* 1 811 m hoch.

mythisch, zum ↑Mythos gehörend; von einem Weltbild gesagt, das die Wirklichkeit im Mythos faßt.

My Tho [vietnames. mi θɔ], Stadt am nördlichsten Mündungsarm des Mekong, Vietnam, 110 000 E. Zentrum eines Reis- und Zuckerrohranbaugebiets; 🎓.

Mythologie [griech. (zu ↑Mythos)], urspr. im Sinn von Göttersage Bez. für den Vortrag des ↑Mythos, die Erzählung vom Handeln der Götter; später wird der Begriff in dem heute gültigen Sprachgebrauch für die Gesamtheit der myth. Überlieferungen eines Volkes verwendet sowie für die wiss. Darstellung und krit. Erforschung von Mythen, innerhalb derer sich verschiedene Richtungen herausgebildet haben: die **Astralmythologie,** deren Vertreter alle myth. Aussagen auf die Verehrung der Gestirne zurückführen, die **Naturmythologie,** die in Existenz und Wesen polytheist. Götter Personifikationen von Naturerscheinungen sieht (gilt heute allg. als überwunden); daneben gibt es seit dem 19. Jh. Versuche, den Mythos einerseits auf vormyth., ihn bedingende Gegebenheiten zurückzuführen, andererseits, ihn als unableitbare religiöse Aussage zu erfassen und ernst zu nehmen. - Die Möglichkeit einer Ableitung aus seel. Erlebnissen des Menschen wird von der Theorie des Animismus behauptet. Eine psycholog. Deutung gaben auch S. Freud, der im Mythos den Reflex verdrängter individueller Wünsche, und C. G. Jung, der in ihm die seel. Erfahrung überindividueller Wahrheiten sah. Eine neue Sicht vermittelte die kultgeschichtl. Methode (v. a. G. Widengren). Sie stellte die stete Wiederholung des Mythos im rituellen Vollzug heraus. Für sie ist daher der Mythos Text eines kult. Dramas.
📖 *Stoll, H. W.: Die M. der Griechen u. Römer. Essen 1984. - German. Götterlehre. Hg. v. U. Diederichs. Köln 1983. - Otto, W. F.: Die Götter Griechlands. Ffm.* ⁷*1983. - Rationalität u. M. Hg. v. Hans D. Zimmermann. Ffm. 1981. - Jung, C. G./Kerényi, K.: Einf. in das Wesen der M. Zürich 1980. - Gottschalk, H.: Lex. der M. Mch. 1979.*

Mythos [griech. „Wort, Rede, Erzählung, Fabel"], „Wort" im Sinne einer letztgültigen und deshalb nicht mehr zu begründenden Aussage, die Existenz und Geschichte der Welt und des Menschen auf das Handeln von göttl. Wesen (Numina), deren Wirken im Himmel, auf der Erde, bei ihrer Begegnung mit Menschen und in der Unterwelt zurückführt. Der M. erwächst auf dem Boden des Polytheismus, dessen Vielzahl von Göttern er einerseits nach ihren Funktionen bei der Schöpfung und Erhaltung der Welt, dem Lauf der Gestirne, dem Schicksal und den Tätigkeiten der Menschen, der Setzung und Hütung des Rechts sowie der Bestrafung von Verstößen gegen dieses Recht differenziert, andererseits nach ihren Wohnorten im Himmel, auf der Erde und in der Unterwelt. Die handelnden Gottheiten faßt der M. häufig nach Analogie menschl. Verhältnisse (anthropomorph) in Götterfamilien oder in einander ablösende Göttergeschlechter zusammen. - Der M. ist meist ↑ aitiologisch und weist enge Bezüge zum Kult auf. Nach der Antwort, die er auf spezielle Fragen gibt, unterscheidet man verschiedene myth. Typen: den *theogon. M.* (Ursprung der Gottheiten), den *kosmogon. M.* (Entstehung der Welt), den *anthropogon. M.* (Erschaffung der Menschen), den *Urstands-M.* (Lebensbedingungen des Menschen), den *Transformations-M.* (Abbruch paradies. Urzeit; z. B. Sintflutsagen), den *soteriolog. M.* (Erlösung des Menschen) und den *eschatolog. M.* (endzeitl. Ereignisse). Der M. kann sowohl seitens der Religion (v. a. vom Monotheismus) als auch des rationalen Denkens (z. B. der griech. Sophisten und der Aufklärung) einer Kritik unterworfen werden: Im Ggs. zur log. Erkenntnis bildet näml. der M. keine Urteile, sondern will Realitäten darstellen, für die er keine rationalen Beweise zu erbringen braucht. - In ähnl. Sinn wird der Begriff auch für polit. Ideologien gebraucht. Wie der religiöse M., so will auch der M. des Staates (v. a. von autoritären Regimen) nicht rational erfaßt, sondern in einer Weise geglaubt werden, die polit. Handeln auslöst und seine Zielsetzungen sanktioniert. 📖 *Beltz, W.: Die Mythen der Ägypter. Düss. 1982. - Grabsch, R.: Identität u. Tod. Zum Verhältnis v. M., Rationalität u. Philosophie. Ffm. 1982. - Gockel, H.: M. u. Poesie. Zum M.begriff in Aufklärung u. Frühromantik. Ffm. 1981. - Weimann, R.: Literaturgesch. u. Mythologie. Bln. u. Ffm. 1977. - Mythen der Völker. Dt. Übers. Hg. v. P. Grimal. Ffm. 1977.*

Mytilene ↑ Mitilini.

Myxadenom [griech.], gutartige, vom Drüsengewebe ausgehende, schleimig umgewandelte Geschwulst.

Myxobakterien [griech.] (Schleimbakterien, Myxobacteriales), Ordnung der Bakterien; gramnegative, sich gleitend fortbewegende Stäbchen, die unter ungünstigen Umweltbedingungen zusammenkriechen und komplexe Fruchtkörper aufbauen. Im Fruchtkörperinneren bilden sich die vegetativen Zellen zu rundl. **Myxosporen** (Dauerzellen) um. Rd. 40 Arten; leben im Boden, auf faulem Holz, Rinde und Mist von Pflanzenfressern.

Myxochondrom [griech.], gutartige Mischgeschwulst aus Schleim- und Knorpelgewebe.

Myxödem [griech.], auf Unterfunktion der Schilddrüse beruhendes Krankheitsbild, das durch Weichteilschwellung im Gesicht

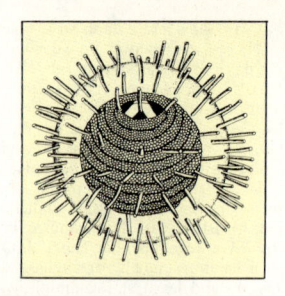

Myxoviren. Vereinfachende Zeichnung eines 150 µm großen Virus

und an den Händen und durch Verlangsamung der geistigen und körperl. Funktionsabläufe gekennzeichnet ist.

Myxom [griech.] (Gallertgeschwulst), gutartige, schleimig degenerierende Bindegewebsgeschwulst.

Myxomyzeten [griech.], svw. ↑ Schleimpilze.

Myxosporidia [griech.], Ordnung meist mikroskop. kleiner Sporentierchen; Entoparasiten überwiegend bei Fischen; verursachen wirtschaftl. Schäden v. a. bei Forellen und der Flußbarbe.

Myxoviren [griech./lat.], große, komplex gebaute RNS-Viren. Zu den M. gehören u. a. Influenzaviren, Mumps- und Masernviren, vielleicht auch die Rötelnviren.

Myzel (Mycelium) [griech.], die Gesamtheit der Hyphen eines Pilzes. Das M. bildet das Pilzgeflecht oder den Thallus. Das locker vernetzte M. bildet beim Übergang zum Vermehrungsstadium oft unechte Gewebe, sog. **Plektenchyme,** die dem Fleisch der Hutpilze entsprechen.

Myzetismus [griech.], svw. ↑ Pilzvergiftung.

Mzab, Landschaft in der mittleren Sahara (Algerien) mit mehreren Oasen, v. a. von Mzabiten bewohnt. Fremde dürfen, außer im zentralen Ort ↑ Ghardaïa, nur außerhalb der Stadtmauern leben und übernachten. Durch das M. führt die Transsaharastraße, im S ♖.

Mzabiten (Mozabiten), Berberstamm mit eigenem Dialekt im ↑ Mzab; strenggläubige Muslime; Händler, v. a. für Stoffe und Spezereien, Handwerker, Ackerbauern. Nachkommen aus Mischehen zw. M. und schwarzen Frauen gelten als M., stehen aber sozial und religiös tiefer.

Mzali, Mohamed [frz. mza'li], * Monastir 23. Dez. 1925, tunes. Politiker. - Seit 1964 Mgl. des ZK der „Parti Socialiste Destourien" (PSD), ebenso des Politbüros; seit 1969 Min. verschiedener Ressorts (zuletzt seit 1976 Erziehungsmin.); im März 1980 zunächst die Führung der Amtsgeschäfte des Min.präs.; 1980–

86 Ministerpräsident.
Mzcheta [russ. 'mtsxjɛtɐ], sowjet. Stadt am Aragwi, Grusin. SSR, 7 000 E. - Um 500 v. Chr. entstanden, vom 3. Jh. v. Chr. bis zum 5. Jh. n. Chr. Hauptstadt des georg. Reiches Khartli (Vêr). Ausgrabungen u. a. auf dem Burgberg und der Nekropole (u. a. zahlr. Goldplättchen, Metallgefäße). Seit dem 6. Jh. n. Chr. war M. Residenz des Katholikos und religiöses Zentrum Georgiens. - Befestigte Dschwarikirche (590–604), Sweti-Zchoweli-Kathedrale (1010–29).

N

N, 14. Buchstabe des dt. Alphabets (im Lat. der 13.), im Griech. *v* (Ny; Ϝ,Ν, N), im Nordwestsemit. (Phönik.) ͽ (Nun). N bezeichnet den dentalen Nasalkonsonanten [n], z. T. auch vor [g, k], oder, wie im Dt. und Engl., als *ng* den velaren Nasalkonsonanten [ŋ]; das semit. und das griech. Zeichen haben den Zahlenwert 50.
◆ (Münzbuchstabe) ↑ Münzstätte.
N, Kurzzeichen:
◆ (chem. Symbol) für Stickstoff (nlat. Nitrogenium).
◆ (N oder ℕ) (Formelzeichen) in der Mathematik für die Menge der natürl. Zahlen.
◆ (Einheitenzeichen) für die Krafteinheit ↑ Newton.
n, Abk.:
◆ für ↑ Neutrum.
◆ (n-) in der Chemie für ↑ normal.
n, physikal. Symbol für das ↑ Neutron.
n, Vorsatzzeichen für ↑ Nano...
Na, chem. Symbol für ↑ Natrium.
Naab, linker Nebenfluß der Donau, Bay., entsteht aus 3 Quellflüssen, die im Fichtelgebirge und Oberpfälzer Wald entspringen, mündet 5 km westl. von Regensburg, 165 km lang.
Naaldwijk [niederl. 'na:ltwɛjk], niederl. Gem. im Westland, 26 600 E. Gartenbauschulen, Handelszentrum mit Gewächshauskulturen. - Got. Kirche (1472 nach Brand wiederhergestellt), Rathaus (1632).
Naarden [niederl. 'na:rdə], niederl. Stadt am IJsselmeer, 16 300 E. Comenius-, Festungsmuseum, Pendlerwohngemeinde von Amsterdam; Sommerfrische. - Entstand nach Zerstörung der bereits im 10. Jh. erwähnten, bed. älteren Stadt 1350–55 erneut als Festung mit Stadtrecht. - Vollständig erhaltene Stadtbefestigung (17. Jh.); spätgot. Kirche (um 1500), spätgot. Comeniuskapelle (15. Jh.); Renaissancestadthaus (1601).

Naardermeer, versumpftes, schilfreiches Seengebiet am S-Ufer des IJsselmeeres.
Nabatäer, arab. Volksstamm der Antike, der seine Wohnsitze in sö. an Palästina angrenzenden Gebieten mit Petra als Hauptstadt hatte. 63 v. Chr. wurden sie Vasallen der Römer, und 106 n. Chr. gliederte Trajan ihr Reich als Prov. Arabia (Hauptstadt Bostra) dem Röm. Reich ein. Ihr aramäisches Alphabet ist der Vorläufer der arab. Schrift.
Nabatäisch ↑ Aramäisch.
Nabburg, bayr. Stadt an der Naab, 407 m ü. d. M., 6 200 E. Metallverarbeitung, Textilfabrik, Konservenherstellung. - 929 Ersterwähnung, 1296 Stadtrecht. - Spätgot. Pfarrkirche (14., 15. und 16. Jh.); Rathaus (16. Jh.); Schloß (16. und 18. Jh.).
Nabe, hülsenförmiger [die Speichen tragender] Teil eines Rades, einer rotierenden Scheibe oder anderer Drehkörper, der die Verbindung zu der durchgeschobenen Welle, Achse oder zu einem Zapfen herstellt.
Nabel ↑ Nabelschnur.
Nabelbinde (Nabelverband), elast., luftdurchlässiger und möglichst steriler Tuchstreifen zum Schutz des Nabelschnurrestes beim Neugeborenen vor Verschmutzung und Infektion.
Nabelbruch ↑ Bruch.
Nabel der Erde (griech. ómphalos tēs gēs), myth. begr. religionsgeograph. Mittelpunktsvorstellung, die viele Völker mit hl. Stätten, Kultorten oder Bergesgipfeln verbanden. In Griechenland galt der kult. verehrte Omphalos (Nabel), ein Stein im Heiligtum von Delphi, als Mittelpunkt der Erde, in Rom der „Nabel der Stadt Rom" („umbilicus urbis Romae") auf dem Forum Romanum, in Palästina v. a. Jerusalem, das auf Erdkarten bis ins 18. Jh. als Mittelpunkt der Welt erscheint.
Nabelentzündung, durch Nabelwundinfektion entstehende nässende, geschwürige

117

Nabelfleck

bzw. mit Granulationsbildung (**Nabelgranulom**) einhergehende Entzündung des Nabels und seiner Umgebung.
Nabelfleck (Chalaza), basaler Pol der pflanzl. ↑ Samenanlage.
Nabelmiere (Moosmiere, Moehringia), Gatt. der Nelkengewächse mit rd. 20 Arten, v. a. in den gemäßigten Zonen der Nordhalbkugel; zarte Kräuter mit weißen Blüten; Zierpflanzen, z. B. **Moosartige Nabelmiere** (Moos-N., Moehringia muscosa); bis 20 cm hoch, moosartig, rasenbildend, mit fadenförmigen Blättern und kleinen weißen Blüten.
Nabelschnur (Nabelstrang, Funiculus umbilicalis), strangartige Verbindung zw. dem Embryo und dem Mutterorganismus beim Menschen und bei allen plazentalen Säugetieren. Sie entsteht zunächst am Rücken des Embryos und gelangt im Verlaufe der Entwicklung an dessen Bauchseite. Die N. umhüllt Gefäße, die einerseits den Embryo mit sauerstoff- und nährstoffreichem Blut versorgen, andererseits sauerstoffarmes und schlackenbeladenes Blut abführen. Beim *Menschen* ist die vom Amnion (eine Embryonalhülle) umhüllte N. zum Zeitpunkt der Geburt etwa 50–60 cm lang und bis 2 cm dick und meist spiralig gedreht. Sie ist meist in Schlingen um den Fetus gelegt. Nach Unterbrechung der Blutversorgung zw. Nachgeburt und Fetus und dem Abfallen der N. nach der Geburt bleibt an der Bauchseite des Neugeborenen eine narbig verwachsende Grube zurück, der **Nabel** (Bauchnabel, Umbilicus, Omphalos). *Geburtshilfl. Komplikationen durch die N.* können sich u. a. bei Anomalie des N.ansatzes auf der Plazenta, bei zu kurzer N., bei N.umschlingung und beim N.vorfall einstellen.
Nabelschweine (Pekaris, Tayassuidae) Fam. nichtwiederkäuender, etwa 0,7–1 m langer Paarhufer, v. a. in Wäldern und offenen Landschaften Mexikos, M- und S-Amerikas (mit Ausnahme des S und SW); Schwanz verkümmert; Kopf kurz, vorn spitz zulaufend; Beine auffallend dünn; eine unter dem langborstigen Fell verborgene Rückendrüse („Nabel") sondert ein stark riechendes Sekret ab. Man unterscheidet zwei Arten: **Halsbandpekari** (Tayassu tajacu), Färbung schwärzl.-grau-braun, mit dunklerem Aalstrich und blaßgelbem Halsband. **Weißbartpekari** (Tayassu albirostris), graubraun bis braunschwarz, Schnauzenseiten und Kehle leuchtend weiß.
Nabelstrang, svw. ↑ Nabelschnur.
Nabereschnyje Tschelny [russ. 'nabırıʒnıjı tʃıl'nı] (seit 1982 Breschnew), sowjet. Stadt an der unteren Kama, Tatar. SSR, 414 000 E. Fakultät der Kasaner Bauingenieurhochschule; größtes Automobilwerk der UdSSR.
Nabeul [frz. na'bœl], tunes. Stadt am Golf von Hammamet, 30 500 E. Verwaltungssitz des Gouvernements N.; Kunstgewerbemuseum; Marktort und Seebad; Eisenbahnendpunkt. - Hieß in der Antike **Neapolis**, seit Augustus **Colonia Iulia Equestris**.
Nabis [frz. na'bi; zu hebr. nabi „Prophet"], Gruppe überwiegend frz. Maler in Paris (1888–1905): P. Sérusier, M. Denis, P. Bonnard, K. X. Roussel und P. Ranson sowie zeitweilig u. a. A. Maillol, É. Vuillard und F. Vallotton. Ihre dekorativen Bilder zeigen Einflüsse von Gauguin und jap. Holzschnittkunst und Übergänge zum Jugendstil (Art nouveau).
Nabī Schuaib, höchster Berg auf der W-Seite der Arab. Halbinsel, sw. von Sana (Arab. Republik Jemen), 3 620 m ü. d. M.
Nabl, Franz [...bəl], * Lautschin (= Loučeň, Mittelböhm. Gebiet) 16. Juli 1883, † Graz 19. Jan. 1974, östr. Erzähler und Dramatiker. - Die frühen Dramen (z. B. „Schichtwechsel", 1929) und Erzählungen sind H. von Hofmannsthal und A. Schnitzler verpflichtet; sein späteres Erzählwerk ist humorvoll, antiromant.-realist. sowie an Landschaft und Menschen des östr. Voralpenlandes gebunden; u. a. „Johannes Krantz" (En., 1948).
Nablus, Stadt in W-Jordanien (seit 1967 unter israel. Verwaltung), 570 m ü. d. M., 64 000 E. Verwaltungssitz des Bez. N.; Handels- und Verarbeitungszentrum eines Agrargebiets.
Nabob [arab.-Hindi], 1. Titel in Indien, nach der engl. Eroberung auch Titel selbständiger Fürsten; 2. allg. (abwertende) Bez. für reichen Mann.
Nabokov, Vladimir [engl. nə'bɔːkəf], * Petersburg 23. April 1899, † Montreux 2. Juli 1977, amerikan. Schriftsteller russ. Herkunft. - Emigrierte 1919 nach Großbrit., lebte einige Jahre in Berlin, dann in Paris und ging 1940 in die USA (1945 naturalisiert); 1948–59 Prof. für russ. Literatur an der Cornell University, dann freier Schriftsteller in Montreux. Verfaßte u. a. stilist. brillante psycholog. Romane, zuerst in russ., später auch in engl. Sprache; seinen größten Erfolg hatte er mit dem erot. Roman „Lolita" (1955).
Weitere Werke: Maschenka (R., 1926), Gelächter im Dunkel (R., 1934), Einladung zur Enthauptung (R., 1938), Das Bastardzeichen (R., 1947), Pnin (R., 1957), Fahles Feuer (R., 1962), Ada oder Das Verlangen (R., 1969), Sieh doch die Harlekins! (R., 1974).
Nabonid (griech. Labynetos), letzter König von Babylon (556–539). - Kam durch einen Aufstand auf den Thron. Während seiner zehnjährigen, unerklärten Abwesenheit in Arabien war sein Sohn Belsazar Regent. N. wurde 539 von den Persern gefangengenommen.
Nabū (Nabium; im A. T. Nebo), babylon. Gott der Schreibkunst und Weisheit (Bildsymbol: Schreibgriffel); wurde bis in seleukid. Zeit verehrt.

Nabuchodonosor ↑ Nebukadnezar.
Nabupolassar, König von Babylon aus dem Stamm der Chaldäer (626–605). - Begr. die Herrschaft der Chaldäer und das neubabylon. Chaldäerreich, das er nach Syrien und Palästina ausdehnte; vernichtete die Assyrer (Fall von Ninive 612 v. Chr.).

Nacala, Stadt in N-Moçambique, an einer Bucht des Ind. Ozeans mit dem Hafen *Nacala Porto*, Ausgangspunkt der Bahnlinie ins Hinterland, seit 1970 bis nach Malawi; Exporthafen für Kupfer aus Sambia.

Nacaome, Dep.hauptstadt in S-Honduras, am Rande des Küstentieflands, 4800 E. Handelszentrum eines Landw.gebiets.

Nachahmung, (Imitation) Übernahme von Bewegungen oder Lautäußerungen eines menschl. oder tier. Lebewesens durch ein anderes Lebewesen auf Grund von Beobachtungen bzw. Anhörungen. In der Verhaltensforschung wird angenommen, daß hierbei das erste (nachgeahmte) Lebewesen zum ↑Auslöser für die Reaktion des imitierenden Lebewesens wird (sog. **Nachahmungstrieb**). - Es ist zu unterscheiden zw. unwillkürl. N. (↑Carpenter-Effekt) und willkürl. Nachahmung. Letztere ist bes. bedeutsam im Kindesalter für das Erlernen von Tätigkeiten und für den Spracherwerb. Als bewußtes und aktives Sichangleichen ist N. speziell ein Grundphänomen des sozialen Lebens des Menschen.

◆ als Begriff der Literatur, Kunst, Philosophie und Musik ↑ Imitation, ↑ Mimesis.

◆ im *Recht* die [verbotene] Herstellung von künstler. Werken oder gewerbl. Gegenständen in einer solchen Weise, daß diese Produkte mit urheberrechtl. oder durch gewerbl. Schutzrechte geschützten Produkten verwechselt werden können.

Nachal [hebr.] (Mrz. Nachalim), Siedlungstyp in Israel; die Bewohner sind Armeeangehörige, die in ruhigen Zeiten Landw. treiben, bei Angriffen aber sofort voll einsatzfähig die Grenze verteidigen.

Nachbar, Herbert, * Greifswald 12. Febr. 1930, † Berlin (Ost) 25. Mai 1980, dt. Schriftsteller. - Verf. von Romanen und Erzählungen aus sozialist. Sicht, die sich durch gute Charakter- und Milieuschilderung auszeichnen, u. a. „Haus unterm Regen" (R., 1965), „Ein dunkler Stern" (R., 1974), „Der Weg nach Samoa" (E., 1976), „Keller der alten Schmiede" (R., 1979).

Nachbareffekte ↑ photographische Effekte.

Nachbarklage ↑ Nachbarrecht.

Nachbarrecht, im Zivilrecht die Vorschriften, die das Verfügungsrecht des Eigentümers über sein Grundstück im Interesse benachbarter Grundstückseigentümer beschränken (BGB und N.gesetze der Länder). Traditionell privatrechtl. geregelt sind u. a. die Probleme des Überbaus, der Gebäudeeinsturzgefahr, der Notwege, der Grenzscheidung und des Überfalls (von Früchten). Einwirkungen durch Gas, Ruß, Geräusche, die Zulassung von gefährl. Industrieanlagen sind heute öffentlich-rechtl. geregelt. Das seit dem 19. Jh. wachsende öffentl. Interesse an der richtigen Bodennutzung führte zur Entstehung des öffentl. Bau-N.; Bauplanungs- und Bauordnungsrecht enthalten nachbarschützende Regeln z. B. über Grenzabstand, Brandschutz, Geschoßzahl oder die Nutzungsart als Wohn- oder Gewerbegrundstück.

Zur Durchsetzung der N. in Form der **Nachbarklage** steht der Zivil- bzw. Verwaltungsrechtsweg offen. In der Praxis ist sie v. a. gegen (unzulässige) Bauvorhaben gerichtet.

Nachbarschaft, räuml. Wohn- und Siedlungsnähe, in die die sozialen Beziehungen der dort lebenden Menschen durch bes. ausgeprägte persönl. und dauerhafte Beziehungen bestimmt sind. N. ist in Agrargesellschaften mit dörfl.-ländl. Kleinsiedlungsgebieten als Gefüge sozialer Kontrolle, zugleich auch als existenzsichernde Not- und Hilfsgemeinschaft von Bed.; im Zuge der Verstädterung und der Anonymisierung der sozialen Beziehungen ist N. auf (meist schichtenbegrenzte) mehr spontan sich ergebende Kontakte zw. Menschen mit persönl. Sympathien reduziert worden. Moderne Stadt- und Regionalplanung versucht, über städtebaul., architekton. und polit.-institutionelle Maßnahmen N. als Medium für Entscheidungsprozesse in öffentl. Angelegenheiten zu reaktivieren.

Nachbesserungspflicht, beim Werkvertrag die Pflicht des Unternehmers, gerügte Mängel innerhalb der gesetzten Frist zu beseitigen. Nach Fristablauf kann der Besteller Wandelung oder Minderung verlangen.

Nachbild, die nach Aufhören der unmittelbaren Einwirkung eines opt. Reizes fortdauernde Gesichtswahrnehmung, die als *positives N.* der Farbqualität des gegebenen Reizes entspricht, dagegen als meist länger dauerndes *negatives N.* in Kontrastfarben (Sukzessivkontrast) auftritt.

Nachblutung, nach abgeschlossener, sachgerechter Operation, Wundversorgung oder Blutstillung bzw. nach einer Geburt oder Fehlgeburt wieder einsetzende Blutung.

Nachbörse, Abschlüsse in Wertpapieren bzw. Kursschätzungen nach der offiziellen Börsenzeit.

Nachbrenner ↑ Nachverbrennung.

Nachbürgschaft ↑ Bürgschaft.

Nachdruck, 1. unveränderter Neudruck eines Schriftwerks durch den berechtigten Verleger oder Neudruck (Reprint) eines urheberrechtsfreien Werkes. 2. Widerrechtl. Druck eines schon zuvor gedruckten Werkes (Raubdruck), umgeht Urheberrechte bzw. Honorare und Satzkosten.

Nacheile, im *Polizeirecht* das Recht der Polizei, die Verfolgung eines Flüchtenden auf

Nachentrichtung ...

das Gebiet eines anderen dt. Landes fortzusetzen (§ 167 Gerichtsverfassungsgesetz); im *Völkerrecht* das Recht des Küstenstaates, ein fremdes Schiff wegen Gesetzesverletzungen bis in die hohe See zu verfolgen, sofern die N. noch innerhalb der eigenen Küstengewässer beginnt und ohne Unterbrechung fortgesetzt wird.

Nachentrichtung von Sozialversicherungsbeiträgen ↑ Rentenversicherung.

Nacherbe, derjenige, der nach einem anderen Erben - dem Vorerben - Erbe wird. Er ist zu unterscheiden von dem Miterben, der neben einem anderen, und dem Ersatzerben, der anstelle eines anderen Erbe wird.

Nacherbschaft, diejenige Erbschaft, die dem Nacherben zufällt; sie entsteht nur durch letztwillige Verfügung (Testament, Erbvertrag). Den Zeitpunkt des Nacherbfalls bestimmt der Erblasser. Fehlt eine Zeitangabe, so tritt der Nacherbfall mit dem Tode des Vorerben ein. Die Erbschaft geht dann auf Grund der Verfügung des Erblassers (nicht des Vorerben) auf den Nacherben über. In der Zeit zw. dem Erbfall (der Vorerbe wird Erbe) gehört der Nachlaß dem Vorerben. Der Nacherbe hat aber ein Anwartschaftsrecht, das durch zahlr. Verpflichtungen und Beschränkungen des Vorerben gesichert ist. Von den meisten Verpflichtungen und Beschränkungen kann der Erblasser den Vorerben befreien (befreite Vorerbschaft).

Im *östr. Recht* wird unter N. sowohl die gemeine Substitution (Ersatzerbschaft) als auch die eigtl. N. (fideikommissar. Substitution) verstanden. Bei der Ersatzerbschaft beruft der Erblasser einen oder mehrere Nacherben für den Fall, daß der eingesetzte Erbe die Erbschaft nicht erlangt; bei der eigtl. N. verpflichtet er den Erben, daß er die angetretene Erbschaft nach seinem Tode oder in bestimmten anderen Fällen einem zweiten ernannten Erben, dem Nacherben, überläßt. Im *schweizer. Recht* gilt eine dem östr. Recht entsprechende Einteilung.

Nachfolge Christi (Imitatio Christi), auf der Forderung Jesu an seine Jünger, ihm nachzufolgen und ihn nachzuahmen, gegr. Anliegen der Christusmystik und der christl. Ethik, Motivation für verschiedene Reform- und Armutsbewegungen. Die ma. religiöse Erneuerungsbewegung der ↑ Devotio moderna fand ihren Ausdruck in der „*N. C.*", einer vor 1427 entstandenen Sammlung von vier Traktaten, die das meistverbreitete christl. Erbauungsbuch wurde (als Autor gilt ↑ Thomas a Kempis). In der ev. Theologie wurde die N. C. weitgehend als Streben nach individueller Heiligkeit für problemat. gehalten.

Nachfolger, in einer geordneten Menge das einem Element a zugeordnete Element b, für das $a < b$ gilt, wobei es kein c gibt derart, daß $a < c < b$ ist. In einer wohlgeordneten Menge, z. B. in der Menge der natürl. Zahlen, hat jedes Element einen N.; in der Menge der reellen Zahlen besitzt keine Zahl einen N., da es zw. zwei reellen Zahlen immer noch unendlich viele weitere gibt.

Nachfolgestaaten (Sukzessionsstaaten), nach Völkerrecht Bez. für die auf dem Gebiet eines ehem. großen Staates entstandenen kleineren Staaten. Insbes. werden die 1918 auf dem Gebiet der östr.-ungar. Monarchie entstandenen neuen Staaten Österreich, Ungarn, Tschechoslowakei und Jugoslawien als N. verstanden.

Nachfrage, der Bedarf, der am Markt auftritt (**effektive Nachfrage**) und dem Angebot gegenübersteht. Die ↑ Nachfragefunktionen der einzelnen Haushalte bzw. der sonstigen Nachfrager werden zur Gesamt-N. nach einem Gut und weiter zur gesamtwirtschaftl. N. aggregiert: Bei normaler N.reaktion sinkt die N. bei steigendem Preis und umgekehrt; bei anomaler N.reaktion steigt die N. bei steigendem Preis.

Nachfrageelastizität ↑ Elastizität.

Nachfragefunktion, funktionaler Zusammenhang zw. den Nachfragemengen nach einem Gut und dem Preis dieses Gutes, wobei unterstellt wird, daß der für den Verbrauch zur Verfügung stehende Teil des Einkommens und die Preise anderer Güter konstant sind.

Nachfragemonopol, svw. Monopson (↑ Marktformen).

Nachfrist, beim Schuldnerverzug die Voraussetzung für das Recht auf Rücktritt oder Schadenersatz wegen Nichterfüllung des ganzen Vertrages.

Nachgeburt (Secundinae), im Anschluß an die eigtl. ↑ Geburt (N.periode) erfolgender, mit starker Blutung einhergehender Ausstoßungsvorgang des mütterl. und embryonalen Anteils der ↑ Plazenta (nebst Eihäuten und dem Rest der Nabelschnur) sowie der (nur bei bestimmten Säugetieren angelegten) ↑ Decidua. Viele Tiere fressen ihre N. auf.

Nachgeburtswehen, im Anschluß an die Geburt auftretende, zur Lösung und Austreibung der Plazenta führende Wehen.

Nachgründung, Erwerb von Vermögensgegenständen durch eine AG in den ersten zwei Jahren seit ihrer Eintragung in das Handelsregister, wenn die Vergütung hierfür den zehnten Teil des Aktienkapitals übersteigt. Auf N. gerichtete Verträge werden nur mit Zustimmung der Hauptversammlung und Eintragung in das Handelsregister wirksam.

Nachhall, Schallreflexion, bei der im Ggs. zum Echo der zurückgeworfene Schall nicht getrennt vom Originalschall wahrgenommen werden kann, sondern in ihn übergeht. N.erscheinungen spielen eine wichtige Rolle in der Raumakustik. In geschlossenen Räumen sind sie im allg. erwünscht, da durch sie der Originalschall verstärkt wird.

Nachhut, Truppenteil, der beim Rückmarsch die Truppe nach hinten sichert.

Nachitschewan, Hauptstadt der Nachitschewaner ASSR innerhalb der Aserbaidschan. SSR, im Tal des Arax, 32 300 E. PH, zwei Technika; Museen; Theater; Nahrungsmittel-, Baustoffind., Tabakfabrik, Weinkellerei. - Im 13. Jh. durch Mongolen, Ende des 14. Jh. durch Timur-Leng, 1603 auf Anweisung des pers. Schahs Abbas zerstört. - Mausoleum des Atabeks Mominechatun (1186; turmförmiger Ziegelbau).

Nachitschewaner ASSR, autonome Sowjetrepublik im Hochland von Armenien, zur Aserbaidschan. SSR gehörend, aber Exklave im Geb. der Armen. SSR; 5 500 km², 262 000 E (1984); 94% Aserbaidschaner, Hauptstadt Nachitschewan. Die Ebene am Arax hat eine Höhenlage von 600–1 000 m, das übrige Geb. liegt höher (bis 3 904 m). Das Klima ist streng kontinental. Angebaut werden Baumwolle, Wein, Obst, Tabak und Getreide; außerdem Seidenraupen-, Rinder- und Schafzucht; Bergbauprodukte sind Molybdän, Blei, Zink und Steinsalz. - Wurde am 9. Febr. 1924 gebildet.

Nachkalkulation, der auf die Ermittlung der effektiv angefallenen Kosten je Kostenträger bezogene Teil der Kostenrechnung zum Zweck der Preisermittlung und der Kostenkontrolle (Ggs. Vorkalkulation).

Nachlaß, im *Erbrecht* svw. ↑ Erbschaft.
◆ (nachgelassene Werke) die vor dem Tode eines Künstlers oder Wissenschaftlers nicht veröffentlichten, vollendeten oder unvollendeten Werke, Briefe und sonstige Schriften und Zeugnisse; für nachgelassene Werke bestehen urheberrechtl. Sonderbestimmungen.
◆ (Preis-N.) der teilweise Verzicht auf den vollen Preis durch Gewährung von Rabatten und anderen Preisnachlässen.

Nachlaßgericht, Amtsgericht des letzten Wohnsitzes des Erblassers. Soweit erforderl., sichert es den Nachlaß, u. a. durch Bestellung eines Pflegers. Es eröffnet Verfügungen von Todes wegen, ermittelt die Erben, stellt Erbscheine aus, ordnet Nachlaßverwaltung und Nachlaßkonkurs an, entläßt Testamentsvollstrecker, gewährt Miterben Hilfe bei der Nachlaßauseinandersetzung, nimmt Erklärungen entgegen und trifft alle sonstigen Maßnahmen zur Abwicklung von Erbfällen. Die Aufgaben des N. sind weitgehend dem Rechtspfleger übertragen worden.

Nachlaßkonkurs (Erbschaftskonkurs), bei Überschuldung des Nachlasses auf Antrag von Erben oder Gläubigern eröffneter Konkurs, der die Erbenhaftung beschränkt und die Befriedigung der Nachlaßgläubiger vor den Eigengläubigern sichert.

Nachlaßkonkursverwalter, amtl. Treuhänder zur Verwaltung des Nachlasses, der über diesen zur Befriedigung der Gläubiger nach konkursmäßiger Rangordnung durch Verteilung verfügt und einen evtl. Überschuß dem Erben herausgibt.

Nachlaßpfleger (Prozeßpfleger), vom Nachlaßgericht bestellter Pfleger zur Sicherung des Nachlasses bis zur Annahme der Erbschaft oder bis zur Ermittlung eines unbekannten oder ungewissen Erben, dessen gesetzl. Vertreter er ist.

Nachlaßverbindlichkeiten, ererbte (**Erblasserschulden**) und mit dem Erbfall entstandene Schulden (**Erbfallschulden:** Begräbniskosten, Erbschaftsteuer, Pflichtteil, Vermächtnis, Auflagen, Voraus) sowie Schulden aus der Nachlaßverwaltung. Der Erbe haftet für die N. nach Annahme der Erbschaft vorläufig unbeschränkt auch mit seinem Eigenvermögen, kann die Haftung aber durch Nachlaßverwaltung oder -konkurs sowie - bei dürftigem Nachlaß - durch Einrede auf die Nachlaßgegenstände beschränken. Für Schulden aus eigener Nachlaßverwaltung haftet er stets persönlich. Miterben haften bis zur Teilung auf Einrede vorläufig gegenständl. beschränkt auf den Nachlaß.
In *Österreich* richtet sich die Haftung des Erben für die N. danach, ob er die Erbschaft unbedingt oder bedingt angenommen hat; im ersten Fall haftet er auch mit seinem eigenen Vermögen. Im *schweizer. Recht* umfaßt der Begriff N. die Erbfall- (Verschuldung des Nachlasses) und die Erbgangschulden (die durch die Nachlaßverwaltung entstehen); der Erbe haftet im allg. mit der Erbschaft und seinem Privatvermögen, in bestimmten Fällen auch nur mit der Erbschaft.

Nachlaßvergleichsverfahren, Vergleichsverfahren zur Vermeidung des Nachlaßkonkurses; es wird auf Antrag des Erben zur Haftungsbeschränkung eröffnet, um den Nachlaß (etwa einen Betrieb) trotz der Überschuldung zu erhalten.

Nachlaßverwalter (Erbschaftsverwalter), derjenige, der nach Anordnung der Nachlaßverwaltung den Nachlaß gegen angemessene Vergütung verwaltet und die Gläubiger befriedigt: Er übt ein dem des Konkursverwalters ähnl. privates Amt aus, hat die Belange der Erben und der Gläubiger zu berücksichtigen und ist beiden verantwortlich.

Nachlaßverwaltung (Erbschaftsverwaltung), Abwicklung unübersichtl., nicht überschuldeter Nachlässe durch einen Nachlaßverwalter. N. wird auf Antrag des Erben oder eines Gläubigers (bei gefährdeter Befriedigung) angeordnet, sie beschränkt die Erbenhaftung auf den Nachlaß und sichert die Gläubigerbefriedigung.

Nachlauf, in der *Chemie* Bez. für das letzte bei der fraktionierten ↑ Destillation von Flüssigkeitsgemischen in die Dampfphase übergehende Destillat.
◆ ↑ Fahrwerk.

nachleuchtende Leuchtstoffe ↑ Leuchtstoffe.

Nachmanides, eigtl. Rabbi Mose Ben Nachman (danach abgekürzt Ramban gen.),

Nachmünzung

span. Maestre Bonastruc de Porta gen., * Gerona (?) 1194 oder 1195, † Akko 1270, jüd. Arzt, Talmudgelehrter und Kabbalist. - Gewann als Autorität auf dem Gebiet von Bibel und Talmud das orth. Judentum für die Kabbala. Von Jakob I. von Aragonien 1263 zu einer öffentl. Religionsdisputation über das Verhältnis von Judentum und Christentum gezwungen, veröffentlichte er wahrheitsgetreu deren Verlauf, wurde deshalb aus Aragonien verbannt, wanderte 1267 nach Palästina aus.

Nachmünzung ↑Nachprägung.

Nachnahme, (gebührenpflichtige) Einziehung eines Betrags (bis zu 3000 DM) durch die Post als Bedingung für die Auslieferung [freigemachter] Briefe, Postkarten, Päckchen und Paketsendungen.

Náchod, Stadt am NW-Fuß des Adlergebirges, ČSSR, 350 m ü. d. M., 21 700 E. Sitz einer Bez.verwaltung; Baumwoll-, Gummiind. und Motorenbau. - Im 12. Jh. gegr. Die Stadt wird beherrscht von einem Renaissanceschloß (1566-1614; mehrfach umgebaut).

Nachodka [russ. na'xɔtkɐ], sowjet. Hafenstadt am Jap. Meer, RSFSR, 148 000 E. Seefahrtsschule, Filmtechnikum; Schiffsreparatur, fischverarbeitende Ind.; Eisenbahnendpunkt. - Seit 1950 Stadt.

Nachprägung (Nachmünzung, Nachschlag), 1. staatl. oder private Nachahmung gültiger fremder oder älterer eigener Münzen mit oder ohne Wahrung von Gepräge und Münzfuß; schon in der Antike und im MA häufig; 2. gewerbl. N. von Münzen mit hohem Sammlerwert (in neuerer Zeit; mit fließenden Grenzen zur Münzfälschung).

Nachricht [urspr. Nachrichtung („Mitteilung, nach der man sich richtet")], Mitteilung, Kunde, Meldung; in der *Publizistik* Mitteilung bzw. Information über einen Sachverhalt oder ein Ereignis, die (durch Massenmedien verbreitet) Interesse in der Öffentlichkeit beansprucht. Die N.bearbeitung, Auswahl, Plazierung usw. der von den N.agenturen verbreiteten N. durch die Redaktion geben Anhaltspunkte für die polit.-ideolog. Position eines Massenmediums.

Nachrichtenagenturen (Nachrichtenbüros), „Unternehmungen, die mit schnellsten Beförderungsmitteln Nachrichten zentral sammeln, sichten und festen Beziehern weiterliefern" (E. Dovifat). Man unterscheidet Universal-N., die alle Sachbereiche und Weltteile abdecken (z. B. Dt. Depeschen-Dienst, ddp, Bonn), von Spezial-N. (z. B. Sport-Informations-Dienst, sid, Düsseldorf). Die Nachrichtenübermittlung erfolgt mittels Fernschreiber, häufig drahtlos, von Kontinent zu Kontinent durch Überseekabel und Fernmeldesatelliten. Bezieher sind v. a. die Massenmedien, aber auch Unternehmungen, Verbände, Reg.stellen. Die N. bieten gegen feste Gebühren oder Beteiligung (Genossenschaftsprinzip) Text-, Bild- und vielfältige Hintergrunddienste an. Untereinander stehen sie durch Austauschverträge in Verbindung. In Deutschland gründete B. Wolff 1849 sein „Telegraph. Correspondenz-Bureau", das später unter Einfluß des preuß. Staates geriet und als offiziös anzusehen ist (später Wolffs Telegraphen-Bureau [WTB]). In der Weimarer Republik entstand ihm durch die Telegraphen-Union (TU) des Hugenbergkonzerns ein Konkurrent. Beide N. wurden von den Nationalsozialisten 1933 zur Dt. Nachrichtenbüro GmbH (DNB) vereinigt. Die Besatzungsmächte gründeten nach 1945 jeweils eigene N. Die N. der Westzonen wurden 1949 zur Dt. Presse-Agentur GmbH. (dpa) Hamburg, vereinigt. In der DDR arbeitet der Allg. Dt. Nachrichtendienst (ADN), gegr. 1946, Berlin (Ost). Die von den OAU-Staaten gegründete Panafrikan. N. (PANA), Sitz Dakar, arbeitet seit 1983, die von neun lateinamerikan. Staaten gegründete Lateinamerikan. Agentur für Informationsdienste (ALASEI), Sitz Mexiko, seit 1984. - auch ↑Übersicht.

Nachrichtendienste, staatl. Geheimdienste zur Beschaffung vorwiegend geheimer Informationen militär., polit., wirtsch. und wiss. Natur im Rahmen der Spionage, zur Sabotage und Diversion sowie zur Spionage- und Sabotageabwehr. Es werden polit. und militär. N. unterschieden. Großbrit. besitzt den N. mit der ältesten Tradition (14. Jh.), den Secret Service, neben dem auch Scotland Yard und Geheimdienste der Marine und des

Nachrichtendienste. Aufbau des Bundesnachrichtendienstes der Bundesrepublik Deutschland (vereinfacht)

Bundeskanzleramt	Bundespresseamt

Bundesnachrichtendienst (BND)	
Abteilung I: Beschaffung Unterabteilungen: Militär; Politik; Wirtschaft; Rüstung; Technik; Gegenspionage	**Abteilung II: Technik** Unterabteilungen: Funkhorchdienst; Elektronik; Rundfunkhördienst; konspirative Technik
Abteilung III: Auswertung Unterabteilungen: Militär; Politik; Wirtschaft; Rüstung; Technik; offene Beschaffung und Dokumentation; Personenkartei	**Abteilung IV: Zentrale Aufgaben** Unterabteilungen: Finanzen; Recht, Gutachten; Verwaltung; Organisation; Personal; Sicherheit; Ausbildung; Bereichsschutz; Öffentlichkeitsarbeit; Presseverbindungen; EDV, Dokumentation, Zentralbibliothek

Referate in jeder Unterabteilung der Abteilungen I und III: DDR, UdSSR, Polen, ČSSR, übriger Ostblock, Naher Osten, Fernost, Afrika, Lateinamerika, Westeuropa, Südeuropa, Nordeuropa, Nordamerika

Nachrichtendienste

Heeres bestehen. Im Dt. Reich war bis 1918 die Abteilung III B des Großen Generalstabs mit den Aufgaben des N. betraut, danach die Abwehrgruppe, später Abwehrabteilung im Reichswehrministerium bzw. nach 1935 im Reichskriegsministerium (zuletzt Amt Ausland/Abwehr im Oberkommando der Wehrmacht unter Canaris), seit 1944 das Amt VI des Reichssicherheitshauptamtes (dessen Sicherheitsdienst zuvor mit der militär. Ab-

NACHRICHTENAGENTUREN
(Auswahl)

Abk.	Name	Sitz	Gründungsjahr
AA	Agence d'Athènes	Athen	1905
AA	Anatolia Agency	Ankara	1925
ADN	Allg. Dt. Nachrichtendienst	Berlin (Ost)	1946
AFP	Agence France-Presse	Paris	1944
ANOP	Agência Noticiosa Oficial Portuguesa	Lissabon	1947
ANP	Algemeen Nederlands Persbureau	Den Haag	1934
ANSA	Agenzia Nazionale Stampa Associata	Rom	1945
AP	Associated Press	New York	1848
APA	Austria Presse Agentur	Wien	1946
ASD	Axel-Springer-Inland-Dienst	Hamburg	1969
ATA	Agence Télégraphique Albanaise	Tirana	1944
ATS-SDA	Agence Télégraphique Suisse – Schweizer. Depeschenagentur	Bern	1894
Belga	Agence Télégraphique Belge de Presse/ Belgisch-Pers-Telegraafagentschap	Brüssel	1920
BTA	Balgarska Telegrafna Agenzia	Sofia	1898
ČTK	Československá Tisková Kancelář	Prag	1918
CP	Canadian Press	Toronto	1917
ddp	Dt. Depeschen-Dienst GmbH	Bonn	1971
DIMITAG/ dmt	Dienst mittlerer Tageszeitungen GmbH	Bonn	1938
dpa	Dt. Presse-Agentur GmbH	Hamburg	1949
Efe	Agencia Efe	Madrid	1938
epd	Ev. Pressedienst	Frankfurt am Main	1947
	Foreign Press Centre	Tokio	1976
Hsin Hua	Hsin-hua t'hsün-she („Neues China Nachrichtenagentur")	Peking	1937
Jiji	Jiji Tsushin-Sha/Jiji Press	Tokio	1945
KNA	Kath. Nachrichten-Agentur GmbH	Bonn	1953
Kyodo	Kyodo Tsushin/Kyodo News Service	Tokio	1945
MENA	Middle East News Agency	Kairo	1956
MTI	Magyar Távirati Iroda	Budapest	1880
Nowosti/ APN	Agentstwo Petschati Nowosti	Moskau	1961
NTB	Norsk Telegrambyrå	Oslo	1867
PA	Press Association	London	1868
PAP	Polska Agencja Prasowa	Warschau	1944
ppa	progress presse agentur	Düsseldorf	1971
PTI	Press Trust of India	Bombay	1948
Reuter	Reuters Ltd.	London	1851
RB	Ritzaus Bureau	Kopenhagen	1866
rompres		Bukarest	1949/89
SAD	Springer-Ausland-Dienst	Hamburg	1966
sid	Sport-Informations-Dienst	Düsseldorf	1945
SPK	Schweizer. Polit. Korrespondenz	Bern	1917
STT-FNB	Suomen Tietotoimisto-Finska Notisbyrån	Helsinki	1887
Tanjug	Telegrafska Agencija Nova Jugoslavija	Belgrad	1943
TASS	Telegrafnoje Agentstwo Sowetskowo Sojusa	Moskau	1925
TT	Tidningarnas Telegrambyrå	Stockholm	1921
UPI	United Press International	New York	1958
VWD	Vereinigte Wirtschaftsdienste GmbH	Frankfurt am Main	1949

wehr rivalisierte). In Österreich-Ungarn nahm das Evidenzbüro den N. wahr, in Frankr. sind wichtig das Deuxième Bureau und die Sûreté Nationale. Das zarist. Rußland besaß als N. die Ochrana, deren Nachfolgeorganisationen in Sowjetrußland bzw. der Sowjetunion Tscheka, GPU, NKWD, MWD, Smersch und KGB (seit 1954) wurden. Die bedeutendsten N. der USA sind die Central Intelligence Agency (CIA) und das Federal Bureau of Investigation (FBI). In der BR Deutschland bestehen der Bundesnachrichtendienst (BND), der Verfassungsschutz und der Militär. Abschirmdienst (MAD), in der DDR der Staatssicherheitsdienst (SSD). *Persico, J. E.: Geheime Reichssache. Wien 1980. - Emde, H.: Geheimdienste der BRD. Bergisch Gladbach 1979. - Myagkov, A.: KGB intern. Dt. Übers. Bergisch Gladbach 1979. - Schramm, W. v.: Geheimdienst im Zweiten Weltkrieg. Mchn. ³1979. - Gunzenhäuser, M.: Gesch. des geheimen N. (Spionage, Sabotage, Abwehr). Mchn. 1968.

Nachrichtenmagazin, Zeitschriftentyp, entstand 1923 mit der Gründung von „Time"; wöchentl. erscheinend; ausgewählte Nachrichten werden, in Sparten geordnet, meist in Form einer Story oder Nachrichtengeschichte mit Hintergrundinformationen und interpretierend in bes. sprachl. Stil anonym dargeboten; bekannte N. außer „Time" sind v. a. „Newsweek" (USA), „L'Express" (Frankr.), „Der Spiegel" (BR Deutschland).

Nachrichtenpolitik, bewußte Beeinflussung der Öffentlichkeit durch Verbreiten oder Zurückhalten bestimmter Nachrichtengruppen (E. Dovifat).

Nachrichtensatelliten ↑Kommunikationssatelliten.

Nachrichtentechnik, Teilgebiet der *Elektrotechnik*, das sich mit der Erzeugung, Übertragung, Speicherung und Verarbeitung von Signalen im Dienste der Nachrichtenübermittlung (z. B. Fernsprechen, Telegrafie) bzw. der Nachrichtenverbreitung (z. B. Hörfunk, Fernsehen) befaßt. Da weitgehend hochfrequente elektromagnet. Schwingungen zur Nachrichtenübertragung zum Einsatz kommen, wird oft die Bez. *Hochfrequenztechnik* synonym mit N. verwendet. Die *leitungsgebundene N.* wird vielfach als *Fernmeldetechnik* bezeichnet; für die Technik der *drahtlosen N.* ist die Bez. *Funktechnik* üblich. I. w. S. werden auch die Signaltechnik, die Fernwirktechnik sowie die Funkortung und -navigation zur N. gerechnet.

Nachrichtentruppe, in Reichswehr und Wehrmacht militär. Einheit, der die Nachrichtenverbindung oblag; für die Bundeswehr ↑Fernmeldetruppe.

Nachschlag, musikal. Verzierung: 1. als Gegenteil des ↑Vorschlags, wobei eine oder zwei Noten an eine vorausgehende, sie verkürzend, angebunden werden:

2. als Abschluß eines ↑Trillers, wenn die untere Nebennote vor der Hauptnote berührt wird; Zeichen auch ↗, ↗, ↗):

♦ (Nachmünzung) ↑ Nachprägung.

Nachschlüssel (falscher Schlüssel), zum Diebstahl aus umschlossenen Räumen verwendeter Schlüssel, der zur Tatzeit nicht vom Berechtigten zur Öffnung bestimmt ist (z. B. nie benutzter Reserveschlüssel). Andere nicht zur ordnungsgemäßen Öffnung bestimmte Werkzeuge sind Werkzeuge, die auf den Schließmechanismen einwirken (Dietrich, Haken u. a.), ohne Zerstörungen hervorzurufen.

Nachschub, allg. Bez. für die Bereitstellung und den Transport von Versorgungsgütern, insbes. für die Truppe im Einsatz; stellt als Teil der Logistik die Operationen von Streitkräften sicher.

Nachschubtruppe, im Heer der Bundeswehr Teil der Logistiktruppen mit der Aufgabe der Materialbewirtschaftung.

Nachschußpflicht, bei der Gesellschaft des bürgerl. Rechts oder der GmbH die [sich aus dem Gesellschaftsvertrag ergebende] Verpflichtung der Gesellschafter, über ihren Beitrag (ihre Einlage) hinaus weitere Beiträge (Einlagen) zu leisten, falls bestimmte Umstände dies erforderlich machen. Bei der GmbH kann die N. unbeschränkt sein, bei der Gesellschaft des bürgerl. Rechts müssen im Gesellschaftsvertrag Grenzen festgelegt sein. Bei der *Genossenschaft* besteht eine N. (sofern sie im Statut nicht ausgeschlossen ist) nur im Falle des Konkurses.

Nachsilbe, svw. ↑Suffix.

Nächstenliebe, die (zumeist religiös begr. und geforderte) Zuwendung von Stützung, d. h. an den Menschen, das auf Grund übergeordneter, subjektive Bindungen übersteigender Gesichtspunkte diese Zuwendung geschuldet ist. In der Theologie der christl. Kirchen ist N. die Verhaltensweise aller Christen, mit der allein sie ihren Glauben realisieren und glaubwürdig machen können.

Nacht, die Zeit zw. Sonnenuntergang und -aufgang. Ihre Dauer hängt ab von der Jahreszeit und der geograph. Breite des Beobachtungsorts. Am Erdäquator ist die N. immer 12 Stunden lang, an allen anderen Orten der Erde beträgt ihre Dauer nur zum Zeitpunkt der Äquinoktien genau 12 Stunden, sonst schwankt sie zw. oder 24 Stunden dauernden *Polarnacht* und der 0 Stunden währenden *Mittsommernacht*.

Nachtaffe ↑Kapuzineraffenartige.

nachtaktive Tiere, svw. ↑Nachttiere.

Nachtarbeit, Arbeit während der Nacht-

Nachtpfauenauge

stunden, i. d. R. zw. 20 und 6 Uhr, wenn diese Zeit nicht als regelmäßige normale Arbeitszeit gilt (z. B. bei Schichtarbeit). N. wird meist mit einem *N.zuschlag* entlohnt (dieser Zuschlag ist jedoch nicht gesetzl. verankert). Für Frauen und Jugendliche ist N. verboten. Ausnahmen vom Verbot der N. enthält v. a. die Arbeitszeitordnung (AZO).

Nachtblindheit (Hemeralopie), allg. Bez. für die bei Dunkelheit herabgesetzte Fähigkeit des Auges zum ↑Dämmerungssehen, z. B. infolge Vitamin-A-Mangels.

Nachtblüher, Pflanzen, die nur in der Dunkelheit ihre Blüten öffnen (die Bestäubung erfolgt, dem Blührhythmus entsprechend, durch Nachtinsekten); z. B. Abendlichtnelke, Königin der Nacht. - Ggs. ↑Tagblüher.

Nachtbogen, der unter dem Horizont liegende Teil der scheinbaren Kreisbahn, die ein Gestirn im Verlaufe seiner tägl. Bewegung an der Himmelskugel beschreibt; der Teil über dem Horizont wird als **Tagbogen** bezeichnet.

Nachtechsen (Xantusiidae), Fam. etwa 15 cm langer, grauer bis brauner, nachtaktiver Echsen mit 12 Arten im südl. N-Amerika und in M-Amerika; lebendgebärend; die Augenlider sind zu einer „Brille" verwachsen.

Nachteffekt (Dämmerungseffekt), Beeinträchtigung des Funkverkehrs während der Dämmerung und in der Nacht durch Höhenschwankungen der die elektromagnet. Wellen reflektierenden Ionosphäre.

Nachtfalter, svw. ↑Nachtschmetterlinge.

Nachtfernrohr ↑Nachtsichtgeräte.

◆ svw. Nachtglas (↑Fernrohr).

Nachtfrost, in klaren Nächten durch starke Wärmeabstrahlung des Erdbodens bedingter Frost.

Nachtglas ↑Fernrohr.

Nachtigal, Gustav, * Eichstedt/Altmark 23. Febr. 1834, † auf See vor Kap Palmas 20. April 1885, dt. Afrikaforscher. - Ab 1861 Arzt in Algerien; bereiste 1869–74 Fessan, Tibesti, den Tschadsee, Bagirmi, Wadai und Darfur. Ab 1882 dt. Generalkonsul in Tunis; 1884 von Bismarck beauftragt, Togo und Kamerun unter die Schutzherrschaft des Dt. Reiches zu stellen. - Sein Hauptwerk ist „Sahârâ und Sûdân" (1879–89).

Nachtigall [zu althochdt. nahtagala, eigtl. „Nachtsängerin"], (Luscinia megarhynchos) mit dem rotbraunen Schwanz etwa 17 cm langer, sowohl im ♂ als auch ♀ Geschlecht oberseits brauner, unterseits bräunlichweißer, versteckt lebender Singvogel (Gatt. Erdsänger) in Laubwäldern und dichten Büschen S-, W- und M-Europas sowie NW-Afrikas und W-Asiens. Berühmt ist die N. wegen ihres bes. nachts (aber auch bei Tag) vorgetragenen Gesangs.

◆ (Poln. N.) ↑Sprosser.

◆ (Chin. N.) ↑Chinesischer Sonnenvogel.

◆ (Virgin. N.) svw. Roter Kardinal (↑Kardinäle).

Nachtkerze (Oenothera), Gatt. der Nachtkerzengewächse mit rd. 200 Arten, v. a. im außertrop. Amerika, nur wenige in der Alten Welt; Kräuter, Stauden oder Halbsträucher von verschiedener Gestalt mit wechselständigen Blättern und gelben, roten, bläul., gestreiften oder gefleckten achselständigen Einzelblüten. Die bekannteste Art ist die zweijährige, gelbblühende **Gemeine Nachtkerze** (Zweijährige N., Oenothera biennis), die auch nach Europa eingeschleppt wurde; z. T. beliebte Gartenzierpflanzen.

Nachtkerzengewächse (Onagraceae, Oenotheraceae), Pflanzenfam. mit rd. 650 Arten hauptsächl. in den wärmeren und subtrop. Gebieten, nur wenige Arten in den Tropen; meist Kräuter oder Stauden mit einzelnen Blüten oder traubigen, ährigen Blütenständen. Bekannte Gatt. sind Fuchsie, Hexenkraut, Nachtkerze und Weidenröschen.

Nachtklinik, psychiatr. Klinik, in der berufstätige Patienten übernachten und behandelt werden.

Nachtnelke (Melandrium), Gatt. der Nelkengewächse mit rd. 80 Arten, v. a. in Eurasien; verschieden gestaltete Kräuter mit meist bauchigem Kelch und zweispaltigen Kronblättern. In Deutschland kommen vier Arten vor, darunter häufig die ↑Abendlichtnelke und die auf feuchten Wiesen und in Laubwäldern wachsende **Taglichtnelke** (Rote Lichtnelke, Melandrium rubrum); 0,3–1 m hoch, mit breit-lanzenförmigen Blättern und purpurroten (am Tage offenen) Blüten.

Nachtpfauenauge, Bez. für drei Arten der Augenspinner: 1. **Großes Nachtpfauenauge** (Wiener N., Saturnia pyri): im südl. M-Europa und im Mittelmeergebiet; bis 14 cm spannend (größter europ. Falter); mit je einem

Nachtigall

großen (schwarz und rötl. umrandeten) Augenfleck und weißem Endstreifen auf den braunen Flügeln; fliegt nachts von April bis Juni. 2. **Mittleres Nachtpfauenauge** (Eudia spini): in Niederösterreich, Mähren und Ungarn; bis 8 cm spannend; mit je einem dunklen Augenfleck und kräftig dunkelbraunen Querbinden auf den hellbraunen Flügeln; fliegt nachts im Mai. 3. **Kleines Nachtpfauenauge** (Eudia pavonia): in M-Europa verbreitet; Spannweite 6–8 cm; ähnl. gezeichnet wie das Mittlere N.; ♀♀ fliegen von März bis Juni nachts, ♂♂ bei Sonnenschein.

Nachtragsanklage, die Erweiterung der Anklage in der Hauptverhandlung auf weitere Straftaten des Angeklagten. Sie kann mündl. erhoben werden, ihr Inhalt muß aber im übrigen den Anforderungen an die Anklageschrift entsprechen. Die N. wird in das Protokoll aufgenommen. Zur Einbeziehung des neuen Prozeßstoffs bedarf es der Zustimmung des Angeklagten und eines gerichtl. Beschlusses. Der Angeklagte muß Gelegenheit haben, sich gegen den neuen Vorwurf zu verteidigen. Er kann beantragen, die Verhandlung zu unterbrechen.

Nachtragshaushalt ↑ Haushaltsrecht.

Nachtschatten (Solanum), Gatt. der Nachtschattengewächse mit rd. 1 500 weltweit verbreiteten Arten, v. a. in den Tropen und Subtropen S-Amerikas; Pflanzen mit verschiedenen Wuchsformen, teilweise mit großen, verschieden gefärbten, glockenförmigen Blüten und fleischigen Beeren. Viele Arten enthalten ↑ Solanin. Zur Gatt. N. gehören mehrere wichtige Kulturpflanzen (z. B. Aubergine, Kartoffel). In Deutschland heim. oder eingebürgert sind u. a. die Giftpflanzen Bittersüß und Schwarzer Nachtschatten, als Zier- und Topfpflanzen z. B. Korallenstrauch.

Nachtschattengewächse (Solanaceae), Pflanzenfam. mit rd. 2 300 Arten, hauptsächl. in Amerika; meist Bäume, Sträucher und Kräuter mit schraubig angeordneten Blättern und Blütenständen, seltener mit Einzelblüten; Früchte meistens Beeren oder Kapseln, sehr oft alkaloidhaltig. Zu den N. gehören viele Nutzpflanzen (z. B. Paprika, Tabak), Heil- und/oder Giftpflanzen (z. B. Tollkirsche, Bilsenkraut) und Zierpflanzen (z. B. Judenkirsche, Petunie).

Nachtschmetterlinge (Nachtfalter), volkstüml. Bez. für Schmetterlinge, die in der Dämmerung und Dunkelheit fliegen; z. B. Eulenfalter, Schwärmer, Spanner, Spinner. - Ggs. ↑ Tagschmetterlinge.

Nachtschwalben (Schwalmartige, Ziegenmelkerartige, Caprimulgiformes), fast weltweit verbreitete Ordnung vorwiegend dämmerungs- und nachtaktiver, baumrindenartig gezeichneter Vögel mit rd. 100 großäugigen, breitschnäbligen, insektenfressenden Arten. Hierher gehören: **Fettschwalm** (Guacharo, Steatornis caripensis), etwa 45 cm lang, im nördl. S-Amerika; Gefieder rotbraun mit weißen Flecken, ↑ Tagschläfer, ↑ Schwalme, ↑ Zwergschwalme, ↑ Ziegenmelker.

Nachtschweiß, krankhaft gesteigerte nächtl. Schweißabsonderung, bes. bei Tuberkulosekranken.

Nachtsheim, Hans, * Koblenz 13. Juni 1890, † Boppard 24. Nov. 1979, dt. Genetiker. - Ab 1946 Prof. an der Berliner Humboldt-Univ. sowie 1949–56 an der Freien Univ., 1953–60 Direktor des Berliner Max-Planck-Instituts für vergleichende Erbbiologie und Erbpathologie; bed. Arbeiten über vergleichende Erbpathologie.

Nachtsichtgeräte (Nachtfernrohre), Beobachtungs- und Vergrößerungsgeräte mit Bildwandler und/oder Bildverstärkern. Bei den **Infrarotfernrohren** entwirft das Objektiv ein Bild des mit einem Infrarotscheinwerfer beleuchteten und Infrarotstrahlen reflektierenden Objekts auf der Photokathode des Bildwandlers; das sichtbare Sekundärbild auf dem Leuchtschirm wird mit einer Lupe o. ä. betrachtet. Die **Nachtsehgeräte** enthalten statt des Infrarotbildwandlers einen oder mehrere Bildverstärker. Unter Ausnutzung des Nachthimmels- bzw. Restlichtes wird ein Bild auf den Photokathoden der Bildverstärkerröhren entworfen und elektr. verstärkt, d. h. mit weit höherer Leuchtdichte auf dem Leuchtschirm wiedergegeben und betrachtet.

Nachtsichtigkeit (Nyktalopie, Tagblindheit), Herabsetzung des Sehvermögens bei hellem Licht; angeboren bei Albinismus und totaler Farbenblindheit; erworben als Begleitsymptom entzündl. Binde- und Netzhauterkrankungen oder bei grauem Star. Die symptomat. Lidkrämpfe und der vermehrte Tränenfluß werden durch Tragen von dunklen Gläsern gemildert.

Nachtstrom, nachts, d. h. während der sog. Schwachlastzeiten, z. B. von 22 bis 6 Uhr, zu niedrigeren Tarifen als am Tage gelieferter elektr. Strom; N. wird z. B. für die sog. Nachtstrom-Speicheröfen († Heizung) und Warmwasserbereitung ausgenutzt, liefert aber auch die Energie zur Auffüllung der Oberbecken von Pumpspeicherwerken.

Nachtstück, Bez. für ein Gemälde, in dem eine Szene im nächtl. Innen- oder Freiraum dargestellt ist. Erst seit dem 15. Jh. wurden nächtl. Szenen als solche dargestellt, meist mit überird. Lichtquelle (z. B. das Christuskind). Im 17. Jh. wurde Caravaggios Helldunkel mit verborgenen Lichtquellen bestimmend für die N. Die „Flucht nach Ägypten" von A. Elsheimer (1609; München, Alte Pinakothek) ist das erste N. einer nur vom Mond erleuchteten Landschaft, ein verbreitetes Motiv (A. von der Neer, die dt. Romantiker des 19. Jh., insbes. C. D. Friedrich). - Abb. S. 128.

◆ in der *Musik* ↑ Notturno.

◆ in Anlehnung an Bildkunst und Musik wurde um 1800 auch die literar. Gestaltung einer nächtl. Szene mit „N.", seltener **Vigilie,** bezeichnet. N. entsprechen dem Interesse der Romantik an Geistererscheinungen, Träumen, Magnetismus, z. B. die 1804 pseudonym veröffentlichten „Nachtwachen des Bonaventura".

Nachttiere (nachtaktive Tiere), Tiere, die ihre Lebens- und Verhaltensgewohnheiten hauptsächl. nachts entwickeln, dagegen tagsüber schlafen, z. B. Leuchtkäfer, Nachtschmetterlinge, Geckos, Schlangen, die Nachtschwalben und fast alle Eulenvögel, viele Insektenfresser, Flattertiere und Halbaffen, das Erdferkel, die Gürteltiere sowie viele Nage- und Raubtiere. N. haben entweder sehr leistungsfähige (lichtstarke) oder sehr kleine Augen. Im letzteren Fall sind Geruchssinn und Ultraschall Orientierungshilfen. Um N. dem Zoobesucher nicht nur schlafend zu zeigen, wurden in einigen zoolog. Gärten (Berlin, Frankfurt am Main, Saarbrücken, Stuttgart) **Nachttierhäuser** (Nachtabteilungen) eingerichtet. Dazu wurde der normale, vom Licht gesteuerte Tag-Nacht-Rhythmus um 12 Stunden verschoben. Eine helle Beleuchtung bei Nacht und schwaches Licht bei Tag bewirkten eine solche Umstellung.

Nacht-und-Nebel-Erlaß, auf einen Befehl Hitlers zurückgehender, von Keitel am 7. Dez. 1941 verabschiedeter OKW-Erlaß zur Einschüchterung der Bev. in den besetzten Gebieten (v. a. in Frankr., Belgien und den Niederlanden). Auf Grund dieser Anweisung waren alle des Widerstands verdächtigen Personen, wenn eine Verurteilung zur Todesstrafe nicht wahrscheinl. war, „bei Nacht und Nebel" zur Verurteilung und Bestrafung nach Deutschland zu deportieren. Etwa 7 000 Häftlinge kamen auf diese Weise in die KZ.

Nachtviole (Hesperis), Gatt. der Kreuzblütler mit rd. 20 Arten, v. a. im östl. Mittelmeergebiet; einjährige oder ausdauernde, behaarte Kräuter mit vereinzelten Stengelblättern und meist violetten oder weißen Blüten in lockern Trauben. Die bekannteste Art ist die **Gemeine Nachtviole** (Hesperis matronalis) in SW-Europa und W-Asien; als Zierpflanze etwa seit dem 15. Jh. in mehreren purpurfarben, violett oder weiß blühenden Sorten [auch mit gefüllten Blüten] verbreitet; stellenweise verwildert.

Nachtwächterstaat, eine F. Lassalle zugeschriebene spött. Bez. für das Staatsideal des klass. Liberalismus, der den Staat auf die Funktion des Schutzes der Person und des Eigentums reduzieren wollte und staatl. Eingriffen ablehnend gegenüberstand.

Nachverbrennung, bei Turboluftstrahltriebwerken die Verbrennung von zusätzl. eingespritztem Kraftstoff in einem dem Hauptbrenner nachgeschalteten *Nachbrenner* (Afterburner); dient der Schuberhöhung z. B. beim Starten.

♦ (katalyt. N.) Verfahren zur Beseitigung oder

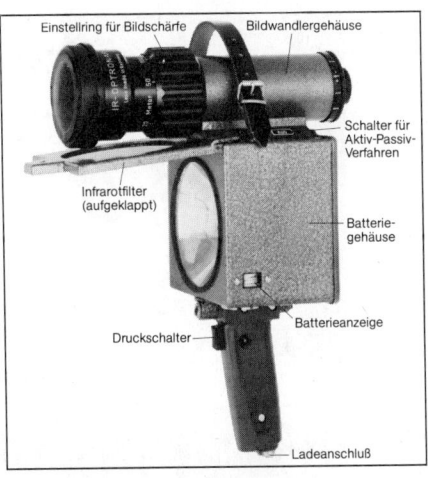

Nackensteifigkeit

Nachtsichtgeräte. Infrarotfernrohr mit Bildwandlerröhre für wahlweise Einstellung auf Infrarot (Aktivverfahren) oder Beleuchtung mit sichtbarem Licht (Passivverfahren) und Infrarot-Filterklappe (Vergrößerung 8fach)

Verminderung von schädl. Substanzen aus Abgasen (z. B. zur Umwandlung des giftigen Kohlenmonoxids der Auspuffgase in Kohlendioxid) durch katalyt. Umsetzen mit Sauerstoff.

Nachversicherung, nachträgl. Versicherung von bisher versicherungsfreien Personen in der gesetzl. ↑Rentenversicherung.

Nachwahl, Nachholung einer nicht termingemäß durchgeführten Wahl in einem Wahlkreis oder -bezirk, insbes. wenn ein Wahlkreisbewerber nach der Zulassung des Kreiswahlvorschlages, aber noch vor der Wahl stirbt. Die N. soll spätestens drei Wochen nach der Hauptwahl stattfinden.

Nachwehen (Wochenbettwehen) ↑Geburt.

Nachwirkung (elast. N.), die zeitl. verzögerte Einstellung eines neuen Gleichgewichtszustandes bei Änderung der mechan. Beanspruchung eines festen Körpers.

Nacken, die rückwärts (dorsal) gelegene, gewölbte Halsseite der Wirbeltiere (einschl. Mensch); auch svw. ↑Genick.

Nackenhebel, beim Ringen Armhebelgriffe, die im Nacken des Gegners angesetzt werden. - ↑auch Nelson.

Nackenstand (Kerze), Grundübung im Bodenturnen; der auf den Nacken ruhende Körper ist, von den Händen zusätzl. abgestützt, senkrecht in die Höhe gerichtet.

Nackensteifigkeit (Nackenstarre),

127

Nackenstütze

Nachtstück. Caspar David Friedrich, Mann und Frau in Betrachtung des Mondes (um 1819). Berlin, neue Nationalgalerie

durch Zunahme des Tonus bzw. ton. Krämpfe der Nackenmuskulatur bedingte, oft mit Rückwärtsbeugung des Kopfes einhergehende Starre im Hals- und Nackenbereich; von Bed. v. a. als Anzeichen einer Gehirnhautreizung oder Gehirnhautentzündung.

Nackenstütze (Kopfstütze), an der Rückenlehne von Kfz.-Sitzen angebrachte Stütze zum Schutz von Nacken und Kopf bei Unfällen. Beim Heckaufprall fängt die N. den zurückschleudernden Kopf auf und mindert Verletzungsgefahren für die Halswirbelsäule; bei Frontalaufprall wird der Kopf (bei angelegten Sicherheitsgurten) zunächst nach vorn und dann nach hinten geschleudert (*Rückschlag-* bzw. *„Peitschenschlageffekt"*), wo er von der N. aufgefangen wird.

Nacktaale ↑ Messerfische.

Nacktamöben (Unbeschalte Amöben, Wechseltierchen, Amoebina), Ordnung der Amöben; im Ggs. zu den ↑ Schalamöben stets ohne Gehäuse; von ständig sich verändernder Gestalt. N. leben entweder entoparasit. oder frei in Meeres- und Süßgewässern (z. B. *Schlammamöbe* [Amoeba proteus; 0,2–0,5 mm groß, zuweilen in großer Zahl im Schlamm stehender Süßgewässer]) sowie in feuchter Erde.

Nacktfarne, svw. ↑ Nacktpflanzen.
Nacktfingergeckos ↑ Geckos.
Nacktfliegen (Psilidae), Fam. etwa 3–15 mm langer, schlanker, spärl. behaarter, brauner bis schwarzer Fliegen mit rd. 120 Arten, v. a. auf der Nordhalbkugel (davon rd. 30 Arten in Europa). In Europa, N-Amerika und Neuseeland kommt die bis 5 mm große **Möhrenfliege** vor; mit Ausnahme des bräunl. Kopfes und der gelben Beine glänzend schwarz. Die weißl., bis 7 mm langen Larven fressen v. a. an Möhren.

Nacktheit, 1. weitgehende Haarlosigkeit (mit Ausnahme v. a. des Kopfhaares) als eines der charakterist. Merkmale des Menschen. Im Verlauf der menschl. Entwicklung nahm die Körperbehaarung ab und die Zahl der Schweißdrüsen zu. Dadurch wurden ein Schutz vor Überhitzung und gleichzeitig vermehrter Abkühlung erreicht, die es dem als Wildbeuter lebenden prähistor. Menschen ermöglichten, die Beute über längere Strecken zu verfolgen. 2. Unbekleidetheit als kulturelle, kult. oder mod. Erscheinung (z. B. ↑ Freikörperkultur), die dem sekundären Bedürfnis des Menschen widerspricht, sich in kalten und gemäßigten Klimazonen der Erde durch Kleidung zu schützen. - In der *Religionsgeschichte* ist N. in totaler wie in partieller Form eine weit verbreitete Erscheinung. Kult. N. (als solche gelten z. B. auch Barhäuptigkeit und Barfüßigkeit etwa beim Betreten hl. Stätten) soll entweder eine bedingungslose Hingabe an die Gottheit erkennen lassen oder die paradies. Unschuld des ersten Menschen wiederherstellen. - In der *Magie* ist N. oft mit Fruchtbarkeitsriten verbunden. - Eine wichtige Rolle spielt die N. im *sexuellen Bereich,* da die Entblößung von Körperteilen im allg. bes. sexuelle Reize auslöst, wobei die teilweise N. (z. B. Dekolleté, Badebekleidung [Bikini,

Nadelblatt

Tanga, Dreieckshose]) bzw. verhüllte N. (z. B. Tragen hautenger Hosen, Hot pants, durchsichtiger Blusen ohne Büstenhalter) oft in der sexuellen Stimulanz höher eingestuft wird als völlige Nacktheit.

📖 *Lévi-Strauss, C.: Mythologica. Bd. 4: Der nackte Mensch. Dt. Übers. Ffm. 1975. - Geyer, H. F.: Philosoph. Tageb. Tl. 5: Dialektik der N. Freib. 1973.*

Nacktkiemer (Nudibranchia), rd. 4500 Arten umfassende Ordnung meerbewohnender, oft sehr bunter Schnecken (Überordnung Hinterkiemer); Gehäuse, Mantelhöhle und Kammkiemen fehlen. Man unterscheidet ↑Fadenschnecken und ↑Sternschnecken.

Nacktkultur ↑Freikörperkultur.

Nacktpflanzen (Nacktfarne, Psilophytales), zu Beginn des Oberdevons ausgestorbene Ordnung der Urfarne; älteste bisher bekannte Landpflanzen, die mit Leitbündel und Spaltöffnungen ausgestattet waren.

Nacktsamer (Nacktsamige Pflanzen, Gymnospermae), Unterabteilung der ↑Samenpflanzen; ausschließl. Holzgewächse mit sekundärem Dickenwachstum, verschiedenartigen Blättern und getrenntgeschlechtigen, windbestäubten Blüten. Die Samenanlagen sitzen offen an den Fruchtblättern. Der Samen ist nicht in einen Fruchtknoten eingeschlossen. Durch Gewebswucherungen erscheinen manchmal fruchtähnl. Gebilde (z. B. bei der Steineibe). - Die heutigen N. werden in zwei Gruppen eingeteilt: 1. *Cycadophytina* (fiederblättrige N.; mit den Palmfarnen, den Gnetum-, Ephedra- und Welwitschiagewächsen). 2. *Coniferophytina* (gabel- und nadelblättrige N.; mit den Ginkgogewächsen und den Nadelhölzern). Die N. stellen eine Übergangsstufe von den Farnpflanzen zu den Bedecktsamern dar. - Im späten Paläozoikum, im Mesozoikum und im Tertiär spielten die N. eine wesentlich größere Rolle als heute.

Nacktschnecken, Bez. für Landlungenschnecken mit weitgehend rückgebildeter, vom Mantel vollkommen überwachsener, äußerl. nicht sichtbarer Schale. Man unterscheidet v. a. die Fam. Egelschnecken und Wegschnecken.

NAD, Abk. für: Nikotinsäureamid-adenin-dinukleotid, Koenzym wasserstoffübertragender Enzyme des Energiestoffwechsels z. B. der Atmungskette und der Glykolyse, das v. a. in den Mitochondrien und im Zytoplasma tier. und pflanzl. Zellen vorkommt. Im verwandten Koenzym **NADP** (Nikotinsäureamid-adenin-dinukleotidphosphat) trägt die Ribose am Adenin einen weiteren Phosphorsäurerest. Da der Pyridinteil im NAD und NADP eine positive Ladung trägt, werden die Koenzyme genauer als NAD^+ bzw. $NADP^+$ bezeichnet. Ein Molekül Koenzym bindet ein Wasserstoffatom und gibt seine Ladung ab, so daß die reduzierte Verbindung $NAD \cdot H + H^+$ bzw. $NADP \cdot H + H^+$ entsteht. Die Entdeckung des NAD als Bestandteil der Hefeenzyme durch Sir A. Harden und S. Young 1906 hatte große Bed. für die Enzymforschung. Chem. Strukturformeln von $NAD^+ [R=H]$ u. $NADP^+ [R=PO(OH)_2]$:

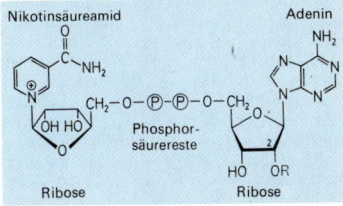

Nadar, eigtl. Gaspard Félix Tournachon, * Paris 5. April 1820, † ebd. 20. März 1910, frz. Photograph. - Urspr. Karikaturist; photographierte seit 1849 und eröffnete 1853 ein Photostudio. Seine Porträts, u. a. von G. Sand, Baudelaire, Bakunin, Daumier, Berlioz, Doré, kennzeichnen erstaunl. Natürlichkeit und Detailreichtum. 1858 machte er von einem Fesselballon aus die ersten Luftaufnahmen von Paris. 1874 veranstaltete er in seinem Studio die 1. Impressionistenausstellung. 1891 gründete er die Zeitschrift „Paris Photograph".

Nadel, spitzes, meist gerades Werkzeug zum Verbinden von Geweben u. a. durch Fäden (Näh-N., Stopf-N., chirurg. N.; jeweils mit einem Öhr zum Halten des Fadens), zur Maschenbildung von Gestricken, Häkelarbeiten u. a. (Strick-N., Häkel-N. [mit einer zu einem kleinen Haken gekrümmten Spitze]; in der Textiltechnik sog. Zungen- oder Spitzen-N.), zum Zusammen- oder Feststecken mehrerer Teile (Steck-N., Sicherheits-N., Hut-N., Haar-N.) oder auch als Schmuck (Gewand-N., Krawatten-N.); i. w. S. auch Bez. für verschiedene schlanke, stabförmige, meist zugespitzte Gebilde, Vorrichtungen oder Bauteile, z. B. Kristall-N., Magnet-N. und Ventilnadel.

Die ersten N. waren - wie auch heute noch bei einzelnen Naturvölkern - Dornen, Fischgräten u. a., später wurden sie aus Horn oder Knochen gefertigt, dann aus Bronze, Kupfer und Eisen, für Schmuckzwecke auch aus Gold. Babylonier, Griechen, Kelten und Römer verwendeten derartige Metall-N. aus gehämmerten dünnen Stäben, die mit angestauchten oder angelöteten Köpfen versehen waren oder ein umgebogenes Ende als Öhr besaßen. Nähnadeln wurden aus zugespitztem Eisendraht hergestellt, dessen Ende zunächst gespalten und dann zu einem Öhr zusammengeklopft wurde.

◆ ↑Nadelblatt.

Nadelblatt (Nadel), in nadelförmige Blattspreite und Blattgrund gegliedertes Blatt der Nadelhölzer; nur die abfallende Blattspreite stellt die eigentl. Nadel dar.

Nadeleisenerz (Samtblende, α-Goethit), schwarzbraunes bis gelbes, orthorhomb. kristallisierendes Eisenoxidhydrat mit der Mohshärte 5–5,5 und der Dichte 4,0–4,4 g/cm^3, das in strahligen oder faserigen Aggregaten oder dichten, auch pulverigen Massen auftritt. N. entsteht bei der Verwitterung anderer Eisenminerale und ist Hauptbestandteil des ↑Brauneisensteins.

Nadelfilz, ein aus nichtfilzenden synthet. Fasern mit Hilfe der sog. Nadelmaschine hergestellter Filz. Die Fasern werden dabei in Form eines [bis 20 mm dicken] Vlieses zugeführt und in der Maschine durch zahlr. kleine, auf- und abgehende Spezialnadeln mit Widerhaken „verfilzt". - N. werden als Teppichware, Dekorationsstoffe, Isolierstoffe, Filtermaterialien verwendet.

Nadelfische (Eingeweidefische, Perlfische, Carapidae, Fierasferidae), Fam. bis 20 cm langer, aalförmiger, jedoch seitl. stärker zusammengedrückter, schuppenloser Knochenfische mit rd. 25 Arten, v. a. in trop. und subtrop. Meeren; vorwiegend in Seegurken, Muscheln und Feuerwalzen lebende Fische, die mit ihrem zugespitzten Körperende (Rücken- und Afterflosse zu einem Flossensaum verbunden, Schwanzflosse fehlt) durch die Ausströmöffnung in den Wirt gelangen und häufig (zur Erlangung ihrer Reife) Kiemen und Geschlechtsorgane ihres Wirts fressen. Hierher gehört z. B. der im Mittelmeer vorkommende **Fierasfer** (Carapus [Fierasfer] acus); durchscheinend, bräunl. gefärbt.

Nadelflorteppiche (Tuftingteppiche) ↑Teppichboden.

Nadelgeld, 1. im älteren dt. Recht ein vom Ehemann seiner Frau zugewendeter Geldbetrag für ihren persönl. Bedarf; 2. eine jährl. Rente für volljährige ledige Töchter eines regierenden Fürsten.

Nadelhechte, svw. ↑Hornhechte.

Nadelhölzer (Koniferen, Coniferae, Pinidae), wichtigste und artenreichste, weltweit verbreitete Unterklasse der nadelblättrigen Nacktsamer, die v. a. auf der N-Halbkugel einen fast geschlossenen Waldgürtel bilden; reich verzweigte, oft harzreiche Bäume, mit meist starkem sekundärem Holzmantel, zahlr. kleinen, nadel- oder schuppenförmigen Blättern und getrenntgeschlechtigen Blüten in verschiedenstaltigen Zapfen, die ♀ Zapfen meist verholzend. - Zahlr. Vertreter liefern wichtige Bau-, Werk- und andere Nutzhölzer oder werden als Zierbäume gepflanzt. Wichtige N. sind u. a. Kiefer, Fichte, Tanne, Lärche, Zypresse, Wacholder, Lebensbaum, Mammutbaum und Eibe. Auf der S-Halbkugel sind u. a. die Araukariengewächse und die Steineibengewächse verbreitet.

Nadelkap ↑Agulhas, Kap.

Nadellager ↑Wälzlager.

Nadellochkarte ↑Lochkarten.

Nadelschnecke (Cerithium vulgatum), Vorderkiemer der Felsküstenzone im Mittelmeer und Atlantik; Gehäuse turmförmig, etwa 5 cm lang, buckelig-warzig.

Nadelspitze ↑Spitzen.

Nadelwald, Pflanzengemeinschaft, in der Nadelbäume vorherrschen (im Ggs. zu Misch- und Laubwald). N. ist außerhalb des natürl. N.gürtels auf der Nordhalbkugel eine durch Aufforsten erreichte, nicht natürl. gewachsene Waldform (70% der heutigen Waldfläche sind N.). Gründe für die Umforstung zum N. sind die Schnellwüchsigkeit der Nadelbäume und damit die wirtsch. Nutzung. Nachteilig wirkt sich der N. auf den Wasserhaushalt der Natur aus. Das Nadelpolster verschließt den Boden und saugt das Regenwasser auf. So gelangt nur ein kleiner Teil des Wassers in den Boden, der größte Teil fließt oberird. ab und kann nicht gespeichert werden.

Nadir [arab. „(dem Zenit) entgegengesetzt"] (Fußpunkt), der Durchstoßpunkt des nach unten verlängert gedachten Lotes durch die Himmelskugel. Der Gegenpunkt ist der Zenit.

Nadir Schah, * Chorasan 22. Okt. 1688, † Fath Abad bei Ferdaus 19. Juni 1747 (ermordet), Schah von Persien (seit 1736). - Aus dem Stamm der Afschar; vertrieb die Afghanen aus dem Iran, die Osmanen aus Aserbaidschan und dem Kaukasusprov.; 1737–39 eroberte er große Teile Indiens und brachte u. a. den Pfauenthron nach Persien.

Nadja, aus dem Russ. übernommener weibl. Vorname, Kurzform von Nadeschda (eigtl. „Hoffnung").

Nadolny [...ni], Burkhard, * Petersburg 15. Okt. 1905, † Chieming (Landkr. Traunstein) 2. Juli 1968, dt. Schriftsteller. - Schrieb polit. und utop. Novellen (u. a. „Das Gesicht im Spiegel", 1940), Romane, Reisebücher sowie Hör- und Fernsehspiele.

N., Rudolf, * Groß-Stürlack bei Lötzen 12. Juli 1873, † Düsseldorf 18. Mai 1953, dt. Diplomat. - Ab 1920 Gesandter in Stockholm, 1924–32 Botschafter in Ankara und 1933/34 in Moskau; leitete 1932/33 die dt. Delegation auf der Genfer Abrüstungskonferenz; nach 1949 einer der führenden Gegner der Adenauerschen Deutschlandpolitik (im Godesberger Kreis).

Nador, marokkan. Prov.hauptstadt an einer Lagune des Mittelmeeres, 62 000 E. Landw. Handelszentrum; Eisen- und Stahlhütte.

NADP ↑NAD.

Nadschaf, An, schiit. Wallfahrtsort in Irak, am Rande der Syr. Wüste, 179 200 E. Bewässerungslandw. - 791 von Harun Ar Raschid gegr., der glaubte, daß hier das Grab Alis sei. - Die Moschee (8. Jh. [?], wahrscheinl. Ende 10. Jh.) ist eine der bedeutendsten schiit. Wallfahrtsorte.

Nadschd (Nedschd), Kgr., Kernraum von

Nagel

↑Saudi-Arabien, im Zentrum des Landes, 1,39 Mill. km². - Ehem. Reich der Wahhabiten, ab 1926 mit Hedschas in Personalunion, seit 1932 Teil des Kgr. Saudi-Arabien.

Nadschibullah, Mohammed, * 1947, afghan. Politiker. - Arzt; wurde nach dem sowjet. Einmarsch (Dez. 1979) Leiter der Geheimpolizei; seit 1981 Mgl. des Politbüros, seit Mai 1986 Nachfolger B. Karmals als Parteisekretär, seit Dez. 1986 auch als Staatspräsident.

Naevius, Gnaeus [ˈnɛːviʊs], röm. Dramatiker und Epiker des 3. Jh. v. Chr. aus Kampanien. - Einer der Begründer der röm. Literatur. Schuf das histor. Schauspiel; seine zahlr. Komödien waren - wie die des Plautus und Terenz - freie Bearbeitungen griech. Stükke. Das „Bellum Poenicum" (über den 1. Pun. Krieg, an dem er selbst teilgenommen hatte) ist der erste Versuch, einen Stoff aus der röm. Geschichte episch zu behandeln. Sein Werk ist nur fragmentar. erhalten.

Naevus [ˈnɛːvʊs; lat.], svw. ↑Muttermal.

Näf, Werner, * Sankt Gallen 7. Juni 1894, † Muri bei Bern 19. März 1959, schweizer. Historiker. - Seit 1925 Prof. in Bern; arbeitete v. a. über die Geschichte des Humanismus und der Staatsideen.

Nafpaktos (Naupaktos, italien. ↑Lepanto), griech. Hafenstadt am Golf von Korinth, 9 000 E. - Im 5. Jh. v. Chr. Stützpunkt Athens, spielte seit dem 4. Jh. v. Chr. eine wichtige Rolle im Ätol. Bund, 551 n. Chr. durch Erdbeben zerstört, 1407–99, 1687–1700 venezian., 1499–1687 und 1700–1828 osmanisch.

Nafplion (Nauplion), griech. Stadt auf der Peloponnes, 10 600 E. Hauptort des Verw.-Geb. Argolis; griech.-orth. Bischofssitz; Museum; Hafen; Nahrungsmittelind. - In der Antike **Nauplia,** diente Argos als Hafenstadt; im MA bis 1227 byzantin., gehörte bis 1388 zum fränk. Hzgt. durchan, dann bis 1540 venezian. als **Napoli di Romania;** 1540–1686 und 1715–1822 unter osman. Herrschaft; 1822 von den aufständ. Griechen erobert und 1829–34 Hauptstadt des befreiten Griechenland. - Sophienkirche (um 1400). Aus venezian. Zeit sind u. a. die Festung Palamidi, die große Kaserne am Stadtplatz, die Nikolaos- und die Spiridonkirche (1702) erhalten.

Naga [Sanskrit „Schlange"], ind. Zwitterwesen zw. Mensch und Schlange; N. bewachen die Schätze der Unterwelt und werden heute als Regen- und Fruchtbarkeitsgottheiten verehrt. Kultbilder sind Stelen mit zwei umeinandergewundenen N. unter Bäumen.

Naga, aus zahlr. kleinen Stämmen bestehendes mongolides Volk mit tibetobirman. Sprache in NO-Indien sowie im angrenzenden Birma.

Nagaland [engl. ˈnɑːɡəlænd], ind. Bundesstaat an der Grenze gegen Birma, 16 527 km², 773 300 E (1981), Hauptstadt Kohima. N. liegt weitgehend im sog. Nagabergland der westbirman. Grenzgebirge, die hier Höhen bis über 2 000 m erreichen. Das Klima ist trop.-wechselfeucht. Angebaut werden Reis, Hirse, Mais, Taro u. a. - 1961 Unionsterritorium, wurde im Dez. 1963 Bundesstaat.

Nagana [afrikan.] (Ngana, Tsetsekrankheit), in Afrika, bes. südl. der Sahara, verbreitete, oft seuchenhafte, mit Fieber, Anämie und Entkräftung verbundene und oft tödl. endende Krankheit bei Haus- und Wildtieren (v. a. Pferde, Rinder, Schafe, Hunde). N. wird durch die von mehreren Arten der Tsetsefliege als Zwischenwirt verbreitete Flagellatenart *Trypanosoma brucei* verursacht.

Nagano, jap. Stadt auf Hondo, 324 400 E. Verwaltungssitz der Präfektur N.; Textil-, Nahrungsmittel- und metallverarbeitende Industrie.

Nagapattinam [engl. næɡəˈpætɪnəm], ind. Hafenstadt an der Koromandelküste, Bundesstaat Tamil Nadu, 82 800 E. Offene Reede, bed. für die Personenschiffahrt nach Malaysia; Schwerind.; Eisenbahnendpunkt.

Nagari [Sanskrit „städt. (Schrift)"], Oberbegriff für verschiedene ind. Schriften, die sich seit dem 8. Jh. entwickelt haben, u. a. Dewanagari.

Nagasaki, jap. Hafenstadt an einer Bucht der NW-Küste von Kiuschu, 447 200 E. Verwaltungssitz der Präfektur N.; kath. Erzbischofssitz; Univ. (gegr. 1949); Werften, Maschinen-, Motorenbau, Elektro-, Nahrungsmittel-, Textil- und Zementind.; Fischerei- und Handelshafen, Eisenbahnendpunkt, ✈. - An der Stelle eines Dorfes entwickelte sich seit der ersten portugies. Landung 1571 eine Hafenstadt; nach der Abschließung des Landes Anfang des 17. Jh. (neben Tsuschima und Okinawa) 1641–1857 einzige Kontaktstelle mit dem Ausland; 1923 durch ein Erdbeben zerstört. Durch den Abwurf der 2. Atombombe über Japan auf N. am 9. Aug. 1945 fanden 74 000 Menschen den Tod. Im Friedenspark die „Internat. Kulturhalle" (1955) und das Friedensdenkmal.

Nagekäfer, svw. ↑Klopfkäfer.

Nagel, Otto, * Berlin 27. Sept. 1894, † ebd. 12. Juli 1967, dt. Maler. - Stellte die Welt der Arbeiter dar, bes. Arbeiterporträts, daneben v. a. Berliner Stadtansichten.

N., Peter, * Kiel 6. April 1941, dt. Maler und Graphiker. - 1965 Gründungsmgl. der Gruppe Zebra. Seine Kompositionen betonen plast. Werte.

Nagel, (Unguis) an den Endgliedern der Finger (**Fingernagel**) und Zehen (**Zehennagel, Fußnagel**) ausgebildete, von der Kralle ableitbare, dauernd spitzenwärts wachsende Hornplatte (*N. platte*) bei manchen Halbaffen, den Affen und beim Menschen (das N. wachstum beträgt beim Menschen etwa 2 mm pro Monat). Die N. platte aus schuppenartigen, stark verhornten Epidermiszellen liegt dem *N. bett* auf, das am Rand in den *N. wulst* (*N. wall*) übergeht. In die dadurch beiderseits gebildete

131

Nagelbett

Rinne *(N.falz)* sind die Seitenränder des N. eingebettet. Der hintere N.wall ist Teil der *N.tasche*, in der die weiche (beim Menschen etwa 5 mm lange) *N.wurzel* steckt; die untere Hälfte der N.tasche, der die N.wurzel aufliegt, ist die Bildungszone *(Matrix)* des Nagels. Es ist ein mehrschichtiges, der Keimschicht (Stratum germinativum) der Epidermis zugehöriges Pflasterepithel. Auch der Teil der N.tasche, der der N.wurzel aufliegt, das *Eponychium*, ist N.bildungsbereich, ein Rest des urspr. *N.häutchens,* das die embryonale N.anlage noch ganz bedeckte. Der nicht mehr mit der N.platte verwachsene Bezirk des Eponychiums produziert die Hornschichten. Vor der N.tasche zeigt die N.platte beim Menschen das bogenförmig die Grenze der Matrix andeutende weißl. *Möndchen (Lunula),* das durch lichtreflektierende Luftbläschen in den Hornschüppchen der N.platte zustande kommt.

◆ runder oder mehrkantiger, beim Schraub-N. spiralig gedrehter, am unteren Ende zugespitzter Stift, meist aus Metall, mit flachem oder abgerundetem, gestauchtem oder gepreßtem Kopf; dient v. a. zum Befestigen und Verbinden von Holzteilen untereinander oder mit anderen Bauteilen.

Nagelbett ↑ Nagel.

Nagelbettentzündung (Onychie, Paronychie) ↑ Fingervereiterung.

Nägelein [nach der Ähnlichkeit mit einem kleinen Nagel], svw. ↑ Gewürznelken.

Nagelfleck (Tau, Aglia tau), bis 6 cm spannender, ocker- bis bräunlichgelber Schmetterling (Fam. Augenspinner), u. a. in lichten Buchen- und Mischwäldern M-Europas; Flügel mit je einer nagel- oder T-ähnl. weißen Zeichnung in einem großen, runden, schwarzblauen Mittelfleck.

Nagelfluh ↑ Konglomerat.

Nägeli, Hans Georg, * Wetzikon (ZH) 26. Mai 1773, † Zürich 26. Dez. 1836, schweizer. Musikpädagoge und Komponist. - Leitete in Zürich eine Musikalienhandlung und einen Musikverlag; bed. als Begründer der musikal. Volkserziehung; komponierte Lieder, Chorwerke und Klavierstücke.

Nägelkauen (Onychophagie), Angewohnheit, auf den Fingernägeln zu kauen oder diese abzubeißen; Symptom einer Verhaltensstörung.

Nagellack, gefärbter Lack für Finger- und Zehennägel, der getrocknet einen glänzenden Film hinterläßt. N. besteht aus Nitrozellulose als filmbildender Substanz, glanzerzeugenden synthet. Harzen, Weichmachern (v. a. Phthalate), Lösungsmitteln (v. a. Essigsäureester) und lösl. Farbstoffen oder unlösl. Farbpigmenten. Perlmuttglanz wird durch gemahlene Fischschuppen erzielt. **Nagellackentferner** besteht aus den genannten Lösungsmitteln mit Zusatz rückfettender Substanzen, z. B. Rizinusöl, Lanolin.

Nagelpilzerkrankung (Nagelmykose, Onychomykose), meist auf einer Ausbreitung einer Fußpilzerkrankung beruhende Pilzerkrankung († Hautpilzerkrankungen) der Finger- und Zehennägel. Symptome: Tüpfelung, Spaltung, höckerige Verformung und Verfärbung der Nägel, Verhornung des Nagelbetts sowie schließl. Aufsplitterung und Ablösung der Nagelplatte.

Nagelrochen ↑ Rochen.

Nagetiere (Nager, Rodentia), seit dem Paläozän bekannte, heute mit rd. 3 000 Arten weltweit verbreitete Ordnung etwa 5–100 cm langer Säugetiere; mit meist walzenförmigem Körper, relativ kurzen Beinen (Hinterbeine oft länger als Vorderbeine) und stummelförmigem bis überkörperlangen Schwanz. Bes. kennzeichnend ist das Gebiß der N.: im Ober- und Unterkiefer je zwei ↑ Nagezähne; die Eckzähne fehlen stets, häufig auch die Vorbackenzähne, wodurch eine Zahnlücke entsteht; die Backenzähne (und, soweit vorhanden, Vorbackenzähne) sind entweder wurzellos mit unbegrenztem Wachstum (wie bei den meisten Wühlmäusen) oder bewurzelt mit endl. Wachstum (z. B. bei Hausmaus und Hausratte). Die N. ernähren sich überwiegend von pflanzl. Stoffen (daher Darmkanal lang und Blinddarm sehr groß). Ihre Sinnesorgane sind gut entwickelt (bes. Geruchs- und Gehörsinn), viele Kleinnager nehmen Ultraschall wahr. Die Fortpflanzungsrate der N. ist meist hoch, die Tragzeit oft sehr kurz; die Geschlechtsreife tritt im allg. sehr früh ein. Die Lebensdauer ist meist gering. Viele N. sind Schädlinge an Nutzpflanzen und Nahrungsvorräten, manche sind Krankheitsüberträger. Manche Arten liefern begehrtes Pelzwerk (z. B. Bisamratte, Nutria, Chinchilla). Wichtig sind einige N. als Versuchstiere der medizin. und biolog. Forschung (z. B. Weiße Mäuse, Meerschweinchen, Goldhamster). Die meisten N. sind relativ wenig spezialisiert und äußerst anpassungsfähig; sie stellen daher eine der erfolgreichsten heute lebenden Tiergruppen dar. Man unterscheidet vier Unterordnungen: Hörnchenartige (mit der einzigen Fam. Hörnchen), Mäuseartige, Stachelschweinartige, Meerschweinchenartige.

Nagezähne, funktionell und morpholog. spezialisierte, meißelförmige, mit je einem Paar (außerordentl.) tief im Ober- und Unterkiefer steckende Schneidezähne der Nagetiere und Hasenartigen; Wurzel fehlend oder klein und offen; Schmelzüberzug einseitig auf der Vorderseite (Nagetiere) oder beidseitig (Hasenartige) mit dann im Oberkiefer noch dahinter stehenden kleinen Stiftzähnen. Da die N. ständig nachwachsen, muß die Abnutzung (durch Nagen) dem Wachstum angeglichen werden; entsprechend zeigt sich im Verhalten der Tiere ein starker Nagetrieb, unabhängig von Hunger und Nahrungserwerb. - Abb. S. 134.

Nahbrille

Nag Hammadi, Ort in Oberägypten, am linken Nilufer, 13 000 E. Zuckerraffinerie, Wollverarbeitung, Aluminiumhütte; Eisenbahnbrücke über den Nil. - Berühmt wurde N. H. 1945/46 durch den Fund einer kopt.-gnost. Bibliothek, bestehend aus 13 Bänden mit 52 Werken mit Evangelien, apokryphen Gesprächen Jesu, Apokalypsen, Briefen, Traktaten und liturg. Texten; durchweg aus dem Griech. in ägypt. Sprachen übersetzt (2. Hälfte des 4. Jahrhunderts).

Naghsch e Rostam [pers. ˈnæyʃəros-ˈtæm], Felswand etwa 10 km nw. von Persepolis, Iran, mit Felsengräbern der Achämenidenherrscher Darius I. (mit dreisprachiger Inschrift), Xerxes I., Artaxerxes I. und Darius II. (6./5. Jh.) und Relief der Huldigung vor Ahura Masda; daneben ältere und jüngere (sassanid.) Reliefs. Vor der Felswand ein Turm, vermutl. eine hl. Feuerstätte aus achämenid. Zeit (um 520 v. Chr.).

Nagib, Ali Muhammad, * Khartum 7. Juli 1902, † Kairo 28. Aug. 1984, ägypt. Offizier. - 1948–49 am. 1. Israel.-Arab. Krieg beteiligt; führte am 23. Juli 1952 den Staatsstreich gegen König Faruk I.; verbot als Min.präs. (1952–54) die Parteien und führte eine Bodenreform durch; ab Juni 1953 auch Staatspräs.; der Versuch Nassers, ihn zu stürzen, gelang erst zw. April (Verlust des Min.präs.amtes) und Nov. 1954 (Absetzung als Staatspräs.); 10 Jahre unter Hausarrest gestellt, trat seitdem polit. nicht mehr in Erscheinung.

Nagibin, Juri Markowitsch, * Moskau 3. April 1920, russ.-sowjet. Schriftsteller. - Schrieb v. a. Erzählungen, u. a. „Junge Jahre" (1953), „Schwer erkämpftes Glück" (1956), „Ein Prophet wird verbrannt" (1956), „Der verwilderte Weg" (1979).

Nagoja, jap. Hafenstadt auf Hondo, an der N-Küste der Insel Isebucht, 2,09 Mill. E. Verwaltungssitz der Präfektur Aitschi; kath. Bischofssitz, mehrere Univ. u. a. Hochschulen, Museen; Planetarium, meteorolog. Observatorium; Zoo. Eines der führenden Handels- und Ind.zentren Japans; Porzellan- und Keramik-, Woll-, Schwerind.; ferner Elektro-, chem. Ind.; Herstellung von Uhren, Lacken und Farben, Musikinstrumenten, Spielzeug und Papier. Der Hafen hat eine Kailänge von rd. 30 km. - Entwickelte sich seit dem Bau des Schlosses 1610 als Hauptstadt des Ft. Owari; seit 1872 Hauptstadt der Präfektur Aitschi. - Außer dem Schloß (1610) bewahrt N. buddhist. und schintoist. Tempel und Schreine, von denen einige auf das 3. Jh. n. Chr. zurückgehen.

Nagold, Stadt im Nagoldtal, Bad.-Württ., 411 m ü. d. M., 20 500 E. Fahrzeugbau, Textil-, Möbelind.; Fremdenverkehr. - Entstand am Fuß der Burg *Hohen-N.*; 786 erstmals erwähnt, Stadtrecht Anfang des 14. Jh. - Spätgot. Friedhofskirche mit vermauerten röm. Halbsäulen und karoling. Teilen und Wandmalereien; Burgruine (nach 1250 ff.); Fachwerkhäuser (15.–18. Jh.).

N., rechter Nebenfluß der Enz, entspringt westl. von Altensteig im N-Schwarzwald, mündet bei Pforzheim, 92 km lang.

Nagpur, ind. Stadt auf dem Dekhan, Bundesstaat Maharashtra, 310 m ü. d. M., 1,2 Mill. E. Sitz eines kath. Erzbischofs und eines anglikan. Bischofs, Univ. (gegr. 1923), Inst. für öff. Gesundheit, Ind. Amt für Bergbau, Gartenbauhochschule, Museen. Textil-, holzverarbeitende, Nahrungsmittel- und metallverarbeitende Ind., Tabakverarbeitung. - Anfang des 18. Jh. gegr.; 1740–1853 Hauptstadt eines Marathen-Staates; seit 1853 brit.; 1861–1956 Hauptstadt der Central Provinces.

Nagualismus [zu aztek. nahualli „Maske, Verkleidung"], v. a. in Z-Amerika verbreiteter Glaube an einen meist als Tier oder Pflanze gedachten persönl. Schutzgeist, dem sich ein Individuum in schicksalhafter Simultanexistenz verbunden fühlt: Bei Tod oder Verletzung des einen Partners widerfährt dasselbe dem anderen Partner.

Nagy [ungar. nɔdj], Ferenc, * Bisse (Bez. Baranya) 8. Okt. 1903, † Fairfax (Va.) 12. Juni 1979, ungar. Politiker. - Seit 1930 Generalsekretär der „Partei der Kleinen Landwirte", 1939–42 Abg. im Reichstag; 1945 Parlamentspräs.; 1946 Min.präs.; von den Kommunisten der Verschwörung gegen den Staat beschuldigt, mußte 1947 Ungarn verlassen; lebte in den USA.

N., Imre, * Kaposvár 7. Juni 1896, † Budapest (?) 16. Juni 1958 (?), ungar. Politiker. - Wurde im 1. Weltkrieg in russ. Kriegsgefangenschaft Kommunist; 1944 in das ZK und das Politbüro der ungar. KP gewählt; führte als Landw.min. 1944/45 eine grundlegende Bodenreform durch; u. a. 1945/46 Innenmin., 1947–49 Sprecher des Parlaments, ab Juli 1953 Min.präs.; im April 1955 wegen seiner „weichen Linie" aus allen Partei- und Staatsämtern entlassen; nach dem Sturz des stalinist. Parteiflügels seit Okt. 1956 erneut Min.präs. und einer der Führer des niedergeschlagenen ungar. Volksaufstandes; durch sowjet. Truppen verschleppt und 1958 nach einem Geheimverfahren hingerichtet.

Naha, jap. Hafenstadt, Hauptort von Okinawa, 295 800 E. Verwaltungssitz der Präfektur Okinawa; Univ. (gegr. 1956). Traditionelle Herstellung von Tonwaren, Lack-, Perlmuttarbeiten und Panamahüten; Textilind., Zuckerraffinerien; internat. ✈. - Entstand im MA als wichtiger Hafen; 1879 Präfekturhauptstadt von Okinawa; 1945–72 Sitz der amerikan. Verwaltung der Okinawainseln.

Nahariyya, Stadt in der Küstenebene von N-Israel, 28 000 E. Museum; Kur- und Seebadeort mit Jachthafen; landw. Handelszentrum. - 1934 von dt. Juden gegründet.

Nahbrille, mit Plusgläsern ausgestattete † Brille.

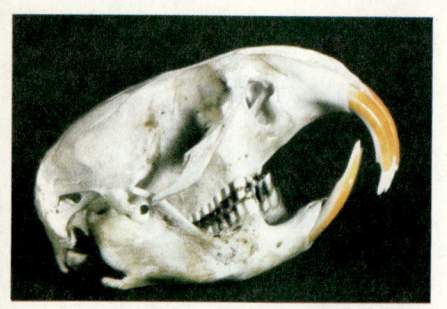

Nahe

Nagezähne. Schädel und Gebiß einer Schermaus

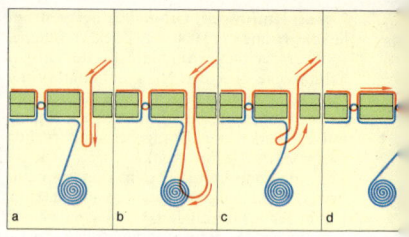

Nähmaschine. Prinzip der Stichbildung: a eine Schlinge bildet sich, während die Nadel durch das Gewebe sticht; b die Schlinge wird durch den Greifer erfaßt, der sie vergrößert; c die Schlinge zieht den Unterfaden in die Höhe; d in der Mitte des Gewebes verketten sich beide Fäden

Nahe, linker Nebenfluß des Rheins, entspringt im Saar-N.-Bergland, mündet bei Bingen; 116 km lang, am Unterlauf Weinbau.

Naher Osten, als Länder des N. O. gelten die Türkei, Zypern, Syrien, Libanon, Israel, Jordanien, Ägypten, Saudi-Arabien, die Arab. Republik Jemen, die Demokrat. VR Jemen, Oman, die Vereinigten Arab. Emirate, Katar, Bahrain, Kuwait, Irak und Iran.

Naheweine, Weine aus dem Weinbaugebiet an Nahe, Glan und Alsenz; geschmackl. stehen die N. zw. Mosel-Saar-Ruwer- und Rheinweinen, angebaut werden v. a. die Rebsorten Müller-Thurgau, Silvaner und Riesling.

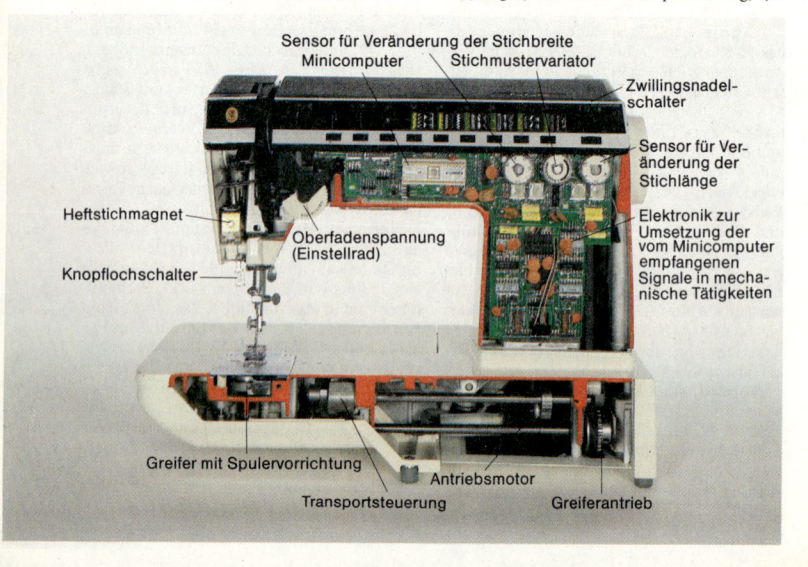

Nähmaschine. Elektronisch gesteuerte Haushaltsnähmaschine (mit abgenommener Verkleidung) zum Nähen verschiedenster Stichmuster

Nähgarn ↑ Zwirn.

Nahhas Pascha, Mustafa [naˈhaːs], * Samannud (Prov. Al Ghardijja) 15. Juni 1879, † Alexandria 23. Aug. 1965, ägypt. Politiker. - 1927–52 Führer der Wafd-Partei; Min.präs. 1928, 1930, 1936/37, 1942–44, 1950–52; führte 1936 die Verhandlungen über den brit.-ägypt. Vertrag.

Nahkampf, Bez. für den Kampf Mann gegen Mann, urspr. mit blanken Waffen; später, v. a. seit dem 1. bzw. 2. Weltkrieg, wurden auch Handfeuerwaffen, Handgranaten, Flammenwerfer u. a. zu Nahkampfmitteln.

◆ (Infight) im Boxen Kampfhandlung, bei

der die Kontrahenten versuchen, aus kürzester Distanz (bes. durch Hakenserien) Treffer anzubringen.

Nahl, Johann August, d. Ä., * Berlin 1710, † Kassel 1785, dt. Bildhauer und Innenarchitekt. - 1741 wurde er als Direktor der königl. Schlösser nach Berlin berufen, wo er zum bed. Dekorateur des friderizian. Rokoko wurde: Verbindung des reinen Ornaments mit figürl. und naturalist. Motiven; u. a. Bibliothek in Schloß Sanssouci.

Nähmaschine, eine Maschine mit Hand-, Fuß- oder elektr. Antrieb zum Zusammennähen von Textilien, Leder u. a. Die Nähte können mit Hilfe eines Fadens (einfacher Kettenstich; *Kettenstich-N.*), zweier (Doppelsteppstich; *Doppelsteppstich-N.*) oder mehr Fäden gebildet werden. Haushalts-N. werden als *Flachbett-N.* oder als *Freiarm-N.* (zum Nähen an schwer zugängl. Stellen) gebaut. Sie ermöglichen neben Nutz- und Geradstichen zahlr. Zierstiche (Einstellung der Zickzackbreite mittels eingebauter Kurvenscheiben), Annähen von Knöpfen, Nähen von Knopflöchern.

Geschichte: Die erste maschinelle Vorrichtung zum Zusammennähen von Webwaren konstruierte um 1755 C. F. Weisenthal. J. Madersperger benutzte um 1840 als erster zwei Fäden zur Bildung einer Naht (Doppelsteppstich), etwa zur gleichen Zeit entwickelte B. Thimonier eine Kettenstichmaschine. E. Howes benutzte erstmals eine Nähnadel in der heutigen Form (Öhr nahe bei der Spitze). I. M. Singer und A. B. Wilson verbesserten den Mechanismus zum Transport des Nähguts (Transporteur).

Nährbier ↑Bier (Übersicht).

Nährboden, Substanz aus flüssigen oder festen Stoffen als Untergrund für Pilz- und Bakterienkulturen sowie zur Anzucht von Zellgewebe.

Nährgebiet ↑Gletscher.

Nährgewebe, mit Reservestoffen angereichertes pflanzl. Gewebe; dient der Ernährung des Keimlings. - ↑auch Endosperm.

Nährmittel, Sammelbez. für Produkte, die aus Getreide gewonnen werden (außer Mehl), z. B. Graupen, Grieß, Flocken u. a.; ferner auch für aus Mehl oder Stärke hergestellte Roherzeugnisse wie Puddingpulver, Sago, Teigwaren usw.

Nährpolypen (Freßpolypen, Magenschläuche, Trophozoide), für die Nahrungsaufnahme spezialisierte schlauchförmige Polypen der ↑Staatsquallen.

Nährsalze, die für die pflanzl. Ernährung wichtigen ↑Mineralsalze. Pflanzen können N. nur wassergelöst (in Ionenform) durch Wurzeln aus dem Boden aufnehmen. Lebensnotwendige Bestandteile der N. sind Stickstoff, Phosphor, Schwefel, Magnesium, Eisen, Kalium, Calcium. N. werden entweder in den Pflanzenkörper eingebaut oder bleiben in gelöster Form im Zellsaft (Mineralstoffwechsel). Bei ungenügender Zufuhr kommt es zu Mangelerkrankungen.

Nährschäden, Ernährungsstörungen bei Säuglingen und Kleinkindern, z. B. ↑Mehlnährschäden.

Nährstoffe (Nahrungsstoffe) ↑Ernährung.

Nahrungskette, Bez. für eine Gruppe von Organismen, die in ihrer Ernährung voneinander abhängig sind. Das Tier ist nicht in der Lage, wie die grüne (autotrophe) Pflanze aus anorgan. Stoffen unter unmittelbarer Ausnutzung des Sonnenlichtes organ. Substanzen aufzubauen. Es muß vielmehr seinen Energie- und Baustoffbedarf aus den von den grünen Pflanzen synthetisierten organ. Verbindungen decken. Das tier. und damit auch das menschl. Leben ist also letzten Endes von der Lebenstätigkeit der grünen Pflanzen abhängig.

Die *grünen Pflanzen* bilden somit das erste Glied der N.; im Wasser wird die pflanzl. Grundlage vorwiegend von *einzelligen Algen* gebildet, während auf dem Land die *höheren Pflanzen* vorherrschen. Die folgenden Glieder der N. bilden die verschiedenen tier. *Verzehrer (Konsumenten):* An erster Stelle stehen die *Pflanzenfresser (Herbivoren;* Primärkonsumenten*),* als nächstes Glied folgen die *Fleischfresser (Karnivoren,* Räuber; Sekundärkonsumenten*).* Zw. den ausgesprochenen Pflanzenfressern und den ausschließl. Fleischfressern stehen die als Konsumenten an verschiedenen Stellen der N. einstufbaren *Allesfresser (Omnivoren),* die sowohl tier. als auch pflanzl. Kost zu sich nehmen. Organismen mit einem solch weiten Nahrungsspektrum werden auch als *polyphag* (z. B. Mensch) bezeichnet, die auf eine bestimmte Nahrung spezialisierten dagegen als monophag (z. B. Parasiten). Den Übergang bilden die *oligophagen* Lebewesen (z. B. Insekten), die in der Auswahl ihrer Nahrung innerhalb gewisser Grenzen noch variieren können. Den Schluß der N. bilden die *abbauenden Organismen (Destruenten, Reduzenten).* Diese Gruppe besteht aus Bakterien, Pilzen und vielen bodenbewohnenden Tieren, die sich (als *Saprophyten* bzw. *Saprozoen*) von toter organ. Substanz (Exkrementen, Aas) ernähren, d. h. von dem, was von den bisherigen Gliedern der N. ausgeschieden wird bzw. übrigbleibt. Sie leben im Humus und produzieren letztlich anorgan. Substanz, wie sie die Pflanze wiederum zu ihrem Leben benötigt.

Die Konsumenten niederen Grades sind gewöhnl. klein, von hoher Individuenzahl bzw. Fortpflanzungspotenz, während am Ende der N. vielfach große Arten mit geringer Populationsdichte stehen, die sich durch hohe Organisation, Leistungsfähigkeit und großem Aktionsradius auszeichnen (z. B.: einzellige Alge–Wasserfloh–räuber. Kleinkrebs–junger

Nahrungsmittel

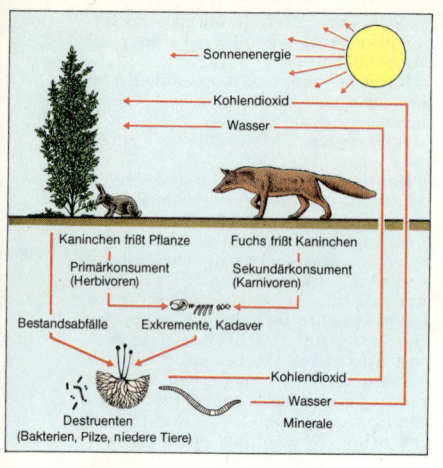

Nahrungskette. Schematische Darstellung mit den einzelnen Kettengliedern

Fisch–Friedfisch–Raubfisch–Mensch). Ein bes. Problem stellen zunehmend schlecht abbaubare Substanzen (wie Schwermetalle, chlorierte Kohlenwasserstoffe) dar, die in den Endgliedern einer N. zu gefährl. Konzentration angereichert werden können.

Nahrungsmittel, zusammenfassende Bez. für die der Ernährung dienenden, in zubereitetem oder rohem Zustand genossenen Stoffe (↑Lebensmittel).

Nahrungsmittelvergiftung, svw. ↑Lebensmittelvergiftung.

Nahrungs- und Genußmittelindustrie, der Verbrauchsgüterind. zuzurechnender Wirtschaftszweig; umfaßt u. a. die Back- und Fleischwarenind., Brauereien, Molkereien, Kaffee-, Tee- und Tabakind., aber auch die Herstellung von Futtermitteln und Erzeugnissen aus Lebensmitteln (z. B. Stärkeerzeugnisse, Fette für die Seifenind.). Haupttätigkeitsgebiete sind die Erzeugung von Lebens- und Genußmitteln durch Rohstoffverarbeitung, die Konservierung und die Aufbereitung zu küchen- und konsumfertigen Produkten sowie die Erzeugung von Hilfsmitteln für diese Tätigkeiten und von verbrauchsgerechten Verpackungen.

Nahrungsverweigerung, Ablehnung der Nahrungsaufnahme. N. findet sich als vorübergehende Erscheinung häufig in der Kindheit und Pubertät (↑Pubertätsmagersucht). Bes. ausgeprägt kann eine N. bei Psychopathen (v. a. Schizophrenen) sein, z. B. in Verbindung mit Vergiftungswahn oder negativist. Einstellung. - Zur N. bei Häftlingen und Strafgefangenen ↑Hungerstreik.

Nährwert (Nahrungswert), Wert der Nahrung für das Wachstum und die Aufrechterhaltung der Körperfunktionen. Der N. hängt vom physiolog. ↑Brennwert und von der Zusammensetzung sowie der Bekömmlichkeit der Nährstoffe (↑Ernährung) ab.

Nährzellen, svw. ↑Trophozyten.

Nähseide ↑Zwirn.

Naht, allg. svw. Verbindung bzw. Verbindungslinie zweier zusammengefügter Teile.

◆ in der *Chirurgie* die operative Vereinigung von Gewebsrändern oder Organen mit dem Ziel einer festen Verbindung bzw. dauerhaften Fixierung. Mit einer gebogenen Stahlnadel, die vom Chirurgen mit Hilfe eines Nadelhalters geführt wird, werden die zu adaptierenden Gewebe im Wechsel durchstochen, anschließend das N.material (Katgut, Draht, Garne aus Baumwolle, Seide oder Kunstfaser) durch die Einstichstellen gezogen und verknüpft.

◆ in der *Anatomie* svw. ↑Sutur.

Nahua [span. 'naɣua], Bez. einer indian. Sprachgruppe sowie der ihr zugehörigen Stämme, die seit der 2. Hälfte des 1. Jt. v. Chr. in mehreren Schüben aus N-Amerika in ihre späteren Verbreitungsgebiete gelangten. Zu den N.sprachen zählen in Mexiko das *Toltekische* und das *Aztekische* (oder Nahuatl), ferner das *Pipil* von El Salvador und Guatemala sowie das *Nicarao* von Nicaragua. Mit Ausnahme des erloschenen Toltekischen werden die N.sprachen in diesen Gebieten heute noch von etwa 10 % der indian. Einwohner gesprochen, die jedoch meist auch Spanisch sprechen.

Nahuel-Huapí-Nationalpark [span. na'ɣuel ua'pi], 785 000 ha großer Nationalpark in S-Argentinien, in der Patagon. Kordillere, um den Lago Nahuel Huapí (764 m ü. d. M., 544 km^2); Fremdenverkehr, auch Wintersport.

Nahum, alttestamentl. Prophet und gleichnamiges Buch des A. T., entstanden nach 626 v. Chr., zu den 12 „kleinen" Propheten gerechnet.

Nah-Unendlich-Punkt ↑anallaktischer Punkt, ↑Schärfentiefe.

Nahverkehr ↑Verkehr.

Nahzone ↑Güterfernverkehr, ↑Güternahverkehr.

Nähzwirn, ↑Zwirn.

Naidu, Sarojini, * Hyderabad 13. Febr. 1879, † Lucknow 3. März 1949, ind. Lyrikerin. - Mitbegründerin und Führerin der ind. Frauenbewegung; trat für polit. und soziale Reformen im Sinne Gandhis ein; mehrmals verhaftet; 1947 Gouverneur des Bundesstaates United Provinces (= Uttar Pradesh). Ihre in engl. Sprache verfaßte Lyrik wurde in zahlr. ind. und europ. Sprachen übersetzt.

Naiguatá, Pico [span. 'piko naiɣua'ta], mit 2 766 m höchster Berg der Küstenkordillere in Venezuela.

Nain ↑Orientteppiche (Übersicht).

naive Kunst

Naive Kunst. Von oben: Henri Rousseau, Der hungrige Löwe zerfleischt eine Antilope (1905). Basel, Öffentliche Kunstsammlung; Louis Vivin, Notre Dame (undatiert). Privatbesitz

Nain-Singh-Kette, Teil des Transhimalaja mit dessen höchster Erhebung, dem **Aling Gangri** (7 315 m ü. d. M.).

Nairissee, Salzsee im südl. Sagrosgebirge, Iran, etwa 100 km lang, 15 km breit.

Nairobi, Hauptstadt von Kenia, im Hochland östl. des Ostafrikan. Grabens, 1 670 m ü. d. M., 1,1 Mill. E. Sitz eines anglikan. und eines kath. Erzbischofs, Zentrale der Allafrikan. Kirchenkonferenz; Sitz des Appellationsgerichtshofes für Ostafrika, der UN-Behörde für Umweltschutz, der Afrikan. Regionalbehörde der UNESCO für Wiss. und Technologie; Univ. (gegr. 1956 als Technical College); Sitz der land- und forstwirtschaftl. und der Ind.forschungsorganisation der Ostafrikan. Gemeinschaft, Interafrikan. Büro für Tierbestand und -nutzung, Inst. für medizin. Forschung, Brit. Inst. in Ostafrika, nat. landw. Forschungslaboratorium, veterinärmedizin. Laboratorium; Polytechnikum, Konservatorium; Kenyatta-Krankenhaus mit Ausbildungszentrum für alle medizin. Hilfsberufe, Goethe-Inst., brit. Kulturinst; dt. Schule; Nationalmuseum, anthropolog. Museum, Bibliotheken, SOS-Kinderdorf. Wichtigstes Wirtschaftszentrum des Landes mit Messen, Kaffeeauktionen, Nahrungsmittel-, Textilind., Metallverarbeitung, Keramikwerk, Zigarettenfabrik u. a. Ind.betrieben; Verkehrsknotenpunkt an der Bahnlinie und Fernstraße Mombasa–Uganda; internat. ✈. Unmittelbar südl. der Stadt liegt der *N.-Nationalpark* (115 km^2; afrikan. Großwild, Vögel). - Ab 1899 Entstehung der Europäersiedlung; wurde 1905 Regierungssitz.

naiv [frz., zu lat. nativus „durch Geburt entstanden, natürlich"], natürlich, unbefangen, kindlich, arglos; einfältig; **Naivität,** naive Art.

Naive [lat.-frz.], weibl. Rollenfach: jugendl., heiter-unbeschwerte Liebhaberinnen, Zofen.

naive Kunst, Kunst der Laienmaler oder -bildhauer ohne akadem. Vorbildung, z. T. auch ohne jede techn. Vorkenntnisse und Verbindungen zu zeitgenöss. oder vergangenem Kunstschaffen. Impulse zu n. K. weisen ein

Naja

breites Spektrum auf. Naive Künstler kommen aus allen gesellschaftl. Schichten und aus den unterschiedlichsten Berufen. Unbeeinflußt von Kunsttraditionen setzen sich unmittelbar mit ihren Lebenserfahrungen auseinander und stellen Wunsch- und Traumbilder dar. Die Themen der n. K. beziehen sich auf die Kindheit des naiven Künstlers, auf seine Heimat, seine Berufswelt, Feste und Spiele und erträumte ferne Welten. Neuerdings wenden sich naive Künstler auch polit., gesellschaftl. und Umweltfragen zu. N. K. bildete sich seit dem 19. Jh., als die Voraussetzungen für ↑ Volkskunst verschwanden und fand Förderung bes. von modernen Künstlern oder Kritikern, die sich selbst von den akadem. Traditionen abgewandt hatten. In Amerika gab es etwa seit 1800 eine n. K. innerhalb der puritan.-religiös geprägten Pionierkultur (E. Hicks u. a.), später steht die amerikan. n. K. wie in Europa neben einer akadem. Kunst; äußerst originäre Werke schufen J. Pickett, J. Kane und M. Hirshfield, sehr bekannt wurde Grandma Moses. In Europa war Frankr. das Ursprungsland der n. K. und des berühmtesten naiven Künstlers, H. Rousseau mit seinen Bildern von mag. Dinglichkeit. W. Uhde machte den Namen Séraphine, L. Vivin, A. Bauchant und C. Bombois bekannt, ihre Zeitgenossen sind A. Dietrich (Schweiz), O. Metelli (Italien), A. Trillhaase (Deutschland), etwas jünger sind D. P. Peyronnet, R. Rimbert, J. Eve, G. O'Brady (alle Frankr.), Paps und H. Raffler (Deutschland). Ein dt. Vorläufer n. K. lebte auf Föhr (O. Braren, *1787, †1839). Bed. für die Entwicklung der n. K. in Osteuropa wurden Jugoslawien (I. Generalić, E. Feješ, I. Rabuzin) und Polen (Nikifor). Ein bed. Zentrum n. K. ist Haiti, wo sie im Zusammenhang mit dem Wodukult tritt; internat. namhaft sind u. a. H. Hyppolite, P. Obin, A. Pierre, G. Valein, P. Duffaut, S. Philippe-Auguste.

Naif. Alltagsästhetik oder ästhetisierter Alltag? Hg. v. I. M. Greverus u. a. Ffm. 1984. - *Krug-Mann, B.:* Naive Malerei. Mchn. 1980. - *Bihalji-Merin, O.:* Die Naiven der Welt. Mchn. 1979.

Naja [ˈnaːdʒa; Sanskrit], svw. ↑ Kobras.

Najaden [griech.], ↑ Nymphen der Flußgewässer.

Nakadakultur (Negadekultur), nach dem über 3 000 Bestattungen aufweisenden Gräberfeld von Nakada bei Luxor (Oberägypten) ben. prädynast., dreiphasige Kulturgruppe des 4. Jt. v. Chr.; kennzeichnend u. a. bemalte Keramik, Stein- und Elfenbeingefäße, in der jüngeren Phase, die zur frühdynast. Zeit überleitet, u. a. Rollsiegel, Gefäße mit Röhrenausguß, zunehmende Kupferverarbeitung.

Nakasone, Jasuhiro, *Takasaki bei Maebaschi 27. Mai 1917, japan. Politiker. - Jurist; 1967-74 verschiedentl. Min. (u. a. für Ind. und Außenhandel); 1974-76 Generalsekretär der Liberal-Demokrat. Partei; 1982-87 Min.präs. und Parteivorsitzender.

Nakatomi Kamatari, jap. Staatsmann und Reformer (*614, †669), ↑Fudschiwara (Fudschiwara no Kamatari).

Nakhon Pathom, Stadt in Z-Thailand, im Menamdelta, 45 200 E. Verwaltungssitz des Verw.-Geb. N. P.; Univ. (gegr. 1968); Zentrum eines Agrargebietes; buddhist. Wallfahrtsort.

Nakhon Ratchasima [ˈraːdtʃhasiːˌmaː], Stadt in NO-Thailand, im SW des Khorateaus, 88 900 E. Verwaltungssitz des Verw.-Geb. N. R.; kath. Bischofssitz; Zentrum eines Agrargebiets; Zement-, Textilindustrie.

Nakhon Sawan, Stadt in N-Thailand, an der Vereinigung von Ping und Nam zum Menam, 88 700 E. Verwaltungssitz des Verw.-Geb. N. S.; kath. Bischofssitz; Umschlagplatz für das auf Nam und Ping geflößte Holz.

Nakhon Si Thammarat, Stadt in S-Thailand, auf der Halbinsel Malakka, 66 600 E. Verwaltungssitz des Verw.-Geb. N. Si T.; Herstellung von Metallarbeiten (Niellowaren); Garnison. - Bis zum 13. Jh. Hauptstadt (**Ligor** oder **Lakorn** gen.) eines Kgr. - Religiöser Mittelpunkt des Tempelbezirks (8.-19. Jh.) ist der oft restaurierte Stupa mit reicher Innenausstattung und Flachreliefs.

Näkkämte (heute Läkkämt), Stadt in W-Äthiopien, im Abessin. Hochland, 28 800 E. Hauptstadt der Prov. Wällegga.

Nakkasch, An, Marun, *Saida 9. Febr. 1817, †Tarsus 1. Juni 1855, libanes. Schriftsteller. - Gilt als Begründer des arab. Theaters.

Nakskov [dän. ˈnagsgɔu̯], dän. Hafenstadt im W der Insel Lolland, 17 000 E. Werft, Zuckerfabrik, Eisenbahnind.; Eisenbahnendpunkt, Fähren nach Langeland und Kiel. - Stadtrecht 1266. - Roman. Nikolaikirche (um 1200), zahlr. Fachwerkhäuser.

Nakuru, Prov.hauptstadt in Kenia, im Ostafrikan. Graben, 1 860 m ü. d. M., 93 000 E. Anglikan. Bischofssitz; Zementwerk.

Nakuru, Lake [engl. lɛɪk nɑːˈkuːruː], See mit salzhaltigem Wasser in Kenia, im Ostafrikan. Graben, 13 km lang, bis 6 km breit; sein westl. Ufergebiet bildet den **Lake Nakuru National Park,** eines der größten Vogelreservate der Erde (u. a. Flamingos).

Nalaiha, Stadt in der Mongol. VR, 40 km sö. von Ulan Bator. 14 000 E. Zentrum des größten Kohlenbergbaugebiets des Landes.

Nalanane (Nelanane) [afrikan.], andere Bez. für die ↑ Schlafkrankheit.

Nałkowska, Zofia [poln. nauˈkɔfska], *Warschau 10. Nov. 1884, †ebd. 17. Dez. 1954, poln. Schriftstellerin. - Seit 1933 Mgl. der Poln. Akad. für Literatur; 1952-54 Abg. des Sejm. Begann 1898 mit Gedichten, wandte sich bald der erzählenden Prosa zu; ihre Romane und Novellen, die vielfach sozialkrit.

Tendenz haben, verbinden realist. Erzählkunst mit Elementen des psycholog. Romans, u. a. „Der Prinz" (R., 1907), „Verhängnisvolle Liebe" (R., 1926), „Die Schranke" (R., 1935), „Medaillons" (En., 1946). Auch Dramen.

Naltschik, Hauptstadt der ASSR der Kabardiner und Balkaren innerhalb der RSFSR, in den nördl. Vorbergen des Großen Kaukasus, 222 000 E. Univ., Polytechnikum; Heimat-, Kunstmuseum; Theater; metallurg. Werk, Maschinen- und Elektrogerätebau, Holzverarbeitung, Kunstlederkombinat. - 1818 als Festung und Garnison gegründet.

Nama ↑ Hottentotten.

Namangan, sowjet. Geb.hauptstadt in der Usbek. SSR, im N des Ferganabeckens, 265 000 E. PH, Heimatmuseum; Theater; Baumwollentkörnung, Seidenweberei u. a. Ind.betriebe; Bahnstation. - Seit 1610 Stadt.

Namaqualand [engl. nəˈmɑkələænd], Geb. im W der Kapprovinz, Republik Südafrika, Hauptort Springbok; bed. Diamantengewinnung, Kupfer- und Wolframerzbergbau.

Nam Đinh, Stadt in Vietnam, im Tonkindelta, 86 000 E. Wichtigstes Zentrum der nordvietnames. Textilind.; ⚔. - Im Vietnamkrieg stark zerstört.

Name, bezeichnet als *Eigen-N.* („nomen proprium") eine einzelne, als Individuum oder individuelles Kollektiv gedachte Person oder Sache zum Zweck der eindeutigen Identifizierung, unabhängig von der evtl. Bed. des Wortes. Hingegen ist ein *Allgemein-N.* oder *Gattungs-N.* („nomen appellativum", ↑ Appellativ) ein unterscheidender und charakterisierender sprachl. Ausdruck, log. also ein ↑ Prädikator (↑ auch Nominator). Die Abgrenzung zw. N. und Appellativa ist oft nicht eindeutig geklärt, z. B. bei N. von Jahreszeiten, Monaten und Festen. Da N. nicht immer frei von Bedeutung sind, da sie aus Kennzeichnungen entstanden sind, kann diese Bed., sofern das Wort auch als Appellativum vorkommt, mitschwingen (dies kann Anlaß zum N.spott werden). Orts-N. mit durchsichtiger Bedeutung können auch übersetzt werden (z. B. Schwarzwald, engl. Black Forest, frz. Forêt Noire), obwohl sonst Unübersetzbarkeit ein Merkmal der N. ist. - Einteilung der N.: 1. ↑ Personennamen (Anthroponyme), dazu gehören Familiennamen (Zunamen) und Rufnamen (Vornamen, Taufnamen); 2. geograph. N., dazu gehören Ortsnamen (Städte, Dörfer usw.), Ländernamen, Gewässernamen und die Flurnamen. Ortsnamen und Flurnamen werden als „topograph. N." zusammengefaßt; 3. Pflanzen- und Tiernamen sind strenggenommen keine Eigennamen, da sie jeweils eine ganze Gattung bezeichnen: sie gehören aber zu den ältesten überlieferten Wörtern und sind daher für die Sprachwiss. bes. interessant.

In der *Religionsgeschichte* wird der N. häufig mit dem Wesen des Benannten aufs engste verbunden. So wird vielfach angenommen, erst der N. verleihe Personen und Dingen ihre Existenz. Deshalb nimmt die N.gebung (z. B. in Schöpfungsberichten) und N.wechsel (z. B. Papst-N. und Ordens-N.) eine vorrangige Stellung ein. - Die Aussprache eines N. kann aber auch gefahrvoll oder sündhaft sein; sie wird oft bei Götter-N. vermieden oder durch den Gebrauch von Noa-N. (↑ Noa) ersetzt.

◆ im *Recht* ständige Bez. einer natürl. (↑ Personenname) oder jurist. Person (↑ auch Firma) zum Zwecke ihrer Unterscheidung von anderen. Der N. besteht bei natürl. Personen aus dem/den Vornamen und dem Familiennamen und bleibt - außer im Falle der Namensänderung - bis zum Tode unverändert. Der N., auch ein Pseudonym, ist rechtl. geschützt (↑ Namensrecht).

Im *östr.* und im *schweizer. Recht* gilt Entsprechendes.

Namen [niederl. ˈnaːmə] ↑ Namur.

Namenforschung (Namenkunde, Onomastik), sprachwiss. Disziplin zur Erforschung der Namen, die sich mit philolog. (Laut- und Formenlehre, Wortbildung, Etymologie), histor. (Alter, Entstehung), geograph. (räuml. Verbreitung), soziolog. (Anteil der sozialen Gruppen) und psycholog. Fragen (z. B. Verhältnis Mensch und Name) befaßt. Die wiss. Grundlagen für die N. schuf J. Grimm, der statt Deutung durch zufällige Assoziationen die Herleitung aus älteren Sprachzuständen verlangte. Auf Anregung Grimms entstand das „Altdt. Namenbuch" (1858/59) von E. Förstemann. Der Rechtshistoriker W. Arnold, einer der Begründer einer wiss. N., betrachtete die Namen als Geschichtsquelle; A. Bach stellte in seiner „Dt. Namenkunde" eine sprachl. Orientierung der N. als Forderung auf; erst in jüngster Zeit, bes. seit den Arbeiten von H. Krahe, werden Namen als sprachl. Gebilde mit linguist. Methoden untersucht.

Namensaktie ↑ Aktie.

Namensänderung, in der BR Deutschland auf Antrag behördl. verfügte Änderung des Vor- und/oder Familiennamens eines dt. Staatsangehörigen oder eines Staatenlosen, der seinen Wohnsitz oder gewöhnl. Aufenthaltsort mit Bundesgebiet hat, die nur aus wichtigem Grund erfolgt (etwa Änderung eines lächerl. oder unaussprechl. Namens). Wird nichts anderes bestimmt, so erstreckt sich die Änderung des Familiennamens auf die unter elterl. Gewalt stehenden Kinder, nicht aber auf eine Firma.

In *Österreich* gilt (noch) das dt. N.recht (Reichsrecht).

In der *Schweiz* besteht eine dem dt. Recht entsprechende Regelung, eine N. wird jedoch auch aus schwerwiegenden wirtsch. und gesellschaftl. Gründen bewilligt.

Namensindossament ↑ Indossament.

Namenspapiere

Namenspapiere (Rektapapiere) ↑ Wertpapiere.

Namensrecht, Befugnis eines Rechtsträgers, seinen Namen (auch sein Pseudonym oder seinen Decknamen) zu führen und andere vom unbefugten Gebrauch des Namens auszuschließen. Das N. bezieht sich auch auf Geschäftsnamen (z. B. Universitäts-Buchhandlung), Telegrammadressen und - bei Verkehrsgeltung - auf schlagwortartige Bezeichnungen. Gemäß § 12 BGB hat der Namensträger gegen den Verletzer einen Unterlassungsanspruch, bei Wiederholungsgefahr auch für die Zukunft, sowie bei schuldhafter Verletzung einen Anspruch auf Schadenersatz.
In *Österreich* und in der *Schweiz* gilt eine im wesentl. dem dt. Recht entsprechende Regelung.

Namenstag, im kath. Bereich jährl. begangener Erinnerungstag an das Fest des Heiligen, dessen Namen man trägt; verdrängte lange Zeit den Geburtstag.

Namib, ausgedehnte subtrop. Wüste entlang der gesamten Küste von Namibia, etwa 1 300 km lang, 50–160 km breit, mit Niederschlagsmengen von jährl. nur 15–20 mm. Im S (Sperrgebiet) bed. Diamantengewinnung.

Namibia

(engl.: Republic of Namibia), Republik im südl. Afrika, zw. 17° und 29° s. Br. sowie 11° 45' und 25° 15' ö. L. **Staatsgebiet:** N. grenzt im W an den Atlantik, im N an Angola, im äußersten NO an Sambia, im O an Botswana, im S und südl. O an die Rep. Südafrika. **Fläche:** 824 292 km^2 (einschl. Walfischbai). **Bevölkerung:** 1,6 Mill. E (1986), 2 E/km^2. **Hauptstadt:** Windhuk. **Amtssprachen:** Afrikaans, Englisch, Deutsch (Stand März 1990). **Währung:** Rand (R) = 100 Cents (c). **Internat. Mitgliedschaften:** UN, OAU, Commonwealth, der EG assoziiert. **Zeitzone:** MEZ + 1 Std.

Landesnatur: N. gliedert sich in drei küstenparallele Großräume. An der Küste liegt die Wüste Namib. Sie wird im O begrenzt durch die Große Randstufe, d. h. den Steilanstieg zu den zentralen Hochländern. Hier liegt der Brandberg, mit 2 606 m ü. d. M. die höchste Erhebung des Landes. Die Hochländer liegen 1 000–2 000 m hoch und werden von Bergländern überragt. Der O gehört zur abflußlosen Beckenlandschaft der Kalahari mit der Etoschapfanne im zentralen N des Landes.
Klima: Characterist. sind die Niederschlagsarmut und die großen tages- und jahreszeitl. Temperaturschwankungen. Die Winter sind trocken, die Sommer heiß. Nur der äußerste NO erhält rd. 600 mm Niederschläge/Jahr.
Vegetation: Dornstrauchsavanne überwiegt im O und im Zentrum. Im N ist Trockensavanne verbreitet, z. T. mit Trockenwald.

Tierwelt: Die urspr. Tierwelt konnte in den Wildreservaten erhalten werden. Der Etoschawildpark ist das größte Wildschutzgebiet der Erde (Elefanten, Löwen, Leoparden, Giraffen, Zebras, Springböcke, Gemsböcke, Kudus, zahlr. Vogelarten).
Bevölkerung: Etwa $^4/_5$ der Bev. leben nördl. der Linie Walfischbai–Windhuk–Gobabis. Sie setzt sich aus rass. und ethn. sehr unterschiedl. Gruppen zus.; den größten Anteil haben die Bantuvölker - von ihnen sind die im N lebenden Ambo (Ovambo) mit 49 % der Gesamtbev. die stärkste Gruppe - daneben Herero, Tswana, Bergdama, Hottentotten und Buschmänner. Im Raum Rehoboth leben Mischlinge („Baster"). Die 9,2 % Weißen gehören der kalvinist., luth. oder anglikan. Kirche bzw. christl. Sekten an. Für weiße und Mischlingskinder besteht Schulpflicht vom 7.–16. Lebensjahr.
Wirtschaft: Wichtiger als Ackerbau (nur im äußersten N) ist die Viehzucht, im N v. a. Rinderhaltung, im S Karakulschafzucht. Vor der Küste liegt einer der Hauptfischgründe der internat. Hochseefischerei. Bedeutendster Wirtschaftszweig ist der Bergbau. Diamanten werden in der südl. Namib gewonnen (332 km langes, 96 km breites Sperrgebiet). Ein bei Swakopmund. Die Mine von Tsumeb gilt als eine reichsten der Erde (Kupfer, Blei, Zink, Silber, Cadmium, Germanium). Neben der Erzverhüttung ist die Fisch- und Fleischverarbeitung bedeutend.
Außenhandel: Ausgeführt werden Karakulfelle, Lebendvieh, Fisch und Fischprodukte, Diamanten und Erze.
Verkehr: Die Streckenlänge der Eisenbahn beträgt 2 340 km. Sie ist im SO an das südafrikan. Netz angeschlossen und hat Stichbahnen nach Gobabis, Outjo, Grootfontein und nach den Küstenorten Lüderitz, Swakopmund und Walfischbai. Das Straßennetz ist 46 266 km lang, davon sind 4 133 km geteert. Wichtigster Seehafen ist die südafrikan. Enklave Walfischbai. Die Luftfahrtgesellschaft Namib Air sieht den Inlandsdienst (35 ✈, zahlr. Landepisten) und fliegt Plätze in Südafrika an; Windhuk verfügt über einen internat. ✈.
Geschichte: Entdecker der Küste des Landes (Ende des 15. Jh.) waren Portugiesen; doch erst im 18. Jh. wurde die Walfischbai von Walfängern angelaufen. Etwa im 16. Jh. wanderten die Herero ein und gerieten in anhaltende Kämpfe gegen die Nama („Hottentotten") im südl. Landesteil. 1871 ließen sich die aus dem Kapland stammenden Mischlinge („Baster") im Gebiet um Rehoboth nieder. Großbrit. annektierte 1878 die Walfischbai. 1883 erwarb der dt. Kaufmann F. A. Lüderitz zuerst die Bucht Angra Pequena (später Lüderitzbucht), kurz darauf den gesamten Küstenstreifen zw. Oranjemündung und 22° s. Br. Die Reichsreg. erklärte das Gebiet 1884 zum dt. Schutzgebiet (Dt.-Südwestafrika). Ein Vertrag mit Portugal

legte 1886 die N-Grenze des Schutzgebietes am Cunene fest. 1890 verständigten sich Deutschland und Großbrit. im Zuge des Helgoland-Sansibar-Vertrages über die O-Grenze. 1893 lagen nach dem Erwerb des Caprivizipfels die Grenzen des Landes fest. Die ersten weißen Siedler ließen sich 1893 in Windhuk nieder. Die Niederwerfung des Aufstandes der Herero und Nama gegen die dt. Kolonialmacht (1903–07) forderte schwere Opfer unter der schwarzen Bevölkerung 1909 gewährte die dt. Reichsreg. den Weißen begrenzte Selbstverwaltung. Der 1. Weltkrieg endete in Südwestafrika mit der Kapitulation der dt. Schutztruppen am 9. Juli 1915. 1920 erhielt die Südafrikan. Union das bis dahin dt. Gebiet vom Völkerbund über Großbrit. als C-Mandat zugesprochen. Nach 1945 lehnte Südafrika den Abschluß eines Treuhandabkommens mit den UN ab. Daraufhin klagten Liberia und Äthiopien als einzige afrikan. Mgl. des ehem. Völkerbundes erfolglos gegen Südafrika vor dem Internat. Gerichtshof in Den Haag (Entscheidung vom 18. Juli 1966). Am 27. Okt. 1966 entzog die UN-Vollversammlung Südafrika das Mandat, 1968 gab sie dem Land den Namen Namibia. Der Internat. Gerichtshof erklärte 1971 die fortgesetzte Präsenz Südafrikas in N. für illegal. Als nat. Befreiungsbewegung der mehrheitl. schwarzen Bev. von N. wurde die South West African People's Organization (SWAPO) 1963 durch die OAU anerkannt; 1972 erhielt die SWAPO bei den UN Beobachterrechte; im Nov. 1977 wurde N. Vollmitglied der FAO. - Südafrika begann 1964, auch in N. für die nichtweißen „Nationen" getrennte „Heimatländer" zu schaffen (Odendaal-Plan), stellte diese Politik aber 1974 zugunsten einer gemeinsamen Verfassungskonferenz aller 11 ethn. Gruppen zurück, die N. auf eine für Südafrika annehmbare Form von Unabhängigkeit vorbereiten sollte. Die Konferenz (nach ihrem Tagungslokal in Windhuk „Turnhallenkonferenz" gen.) beschloß im Frühjahr 1977 einen Verfassungsplan. Danach sollte eine Reg. aus 11 Vertretern aller ethn. Gruppen gebildet werden, die ihre Beschlüsse nur einstimmig fassen konnte. An den Anfang Dez. 1978 durchgeführten Wahlen zu einer Verfassunggebenden Versammlung nahm u. a. die SWAPO nicht teil, da sie dieses Konzept ablehnt; vielmehr verstärkte sie den bewaffneten Kampf. Die UN bemühten sich daraufhin vergebl. um eine Verfassungsordnung für N. mit polit. (nicht ethn.) geprägter Repräsentation. Auch der Versuch der südafrikan. Reg., für das N.-Problem eine sog. interne Lösung unter Ausschluß von SWAPO und UN zu finden, scheiterte im Jan. 1983 ebenso wie die 1984 zw. Südafrika und Angola vereinbarte gemischte Kommission, die den Truppenabzug überwachen sollte. Die von Südafrika eingesetzte Reg. konnte jedoch die Lage nicht unter Kontrolle bringen. Unter internat. Druck kam 1988 der Unabhängigkeitsprozeß wieder in Gang, nachdem dieser mit dem Abzug der kuban. Truppen aus Angola verknüpft werden konnte. Am 22. Dez. 1988 vereinbarten die Rep. Südafrika, Angola und Kuba internat. überwachte freie Wahlen zu einer Verfassunggebenden Nat.versammlung. Für die Sicherheit sollten UN-Truppen (maximal 7 500 Mann) und südafrikan. Truppen sorgen. Nachdem Irritationen über die Rückkehr von SWAPO-Flüchtlingen ausgeräumt und damit zusammenhängende Kämpfe eingestellt sowie die kuban. Truppen abgezogen waren, fanden Anfang Nov. 1989 die Wahlen zur Verfassunggebenden Nat.versammlung statt. Die SWAPO konnte dabei 57% der Stimmen (41 Mandate) erringen, die DTA erhielt rd. 29% (21 Mandate). Die übrigen Sitze der 72köpfigen Versammlung verteilten sich auf 5 kleinere Gruppierungen. Im Febr. 1990 verabschiedete die Versammlung die neue Verfassung; am 21. März 1990 wurde N. unabhängig. Erster Präs. des unabhängigen N. wurde Sam ↑ Nujoma (Amtsantritt 21. März 1990).

Politisches System: N. ist nach der im Febr. 1990 angenommenen Verfassung eine präsidiale Republik. *Staatsoberhaupt* und oberster Inhaber der *Exekutivgewalt* ist der Präs., der für 5 Jahre von der Nat.versammlung gewählt wird; einmalige Wiederwahl ist zulässig. Der Präs. ist Oberbefehlshaber der Streitkräfte und kann den Ausnahmezustand verhängen. Innerhalb von 14 Tagen muß die Nat.versammlung dies bestätigen. Die *Legislative* liegt bei der Nat.versammlung, deren Mgl. in allg., gleichen und geheimen Wahlen gewählt werden. Innerhalb von 5 Jahren nach der Unabhängigkeit ist der Präs. befugt, eine zweite Kammer einzurichten, der dann die Aufgabe zufällt, die von der Nat.versammlung beschlossene Gesetze zu bestätigen. Wichtigste *Partei* ist die South West African People's Organization (SWAPO), die im wesentl. den Befreiungskampf getragen hat und rd. 50% der Sitze in der Nat.versammlung inne hat. Zweite große Gruppierung ist die Democratic Turnhalle Alliance (DTA), ein Zusammenschluß mehrerer kleinerer Parteien und Gruppierungen, die auf Ausgleich der Rassen bedacht sind. Die bur. Interessen vertritt v. a. die Rehoboth Bevryde Demokratiese Party (RBDP). Das *Gerichtswesen* ist zweistufig, als Berufungsinstanz für die Magistratsgerichte fungiert der Oberste Gerichtshof in Windhuk. Nach der Unabhängigkeit hat N. noch keine regulären *Streitkräfte*. Die paramilitär. Kräfte der SWAPO-Kämpfer sind rd. 9 000 Mann stark, die südafrikan. geführte South West African Territory Force (SWAFT) hat eine Stärke von rd. 22 000 Mann.

Namık Kemal, Mehmet [türk. nɑːˈmik], gen. Kemal Bey, * Tekirdağ 21. Dez. 1840, † auf Chios 2. Dez. 1888, türk. Schriftsteller

Namora

und Publizist. - Sein „İntibah" (1876) gilt als erster moderner türk. Roman. Mit seinen journalist. Arbeiten ist N. K. Vorläufer und Wegbereiter der jungtürk. Bewegung und der Revolution Atatürks.

Namora, Fernando, *Condeixa (Distr. Coimbra) 15. April 1919, portugies. Dichter. - Zunächst Landarzt; verfaßte psycholog., realist. Romane und Erzählungen, u.a. „Gold aus schwarzen Steinen" (R., 1946), „Landarzt in Portugal" (En., 1949) „Spreu und Weizen" (R., 1954), „Der traurige Fluß" (R., 1985). - †31. Jan. 1989.

Nam Tso (Namuhu) [chin. namuxu] (mongol. Tengri Nor), Salzsee nördl. von Lhasa, Tibet, 4627 m ü. d. M., 1800 km² groß.

Namur [frz. na'my:r] (niederl. Namen), belg. Stadt an der Mündung der Sambre in die Maas, 80–214 m ü. d. M., 102000 E. Verwaltungssitz der Prov. N.; kath. Bischofssitz; Univ.fakultäten (gegr. 1831); Handelszentrum für landw. Produkte. Metallverarbeitende, chem., Glas-, Porzellan-, Papier-, Leder-, Bekleidungs-, Nahrungsmittel- u. a. Ind.; Verkehrsknotenpunkt, Flußhafen. - Im 7. Jh. erstmals als Münzstätte erwähnt. Im 10. Jh. wurde die Stadt Hauptort der gleichnamigen Gft.; Ummauerung im 12. Jh., erneute Befestigung 1357; 1715 Barrierefestung; 1866 geschleift. - Klassizist. Kathedrale (1751–63) mit got. Turm des Vorgängerbaus; barocke ehem. Jesuitenkirche, Zitadelle (beide 17. Jh.).

N., Prov. in SO-Belgien, 3665 km², 411200 E (1985), Verwaltungssitz Namur. Der größte Teil der Prov. liegt südl. des Sambre-Maas-Tals und hat im äußersten S Anteil an den Ardennen. Anbau von Weizen, Gerste, Hafer und Zuckerrüben, daneben Milchwirtschaft und Rindermast, auch Gemüsebau; in den Ardennen überwiegend Weidewirtschaft.

Nan ↑ Menam.

Nanak, *Chahal (?) bei Lahore 15. April (?) 1469, † Kartarpur 7. Sept. 1539 (?), ind. Religionsstifter. - Begründete die Religion der ↑Sikhs.

Nanchung (Nanchong) [chin. nantʃʊŋ]; chin. Stadt im Becken von Szetschuan, 200000 E. Traditionelles Zentrum der Seidenind.; südl. von N. Erdölfeld, Raffinerie.

Nancy [frz. nã'si], frz. Stadt an der Meurthe, 96300 E. Verwaltungssitz des Dep. Meurthe-et-Moselle und Hauptstadt der Region Lothringen; kath. Bischofssitz; zwei Universitäten, mehrere staatl. Hochschulen; Börse; Maschinen-, Elektromotorenbau, chem. und pharmazeut., Textil-, Papier-, lederverarbeitende, Möbel-, keram.-, Glas-, polygraph., Tabak-, Nahrungsmittelind.; botan. Garten. - Seit 947 belegt, entwickelte sich im 12. Jh. um eine Burg der Hzg. von Lothringen, deren Residenz 13./14.–18. Jh.; 1265 Stadtrecht; im 16./17. Jh. ausgebaut und befestigt; 1633–60 und 1661–97 frz. besetzt, wurde 1766 mit Lothringen frz.; seit 1777 Bischofssitz; ab 1790 Hauptstadt des Dep. Meurthe bzw. (seit 1871) Meurthe-et-Moselle; während die Zugehörigkeit von Metz zu Deutschland (1871–1918/19) Zentrum Lothringens. - In der **Schlacht bei Nancy** wurde am 5. Jan. 1477 Karl der Kühne von Burgund von den Eidgenossen, habsburg. Truppen und Hzg. René II. von Lothringen besiegt und getötet. - Berühmt sind die im Rokokostil (18. Jh.) von E. Héré ausgeführten beiden Plätze: an der fast quadrat. Place Stanislas steht u. a. das Rathaus, an den Platzecken Brunnen und vergoldete Gitter; der Triumphbogen leitete über zur Place de la Carrière (ehem. Turnierplatz), an deren Ende das Reg.gebäude mit zwei halbkreisförmigen Kolonnaden steht. Bed. auch der spätgot. Herzogspalast (16. Jh.; jetzt Ḥistor. Museum von Lothringen), die Kathedrale (18. Jh.), die Grabkirche der lothring. Hzg. (Église des Cordeliers; 15. Jh.) sowie das ma. Stadttor Porte de la Craffe.
◫ *Marot, P.:* Le vieux N. Hg. v. J. Choux. *Nancy Neuaufl.* 1970.

Nandaysittich ↑ Keilschwanzsittiche.

Nanderbarsche [Sanskrit/dt.] (Nandidae), Fam. etwa 6–25 cm langer, meist nachtaktiver, z. T. räuber. Barschfische, v. a. im nördl. S-Amerika, in W-Afrika und S-Asien; zu den N. gehören neben dem (Blätter nachahmenden) **Blattfisch** (Monocirrhus polyacanthus) die Vielstachler mit dem bis 25 cm langen **Ind. Vielstachler** (N. i. e. S., Nandus nandus), mit gold- bis dunkelbrauner Fleckung und zwei auffallenden keilförmigen, schwarzen Binden vom Auge bis zum Kiemendeckelrand.

Nandus [indian., nach dem männl. Balzruf] (Rheidae), Fam. bis 1,7 m scheitelhoher, flugunfähiger, dreizehiger, straußenähnl. Laufvögel in S-Amerika; zwei Arten: **Gewöhnl. Nandu** (**Pampasstrauß,** Rhea americana), in den Pampas und in Savannen, oberseits graubraun und schwärzl., unterseits weißl.; **Darwin-Nandu** (**Darwin-Strauß,** Pterocnemia pennata), auf Andenhochflächen, ähnl. gefärbt, doch kleiner als die vorige Art.

Nanga Parbat, höchster Gipfel der westl. Himalajas, 8126 m hoch.

Nangarhar, Prov. in O-Afghanistan, vom Kabul durchflossen, Hauptstadt Jalalabad; 10 km westl. von ihr im Kabul der Staudamm, der mittels eines 75 km langen Kanals der Bewässerung des N.-Bewässerungsgebietes (sowjet. Entwicklungshilfe) dient.

Nänie […niə; lat.], urspr. die nicht literar. fixierte, primitive Totenklage. Später Bez. für die an ihre Stelle tretende förml. Laudatio funebris (Grabrede), auch mit kunstgemäßen Trauerliedern (Threnos) gleichgesetzt.

Nanismus [zu griech.-lat. nanus „Zwerg"] (Nanosomie), svw. ↑Zwergwuchs.

Nanking (Nanjing) [chin. nandzɪŋ], Hauptstadt der chin. Prov. Kiangsu, am rechten Ufer des Jangtsekiang, mit Vorstädten

3,7 Mill. E. Univ. (gegr. 1902), TU, mehrere Fachhochschulen, Kunstakad., Geolog. Inst., wiss. Forschungsanstalten der Chin. Akad. der Wiss., Observatorium. Vertreten sind zahlr. Betriebe der verarbeitenden Ind.; sie liegen fast alle außerhalb der alten Stadtmauer, ebenso das Hafen- und Handelszentrum. Zweistöckige Eisenbahn- und Straßenbrücke über den Jangtsekiang; ⚓.
Geschichte: Geht auf eine im 6. Jh. v. Chr. gegr. Ansiedlung zurück; Chinas Hauptstadt unter mehreren frühen Dyn. (erstmals 229 v. Chr.); stammt in seiner heutigen Stadtanlage v. a. aus der Mingzeit; ab 1368 zur „Südl. Hauptstadt" umgestaltet, blieb Metropole bis 1403 (Verlegung des Reg.sitzes nach Peking). 1853–64 Hauptstadt der Taipingbewegung. In N. bildete Sun Yat-sen 1912 die erste republikan. Regierung. Von der Nationalregierung 1928 zur Reichshauptstadt erklärt, blieb N. dies bis zur Eroberung durch die Kommunisten 1949; seit 1952 Hauptstadt der Prov. Kiangsu. – Der am Ende des brit.-chin. Opiumkrieges 1842 geschlossene **Vertrag von Nanking** wurde zur Zäsur in den europ.-ostasiat. Beziehungen († chinesische Geschichte).
Bauten: Erhalten sind der Kulonturm („Trommelturm") aus der Mingzeit (1368–1644) sowie das Kloster Chi-ming-zu („Kloster zum Hahnenschrei", Ende des 14. Jh. gestiftet), der Palast des Hung Hsiu-ch'üan und der Palast des Yang Hsiu-ch'ing (beide 19. Jh.; heute Verwaltungsbüro bzw. Museum).
Nanking [nach der gleichnamigen chin. Stadt], leinen- oder köperbindiges, kräftiges Baumwoll- oder Zellwollgewebe mit dunkler Kette und hellem Schuß.
Nannen, Henri, * Emden 25. Dez. 1913, dt. Journalist und Verleger. – Nach Kriegsdienst (1939–45) Chefredakteur (1946–49) von hannover. Zeitungen; gründete 1948 die Publikumszeitschrift „Der Stern" (heute „Stern-Magazin"), war bis 1981 ihr Chefredakteur, 1981–83 ihr Herausgeber.
Nanni di Banco, * Florenz um 1375, † ebd. im Febr. 1421, italien. Bildhauer. – Antike Motive prägen seine florentin. Renaissancebildwerke (Gruppe der sog. Santi Quattro Coronati an Or San Michele, um 1410–15; Relief mit der Himmelfahrt und Gürtelspende Marias an der Porta della Mandorla am Dom, 1414–21).
Nanning, Hauptstadt der Autonomen Region Kwangsi, China, am Yükiang, 657 000 E. Fachhochschulen für Medizin und Landw.; Verarbeitung landw. Erzeugnisse; Chemiekombinat, Herstellung von Ausrüstungen für Bergbau und metallurg. Ind., Flußhafen.
Nano... [zu griech.-lat. nanus „Zwerg"], Vorsatz vor physikal. Einheiten, Vorsatzzeichen n; bezeichnet das 10^{-9}fache (den milliardsten Teil) der betreffenden Einheit; z. B. 1 nm = 0,000 000 001 m.

Nanschan, bis 6 346 m hohes Gebirge im äußersten NO des Hochlands von Tibet (China), besteht aus einer Reihe OSO streichender, stark zertalter, hochalpin ausgebildeter, zum Teil vergletscherter Ketten, deren Gipfelhöhen von W nach O abnehmen. Sie umschließen, v. a. im S, von Schuttmassen, Salzseen und -sümpfen erfüllte, z. T. sehr breite und abflußlose Senken; Staffelbrüche gliedern den N-Abfall der nördl. Randkette (**Richthofengebirge**).
Nansen, Fridtjof, * Gut Store Frøn (= Oslo) 10. Okt. 1861, † Lysaker bei Oslo 13. Mai 1930, norweg. Polarforscher und Diplomat. – Durchquerte im Aug./Sept. 1888 erstmals das 3 000 m hohe Binneneis Grönlands von O nach W; ließ sich mit der seit dem 22. Sept. 1893 von der Neusibir. Inseln vom Eis eingeschlossenen „Fram" polwärts treiben und gelangte bis 86° 14' n. Br. Mit der Erforschung des innerarkt. Tiefseebeckens und der ostwestl. Eisströmung hatte N. die größten Rätsel des Nordpolarmeers gelöst. Ab 1897 war N. Prof. für Zoologie und Meeresforschung in Kristiania, 1900 und 1910–18 unternahm er weitere meereskundl. Forschungsreisen. Neben seiner wiss. Arbeit war N. 1906–08 norweg. Gesandter in London. Nach dem 1. Weltkrieg leitete er die Heimführung der Kriegsgefangenen aus Sowjetrußland und organisierte als Hochkommissar des Völker-

Napfschaler. Lage der inneren Organe von Neopilina:
A After, Ao Aorta, D Darm,
F segmental angeordnete Fiederkiemen,
Fu Fuß, G Geschlechtsdrüsen,
H Herzhauptkammer, L Leber,
M Mundöffnung, Ma Magen,
Mr Mantelrand, Mu segmental angeordnete Muskelstränge,
N Nervenstränge, Ne segmental angeordnete Nephridien, von denen die vorderen der Ausfuhr der Geschlechtszellen dienen,
R Radula, S Speiseröhre, Sch Schale,
Sr Schlundring, V Herzvorkammer,
Vd Vorderdarmdrüsen

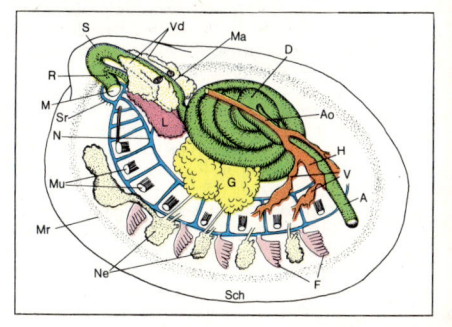

Nanterre

bundes (Nansenamt, 1921-30) 1921-23 Hilfsaktionen für das hungernde Sowjetrußland. 1922 erhielt N. den Friedensnobelpreis, am 5. Juli wurde in Genf der auf seine Initiative geschaffene **Nansenpaß** internat. anerkannt. Dieser war zunächst Reisedokument für staatenlose russ. Flüchtlinge; in der Folge auch auf armen. (1924), assyr. und türk. (1928) sowie saarländ. (1935) Flüchtlinge ausgedehnt. Die Einrichtung des Nansenpasses wurde durch das **London Travel Document** von 1946 u. das **Reisedokument des Genfer Flüchtlingskonvention** von 1951 weitergeführt. Schrieb u. a. „Auf Schneeschuhen durch Grönland" (1891), „In Nacht und Eis" (2 Bde., 1897), „Spitzbergen" (1920).
⌑ *Bauer, W.: F. N. Humanität als Abenteuer. Mchn. 1979. - Bauer, W.: Die langen Reisen. Eine N.-Biogr. Mchn. 1956. - Nockher, L.: F. N. Polarforscher u. Helfer der Menschheit. Stg. 1955.*

Nanterre [frz. nã'tɛːr], frz. Stadt im nw. Vorortbereich von Paris, an der Seine, 88 600 E. Verwaltungssitz des Dep. Hauts-de-Seine; kath. Bischofssitz; Fakultät für Literatur und Humanwiss.; u. a. Kfz.-, Flugzeugind.- Kelt. Ursprungs (**Nemetodorum**); im MA Besitz des Klosters Sainte-Geneviève. - Kath. Wallfahrtskirche Sainte-Geneviève mit spätgot. Langhaus (15. Jh.) sowie modernem Querschiff und Chor.

Nantes [frz. nã:t], frz. Ind.- und Hafenstadt an der Loire, 58 km oberhalb ihrer Mündung in den Golf von Biskaya, 240 500 E. Verwaltungssitz des Dep. Loire-Atlantique, Hauptstadt der Region Pays de la Loire; kath. Bischofssitz; Univ. (1460-1793; seit 1962), mehrere Hochschulen, Handelsmarineakad.; Museen; Theater, Schiff- und Maschinenbau, Nahrungsmittel- und chem. Ind. sowie Zulieferind., Flugzeugind., Fahrzeugbau u. a. Der durch Eisenbahn, Straßen und Binnenwasserwege mit einem weiten Hinterland verbundene Hafen kann von Schiffen bis 15 000 t angelaufen werden. - Ben. nach den kelt. Namnetern, deren Hauptstadt es war; seit dem 4. Jh. Bischofssitz; Anfang des 13. Jh.- 1689 Hauptstadt der Bretagne, mit der es 1515 zur frz. Krondomäne kam; entwickelte sich seit dem 15. Jh. zur bed. Handelsstadt; spielte eine große Rolle als Umschlagplatz für den Sklavenhandel mit Amerika. - Trotz der Zerstörungen im 2. Weltkrieg sind alte Baudenkmäler erhalten, u. a. die Kathedrale (1434-1893), das ehem. herzogl. Schloß (15., 17. und 18. Jh.), das Haus La Psalette (15. Jh.; heute Museum) im Flamboyantstil; Reste der ma. Befestigung (15. Jh.).

Nantes, Edikt von [frz. nã:t], vom frz. König Heinrich IV. am 13. April 1598 zur Beendigung der Hugenottenkriege erlassenes Edikt, das das kath. Bekenntnis als Staatsreligion bestätigte und eine weitere Ausbreitung des Protestantismus in Frankr. unmöglich machte, aber den Hugenotten Gewissensfreiheit, örtl. begrenzte Kultfreiheit, volle Bürgerrechte sowie etwa 100 Sicherheitsplätze („places de sûreté") zusicherte.

Nantschang (Nanchang) [chin. nantʃaŋ], Hauptstadt der chin. Prov. Kiangsi, am Kankiang, oberhalb seiner Mündung in den Poyang Hu, 1,03 Mill. E. Fachhochschulen für Landw. und Medizin; altes Zentrum der Binnenschiffahrt, heute v. a. Ind.standort.

Naogeorgus (Naogeorg), Thomas, eigtl. T. Kirchmair (Kirchmeyer), * Hubelschmeiß bei Straubing 1511, † Wiesloch 29. Dez. 1563, nlat. Dramatiker. - 1535 luth. Pfarrer in Sulza und (1541) Kahla; nach seinem Bruch mit Luther Prediger u. a. in Zürich, Bern, Basel; Superintendent in Esslingen am Neckar. Schrieb lat. Tendenzstücke gegen das Papsttum (bes. „Pammachius", 1538); sein Werk stellt einen der Höhepunkte des nlat. Reformationsdramas dar.

Napalm ⓦ [Kw. aus **Na**phthensäure und **Palm**itinsäure], Gemisch aus Aluminiumsalzen der Naphthensäuren und Fettsäuren (v. a. Palmitinsäure). Das pulverige Produkt bildet mit flüssigen Kohlenwasserstoffen (z. B. Benzin) zähe Gele, die zur Füllung von Brandbomben verwendet werden. Die Gele entzünden sich beim Aufschlagen der Bombe und entwickeln bei begrenztem Brandherd sehr hohe Temperaturen (über 2 000 °C). N. führt zu schwärenden Brandwunden, die oft krebsig entarten. N. wurde schon im 2. Weltkrieg von den USA im Pazifikraum, v. a. aber im Korea- und Vietnamkrieg angewendet.

Napata, Ruinenstätte am 4. Nilkatarakt, seit etwa 1450 v. Chr. südl. Grenzpunkt des Neuen Reiches; nach 1000 v. Chr. Hauptstadt eines nub.-ägypt. Reiches (25. ägypt. Dyn.), dessen religiöses Zentrum N. bis etwa 300 v. Chr. blieb, obwohl die Hauptstadt um 530 v. Chr. weiter südl. nach Meroe verlegt worden war; 23/22 von den Römern zerstört. Heute ansehnl. Ruinenfeld mit Pyramiden; am „Hl. Berg" (Dschabal Al Barkal) mehrere Amuntempel.

Napf, Mittelgebirge im Schweizer Mittelland, zw. dem Entlebuch und dem Emmental, bis 1 408 m hoch.

Napfkuchen (Topfkuchen), Kuchen, der seine Form durch einen Hohlzylinder in der Mitte der Backform erhält.

Napfpilze, svw. ↑ Nestpilze.

Napfschaler (Tryblidiacea, Monoplacophora), größtenteils ausgestorbene, heute lediglich durch 13 Arten (Gatt. *Neopilina*) in großen Meerestiefen (bis 6 500 m) verbreitete Klasse 2-37 mm großer Weichtiere; urtüml., getrenntgeschlechtl., über kurzlebige Larvenstadien sich entwickelnde Tiere mit napfförmiger, den Körper überdachender Schale, rundem Fuß, zwei Paar Fühlerlappen und Mehrfachbildungen von Organen (fünf bis sechs Paar Kiemen, zwei Paar Geschlechts-

Napoleon I.

drüsen, vier Paar Ausscheidungsorgane). Die N. waren zunächst nur fossil bekannt, bis bei der Expedition des Forschungsschiffes „Galathea" (1952) die ersten lebenden Tiere gefangen wurden. - Abb. S. 143.

Napfschildläuse (Schalenschildläuse, Wachsschildläuse, Lecaniidae), Fam. bis 6 mm langer, oft mit wachsartigem Sekret bedeckter Schildläuse mit zahlr. z.T. schädl. Arten; ♀♀ napfförmig, flügellos, ♂♂ geflügelt. Zu den N. gehört u. a. die **Rebenschildlaus** (Wollige N., Pulvinaria vitis), 4-6 mm lang, längs gestreift und dunkelgebändert; saugt an Weinreben und Obstgehölzen.

Napfschnecken (Patellidae), in allen Meeren weit verbreitete Fam. der Schnecken mit zahlr. Arten an Felsen der Brandungszonen; mit napfförmiger Schale und breitem Fuß, durch den die Tiere (zum Schutz vor der Brandung) fest an der Unterlage haften (Saugkraft 14-15 kg); am bekanntesten die **Gemeine Napfschnecke** (Patella vulgata) an der europ. Atlantikküste und im Mittelmeer.

Naphtha [pers.-griech.], Bez. für Schwerbenzin.

Naphthalin [pers.-griech.], $C_{10}H_8$, aus zwei kondensierten Benzolringen bestehender aromat. Kohlenwasserstoff; farblose, blättrige Kristalle bildende, phenolartig riechende, in Wasser unlösl. Substanz, die im Erdöl nur in geringen Mengen vorkommt und daher aus Steinkohlenteer gewonnen wird. N., das früher auch als Mottenschutzmittel benutzt wurde, ist Ausgangsmaterial für viele chem. Produkte, z.B. Phthalsäure, Anthrachinon, Naphthalinsulfonsäuren (zur Herstellung von Farbstoffen) sowie halogenierten N.verbindungen (Insektizide, Fungizide und Holzschutzmittel).

Naphthen [pers.-griech.], svw. ↑Cyclohexan.

Naphthene [pers.-griech.], svw. ↑alicyclische Verbindungen.

Naphthensäuren, von gesättigten, cycl. Kohlenwasserstoffen abgeleitete, aus Erdöl durch Auswaschen mit Natronlauge gewonnene Carbonsäuren, deren Schwermetallsalze als Trocknungsmittel, deren Alkalisalze als Emulgatoren verwendet werden.

Naphthole [pers.-griech./arab.] (Hydroxynaphthaline), Hydroxylverbindungen des Naphthalins; farblose, kristalline, in Wasser schwer lösl. Substanzen, die als Zwischenprodukte bei der Herstellung von Farbstoffen Bed. haben.

Naphthyl- [pers.-griech./griech.], Bez. der chem. Nomenklatur für die bicyclische Gruppe $-C_{10}H_7$.

Naphthylamine [...tyl-a...], die Aminoderivate des Naphthalins; α-*Naphthylamin*, eine weiße, sich an der Luft rot färbende, unangenehm riechende, kristalline Substanz; Zwischenprodukt bei der Herstellung von Azofarbstoffen. Das geruchlose β-*Naphthylamin* löst Blasenkrebs aus und wird heute nicht mehr hergestellt.

Napier (Neper), John, Laird of Merchiston [engl. 'nɛɪpɪə], *Merchiston Castle bei Edinburgh 1550, †ebd. 4. April 1617, schott. Mathematiker. - Verfaßte theolog. und polit. Streitschriften; beschäftigte sich daneben mit mathemat. Fragen. Erfand unabhängig von J. Bürgi die Logarithmen.

Napo, Prov. in Ecuador, an der Grenze gegen Kolumbien und Peru, 52318 km², 115100 E (1982), Verwaltungssitz Tena. Erstreckt sich von der Ostkordillere bis in das östl. Tiefland, von dichtem Wald bedeckt, der von Rodungsinseln durchsetzt ist. Der Anbau dient der Selbst- und lokalen Marktversorgung; Viehzucht. Erdölvorkommen im Tiefland mit Pipeline zur Küste.

Napoca ↑Klausenburg.

Napoleon, Name frz. Herrscher:

N. I. (Napoléon Bonaparte, eigentlich Napoleone Buonaparte), *Ajaccio (auf Korsika) 15. Aug. 1769, †Longwood (Sankt Helena) 5. Mai 1821, Kaiser der Franzosen (1804-14/15) - 2. Sohn des kors. Advokaten C. Buonaparte: besuchte die Militärschulen von Brienne (1779-84) und Paris (1784/85); Leutnant der Artillerie (Okt. 1785). N. fühlte sich nicht als Franzose, sondern träumte von der Befreiung Korsikas von frz. Herrschaft und unterstützte die Unabhängigkeitsbewegung P. Paolis. 1793 schloß sich N. der Bergpartei an; 1794 Brigadegeneral. Nach dem Sturz Robespierres 1794 für kurze Zeit verhaftet und aus der Armee entlassen, unterstützte er das Direktorium bei der Niederschlagung des royalist. Aufstandes in Paris am 13. Vendémiaire des Jahres IV (5. Okt. 1795) und wurde zum Befehlshaber der Armee im Innern und am 2. März 1796 zum Oberbefehlshaber der Italienarmee ernannt. 1796 heiratete er Joséphine de Beauharnais (⚭ 1809). Mit dem Italienfeldzug 1796/97 innerhalb des 1. Koalitionskrieges errang N. nicht nur militär. Ruhm. Er bewies mit der territorialen und republikan. Umgestaltung Italiens, seinem eigenmächtigen Friedenschluß mit dem Papst und mit Österreich (↑Campoformido) seine polit. und administrative Begabung und Selbständigkeit. Im Dez. 1797 übertrug ihm das Direktorium den Oberbefehl über die Englandarmee und gestand ihm die Durchführung der ägypt. Expedition (1798) zu. Militär. Rückschläge in Deutschland und Italien zu Beginn des 2. Koalitionskrieges, der wachsende Mißkredit des Direktoriums und die von den Mitverschwörern um E. J. Sieyès schließl. unterschätzte Popularität von N. ermöglichten den Staatsstreich vom 18. Brumaire des Jahres VIII (9. Nov. 1799). N. diktierte die 1800 von einem Plebiszit gebilligte Konsulatsverfassung vom 22. Frimaire VIII (13. Dez. 1799). Als 1. Konsul besaß er die exekutive Gewalt und die Gesetzesini-

Napoleon I.

Napoleon I. als Erster Konsul.
Gemälde von Jean Auguste Dominique
Ingres (1803/04). Lüttich, Museum
voor Schone Kunsten

tiative, das Plebiszit sicherte ihm den Vorrang vor den legislativen Versammlungen; die Herrschaftsformen des Bonapartismus zeichneten sich damit ab.
In den Jahren 1800 bis 1804 sicherte N. innenpolit. eine stabile Ordnung und schuf die rechtl., administrativen und kulturellen Grundlagen für die Herrschaft des Bürgertums. Er ersetzte die miteinander konkurrierenden revolutionären Gremien durch ein straff zentralist. Verwaltungssystem, schuf ein einheitl. Unterrichtswesen und machte mit dem Abschluß des Konkordats mit Pius VII. (1801) den Klerus durch staatl. Besoldung vom Staat abhängig. Der einheitl. Code civil von 1804 und die folgenden Gesetzeswerke sicherten dem Gleichheitsgrundsatz eine über Frankr. hinausreichende Bedeutung. Die erfolgreiche Beendigung des 2. Koalitionskrieges und die Friedensschlüsse von Lunéville (1801) und Amiens (1802) brachten eine kurze Periode allg. Friedens und ermöglichten N. eine Steigerung der persönl. Macht: Er machte sich 1802 zum Konsul auf Lebenszeit, krönte sich am 2. Dez. 1804 zum erbl. Kaiser der Franzosen und am 26. Mai 1805 in Mailand mit der Eisernen Krone der Langobarden zum König von (Ober-)Italien.

Der Ggs. zw. brit. Interessen und frz. Hegemonialanspruch ließ 1803 den Krieg erneut ausbrechen. Im 3. Koalitionskrieg konnte N. im Frieden von Preßburg (1805) Österreich demütigen. Preußen wurde im 4. Koalitionskrieg 1806/07 in der Doppelschlacht von Jena und Auerstedt völlig niedergeworfen. Mit Errichtung des Rheinbundes 1806, der die durch den Reichsdeputationshauptschluß (1803) eingeleitete Neuordnung Deutschlands fortsetzte, durch das Bündnis mit Alexander I. von Rußland (1807) und die Dekretierung der Kontinentalsperre (1806) erreichte N. den Höhepunkt seiner Macht.
1810 heiratete er die östr. Kaisertochter Marie Louise, die ihm Napoléon, den späteren Hzg. von Reichstadt gebar.
Schon seit 1808 schwächte der konservativnat. Widerstand des span. Volkes die Macht N.s und bestärkte in den Napoleon. Kriegen den Freiheitswillen der europ. Völker. Um die Kontinentalsperre zu verschärfen, dehnte N. sein Imperium nach SO und an die Ostsee aus (1810 Annexion Hollands, der dt. Nordseeküste und Lübecks), bis die wachsenden Interessengegensätze zum Bruch mit Alexander I. führten. Der verlustreiche Rußlandfeldzug 1812 brachte den endgültigen Wendepunkt der Napoleon. Herrschaft; in den Befreiungskriegen 1813–15 wurde seine Herrschaft über Europa beseitigt. Am 31. März 1814 besetzten die Verbündeten Paris; sie zwangen N. zur Abdankung (6. April 1814) und wiesen ihm als Souverän mit Kaisertitel die Insel Elba als Wohnsitz zu. - Überschätzte Differenzen der Alliierten auf dem Wiener Kongreß und die mangelnde Begeisterung Frankr. für die bourbon. Restauration veranlaßten N., noch einmal nach der Macht zu greifen. Das Intermezzo der Hundert Tage (1815) endete mit der Niederlage bei Belle-Alliance (oder Waterloo) († auch Befreiungskriege). Großbrit. internierte Napoleon auf Sankt Helena, wo er an Magenkrebs starb. Sein Leichnam wurde 1840 in den Pariser Invalidendom überführt.
Die *Bedeutung* N.s für die Umgestaltung Europas ist unumstritten. Getrieben von maßlosem Ehrgeiz, im Besitz eines scharfen Intellekts, stieg er durch beispiellose Arbeitskraft und einen eisernen Willen zum Herrscher auf. Er zerstörte das Europa des Ancien régime und ermöglichte zugleich in Italien und Deutschland durch territoriale Veränderungen die Entstehung des modernen Nat.staats. In Frankr. prägte er die Verwaltungs-, Finanz- u. Rechtsorganisation z.T. bis heute. Als *Feldherr* wurde N. zum Studienobjekt späterer Militärtheoretiker (u.a. C. P. G. von Clausewitz). Das frz. Revolutionsheer der Levée en masse ermöglichte ihm in seiner neuartigen Gliederung die Durchführung schneller Märsche und überraschende Truppenkonzentrationen an strateg. entscheidender Stelle und führte

Napoleonische Kriege

schließl. zum modernen Krieg der Nationen. Die widersprüchl. *Beurteilungen* entsprechen seiner komplexen Persönlichkeit und seiner Stellung zw. Frz. Revolution, aufgeklärter Reform und Reaktion, die sich in der Hl. Allianz manifestierte. In der frz. Historiographie wechseln Bewunderung und Haß; ein unbefangeneres Urteil wurde erst nach der Konsolidierung der Dritten Republik möglich. In der dt. Geschichtsschreibung veränderte sich die Einschätzung von N. mit dem Wachsen des Nationalstaates, der z. T. als von ihm bedingt erkannt wurde (Marx, Engels). - Abb. auch Bd. 9, S. 26.

📖 *Tulard, J.: N. oder Der Mythos des Retters. Biogr. Dt. Übers. Bln. u. a. Neuaufl. 1982.* - *Durant, W./Durant, A.: Kulturgesch. der Menschheit. Bd. 17: Die frz. Revolution u. der Aufstieg Napoleons. Dt. Übers. Mchn. 1979.* - *Presser, J.: N. Die Entschlüsselung einer Legende. Dt. Übers. Rbk. 1979.* - *Presser, J.: N. Das Leben u. die Legende. Dt. Übers. Stg. 1977.* - *N. u. Europa. Hg. v. H.-O. Sieburg. Köln u. Bln. 1971.* - *Freund, M.: N. u. die Deutschen. Mchn. 1969.*

N. II. †Reichstadt, Napoléon Herzog von.

N. III., eigtl. Charles Louis Napoléon Bonaparte, *Paris 20. April 1808, †Chislehurst (= London) 9. Jan. 1873, Kaiser der Franzosen. - Neffe Napoleons I.; wuchs nach 1815 im schweizer. und dt. Exil auf. Nach dem Tod des Hzg. von Reichstadt 1832 nächster Thronprätendent der Dyn. Bonaparte; unternahm am 30. Okt. 1836 in Straßburg und am 6. Aug. 1840 in Boulogne Putschversuche. 1840 wurde N. zu lebenslängl. (allerdings großzügig gehandhabter) Festungshaft verurteilt, aus der er 1846 nach London floh. Im Sommer 1848, als die soziale Frage sich zur Sozialrevolution zuzuspitzen drohte und die Junischlacht von Paris den Klassengegensatz zw. bürgerl. und proletar. Revolutionären unterstrich, empfahl sich N. als „Retter der Gesellschaft" (K. Marx), indem er nat. Prestigepolitik, Abbau der sozialen Ggs. und eine Politik der festen Hand versprach. Bei den ersten (und letzten) Präsidentschaftswahlen der 2. Republik (10. Dez. 1848) erhielt er 5,4 Mill. Stimmen. Da die Verfassung von 1848 nur eine vierjährige Amtszeit des Präs. ohne die Möglichkeit der Wiederwahl vorsah und das Parlament eine Verfassungsänderung zugunsten einer zehnjährigen Amtszeit ablehnte, löste N. das Parlament auf (2. Dez. 1851) und ließ sich durch ein Plebiszit für 10 Jahre diktator. Befugnisse übertragen. Dem Staatsstreich hatte er durch Gewinnung von Armee, Polizei und Arbeiterschaft und die Diskreditierung des Parlaments vorgearbeitet. Ein erneutes Plebiszit (21. Nov. 1852) bestätigte ihn mit 7,8 gegen 0,25 Mill. Stimmen als erbl. Kaiser (Kaiserproklamation 2. Dez. 1852, 1853 Heirat mit Eugénie, 1856 Geburt des Thronfolgers Louis).

Die unzureichend erfüllten innenpolit. Versprechen und v. a. die plebiszitäre Legitimation seiner Herrschaft zwangen N., ständige Erfolge vorzuweisen, die er vornehml. in der Außenpolitik suchte: Im Krimkrieg (1853/54–56) konnte er Frankr. zur Großmacht erheben, die Unterstützung der italien. Nationalbewegung 1829 brachte Nizza und Savoyen; den Ausbau der frz. Kolonien förderte er erfolgreich in N-Afrika und SO-Asien, scheiterte aber mit seinem Plan eines mexikan. Kaiserreichs unter Erzhg. Maximilian. Die span. Thronkandidatur eines Hohenzollernprinzen wurde für N. zur frz. Prestigefrage, die im Sommer 1870 den Krieg gegen Preußen polit. zwingend machte. Die Niederlage des frz. Feldheeres (Sedan) zerstörte auch die Legitimitätsbasis seiner Herrschaft: N. geriet am 2. Sept. 1870 in preuß. Gefangenschaft und lebte ab 1871 im brit. Exil. - Der Charakter der Napoleon. Herrschaft war und ist umstritten: Während die einen seine plebiszitären Züge und die Existenz eines aus allg. Wahlen hervorgegangenen Parlaments als demokrat. Ansätze deuten, betonen die anderen die autoritären Merkmale.

📖 *Dansette, A. M. P. J.: Le Second Empire. Paris* $^{1-2}$ *1972–73. 2 Bde.* - *Payne, H. C.: The police state of Louis-Napoléon Bonaparte, 1851–1860. Seattle (Wash.) 1966.* - *Euler, H.: N. III. in seiner Zeit. Würzburg 1961.*

Napoleondor (Napoleon) [frz.], frz. Goldstück zu 20 Francs geprägt seit 1803, mit Bild und Titel Napoleons I. oder Napoleons III.

Napoleonische Kriege, die nach den Koalitionskriegen (1792–1806/07) von Napoleon I. zur Behauptung seiner imperialen Hegemonialpolitik in Europa geführten Kriege 1807/08–12. Den **span. Unabhängigkeitskrieg** (1808–14) konnte Napoleon nicht siegreich beenden; er hatte Signalwirkung v. a. für die dt. Erhebung gegen die Napoleon. Herrschaft. Die **Erhebung Österreichs** (1809) begann zugleich mit dem Tiroler Freiheitskampf am 9. April mit einem östr. Vorstoß auf Bayern. Bei Aspern und Eßling (21./22. Mai) erlitt Napoleon seine erste Niederlage, die er aber bei Wagram (5./6. Juli) ausgleichen konnte (Waffenstillstand von Znaim, 12. Juli). Im Frieden von Schönbrunn (14. Okt.) erlitt Österreich erhebl. Territorialverluste und wurde eine von Frankr. abhängige Macht zweiten Ranges. Im **Rußlandfeldzug** (1812) suchte Napoleon die Entscheidung über seine Kontinentalherrschaft, nachdem sein Bündnis mit Kaiser Alexander I. (Friede von Tilsit, 1807) seit 1809 zerbrochen war. Napoleon überschritt am 24. Juni 1812 mit der Grande Armée den Njemen; die Abwehrschlacht Kutusows (Borodino, 7. Sept.) konnte die Einnahme Moskaus (14. Sept.) nicht verhindern. Aus der russ. Verweigerung von Friedensverhandlungen, dem durch den Brand von

147

Napoleonshut

Moskau und durch den Einbruch des Winters erzwungenen Rückzug (seit 19. Okt.) und aus dem partisanenähnl. Widerstand in dem von Alexander verkündeten Vaterländ. Krieg erwuchs die Katastrophe der Grande Armée (Verlust von 96% der Truppen). Nach der Niederlage bei Smolensk (16./17. Nov.) folgte der völlige Zerfall ihrer Reste. während die preuß.-russ. Konvention von Tauroggen (30. Dez.) die Befreiungskriege einleitete.

Napoleonshut, Abart des Dreispitz.

Napoli, italien. Stadt, ↑ Neapel.

Nappaleder [nach der kaliforn. Stadt Napa], bes. feines und weiches Leder; v. a. für Handschuhe.

Nara, jap. Stadt auf Hondo, 297900 E. Verwaltungssitz der Präfektur N.; Univ. (gegr. 1908), Hochschule für Medizin; Textil- und Nahrungsmittelind.; bed. Fremdenverkehr. - 710 als Hauptstadt Japans gegr., bis 784 Sitz der Reg.; danach Niedergang und seitdem nur noch Wallfahrtsort; seit 1871 Präfekturhauptstadt. - 36 m hohe Ostpagode des Jakuschidschi (gegr. 680; wiedererrichtet um 718–20), Nebenbauten des Todaidschi (745–752), der einst bedeutendsten Tempelanlage von Nara.

Narayanganj [engl. naːˈrɑːjangandʒ], Stadt in Bangladesch, im Tiefland von Bengalen, 271 000 E. Hauptsitz der Jutebehörde und neben Dacca wirtsch. Zentrum des Landes; Flußhafen.

Narbada (Narmada), Fluß in Z-Indien, am N-Rand des Dekhan, entspringt an der NW-Abdachung der Maikal Range, mündet mit einem 20 km breiten Mündungstrichter in den Golf von Cambay, 1 310 km lang, im Unterlauf schiffbar.

Narbe [eigtl. „Verengung" (der Wundränder)], (Cicatrix) das bei der Heilung eines Gewebsdefektes aus Granulationsgewebe entstehende gefäßarme Bindegewebe.
◆ (Stigma) Teil des Fruchtknotens der Blütenpflanzen, an dem das Pollenkorn hängenbleibt und den Pollenschlauch bildet.

Narbenbruch ↑ Bruch.

Narbonensis (Gallia N.), röm. Prov., ↑ Gallien.

Narbonne [frz. narˈbɔn], frz. Stadt in der Küstenebene des Languedoc, Dep. Aude, 41 600 E. Bed. Weinhandelszentrum, Konfektionsind., Ölmühlen, Brennereien u. a. Betriebe. 14 km östl. von N. das Seebad N.-Plage. - Vorröm. Ursprungs (Hauptstadt der kelt. Tektosagen). Aus den von den Römern gegr. Kolonien **Narbo Martius** (118/117) und **Colonia Iulia Paterna Claudia Decumanorum** entstand die Hauptstadt der Prov. Narbonensis (bis zu einem Brand vor 149 n. Chr.). Das im 3. oder 4. Jh. gegr. Erzbistum wurde 1790 Bistum und 1801 aufgehoben; kam 1507 an die frz. Krondomäne. - Got. Chor (1272–1310) der unvollendeten ehem. Kathedrale, ehem. erzbischöfl. Palais (10.–14. und 19. Jh.; heute Rathaus, Kunst- und Keramikmuseum).

Narcissus ↑ Narzisse.

Narcotin (Narkotin) [zu griech. narkōtikós „betäubend"], svw. ↑ Noskapin.

Narda ↑ Arta.

Narde [semit.-griech.], Bez. für verschiedene wohlriechende Pflanzen, die z. T. schon im Altertum zur Herstellung von Salben u. a. verwendet wurden; so der Große Speik und der N.baldrian.

Nardini, Pietro, * Livorno 12. April 1722, † Florenz 7. Mai 1793, italien. Violinist und Komponist. - Wahrscheinl. Schüler Tartinis; 1762–65 am Stuttgarter Hof; seit 1769 am Hof in Florenz; mit Violinsonaten, -konzerten und Streichquartetten bed. Vertreter der italien. frühklass. Violinmusik.

Nardo di Cione [italien. ˈtʃoːne], tätig in Florenz 1343–65, italien. Maler. - Zeigt in den Fresken mit Darstellungen des Jüngsten Gerichts, der Hölle und des Paradieses in der Strozzikapelle von Santa Maria Novella in Florenz (1354–57) einen zarteren, auch weniger räuml. Stil als sein Bruder ↑ Orcagna, mit dem er viel zusammenarbeitete.

Narew, rechter Nebenfluß der Weichsel, entspringt in der Puszcza Białowieska (UdSSR), mündet nördl. von Warschau, 484 km lang, 312 km schiffbar.

Nariño [span. naˈriɲo], Dep. in Kolumbien, am Pazifik und an der Grenze gegen Ecuador, 33 268 km², 848 600 E (1985), Hauptstadt Pasto. N. liegt in den Anden und im vorgelagerten Küstentiefland, das von trop. Regenwald eingenommen und nur dünn besiedelt ist; Ackerbau und Viehhaltung im Hochland.

Narjan-Mar, Hauptstadt des Nat. Kreises der Nenzen innerhalb des sowjet. Gebietes Archangelsk, RSFSR, 16 900 E. Veterinärtechnikum; Fisch-, Fleischkombinat, See- und Flußhafen. - Gegr. 1933, seit 1935 Stadt.

Närke, histor. Prov. in Schweden, um den N-Teil des Vätttersees und den W-Teil des Hjälmarsees. Kuppige, waldbestandene Grundmoränen umgeben eine landw. intensiv genutzte zentrale Ebene. Bergbau auf Zinkerz und uranhaltige Schiefer. - 1165 belegt, gehörte ab etwa 1170 den Bischöfen von Strängnäs, seit dem 16. Jh. zum Hzgt. Södermanland.

Narkoanalyse [griech.], unter der Wirkung eines leichten Narkotikums mit Einwilligung des Betroffenen durchgeführte psychoanalyt. Befragung; im Strafverfahren ist die N. eines Beschuldigten oder Zeugen untersagt.

Narkolepsie [griech.] (narkolept. Syndrom), anfallsweises, meist nur kurzdauerndes Einschlafen außerhalb der übl. Schlafenszeit (mit normaler Aufweckbarkeit), das häufig mit einem „affektiven Tonusverlust" der Muskulatur gekoppelt ist. Hauptursache: Plötzl. Funktionsausfall vegetativer Zellen im Zwischen- und Mittelhirn.

Narkose [griech., zu nárkē „Krampf, Lähmung"] ↑ Anästhesie.
Narkotin (Narcotin) [griech.], svw. ↑ Noskapin.
Narkotiseur [narkoti'zør; griech.-frz.], der eine Narkose durchführende Arzt.
Narmada ↑ Narbada.
Narodnaja, mit 1 894 m höchster Berg des Ural, mit kleinen Gletschern.
Narodniki [russ. „Volkstümler"], Anhänger einer insbes. von A. I. Herzen, N. G. Tschernyschewski und P. L. Lawrow beeinflußten Richtung des vormarxist. Sozialismus in Rußland (etwa 1860–95). Sie strebten unter Rückgriff auf das agrar., als alte slaw. Form eines „Urkommunismus" angesehene Modell der Dorfkommune, des „Mir" bzw. der „Obschtschina", eine sozialist.-kommunist. Erneuerung Rußlands unter Umgehung des Kapitalismus an. Während die N. von den russ. Marxisten, u. a. von Plechanow, seit 1880 abgelehnt wurden, orientierten sich die Sozialrevolutionäre nach 1900 erneut an Vorstellungen und Zielsetzungen der N. - Ein Teil der N. bildete die 1879 gegr. Geheimgesellschaft **Narodnaja Wolja** („Volkswille"), die die Ermordung Kaiser Alexanders II. organisierte (1881).
Narr, urspr. Bez. für einen Geisteskranken, heute svw. törichter Mensch, Spaßmacher und Spötter oder Gestalt mit hintergründigem Witz und versteckter Weisheit.
Im MA lebte das Narrentum in vielfältigen Formen. Frühma. **Narrenfeste** parodierten kirchl. Riten (bes. ausschweifend waren bis ins 16. Jh. die Klerikerfeste in frz. Kathedralen). V. a. zur Fastnacht schlüpften viele Stadtbürger ins Narrenkleid und stellten ihre Gemeinde zeitweise unter das Narrenszepter. Ähnl. Brauchformen leben heute noch, etwa in der Fastnacht. - **Narrenliteratur** ist satir., meist in Versen verfaßte Dichtung mit moral.-didakt. Ansprüchen, in der Zeit- und Moralkritik begründet wird mit der allgemeinmenschl., angeborenen oder verschuldet erworbenen Narrheit. Belehrung und Besserung sollen durch Polemik und Karikatur erreicht werden. Am bedeutendsten war S. Brants „Narrenschiff" (1494), das für die Satire des 16. Jh. bestimmend wurde. Volkstüml. N.figuren waren Till Eulenspiegel und die Schildbürger. - ↑ auch Hofnarren.
Narratio [lat. „Erzählung"] ↑ Urkunde.
Narrativum [lat., zu narrare „erzählen"], Zeitform, die vorwiegend bei der Erzählung verwendet wird; z. B. der histor. Aorist des Griechischen, das frz. Imparfait oder das dt. Imperfekt.
Narrenkrankheit (Taschenkrankheit, Narrentaschenkrankheit), durch den Schlauchpilz Taphrina pruni verursachte Erkrankung von Pflaume und Zwetschge. Die Früchte sind vom Pilzmyzel durchwuchert und zu 4–7 cm langen, bleichgrünen, später graubraunen, harten, saftlosen Gebilden (**Narrentaschen**) verunstaltet.
Narrenliteratur ↑ Narr.
Narrheit, Wesen und Verhalten des Narren (↑ Narr); als **heilige Narrheit** eine bes. Form der Nachfolge Christi, die bes. in Rußland den Heiligentypus des „Gottesnarren" vorgebracht hat, dessen Wirken polit. und soziale Akzente hatte.
Narses, * in Armenien um 480, † Rom 574, Feldherr Kaiser Justinians I. - 551 als Nachfolger Belisars Oberbefehlshaber in Italien; konnte den Widerstand der Ostgoten brechen und organisierte (bis 567) die Verwaltung Italiens.
Narthex [griech. „Kästchen"], Vorhalle der altchristl. und byzantin. Basiliken.
Naruszewicz, Adam Stanisław [poln. naru'ʃɛvitʃ], * bei Pinsk 20. Okt. 1733, † Janów Podlaski (Woiwodschaft Lublin) 6. Juli 1796, poln. Dichter und Historiker. - 1788 Bischof von Smolensk, 1790 von Luzk. Begründete mit seiner Geschichte Polens (bis 1386) die moderne poln. Geschichtsschreibung; Verf. von Oden, Satiren, Fabeln.
Narváez, Ramón Maria de [span. nar'βaɛθ], Hzg. von Valencia (seit 1844), * Loja (Prov. Granada) 4. Aug. 1800, † Madrid 23. April 1868, span. Marschall und Politiker. - Stürzte 1843 J. Espartero; Haupt der Moderados; ab 1844 fünfmal Min.präs.; wegen seiner diktator. Regierungsweise entscheidend mitverantwortlich für die von Cadiz ausgehende Revolution von 1868 und damit für den Sturz Königin Isabellas II.
Narvik, norweg. Hafenstadt am inneren Ende des Ofotenfjords, 19 000 E. Eisfreier Exporthafen für das aus Kiruna mit der Erzbahn herantransportierte Eisenerz. - Entstand ab 1883 als Sitz der brit.-schwed. Gesellschaft, die die Ofotbahn (fertiggestellt 1903) für die Ausfuhr der Erze baute; 1902 zur Stadt erhoben; 1940 von dt. Truppen besetzt und stark zerstört.
Narwa, Stadt an der N., 14 km vor deren Mündung in den Finn. Meerbusen, Estn. SSR, 74 000 E. Polytechnikum; histor. Museum; Baumwollkombinat, hanf- und juteverarbeitende Betriebe. - Als eine der ältesten Städte Estlands Mitte des 13. Jh. gegr.; im 14. Jh. bed. Handelsstadt; 1558–81 russ; 1581 schwed. besetzt; 1704 durch Rußland erobert.
Narwal [skand., eigtl. „Leichenwal" (vermutl. wegen der gelblich-weißen Farbe)] ↑ Gründelwale.
Narziß, Gestalt der griech. Mythologie. Ein schöner Jäger, der die Liebe der Nymphe Echo verschmäht und von Aphrodite derart bestraft wird, daß er sich in sein Spiegelbild verliebt, bis die Verwandlung in die Blume gleichen Namens seinen Qualen ein Ende macht.
Narzisse (Narcissus) [griech., nach ↑ Narziß], Gatt. der Amaryllisgewächse mit rd. 20

Narzissenblütige Anemone

Arten in M-Europa und im Mittelmeergebiet; Zwiebelpflanzen mit meist linealförmigen Blättern und einzelnen bis mehreren (dann in Dolden stehenden) Blüten mit Nebenkrone (blütenkronenähnl. Blattkreis zw. Perigon- und Staubblättern). N. sind beliebte Zier- und Schnittblumen, u. a. die **Dichternarzissen** mit weißen, flach ausgebreiteten Blütenhüllblättern und nur kleiner, gelber, rot berandeter Nebenkrone. Eine langröhrige Nebenkrone hat die 20–40 cm hohe, gelb blühende **Osterglocke** (Gelbe N., Trompeten-N., Narcissus pseudonarcissus); blüht meist Ende März oder im April; viele Zuchtsorten werden kultiviert.

Narzissenblütige Anemone (Berghähnlein, Anemone narcissiflora), geschützte Anemonenart in den höheren Gebirgen Europas, O- und NO-Asiens und N-Amerikas; 20–40 cm hohe Staude mit weißen, doldig angeordneten Blüten.

Narzissengewächse, svw. ↑Amaryllisgewächse.

Narzißmus, Bez. für Verliebtsein in sich selbst (sog. Selbstliebe; ↑Narziß); in übertragenen Sinn auch Bez. für erot. Regungen und genitale Handlungen, die sich nur auf die eigene Person beziehen; mitunter auch Bez. für Eitelkeit.

NASA [engl. 'næsə, 'nɑːsə], Abk. für: ↑National Aeronautics and Space Administration.

nasal [zu lat. nasus „Nase"], die Nase betreffend, zur Nase gehörend, nasenwärts gelegen; durch Nase gesprochen, genäselt.

Nasal [lat.] (Nasallaut, Nasenlaut), Konsonant oder Vokal, bei dessen Aussprache die Luft in den Nasenraum gelangen kann. Bei den **Nasalkonsonanten** wird die Luft im Mundraum völlig gestoppt und kann nur über den Nasenraum entweichen (Halbverschlußlaut), z. B. [m, n, ɲ, ŋ]. Bei den **Nasenvokalen** (nasalierten Vokalen) kann zusätzlich zur Hauptartikulation Luft in den Nasenraum gelangen, wobei es gleichgültig ist, ob diese auch durch die Nase entweicht. Diakrit. Zeichen für die Nasalierung von Vokalen ist die Tilde [~], z. B. frz. pain [pɛ̃] „Brot".

Nase (Näsling, Mundfisch, Chondrostoma nasus), bis 50 cm langer, Schwärme bildender Karpfenfisch, v. a. in Fließgewässern N- und O-Europas (bes. in Donau und Rhein); mit unterständigem Maul und nasenförmigem Oberkiefer.

Nase [zu lat. nasus mit gleicher Bed.] (Nasus), Geruchsorgan vorn am Kopf der Wirbeltiere, bei den luftatmenden Landwirbeltieren auch Teil des Atmungsweges. - Während Knorpel- und Knochenfische nur ein Paar Riechgruben (häufig mit getrennten, hintereinanderliegenden Ein- und Ausströmöffnungen) haben, besteht bei allen anderen Wirbeltieren beim Menschen eine Verbindung zw. den beiden äußeren N.öffnungen (Nasenlöcher) und der Mund- bzw. Rachenhöhle. Dies wird dadurch mögl., daß im Anschluß an die beiden N.höhlen zwei innere N.öffnungen, die Choanen, entstanden sind. Die N. des *Menschen* gliedert sich in die *äußere N.* und in die *N.höhle.* Die aus *N.wurzel, N.rücken, N.spitze* und *N.flügel* bestehende äußere N. wird im Bereich der N.wurzel v. a. vom paarigen, schmalen **Nasenbein** (Os nasale) gebildet. Daran anschließend formen nach vorn zu verschiedene hyaline Knorpelstücke als *knorpeliges N.skelett* die nachgiebige, für den Menschen typ. (äußere) Nase. Die knorpelige **Nasenscheidewand** *(N.septum)* trennt die N.höhlen voneinander; ihr oberer Rand biegt nach beiden Seiten um und bestimmt so mit dem N.bein zus. die Form des N.rückens. Überkleidet ist das Skelett der äußeren N. von Haut, die stark mit Talgdrüsen besetzt ist und in den *N.vorhof* übergeht. Dieser ist mit starken, reusenartig nach außen gerichteten **Nasenhaaren** zum Schutz gegen Fremdkörper, Staub und kleine Tiere ausgestattet. Bis auf das Riechepithel sind die N.höhlen von Schleimhaut mit Flimmerepithel ausgekleidet, das eingedrungene Staubpartikel rachenwärts transportiert. Während die Wand der N.höhlen im Septumbereich glatt ist, ragen von der Außenwand bis fast zur N.scheidewand drei übereinanderliegende *N.muscheln* in die N.höhle vor, die dadurch drei überdachte *N.gänge* erhält. In den unteren N.gang mündet der Abflußkanal der Tränendrüsen, in den mittleren fast alle Nebenhöhlen. Die obere N.muschel ist kleiner als die beiden anderen und außerdem nach hinten verlagert. Vor ihr läuft unter dem N.dach eine Rinne, deren Seitenwände das Riechepithel tragen. - Abb. S. 153.

Nasenaffe ↑Schlankaffen.

Nasenbären (Rüsselbären, Coatis, Nasua), Gatt. etwa 35–70 cm langer (einschließl. des buschigen Schwanzes bis 1,4 m messender) Kleinbären mit vier Arten, v. a. in Wäldern und Grassteppen des südl. N-Amerika bis S-Brasilien; gesellige Allesfresser mit vorwiegend braungrauem bis rotbraunem, kurzund dichthaarigem Fell, längl. Kopf, langer, bewegl., rüsselartiger Nase und meist dunklen und weißen Gesichtszeichnungen. Zu den N. gehören z. B. der **Rote Nasenbär** (Südamerikan. N., Coati, Coatimundi, Nasua nasua) in S-Amerika, meist rötlichbraun (Schwanz mit dunklen Ringen), u. der **Bergnasenbär** (Kleiner N., Nasua olivacea) in Gebirgen des nw. S-Amerika, oliv- bis graubraun (Schwanz mit dunklen Ringen).

Nasenbein ↑Nase.

Nasenbeutler, svw. ↑Beuteldachse.

Nasenbluten (Epistaxis), Blutung aus der Nase infolge spontaner oder nach Schlageinwirkung erfolgter Zerreißung von Blutgefäßen in der Nase, blutender Tumoren oder Polypen, Nasenbein- oder Schädelbasisbrüchen, häufig auch symptomat. bei fieberhaften Infektionskrankheiten (Masern, Grippe, Diphtherie), bei Gefäß- und Kreislauferkrankungen. - ↑ auch Erste Hilfe (Übersicht).

Nasendasseln (Nasendasselfliegen, Nasenbremsen, Oestrinae), mit über 100 Arten weltweit verbreitete Unterfam. etwa 7–15 mm langer, kräftiger, z. T. bunter Dasselfliegen, davon rd. 20 Arten in der Alten Welt; Imagines mit stark reduzierten Mundwerkzeugen, lebendgebärend, spritzen ihre Larven in die Nasen- und Augenregionen von Säugetieren (bes. Pferden, Schafen), wo sie sich im Nasenrachenraum entwickeln; befallen gelegentl. auch Menschen.

Nasenfrösche (Rhinodermatinae), Unterfam. (1 bis wenige cm langer) Frösche mit wenigen Arten in S-Amerika; am bekanntesten der **Darwin-Nasenfrosch** (Vaquero, Rhinoderma darwini) in den Küstenwäldern Chiles und S-Argentiniens, etwa 3 cm lang, überwiegend braun gefärbt, mit zipfelartigem Nasenfortsatz.

Nasenhaie (Scapanorhynchidae), Fam. bis über 4 m langer Haifische mit nur wenigen Arten; mit sehr langem, schaufelförmigem Schnauzenfortsatz.

Nasennebenhöhlen (Nebenhöhlen, Sinus paranasales), von der Nasenhöhle aus in die angrenzenden Knochen hinein ausgedehnte, von Schleimhaut ausgekleidete Lufträume der Nase. Beim Menschen sind die bei der Geburt erst angelegten N. im 12. bis 14. Lebensjahr voll entwickelt, können sich jedoch bis ins späte Alter hinein weiter ausdehnen. Sie erstrecken sich vom mittleren Nasengang aus in den Oberkiefer (**Kieferhöhle**), ins Stirnbein (**Stirnhöhle**) sowie in die vorderen Siebbeinzellen des Siebbeins hinein, vom oberen Nasengang aus in die hinteren Siebbeinzellen und vom oberen Winkel zw. Nasenwand und Keilbeinunterseite aus ins Keilbein (**Keilbeinhöhle**). Die N. beeinflussen als Resonatoren die Klangfarbe der Stimme.

Nasennebenhöhlenentzündung (Sinuitis, Sinusitis), Schleimhautentzündung meist einzelner Nasennebenhöhlen; fast immer als Folge eines Schnupfens, seltener von eitrigen Zahnwurzelprozessen ausgehend; am häufigsten ist die Kieferhöhlenentzündung. Die N. äußerst sich in Kopfschmerzen, Ausfluß von eitrigem Sekret, bei der chron. Form können Schleimhautwucherungen auftreten.

Nasenpolypen, gestielte bindegewebige Wucherungen der Nasen- oder Nasennebenhöhlenschleimhaut.

Nasen-Rachen-Raum, zusammenfassende Bez. für die Nasenhöhlen und den Rachenraum.

Naser e Chosrau, Abu Moin [pers. naˈserexosˈroṷ], * bei Balkh (= Wazirabad, Afghanistan) 1004, † Yamagan (Badakhshan) zw. 1072 und 1077, pers. Dichter. - Gilt mit seinen philosoph.-theolog. Prosaschriften in Form von polem. Traktaten als der älteste Klassiker der pers. Lehrdichtung.

Nash [engl. næʃ], N. Richard, eigtl. Nathaniel R. Nusbaum, * Philadelphia 7. Juni 1913, amerikan. Schriftsteller. - Seine romant. Komödie „Der Regenmacher" (1954) hatte internat. Erfolg. Dt. erschien 1978 sein exot. Roman „Ostwind und Regen".

N., Ogden, * Rye (N. Y.) 19. Aug. 1902, † Baltimore (Md.) 19. Mai 1971, amerikan. Schriftsteller. - Wurde bekannt durch witzige, humorist. Lyrik, die oft satir. und sozialkrit., oft parodist. ist; Nonsensedichtungen, amerikan.-dt. Auswahl u. d. T. „Ich bin leider hier auch fremd" (1969).

Nash-Cats [engl. ˈnæʃkæts], 1969 gegr. erfolgreiche dt. Popgruppe; verbindet sexualisierende Rhythmen mit Pornolalie und erot. Lifeshows (sog. „Rockuntergriffe").

Nashe (Nash), Thomas [engl. næʃ], * Lowestoft (Suffolk) 1567, † London 1601 (?), engl. Satiriker. - Verfaßte u. a. beißende Satiren und Pamphlete bes. gegen den Puritanismus und die volkstüml. Dramatiker sowie den Schelmenroman „Der unglückl. Reisende oder Die Abenteuer des Jack Wilton" (1594).

Nashörner (Rhinozerosse, Rhinocerotidae), seit dem Eozän bekannte Fam. tonnenförmiger, fast haarloser, dreizehiger Unpaarhufer mit fünf Arten in den Savannen und Graslandschaften Afrikas und Asiens; laub- und grasfressende Tiere mit panzerartiger Haut, kurzen, säulenartigen Beinen und ein bis zwei hornförmigen Bildungen auf Nase bzw. Nasenbein (*Nasenhörner*); Gesichtssinn schlecht, Geruchssinn dagegen sehr gut ausgebildet. Nach einer Tragezeit bis zu einneinhalb Jahren wird ein Junges geboren, das bis zu zwei Jahren gesäugt wird. Die heute noch lebenden (in ihren Beständen z. T. stark bedrohten) Arten sind: **Breitmaulnashorn** (Weißes N., Ceratotherium simum), 3,5–4 m lang, in den Steppen Z- und S-Afrikas; Körper schiefergrau; das vordere Nasenhorn kann bis 1,5 m lang werden; Maul sehr breit. **Spitzmaulnashorn** (Schwarzes N., Diceros bicornis), 3–3,75 m lang, in Z-, O- und S-Afrika; Körper dunkelgrau; das vordere Nasenhorn ist meist 50 cm lang; Oberlippe fingerförmig verlängert, wird als Greiforgan benutzt. **Sumatranashorn** (Dicerorhinus sumatrensis), 2,5–2,8 m lang, in SO-Asien, auf Sumatra und Borneo; Hautpanzer mit Falten und Behaarung. Die beiden Arten der Gatt. **Panzernashörner** (Rhinoceros) haben nur ein Horn; Haut durch Falten in große, plattenartige Flächen aufgeteilt. **Javanashorn** (Rhinoceros sondaicus), bis etwa 3 m lang, nur noch vereinzelt in W-Java; Haut mit mosaikartig angeordneten, hornigen Erhebungen; ♂ mit kleinem Horn. **Panzernashorn (Indisches Nashorn,** Rhinoceros unicornis), bis über 4 m lang, in N-Indien und Nepal; Haut dunkel braungrau; an den Körperseiten, bis über

Nashornfische

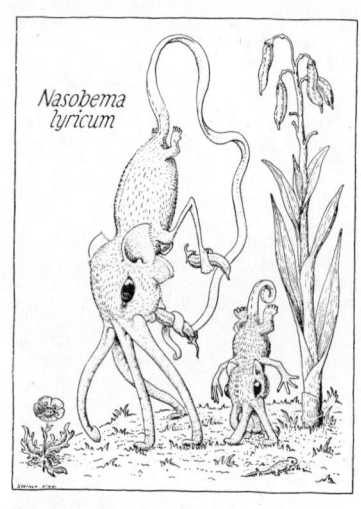

Nasobem. Nasobema lyricum.
Zeichnung von Gerolf Steiner (1957)

den Beinen, mit auffallend nietenförmigen Erhebungen. Sie sind aber nur ein kleiner Rest der bis zur Eiszeit auch in Europa weit verbreiteten N., wie z. B. **Merck-Nashorn** (Waldnashorn, Dicerorhinus kirchbergensis), **Steppennashorn** (Dicerorhinus hemitoechus) und das dichtbehaarte **Wollnashorn** (Coelodonta antiquitatis). - Nashorndarstellungen sind auf Wandbildern in den altsteinzeitl. Höhlen S-Frankr. (u. a. Lascaux und Font-de-Gaume) sowie auf Felszeichnungen in Transvaal und in der Sahara erhalten.

Nashornfische ↑Doktorfische.
Nashornkäfer (Riesenkäfer, Dynastinae), Unterfam. etwa 2–15 cm langer, nachtaktiver, meist rotbrauner bis schwarzer Blatthornkäfer (Fam. Skarabäiden), v. a. in den Tropen und Subtropen Amerikas und Eurasiens; ♂♂ mit je einem langen Horn auf dem Kopf. In M.-Europa nur der bis 4 cm große **Europ. Nashornkäfer** (Oryctes nasicornis), v. a. im Kompost und in verrotteten Sägemehlhaufen; Larven sind sehr groß und dick.
Nashornvögel (Bucerotidae), Fam. elster- bis putengroßer, vorwiegend schwarz und weiß befiederter Rackenvögel mit rd. 50 Arten im trop. Regenwald sowie in Steppen und Savannen Afrikas und S-Asiens; vorwiegend früchte- und kleintierfressende, baumbewohnende Vögel mit großem, gekrümmten, an der Oberschnabelbasis oft einen Aufsatz („Horn") tragenden Schnabel; zum Brüten mauert das ♂ das ♀ ein. Zu den N. gehört u.a. der bis 90 cm (mit Schwanz bis 1,6 m) lange **Helmvogel** (Dickhornvogel, Rhinoplax vigil) in den Urwäldern Malakkas, Sumatras und Borneos; Oberseite und Brust schwärzl., Bauch und Schwanzfedern weiß; Kopfseite rotbraun, Hals und Augenring bei ♂ nackt und leuchtend rot, beim kleineren ♀ violett, grünl. oder blau; hintere Schnabelhälfte einschließl. des massigen Aufsatzes leuchtend rot.

Nashville [engl. 'næʃvɪl], Hauptstadt des Bundesstaats Tennessee, USA, am Cumberland River, 150 m ü. d. M., 455 700 E. Sitz eines Bischofs; und eines methodist. Bischofs; drei Univ. (gegr. 1867, 1873, 1912), Colleges; Observatorium, Druckereien und Verlage, Nahrungsmittel-, metallverarbeitende, Tabak-, Textil- und Schuhind. Eines der Musikzentren der USA, Zentrum des ↑Country and western; Verkehrsknotenpunkt, ✈. - Gegr. 1779 als Fort Nashborough; N. seit 1784; Hauptstadt von Tennessee seit 1843. - Klassizist. State Capitol (19. Jh.).

Nasi-goreng [indones., eigtl. „gebratener Reis"], ind. Gericht, dessen Zutaten (gekochter Reis, Gemüse, Fleisch [und Garnelen]) gebraten werden.

Nasik, ind. Stadt in den Westghats, am Oberlauf des Godavari, Bundesstaat Maharashtra, 600 m ü. d. M., 262 000 E. Anglikan. Bischofssitz; Pilgerstätte der Hindus: Alle 12 Jahre stattfindende Badefeste „Kumbh Mela" (zuletzt 1981).

Nasir Ad Din At Tusi (Abu Dschafar Muhammad Ibn Al Hasan), * Tus (Chorasan) 18. Febr. 1201, † Bagdad 26. Juni 1274, pers. Universalgelehrter. - Ab 1256 Hofastrologe und Min. des Ilkhans Hulagu; verfaßte Lehrbücher (u. a. der Mathematik, Astronomie, Ethik, Sexuallehre und Mystik) und begründete die Trigonometrie als selbständige Wissenschaft.

Naskapi [engl. 'næskəpi:], Algonkin sprechende Indianerstämme, subarkt. Jäger und Fischer in Labrador (Kanada).

Naso, Eckart von, * Darmstadt 2. Juni 1888, † Frankfurt am Main 13. Nov. 1976, dt. Schriftsteller. - War 1918–45 am Berliner Staatl. Schauspielhaus Dramaturg, Regisseur, zuletzt unter Gründgens Chefdramaturg; 1953/54 Chefdramaturg in Frankfurt am Main, bis 1957 in Stuttgart, danach freier Schriftsteller; verfaßte u. a. die preuß. Staatsidee verklärende Romane und Novellen, u. a. „Preuß. Legende" (E., 1939), „Die große Liebende" (R., 1950).

Nasobem (Nasobema) [lat.-griech., eigtl. „Nasenschreiter"; letztl. Kunstwort], von C. Morgenstern in den „Galgenliedern" erfundenes Tier mit 4 gleichartigen, langen Nasen, auf denen es sich fortbewegt. Der Zoologe G. Steiner schuf 1908, unter dem Pseudonym H. Stümpke: „Bau und Leben der Rhinogradentia", 1961) schuf danach die „Säugetierordnung Naslinge" mit dem *Großen Morgenstern-N.* (Nasobema lyricum).

Nasreddin Hoca (N. Hodscha) [türk.

Naßentschwefelung

'hɔdʒɑ], sprichwörtl. Held der türk. Volksliteratur aus dem 13. oder 14. Jh.; Lehrer und Geistlicher, über den heute über 500 Anekdoten bekannt sind; die z. T. derben Schwänke und Schnurren (zu vergleichen mit dem dt. „Eulenspiegel") waren oft bittere Satire und scharfe Kritik an den Mißständen der Zeit.

Nasriden (arab. An Nasrijjun), arab. Dyn. von Granada 1231–1492; unter ihrer Herrschaft erlebte die maur. Kultur eine letzte Blüte (Alhambra); 1492 Flucht Muhammads XII. nach Marokko.

Nassau, seit dem 11. Jh. im Unterlahngebiet bezeugtes Grafengeschlecht (seit 1160 nach der um 1125 erbauten Burg N. [Rhein-Lahn-Kreis] ben.). Die Gft. N. entstand im Raum des Taunus und des Westerwaldes zw. Main, Mittelrhein, Sieg und Wetterau. 1255 wurde die Gft. zw. Otto I. († 1289/90) (Gebiet nördl. der Lahn mit Siegen und Dillenburg) und Walram II. († um 1276) (südl. Gebiete mit Wiesbaden, Idstein und Weilburg) geteilt. Die **otton. Linie** teilte sich 1303 in die Linien *Hadamar* (ältere Linie, bis 1394) und *Dillenburg,* die durch Heiraten 1386 die Gft. Diez, 1403/04 Breda, 1530 das Ft. Oranien gewann. Wilhelm I. von N.-Dillenburg, „Prinz" von Oranien, begr. das Haus Oranien-Nassau, das den niederl. Thron innehat (seit 1815) und mit Wilhelm Heinrich von Oranien-N. 1689 die engl. Krone gewann. Johann VI. (⚭ 1559–1606) entwickelte sein Land zu einem Musterstaat. Wilhelm VI. von Oranien-N. wurde 1815 als Wilhelm I. König der Niederlande. 1890 erlosch die otton. Hauptlinie im Mannesstamm.

Aus der **walram. Linie** stammten der Röm. König Adolf von N. (⚭ 1292–98) und im 14./15. Jh. 4 Mainzer Erzbischöfe. Sie teilten sich 1355 in die *Idsteiner* (bis 1605) und die *Weilburger* (1381 Erwerb der Gft. Saarbrücken), die zahlr. Abzweigungen hatten. 1806 wurde N. zu einem unteilbaren Hzgt. erklärt; 1866/68 wurde es als Prov. Hessen-N. Preußen angeschlossen. Hzg. Adolf von N. (⚭ 1839–66) wurde auf Grund des nassauischen Erbvereins von 1783 (Anerkennung der Zusammengehörigkeit von ganz N. und des Erstgeburtsrechts) Großhzg. von Luxemburg.

Nassau ['--], Stadt und Luftkurort an der unteren Lahn, Rhld.-Pf., 110 m ü. d. M., 4600 E. U. a. Herstellung von Haushaltsgeräten und metallverarbeitende Ind. - 915 erstmals erwähnt; erhielt 1348 Stadtrecht; im 2. Weltkrieg zu 70 % zerstört. - Ruine der Burg N. (12. Jh.) mit 1971 ff. ausgebautem Palas; Steinsches Schloß (17. und 18. Jh.).

N. [engl. 'næsɔː], Hauptstadt der Bahamas, an der NO-Küste von New Providence Island, 135 400 E. Sitz eines anglikan. und eines kath. Bischofs; Teil der University of the West Indies, Technikum, Lehrerseminar, Zentrum des Handels und Bankwesens, Marktort für landw. Produkte; Konservenind., Rumdestillation; Bootsbau; Fremdenverkehr; Hafen, internat. ✈. - Gegr. 1660 von Briten unter dem Namen **Charles Town** (nach König Karl II.); 1689 zu Ehren Wilhelms III. von Oranien-Nassau umbenannt.

Nassauer [zu frühneuhochdt. naß „ohne Geld, liederlich", unter Anlehnung an den Ortsnamen Nassau], jemand, der auf Kosten anderer mitißt bzw. mittrinkt („nassauert").

Naßdampf ↑ Dampf.

Naßentschwefelung, Entfernung von Schwefelwasserstoff (↑ Entschwefelung) aus Gasgemischen durch Auswaschen mit wäßrigen Lösungen bzw. Aufschlämmungen oxidierender oder neutralisierender Substanzen (z. B. Eisen(III)-hydroxid oder Alkalisalze von Aminosäuren) oder mit organ. Lösungsmitteln, in denen Schwefelwasserstoff gut lösl. ist (z. B. Methanol).

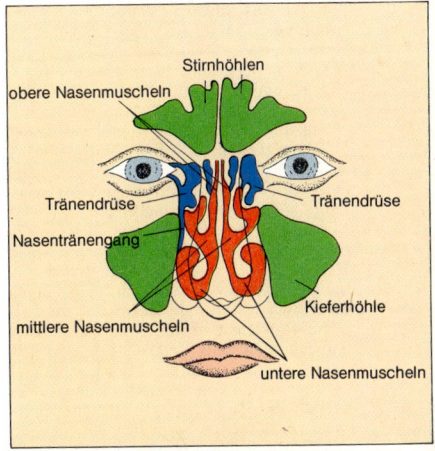

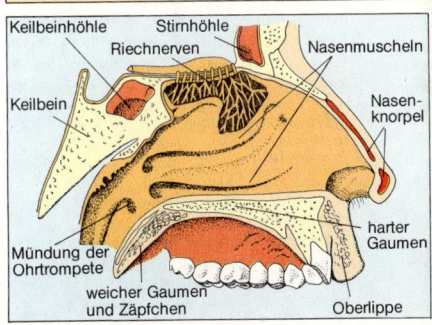

Nase. Oben: Schleimhauträume des Gesichtsschädels; unten: Mittelschnitt durch den Gesichtsschädel mit Darstellung der Nasenmuscheln, des Gaumens und des Zahnbogens

Naßentstaubung

Naßentstaubung ↑ Entstaubung.
Nasser, Gamal Abd el (arab. Abd An Nasir, Gamal), *Bani Murr (Gouv. Asjut) 15. Jan. 1918, † Kairo 28. Sept. 1970, ägypt. Offizier und Politiker. - Zeichnete sich als Oberst 1948 im 1. Israel.-Arab. Krieg aus; zähltezu den Mitbegr. des „Komitees der freien Offiziere", das im Juli 1952 König Faruk I. stürzte; danach führende Position im „Rat der Revolution", Oberbefehlshaber der Streitkräfte, stellv. Min.präs. und Innenmin. (1953), Min.präs. (1954); löste seinen Gegenspieler Nagib 1954 als Staatsoberhaupt ab; stand 1958–61 an der Spitze der VAR. Innenpolit. festigte N. seine Stellung durch Ausschaltung der Parteien, Auflösung der Muslimbruderschaft, Proklamation eines arab. Sozialismus mit dem Ziel einer umfassenden Bodenreform, Industrialisierung und Bau des Assuanhochdammes. Die Verstaatlichung des Sueskanals 1956 und die erfolgreiche Widerstand gegen die frz.-brit.-israel. Intervention sicherten ihm eine Führungsposition innerhalb der arab. Welt, v. a. im Kampf gegen Israel. Galt neben Nehru und Tito als Wortführer der blockfreien Staaten. Der für N. erfolglose 3. Israel.-Arab. Krieg 1967 schwächte vorübergehend seine Position.

Nassersee [nach G. A. el Nasser] ↑ Assuan.

Nässjö [schwed. ˏnɛʃøː], schwed. Stadt in Småland, 350 m ü. d. M., 32 000 E. Einer der größten Eisenbahnknotenpunkte Nordeuropas.

Naßmetallurgie (Hydrometallurgie), Verfahren zur Gewinnung von Metallen durch Überführen in Lösungen (mit Hilfe von Säuren oder Basen) und anschließende Ausfällung, Reduktion oder Elektrolyse. Die N. spielt v. a. bei der Gewinnung von Nichteisenmetallen (z. B. Gold) aus armen Erzen eine wichtige Rolle.

Naßspinnverfahren ↑ Chemiefasern.

Nastie [zu griech. nastós „(fest)gedrückt"], durch Außeneinflüsse verursachte, ohne Beziehung zur Reizrichtung stehende, wiederholbare Bewegung von Teilen festgewachsener Pflanzen. Nastien kommen entweder durch verstärktes Wachstum der einen Seite eines Organs oder durch Turgorschwankungen zustande. Nach der Art des auslösenden Reizes unterscheidet man u. a.: **Chemonastie,** eine durch chem. Reize verursachte Bewegung, z. B. die Krümmungsbewegungen der Drüsenhaare des Sonnentaus (hervorgerufen durch tier. Eiweißstoffe und deren Abbauprodukte). **Haptonastie** (Thigmo-N.), eine durch Berührungsreize ausgelöste Bewegung, z. B. das Einrollen der Blattrandtentakeln bzw. ganzer Blätter beim Sonnentau nach Berührung durch anfliegende Insekten. Die **Seismonastien** werden durch Erschütterungen ausgelöst und durch Änderung des Turgors in bestimmten Gewebezonen bewirkt. Ein bekanntes Beispiel sind die Bewegungen der Blätter der Mimose. Diese haben an den Stielen der Blätter und der Fiederblättchen Gelenke (Blattpolster). Stößt man eines der Fiederblättchen an, klappen diese nacheinander nach oben zus., die Fiederblattstiele neigen sich zueinander, und schließl. senkt sich der Blattstiel.

Nasturtium [lat.], svw. ↑ Brunnenkresse.
Nasus [lat.], svw. ↑ Nase.
Nataka ↑ indisches Theater.
Natal [brasilian. na'tal], Hauptstadt des brasilian. Bundesstaats Rio Grande do Norte, an der Küste, 376 400 E. Kath. Erzbischofssitz; Univ. (gegr. 1958); bed. Textilind., Zentrum der Salzgewinnung; Bahnstation, Hafen, internat. ✈. - Gegründet 1597.

N. [ˈnaːtal, engl. nəˈtæl], Prov. der Republik Südafrika, am Ind. Ozean, 86 967 km², 2,68 Mill. E (1980), Hauptstadt Pietermaritzburg. Überwiegend Bergland, das von der Küste zu den Drakensbergen im W ansteigt, im äußersten NO Tiefland; Anbau von Zuckerrohr, Baumwolle, Tee, Tabak, Zitrusfrüchten, Mais, Hirse, Gemüse; bed. Schaf- und Rinderzucht; die Wälder liefern 50 % des südafrikan. Bauholzbedarfs; Kohlenbergbau. - Die Küste von N. wurde am 25. Dez. 1497 erstmals von Vasco da Gama gesichtet und deshalb Terra natalis gen. (nach portugies. natal „Weihnachten"; seit 1837 von Buren kolonisiert; 1843 von Großbrit. annektiert, erhielt 1893 Autonomie; seit 1910 Prov. der heutigen Republik Südafrika.

Natalbecken, Meeresbecken im Ind. Ozean vor der afrikan. SO-Küste, im O vom Madagaskarrücken begrenzt; bis 5 778 m tief.

Natali, Lorenzo, *Florenz 2. Okt. 1922, italien. Politiker. - Jurist; ab 1948 Parlamentsabg. für die Democrazia Cristiana; Min. für die Handelsmarine 1966–68, für öffentl. Arbeiten 1968, für Fremdenverkehr 1968/69, für Landw. 1970–73; seit 1977 Vizepräs. der EG-Kommission, zuständig für Fragen der Erweiterung der EG, Umweltschutz, nukleare Sicherheit, Direktwahl des Europ. Parlaments. - † 30. Aug. 1989.

Natalie (Natalia), weibl. Vorname, eigtl. „die am Geburtstag Christi Geborene" (zu lat. [dies] natalis „[Tag der] Geburt").

Natalität [lat., zu natalis „zur Geburt gehörend"] ↑ Geburtenhäufigkeit.

Natascha, aus dem Russ. übernommener weibl. Vorname, Koseform von Natalija, der russ. Form von Natalie.

Natchez [engl. ˈnætʃɪz], ausgestorbener bzw. in den Creek aufgegangener Indianerstamm im unteren Mississippigebiet.

Nathan, aus der Bibel übernommener männl. Vorname hebr. Ursprungs, eigtl. „er (= Gott) hat gegeben"; auch Kurzform von Nathanael oder Jonathan.

Nathan, israelit. Prophet zur Zeit Davids, v. a. bekannt durch seine Verheißung des

Königtums an David (*N.weissagung:* 2. Sam. 7); der älteste in Urkunden erwähnte israelit. Prophet.

Nathans, Daniel [engl. 'neɪθənz], * Wilmington (Del.) 30. Okt. 1928, amerikan. Mikrobiologe. - Prof. für Mikrobiologie an der Johns Hopkins University School of Medicine in Baltimore; grundlegende Arbeiten zur Molekulargenetik, insbes. über die Anwendung der DNS-spaltenden Restriktionsenzyme zur Aufklärung der Genlokalisierung in den DNS der verschiedenen Organismen. Dafür erhielt er 1978 (zus. mit W. Arber und H. O. Smith) den Nobelpreis für Physiologie oder Medizin.

Nathanael [na'taːnaɛl], männl. Vorname hebr. Ursprungs, eigtl. „Gott hat gegeben".

Natho, Eberhard, * Dessau 1932, dt. ev. Theologe, Bischof. - Seit 1959 Pfarrer in Güsten (Kreis Staßfurt), seit 1970 Kirchenpräs. der Ev. Landeskirche Anhalts in Dessau; im Juni 1979 zum Vors. des Rates der Ev. Kirche der Union (EKU), Bereich DDR, gewählt.

Nation [zu lat. natio „das Geborenwerden, das Geschlecht, der Stamm" (von nasci „geboren werden, entstehen")], eine soziale Großgruppe, die durch die Gemeinsamkeit von Abstammung, Wohngebiet, Sprache, Religion, Welt- und Gesellschaftsvorstellungen, Rechts- und Staatsordnung, Kultur und Geschichte sowie durch die Intensität der Kommunikation bestimmt wird. Nicht immer sind alle Merkmale vorhanden; entscheidend ist, daß die Angehörigen einer N. von deren Anders- und Besondersein im Vergleich zu allen anderen N. überzeugt sind. N. sind Ergebnis geschichtl. Prozesse, eine für alle N. geltende Definition ist daher nicht möglich, sondern nur die Zusammenstellung von deskriptiv erfaßten Eigentümlichkeiten. Der zur Beschreibung der Situation in M- und O-Europa entwickelte ethn. N.begriff meint die visuell an der gemeinsamen Sprache und Kultur zu erkennen sind (**Kulturnation**). Dagegen kennt der aus der Beobachtung der westeurop. Verhältnisse gewonnene polit. N.begriff nur die **Staatsnation,** die unter Vernachlässigung ethn. Unterschiede innerhalb eines schon vorhandenen Staates entsteht; dabei können die Begriffe Staat und N. synonym verwendet werden. Die moderne N. hat ihren Ursprung im Bürgertum; die Intensität der Bindung an eine N. ist jedoch unabhängig von sozialen Unterschieden, alle Schichten wurden integriert. Die soziale Totalität der Idee der N. verband sich mit den seit der Frz. Revolution lebendig gebliebenen polit. Grundsätzen der Volkssouveränität und der Selbstbestimmung zum **Nationalstaatsprinzip:** Der Staat ist nicht mehr das Ergebnis einer Territorialpolitik, sondern er wird nur durch die in ihm sich organisierende N. legitimiert (**Nationalstaat**). Dieses Prinzip ist seit dem frühen 19. Jh. ein wirkungsvolles polit. Postulat, das als Rechtfertigung für die Gründung neuer Staaten diente (z. B. Deutschland, Italien, Wiederherstellung Polens). Mit der Ausbildung der modernen N. ab diesem Zeitpunkt gewann auch das Bewußtsein, einer polit. und sozialen Gemeinschaft anzugehören, die eine staatl. organisierte N. bildet oder bilden will (**Nationalbewußtsein**), an Bedeutung. Der häufig synonyme Gebrauch von Nationalbewußtsein und Nationalgefühl zeigt, daß im Nationalbewußtsein emotionale Elemente stark hervortreten können, mithin das Nationalbewußtsein eine emotionale Komponente der N. bilden kann. Der integrale Charakter dieser Komponente findet sich jedoch verstärkt im **Nationalismus.** Er ist die auf die moderne N. und den souveränen Nationalstaat als die zentralen Werte bezogene Ideologie. Er ist geeignet, soziale Großgruppen zu integrieren und sie durch nat. Identifikation gegen die andersstaatl. Umwelt abzugrenzen. Als polit. Ideologie gewann der Nationalismus seit der Frz. Revolution durch die Verbindung mit den demokrat. Ideen der Selbstbestimmung und der Volkssouveränität überragende Bedeutung. Der integrale Nationalismus, der die eigene N. absolut setzt (Chauvinismus) und damit die Existenz anderer N. bedroht, war für die Zeit zw. den Weltkriegen charakteristisch. Heute ist in Europa die polit. Bed. des Nationalismus als Folge v. a. der Weltkriegserfahrungen und der internat. Bündnisbeziehungen relativiert. Nationalbewußtsein und Nationalismus werden jedoch in verschiedenen Ländern Afrikas und Asiens als Mittel sozialer Integration und zur Ausbildung einer eigenen N. von den verschiedenen National- und Autonomiebewegungen eingesetzt. Hier dienen sie zum einen der polit. Konsolidierung, zum anderen der Überwindung der ehemaligen oder noch bestehenden kolonialen Abhängigkeit.

▱ *Nationalismus in vorindustrieller Zeit.* Hg. v. O. Dann. Mchn. 1986. - Fiedler, M., u. a.: *N. u. Selbstbestimmung in Politik u. Recht.* Bln. 1984. - Ehlers, J., u. a.: *Beitr. zur Bildung der frz. N. im Hoch- und Spät-MA.* Tüb. 1983. - *Aspekte der N.bildung im MA.* Hg. v. H: Beumann u. Werner Schröder. Sigmaringen 1978. - *Staatsgründungen u. Nationalitätsprinzip.* Hg. v. T. Schieder. Mchn. 1975.

national [lat.], 1. die Nation betreffend, 2. überwiegend die Interessen der eigenen Nation vertretend, vaterländisch.

National Aeronautics and Space Administration [engl. 'næʃənəl ɛərə'nɔː-tɪks ənd 'speɪs ədmɪnɪs'treɪʃən], Abk. NASA, zivile nationale Luft- und Raumfahrtbehörde der USA, gegründet 1958, Sitz Washington. Die NASA unterhält verschiedene Raumflugstartplätze, insbes. das *John F. Kennedy Space Flight Center* auf Cap Canaveral, und Forschungsinstitute, u. a. das für Forschungs- und Wettersatelliten, Satellitenbahnverfol-

Nationalbewegungen

gung und Nachrichtenübermittlung zuständige *Goddard Space Flight Center* in Greenbelt (Md.), das u. a. für Mond- und Planetensonden zuständige *Jet Propulsion Laboratory* in Pasadena (Calif.), das *George C. Marshall Space Flight Center* (Entwicklung großer Trägerraketen, Rendezvoustechnik) in Huntsville (Ala.) sowie das *Lyndon B. Johnson Space Center* in Houston (Tex.), das für die Planung, Entwicklung und Erprobung bemannter Raumfahrzeuge und das Astronautentraining zuständig ist und als Kontrollzentrum für Unternehmen mit bemannten Raumflugkörpern dient.

Nationalbewegungen ↑ Nationalitätenpolitik.

Nationalbewußtsein ↑ Nation.

National Broadcasting Company [engl. 'næʃənəl 'brɔːdkɑːstɪŋ 'kʌmpənɪ „nationale Rundfunkgesellschaft"], Abk. NBC, größte private Rundfunkgesellschaft in den USA auf kommerzieller Basis; gegr. 1926 in New York; produziert den wesentl. Teil der Programme (über 80 %), die den angeschlossenen lokalen Hörfunk- und Fernsehsendern zur Ausstrahlung angeboten werden; im Besitz der Radio Corporation of America (RCA).

Nationaldemokratische Partei Deutschlands, Abk. NPD, 1964 in Hannover gegr. Partei durch Fusion der Dt. Reichspartei (DRP) mit kleineren Rechtsgruppen; entwickelte sich zum bedeutendsten Sammelbecken rechtsextremer, NS-belasteter bzw. neofaschist. Kräfte nach 1945; mobilisierte 1966/68 im Schatten wirtsch. Rezession über traditionelle Anhängerreservate hinaus zahlr. Protestwähler und zog in 7 Landtage ein: 1966 Hessen und Bayern, 1967 Niedersachsen, Bremen, Rheinland-Pfalz und Schleswig-Holstein, 1968 Baden-Württemberg. Ab 1969 kontinuierl. Niedergang (Verlust sämtl. Landtagsmandate bis 1972). Jugendorganisation der NPD sind die 1967 gegr. **Jungen Nationaldemokraten.**

National-Demokratische Partei Deutschlands, Abk. NDPD, eine der 4 bis 1989 neben der SED bestehenden Parteien der DDR; gegr. 1948 als Satellitenpartei der SED, um die „bürgerl. Parteien" (CDU, LDPD) zu schwächen und ehem. NSDAP-Mgl. und Berufssoldaten zu integrieren; Vors.: H. Homann (* 1911).

Nationale Forschungs- und Gedenkstätten der klassischen deutschen Literatur in Weimar, Abk. NFG, 1953 vom Ministerrat der DDR gegründete Institution zur zentralen Verwaltung, Pflege und wiss. Organisation der in und um Weimar gelegenen histor. Erinnerungsstätten und Archive der Epoche 1750–1850. In den NFG sind zusammengefaßt: 1. das Goethe- und Schiller-Archiv; 2. das Goethe-Nationalmuseum und über 30 weitere Gedenkstätten, Museen und Parkanlagen der klass. Epoche; 3. das 1954 gegr. Institut für dt. Literatur; 4. die Zentralbibliothek der dt. Klassik.

Nationale Front der DDR, seit 1973 Name des als N. F. des demokrat. Deutschland auf Initiative des Dt. Volksrats am 7. Okt. 1947 gegr. [Aktions]zusammenschlusses aller polit. Parteien und Massenorganisationen der DDR unter Führung der SED; koordinierte unter Weisung der SED das Parteiensystem der DDR, bereitete u. a. Wahlen ideolog. vor und stellte die Listen der Wahlkandidaten auf. 1989 fakt. aufgelöst.

Nationalepos, Bez. für ein [Helden]-epos, das im Bewußtsein oder im Bildungskanon einer Nation eine bes. Rolle einnimmt. Als Nationalepen gelten u. a. das „Gilgamesch-Epos" für Sumer, Babylonien und Assyrien, „Ilias" und „Odyssee" für Griechenland, die „Äneis" für Rom, das „Rolandslied" für Frankreich, „Beowulf" für England, das „Nibelungenlied" für Deutschland.

Nationaler Sicherheitsrat ↑ USA (politisches System).

Nationaler Verteidigungsrat der DDR, am 10. Febr. 1960 gegr. Notstandsgremium, das unter Leitung eines durch die Volkskammer gewählten Vors. und 12 weiterer, durch den Staatsrat berufener Mgl. die Landesverteidigung organisieren und sichern soll.

Nationales Olympisches Komitee, nat. Organisation der einzelnen Staaten zur Förderung des olymp. Gedankens und zur Vorbereitung der Olymp. Spiele; z. Z. gibt es 164 Nat. Olymp. Komitees. Das N. O. K. für Deutschland (NOK) wurde 1949 in Bonn gegr., Sitz München, das N. O. K. der Dt. Demokrat. Republik 1951, Sitz Berlin (Ost).

Nationale Volksarmee, Abk. NVA, Bez. für die Streitkräfte der DDR; 1956 aus den Verbänden der seit 1952 bestehenden *Kasernierten Volkspolizei* (KVP) und der seit 1950 getarnt aufgebauten See- und Luftstreitkräfte aufgestellt. Die NVA untersteht dem Oberbefehl des Warschauer Pakts. Das Ministerium für Nat. Verteidigung ist ihre oberste Kommandobehörde; sein Hauptstab bildet das Oberkommando des Heeres; die Seestreitkräfte (seit 1960 mit der Bez. „Volksmarine") und die Luftstreitkräfte haben eigene Oberkommandos. Das Ministerium für Nat. Verteidigung, die Teilstreitkräfte sowie die Grenztruppen der DDR bilden die 5 Militärbezirke. Am 24. Jan. 1962 wurde die allg. Wehrpflicht eingeführt. Die Personalstärke der NVA umfaßt rd. 172 000 Mann: Landstreitkräfte 120 000, Luftstreitkräfte/Luftverteidigung 37 000, Volksmarine 15 000 Mann. Neben der NVA bestehen 47 000 Mann Grenztruppen sowie Verbände der Territorialverteidigung wie Volkspolizeibereitschaften, Transportpolizei. Die paramilitär. „Kampfgruppen der Arbeiterklasse" (zuletzt rd. 500 000 Mann) wurden im Spätjahr 1989 entwaffnet und aufgelöst.

Nationalfarben, Farben, die ein Staat, ein Territorium oder eine nat. Bewegung zur polit. Identifikation und Repräsentation ausgewählt haben; sie werden u. a. in den Nationalflaggen und auf Kokarden geführt.

Nationalflagge, Hoheits- und Ehrenzeichen eines Staates. - ↑ auch Flaggen, ↑ Tafeln Bd. 7, S. 111, 113, 116 und 117.

Nationalgarde, 1. (frz. garde nationale) in Frankr. 1789–1871 (mit Unterbrechungen) im Bedarfsfall aufgebotene Bürgerwehr; 1870/71 Mobilgarde (frz. garde mobile) gen.; 2. (engl. national guard) den Gouverneuren der einzelnen Bundesstaaten in den USA unterstehende Miliz, die bei inneren Unruhen vom Präs. eingesetzt werden kann und ihm im Kriegsfall unterstellt ist; seit 1933 eine Reserve der regulären Streitkräfte.

Nationalhymnen, im Gefolge der Frz. Revolution seit der 1. Hälfte des 19. Jh. sich ausbreitende patriot. Gesänge mit (zumeist) populärer Melodie, die als Ausdruck des nat. Selbstverständnisses gelten und bei feierl. polit. und sportl. Anlässen gespielt und gesungen werden bzw. zum Protokoll gehören.

Nationalismus [lat.] ↑ Nation.

Nationalität [lat.-frz.], im innerstaatl. Recht svw. Volks- bzw. Staatszugehörigkeit; im Völkerrecht Bez. für eine ethn. Minderheit innerhalb eines Staates.

Nationalitätenpolitik, Bez. für die seit dem 20. Jh. auf die Bewältigung der Probleme, die sich in nat. uneinheitl. bzw. multinat. Staaten aus dem Zusammenleben verschiedener ethn. Minderheiten (Nationalitäten) ergeben, gerichtete Politik (**Nationalitätenfrage**). Die N. wird angeregt durch die von Nationalitäten aufgestellten Forderungen nach polit., wirtsch.-sozialer und kultureller nat. Eigenentwicklung (Autonomie). Bestimmt durch die polit. Anerkennung des nat. Selbstbestimmungsrechts der Völker und der Berechtigung nat. Belange von Minderheiten ist N. auf Gleichberechtigung von Nationalitäten bzw. auf Entschärfung nat. Ggs. durch Autonomiegewährung auf der Basis föderalist. Territorial- oder (in ethn. Mischzonen) Personalautonomie (Recht zur Benutzung der eigenen Sprache) gerichtet. Zur Durchsetzung dieser Ziele bilden sich meist Autonomiebewegungen, die vielfach die intellektuellen und polit. Führungsgruppen der Nationalitäten bilden. In der Verneinung einer N. und den mit ihr zusammenhängenden Fragen reicht entnationalisierende Unterdrückungspolitik von diskriminierender allmähl. oder gewaltsamer Assimilierung von Nationalitäten bis zu deren Vertreibung und selbst Vernichtung. Außerhalb Europas stellt sich die N. v. a. als Problem der Staaten der Dritten Welt. Ihre Grenzen wurden von den Kolonialmächten gezogen und überschneiden sich oft mit alten Stammes-, Religions- und Kulturgrenzen. Die Schaffung eines gemeinsamen Nationalbewußtseins der verschiedenen Nationalitäten ist daher als Bedingung für ihre polit. Konsolidierung eine vordringl. Aufgabe und Teil von deren Nationalitätenpolitik. Die weltweiten Aktivitäten von Autonomie- und **Nationalbewegungen** unterstreichen, daß auf pluralist.-demokrat. Grundlage noch keine überzeugende, nat. Interessen gesamtgesellschaftl. bindende N. entwickelt worden ist.

Nationalitätenschutz, der in Nationalitätenstaaten den sich von der staatstyp. Bevölkerungsmehrheit unterscheidenden Bevölkerungsgruppen gewährte Schutz. ↑ auch Minderheit.

Nationalitätensowjet ↑ Sowjetunion (politisches System).

Nationalitätenstaat (Vielvölkerstaat), Bez. für einen Staat, dessen Staatsvolk ethn. nicht homogen ist und dessen einzelnen Volksgruppen ein gewisser Grad an Selbstverwaltung gewährt wird; Beispiele: das ehem. Österreich-Ungarn, Sowjetunion.

Nationalitätsprinzip, Beschränkung der Geltung einer Rechtsordnung auf die ihr unterworfenen Staatsangehörigen.

Nationalkirche, die eine Nation im staatl. oder ethn. Sinn umfassende oder von ihr als N. anerkannte Einheitskirche. Das Prinzip der christl.-religiösen und staatl.-polit. Einheit wurde erstmals im Röm. Reich unter Kaiser Theosodius I. in der offiziellen Reichskirche verwirklicht. Weitere Beispiele sind v. a. die zw. 381 und 1923 entstandenen autokephalen orth. Kirchen des Ostens, die iroschott. und die brit. Nationalkirchen. Staatskirchl. Anschauungen des Marsilius von Padua, von J. Wyclif und J. Hus und das im Humanismus aufkommende Nationalgefühl weckten Forderungen nach einer romfreien N., wie sie z. B. im Gallikanismus und bes. in der anglikan. Kirche verwirklicht wurden.

Nationalkomitee Freies Deutschland, führende Organisation der während des 2. Weltkriegs in der UdSSR entstandenen Bewegung „Freies Deutschland", gegr. mit sowjet. Unterstützung im Juli 1943 in Krasnogorsk bei Moskau von dt. Kriegsgefangenen und kommunist. Emigranten mit dem Ziel, durch Sturz des Hitlerregimes den Krieg zu beenden. Der Bund Dt. Offiziere arbeitete mit dem N. F. D. eng zusammen. Beide Organisationen suchten publizist.-propagandist., Volk und Wehrmacht für ihre Ziele zu gewinnen. Zahlr. Mgl. des N. F. D. wurden nach dem Zusammenbruch des NS-Regimes 1945 in Schlüsselstellungen der SBZ eingesetzt. N. F. D. und Bund Dt. Offiziere lösten sich im Nov. 1945 auf.

Nationalkonvent, Verfassunggebende Versammlung (20. Sept. 1792–26. Okt. 1795) in der Frz. Revolution; proklamierte (22. Sept. 1792) die Frz. Republik; sein Verfassungswerk (24. Juni 1793) trat infolge des Machtkampfes unter den Jakobinern nie in Kraft.

Nationalliberale Partei

◆ in den USA Bez. für den alle 4 Jahre stattfindenden Kongreß der Parteien, dessen von den Parteiorganisationen der Einzelstaaten bestimmte Delegierte den Präsidentschaftskandidaten und seinen Stellvertreter wählen und das Wahlprogramm verabschieden.

Nationalliberale Partei, nach dem Dt. Krieg 1866 und der Beilegung des preuß. Verfassungskonflikts gebildete rechtsliberale Partei (Gründungsprogramm 12. Juni 1867; in Württemberg unter dem Namen Dt. Partei); Zusammenschluß des rechten Flügels der Dt. Fortschrittspartei mit liberalen Gruppen in den von Preußen 1866 annektierten Provinzen. Obwohl die N. P. ihre soziale Basis im Bürgertum hatte, unterstützte sie Bismarcks Politik der Einigung Deutschlands „von oben" und galt daher als „Reichsgründungspartei". Unter J. Miquel wurde die Partei zur anpassungsbereiten, aber auch unentbehrl. Reg.partei. Nach ihrer Auflösung 1918 gründete Stresemann die Dt. Volkspartei, die die Tradition der N. P. fortsetzte, während eine Minderheit mit Politikern der Fortschrittl. Volkspartei die Dt. Demokrat. Partei ins Leben rief.

Nationalmuseum (Nationalgalerie), Bez. für Kunstsammlungen, in denen die nat. Kunst- und Kulturgüter in hervorragender Auswahl repräsentiert werden, in einigen Ländern Bez. aller staatl. Museen als Sammelstätten des künstler. und kulturellen Eigentums der Nation. Das erste N. ist der Louvre in Paris (1793), 1805 wurde die Brera in Mailand als Nationalgalerie der Öffentlichkeit zugängl. gemacht, 1824 die National Gallery in London gegr.; in Deutschland tragen die Bez. N. das German. N. in Nürnberg (gegr. 1852), das Bayer. N. in München (gegr. 1855) und die Bez. Nationalgalerie die Berliner Gemäldesammlung (eröffnet 1876).

Nationalökonomie, svw. ↑ Volkswirtschaftslehre.

Nationalpark, laut Konventionen von 1933 und 1942 gelten für einen N. folgende Kriterien: 1. Hervorragendes Gebiet von nat. Bed.; 2. öff. Kontrolle, d. h. Verwaltung und Finanzierung durch die zentrale Reg., die auch Eigentümer sein soll; 3. strenger, gesetzl. Schutz mit weitgehenden Nutzungsverboten oder -beschränkungen; 4. Erschließung für die Menschen und Anlage von Erholungseinrichtungen.

N. in der BR Deutschland: Bayer. Wald, Berchtesgaden, Schleswig-Holstein. Wattenmeer und Niedersächs. Wattenmeer.

Nationalrat, 1. in *Österreich* 1. Kammer der Legislative. 2. in der *Schweiz* 1. Kammer der Bundesversammlung († Schweiz, politisches System). 3. Oft gebrauchte unkorrekte Bez. für die Mitglieder der gen. parlamentar. Gremien in Österreich und in der Schweiz.

Nationalsozialer Verein, 1896 von F. Naumann gegr. polit. Vereinigung; trat für ein demokrat. und soziales Kaisertum ein und suchte Arbeiterschaft und Bürgertum zu vereinigen; 1903 aufgelöst.

Nationalsozialismus, nach dem 1. Weltkrieg in Deutschland aufgekommene, extrem nationalist., imperialist. und rassist. Bewegung und die darauf basierende faschist. Herrschaft in Deutschland 1933–45. In der Ideologie des N. flossen geistige und soziale Strömungen zusammen, die, z. T. gemeineurop., z. T. in dt. Sonderentwicklung begr., bereits unter den komplexen Bedingungen des Übergangs zur modernen industriellen Massengesellschaft im dt. Kaiserreich und in der Donaumonarchie Verbreitung und auch schon organisierten Anhang gefunden hatten: expansionsbedachter Nationalismus, der eine Weltmachtstellung für ein Mitteleuropa beherrschendes Deutschland forderte; Bestrebungen, die Nation durch innere soziale Versöhnung des dt. Volkes über die Klassengegensätze hinweg unter Ablehnung des internat. „marxist." Sozialismus zur Machtpolitik nach außen zu befähigen; auf dubiosen Volkstums- und Rassentheorien gründende antisemit. Feindbilder, die bei sozial verunsicherten kleinbürgerl. und bäuerl. Bev.gruppen polit. Rückhalt fanden. Dieses Gedankengut, verknüpft mit populären sozialdarwinist. Ideen vom „natürl." Überlebenskampf der Völker und Rassen untereinander, vulgärer Machtphilosophie und autoritären Ordnungs- und Geborgenheitskonzepten im Wilhelminischen Obrigkeitsstaat, beeinflußte weite Kreise über die eigtl. dt.-völk. Bewegung hinaus. Die tiefgreifenden Erschütterungen, die der 1. Weltkrieg bewirkte, der anfängl. imperialist. Rausch und der Schock der unerwarteten Niederlage und ihrer polit. und sozialen Folgen verliehen diesem zunächst noch wenig zielgerichteten Ideenkonglomerat in der ungefestigten, durch Umsturz, wirtsch. Not, Versailler „Friedensdiktat" und mangelnde demokrat. Erfahrung und Substanz vorbelasteten Republik erhebl. Sprengkraft. In den „Sündenböcken" KPD und SPD hatte man konkrete Feindgestalten. Bes. der Antisemitismus bot ein Erklärungsmuster für Niederlage und Umsturz, das von Gruppen, die den alten Machteliten nahestanden (Alldeutsche, DNVP) oder sozialen Abstieg befürchteten, propagandist. gezielt verbreitet wurde. Sie behaupteten, daß hinter den Geschehnissen das Weltmachtstreben „des" Judentums mit seinen Werkzeugen im Ausland und im Inland wirke, v. a. in dem marxist. Sozialismus, aber auch im „internat. Kapitalismus".

Eine der auf diesem Boden emporwuchernden irrationalen Protestgruppen war die Nationalsozialistische Deutsche Arbeiterpartei (NSDAP) im nationalist.-antisemit. Dorado München. Von dem Parteigründer A. Drexler mit A. ↑ Hitler zusammengestelltes 25-Punkte-Programm vom 24. Febr. 1920 war ein Quer-

Nationalsozialismus

schnitt durch den „antikapitalist." Teil des völk. Ideengemenges mit einem Akzent auf den Interessen des unteren Mittelstandes, aus dem der Großteil der ersten Anhänger stammte. Als eigtl. Programm des N. muß die einfache, aber in sich schlüssige polit. Gesamtkonzeption gelten, die Hitler (seit Juli 1921 Vors. der NSDAP) von 1920/21 an unermüdl. propagierte. Aus ihrer klaren Ordnung der innen- und außenpolit. Kräfte und Faktoren, mit denen zu rechnen war, und aus der darin enthaltenen Ortsbestimmung der eigenen Tätigkeit bezogen die Nationalsozialisten Selbstbestätigung und Antrieb. In der hingebungsvoll geglaubten und verbreiteten Grundposition, daß sich das dt. Volk gegen den konzentrierten Angriff des Judentums wehren und zu neuer, seinem Elitecharakter angemessener Großmachtstärke aufsteigen müsse, besaßen Hitler und die Propaganda des N. ein auf ein eingängiges Freund-Feind-Muster reduziertes polit. Erklärungsmodell und zugleich ein - an den populären Plänen des Vorkriegsimperialismus und den Anfangserfolgen des Krieges gemessen - nicht völlig utop. Fernziel. Die Kluft zw. diesem Ziel und der aktuellen Machtlosigkeit Deutschlands wurde durch den mit Attacken auf bestehende und vorgebl. Mißstände und mit gängigen Forderungen drapierten Entwurf eines Weges zum Wiederaufstieg überbrückt. Die bisherige Erfolglosigkeit der völkischen Programmdiskussion und sein von zeitgenössischen massenpsychologischen Theorien und eigenen Erlebnissen gestützter Glaube an die fast unbegrenzte Manipulierbarkeit der Menschen ließen Hitler seine eigene zentrale Aufgabe und die der NSDAP nicht darin sehen, für völk. Sachprogramme zu werben. Vielmehr wollte er die Willenskräfte und die irrationale Tatbereitschaft der Massen dazu schüren, eines Tages gewaltsam die Träger der 1918 offen über Deutschland hereingebrochenen „Judenherrschaft" zu beseitigen. Neben der Schaffung der psycholog. Voraussetzungen durch die emotionale „Nationalisierung" der Bev. mußten nach Hitlers Meinung durch die Beeinflussung der in Frage kommenden Instrumente (Militär, Bürokratie, Wehrverbände) auch die Machtmittel für den Entscheidungskampf gegen den inneren Feind vorbereitet werden, wobei dessen mögl. zahlenmäßige Überlegenheit durch die Qualität der mobilisierten Willensenergien wettgemacht werden sollte. Die Beseitigung des inneren Feindes würde dann den Weg freimachen für eine „Reg. der Macht und Autorität". Ihr Zugriff würde eine den Klassenkampf beendende „Volksgemeinschaft" schaffen, die Energie der geeinten Nation nach außen wenden und durch psycholog., wirtsch. und militär. Rüstung das tragfähige Fundament legen für die Erlangung außenpolit. Handlungsfreiheit u. die Durchsetzung u. Absicherung der

Nationalsozialismus.
Hitlerputsch am 9. November 1923:
Barrikaden vor dem Kriegsministerium
in München

Weltmachtstellung Deutschlands, v. a. durch die Gewinnung von „Lebensraum" in Osteuropa und dessen Germanisierung. Diese geograph. Hauptstoßrichtung bot sich aus raumpolit., ideolog. (rass.-antibolschewist.) und histor. Gründen an.
Diese generelle polit. Leitlinie war grundsätzl. nicht auf den Alleingang Hitlers angelegt, sondern auf die Integration aller für die Annäherung an das Fernziel taugl. Kräfte. Dementsprechend bewertete Hitler polit. und paramilitär. Gruppierungen der Rechten, Bürgertum und Arbeiterschaft, aber auch die traditionellen Machteliten in Politik, Bürokratie, Militär und Wirtschaft allein nach ihrem instrumentalen Nutzen für den Wiederaufstieg Deutschlands. In diesem Denkschema war die Bündnispolitik des N. bis 1923 und bes. ab 1929 prinzipiell angelegt.
Auch der manipulative Charakter der einzelnen Weltanschauungselemente in der nat.-soz. Propaganda findet seine Erklärung in der polit. Konzeption. In der Ausgangsposition und im Fernziel ideolog. fest verankert, war sie im übrigen machtstrateg. ausgerichtet. Programmat. Einzelforderungen wurden in erster Linie unter dem Gesichtspunkt ihrer agitator. Verwendbarkeit und Integrationskraft betrachtet. Diese method. Prinzipien verpflichteten die NSDAP nicht auf die Einhaltung eines vorgezeichneten polit.-sozialen Fahrplans, sondern verliehen ihr innerhalb der Leitlinien ein hohes, skrupellos genutztes

Nationalsozialismus

Nationalsozialismus.
Hitler begrüßt den Reichspräsidenten von Hindenburg am 31. März 1933 in Potsdam
(„Tag von Potsdam")

Maß an takt. Flexibilität, die sich auch gegen die eigenen Anhänger richten konnte (1934 anläßl. des sog. ↑ Röhm-Putsches gewaltsame Unterdrückung der sozialen Unzufriedenheit in der SA. Daß die NSDAP sich einer Festlegung in Weltanschauungs- und Programmfragen erfolgreich entziehen konnte, entschied über den Stellenwert der stärker auf bestimmte Einzelforderungen fixierten Ideologen in der Partei. Solange ihre Tätigkeit die Werbewirkung erhöhte und nicht durch Ausschließlichkeitsansprüche interne Konflikte verursachte, besaßen sie großen Spielraum. Beeinträchtigten sie die Anziehungskraft auf umworbene Bev.- oder Machtgruppen, mußten die Programmatiker zurückstecken, wie z. B. G. Feder und A. Rosenberg, oder sie mußten ausscheiden. Von dem „sozialist.", linken Flügel der NSDAP verließ 1930 die Randgruppe um O. Strasser die Partei im dogmat. Beharren auf dem kleinbürgerl., am Prinzip des Privateigentums festhaltenden, aber zum Bündnis mit den Arbeiterparteien bereiten Antikapitalismus und im Widerspruch gegen Hitlers Zusammengehen mit konservativen, großindustriellen und großagrar. antirepublikan. Kräften. Dagegen blieben mit G. Strasser die dem machtpolit. Nahziel der Partei, ihrem Führer und ihrer Anhängerschaft eng verbundenen, weniger doktrinären Exponenten der „antikapitalist. Sehnsucht der Massen" und des Gefühlssozialismus.

Grundlegend für den Erfolg des N. in Deutschland vor und nach 1933 war, daß er in der tiefgreifenden sozialen Krise einer verspäteten bürgerl.-industriellen Gesellschaft inmitten einer breiten ideolog., polit. wirksamen Strömung schwamm, der er mit seiner Propaganda und mit seinem gewalttätigen Aktivismus vielfältige Möglichkeiten zur Identifikation und zur Aggressionsentladung anbot. Die durch eine die Programmerwartungen integrierende Führergestalt zusammengehaltene Offenheit der nat.-soz. Erneuerungsbewegung gestattete es Einzelpersonen und sozialen Gruppen, ihre unterschiedl. ideolog. Präferenzen und ihre sozialen Interessen in der NSDAP nicht nur vertreten zu sehen, sondern sie in gewissen, nicht ganz engen Grenzen auch weiterzuverfolgen. Neben der ideolog. Prädisposition kam dem N. die in den alten und neuen Mittelschichten aufgestaute soziale Dynamik zugute. In ihr verband sich die Furcht von - ihrer objektiven Lage nach - schon proletarisierten oder durch Proletarisierung bedrohten Personen und Gruppen mit dem Verlangen nach Wahrung von Status und Prestige und dem Anspruch auf deren Verbesserung.

Der Anspruch der NSDAP, eine „Volkspartei" zu sein, war insgesamt nicht unzutreffend. Das Hauptreservoir lag im alten und neuen Mittelstand; meist kleinere selbständige Kaufleute und Handwerker sowie mittlere und kleine Beamte und Angestellte, v. a. aus Städten und Kleinstädten, stellten einen übergroßen Teil der Mgl., Funktionäre und Wähler. Die 1928 einsetzende Agrarkrise hatte erhöhte Resonanz des N. unter der ländl. Bev. zur Folge, die seit 1930 die Eroberung der bäuerl. Standesorganisationen erlaubte. Der Anteil der Arbeiter unter den Mgl. stieg nach 1930 auf bis zu 30% und rekrutierte sich überwiegend aus gewerkschaftl. nichtorganisierten Facharbeitern und Handwerksgesellen in Klein- und Mittelbetrieben. Die Ernennung Hitlers zum Reichskanzler am 30. Jan. 1933 leitete den 18monatigen Prozeß der nat.-soz. „Machtergreifung" ein (↑ auch deutsche Geschichte). Auf der tragfähigen Grundlage von erwartungsvoller oder gefügiger, durch Überredung und Terror geförderter Weiterarbeit der Bürokratie und unter Rückversicherung bei der militär. Führung als der bedeutendsten potentiellen Gegengewalt betrieben die Nationalsozialisten den Machtwechsel durch die Eroberung machtpolit. entscheidend wichtiger Positionen (Länderreg., Eindringen der Gauleiter in die regionalen staatl. Führungsämter, Geheime Staatspolizei, Errichtung des Reichsministeriums für Volksaufklärung und Propaganda), durch die zwangsweise, z. T. offen terrorist. Ausschaltung polit. Gegner und ihrer Organisationen (↑ auch Reichstagsbrand, ↑ Ermächtigungsgesetz, Parteien- und Gewerkschafts-

Nationalsozialismus

verbot, ↑ Konzentrationslager), durch die Beseitigung rechtsstaatl. Sicherungen und die Gleichschaltung und Lähmung polit. und gesellschaftl. Institutionen (Parlamente, Länder, Presse, Berufsverbände) und durch die Einschüchterung potentiellen Widerstands, mit dem Ergebnis, daß nach Hindenburgs Tod und der Vereinigung von Reichspräsidenten- und Kanzleramt im Führer der NSDAP am 2. Aug. 1934 die Führung von Staat und Partei in der Hand eines Mannes lag. Bis zu diesem Zeitpunkt war der komplexe Vorgang Machtergreifung weder systemat. verlaufen, noch war er vollendet. Das vorläufige Resultat war für die folgende Entwicklung des NS-Herrschaftssystems und seiner Politik in doppelter Weise grundlegend: Der N. war fortan durch den Führer Hitler und die von ihm zugeteilte Autorität - unbeschadet von ihm geduldeter oder in Kauf genommener Nebenentwicklungen - der maßgebl. polit. Wille in Deutschland; es entstand jedoch kein klares Verhältnis und keine eindeutige Aufgabenverteilung zw. staatl. und Parteiinstanzen auf den Ebenen unterhalb Hitlers, sondern es blieb ein vielschichtiges Mischverhältnis. Der N. behauptete zwar, die „monolith. Einheit" des polit. Willens geschaffen und organisiert zu haben, die er zuvor gegen Demokratie, Parlamentarismus und den Pluralismus polit. und gesellschaftl. Gruppen gefordert hatte. Das traf jedoch nur für die oberste Spitze zu. Die massive propagandist. Selbstdarstellung des Regimes, das eine neue verfassungsmäßige Normierung zugunsten des „Maßnahmenstaates" (E. Fraenkel) vermied, ohne die alte, vielfach durchbrochene, aber als Fassade und als Gerüst für das Weiterarbeiten des Staatsapparats noch brauchbare Verfassung zu beseitigen, blieb im In- und Ausland nicht unwirksam. Rascher terrorist. Zugriff gegen polit. Gegner (Kommunisten, Sozialdemokraten), Repressalien gegen weltanschaul. Feinde (Juden [↑ auch Judengesetze], Kirchen) und Vertreibungsmaßnahmen (↑ auch Emigration) erhöhten das gewünschte psycholog. Wirkung.

Auch nach dem Abschluß der Machtergreifungsphase wurden die polit. Entscheidungsprozesse nicht systematisiert und rational kalkulierbar, sondern meist rangen mehrere Instanzen in Spannungsfeld von Parteidienststellen und Staatsapparat miteinander, Fraktionen innerhalb derselben Organisation (auch in dem zunehmend mächtiger werdenden Abwehr- und „Überwachungsorden" SS) befehdeten einander und führten im Konkurrieren um die Gunst der obersten Entscheidungsinstanz oft erst die Radikalisierung von Maßnahmen herbei. Das hat zu der (nicht unbestrittenen) Deutung geführt, das nat.-soz. Regime, gestützt auf die Ausbeutung traditionaler polit.-bürokrat. Substanz und unfähig, über den Abbau von Widerstandsfaktoren

Nationalsozialismus.
Reichsparteitag 1935 in Nürnberg

hinaus die Basis einer dauerhaften und rationalen sozialen Ordnung zu schaffen, habe mit innerer Notwendigkeit durch immer neue Aktionen mit ad hoc gesetzten Zwecken, aber im Grunde ziellos, die von ihm mobilisierte und genutzte Bewegung weitertreiben müssen, um die Integration und Ablenkung der antagonist. Kräfte der entfesselten Gesellschaft des Dritten Reiches zu gewährleisten. Die proklamierten Endziele seien bloße „ideolog. Metaphern" gewesen (M. Broszat). Demgegenüber ist auf die bereits in der frühen polit. Konzeption des N. angelegte Unterscheidung zw. den Fernzielen (auf Raumgewinn und Autarkie beruhende Weltmachtstellung und die sog. ↑ Endlösung der Judenfrage [↑ auch Judenverfolgung]) und der Methode hinzuweisen, ihnen durch die den jeweiligen polit. Umständen entsprechende rasche und rigorose Bündelung aller gerade verfügbaren innen- und machtpolit. Instrumente näherzukommen, sowie ferner auf den eindeutigen Vorrang der zusammenhängenden außen- und rassenpolit. Fernziele vor allen übrigen weltanschaul. Elementen. Außen- und militärpolit. sowie rüstungswirtsch. Grundsatzfragen widmete Hitler sich intensiv. Unter Beobachtung der jeweils gegebenen (wenn auch nicht immer zutreffend beurteilten) internat. und innenpolit. Lage verfolgte er hier einen zielgerichteten Kurs. Zunächst betrieb er die Verbesserung der militär. und rüstungswirtsch. Machtbasis und die außenpolit. Abschirmung bis zur Überwindung der Gefahr direkter Intervention der westl. Mächte. Ab

161

Nationalsozialismus

Nationalsozialismus.
Hitler, während seiner Reichstagsrede
am 1. September 1939,
in der er den Krieg mit Polen verkündete

1936 war seine Politik unter zunehmendem, von der Veränderung der internat. Lage und persönl. Faktoren bestimmtem Zeitdruck beschleunigt auf die offensive Expansion ausge-

Nationalsozialismus. Das im 2. Weltkrieg zerstörte Koblenz

richtet (↑deutsche Geschichte, 2. ↑Weltkrieg). Daß Hitler das Feld der Unterdrückung der Juden seinen Paladinen überließ, widerspricht der genannten These nur scheinbar. Auf diesem Gebiet waren vorerst noch keine Festlegungen nötig. Auch geschah hier nichts, was Hitlers Intentionen widersprochen hätte. Spätestens mit der Lösung der außen- und machtpolit. Aufgaben durch Expansion zur europ. Weltmacht (etwa neben den USA und Japan) würden sich konkrete Gelegenheiten zu der bereits 1919/20 grundsätzl. ins Auge gefaßten „radikalen Beseitigung" der Juden bieten. Das gleiche traf für die soziale Frage zu, die für Hitler immer schon in der nat. Frage aufging. Der Primat der Politik bestimmte einerseits das Verhältnis von N. und Wirtschaft und bedeutete hier, daß die als Instrumente im Aufrüstungs- und Autarkisierungsprozeß benötigten Unternehmer auf den ausschließl. ökonom. Machtzuwachs abgedrängt wurden, andererseits galt er auch, mit anderen Auswirkungen freil., für das Instrument Arbeiterschaft, die ihre herkömml. Funktion zu erfüllen und dadurch an der Schaffung von Voraussetzungen für die Verbesserung ihrer Lage, u. a. durch die Unterwerfung von „Sklavenvölkern" im O, mitzuwirken hatte.

Den Anspruch auf die Überwindung des tradierten Wirtschafts- und Sozialsystems hat der N. nie aufgegeben. In den Jahren der NS-Herrschaft zeichneten sich neue Wege des Aufstiegs und der Elitebildung weitgehend unabhängig von sozialer Herkunft und materieller Lage ab und ließen Deutschland trotz geistiger und polit. Unfreiheit für viele als eine sozial offenere Gesellschaft als zuvor erscheinen. Die relative Stabilität des Systems und die Gefolgschaft, die es bis weit in den 2. Weltkrieg hinein fand, beruhten darauf, daß es ihm auch gelang, sich Zustimmung aus allen sozialen Schichten zu sichern. Darin bestand auch eine der Hauptschwierigkeiten, vor denen die Widerstandsbewegung gegen das Regime stand. Für den sozialen Wandel der dt. Gesellschaft waren die mit der Aufrüstungspolitik eingeschlagenen Modernisierungstendenzen erhebl. wirksamer als die in die vorindustrielle Welt zurückschauenden sozial- und agrarromant., großstadtfeindl. Vorstellungen („Blut und Boden"), die in der Propaganda, in der Kulturpolitik und in der Tätigkeit verschiedener NS-Organisationen überwogen. Der Weg in die Moderne, den die dt. Teilgesellschaften in den späteren Staaten BR Deutschland und DDR nach 1945 nahmen, beruhte allerdings zu noch größeren Teilen auf den Bemühungen, das vom nat.-soz. Deutschland durch die irrationale Überschätzung und selbstzerstörer. Überspannung aller Kräfte angerichtete Chaos zu überwinden.

Zum Nachkriegsprogramm der Mächte der Anti-Hitler-Koalition wie auch der dt. Wider-

Nationalsozialistische Deutsche Arbeiterpartei

standsbewegung gehörte die Forderung nach Beseitigung aller nat.-soz. Organisationen und des nat.-soz. Geistes als Voraussetzung für die Entstehung eines demokrat. Staatswesens in Deutschland. Die Zerschlagung der Organisationen nahmen die Besatzungsmächte vor. Eine offene und vorurteilslose Auseinandersetzung mit Ursachen, Ergebnissen und Schuld des N. stieß dagegen bei großen Teilen der dt. Bev. auf vielfältige Widerstände. Die wesentl. von außen an die Deutschen herangetragene Entnazifizierung erwies sich dabei nicht (wie auch die Maßnahmen der „Reeducation") als ein geeignetes Mittel, die Masse der Bev. zum aktiven Engagement für eine freiheitl.-demokrat. Ordnung zu motivieren.

📖 *Hoffmann, Peter: Widerstand, Staatsstreich, Attentat. Mchn.* ⁴*1985. - Nat.-soz. Diktatur 1933-1945. Eine Bilanz. Hg. v. K. D. Bracher u. a. Düss. 1983. - Anatomie des SS-Staates. Bd. 1: Buchheim, H.: Die SS, das Herrschaftsinstrument. Mchn.* ³*1982. - Gesetze des NS-Staates. Hg. v. I. v. Münch. Paderborn* ²*1982. - Hillgruber, A.: Endlich genug über N. u. Zweiten Weltkrieg? Düss. 1982. - Klinksiek, D.: Die Frau im NS-Staat. Stg. 1982. - Jäckel, E.: Hitlers Weltanschauung. Stg. Neuaufl. 1981. - Bracher, K. D.: Die dt. Diktatur. Köln* ⁶*1980. - Hildebrand, K.: Das Dritte Reich. Mchn. u. Wien* ²*1980. - Hüttenberger, P. Bibliogr. zum N. Gött. 1980. - Schoenbaum, D.: Die braune Revolution. Mchn. 1980. - Thies, J.: Architekt der Weltherrschaft. Die „Endziele" Hitlers. Königstein im Taunus; Düss.* ²*1980. - Turner, H. A.: Faschismus u. Kapitalismus in Deutschland. Dt. Übers. Gött.* ²*1980. - Adam, U. D.: Judenpolitik im Dritten Reich. Königstein im Taunus 1979. - Mosse, G. L.: Der nat.-soz. Alltag. Dt. Übers. Königstein im Taunus* ²*1979. - Mosse, G. L.: Ein Volk - ein Reich - ein Führer. Die völk. Ursprünge des N. Dt. Übers. Königstein im Taunus 1979. - Saldern, A. v.: Mittelstand im Dritten Reich. Ffm. 1979. - Neumann, F.: Behemoth. Struktur u. Praxis des N. 1933-1944. Dt. Übers. Ffm. 1977. - Speier, H.: Die Angestellten vor dem N. Gött. 1977. - Wie war es möglich? Die Wirklichkeit des N. Hg. v. A. Grosser. Dt. Übers. Mchn. u. Wien 1977. - Schulz, Gerhard: Aufstieg des N. Ffm. u. a. 1975.*

Nationalsozialistische Deutsche Arbeiterpartei, Abk. NSDAP, von 1919/20 bis 1945 bestehende rechtsradikale Partei. Sie war am 5. Jan. 1919 als **Deutsche Arbeiterpartei** gegr. worden, wurde einer größeren Öffentlichkeit erst nach der Gewinnung des berufslosen Gefreiten A. Hitler (Sept. 1919) bekannt. Am 24. Febr. 1920 gab die in NSDAP umbenannte Partei ihr vom Gründer A. Drexler und Hitler zusammengestelltes 25-Punkte-Programm bekannt (↑ auch Nationalsozialismus). Hitler, zunächst Werbeobmann der NSDAP, wurde im Juli 1921 Vors. der Partei. Die anläßl. seiner Wahl verabschiedete

Nationalsozialismus.
Tote in einem Massengrab im Konzentrationslager Bergen-Belsen

Neufassung der Parteisatzung übertrug ihm eine formal nahezu unangreifbare Führungsstellung. Auf Grund des rastlosen Einsatzes ihres Hauptredners Hitler wuchs die NSDAP 1923 zu einer der lautstärksten antirepublikan. Agitationsgruppen im südadt. Raum heran, protegiert von gegenrevolutionären und antisozialist. Kräften aus aktiven und prominenten ehem. Offizieren, aus Bürokratie und Wirtschaft. Ihre zunächst (seit 1925/26 wieder) als Versammlungsschutz und Propagandaträger entstandenen Sturmabteilungen (SA) wurden seit Aug. 1921 von ehem. Freikorpsoffizieren mit Hilfe der Reichswehr zu paramilitär. Kampforganisationen im Stil der Wehrverbände umgeformt. Nach dem Vorbild von Mussolinis erfolgreichem „Marsch auf Rom" (27./28. Okt. 1922, ↑ auch Faschismus) löste Hitler 1923, eingeweiht in bestehende Putschpläne führender nat.konservativer polit. und militär. Kräfte in Bayern und Preußen, am 8. Nov. selbständig die erfolglose Initialzündung zu einer „nat. Erhebung" gegen die Reichsreg. und zur Errichtung einer „nat. Diktatur" aus („Hitlerputsch"). Hitler wurde neben mehreren Beteiligten von einem Münchener Sondergericht am 1. April 1924 zu 5 Jahren Festungshaft verurteilt. Während er in Landsberg einsaß, zerfloß die 1923 von 15 000 auf 55 000 Mgl. angewachsene, unzulängl. organisierte, im wesentl. durch die Hoffnung auf baldiges „Losschlagen" geeinte NSDAP in mehrere völk. Übergangsgruppierungen (Reichstagswahlen 1924, völk.

163

Nationalsozialistische Deutsche Arbeiterpartei

Liste: 4. Mai 1,9 Mill. Stimmen, 32 Abg.; 7. Dez. 0,9 Mill. Stimmen, 14 Abg.). Bei seiner Entlassung am 20. Dez. 1924 konnte Hitler sich mit seinem durch Putsch und Prozeß in ganz Deutschland bekanntgewordenen und durch seine rechtzeitige Distanzierung vom völk. Führerstreit des Jahres 1924 nicht verschlissenen Namen zum einigenden Sammelpunkt beim Wiederaufbau seiner Partei machen.

Die am 27. Febr. 1925 neu ins Leben gerufene NSDAP organisierte sich sogleich auf Reichsebene, die offizielle Untergliederung beschränkte sich (bis zur zusätzl. Einführung von Kreisen, Zellen und Blocks 1932) auf Reichsleitung (München), Gaue (1925–37 zw. 30 und 36, nach Eingliederung weiterer Territorien in das Reich bis zu 43) und Ortsgruppen. 1926 wurde als Jugendabteilung der nat.-soz. Kampfverbände der Bund dt. Arbeiterjugend, die spätere Hitlerjugend gegr. In den folgenden Jahren, in denen sich die Weimarer Republik äußerl. konsolidierte, blieben die polit. Erfolge der NSDAP beschränkt (Reichstagswahl 20. Mai 1928: 0,8 Mill. Stimmen, 2,6%, 12 Abg.). Ende 1929 saßen in 13 Landtagen insgesamt 48 NSDAP-Abg.

Die Phase des Neuaufbaus und der langsamen Stabilisierung dauerte bis 1929 und ging dann unter Auswirkungen der weltwirtsch., polit. und sozialen Krise über in die Phase des Massenzustroms, der die Partei und ihren Führer seit den Reichtagswahlen vom 14. Sept. 1930 (6,4 Mill. Stimmen, 18,3%, 107 Abg.) zu einem erstrangigen polit. Machtfaktor werden ließ. Die Zahl der Partei-Mgl. stieg von 27 000 (Ende 1925) über 150 000 (Sept. 1929) auf 1,4 Mill. (Jan. 1933). Von den tatsächl. Mgl. am 1. Jan. 1935 waren 5,2% vor dem 14. Sept. 1930, weitere 28,8% vor dem 30. Jan. 1933 eingetreten. 1945 hatte die NSDAP rd. 8,5 Mill. Mitglieder.

Die NSDAP nahm in diesen Jahren die organisator. Form der „Führerpartei" an, in der sich die Willensbildung im Prinzip ohne Mitwirkung der Mgl. nach dem Schema von Befehl und Gehorsam von oben nach unten vollziehen sollte. Die Durchsetzung dieses Grundsatzes gelang auch nach 1933 nicht vollständig, er galt aber für die Spitze. Zunehmend gerechtfertigt und gesichert durch die unter seiner Führung erzielten Integrations- und Wachstumsfortschritte der NSDAP, stand Hitler oberhalb aller Parteiinstanzen. Getragen wurde seine Position von der auf Selbstbestimmung weitgehend verzichtenden, z. T. pseudoreligiöse Formen annehmenden Glaubensbereitschaft der Mehrheit der Mgl., die ihre polit. wie sozialen Sehnsüchte auf seine Person projizierten. In den Jahren des Wartens versammelte die NSDAP einen verläßl. Kader von Unterführern und Gefolgsleuten, die Hitler nahezu vorbehaltlos ergeben waren. Daß sie das Programm der Partei weitgehend in Hitler personifiziert sahen, machte ihn bald zum Gegenstand zunächst spontaner Verehrung, die sich zu einem konsequent propagandist. genutzten Führerkult ausweitete (Gruß „Heil Hitler" seit 1923/24 allmähl. verbreitet).

Das Propagandainstrumentarium der Nationalsozialisten kombinierte im Rahmen der Methoden der Daueragitation und Massenregie den möglichst stetigen, konzentrierten Einsatz von Wort (regionale Versammlungswellen seit 1928/29, einseitige Kundgebungen statt Diskussionen; Propagandagroßveranstaltungen [Reichsparteitage 1923 München, 1926 Weimar, 1927, 1929, 1933–38 Nürnberg]), Schrift und Bild (Plakate, Parolen, Parteizeitungen), die Schaustellung von attraktiven Werbemitteln (Fahnen, Uniformen, Marschmusik) und die Anwendung von Gewalt oder die Demonstration entsprechender Bereitschaft (Saal- und Straßenschlachten, Sprengung gegner. Versammlungen, SA-Aufmärsche). Die Propagandaaktivität war zentrale Aufgabe der NSDAP in den „Kampfjahren", in denen sie erst ab 1930 durch Reg.beteiligung in kleineren Ländern des Reichs geringe polit. Verantwortung trug. Für die Protestbewegung NSDAP genügte es unter den ungefestigten Verhältnissen der Weimarer Republik, daß sie ihre positiven Ziele nur schlagwortartig artikulierte, sich darüber hinaus aber als junge, entschlossene, dynam. „Bewegung" darstellte, die die sozialen Gegensätze überbrückte, zugleich die Egalisierungstendenzen des Marxismus bekämpfte und geschätzte traditionelle Werte in die Zukunft transponierte. Der Hauptinhalt der aggressiven nat.-soz. Propaganda war negativ geprägt. Insbes. strebte sie die Schwächung von Position und Ruf ihrer Gegner auf allen polit. Ebenen durch gezielte, persönl. verunglimpfende Hetzkampagnen an.

Die Finanzierung der Parteitätigkeit erfolgte in erster Linie durch die Mgl.; Hilfen kamen von großbürgerl. Gönnern und Sympathisanten mit kleinen und mittleren Betrieben. Kontakte zu Unternehmerkreisen im Ruhrgebiet und anderswo, die Hitler pflegte, wurden erst mit dem Anwachsen der NSDAP zu einem Faktor von polit. Gewicht ergiebiger. Die Daueragitation seit 1930 war nur mögl. mit reichlicherer Unterstützung aus Kreisen des Großunternehmertums, über deren Umfang keine Klarheit besteht.

Das polit. Nahziel Hitlers und der Nationalsozialisten blieb auch nach dem Neuanfang machtpolit. bestimmt. Als Folge des gescheiterten Putschversuchs war vorerst eine polit. Tätigkeit nur mögl. innerhalb des (in der Praxis der Weimarer Republik für rechtsgerichtete Bewegungen recht weit gezogenen) Rahmens der Legalität, zu der Hitler sich seit 1925 öffentl. bekannte. Die Nationalsozialisten ließen aber kaum Zweifel daran, daß

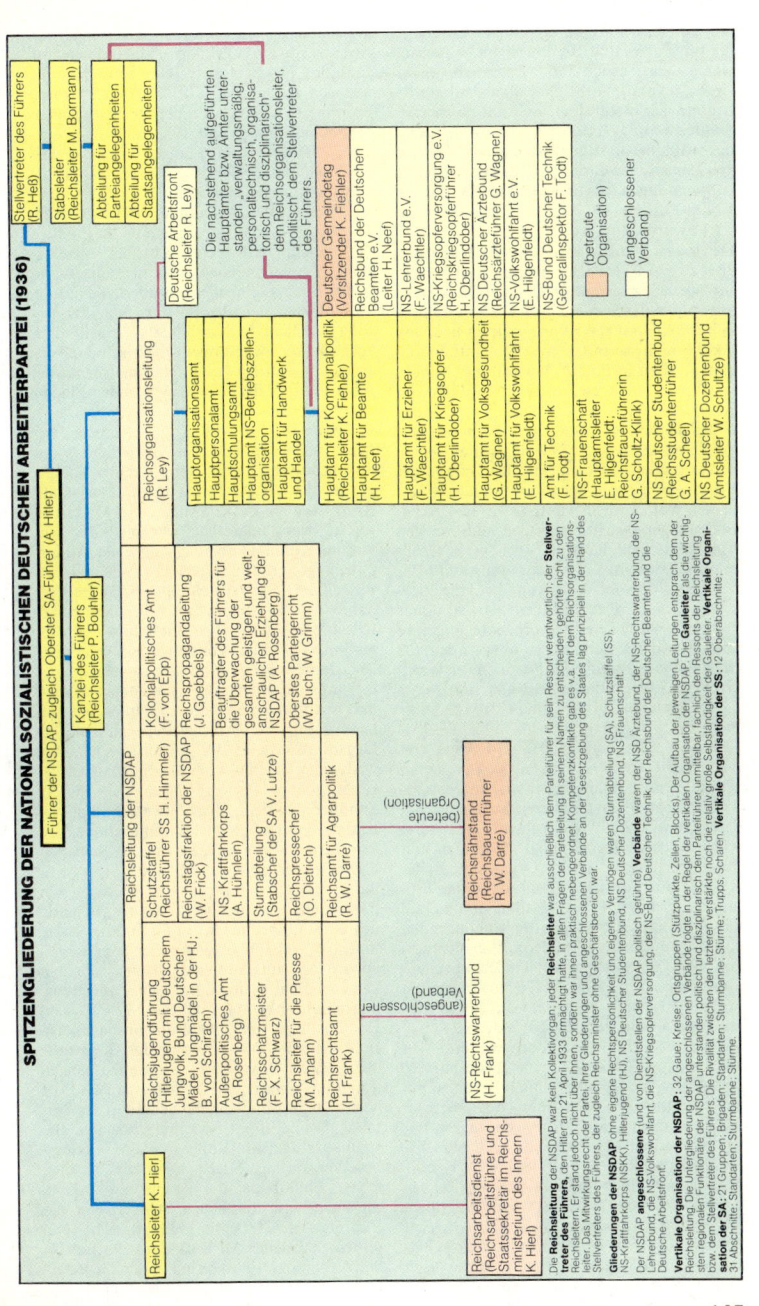

Nationalsozialistische Deutsche Arbeiterpartei

SPITZENGLIEDERUNG DER NATIONALSOZIALISTISCHEN DEUTSCHEN ARBEITERPARTEI (1936)

Führer der NSDAP, zugleich Oberster SA-Führer (A. Hitler)

Reichsleiter K. Hierl

Stellvertreter des Führers (R. Heß)
- Stabsleiter (Reichsleiter M. Bormann)
- Abteilung für Parteiangelegenheiten
- Abteilung für Staatsangelegenheiten

Reichsleitung der NSDAP

- Reichsjugendführung (Hitlerjugend mit Deutschem Jungvolk, Bund Deutscher Mädel, Jungmädel in der HJ; B. von Schirach)
- Außenpolitisches Amt (A. Rosenberg)
- Reichsschatzmeister (F. X. Schwarz)
- Reichsleiter für die Presse (M. Amann)
- Reichsrechtsamt (H. Frank)

- Schutzstaffel (Reichsführer SS H. Himmler)
- Reichstagsfraktion der NSDAP (W. Frick)
- NS-Kraftfahrkorps (A. Hühnlein)
- Sturmabteilung (Stabschef der SA V. Lutze)
- Reichspressechef (O. Dietrich)
- Reichsamt für Agrarpolitik (R. W. Darré)

- Kanzlei des Führers (Reichsleiter P. Bouhler)
- Kolonialpolitisches Amt (F. von Epp)
- Reichspropagandaleitung (J. Goebbels)
- Beauftragter des Führers für die Überwachung der gesamten geistigen und weltanschaulichen Erziehung der NSDAP (A. Rosenberg)
- Oberstes Parteigericht (W. Buch; W. Grimm)

Reichsorganisationsleitung (R. Ley)

- Hauptorganisationsamt
- Hauptpersonalamt
- Hauptschulungsamt
- Hauptamt NS-Betriebszellenorganisation
- Hauptamt für Handwerk und Handel

- Hauptamt für Kommunalpolitik (Reichsleiter K. Fiehler)
- Hauptamt für Beamte (H. Neef)
- Hauptamt für Erzieher (F. Waechtler)
- Hauptamt für Kriegsopfer (H. Oberlindober)
- Hauptamt für Volksgesundheit (G. Wagner)
- Hauptamt für Volkswohlfahrt (E. Hilgenfeldt)

- Amt für Technik (F. Todt)
- NS-Frauenschaft (Hauptamtsleiter Reichsfrauenführerin G. Scholtz-Klink)
- NS Deutscher Studentenbund (Reichsstudentenführer G. A. Scheel)
- NS Deutscher Dozentenbund (Amtsleiter W. Schultze)

Die nachstehend aufgeführten Hauptämter bzw. Ämter unterstanden, verwaltungsmäßig, personaltechnisch, organisatorisch und disziplinarisch "politisch" dem Reichsorganisationsleiter, dem Stellvertreter des Führers.

- Deutsche Arbeitsfront (Reichsleiter R. Ley)
- Deutscher Gemeindetag (Vorsitzender K. Fiehler)
- Reichsbund der Deutschen Beamten e.V. (Leiter H. Neef)
- NS-Lehrerbund e.V. (F. Waechtler)
- NS-Kriegsopferversorgung e.V. (Reichskriegsopferführer H. Oberlindober)
- NS Deutscher Ärztebund (Reichsärzteführer G. Wagner)
- NS-Volkswohlfahrt e.V. (E. Hilgenfeldt)
- NS-Bund Deutscher Technik (Generalinspektor F. Todt)

(betreute Organisation)
(angeschlossener Verband)

Reichsarbeitsdienst (Reichsarbeitsführer und Staatssekretär im Reichsministerium des Innern K. Hierl)

NS-Rechtswahrerbund (H. Frank) (angeschlossener Verband)

Reichsnährstand (Reichsbauernführer R. W. Darré) (betreute Organisation)

Die **Reichsleitung** der NSDAP war kein Kollektivorgan, jeder **Reichsleiter** war ausschließlich dem Parteiführer für sein Ressort verantwortlich; der **Stellvertreter des Führers**, der nach dem 21. April 1933 ermächtigt hatte, in allen Fragen der Parteileitung in seinem Namen zu entscheiden, gehörte nicht zu den Reichsleitern. Es stand jedoch nicht über ihnen, sondern war ihnen praktisch nebengeordnet. Kompetenzkonflikte gab es v.a. mit dem Reichsorganisationsleiter. Das Mitwirkungsrecht der Partei, ihrer Gliederungen und angeschlossenen Verbände an der Gesetzgebung und Verwaltung des Staates lag prinzipiell in der Hand des Stellvertreters des Führers, der zugleich Reichsminister ohne Geschäftsbereich war.

Gliederungen der NSDAP: ohne eigene Rechtspersönlichkeit und eigenes Vermögen waren: Sturmabteilung (SA), Schutzstaffel (SS), NS-Kraftfahrkorps (NSKK), Hitlerjugend (HJ), NS Deutscher Studentenbund, NS Deutscher Dozentenbund, NS-Frauenschaft.

Der NSDAP **angeschlossene** (und von Dienststellen der NSDAP politisch geführte) **Verbände** waren der NSD Ärztebund, der NS-Rechtswahrerbund, der NS-Lehrerbund, die NS-Volkswohlfahrt, die NS-Kriegsopferversorgung, der NS-Bund Deutscher Technik, der Reichsbund der Deutschen Beamten und die Deutsche Arbeitsfront.

Vertikale Organisation der NSDAP: 32 Gaue, Kreise, Ortsgruppen (Stützpunkte, Zellen, Blocks). Der Aufbau der jeweiligen Leitungen entsprach dem der Reichsleitung. Die Unterglieder der angeschlossenen Verbände folgte in der Regel der vertikalen Organisation der NSDAP als die wichtigsten regionalen Funktionäre der NSDAP unterstanden den Parteiführer unmittelbar, fachlich den Ressorts der Reichsleitung bzw. dem Stellvertreter des Führers. Die Rivalität zwischen den letzteren verstärkte noch die relativ große Selbständigkeit der **Gauleiter**. **Vertikale Organisation der SA**: 21 Gruppen; Brigaden; Standarten; Sturmbanne; Stürme; Truppen; Scharen. **Vertikale Organisation der SS**: 12 Oberabschnitte; 31 Abschnitte der SA; Standarten; Sturmbanne; Stürme.

Nationalsozialistische Deutsche Arbeiterpartei

der Verzicht auf eine bewaffnete Erhebung, für die Partei und SA längst nicht gerüstet waren, keine grundsätzl. Absage an organisierte „revolutionäre" Gewaltanwendung bedeutete. Ein wesentl. auch sozial motiviertes Sonderbewußtsein blieb in der SA lebendig, das später bei der Kanalisierung des Machtergreifungsprozesses durch Hitler unerwünschte Spannungen hervorrief und anläßl. des sog. Röhm-Putsches (30. Juni 1934) gewaltsam erstickt wurde.

Den Zugang zur Macht verfolgte Hitler nun über zwei Ansätze nebeneinander: Aufbau einer eigenen, ungeteilt verfügbaren Massenorganisation, durch deren Druck oder Drohung sich direkte polit. Wirkung erzielen ließ, und takt. Bündnisse mit etablierten antirepublikan. Kräften in Politik, Verwaltung, Militär, Wirtschaft und Gesellschaft. Die Taktik von Zusammenarbeit in der „nat. Opposition" und gleichzeitiger Distanzierung von den Verbündeten setzten die Nationalsozialisten in den folgenden Jahren fort († auch Harzburger Front). Weil beide Seiten aufeinander angewiesen waren, intensivierten sich die Zweckbeziehungen zw. Hitler und den traditionellen Machteliten auf der polit. Rechten, in Großunternehmertum, Großgrundbesitz und Militär noch, obwohl diese von der Parteipropaganda verschiedentl. offen als reaktionär kritisiert wurden. Hitler brauchte v. a. ihre Protektion, um die Kluft zu überwinden, die die nichtetablierte NSDAP trotz ihrer Wahlerfolge (Reichspräsidentenwahl 10. April 1932: Hindenburg 19,4, Hitler 13,4 Mill. Stimmen; Reichstagswahl 31. Juli 1932: NSDAP 13,7 Mill. Stimmen, 37,3%, 230 Abg.) von der Macht trennte. Die nat. konservativen Kräfte, deren Anhängerpotential von den radikaleren und dynamischeren Nationalsozialisten seit 1929/30 weitgehend aufgesaugt wurde, suchten dagegen über die wähler- und mitgliederstärkste polit. Organisation des Reiches ihr autoritäres polit.-ökonom. Programm plebiszitär zu legitimieren und zugleich die in der NS-Agitation anklingenden sozialrevolutionären Tendenzen abzufangen. Erhöhtes Gewicht kam dem Geflecht persönl. Kontakte seit Sommer 1932 zu. Nachdem Hitler die Reichspräsidentenwahl 1932 verloren hatte, scheiterte auch sein 2. direkter Griff nach der Macht. Hindenburg weigerte sich am 13. Aug. 1932, ihn zum Reichskanzler zu berufen. Hitlers starrsinniges Beharren auf einer Position des Alles oder Nichts begann das Fundament seiner bisherigen starken Position innerhalb der Partei und in der Reichspolitik zu gefährden. Enttäuschte Mgl., Förderer und Wähler wandten sich ab (Reichstagswahl 6. Nov. 1932: 11,7 Mill. Stimmen, 33,1%, 196 Abg.); in der SA mit ihren vielen Arbeitslosen gärte es. Über die Zweckmäßigkeit von Hitlers Verhalten erhoben sich Meinungsverschiedenheiten mit führenden Funktionären, Reichsorganisationsleiter G. Strasser trat zurück. In der noch unübersichtl. Situation bewirkte die direkte Einflußnahme aus den Reihen von Hitlers alten Partnern aus der „nat. Front" auf den Reichspräsidenten schließl. am 30. Jan. 1933 doch die Ernennung Hitlers zum Kanzler eines Präsidialkabinetts, in dem die Konservativen die 3 Nationalsozialisten zuverlässig eingerahmt glaubten. Hitler, Innenmin. Frick und Min. Göring als kommissar. Innenmin. in Preußen setzten jedoch aus den machtpolit. entscheidenden Schlüsselpositionen in Polizei und Verwaltung, die man ihnen überlassen hatte, entschlossen den Prozeß der „Machtergreifung" in Gang, in dessen Verlauf alle hinderl. rechtsstaatl. Sicherungen beseitigt oder neutralisiert wurden und Nationalsozialisten schrittweise in die ausschlaggebenden Machtpositionen eindrangen.

Gleichwohl war Hitler als Kanzler zur Machtsicherung und zur Befriedigung der hochgeputschten Erwartungen seiner Anhänger auf das Weiterarbeiten des intakten staatl. Apparats angewiesen. Da die NSDAP zu dessen Ablösung ungeeignet war, blieb aus dem v. a. im Kommunalbereich mit einer Ämterpatronage großen Ausmaßes verbundenen Prozeß der Machtergreifung 1933/34 im Verhältnis von Partei und Staat ein unsystemat., teils unbewältigtes, teils vom Staats- und Parteiführer Hitler bewußt hingenommenes oder sogar unterstütztes Gemisch aus personeller (bes. auf der Ebene der Gauleiter wirksam) und institutioneller Durchdringung und Nebenordnung bestehen, wobei sich einzelne Organisationsteile der Partei eigenständig weiterentwickelten. Eine für die Machtsicherung wichtige Parteigliederung wie die SS konnte dabei tief in den Verwaltungsapparat eindringen und sich die Polizeifunktionen aneignen, ohne ihre außernormative Selbständigkeit zu verlieren. Die NSDAP wurde durch das „Gesetz zur Sicherung der Einheit von Partei und Staat" (1. Dez. 1933) als „Trägerin des dt. Staatsgedankens und mit dem Staate unlösbar verbunden" gegenüber dem Staatsapparat opt. aufgewertet, doch entsprach dem keine eindeutige institutionelle Zuordnung. Das beschränkte die Funktion der Partei im Dritten Reich weitgehend auf propagandist. Indoktrination und polit.-ideolog. Kontrolle der Bev. im Privat- und Kommunalbereich durch das Block- und Zellensystem und die ständ. Organisationen, die Schulung der Partei-Mgl. und die Übernahme sozialer Betreuungsaufgaben (Volkswohlfahrt, Kriegsopferversorgung, † auch Deutsche Arbeitsfront). Einfluß auf die Reichspolitik nahm die Partei v. a. durch den Stellvertreter des Führers (seit 21. April 1933), R. Heß (und seinen Stabsleiter M. Bormann), der am 27. Juli 1934 durch Führererlaß in den Gesetzgebungs- und Verordnungsprozeß aller Reichsressorts verbindl. eingeschaltet wurde. Während des Krieges wuchs bestimmten Funktionsträgern der NSDAP, insbes. dem Leiter der nach Heß' Englandflug so gen. Parteikanzlei (seit 29. Mai 1941) und Sekretär des Führers (seit 12. April 1943), M. Bormann, und den im Herbst 1942 zu Reichsverteidigungskommissaren ernannten Gauleitern zusätzl. Macht gegenüber staatl. Hoheitsträgern zu.

In Erfüllung eines öffentl. proklamierten alliierten Kriegsziels wurde die NSDAP mit allen Gliederungen und angeschlossenen Verbänden nach der bedingungslosen Kapitulation und der militär. Besetzung Deutschlands auf Grund des Gesetzes Nr.2 des Alliierten Kontrollrats vom 10. Okt. 1945 aufgelöst und verboten.

Iber, H.: Christl. Glaube oder rass. Mythos. Ffm. u.a. 1986. - Der verpaßte Nazi-Stopp. Hg. v. R. M. Kempner. Ffm. u.a. 1983. - Der Aufstieg der NSDAP in Augenzeugenberichten. Hg. v. E. Deuerlein. Mchn. 1980. - Die Nationalsozialisten. Hg. v. R. Mann. Stg. 1980. - Schulz, Gerhard: Aufstieg des Nationalsozialismus: Krise u. Revolution in Deutschland. Ffm. 1975. - Tyrell, A.: Vom Trommler zum Führer: der Wandel v. Hitlers Selbstverständnis zw. 1919 u. 1924 u. die Entwicklung der NSDAP. Mchn. 1975. - Horn, W.: Führerideologie u. Parteiorganisation in der NSDAP (1919–1933). Düss. 1972. - Orlow, D. O.: The history of the Nazi Party. 1919–1945. North Pomfret (Vt.) 1969–73. 2 Bde. - Vogelsang, T.: Reichswehr, Staat u. NSDAP. Beitr. zur dt. Gesch. 1930–1932. Stg. 1962.

Nationalsozialistische Frauenschaft (NS-Frauenschaft), 1931 als einzige parteiamtl. Frauenorganisation gegr., seit 1935 Gliederung der NSDAP; verantwortl. für die weltanschaul., kulturelle und volkswirtsch. Führung der im **Deutschen Frauenwerk** (der Zusammenschluß der 1933 bei der nat.-soz. Machtübernahme noch bestehenden nicht-parteipolit. gebundenen ehem. dt. Frauenverbände) zusammengeschlossenen Frauen; 1945 aufgelöst und verboten.

Nationalstaat ↑ Nation.

Nationaltheater, Bez. für ein für eine Nation repräsentatives und vorbildl. Theater, z. B. die ↑ Comédie-Française in Paris oder das National Theatre, London (gegr. 1962). - In Deutschland wurde die Idee eines N. im 18.Jh. im Zusammenhang mit den antifrz. Bemühungen um ein nat., d.h. dt. Eigenart und dt. Wesen widerspiegelndes Drama entwickelt. G. E. Lessing versuchte 1767 in Hamburg ein (privat finanziertes) N. zu verwirklichen (gescheitert 1769). In der Folge wurden einige Hoftheater in N. umbenannt, so in Wien (1776), Mannheim (1779), Berlin (1786).

Nationaltracht ↑ Tracht.

Nationalverein, 1859 in Frankfurt am Main gegr., locker organisierte polit. Vereinigung, die die bundesstaatl. Einigung Deutschlands unter preuß. Führung anstrebte. Der N. hatte rd. 30 000 Mgl.; ging nach seiner Auflösung 1867 v. a. in der Nationalliberalen Partei auf.

Nationalversammlung, Bez. für die zur Beratung bzw. Beschlußfassung der Grundfragen einer Nation und ihres staatl. Gemeinwesens, v. a. der Verfassunggebung, gewählte Volksvertretung. Die Bez. entstand seit der Umprägung der ständ. Assemblée zur N. in der Frz. Revolution 1789, die 1792 durch den Nat.konvent abgelöst wurde. - In der dt. Geschichte erfolgte 1848/49 die Berufung der Frankfurter N., 1919 die der Weimarer Nationalversammlung.

Nationenpreis ↑ Preis der Nationen.

nativ (nativus) [lat.], natürlich, im natürl. Zustand befindlich, unverändert.

Nativismus [zu lat. nativus „angeboren"], erkenntnistheoret. Position, wonach bestimmte Fähigkeiten oder Vorstellungen (z. B. die Raum- und Zeitvorstellung) angeboren sind.

◆ ethnolog.-religionssoziolog. Bez. für das betonte Festhalten an oder das Wiederbeleben von bestimmten Elementen der eigenen Kultur infolge ihrer Bedrohung durch eine überlegene Fremdkultur. Nativist. Bewegungen sind seit dem Beginn der europ. Kolonisation bei den Naturvölkern Amerikas, Afrikas und Ozeaniens in Reaktion auf die Überfremdung ihrer traditionellen Lebensformen und auf die drohende Zerstörung ihrer ökonom. Subsistenzgrundlagen entstanden. Vermengt mit chiliast. und messian. Momenten, wurden sie meist von prophet. Führern ins Leben gerufen und organisiert. Zum N. zählen auch die sog. Cargo-Kulte und die afrikan. Separatistenkirchen (↑ auch junge Kirchen).

nativistisch [lat.], angeboren; auf Vererbung beruhend.

Nativitätsstil [lat.] (Weihnachtsstil), im MA übl. Art der Festlegung des Jahresanfangs auf den 25. Dez.

NATO, Abk. für: engl. **N**orth **A**tlantic **T**reaty **O**rganization, dt. Nordatlantikpakt (auch Atlantikpakt), am 4. April 1949 von Belgien, Dänemark, Frankr., Großbrit., Island, Italien, Kanada, Luxemburg, den Niederlanden, Norwegen, Portugal und den USA abgeschlossener Beistandsvertrag zur gemeinsamen Verteidigung. Vor dem Hintergrund des nach 1945 verschärften Ost-West-Konflikts (Berlin-Blockade) sollte der Pakt der als Bedrohung empfundenen militär. Präsenz der Sowjetunion in Europa ein Gegengewicht entgegensetzen. 1952 traten Griechenland und die Türkei, 1955 die BR Deutschland und 1982 Spanien bei.

Die Signatarmächte verpflichteten sich zum gegenseitigen militär. Beistand; allerdings entscheidet jedes Land autonom, mit welchen Mitteln es seiner Beistandspflicht nachkommt

NATO-Doppelbeschluß

(Art. 5). Jeder bewaffnete Fremdangriff gegen einen Mgl.staat, gegen dessen in Europa stationierte Truppen, sowie gegen die einer der Parteien unterstehenden Inseln, Streitkräfte, Schiffe und Flugplätze im Mittelmeer oder Nordatlantik nördl. des nördl. Wendekreises gilt als Bündnisfall (Art. 6). Der Vertrag bedarf keiner period. Erneuerung: ab 1969 kann jedes Mgl. bei 1jähriger Kündigungsfrist das Bündnis verlassen (Art. 13). Schon 1966 scherte Frankr., obwohl es polit. Mgl. der Allianz blieb, aus dem militär. Bereich aus. Als Reaktion auf die Invasion der Türkei in Zypern (1974) zog sich Griechenland aus der integrierten Militärstruktur zurück. Die Reorganisation der militär. SO-Flanke gestaltet sich auch nach der 1980 erfolgten Rückkehr Griechenlands in die militär. Integration schwierig, da das Zypern-Problem weiterhin die türk.-griech. Beziehungen innerhalb der NATO belastet.

Die Verteidigungskonzeption der NATO, die sich gegenüber der konventionellen Überlegenheit des Warschauer Pakts auf das atomare Abschreckungspotential und die militär. Präsenz der USA in Europa stützt, wurde auch durch den Prozeß der Ost-West-Entspannung während der 1970er Jahre (SALT, KSZE, MBFR) zunächst nicht berührt. Erst mit den durch M. Gorbatschow ausgelösten Veränderungen in der Sowjetunion und den Staaten des Warschauer Pakts im Verlauf des Jahres 1989 begann ein Umdenken.

Politische Organisation: Oberstes Organ ist der Ständige Rat (Nordatlantikrat, NATO-Rat; Art. 9), in dem alle 16 Mgl.länder vertreten sind. Er tritt unter Vorsitz des Generalsekretärs (seit 1988 M. Wörner) auf Botschafterebene oder als Min.treffen zu Konsultationen über polit. Entscheidungen der Allianz zusammen. Zu Fragen des integrierten Verteidigungssystems tagt er ohne Teilnahme Frankr. als Verteidigungsplanungsausschuß (DPC). Dem Rat sind verschiedene Ausschüsse nachgeordnet.

Militärische Organisation: Oberste militär. Instanz ist der Militärausschuß, dem die Stabschefs der an der militär. Struktur beteiligten Länder (für die BR Deutschland der Generalinspekteur) angehören; ihm untersteht der Internat. Militärstab (IMS). Das Bündnisgebiet ist in 3 Kommandobereiche eingeteilt mit je 1 alliierten Oberbefehlshaber: Europa (SACEUR mit Hauptquartier SHAPE in Casteau), Atlantik (SACLANT, Norfolk, USA) und Ärmelkanal (CINCHAN, Northwood).

Die Streitkräfte der Mgl.staaten sind teils der NATO bereits unterstellt (dem operativen Oberbefehl eines NATO-Befehlshabers zugeteilt), teils für die NATO vorgesehen (d. h. ihre Unterstellung unter den Oberbefehl eines NATO-Befehlshabers ist zu irgendeinem Zeitpunkt in Friedenszeiten oder automat.

im Mobilmachungs- oder Verteidigungsfall vorgesehen), teils verbleiben sie unter nat. Oberbefehl (z. B. für die Verteidigung überseeischer Gebiete vorgesehene Streitkräfte bzw. sonstige von der NATO als unter dem nat. Oberbefehl zu verbleiben geeignet anerkannte Streitkräfte). - Übersicht S. 172 f.
 Stratmann, K.-P.: NATO-Strategie in der Krise? Baden-Baden 1981. - Steinhoff, J.: Wohin treibt die NATO? Mchn. 1978.

NATO-Doppelbeschluß (Nachrüstungsbeschluß), von den Außen- und Verteidigungsmin. der NATO im Dez. 1979 gefaßter Beschluß: 1. Stationierung neuer bodengestützter nuklearer Mittelstreckenwaffen (108 Pershing-II-Raketen und 464 Cruise Missiles) in Europa Ende 1983, die ein Gegengewicht zu den bereits installierten neueren sowjet. Mittelstreckensystemen (SS-20) bilden sollen; 2. Angebot zu Verhandlungen zw. den USA und der Sowjetunion über Mittelstreckenwaffen in Europa. Das Ergebnis dieser Verhandlungen (mögl. Abbau der sowjet. SS-20) sollte über die Durchführung von Teil 1 entscheiden. Der NATO-D. wurde in den europ. NATO-Staaten trotz heftiger polit. und militär. Diskussionen und des Widerstands der Friedensbewegungen überwiegend ausgeführt und bewirkte neue Abrüstungsinitiativen der Sowjetunion.

Natorp, Paul, * Düsseldorf 24. Jan. 1854, † Marburg 17. Aug. 1924, dt. Philosoph. - Ab 1885 Prof. in Marburg. Mit H. Cohen Hauptvertreter der Marburger Schule des Neukantianismus. Suchte nach einer „panmethod." Grundlage der Wiss., die in einer Einheit von Idee und Gesetz (Erfahrung) bestehen sollte. Unterstützte die Hinwendung des Neukantianismus zur prakt. Philosophie. - *Werke:* Sozialpädagogik (1899), Allg. Pädagogik (1905), Philosophie und Pädagogik (1909), Die log. Grundlage der exakten Wissenschaften (1910), Allg. Psychologie (1912).

Natrium [ägypt.-arab.], chem. Symbol Na; metall. Element der I. Hauptgruppe des Periodensystems; Ordnungszahl 11, relative Atommasse 22,99, Dichte 0,97 g/cm^3, Schmelzpunkt 97,81 °C, Siedepunkt 882,9 °C. N. ist ein sehr weiches, leicht schneidbares, nur an frischen Schnittflächen silbriges, sonst infolge Oxidation graubraunes Alkalimetall, das auf Grund seines einzelnen, leicht ablösbaren Außenelektrons einwertige Verbindungen bildet und sehr reaktionsfähig ist. Da es sich an der Luft selbst entzündet, kann N. nur in reaktionsträgen Flüssigkeiten, z. B. Petroleum, aufbewahrt werden. Mit Wasser reagiert N. sehr heftig unter Bildung von Natronlauge († Natriumhydroxid) und Wasserstoff. N. verbrennt mit typ. gelb gefärbter Flamme zu N.peroxid; es kommt in der Natur häufig vor; am Aufbau der Erdkruste ist es mit 2,63 % beteiligt, v. a. in Form von Silicaten, als Chlorid (im Stein- und Meersalz),

Natriumoxide

als Carbonat (↑Soda), Nitrat und Sulfat. Techn. wird N. durch Schmelzflußelektrolyse von N.chlorid oder N.hydroxid gewonnen und v. a. zur Herstellung der Antiklopfmittel Bleitetraäthyl und Bleitetramethyl über eine N.-Blei-Legierung verwendet; es dient ferner als Katalysator bei der Synthese organ. Verbindungen und in flüssiger Form der Wärmeableitung in Kernreaktoren.

Natriumcarbonat, svw. ↑Soda.

Natriumchlorid, NaCl, das Natriumsalz der Salzsäure; farblose oder weiße, in Würfeln kristallisierende, gut wasserlösl. Substanz, die in der Natur im Meerwasser und als Hauptbestandteil des Steinsalzes vorkommt und unter dem Namen ↑Kochsalz bekannt ist.

Natriumchlorit, nomenklaturgerecht Natriumchlorat(III), $NaClO_2$, das Natriumsalz der chlorigen Säure (Chlorsäure(III)); weiße, kristalline Substanz, die als Bleichmittel für zellulosehaltige Materialien, z. B. Papier, verwendet wird.

Natriumcyanid, das Natriumsalz der Blausäure; weiße, kristalline, giftige Substanz, die v. a. in der Laugerei von Gold- und Silbererzen und in der Galvanotechnik zum Entrosten von Metallteilen Verwendung findet.

Natriumdampflampe (Natriumlampe), Niederdruck-Gasentladungslampe, die neben einer Neonfüllung (Druck etwa 10 mbar) [während des Betriebs gesättigten] Natriumdampf enthält. Die Entladung erfolgt zunächst im Neongas (die Lampe leuchtet daher rot), mit zunehmender Temperatur verdampft das vorhandene Natrium, so daß nach kurzer Anlaufzeit bei einer Betriebstemperatur von rund 280°C die Leuchterscheinung vollständig durch das gelbe Licht der Natrium-D-Linien beherrscht wird. - Die N. liefert die höchste Lichtausbeute aller zu Beleuchtungszwecken verwendeten Lampen (bis über 100 lm/W); sie wird v. a. zur Straßenbeleuchtung eingesetzt.

Natrium-D-Linien, bei geringer Auflösung als intensiv gelbe Spektrallinie erscheinendes Spektralliniendublett in der Hauptserie des Natriumspektrums.

Natriumhydrogencarbonat (Natron, Natriumbicarbonat, doppeltkohlensaures Natron), $NaHCO_3$, das Mononatriumsalz der Kohlensäure; weiße, kristalline Substanz, die unter Einwirkung von Säuren Kohlendioxid abspaltet und daher Back- und Brausepulvern zugesetzt wird.

Natriumhydroxid (Ätznatron), NaOH, eine weiße, hygroskop. Masse bildende Verbindung, die sich in Wasser unter starker Wärmeentwicklung löst und die stark bas., ätzende **Natronlauge** bildet. N. wird durch ↑Chloralkalielektrolyse gewonnen und in fester Form oder als Natronlauge in der Glas-, Seifen-, Textil-, Zellstoff- und Papierind. verwendet.

Natriumhypochlorit, NaClO, ein Salz

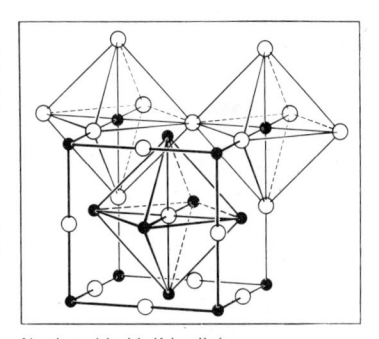

Natriumchlorid. Kristallgitter mit Hervorhebung der Koordinationsoktaeder (○ Chlorionen, ● Natriumionen)

der hypochlorigen Säure (ChlorsäureI), dessen wäßrige Lösung (**Natronbleichlauge**) auf Grund ihrer stark oxidierenden Wirkung als Bleich- und Desinfektionsmittel benutzt wird.

Natriumnitrat (Natronsalpeter), $NaNO_3$, das Natriumsalz der Salpetersäure; farblose, sehr hygroskop. Verbindung, die durch Abbau natürl. Vorkommen (v. a. in Chile) gewonnen wird. N. wird v. a. als Düngemittel, in der Glas- und Emailind. sowie bei der Sprengstoffherstellung verwendet.

Natriumnitrit, $NaNO_2$, Natriumsalz der salpetrigen Säure; farblose Kristalle bildende Substanz, die zur Herstellung von Diazoniumverbindungen, medizin. als koronarerweiterndes Mittel dient; auch im Pökelsalz (↑Konservierung) enthalten.

Natriumoxide, das techn. wichtigste N. ist das Natriumperoxid Na_2O_2, eine hellgel-

Natriumdampflampe im Schnitt.
1 Kompensationskondensator,
2 Streufeldtransformator,
3 Wolframwendeln,
4 Vakuumschutzrohr zur Verringerung von Wärmeverlusten,
5 Entladungsrohr mit Neongas und Natriumdampf,
6 Lampensockel

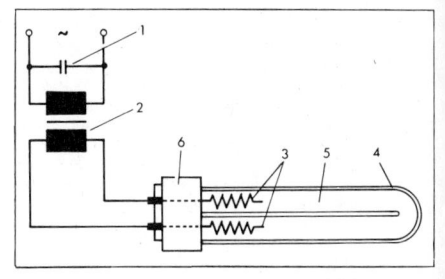

be, in wäßriger Lösung bas. reagierende, als Bleichmittel verwendete Substanz. Natriumoxid Na_2O und Natriumdioxid (Natriumhyperoxid) NaO_2 sind techn. unbedeutend.
Natriumphosphate, die Natriumsalze der Phosphorsäuren. Das primäre, sekundäre u. tertiäre *Natriumorthophosphat* NaH_2PO_4, Na_2HPO_4 und Na_3PO_4 sowie die Natriumsalze der Di- und Triphosphorsäure (v. a. *neutrales Natriumpyrophosphat*, $Na_4P_2O_7$, und *Pentanatriumtriphosphat*, $Na_5P_3O_{10}$), die ringförmig aufgebauten *Natriummetaphosphate*, $(NaPO_3)_n$, und die hochmolekularen *Natriumpolyphosphate*, $Na_{n+2}P_nO_{3n+1}$, z. B. das ↑Graham-Salz, werden zur Wasserenthärtung verwendet.

Natrium-Schwefel-Akkumulator, wiederaufladbares elektrochem. Element (Sekundärelement), bei dem flüssiges Natrium als Anode, in poröser Kohle adsorbierter Schwefel als Kathode und ein keram. Festkörper aus Aluminium- und etwas Natriumoxid als Elektrolyt dient; der keram. Elektrolyt trennt die bei der Betriebstemperatur von 300 °C flüssigen Reaktionspartner Natrium und Schwefel voneinander. Beim Entladen wandern Natriumionen durch den Elektrolyten zum Kathodenbereich, bis dort die Bildung von festen Natriumpolysulfiden den Entladevorgang beendet. Spannung 1,74–2,08 Volt; die spezif. Energie ist mit mehr als 0,4 kWh/kg über 10mal höher als beim Bleiakkumulator.

Natriumsilicate, in der Natur als Bestandteile der Feldspäte auftretende Salze der Kieselsäure; i. e. S. Verbindungen der Zusammensetzung $Na_2O \cdot (SiO_2)_x$ ($x = 1$ bis 4), die wasserlösl. Schmelzen bilden (↑Wasserglas).

Natriumsulfat, mit unterschiedl. Anzahl von Kristallwassermolekülen kristallisierendes Natriumsalz der Schwefelsäure, das in der Natur in vielen Mineralwässern, im Meerwasser und in Mineralen (Astrakanit, Glaubersalz, Thenardit) vorkommt. Verwendung in der Zellstoffind. für den Holzaufschluß sowie in der Glas- und Waschmittelindustrie.

Natron [ägypt.-arab.-span.], svw. ↑Natriumhydrogencarbonat; früher auch svw. ↑Soda.

Natronbleichlauge ↑Natriumhypochlorit.

Natronfeldspat, svw. ↑Albit.

Natronhornblende ↑Hornblenden.

Natronkalk, Gemisch aus Natriumhydroxid und Calciumoxid, das der Absorption von Kohlendioxid aus Gasgemischen dient.

Natronlauge ↑Natriumhydroxid.

Natronsalpeter, svw. ↑Natriumnitrat.

Natrun, Wadi An, Depressionszone westl. des Nildeltas, Ägypten, 50 km lang, bis 6 km breit, bis 23 m u. d. M.; mit 10 Salzseen, die jedoch nur von Dez.–Mai mit Wasser gefüllt sind. Die zurückbleibenden Salze werden seit dem Altertum abgebaut. Seit 1955 Neulandgewinnung. - Von den etwa 50 hier gelegenen kopt. Klöstern des MA bestehen heute noch vier.

Natta, Giulio, *Imperia 26. Febr. 1903, †Bergamo 2. Mai 1979, italien. Chemiker. - Prof. in Pavia, Rom, Turin und Mailand. 1953–56 gelang ihm mit Hilfe der ↑Ziegler-Natta-Katalysatoren durch stereospezif. Polymerisation die Herstellung isotakt. Polymere. 1963 erhielt er hierfür gemeinsam mit K. Ziegler den Nobelpreis für Chemie.

Nattern (Colubridae), mit mehreren Hundert Arten weltweit verbreitete, artenreichste Fam. meist schlanker, zieml. langschwänziger, 0,3 bis 3,7 m langer Schlangen in fast allen Biotopen; ungiftige, z. T. auch giftige (Trugnattern), jedoch für den Menschen fast völlig ungefährl. Reptilien mit meist deutl. vom Hals abgesetztem Kopf, weit dehnbarem Maul, stark bezahnten Kieferknochen. Man unterscheidet elf Unterfam., davon sind am wichtigsten Schneckennattern, Eierschlangen, Wassertrugnattern, Trugnattern, *Echte N.* (Colubrinae) mit der einheim. Äskulapnatter und Glattnatter und *Wassernattern* (Natricinae) mit Ringelnatter, Würfelnatter und Vipernatter als einheim. Arten.

Natternhemd ↑Häutung.

Natternkopf (Natterkopf, Echium), Gatt. der Rauhblattgewächse mit rd. 40 Arten in M-Europa bis Vorderasien; Kräuter oder Sträucher mit meist blauen, violetten oder roten Blüten in Ähren; bei uns bekannt ist der N. im engeren Sinne *(Echium vulgare)*, eine bis zu 1 m hohe, zweijährige, krautige Ruderalpflanze.

Natternzunge (Natterzunge, Natterfarn, Natternfarn, Ophioglossum), Gatt. der Natternzungengewächse mit fast 50 epiphyt. und terrestr. Arten in den wärmeren südl. und nördl. Gebieten der Erde; ausdauernde, blaßgrüne Farne mit kurzen unterird. Stämmen, die jedes Jahr nur ein zweigeteiltes Blatt (steriler und fertiler Teil) hervorbringen. Der sporangientragende (fertile) Blatteil bildet eine endständige Ähre. Die bekannteste Art ist die **Gemeine Natternzunge** (Ophioglossum vulgare), die bei uns auf feuchten, kalkreichen Wiesen und Flachmooren vorkommt.

Natufian, nach Funden in der Schukbahöhle im Wadi An Natuf (W-Jordanien) ben. spätsteinzeitl. Kultur (etwa 9. Jt. v. Chr.), die sowohl dem Mesolithikum als auch dem frühesten Neolithikum zugeordnet wird; kennzeichnend v. a. Mikrolithen, Knochenharpunen, Steingefäße.

Natunainseln (Bunguraninseln), indones. Inselgruppe im Südchin. Meer, vor der NW-Küste Borneos, etwa 2000 km².

Natur [zu lat. natura, eigtl. „Geburt" (von nasci „geboren werden, entstehen")], allg. der Teil der Welt, dessen Zustandekommen und gesetzmäßige Erscheinungsform unabhängig von Eingriffen des Menschen sind bzw. ge-

Naturalismus

dacht werden können. - In der *ersten* Phase der Geschichte des N.begriffs (bis ins 17. Jh.) wird die N. als unabhängig vom Menschen handelnd († Natura naturans) aufgefaßt. Während hier die Physik, d. h. die Wiss. von der N., nur das empir. Alltagswissen von der handelnden N. konkretisieren und untermauern sollte, wird in einer *zweiten* Phase, in der neuzeitl. Physik, die Erklärbarkeit der N. allein von den Bedingungen experimenteller Verfahren abhängig gemacht. In Kants Theorie der Erfahrung wird aus einer Metaphysik der N. eine Methodologie der N.wiss. In einer *dritten* Phase erfolgt im Zusammenhang mit der Industrialisierung schließl. die Degradierung der N. zum bloßen Objekt techn. Produktionsprozesse. So wird seit dem 19. Jh. ein empirist. N.begriff wirksam, der das Selbstverständnis der † Naturwissenschaften bis heute bestimmt: N. wird begriffen als Gegenstand einer empir. Gesetzeswiss. Dieser N.begriff, der zudem durch den Ggs. zu † Kultur gekennzeichnet ist, wird kritisiert, weil er die Geschichtlichkeit der N.wiss. außer acht läßt. In der Ökologie wird heute versucht, den selbstzerstör. Konsequenzen einer solchen Aneignung der N. durch den Menschen entgegenzuwirken durch wenigstens teilweise Wiederherstellung ihrer urspr. Selbständigkeit († Naturschutz, † auch Umweltschutz). In der bildungs- und umgangssprachl. Verwendung von „natürl." und Redeweisen wie „N. des Menschen", „N. der Sache" wird an antike Unterscheidungen (N. als † Wesen) angeknüpft, die in christl. Traditionen von Philosophie und Theologie festgehalten wurden. In säkularisierter Form setzen sich diese Traditionen auch in den nicht auf eine Wiss. von der N. bezogenen N.begriffen der Aufklärung und Romantik fort. Eine Sonderrolle spielen dabei das † Naturrecht und die Idee des † Naturzustands.

⚏ *N. als Gegenwelt. Beitrr. zur Kulturgesch. der N.* Hg. v. G. Grossklaus u. E. Oldemeyer. Bln. 1983. - *Weizsäcker, C. F. v.: Die Einheit der N.* Mchn. 1982. - *Weizsäcker, C. F. v.: Die Gesch. der N.* Gött. ⁸1979.

naturalisieren [lat.], einen Ausländer einbürgern, ihm die Staatsbürgerrechte verleihen († Einbürgerung).

Naturalismus [lat.], in der *Philosophie* Sammelbez. für Positionen, in denen Geltungsansprüche auf sog. natürl. Genesen oder natürl. Einsichten gestützt werden. Der N., dem ein teleolog. Begriff von Natur zugrundeliegt, hat seine Wurzel in der religionsphilosoph. bzw. theolog. Kritik an der (christl.) Offenbarungs- und Gnadenlehre, die sich durch ein übernatürl. Erklärungswissen legitimiert. Als † Deismus und † natürliche Religion bestimmt der N. die Religionsphilosophie der Aufklärung.
♦ in der *bildenden Kunst* † Realismus.
♦ europ. *literar. Richtung* (etwa 1870-1900), in der die genaue Beschreibung der Natur als sinnl. erfahrbare Erscheinung zum ästhet. Prinzip erhoben ist. Der N. gilt als 1. Phase der europ. Literaturrevolution und wurzelt im Realismus. Themen sind häufig das moralische und wirtsch. Elend in den Großstädten, verbunden mit einer Kritik am Bürgertum. **Grundlagen** des N. sind die Erkenntnisse der Naturwiss. und die darauf fußende Philosophie des Positivismus sowie die Physiologie C. Bernards, die Evolutionstheorie C. Darwins, v. a. aber die Milieutheorie H. Taines mit der Auffassung vom Menschen als einem sowohl durch Erbanlagen als auch durch sein soziales Milieu vorbestimmten Wesen. Konsequenzen aus diesen Lehren für eine literar. Theorie zogen erstmals die Brüder E. und J. de Goncourt.

Zum **Programmatiker** des europ. N. wurde É. Zola, der in seiner naturalist. Ästhetik („Der Experimentalroman", 1880) Kunst definierte als literar. Experiment mit naturwiss. Methoden, das lückenlos die ursächl. Zusammenhänge des determinierten menschl. Daseins beweisen müsse; verwirklicht wurde dieses Programm in seinem 20bändigen Romanwerk „Die Rougon-Macquart" (1871–93). Neben Zola stehen bes. G. de Maupassant (Novellen) und H. Becque (Dramen). Eine der frz. ähnl. Entwicklung vollzog sich seit 1870 in Skandinavien: Es entstanden H. Ibsens gesellschaftskrit. Dramen und die ep. und dramat. Werke A. Strindbergs. Starke Impulse gingen auch von russ. Schriftstellern aus (v. a. Dostojewski, L. N. Tolstoi). Der dt. N. (ca. 1886–95) stand zunächst weitgehend unter dem Einfluß der erwähnten Autoren (bis etwa 1886 geprägt von programmat. Diskussionen); Zentren waren Berlin (Friedrichshagener Dichterkreis) und München. Die geforderte literar. Neubesinnung ging einher mit aggressiver Ablehnung der Gründerzeit-Literatur. Wichtige Zeitschriften waren die „Krit. Waffengänge" (1882–84) der Brüder H. und J. Hart und „Die Gesellschaft" (1885 ff.) von M. G. Conrad. Wichtigste Programmschrift wurde „Die Kunst. Ihr Wesen und ihre Gesetze" (1891/92) von A. Holz, der darin erstmals das photograph. getreue Abschildern eines Geschehens in zeitl. genauem Ablauf forderte und damit über Zolas Programm hinausging. Die Hauptphase des dt. prägte das dramat. Werk G. Hauptmanns (u. a. „Die Weber", 1892; „Der Biberpelz", 1893).Weitere Dramatiker waren A. Holz und J. Schlaf, die aus das Programmstück des dt. N. schrieben („Die Familie Selicke", 1890), M. Halbe, H. Sudermann. Die naturalist. Prosa war weniger bed., ebenso die Lyrik, die sich gegenüber dem Impressionismus nicht eindeutig abgrenzen läßt. Nach 1895 verlor der N. an Nachdruck, wirkte jedoch auf die darauffolgende literar. Entwicklung: durch die Erschließung neuer Stoffbereiche, neue dramat. Strukturen,

NATO

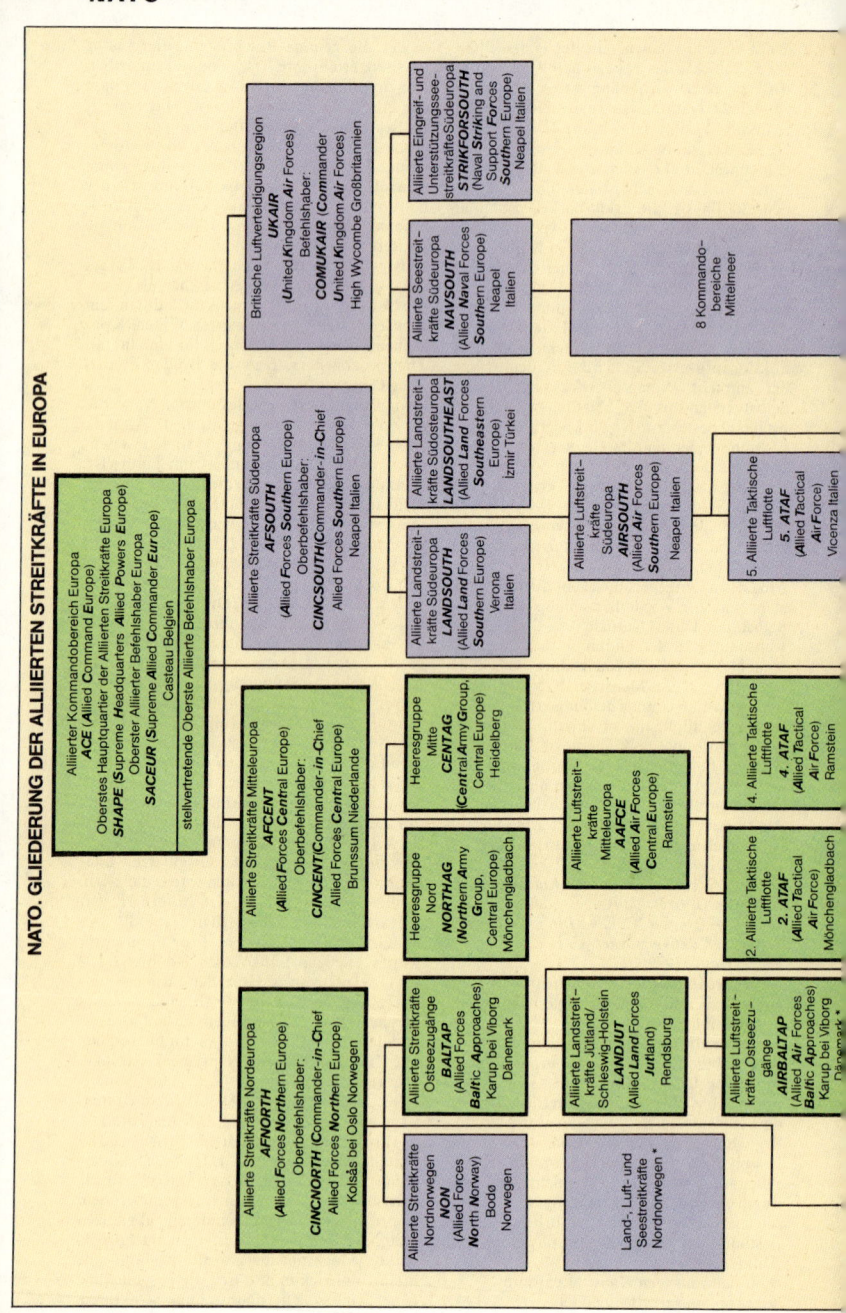

NATO. GLIEDERUNG DER ALLIIERTEN STREITKRÄFTE IN EUROPA

Alliierter Kommandobereich Europa
ACE (*Allied Command Europe*)
Oberstes Hauptquartier der Alliierten Streitkräfte Europa
SHAPE (*Supreme Headquarters Allied Powers Europe*)
Oberster Alliierter Befehlshaber Europa
SACEUR (*Supreme Allied Commander Europe*)
Casteau Belgien

stellvertretende Oberste Alliierte Befehlshaber Europa

Alliierte Streitkräfte Nordeuropa
AFNORTH (*Allied Forces Northern Europe*)
Oberbefehlshaber:
CINCNORTH (*Commander-in-Chief Allied Forces Northern Europe*)
Kolsås bei Oslo Norwegen

- Alliierte Streitkräfte Nordnorwegen
  NON (*Allied Forces North Norway*)
  Bodø Norwegen
  - Land-, Luft- und Seestreitkräfte Nordnorwegen *

- Alliierte Streitkräfte Ostseezugänge
  BALTAP (*Allied Forces Baltic Approaches*)
  Karup bei Viborg Dänemark
  - Alliierte Landstreitkräfte Jütland/Schleswig-Holstein
    LANDJUT (*Allied Land Forces Jutland*)
    Rendsburg
  - Alliierte Luftstreitkräfte Ostseezugänge
    AIRBALTAP (*Allied Air Forces Baltic Approaches*)
    Karup bei Viborg Dänemark *

Alliierte Streitkräfte Mitteleuropa
AFCENT (*Allied Forces Central Europe*)
Oberbefehlshaber:
CINCENT (*Commander-in-Chief Allied Forces Central Europe*)
Brunssum Niederlande

- Heeresgruppe Nord
  NORTHAG (*Northern Army Group, Central Europe*)
  Mönchengladbach

- Heeresgruppe Mitte
  CENTAG (*Central Army Group, Central Europe*)
  Heidelberg

- Alliierte Luftstreitkräfte Mitteleuropa
  AAFCE (*Allied Air Forces Central Europe*)
  Ramstein
  - 2. Alliierte Taktische Luftflotte
    2. ATAF (*Allied Tactical Air Force*)
    Mönchengladbach
  - 4. Alliierte Taktische Luftflotte
    4. ATAF (*Allied Tactical Air Force*)
    Ramstein

Alliierte Streitkräfte Südeuropa
AFSOUTH (*Allied Forces Southern Europe*)
Oberbefehlshaber:
CINCSOUTH (*Commander-in-Chief Allied Forces Southern Europe*)
Neapel Italien

- Alliierte Landstreitkräfte Südeuropa
  LANDSOUTH (*Allied Land Forces Southern Europe*)
  Verona Italien

- Alliierte Landstreitkräfte Südosteuropa
  LANDSOUTHEAST (*Allied Land Forces Southeastern Europe*)
  Izmir Türkei

- Alliierte Luftstreitkräfte Südeuropa
  AIRSOUTH (*Allied Air Forces Southern Europe*)
  Neapel Italien
  - 5. Alliierte Taktische Luftflotte
    5. ATAF (*Allied Tactical Air Force*)
    Vicenza Italien

Britische Luftverteidigungsregion
UKAIR (*United Kingdom Air Forces*)
Befehlshaber:
COMUKAIR (*Commander United Kingdom Air Forces*)
High Wycombe Großbritannien

- Alliierte Seestreitkräfte Südeuropa
  NAVSOUTH (*Allied Naval Forces Southern Europe*)
  Neapel Italien

- Alliierte Eingreif- und Unterstützungsseestreitkräfte Südeuropa
  STRIKFORSOUTH (*Naval Striking and Support Forces Southern Europe*)
  Neapel Italien

- 8 Kommandobereiche Mittelmeer

Naturkautschuk

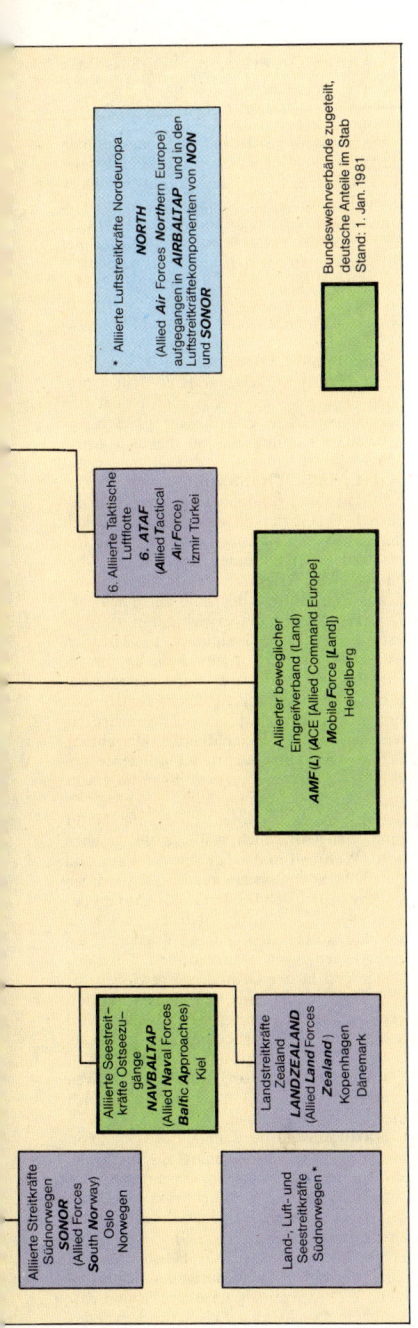

Präzisierung der beschreibenden Darstellungsmittel sowie durch Verwendung von Umgangssprache und Dialekt im literar. Text. ⫼ *Strawson, P. F.:* Skeptizismus u. N. Dt. Übers. Königstein. i. Ts. 1985. - *Hildebrandt, K.:* Naturalist. Dramen G. Hauptmanns. Mchn. 1983. - *Moe, V. I.:* Dt. N. u. ausländ. Lit. Ffm. 1983. - N. in England 1880–1920. Hg. v. W. Greiner u. a. Darmst. 1983. - *Mahal, G.:* N. Mchn. ²1982. - *Möbius, H.:* Der N. Hdbg. 1982. - *Daus, R.:* Zola u. der frz. N. Stg. 1976.

Naturallohn [lat./dt.] (Sachlohn), Arbeitsentgelt, das in Sachgütern (oder Dienstleistungen) besteht.

Naturalobligation [lat.], sog. unvollkommene Verbindlichkeit, bei der zwar eine Leistungspflicht des Schuldners besteht, diese aber nicht einklagbar ist. Leistet der Schuldner freiwillig, so hat er erfüllt (z. B. Forderungen aus Glücksspielen, Wetten).

Naturalrestitution [lat.] ↑ Schadenersatz.

Naturalwirtschaft [lat./dt.], die urspr. Form einer geldlosen Wirtschaft, in der nur Ware gegen Ware getauscht wird.

Natura naturans [lat.], die schaffende ↑ Natur im Ggs. zur „geschaffenen Natur" (**natura naturata**), eine auf aristotel. Begriffe zurückgreifende Unterscheidung, die in der Scholastik auf das Verhältnis Gottes zur Schöpfung übertragen wurde.

naturell [lat.-frz.], mit wenig Gewürzen, Soßen u. a. Zutaten zubereitet (bei Fleisch- oder Gemüsegerichten).

Naturfasern, Sammelbez. für alle (v. a. als Textilrohstoffe verwendeten) Fasern natürl. Herkunft. Man unterscheidet *tier.* N. (z. B. Seide und Wolle), *pflanzl.* N. (z. B. Baumwolle, Flachsfasern, Faserhanf, Kapok und Sisal) und *mineral.* N. (z. B. Asbest).

Naturgesetz ↑ Gesetz.

Naturheilkunde, Heilkunde, die eine Behandlung möglichst nur mit diätet. und physikal. Mitteln vertritt, bes. Wert auf naturgemäße Lebensweise legt und auf Arzneimittel (weitgehend) verzichtet. Von der N. therapeut. eingesetzte natürl. Reizquellen sind u. a. Luft, Heilquellen, warmes und kaltes Wasser, Massagen und Bewegung.

Geschichte: Der antiken und ma. Medizin war die Heilwirkung von Diät, Gymnastik, Massage, Bädern bzw. Heilquellen sowie Licht und Luft bekannt. Die Grundlagen der modernen N. legten im 19. und frühen 20. Jh. teils medizin. Laien (u. a. S. Kneipp, J. Schroth), teils Ärzte (u. a. M. Bircher-Benner), die die nur wiss. ausgerichtete Schulmedizin entweder ablehnten oder zumindest für ergänzungsbedürftig hielten.

Naturismus [lat.] ↑ Freikörperkultur.

Naturkautschuk, aus dem Milchsaft (*Latex*) des Parakautschukbaums (Hevea brasiliensis) gewonnenes elastomeres Produkt. Der durch Anschneiden der Rinde gewonnene Latex besteht aus einer wäßrigen Dispersion von Polyisopren, einem ungesättigten Kohlenwasserstoff mit der Summenformel $(C_5H_8)_n$ mit n > 100000. Die Isopreneinheiten sind in 1,4-Stellung miteinander verknüpft und haben (an den Doppelbindungen in 2,3-Stellung) cis-Konfiguration (im Ggs. zu ↑Guttapercha, das transkonfiguriert ist). Früher wurde der Latex durch rauchendes Feuer zum Gerinnen gebracht und gleichzeitig getrocknet. Heute wird der N. durch Gerinnen des Latex mit Ameisen-, Essigsäure oder Natriumhexafluorosilicat in flachen Gefäßen und anschließendes Räuchern zum Kautschukplatten gewonnen *(Smoked-sheet-Kautschuk)* oder die Gerinnung wird in Tanks vorgenommen und das Produkt in Riffelwalzwerken zerrissen *(Crêpe-Kautschuk)*. Eine weitere Aufarbeitungsmethode ist die Zerstäubungstrocknung, bei der der N. fein verteilt anfällt und in Blöcke gepreßt wird (Sprühkautschuk). Der rohe N. ist eine plast., etwas klebrige Masse, die zum größten Teil durch Vulkanisation in Gummi übergeführt wird. Durch Chlorieren oder Sulfonieren erhält man weitere N.produkte, die zu Klebstoffen, Lackrohstoffen oder Verpackungsfolien verarbeitet werden.

Naturkonstanten, in den mathemat. Formulierungen der physikal. Naturgesetze auftretende Konstanten. Viele N. können auf allgemeinere N., die *universellen N.*, zurückgeführt werden, zu denen v. a. die atomaren Grundkonstanten zählen (↑Atomkonstanten).

Naturkundemuseum, Sammlung zoolog., botan., paläontolog., geolog. und mineralog. Objekte, oft mit Schwerpunkt auf stammesgeschichtl., auch ökolog. Fragestellungen.

natürliche Einheiten, durch unveränderl. physikal. Eigenschaften definierte Einheiten, insbes. die aus bestimmten universellen Konstanten und Atomkonstanten abgeleiteten Einheiten für Länge, Masse, Zeit, Ladung und Temperatur.

natürliche Kinder, volkstüml. Bez. für 1. Kinder, die ehel. Abkömmlinge ihrer Eltern sind (im Ggs. zu an Kindes Statt angenommenen); 2. nichtehel. Kinder.

natürliche Person, von der Rechtsordnung als rechtsfähig anerkannte Einzelperson im Ggs. zur jurist. Person.

natürliche Religion, auf Vernunftglauben basierende religiöse Haltung, die alle für die Religion unverzichtbaren theoret. und prakt. Annahmen allein durch den „natürl." Vernunftgebrauch gewinnen will. V. a. in der Aufklärung und im ↑Deismus werden Probleme der n. R. in der Philosophie behandelt.

natürlicher Logarithmus ↑Logarithmus.

natürlicher Lohn, nach den Klassikern der Nationalökonomie (v. a. D. Ricardo) der langfristige Lohn, der vom Existenzminimum bestimmt wird.

natürlicher Preis, bei den Klassikern der Nationalökonomie der allein durch die Höhe der Produktionskosten bestimmte langfristige Gleichgewichtspreis.

natürliche Schule (russ. naturalnaja schkola), Bez. für die russ. Erzählliteratur der 40er Jahre des 19. Jh., die von der Romantik zum Realismus überleitet; kennzeichnend sind das Groteske der dargestellten Wirklichkeit, paradoxe Hyperbeln, Zugehörigkeit der oft karikierten Helden zur unteren Schicht der kleinen Beamten und Kaufleute. Bed. Vertreter: der junge Turgenjew, D. W. Grigorowitsch, N. A. Nekrassow, der frühe Dostojewski.

natürliche Sprache, im Unterschied zur formalen Sprache, anderen Kunstsprachen (z. B. Programmiersprachen) und den Welthilfssprachen eine histor. gewachsene, der prakt. Kommunikation dienende Sprache.

natürliche Theologie (Theologia naturalis, Theologia rationalis), Denkansatz in der christl. Theologie, mit dem die Möglichkeit der Gotteserkenntnis aus der Natur mit der menschl. Vernunft untersucht und z. T. behauptet wird. Die n. T. befaßt sich mit der Erkenntnis Gottes außerhalb der geschichtl. Dimension und befindet sich damit auf dem Weg zu einer alle Religionen umfassenden Theoriebildung der natürl. Religion. In der christl. Theologie ist sowohl die Tatsache natürl. Gotteserkenntnis als auch deren Funktion innerhalb der Heilsgeschichte umstritten, weil gerade die Geschichtlichkeit der christl. Offenbarung die wesentl. Komponente des christl. Glaubens ist. Diese Spannung versucht die n. T. v. a. innerhalb der Lehre von der Schöpfung zu lösen, indem die Natur immer zugleich auch als Kreatur gesehen wird. Während in der Scholastik Natur und Gnade in einem System aufeinander bezogen sind, verlagert sich bei den Reformatoren der Schwerpunkt auf die Offenbarung aus Gnade allein. Als Reaktion auf die dogmat. Auseinandersetzungen während der Religionskriege und in der Orthodoxie gewinnen die n. T. und die Theorie der natürl. Religion in der Aufklärung eine große Bed.; diese wird jedoch von der ev. Theologie des 19./20. Jh. (v. a. von K. Barth) zurückgedrängt.

natürliche Zahlen, Bez. für die positiven ganzen Zahlen 1, 2, 3, 4, ...; meist wird auch die Null dazugerechnet.

Naturpark, großräumige Landschaft von bes. Schönheit und Eigenart, die nicht wie ein Naturschutzgebiet konserviert ist, sondern gepflegt und gestaltet wird als Stätte der Erholung. Die BR Deutschland verfügt über 64 N. (Stand 31. 1. 1989), die zus. eine Fläche von 5,5023 Mill. ha haben, das entspricht 22% der Gesamtfläche des Bundesgebiets. Rechtsträger der einzelnen N. sind entweder ein Zweckverband als Körperschaft des

Naturrecht

öffentl. Rechts, ein eingetragener Verein oder eine staatl. Stelle. Bund, Länder, innerhalb eines N. gelegene Kreise und Gemeinden sowie die privaten N.träger kommen für die Kosten auf. - Karte S. 176.

Naturphilosophie, gemäß der aristotel.-stoischen Einteilung der Philosophie neben Logik und Ethik die Disziplin, deren Gegenstand die Natur und die Bedingungen sind, unter denen Natur erkannt wird („philosophia naturalis"). Der doppelten Aufgabenstellung entspricht, daß unter dem Begriff „N." sowohl der begründete Aufbau der Naturwiss. und damit von naturwiss. Theorien als auch die Metaphysik der Natur verstanden werden konnte. Voraussetzung für die Auflösung der N. in Naturwiss. einerseits, Philosophie (in Form von Metaphysik der Natur) andererseits ist eine disziplinorientierte Unterscheidung zw. Wiss. und Philosophie, die erst eine verhältnismäßig junge Unterscheidung ist. Naturwiss. bleibt als N. Teil der Philosophie, wie es z. B. im Titel von Newtons epochalem Werk „Philosophiae naturalis principia mathematica" (1687) zum Ausdruck kommt; eine Abgrenzung von spekulativen Traditionen der N. findet allein im Methodischen statt. Vorausgegangen war eine Wiederbelebung platon. Traditionen und eines Denkens, das einerseits spekulativen Kosmologien alten Stils (G. Bruno u. a.), andererseits myst.-theosoph. Gesichtspunkten Geltung zu verschaffen suchte (Agrippa von Nettesheim, J. Böhme). Demgegenüber bringt eine erneute Aristotelesrenaissance eine Wendung zum Methodischen, die ihre unmittelbare Fortsetzung in der Methodologie empir. Wiss. finden konnte. Die Entstehung der neuzeitl. Naturwiss. bedeutet insofern nicht das Ende der N., sondern deren Grundlegung als empir.-experimentelle Wiss. von der Natur sowie ihre methodolog. Begründung. - Allerdings wird unter dem Einfluß älterer, meist wiederum aristotel. Vorstellungen über einen begründeten Aufbau des Wissens aus Methodologie der Physik häufig erneut Metaphysik der Natur. Erst bei Kant wird Metaphysik der Natur, inhaltl. orientiert an der klass. Mechanik, wiederum auf Methodologie der empir. Naturwiss. und eine dieser Methodologie i. e. S. vorausgehende Theorie der Erfahrung (als Theorie der Bedingungen der Möglichkeit begr. Erfahrungssätze) festgelegt, womit die Idee der N. in ihrer neuzeitl. Gestalt erstmals klare method. Konturen gewinnt. Die mit der Entwicklung der Naturwiss. seit dem 19. Jh. allmähl. einsetzende Verselbständigung der Wiss. gegenüber der Philosophie führte dazu, daß sich das Programm Kants einer Begründung der Naturwiss. nur unzureichend durchsetzt und die Naturwissenschaften sich in ihrem theoret. Selbstverständnis auf Methodologie beschränken und die [Rest]philosophie spekulativ mißverstehen als das von den Naturwiss. selbst nicht bearbeitete Begründungsprogramm.

📖 *Bateson, G.: Geist u. Natur. Ffm. 1984.* - *Jaeckle, E.: Vom sichtbaren Geist. N. Stg. 1984.* - *Weyl, H.: Philosophie der Mathematik u. Naturwiss. Mchn.* ⁵*1982.* - *Hartmann, N.: Philosophie der Natur. Bln. u. New York* ²*1980.* - *Löw, R.: Philosophie des Lebendigen. Ffm. 1980.* - *Stanslowski, V.: Natur u. Staat. Leverkusen 1978.* - *Gloy, K.: Die Kant. Theorie der Naturwiss. Bln. u. New York 1976.* - *Hennemann, G.: Grundzüge einer Gesch. der N. u. ihrer Hauptprobleme. Bln. 1975.*

Naturrecht (Ius naturale), Sammelbez. für die Bemühungen der Moral- und Rechtsphilosophie sowie der Theologie, das System des positiven Rechts durch Regreß auf eine höher- oder höchstrangige Rechtsquelle zu legitimieren. Gegenüber der Vorläufigkeit des histor. Gesetzes beansprucht das N. teils eine auf göttl. Rechtsprinzipien gestützte absolute Gültigkeit, teils eine relative Beständigkeit, die aus der für unveränderl. gehaltenen Natur des Menschen abgeleitet wird oder aus dem richtigen Gebrauch der Vernunft resultiert. **Altertum:** Die Überlegungen zum N. haben ihren Ursprung in der ion. Naturphilosophie, die die Natur (Physis) als urspr., absolut und normsetzend dem menschl. Gesetz (Nomos) gegenüberstellt, dessen Gültigkeit auf bloßer Konvention beruhe. Aus der relativist. Grundeinstellung der frühen Sophisten entwickelt sich eine von der Triebhaftigkeit der menschl. Natur ausgehende Richtung des N., die unter Bezug auf den Selbsterhaltungstrieb das Recht des Stärkeren auf Durchsetzung seines Willens, als der Natur entsprechend, rechtfertigt. Dem setzt Platon die Vorstellung einer vernunftbeherrschten Natur des Menschen entgegen, in der sich die Idee der Gerechtigkeit realisiert. Mit diesen beiden unterschiedl. Naturauffassungen ist die für das abendländ. N. zentrale Frage nach dem Ursprung des Gesetzes im Willen („voluntas") oder in der Vernunft („ratio") gestellt. Aristoteles betont, daß die allg. Prinzipien des N., entsprechend den Umständen von Ort, Zeit und Volk, durch unterschiedl. positives Recht verwirklicht werden können. Die Stoa, die die klass. Tradition aufnimmt, unterscheidet das für den gesamten Kosmos absolut gültige ewige Weltgesetz *(Lex aeterna)* und das auf der vernünftigen Natur des Menschen beruhende N. *(Lex naturalis)*, das den Beurteilungsmaßstab für das konventionelle Recht bildet.

Das **Mittelalter** rezipiert die N.lehre der Stoa, wobei an die Stelle des unpersönl. Weltgesetzes der Schöpfergott als Urheber der N. und Weltordnung bestimmend die Lex aeterna tritt. Das N., die Lex naturalis (natürl. göttl. Recht), wird als Reflex des Schöpfungsplans im Bewußtsein des Menschen betrachtet. Aus Übereinstimmung von N. und positivem Recht

Naturrecht

ergibt sich dessen Verbindlichkeit. Während der platon. beeinflußte Augustinus die Frage offenläßt, ob die Lex aeterna auf die Vernunft oder den Willen Gottes zurückgeht, entscheidet sich Thomas von Aquin für die Vernunft, für die die obersten Prinzipien des N. einsehbar sind. Im 14./15. Jh. bestimmt die Auseinandersetzung zw. dem vernunftorientierten Thomismus und dem voluntarist. Nominalismus die Entwicklung. Erstmals erscheint bei

NATURPARKS
in der Bundesrepublik Deutschland (1989)

	Gründungsjahr	Fläche (km²)
Schleswig-Holstein		
Aukrug	1970	380
Hüttener Berge - Wittensee	1970	260
Lauenburgische Seen	1959	444
Westensee	1969	260
Holsteinische Schweiz	1986	523
Hamburg		
Harburger Berge	1959	38
Niedersachsen		
Dümmer	1972	340
Elbufer - Drawehn	1968	750
Elm - Lappwald	1976	340
Harz	1960	950
Lüneburger Heide	1920	200
Münden	1959	373
Nördl. Teutoburger Wald - Wiehengebirge	1962	901
Solling - Vogler	1966	527
Steinhuder Meer	1974	310
Südheide	1963	500
Weserbergland - Schaumburg - Hameln	1975	1 116
Wildeshauser Geest	1984	965
Nordrhein-Westfalen		
Arnsberger Wald	1961	448
Bergisches Land	1973	1 917
Diemelsee	1965	124
Dümmer	1972	132
Ebbegebirge	1964	777
Eggegebirge und südl. Teutoburger Wald	1965	593
Hohe Mark	1963	1 040
Homert	1965	550
Kottenforst - Ville	1959	600
Nördl. Teutoburger Wald - Wiehengebirge	1962	318
Nordeifel	1960	1 359
Rothaargebirge	1963	1 355
Schwalm - Nette	1965	435
Siebengebirge	1959	42
Hessen		
Bergstraße - Odenwald	1960	1 229
Diemelsee	1965	210
Habichtswald	1962	474
Hessische Rhön	1963	700
Hessischer Spessart	1962	710
Hochtaunus	1962	1 202
Hoher Vogelsberg	1958	384
Meißner - Kaufunger Wald	1962	421
Rhein - Taunus	1968	808
Rheinland-Pfalz		
Nassau	1962	560
Nordeifel	1960	404
Pfälzer Wald	1958	1 793
Rhein - Westerwald	1962	446
Saar - Hunsrück	1980	921
Südeifel	1958	426
Baden-Württemberg		
Neckartal - Odenwald	1980	1 292
Obere Donau	1980	840
Schönbuch	1974	156
Schwäbisch-Fränkischer Wald	1979	904
Stromberg - Heuchelberg	1980	330
Bayern		
Altmühltal	1969	2 908
Augsburg - Westl. Wälder	1974	1 175
Bayerische Rhön	1967	1 240
Bayerischer Spessart	1963	1 710
Bayerischer Wald	1967	2 030
Bergstraße - Odenwald	1960	400
Fichtelgebirge	1971	1 004
Fränkische Schweiz - Veldensteiner Forst	1968	2 346
Frankenhöhe	1974	1 105
Frankenwald	1973	1 116
Haßberge	1974	824
Hessenreuther und Manteler Wald mit Parkstein	1975	270
Nördl. Oberpfälzer Wald	1971	644
Oberer Bayerischer Wald	1965	1 801
Oberpfälzer Wald	1971	724
Steigerwald	1971	1 280
Steinwald	1970	232
Saarland		
Saar - Hunsrück	1980	750

NATIONALPARKS
in der Bundesrepublik Deutschland (1989)

	Gründungsjahr	Fläche (km²)
Schleswig-Holstein		
Schleswig-Holsteinisches Wattenmeer	1985	2 850
Niedersachsen		
Niedersächsisches Wattenmeer	1986	2 400
Bayern		
Bayerischer Wald	1970	131
Berchtesgaden	1979	210

Naturschutz

Wilhelm von Ockham die Trias der *Jura naturalia*, der „natürl. Rechte": Leben, Freiheit, Eigentum, die bei J. Locke als säkularisierter N.begriff zum Zentralstück der frühbürgerl. Staatstheorie wird. Die Tradition der thomist. Vernunftlehre des N. wird in der Schule von Salamanca fortgesetzt, aber, entscheidend und richtungweisend für die Aufklärung, von der Theologie emanzipiert. Die vom Nominalismus beeinflußte Entscheidung zugunsten des voluntarist. orientierten N. führt unter dem Einfluß der Reformation und des Deismus zu einer Ablösung der Lex naturalis von der Lex aeterna. Im Zuge der Säkularisierung des N. wird erneut die Triebhaftigkeit der menschl. Natur betont, bes. von T. Hobbes (↑ auch homo homini lupus). Die Beendigung des Naturzustands durch vollständigen Rechtsverzicht zugunsten des absoluten Souveräns im ↑ Gesellschaftsvertrag wird notwendig, der Staat wird zur Bedingung des Überlebens. Für Locke als das Eigentumsrecht, das Leben, Freiheit und Besitz umfaßt, ein N.; die Aufgabe des Staates erschöpft sich für ihn im formalen Schutz geordneter Tauschbeziehungen zw. Eigentümern. Die zum modernen Konstitutionalismus führende Forderung nach Grund- und Menschenrechten (↑ auch Gleichheit) erfolgt nur noch verbal im Namen des Naturrechts.

Aufklärung: Der Durchbruch zum modernen N., eingeleitet durch die Schule von Salamanca und die Bewegung des Neustoizismus, v. a. systematisierend fortgeführt von F. Suárez, H. Grotius, S. von Pufendorf, J. Althusius, wird zu einem der Hauptimpulse der Aufklärung. Der Gesellschaftstrieb ist wie bei Aristoteles und Thomas von Aquin die Ursache des Gesellschaftsvertrags. Damit ist zunächst die stoisch-christl. N.lehre wiederhergestellt. Pufendorf führt eine Trennung des N. vom luth. Aristotelismus durch und ordnet es der absolutist. Verfassungstheorie zu. Unter dem Einfluß des neuen Wiss.ideals verwandelt sich der Naturbegriff der Stoa in den Gesetzesbegriff der neuzeitl. Naturwiss. C. Thomasius und C. Wolff versuchen, von obersten Prinzipien aus ein vollständiges, alle Rechtsgebiete umfassendes System von exakten, absolut gültigen Gesetzen zu deduzieren. Dieser Deduktionismus tritt erst zurück, als die von Montesquieu erneut betonte, klimat. und kulturell bedingte Relativität auch des N. zur Ausbildung einer histor. Betrachtungsweise führt, die schließl. in der ↑ historischen Schule den dem N. feindl. Rechtspositivismus einleitet.

Gegenwart: Die histor. Erfahrung des Faschismus und die Unfähigkeit des Rechtspositivismus, dem legalen Unrecht theoret. entgegenzutreten, führt nach dem 2. Weltkrieg zu einer Kritik des positiven Etatismus und zur Wiederaufnahme der naturrechtl. Diskussion in der Rechtswiss. wie in der christl. Theologie. Die Unwissenschaftlichkeit des Naturbegriffs als Grundlage eth. und rechtl. Normen schloß jedoch letztl. eine Wiederbelebung der N.lehre aus. Ledigl. die röm.-kath. Kirche vertritt, trotz ernsthafter Kritik aus den eigenen Reihen, nach wie vor die Lehre eines von Gott eingesetzten Naturrechts.

📖 *Hellmuth, E.: Naturrechtsphilosophie u. bürokrat. Werthorizont. Gött. 1985.* - *Messner, J.: Das N. Bln.* [7] *1984.* - *Ilting, K. H.: N. u. Sittlichkeit. Stg. 1983.* - *Gans, E.: N. u. Universalgesch. Stg. 1981.* - *N. oder Rechtspositivismus. Hg. v. W. Maihofer, Darmst.* [3] *1981.* - *Welzel, H.: N. u. materiale Gerechtigkeit. Gött.* [4] *1980.* - *Lipp, M.: Die Bed. d. N. f. die Ausbildung der Allg. Lehren des dt. Privatrechts. Bln. 1980.* - *Peschke, K.: N. in der Kontroverse. Salzburg 1967.*

naturrein, nach dem dt. Weingesetz von 1971 nicht mehr zulässiges Prädikat.

Naturreligionen, nicht genau festgelegter Begriff zur Bez. von Religionen der „Naturvölker" im Ggs. zu denjenigen der „Kulturvölker"; gleichbedeutend mit dem problemat. Begriff *Primitivreligionen*. Andererseits können mit N. jene Religionen bezeichnet werden, in denen die Natur (Naturerscheinungen) gegenüber der Geschichte eine ungleich bedeutsamere Rolle einnimmt. In den *Agrarreligionen* bäuerl. Kulturen steht eine meist mütterl. gedachte Erdgottheit, eine „Mutter Erde", im Mittelpunkt.

Naturreservat, v. a. im engl. und frz. Sprachraum Bez. für ein Naturschutzgebiet.

Natursagen ↑ Sage.

Naturschadenversicherung (Elementarschadenversicherung), Versicherung gegen Schäden, die durch Naturereignisse entstehen, z. B. Sturm-, Hagel-, Hochwasser- und Erdbebenschäden.

Naturschutz, Gesamtheit der Maßnahmen zur Erhaltung und Pflege von Natur- oder naturnahen Kulturlandschaften und Naturdenkmälern, auch von seltenen und in ihrem Bestand gefährdeten Pflanzen und Tierarten sowie deren Lebensräumen und ihr Schutz vor Zivilisationsschäden. N. ist ein Teil des Umweltschutzes und soll nicht nur der Gefahr großräumiger Landschaftszerstörung entgegenwirken, sondern auch natürl. Regenerationsquellen erhalten. Auch Landschaftsteile (z. B. Hecken, Schilf- und Rohrbestände als Nistplätze für Vögel oder Unterschlupf für Niederwild) können unter N. gestellt werden. Wichtigste, auf den Verordnungswege erfolgende N.maßnahmen sind: Einrichtung und Erhaltung von N.gebieten, Landschaftsschutzgebieten und Naturparks, Schutz und Pflege von Naturdenkmälern sowie der Artenschutz (↑ geschützte Pflanzen, ↑ geschützte Tiere). Eigentümer, Besitzer oder Nutzungsberechtigte haben Schutz- und Erhaltungsmaßnahmen zu dulden und sind an auferlegte Nutzungsbeschränkungen gebunden. Nach Umfang des Schutzes unterscheidet man: 1. **Vollnaturschutzgebiete:** Eingriffe

Natursteine

und Nutzungen sind nur zur Erhaltung des natürl. Zustandes erlaubt, das Betreten ist verboten; 2. **Teilnaturschutzgebiete:** Gebiete mit speziellen Schutzzielen und den dazu notwendigen Nutzungsbeschränkungen; hierzu gehören auch Pflanzenschutzgebiete und Tierschutzgebiete (z. B. Vogelschutzgebiete); 3. **Landschaftsschutzgebiete:** naturnahe Flächen, die zur Erhaltung ihrer ökolog. Vielfalt sowie eines ausgeglichenen Naturhaushaltes und ihres Erholungswertes gegen Veränderungen (Abholzung, Aufforstung, Überbauung, Industrialisierung) geschützt werden. - Wichtige N.gebiete sind z. B. das Königsseegebiet, Karwendel und Karwendelgebirge, der Große Arbersee und die Arberseewand, das Federseegebiet, der N.park Lüneburger Heide und das Biberschutzgebiet an der mittleren Elbe. Bed. N.gebiete im benachbarten Ausland sind die Hohen Tauern (Österreich), der Nationalpark Engadin (Schweiz), das Rhonedelta (Camargue, Frankreich).

📖 *Lorz, A.: N.recht. Artenschutz, internat. Übereinkommen, EG-Recht, Bundes-/Landesrecht u. a. Mchn 1985. - N. u. Umweltschutz in der BR Deutschland. Hg. v. G. Olschowy. Hamb. 1985. - Hdb. für Planung, Gestaltung u. Schutz der Umwelt. Hg. v. K. Buchwald u. W. Engelhardt. Mchn. 1978 ff. 4 Bde.*

Natursteine, Bez. für die (im Gegensatz zu den Kunststeinen) aus natürl. Vorkommen, v. a. in Steinbrüchen, gewonnenen und als Bau- oder andere Werksteine verwendeten Gesteine.

Naturstoffchemie, i. w. S. ein Teilgebiet der Chemie, das sich mit der Untersuchung aller in der Natur vorkommenden Substanzen beschäftigt; i. e. S. spezielles Gebiet der organ. Chemie bzw. Biochemie, in dem die von Pflanzen und Tieren erzeugten Verbindungen (Kohlenhydrate, Fette, Proteine, Nukleinsäuren, Vitamine, Hormone, Alkaloide, Steroide, Farbstoffe usw.) untersucht werden.

Naturtöne, die auf Blasinstrumenten ohne Zuhilfenahme von Ventilen, Klappen oder Grifflöchern allein durch entsprechende Anblastechnik spielbare Reihe von Tönen. Die N. sind die ↑ Obertöne des tiefsten Naturtons.

Naturvölker, Bez. für Völker oder kleinere ethn. Einheiten, die im Ggs. zu den sog. Hochkulturvölkern wegen geringerer techn.-zivilisator. Ausstattung in stärkerer Abhängigkeit von der natürl. Umwelt stehen. Der Begriff wurde von J. G. Herder erstmals verwendet; er sollte die abwertende Bez. „Barbaren" oder „Wilde" ersetzen. Obwohl allg. als nicht sehr passend empfunden, wurde das Wort N. mangels eines besseren beibehalten.

Naturwaldreservate (Naturwaldzellen, Bannwälder [in Bad.-Württ.]), als charakterist. Vegetationsgesellschaften ausgewählte, v. a. der Erforschung ökolog. Systeme dienende, durch Erlaß der Länder der BR Deutschland unter unumschränktem Schutz gestellte Waldteile (Mindestgröße 5 ha), deren Erhaltung Aufgabe der Landespflege ist.

Naturwissenschaft, Oberbegriff für die einzelnen empir. Wiss., die sich mit der systemat. Erforschung der Natur (bzw. eines Teils von ihr) und dem Erkennen der für sie geltenden Naturgesetze befassen. Man trennt die N. auch heute noch vielfach, entsprechend der unbelebten und der belebten Natur bzw. Materie, in die physikal. und mathemat. erfaßbaren **exakten Naturwissenschaften** (Physik, Chemie, Astronomie, Geologie sowie ihre verschiedenen Teildisziplinen bzw. die sie verbindenden Wissenschaftsbereiche wie physikal. Chemie, Astrophysik, Geophysik, Meereskunde, Mineralogie u. a.) und in die **biolog. Naturwissenschaften** (Biologie, Anthropologie, Physiologie, Genetik, Molekularbiologie, Ökologie u. a. sowie [als Verbindungen zu den exakten N.] Biophysik und Biochemie). - Die Aufgabe der N. besteht heute nicht nur darin, die Erscheinungen und Vorgänge in der Natur sowie ihre Gesetzmäßigkeiten mittels geeigneter naturwiss. Experimente zu ergründen und mittels bereits bekannter oder gegebenenfalls zu entwickelnder naturwiss. Theorien zu beschreiben und zu „erklären", sondern auch darin, die ergründeten Naturerscheinungen bzw. die gewonnenen Naturerkenntnisse im Rahmen der *angewandten N.* dem Menschen allg. nutzbar zu machen. Insofern schaffen die N. die theoret. Voraussetzungen für Technik, Landw., Medizin und andere Bereiche menschl. Aktivität.

Die Methoden der N. bzw. naturwiss. Forschung sind neben dem unmittelbaren Beobachten und Messen in gezielt vorgenommenen Experimenten das Beschreiben, Vergleichen, Ordnen und Zusammenfassen von Einzelerscheinungen mit individuell verschiedenen Merkmalen sowie die Entwicklung allg. Begriffe; weiter gehören dazu: die Abstraktion und damit das Ermöglichen einer Zurückführung auf die tatsächl. wirkenden Naturgesetze; die Verallgemeinerung von Einzelbeobachtungen und folg. Folgerung einer Aussage, einer Gesetzmäßigkeit u. a. aus Voraussetzungen bzw. Hypothesen; die Zergliederung komplizierter Sachverhalte in einfachere und umgekehrt die Zusammenfügung von Einzelerscheinungen zum Allgemeinen. Die Aufstellung von Hypothesen, Modellen und Theorien zur Deutung des in Experimenten Erkannten bzw. der den Naturphänomenen zugrunde liegenden Ursachen bedingt (v. a. zu ihrer Verifikation) die Durchführung weiterer Experimente.

Der Prozeß der Herauslösung der einzelnen N. aus der Philosophie setzte bereits im Altertum ein (↑ Naturphilosophie).

📖 *Sperry, R.: N. und Wertentscheidung. Mchn.*

Naumburger Dom

[2] *1985. - Wagner, S.: Die Entwicklung der N. von der Antike bis zur Gegenwart. Bielefeld 1985. 2 Bde. - Weyl, H.: Philosophie der Mathematik u. N. Mchn.* [5] *1982. - Pietschmann, H.: Das Ende des naturwiss. Zeitalters. Ffm. u. Wien 1980. - Hübner, K.: Kritik der wiss. Vernunft. Freib.* [2] *1979. - Lepenies, W.: Das Ende der Naturgesch. Ffm. 1978 - Hemleben, J.: Das haben wir nicht gewollt. Sinn u. Tragik der N. Stg. 1978. - Schmitz, Rudolf/Krafft, F.: Humanismus u. Naturwissenschaften. Boppard 1978. - Schneider, Hansjörg: Hypothese - Experiment - Theorie. Zum Selbstverständnis der N. Bln. 1978. - Meurers, J.: Metaphysik u. N. Dortmund 1976. -* † *auch Naturphilosophie.*

naturwissenschaftlicher Unterricht, Teil des Lehrplans aller weiterführenden Schulen, als Sachkunde auch an Grund-, Haupt- und Realschulen bzw. entsprechenden Kursen der Gesamtschulen. In der gymnasialen Oberstufe wird n. U. als naturwiss. Fachunterricht angeboten (z. B. Biologie, Physik, Chemie). Die Schüler sollen im n. U. lernen, selbst zu beobachten, zu messen, exakt zu beschreiben, Gesetzmäßigkeiten zu erkennen, also naturwiss. zu denken.

Naturzustand, in der Moral- und Staatsphilosophie der Aufklärung häufig verwendete Argumentationsfigur zur analyt. oder genet. Erklärung der vorgefundenen Wirklichkeit der staatl. verfaßten Gesellschaft aus dem organisationslosen Zusammenleben der Menschen in einem teils als Fiktion konstruierten, teils als histor. angenommenen vorgesellschaftl. und vorstaatl. Urzustand.

Nauarch [zu griech. naūs „Schiff" und archós „Anführer"], militär. Amt in griech. Staaten, z. T. mit polit. Aufgaben.

Nauclerus, Johannes, latinisierter Name von J. Verge bzw. Vergenhans („Fährmann"), *1425, †Tübingen 5. Jan. 1510, dt. Humanist und Geschichtsschreiber. - Mitbegr. und erster Rektor (1477/78) der Univ. Tübingen. Sein Hauptwerk ist eine bis 1500 reichende Weltchronik („Memorabilium omnis aetatis et omnium gentium chronici commentarii", hg. 1516).

Nauen, Krst. am S-Rand des Havelländ. Luchs, Bez. Potsdam, DDR, 35 m ü. d. M., 11 500 E. Zuckerfabrik, Molkerei, Holzind.; Binnenhafen. - 1305 erstmals als Stadt erwähnt.

N., Landkr. im Bez. Potsdam, DDR.

Nauheim, Bad † Bad Nauheim.

Naukratis, ehem. griech. Kolonie in Ägypten, 20 km sö. von Damanhur; gegr. um 650 v. Chr., seit dem 6. Jh. v. Chr. einziger den Griechen in Ägypten offenstehender Handelsplatz; Fayenceindustrie; Ruinen von Tempeln ägypt. und griech. Götter.

Naumachie [zu griech. naūs „Schiff" und máchē „Schlacht"], theatral. Darstellung einer Seeschlacht, 46 v. Chr. erstmals von Cäsar in einem unter Wasser gesetzten Amphitheater in Rom veranstaltet.

Naumann, Friedrich, *Störmthal bei Leipzig 25. März 1860, †Travemünde 24. Aug. 1919, dt. Politiker. - Strebte als Pfarrer in Langenberg (bei Hohenstein-Ernstthal) und als Vereinsgeistlicher der Inneren Mission in Frankfurt am Main eine Lösung der sozialen Frage durch prakt. Christentum und Gründung der Ev. Arbeitervereine an. Wurde im Rahmen des Ev.-sozialen Kongresses Mittelpunkt eines liberalen Kreises (Führer der sog. Jungen), der sich zunehmend von der mit dem polit. Konservatismus verbündeten christl.-sozialen Bewegung A. Stoeckers abwandte und das paternalist. Fürsorgedenken der Inneren Mission ablehnte. Initiierte als parteiähnl. Gruppe den letztl. erfolglosen Nat.sozialen Verein (1896) und schloß sich nach dessen Auflösung (1903) der Freisinnigen Vereinigung an. 1895 Gründung der Zeitschrift „Die Hilfe", plädierte in „Demokratie und Kaisertum" (1900) für die cäsarist. Synthese von Autorität und Demokratie und entwarf in „Neudt. Wirtschaftspolitik" (1906) ein gesellschaftspolit. Programm des Linksliberalismus. 1907–12 und 1913–18 MdR (bis 1910 für die Freisinnige Vereinigung, danach für die Fortschrittl. Volkspartei). Setzte sich im 1. Weltkrieg für die Parlamentarisierung des Kaiserreichs ein und legte einen Plan für eine mitteleurop. imperialist.-föderalist. Wirtschaftsunion („Mitteleuropa", 1915) vor. 1919 in die Weimarer Nat.versammlung gewählt, kurz vor seinem Tode 1. Vors. der neugebildeten DDP.

⚌ *Sozialer Liberalismus. Hg. v. K. Holl u. a. Gött. 1986. - Theiner, P.: Sozialer Liberalismus u. dt. Weltpolitik. Baden-Baden 1983. - Engel, I.: Gottesverständnis u. sozialpolit. Handeln. Eine Unters. zu F. N. Gött. 1972.*

N., Johann Friedrich, *Ziebigk (= Cosa, Landkreis Köthen) 14. Febr. 1780, †ebd. 15. Aug. 1857, dt. Ornithologe. - Prof. und Inspektor am herzogl. Ornitholog. Museum in Köthen/Anhalt; Wegbereiter der dt. Feldornithologie. Künstler. hochbegabt, illustrierte er das zus. mit seinem Vater *Johann Andreas N.* (*1744, †1826) angelegte zwölfbändige Werk „Naturgeschichte der Vögel Deutschlands" (1820 ff.).

N., Johann Gottlieb, *Blasewitz (= Dresden) 17. April 1741, †Dresden 23. Okt. 1801, dt. Komponist. - Kapellmeister am Dresdner Hof und in Berlin; seine Kompositionen (21 Opern, 15 Oratorien, Kirchen-, Kammermusik und Lieder) waren zunächst am italien., später am frz. Stil orientiert und zählen teilweise zur Frühromantik.

Naumburg, Landkr. im Bez. Halle, DDR.

Naumburger Dom, doppelchörige, dreischiffige Pfeilerbasilika in Naumburg/ Saale mit Ostquerhaus und 4 Türmen, ab 1213 begonnen (vom Vorgängerbau Ostkrypta, 12. Jh., erhalten). Bau von Ost nach West,

Naumburger Meister

Westchor nach 1249 ff., Ostchor um 1330 erweitert. Die fortschreitende Ablösung spätroman. durch got., frz. geprägte Stilformen gipfelt im Westlettner und den Stifterfiguren des ↑ Naumburger Meisters (13. Jh.).

Naumburger Meister, dt. Bildhauer des 13. Jh. - Benannt nach den Bildwerken am Westchor und am Westlettner des Naumburger Doms (um 1250). Die Stifterfiguren im Westchor sind sowohl in der Thematik als auch in ihrer lebensvollen Charakterisierung in ihrer Zeit einzigartig. Am Lettner Passionsszenen von dramat. Ausdruckskraft. Die Wurzeln dieses Stils liegen in Frankr. (Amiens, Reims). - *Weitere Werke:* Westlettner des Mainzer Doms (vor 1239, fragmentar. erhalten), Bassenheimer Reiter (um 1240). - Abb. Bd. 3, S. 78.

Naumburg/Saale, Krst. an der Mündung der Unstrut in die Saale, Bez. Halle, DDR, 110 m ü. d. M., 32 300 E. Verwaltungssitz des Landkr. Naumburg; Inst. für Obstzüchtung; Werkzeugmaschinenbau, Textil-, Leder-, chem. sowie Nahrungsmittelind. - Nach Errichtung der namengebenden Neuen Burg (um 1010) wurden um 1012 das Hauskloster und zw. 1028/30 der Sitz des Bistums Zeitz dorthin verlegt. Seit 1030 wird die Siedlung als Stadt bezeichnet (geschriebenes Stadtrecht um 1300). Die Peter-und-Pauls-Messe, eine der ältesten in Deutschland, konnte bis ins 19. Jh. mit der Leipziger Messe konkurrieren. - Neben dem Dom sind kunsthistor. bed. die spätgot. Stadtkirche Sankt Wenzel (v. a. 16. Jh., 1945 beschädigt; restauriert; mit Hildebrand-Orgel [1743/46], in jüngster Zeit in alter Disposition rekonstruiert), das spätgot. Rathaus (16. Jh.) und das spätgot. Marientor (1446).

Naumburg-Zeitz, ehem. Bistum; das von Otto I. 968 gegr. Bistum Zeitz wurde zw. 1028 und 1030 nach Naumburg verlegt, von wo aus ihm im Rahmen der dt. Ostsiedlung Mission und Besiedlung der östl. der Saale gelegenen Diözese zugewiesen waren. 1564 wurde das Stift Naumburg in einen kursächs. Verwaltungsbezirk umgewandelt.

Naundorff (Naundorf), Karl Wilhelm, * Potsdam (?) 1785 (?), † Delft 10. Aug. 1845, dt. Uhrmacher. - Gab sich als Ludwig XVII., Sohn des frz. Königs Ludwig XVI., aus und machte seine Ansprüche in Berlin und Paris geltend.

Naupaktos ↑ Nafpaktos.

Nauplion ↑ Nafplion.

Nauplius [zu griech. naúplios „Krebs"] (Naupliuslarve), erstes Larvenstadium der Krebstiere; Körper länglich-oval, mit drei Gliedmaßenpaaren (erstes und zweites Antennenpaar, Mandibeln) und unpaarem medianem Pigmentbecherauge (↑ Naupliusauge).

Naupliusauge (Mittelauge), bei den Niederen Krebsen dauernd vorhandenes, bei den Höheren Krebsen nur während des Nauplius-stadiums ausgebildetes, sehr einfaches, unpaares, dicht neben dem Gehirn liegendes Auge, das im allg. aus drei Pigmentbecherzellen (↑ Auge; je etwa 20, maximal etwa 200 Sehzellen je Pigmentbecher) zusammengesetzt ist.

Naura, Michael, * Memel 19. Aug. 1934, dt. Jazzmusiker (Klavier). - Hatte 1953–63 ein eigenes Quartett (Klavier, Gitarre, Baß, Schlagzeug), mit dem er zahlr. Tourneen durch Europa unternahm. Formierte 1972 wieder eine Gruppe; zus. mit dem Schriftsteller P. Rühmkorf und dem Vibraphonisten W. Schlüter (* 1933) „Jazz + Lyrik"-Veranstaltungen.

Nauru

[naʼuːru] (amtl.: Republic of N.), Republik im westl. Pazifik, bei 0° 32′ s. Br. und 166° 55′ ö. L. **Staatsgebiet:** Besteht aus der rd. 3 000 km nö. von Australien gelegenen Insel N. **Fläche:** 21,3 km². **Bevölkerung:** 8 000 E (1984), 375,6 E/km². **Verwaltungssitz:** Yaren. **Verwaltungsgliederung:** 14 Gem. **Amtssprachen:** Englisch und Nauruisch. **Nationalfeiertag:** 31. Jan. **Währung:** Austral. Dollar ($A). **Internat. Mitgliedschaften:** SPC; assoziiertes Mitglied des Commonwealth. **Zeitzone:** MEZ + 10 $\frac{1}{2}$ Std.

Landesnatur: N. ist eine ovale, von Riffen gesäumte Koralleninsel mit einer kleinen Lagune. - Trop. Regenklima, Regenzeit Nov.–Febr. - Verbreitet sind Kokospalme und Schraubenbaum.

Bevölkerung, Wirtschaft: Die Nauruer sind eine Mischrasse aus Polynesiern, Mikronesiern und Melanesiern. Daneben leben v. a. Chinesen und Europäer auf N. Es besteht allg. Schulpflicht. - Phosphatabbau, an dessen Erträgen die Nauruer beteiligt sind, ist der einzige Wirtschaftszweig. Der Export erfolgt nach Australien, Neuseeland, Japan und Großbritannien. Eingeführt werden v. a. Nahrungsmittel, Baustoffe und Maschinen.

Verkehr: 5,2 km Eisenbahn ausschließl. für den Phosphattransport; eine Küstenstraße führt rund um die Insel. N. besitzt keinen Hafen; die Frachtschiffe ankern im Tiefwasser; ⚓.

Geschichte: 1798 entdeckt. 1888 von Deutschland annektiert, 1914 von Australien besetzt; 1919 Völkerbundsmandat (C-Mandat) und der gemeinsamen Verwaltung von Großbrit., Neuseeland und Australien unterstellt, 1943 von Japan besetzt, ab 1947 UN-Treuhandgebiet unter der früheren Verwaltung, seit 31. Jan. 1968 unabhängig.

Politisches System: N. ist seit 1968 eine unabhängige parlamentar. Republik im Commonwealth. *Staatsoberhaupt* und oberster Inhaber der *Exekutive* ist der vom Parlament aus den eigenen Reihen gewählte Staatspräs. (seit 1978

Navigation

H. De Roburt). Er ist zugleich Außen- und Innenmin. sowie u. a. Min. für Entwicklung und Ind.; das Kabinett besteht aus ihm und 4 weiteren Min. und ist dem Parlament verantwortlich. Die *Legislative* liegt beim Gesetzgebenden Rat (18 für 3 Jahre vom Volk gewählte Mgl.). Seit 1976 gibt es eine Partei, die N. Party (Reg.partei), die Opposition ist nicht parteimäßig organisiert. Es gibt ein Oberstes Gericht, ein Distriktsgericht und ein Familiengericht.
    Hdb. der Dritten Welt. Ostasien u. Ozeanien. Hg. v. D. Nohlen u. F. Nuscheler. Hamb. ²1983.

Nausea [ˈnaʊzea, nauˈzeːa; zu griech. nausía „Seekrankheit"], Übelkeit, Brechreiz, bes. im Zusammenhang mit einer ↑Bewegungskrankheit.

Nausikaa [...ka-a], Gestalt der griech. Mythologie, Tochter des Phäakenkönigs Alkinoos, auf dessen Insel Scheria der von Poseidon verfolgte Odysseus sich schwimmend retten kann. Als N. und ihre Gefährtinnen Odysseus erblicken, ergreifen alle außer N. die Flucht. Durch die Worte des Fremden gerührt, läßt N. ihm Kleider bringen und geleitet ihn an den Hof ihres Vaters.

Nautical mile [engl. ˈnɔːtɪkəl ˈmaɪl] ↑Seemeile.

Nautik [zu griech. nautiké (téchnē) „Schiffs(kunst)"], Schiffahrtskunde; die zur Navigation gehörenden Wissensgebiete, insbes. die Navigation sowie alle die Schiffsführung (u. a. Beladungskunde, Schiffssicherheit, Manövrierkenntnis) betreffenden Bereiche. Die **Nautiker** einer Schiffsbesatzung sind der Kapitän und die naut. Offiziere im Ggs. zu den techn. Offizieren (↑Schiffsoffizier).

Nautilus [ˈnaʊtilʊs; engl. ˈnɔːtɪləs, griech.], Name des ersten (amerikan.) U-Boots mit Kernenergieantrieb, das auch als erstes U-Boot das Eis am Nordpol untertauchte. Indienststellung 1955, Außerdienststellung 1979.

Nautilus [zu griech. nautílos „Seefahrer"], svw. ↑Perlboote.

nautische Bücher, Gesamtheit der für die Navigation an Bord eines Schiffes mitzuführenden Bücher (Seehandbücher, Leuchtfeuerverzeichnisse, Strömungsatlanten, naut. Tabellen, Logbuch) und Seekarten.

nautische Meile, svw. ↑Seemeile.

nautisches Dreieck, svw. ↑astronomisches Dreieck.

Nautisches Jahrbuch, jährl. vom Dt. Hydrograph. Inst. herausgegebenes Tabellenwerk mit Angaben der naut. Ephemeriden (v. a. Azimut und Höhe) von Sonne, Mond, Planeten und wichtiger Fixsterne; wichtiges Hilfsmittel für die astronom. Navigation.

Navajo [span. naˈβaxo, engl. ˈnævəhoʊ] (Navaho), Indianerstamm in Arizona, New Mexico und Utah, USA, der als einziger in großem Umfang Viehzucht (v. a. Schafhaltung) von den Europäern übernommen hat.

Bed. Kunsthandwerk, v. a. farbige Webdecken und Silberschmuck. Berühmt sind auch ihre Sandmalereien. - Ihre Sprache N. gehört zum südl. Zweig des Athapaskischen innerhalb des Nadene-Sprachstammes. Es ist eine Schriftsprache und verfügt über eine reiche Literatur.

Navarino, Seeschlacht von N., ↑Pilos.

Navarino, Isla, chilen. Insel im Feuerlandarchipel, 2 473 km², bis 1 195 m ü. d. M.

Navarra [span. naˈβarra], span. Region an der span.-frz. Grenze, 10 241 km², 507 400 E (1981), Verwaltungssitz Pamplona; umfaßt im NO Teile der Pyrenäen, im NW Teile des Bask. Berglandes, greift im S auf das Ebrobecken über. N. liegt im Übergangsgebiet zw. dem immerfeuchten Iberien im N und dem semiariden Ebrobecken. Land- und Forstwirtschaft sind die Haupterwerbszweige.

Geschichte: Als Land der Basken während der westgot. Herrschaft (5.–8. Jh.) weitgehend selbständig; 711 von den Arabern besetzt, aber nicht dauerhaft beherrscht; wurde unter dem bask. Fürsten Sancho García 905 Kgr.; Sancho III. (✉ 1000–1035) vereinigte das beiderseits der Pyrenäen gelegene Reich 1026 mit Kastilien, teilte jedoch das Gesamtreich unter seine Söhne so auf, daß N. unter Abspaltung von Kastilien und Aragonien zum Klein-Kgr. wurde; ab 1234 von frz. Dyn. beherrscht, wurde 1284 Bestandteil der frz. Monarchie. Erlangte 1328 die Selbständigkeit zurück; 1484 übernahm das Haus Albret die Herrschaft; 1512 eroberte Ferdinand II. von Aragonien N. südl. der Pyrenäen, das - der Krone Kastiliens angegliedert - bis 1841 eine Sonderstellung im Kgr. Spanien besaß; das nördl. N. gelangte 1589 an Frankreich.

Navarrete, Juan Fernández de, span. Maler, ↑Fernández de Navarrete, Juan.

Navelorange [engl. ˈneɪvəl „Nabel"] (Navel, Nabelorange), (fast) kernlose Frucht einer aus Amerika stammenden Kulturform der Orange mit kräftiggelber Schale und kleiner, am unteren Pol außen einen kleinen Nabel bildenden Nebenfrucht.

Navier, Claude Louis Marie Henri [frz. naˈvje], * Dijon 15. Febr. 1785, † Paris 23. Aug. 1836, frz. Ingenieur. - 1819 Prof. für Mechanik in Paris. Wichtige Beiträge zur Elastomechanik und zur Baustatik (u. a. zur Theorie der Hängebrücken), die er damit begründete.

Navigation [zu lat. navigatio „Schiffahrt"], i. w. S. das Führen eines Wasser-, Luft- oder Raumfahrzeugs von einem Ausgangsort auf bestimmtem Wege zu einem Zielort, einschließl. der dazu erforderl. Meß- und Rechenvorgänge. I. e. S. die Planung und Überwachung der Fahrzeugbewegung in möglichst optimaler Weise. Dazu gehören das Erreichen bestimmter Orte zu bestimmten Zeiten, das Ermitteln des bereits zurückgelegten Weges, das Einhalten eines vorgeschriebe-

Ernst Wilhelm Nay, Lofotenlandschaft (1938). Privatbesitz

nen Kurses, das möglichst schnelle, möglichst treibstoffsparende Erreichen eines Zieles. Bei der bordautonomen N. können sämtl. für die N. erforderl. Meß- und Rechenvorgänge an Bord des Fahrzeugs vorgenommen werden (völlige Unabhängigkeit von Bodenstationen). Hierzu gehört insbes. die sog. **Koppelnavigation,** bei der man, ausgehend von einem bekannten Ausgangsort, durch laufende Messung der Geschwindigkeit, gegebenenfalls auch der Beschleunigung des Fahrzeugs und geeignete Integration dieser Meßwerte die Bahn des Fahrzeugs berechnet *(Besteck-, Kurs-* oder *Koppelrechnung).* - Nach den Grundlagen und den meßtechn. Hilfsmitteln und Möglichkeiten unterscheidet man 1. terrestr. N. und Sicht-N.; Ausnutzung der naturgegebenen Eigenschaften der Erde, z.B. die Sicht (Sichtpeilung), des Erdgravitationsfeldes (Lot, Horizont), des Erdmagnetfeldes (Magnetkompaß), der Erddrehung (Kreiselkompaß), der Atmosphäre und Hydrosphäre (durch Fahrtmesser, Höhenmesser, Variometer); 2. Funknavigation: Ausnutzung der Funksignale spezieller N.sender[systeme]; 3. Schall-N.: Ausnutzung der Ausbreitungseigenschaften von Schallwellen (Echolot, Sonar); 4. ↑Astronavigation; 5. ↑Trägheitsnavigation; 6. Optimal-N.: Kombination einzelner Meß- und Rechenrichtungen für N.zwecke, die bestimmte vorgegebene Aufgaben optimal lösen, z. B. eines Trägheits-N.systems mit Bordeinrichtungen der Funk- und/oder Astronavigation.

 Schenk, B.: Astronavigation. Bielefeld ⁶1986. - *Stein, W.: N. leicht gemacht.* Bielefeld ¹⁹1985. - *Freiersleben, H.C.: Gesch. der N.* Wsb. ²1978.

Navigationsakte, Bez. für engl. Gesetze, die zur Förderung der nat. Schiffahrt erlassen worden sind. Die 1651 beschlossene N. (erneuert und erweitert 1660, 1663 und 1673) sollte die engl. Schiffahrt gegenüber dem niederl. Zwischenhandel begünstigen und die Abhängigkeit der engl. Kolonien vom Mutterland festigen. Das Gesetz bestimmte, daß ausländ. Waren nur auf engl. Schiffen oder Schiffen des Ursprungslandes nach England eingeführt werden durften. Die engl. Küstenschiffahrt und der Verkehr der engl. Kolonien untereinander blieben engl. Schiffen vorbehalten. Die N. wurde 1849/50 aufgehoben.

Navon, Yitzhak, *Jerusalem 19. April 1921, israel. Politiker. - Schloß sich 1951 der Mapai an; 1952–63 polit. Sekretär D. Ben Gurions; seit 1965 Abg. der Knesset; 1978–83 Staatspräsident.

Navratilowá, Martina, *Revnice bei Prag 18. Okt. 1956, in den USA lebende Tenisspielerin tschechoslowak. Herkunft. - Gewann neben vielen Turnieren in Wimbledon das Einzel 1978, 1979, 1982–86, das Doppel 1976, 1979, 1982–86; Weltrangliste Platz 1 bis 1987.

Nävus [lat.], svw. ↑Muttermal.

Naxos, älteste griech. Siedlung auf Sizilien, 735 v. Chr. von Chalkis aus unterhalb des heutigen Taormina gegr.; 403 v. Chr. durch Dionysios I. zerstört; ausgegraben sind Teile der Stadtmauer und ein Heiligtum.

N., Hauptort der Insel N., an der NW-Küste, 3 700 E. Sitz eines griech.-orth. und eines kath. Bischofs. - Über N. Reste eines fränk. Kastells; Antoniuskapelle (15. Jh.).

N., größte Insel der Kykladen, Griechenland, 428 km². An der O-Küste liegt ein bis 1 004 m hoher Gebirgsstock, dem nach W eine flachwellige Ebene vorgelagert ist. Schmirgelabbau; Wein-, Getreide- und Gemüsebau. - Errang um 550 v. Chr. eine bed. Machtstellung in der Ägäis; 490 von den Persern erobert und verwüstet; Mgl. des Att.-Del. Seebundes und in hellenist. Zeit des Nesiotenbundes; diente in röm. Kaiserzeit als Verbannungsort; wurde 1207 Sitz eines gleichnamigen Hzgt.; 1579 osman., 1830 Teil des neugriech. Staates.

Nay, Ernst Wilhelm, *Berlin 11. Juni 1902, †Köln 8. April 1968, dt. Maler und Graphiker. - Schüler von K. Hofer. Malte seit den 50er Jahren abstrakt: rhythm., dicht an dicht gesetzte arabeske Farbformen oder -flecken in leuchtenden Tönen. Schrieb „Vom Gestaltwert der Farbe" (1955).

Nayarit, Staat im westl. Mexiko, am Pazifik, 27 621 km², 795 000 E (1984), Hauptstadt Tepic. Die im N des Staates bis 50 km breite Küstenebene wird im S von einem Bergland eingeschränkt, das nach O in die Sierra Madre Occidental übergeht. In der Küstenebene Anbau von Weizen, Zuckerrohr, Tabak, Erdnüssen, Kaffee, Bohnen, Tomaten, Obst.

Nazaräer, svw. ↑Nazoräer.

Nazaräerevangelium ↑Nazoräer.

Nazarener, Beiname Jesu („von Nazareth") und gelegentl. seiner Anhänger (↑auch Nazoräer).

Nazarener, urspr. Spottname für den

1809 in Wien von F. Overbeck, F. Pforr u. a. nach dem Vorbild ma. Bruderschaften gegr. „Lukasbund" östr. und dt. Maler. 1810 schlossen sich die Lukasbrüder in dem ehem. Kloster San Isidoro in Rom zusammen. Später folgten P. von Cornelius, W. Schadow, J. Schnorr von Carolsfeld u. a. Anliegen der N. war die Wiedererweckung der dt. und italien. Malerei (Perugino und Raffael). In ihrer Malerei mischen sich krasser Realismus und sentimentale Mystik. - *Werke:* Fresken in der Casa Bartholdy (1816–18; heute Berlin, Museumsinsel) und im Casino Massimo, Rom (1818–29).

Nazareth, Stadt in N-Israel, in den galiläischen Bergen, 39 400 E. N. ist die größte arab. Stadt im eigtl. Israel; die 1957 gegr. israel. Siedlung **Nazerat Illit** (20 000 E) liegt auf den Höhen unmittelbar östlich. N. ist Verwaltungssitz des Norddistr.; griech.-orth. theolog. Seminar, philosoph. Seminar; Terra-Sancta-Museum; zahlr. Kirchen, Klöster und kirchl. Anstalten. Die arab. Unterstadt ist überwiegend oriental. Gepräge; Handelszentrum und Wallfahrtsort (Heimatort der Eltern Jesu). - Verkündigungskirche (20. Jh.) an der Stelle zweier Vorgängerbauten (5. Jh., 1102–1106; 1730).

Nazca [span. 'naska], peruan. Stadt am Río N., 620 m ü. d. M., 14 000 E. Archäolog. Museum; Agrarzentrum an der Carretera Panamericana. - Die nach N. ben. **Nazcakultur** breitete sich im Tal des Río N. und in den nördl. gelegenen Tälern des Río Ica und Río Pisco aus; entwickelte sich um 200 n. Chr. aus der Paracaskultur; berühmt ihre mehrfarbigen Tongefäße; Textilien; gehämmerter Goldschmuck; große Städte. In den steinübersäten Wüstenboden um N. sind die Bilder von 18 Kondoren (bis 122 m ⌀) durch Entfernen loser Steine eingezeichnet sowie kilometerlange Liniensysteme. Neuerdings wird überprüft, ob Heißluftballone bekannt gewesen sein könnten.

Nâzım Hikmet Ran [türk. nɑ'zɨm] ↑Hikmet, Nazim.

Nazoräer (Nazaräer) [zu hebr. und aram. natzar „bewahren, beachten"], von dem Titel Jesu „der Nazoräer" in den Evangelien abgeleitete Bez. für die Christen, dann die syr. Judenchristen, deren fragmentar. erhaltenes (apokryphes) **Nazaräerevangelium** wohl eine Bearbeitung des Matthäusevangeliums darstellt (wahrscheinl. 2. Jh.).

Nb, chem. Symbol für ↑Niob.

NB, Abk. für lat.: ↑notabene.

NBC [engl. 'ɛnbiː'siː], Abk. für: ↑National Broadcasting Company.

N. C. [engl. 'ɛn'siː], Abk. für: North Carolina, Staat der USA.

n. Chr., Abk. für: nach Christus (Christi Geburt).

NC-Maschinen [NC Abk. für engl.: numeric control], svw. ↑Numerikmaschinen.

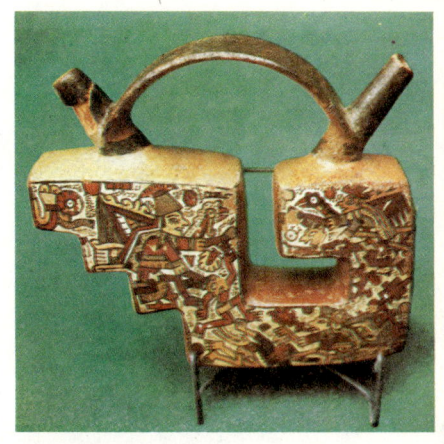

Nazcakultur. Flasche. Lima, Museo Nacional de Antropologia y Arqueologia

NCR Corp. [engl. 'ɛnsiː'aː koːpəˈrɛɪʃən], amerikan. Unternehmen der Elektro- und Elektronikind., Sitz Dayton (Ohio), gegr. 1884 als The National Cash Register Co., seit 1974 jetzige Firma; Haupttätigkeitsgebiete: Datenverarbeitungsanlagen, Rechenzentren, Buchungsautomaten, Registrierkassen sowie Additionsmaschinen.

Nd, chem. Symbol für ↑Neodym.

NDB, Abk. für: Neue Deutsche Biographie (↑Allgemeine Deutsche Biographie).

Ndebele, Bantustamm in Z-Transvaal, heute in zwei Gruppen gespalten: die *Nord-N.*, die sich den Nord-Sotho akkulturierten, und die *Süd-N.*, die sich den Swasi akkulturierten; letztere erhielten 1976 das Bantuheimatland South Ndebele.

N'Djamena [frz. ndʒame'na] (früher **Fort-Lamy**), Hauptstadt der Republik Tschad, am linken Ufer des Schari, 294 m ü. d. M., 303 000 E. Kath. Erzbischofssitz; Univ. (seit 1971), Nationalmuseum. Wichtigste Ind.stadt des Landes, Straßenknotenpunkt, Flußschiffahrt, Brücke über den Schari; internat. ✈. - Gegr. 1900.

Ndola, Stadt in Sambia, im SO des Kupfergürtels, 1 250 m ü. d. M., 282 400 E. Verwaltungssitz der Prov. Copperbelt, kath. Bischofssitz; techn. College, Post- und Fernmeldeschule; bed. Wirtschaftszentrum mit der jährl. internat. Handelsmesse von Sambia; Kupferhütte, Kobalthütte, Kalkwerk; Erdölraffinerie, Kfz.montage; Herstellung von Grubenausrüstungen, Chemikalien, Seife, Nahrungsmitteln; Straßen- und Verkehrsknotenpunkt, internat. ✈. - Gegr. 1902.

NDPD, Abk. für: ↑National-Demokratische Partei Deutschlands.

Ne, chem. Symbol für ↑ Neon.
Neagh, Lough [engl. lɔk 'nɛɪ], vom Bann durchflossener See im östl. Nordirland, mit 396 km² größter See der Brit. Inseln.
Neander, Joachim, * Bremen 1650, † ebd. 31. Mai 1680, dt. ref. Theologe und Kirchenlieddichter. - Von Calvin und dem Pietismus beeinflußt, zeigt sich in seinen zahlr. Kirchenliedern (u. a. „Lobe den Herren...") der Einfluß der ref. Föderaltheologie und eine starke Betonung der Königsherrschaft Gottes.
N., Johann August Wilhelm, urspr. David Mendel (bis 1806), * Göttingen 17. Jan. 1789, † Berlin 14. Juli 1850, dt. ev. Theologe jüd. Herkunft. - Seit 1813 in Berlin Prof. für Kirchengeschichte. N. gilt als der Begr. der neueren ev. Kirchengeschichtsforschung. - *Hauptwerk:* Allg. Geschichte der christl. Religion und Kirche (1825–52).

Neandertal [ben. nach J. Neander], sw. von Mettmann, NRW, gelegener, schluchtartig in das Berg. Land eingeschnittener Teil des Tals der Düssel. Zahlr. Höhlen fielen dem um 1850 begonnenen Steinbruchbetrieb zum Opfer, darunter auch die **Feldhofer Grotte,** in der 1856 erstmals Reste des ↑ Neandertalers gefunden wurden.

Neandertaler (Homo [sapiens] neanderthalensis), paläanthropolog. Bez. jener Gruppe fossiler Menschen († auch Altmenschen), die während der Würmeiszeit *(klass. N.)* und während der Riß-Würm-Zwischeneiszeit *(Prä-N.)* v. a. in W-Europa und N-Afrika gelebt haben. Bisher wurden - mehr oder weniger bruchstückhafte - Reste von etwa 150 Individuen gefunden (erstmals im Neandertal). Der N. war ein extrem auf seine Umwelt spezialisierter Altmensch, der als Vorfahre des Jetztmenschen nicht in Betracht kommt († auch Mensch, Abstammung). Die N. lebten v. a. in der Tundra unter Bedingungen, wie sie heute etwa im nördl. Lappland bestehen. Sie waren Jäger und Sammler. Als Werkzeuge dienten v. a. Faustkeile und Abschlagwerkzeuge; daneben Schaber und bereits Messer. - Die Zahl der zu einer Zeit auf einmal lebenden N. wird auf nicht viel mehr als einige Tausend Individuen geschätzt.

Neapel (italien. Napoli), italien. Stadt am Golf von N., 15 m ü. d. M., 1,21 Mill. E. Hauptstadt der Region Kampanien und der Prov. N.; kath. Erzbischofssitz; Univ. (gegr. 1224), Handelshochschule, Meerwasseraquarium mit biolog. Forschungsstation, Polytechnikum, oriental. Inst., vulkanolog. Inst., Erdbebenwarte, Kunstakad., Musikhochschule, Observatorium; mehrere Museen, u. a. Nationalmuseum, Gemäldegalerien, Bibliotheken, Staatsarchiv; Theater, Filmfestspiele. N. bildet zus. mit seinem Umland - von den Küstensiedlungen bis zum Vesuv - den wichtigsten wirtsch. Schwerpunkt in S-Italien: Eisen- und Stahlind., Raffinerien, Werften, Textil-, Leder-, chem. und Nahrungsmittelind. haben überregionale Bed.; moderne Hafenanlagen, Schnittpunkt wichtiger Verkehrslinien; Fremdenverkehr; ⚓.

Geschichte: Ging hervor aus einer im 8./7. Jh. von Kyme (Cumae) aus gegr. Kolonie (wahrscheinl. **Parthenope** gen.; der Name **Palaepolis** „Altstadt" gilt als antike Erfindung) und einer benachbarten Neugründung (**Neapolis** „Neustadt") des 5. Jh.; 89 v. Chr. erhielt Neapolis röm. Bürgerrecht, wurde in der Kaiserzeit Kolonie und war Zentrum griech. Kultur in Italien. Seit 553 byzantin., errang im 7. Jh. unter einem eigenen Dux (oft gleichzeitig Bischof, seit der 2. Hälfte des 10. Jh. Erzbischof) allmähl. Autonomie, bis es 1139 mit dem Hzgt. N. (das auch Cumae, Pozzuoli, Sorrent umfaßte) von Roger II. von Sizilien unterworfen wurde und seitdem die Geschicke des Kgr. Sizilien (bzw. Neapel) teilte.

Bauten: Trotz mehrerer Erdbeben und Zerstörungen im 2. Weltkrieg ist N. reich an Baudenkmälern, u. a.: Der Dom San Gennaro (13. Jh.; mit älteren Bauteilen; mehrfach verändert), die Kirchen San Gennaro extra moenia (z. T. 5. Jh.; mehrfach umgebaut), San Lorenzo Maggiore (um 1270–1330; barockisiert), San Martino (14. Jh., heute Museum). Auf einer kleinen Felseninsel liegt das Castel dell'Ovo (12., 13., v. a. 16. Jh.). Das Castel Nuovo war königl. Residenz bis zum Bau des Palazzo Reale (1600 begonnen, v. a. 19. Jh.; jetzt Bibliothek und Museum). Im Park von Capodimonte Schloß (18./19. Jh.). 📖 *Reclams Kunstführer Italien. Bd. 6: N. u. Umgebung. Stg.* ²*1983.* - *Gunn, P.: N. Stadt am Mittelmeer. Dt. Übers. Mchn. 1964.*

N., ehem. Kgr., das Unteritalien und 1130–1282, 1442–58, 1504–1707/13, 1720–98, 1799–1805 sowie 1815–60 auch Sizilien umfaßte (bis 1282 Kgr. Sizilien, 1816–60 Kgr. beider Sizilien). Nachdem im 11. Jh. die Normannen Unteritalien und Sizilien erobert hatten, erlebte das Land unter Roger II. (⚭ 1101–54; Königstitel seit 1130) eine ungewöhnl. Blüte. Das von ihm geschaffene Staatswesen trug bereits Züge des modernen zentralist. Beamtenstaates. Grundlage waren die Assisen von Ariano (1140), in denen byzantin., arab., fränk. und römischrechtl. Elemente zu einem einheitl. Gesetzeswerk verschmolzen. 1186 heiratete der spätere Kaiser Heinrich VI. Rogers Erbtochter Konstanze. Damit wurde der Staufer 1194 Erbe des unteritalien. Reiches. Kaiser Friedrich II. organisierte Verwaltung, Rechtspflege und Finanzwesen streng zentralist. (Konstitutionen von Melfi 1231). Karl I. von Anjou (⚭ 1265–85) beseitigte die Stauferherrschaft. Der Haß gegen Karl und die frz. Amtsträger entlud sich in der Sizilian. Vesper (1282), die die Trennung Siziliens vom Kgr. N. zur Folge hatte. Sizilien wurde 1282 aragones. (1285 Sekundogenitur). Robert I. von Anjou (1309–43) baute unter Anlehnung an Frankr. und das Papsttum seine Stellung zu einer Art Hegemonie aus, vermochte aber nicht, Sizilien zurückzuerobern. Nach der Absetzung der Königin Johanna I. (✝ 1343–82) übertrug Papst Urban VI. N. ihrem Verwandten Karl von Durazzo (Karl III. von N.-Sizilien). Im Kampf um das Erbe Johannas II. (✝ 1414–35) eroberte König Alfons V. von Aragonien († 1458) 1442 N. und vereinigte es wieder mit Sizilien. Karl VIII. von Frankr., der als Erbe der Anjou die Krone von N. beanspruchte, eroberte 1495 die Stadt. Nachdem Ferdinand II. von Aragonien 1504 die Franzosen aus N. vertrieben hatte, wurden N. und Sizilien bis 1707 als Vize-Kgr. der span. Krone unterstellt; zahlr. Aufstände waren die Folge. 1713 kam N., das östr. Truppen 1707 (Span. Erbfolgekrieg) besetzt hatten, an Österreich, während Sizilien zunächst als Kgr. an Savoyen, 1720 im Tausch gegen Sardinien ebenfalls an Österreich fiel. Doch schon 1735 ging N.-Sizilien als unabhängige Sekundogenitur an die span. Bourbonen. N. wurde zu einem Zentrum der europ. Aufklärung. Republikan. Revolten scheiterten, bis Anfang 1799 unter dem Schutz frz. Revolutionstruppen in N. die Parthenopeische Republik ausgerufen wurde; sie brach wenige Monate später unter dem Gegenangriff eines königstreuen Volksheeres zusammen. Der Reaktion der Monarchie, die sich seitdem auf die unteren Volksschichten stützte, fiel die bürgerl. Intelligenz zum Opfer. 1806 wurde N. von Napoleon I. erobert, der zunächst seinen Bruder Joseph, 1808 seinen Schwager J. Murat zum König erhob, während sich Ferdinand IV. auf Sizilien halten konnte, 1815 nach N. zurückkehrte und sich seit 1816 (als Ferdinand I.) König beider Sizilien nannte; mit östr. Hilfe schlug er die Revolution von 1820/21 brutal nieder, die in N. eine radikale Verfassung nach span. Vorbild, in Sizilien die Wiederherstellung der alten Autonomie angestrebt hatte. 1848 gab Ferdinand II. zwar der Verfassungsforderung zunächst nach; in N. rasch wieder Herr der Lage und 1849 Sieger auch in Sizilien, das sich für unabhängig erklärt hatte, verstärkte er aber sein absolutist. Regiment. Nach der Invasion Garibaldis (Eroberung Siziliens im Mai 1860, im Sept. Einzug in N.) schlossen sich N. und Sizilien am 21. Okt. 1860 durch Volksabstimmung dem neuen Königreich Italien an.

⌑ *Kamp, N.: Kirche u. Monarchie im stauf. Königreich Sizilien. Mchn. 1973ff. Bis 1986: 4 Tle. - Studien zu Quellen zur Reichsgesch. Kaiser Friedrichs II. Köln u. Wien 1972–73. 2 Bde. - Croce, B.: Opere. Bd. 3. Storia del regno di Napoli. Bari 1966.*

neapolitanische Schule, Komponistengruppe, die etwa ab 1650 über 100 Jahre lang, von Neapel ausgehend, die Geschichte der Oper maßgebl. bestimmte. Als ihr Begründer gilt F. Provenzale, ihr erster führender Meister war A. Scarlatti. Bestimmende Gattung war zunächst die Opera seria mit ihren stark idealisierten Gestalten und ihrer festgefügten musikal. Abfolge von Rezitativ (für die Handlung) und Da-capo-Arie (für die Zustandsschilderung), und der stets dreiteiligen Sinfonia als Ouvertüre. Weitere wichtige Komponisten waren N. Porpora, L. Vinci, F. Feo, L. Leo, J. A. Hasse. In der Spätzeit suchten N. Jommelli und T. Traetta nach einer Ausweitung der starren Typik durch dramat. orchesterbegleitete „Accompagnato"-Rezitative und Zusammenschlüsse der Nummern zu größeren Szenen. Textdichter waren v. a. Zeno und Metastasio. Beeinflußt von der n. S. waren Händel, Gluck und Mozart. Als 2. wichtigste Gattung der n. S. entstand im 18. Jh. aus den in die Opera seria eingeschobenen Intermezzi die volkstümlichere, heiter-burleske Opera buffa. Sie erlangte Weltgeltung seit G. P. Pergolesis „La serva padrona" (1733). Weitere Meister waren N. Piccinni, G. Paisiello, D. Cimarosa. Mozarts italien. Meisteropern basieren in den Grundlinien noch auf diesem Typ.

Neapol Skifski [russ. nɪˈapɛlj ˈskifskij], Ruinenstadt am SO-Rand von Simferopol, Ukrain. SSR, UdSSR; Hauptstadt eines im 4./3. Jh. v. Chr. gegr. skyth. Staates und Handelsmittelpunkt für die skyth. Stämme und griech. Kolonien der Krim; im 4. Jh. n. Chr. von den Hunnen zerstört; nahebei eine Nekropole mit steinernem Mausoleum und zahlr. Gräbern skyth. Adliger.

Nearchos (Nearch), ✕ 312 v. Chr. (?), Jugendfreund und Flottenbefehlshaber Alexanders d. Gr. - Erkundete 326/325 den Seeweg von der Indusmündung durch den Pers. Golf; sein Seetagebuch ist bei Arrian z. T. erhalten.

Nearktis [griech.] (nearktische Region), Bez. für eine tiergeograph. Region, die kalte, gemäßigte und subtrop. Klimate Nordamerikas einschließl. Grönlands umfaßt; Teilbereich der † Holarktis.

Nearthrose [griech.], operativ hergestellte künstl. Gelenkverbindung zw. zwei Knochen.

Nebel, Gerhard, * Dessau 26. Sept. 1903, † Stuttgart 23. Sept. 1974, dt. Schriftsteller und Essayist. - Lehrer; ab 1933 Berufsverbot. Sein philosoph., essayist. und kulturkrit. Werk zeigt seine Entwicklung vom nihilist. Ästheten zum Verfechter der christl.-prot. Lehre. Seine dokumentar. Kriegstagebücher „Bei den nördl. Hesperiden" (1948), „Auf auson. Erde" (1949) und „Unter Partisanen und Kreuzfahrern" (1950) sind eine schonungslose Abrechnung mit dem Militarismus.

N., Rudolf, * Weißenburg i. Bay. 21. März 1894, † Düsseldorf 18. Sept. 1978, dt. Ingenieur für Raketentechnik. - Stellte 1930 an der Berliner Chem.-Techn. Reichsanstalt sein erstes Raketentriebwerk vor und lieferte wichtige Vorarbeiten für die V-Waffen.

Nebel

Nebel [zu althochdt. nebul, urspr. „Feuchtigkeit, Wolke"], allg. ein Aerosol, das flüssige Schwebeteilchen (Tröpfchen) enthält; i. e. S. kondensierter Wasserdampf in bodennahen Luftschichten. In der Meteorologie wird von N. gesprochen, sobald die Sicht unter 1 km zurückgeht. N. entsteht, wenn sich feuchte Luft bei Anwesenheit einer ausreichenden Zahl von Kondensationskernen unter den ↑ Taupunkt abkühlt. *Strahlungs-N.* tritt in klaren, windstillen oder windschwachen Nächten auf, wenn als Folge starker Wärmeausstrahlung der Erdoberfläche gegen den wolkenlosen Himmel sich der Boden und die bodennahen Luftschichten bis unter den Taupunkt abkühlen. Über feuchten Niederungen und über Seen ist er als flacher, dem Erdboden aufliegender *Boden-N.* (z. B. als *Wiesen-, Tal-* oder *See-N.*) zu beobachten. Durch Ausstrahlung an der Dunstobergrenze einer Inversion bildet sich *Hoch-N.* in Form einer Schichtwolke. *Mischungs-N.* entstehen durch Mischung verschiedener Luftmassen, z. B. wenn relativ warme, feuchte Luft im Winter vom Meer in das Festland strömt, sich mit der dort lagernden kalten Luft mischt und unter den Taupunkt abkühlt (↑ auch Dampfnebel). Die N.tröpfchen haben einen Durchmesser von etwa 0,02 mm; sie schweben in der Luft, können sich aber auch zu größeren Tropfen vereinigen und sich an festen Oberflächen absetzen oder ausfallen *(nässender N., N.niederschlag).*

◆ in der *Astronomie* Bez. für schwach leuchtende, nebelartig und verwaschen aussehende kosm. Objekte unterschiedl. Art. Dazu zählen die opt. in Einzelsterne auflösbaren N. (z. B. die zum Milchstraßensystem gehörenden offenen Sternhaufen und die Kugel[stern]haufen, ferner die Sternsysteme oder Galaxien außerhalb der Milchstraße, unterteilt in ellipt. und Spiral-N. und die interstellare Materie) und die N., die nicht in Sterne aufgelöst werden können; im einzelnen unterscheidet man Reflexions-N., Gas-N. und Dunkelwolken oder Dunkelnebel.

Nebelhöhle, 380 m lange Karsthöhle 8 km südl. von Reutlingen; Tropfsteinbildungen.

Nebelhorn, Gipfel in den Allgäuer Alpen, nö. von Oberstdorf, Bayern, 2224 m hoch.

Nebelhorn, akust. Signalanlage auf Schiffen, Leuchttürmen u. a., die bei Nebel und schlechter Sicht zur Verkehrssicherung betätigt wird.

Nebelkammer (Wilson-Kammer), das von C. T. R. Wilson konstruierte, erstmals 1912 vorgeführte Gerät zur Sichtbarmachung der Bahnen ionisierender Teilchen. Die längs der Bahn eines energiereichen Teilchens an den von ihm erzeugten Ionen sich bildenden Flüssigkeitströpfchen [in übersättigten Dämpfen] machen die Teilchenbahn kurzzeitig als dünnen, weißen Nebelstreifen sichtbar. Diese Bahnspur wird photographiert und ausgewertet. Befindet sich die N. in einem starken homogenen Magnetfeld, so lassen sich aus der Krümmung der Bahn der Impuls bzw. die Energie des Teilchens und das Vorzeichen seiner Ladung bestimmen. Die Übersättigung des Dampfes entsteht z. B. durch plötzl. Unterkühlung, die man durch Vergrößerung des N.volumens mit Hilfe eines Kolbens erreicht *(Kolbenexpansionskammer).* - Abb. S. 188.

Nebelkrähe (Graue Krähe, Corvus corone cornix), Rasse der Aaskrähe in O-Europa (etwa östl. der Elbe) und W-Asien; rd. 45 cm lange Vögel; unterscheiden sich von der sonst recht ähnl. ↑ Rabenkrähe durch grauen Rücken und graue Unterseite.

Nebelparder (Neofelis nebulosa), etwa 0,8 bis 1 m körperlange, oberseits vorwiegend ocker- bis bräunlichgelbe, unterseits hellere Kleinkatze in Wäldern S-Asiens (einschließl. Sumatra und Borneo); gewandt kletternder Baumbewohner mit langen Eckzähnen, großen, eckigen, schwarz umrandeten Seitenflecken und (an Kopf und Extremitäten) kleineren runden, schwarzen Flecken; Hauptbeute sind Hirsche und Wildschweine.

Nebelscheinwerfer ↑ Kraftfahrzeugbeleuchtung.

Nebenabreden ↑ Form (im Rechtswesen).

Nebenbeschäftigung (versicherungsfreie N.), die neben dem eigtl. Beruf oder ohne Beruf ausgeübte, sozialversicherungsfreie Beschäftigung, wenn die jährl. Arbeitsdauer 3 Monate oder - bei unregelmäßiger Beschäftigung - insgesamt 75 Arbeitstage nicht überschreitet oder wenn zwar regelmäßig gearbeitet wird, das Entgelt jedoch $1/8$ der Beitragsbemessungsgrenze der Rentenversicherung, bei höherem Entgelt $1/5$ des Gesamteinkommens nicht überschreitet.

Nebenblätter (Stipeln, Stipulae), Anhangsorgane (kleine „Auswüchse" am Blattgrund vieler zweikeimblättriger Pflanzen; meist paarig und blattartig entwickelt (z. B. bei Rosengewächsen), auch in Form paariger ↑ Dornen (Nebenblattdornen), oder unpaare, tütenförmige basale Hüllen bildend (z. B. Gummibaum, Rhabarber).

Nebenbronchien, die in den Lungenflügeln der Säugetiere (einschließl. Mensch) vom rechten und linken Hauptbronchus in je einen Lungenlappen hinein abzweigenden (sekundären) Bronchien (**Lappenbronchien,** Bronchi lobares), die sich dann dichotom in die **Segmentbronchien** (Bronchi segmentales) weiterverzweigen; mit Schleimdrüsen und Flimmerepithel ausgestattet.

Nebeneierstock (Epoophoron, Epovarium, Parovarium, Rosenmüller-Organ), dem Nebenhoden homologes rudimentäres Anhangsgebilde der ♀ Geschlechtsorgane jederseits oberhalb des Eierstocks der Wirbeltiere und des Menschen.

Nebenniere

Nebeneinkünfte ↑ außerordentliche Einkünfte.

Nebenfische (Beifische), in der Teichwirtschaft die neben dem Hauptfisch gehaltenen wertvollen Fischarten, die, für sich allein gehalten, wirtschaftl. unrentabel wären, z. B. Schleie und Zander zu Karpfen.

Nebenfolgen, Rechtsfolgen einer Straftat ohne speziellen Strafcharakter. Das StGB nennt als N. den Verlust der Amtsfähigkeit und der Wählbarkeit als automat. Folge der Verurteilung wegen eines Verbrechens zu einer Mindeststrafe von einem Jahr (zeitl. begrenzt auf 5 Jahre) sowie des Stimmrechts.

Nebenfruchtformen, bes., meist massenhaft ausgebildete, sporenbildende Vermehrungsorgane (z. B. Konidien), die neben den **Hauptfruchtformen** (Geschlechtszellen ausbildende sexuelle Fortpflanzungsorgane) im normalen Entwicklungsgang bei Pilzen auftreten.

Nebengelenker (Nebengelenktiere, Fremdgelenker, Xenarthra), seit dem Paleozän bekannte, im Tertiär noch mit vielen Arten verbreitete, heute nur mit knapp 30 Arten vorkommende Unterordnung der Säugetiere (Ordnung Zahnarme) im südl. Nordamerika sowie in Mittel- und Südamerika; meist zahnlose Tiere mit (der Versteifung dienenden) Gelenkfortsätzen an Lenden- und letzten Brustwirbeln. Man teilt die heute lebenden N. in drei (sehr unterschiedl.) Fam. auf: Faultiere, Ameisenbären, Gürteltiere.

Nebenhoden (Epididymis), Teil der abführenden ♂ Geschlechtswege der Wirbeltiere. Der N. geht entwicklungsgeschichtl. aus dem vorderen Abschnitt der Urniere hervor und ist bei den Säugetieren zu einem kompakten Organ geworden, das dem Hoden eng anliegt. Aus dem Hoden treten die ausführenden (ableitenden) Samenkanälchen zum N. über, die sie als *N.kanälchen* (Ductuli epididymidis) durchziehen, um sich dann im *N.gang* (Ductus epididymidis = primärer Harnleiter bzw. Wolff-Gang) zu vereinigen, der als Speicher für die Spermien dient. Der N.gang leitet in den Harn-Samen-Leiter bzw. Samenleiter über. - Im N. der Säugetiere (einschließl. Mensch) kann ein Kopf-, ein Körper- und ein Schwanzteil unterschieden werden. Im *N.kopf* (Caput epididymidis) liegen die ausführenden Samenkanälchen, im *N.körper* (Corpus epididymidis) die gewundenen N.kanälchen und der N.gang, der dann in den *N.schwanz* (*N.schweif,* Cauda epididymidis) übergeht, in dem er bes. stark aufgewunden verläuft. Die Kontraktionen der starken Ringmuskulatur des N.schwanzes pressen die Spermien in den anschließenden Samenleiter (Ductus deferens) aus (Abb. Bd. 10, S. 19).

Nebenhodenentzündung (Epididymitis), häufig im Anschluß an eine Entzündung der Harnröhre und Prostata (bei Tripper), eine Harnentleerungsstörung mit Harninfektion oder infolge hämatogener Ausbreitung einer Tuberkulose auftretende Entzündung des Nebenhodens.

Nebenhöhlen ↑ Nasennebenhöhlen.

Nebenintervention (Streithilfe), Beteiligung eines Dritten an einem fremden Rechtsstreit zur Unterstützung einer Partei, an deren Sieg er ein rechtl. Interesse hat. Der Beitritt setzt die Einreichung eines Schriftsatzes beim Prozeßgericht voraus und kann in jeder Lage des Rechtsstreits bis zur rechtskräftigen Entscheidung erfolgen. Beide Parteien des Hauptverfahrens können ihre Zurückweisung beantragen. Der Nebenintervenient, der weder Partei noch Parteivertreter, sondern Streithelfer ist, muß den Rechtsstreit in der Lage annehmen, in der er sich z. Z. seines Beitritts befindet.

Nebenkern, svw. Nukleolus (↑ Zelle).

Nebenklage, Beteiligung einer Privatperson (des *Nebenklägers*) an einem öffentl. Strafverfahren neben dem Staatsanwalt. Als Nebenkläger kann auftreten, wer zur Privatklage berechtigt ist, die nahen Angehörigen eines durch eine rechtswidrige Tat Getöteten sowie der Verletzte in durch Klageerzwingungsverfahren durchgesetzten Verfahren. Der Nebenkläger kann sich der öffentl. Klage in jeder Lage des Verfahrens (auch nach ergangenem Urteil zur Einlegung von Rechtsmitteln) durch schriftl. Anschlußerklärung anschließen. Das Gericht hat über die Berechtigung zum Anschluß zu entscheiden. Der Nebenkläger hat nach erfolgtem Anschluß die Rechte des Privatklägers, d. h., er kann an der Hauptverhandlung teilnehmen, Fragen und Anträge stellen und ist vor jeder gerichtl. Entscheidung zu hören. Er kann sich in Ausübung dieser Rechte auch von einem Rechtsanwalt vertreten lassen.

Nebenlinie, in der Genealogie die Nachkommenschaft des Zweit-, Drittgeborenen usw.

Nebenniere (Glandula suprarenalis, Corpus suprarenale, Epinephron), endokrines Organ der Wirbeltiere, das bei Säugetieren (einschließl. Mensch) kappenförmig jeder der beiden Nieren aufsitzt (ohne irgendwelche Beziehung zu diesen) und aus dem *N.mark* und der *N.rinde* besteht. Stammesgeschichtl. haben Mark und Rinde unterschiedl. Ursprung. Die Zellen des Marks entstammen dem Grenzstrang des sympath. Nervensystems bzw. kommen von der Neuralleiste her und werden insgesamt als **Adrenalorgan** bezeichnet. Die Zellen der Rinde entstehen aus dem (mesodermalen) Zölomepithel (**Interrenalorgan**). Beide Komponenten sind bei Rundmäulern, Knorpel- und Knochenfischen noch völlig getrennt, bei Amphibien liegen sie nebeneinander auf der Ventralseite der Nieren, bei vielen Reptilien und den Vögeln vermischen sich beide Gewebe in Form von Strängen, bei den Säugern formen sie dann ein aus

187

Nebennierenrindenhormone

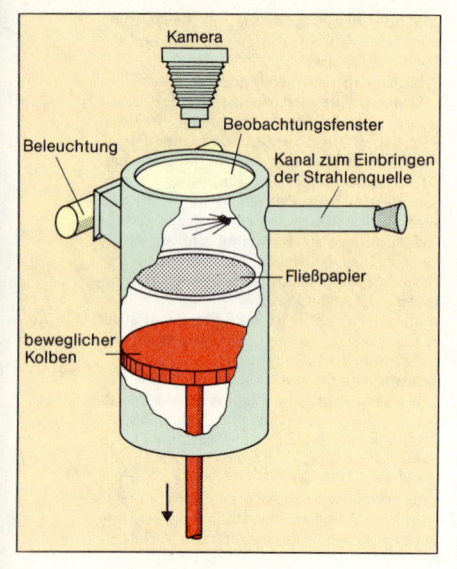

Nebelkammer. Aufbau und Funktionsprinzip einer Kolbenexpansionskammer

Mark und Rinde bestehendes einheitl. Organ. Funktionell ist die N. (in bezug auf die N.rinde) durch ihre Hormonproduktion ein lebenswichtiges Organ. Die Interrenalzellen produzieren unter der Kontrolle von ACTH aus dem Hypophysenvorderlappen eine Reihe von Steroidverbindungen († Nebennierenrindenhormone). Das adrenale Gewebe des Marks dagegen produziert † Adrenalin und das eng verwandte † Noradrenalin.

Die *N. des Menschen* sind 11–18 g schwer und von halbmondförmiger (links) bzw. dreieckiger (rechts), abgeplatteter Gestalt. Sie liegen mit ihrer konkaven Grundfläche dem oberen Teil der Nieren an. Das (nicht lebensnotwendige) N.mark (mit einem Anteil von etwa 20 % gegenüber 80 % Rinde) hat eine weißgraue Farbe. Seine Zellen vermögen bösartige Tumoren mit einer beträchtl. Menge an Adrenalin oder Noradrenalin zu bilden. - Die (lebensnotwendige) gelbl. N.rinde besteht von außen nach innen aus drei in den einzelnen Lebensaltern verschieden stark ausgebildeten Zonen von Epithelzellhaufen, näml. der äußeren *Zona glomerulosa* (aus rundl. Zellhaufen), der mittleren *Zona fasciculata* (aus parallelen Zellsträngen) und der innersten *Zona reticularis* (aus netzartig angeordneten Strängen), die insgesamt rund 40 verschiedene Kortikosteroide produzieren.

Die primäre N.insuffizienz entspricht der † Addison-Krankheit, die Überfunktion (je nach Kortikosteroidgruppe) dem Cushing-Syndrom († Cushing, H.) oder dem † adrenogenitalen Syndrom.

Nebennierenrindenhormone (Kortikosteroide), die wichtigsten der von der Nebennierenrinde erzeugten Hormongruppen sind: 1. die † Androgene († auch Geschlechtshormone); 2. die **Glukokortikoide,** die v. a. den Kohlenhydrat-, Fett- und Eiweißstoffwechsel beeinflussen. Sie verstärken die Zuckerbildung aus Eiweiß, erhöhen den Blutzuckerspiegel und vermehren den Glykogengehalt der Leber. Sie greifen außerdem auch in den Fettstoffwechsel ein und verändern die Fettverteilung im Körper. Beim Streß nehmen die Glukokortikoide eine zentrale Rolle ein. Es kommt zu einem raschen Anstieg der ACTH- und damit der Glukokortikoidsekretion. Der biolog. Sinn dieses Vorgangs scheint in der Bereitstellung von schnell verfügbarer Energie zu liegen. Die Glukokortikoide führen zu Kochsalzretention und Kaliumausscheidung, hemmen die Entwicklung des mesenchymalen Systems (v. a. des lymphat. Gewebes und des Bindegewebes), unterdrücken allerg. und entzündl. Reaktionen, vermindern die Antikörperbildung und in lymphat. Geweben auch die RNS-Synthese. Sie wirken in der Therapie daher antiallerg., antiphlogist., antirheumat., antiproliferativ und immunsuppressiv. Natürl. vorkommende Glukokortikoide sind Hydrokortison (Kortisol), Kortison und Kortikosteron; 3. die **Mineralokortikoide** mit überwiegender Wirkung auf den Elektrolytstoffwechsel, in dem die in den Körperflüssigkeiten enthaltenen Salze in ihrer Zusammensetzung und Konzentration reguliert werden; v. a. † Aldosteron und † Desoxykortikosteron, die auch als Hormonpräparate zur Anwendung kommen († auch Hormone, Übersicht).

Nebenordnung, svw. † Parataxe.

Nebenquantenzahl † Quantenzahlen.

Nebensatz (Gliedsatz), abhängiger Satz; Satzglied oder Attribut in Gestalt eines abhängigen vollständigen Satzes; nach dem Satzglied (oder Attribut), das der N. vertritt, unterscheidet man u. a. Subjektsatz, Objektsatz, Adverbialsatz, Attributsatz. Es gibt Nebensätze ohne und mit Einleitewort. Das Einleitewort kann ein Relativpronomen sein (Relativsatz), eine Konjunktion (Konjunktionalsatz), ein Interrogativpronomen (indirekter Fragesatz) oder ein Pronominaladverb oder Relativadverb. Der N. bildet ein syntakt. in sich geschlossenes Gebilde mit Prädikat und dazugehörenden Ergänzungen; im eingeleiteten N. steht die Personalform des Prädikats an letzter Satzgliedstelle.

Nebenschilddrüse (Epithelkörperchen, Glandula parathyreoidea), aus Epithelknospen der Kiementaschen entstehende, kleine, gelbl. bis bräunl. Drüsen der vierfüßigen Wirbeltiere (einschließl. Mensch); meist in 1 oder

2 Paaren neben der Schilddrüse oder in deren randnahes Gewebe eingebettet; Funktion in vielen Fällen ungeklärt, bei Säugetieren (einschließl. Mensch) Erzeugung des lebenswichtigen, den Calciumstoffwechsel regulierenden ↑Parathormons (↑auch Hormone, Übersicht). Eine häufige Erkrankung der N. ist die **Nebenschilddrüsenüberfunktion** (Hyperparathyreoidismus), eine Überfunktion einer oder mehrerer N. mit vermehrter Bildung von Parathormon. Anzeichen sind Knochenentkalkung und Knochenschmerzen, Kalkablagerungen in verschiedenen Organen und Geweben (bes. frühzeitig Nierensteine), Muskelschwäche, Bauchspeicheldrüsenentzündungen.

Bei der **Nebenschilddrüseninsuffizienz** (Hypoparathyreoidismus, Hypoparathyreose) kommt es zu einem Mangel an Parathormon. Verursacht wird diese Erkrankung meist infolge einer Schädigung der N. bei einer Schilddrüsenoperation oder -bestrahlung. Hauptanzeichen ist eine gesteigerte Erregbarkeit des neuromuskulären Systems infolge verminderter Blutcalciumwerte, was zu schmerzhaften Muskelkrämpfen führen kann. Die Behandlung besteht in der Zufuhr von parathormonähnl. wirkenden Substanzen oder von Calcium.

Nebenschluß (Shunt), einem elektr. Leiter (dem sog. *Hauptschluß*) parallelgeschalteter Leiterzweig; wird z. B. bei Strommeßgeräten zur Vergrößerung des Meßbereichs verwendet.

Nebenschlußmaschinen ↑Gleichstrommaschinen.

Nebensonnen, atmosphär. Leuchterscheinungen zu beiden Seiten der Sonne (↑Halo).

Nebenstellenanlage, nichtöffentl. Fernsprechanlage, die an das öffentl. Fernsprechnetz angeschlossen ist; die N. umfaßt die Hauptstelle und eine oder mehrere Nebenstellen.

Nebenstrafen, strafrechtl. Sanktionen, die nicht allein, sondern nur neben Hauptstrafen verhängt werden können. Das StGB nennt als Nebenstrafe nur das Fahrverbot. - ↑auch Nebenfolgen.

Nebenwinkel ↑Winkel.

Nebenwurzeln (Beiwurzeln), sproßbürtige Wurzeln, die zur normalen Entwicklung einer Pflanze gehören, z. B. an der Unterseite von Ausläufersprossen der Erdbeere.

Nebenzeit ↑Grundzeit.

ne bis in idem [lat. „nicht zweimal gegen dasselbe"], lat. Maxime des Strafprozeßrechts im Verfassungsrang (Art. 103 Ab. 3 GG), nach der niemand wegen derselben Tat auf Grund der allg. Strafgesetze mehrmals verurteilt werden darf. Disziplinar. oder verwaltungsrechtl. Sanktionen sind neben einem Strafurteil jedoch zulässig.

Neblina, Pico da [brasilian. 'piku da ne'blina], mit 3014 m höchster Berg Brasiliens, an der Grenze gegen Venezuela.

Nebra, Landkr. im Bez. Halle, DDR.

Nebraska [ne'braska, engl. nɪ'bræskə], Bundesstaat im westl. zentralen Teil der USA, 200 017 km², 1,61 Mill. E (1984), Hauptstadt Lincoln.

Landesnatur: N. liegt zw. dem Missouri und den Rocky Mountains im Geb. der Great Plains. Die Lößzone im O und S des Landes wird im NW von einer hügeligen Sandfläche abgelöst. Das flachwellige, aus Kalken aufgebaute Land steigt gegen W hin leicht an und geht in den Bereich der High Plains über. Das Klima ist ausgeprägt kontinental mit heißen Sommern und kalten Wintern. Die Niederschläge fallen gleichmäßig über das ganze Jahr verteilt und nehmen von O nach W bis auf 400 mm ab, so daß künstl. Bewässerung für den Ackerbau notwendig ist.

Vegetation, Tierwelt: Nur noch vereinzelt ist die urspr. Vegetation (Grasland; im O Prärie, im W Kurzgras- und Wermutsteppe) erhalten. Von den früher hier verbreiteten riesigen Bisonherden leben noch einige Tiere im Fort Niobara Reservat bei Valentine.

Bevölkerung, Wirtschaft, Verkehr: Rd. 75% der Bev. leben im O des Bundesstaates, etwas mehr als die Hälfte in Städten. Bes. dicht besiedelt ist das Geb. um Omaha. Der Anteil der Schwarzen beträgt nur 3,1%. 1988 wurden 4 000 Indianer gezählt. Die bedeutendste Univ. des Landes befindet sich in Lincoln. - Führender Wirtschaftszweig ist die Landw. Wichtigste Anbauprodukte sind Mais (dritte

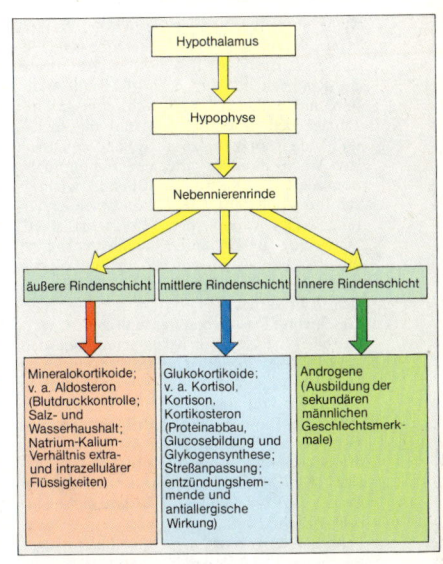

Nebennierenrindenhormone

Hypothalamus → Hypophyse → Nebennierenrinde		
äußere Rindenschicht	mittlere Rindenschicht	innere Rindenschicht
Mineralokortikoide; v. a. Aldosteron (Blutdruckkontrolle; Salz- und Wasserhaushalt; Natrium-Kalium-Verhältnis extra- und intrazellulärer Flüssigkeiten)	Glukokortikoide; v. a. Kortisol, Kortison, Kortikosteron (Proteinabbau, Glucosebildung und Glykogensynthese; Streßanpassung; entzündungshemmende und antiallergische Wirkung)	Androgene (Ausbildung der sekundären männlichen Geschlechtsmerkmale)

Stelle unter den Staaten der USA), Weizen, Hirse, Sojabohnen und Zuckerrüben. Bedeutender ist die Viehwirtschaft, in erster Linie die Rinderzucht (1985 6,1 Mill. Rinder), außerdem wurden 3,7 Mill. Schweine gezählt. Einzige bed. Bodenschätze sind die Erdöl- und Erdgasvorkommen im SO und im äußersten W des Staates. Unter den Ind.branchen dominiert die Nahrungsmittelind.; wichtigster Ind.zweig ist die Fleischkonservenherstellung. - Das Verkehrsnetz (15 926 km staatl. Straßen und 11 496 km Eisenbahnstrecken) ist im östl. Landesteil wesentl. dichter als im W. Mehr als die Hälfte der 323 ☒ befinden sich in Privatbesitz.

Geschichte: Das Gebiet des heutigen N. wurde 1682 für Frankr. in Besitz genommen und kam als Teil von Louisiana 1803 in den Besitz der USA. In den 40er und in den 50er Jahren des 19. Jh. Durchgangsland für die nach W ziehenden Pioniere. 1854 wurde das Territorium N. errichtet, das 1867 als 37. Staat in die Union aufgenommen wurde.

📖 *N. A guide to the cornhusker state. Lincoln (Nebr.) 1979. - Olson, J. C.: History of N. Lincoln (Nebr.)* ²*1966.*

Nebra/Unstrut, Krst. an der Unstrut, Bez. Halle, DDR, 135 m ü.d. M., 2 900 E. Verwaltungssitz des Landkr. Nebra. - Seit 1254 Stadtrecht. - Schloßruine (16. J.) mit frühgot. Kapelle (13. Jh.); spätgot. Kirche (1416 ff.).

Nebukadnezar II., (Nabuchodonosor II.), † 562 v. Chr., babylon. König seit 605. - Sohn und Nachfolger Nabupolassars; N. schlug Necho II. bei Karkemisch (= Karkamış) und führte das Chaldäerreich zur höchsten Blüte nach militär. Erfolgen bes. im westl. Reichsteil: u. a. Niederschlagung der Aufstände in Juda, Zerstörung Jerusalems 587, Deportation der Einwohner (Babylon. Exil). Seine Hauptleistung bestand im Wiederaufbau Babyloniens, bes. der Hauptstadt Babylon (Wiederaufbau des Mardukheiligtums und Vollendung seines Stufenturmes [Babylon. Turm]).

Nechbet, ägypt. Göttin in Gestalt eines Geiers oder einer Frau mit ↑Geierhaube, Schutzgöttin des oberägypt. Königtums.

Necho II., ägypt. König (610–595) der 26. Dynastie. - Sohn und Nachfolger Psammetichs I.; unterstützte den assyr. Anspruch auf Syrien; 605 Niederlage bei Karkemisch (= Karkamış) gegen Nebukadnezar II.; Aufbau einer bed. Flotte, Baubeginn des **Nechokanals** zw. Nil und Rotem Meer (= Ismailijjakanal), erste Umsegelung Afrikas.

Neck (Nöck) ↑Wassergeister.

Neckar, rechter Nebenfluß des Rheins, entspringt in der Baar bei Villingen-Schwenningen, mündet in Mannheim, 367 km lang, davon 203 km (ab Plochingen) für die Schiffahrt kanalisiert (26 Staustufen).

Neckar-Alb, Region im Reg.-Bez. Tübingen, Baden-Württemberg.

Neckargemünd, Stadt an der Mündung der Elsenz in den Neckar, Bad.-Württ., 127 m ü. d. M., 14 400 E. Fachschule für Sozialpädagogik; Rehabilitationszentrum für Kinder und Jugendliche; Tapisseriemanufaktur, Fremdenverkehr. - 988 erstmals als **Gemundi** erwähnt; 1241 als freie Reichsstadt (bis 1395) N. bezeugt. - Ev. spätgot. Pfarrkirche (16. und 18. Jh.) mit Chorturm (13. Jh.), Fachwerkhäuser (16. und 17. Jh.).

Neckar-Odenwald-Kreis, Landkr. in Baden-Württemberg.

Neckarsteinach, Stadt am unteren Neckar und im südl. Odenwald, Hessen, 130 bis 400 m ü. d. M., 3 800 E. Luftkurort; Schiffswerft. - Entstand als Burgflecken der seit 1142 erstmals bezeugten *Vorderburg;* 1377 als Stadt erwähnt. - Ev. spätgot. Pfarrkirche (15. Jh., nach W verlängert 1778). Erhalten sind Teile der Stadtmauer, spätgot. Fachwerkhäuser und Barockhäuser. Vier Burgen: Hinterburg (kurz nach 1100), Mittelburg mit Bergfried (12. Jh.; um 1550 ausgebaut; um 1840 neugot. umgestaltet), Vorderburg (13. Jh.), Burg Schadeck, Schwalbennest gen. (14. Jh.).

Neckarsulm [...'zʊlm], Stadt am Neckar oberhalb der Sulmmündung, Bad.-Württ., 157–300 m ü. d. M., 21 900 E. Pkw.bau, Kolbenfabrik, Schiffswerft, Jutespinnerei; Weinbau. - 771 erstmals als **Villa Sulmana** erwähnt; planmäßig angelegte Doppelstadt, um 1310 gegr.; fiel 1335 an Mainz, 1484 an den Dt. Orden, 1805 an Württemberg. - Spätgot. Deutschordensschloß (16. Jh.; heute Dt. Zweiradmuseum); barocke Pfarrkirche (1706–10).

Necker, Jacques ['nɛkər, frz. nɛ'kɛ:r], * Genf 30. Sept. 1732, † Coppet (Kt. Waadt) 9. April 1804, frz. Bankier und Politiker. - Sohn eines in Genf eingebürgerten dt. Juristen, seit 1750 Bankier in Paris; widmete sich 1772 nationalökonom. Studien (Kritik an Quesnay und Turgot). 1776 zum Direktor des königl. Schatzamtes, 1777 zum Generaldirektor der Finanzen berufen. Durch vorsichtige Reformen versuchte N; - ohne freil. die Privilegien des Adels entscheidend anzutasten -, die zerrütteten Staatsfinanzen zu ordnen. Um den erschütterten Kredit des Staates wiederherzustellen, veröffentlichte N. 1781 erstmals das Budget, verschwieg allerdings das katastrophale Defizit der Staatskasse. Dennoch erregten die Angaben über die Aufwendungen für Hofhaltung und Pensionen ungeheures Aufsehen und begr. seine Popularität, führten aber zu seiner Entlassung (1781). Wegen des drohenden Staatsbankrotts 1788 zurückgerufen (bis Sept. 1790, mit Unterbrechung im Juli 1789). Für das Bürgertum erreichte er eine Verdoppelung der Vertretung des Dritten Standes in den Generalständen von 1789.

Neckermann Versand AG, deutsches Versand- und Ladenhandelsunternehmen, gegründet 1950 von Josef Neckermann (* 1912), Sitz Frankfurt am Main. Seit Ende 1976 ist die Karstadt AG Mehrheitsaktionär.

Necking [engl., zu neck „Hals, Nacken"], erot.-sexuelle Stimulierung durch körperl. Kontakt, bei dem - im Unterschied zum ↑ Petting - die Geschlechtsorgane nicht unmittelbar berührt werden.

Neckmärchen ↑ Märchen.

Nedschd [nɛtʃt] ↑ Nadschd.

Neefe, Christian Gottlob, * Chemnitz 5. Febr. 1748, † Dessau 26. Jan. 1798, dt. Komponist. - 1782 Hoforganist in Bonn und Lehrer Beethovens, seit 1796 Theaterkapellmeister in Dessau. Komponierte erfolgreiche Singspiele, Klaviermusik, Chorwerke, Lieder (Klopstock-Oden).

Neefscher Hammer, svw. ↑ Wagnerscher Hammer.

Néel, Louis Eugène Félix [frz. ne'ɛl], * Lyon 22. Nov. 1904, frz. Physiker. - Prof. in Straßburg und Grenoble. Im Anschluß an W. Heisenbergs Theorie des Ferromagnetismus postulierte N. 1930 die Existenz des Antiferromagnetismus. 1937 erklärte er den Ferromagnetismus und dessen Temperaturverhalten. Nobelpreis für Physik 1970 (zus. mit H. Alfvén).

Ñeembucú [span. ɲɛɛmbu'ku], Dep. in Paraguay, im Paraguay-Paraná-Tiefland, 13 868 km², 70 700 E (1983), Hauptstadt Pilar.

Nef, Karl, * Sankt Gallen 22. Aug. 1873, † Basel 9. Febr. 1935, schweizer. Musikforscher. - Seit 1909 Prof. in Basel; schrieb u. a. „Einführung in die Musikgeschichte" (1920), „Geschichte der Sinfonie und Suite" (1921), „Die neun Sinfonien Beethovens" (1928).

Nefas [lat.] ↑ Fas.

Nefertari, ägypt. Königin, ↑ Nofretari.

Neffe, männl. Verwandter im Verhältnis zu den Geschwistern seiner Eltern (Onkel und Tanten); die entsprechende weibl. Verwandte heißt **Nichte**. Verwandte im Verhältnis zu den Geschwistern der Großeltern (Großonkel und -tanten) heißen *Groß-N*. bzw. *Großnichte*.

Nefud, ausgedehnte Sandwüste mit 30–60 m hohen Dünen im N der Arab. Halbinsel.

Negadekultur ↑ Nakadakultur.

Negation [lat.], Verneinung einer Aussage oder eines Teils einer Aussage; im Ggs. zur formalen Logik, wo die N. nur mit „nicht" ausgedrückt wird, kann die N. in der Sprache durch verschiedene sprachl. Mittel erzielt werden (z. B. *nicht, kein, niemals, nirgendwo* usw., *ohne*, Vorsilbe *un-* usw.).
♦ in der *Logik* der Übergang von einer Aussage *A* zu ihrem **Negat**, d. h. der ihr entgegengesetzten Aussage „nicht-*A*", die mit Hilfe des ↑ Negators ein ¬ *A* symbolisiert wird.

negativ [zu lat. negativus „verneinend"], allg. verneinend, ablehnend; ungünstig, schlecht; ergebnislos; in der *Mathematik* svw. kleiner als Null (↑ negative Zahlen).

Negativ [lat.] ↑ Photographie.

Negativbild (Negativdruck), in der experimentellen Photographie ein Bild, das Tonwerte [und Farben] im Negativ zeigt.

Negativbühne, svw. ↑ Bildbühne.

Negativdruck, Wiedergabe einer Schrift u. a. in der Farbe des Grundmaterials, wobei das Umfeld um Schrift oder Zeichnung schwarz oder farbig bedruckt wird.

negative Phase, von C. Bühler in die *Psychologie* eingeführte Bez. für die Zeit der sozialen Abkapselung, Passivität und Leistungsunlust (v. a. bei Mädchen) kurz vor Beginn der Pubertät.

negatives Interesse ↑ Vertrauensinteresse.

negative Theologie, Bez. für diejenige Gotteslehre, die sich mit den Eigenschaften Gottes befaßt und die von der Erkenntnis ausgeht, daß Gott nicht vollkommen erkannt werden kann. Wichtig ist die n. T. v. a. im Neuplatonismus. Sie übte von daher Einfluß auf die Mystik aus.

negative Zahlen, alle reellen Zahlen, die kleiner als Null sind.

Negativfarbfilm ↑ Photographie.

Negativmontage, Photomontage, bei der zwei Negative im sog. Sandwich-Verfahren, d. h. Schicht an Schicht zusammengelegt, miteinander kopiert oder vergrößert werden.

Negativ-Positiv-Verfahren ↑ Photographie.

Negatkonjunktion [lat.], svw. ↑ Injunktion.

Negator [lat.], der log. ↑ Junktor (symbolisiert mit ¬, seltener mit ∼ oder durch Überstreichen des Symbols), der das Ergebnis der ↑ Negation einer Aussage zu kennzeichnen erlaubt.

Neger [roman., zu lat. niger „schwarz"], Sammelbegriff für die der negriden Rasse zugehörigen Bewohner Afrikas, heute wegen der mit der Bez. N. oft verbundenen abwertenden Bed. als Afrikaner oder als Schwarze (insbes. in den USA lebende N., da sie selbst „black" [„schwarz, Schwarzer"] verwenden und propagieren) bezeichnet.

Negerhirse ↑ Federborstengras.

Negev, Wüste im S von Israel, umfaßt etwa 60 % des israel. Staatsgebietes. Die Grenze ist im N die 350-mm-Niederschlagslinie (entspricht der Grenze des Regenfeldbaus), im O der Steilabfall zum Jordangraben, die Grenze zur Halbinsel Sinai ist fließend. Größtes städt. Zentrum ist ↑ Beer Sheva.

negieren [lat.], ablehnen, verneinen, bestreiten.

Negligé [negli'ʒeː; lat.-frz.; eigtl. „vernachlässigte (Kleidung)"], lässig-elegantes Hauskleid, v. a. Morgenmantel.

Negligentia [lat.], svw. unbewußte ↑ Fahrlässigkeit.

Negoziation (Negotiation) [lat.-frz., zu lat. negotiari „Handel treiben"], Verkauf eines Wertpapiers durch feste Übernahme dieser Wertpapiere durch eine Bank bzw. ein Bankenkonsortium.

Negrelli, Alois, Ritter von Moldelbe, * Primör (Südtirol) 23. Jan. 1799, † Wien 1. Okt. 1858, östr. Ingenieur. - N. führte Verkehrsplanungen in Österreich, Italien und in der Schweiz durch. Er projektierte den schleusenlosen Sueskanal, der von F. de Lesseps verwirklicht wurde.

Negri, Ada, * Lodi 3. Febr. 1870, † Mailand 11. Jan. 1945, italien. Dichterin. - Aus armer Arbeiterfamilie; Lehrerin; wurde 1940 als erste Frau in die Italien. Akademie aufgenommen. Machte sich in ihren frühen Gedichten zur Sprecherin der Unterdrückten, u. a. in „Schicksal" (1892), „Stürme" (1894); wandte sich später privaten und religiösen Problemen zu, u. a. in „Mutterschaft" (1905) und „Frühdämmerung" (1921).

N., Pola, eigtl. Barbara Apolonia Chalupiec, * Lipno 3. Jan. 1897, poln.-amerikan. Schauspielerin. - Zunächst Tänzerin an poln. Bühnen; kam 1916 durch M. Reinhardt nach Berlin. Bekannt wurde sie v. a. als Star der Ufa in Stummfilmen wie „Die Augen der Mumie Ma" (1918), „Anna Karenina" (1919), „Madame Dubarry" (1919); 1923 folgte sie E. Lubitsch nach Hollywood, wo sie der erste Star europ. Herkunft war. - *Weitere Filme:* Das verlorene Paradies (1924), Mazurka (1935), Madame Bovary (1937), Der Millionenschatz (1964). - † 1. Aug. 1987.

Negride [lat.-span.] (negrider Rassenkreis), Bez. für die sog. schwarze Rasse als eine der drei menschl. Großrassen († auch Menschenrassen). Die N. sind v. a. südl. der Sahara auf dem afrikan. Kontinent beheimatet. Den negriden Durchschnittstypus repräsentieren die vielfach durch Rassenmischungen beeinflußten **Kafriden** (auch *Bantuide* genannt), die in relativ großer regionaler Variabilität anzutreffen sind. Sie sind morpholog. bes. durch mittelgroßen und kräftigen Körperbau, langen und mäßig hohen Kopf, niedriges Gesicht mit ausgeprägten Fettpolstern und gerade, breite Nase charakterisiert. Ihr Hauptverbreitungsgebiet ist die südafrikan. Trockenwaldzone und Ostafrika. Zum negriden Rassenkreis zählen außerdem die † Sudaniden und † Nilotiden sowie die † Palänegriden und Bambutiden († bambutide Rasse). Eine rass. Mischform zw. Europiden und N. sind die † Äthiopiden.

Negri Sembilan, Gliedstaat Malaysias im SW der Halbinsel Malakka, 6 643 km², 564 000 E (1980), Hauptstadt Seremban. Zinnerzabbau, Kautschukgewinnung. - Seit 1874 brit. Protektorat; seit 1948 Teil des Malaiischen Bundes; 1963 Teil Malaysias.

Negritos [lat.-span. „kleine Neger"], zwergwüchsige, dunkelhäutige Bev. in Süd- und Südostasien. Trotz äußerer Ähnlichkeiten besteht keine Verwandtschaft mit den Pygmäen Afrikas.

Négritude [frz. negri'tyd, zu lat. niger „schwarz"], aus der Rückbesinnung der Afrikaner und Afroamerikaner auf afrikan. Kulturtraditionen erwachsene philosoph. und polit. Ideologie, in einer Zeit der stagnierenden Entkolonisation entstanden, mit der Forderung nach kultureller und polit. Eigenständigkeit v. a. der frz.-sprachigen Länder Afrikas verbunden. - † auch neoafrikanische Literatur.

Negro, Rio [brasilian. 'rriu 'neɡru] (im Oberlauf **Río Guainía**), linker Hauptzufluß des Amazonas, entspringt im ostkolumbian. Andenvorland, steht durch den Río Casiquiare mit dem Orinoko in Verbindung, mündet 18 km unterhalb von Manaus, Brasilien, etwa 2 000 km lang. Im Mittel- und Unterlauf verbreitert sich der R. N. bis auf 30 km, verengt sich an der Mündung wieder auf 2,5 km.

Negro, Río [span. 'rrio 'neɣro], Fluß in S-Argentinien, entsteht bei Neuquén (2 Quellflüsse), mündet 30 km sö. von Viedma in den Atlantik, etwa 650 km lang. Die Niederung am linken Ufer des Oberlaufs wurde zu einer etwa 80 000 ha großen Obstbauoase ausgebaut.

N., R., linker Nebenfluß des Uruguay, entspringt nahe der brasilian.-uruguay. Grenze, mündet unterhalb von Fray Bentos, 800 km lang.

negroid [lat.-span./griech.], nicht [rein] negrid; entweder (genet. bedingt) negriden Einschlag zeigend oder (nicht genet. bedingt, wie etwa bei den † Australiden) lediglich Merkmale der Negriden aufweisend.

Negroponte † Euböa.

Negros, viertgrößte Insel der Philippinen, 12 705 km², von einem zentralen Gebirge durchzogen. Höchste Erhebung ist mit 2 465 m der aktive Vulkan Canlaon. Überwiegend von Regenwald bedeckt, an der W-Küste herrscht Grasland vor. Die v. a. in den Küstenebenen lebende Bev. betreibt Anbau von Zuckerrohr, Mais und Reis und verarbeitet Kokosnüsse; Nutzholzgewinnung. Das Innere ist Rückzugsgebiet für kleinere Gruppen von Negritos, die Sammelwirtschaft betreiben.

Negro Spiritual [engl. 'ni:ɡroʊ 'spɪrɪtjʊəl], geistl. Gesang der Afroamerikaner. Der Begriff Spiritual wurde seit dem 18. Jh. von angloamerikan. Siedlern als Bez. für Hymnengesänge und geistl. Lieder verwendet und von den als Sklaven in die USA gebrachten Afrikanern im Zuge ihrer Christianisierung übernommen. Während die formale und harmon. Struktur des N. S. deutl. Bezüge zur europ. geistl. und Volksmusik aufweist, ist sein Rhythmus sowie sein melod. Duktus durch spezif. afroamerikan. Elemente wie † Off-Beat und Blue notes († Blues) geprägt. Die Texte der N. S. enthalten häufig Anspielungen auf die konkrete soziale Situation der Negersklaven im 18. und 19. Jh., wobei z. B.

das „gelobte Land" der Bibel als Codewort für den Freiheit verheißenden N der USA stand. Das N. S. wurde urspr. einstimmig mit rhythm. Akzentuierung durch Fußstampfen und Händeklatschen ausgeführt; im Laufe des 19. Jh. entwickelte sich ein stark europäisierter, mehrstimmiger Typus, der mit Klavierbegleitung und z. T. durch große Chöre aufgeführt wurde (z. B. die „Fisk Jubilee Singers"). Zu den bekanntesten Interpreten von N. S. im 20. Jh. gehören das Golden Gate Quartet, Sister Rosetta Tharpe und Mahalia Jackson.

Negruzzi, Costache, * Trifeşti (Judeţ Jassy) 1808, † Jassy 24. Aug. 1868, rumän. Schriftsteller. - Wurde mit seinen histor. und sozialen Novellen zu einem der klass. Erzähler der rumän. Literatur und zum Begründer der Kunstprosa in Rumänien.

Nehemia (in der Vulgata Nehemias), Gestalt des A. T.; Hofbeamter des pers. Königs Artaxerxes I.; 445–425 v. Chr. Statthalter von Juda. Seine Politik zielte sowohl auf eine polit. als auch auf eine religiöse Neuordnung. Über seine Amtszeit in Juda berichtete das *Buch N.* (am Ende des chronist. Geschichtswerks).

Neher, Caspar, * Augsburg 11. April 1897, † Wien 30. Juni 1962, dt. Bühnenbildner. - Arbeitete seit 1923 mit B. Brecht zusammen („Mann ist Mann", 1926, „Dreigroschenoper", 1928; „Aufstieg und Fall der Stadt Mahagonny", 1930; „Herr Puntila und sein Knecht Matti", 1948); seit den 30er Jahren auch Opernbühnenbildner (v. a. Mozartinszenierungen) bes. für F. Schuh. Antiillusionist. großzügige Bühnenräume, die erzähler. Kraft gewinnen.

Nehru, Jawaharlal, gen. Pandit N., * Allahabad 14. Nov. 1889, † Delhi 27. Mai 1964, ind. Politiker. - Entstammte einer vornehmen Brahmanenfamilie Kaschmirs; 1905–10 Studium der Rechtswiss.; 1912 als Rechtsanwalt in London zugelassen; schloß sich nach Rückkehr in die Heimat (1916) der Bewegung Gandhis an und kämpfte mit diesem für die Unabhängigkeit Indiens; ab 1923 Generalsekretär des Indian National Congress, 1929–1936 dessen Präs.; in dieser Zeit und zuletzt 1942–46 mehrfach von der brit. Kolonialmacht inhaftiert; 1946 von den Briten mit der Bildung einer Interimsreg. beauftragt; von 1947 bis zu seinem Tod Premiermin.; vertrat als engster Vertrauter Gandhis - obwohl er dessen religiös begründete Ideale nicht teilte - innenpolit. einen demokrat. Sozialismus auf der Basis eines parlamentar. Reg.systems, außenpolit. eine Blockfreiheit Indiens und das Prinzip der friedl. Koexistenz; wurde zu einem der Wortführer der Dritten Welt. Die Grenzkonflikte mit China (1959 und 1962) und die ind. Niederlage 1962 führten zu scharfer Kritik an seiner Politik und zur Schwächung seiner bis dahin unangefochtenen Stellung.

📖 *Ali, T.: Die Nehrus u. die Ghandis.* Dt. Übers. Bln. 1985.

Nehrung [eigtl. „Enge"] ↑ Küste.

Neid [althochdt. nid „Haß"], Mißgunst, feindseliges Gefühl gegen einen anderen wegen eines Wertes, dessen Besitz einem selbst nicht gegeben ist. N. richtet sich auch gegen soziale Gruppen. Motiv des N. ist ein allg. Benachteiligungsverdacht. Nach H. Schoeck ist der N. eine Grundkategorie menschl. Verhaltens.

Neiderländisch, mitteldt. Mundart, ↑ deutsche Mundarten.

Neidhard (Neidhart), alter dt. männl. Vorname (zu althochdt. nid „Gesinnung" und harti „hart").

Neidhart (von Reuental), mittelhochdt. Minnesänger aus der 1. Hälfte des 13. Jh. - Herkunft und Stand sind unbekannt; lebte bis etwa 1230 in Bayern; aus seinen (unpathet., illusionslosen) Kreuzliedern ist seine Teilnahme am Kreuzzug 1217–19 anzunehmen. Gilt mit seinen „Sommer-" und „Winterliedern", in denen er die übersteigerten Formen des höf. Minnesangs parodiert, als Begründer der ↑ dörperlichen Poesie. Neben der Minnepersiflage enthalten seine Lieder Zeit- und Ständesatire, die Alterslieder auch Weltklage. Bis ins 16. Jh. wirkten seine Lieder weiter, v. a. in den **Neidhartspielen** (weltl. Dramen des 14. und 15. Jh.), in denen N. als „Bauernfeind" erscheint, und in der spätma. Schwanksammlung **Neidhart Fuchs,** in deren 36 meist derb-obszönen Episoden N. sich in immer neuen Streichen an seinen bäuerl. Widersachern rächt.

Neifen, Gottfried von ↑ Gottfried von Neifen.

Neigung, svw. ↑ Gefälle, ↑ Inklination.

Neigungsmaßstab, Diagramm auf dem Kartenrand topograph. Karten, das ein Ablesen der Hangneigung zw. benachbarten Höhenlinien ermöglicht.

Neigungsmesser (Klinometer), Geräte zur Bestimmung von Neigungswinkeln. Als Meßorgan der je nach Verwendungszweck sehr unterschiedl. konstruierten N. dient ein Lot bzw. Pendel oder eine Libelle.

Neikiang (Neijiang) [chin. nɛidzjaŋ], chin. Stadt am Tokiang, 140 km westl. von Tschungking, 220 000 E. Zentrum der Zuckerind. der Prov. Szetschuan.

Neill, Alexander Sutherland [engl. ni:l], * Forfar (Schottland) 17. Okt. 1883, † Aldeburgh (Suffolk) 23. Sept. 1973, schott. Pädagoge. - 1924 gründete er die Internatsschule „Summerhill" (seit 1927 in Leiston [Suffolk]). Entwickelte eine Form repressionsfreier Erziehung, die die freie emotionale Entfaltung des Kindes durch Freude und Freiwilligkeit und das Fehlen dosierenden moral.-religiösen Unterrichts zum Ziel hat. - Werke: Erziehung in Summerhill (1961), Theorie und Praxis in der antiautoritären Erziehung. - Das Beispiel

Summerhill (1961), Das Prinzip Summerhill: Fragen und Antworten (1967), Neill Neill Birnenstiel (Autobiogr., 1972).

Neipperg, 1120 erstmals bezeugtes, seit 1241 N. ben. (Stammsitz: Burg N. im Gebiet der heutigen Stadt Brackenheim), noch bestehendes fränk. Uradelsgeschlecht; 1726 zu Reichsgrafen erhoben, 1766 Reichsstandschaft. Ab 1819 waren die N. erbl. württemberg. Standesherren; bed. Vertreter:
N., Adam Albert Graf von, * Wien 8. April 1775, † Parma 22. Febr. 1829, östr. General und Diplomat. - 1811–13 Gesandter in Schweden; ab 1814 Begleiter, schließl. Oberhofmeister der Kaiserin Marie Louise; schloß 1822 mit ihr eine morganat. Ehe. Die Nachkommen erloschen 1951 im Mannesstamm.

Neiße ↑ Glatzer Neiße, ↑ Lausitzer Neiße.

Neisse (poln. Nysa), Stadt an der mittleren Glatzer Neiße, Polen', 190 m ü. d. M., 39 000 E. Bau von Lieferwagen, Kleinbussen, Nahrungsmittelind. - Das aus einem Dorf hervorgegangene N. erhielt 1245 fläm. Stadtrecht; kam im 14. Jh. unter die Landeshoheit des Bistums Breslau (zeitweilig bischöfl. Residenz); im 13./14. Jh. ummauert; kam 1742 an Preußen. - Zerstörungen im 2. Weltkrieg, erhalten u. a. die ma. Stadtanlage mit Markt und Rathaus, wiederhergestellt die spätgot. Kollegiatskirche Sankt Jakob (1423 ff.), die Stadtwaage im Renaissancestil (1604) sowie Patrizierhäuser (16. Jahrhundert).

nekr..., Nekr... ↑ nekro..., Nekro...

Nekrassow [russ. nɪˈkrasvf], Nikolai Alexejewitsch, * Nemirow (Gebiet Winniza) 10. Dez. 1821, † Petersburg 8. Jan. 1878, russ. Dichter. - Gilt mit seiner volksliedhaften Lyrik, seinen satir.-gesellschaftskrit. Verserzählungen („Frost Rotnase", 1864; „Russ. Frauen", 1872/73) und seinem unvollendeten Epos „Wer lebt glückl. in Rußland?" (1866–81) als einer der bedeutendsten Vertreter der radikaltendenziösen russ. Dichtung, die den Realismus in der russ. Literatur durchsetzte.

N., Wiktor Platonowitsch, * Kiew 17. Juni 1911, russ.-sowjet. Schriftsteller. - 1944–74 Mgl. der KPdSU; verfaßte realist., vorurteilsfreie Romane („In den Schützengräben von Stalingrad", 1946; „Kyra Georgijewna", 1961), Erzählungen („Vorfall auf dem Mammai-Hügel", 1958–65; „Ein Mann kehrt zurück", 1954), Prosa („Zu beiden Seiten der Mauer", dt. 1980; „Ansichten und etwas mehr", dt. 1980; „Stalingrad", 1981; „Eine kleine traurige Geschichte", 1985). Lebt seit 1974 in Paris. - † 3. Sept. 1987.

nekro..., Nekro..., nekr..., Nekr... [zu griech. nekrós „tot"], Bestimmungswort von Zusammensetzungen mit der Bed. „tot, [ab]sterbend, Leiche".

Nekrobiose [griech.], Degeneration und allmähl. Absterben von Zellen auf Grund lokaler Stoffwechselstörungen.

Nekrolog [zu griech. nekrós „tot" und lógos „Wort, Rede"], biograph. Nachruf auf einen Verstorbenen; auch Bez. für eine Sammlung solcher Nachrufe.

Nekrologien [griech.] (Obituaria, Libri defunctorum), kalenderartige Verzeichnisse der Namen von verstorbenen Mgl. christl. Gemeinschaften, sowie deren jährl. Gedächtnisfeier. Bed. Quellen für Sprachwiss. und Genealogie.

Nekromantie [zu griech. nekrós „Toter" und manteía „Weissagung"] (Nekymantie), Totenorakel, das durch Inkubation (Tempelschlaf) auf Gräbern, durch direkte Beschwörung Verstorbener oder durch das Gebet an eine dem Toten übergeordnete Gottheit gesucht wird (z. B. das Herbeirufen des Sehers Teiresias durch Odysseus, die Beschwörung Samuels [1. Sam. 28, 7–20]). Der Zweck der N. besteht meist in der Erlangung von Wissen und Weisungen für die Zukunft oder von Erkenntnissen über das Jenseits.

Nekrophilie [griech.], i. w. S. Vorliebe für totes Material, auch für Vergangenes, Hinwendung zu Toten; i. e. S. Neigung zu geschlechtl. Verkehr mit Leichen als Folge schwerer sexueller Fehlentwicklung.

Nekropole (Nekropolis) [griech. „Totenstadt"], Gräberfeld (v. a. Vorgeschichte und Altertum), z. T. mit oberird. Bauten.

Nekrose [griech.] (Gewebstod), das Absterben eines Organs, Organteils oder Gewebes infolge örtl. Stoffwechselstörungen (meist unzureichende Durchblutung, auch mechan. Trauma, Wärme-, Kälte-, Strahlen- oder Ätzgiftschäden); verläuft je nach Ursache und Örtlichkeit mit Gewebsgerinnung *(Koagulations-N.)* oder Gewebserweichung *(Kolliquations-N.),* als „feuchte" oder „trockene" Nekrose; **nekrotisch,** abgestorben, brandig.

Nektar [griech.], pflanzl. Drüsensekret, das aus den meist in der Blüte liegenden Nektarien ausgeschieden und blütenbesuchenden Insekten als „Lockspeise" geboten wird; wässerige Flüssigkeit mit hohem Gehalt an Trauben-, Frucht- und Rohrzucker sowie an verschiedenen organ. Säuren, blütenspezif. Duft- und Mineralstoffen.

Nektarien [griech.] (Honigdrüsen), pflanzl. Drüsengewebe oder Drüsenhaare, die Nektar ausscheiden. N. liegen meist innerhalb der Blüte; außerhalb liegende N. befinden sich an Blattstielen (z. B. bei Akazien) oder an Nebenblättern (z. B. bei der Wicke). N. können aus allen Blütenorganen hervorgehen, offen in den Blüten liegen oder in Kronröhren und Spornen verborgen sein.

Nektarine [griech.], glatthäutiger Pfirsich mit leicht herauslösbarem Stein.

Nektarvögel (Honigsauger, Nectariniidae), Fam. etwa 10–25 cm langer (einschließl. Schwanz), den Kolibris äußerl. ähnelnder, doch mit ihnen nicht verwandter Singvögel mit mehr als 100 Arten in der trop. Alten

Welt; blütenbesuchende, im ♂ Geschlecht häufig bunte, metall. schillernde, im ♀ Geschlecht weniger bunt gefärbte Vögel mit langem, dünnem, röhrenförmigem, meist abwärts gebogenem Schnabel und vorstreckbarer, an der Spitze zweiröhriger Zunge zur Aufnahme von Kerbtieren und Nektar. Zu den schönsten N. gehören der 12 cm lange **Königsnektarvogel** (Cinnyris regius) im Grenzgebiet von Uganda und Kongo und der 11 cm lange **Gelbbauchnektarvogel** (Cinnyris venustus).

Nekton [zu griech. nēktón „das Schwimmende"], zusammenfassende Bez. für die im Wasser (im Ggs zum ↑Plankton) aktiv schwimmenden Lebewesen, deren Fortbewegung nicht oder nur unwesentlich durch Wasserströmungen bestimmt wird (v. a. Fische).

Nelke [zu mittelhochdt. negellīn, eigtl. „Nägelchen"; urspr. (wegen der Form) Bez. für Gewürznelken, dann auf die Blume übertragen], (Dianthus) Gatt. der Nelkengewächse mit rd. 300 Arten, v. a. im Mittelmeergebiet, aber auch in anderen Erdteilen; fast ausschließl. Stauden mit endständigen, meist roten oder weißen Blüten; in Deutschland nur wenige Arten: u. a. **Kart[h]äusernelke** (Dianthus carthusianorum), auf trockenen, kalkigen Böden, bis 60 cm hoch, Stengel kahl, Blüten blutrot, in büscheligen Köpfchen; **Pfingstnelke** (Dianthus gratianopolitanus), bis 30 cm hohe, polsterbildende Staude mit rosaroten Einzelblüten; **Prachtnelke** (Dianthus superbus), 30–60 cm hoch, mit langen, schmalen Stengelblättern und großen, blaßlilafarbenen fransigen Blüten; **Heidenelke** (Dianthus deltoides), 15–30 cm hoch, Blätter graugrün, purpurrote, innen weiß punktierte und dunkel gestreifte Blüten. - Neben den niedrigen, v. a. für Steingärten geeigneten Arten wie ↑Alpennelke und ↑Steinnelke sind bes. für einen Blumenschnitt die zahlr. Hybriden und Sorten der ↑Bartnelke, ↑Chinesernelke, **Federnelke** (Dianthus plumarius, bildet bis 30 cm hohe, liegende Büsche, rosa oder weiße Blüten, meergrüne Blätter) und **Gartennelke** (Dianthus caryophyllus, mehrjährig, Blüten meist einzeln, purpur-, rosafarben oder weiß, stark duftend) wichtige Zierpflanzen.

♦ ↑Gewürznelke.

Nelkengewächse (Caryophyllaceae), Pflanzenfam. mit rd. 2 000 Arten, v. a. in der gemäßigten Zone der N-Hemisphäre; meist Kräuter oder Halbsträucher mit oft schmalen Blättern und unterschiedl. Blütenstandsformen; bekannte Gatt. sind Bruchkraut, Hornkraut, Leimkraut, Lichtnelke, Mastkraut, Nabelmiere und Nelke.

Nelkenköpfchen (Felsennelke, Felsnelke, Tunica), Gatt. der Nelkengewächse mit rd. 30 Arten in Eurasien, v. a. im östl. Mittelmeergebiet; in Deutschland nur zwei Arten, darunter die bis 25 cm hohe, ausdauernde, auf Trocken- und Felsrasen wachsende **Steinbrech-Felsennelke** (Tunica saxifraga) mit weißen bis hellilafarbenen Blüten.

Nelkenöl (Oleum Caryophylli), aus Gewürznelken gewonnenes, würzig riechendes äther. Öl, das Eugenol, Caryophyllen und Salicylsäuremethylester enthält und in der Parfümind. sowie in der Zahnheilkunde (als Antiseptikum und lokales Betäubungsmittel) verwendet wird.

Nelkenpfeffer ↑Piment.

Nelkenwurz (Geum), Gatt. der Rosengewächse mit mehr als 50 Arten, v. a. in der nördl. gemäßigten Zone; Stauden mit gefiederten oder geteilten Blättern und einzelnen, meist jedoch in Dolden stehenden großen, gelben, roten oder weißen Blüten; Nußfrüchtchen, meist mit hakig verlängertem Griffel. In Deutschland sind fünf Arten heimisch, darunter die gelbblühende **Echte Nelkenwurz** (Geum urbanum) in Laubmischwäldern, die ↑Bachnelkenwurz.

Nell-Breuning, Oswald von, *Trier 8. März 1890, dt. kath. Theologe und Soziologe. - Jesuit; führender Vertreter der modernen kath. Soziallehre; seit 1928 Prof. für Ethik und christl. Soziallehre in Frankfurt am Main; Arbeiten zum Eigentumsrecht, zur Mitbestimmung und zu Problemen wirtsch.-sozialer Gerechtigkeit, u. a. „Wirtschaft und Gesellschaft heute" (1956–60), „Streit um Mitbestimmung" (1968), „Aktuelle Fragen der Gesellschaftspolitik" (1970), „Arbeit vor Kapital" (1983).

Nelson, Horatio Viscount (seit 1801) [engl. nɛlsn], Baron of the Nile (seit 1798), Hzg. von Brontë (seit 1800), * Burnham Thorpe (Norfolk) 29. Sept. 1758, ✕ bei Trafalgar 21. Okt. 1805, brit. Admiral. – Nahm u. a. am Nordamerikan. Unabhängigkeitskrieg teil und ab 1793 an den Koalitionskriegen. Als Oberbefehlshaber im Mittelmeer vernichtete er 1798 die frz. Flotte bei Abukir. 1799 verhalf er - begleitet von seiner Geliebten Lady Emma Hamilton - dem von den Franzosen aus Neapel vertriebenen Ferdinand IV. zur Rückkehr. N. schlug 1805 die vereinigte frz.-span. Flotte bei ↑Trafalgar, wodurch er die brit. Vorherrschaft zur See sicherte. Seine Tapferkeit und Tatkraft machten N. zu einem der populärsten Nat.helden Großbritanniens.

N., Leonard [ˈnɛlzən], *Berlin 11. Juli 1882, † Göttingen 29. Okt. 1927, dt. Philosoph und Staatstheoretiker. - 1919 Prof. in Göttingen. Begr. des **Neufriesianismus.** Unter Berufung auf J. F. Fries versuchte N., Kants „Kritik der reinen Vernunft" als auch die gesicherte Grundlegung der systemat. Philosophie abzielende Untersuchung des menschl. Erkenntnisvermögens zu begreifen und dabei die Begründungszirkel der psychologist. und transzendentalist. Auffassung zu vermeiden. Dieses Begründungsproblem versuchte N. mit der *subjektiven* Deduktion der reinen

Verstandesbegriffe zu lösen. Grundlegend hierfür ist der Begriff des „Selbstvertrauens". - *Werke:* Über das sog. Erkenntnisproblem (1908), Über die Grundlagen der Ethik (1917), System der philosoph. Rechtslehre und Politik (1924).

Nelson [engl.], zu den Nackenhebeln gehörender Griff beim Ringen; Armhebelgriff, mit dem der Kopf des Gegners heruntergedrückt wird; beim *Halb-N.* wird ein Arm, beim *Doppel-N.* werden beide Arme unter der Achsel des Gegners hindurchgeführt.

nematische Struktur [zu griech. nēma „der Faden"] ↑ Flüssigkristalle.

Nematizide ↑ Schädlingsbekämpfungsmittel.

Nematocera [griech./lat.], svw. ↑ Mücken.

Nematoden [griech.], svw. ↑ Fadenwürmer.

Nematomorpha [griech.], svw. ↑ Saitenwürmer.

Nemausus, antiker Name von ↑ Nîmes.

Němcová, Božena [tschech. 'njɛmtsɔva:], geb. Barbora Panklová, * Wien 4. Febr. 1820, † Prag 21. Jan. 1862, tschech. Schriftstellerin. - Autodidaktin; gilt mit ihren die soziale Ungleichheit anprangernden Romanen und Erzählungen (v. a. über einfache tschech. Frauen) als Begründerin des tschech. Realismus. Beschäftigte sich als eine der ersten Frauen mit Fragen des Kommunismus, der Pädagogik und des Frauenrechts. Sammelte tschech. und slowak. Märchen und Sagen.

Nemeischer Löwe, Untier, dessen Beseitigung die erste Arbeit des Herakles war.

Nemeische Spiele, ab 573 v. Chr. alle 2 Jahre zu Ehren des Zeus in Nemea, sw. von Korinth, durchgeführte sportl. und musische Wettkämpfe; wurden erst im 4. Jh. n. Chr. eingestellt.

Nemertini [griech.], svw. ↑ Schnurwürmer.

Nemesis, bei den Griechen Begriff und vergöttlichte Personifikation des sittl. Rechtsgefühls und der gerechten Vergeltung, Garantin der gesellschaftl. Ordnung.

NE-Metalle, Kurzbez. für Nichteisenmetalle (↑ Metalle).

Nemeter (lat. Nemetes), german. Volk, überschritt 71 v. Chr. mit dem Swebenkönig Ariovist den Rhein; Hauptort war das heutige Speyer.

Németh, László, * Baia Mare 18. April 1901, † Budapest 3. März 1975, ungar. Schriftsteller und Kulturpolitiker. - Urspr. Arzt; gab 1932–35 die Zeitschrift „A Tanú" („Der Zeuge") heraus; schrieb außer zahlr. Essays („Die Revolution der Qualität", 1941) v. a. autobiograph. und Entwicklungsromane, großangelegte und strenggebaute Familien- und Gesellschaftsromane in psycholog. vertieftem Realismus, u. a. „Trauer" (1935, dt. 1970 u. d. T. „Maske der Trauer"), „Wie der Stein fällt" (1947), „Esther Egető" (1957).

N., Miklos, * Monok 24. Jan. 1948, ungar. Politiker (Ungar. Sozialist. Partei). - Volkswirtschaftler; seit 1987 ZK-Sekretär für Wirtschaftspolitik; seit Okt. 1988 Parlamentsabg., Nov. 1988–April 1990 Min.präsident.

Nemirowitsch-Dantschenko, Wladimir Iwanowitsch [russ. nimi'rɔvitʃ 'dantʃɪnkɛ], * Osurgety (= Macharadse, Grusin. SSR) 21. Dez. 1858, † Moskau 25. April 1943, russ.-sowjet. Schriftsteller und Regisseur. - Mitbegr. sowie organisator. und dramaturg. Leiter des Moskauer Künstlertheaters, dessen Direktor er nach K. S. Stanislawskis Tod (1938) wurde.

Nemours, Louis Charles Philippe d'Orléans, Hzg. von [frz. nə'mu:r], * Paris 25. Okt. 1814, † Versailles 26. Juni 1896, frz. General. - Sohn von König Louis Philippe; 1831 vom belg. Nat.kongreß zum König gewählt, sein Vater lehnte jedoch für ihn die Wahl ab.

Nemours, Edikt von [frz. nə'mu:r], im Juli 1585 vom frz. König Heinrich III. erlassenes Edikt, das u. a. den reformierten Kult verbot, die reformierten Priester des Landes verwies und den Protestanten die Wahl ließ, zu konvertieren oder das Land zu verlassen.

NEMP, Abk. für: nuklearer elektromagnet. Puls, Bez. für kurzzeitig auftretende, äußerst starke elektr. Felder bei Kernwaffenexplosionen in oder über der Atmosphäre. Der NEMP beruht auf einer Ladungstrennung der Elektronen und Ionen, die aus den Molekülen der Atmosphäre durch die Einwirkung der mit der Explosion verbundenen Gammastrahlung hervorgehen. Die von der Detonationshöhe sowie von der Art der Kernwaffe abhängigen elektr. und magnet. Feldstärken können an der Erdoberfläche unter dem Detonationsherd Höchstwerte von 50 kV/m bzw. 130 A/m erreichen. Dadurch sind v. a. empfindl. elektron. Geräte und Anlagen (z. B. Computer, Radaranlagen) sowie der Funkverkehr gefährdet.

Nemrut dağı [türk. nɛm'rut daˑˈï], Erhebung im Äußeren Osttaurus, Türkei, 2 300 m

Nemrut dağı. Kopf einer der Kolossalstatuen und eines Adlers (1. Jh. v. Chr.)

neoafrikanische Literatur

hoch, mit 150 m hoher, künstl., z. T. terrassierter Steinpyramide, Grab- und Kultstätte des Herrschers Antiochos I. von Kommagene (um 69 bis nach 38 v. Chr.). Auf der O-Terrasse Reste von sechs sitzenden Kolossalstatuen.
N. d., erloschener Vulkan in Ostanatolien, westl. des Vansees, 3 050 m hoch.

Nennbetrag, svw. ↑Nennwert.
Nennbetrieb ↑Nennleistung.
Nenndaten ↑Nennleistung.
Nenndorf, Bad ↑Bad Nenndorf.
Nenner ↑Bruch.
Nennform, svw. ↑Infinitiv.
Nenni, Pietro,* Faenza 9. Febr. 1891, † Rom 1. Jan. 1980, italien. Politiker. - Vertrat als Mgl. der Republikan. Partei (ab 1908) revolutionäre Ideen (Zusammenarbeit mit Mussolini); 1914/15 Kriegsfreiwilliger, begr. 1919 die faschist. Ortsgruppe in Bologna; 1921 Bruch mit Mussolini und Eintritt in die Sozialist. Partei (PSI); emigrierte 1926 nach Frankr.; 1931-39 Mgl. des Exekutivrats der Sozialist. Internationale; 1936-38 Teilnahme am Span. Bürgerkrieg; 1943 in frz. und italien. Haft; wurde 1943 Generalsekretär der sich nun Sozialist. Partei der Proletar. Einheit (PSIUP) nennenden Partei und Mgl. des Nat. Befreiungskomitees; 1945-47 stellv. Min.präs., 1946/47 Außenmin.; 1946 Abg. der Konstituante, 1948-70 des Parlaments; nach Spaltung der Sozialisten 1947 Führer der PSI *(N.-Sozialisten);* 1963-68 stellv. Min.präs., 1968/69 Außenmin., 1966-69 Präs. der Vereinigten Sozialist. Partei (PSU); seit 1970 Senator auf Lebenszeit.

Pietro Nenni (um 1965)

Nennius (Nemnius, Nynniaw), walis. Geschichtsschreiber des 8./9. Jh. - Bearbeitete um 826 die „Historia Britonum", die, obwohl von geringem histor. Wert, wegen der Darstellung des Königs Artus sagengeschichtl. Bed. hat.

Nennkapital, svw. ↑Nominalkapital.
Nennleistung, diejenige Leistung, für die eine Maschine oder ein Gerät eingerichtet und gebaut ist. Bei Einhaltung bestimmter Bedingungen, die durch sog. *Nenngrößen* oder *-daten* wie Nennspannung, Nennstrom, Nenndrehzahl, Nennförderhöhe, Nennförderstrom u. a. festgelegt sind, d. h. im sog. *Nennbetrieb,* ist die N. die dauernd aufnehmbare bzw. abgebbare Leistung.

Nennwert (Nennbetrag, Nominalwert, Nominal), der auf Münzen, Banknoten, Wertpapieren u. a. in Worten und/oder Zahlen angegebene Wert. Der N. kann vom Kurs- oder Effektivwert stark abweichen.
Nennwertaktie, ↑Aktie, die auf einen bestimmten Geldbetrag lautet. Sie ist die in der BR Deutschland zwingend vorgeschriebene Form.
Nennwort, svw. ↑Substantiv.
Nenzen (früher Samojeden), Volk in N der UdSSR, in drei nat. Kreisen; Renzüchter, Jäger und Fischer; heute größtenteils seßhaft. Ihre Sprache (Nenzisch oder Jurak-Samojedisch) gehört zu den samojedischen Sprachen.
Nenzen, Nationaler Kreis der, sowjet. nat. Kreis an der Barents- und Karasee, RSFSR, 176 700 km^2, 52 000 E. Hauptstadt Narjan-Mar. Vom Inlandeis geformtes, kuppiges Relief, in den Flußniederungen stellenweise versumpft; rauhes Tundrenklima, verbreitet Dauerfrostboden; wirtsch. Grundlagen bilden Renzucht, Fischfang, Pelztierjagd und -zucht. - Am 15. Juli 1929 gebildet.
neo..., Neo... [zu griech. néos „neu"], Bestimmungswort von Zusammensetzungen mit der Bed. „neu, jung, erneuert".
Neoabsolutismus, Bez. für das Reg.system im Kaisertum Österreich zw. dem Staatsstreich 1851 und dem Erlaß des Oktoberdiploms 1860. Das zentralist., fakt. absolutist. System verschärfte sich zunehmend auf die Nationalitätenfrage konzentrierende innenpolit. Problematik.
neoafrikanische Literatur, Bez. für geschriebene Literaturen Schwarzafrikas, die sich sowohl auf afrikan. oder afroamerikan. mündl. Traditionen als auch auf europ. Literatureinflüsse gründen (↑dagegen afrikanische Literatur). Der Beginn liegt um die Wende vom 19. zum 20. Jahrhundert.
Nach T. Mofolo aus Basutoland (= Lesotho) und S. T. Plaatje (* 1877, † 1932), der den ersten histor. Roman in engl. Sprache schrieb, spaltete sich die **südafrikanische Literatur** auf in eine weitgehend unbedeutende, den polit. Gegebenheiten anpassende Literatur in den Bantusprachen und in eine englischsprachige Protestliteratur, deren Autoren im Exil leben. Autobiographien und Erzählungen waren die vorherrschenden Gattungen der Zeit nach dem 2. Weltkrieg (A. Hutchinson [* 1924], B. Modisane [* 1923], E. Mphahlele [* 1919], C. Themba [* 1923, † 1967]). In den 1970er Jahren hat die Lyrik Vorrang (D. Brutus [* 1924], O. Mtshali [* 1940], Keorapetse Kgositsile [* 1938]). Durch polit. Kampf der Autoren vom Exil aus läßt keine Zeit für die Langform; das Gedicht ist polit. Parole.

197

Der erste Versuch, bewußt afrikan. Literatur zu schreiben und eine afrikan. Philosophie zu formulieren, wurde von den Autoren der **Négritude** unternommen, als 1934 A. Césaire aus Martinique, L. S. Senghor aus Senegal und L.-G. Damas aus Guyana als Studenten in Paris die Zeitschrift „L'Étudiant Noir" gründeten und versuchten, einen afrikan. Stil in der Literatur zu schaffen: Césaire brachte afrikan. Metaphern ein, die zunächst als surrealist. mißverstanden wurden, Senghor skandierte Verse nach afrikan. Tanzrhythmen. Neue, fremdartige Bilder und neue, andersartige Rhythmen verwandelten so das Frz. der Kolonialherren in ein afrikan. Französisch, mit dem der Kampf gegen polit. und geistige Abhängigkeit aufgenommen wurde. Man entdeckte die afrikan. Werte wieder und verherrlichte sie in Versen und histor. Romanen (I. M. Ouane [*1908] aus Mali, A. Sadji [*1910, †1961] aus Senegal). Die Selbstbehauptung führte bald zu polit. Argumentation, v. a. in den antikolonialist. Romanen von M. Beti und F. Oyono (*1929) aus Kamerun.

Die englischsprachigen Staaten **Westafrikas** wurden mit Erreichung der Unabhängigkeit literar. aktiv. Das Thema der 1960er Jahre war der Kulturkonflikt: Erzogen nach den Regeln der Tradition, ausgestattet mit westl. Bildung, suchten die anglophonen Afrikaner einen Weg zw. den konkurrierenden Wertesystemen. Vorbild hierfür wurden der Nigerianer C. Achebe. Die zunehmende Politisierung der Autoren (allen voran immer noch die nigerian. Schriftsteller) führte zur Kritik auch am eigenen Staat. Korruption und Machtmißbrauch, Sippenwirtschaft und Personenkult sind die Themen v. a. von Achebe, A. Kourouma (*1940), T. M. Aluko (*1918) und Wole Soyinka (*1934), der 1986 den Nobelpreis erhielt. Neben der Literatur für die Gebildeten ist in Nigeria eine volkstüml. und eine triviale Literatur entstanden (dramatisierte Legenden, histor. Dramen oder auch Stücke mit urbanen Themen) und sog. „Onitsha-Literatur", eine Trivialliteratur in Heftchenform.

Die Entwicklung einer n. L. in **Ostafrika** setzte 1962 ein, als der „Writers' Workshop" in Makerere bei Kampala (Uganda) westafrikan. Autoren mit potentiellen ostafrikan. Autoren zusammenbrachte. 2 Jahre später erschien der erste ostafrikan. Roman (von J. Ngugi [*1938] aus Kenia). Man beschäftigte sich zwar theoret. mit der Négritude, schriftsteller. setzte man jedoch ihre Ziele nicht um; eine Ausnahme bildet der Lyriker Okot p'Bitek (*1931) aus Uganda. Nach einer Periode der Schilderung von Aktionen des Mau-Mau beschäftigt sich Ostafrikas Literatur v. a. mit urbanen Themen, mit der Welt der Angestellten und polit. Agitatoren. Neben der Literaturproduktion findet (v. a. in Zeitschriften) eine lebhafte Literaturkritik statt.

Zur n. L. wird i. w. S. auch die Literatur der Afroamerikaner in **Amerika** gerechnet. Gegen Ende des 19. Jh. entstand in den USA mit W. W. Brown (*1815, †1884) und P. L. Dunbar eine Literatur der Schwarzen; bes. Vertreter nach 1918: J. W. Johnson, C. MacKay, J. Toomer (*1894, †1967), C. Cullen (*1903, †1946), L. Hughes. Gegen Rassendiskriminierung schrieben C. Himes (*1909), R. Wright, R. W. Ellison, J. Baldwin, mit militant-revolutionärer Zielsetzung bes. die Autoren der Black-power-Bewegung, u. a. LeRoi Jones und E. Cleaver. In Haiti entstand der Indigenismus, der die afrikan. afrohait. Volkskultur darstellt, bes. in Romanen, u. a. von J. Roumain. In Kuba entwickelte sich in der Lyrik der Negrismus, der an die Folklore der Schwarzen und Mulatten anknüpft und den Rumbarhythmus in den span. Vers aufnimmt und die n. L. in anderen lateinamerikan. Ländern beeinflußte. Den afrokuban. Stil entwickelten u. a. A. Carpentier und N. Guillén. Eine westindische Literatur entstand auf Jamaika, Trinidad, Barbados und in Guyana; bed. Vertreter sind R. Mais (*1905, †1955), J. Carew (*1920) und D. Walcott (*1930). *Seiler-Dietrich, A.: Die Lit. Schwarzafrikas. Mchn. 1984. - Keszthelyi, T.: Afrikan. Literatur. Dt. Übers. Budapest 1981. - Jahn, J.: Gesch. der n. L. Düss. 1966.*

Neo-Bechstein [nach C. Bechstein], ein um 1930 von W. Nernst gebauter elektromagnet. Flügel (mit Mikrohämmern, ohne Resonanzboden) zur Verbesserung des Klangvolumens von Baß und Diskant.

Neoceratodus [griech.], Gatt. sehr urtüml. †Lungenfische mit dem †Djelleh als einziger Art.

Neodym [griech.], chem. Symbol Nd; metall. Element aus der Reihe der Lanthanoide; Ordnungszahl 60, mittlere Atommasse 144,24, Schmelzpunkt 1 010 °C, Siedepunkt 3 127 °C. Das silberglänzende N. kommt nur in Verbindungen vergesellschaftet mit den übrigen Metallen der seltenen Erden vor. Es wird als Bestandteil für Leichtmetallegierungen, die blau bis violett gefärbten Verbindungen als Glas- (†Neophanglas), Email- und Porzellanfarben verwendet. - N. wurde 1885 von C. Auer von Welsbach entdeckt.

Neoeuropa, in der *Geologie* Bez. für den in der alpid. Faltungsära geprägten Bereich des südl. Europa.

Neofaschismus, i. e. S. von Anhängern des Faschismus getragene polit. Bewegung in Italien nach Mussolinis Sturz (Movimento Sociale Italiano); i. w. S. allg. Bez. für auch in anderen Ländern bestehende rechtsradikale Bewegungen, die in ihrer Zielsetzung und Ideologie an die Epoche des Faschismus anknüpfen. Da durch die Verfassungen einiger Länder (z. B. in der BR Deutschland Art. 21 GG in Verbindung mit Art. 133 GG) das Aufleben neofaschist. Parteien unterbunden

Neolithikum

wurde, sind deren Träger zu einer gewissen Anpassung gezwungen. In der BR Deutschland (wo der N. im Zusammenhang mit dem Anknüpfen neofaschist. Organisationen an den NS auch **Neonazismus** gen. wird) entstanden zunächst: Dt. Rechtspartei (1946–49), Sozialist. Reichspartei (1949–52), Dt. Reichspartei (1946–64). Heute gehören zu den bekannteren, im Verfassungsschutzbericht des Bundesinnenministeriums als rechtsextremistisch, nur z. T. als neonazist. bezeichneten Organisationen v. a.: Aktion Dt. Einheit - AKON e. V., gegr. 1962; Aktionsfront Nat. Sozialisten (ANS), gegr. 1977; Aktionsgemeinschaft Nat. Europa (ANE), gegr. 1977; Bund Heimattreuer Jugend (BHJ), gegr. 1960; Bürger- und Bauerninitiative (BBI); Dt. Bürgerinitiative (DBI), gegr. 1972; Dt. Volksunion (DVU), gegr. 1971; Dt. Kulturwerk Europ. Geistes (DKEG), gegr. 1950; Freiheitl. Rat (FR), gegr. 1972; Junge Nationaldemokraten (JN), gegr. 1967; Kampfbund Dt. Soldaten (KDS), gegr. 1975; Nationaldemokrat. Partei Deutschlands (NPD), gegr. 1964; Nat.-soz. Dt. Arbeiterpartei-Auslandsorganisationen (NSDAP-AO), gegr. 1974; Wehrsportgruppe Hoffmann, gegr. um 1974; Wiking-Jugend (WJ), gegr. 1952, im Jan. 1980 wegen ihrer verfassungsfeindl. Tätigkeit vom Bundesinnenmin. verboten.

📖 *Bericht über neofaschist. Aktivitäten 1979. Eine Dokumentation. Mchn. 1980. - Broder, H. M.: Deutschland erwacht. Die neuen Nazis. Aktionen u. Provokationen. Bornheim-Merten* ³*1979. - Jugend u. N. Hg. v. G. Paul u. B. Schossig. Köln 1979. - Thamer, H. U./Wippermann, W.: Faschist. u. neofaschist. Bewegungen. Darmst. 1977.* - ↑ *auch Faschismus.*

Neogäa, svw. ↑ neotropische Region.

Neoimpressionismus ↑ Impressionismus.

Neoklassiker ↑ klassische Nationalökonomie.

Neoklassizismus (Neuklassizismus), Bez. für formalist. und historisierende Tendenzen in der Architektur des 20. Jh., wobei v. a. die kolossalen Säulenordnungen aufgegriffen werden. Beispiele bieten die nat.-soz. und faschist. Architektur in Deutschland (Haus der Kunst in München) und Italien (Hauptbahnhof Mailand; Foro Italico [= Campo della Farnesina] in Rom), die frz. Architektur (Musée d'Art Moderne in Paris, 1937), die Architektur in Dänemark und Schweden (Univ. in Århus von K. Fisker u. a. 1932 ff.; Krematorium der Stockholmer Südfriedhofs von E. G. Asplund, 1935–40). Die sowjet. neoklassizist. Architektur repräsentiert u. a. der Palast des ZK der Kommunist. Partei in Kiew (1936–41) oder die Lomonossow-Univ. in Moskau (1949–53). In jüngster Zeit zeigen sich neoklassizist. Tendenzen in den USA (Lincoln Center for the Performing Arts in New York). - ↑ auch Klassizismus.

Neokolonialismus, Bez. für die Politik entwickelter Ind.nationen, durch die die im Verlauf der Entkolonisation unabhängig gewordenen jungen Staaten Afrikas, Asiens und Lateinamerikas weiterhin wirtsch., techn. und (indirekt) polit. abhängig gehalten werden sollen. Zu den wirtsch. Mitteln des N. wird auch die Entwicklungshilfe gezählt, soweit sie zur Erhaltung der Wirtschaftsstrukturen in den Entwicklungsländern und zur Aufrechterhaltung des Systems der internat. ökonom. Arbeitsteilung vergeben wird. Der Vorwurf des N. wird v. a. von den kommunist. Staaten, neuerdings auch von den Staaten der Dritten Welt, gegen die westl. Ind.nationen erhoben. - ↑ auch Imperialismus.

Neolamarckismus, die von dem amerikan. Paläontologen E. D. Cope gegen Ende des 19. Jh. begründete Weiterentwicklung der lamarckist. Deszendenztheorie, wobei insbes. die (auch schon von J.-B. Lamarck vertretene) Anschauung eine wichtige Rolle spielt, daß psych. Faktoren (Wille, Bedürfniserfüllung) in teleolog. Hinsicht für die phylogenet. Entwicklung und Formgestaltung der Organismen maßgebend seien (sog. **Psycholamarckismus**). - Als N. werden auch die bes. in der UdSSR zur Zeit Stalins protegierten und u. a. von I. W. Mitschurin und T. D. Lyssenko durchgeführten Pflanzenversuche (mit Pfropfungen, Klimaänderungen u. a.) bezeichnet, die den Beweis der Erblichkeit von direkten Umweltanpassungen - nicht nur für Pflanzen, auch darüber hinaus für die Tiere und schließl. für den Menschen - erbringen sollten, deren Ergebnisse jedoch nicht bestätigt werden konnten.

Neoliberalismus, ökonom. Theorie, die unter teilweiser Wiederaufnahme der Auffassungen der klass. Nationalökonomie eine Wirtschaftsordnung fordert, die durch die Steuerung der ökonom. Prozesse über den Markt, d. h. v. a. den freien Wettbewerb, gekennzeichnet ist. Aufgabe des Staates in einer solchen Wirtschaftsordnung ist die Schaffung bzw. Erhaltung der Rahmenbedingungen für diesen freien Wettbewerb. In der weiteren Ausgestaltung dieser Theorie ist der **Ordoliberalismus** durch die sog. ↑ Freiburger Schule, wonach wirtsch. Interventionen des Staates als zulässig angesehen werden, wenn sie marktkonform erfolgen und die wirtsch. Freiheit durch die (staatl.) soziale Sicherung des einzelnen zu ergänzen ist, lag der N. als Modell der Zielsetzung, eine soziale ↑ Marktwirtschaft in der BR Deutschland aufzubauen, zugrunde.

Neolithikum [griech.] (Jüngere Steinzeit, Jungsteinzeit), jüngste Hauptperiode der Steinzeit, von J. Lubbock 1865 als „Zeit der polierten Steine" zw. Paläolithikum und Bronzezeit gestellt. Die „archäolog." Definition des N. durch geschliffene Steinwerkzeuge (bes. Beil, Axt, Keule), Keramik, Bogen,

199

Neologismus

größere dörfl. Siedlungsgemeinschaften mit mehrjährig bewohnten Häusern wurde v. a in der angelsächs. und deutschsprachigen Forschung durch die „ökonom." überlagert (Beginn des N. mit Anbau von Kulturpflanzen und Haltung von Haustieren). Da die verschiedenen Kulturzüge nicht überall gemeinsam auftraten, ist die Zuordnung bestimmter Kulturgruppen umstritten, das Mesolithikum wird gelegentl. dem N. zugeordnet, andererseits werden jüngere Abschnitte des N. als Kupferzeit abgetrennt. In Afrika südl. der Sahara und in großen Teilen S-Asiens wird meistens von „später Steinzeit" („Later Stone Age") gesprochen, die dort unmittelbar in die Eisenzeit übergeht. Auch in Amerika wird der Begriff nur ausnahmsweise verwendet. Untergliederungen (Alt-, Mittel-, Jung-, End-N.) gelten nur für einzelne Regionen (z. B. M-Europa, N-Deutschland, S-Skandinavien). Die Anfänge des N., in dem sich viele Grundstrukturen der späteren Kulturen herausbildeten, gehen mindestens bis ins 8./7. Jt. zurück. Mit der Domestikation von Schaf und Ziege (später auch Rind) und der Kultivierung von Getreide (Gerste, verschiedene Weizenarten) in SW-Asien (Fruchtbarer Halbmond) beginnt das N. im 8./7. Jt. archäolog. faßbar zu werden (z. B. Al Baida [Jordanien], Jericho, Çatal Hüyük; z. T. mit befestigten Großsiedlungen (Anfänge der Hochkultur). Bei der Ausbreitung der neolith. Kulturformen nach Teilen des übrigen Asien, N-Afrika und Europa bildeten sich viele lokale Ausprägungen, für die v. a. die Keramik (Gefäße, z. T. auch Figuren) typ. war (z. B. bandkeram. Kultur, Cardiumkeramik, kammkeram. Kultur, schnurkeram. Kultur, Trichterbecherkultur), daneben Steinwerkzeuge und Geräte, wie Pfeilspitzen-, Beil- und Axtformen (Streitaxtkulturen), sowie Haus-, Siedlungs- (Tellsiedlungen) und Grabformen (Megalithkulturen). Auch die Wirtschaftsformen variierten (in S- und O-Asien z. B. Reisanbau; Haustiere: v. a. Schwein, gegen Ende des N. Esel und Pferd). Wasserfahrzeuge ermöglichten seit dem 7. Jt. die Besiedlung der größeren Mittelmeerinseln. Günstigere klimat. Bedingungen (sog. neolith. Feuchtphase in der Sahara und in Arabien, postglaziale Wärmezeit in Europa und in Teilen Asiens) erleichterten die Ausbreitung bis Spitzbergen und in heutige Wüstengebiete. Die damit verbundene Bevölkerungsvermehrung erleichterte den Güteraustausch, der bei selteneren, durch Bergbau gewonnenen Rohstoffen zum Handel führte.
📖 *Uerpmann, H. P.: Probleme der Neolithisierung des Mittelmeerraums. Wsb. 1979. - Reden, S. v.: Die Megalith-Kulturen. Köln 1978. - Müller-Karpe, H.: Gesch. der Steinzeit. Mchn. ²1976. - Hdb. der Urgesch. Hg. v. K. J. Narr. Bd. 2: Jüngere Steinzeit. Mchn. 1975. - Müller-Karpe, H.: Hdb. der Vorgesch. Bd. 2: Jungsteinzeit. Mchn. 1969. 2 Tle.*

Neologismus [griech.-frz.] (Neubildung), in den allg. Gebrauch übergegangene sprachl. Neuprägung.

Neomarxismus, Gesamtheit der wiss. und literar. Versuche, die orthodox-marxist. Lehren († auch Marxismus) unter den Bedingungen der sog. „spätkapitalist." Gesellschaft neu zu überdenken und zu begründen. Angesichts der neuen histor. Lage befaßt sich der N. mit den Chancen, Organisationsformen und potentiellen Trägern bzw. Akteuren des weiterhin erwarteten revolutionären Prozesses der „Transformation" der kapitalist. in eine sozialist.-kommunist. Gesellschaft. Entwickelt bzw. übernommen wurden neomarxist. Gedanken u. a. von den Vertretern der krit. Theorie, von E. Fromm, H. Marcuse, J.-P. Sartre, E. Bloch, von der außerparlamentar. Opposition und der neuen Linken.

Neometabolie ↑ Metamorphose.

Neomyzin (Neomycin) [Kw.], aus Streptomyces fradiae isolierter Komplex von Antibiotika mit breitem Wirkungsspektrum; Anwendung meist örtlich als N.sulfat (Salbe, Puder).

Neon [griech. „das Neue"], chem. Symbol Ne; gasförmiges Element aus der VIII. Hauptgruppe des Periodensystems der chem. Elemente, Ordnungszahl 10, mittlere Atommasse 20,179, Dichte (bei 0° C und Normaldruck) 0,8999 g/l, Siedepunkt −246,048 °C, Schmelzpunkt −248,67 °C. Das Edelgas N. ist farb- und geruchlos und äußerst reaktionsträge; es sind keine Verbindungen bekannt. N. ist im Weltall eines der häufigsten Elemente; in der Atmosphäre der Erde ist es nur zu $1,8 \cdot 10^{-3}$ Vol.-% enthalten und wird techn. durch Rektifizieren verflüssigter Luft gewonnen. Es wird als Füllgas für Gasentladungslampen und Leuchtröhren verwendet.

Neonazismus ↑ Neofaschismus.

Neophanglas [griech./dt.], Neodymoxid enthaltendes Blendschutzglas, das ultraviolette Strahlen absorbiert.

Neoplasie [griech.], die Bildung von Neoplasma (↑ Geschwulst).

Neopositivismus (Neupositivismus), Sammelbez. für eine sich in Wien (↑ Wiener Kreis mit M. Schlick, C. Carnap, V. Kraft, O. Neurath u. a.) und Berlin („Gesellschaft für empir. Philosophie" mit H. Reichenbach, W. Dubislav, F. Kraus u. a.) nach 1918 formierende Richtung naturwiss. orientierter Wiss.theorie, die Grundlagenprobleme des älteren ↑ Positivismus mit Mitteln der formalen Logik und der analyt. Philosophie unter Beibehaltung der Grundannahmen des Empirismus und einer antimetaphys. Grundhaltung zu lösen versucht. - Der N. verteidigt eine „natürl." strenge Zweiteilung aller wiss. Aussagen in die analyt. wahren der Formalwiss. und die wahren (oder falschen) empir. Aussagen der Realwiss., die allein etwas über die Wirklichkeit aussagen. Hier nicht einzuordnende

(grammat. korrekt gebildete) Sätze sind sinnlos und *Scheinsätze*. Um z. B. metaphys. Sätze als solche Scheinsätze zu entlarven, wird das Sinnkriterium entwickelt, das die Bed. eines Satzes durch die Methode seiner (empir.) Verifikation bestimmt. Entsprechend fordert das Prinzip der Konstituierbarkeit die prinzipielle Rückführbarkeit aller Satzteile sinnvoller Sätze auf das in der Erfahrung unmittelbar Gegebene, das in sog. Elementarsätzen, nach späterer Ansicht in Protokollsätzen festgehalten wird. Durch eine intersubjektive, universelle Sprache will der N. die Einzelwiss. zu einer Einheitswiss. zusammenfassen. - V. a. durch die Kritik K. R. Poppers († kritischer Rationalismus) sah sich der N. gezwungen, seine Ansichten zu relativieren.
📖 *Schlick und Neurath - Ein Symposion*. Hg. v. R. Haller. Amsterdam 1982. - Neurath, O.: *Wissenschaftl. Weltauffassung, Sozialismus u. Log. Empirismus*. Ffm. 1979. - Schlick, M.: *Allg. Erkenntnislehre*. Ffm. 1978. - Mohn, E.: *Der log. Positivismus*. Ffm. 1977. - Kamitz, R.: *Positivismus. Befreiung vom Dogma*. Mchn. u. Wien 1973.

Neopren [Kw.] † Chloropren.

Neoptolemos, Gestalt der griech. Mythologie; Sohn des Achilleus; wird nach dem Tod des Vaters von Odysseus nach Troja gebracht, da eine Weissagung den Fall der Stadt an seine Anwesenheit geknüpft hat. N. zeichnet sich bei der Zerstörung Trojas durch bes. Grausamkeit aus und erhält als Kriegsbeute Andromache, die ihm den Molossos, den Ahnherrn der epirot. Molosser, gebiert. N. heiratet die ihm von ihrem Vater Menelaos versprochene Hermione, die inzwischen die Braut des Orestes ist, und wird deswegen von Orestes getötet.

Neorealismus (Neorealismo, Neoverismo), 1. *italien. literar. Richtung*, die unmittelbar nach dem 2. Weltkrieg bis Anfang der 1950er Jahre insbes. die erzählende Prosa bestimmte. Anknüpfend an die Werke von G. Verga und Vorbildern wie W. Faulkner, J. Dos Passos, J. Steinbeck, E. Hemingway, zielte der N. auf die Bloßlegung der sozialen und polit. Wirklichkeit während des Faschismus, der Widerstandsbewegung, der Kriegs- und Nachkriegszeit. Als Begründer gilt E. Vittorini; wichtige Vertreter sind V. Pratolini, C. Levi, C. Pavese, F. Jovine, I. Calvino, B. Fenoglio.
2. Bez. für die *krit.-realist. Richtung im italien. Film* Mitte bis Ende der 1940er Jahre, in denen, vielfach mit Laiendarstellern, bes. soziale Probleme gestaltet wurden, insbes. von R. Rossellini („Rom – offene Stadt", 1945), V. De Sica („Fahrraddiebe", 1948), L. Visconti („Die Erde zittert", 1948) und P. Germi („Im Namen des Gesetzes", 1949).

Neostalinismus, Bez. für den v. a. in der Sowjetunion von Chruschtschows Nachfolgern unternommenen Versuch - bei unveränderter Absage an den Personenkult und nachdrückl. Betonung des Prinzips der „kollektiven Führung" -, nach 1953 im Rahmen der *Entstalinisierung* verurteilte oder modifizierte Richtlinien und Methoden der stalinist. Herrschaft zu restaurieren und sie wieder zur Grundlage der Innen- und Blockpolitik zu machen.

Neostoizismus, svw. † Neustoizismus.

Neotenie [griech.] (Progenese), Eintritt der Geschlechtsreife in jugendl. bzw. larvalem Zustand vor Erreichen des Erwachsenenstadiums; kann z. B. bei Schwanzlurchen als Regelfall (z. B. beim Axolotl) oder äußerst selten unter bes. Bedingungen auftreten (z. B. bei einheim. Molchen).

neotropische Region (Neotropis, Neogäa [im engeren Sinne]), tiergeograph. Region, die S- und M-Amerika (einschließl. der Westind. Inseln) umfaßt; sehr kennzeichnende Fauna mit vielen endem. Gruppen, z. B. Schlitzrüßler, Neuweltaffen, mehrere Fledermausfamilien (bes. Vampire, Blattnasen), Ameisenbären, Faultiere, Gürteltiere, verschiedene Nagetiergruppen (v. a. Meerschweinchenartige) sowie zahlreiche kleinere Beuteltierarten. Die Vogelwelt ist ungewöhnl. formenreich, mit sehr vielen endem. Fam., u. a. Nandus, Wehrvögel, Hokkohühner, Schopfhühner, Trompetervögel, Steißhühner und Pfefferfresser. Unter den Kriechtieren sind bes. Leguane, Schienenechsen und Boaschlangen kennzeichnend. Bei den Lurchen fällt der große Artenreichtum an Laubfröschen und das (mit Ausnahme des N) völlige Fehlen der Schwanzlurche auf. Auch unter den Süßwasserfischen finden sich viele endem. Gruppen (z. B. die Lebendgebärenden Zahnkarpfen).

neotropisches Florenreich (Neotropis), Vegetationsgebiet der trop. und großer Teile der subtrop. Zonen der Neuen Welt; umfaßt M- und S-Amerika (mit Ausnahme der südl. Anden). Wichtigste Vegetationsformen: trop. Regenwald, Nebelwald, montaner Regenwald, Monsunwald, Trockenwald, Trockengebüsch, Steppe, Sukkulentenformationen. Wichtigste Pflanzenfam. sind Ananasgewächse und Kakteen sowie pantrop. Palmen, Ingwer-, Gesnerien-, Pfeffer- und Maulbeerbaumgewächse.

Neottia [griech.], svw. † Nestwurz.
Neoverismo [italien.] † Neorealismus.
Neovitalismus, u. a. von H. Driesch, J. von Uexküll, J. Reinke vertretene philosoph. Richtung des 19./20. Jh., die einerseits gegen die materialist.-mechanist. Betrachtungsweise des Lebens die Eigengesetzlichkeit („Autonomie") des Lebens annimmt und andererseits im Unterschied zum † Vitalismus die naturwiss.-mechan. Kausalität für die chem.-physikal. [Teil]prozesse des Lebens, ihre Analyse und Erklärung gelten läßt.

Neozoikum [griech.] (Känozoikum),

NEP.

jüngstes Zeitalter der Erdgeschichte, ↑Geologie, Formationstabelle.
NEP., Abk. für: Nowaja ekonomitscheskaja politika [russ. 'nɔvɐjɐ ɛkɐna'mitʃɪskɐjɐ pa'litikɐ] ↑Sowjetunion (Wirtschaft).

Nepal

(amtl.: Sri Nepála Sarkár), konstitutionelle Monarchie in Asien, zw. 26° 20′ und 30° 10′ n. Br. sowie 80° 15′ und 88° 10′ ö. L. **Staatsgebiet:** Es grenzt im N an China (Tibet), im O, S und W an Indien. **Fläche:** 145 391 km² (nach anderen Angaben 141 577 km²). **Bevölkerung:** 16,5 Mill. E (1985), 113 E/km². **Hauptstadt:** Katmandu. **Verwaltungsgliederung:** 14 Zonen. **Amtssprache:** Nepali. **Staatsreligion:** Hinduismus. **Nationalfeiertag:** 18. Febr. **Währung:** Nepales. Rupie (NR) = 100 Paisa (P.). **Internat. Mitgliedschaften:** UN, Colombo-Plan. **Zeitzone:** Ind. Zeit. d. i. MEZ +4½ Std.

Landesnatur: N. ist ein Gebirgsland zw. der nordind. Tiefebene und dem Hochland von Tibet mit rd. 800 km Längserstreckung und einer maximalen Breite von 210 km. Von S nach N lassen sich 4 Großräume unterscheiden: Im Terai (76–780 m ü. d. M.) hat N. Anteil an der Gangesebene. Über die bis 1 860 m hohen Siwalikketten Anstieg zu einer Mittelgebirgszone in 2 000–4 000 m Höhe mit den Hochtälern von Katmandu und Pokhara. Nach N folgt die stark vergletscherte Himalajahauptkette mit mehreren Achttausendern, u. a. dem Mount Everest. Die Gebirgsketten werden durch tiefeingeschnittene Flußläufe gequert; ihre Schluchten sind die einzigen Verkehrsverbindungen mit der N-Seite der Hauptkette.

Klima: N. steht unter dem Einfluß des sommerl. SO-Monsuns (Regenzeit Mitte Juni-Ende Sept.) und des trockenen, winterl. NW-Monsuns. Auf Grund der extremen Höhenunterschiede ist das Klima sehr verschiedenartig: über der heißen Zone des Terai und Gebirge bis um 1 500 m folgen bis um 2 200 m eine gemäßigt-warme und bis über 4 000 m eine gemäßigt-kühle Zone. In der Hochgebirgsregion sind die Winter extrem kalt und lang. Die im NW liegende Abdachung hat kontinentales Klima.

Vegetation: Die nur noch in Resten erhaltenen immergrünen Monsunwälder und die Grasfluren des Terai werden mit ansteigende Höhe von Laubwäldern, vereinzelt von Bambusbeständen, abgelöst. In den höheren Mittelgebirgslagen folgen Rhododendron und Nadelwälder, über der Waldgrenze Krüppelholz, Flechten und Moose. Die klimat. Schneegrenze liegt bei 5 000–5 800 m ü. d. M. Im trockenen NW sind alpine Steppen verbreitet.

Tierwelt: Auf Grund der starken Rodung ist die urspr. Tierwelt fast völlig vernichtet. Vereinzelt gibt es noch Leoparden und Bären, in der alpinen Region Moschustiere, Wildschafe, Goral, Wölfe und Schneeleoparden. **Bevölkerung:** Rd. 73 % gehören indo-nepales. und ind. Volksgruppen an, rd. 26 % altnepales. Gruppen und eine Minderheit von 0,6 % tibet. Gruppen (u. a. Sherpa); außerdem leben Flüchtlinge aus Tibet in N.; 89,6 % sind Hindus, 3,4 % Buddhisten und rd. 2 % Muslime. Dicht besiedelt sind Teile des Terai und die Hochtäler im Mittelgebirgsland, dünn besiedelt der NW und der Hochhimalaja. Das Schulwesen ist nach engl. Muster aufgebaut, doch gibt es keine allg. Schulpflicht, rd. 77 % der Bev. über 15 Jahren sind Analphabeten. Neben religiösen Schulen bestehen Colleges und Hochschulen, u. a. die Univ. von Katmandu (gegr. 1958).

Wirtschaft: Rd. 90 % der Erwerbstätigen arbeiten in der Landw., überwiegend als Kleinbauern (zu ⁴/₅ Pächter). Die wichtigsten Anbaugebiete liegen im Terai und im Mittelgebirgsraum. Wichtigste Anbaufrucht ist der Reis, v. a. im Terai, wo auch Weizen, Jute, Zuckerrohr und Tabak gedeihen. Buchweizen, Kartoffeln und Gerste werden bis zur Anbaugrenze bei 4 000 m Höhe kultiviert. Im Terai werden Wasserbüffel als Zugtiere, Milch- und Fleischlieferanten gehalten, auf den Hochweiden im N des Landes neben Schafen und Ziegen auch Jak und eine Kreuzung aus Jak und Rind. Die Forstwirtschaft ist bemüht, die durch Brandrodung vernichteten Wälder wieder aufzuforsten (Akazien, Eukalypten). Außer Glimmerschiefer und Kalkstein werden die nachgewiesenen Bodenschätze (Gold, verschiedene Erze, Kohle, Schwefel) kaum ausgebeutet. Eine zunehmend wichtige Rolle spielt der Fremdenverkehr.

Außenhandel: Ausgeführt werden Reis, Jute und Gewebe sowie Säcke aus Jute, Tierfelle, Dachsborsten, Wollteppiche u. a., eingeführt Baumwollgewebe, Nahrungsmittel, Erdölprodukte, chem. Erzeugnisse, Maschinen, Apparate, Geräte, Eisen und Stahl, feinmechan. Erzeugnisse, Fahrzeuge u. a. Wichtigste Partner sind Indien, Großbrit., Japan, die USA u. a. Neben einem kleinen Grenzhandel zw. Nepal und Tibet besteht ein lebhafter Handelsverkehr zw. Katmandu und Lhasa. Ein Handelsabkommen wurde 1974 zw. N. und China abgeschlossen.

Verkehr: Nur im Grenzgebiet gibt es zwei Stichbahnen zum ind. Eisenbahnnetz, zus. 96 km lang. Das Straßennetz ist 5 270 km lang, davon 2 322 km Allwetterstraßen. Daneben gibt es etwa 10 000 km Maultierpfade. Hier spielen Träger und Packtiere noch eine wichtige Rolle für den Gütertransport, für den auch die 45 km lange Lastenseilbahn zw. Hetauda und Katmandu von Bed. ist. Neben den ⚓ der Hauptorte besteht der internat. ✈ von Katmandu.

Nephelinsyenit

Geschichte: Die legendäre Geschichte beginnt mit der Trockenlegung des Tales von Katmandu durch den Heiligen Naia Muni, dessen Nachkommen das Tal besiedelt haben sollen. Einwanderer aus Indien und Tibet sowie ein mongol. Bergvolk formten in prähistor. Zeit die Bev. von N. Vom 4. bis zum 8. Jh. herrschten in Süd-N. die Guptas. Vom 8. Jh. an wanderten zahlr. Inder nach N. ein und begr. den krieger. Militäradel der Kas. Ab 1450 zerfiel N. in 3 unabhängige Einzelstaaten, die 1769 von den Gurkha erobert wurden. Ende des 18. Jh. schwand die Macht der Könige zugunsten adliger Familien, von denen die der Rana die einflußreichste war. Im Vertrag von 1816 anerkannte Großbrit. zwar die Herrschaft der Gurkha, die dafür ständige brit. Residenten in Katmandu zulassen mußten, doch bereits 1846 wurden die Rana Alleinherrscher mit erbl. Ministerpräsidentenamt (bis 1951). Erst Tribhuwan Bir Bikram Schah (*1906, †1972, ⚭ 1911–55) konnte eine dem König tatsächl. verantwortl. Reg. berufen. Es folgten konstitutionell-parlamentar. Reformen. Sein Sohn, König Mahendra Bir Bikram Schah (*1920), setzte diese Politik zunächst fort. 1959, als die erste „demokrat." Verfassung in Kraft trat, siegte in den ersten allg. und direkten Wahlen die Kongreßpartei, ihr Führer wurde Reg.chef. 1960/61 entließ der König Parlament und Reg., verbot alle Parteien und erließ 1962 eine neue Verfassung. Außen- und handelspolit. setzte König Mahendra die enge Anlehnung an Indien fort, bahnte aber eine Annäherung an China an. 1972 folgte Birendra Bir Bikram Schah (* 1945) seinem Vater auf dem Thron. Die daran geknüpfte Hoffnung auf Wiedereinführung polit. Freiheiten blieb zunächst unerfüllt. Eine Verfassungsänderung 1975 stärkte im Gegenteil die Stellung des Königs und ermöglichte ihm eine bessere Kontrolle des Parlaments. Das im Mai 1979 vom König angekündigte und ein Jahr später durchgeführte Referendum darüber, ob das bestehende Regierungssystem, das König und Reg. fakt. alle Macht verleiht, beibehalten oder durch ein Mehrparteiensystem ersetzt werden soll, brachte eine Mehrheit für das bestehende Panchayat-System. Entsprechend den Ende 1980 von König Birendra verkündeten Verfassungsänderungen wurde im Mai 1981 erstmals 1959 wieder ein Parlament auf der Grundlage des allg. Wahlrechts gewählt. Außenpolit. steuert N. weiterhin einen Neutralitätskurs, sich dabei von den traditionellen Beherrschung durch Indien weitgehend zu befreien. Letzte Wahlen 1986.
Politisches System: Nach der Verfassung vom Dez. 1962 (1967, 1976 und 1980 geändert) ist N. eine konstitutionelle Monarchie. *Staatsoberhaupt* ist der König, seit 1972 Birendra Bir Bikram Schah (Krönung: 1975). Seine Stellung ist unantastbar; gemeinsam mit dem Kabinett, das ihm verantwortl. ist, übt er die *Exekutive* aus. Der König ist Oberbefehlshaber der Streitkräfte, er kann den Staatsnotstand erklären und die Verfassung suspendieren. Erreicht ein Kandidat für das Amt des Min.präs. 60% der Stimmen der Nat.versammlung, so hat ihn der König zu ernennen. Erreicht kein Kandidat diese Mehrheit, so kann der König aus einem Dreiervorschlag des Parlaments den Min.präs. bestimmen. Die *Legislative* liegt beim parteienlosen Einkammerparlament, der Nat.versammlung. Von ihren 140 Abg. werden 28 vom König ernannt, 112 vom Volk in allg. Wahlen bestimmt. Polit. *Parteien* wurden 1961 verboten; sie wurden in Vorbereitung des Referendums vom Mai 1980 über die Wiedereinführung des Mehrparteiensystems wieder zugelassen, spielen aber nach dessen Ablehnung keine Rolle mehr. *Verwaltungs*mäßig ist N. in 14 Zonen und 75 Distrikte gegliedert. Das *Rechts*wesen ist z. T. im Hinduismus und Buddhismus verankert. Ein Oberster Gerichtshof ist höchste Instanz der Rechtsprechung. Die *Streitkräfte* bestehen aus einem Heer in Stärke von rd. 25 000 Mann. Paramilitär. Kräfte umfassen rd. 22 000 Mann Polizei.
📖 Baral, L. S.: *Political development in N.* London 1980. - Charak, S. S.: *History and culture of Himalayan states.* New York 1979. 3 Bde. - Tucci, G.: N. Dt. Übers. Mchn. 1979. - Haffner, W.: *N. Himalaya. Unterss. zum vertikalen Landschaftsbau Zentral- u. Ostnepals.* Wsb. 1979. - Wiesner, U.: *N. - Königreich im Himalaya. Gesch., Kunst u. Kultur des Kathmandu-Tales.* Köln ²1977. - Frank, D.: *Traumland N.* Mchn. 1974. - Seemann, H.: *N. 2029.* Stg. 1973. - Chauhan, R. S.: *The political development in N. 1950–1970.* Scranton (Pa.) 1972. - Donner, W.: *N. Raum, Mensch u. Wirtschaft.* Wsb. 1972.

Nepali, zu den neuindoar. Sprachen († indische Sprachen) zählende offizielle Sprache in Nepal. Seit dem 17. Jh. offizielle Sprache des Hofes in Katmandu, mit Beginn des Gurkhareiches im 18. Jh. Reichssprache. Wird in Dewanagari geschrieben und auch in Darjeeling, Bhutan und Sikkim gesprochen.

Nepersche Logarithmen (Napiersche Logarithmen) [nach J. Napier], svw. natürl. Logarithmen († Logarithmus).

Nephelin [zu griech. nephélē „Nebel"] (Eläolith), Mineral von meist weißer bis lichtgrauer Farbe, auch wasserklar; Gerüstsilikat. Chem. $KNa_3[AlSiO_4]_4$. Mohshärte 5,0–6,0; Dichte 2,55–2,65 g/cm³; wichtiger Feldspatvertreter; wichtiges gesteinsbildendes Mineral in Ergußgesteinen, z. B. Phonolithen, N.basalten, N.syeniten.

Nephelinsyenit (Eläolithsyenit), alkalireiches, quarzfreies, oft grobkörniges syenit. Tiefengestein, dessen Feldspäte (Alkalifeldspäte) z. T. durch Nephelin, Sodalith u. a. Feldspatvertreter ersetzt sind; N. enthält au-

Nephelometrie

ßerdem Augit, Hornblende, Biotit u.a.; Vorkommen: S-Norwegen, Portugal, Ural, Halbinsel Kola.

Nephelometrie [griech.], Verfahren zur quantitativen Bestimmung der Konzentration von kolloidal gelösten Teilchen durch Messen der Intensität des Streulichtes *(Tyndallometrie)* oder der Schwächung des durchtretenden Lichtes *(Turbidimetrie)*. Die N. ist eine wichtige Methode in der makromolekularen Chemie (Verfolgung von Trübungs- und Fällungsreaktionen), in der Biochemie (Bestimmung von Alkaloiden und Enzymen) und in der Bakteriologie (Bestimmung der Zelldichte in Suspensionen).

nephisch [griech.], in der Meteorologie: die Wolken betreffend.

nephr..., Nephr... ↑nephro..., Nephro...

Nephridien [...i-ɛn; griech.] (Metanephridien, Segmentalorgane), paarige (bei Weichtieren auch nur ein einzelnes unpaares Nephridium), urspr. segmental angeordnete Exkretionsorgane vieler wirbelloser Tiere mit sekundärer Leibeshöhle wie Ringelwürmer, Hufeisenwürmer, Kelchtiere, Weichtiere, in abgewandelter Form als Antennen- und Maxillendrüsen oder als Koxaldrüsen auch bei Gliederfüßern. Die typ. N. öffnen sich über einen Wimpertrichter (**Nephrostom**) nach der Leibeshöhle zu (bei Weichtieren in den Herzbeutel). Daran schließt sich ein stark gewundener Schlauch (**Schleifenkanal, Nephridialkanal**) an, der zum folgenden Körpersegment überleitet und über eine Öffnung *(Uroporus)* nach außen mündet.

Nephrit [zu griech. nephrós „Niere" (da man den N. als Heilmittel bei Nierenleiden verwendete)], Abart der Strahlsteins; durchscheinend, grün und im Ggs. zum ähnl. Jadeit schwer schmelzbar. N. findet sich in metamorphen Gesteinen und anstehend am Baikalsee, in Ostturkestan und auf Neuseeland; wird im Orient als Schmuckstein geschätzt.

Nephritis [griech.], svw. Nierenentzündung (↑ Nierenerkrankungen).

nephro..., Nephro..., nephr..., Nephr... [zu griech. nephrós „Niere"], Bestimmungswort zu Zusammensetzungen mit der Bed. „Niere(n)".

Nephrographie, röntgenolog. (auch szintigraph.) Darstellung der Nierenform und -funktion.

Nephrolith [griech.], svw. Nierenstein.

Nephrologie, Wiss. und Lehre von den Nieren und Nierenkrankheiten.

Nephros [griech.] ↑ Niere.

Nephrozyten [griech.], Zellen (v.a. bei Insekten) mit der Eigenschaft, Abfallstoffe des Körpers aufzunehmen und zu speichern *(Speichernieren)*.

Nephthys, ägypt. Göttin (↑ägyptische Religion).

Nepomuk, männl. Vorname, nach dem hl. ↑Johannes von Nepomuk.

Nepos, Cornelius, *um 100, †um 25 v.Chr., röm. Geschichtsschreiber. - Schrieb u.a. einen chronolog. Abriß der Weltgeschichte und 16 Bücher Lebensbeschreibungen, in denen er ohne Quellenstudium kritiklos röm. und nichtröm. Persönlichkeiten gegenüberstellte („De viris illustribus").

Nepotismus [lat.], Bevorzugung von Verwandten (**Nepoten**) bei der Vergabe von Ämtern und Würden durch weltl. und geistl. Machthaber.

neppen [aus der Gaunersprache], [durch ungerechtfertigt hohen Preis] übervorteilen, begaunern.

Népszabadság [ungar. 'nɛːpsɔbɔttʃaːg „Volksfreiheit"], ungar. Tageszeitung, ↑Zeitungen (Übersicht).

Neptun, röm. Gott der Gewässer, dessen urspr. Wesen durch die Identifikation mit dem griech. Meergott ↑Poseidon völlig verdeckt ist. Sein Fest, die am 23. Juli gefeierten **Neptunalia**, gehörte zu den ältesten und populärsten des röm. Festkalenders.

Neptun [lat., nach dem röm. Gott], astronom. Zeichen Ψ, der (von der Sonne aus gezählt) achte Planet des Sonnensystems. Seine mittlere Entfernung von der Sonne beträgt 4,498 Milliarden km, seine siderische Umlaufzeit 164,79 Jahre. Der Planet N. wurde im Jahre 1846 von J. G. Galle entdeckt, nachdem seine Existenz auf Grund der Störung, die er auf die Bahn von Uranus ausübt, von U. Le Verrier vorhergesagt worden war. Einzelheiten seiner Oberfläche sind wegen seiner großen Entfernung von der Erde nicht mehr zu erkennen. In der N.atmosphäre dürfte Wasserstoff das häufigste Gas sein. Das Auftreten starker Methanbanden im Infrarotabsorptionsspektrum deutet auf eine hohe Häufigkeit von Methan hin, außerdem wird das Vorhandensein von Ammoniakwolken in den tieferen Atmosphärenschichten angenommen. Der N. besitzt drei Monde: Triton, Nereid und einen 1982 entdeckten dritten Mond (Durchmesser etwa 180 km). - ↑auch Planeten.

Neptunismus ↑Geologie.

Neptunium [lat., nach dem Planeten Neptun, der im Planetensystem auf Uranus folgt], chem. Symbol Np, radioaktives, metall. Element aus der Reihe der ↑Actinoide, Ordnungszahl 93, Massenzahl des stabilsten bekanntesten Isotops 237,048, Schmelzpunkt 640 ± 1 °C, Siedepunkt 3902 °C, Dichte 20,25 g/cm^3 (drei Modifikationen). N. ist ein silberweißes, sehr reaktionsfähiges Metall, das in seinen Verbindungen drei- bis sechswertig auftritt; es wurde erstmals 1940 (E. M. McMillan und P. H. Abelson) in Form des Isotops U 239 als Zerfallsprodukt des sich bei Neutronenbeschuß von U 238 bildenden Uranisotops U 239 erhalten. Heute sind 15 Isotope bekannt, von denen Np 237 mit $2{,}14 \cdot 10^6$ Jahren die längste Halbwertszeit besitzt.

Neptuniumreihe ↑ Zerfallsreihen.
Nereidae [griech.] (Lycoridae), mit zahlr. Arten v. a. an Meeresküsten verbreitete Fam. langer, schlanker, aus sehr vielen (bis 175) Segmenten bestehender Ringelwürmer (Klasse Vielborster) mit einem Paar Antennen, zwei Paar Augen und ausstülpbarem Rüssel. Die deutl. zweiästigen Stummelfüßchen (Parapodien) verbreitern sich bei den meisten N. bei Eintritt der Geschlechtsreife stark; die so entstehenden Individuen sind Dauerschwimmer. Nach Entleerung ihrer oft fast den ganzen Körperhohlraum ausfüllenden Gonaden sterben sie ab. Die N. ernähren sich vorwiegend von Algen und kleinen Bodentieren. Bekannteste Gatt.: Nereis im Küstenbereich, z. T. auch in Brackgewässern und (in den Tropen) gelegentl. auch in feuchter Erde; bis über 75 cm lang, meist jedoch sehr viel kleiner.

Nereiden, Töchter des ↑ Nereus.
Nereidenmonument, in Xanthos (Lykien) errichteter marmorner Grabbau eines lokalen Dynasten auf hohem Quadersockel. Werk eines ostgriech. Künstlers vom Ende des 5. Jh. v. Chr.; erhaltene Reliefs und Plastikfragmente in London (British Museum).

Neresheim, Stadt auf der östl. Schwäb. Alb, Bad.-Württ., 503 m ü. d. M., 7 000 E. Werkzeug- und Maschinenfabrik, Papierwaren-, Spulenkörper- und Präzisionswerkzeugfabrik. - Entstand unterhalb des 1095 gegr. Klosters; gilt seit Ende des 13. Jh. als Stadt. - Benediktinerabtei Hl. Kreuz mit spätbarocker Abteikirche (1745-64) nach Plänen von B. Neumann (vollständig renoviert 1966-75; reich stukkierter Kapitelsaal).

Neretva, Fluß in Jugoslawien, entspringt bei Luka, mündet bei Ploče in das Adriat. Meer, 215 km lang. Ihr die Dinariden querendes Tal ist eine bed. Verkehrsleitlinie.

Nereus, göttl. Meergreis der griech. Mythologie. Sohn des Pontos („Meer") und der Gäa („Erde"). Vater der fünfzig **Nereiden,** hilfreicher anmutiger Meerjungfrauen aus dem Gefolge des Poseidon.

Nerezi [makedon. 'nɛrɛzi], Ort bei Skopje, Jugoslawien, Klosterkirche des hl. Panteleimon mit bed. byzantin. Fresken von 1164.

Nerfling, svw. ↑ Aland (ein Fisch).
Nergal, babylon. Gott der Unterwelt, Gemahl der Ereschkigal.

Neri, Filippo, hl. , * Florenz 21. Juli 1515, † Rom 26. Mai 1595, italien. kath. Theologe. - Aus seiner 1548 gegr. Bruderschaft zur Betreuung bedürftiger Rompilger erwuchs 1552 die Kongregation der ↑ Oratorianer. N. erstrebte sittl. Erneuerung durch Wallfahrten, geistl. Übungen und geistl. Lieder in der Volkssprache.

Nering, Johann Arnold, ≈ Wesel 17. März 1659, † Berlin 21. Okt. 1695, dt. Baumeister. - Begr. u. a. mit dem Umbau des Schlosses Oranienburg (1688 ff.) und dem [Kern]bau von Schloß Charlottenburg (1695 ff.) einen 1.

niederländ. beeinflußten, fein proportionierten, schmuckarmen Barock (sog. märk. Barock); als Städtebauer schuf er 1688 ff. die Anlage der Friedrichstadt in Berlin.

Neringa, Stadt und Ostseebad auf der Kurischen Nehrung, Litauische SSR. - 1961 durch Vereinigung der Seebäder **Schwarzort, Preil** und **Nidden** gebildet. - Funde von kleinen menschl. Figuren aus Bernstein (3./2. Jt. v. Chr.).

neritisch [griech.], im freien Wasser des Uferbereichs vorkommend (im Meer der bis etwa 200 m Tiefe reichende Schelf, in Süßgewässern, außer bei großen Seen, oft das ganze Freiwasser).

Nerlinger, Oskar, * Schwann (= Straubenhardt) 23. März 1893, † Berlin 25. Aug. 1969, dt. Maler. - Seit 1912 vorwiegend in Berlin, in den 20er Jahren Industrielandschaften in reduzierter, kühler Formensprache; Landschaftsaquarelle.

Nernst, Walther, * Briesen (= Wąbrzeźno, Woiwodschaft Bromberg) 25. Juni 1864, † Gut Ober-Zibelle bei Bad Muskau 18. Nov. 1941, dt. Physiker. - Prof. in Göttingen und Berlin; 1922-24 Präsident der Physikal.-Techn. Reichsanstalt in Berlin. N. ist einer der Begründer der physikal. Chemie. Seine bedeutendste Entdeckung ist das nach ihm ben. *N.sche Theorem* (3. Hauptsatz der Thermodynamik), das er auf die Berechnung chem. Gleichgewichte anwendete. Weitere wichtige Arbeitsgebiete waren die Theorie der Lösungen und Messung spezif. Wärmen bei tiefen Temperaturen; erhielt 1920 den Nobelpreis für Chemie.

Nernst-Effekt [nach W. Nernst], Bez. für die Erscheinung, daß sich beim Durchgang eines elektr. Stromes durch einen in einem transversalen Magnetfeld befindlichen Elektronenleiter in Stromrichtung ein Temperaturgefälle ausbildet.

Nernst-Thomson-Regel [engl. tɔmsn; nach W. Nernst und J. J. Thomson], svw. ↑ Nernstsche Regel.

Nero (Nero Claudius Drusus Germanicus Caesar), eigtl. Lucius Domitius Ahenobarbus, * Antium (= Anzio) 15. Dez. 37, † bei Rom 9. Juni 68, röm. Kaiser (seit 54). - Sohn Agrippinas d. J., 50 von Claudius adoptiert, 53 ∞ mit dessen Tochter Octavia. Unter dem maßgebenden Einfluß von Burrus und L. Annaeus Seneca d. J. 5 Jahre maßvolle Reg. (Quinquennium Neronis), doch steigerte sich seine persönl. Zügellosigkeit zum Cäsarenwahnsinn: Ermordung der Mutter (59), Scheidung von Octavia und deren Ermordung (62), Schuld am Tod (65) seiner 2. Frau Poppäa Sabina; ab 59 Auftreten als Wagenlenker und Kitharöde, um 60 Einrichtung eigener Festspiele nach dem Vorbild der Olympiaden (Neronia), Vortragsreise durch Griechenland 66/67. Der Brand von Rom (18./19. Juli 64) löste von N. den Christen zur Last gelegt (angebl., um den Verdacht von sich abzulenken), die 1. systemat. Christenverfolgung aus. - Außenpolit. Erfolge: Niederschlagung des britann. Aufstands (61), Pontus Prov. (64), Armenien röm. Klientelstaat unter parth. Herrschaft (66). Der Aufstand in Judäa (ab 66) weitete sich jedoch zum Krieg aus. Nach Aufdeckung mehrerer Verschwörungen ab 65 (u. a. die Pison. Verschwörung, deren Opfer Seneca, Lukan und Petronius waren) führte der Aufstand des Vindex in Gallien (68), dem sich in Spanien Galba anschloß, zu Absetzung und Selbstmord Neros.

Grant, M.: N. Dt. Übers. Mchn. ²1980. - Glas, N.: N. - Das Böse u. seine Läuterung. Stg. 1978. - Bishop, J. H.: N., the man and the legend. Cranbury (N. J.) 1965.

Ner tamid [hebr. „ewige Lampe"], ewige Lampe vor dem Thoraschrein in der Synagoge, zur Erinnerung an den siebenarmigen Leuchter des Tempels.

Nertschinsk, sowjet. Stadt in Transbaikalien, RSFSR; Heimatmuseum; Fleischkombinat; nahebei Goldbergbau; Endpunkt einer Stichbahn. - Im 1654 gegr. N. wurde am 6. Sept. 1689 ein russ.-chin. Grenzvertrag abgeschlossen; bis zur Oktoberrevolution ein berüchtigter Verbannungsort.

Neruda, Jan [tschech. 'nɛruda], * Prag 9. Juli 1834, † ebd. 22. Aug. 1891, tschech. Schriftsteller. - Journalist; in seinen Novellen, u. a. „Kleinseiter Geschichten" (1878), die für die Entwicklung der tschech. realist. Prosa von größter Bedeutung waren, zeichnete er, meisterhaft charakterisierend, humorvolle, aber auch nachdenkl. Skizzen des Prager Milieus; N. schrieb außerdem volkstüml. Lyrik, Dramen und Reiseberichte.

N., Pablo [span. ne'ruða], eigtl. Neftalí Ricardo Reyes Basoalto, * Parral 12. Juli 1904, † Santiago de Chile 23. Sept. 1973, chilen. Lyriker. - Bedeutendster zeitgenöss. Lyriker Lateinamerikas („Der große Gesang. Canto general", 1950). Im diplomat. Dienst u. a. in Birma, Spanien (Freundschaft mit G. Lorca) und Mexiko; trat 1945 der chilen. KP bei; nach deren Verbot lebte er als Emigrant u. a. in der UdSSR und in China; 1952 Rückkehr; 1970 kommunist. Präsidentschaftskandidat; 1971-73 Botschafter in Paris. Schrieb ab 1920 zunächst in pessimist.-dunklem Stil („Zwanzig Liebesgedichte und ein Lied der Verzweiflung", 1924), dann in bildreicher Sprache und surrealist. Gestaltungsweise soziale und polit. Lyrik, u. a. „Aufenthalt auf Erden" (1933), „Die Tauben und der Wind" (1954), „Viele sind wir. Späte Lyrik" (dt. Auswahl 1972). Erhielt 1971 den Nobelpreis für Literatur. *Weitere Werke:* Glanz und Tod des Joaquin Muriete (Dr., Uraufführung 1967), Ich bekenne, ich habe gelebt (Autobiogr., 1974).

Nerv ↑ Nervenzelle.

Nerva, Marcus Cocceius, * Narnia (= Narni bei Terni) 8. Nov. 30, † Rom 25. oder 27. Jan. 98, röm. Kaiser (seit 96). - Konsul 71 und 90; nach Ermordung Domitians vom Senat zum Kaiser ausgerufen. Seine Adoption Trajans (97) eröffnet die Reihe der sog. Adoptivkaiser. N. bemühte sich um die Stabilisierung des Staatshaushaltes; begr. eine staatl. Versorgung armer Kinder (Alimentation).

nerval [lat.], das Nervensystem bzw. die Nerventätigkeit betreffend oder durch die Nervenfunktion bewirkt.

Nerval, Gérard de, eigtl. Gérard Labrunie, * Paris 22. (?) Mai 1808, † ebd. 25. oder 26. Jan. 1855 (Selbstmord), frz. Dichter. - Mit seiner geheimnisvoll-dunklen, schwer zu deutenden Lyrik Vertreter der „Nachtseiten der Romantik"; auch Prosaerzählungen wie „Sylvia" (1853), „Aurelia oder Der Traum und das Leben" (1855) und „Les filles du feu" (Nov., 1854; dt. Auswahl 1953 u. d. T. „Töchter der Flamme"). Die Sonette „Les chimères" (1854) zeigen M. als Vorläufer Baudelaires, Mallarmés und des Surrealismus.

Nervatur [lat.] (Aderung), Bez. für die Anordnung der Leitbündel in der Blattspreite (↑ Laubblatt) der Farne und Samenpflanzen.

Nerven [zu lat. nervus „Sehne, Flechse"], Bez. für zu Bündeln vereinigte ↑ Nervenfasern (↑ auch Nervenzelle).
◆ (Blattnerven) ↑ Blatt.

Nervenanastomose, operative Wiedervereinigung eines (z. B. durch Verletzung) durchtrennten Nervs, im allg. nur bei großen Körpernerven möglich.

Nervenbahnen ↑ Nervenzelle.
Nervenbündel ↑ Nervenzelle.
Nervenendplatte, svw. ↑ Endplatte.
Nervenentzündung (Neuritis), entzündl. Erkrankung eines oder mehrerer Gehirn- bzw. Körpernerven mit anatom. nachweisbaren Veränderungen des Nervengewebes. Folgeerscheinungen sind Lähmungen der Körpermuskulatur, subjektive Reizerscheinungen wie Mißempfindungen oder Schmerzen sowie objektivierbare Störungen der Empfindungsqualitäten bzw. der Erregungsleitung im Nervensystem. Man unterscheidet *Mono-* (N. eines Nervens) bzw. *Polyneuritis* (Befall mehrerer Nerven).

Nervenfaser, Bez. für längere, bes. Hüllen aufweisende Nervenfortsätze; im allg. svw. Neurit. Einzelne N.bündel mit bindegewebigem **Endoneurium** zu den Fasern und einem peripheren **Perineurium** als Hülle sowie mehrere Bündel zusammen, zw. denen das bindegewebige **Epineurium** liegt, werden als *Nerven* bezeichnet.

Nervengase ↑ Nervengifte.
Nervengeflecht (Nervenplexus), netzartige Verknüpfung von Nerven, bei Säugetieren (einschl. Mensch) z. B. in der Schulter- und Kreuzbeingegend als Geflecht mehrerer Spinalnerven, aus denen Arm- und Beinnerven hervorgehen.

Nervengewebe, aus dem Ektoderm

Nervengewebe

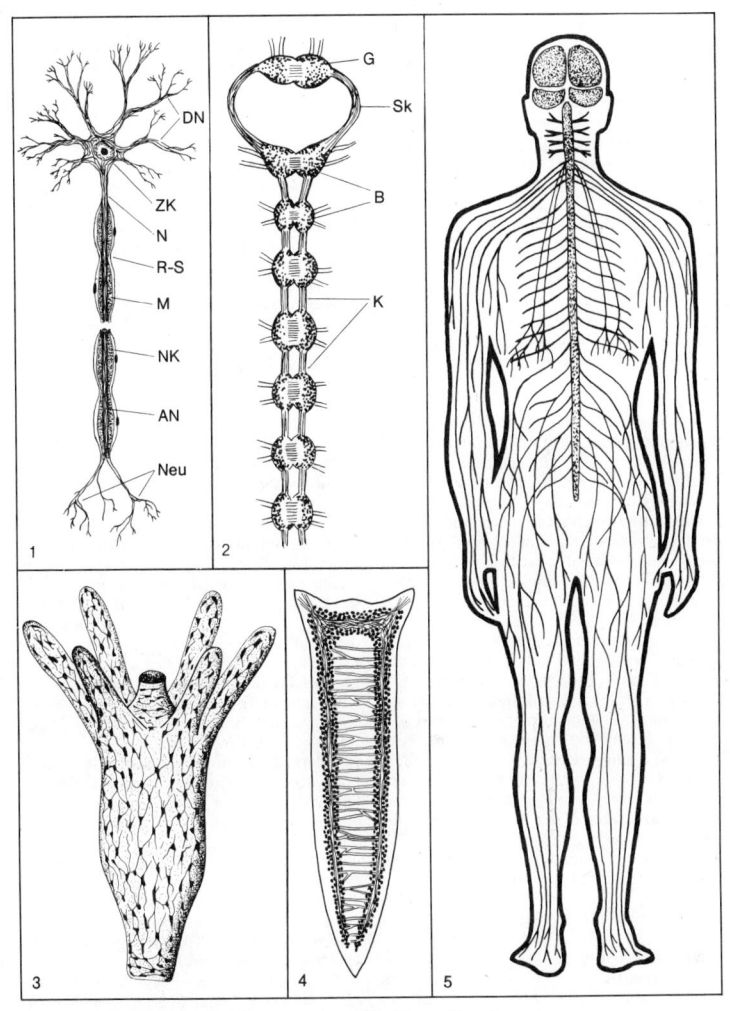

Nerven. 1 Nervengewebe; Neuron mit markhaltigem Neuriten
(DN Dendriten mit Neurofibrillen; ZK Zellkörper mit Kern;
N Neurit; R-S Ranvier-Schnürring; M Markscheide; NK Neurilemm mit Kern;
AN Achsenzylinder mit Neurofibrillen; Neu Neurodendrium).
2–5 Nervensystem: 2 Strickleiternervensystem eines Ringelwurms
(B Bauchganglien; G Gehirn; K Konnektive; Sk Schlundkonnektiv);
3 Nervennetz eines Süßwasserpolypen;
4 Nervensystem eines Strudelwurms mit Marksträngen;
5 zentralisiertes Nervensystem des Menschen
(grau: Zentralnervensystem; schwarz: peripheres Nervensystem)

stammendes Gewebe vielzelliger Tiere, das der Erregungsleitung und -verarbeitung dient und in Form des Nervensystems das Zusammenspiel der Teile des Körpers gewährleistet. Abgesehen von Hilfsgeweben wie Gefäßen und Bindegewebe, bauen zwei Zelltypen das

207

Nervengifte

N. auf: die Gliazellen (Neuroglia, ↑Glia) und die ↑Nervenzellen.

Nervengifte (Neurotoxine), chem. bzw. pharmakolog. Substanzen, die in bestimmter Dosierung eine in erster Linie am Nervensystem ansetzende giftige Wirkung entfalten. Zu ihnen gehören z. B. betäubende Mittel (Narkotika), Krampfgifte (Alkaloide, Pilzgifte, Strychnin) oder Bakteriengifte. Als N. wirken ferner auch zahlr. chem. Substanzen, die heute zur Schädlingsbekämpfung verwendet werden, so Verbindungen aus den Reihen der Chlorkohlenwasserstoffe (z. B. DDT), der N-Alkylcarbamate und v. a. der Phosphorsäureester (z. B. E 605), ferner die als sog. **Nervengase** oder *nervenschädigende Kampfstoffe* bekanntgewordenen Substanzen aus der Reihe der Phosphorsäureester (↑auch ABC-Waffen).

Nervenkern ↑Kern.

Nervenklinik (neurolog. Klinik), Krankenhaus zur Diagnose und Behandlung von Erkrankungen des Nervensystems; i. w. S. auch Bez. für ↑psychiatrische Klinik.

Nervenknoten, svw. ↑Ganglion.

Nervenkrankheiten, zusammenfassende Bez. für alle Krankheiten des Nervensystems. I. w. S. werden auch die sog. Geisteskrankheiten (↑Psychosen) sowie die ↑Neurosen zu den N. gerechnet. Soweit sie Gegenstand der ↑Neurologie sind, umfassen die N. v. a. die entzündl. und degenerativen Erkrankungen, Geschwülste und Verletzungen des zentralen und peripheren Nervensystems: ↑Epilepsie, ↑Gehirnentzündung, ↑Gehirnerschütterung, ↑Gehirntumor, ↑Gehirnverletzungen, ↑Krampf, ↑Lähmung, ↑multiple Sklerose, ↑Nervenentzündung, ↑Neuralgie, ↑Parkinson-Syndrom, ↑Rückenmarkserkrankungen, ↑Tabes dorsalis, ↑Veitstanz.

Nervenkrise, in der *Neurologie* Bez. für krisenhafte Nervenschmerzen.

◆ *gemeinsprachl.* Bez. für eine Phase heftigen seel. Reagierens in einer (subjektiv) als kritisch empfundenen Situation oder Lebenszeitspanne oder auf ein als bes. belastend empfundenes Erlebnis.

Nervenleiden, svw. ↑Neuropathie.

Nervennaht, operatives Vernähen eines durchtrennten Körpernervs mit durch die Nervenscheiden gelegten feinsten Fäden. - ↑auch Nervenanastomose.

Nervenphysiologie, svw. ↑Neurophysiologie.

Nervenplastik (Neuroplastik), operative Überbrückung von durch Verletzung entstandenen Gewebslücken eines Körpernervs entweder durch Verpflanzung eines anderen, körpereigenen Nervs bzw. körperfremden (heterologen) Nervenmaterials (*Nerventransplantation*) oder durch Verbindung des Nervenstumpfs mit einem gesunden Körpernerv (*Nervenpfropfung*). - ↑auch Neurotisation.

Nervenquetschung (Neurotripsie), Schädigung eines Körpernervs durch Druck. Therapeut. wird eine N. u. a. durchgeführt zur Verhütung von ↑Phantomschmerzen bei Gliedmaßenamputationen oder zur vorübergehenden Ausschaltung eines Zwerchfellnervs.

Nervenresektion (Neurektomie, Neurexairese), operative Entfernung oder Unterbrechung eines Körpernervs oder einzelner Nervenfasern; z. B. zur Ruhigstellung des dazugehörigen Muskels oder zur Ausschaltung von Empfindungen der Körperfühlsphäre (z. B. Schmerzausschaltung).

Nervenschmerz, svw. ↑Neuralgie.

Nervenschock, psych. Schock infolge starker Erregung (etwa durch heftiges Erschrecken) und dadurch verursachtes akutes peripheres Kreislaufversagen.

Nervenschwäche, svw. ↑Neurasthenie.

◆ volkstüml. Bez. für geringe psych. Widerstandsfähigkeit gegenüber belastenden Erlebnissen.

Nervenstrang ↑Nervenzelle.

Nervensystem, Gesamtheit des Nervengewebes als Funktionseinheit, die in Zusammenarbeit mit ↑Rezeptoren und ↑Effektoren Reize aufnimmt, verarbeitet, teilweise speichert, koordiniert und beantwortet. In den Rezeptoren werden die aufgenommenen Signale umgeformt und kodiert. Bes. zuführende Nerven leiten die empfangenen Reize zu den zentralen Sammelstellen Gehirn und Rückenmark. Dort werden sie verarbeitet. Die Befehle dieser Zentren gelangen auf die ableitenden Nervenfasern zu den Organen der Körperperipherie, wo sie entsprechende Reaktionen auslösen.

Beim Menschen und bei den Wirbeltieren konzentriert sich in der Embryonalentwicklung die Masse des Nervengewebes im ↑Medullarrohr am Rücken, das dann im Kopfbereich das ↑Gehirn, im Rumpfbereich das ↑Rückenmark formt. Diesem Zentralnervensystem mit Nerven- und Gliazellen (bilden die Neuroglia [↑Glia]) steht im übrigen Körper das ↑periphere Nervensystem gegenüber. Neben willkürmotor. (Bewegungsnerven) und sensiblen Nerven und Ganglien enthält es ein spezielles ↑vegetatives Nervensystem (*Eingeweidenervensystem*), das über ↑Sympathikus und ↑Parasympathikus die Funktion der Eingeweide steuert und kontrolliert.

Das N. in der stammesgeschichtl. Entwicklung: Die urspr. Art der Nachrichtenübermittlung findet sich bei den Einzellern, wo die gesamte Körperoberfläche die Reize aus der Umwelt aufnimmt und das gesamte Plasma die Erregungsleitung übernimmt. - Bei den Schwämmen erfolgt die Erregungsleitung von Zelle zu Zelle. Erst bei den Hohltieren kann mit dem Auftreten von bes. Nervenzellen von einem N. gesprochen werden. Es ist ein netzartiger Verband von Nervenzellen im Ento- und Ektoderm, ein sog. diffuses N. oder Nerven-

Nervenzelle

netz. - Bei den Quallen werden die Fortsätze der Nervenzellen bereits zu dickeren Strängen gebündelt, wobei es auch zu Ganglienbildungen an der Basis ihrer Sinnesorgane kommt. - Die nächste Höherentwicklung zeigt sich bei den Strudelwürmern. Hier konzentrieren sich die Nervenzellen in der Körpermitte entlang einer Längsachse. Diese Zentralisation schreitet fort, indem sich die Nervenzellen mit ihren Fortsätzen zu Längssträngen, den Konnektiven, vereinigen und auch über zahlr. Querverbindungen (Kommissuren) miteinander in Verbindung treten. - Mit der Herausbildung eines Kopfes mit seinen Sinnesorganen konzentrieren sich immer mehr Neuronen in diesem Gebiet und vereinigen sich zu übergeordneten motor. und Assoziationszentren. - Bei den Gliedertieren befindet sich urspr. in jedem Körpersegment auf der Bauchseite ein Ganglienpaar. Durch die Längs- und Querverbindungen zw. diesen Ganglien kommt es zur Ausbildung eines sog. Strickleiternervensystems. - Die Gliederfüßer schließl. haben neben dem Bauchmark in der Kopfregion noch ein Oberschlundganglion, das durch die Verschmelzung der den ersten drei Körpersegmenten entsprechenden Ganglien entstanden sind. Dieses „Gehirn" verarbeitet und koordiniert alle Erregungen, die von den Komplex- und Stirnaugen, den Fühlern und den anderen Sinnesorganen des Kopfs eintreffen. - Bei den Weichtieren sind die Nervenzellen auf wenige Ganglien konzentriert, die paarigen Fuß-, Wand-, Seiten- und Gehirnganglien. Letzteres ist bei den Tintenfischen bes. hoch entwickelt. - Abb. S. 207.

📖 *Benninghoff, A.: Makroskop. und mikroskop. Anatomie des Menschen. Bd. 3: Zenker, W.: N., Haut u. Sinnesorgane. Mchn.* [13-14] *1985. - Rohen, J. W.: Funktionelle Anatomie des N. Stg.* [4] *1985. - Voss, H./Herrlinger, R.: Tb. der Anatomie. Bd. 3: Dorn, J.: Sinnessystem, Hautsystem, Inkretsystem. Stg.* [16] *1982.*

Nerventransplantation ↑ Nervenplastik.

Nervenzelle (Ganglienzelle), Bauelement des Nervengewebes. In den N. entstehen die nervösen Erregungen, die dann über unterschiedl. lange Fortsätze, die **Nervenfasern**, weitergeleitet werden. Die Nervenfasern mehrerer N. schließen sich im allg. zu einem Faserbündel, dem **Nerv**, zusammen. N. und Nervenfasern in ihrer Gesamtheit bilden eine funktionelle, morpholog. und genet. Einheit, das **Neuron**. Es entspricht der Zelle anderer Gewebe. Das Zytoplasma (*Neuroplasma*) umschließt einen chromatinarmen (stoffwechselaktives) Kern, der bei hochentwickelten Tieren und beim Menschen nicht mehr teilungsfähig ist. Im Zytoplasma befinden sich v. a. noch Mitochondrien und Pigmente sowie charakterist. Strukturen, die *Nissl-Schollen*. Diese sind bes. große Membranstapel des endoplasmat. Retikulums mit bes. vielen Ribosomen als Orten der Eiweißsynthese. - Jede N. hat unterschiedl. viele Nervenfortsätze. Ein bestimmter Nervenfortsatz, der **Neurit**, leitet bei jeder N. die Erregungen von der Zelle weg. Alle anderen Fortsätze, die **Dendriten**, führen der Zelle Erregungen zu. Diese Dendriten sind meist sehr viel kürzer und verzweigen sich früh. N. mit nur einem Fortsatz nennt man unipolar. Meist haben die N. zwei Fortsätze, die einander gegenüberstehen (bipolare N.; kommen beim erwachsenen Menschen nur in Auge und Ohr vor) oder sich an ihrem Anfang vereinigen (pseudopolare N.). Sind mehr als zwei Fortsätze ausgebildet, so spricht man von multipolaren N. - Der Neurit wächst von der Entwicklung der N. zuerst aus. Er ist von einer bes. Isolierschicht, der *Schwann-Scheide (Neurilemm)* umgeben. Damit wird der Neurit zum Achsenzylinder (↑ Axon) der Nervenfaser. Seine Membran heißt Axolemm und besteht aus einer bimolekularen Lipidschicht zw. zwei Proteinschichten. Im Axolemm bzw. der N.membran läuft die Erregungsleitung ab. Die Schwann-Scheide wird von Schwann-Zellen gebildet, die den Gliazellen des Gehirns entsprechen. Sie verlassen ihren Ursprungsort (z. B. das Rückenmark) und überziehen zunächst schlauchartig den Neuriten. Im Laufe der Entwicklung wickelt sich die Schwann-Zelle mehrfach spiralig um das Axon. Schließl. liegen die Zellmembranen der Schwann-Zelle übereinander. Sie bilden die dem Axolemm aufliegende *Markscheide (Myelinscheide)*. Je nach der Anzahl der Umwicklungen entstehen markarme oder markreiche Nervenfasern, bei denen mehrere in dieser Weise aufgerollte Schwann-Zellen in Längsrichtung aufeinanderfolgen. Zw. diesen Zellen verbleibt eine marklose, nur vom Axolemm umhüllte Lücke, der *Ranvier-Schnürring*.

Häufig schließen sich Nervenfasern zu parallel verlaufenden, oft von einer gemeinsamen Bindegewebshülle umschlossenen **Nervenbündeln** *(Nervensträngen)* zus., die dann als **Nerven** bezeichnet werden. Makroskop. sichtbare Nerven bestehen wiederum aus einer verschieden großen Anzahl von Nervenfaserbündeln. Innerhalb des Zentralnervensystems bezeichnet man die Faserbündel als **Nervenbahnen**. Angehäuft zusammenliegende Nervenzellkörper bilden die Ganglien.
Erregungsleitung: Die Erregungsleitung spielt sich in den Nervenfasern ab. Sie beruht auf einer kurzfristigen elektr. Spannungsänderung (↑ Aktionspotential) der Membran, die an andauernde elektr. Spannung der Membran (↑ Membranpotential) voraussetzt. - Der Erregungsvorgang, der die Nervenleitung ermöglicht, besteht im wesentl. aus einer vorübergehenden Änderung der an der Zellmembran liegenden Potentialdifferenz. Dabei erfolgt zuerst eine Spannungsabnahme (Depolarisation), dann eine kurzfristige Um-

Nervenzusammenbruch

polung (Umpolarisation) der Membran. Ursache der Umpolung der Membran im Augenblick der Erregung ist eine plötzl. kurzfristige sehr viel stärkere Durchlässigkeit für Natriumionen, die nun stärker nach innen streben können als die Kaliumionen nach außen und so der Membraninnenseite ihre positive Ladung aufzwingen. Das Aktionspotential klingt schließl. ähnl. rasch wieder ab, und zwar deshalb, weil die Durchlässigkeit für Natriumionen wieder absinkt und sekundär die Durchlässigkeit für Kaliumionen ansteigt. Die Fortpflanzung des Aktionspotentials als Bedingung für die Weiterleitung des Nervenreizes erfolgt dadurch, daß das Aktionspotential die Depolarisationswelle vor sich „herschiebt" und so für die eigene Weiterleitung sorgt. Bei marklosen Nervenfasern wird die Erregung kontinuierl. durch sehr schwache lokale Ströme fortgepflanzt, die über den Innenleiter durch die unmittelbar benachbarten Membranstellen fließen und diese depolarisieren. Die Geschwindigkeit der Leitung solcher Nervenfasern liegt zw. 0,5 und 2 m pro Sekunde. Bei den markhaltigen Nervenfasern sind nur bestimmte Membranstellen erregbar. Die Strecke zw. zwei solchen erregbaren „Schnürringen" ist durch die Markscheide elektr. recht gut isoliert. Daher springt die Erregung hier von Schnürring zu Schnürring (**saltatorische Erregungsleitung**). Die Geschwindigkeit der Leitung beträgt bis 120 m pro Sekunde. Die Übertragung der Erregung von Neuron zu Neuron erfolgt an ↑ Synapsen.

   ⊞ *Katz, B.: Nerv, Muskel u. Synapse.* Stg. ⁴*1985.* - *Poliakov, G. I.: Neuron structure of the brain.* Cambridge (Mass.) *1972.* - *Peters, A., u. a.: The fine structure of the nervous system.* New York *1970.*

Nervenzusammenbruch, gemeinsprachl. Bez. für allg. nervale Erschöpfung; Versagenreaktion auf körperl., seel. oder geistige Überbeanspruchung.

Nervi, Pier Luigi, * Sondrio 21. Juni 1891, † Rom 9. Jan. 1979, italien. Architekt. - Glänzender Konstrukteur des Stahlbetonbaus. Bereits in der Gestaltung des überstehenden Daches und der ausschwingenden Wendeltreppe des Stadions von Florenz (1930–32) zeigt sich die Sensibilität dieser Archtitektur, es folgen Flugzeughallen (Orbetello, 1936–40), Ausstellungshallen mit Betonrippen (Turin 1948, 1950 und 1961), das UNESCO-Gebäude in Paris (1953–58, mit M. L. Breuer und B. Zehrfuß) mit Faltdach und das Pirelli-Hochhaus in Mailand (1955–58, mit G. Ponti), getragen vom Stützensystem der Schmalseiten, der Palazzetto dello Sport in Rom (1956/57) sowie der Palazzo dello Sport ebd. (1960) gehören zu den gelungensten Schalenbauten.

Nervier (lat. Nervii), bedeutendster Stamm der Belgen german. Herkunft, zw. Ardennen, Maas im W und Schelde im O; 57 v. Chr. von Cäsar an der Sambre besiegt; Hauptorte Bagacum (= Bavay, Dep. Nord) und Camaracum (= Cambrai).

Nervo, Amado [span. ˈnɛrβo], eigtl. Juan Crisóstomo Ruiz de Nervo, * Tepic (Nayarit) 27. Aug. 1870, † Montevideo 24. Mai 1919, mex. Dichter. - Modernist; schrieb formal vollendete Liebeslyrik mit starkem Zug zum Myst.-Religiösen; auch Novellen, Romane und Essays.

Nervosität [lat.-frz.] (Nervoismus), Zustand psych. Spannung und damit erhöhter Reizbarkeit („Überempfindlichkeit"); auch Bez. für Übererregbarkeit („Überreiztheit"), die sich in Hast, Überaktivität, Unruhe und Ungeduld äußert.

Nervus [lat.], Abk.: N., in der Anatomie svw. Nerv (↑ Nervenzelle).

Nervus rerum [lat. „Nerv der Dinge"], (Geld als) wichtigster Angelpunkt.

Nerze [slaw., zu ukrain. noryća, eigtl. „Taucher"] (Lutreola), Untergatt. 30–53 cm langer (einschl. des buschig behaarten Schwanzes bis 75 cm langer) Marder, v. a. in wasser- und deckungsreichen Landschaften Eurasiens und Nordamerikas; Körper mäßig langgestreckt, mit hell- bis dunkelbraunem, kurzhaarigem, dichtem Fell, kurzem, breiten Kopf, ziemi. kurzen Beinen und kleinen Schwimmhäuten zw. den Zehen. Die dämmerungs- und nachtaktiven (z.T. jedoch auch tagaktiven) Tiere schwimmen und tauchen sehr gut. Sie ernähren sich bes. von Nagetieren, daneben von Fischen, Krebsen und Vögeln. Nach einer Tragezeit von fünf bis zehn Wochen werden in einem Erdbau (häufig in einer Uferböschung) drei bis sechs zunächst noch blinde Junge geboren. - Man unterscheidet zwei sehr ähnl. Arten: Amerikan. Nerz (↑ Mink) und **Europ. Nerz** (*Nörz, Sumpf-* oder *Krebsotter, Wasserwiesel, Steinhund,* Mustela lutreola, Lutreola lutreola) in Eurasien; Körper bis 40 cm (einschl. Schwanz bis 55 cm) lang, mit weißem Kinn und meist auch weißer Oberlippe; Restvorkommen in Frankr., im übrigen nur noch in Osteuropa und Asien. N. werden als Pelztiere heute in sog. Nerzfarmen gezüchtet.

Nesami, eigtl. Nesamoddin Eljas Ebn Jusof, * Gandscha (= Kirowabad) 1141, † ebd. 12. März 1209, pers. Dichter. - Einer der universalsten und gebildetsten Dichter der pers. Literatur; schrieb außer einem Diwan von 20 000 Distichen 5 ep. Dichtungen, u. a. die Liebesgeschichte „Husraw u. Šīrīn" (entstanden 1180/81, dt. 1809 u. d. T. „Schirin"), Liebesroman in Versen „Leila und Madschnun" (entstanden 1188, dt. 1963) und, sein bedeutendstes Werk, das romant.-phantast. Epos „Haft Paykar" (entstanden 1197, dt. 1959 u. d. T. „Die sieben Geschichten der sieben Prinzessinnen").

Nesch, Rolf, * Esslingen am Neckar 7. Jan. 1893, † Oslo 27. Okt. 1975, dt. Graphiker und Objektkünstler. - Emigrierte 1933 nach Norwegen. N. durchätzte, durchlöcherte und schnitt seine Radierplatten aus; später wurden die vielfach behandelten Druckstöcke selbst Ausstellungsobjekte, die themat. aber gebunden bleiben (Bauwerke, Schiffe, Menschen).

Nesiotes, att. Erzgießer, ↑ Kritios.

Ness, Loch [engl. lɔk 'nɛs], langgestreckter Schott. See in der Grabensenke Glen More, 230 m tief. Seit 1933 tauchen immer wieder Zeitungsmeldungen über ein Seeungeheuer im L. N. (gen. „Nessie") auf.

Nessel, Bez. für nesselähnl., aber nicht zu den Nesselgewächsen gehörende Pflanzen; z. B. Goldnessel († Taubnessel).

Nessel, leinwandbindiges Gewebe, v. a. aus ungebleichten Baumwollgarnen.

Nesselausschlag, svw. ↑ Nesselsucht.

Nesselfaden ↑ Nesselkapseln.

Nesselfieber, fieberhafte ↑ Nesselsucht.

Nesselgewächse (Urticaceae), Pflanzenfam. mit mehr als 700 weltweit verbreiteten Arten, v. a. in den Tropen; meist Kräuter mit unscheinbaren Blüten; bekannte Gatt. sind ↑ Brennessel und ↑ Boehmeria.

Nesselhaare, svw. ↑ Brennhaare.

Nesselkapseln (Knidozysten, Kniden, Nematozysten, Cnidae), in den Nesselzellen der Nesseltiere liegende, hochspezialisierte Gebilde, die der Feindabwehr und dem Beutefang dienen. Sie bestehen jeweils aus einer längl., doppelwandigen Blase mit handschuhfingerförmig eingestülptem, aufgerolltem, dünnem Schlauch (**Nesselfaden**). Durch mechan. oder chem. Reizung eines kurzen, fadenförmigen, aus der Nesselzelle herausragenden Fortsatzes (**Knidozil**) explodiert die unter Druck stehende Kapsel und stülpt den Nesselfaden aus. Dieser dringt bei den Stilettkapseln in die Beute ein und entleert ein Giftsekret.

Nesselkrankheit, svw. ↑ Nesselsucht.

Nesselrode, Karl Wassiljewitsch Graf [russ. nɪsɪlʲˈrɔdɪ], eigtl. Karl Robert Graf von N., * Lissabon 14. Dez. 1780, † Petersburg 23. März 1862, russ. Politiker. - Aus niederrhein. Adel; als Diplomat Alexanders I. Teilnehmer am Wiener Kongreß; 1816–56 Außenmin., ab 1828 auch Vize- bzw. ab 1845 Staatskanzler. Vertreter einer expansiven Machtpolitik.

Nesselschön ↑ Kupferblatt.

Nesselsucht (Nesselausschlag, Nesselkrankheit, Urtikaria), akut-exanthemat., u. U. mit Fieber einhergehende Hauterscheinungen in Form schubweise-flüchtig auftretender, erhebl. juckender und gelegentl. zu großen Flächen zusammenfließender Quaddeln als Anzeichen einer ↑ Allergie. Die Behandlung zielt auf Ausschaltung der auslösenden Allergene und besteht u. U. in der Gabe von Calcium, Antihistaminika und Kortikosteroiden.

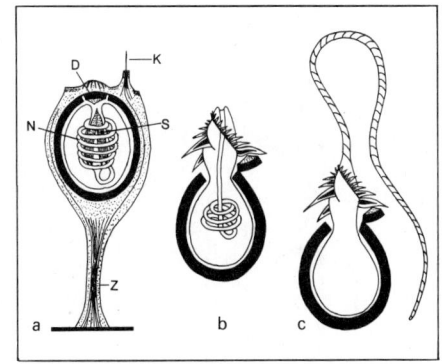

Nesselkapseln. Stilettkapsel:
a in Ruhe (D Kapseldeckel,
K Knidozil, N Nesselschlauch,
S Stilettapparat, Z Zellstiel);
b mit abgeworfenem Kapseldeckel und auseinandergeklappten Stiletten; C mit ausgeschleudertem Nesselschlauch

Nesseltiere (Knidarier, Cnidaria), Stamm 0,5 mm bis 2,2 m langer Hohltiere mit rd. 10 000 Arten, v. a. in Meeren (einige Arten auch in Süßgewässern [Süßwasserpolypen]); mit in eigenen Zellen (Nesselzellen) gebildeten, dem Nahrungserwerb (Zooplankton, Kleintiere) sowie der Abwehr dienenden ↑ Nesselkapseln und mundnahem Tentakelkranz. N. treten primär (z. B. viele Blumenquallen) in zwei Habitusformen auf: als schlauchförmige, [mit Ausnahme der Staatsquallen] festsitzende, durch (ungeschlechtl.) Knospung oder Teilung oft stockbildende Polypen und als freischwimmende, getrenntgeschlechtige Medusen.

Neßler, Julius, * Kehl 6. Juni 1827, † Karlsruhe 19. März 1905, dt. Agrikulturchemiker. - Arbeitete bes. über Weinbau und Weinfälschungen. Nach ihm ist ↑ Neßlers Reagenz benannt.

Nessler (Neßler), Viktor, * Baldenheim (Elsaß) 28. Jan. 1841, † Straßburg 28. April 1890, dt. Komponist. - Ging 1864 nach Leipzig, wurde dort Chordirigent und Theaterkapellmeister; v. a. bekannt durch seine Opern, u. a. „Der Rattenfänger von Hameln" (1879), „Der Trompeter von Säckingen" (1884).

Neßlers Reagenz [nach J. Neßler], zum Nachweis von Ammoniak verwendetes Reagenz aus einer alkal. Lösung von Kaliumquecksilberjodid, $K_2[HgJ_4]$, das bei Gegenwart von Ammoniak einen orangefarbenen bis tiefbraunen Niederschlag von $[Hg_2N]J$ bildet. N. R. wird u. a. zur Überprüfung von Trinkwasser verwendet.

Nest [eigtl. „Stelle zum Niedersitzen"],

Nestfarn

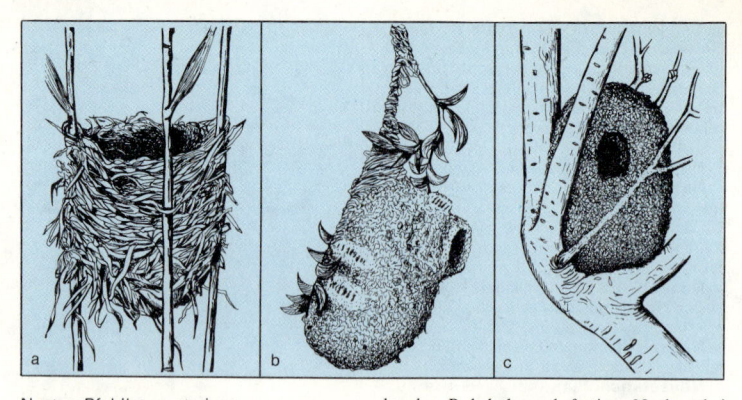

Nest. a Pfahlbaunest eines Drosselrohrsängers;
b Beutelnest einer Beutelmeise;
c Kugelnest einer Schwanzmeise

(Nidus) meist gegen Feinde, Kälte oder Nässe bes. geschützter, oft schwer zugängl. Aufenthaltsort für viele Tiere, der dem Nächtigen (z. B. *Schlafnester* der Menschenaffen) oder dem Überdauern ungünstiger Witterungsverhältnisse wie Trockenheits-, Hitze- oder Kälteperioden (z. B. *Winternester* für Winterschläfer) dient. Am weitesten verbreitet sind jedoch die Nester, die der Aufnahme der Eier bzw. der frisch geborenen Jungen sowie dem Erbrüten und/oder der Aufzucht der Nachkommen dienen.

Als Baumaterial für ein N. *(Nistmaterial)* können unterschiedl. Stoffe verwendet werden: Zweige, Gräser, Moos (z. B. bei Bilchen und vielen Singvögeln) oder Sand, Lehm, Schlamm (z. B. bei Grabwespen, Rauch- und Mehlschwalbe), auch Holzfasern (bei Wespen und Kartonameisen), Wachse (bei Honigbienen), Speichel (bei Salanganen), Gespinstfäden (z. B. bei Spinnen oder in Form der *Raupennester* bei manchen Schmetterlingen) und sogar Schaummassen *(Schaumnester,* z. B. bei Zikaden). Die häufig verwendeten Federn oder Haare zum Auspolstern der N. reißen sich die N.bauer oft selbst aus.

Die N. für die Jungen der Säugetiere befinden sich oft in natürl. (z. B. bei Braunbären) oder in selbst oder von anderen Tieren gegrabenen Höhlen (z. B. in den Erdbauen von Fuchs, Dachs, Kaninchen, Hamster, Mäusen).

Bei den N. der Vögel unterscheidet man: **Bodennester** (z. B. bei Lauf-, Enten- und vielen Hühnervögeln); **Schwimmnester** (aus Wasserpflanzen gebaute, auf der Wasseroberfläche schwimmende N., v. a. bei Lappentauchern); **Erd-** und **Baumhöhlennester** bei den Höhlenbrütern; **Baumnester** im Gezweig der Bäume und Sträucher (z. B. bei Krähe, Elster, vielen Singvögeln); **Pfahlbaunester** (an senkrecht stehenden Rohrhalmen befestigte N., bes. bei Rohrsängern); **Beutelnester** (z. B. bei Beutelmeisen); **Kugelnester** (Halmnester, die bis auf ein Einflugloch geschlossen sind, z. B. bei Zaunkönig, Schwanzmeise).

◆ Bez. für kleine, unregelmäßig geformte Mineralvorkommen (v. a. Erze), auch für in andersartige Schichten eingebettete Gesteinskörper (Sand-, Tonnester).

Nestfarn ↑ Streifenfarn.

Nestflüchter (Autophagen), die im Ggs. zu den ↑ Nesthockern in weit entwickeltem Zustand zur Welt kommenden, schnell den Geburtsort bzw. das Nest verlassenden Tiere; z. B. Hühner-, Enten- und Laufvögel, der Feldhase, Huftiere. Sie erkennen oft nur jenes Lebewesen als führende Mutter an, das ihnen während einer kurzen, artspezif. festgelegten Prägungszeit (↑ Prägung) als erstes begegnet.

Nesthocker (Insessoren), Jungtiere verschiedener Vogel- und Säugetierarten, die in einem noch unvollkommenen postembryonalen Entwicklungsstadium geboren werden. Sie kommen nackt zur Welt. Ihre Augen und Ohren sind meist durch epitheliale Verwachsungen geschlossen. Sie bedürfen bes. Pflege und bes. Schutzes durch die Eltern (auch Brutpflege). Bei den Säugetieren ist - im Unterschied zu den Vögeln - der N.zustand als primitiv anzusehen, d. h., niedere Säugetiere sind i. d. R. N. (mit kurzer Tragezeit und vielen Jungen in einem Wurf); die höheren Säugetierarten, z. B. Affen und Huftiere, sind als **sekundäre Nestflüchter** (mit wenigen, aber reifen Jungen in einem Wurf) zu bezeichnen. Eine Ausnahme bildet der Mensch (↑ Kind).

Nestle, Eberhard, * Stuttgart 1. Mai 1851, † Maulbronn 9. März 1913, dt. ev. Theologe und Orientalist. - Prof. in Ulm, Tübingen und Maulbronn. N. wurde v. a. durch seine textkrit. Ausgabe des N. T. bekannt.

Nestlé Alimentana AG [ˈnɛstlə], zweitgrößter Nahrungsmittelkonzern der Erde, Sitz Cham und Vevey (Schweiz). 1866 Gründung der Anglo-Swiss Condensed Milk

Co. in Cham, 1875 Gründung der Farine Lactée Henri Nestlé in Vevey; 1905 Fusion zur Nestlé and Anglo-Swiss Condensed Milk Co.; seit 1947 jetzige Firma. Hauptprodukte: Instantgetränke, Milchprodukte, Fertiggerichte, Gewürze, Suppen, Schokolade, Kakao, Zuckerwaren und Tiefkühlprodukte.

Nestling, noch nicht flügger Vogel.

Nestor, Gestalt der griech. Mythologie. König von Pylos in Messenien. N., der als einziger den Rachefeldzug des Herakles gegen das Haus seines Vaters überlebt hat, führt im hohen Alter, das ebenso wie seine Weisheit und Rednergabe sprichwörtl. wurde, 90 Schiffe gegen Troja, wobei er sich durch Rat und Vermittlung auszeichnet. Nach ihm wird ein kluger Ratgeber oder auch der Älteste [eines Wissenschaftszweiges] N. genannt.

Nestorchis, svw. ↑ Nestwurz.

Nestorchronik, anonyme russ. Chronik vom Anfang des 12. Jh., die die Geschichte des Kiewer Reiches und Nowgorods von der slaw. Frühzeit bis zum Anfang des 12. Jh. umfaßt; vermutl. mehrfach redigiert (u. a. 1113 durch **Nestor,** Mönch des Kiewer Höhlenklosters, * 1056, † um 1114).

Nestorianismus, Bez. für die Lehre des ↑ Nestorius; Hauptthesen: strenge Zwei-Naturen-Lehre (der göttl. Logos und die vollkommene Menschennatur Jesu sind eng verbunden, aber unvermischt); Maria hat nicht Gott geboren, sondern den mit Gott vereinten Christus; Christus hat sich durch sein sittl. Vorbild die Würde des Mittlers zw. Gott und den Menschen erworben. Die Lehre wurde 431 auf dem Konzil von Ephesus zus. mit Nestorius verurteilt. - Die Anhänger des N., die **Nestorianer,** wanderten daraufhin in das Sassanidenreich aus und vollzogen 483 die endgültige Trennung von der Reichskirche. Unter den Sassaniden erstarkten die Nestorianer trotz zeitweiliger Verfolgung. In der Folgezeit konnte sich der N. nach Indien (Thomaschristen), Turkestan und Malabar und bis China, Tibet und Dabag (Java) ausbreiten und erlebte seine Blüte im 13./14. Jh. (10 Metropolitensitze in Z-Asien). Durch den Einfall Timur-Lengs (1380) wurde die nestorian. Kirche zerschlagen. Ein Teil gelangte 1553 mit Rom zum Ausgleich (chaldäische Kirche); von den weiterhin von Rom Getrennten (assyr. Kirche) traten viele zur russ.-orth. Kirche über. - Die Zahl der Nestorianer wird mit rd. 25 000 in den USA (Sitz des Patriarchen: Chicago), rd. 80 000 in Irak, Iran und Syrien und rd. 5 000 in Indien angegeben.

Nestorius, * Antiochia um 381, † Achmim (Oberägypten) 451, Patriarch von Konstantinopel (428–431). - Entsprechend seiner Christologie (↑ Nestorianismus) wandte sich N. 428/429 gegen die seit etwa 360 verbreitete Bez. „Gottesgebärerin". Auf dem Konzil von Ephesus (431) wurde N. verdammt; er kehrte in sein Kloster zurück und wurde 435 von Theodosius II. nach Oberägypten verbannt.

Nestorpapageien [nach Nestor (wohl wegen des hohen Alters, das sie erreichen)] (Nestorinae), Unterfam. etwa krähengroßer, vorwiegend düster gefärbter, dämmerungsaktiver, gut fliegender Papageien mit zwei rezenten Arten (Gatt. *Nestor*) in den Hochgebirgen Neuseelands; von pflanzl. und tier. Stoffen sich ernährende Vögel mit verlängertem, sichelförmig gebogenem Oberschnabel. Am bekanntesten ist der **Kea** (Nestor notabilis), etwa 45 cm lang, olivgrün und bräunlich.

Nestpilze (Napfpilze, Nidulariaceae), Fam. der Bauchpilze mit rd. 50 meist saprophyt. Arten; die kleinen, napf- bis becherförmigen Fruchtkörper sind mit einem Deckel verschlossen, der bei der Reife aufreißt und die Sporenträger freigibt; eine bekannte Gatt. sind die ↑ Teuerlinge.

Nestroy, Johann Nepomuk ['nɛstrɔy], * Wien 7. Dez. 1801, † Graz 25. Mai 1862, östr. Dichter und Schauspieler. - Sohn eines Rechtsanwalts; 1822 zunächst Opernsänger in Wien und Amsterdam, wo er erstmals auch kom. Sprechrollen übernahm, Brünn und Graz. Spielte dann meist in eigenen Stücken, ab 1831 am Theater an der Wien, ab 1845 am Leopoldstädter Theater, den späteren Carltheater, das er 1854–60 leitete. Gilt als erfolgreichster Vertreter der Altwiener Volkskomödie F. Raimunds im Übergang zum realist.-satir., sozialen Tendenzstück L. Anzengrubers. Seine Stücke spielen im nüchternen Alltag des vormärzl.-biedermeierl. Wien; scharfer Witz, rücksichtsloser Spott, desillusionierende Skepsis und boshafte Satire auf die Schwächen der Gesellschaft seiner Zeit sind verbunden mit urwüchsiger Komik und versöhnl. Humor. Von seinen rd. 80 Bühnenwerken (stark improvisierte Volksstücke, Possen, Parodien, Zeit- und Sittenstücke mit Gesangseinlagen) werden heute noch gespielt: „Der Talisman" (1841), „Einen Jux will er sich machen" (1844), „Das Mädl aus der Vorstadt" (1845), „Der Zerrissene" (1845).

Nestwurz (Nestorchis, Neottia), saprophyt. Orchideengatt. mit rd. zehn Arten, verbreitet von Europa bis O-Asien. Am bekanntesten ist die einheim. **Vogelnestwurz** (N. i. e. S., Nestorchis i. e. S., Vogelnestorchis, Neottia nidus-avis) in schattigen Buchenwäldern, seltener in Nadelmischwäldern, mit kleinen (bis 15 mm großen), in Blütenständen stehenden, braunen, unangenehm-süßl. riechenden Blüten an 20–45 cm hohen Stengeln und vogelnestartig verflochtenen Wurzeln.

Neto, António Agostinho, * bei Luanda 1922, † Moskau 10. Sept. 1979, angolan. Politiker. - Arzt; seit 1957 Mgl. der Movimento Popular para a Libertação de Angola (MPLA); übernahm nach inneren Machtkämpfen, bei denen sich der prosowjet. Flügel durchsetzte, 1962 den Vorsitz der MPLA. Ab

Nettetal

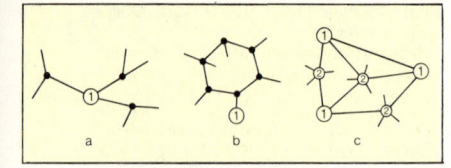

Netzformen in der Versorgungs- und Energietechnik.
a Strahlen-, b Ring-, c Maschennetz (1 Kraftwerk, 2 Umspannanlage)

1972 Vizepräs. des Obersten Befreiungsrates, seit 11. Nov. 1975 Staatspräs. der von der MPLA in Luanda ausgerufenen VR Angola.
Nettetal, Stadt im Niederrhein. Tiefland, NRW, 36–81 m ü. d. M., 36 900 E. Umfaßt die [ehem.] Städte Kaldenkirchen und Lobberich sowie 3 weitere Orte; Biolog. Station Rheinland; Baustoff-, Textil-, Metallind., Zigarrenfabrik. - Das um 1205 erstmals bezeugte **Kaldenkirchen** wurde etwa 1628 zur Stadt erhoben und zur Festung ausgebaut.

netto [italien. „rein, klar" (von lat. nitidus „glänzend, schmuck")], rein, nach Abzug, ohne Verpackung, z. B. Nettogewicht, Nettopreis, Nettoumsatz; n. wird auch als Handelsklausel gebraucht, die besagt, daß keine Abzüge erlaubt sind; z. B. zahlbar innerhalb 14 Tagen *n. Kasse* (n. cassa).
Nettoeinkommen ↑Einkommen.
Nettoinlandsprodukt ↑Sozialprodukt.
Nettoinvestition ↑Bruttoinvestition.
Nettoproduktion, derjenige Wert der Produktion, der sich in einer Werterhöhung der Vorleistung zeigt, der also nur die ↑Wertschöpfung jedes einzelnen Unternehmens betrachtet, ohne den Wert der Materialien bzw. der Vorleistung eines anderen Unternehmens zu berücksichtigen.
Nettoproduktionswert ↑Bruttoproduktionswert.
Nettoraumzahl ↑Bruttoraumzahl.
Nettoregistertonne ↑Registertonne.
Nettosozialprodukt ↑Sozialprodukt.
Netz ↑Sternbilder (Übersicht).
Netz [zu althochdt. nezzi, eigtl. „Geknüpftes"], allg. ein aus Fäden, Zwirnen, Chemiefasern, Schnüren u. a. geknüpftes, bei Verwendung von Drähten, Stahlseilen u. a. auch geflochtenes Maschenwerk, dessen „Fadenlegungen" an den Kreuzungsstellen z. B. durch Verknotungen so festgehalten werden, daß sie regelmäßige, meist rhomb. „Maschen" bilden. N. werden für unterschiedl. Zwecke verwendet: z. B. Einkaufs-N., Ball-N., Fischer-N., Schmetterlings-N., Haar-N., Gepäck-N., Moskitonetz.
◆ in der *Versorgungs-* und *Energietechnik* die Gesamtheit der Verteilungsleitungen und Einrichtungen eines Versorgungssystems für Wasser, Gas, Dampf, Öl, elektr. Energie bzw. einer Kanalisation. Nach der Art der räuml. Verlegung der Leitungen werden *Strahlen-, Ring-* und *Maschen-N.* unterschieden. Die der Stromversorgung dienenden *Elektrizitäts-N.* werden je nach der herrschenden Nennspannung in Höchstspannungs-N. (über 765 kV), Hochspannungs-N. (ab 110 kV), Mittelspannungs-N. (ab 6 kV) und Niederspannungs-N. (unter 1 000 V) unterteilt. Ein *Verbund-N.* dient dem Austausch großer elektr. Energiemengen zw. den Versorgungsgebieten mehrerer Kraftwerke, ein *Verteilungs-N.* (z. B. *Orts-N.*) von diesen Knotenpunkten zu Abnehmerstationen bzw. -anlagen. Als *Fernsprech-* bzw. *Fernschreib-N.* bezeichnet man die zu ihrem Betrieb erforderl. Systeme von Kabeln, Freileitungen oder Richtfunkstrecken (samt Betriebseinrichtungen).
◆ im *Verkehrswesen* ein System von Linien oder Strecken, z. B. das N. der Eisenbahnlinien, Straßenbahnlinien, Straßen, Wasserstraßen oder Flugstrecken.
◆ in der *Geodäsie* und *Kartographie* ein System sich schneidender Linien, z. B. jedes Kartennetz.
Netzannone (Ochsenherz, Annona reticulata), Art der Gatt. ↑Annone mit apfelgroßen, süßen, schmackhaften Früchten (**Custardapfel**), deren Oberfläche in fünfeckige Felder aufgeteilt ist.
Netzauge, svw. ↑Facettenauge.
Netzblatt (Goodyera, Goodyere), Gatt. der Orchideen mit rd. 20 Arten in Europa, N-Amerika und Asien; Erdorchideen mit netzadrig gezeichneten, grundständigen Laubblättern und kleinen, in einer dichten Traube stehenden Blüten.
Netze (poln. Noteć), rechter Nebenfluß der Warthe, entspringt südl. des Goplosees, mündet östl. von Landsberg (Warthe); 361 km lang.
Netzebene (Gitterebene), Bez. für jede Ebene in einem Kristallgitter, in der die Kristallbausteine (Atome, Ionen) nach bestimmten Gesetzmäßigkeiten angeordnet sind. Die einzelnen N. sind dabei durch jeweils drei nicht auf einer Gittergeraden liegende Gitterpunkte bestimmt. Die Beugung von Röntgen-, Elektronen- oder Neutronenstrahlen an Kristallen läßt sich als Spiegelung des einfallenden Strahls an bestimmten N.scharen deuten.
Netzflügler (Neuropteroidea, Neuropteria), mit rd. 7 300 Arten weltweit verbreitete Ordnung (auch Überordnung) etwa 2–16 cm spannender Insekten; im allg. (zumindest als Larven) räuber. lebende Tiere mit (im Imaginalzustand) vier großen, meist netzartig geäderten, in Ruhe dachförmig zusammengelegten Flügeln; mit vollkommener Metamorphose. Man unterscheidet drei Unterordnungen: ↑Hafte (von einigen Systematikern als N. i. e. S. bezeichnet), ↑Kamelhalsfliegen, ↑Schlammfliegen.

Netzwerk

Netzfrequenz, die Frequenz des Wechselstroms oder der Wechselspannung (bzw. der Drehstromkomponenten) in einem Elektrizitätsnetz. Die N. beträgt in Europa 50 Hz (in den USA 60 Hz), bei den Versorgungsnetzen elektr. Bahnen $16^2/_3$ Hz (auch 50 Hz).
Netzgerät (Netz[anschluß]teil), Baugruppe zur Stromversorgung von elektron. Geräten und Anlagen. N. enthalten im allg. neben Gleichrichter und Siebketten einen sog. **Netztransformator,** an dem die benötigten niedrigen Wechselspannungen abgegriffen werden.
Netzhaut ↑ Auge.
Netzhautablösung (Ablatio retinae), Augenerkrankung, bei der sich die Netzhaut von der ihr nur angelagerten, nicht mit ihr verwachsenen Aderhaut abhebt. *Ursachen* der N. sind: degenerative Veränderungen der Netzhaut (v. a. in der Peripherie), starke Kurzsichtigkeit mit der damit verbundenen Dehnung der Netzhaut durch die Verlängerung der Augenachse, seltener stumpfe oder perforierende Verletzungen, Entzündungen, Blutungen (Diabetes mellitus) und Tumoren. - An *subjektiven Symptomen* bei N. treten helle Lichtblitze, Flimmern und schleierartige Trübungen auf. - Die *Therapie der N.* besteht in einer sofortigen Ruhigstellung des Auges mit Hilfe einer Lochbrille oder eines Verbandes. Kleinere N. können mittels Diathermiekoagulation (↑ Diathermie) bzw. Laserstrahlen *(Laser-* oder *Lichtkoagulation)* koaguliert werden, so daß sie wieder mit der Unterlage verkleben. Bei größeren N. ist eine Operation notwendig.
Netzhautentzündung (Retinitis), Entzündung der Netzhaut des Auges, meist mit lokalen Blutungen und degenerativen Prozessen einhergehend; z. B. bei essentiellem Bluthochdruck (↑ Blutdruck).
Netzmagen ↑ Magen.
Netzmittel (Benetzungsmittel), Stoffe, die zur Verminderung der Oberflächen- bzw. Grenzflächenspannung von Flüssigkeiten führen und die Benetzung der mit den Flüssigkeiten in Berührung kommenden Materialien erleichtern (↑ auch grenzflächenaktive Stoffe). Synthet. N. sind z. B. Seifen und Detergenzien, natürl. N. sind Saponine und Gallensäuren. N. werden als Zusätze zu Waschmitteln, Pflanzenschutzmitteln, Farbpulvern, Klebstoffen und galvan. Bädern verwendet.
Netzplantechnik (Netzwerktechnik, -analyse), Verfahrenstechnik zur Analyse und zeitl. Planung von komplexen Arbeitsabläufen und Projekten. Die Einzeltätigkeiten werden in ihrer zeitl. Reihenfolge durch Kreise (Punkte) und Strecken abgebildet, was einen **Netzplan** ergibt. Er bildet ein Modell der zeitl. Struktur der Operationen des Arbeitsprozesses (Projektes) und stellt ein einfaches Ermittlungsmodell dar. Zur Aufstellung eines Netzplanes wird eine Strukturanalyse vorgenommen, die ein Diagramm der Einzeloperationen ergibt. Danach erfolgt die Zeitermittlung, bei der die Dauer der einzelnen Tätigkeiten bzw. die frühesten und spätesten Ereignispunkte vorausgesagt bzw. geschätzt werden müssen. Die Zeiten werden in den Kreisen oder auf den Strecken notiert. Aus dem aufgestellten Netzplan läßt sich insbes. die Gesamtprozeßdauer erkennen, wobei der zeitlängste Weg (vom Anfangs- bis zum Endergebnis) als „krit." Weg oder Pfad bezeichnet wird. Auf ihn konzentrieren sich die Überlegungen, wie man die Gesamtprozeßdauer verkürzen kann.

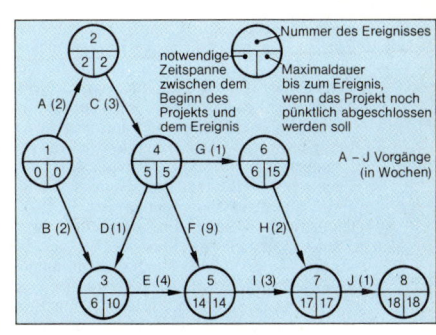

Netzplantechnik. Beispiel eines Netzplanes für die Erneuerung einer Fertigungsanlage mit folgenden Vorgängen: A Entwurf und Genehmigung (2 Wochen); B Demontage der alten Anlage (2 Wochen); C Detailkonstruktion (3 Wochen); D Erstellung des Installationsplans (1 Woche); E Vorbereitung der Installation (4 Wochen); F Bau der neuen Anlage (9 Wochen); G Ausarbeitung der Bedienungsvorschriften (1 Woche); H Schulung des Personals (2 Wochen); I Einbau der neuen Anlage (3 Wochen); J Inbetriebnahme (1 Woche)

Netzpython ↑ Pythonschlangen.
Netzschlange ↑ Pythonschlangen.
Netzsperre (U-Boot-Netz), vor Hafeneinfahrten, Flußmündungen, an Meerengen sowie um ankernde Schiffe ausgelegte Stahlnetze, z. T. mit Minen bestückt, um Angreifer (U-Boote) am Eindringen oder Passieren zu hindern.
Netzspiele ↑ Rückschlagspiele.
Netzteil ↑ Netzgerät.
Netztransformator ↑ Netzgerät.
Netzwanzen, svw. ↑ Gitterwanzen.
Netzwerk (elektr. N.), Zusammenschaltung elektr. Bauteile bzw. Schaltelemente zu einem Netz mit mindestens zwei äußeren Anschlußklemmen (sog. Zweipole); Vierpole da-

Netzwerkanalyse

gegen besitzen ein Eingangs- und ein Ausgangsklemmenpaar (z. B. Verstärker, elektr. Filter). Ein N. besteht aus Zweigen mit mindestens einem aktiven oder passiven Element. **Aktive Elemente** sind Spannungs- und Stromquellen. **Passive Elemente** sind entweder Energiewandler oder Energiespeicher wie Kondensator und Spule. Verbindet man die Enden von mindestens drei Zweigen miteinander, so entsteht ein **Knoten**. Bei der Hintereinanderschaltung von mindestens drei Zweigen entsteht eine **Masche**. Die spezielle Struktur eines N. wird durch den **Stromlaufplan** wiedergegeben, in dem die verschiedenen Bauteile (z. B. Batterien, Motoren, Transistoren, Widerstände, Kondensatoren) durch genormte Symbole und die Verbindungsleiter durch Linien dargestellt werden.

Netzwerkanalyse, svw. ↑ Netzplantechnik.

Netzwerktechnik, svw. ↑ Netzplantechnik.

Netzwühlen (Blanus), Gatt. der ↑ Doppelschleichen mit vier kleinen, [bei oberflächl. Betrachtung] regenwurmähnl. Arten.

Neuamsterdam, urspr. Name der Stadt ↑ New York.

Neuapostolische Gemeinde (Neuapostol. Kirche), christl. Religionsgemeinschaft, nach 1860 aus den Kath.-Apostol. Gemeinden hervorgegangen, als deren in Erwartung des nahen Weltendes gewählte Apostel gestorben waren und der dt. Volksschullehrer Heinrich Geyer zwei Ersatzapostel ausrief, die in der Hamburger Gemeinde anerkannt wurden. 1878 schloß die Hamburger Gemeinde den konservativen Geyer aus. Unter dem Einfluß der ref. Umwelt ließen die in den Niederlanden gebildeten Gruppen die reiche kath. Liturgie zugunsten bloßer Wortverkündigung fallen. Noch wichtiger wurde die Umbildung des Apostelamtes: Zuerst in den Niederlanden wurde verkündet, in den Aposteln sei Christus Fleisch geworden, und sie besäßen eine Versöhnerfunktion. Nach dem Vorbild des Petrus gibt es einen „Stammapostel", daneben haben die Mitapostel nur noch eine Vermittlerrolle. Die N. G. haben unter sich festen Zusammenhalt und empfinden ihr Apostelamt als Garantie, daß das neutestamentl. Erlösungswerk in ihrer Mitte wieder aufgerichtet sei. - 1987 rd. 3 Mill. Mgl., in der BR Deutschland 350 000.

Neubarock, Stilrichtung der 2. Hälfte des 19. Jh., die sich in der Architektur (als Reaktion auf den strengen Klassizismus) als unmittelbare Nachbildung und Nachempfindung des Barock am nachhaltigsten offenbarte (Berlin, Dom; Paris, Grand Opéra; Schloß Herrenchiemsee; Brüssel, Justizgebäude; Rom, Denkmal Vittorio Emanuele). Überreichen Materialaufwand zeigen die neubarocken kunstgewerbl. Gegenstände.

Neuber, Friederike Caroline, geb. Weißenborn, gen. „die Neuberin", * Reichenbach/Vogtl. 9. März 1697, † Laubegast (= Dresden) 30. Nov. 1760, dt. Schauspielerin und Theaterprinzipalin. - Seit 1717 bei Wandertruppen, leitete seit 1725 eine Theatergruppe und erhielt 1727 das sächs. Privileg, in Leipzig ein feststehendes Theater zu führen; Zusammenarbeit mit Gottsched bis 1741; in einem allegor. Vorspiel 1737 Verbannung des Hanswursts von der Bühne, Aufführung regelmäßiger Dramen (v. a. Übers. aus dem Frz.) anstelle der Haupt- und Staatsaktionen.

Neubrandenburg, Hauptstadt des Bez. N., DDR, am NO-Rand der Mecklenburg. Seenplatte, 17 m ü. d. M., 84 700 E. Agraringenieurschule, Fritz-Reuter-Museum; Nahrungsmittel- und Getränkeind., Maschinenbau, Reifen-, Baustoffind. - In Gitterform und in fast runder Anlage gegr.; 1248 brandenburg. Stadtrecht.

N., Landkr. im Bez. N., DDR.

N., Bez. im NO der DDR, 10 948 km², 619 600 E (1985), Hauptstadt Neubrandenburg. Liegt im Nordtt. Tiefland. Grundmoränenflächen im mittleren und nw. Teil, Endmoränenzüge im S und SW und ihnen südl. und sw. vorgelagerte Sander bestimmen das seenreiche Landschaftsbild. Größere zusammenhängende Wälder sind v. a. im SW und in der Ueckermünder Heide verbreitet. Wichtigster Wirtschaftszweig ist die Landw.; angebaut werden Getreide, Kartoffeln, Zuckerrüben, Futterpflanzen. Die intensive Grünlandbewirtschaftung ist Grundlage der Viehhaltung. Durch den hohen Waldanteil spielt die Forstwirtschaft eine bed. Rolle. An *Bodenschätzen* treten ledigl. Rohstoffe für die Baustoffind. sowie Torf auf. Die Bed. der *Ind.* ist relativ gering. Die Lebensmittelind. umfaßt über ⅖ aller Betriebe. Zwei Haupteisenbahnlinien in N–S- und eine in O–W-Richtung verbinden den Bez. mit dem überregionalen Eisenbahnnetz. Das Straßennetz ist rd. 6 750 km lang. Für die Binnenschiffahrt haben Oderhaff sowie Peene, Uecker, Elde-Müritz-Wasserstraße und Müritz-Havel-Kanal Bed.; wichtigste Häfen sind Anklam und Ueckermünde.

Neubraunschweig, kanad. Prov., ↑ New Brunswick.

Neubritannien, größte Insel des Bismarckarchipels, Papua-Neuguinea, 36 519 km². Die etwa 600 km lange Insel wird von einem bis 2 300 m hohen Gebirge mit z. T. tätigen Vulkanen durchzogen. Es herrscht trop. Regenklima. Die Bev. lebt v. a. an den Küsten und auf der **Gazellehalbinsel** im NO, auf der **Rabaul,** der Hauptort und -hafen (15 000 E) liegt.

Neuburg a. d. Donau, bayr. Stadt am rechten Donauufer, 398 m ü. d. M., 24 200 E. Verwaltungssitz des Landkr. Neuburg-Schrobenhausen; Bayer. Staatsarchiv; Heimatmuseum; chem. und Bekleidungsind., Papierver-

216

Neue Musik

arbeitung, Asbestzementwerke, Glashütte, Stahlstichprägeanstalt. - 680 erstmals gen., Herzogssitz der bayer. Agilolfinger; 1505 Residenz des Ft. Pfalz-Neuburg. - Renaissanceschloß (16. und 17. Jh.), mit Schloßkapelle.

Neuburg-Schrobenhausen, Landkr. in Bayern.

Neuchâtel [frz. nøʃaˈtɛl] ↑ Neuenburg.

Neu-Delhi, südl. Stadtteil von ↑ Delhi, Reg.sitz der Republik Indien.

Neue Deutsche Biographie ↑ Allgemeine Deutsche Biographie.

neue deutsche Welle, von der New-Wave-Bewegung, einer sich wieder mehr an der „klass." Beatmusik orientierenden Strömung des Rock, beeinflußte dt. Rockmusik mit einfachen musikal. Strukturen und phantasievollen dt., vielfach in Mundart gesungenen Texten; Gruppen sind Spider Murphy Gang, Trio, Spliff und Relax.

Neue Einfachheit, neotonale, neoromant. Musik, die sich formal (Oper, Sinfonie) und kompositionstechn. (Melodik, Harmonik) traditioneller musikal. Sprachmittel bedient in Abkehr von der extrem strukturierten seriellen und postseriellen Musik (H.-J. von Bose, H.-C. von Dadelsen, P. M. Hamel, D. Müller-Siemens, W. Rihm, W. von Schweinitz, D. del Tredici, M. Trojahn u. a.).

Neue Hebriden, den Staat ↑ Vanuatu bildende Inselgruppe im sw. Pazifik.

„Neue Heimat", Unternehmensgruppe, dt. Unternehmensgruppe, Sitz Hamburg. 1926 Gründung der Gemeinnützigen Kleinwohnungsbaugesellschaft Groß-Hamburg mbH durch den Ortsausschuß Groß-Hamburg des Allgemeinen Dt. Gewerkschaftsbundes; 1933, mit der Enteignung allen gewerkschaftl. Eigentums, Übergang auf die Dt. Arbeitsfront als „N. H.", Gemeinnützige Wohnungs- und Siedlungsgesellschaft mbH der Dt. Arbeitsfront im Gau Hamburg; der Firmenzusatz entfiel 1950, danach Aufnahme aller anderen gewerkschaftseigenen Wohnungsgesellschaften. Der Konzern geriet Anfang der 1980er Jahre in große wirtsch. Schwierigkeiten, die schließl. dazu führten, daß der DGB 1986 die N. H. zu verkaufen suchte. Innerhalb und außerhalb der Gewerkschaften führten die Vorgänge um die N. H. zu einer heftigen Diskussion über die Gemeinwirtschaft und die Rolle des DGB.

neue Linke, Bez. für eine marxist.-sozialist. Gruppierung, getragen v. a. von Studenten und Intellektuellen, die seit Anfang der 1960er Jahre in den USA und in den hochindustrialisierten Demokratien W-Europas führend innerhalb der sich vielfach artikulierenden Protestbewegungen auftraten. Hintergrund war die Krise um Glaubwürdigkeit und Funktionsfähigkeit der liberal-pluralist. polit. Systeme, die sich in den USA in der Verstrickung des Vietnamkrieges, in der Rassenfrage und in der Entdeckung des „anderen Amerika", der weitverbreiteten Armut inmitten der Überflußgesellschaft, manifestierte und die sich angesichts ähnl. Probleme auch in W-Europa äußerte (Maiunruhen in Frankr. 1968, Große Koalition, außerparlamentar. Opposition und Notstandsgesetzgebung in der BR Deutschland sowie Hochschulreformkrise). Hier schien sich (entgegen dem demokrat. Ansprüchen) die Existenz einer Machtelite aus Großind., Militär und Politik zu bestätigen, die die Masse der Bev. in manipulierter Abhängigkeit hielt. Demgegenüber postulierte die n. L., zu deren Wortführern H. Marcuse, T. W. Adorno und J. Habermas zu zählen sind, im Rückgriff auf radikaldemokrat. Forderungen die Demokratisierung von Staat und Gesellschaft, die Beseitigung von Leistungs- und Konsumzwang sowie der Entfremdung. Die n. L., die im Ggs. zur klass. alten Linken (kommunist. und sozialist. Parteien, orthodoxe Marxisten) davon ausgeht, daß in der „verhüllten Klassengesellschaft" der Arbeiterschaft das revolutionäre Bewußtsein verlorengegangen ist, hält en Durchbrechen der Manipulation nur von Außenseitergruppen durch gezielte Regelverletzungen und Provokationen für möglich. Der massive Widerstand, den solche Aktionen gerade auch bei Arbeitern hervorriefen, offenbarte die Ohnmacht der revolutionären Strategie der n. L., die nicht zuletzt deshalb in zahlr. Gruppen zerfiel und aus der einzelne zum Terrorismus übergingen.

📖 *Marcuse, H.: Das Ende der Utopie. Ffm. 1980. - Sontheimer, K.: Das Elend unserer Intellektuellen. Linke Theorie in der BR Deutschland. Hamb. 1976. - Brezinka, W.: Erziehung u. Kulturrevolution. Die Pädagogik der N. L. Basel* ²*1976.*

Neue Maas, Flußarm im Rhein-Maas-Delta, Fortsetzung des Lek.

neue Medien, Sammelbegriff für „alle Verfahren und Mittel (Medien), die mit Hilfe neuer oder erneuerter Technologien neuartige ... bisher nicht gebräuchl. Formen von Informationserfassung, -bearbeitung, -speicherung, -übermittlung und -abruf ermöglichen" (D. Ratzke). Die n. M. umschließen neue Techniken wie z. B. die Glasfasertechnik, neue Nutzungsformen bereits bekannter Verfahren wie z. B. Kabelfernsehen (eigtl. Kabelfernsehverteildienst) und neue elektron. Textverfahren wie z. B. ↑ Bildschirmtext (↑ auch Telekommunikation).

Neue Musik, i. w. S. Sammelbez. für alle Strömungen der neuen Musik im 20. Jh., wobei von Jahrzehnt zu Jahrzehnt v. a. die Produktion der jeweiligen Gegenwart gemeint war. - I. e. S. ist N. M. die Musik der zweiten Wiener Schule (A. Schönberg, A. Berg, A. Webern) und ihres Umkreises. Während in der traditionellen Musik die musikal. Elemente vorgeordnet sind (durch Tonart, Funktion, Takt, Periode, Form u. a.) und stets aufeinan-

Neuenburg

der bezogen waren, bedeutet für die N. M. jeder Kompositionsakt ein Einzelereignis, das nach allen Seiten offen ist und erst durch ein für jede Komposition neu zu entwerfendes Strukturgefüge gebunden werden muß. Dies gilt in bes. Maße für die freie Atonalität zw. etwa 1910 und 1920. Der Schritt A. Schönbergs zur ↑ Zwölftontechnik als Versuch einer neuen Ordnung wird auf diesem Hintergrund bes. verständlich. Andererseits steht N. M. dennoch ganz innerhalb abendländ. Musiktradition, was bes. am Frühwerk Schönbergs mit seiner Anknüpfung an die Harmonik, Klanglichkeit und Motivkunst R. Wagners, J. Brahms' und G. Mahlers deutlich wird. Mit Schönbergs Klavierstücken op. 11 (1909) und George-Liedern op. 15 (1908/09) ist die freie Atonalität erreicht, die höchste Ausdrucksintensität ermöglicht und zugleich jene neue individuelle Strukturgesetzlichkeit hervorbringt, die sich nur aus dem jeweiligen Werk selbst ableiten läßt. Auf andere Weise gelangten um die gleiche Zeit weitere Komponisten zu einer neuen Tonsprache (u. a. I. Strawinski, P. Hindemith, B. Bartók). Einen zweiten, vielleicht noch radikaleren Aufbruch bildet die N. M. nach 1950. Während die ↑ serielle Musik noch an A. Webern anknüpft, entstehen ↑ Aleatorik, ↑ elektronische Musik, ↑ konkrete Musik und alle weiteren Versuche mit offenen Formen und Verfahren eine Abwendung vom Begriff der Komposition als Werkgebilde, eine Hinwendung zum Momentanen, Improvisierten, Unfixierten und Experimentellen. Seit 1975 versucht die ↑ Neue Einfachheit wieder überlieferte Elemente einzubeziehen.

📖 *Vogt, H.: N. M. seit 1945.* Stg. ³1982. - *Adorno, T. W.: Philosophie der n. M.* Ffm. Neuaufl. 1978.

Neuenburg (frz. Neuchâtel), Hauptstadt des schweizer. Kt. N. und des Bez. N., am NW-Ufer des Neuenburger Sees, 438 m ü. d. M., 32 700 E. Univ. (gegr. 1909), Technikum, Konservatorium, kunstgeschichtl., ethnograph. Museum; Uhrenind., Papierherstellung, Schokoladenfabrikation und Tabakfabrik. - Das um eine Burg entstandene N. war 1011 burgund. Königssitz, erhielt 1214 Stadtrecht; 1406 schloß N. zur Sicherung seiner Freiheiten ein Burgrecht mit Bern (1616 und 1693 erneuert), mit dessen Hilfe 1530 die Reformation durchgeführt wurde. 1707 fiel die Stadt mit dem Kt. N. an Preußen (bis 1805, erneut 1814-48/57). - Über der Stadt die roman.-got. Kollegiatkirche (1276 geweiht) und das Schloß (erweitert 15.-18. Jh.). Architekton. interessante Bauten sind das im Renaissancestil 1570 erbaute Maison des Halles, Haus Marval (1609), das Patrizierhaus Hôtel du Peyrou (18. Jh.), das klassizist. Rathaus (1784–90) und das klassizist. Collège Latin (1828-35).

N., Kt. in der W-Schweiz, 797 km², 154 900 E (1986), Verwaltungssitz Neuenburg. Der Kt. umfaßt v. a. das Geb. des Kettenjura zw. dem Neuenburger See und der schweizer.-frz. Grenze. Klimat. begünstigt ist der Juraabfall zum Neuenburger See (Wein- und Obstbau). Im Gebirge herrscht in weiten Teilen Wald vor. V. a. Viehwirtschaft, etwas Ackerbau. Der Industrie, v. a. der Uhrenind., kommt wirtsch. die größere Bed. zu.

Geschichte: Die Grafen von N. erwarben im 13./14. Jh. den größten Teil des heutigen Kantonsgebietes; ihre Erben wurden 1395 die Herren von Freiburg, später Rudolf von Hochberg, über den der Herrschaft 1504 in den Besitz des Hauses Orléans-Longueville gelangte. 1512–29 hielten Bern, Solothurn, Freiburg und Luzern N. besetzt, das 1598 von Frankr. und Spanien erstmals als zugewandter Ort der Eidgenossenschaft anerkannt wurde. 1707 wählten die 3 Stände (Mitspracherecht seit 1648) den König von Preußen zum Herrn. 1805 tauschte Preußen mit Frankr. N. und Kleve gegen Hannover. 1814 wurde N. als 21. Kanton in die Eidgenossenschaft aufgenommen, blieb aber Preußen in Personalunion verbunden und erhielt seine „Charte constitutionnelle". 1848 setzten sich die Republikaner gegen die konservative Reg. durch; eine liberale Verfassung wurde angenommen (gültig bis 1858). Am 26. März 1857 verzichtete der König von Preußen endgültig auf sein Fürstentum.

Verfassung: Nach der Verfassung vom 21. Nov. 1858 (mit vielen Änderungen) liegt die Exekutive beim vom Volk auf 4 Jahre gewählten Staatsrat (Conseil d'Etat; 5 Mgl.). Die Legislative bilden der vom Volk auf 4 Jahre gewählte Große Rat (Grand Conseil; 115 Mgl.) und beim Volk selbst (fakultatives und obligator. Referendum; seit 1959 haben die Frauen aktives, seit 1969 passives Wahlrecht.

Neuenbürg, Stadt im nördl. Schwarzwald, Bad.-Württ., 323 m ü. d. M., 7 100 E. Metallverarbeitende, Leder-, Holz-, Textilind. - Erhielt 1274 Stadtrecht. - In der frühgot. ev. Schloßkirche wurden Wandmalereien des frühen 14. Jh. freigelegt.

Neuenburg am Rhein, Stadt im südl. Oberrhein. Tiefland, Bad.-Württ.; 230 m ü. d. M., 8 000 E. Baugewerbe, Likörfabrik, Kunststoff- und Maschinenfabriken. - Erhielt 1292 Stadtrecht (1956 erneuert).

Neuenburger See, größter der Seen am O-Rand des schweizer. Jura, 38 km lang, bis 8 km breit, bis 153 m tief, 429 m ü. d. M. Am W-Ufer ausgedehntes Weinbaugebiet. - Zahlr. neolith. und bronzezeitl. Pfahlbauten. Am Ausfluß des Zihlkanals liegt die Fundstätte von La Tène (↑ La-Tène-Kultur).

Neuenfels, Hans, * Krefeld 31. Mai 1941, dt. Theaterregisseur, u. a. in Bochum, Frankfurt am Main, Hamburg, Berlin. - Seine oft manierist. Inszenierungen sind von überquellender Phantasie. Dreht auch Filme, u. a. „Die Schwärmer" (1985).

Neuer Realismus

Neuengland (engl. New England), Region im NO der USA, die das Geb. der heutigen Bundesstaaten Maine, New Hampshire, Vermont, Massachusetts, Rhode Island und Connecticut umfaßt.

Geschichte: Die permanente engl. Besiedlung begann mit der Landung der Pilgerväter in Plymouth (1620); 1630 folgten die Puritaner, die sich an der Massachusetts Bay niederließen. Beide Niederlassungen waren Ausgangspunkt weiterer Besiedlung in Connecticut (1631), Rhode Island (1636), New Hampshire (1638) und Maine (1640). Die Gefahr weiterer Ausdehnung der niederl. Kolonien und die Bedrohung durch die Indianer führten 1643 zur N.-Konföderation (ohne Rhode Island). Eingriffe des Mutterlandes in die Freiheit von Handel und Schiffahrt ließen N. zum Zentrum der amerikan. Revolution werden; hier begann 1775 der Unabhängigkeitskrieg. Bis zum Einsetzen der großen Einwanderungswelle in die USA um der Mitte des 19. Jh. stellte N. die Mehrzahl der nach W ziehenden Siedlungspioniere, die v. a. das Northwest Territory und den pazif. NW erschlossen und auch dort die puritan. Traditionen N. durchsetzten. In der 2. Hälfte des 19. Jh. begann eine neue europ. Einwanderungswelle; v. a. Iren und Südeuropäer strömten in das bisher fast rein prot. Gebiet und suchten in dessen seit dem Sezessionskrieg hochentwickelter Ind. Arbeit.

Neuenstadt ↑ Neuveville, La.

Neuenstein, Stadt auf der westl. Hohenloher Ebene, Bad.-Württ., 284 m ü. d. M., 5 100 E. Hohenlohe-Museum; u. a. Fahrzeug- und Maschinenbau. - Entstand als Stadt 1351 im Anschluß an eine ehem. Burg der Herren von N., im 16./17. Jh. Residenz einer Seitenlinie des Hauses Hohenlohe. - Das Renaissanceschloß (16. Jh.; 1906 umgebaut), enthält noch Bauteile der stauf. Wasserburg (13. Jh.).

Neue Preußische Zeitung, dt. konservative Tageszeitung; 1848 in Berlin gegr.; nach der Vignette des Eisernen Kreuzes im Zeitungskopf auch als „Kreuzzeitung" bezeichnet; ab 1911 N. P. (Kreuz-)Z., ab 1932 Kreuz-Zeitung; zunächst Organ des rechten Flügels der preuß. Konservativen (Kreuzzeitungspartei), später der Dt. konservativen Partei; stand in der Weimarer Republik der DNVP, zuletzt auch dem Stahlhelm nahe; 1939 eingestellt.

Neuer Bund, 1. synonym gebrauchte Bez. für Neues Testament; 2. in der christl. Theologie Begriff der Heilsgeschichte, mit dem die Menschwerdung in Jesus Christus als Bundesschluß Gottes mit den Menschen interpretiert wird (↑ Bund).

Neue Rheinische Zeitung, dt. sozialrevolutionäre republikan. Tageszeitung; erschien vom 31. Mai 1848 bis 19. Mai 1849 in Köln unter der Leitung von K. Marx; Mitarbeiter: u. a. F. Engels, F. Freiligrath, G. Weerth; eine Fortsetzung war Mai–Nov. 1850 die in Hamburg erscheinende Zeitschrift gleichen Titels (Untertitel „Polit.-ökonom. Revue"), von Marx in London redigiert.

Neuer Kurs, Bez. für die durch Kaiser Wilhelm II. und Reichskanzler Caprivi nach der Ablösung Bismarcks (und zu deren nachträgl. Rechtfertigung) programmat. verkündete, jedoch schon bald wieder aufgegebene Neuorientierung der dt. Innen- und Außenpolitik.

◆ Bez. für die in der DDR am 9. Juni 1953 beschlossenen, nach dem 17. Juni 1953 bestätigten (1955 z. T. revidierten) Maßnahmen, u. a.: Verminderung der Auflagen für die Schwerind., Förderung der Privatinitiative in Handel und Landw., flexiblere Kirchenpolitik, mehr Rechtssicherheit, beschränkte Amnestie.

Neuer Realismus ↑ Nouveau Réalisme.
◆ zusammenfassende Bez. verschiedener illusionist. Strömungen der zeitgenöss. internat. Kunst seit Ende der 1960er Jahre/Anfang der 1970er Jahre. In den Vordergund der Aufmerksamkeit rückte zunächst bes. der **Photorealismus,** v. a. eine amerikan. Erscheinung, Maler (M. Morley, C. Close, R. Goings, H. Kanowitz, Don Eddy, J. C. Clarke, Ben Schonzeit, auch R. Artschwager oder auch F. Gertsch [Schweizer]) sowie Plastiker (J. de Andrea, D. Hanson). Die Maler setzen Photographien in Malerei um bzw. reproduzieren sie (in vergrößertem Maßstab). Die detailreichen Bilder der Photorealisten zeigen eine starre, bedeutungsentleerte (moderne) Welt.

Neuer Realismus. Duane Hanson, Touristen (1970). Privatbesitz

neuer Stil

Die hyperrealist. Plastiken (Abgüsse) sind bemalt und mit Perücken, Kleidern sowie Gebrauchsgegenständen ausgestattet. Andere neue Realisten wenden sich der Erscheinungswelt zu, indem sie diese reduzieren auf ausgewählte, isoliert repräsentierte bzw. symbolhaft zusammengestellte Dinge der tägl. Umwelt der Industriegesellschaft. Realität dieses **figurativen Realismus** ist ein Bewußtseinsprodukt und oft äußerst künstlich. Auch diese Bilder zeigen stillebenhafte, z. T. ornamentale Erstarrung. Während sich die Gruppe Zebra (D. Asmus, P. Nagel, N. Störtenbecker, D. Ullrich) v. a. auf Handlungsmomente konzentriert, stellen L. Braun, H. P. Reuter und L. von Monkiewitsch, J. Stever und D. Krieg v. a. leere Räume oder Architekturelemente oder vereinzelt Gegenstände dar. In den USA ist P. Pearlstein mit seinen Akten Begründer und Vertreter dieser Richtung, als Plastiker ist G. Segal hierher zu rechnen. Zu den Vorläufern zählen auch D. Gnoli (Italien) und G. Richter. Eine dritte Gruppe wird als **kritischer Realismus** zusammengefaßt. Unter diesem Namen schlossen sich die Berliner Künstler W. Petrick, H. J. Diehl, P. Sorge, A. D. Gorella u. a. zus., außerdem ist J. Grützke zu nennen, der Graphiker K. Staeck, als Plastiker S. Neuenhausen. Zur krit. Analyse der Wirklichkeit benutzen sie einen pointierten, z. T. an der Grenze zur Karikatur angesiedelten Darstellungsstil. In Italien arbeitet als bed. Vorläufer und Vertreter R. Guttuso.
📖 *Sager, P.: Neue Formen des Realismus.* Köln 1974.

neuer Stil ↑Zeitrechnung.

Neue Rundschau, Die, aus der 1890 von O. Brahm und S. Fischer in Berlin gegr. Wochenzeitschrift des Naturalismus „Freie Bühne für modernes Leben" hervorgegangene Kulturzeitschrift, die ab 1894 als Monatsschrift u. d. T. „Neue dt. Rundschau", ab 1904 u. d. T. „Die N. R.", 1945–49 als Vierteljahresschrift in Stockholm herausgegeben wurde und seit 1950 in Frankfurt am Main erscheint.

Neue Sachlichkeit, von G. F. Hartlaub 1925 geprägter Begriff für eine in den 1920er Jahren in Deutschland entwickelte Kunstrichtung, die im Ggs. zum Expressionismus Realität objektiv und genau („veristisch") wiedergeben wollte. Dabei kann die dargestellte Wirklichkeit in ihrer Überschärfe auch einen unheiml. Charakter, ein heiml. Eigenleben gewinnen. Daher auch die Bez. **magischer Realismus** (1924 von F. Roh geprägt) für einen Teil der neusachl. Kunst, z. B. bei F. Radziwill, die sich aber auch auf manche surrealist. Werke oder de Chirico (Pittura metafisica), auf Werke naiver Malerei, des phantast. oder des Neuen Realismus anwenden läßt. Zu den Möglichkeiten der N. S. zählen sowohl eine kubist. bestimmte, formal monumentalisierte Auffassung (A. Kanoldt, G. Schrimpf) wie eine sozial engagierte Gesellschaftskritik (O. Dix, G. Grosz). Weitere Vertreter: K. Hubbuch, A. Räderscheidt (*1892, †1973), H. M. Davringhausen (*1894, †1970), C. Schad (*1895).
In der *Literatur* entstanden ähnl. Tendenzen, v. a. als Reaktion auf das Pathos, die subjektiv-gefühlsbetonte, utop.-idealisierende Geisteshaltung des [Spät]expressionismus. Es entstanden das dokumentar. Theater (E. Piscator), spezielle Sonderformen des Rundfunks (Aufriß, Hörbericht, Hörfolge), die Reportage (E. E. Kisch), die wiss. Quellen aufbereitende Biographie, der desillusionierende Geschichtsroman (R. Neumann, L. Feuchtwanger). Im Drama dominiere das Zeit- und Lehrstück (B. Brecht, F. Bruckner, Ö. von Horváth, G. Kaiser, C. Zuckmayer), im Roman wurde eine bes. Form des Gegenwartsromans gepflegt (A. Döblin, H. Fallada, E. Kästner, L. Renn, A. Seghers). Vertreter neusachl. Gebrauchslyrik waren B. Brecht, W. Mehring, E. Kästner und J. Ringelnatz.
📖 *Modick, K.: L. Feuchtwanger im Kontext der zwanziger Jahre. Autonomie u. Sachlichkeit.* Ffm. 1981. - *Lethen, H.: N. S. 1924–1932. Studien zur Lit. des Weißen Sozialismus.* Stg. ²1975.

Neues Deutschland, Tageszeitung in der DDR, ↑Zeitungen (Übersicht).

Neue Stadt, im modernen *Städtebau* geprägter Begriff für eine im 20. Jh. nach funktionalen Gesichtspunkten zur Entlastung großer Ballungszentren geplante und erbaute oder in Anlehnung an bestehende Siedlungen angelegte Stadt. Vorläufer sind ↑Gartenstadt und ↑New Town. Beispiele sind Wolfsburg in der BR Deutschland, Eisenhüttenstadt in der DDR, Brasília in Brasilien.

Neues Testament ↑Bibel.

Neue Teutsche Merkur, Der ↑Deutsche Merkur, Der.

Neue Welle (Nouvelle vague), eine in Frankr. Ende der 1950er Jahre einsetzende Bewegung gegen den kommerziellen Film, die v. a. von Truffaut, Rohmer, Godard, Chabrol, Rivette und Malle ausging und eine Erneuerung des internat. Films bewirkte. Die Regisseure waren nach dem Vorbild von Hitchcock, Rossellini, Renoir u. a. selber Autoren ihrer bewußt subjektiven, billig hergestellten Filme (bes. „Sie küßten und sie schlugen ihn", 1958, Truffaut; „Schrei, wenn du kannst", 1959, Chabrol; „Zazie", 1960, Malle; „Außer Atem", 1960, Godard; „Jules und Jim", 1962, Truffaut).

Neue Welt ↑Alte Welt.

Neue Wilde (Junge Wilde), Sammelbez. für verschiedene expressive Richtungen der zeitgenöss. Malerei. Betont wird die gestische Vehemenz und starke Farbsinnlichkeit.

Neue Zürcher Zeitung, schweizer. Tageszeitung, ↑Zeitungen (Übersicht).

Neufahrwasser ↑Danzig.

Neufert, Ernst, *Freyburg/Unstrut 15.

neugriechische Literatur

März 1900, † Bugnaux (Kt. Waadt) 23. Febr. 1986, dt. Architekt. - 1946-65 Prof. an der TH Darmstadt; zahlr. Industrieanlagen und Wohnsiedlungen, in denen er als Schüler von Gropius das Gedankengut des Bauhauses (1926-39 Leiter der Bauabteilung) verwirklichte; schrieb „Bauentwurfslehre" (1936), „Bauordnungslehre" (1943).

Neuffen, Stadt am Fuße der mittleren Schwäb. Alb, Bad.-Württ., 408 m ü. d. M., 5000 E. U. a. Maschinenbau, Elektrogeräte-, Meßwerkzeugfabrik, Strickwaren- und Strumpfherstellung. - Entstand aus einer alemann. Siedlung (um 300 n. Chr.); um 1100 als Dorf bezeugt. - N. wird von der großen Burgruine Hohenneuffen überragt; frühgot. Martinskirche, Fachwerkrathaus (1657).

Neufrankreich (frz. Nouvelle France), Name der ehem. frz. Kolonien in N-Amerika, die sich vom Sankt-Lorenz-Strom (Akadien und Kanada) über die Großen Seen den Mississippi entlang bis zu dessen Mündung (Louisiane) erstreckten.

Neufundland ↑ Newfoundland.

Neufundlandbecken, Tiefseebecken im Nordatlantik, zw. Großer Neufundlandbank und Nordatlant. Schwelle, bis 5819 m tief.

Neufundländer, erstmals in England gezüchteter starker, mächtiger (Schulterhöhe bis 75 cm), gutmütiger Schutz- und Begleithund mit breitem, kräftigem Kopf und Hängeohren, kräftigen Beinen, langer, buschiger Rute und dichtem, langem, i. d. R. tiefschwarzem Fell mit dichter Unterwolle. Eine Spielart ist der heute als eigene Rasse aufgeführte, schwarzweiß gefleckte Landseer.

Neugeborenengelbsucht (Morbus haemolyticus neonatorum), durch Blutgruppenunverträglichkeit zw. Mutter und Kind (v. a. durch den Rh-Faktor, ↑ Blutgruppen) verursachte schwere Erkrankung des Neugeborenen; u. a. mit Zerfall von roten Blutkörperchen, ↑ Erythroblastose, Blutarmut, ↑ Gelbsucht, Milz- und Leberschwellung. Die Behandlung besteht in einer Austauschtransfusion mit Blut vom Faktorentyp der Mutter.

Neugeistbewegung (New Thought Movement), 1843 von P. P. Quimby (* 1802, † 1866) gegr. amerikan. gnost.-theosoph.↑ Heilungsbewegung, die sich seit 1890 in vielen Ländern verbreitete. 1914 zur „International New Thought Alliance" (Zentrale in Los Angeles-Hollywood) zusammengeschlossen. Auf der Grundlage lebensreformer. Vorstellungen wird die Ansicht vertreten, Krankheiten könnten mit rein mentalen Voraussetzungen geheilt werden, sofern der Kranke einen „neuen Geist" habe. Mit diesem Geist streben die Anhänger der N. nach innerer „Dynamisierung" des Menschen, indem sie unbewußte Kräfte zu aktivieren trachten. In Deutschland seit 1923 im „Neugeist-Bund" zusammengeschlossen. - Insgesamt wird die Mitgliederzahl auf 15 bis 20 Mill. geschätzt.

Neugliederung des Bundesgebietes, Verfassungsauftrag (Art. 29 Abs. 1 GG, Neufassung durch BG vom 23. 8. 1976), die Zahl der Bundesländer und ihren territorialen Zuschnitt zu überprüfen und das Gebiet der BR Deutschland unter Berücksichtigung der landsmannschaftl. Verbundenheit, der geschichtl. und kulturellen Zusammenhänge, der wirtsch. Zweckmäßigkeit und des sozialen Gefüges durch Bundesgesetz neu zu gliedern. Die N. d. B. soll Länder schaffen, die nach Größe und Leistungsfähigkeit die ihnen obliegenden Aufgaben wirksam erfüllen können.

Neugotik, Bez. für eine in Europa im 18./19. Jh. auftretende, durch das Wiederaufleben der got. Formensprache gekennzeichnete Kunstrichtung, deren geistesgeschichtl. Hintergrund die Romantik ist. Ausgehend von England (**Gothic revival**), begann die N. ab etwa 1750 eine Rolle in der europ. Baukunst zu spielen, bes. für Landsitze („Strawberry Hill", 1760-70, in England) oder bei Parkbauten („Got. Haus" im Wörlitzer Schloßpark, 1773 ff.). 1830-40 setzte sich die N. voll durch (z. B. London, Parlamentsgebäude, 1840 ff.). Bed. Vertreter sind Sir J. Soane, Sir C. Barry, K. F. Schinkel, F. Weinbrenner, K. W. Hase und E. E. Viollet-le-Duc. - Abb. S. 222.

Neugranada ↑ Kolumbien (Geschichte).

neugriechische Literatur, die an die byzantin. Literatur anschließende Epoche der

Neue Sachlichkeit. Georg Schrimpf, Mädchen am Fenster (1925). Basel, Öffentliche Kunstsammlung

neugriechische Musik

Neugotik. Ernst Friedrich Zwirner,
Apollinariskirche (1839–43).
Remagen

griech. Literatur. Ihre Anfänge kennzeichnen v. a. das Epos „Digenis Akritas" (11./12. Jh.) sowie die Gedichte von Michael Glykas und Theodoros Prodromos aus dem 12. Jh.; noch früher, bzw. zur gleichen Zeit entstanden auch die *Akritenlieder*, Beginn und Vorbild einer bis heute reichenden Gatt. der neugriech. Volksdichtung, die 1453 bis etwa 1800 das stärkste literar. Zeugnis im griech. Sprachraum darstellte. Auf dem von den Osmanen nicht besetzten Kreta entstanden im 17. Jh. das bed. *kret. Theater* und ep.-lyr. Werke, bes. von W. Kornaros. Seit der 2. Hälfte des 18. Jh. bildeten die Arbeiten der an den griech. Höfen der Donaufürstentümer und an den griech. Hochschulen in Bukarest und Jassy wirkenden oder auch in Frankr. tätigen griech. Gelehrten die geistige Grundlage für das Entstehen der ersten Versuche einer bewußten n. Literatur. Der Freiheitskampf von 1821 gab insbes. der *balladesken Volksdichtung* reiche Entfaltungsmöglichkeiten; es entstand die sog. Ion. Schule mit D. Solomos, A. Kalwos und A. Walaoritis. Nach der Gründung des griech. Staates (1830) wurde jedoch die volksverbundene Literatur durch die antikisierende, „reinsprachige" *Fanariotendichtung* ersetzt, deren Unnatürlichkeit und Abhängigkeit von westl. Vorbildern erst durch die wiss. Belletristik von J. Psicharis Ende des 19. Jh. wirksam bekämpft wurde. Im Bemühen um eine eigenständige Literatur bildete sich um K. Palamas eine vorwärtsstrebende Dichtergeneration, der es gelang, die neugriech. Sprache zu einem reichen und dynam. Ausdrucksmittel zu entwickeln, u. a. zählten dazu: N. Kasandsakis, K. Uranis, A. Karkawitsas, G. Xenopulos, K. Christomanos, Elli Alexiu sowie A. Papadiamandis. Anregungen erhielt die n. L. auch von den literar. Strömungen W-Europas (Parnassiens, Symbolismus); auch der dt. Sozialismus gewann Anhänger, u. a. K. Chadsopulos.

Als Reaktion auf den 1. Weltkrieg und den verlorenen Griech.-Türk. Krieg (1919–22) entstand eine engagierte *Antikriegsliteratur;* bedeutendste Exponenten waren S. Miriwilis, I. Wenesis. Die Erzähler der sog. Generation der 1930er Jahre wandten sich neuen Themen zu, in denen auch die sozialen Konflikte einen breiten Raum einnahmen; es entstand der *urbane Roman* (u. a. I. M. Panajotopulos, T. Petsalis, P. Prewelakis). Nach dem Vorbild von K. Kawafis fand auch die *Lyrik* zu der schlichteren Form der Moderne. Ihre Begründer sind J. Seferis, O. Elitis, die Surrealisten A. Embirikos (*1901, †1975), N. Engonopulos (*1910) und die sozialpolit. engagierten Dichter J. Ritsos und N. Wrettakos (*1912). Während der italien.-dt. Okkupation im 2. Weltkrieg und nach deren Beendigung bildete sich eine *Literatur des Widerstands* heraus, die sich während des Bürgerkriegs in 2 Lager teilte; die bedeutendsten Autoren waren M. Lundemis, T. Athanassiadis. Viele Erzähler der Nachkriegszeit wandten sich, bes. seit dem Militärputsch vom April 1967, sozialkrit. und polit. Themen zu. Auch in der einen breiten Fächer aller bekannten Richtungen bietenden Lyrik gab es Tendenzen zu ausdrucksstarker, sozial engagierter Dichtung, u. a. M. Anagnostakis (*1925), T. Patrikios (*1928). Diese Richtung wurde auch im *neugriech. Theater* vertreten, das bis heute eine stilist. wie themat. Vielfalt aufweist: bed. Vertreter sind S. Melas und A. Sikelianos.

📖 *Politis, L.:* Gesch. der n. L. Köln 1984. - *Vitti, M.:* Einf. in die Gesch. der n. L. Dt. Übers. Mchn. 1972. - *Valsa, M.:* Le théâtre grec moderne de 1453 à 1900. Bln. 1960. - *Kanellopulos, P.:* Hyperion u. der neugriech. Geist. Frankenau 1959.

neugriechische Musik, die Volksmusik ist geprägt von byzantin. Traditionen, überformt durch Einflüsse infolge der osman. Herrschaft. Die oft kirchentonalen, reich melismat. Melodien gehen bis ins 15. Jh. zurück; metr. sehr differenziert sind die Volkstänze (u. a. *Sirtos*). Volksinstrumente sind Laute (*Uti*), Lyra, Schalmei, Trommel und Dudelsack; *Busukia* (Ensembles pers.-türk. Lauteninstrumente) prägen die Populärmusik seit 1945. - Die neugriech. Kirchenmusik stellt eine Fortentwicklung der byzantin. Kirchenmusik dar. - Auf der Volksmusik und der

Neuhumanismus

Kirchenmusik basiert die nat. griech. Kunstmusik, zu deren wichtigsten Vertretern u. a. M. Kalomirus (*1883, †1962), P. Petridis (*1892), N. Skalkotas (*1904, †1949) gehören; Komponisten der internat. avantgardist. Musik sind u. a. T. Antoniou (*1935), I. Christu (*1926, †1970), A. Logothetis (*1921), N. Mamangakis (*1929), I. A. Papaioannu (*1910), D. Tersakis (*1938), J. Xenakis (*1922); engagierte Musik komponiert u. a. M. Theodorakis (*1925).

neugriechische Sprache, zu den indogerman. Sprachen gehörende Sprache der Griechen seit dem 15. Jh. n. Chr., eine direkte Weiterentwicklung des Altgriechischen († griechische Sprache). Sie liegt in zwei Sprachformen vor, der gesprochenen Volkssprache *(Demotike* oder *Dimotiki)* und der archaisierenden puristischen Schriftsprache *(Kathareuusa* oder *Katharewusa).* Letztere hat in erhebl. Maße Formen des Altgriech. festgehalten und wurde als offizielle Staatssprache sowie als Sprache von Kirche, Wiss. und Presse verwendet. Die Dimotiki, die die organ. eigenständige Weiterentwicklung der hellenist.-röm. † Koine darstellt, dient als allg. Umgangssprache, die auch in Lyrik und Erzählprosa verwendet wird und in diesem Jh. immer stärker in die wiss. und dramat. Literatur Eingang findet. Neben der Dimotiki, deren Grundlage v. a. die südgriech. Dialekte bilden, stehen viele neugriech. Mundarten (Dialekte von Zypern, Makedonien, Thrakien, Thessalien) sowie 4 stärker abweichende Dialekte: das Pont. und Kappadok. im östl. Anatolien, bis 1922 (Vertreibung der Griechen) dort gesprochen; das Tsakon. in der südöstl. Peloponnes, das auf den alten lakon. Dialekt zurückgeht; die griech. Dialekte zweier süditalien. Landschaften (S-Kalabrien, S-Apulien), die seit dem Altertum erhalten geblieben sind.

📖 *Ruge, H.: Gramm. des Neugriechischen. Köln 1985.*

Neuguinea [gi'ne:a], zweitgrößte Insel der Erde, nördl. von Australien, NNW–SSO-Erstreckung 2 100 km, maximale Breite fast 800 km, 771 900 km², etwa 4 Mill. E, v. a. Papua. Der W-Teil gehört als Irian Jaya zu Indonesien, der O-Teil zu † Papua-Neuguinea. Die Küste ist durch mehrere Buchten gegliedert. Die Insel wird fast in ihrer gesamten Länge von mehreren parallelen Gebirgsketten durchzogen, die in der Vogelkophalbinsel im W in einem Berg- und Hügelland auslaufen. Höchster Berg ist der Puncak Jaya im Zentralgebirge mit 5 030 m. Südl. an das Gebirge schließt sich eine bis 500 km breite und im W-Teil weitgehend versumpfte Schwemmlandebene an. Am N-Rand liegen wesentl. kleinere Flußebenen; Tiefebenen treten außerdem im S der Vogelkophalbinsel und im Zentrum der Bomberaihalbinsel auf. Aktiver Vulkanismus ist noch im O-Teil anzutreffen. N. hat trop. Regenklima mit geringen jahreszeitl. und beachtl. tageszeitl. Temperaturunterschieden. $2/3$ von N. sind dicht bewaldet. An den Küsten und in weiten Sumpfgebieten herrscht Mangrovevegetation; in nichtbrackigen Sumpfgebieten gedeiht die Sagopalme.

Geschichte: 1526 entdeckt, 1606 als Insel erkannt. Die W-Hälfte war ab 1818 in niederl. Besitz, seit 1963 unter indones. Verwaltung und ist als Irian Jaya seit 1969 indones. Provinz. Der NO-Teil (Nordostneuguinea) war 1884–1919 Teil des dt. Schutzgebietes Kaiser-Wilhelms-Land und ab 1921 austral. Treuhandgebiet. Der SO-Teil wurde 1884 brit. Protektorat, das ab 1906 als Territorium Papua (einschließl. vorgelagerter Inseln) von Australien verwaltet wurde. Ab 1946 verwaltete Australien Treuhandgebiet und Territorium gemeinsam, die 1973 als Papua-Neuguinea innere Autonomie, 1975 volle Unabhängigkeit erlangten.

📖 *Baumann, B.: N. Wien 1985. - Schultze-Westrum, T.: N. Bern; Mchn. u. a. 1972. - Biskup, P., u. a.: A short history of New Guinea. Sydney 1968.*

Neuhannover, Insel des Bismarckarchipels, Papua-Neuguinea, 1 191 km², bergig (bis 875 m ü. d. M.), z. T. dicht bewaldet; wichtigste Orte sind Umbukul und Taskul.

Neuhausen (russ. Gurjewsk), Stadt in Ostpreußen, UdSSR*. - Seit 1945 als Stadt bezeichnet. - Ehem. Burg des samländ. Domkapitels, erbaut ab Ende des 13. Jh., im 16. Jh. Umbauten, nach der Reformation Sommersitz der preuß. Herzöge.

Neuhebräisch † hebräische Sprache.

Neuhebridengraben, Tiefseegraben im südl. Pazifik, zw. den südl. Neuen Hebriden und den Loyaltyinseln, bis 7 570 m tief.

Neuhegelianismus, Sammelbez. für die von K. Fischer und W. Dilthey eingeleiteten Bemühungen der Hegelrenaissance, die bis in die Zeit des NS reicht und auch im Ausland, v. a. in den Niederlanden, in Italien und in Großbrit. Entsprechungen hat. Ziel des N. ist die Abwehr des zunehmenden Einflusses des Positivismus auch auf kulturphilosoph. Gegenstandsbereiche, v. a. auf Rechtswiss., Geschichte und Soziologie. Die weltanschaul. Grundausrichtung des N. bringt ihn schließl. in die Nähe des NS. - Hauptvertreter: H. Glockner, J. Hoffmeister, J. Ebbinghaus, J. Cohn, T. Litt, F. Rosenzweig, K. Larenz, O. Spann.

Neuhochdeutsch, Epoche der dt. Sprachgeschichte, etwa seit der Mitte des 17. Jh. († deutsche Sprache).

Neuhumanismus, von J. M. Gesner und C. G. Heyne durch die Reform des Studiums der klass. lat. und v. a. der griech. Sprache und der Interpretationsmethoden der antiken Literatur und Kultur vorbereitete, von den Schriftstellern und Dichtern der dt. Klassik

223

(Winckelmann, Herder, W. von Humboldt, F. A. Wolf, Goethe, Schiller) getragene, auf Erneuerung des Humanismus zielende Bildungsbewegung. Beeinflußt insbes. von der Kulturkritik J.-J. Rousseaus, entwickelte sie in krit. Auseinandersetzung mit der Aufklärung und anderen Tendenzen der neuzeitl. Kultur ihr Humanitätsideal, orientiert an ihrem Bild des griech. Menschen und dessen Kultur. Einer der Leitbegriffe und eines der Ziele war die Ganzheit der menschl. Existenz von Leib–Seele, Gefühl–Verstand, Natur–Vernunft (bzw. Natur–Geist); dabei wurde der Kunst als zentralem Moment der Kultur grundlegende Bed. zugemessen. Pädagog. wirkte der N. durch W. von Humboldt und F. A. Wolf, die im griech. Menschen der Antike eine vollkommene und human entwickelte Persönlichkeit sahen und eine allg. Menschenbildung und Erziehung zur Humanität, Bildung in alten Sprachen, Mathematik, Naturwiss. und Geschichte anstrebten.

Neuilly-sur-Seine [frz. nœjisyr'sɛn], frz. Stadt im westl. Vorortbereich von Paris, Dep. Hauts-de-Seine, 64 200 E. Zahlr. Ind.betriebe. - Entwickelte sich nach dem Bau der Seinebrücke (1768–72). - Der Friedensvertrag von Neuilly-sur-Seine (27. Nov. 1919) beendete den Kriegszustand zw. Bulgarien und den Alliierten.

neuindoarische Sprachen ↑indische Sprachen.

Neuirland, zweitgrößte Insel des Bismarckarchipels, Papua-Neuguinea, 8 651 km² (einschl. kleiner Nachbarinseln), bis 2 150 m ü. d. M., dicht bewaldet.

Neu-Isenburg, hess. Stadt im südl. Vorortbereich von Frankfurt am Main, 122 m ü. d. M., 40 000 E. V. a. Wohngemeinde, daneben chem., metallverarbeitende und Nahrungsmittelind. - Der urspr. welsches Dorf und **Philippsdorf** gen. Ort entstand 1699 durch Ansiedlung von Hugenotten und Waldensern; erhielt 1894 Stadtrecht; 1943 stark zerstört.

Neujahrstag, in der *Religionsgeschichte* als ein Fest begangen, dessen rituelle und mag. Handlungen dem Zweck dienten, einen Neubeginn zu sichern, der als Erneuerung der Welt und Neuschöpfung des Lebens verstanden wurde. Dem Fest gingen Reinigungsriten zur Entsühnung von Sünden voraus, die während des alten Jahres begangen worden waren. Maskenumzüge und lärmende Feiern galten der Vertreibung böser Mächte. Zeichen des Neubeginns war häufig die Erneuerung des Feuers im Haus oder Tempel. - Im *Christentum* wird der N. seit dem 6. Jh. gefeiert. Bis zur kirchl. Anerkennung des N. am 1. Jan. durch Papst Innozenz XII. (1691) waren Umzüge von Singgruppen am „Groß-N.", dem 6. Jan., üblich. Seither beginnen die Sternsinger vielerorts schon am N. mit ihrem Umzug. - Im *Judentum* wird der N. mit dem Neujahrsfest ↑Rosch Ha-Schana („Anfang des Jahres") am 1. und 2. Tischri (Sept./Okt.) begangen.

Neukaledonien (frz. Nouvelle-Calédonie), frz. Überseeterritorium im sw. Pazifik, umfaßt die rd. 1 500 km östl. von Australien gelegene Insel *N.* (Grande Terre; 16 750 km²) sowie zahlr. kleinere Inseln, 19 058 km², 150 200 E (1985), Hauptstadt Nouméa. - Die 410 km lange, von einem Korallenriff umgebene Insel N. wird von Gebirgen durchzogen, die im Mont Panié 1 628 m und Mont Humboldt 1 618 m ü. d. M. erreichen und zur O-Küste steil abfallen. Im W erstreckt sich eine Küstenebene. Mit Ausnahme der Vulkane Matthew Island und Hunter Island sind alle übrigen Inseln niedrige Koralleninseln. Das Klima ist tropisch. Das Innere der Insel N. und die Küstenebene im W nehmen weithin Savannen und Buschwälder ein; an den Küsten Mangroven und Kokospalmen; die Bergwälder setzen sich v. a. aus Kopalfichten und Araukariengewächsen zusammen.

1983 waren rd. 37 % der überwiegend christl. Bev. Europäer, rd. 43 % Melanesier, rd. 12 % Polynesier; daneben leben Vietnamesen, Indonesier u. a. Minderheiten in N.; neben der Amtssprache Frz. werden melanes. Sprachen gesprochen. - Außer den Exportprodukten Kopra und Kaffee werden für die Selbstversorgung Mais, Süßkartoffeln, Jams, Maniok, Taro, Gemüse angebaut; Bed. hat die Viehweidewirtschaft. Führender Wirtschaftszweig ist der Nickelerzbergbau auf der Insel N. mit Aufbereitungs- und Verhüttungsanlagen; außerdem Abbau von Mangan- und Chromerz sowie Jade.

1774 durch J. Cook entdeckt; kam 1853 in frz. Besitz, diente 1864–96 als Strafkolonie; seit 1946 Überseeterritorium.

Neukantianismus, von O. Liebmann und F. A. Lange eingeleitete einflußreichste philosoph. Bewegung der 2. Hälfte des 19. und des Beginns des 20. Jh., deren Vertreter sich unter Berufung auf die transzendentale Logik und die erkenntnistheoret. Schriften Kants gegen den Materialismus und dessen kryptometaphys. Tendenzen und die Entwicklungstheorie in den Natur- und Geisteswiss. wandten und eine krit. Wissenschaftstheorie ausbildeten. - In der **Marburger Schule** (H. Cohen, P. Natorp, E. Cassirer, K. Vorländer, A. Liebert) wird eine Grundlegung jegl. Erkenntnis, insbes. der der Naturwiss., durch begriffl. und mathemat. Bestimmungen versucht. Die **südwestdt. Schule** (W. Windelband, H. Rickert, E. Lask, B. Bauch) befaßte sich darüber hinaus mit einer Wert- und Sinnproblematik und versuchte die Neubegründung einer Theorie der Geschichts- und Geisteswissenschaft. - Zur Wirkung kam bes. die geschichtswiss. Methodologie Rickerts in der histor. Soziologie M. Webers. - In der prakt. Philosophie trug der

neulateinische Literatur

N. in Auseinandersetzung mit dem Wirtschaftsliberalismus und dem (revolutionären) Marxismus zur Entwicklung der polit. Philosophie des (idealist.) Sozialismus bei, die die Verwirklichung v. a. der konkreten Gerechtigkeit für die Arbeiter zum Gegenstand hat. - Einflüsse auf die Religionsphilosophie, auf die Rechtsphilosophie, die Methodologie der „reinen Rechtslehre" H. Kelsens, v. a. aber auf die Existenzphilosophie und Phänomenologie, die zugleich philosophiegeschichtl. das Ende des N. bedeuten.

📖 *Ollig, H. L.: Der N. Stg. 1979.* - *Ollig, H. L.: Religion u. Freiheitsglaube. Meisenheim 1979.* - *Klein, J.: Die Grundlegung der Ethik in der Philosophie Hermann Cohens u. Paul Natorps - eine Kritik des Marburger N. Gött. 1976.* - *Schmidt, Winrich de: Psychologie u. Transzendentalphilosophie. Bonn 1976.*

Neukastilien (span. Castilla la Nueva), histor. Prov. im zentralen Spanien, 72 363 km², rund 6,3 Mill. E. Umfaßt große Teile der Südmeseta mit dem Tajobecken und Teilen der Mancha sowie Teile der Montes de Toledo und Randbereiche des Iber. Randgebirges. Das Klima ist kontinental. Im Vegetationsbild tritt überwiegend noch die Steineichengemeinschaft auf; nach S nehmen Macchien und Gariguen zu; im Guadianabecken z. T. Trockensteppe. - N. ist dünn besiedelt, abgesehen vom Raum Madrid; Bodenschätze fehlen bis auf geringe Vorkommen an Blei- und Manganerzen sowie Kohle; Meerschaum- und Quecksilbererzvorkommen. Die wirtsch. Grundlage bildet die Landw. (überwiegend Trockenfeldbau und Schafzucht). - N. deckt sich ungefähr mit dem Geb. des muslim. Kgr. Toledo, das im 11. Jh. bestand und nach Eroberung durch König Alfons VI. von Kastilien (1085) seinen heutigen Namen erhielt.

Neukirchener Mission, aus der Erweckung hervorgegangene ev. Missionsgesellschaft, 1878 in Neukirchen (= Neukirchen-Vluyn; Gem. im Niederrhein. Tiefland, NRW, 24 500 E) als „Waisen- und Missionsanstalt" gegründet.

Neuklassizismus, Bez. einer Richtung der dt. Literatur um 1905, die in bewußter Reaktion auf den herrschenden Naturalismus die Bed. der formal und inhaltl. von der Klassik vorgegebenen Werte betonte (**Neuklassik**). Hauptprogrammatiker waren S. Lublinski, W. von Scholz und Paul Ernst.

♦ zur bildenden Kunst ↑ Neoklassizismus.

Neukonfuzianismus, ↑chinesische Philosophie.

Neukonservative, Gruppierung in der preuß. konservativen Partei, die sich 1871 abspaltete und im Ggs. zu den Altkonservativen die Bismarcksche Politik und den Kulturkampf unterstützten; die N. bildete den Kern der 1876 gegr. Dt. konservativen Partei.

Neulandgewinnung (Landgewinnung), Gewinnung von Bodenflächen durch Auflandung von Flächen im Watten- und Flußdeltabereich, durch Abdämmung größerer Meeresgebiete, durch Trockenlegung von Binnenseen. Das konventionelle Verfahren im Gezeitenbereich der Küsten ist die Begünstigung und Förderung der natürl. Auflandung durch Schlickablagerung. Dazu dient ein System von Gräben, Buhnen und Lahnungen, mit denen Querströmungen und Wellenschlag verringert wird, damit sich der Schlick absetzen kann. Nach Bildung eines „Algenrasens" siedelt sich bei Erreichen einer Höhe von etwa 30 cm unter mittlerem Tidehochwasser (mThw) der bodenfestigende Queller mit Schlickgras und Seegras an, später folgen Andel, Strandaster und Stranddreizack (*Salzwiesen*). Wenn etwa 80 cm Höhe über mThw erreicht sind, wird das Gelände eingedeicht. Aus dem bisherigen Vorland ist ein Koog († Groden) oder Polder geworden. An die Stelle dieses klass. Verfahrens treten heute vielfach *mechan. Verfahren*, v. a. bei der Industrieansiedlung. Mit Deichbauten (heute auch im Gezeitenbereich), auch unterstützt durch Inseln und Halbinseln, werden größere Meeresteile abgeriegelt, und mit eingespültem Baggergut wird eine schnelle Auflandung herbeigeführt. In anderen Fällen (z. B. Zuiderseeprojekt) wird die eingedämmte Fläche wie bei der Trockenlegung von Binnenseen (z. B. Haarlemmermeer) leergepumpt und erschlossen.

Neulatein ↑ Latein.

neulateinische Literatur, die nach ma. Literatur in lat. Sprache. Sie entwickelte sich aus dem vom italien. Humanismus seit dem 14. Jh. propagierten Bestreben, dem traditionellen Latein durch Nachahmung antiker Autoren klass. Reinheit, Eleganz und kommunikative Geschmeidigkeit zurückzugeben. Auf Grund veränderter sozialer und polit. Bedingungen war die Bildungsschicht, die die n. L. trug, breiter und differenzierter als die der mittelalterl. Literatur. Deshalb konnte sich die n. L. als letzte übernationale Literatur vom 15. bis 17. Jh. behaupten; doch schrieben v. a. Wissenschaftler und auch Dichter bis ins 19. Jh. (vereinzelt bis heute) lateinisch.

Entwicklung und Verbreitung: Die Reform des latein. Stils setzte sich in Italien in der 1. Hälfte des 15. Jh. durch, nachdem bereits F. Petrarca und G. Boccaccio im 14. Jh. ein erneut an der antiken Sprachnorm ausgerichtetes Latein anstrebten. Epochemachend waren L. Vallas „Elegantiarum linguae Latinae libri VI" (1435-44). Die Schwierigkeit, eine histor. Sprache neu zu etablieren, führte ab etwa 1490 zu Kontroversen über die Wahl der Vorbilder, in denen teils für strengen Ciceronianismus, teils für stilist. Pluralismus plädiert wurde. Von Italien aus verbreitete sich die n. L. zunächst in Ländern, zu denen direkte polit. Verbindungen bestanden, z. B. Dalma-

225

tien mit seinen venezian. Küstenstädten; durch die vielfältigen Beziehungen, die die italien. Humanisten mit Gelehrten und mäzenat. gesonnenen Aristokraten anderer Länder unterhielten, drang sie jedoch in ganz Europa vor. Mit der Kolonialisierung Lateinamerikas durch Spanien und Portugal finden sich Beispiele n. L. auch auf diesem Kontinent.

Gattungen und Stoffe: Die auch für die nationalsprachl. Literaturen maßgebl. Nachahmung der antiken Literatur führte zur Wiederaufnahme aller klass. Gattungen, wobei die sozialen Bedingungen des humanist. Literaturbetriebs und zeitgenöss. geistesgeschichtl. Tendenzen gewisse Präferenzen und Weiterbildungen mit sich brachten. In der Prosa bevorzugte Gatt. waren *Brief* und *Dialog*. Beschränkte Anwendungsmöglichkeiten fanden die antiken Gatt. der *forens.* und der *polit.-beratenden Rede*. Iron.-satir. Varianten der Lobrede sind Schriften wie Erasmus' „Lob der Torheit" (1511). Da die Humanisten oft in fürstl. oder städt. Diensten standen, wurden *Geschichtsschreibung* und *Biographik* eine ihrer Hauptaufgaben. Neben den klass. Gatt. gingen einige volkssprachl. Formen der Unterhaltung und Belehrung in die n. L. ein, so die Fazetie, die kommentierte *Sprichwörter-* und *Sentenzensammlung* und die von Boccaccio inspirierte *Novelle*. Den polit.-satir. *Roman* schuf J. Barclay. In der Poesie wurden einerseits bes. das *Epigramm*, die *Elegie*, der fiktive poet. *Briefwechsel*, *Eklogen* und *Versepen* gepflegt; im Drama war man um die Wiederbelebung der *Komödie* (am Beispiel des Plautus und des Terenz) und der *Tragödie* (nach dem Vorbild Senecas d. J. und des Euripides) bemüht. Die vielleicht bedeutendste Leistung innerhalb der n. L. stellt das Jesuitendrama dar, dessen Technik und Stoffe auch volkssprachliche Bühnenwerke anregten. Schließl. gehören zur n. L. auch die *Übersetzungen* altgriech. und zeitgenöss. nationalsprachl. Texte, die dadurch das internat. gebildete Publikum erreichten.

📖 *Wiegand, H.: Hodoeporica. Stud. z. neulat. Reiselit. Baden-Baden 1984.* - *Roellenbleck, G.: Die ep. Lehrdichtung Italiens im 15. u. 16. Jh. Mchn. 1975.* - *Ellinger, G.: Gesch. der n. L. Deutschlands im sechzehnten Jh. Bln. 1929-33. Bd. 2 u. 3. Nachdr. 1969.*

Neuluthertum, Bez. für eine kirchl. und theolog. Bewegung, die im 19. Jh. aus der Erweckungsbewegung hervorging und die Erneuerung von Kirche und Theologie (gegen den Rationalismus) durch eine Rückbesinnung auf die Reformation anstrebte. Ihre Grundlage sah die Bewegung in der Bibel und in den luth. Bekenntnisschriften. Im Mittelpunkt des theolog. Interesses stand die Kirche, deren Bed. sowohl in der Betonung des kirchl. Amtes als auch in dem eng auf die Kirche bezogenen Verständnis des Bekenntnisses zum Ausdruck kam.

Neumann, Alfred ['--], * Lautenburg 15. Okt. 1895, † Lugano 3. Okt. 1952, dt. Schriftsteller. - Emigrierte 1933 über Fiesole bei Florenz und Nizza in die USA; 1949 Rückkehr nach Florenz. N. gestaltete in seinen psycholog. analysierenden Romanen (v. a. „Der Teufel", 1926) an histor. Stoffen das aktuelle Problem der Macht, ihrer Versuchung und ihres Mißbrauchs. Auch Dramatiker und Lyriker. *Weitere Werke:* Rebellen (R., 1927), Der Held (R., 1930), Narrenspiegel (R., 1932), Es waren ihrer sechs (R., 1944), Der Pakt (R., 1949), Viele heißen Kain (E., 1950).

N., Alfred ['--], * Berlin 15. Dez. 1909, dt. Politiker. - Eintritt in die KPD 1929; 1941-45 inhaftiert; seit 1954 Mgl. des ZK der SED, seit 1958 auch des Politbüros, 1961-65 Vors. des Volkswirtschaftsrats der DDR, 1965-68 Min. für Materialwirtschaft und stellv. Vors. des Min.rats, seitdem 1. stellv. Vors. des Ministerrats.

N., Carl ['--], * Königsberg (Pr) 7. Mai 1832, † Leipzig 27. März 1925, dt. Mathematiker. - Prof. in Basel, Tübingen und in Leipzig; bed. Arbeiten zur Theorie der Bessel- und Kugelfunktionen sowie zur mathemat. Physik, insbes. zur analyt. Mechanik und zur Potentialtheorie.

N., Franz Ernst ['--], * Joachimsthal (Uckermark) 11. Sept. 1798, † Königsberg (Pr) 23. Mai 1895, dt. Physiker und Mineraloge. - Prof. in Königsberg; gilt als der Begründer der theoret. Physik in Deutschland; entwickelte für die Kristallographie die Zonendarstellung durch Linearprojektion, schuf die Theorie der Kristallelastizität und befaßte sich mit der Wärmeleitfähigkeit fester Körper.

N., Johann Balthasar ['--], ≈ Eger 30. Jan. 1687, † Würzburg 19. Aug. 1753, dt. Barockbaumeister. - Ausgebildet als Glockengießer, trat 1712 in den Militärdienst. Als fürstbischöfl. Baudirektor in Würzburg begann er 1720 mit dem Bau der Würzburger Residenz (bis 1744), an der u. a. auch J. L. von Hildebrandt und M. von Welsch mitwirkten. Das großartige zweiläufige Treppenhaus (1735-53, Deckenfresko von Tiepolo) ist ein Höhepunkt gelöster Raumgestaltung, wie auch die Treppenhäuser von Schloß Bruchsal (1731-33; nach Zerstörung im 2. Weltkrieg wiederhergestellt) und Brühl bei Köln (1743-48). Wie in seinen Profanbauten verfolgt N. auch in den Sakralbauten die Idee der Raumverschmelzung und -durchdringung, wobei es ihm v. a. um die Gestaltung des Innenraums geht. Sein Hauptwerk, die Wallfahrtskirche Vierzehnheiligen (1743-72) zeigt in höchster Vollendung die Verschmelzung aller Raumteile in einer Folge verschieden großer Ovale. In der Abteikirche von Neresheim (1745-64, renoviert 1966-75) erzielt er den Eindruck der Schwerelosigkeit. Neben einer Vielzahl von Kloster- und Pfarrkirchen und Schlössern in Franken, Schwaben und am Rhein schuf

Johann Balthasar Neumann,
Wallfahrtskirche
Vierzehnheiligen (1743–72)

N. auch techn. Nutzbauten (v. a. Festungswerke, Brücken, Brunnenanlagen).
📖 *Baumhauer, H./Feist, J.: Kirche u. Abtei Neresheim.* Mchn. 1985. - *Reuther, H.: B. N.* Mchn. 1983. - *Freeden, M. H. v.: B. N. Leben u. Werk.* Mchn. u. Bln. ³1981.

N., John von (Johann Baron von) ['– –], * Budapest 28. Dez. 1903, † Washington 8. Febr. 1957, amerikan. Mathematiker östr.-ungar. Herkunft. - Wirkte in Berlin, Hamburg und Princeton (N. J.). Grundlegende Arbeiten auf fast allen Gebieten der modernen Mathematik und ihrer Anwendung. 1923 gelang N. eine Axiomatisierung der Mengenlehre, die eine einwandfreie Theorie der Ordnungszahlen und damit der natürl. Zahlen einschloß. Mit seinen Arbeiten zur Wahrscheinlichkeitstheorie begründete er zus. mit O. Morgenstern die Spieltheorie und die Wirtschaftsmathematik. 1930 lieferte er eine Axiomatisierung der Funktionalanalysis und 1932 der Quantentheorie („Mathemat. Grundlagen der Quantenmechanik", 1932, Nachdr. 1968).

N., Robert ['– –], * Wien 22. Mai 1897, † München, 3. Jan. 1975, östr. Schriftsteller. - 1934 Emigration nach Großbrit.; brit. Staatsbürger; lebte später v. a. im Tessin; war zeitweise Vizepräs. des Internat. PEN-Clubs. Verfaßte, z. T. in engl. Sprache, u. a. fesselnde zeit- und gesellschaftskrit. Romane, Lyrik und brillante Erzählungen; bekannt sind v. a. seine meisterhaften Parodien („Mit fremden Federn", 1927 und 1955; „Unter falscher Flagge", 1932), mit denen er die Parodie als krit. Gattung im literar. Leben der Weimarer Republik etablierte.
Weitere Werke: Die Macht (R., 1932), An den Wassern von Babylon (R., 1939), Die Kinder von Wien (1946), Olympia (R., 1961), Ein leichtes Leben (Autobiogr., 1963), Der Tatbestand oder Der gute Glaube der Deutschen (R., 1965), Oktoberreise mit einer Geliebten (R., 1970), Ein unmögl. Sohn (R., 1972), $2 \times 2 = 5$ (Parodien, 1974).

N., Stanislav Kostka [tschech. 'najman], * Prag 5. Juni 1875, † ebd. 28. Juni 1947, tschech. Schriftsteller, Publizist und Kunsttheoretiker. - Kam über den Anarchokommunismus zum Marxismus; Mitbegründer der tschech. KP; verfaßte in Thematik und Stil unterschiedl. Werke, die seine jeweiligen Anschauungen widerspiegeln: Naturlyrik, polit. pathet. Gedichte in freien Versen, später volksliedhafte Gesänge; bed. Aufsätze zur marxist. Kunstprogrammatik.

N., Therese ['– –], gen. T. von Konnersreuth, * Konnersreuth (Oberpfalz) 9. April 1898, † ebd. 18. Sept. 1962, dt. Stigmatisierte. - 1918 nach einem Unglücksfall schwer erkrankt (erblindet und gelähmt); 1925 plötzl. geheilt; ab 1926 stigmatisiert; die Echtheit der Stigmatisation (blutende Wundmale) ist nicht zweifelsfrei erwiesen, da eine medizin.-klin. Untersuchung nicht stattfand.

N., Václav [tschech. 'najman], * Prag 29. Sept. 1920, tschechoslowak. Dirigent. - 1956–60 musikal. Oberleiter an der Kom. Oper in Berlin (Ost), 1964–67 Leiter des Leipziger Gewandhausorchesters, ab 1967 der Tschech. Philharmonie in Prag; 1970–72 Generalmusikdirektor der Württemberg. Staatstheater in Stuttgart, seitdem Chefdirigent der Tschech. Philharmonie.

Neumark, Fritz, * Hannover 20. Juli 1900, dt. Nationalökonom. - Prof. in Istanbul (1933–51) und Frankfurt am Main (seit 1952). Bed. Veröffentlichungen zur Finanzwiss. und zur Wirtschaftspolitik. - *Werke:* Konjunktur und Steuern (1930), Fiskalpolitik und Wachstumsschwankungen (1968), Grundsätze gerechter und ökonom. rationaler Steuerpolitik (1970).

Neumark, histor. Landschaft östl. der Oder und nördl. der unteren Warthe, zunächst „Land jenseits der Oder" gen., spätestens seit 1402 N. (als Ggs. zur †Altmark). Seit der Mitte des 13. Jh. an unter der Herrschaft der Markgrafen von Brandenburg. 1815 wurde die N. (ohne den an Pommern gelangten NO um Dramburg und Schivelbein) Teil der preuß. Prov. Brandenburg. Seit 1945 polnisch.

Neumarkt i. d. OPf.

Neumarkt i. d. OPf., Krst. in der Oberpfalz, Bay., 425 m ü. d. M., 31 600 E. Stadtmuseum. Zentraler Ort für ein landw. geprägtes Umland auf der Fränk. Alb; Apparatebau, Textilind., Schreibwarenherstellung, Bau-, Nahrungsmittel- u. a. Ind. - 1235 Ersterwähnung als Stadt; im 2. Weltkrieg zu 90% zerstört. - Got. Pfarrkirche (14./15. Jh.) spätgot. Hofkirche (15. Jh.) mit barockisiertem Langhaus; vom ehem. Schloß (1539 vollendet; heute Behörden) sind der NO- und der SO-Flügel erhalten.

N. i. d. OPf., Landkr. in Bayern.

Neumeier, John, * Milwaukee (Wis.) 24. Febr. 1942, amerikan. Tänzer, Choreograph und Ballettdirektor. - 1963–69 beim Stuttgarter Ballett, 1969–73 Ballettdirektor in Frankfurt am Main, seit 1973 an der Staatsoper Hamburg. Als Choreograph trat er v. a. durch dramaturg. Neuakzentuierung hervor; u. a. mit „Romeo und Julia" (Prokofjew, 1971), „Don Juan" (Gluck, 1972), „West Side Story" (Bernstein, 1978).

Neumen [zu griech. neũma „Wink"], Notenzeichen des MA, mit denen die einstimmigen Melodien, v. a. die der liturg. Gesänge aufgezeichnet wurden. In der Geschichte der Notenschriften stehen sie zw. den Buchstabentonschriften der Antike und den aus den N. entwickelten Quadratnoten der Choralnotation. In ihrer frühen Form bezeichnen sie nur den allg. Verlauf der Melodien und sind Gedächtnisstützen bei der Ausführung der aus mündl. Überlieferung bekannten Gesänge. Auch der Rhythmus der Melodien blieb in dieser Notierung unberücksichtigt. Dem für die Zeit selbst spürbaren Mangel versuchte man, durch Zusatzzeichen zu begegnen. Mit diastemat. N. (zu griech. diástēma „Intervall") wurden die Melodieverläufe von gedachten Linien bezüglich klarer festgelegt, bis mit der Einführung von urspr. ein oder zwei Linien (allg. f und c^1, bezeichnet durch einen Tonbuchstaben am Anfang oder durch Rot- und Gelbfärbung) die Intervallverhältnisse eindeutig fixiert werden konnten. Die sog. *lat.* N. W- und M-Europas, deren früheste Belege bis in das 9. Jh. zurückreichen, dürften auf das Vorbild der seit dem 8. Jh. nachweisbaren *byzantin.* N. zurückgehen. Diese werden auf die prosod. Zeichen des griech. Alphabets zurückgeführt. Aus der lat. N.schrift ist im 12. Jh. durch Verdickung der Zeichen die quadrat. ↑Choralnotation entstanden.

Neumexiko ↑New Mexico.
Neuminute ↑Gon.
Neumond, eine Phase im Lichtwechsel des Mondes. Bei N. ist die der Erde zugewandte Seite des Mondes, da er zw. Sonne und Erde steht, nicht beleuchtet.

Neumünster, Stadt auf der Holstein. Vorgeest, Schl.-H., 22 m ü. d. M., 78 500 E. Fachschulen für Lebensmitteltechnik und

	Neumen (Sankt Gallen)	Choralnotation (römisch)
Punktum	· (\)	■
Virga	/ ſ	˥
Pes oder Podatus	ʃ ʃ	ᗡ
Clivis oder Flexa	∩	ᖚ
Climacus	/.	˥••
Scandicus	/	♩
Torculus	ʃ	ᓚ
Porrectus	N	N
Oriscus	ɣ	■
Pressus	⸍	•⎤
Salicus	⸍/	•⎦
Strophicus	,,,	■■■
Quilisma	⏜	
Cephalicus	ρ	♭
Epiphonus	⌣	ᗡ

Neumen

Chemie; Textil-, metallverarbeitende, elektrotechn., chem. u. a. Ind.; Garnison. - Den Gauhauptort **Wippendorf** machte der Priester Vicelin 1127 zum Ausgangspunkt seiner Missionsarbeit in Wagrien. Bald danach gründete er dort ein Augustiner-Chorherren-Stift. Seit 1164 erscheint der Ort als **Nova Monasterium** („N."); seit 1870 Stadt. - Klassizist. Vicelinkirche (19. Jh.) von C. F. Hansen erbaut, mit Tonrelief (um 1837) von B. Thorvaldsen.

Neunaugen (Petromyzones, Petromyzontes, Petromyzoniformes), mit rd. 25 Arten in Süß- und Meeresgewässern der kalten und gemäßigten Regionen der Nordhalbkugel verbreitete Unterklasse etwa 12–100 cm langer fischähnl. Wirbeltiere (Klasse ↑Rundmäuler); aal- bis wurmförmige, meist in erwachsenem Zustand an Fischen blutsaugende Tiere mit (beidseits) sieben Kiemenöffnungen (einschließl. Nasenöffnung und Auge also „neun Augen"), rundem, kräftig bezahntem Saugmaul, zwei Rückenflossen und einer kleinen Schwanzflosse. Die Larven schlüpfen stets in Süßgewässern aus ihren Eiern; sie machen nach zwei bis fünf Jahren eine Metamorphose durch. Unter den N. unterscheidet man *Wanderformen* (nach der Metamorphose Abwanderung in Meeres- oder Brackgewässer, später Laichwanderung in die Süßgewässer), wie z. B. **Flußneunauge** (Pricke, Petromyzon fluviatilis, 30–50 cm lang, oberseits dunkelblau bis graugrün, unterseits silbrigweiß) und **Meerneunauge** (Lamprete, Neunaugenkönig, Petromyzon marinus, bis 1 m lang, oberseits bis dunkel olivgrün, unterseits hell, getupft), und *Süßwasserformen* (bleiben stets in Süßgewässern), zu denen v. a. das ↑Bachneunauge gehört.

Neuniederlande, ehem. niederl. Kolonie im NO der heutigen USA; entstanden Anfang des 17. Jh.; Hauptort Neuamsterdam (= New York).

Neunkirch, Bez.hauptort im schweizer. Kt. Schaffhausen, 426 m ü. d. M., 1 400 E. - 850 erstmals erwähnt, 1270 Stadtrecht. - Rechteckig angelegt mit vier parallelen Längsstraßen.

Neunkirchen, Landkr. im Saarland.

Neunkirchen, niederöstr. Bez.hauptstadt 15 km sw. von Wiener Neustadt, 370 m ü. d. M., 11 000 E. Metall- und holzverarbeitende Ind. - 1094 Ersterwähnung; seit 1920 Stadt. - Spätroman.-got. Pfarrkirche (13.–16. Jh.) mit Rokokoausstattung.

Neunkirchen/Saar, saarländ. Krst. im Tal der oberen Blies, 250 m ü. d. M., 49 900 E. Verwaltungssitz des Landkr. Neunkirchen; wirtsch. und kultureller Mittelpunkt des östl. Saarlandes, u. a. Eisenwerk. - 1281 erstmals erwähnt; wurde 1921 Stadt, 1974 Kreisstadt.

Neuntöter (Dorndreher, Rotrückenwürger, Lanius collurio), einschl. Schwanz etwa 17 cm langer Singvogel (Fam. ↑Würger), v. a. in Feldgehölzen und Parkanlagen großer Teile Eurasiens; ♂ oberseits mit rotbraunem Rücken und ebensolchen Flügeln, blaugrauem Oberkopf und Bürzel, weißem Gesicht, schwarzer Gesichtsmaske und weißen Seitenfedern am schwarzen Schwanz; Unterseite rahmfarben; ♀ unscheinbarer gefärbt; Zugvogel, der im Herbst bis in die Tropen zieht.

Neununddreißig Artikel, 1563 verabschiedete Lehrformulierung der Kirche von England; vertreten eine gemäßigte reformator. Position; als Bestandteil des „Common Prayer Book" bis heute in der Anglikan. Kirchengemeinschaft gültig.

Neuphilologie ↑Philologie.

Neuplatonismus, sich an der Philosophie Platons orientierende, mit Ammonios Sakkas und Plotin beginnende philosoph. Richtung des 3.–6. Jh. n. Chr., die die christl. Philosophie und Theologie bis zur Renaissance des Aristotelismus im MA prägte. Trotz eines ausgeprägten Schuldogmatismus übernahm der N. auch die Lehren anderer Philosophenschulen, wobei Prinzip der Auswahl fremder theoret. Aussagen und Kriterium der Schulzugehörigkeit die Verträglichkeit mit der Lehre Platons war. - Plotin, der den N. weithin prägte, versuchte, die Welt und das Werden unter Beibehaltung des Platon. Dualismus von Sinnlichem und Übersinnlichem aus einem Prinzip der Emanations- und Hypostasenlehre zu erklären. Porphyrios ergänzte den N. Plotins durch die Aufnahme der Aristotel. Logik und hob den prakt. und religiösen Aspekt gegenüber dem theoret. stärker hervor. - Als Hauptvertreter des *syr. N.* gilt Iamblichas, Schüler des Porphyrios, der das metaphys. System Plotins um mehrere Hypostasen erweiterte. Die Platoninterpretation erhielt durch ihn eine einheitl. Methode. - Der *athen. N.* (↑auch Akademie) schloß sich in der Platoninterpretation und der Verbindung von Mystik und scholast. Denken eng an die syr. Schule an. Proklos, ihr bedeutendster Vertreter, verband die exeget. Methode des Iamblichos mit der triad. Entwicklungsmetaphysik des Syrianos (1. Hälfte des 5. Jh.). Durch Edikt Kaiser Justinians wurde 529 die Akademie geschlossen und ihr Vermögen eingezogen. - Der *alexandrin. N.* verzichtete weitgehend auf eine eigene Metaphysik und strebte eine Harmonisierung zw. Christentum und N. an. - Der *N. des lat. Westens* ist nur i. w. S. N.; seine Vertreter, meist Christen, widmeten sich überwiegend der Übersetzung und Kommentierung Platon. und Aristotel. Schriften. Ihre Bed. besteht v. a. in der Vermittlung der antiken Philosophie an das christl. MA.

📖 *Camus, A.: Christl. Metaphysik u. N. Dt. Übers. Rbk. 1978. - Die Philosophie des N. Hg. v. C. Zintzen. Darmst. 1977. - Brons, B.: Gott u. die Seienden. Gött. 1976. - Ley, K.: Neuplaton. Poetik u. Nat. Wirklichkeit. Hdbg. 1975. - Beierwaltes, W.: Platonismus u. Idealismus. Ffm. 1972.*

Neupositivismus, svw. ↑Neopositivismus.

Neupreußen, Bez. für die Prov., die nach dem Wiener Kongreß an Preußen kamen.

Neuquén [span. neuˈken], Hauptstadt der argentin. Prov. N., zw. Río N. und Río Limay, die sich zum Río Negro vereinigen, 265 m ü. d. M., 90 000 E. Kath. Bischofssitz; Univ., Handelszentrum eines Landw.-geb. - Gegr. 1904.

N., argentin. Prov. in NW-Patagonien, an der chilen. Grenze, 94 078 km², 243 900 E (1980), Hauptstadt N.; Schaf- (v. a. im S), Ziegen- (bes. im N) und Rinderhaltung (Milchwirtschaft) sowie einige Bewässerungs- (v. a. Wein, Äpfel, Birnen) und Ölbaumkulturen; bed. Erdöl- und Erdgasförderung; Holzverarbeitung; Fremdenverkehr. - Seit 1884 argentin. Territorium, Prov. seit 1955.

neur..., Neur... ↑neuro..., Neuro...

neural [griech.], auf Nerven bezügl., vom Nervensystem ausgehend.

Neuralgie [griech.] (Nervenschmerz), Schmerzanfälle im jeweiligen Ausbreitungsgebiet sensibler oder gemischter Nerven, bei der im Unterschied zur ↑Nervenentzündung keine anatom. Veränderungen und keine Funktionsausfälle nachweisbar sind. Ursache von N. können u. a. spezif. oder unspezif. Entzündungen, Herdinfektionen, mechan. Nervenschädigungen, chron. Vergiftungen, aber auch Gehirn- oder Rückenmarksgeschwülste sein. Die Behandlung richtet sich gegen die Ursachen; u. U. sind Injektionen oder chirurg. Eingriffe zur Unterbindung der Schmerzleitung erforderlich.

neuralgisch, svw. sehr problematisch, kritisch.

Neuralpathologie, medizin. Krankheitslehre, nach der die krankhaften Veränderungen im Organismus vom Nervensystem ausgehen.

Neuralrohr, svw. ↑ Medullarrohr.

Neuraltherapie, von F. Huneke entwickelte Heilmethode, bei der das Nervensystem mit chem. oder physikal. Methoden örtl. beeinflußt wird. - ↑ auch Sekundenphänomen.

Neuraminsäure, formal aus Mannosamin und Brenztraubensäure zusammengesetzter Aminozucker, der als N-Acetyl- bzw. N-Glykolylderivat in Zellmembranen (v. a. von Nervenzellen) und im Blutplasma vorkommt und als Virusrezeptor wirkt.

Neurasthenie (Nervenschwäche, Beard-Syndrom), 1878 von dem amerikan. Neurologen G. M. ↑ Beard erstmals beschriebener Symptomenkomplex: reizbare Schwäche, Überempfindlichkeit der Sinnesorgane und Irritation des Rückenmarks. Im neueren medizin.-psychiatr. Sprachgebrauch spricht man von **asthen. Reaktion** bzw. von **Erschöpfungsreaktion** nach körperl. und seel. Überanstrengung. Auslösende Momente sind überwiegend situative, gesellschaftl. und wirtschaftl. Faktoren. Die N. äußert sich in lustloser Verstimmtheit, reizbarer Erschöpfung, Unfähigkeit zur Entspannung sowie häufig in diffusen körperl. Beschwerden (z. B. Herzklopfen, Herzschmerzen, weiche Knie und allg. Schwächegefühl, Schwindel, Verdauungsbeschwerden mit Verstopfung oder Durchfall, Kopfdruck, Schwitzen). Ein krankhafter Organbefund ist nicht zu erheben.

Neurath, Konstantin Frhr. von, * Kleinglattbach (= Vaihingen an der Enz) 2. Febr. 1873, † Leinfelder Hof bei Enzweihingen (= Vaihingen an der Enz) 14. Aug. 1956, dt. Diplomat und Politiker. - 1932–38 Reichsaußenmin. unter Papen, Schleicher und Hitler; danach Reichsmin. ohne Geschäftsbereich, Präs. des Geheimen Kabinettsrates (ab 1938) und Mgl. des Reichsverteidigungsrates (ab 1939); ab März 1939 Reichsprotektor von Böhmen und Mähren (beurlaubt 1941, Rücktritt 1943); trat 1937 der NSDAP bei; erhielt 1937 den Ehrenrang eines Gruppenführers (1943 Obergruppenführers) der SS; 1946 im Nürnberger Hauptkriegsverbrecherprozeß zu 15 Jahren Haft verurteilt, 1954 entlassen.

Neurektomie, svw. ↑ Nervenresektion.

Neurenaissance, Stilrichtung des 19. Jh. v. a. in Baukunst und Kunstgewerbe (insbes. Möbel), die Formen der italien. Renaissance aufgreift. Erste Beispiele im frühen 19. Jh. in Frankr. (Paris, Triumphbogen, 1806 ff.), in Deutschland (Bauten L. von Klenzes in München, u. a. Glyptothek, 1816–34) und England (Bauten C. Barrys, u. a. Traveller's Club in London, 1829–32); es folgten als bed. Bauten G. Sempers Dresdner Opernhaus (1838–41; 1869 abgebrannt) und Sempers Wiener Burgtheater (1874–88, mit C. Frhr. von Hasenauer).

Neurexairese (Neurexhairese) [griech.], svw. ↑ Nervenresektion.

Neurinom [griech.] (Schwannom), gutartige Geschwulst des Nervengewebes, von den Schwann-Zellen der Nervenscheiden ausgehend. Die Behandlung besteht in der operativen Entfernung.

Neurit [griech.] ↑ Nervenzelle.

Neuritis [griech.], svw. ↑ Nervenentzündung.

neuro..., Neuro..., neur..., Neur... [zu griech. neũron „Nerv"], Bestimmungswort für Zusammensetzungen mit den Bed. „Nerv", „Nervengewebe", „Nervensystem".

Neurobiologie, Teilgebiet der Biologie als Forschungszweig bzw. Lehre von den Nerven und vom Nervensystem; mit den Arbeitsrichtungen Neuroanatomie, Neurohistologie, Neuropharmakologie, Neurophysiologie und Neuropathologie.

Neuroblasten [griech.], Zellen des embryonalen Nervengewebes, aus denen die Nervenzellen entstehen.

Neurochemie, Sammelbez. für Teilgebiete der Neurobiologie und Biochemie, die sich speziell mit dem Chemismus der Aufnahme, Übertragung sowie Speicherung und Verarbeitung (Gedächtnis, Denken) von Informationen im Nervensystem befassen.

Neurochirurgie, Spezialgebiet der Medizin, das operative Eingriffe am zentralen und peripheren Nervensystem umfaßt.

neuroendokrines System (neurosekretor. System), Bez. für die anatom. und funktionelle Verknüpfung von neurohämalen Organen, insbes. für das Hypophysen-Zwischenhirn-System der Wirbeltiere, bei dem auf nervösem Wege die Tätigkeit der Hypophyse und damit die Bildung, Ausschüttung und Wirkung der Hormone vom Zwischenhirn her reguliert wird.

neurogen, von einem Nerv, einer Nervenzelle oder vom Nervensystem ausgehend; **neurogene Lähmung,** Ausfall einer Muskelfunktion infolge Unterbrechung der Nervenerregung.

Neurohormone, von neurosekretor. tätigen Nervenzellen gebildete Substanzen mit Hormonwirkung, die bei Wirbellosen und Wirbeltieren (bei diesen v. a. im ↑ Hypothalamus) vorkommen.

Neuroleptika (Neuroplegika, Psycholeptika) [griech.], Gruppe antipsychot. wirkender Psychopharmaka (z. B. Phenothiazine, Butyrophenone, Rauwolfiaalkaloide), deren Hauptwirkung sich gegen Angst, Erregung, Verwirrtheit, Wahnideen und Sinnestäuschungen richtet und die u. a. bei psychomotor. und psychot. Erregungszuständen therapeut. angewandt werden.

Neurologie, Bez. für das Fachgebiet der Medizin, das sich außer mit den organ. Erkrankungen des zentralen und peripheren Nervensystems auch mit den innervationsbedingten Krankheiten der Skelettmuskulatur sowie mit den zerebralen Anfallsleiden befaßt. Der Facharzt heißt **Neurologe.**

Neuromanik, Stilrichtung des 19. Jh. und des frühen 20. Jh., die durch die Nachahmung roman. Kirchen (Kaiser-Wilhelm-Gedächtniskirche in Berlin, 1891–95) und Burgen (Neuschwanstein, 1868–86) oder freier Anwendung roman. Stilelemente auf neue Bauaufgaben (Bahnhof in Worms 1901–04) gekennzeichnet ist; nach dem bevorzugten Bauelement auch als **„Rundbogenstil"** bezeichnet. Häufig ist eine Verschmelzung von N. und Neurenaissance.

Neuromantik, Ende des 19. Jh. geprägte Bez. für eine literar. Strömung, die als Reaktion auf den Naturalismus im Rahmen einer breiteren geistigen Auseinandersetzung mit der dt. Romantik um 1890 entstand. Neben wiss. Beschäftigung mit der Romantik, Neuausgaben und Anthologien wurden auch Themen und Motive der Romantik aufgegriffen und literar. gestaltet; z. B. die Balladen von A. Miegel und B. von Münchhausen oder die ep. und dramat. Werke von R. Huch, G. Vollmoeller, E. Stucken und einzelne Werke G. Hauptmanns. Entscheidender als die stoffl. Rückgriffe auf die Romantik wurden jedoch die kunsttheoret. und ästhet. Einflüsse und Anregungen aus frz. Literaturströmungen, wie Impressionismus, Dekadenzdichtung (L'art pour l'art) und bes. Symbolismus. Nach Art und Grad der Umsetzung entstanden verschiedene heterogene Richtungen (z. B. George-Kreis). Da diese Differenzierungen mit der Bez. N. nicht erfaßt werden, wird heute meist von „Symbolismus", „Stilkunst um 1900" (J. Hermand) oder „literar. Jugendstil" (D. Jost) gesprochen.

Neuron [griech.] ↑ Nervenzelle.

Neuropathie [griech.], svw. ↑ Polyneuropathie.

◆ (Nervenleiden) bes. Neigung zu Funktionsstörungen des vegetativen Nervensystems ohne krankhaften körperl. bzw. Organbefund. Die Beschwerden sind vielseitig und manifestieren sich an verschiedenen Organen: z. B. Herz (Herzjagen), Magen-Darm-Kanal („Reizmagen", Erbrechen, Durchfall) u. a. Als Heilmaßnahme kommt u. U. eine psychotherapeut. Behandlung in Frage.

Neuromanik. Schloß Neuschwanstein (1868–86)

Neuropathologie, Teilgebiet der ↑ Pathologie; Lehre von den Erkrankungen des zentralen und peripheren Nervensystems.

Neurophysiologie (Nervenphysiologie), Fachrichtung der Physiologie (und Teilgebiet der Neurobiologie), die die Funktion des Nervensystems untersucht und beschreibt; bedient sich experimentell v. a. elektrophysiol. und neuropharmakolog. Methoden.

Neuroplasma ↑ Nervenzelle.

Neuroplastik, svw. ↑ Nervenplastik.

Neuroplegika [griech.], svw. ↑ Neuroleptika.

Neuropsychologie, Teilgebiet der (physiol.) Psychologie, das die neurophysiolog. Grundlagen der psych. Phänomene erforscht und die Zusammenhänge zw. diesen Phänomenen und der nervösen Struktur untersucht (etwa die Wirkung von Psychopharmaka).

Neuropteria [griech.], svw. ↑ Netzflügler.

Neurosekrete, zusammenfassende Bez. für Neurohormone und neurogen gebildete Überträgersubstanzen (Neurotransmitter) wie Acetylcholin, Adrenalin und Noradrenalin.

Neurosekretion (Neurokrinie), die Absonderung von Neurosekreten aus mehr oder weniger drüsenartig veränderten Nervenzellen (**neurosekretor. Zellen**) in Ganglien und im Zentralnervensystem. Oft sind **neurohämale Organe** ausgebildet, in denen sich Bluträume mit sezernierenden Nervenendigungen verflechten. - N. findet sich bei den meisten Tieren, z. B. im ↑ neuroendokrinen System des Hypothalamus bei den Wirbeltieren (einschl. Mensch).

neurosekretorisches System, svw. ↑ neuroendokrines System.

Neurosen [griech.], Bez. für eine Gruppe psych. Verfassungsanomalien oder gestörter psych. Einstellungen zur menschl. Mitwelt (Hemmung, Furcht, Unsicherheit, Labilität, Melancholie u. a.), die im wesentl. auf Kon-

neurosensorisch

flikte zurückzuführen sind, die aus einer Diskrepanz zw. Antrieb, Bedürfnis bzw. Anspruch oder psych. Einstellung einerseits und inadäquaten Umweltgegebenheiten andererseits resultieren. Zu N. kann es auch bei Tieren kommen, die z. B. falsch (d. h. gegen ihre natürl. Programmierung durch Instinkte) „erzogen" werden oder an der Entfaltung ihres instinktuellen Verhaltensrepertoires gehindert werden. Die einzelnen N. sind jeweils nach ihren Ursachen benannt (z. B. soziale N. [durch gesellschaftl., außerfamiliären Zustand oder Einfluß bewirkt], Zwangsneurose). Der Begriff N. wurde 1787 von dem brit. Mediziner W. Cullen (* 1710, † 1790) geprägt. Im Laufe des 19. Jh. wurde begriffl. allg. zw. Nervenkrankheiten mit organ. Ursache und N. (ohne organ. faßbare Veränderungen) sowie zw. N. und ↑Psychosen unterschieden. Kurz vor der Jh.wende teilte S. Freud die N. in *Aktual-N.* (Neurasthenie, Angstneurose, Hypochondrie) und *Neuropsychosen* (Hysterie, Phobie, Zwangsneurose) ein; letztere nannte er später Psychoneurosen. Nach Freud führt bei den Aktual-N. ein Mangel oder auch ein Stau an sexueller Energie, die er Libido nannte, zu einer seel. Störung, während die Psycho-N. eine Folge des Konflikts zw. den (meist bereits frühkindl.-sexuellen) Wunschtendenzen des Es und den Abwehrtendenzen des Ich und Über-Ich sind. A. Adler faßte (ab 1907) neurot. Symptome als mißglückte Kompensationen individueller Minderwertigkeitsgefühle auf, während für C. G. Jung (ab 1913) die Diskrepanz zw. unterschiedl. ausgereiften Anteilen der (von ihm als allg. psych. Energie verstandenen) Libido für N. verantwortl. ist. Die Neopsychoanalytiker (v. a. H. Schultz-Hencke) sprachen (ab etwa 1930) in Anlehnung an unterschiedl. Arten des psych. Antriebs von schizoiden, depressiven, zwanghaften und hyster. Neurosestrukturen. J. H. Schultz übernahm (ab 1936) diese Einteilung zur Kennzeichnung der verschiedenen Varianten des „neurot. Gehabes". Eine Klassifikation nach sog. Schweregraden ergab bei ihm eine Unterteilung in (exogene) „Fremd-N.", (physiogene) „Rand-N.", (psychogene) „Schicht-N." und (charaktergene) „Kernneurosen". Daraus entwickelte W. Bräutigam (ab etwa 1960) eine Einteilung der „konfliktmotivierten Störungen" in „Konfliktreaktionen", „neurot. Entwicklungen" und „psychopath. Entwicklungen". - Nach der Definition der Weltgesundheitsorganisation der UN (WHO) werden unter N. folgende psych. Störungen verstanden: Angst-N. und andere durch Angst bestimmte neurot. Störungen, Hysterie mit Konversions-N., phob. Zustände, zwangsneurot. Störung, neurot. Depression, Neurasthenie, Depersonalisation und Hypochondrie.
Zur *Behandlung* der N. ↑Psychotherapie.
📖 *Bräutigam, W.: Reaktionen, N., abnorme Persönlichkeiten. Stg. ⁵1985. - Hoffmann, Sven O./Hochapfel, G.: Einf. in die N.lehre u. psychosomat. Medizin. Stg. ²1984. - Janov. A.: Anatomie der N. Dt. Übers. Ffm.²1981. - Eysenck, H. J.: Neurose ist heilbar. Dt. Übers. Ffm. ²1980. - Hoffmann, Sven O.: Charakter u. N. Ffm. 1979. - Horney, K.: Der neurot. Mensch unserer Zeit. Dt. Übers. Mchn. Neuauflage 1979. - Lüssi, P.: Atheismus u. Neurose. Göttingen 1979. - Lenné, R.: Notsignal Neurose. Mchn. 1978.*

neurosens̲o̲risch [griech./lat.], einen an der Sinneswahrnehmung beteiligten Nerv betreffend, sich auf einen sensiblen Nerv beziehend.

Neur̲o̲spora [griech.], saprophyt. Schlauchpilzgattung, deren bekannteste Vertreter, N. crassa und N. sitophila (Brotpilz), oft auf feuchtem Brot vorkommen. Die raschwüchsigen N.arten sind wichtige Forschungsobjekte der Genetik und Biochemie.

Neurotisati̲o̲n [griech.], Regeneration eines durchtrennten Nervs durch Einsprossen von ↑Axonen vom körpernahen Stumpf aus durch das zwischenliegende Narbengewebe bis hin zum abgetrennten Ende, was zur völligen Wiederherstellung der Funktion nach 6 bis 8 Wochen führen kann; auch die operative Wiederherstellung der Funktion eines gelähmten Muskels durch Überpflanzung eines gesunden Nervenstumpfs mit anhängendem oder ohne Muskelgewebe (*Nervenpfropfung*).

neur̲o̲tisch [griech.], 1. im Zusammenhang mit einer Neurose stehend; unter einer Neurose leidend; 2. auf Nerven oder Nervenleiden bezüglich.

Neurotransmitter [griech./lat.] (Überträgerstoffe), neurogen gebildete Aktionssubstanzen, die bei der Erregungsübertragung in den ↑Synapsen der Neuronen (↑Nervenzelle) freigesetzt werden: Acetylcholin (bei den sog. cholinerg. Nervenzellen), Adrenalin und Noradrenalin (bei adrenerg. Nervenzellen).

Neurotrips̲i̲e [griech.], svw. ↑Nervenquetschung.

neurotr̲o̲p [griech.], auf Nerven oder Nervengewebe einwirkend.

Neur̲u̲la [griech.], auf die ↑Gastrula folgendes Stadium der Embryonalentwicklung der ↑Chordatiere, das die Ausbildung der Körpergrundgestalt einleitet. Bes. kennzeichnend ist die Bildung des dorsalen Neuralrohres im Bereich der Medullarplatte. Darunter (ventral) entsteht die ↑Chorda dorsalis, unter dieser der Darmhohlraum. An den Seiten des Keims grenzen sich Muskelsegmente an.

Neuruppin, Krst. am W-Ufer des Ruppiner Sees, Bez. Potsdam, DDR, 40 m ü. d. M., 26 800 E. Holz- und Elektroind., Erholungsort. - Das neben der Burg Ruppin (Alt Ruppin) vor 1238 gegr. Ruppin erhielt 1256 Stendaler Stadtrecht; seit 1291 als N. bezeichnet. - Frühgot. ehem. Dominikanerklosterkirche (um 1300).

Neuseeland

N., Landkr. im Bez. Potsdam, DDR.

Neuruppiner Bilderbogen, vom Verlag Gustav Kühn (gegr. 1775), ab 1835 auch von Oehmigke & Riemschneider (gegr. 1831) in Neuruppin hg. Bilderfolge, die in Form von Einblattdrucken mit größtenteils humorist. und sarkast. Inhalt unregelmäßig erschien. Die frühen Blätter waren in kolorierter Holzschnitttechnik, die späteren als Lithographien hergestellt.

Neusatz ↑ Novi Sad.

Neuscholastik, das philosoph. und theolog. Bemühen um eine Erneuerung des Gedankenguts der Scholastik seit der Mitte des 19. Jh., v. a. im Anschluß an die Philosophie des Thomas von Aquin (**Neuthomismus**). Themenkreise der philosoph. N. waren: Erkenntnislehre, Seele-Leib-Verhältnis, Hylemorphismus und das Problem Akt und Potenz.

Neuschottland ↑ Nova Scotia.

Neuschwabenland, Randgebiet der Ostantarktis, weitgehend von Inlandeis bedeckt, von mehreren hohen Gebirgen durchzogen.

Neuschwanstein, Schloß bei Schwangau (Landkr. Ostallgäu, Bayern), in neuroman. Stil 1868-86 von E. Riedel für König Ludwig II. von Bayern erbaut. - Abb. S. 231.

Neuseeland

(amtl.: New Zealand), parlamentar. Monarchie im sw. Pazifik, zw. 34° und 47° s. Br. sowie 166° und 179° ö. L. **Staatsgebiet:** Umfaßt die rd. 1 600 km sö. von Australien gelegenen beiden Hauptinseln Nordinsel und Südinsel sowie mehrere bewohnte und unbewohnte Inseln. **Fläche:** 269 063 km². **Bevölkerung:** 3,3 Mill. E (1985), 12,2 E/km². **Hauptstadt:** Wellington. **Verwaltungsgliederung:** 90 Grafschaften. **Amtssprache:** Englisch. **Nationalfeiertag:** 6. Febr. **Währung:** Neuseeland-Dollar (NZ$) = 100 Cents (c). **Internationale Mitgliedschaften:** UN, Commonwealth, ANZUS-Pakt, ASPAC, Colombo-Plan, SPC, GATT, OECD. **Zeitzone:** Neuseelandzeit, d. i. MEZ + 11 Std.

Landesnatur: Die Nord- und Südinsel werden durch die etwa 35 km breite Cookstraße voneinander getrennt. Das Rückgrat der 151 757 km² großen Südinsel bilden die Neuseeländ. Alpen, die im Mount Cook 3 763 m ü. d. M. erreichen und z. T. vergletschert sind. Nach O fallen die seenreichen Neuseeländ. Alpen allmähl. zu den Canterbury Plains ab. Nach S gehen sie in das Fjordland über, das zahlr. Fjorde und glazial überformte Täler aufweist. Den Kern der 114 597 km² großen Nordinsel bildet ein vulkan. Hochland mit aktiven Vulkanen, mit Thermalquellen und Geysiren. Höchster Vulkan ist der Ruapehu mit 2 797 m ü. d. M.

Klima: N. liegt im Westwindgürtel der gemäßigten Breiten und hat hochozean. Klima. Die Winter sind in den Tiefländern der Nord- und Südinsel und auch in den Bergländern der Nordinsel mild. Strenge Fröste gibt es nur in den Neuseeländ. Alpen.

Vegetation: Grasfluren herrschen vor, nur etwa 20% des Landes sind mit Wald bedeckt (im N immergrüne Lorbeer-Koniferen-Gemeinschaften, im S v. a. Scheinbuchen).

Tierwelt: Charakterist. für die urspr. Tierwelt ist das fast völlige Fehlen von Landsäugetieren und die große Vielfalt der Vögel, darunter mehrere flugunfähige Arten, u. a. den noch

Neuseeland. Wirtschaftskarte

Neuseeland

heute vorkommenden Kiwis. Auf einigen Inseln finden sich noch Brückenechsen. Von den Maori wurden Hund und Ratte, von den Europäern Rind, Schaf, Kaninchen, Rothirsch u. a. eingeführt.

Bevölkerung: Europ. (vorwiegend brit.) Abstammung sind 85,8% der Gesamtbev., 9% sind Maori; daneben gibt es chin., ind. und polynes. Minderheiten. Rd. 26% sind Anglikaner, 17% Presbyterianer, 14% Katholiken, 5% Methodisten, 2% Baptisten, 1,1% Angehörige der Maori-Kirche 74% leben auf der kleineren Nordinsel; die höchste Bev.-dichte hat das Geb. um Auckland (124 E/km^2; auf der Südinsel dagegen nur 5,4 E/km^2). Auch die Maori leben überwiegend auf der Nordinsel. Es besteht allg. Schulpflicht von 6–15 Jahren. Von 7 Hochschulen haben 6 Universitätsrang.

Wirtschaft: Grundlage ist die stark spezialisierte und in hohem Maße mechanisierte Landw.; an erster Stelle steht die Schaf- und Rinderzucht. Neben dem Anbau von Futterpflanzen werden Getreide, Kartoffeln, Gemüse und Obst angebaut sowie hochwertige Grassorten für die Verbesserung der Weiden. Um den Holzbedarf decken zu können, wird mit Koniferen wiederaufgeforstet. Die Fischerei wird v. a. in Küstennähe betrieben. N. ist arm an Bodenschätzen. Abgebaut werden Eisensande, Salz, in kleinen Mengen auch Cadmium-, Kupfer-, Wolfram-, Zink-, Bleierz und Magnesit. Auf der Nordinsel wurde ein kleineres Erdölfeld erschlossen sowie mehrere Erdgaslagerstätten, auch im Off-shore-Bereich. Wasserkraft wird zur Energiegewinnung genutzt, ebenso vulkan. Dämpfe. Vor dem 2. Weltkrieg war N. ein reiner Agrarstaat, danach wurde mit der Industrialisierung begonnen. 75% der meist kleineren Ind.betriebe befinden sich auf der Nordinsel. Führend ist die Nahrungsmittelind., gefolgt von der holzverarbeitenden Ind., der Kfz.ind., dem Flugzeugbau, von Metall- und Elektroind., Schuh- und Bekleidungsind.; daneben werden chem. und pharmazeut. Ind. aufgebaut.

Außenhandel: Ausgeführt werden Schaf-, Ziegen-, Rind- und Kalbfleisch, Wolle, Butter, Trockenmilch, Schaffelle, Papier und chem. Produkte, eingeführt nichtelektr. Maschinen, Kfz., Erdöl und Erdölprodukte, Garne, Gewebe, Textilwaren, Kunststoffe, Metallwaren u. a. Die wichtigsten Handelspartner sind die EG-Länder (bei denen Großbrit. an 1. Stelle steht), Australien (mit dem seit 1966 ein Freihandelsabkommen besteht), USA, Japan, Kanada, Saudi-Arabien u. a.

Verkehr: Das Eisenbahnnetz hat eine Länge von 4273 km, über die Cookstraße verkehren [Eisenbahn]fähren. Das Straßennetz ist 92 648 km lang, davon fast die Hälfte mit fester Decke. Die Küstenschiffahrt spielt für den Gütertransport eine große Rolle. Wichtigste Häfen sind auf der Nordinsel Whangarei, Auckland, Wellington, Tauranga, auf der Südinsel Lyttelton und Picton. Die nat. Fluggesellschaft Air New Zealand und ihre Tochtergesellschaft bedienen die Auslandsstrecken und den Inlandsverkehr. Die internat. ✈ von Auckland, Wellington und Christchurch werden von 10 ausländ. Gesellschaften regelmäßig angeflogen.

Geschichte: J. Cook vermittelte mit einem Reisebericht (1777) genauere Kenntnisse von N. und den in N. lebenden Maori. Der teils durch einzelne Einwanderer, teils durch die Neuseelandgesellschaft organisierten Besiedlung folgte die polit. Inbesitznahme durch die brit. Reg. 1838–40. Am 21. Mai 1840 wurde die brit. Souveränität über die Nordinsel kraft Abtretung und über die Südinsel kraft Erstentdeckung proklamiert. Der Widerstand gegen die brit. Besiedlung zog sich bis 1870 hin und führte zur Zurückdrängung der Maori; ihnen wurden jedoch 4 Abg.sitze im Selbstverwaltungsorgan von N. zugesprochen. Am 26. Sept. 1907 wurde N. Dominion im brit. Commonwealth. Einem raschen wirtsch. Aufstieg bis Ende der 1870er Jahre folgte eine Depression. Durch wegweisende Sozialreformen wurde während der Reg.zeit der Liberalen Partei (1891–1912) die wirtsch. Erholung des Landes abgesichert. Eine neue Schulgesetzgebung und die Einführung des Frauenwahlrechts (1893) ergänzten diese fortschrittl. Politik. 1919 erhielt N. vom Völkerbund das Mandat über W-Samoa, das 1962 unabhängig wurde. Die Unabhängigkeit erhielt N. 1931 durch das vom brit. Parlament erlassene Westminsterstatut. Bis 1935 wurde N. abwechselnd von den Liberalen und den Reformern regiert, die sich 1931 zur National Party vereinigten. Die Labour Party konnte sich zunächst nur schwer behaupten und erst 1935 durchsetzen. Außenpolit. arbeitet N. seit 1945 eng mit Großbrit. und den USA zusammen. Seit der Energiekrise 1973/74 hat N. mit erhebl. wirtsch. Schwierigkeiten zu kämpfen; Zahlungsbilanzdefizit, hohe Inflationsrate und wachsende Arbeitslosigkeit bedrohen die sozialen Errungenschaften. Nachdem die National Party unter Premiermin. R. D. Muldoon in den Wahlen 1978 und 1981 ihre Mehrheit nur knapp behaupten konnte, führten die Wahlen 1984 zu einem Sieg der Labour Party. Neuer Premiermin. wurde D. Lange. Die neue Reg. geriet schnell in Konflikte mit den USA, da sie sich weigerte, atomar bewaffnete oder betriebene Schiffe in neuseeländ. Häfen zu lassen. Erhebl. Spannungen gab es auch mit Frankr., als im Juli 1985 frz. Agenten das Flaggschiff „Rainbow Warrior" der Umweltschutzorganisation Greenpeace im neuseeländ. Hafen Auckland versenkten. Innenpolit. sucht die Labourreg. die Wirtschaft und den Sozialstaat gründl. umzustrukturieren, um so die schwere Wirtschaftskrise zu bewältigen. Im Aug. 1989 trat Premiermin. Lange als Par-

Neuss

tei- und Reg.chef zurück; sein Nachfolger wurde G. Palmer.
Politisches System: N., das keine formell als solche bezeichnete geschriebene Verfassung besitzt (Grundlagen des Verfassungsrechts sind einzelne grundrechtl. Bestimmungen und die Rechtsprechungstradition der obersten Gerichtshöfe), ist eine unabhängige parlamentar. Monarchie im Commonwealth. *Staatsoberhaupt* ist die brit. Königin; sie wird vertreten durch einen Generalgouverneur (seit 1985 durch Sir P. Reeves). Formal liegt die *Exekutive* bei der Krone; sie wird jedoch durch den Generalgouverneur und den Exekutivrat (das Kabinett, bestehend aus dem vom Generalgouverneur ernannten Premiermin. und auf dessen Vorschlag weiteren ernannten Min.) wahrgenommen. Alle Min. müssen Abg. des Parlaments sein, dem das Kabinett verantwortl. ist. Die *Legislative* liegt formell beim Monarchen und beim Einkammerparlament, wird aber tatsächl. vom auf 3 Jahre gewählten Repräsentantenhaus ausgeübt (97 Abg., darunter mindestens 4 Vertreter der Maori). Von den *Parteien* haben die Labour Party (58 Abg.) und die New Zealand National Party (39 Abg.) die größte Bedeutung. Die kommunist. Parteien sind bedeutungslos. Die *Gewerkschaften* sind im Dachverband New Zealand Federation of Labour zusammengeschlossen. *Verwaltungs*mäßig ist N. in 90 Gft. („counties") und unabhängige Gemeinden („boroughs" und „town districts") gegliedert. Das *Recht* ist am brit. Common Law orientiert; das Gerichtswesen ist dreistufig aufgebaut. Die *Streitkräfte* haben eine Stärke von rd. 12 800 Mann (Heer 6 000, Luftwaffe 4 200, Marine 2 600).

📖 *Alley, R.:* New Zealand and the Pacific. Boulder (Col.) 1984. - *Sinclair, K.:* A history of New Zealand. Harmondsworth Neuaufl. 1980. - *Hüttermann, A.:* Unterss. zur Industriegeographie N.s. Tüb. 1974. - *Knight, C. L.:* New Zealand geography. New York 1974. - The natural history of New Zealand. An ecological survey. Hg. v. G. R. Williams. Wellington 1973.

Neuseeländische Alpen, Gebirge auf der Südinsel Neuseelands, rd. 300 km lang, im Mount Cook, dem höchsten Berg Neuseelands, 3 763 m hoch. Das Gebiet um den Mount Cook ist Nationalpark (699 km²).

Neusekunde ↑ Gon.

Neusibirische Inseln, sowjet. Archipel im Nordpolarmeer, zw. Laptew- und Ostsibir. See, 38 000 km².

Neusiedler See (ungar. Fertő), flacher, abflußloser, leicht salzhaltiger See im Kleinen Ungar. Tiefland (Österreich, S-Ende in Ungarn), 115 m ü. d. M., 35 km lang, 7–15 km breit, 1–2 m tief; fast durchgehend von einem 400–3 000 m breiten Schilfgürtel umgeben. Sommertemperatur 25–30 °C, gefriert im Winter oft bis auf den Grund. Die größte Ausdehnung hatte der N. S. 1786 mit 515 km², 1868 war er ausgetrocknet. Er ist fischreich und als Lebensraum von seltenen Vogelarten Naturschutzgebiet.

Neusilber (veraltet: Alpaka), silberähnl. aussehende Legierung aus 45 bis 67 % Kupfer, 10 bis 26 % Nickel und 12 bis 45 % Zink, die in der Uhren- und Schmuckind. sowie zur Herstellung von Bestecken verwendet wird. Galvanisch versilberte N.legierungen werden als *Alfenide* bezeichnet.

Neusohl ↑ Banská Bystrica.

Neuspanien, 1535–1822 bestehendes histor. span. Vizekgr.; umfaßte während seiner größten Ausdehnung Mexiko, von den heutigen USA das Geb. westl. der Rocky Mountains bis 42° n. Br., Texas, die westl. des Mississippi gelegenen Geb. des frz. Louisiane, Westflorida und Florida, Mittelamerika sowie in S-Amerika bis 1717 das heutige Venezuela.

neusprachlicher Unterricht, Unterricht in modernen Fremdsprachen. In Preußen wurde der n. U. 1810/12 bzw. 1816 in Form des Französischunterrichts für Gymnasien empfohlen, 1831 an den Realschulen verbindl. Lehrfach, wo 1859 Englisch hinzukam, das das Französische in allen Schularten allmähl. überflügelte. Für die BR Deutschland ist die Sprachenfolge innerhalb der einzelnen Schultypen 1964 durch das Hamburger Abkommen weitgehend festgelegt worden. Danach beginnen alle allgemeinbildenden Schulen ab Klasse 5 mit einer Fremdsprache, ab Klasse 7 folgt in Gymnasien eine zweite Fremdsprache (an Realschulen wahlweise), ab Klasse 9 kann an Gymnasien eine dritte Fremdsprache erlernt werden. Zwei Sprachen können als Leistungsfächer für das Abitur gewählt werden. Bei der Zielsetzung des n. U. in den allgemeinbildenden Schulen hat sich in jüngster Zeit der Akzent von der Literatursprache auf den lebendigen Sprachgebrauch verlagert. Über den prakt. und den geistig-formalen Bildungswert hinaus soll der n. U. den Zugang zu Kultur und Eigenart anderer Nationen öffnen.

Neuss, Wolfgang, * Breslau 3. Dez. 1923, dt. Kabarettist und Schauspieler. - Zunächst Mgl. des Berliner Kabaretts „Die Stachelschweine"; danach Zusammenarbeit mit Wolfgang Müller (* 1922, † 1960), z. B. in dem Film „Das Wirtshaus im Spessart" (1958). Bes. bekannt wurde N. durch seine polit. engagierten Solokabarettabende („Das jüngste Gerücht", 1963). - † 5. Mai 1989.

Neuss, Krst. am Rhein, gegenüber von Düsseldorf, NRW, 35 m ü. d. M., 143 600 E. Museum, Landestheater; Produktenbörse. Ind.stadt in hervorragender Verkehrslage, mit weitem agrar. Hinterland. Bed. metallverarbeitende, Nahrungs- und Genußmittelind., Herstellung sanitärer Keramik, Schwefelsäurefabrik u. a.; Rheinhafen (mit 17,5 km Kailänge). - Das in jul.-claud. Zeit entstandene

Neuss

röm. Legionslager **Novaesium** wurde um 100 n. Chr. geräumt; in der ehem. Legionsfestung wurde ein Alen(Reiterei-)kastell gebaut. Seit der Mitte des 1. Jh. n. Chr. entwickelte sich etwa 2 km von der Festung entfernt eine Zivilsiedlung. Entstand im 7. Jh. (**Niuse**) an der Stelle eines fränk. Königshofs. Im Verlauf des Burgunderkrieges belagerte Karl der Kühne 1474/75 elf Monate lang vergebl. die Stadt. - Wiederhergestellt wurden nach schweren Zerstörungen im 2. Weltkrieg u. a. die ehem. Stiftskirche Sankt Quirin (13. Jh.) mit Krypta aus dem 11. Jh. und die Pfarrkirche Hl. Dreikönige (1909–11); Reste der Stadtbefestigung.
N., Kreis in Nordrhein-Westfalen.

Neustadt a. d. Aisch, bayr. Krst., 292 m ü. d. M., 10 500 E. Verwaltungssitz des Landkr. N. a. d. A.-Bad Windsheim; u. a. Borsten-, Getränke-, Metallind., Musikinstrumentenherstellung. - Entstand 1200; Stadt seit 1318. - Spätgot. Stadtpfarrkirche (nach 1400); teilweise erhaltene spätma. Stadtbefestigung.

Neustadt a. d. Aisch-Bad Windsheim, Landkr. in Bayern.

Neustadt a. d. Saale, Bad ↑ Bad Neustadt a. d. Saale.

Neustadt a. d. Waldnaab, bayr. Krst. 8 km nördl. von Weiden, 419 m ü. d. M., 5 300 E. Glasind. - Vor 1232 (Ersterwähnung) gegr.; wurde vor 1329 Stadt. - Altes Schloß (17. Jh.), Neues Schloß (1689–1720); barocke Wallfahrtskirche Sankt Felix (18. Jh.).

N. a. d. W., Landkr. in Bayern.

Neustadt am Rübenberge, Stadt an der unteren Leine, Nds., 28–101 m ü. d. M., 38 000 E. Chem. Ind., Maschinenbau, Strumpffabrik, Sektkellerei, Moorverwertung. - Vor 1215 (Ersterwähnung) gegr.; mit der gleichnamigen Burg seit 1572 zur Festung ausgebaut. - Ev. Stadtkirche (13. Jh., mehrfach umgestaltet); got. Kirche des ehem. Zisterzienserinnenklosters Mariensee (13. Jh.), barocke Klostergebäude (18. Jh.).

Neustadt an der Weinstraße, Stadt am Fuß der Haardt, Rhld.-Pf., 140 m ü. d. M., 48 500 E. Verwaltungssitz des Reg.-Bez. Rheinhessen-Pfalz; Landes-Lehr- und Versuchsanstalt für Wein- und Obstbau; Weinbau, Weinprüfungsamt, Kellereien; ferner Metallverarbeitung, Möbelind., Strickwarenfabrikation u. a. - 1235 gegr., erhielt 1275 Stadtrecht, mehrfach stark befestigt; erlangte unter Pfalzgraf Johann Kasimir, der 1578/79 eine kalvinist.-theolog. Hochschule, das *Collegium Casimirianum*, erbauen ließ, kulturelle Bedeutung. - Im Mittelpunkt des rechteckigen Stadtkerns liegt die ehem. Stiftskirche Unserer Lieben Frau (14./15. Jh.); barockes ehem. Jesuitenkolleg (1729/30; jetzt Rathaus); ma. Kremper Stadttor.

Neustadt b. Coburg, bayr. Stadt, im südl. Vorland des Thüringer Waldes, 344 m ü. d. M., 16 700 E. Trachtenpuppenmuseum; Spielwaren- und Christbaumschmuckherstellung, Kabelwerk. - 1248 erstmals gen.; erhielt vor 1317 Stadtrecht.

Neustadt im Schwarzwald ↑ Titisee-Neustadt.

Neustadt in Holstein, Stadt an der Lübecker Bucht, Schl.-H., 15 900 E. Ostseebad; Garnison; Herstellung von Dosenmilch, chirurg. Nahtmaterial und Kartonagen; Jachtwerften; Hafen; Fremdenverkehr (v. a. in den Ortsteilen *Pelzerhaken* und *Rettin*). - 1226 in planmäßiger Anlage gegr., erhielt 1244 lüb. Stadtrecht. - Frühgot. Stadtkirche mit got. Ausmalung (13. und 14. Jh.). Klassizist. Bürgerbauten, u. a. Rathaus (1819/20).

Neustadt in Westpr. ↑ Wejherowo.

Neustift (italien. Novacella), Augustiner-Chorherren-Stift nördl. von Brixen, Südtirol. 1142 gegr.; roman. Stiftskirche (1198) mit spätgot. Chor (1468), im Innern barockisiert (Fresken von M. Günther, 1735–43). Im Kern roman. Kreuzgang (um 1200); zweigeschossige Michaelskapelle (Engelsburg; um 1200) mit Umgang. Von der Befestigung (um 1478) sind Teile erhalten.

Neustoizismus (Neostoizismus), die Phase intensiver Hinwendung zur ↑ Stoa seit der Mitte des 16. Jh.; neben der Schule von Salamanca insbes. durch die Philologenschule in Leiden in der von J. Lipsius' grundlegendem Werk „De constantia" (1584) ausgehenden späthumanist. Richtung. Der N. versuchte, Elemente der spätröm.-stoischen Lebenslehre und Weltsicht in Verbindung mit undogmat.-überkonfessionellen christl. Überzeugungen zur moral. und geistigen „Aufrüstung" des einzelnen in der Gemeinschaft zu erneuern. Constantia–patientia–temporantia (Standhaftigkeit–Geduld–Selbstbeherrschung) wurden zu zentralen Begriffen des N.; auf seinem Boden entwickelte sich einer der bedeutendsten Ansätze der modernen, säkularisierten Lehre vom ↑ Naturrecht; er wurde grundlegend für das Menschenbild des Barock und bestimmte über die von Lipsius geprägte Machtstaatstheorie (Fürstenlehre; ↑ Fürstenspiegel) die absolutist. Herrschaftspraxis in Europa.

Neuston [griech., eigtl. „das Schwimmende"], Bez. für die Kleinlebewesen und die abgestorbenen Elemente im Bereich des Oberflächenhäutchens des Wassers.

Neustrelitz, Krst. am Zierker See, Bez. Neubrandenburg, DDR, 75 m ü. d. M., 27 300 E. Heimatmuseum; Theater; Nahrungsmittelind., Maschinenfabriken, Eisengießerei, Baustoffind. - **Strelitz** entstand als wend., später dt. Dorfsiedlung; erhielt 1349 Neubrandenburger Recht, und wurde 1701 Residenz von Mecklenburg-Strelitz. Nach Ausbau des benachbarten herzogl. Jagdhauses **Glieneke** 1726 zum Residenzschloß wurde 1733 ff. um das Schloß die Stadt N. angelegt (in Form eines achtstrahligen Sterns); 1932 wurden Strelitz und N.

Neutralität

vereinigt. - Erhalten sind der vor dem Schloß gelegene Pavillon (1828–34 klassizist. umgebaut; heute Krankenhaus), Teile des Weißen Herrenhauses (1740), die urspr. barocke, klassizist. umgebaute Orangerie (1755 und 1840), die spätbarocke Stadtkirche (18.Jh.) und das klassizist. Rathaus (1841).

N., Landkr. im Bez. Neubrandenburg, DDR.

Neustrien, Bez. für das westl. der aus den Teilungen des Merowingerreiches in den polit.-dynast. Auseinandersetzungen des 6. Jh. hervorgegangenen fränk. Teilreiche; erstreckte sich zw. Schelde und Loire.

Neusüdwales [...wɛɪlz] (amtl. New South Wales), Bundesland des Austral. Bundes, im SO des Kontinents, 801 428 km^2, 5,41 Mill. E (1984), Hauptstadt Sydney. An die meist schmale Küstenebene im zahlr. Buchten schließen die Ostaustral. Kordilleren an, die im Mount Kosciusko, dem höchsten Berg des Kontinents, 2 230 m ü. d. M. erreichen. - Wichtigster Zweig der Landw. ist die Viehzucht, v. a. Schafe und Rinder. N. ist reich an Bodenschätzen (Blei-Zinn-Erze, Kohle, Opale, Bauxit); kleinere Erdgasvorkommen südl. von Sydney. Wichtigster Ind.zweig ist die Metall-Ind., wichtigster Ind.standort ist Sydney. - 1770 von J. Cook entdeckt; 1788 errichteten die Briten in Port Jackson eine Strafkolonie, die bis 1840 bestand; seit 1901 Teil des Austral. Bundes.

neutestamentliche Theologie ↑ Theologie.

Neuthomismus, i. w. S. svw. ↑ Neuscholastik; i. e. S. eine Richtung innerhalb der Neuscholastik, die sich inhaltl. (z. B. Summenkommentare) und method. (z. B. beim Aufbau einer formalen Einheit von Theologie und Philosophie mit Hilfe der Analogia entis) ausschließl. auf Thomas von Aquin stützt.

Neutr., Abk. für: **Neutrum**.

Neutra, Richard Joseph, * Wien 8. April 1892, † Wuppertal 16. April 1970, amerikan. Architekt östr. Herkunft. - Schulte sich bei O. Wagner und A. Loos in Wien, E. Mendelsohn in Berlin und F. L. Wright in Chicago; seit 1926 selbständiger Architekt in Los Angeles. Bed. Vertreter des „internat. Stils"; er gelangte über das Auflösen der Wände im Inneren (fließender Raum) auch zu deren Öffnung nach außen und leitete so eine neue Entwicklung im Wohnbau ein: Lovell House (= Health House; Los Angeles, 1927–29), Haus Sidney Kahn (San Francisco, 1940), Haus John Nesbitt, Brentwood (Calif.) (1942), Haus Kaufmann (Palm Springs [Calif.], 1946/47), Wohnhaus Warren Tremaine (Santa Barbara [Calif.], 1947/48). Programmat. seine Schrift „Wenn wir weiterleben wollen" (1954).

neutral [zu lat. neuter „keiner von beiden"], unparteiisch, unabhängig, nicht an eine Interessengruppe gebunden; nicht einseitig festgelegt, zu allem passend.

♦ (elektr. neutral) gleich viele positive und negative elektr. Ladungsträger aufweisend, nicht elektr. geladen.

♦ in der *Chemie* ↑ Neutralisation.

neutrale Ecken, die keinem der Gegner zugeordneten Ecken im Boxring.

neutrale Gewässer, Gewässer, in denen Kriegshandlungen nicht vorgenommen werden dürfen. Dazu gehören die Binnengewässer, das Küstenmeer und histor. Buchten, nicht aber die Anschlußzonen.

neutraler Aufwand ↑ Aufwand.

neutraler Ertrag ↑ Ertrag.

neutrales Element ↑ Gruppe.

Neutralfilter ↑ Filter (Photographie).

Neutralisation [lat.-frz.], in der *Chemie* die Reaktion zw. äquivalenten Mengen einer Säure und einer Base unter Bildung von Salz und Wasser, das durch die Umsetzung der H_3O^+-Ionen der Säure mit den OH^--Ionen der Base entsteht. Bei der N. starker Säuren und Basen ist der **Äquivalenzpunkt** erreicht, wenn die Konzentration der H_3O^+-Ionen gleich der Konzentration der OH^--Ionen ist, d. H. beim pH-Wert 7 (**Neutralpunkt**). Bei der N. schwacher Säuren mit starken Basen und umgekehrt liegt der Äquivalenzpunkt im bas. bzw. sauren Bereich. Bei der N. wird Energie frei (**Neutralisationswärme**), die bei der N. starker Säuren und Basen 57,6 kJ/mol beträgt.

♦ vorübergehende, zeitl. festgesetzte Unterbrechung eines Rennens, z. B. bei Sechstagerennen.

Neutralisationszahl, Abk. Nz, Kennzahl für den Gehalt an freien Säuren in Fetten, Ölen oder Schmierfetten. Die N. gibt an, wieviel mg Kaliumhydroxid erforderl. sind, um die in 1 g der Probe enthaltenen freien Säuren zu neutralisieren.

Neutralisierung [lat.-frz.], die durch völkerrechtl. Vertrag oder einseitige Erklärung eines Staates übernommene Verpflichtung zur ↑ Neutralität. Als N. wird auch die Befriedung eines Gebietes durch die ↑ Entmilitarisierung bezeichnet.

Neutralismus [lat.], Bez. für eine polit. Haltung, die in den internat. Beziehungen die Parteinahme für eines von 2 rivalisierenden Lagern ablehnt.

Neutralität [lat.], allg. svw. unparteiische Haltung, Nichteinmischung. Im *Völkerrecht* geregelter Zustand der Nichtteilnahme eines Staates an einem Krieg zw. anderen Staaten bzw. an einem Bürgerkrieg zw. anerkannten kriegführenden Parteien. Das moderne N.recht beginnt mit der Pariser Seerechtsdeklaration von 1856 (Regelung des Blockade- und Konterbanderechts). Die meisten der heute noch geltenden N.regeln wurden im Rahmen der Haager Friedenskonferenzen kodifiziert. Die N. kann auf völkerrechtl. Vereinbarung, einseitiger Erklärung des Neutralen oder fakt. Nichtteilnahme an den Kriegshandlungen beruhen. Zu unter-

Neutralitätsgesetz

scheiden ist zw. **dauernder Neutralität** (z. B. Schweiz, Österreich) und **Neutralität in einer bestimmten Situation**. Das N.recht gilt ausschließl. zw. Neutralen und Kriegführenden. 3 Grundsätze bestimmen dieses Verhältnis:
1. Aus dem **Prinzip der Wahrung der territorialen Souveränität** des Neutralen folgt, daß vom Kriegführenden keine Truppen auf oder durch das Gebiet des Neutralen gesandt und solche von diesem auch nicht geduldet werden dürfen. Auch der Luftraum ist unverletzlich. Kriegshandlungen von Schiffen Kriegführender in neutralen Gewässern sind ebenso untersagt wie Durchsuchungen und die Ausübung des Wegnahmerechts; die einfache Durchfahrt und reine Verwundetentransporte sind hingegen zulässig (Höchstaufenthaltsdauer in neutralen Gewässern: 24 Stunden). Der Neutrale darf eine Verletzung seiner N. mit Waffengewalt unterbinden, ohne damit einen feindl. Akt zu begehen. Gelangen kriegführende Truppen auf neutrales Gebiet, sind sie zu internieren.
2. Das **Gebot der Gleichbehandlung der Kriegführenden** durch den Neutralen bezieht sich i. d. R. nur auf staatl. kriegsrelevante Akte. Neutrale sind zwar berechtigt, aber nicht verpflichtet, die Aus- und Durchfuhr von Waffen und anderem Kriegsgerät durch Private oder den Fernsprechverkehr für Kriegführende zu verhindern.
3. Das **Verbot der Waffenhilfe** bedeutet, daß keine Streitkräfte des Neutralen in den Konflikt eingreifen dürfen. Lieferungen von Kriegsmaterial an die Kriegführenden muß der Neutrale unterlassen; gegen private Lieferungen braucht er aber nicht einzuschreiten. Im Seekrieg ist er jedoch verpflichtet, die Ausrüstung oder Bewaffnung eines erkennbar zur Kriegführung bestimmten Schiffes durch Private zu verhindern.
Die Rechts- und Handelsbeziehungen zw. Angehörigen eines Neutralen und eines Kriegführenden bleiben vom N.recht unberührt (unklar ist insoweit die Behandlung der Staatshandelsländer).
Grundsätzl. kann jeder Staat frei entscheiden, ob er in einem bestimmten Krieg neutral bleiben will. Diese Freiheit kann aber z. B. durch Verteidigungsbündnisse (z. B. NATO, Warschauer Pakt) oder kollektive Sicherheitsverträge (insbes. die UN-Charta, die einen Staat insbes. zur (militär.) Unterstützung eines angegriffenen Vertragspartners verpflichtet, eingeschränkt werden. Deshalb ist z. B. die Schweiz (anders als Österreich) bis heute den UN ferngeblieben. Insbes. der 2. Weltkrieg (mit der Tendenz zum Wirtschaftskrieg) hat gezeigt, daß die Chancen, in einem globalen Konflikt neutral zu bleiben, für die meisten Staaten gering sind.

📖 *Rotter, M.: Bewaffnete N. Bln. 1981.* - *Schweitzer, M.: Dauernde N. u. Europ. Integration. Wien 1977.*

Neutralitätsgesetz, Bez. für das B-VG vom 26. 10. 1955 über die Neutralität Österreichs, das unmittelbar nach Abzug der Besatzungstruppen (Okt. 1955) beschlossen wurde.

Neutralpunkt ↑ Neutralisation.

Neutralsalze, in wäßriger Lösung weder sauer noch bas. reagierende Salze, z. B. Natriumchlorid.

Neutrino [lat.-italien., eigtl. „kleines Neutron"], physikal. Zeichen ν; ein Elementarteilchen aus der Gruppe der Leptonen, das mit anderen nur in schwacher Wechselwirkung steht. Seine elektr. Ladung ist 0, sein Spin $1/2$ (in Einheiten $\hbar = h/2\pi$; h Plancksches Wirkungsquantum), es ist also ein Fermion. Genauer unterscheidet man drei N.arten, (Elektron-N., Myon-N. und Tau-N.) und ihre Antiteilchen, die sich ineinander umwandeln können (sog. *Neutrinooszillation*) und eine (jeweils unterschiedliche) äußerst geringe Ruhmasse besitzen. - Das N. hat wegen seiner geringen Wechselwirkung mit Materie ein extrem hohes Durchdringungsvermögen: N. können z. B. den Erdkörper durchdringen, ohne absorbiert zu werden. Das N. wurde 1931 von W. Pauli theoret. postuliert. Der erste direkte Nachweis gelang C. L. Cowan und F. Reines 1956.

Neutrinoastronomie, moderne astrophysikal. Forschungsrichtung, die durch Messung v. a. der von der Sonne kommenden Neutrinostrahlung versucht, Rückschlüsse auf die im Innern der Sonne stattfindenden und zur Emission von Neutrinos führenden Kernreaktionen (v. a. Proton-Proton-Zyklus) sowie auf die dort bestehenden Element-, Massen- und Temperaturverteilungen zu ermöglichen.

Neutron [lat.-engl.], physikal. Zeichen n; elektr. neutrales, nur in gebundenem Zustand stabiles Elementarteilchen aus der Gruppe der Baryonen (Baryonenzahl 1, Strangeness 0). Das N. hat die Ruhmasse $m_n = 1,008665$ u (atomare ↑ Masseneinheit) $= 1,675 \cdot 10^{-24}$ g (entsprechend einer Ruhenergie von 939,55 MeV) und den Spin $1/2$ (in Einheiten $\hbar = h/2\pi$; h Plancksches Wirkungsquantum). Sein Antiteilchen ist das **Antineutron**. Das N. wurde 1932 von J. Chadwick entdeckt. Die N. sind zus. mit den Protonen die Bausteine der Atomkerne (↑ Kern), wobei bei stabilen Kernen i. d. R. mehr N. als Protonen vorhanden sind. *Freie N.,* v. a. durch Kernreaktionen erzeugt, sind instabil (Halbwertszeit 10,6 min.) und zerfallen in ein Proton, ein Elektron und ein Antineutrino.
Große Bed. haben die N. im Kernreaktor durch die Einleitung und Aufrechterhaltung von Kernkettenreaktionen gefunden. Die bei der Kernspaltung entstehenden hochenerget., d. h. schnellen N. werden als **Spaltneutronen** bezeichnet, Energie rd. 2 MeV, Geschwindigkeit rd. 10 000 km/s. Sie werden durch Stöße mit den Atomen des Moderators (Graphit,

Neutron-Proton-Reaktion

schweres Wasser) auf therm. Energie abgebremst (entsprechend der Umgebungstemperatur von 300 K), d. h. „thermalisiert" (sog. **thermische Neutronen**; Energie 25 meV, Geschwindigkeit rd. 2 200 m/s) und können so erst weitere Kernspaltungen (z. B. bei U 235) auslösen.

Entsprechend der Energie E teilt man N. ein in: *Schnelle N.* (E über 100 keV), *mittelschnelle N.* (E zw. 10 eV und 100 keV), *langsame N.* (E unter 10 eV). *Epitherm. N.* sind langsame N. mit einer Energie über 25 meV, *kalte N.* mit einer Energie unter 25 meV.

Neutron-Alpha-Reaktion ((n, α)-Reaktion), eine Kernreaktion, bei der ein auftreffendes Neutron vom Kern absorbiert und anschließend ein Alphateilchen emittiert wird.

Neutronenabsorption, svw. Neutroneneinfang (↑ Einfangprozeß).

Neutronenaktivierung, die Erzeugung künstl. radioaktiver Nuklide durch Bestrahlung stabiler Nuklide mit Neutronen.

Neutronenbombe ↑ ABC-Waffen.
Neutroneneinfang ↑ Einfangprozeß.
Neutronenflußdichte, in der Reaktorphysik Bez. für das über alle Bewegungsrichtungen der Neutronen eines Kernreaktors integrierte Produkt aus der Verteilungsfunktion der Neutronen und dem Betrag ihrer Geschwindigkeit. Die Integration über sämtl. Werte der kinet. Energie ergibt den **Neutronenfluß** *(Flux)*, d. h. die Anzahl der je Sekunde durch eine Fläche von 1 cm² fließenden Neutronen. Diese Teilchenstromdichte, die in einem therm. Leistungsreaktor 10^{12} bis 10^{14} Neutronen pro cm² und s beträgt, stellt ein Maß für die Anzahl der freien Neutronen in der Volumeneinheit dar. Die in einem Kernreaktor entstehende Wärme ist dem Neutronenfluß direkt proportional.

Neutronengenerator, Gerät zur Erzeugung schneller Neutronen durch Beschuß von Materie mit beschleunigten Teilchen.

Neutronensonde, mit einer Neutronenquelle sowie einem Gammaspektrometer und/oder einem Detektor für langsame Neutronen ausgestattetes Meßgerät, das z. B. bei der geolog. Erkundung von Erzen (als auch **Neutronenlog** auch bei der Suche nach Tiefsee-Erzen) und bei der Exploration auf Erdöl und Erdgas verwendet wird. Die Neutronen der z. B. in ein Bohrloch hinabgelassenen N. lösen je nach Art des Gesteins bzw. Erzes unterschiedl. Kernreaktionen aus, deren Gammastrahlen vom Spektrometer registriert werden (**Neutronen-Gamma-Methode**), oder sie werden z. B. bei Vorhandensein von erdölhaltigen Schichten verlangsamt und durch den Detektor für langsame Neutronen nachgewiesen (**Neutronen-Neutronen-Methode**).

Neutronenstern, ein vorwiegend aus Neutronen bestehender Stern extrem hoher Massendichte (etwa 10^{14} bis 10^{16} g/cm³ [= 100 Mill.–10 Mrd. t/cm³]), dessen Masse ungefähr gleich der Sonnenmasse ist, so daß sein Radius in der Größenordnung 10 km liegt. Derartige N. entstehen wahrscheinl. bei Supernovaausbrüchen und stellen die Überreste der urspr. Sterne dar, gebildet aus der komprimierten Materie. Rotierende N. mit sehr hohen Magnetfeldern werden als Zentralsterne von Pulsaren angesehen.

Neutronenstrahler, Bez. für die Nuklide, deren Kerne beim radioaktiven Zerfall Neutronen emittieren.

Neutronenvermehrung, die Zunahme der Anzahl der Spaltneutronen in einem Kernreaktor im Verlaufe der Kernkettenreaktion. Die auf die jeweils vorhergehende Neutronengeneration bezogene N. wird durch den *Vermehrungs-* oder *Multiplikationsfaktor* angegeben. Die N. in einem Reaktor wird durch den effektiven Multiplikationsfaktor k_{eff} gegeben, der um den Neutronenverlust durch die Oberfläche korrigiert ist. Zur stationären Aufrechterhaltung einer Kettenreaktion muß $k_{eff} = 1$ sein (sog. *krit. Bedingung*).

Neutronenzahl ↑ Kern (Atomkern).

Neutronenzählrohr, gasgefülltes Zählrohr zum Nachweis oder zur Energiemessung von Neutronen. In der Gasfüllung oder an der Zählrohrwand werden von den einfallenden Neutronen ionisierende und damit nachweisbare Teilchen erzeugt.

Neutron-Gamma-Reaktion ((n, γ)-Reaktion), eine Kernreaktion, bei der ein Neutron vom Kern absorbiert und anschließend eine Gammastrahlung emittiert wird.

Neutron-Proton-Reaktion ((n, p)-

Neutrinoastronomie.
Schematische Darstellung des sogenannten Neutrinoteleskops in einer 1 500 m tief gelegenen Goldmine in South Dakota

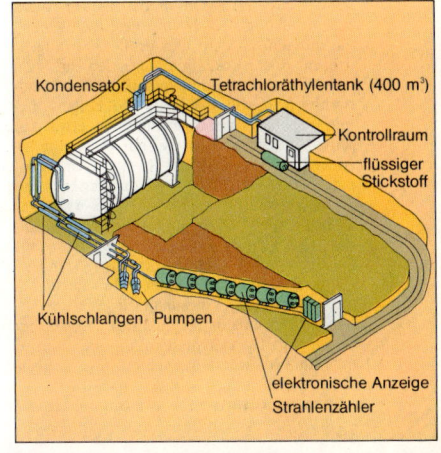

Reaktion), eine Kernreaktion, bei der ein Neutron vom Kern absorbiert und anschließend ein Proton emittiert wird.

Neutrum [lat. „keines von beiden"], Abk. n., Neutr.; sächl. Geschlecht eines Substantivs, z. B. *das Kind, ein Haus.*

Neutsch, Erik, * Schönebeck/Elbe 21. Juni 1931, dt. Schriftsteller. - Setzt sich in Erzählungen und Romanen aus der Arbeits- und Alltagswelt der DDR mit den Problemen in der sozialist. Gesellschaft auseinander, u. a. „Bitterfelder Geschichten" (En., 1961), „Spur der Steine" (R., 1964), „Auf der Suche nach Gatt" (R., 1973), „Der Friede im Osten" (R.trilogie: Am Fluß, 1974; Frühling mit Gewalt, 1978; Wenn Feuer verlöschen, 1985), „Der Hirt" (E., 1978), „Zwei leere Stühle" (E., 1979).

Neu-Ulm, bayr. Krst. an der Donau, gegenüber von Ulm, 468–491 m ü. d. M., 46 300 E. Metall-, Holz-, Nahrungsmittelind. - Entstand 1811; erhielt 1869 Stadtrecht. - Kath. Stadtpfarrkirche (1922–27 umgebaut).

N.-U., Landkr. in Bayern.

Neuweiler (amtl. Neuwiller-lès-Saverne), Ort im Unterelsaß, nördl. von Zabern, Dep. Bas-Rhin, Frankr.; roman.-got. Kirche (12./13. Jh.) der ehem. Benediktinerabtei (gegr. 727[?], aufgehoben in der Frz. Revolution) mit frühsal. dreischiffiger Doppelkapelle (um 1050) im O (am Chor).

Neuweltaffen, svw. ↑ Breitnasen.

Neuweltgeier (Cathartidae), Fam. bis 1,3 m (einschließl. Schwanz) großer, aasfressender, ausgezeichnet segelnder (Flügelspannweite bis etwa 3 m) Greifvögel (Gruppe Geier) mit sieben Arten in der Neuen Welt; altertüml. Vögel, die mit dem bis 5 m spannenden, ausgestorbenen Teratornis incredibilis seit der Eiszeit bekannt sind (↑ auch Geier).

Neuwelthirsche (Amerikahirsche, Odocoileini), Gattungsgruppe hasen- bis rothirschgroßer, schlanker, großohriger Trughirsche mit 11 Arten in der Neuen Welt; mit meist bogig nach vorn geschwungenem, vielendigem Geweih und großen Voraugendrüsen; obere Eckzähne häufig fehlend. - Zu den N. gehören u. a.: ↑ Andenhirsche; **Maultierhirsch** (Großohrhirsch, Odocoileus hemionus), bis 2 m langer und bis etwa 1 m schulterhoher, großohriger Hirsch, v. a. in N-Amerika; **Pampashirsch** (Kamphirsch, Odocoileus bezoarticus), bis 1,3 m langer und 75 cm schulterhoher Hirsch in S-Amerika; **Pudus,** Gatt. bis 90 cm langer und 40 cm schulterhoher Hirsche in Chile und Bolivien; **Spießhirsche** (Mazamas), Gatt. bis 135 cm langer und 80 cm schulterhoher Hirsche in M- und S-Amerika; **Virginiahirsch** (Weißwedelhirsch, Odocoileus virginianus), 80–200 cm langer und 55–110 cm schulterhoher Hirsch in N- und M-Amerika; auch in Europa eingeführt.

Neuweltmäuse (Neuweltratten, Hesperomyini), Gattungsgruppe der ↑ Wühler mit rd. 360 maus- bis rattengroßen Arten in N- und S-Amerika (auch auf den Galapagosinseln); bekannteste Gatt.: ↑ Weißfußmäuse.

Neuwerk, vor der Elbmündung im Wattenmeer der Nordsee gelegene Marschinsel, Exklave der Freien und Hansestadt Hamburg, 2,9 km². - Auf der erstmals 1286 gen. Insel bauten 1300/10 die Hamburger das *Nyge Werk,* einen festungsähnl. Backsteinturm; nach 1555 Eindeichung und Besiedlung; kam 1937 an die Stadt Cuxhaven, 1970 wieder an Hamburg.

Neuwerk, der Jugendbewegung zuzurechnende christl. Bewegung, in der Jugendliche verschiedener Richtungen sich ab 1920 zusammenfanden, um eine neue Form christl. Zusammenlebens zu praktizieren.

Neuwertversicherung, Versicherungsform der Sachversicherung, bei der im Ggs. zur Zeitwertversicherung vom Versicherer im Schadenfall der **Neuwert** (Wiederbeschaffungspreis im Neuzustand) ersetzt wird, wenn während einer bestimmten Frist neu beschafft bzw. wiederaufgebaut wird. Weicht der Wert zum Zeitpunkt des Schadenfalles stark vom Neuwert ab, so wird die Entschädigung nach einer festen Staffel gekürzt.

Neuwied, Krst. 15 km nw. von Koblenz, Rhld.-Pf., 54–386 m ü. d. M., 58 600 E. Schulstadt; u. a. metallverarbeitende, Bimsstein- und Zementind. - An der Stelle der 1162 erstmals erwähnten Hofsiedlung Langendorf 1653 für Glaubensflüchtlinge aller Art gegr. (1662 Stadtrecht). - Barockschloß (18. Jh.), einheitl. angelegtes Viertel der Herrnhuter Brüdergemeine (1754 ff.). - In der 1970 eingemeindeten Stadt **Engers** (erstmals 773 erwähnt; 1376 Stadt gen.) Reste eines röm. Burgus (364–375). - Im Ortsteil **Gönnerdorf** wird seit 1968 eine Siedlungsstelle des Magdalénien von überregionaler Bed. ausgegraben. - Im Ortsteil **Heimbach-Weis** ehem. Prämonstratenserabtei Rommersdorf (1135–1803) mit roman.-got. Kirche (nach 1135 ff.).

N., Landkr. in Rheinland-Pfalz.

Neuzeit, Bez. für die an das MA anschließende Epoche. Der Begriff wurde schon im 15. Jh. verwendet, er ist als Periodisierungsbegriff allg. übl. geworden und wird wie die Begriffe Alte und Mittlere Geschichte (↑ Geschichtswissenschaft) aus der europ. Geschichte abgeleitet. Insofern aber der geschichtl. Raum Europas sich im 15. Jh. durch die Entdeckungsfahrten der Portugiesen und Spanier auf eine größere Welt erweiterte, kann der Begriff N. auch als Bez. einer neuen Phase in der Geschichte der Welt angesehen werden und hat dann allgemeinere Bedeutung. Lange Zeit sind die Entdeckung Amerikas 1492 und der Beginn der Reformation Luthers 1517 als Anfang der N. betrachtet worden. Doch waren bereits vor diesen Zeitpunkten wichtige **Grundzüge des neuen Zeitalters** erkennbar geworden: 1. Der Schriftlichkeitsgrad der europ. Kultur war schon durch eine starke Zunahme des schriftl. Verkehrs (Akten und Briefe) und durch die Erfindung des Buchdrucks um 1450 angestiegen, die als Kennzeichen der neuen Zeit gelten können; nur so konnte auch der Humanismus als säkulare Bewegung in neue Kreise eindringen; 2. war der höhere Schriftlichkeitsgrad der Kultur selbst wieder nur Ausdruck einer kulturellen Leistung des städt. Bürgertums, dessen Wohlstand, Produktions- und Geschäftstechniken eine Frühform des modernen Kapitalismus heraufführten, der für die N. von zentraler Bed. geworden ist; 3. stellte Europa schon in der 2. Hälfte des 15. Jh. ein geschlossenes Staatensystem dar, dessen einzelne Mgl. Staatswesen auf der Grundlage moderner Herrschafts- und Verwaltungsapparate ausgebildet hatten oder im Begriffe standen, dies zu tun.

Die neuere histor. Forschung hat den Beginn der N. daher auf die Mitte des 15. Jh. oder doch auf eine „Schwellenzeit" zw. 1450 und 1500 angesetzt. Schon P. Melanchthon hatte den Beginn der Renaissance als Anfang der Moderne mit der Eroberung Konstantinopels 1453 einsetzen lassen. Durch die Flucht der damals vertriebenen griech. Gelehrten nach Italien blühte hier der Humanismus als eine große Bewegung auf. Ein zweiter Gesichtspunkt war für Melanchthon die auf dem Konzil von Ferrara und Florenz 1439 bereits angebahnte Union mit den Griechen, die durch den Zustrom griech. Theologen und Humanisten nach 1453 noch verstärkt wurde. Die Eroberung Konstantinopels durch die Osmanen war für die neuere Geschichte Europas noch unter folgenden Gesichtspunkten wichtig: Einmal wurde nun Rußland zur Schutzmacht der orth. Christen des Ostens, zum anderen bewirkte die Sperrung der Landwege des Indienhandels durch die Osmanen nicht nur den allmähl. Niedergang Venedigs, sondern auch eine wachsende Bed. der portugies. und span. Seefahrer, die den Seeweg nach Indien suchten und unter Leitung von Kolumbus 1492 Amerika entdeckten. Diese Vielfalt der Neuansätze deutet schon darauf hin, daß es sich beim Übergang vom MA zur N. um eine Übergangsphase handelt, die im Verlauf einiger Jahrzehnte die meisten Lebensbereiche der europ. Menschen grundlegend verändert hat.

Fundamentale Bed. hatte dabei der geistige Wandlungsprozeß, der durch den **Humanismus** und seine Rückbesinnung auf die Antike in Gang kam. Er führte zu einem krit. Bewußtsein und zu einer säkularisierten Auffassung des Christentums bei den führenden bürgerl. Schichten und kam in der zurückgehenden Bed. der Geistlichkeit zum Ausdruck, die das kulturelle Leben im MA stark geprägt hatte. Die von den Humanisten entwickelten Regeln der philolog.-krit. Textanalyse führten zu den ersten textkrit. Ausgaben des N. T., die z. T. große Bed. gewannen, bes. für Luther. Trotzdem hängen Humanismus und Reformation nicht unmittelbar zusammen. Beide haben aber die Einheit der ma. Kirche aufgehoben. An die Stelle der „res publica christiana" des MA trat das moderne europ. Staatensystem. Dieses **Staatensystem** war eine weitere Grundlage der N.; sowohl in Europa als auch in Übersee markierte dabei erstmals das Jahr 1494 einen Einschnitt, an dem ein globales Mächtesystem erkennbar wurde, das seither in vielen Wandlungen die N. bestimmt hat. Für die hauptsächl. von Spaniern und Portugiesen beherrschten überseeischen Gebiete legte Papst Alexander VI. in einem Schiedsspruch fest, daß sie durch eine nordsüdl. Trennungslinie 370 Meilen westl. der Kapverd. Inseln in eine östl., zu Portugal gehörige Hemisphäre und in eine westl., span. Hälfte geteilt sein sollten (**Vertrag von Tordesillas,** 7. Juni 1494). Durch das Aufkommen der prot. Seemächte Niederlande und England hatte dieser Spruch jedoch keinen Bestand. In Europa selbst war das inzwischen entstandene Mächtesystem und die Verflechtung der europ. Staatenbeziehungen erstmals 1494 anläßl. des Italienzuges des frz. Königs Karl VIII. deutl. in Erscheinung getreten: Karl VIII. meldete als Erbe der Anjou die frz. Anwartschaft auf Neapel an, die er zuvor in Verträgen mit England, Spanien und den Habsburgern 1492/93 diplomat. abzusichern versucht hatte. Als aber sein Einrücken in Italien zum Zusammenbruch des inneritalien. Staatensystems führte, vereinigten sich die übrigen Mächte gegen Frankr., um das Gleichgewicht in Italien wieder herzustellen. **Die Entwicklung in Italien als Ansatz zur Neuzeit:** In den Kämpfen um Italien ist das moderne europ. Staatensystem zu einem ersten Abschluß gelangt. Italien war zu jener Zeit nicht nur reich, sondern es hatte in seinen polit., gesellschaftl. und kulturellen wie wirtsch. Verhältnissen bereits einen Entwicklungsgrad erlangt, der in vielem für die N. allg. kennzeichnend wurde. Eine wichtige Voraussetzung hierfür war die Herausbildung eines italien. **Fünfstaatensystems** (Mailand, Florenz, Venedig, Kirchenstaat, Neapel), das die Vielheit italien. Städte und Kleinstaaten in wenigen großen Gebieten mit fest bestimmten Grenzen aufgehen ließ. Der fortgeschrittene Grad der polit. Verhältnisse in Italien bestand aber nicht in der äußeren Macht der fünf Mittelstaaten, die sich z. T. gegenseitig neutralisierten, sondern in der neuen Gestaltungsmethode der Beziehungen zw. diesen mittleren Mächten, auch in ihrer modernen sozialen und wirtsch. Verfassung im Innern. Der Geist und die Techniken der neuzeitl. Politik und Diplomatie haben von hier wichtige Anregungen bezogen. Der moderne Ge-

Neuzeit

danke des Mächtegleichgewichts in den äußeren Beziehungen ist zuerst im Italien des 15. Jh. zu einer Theorie entwickelt worden. Der Friede von Lodi (1454), in dem die italien. Verhältnisse zu einem gewissen Gleichgewichtszustand geführt worden waren, galt in der Folge als Musterbeispiel einer auswärtigen Balancepolitik.
Der für die N. charakterist. Zug der **Zweckrationalität**, wie er in diesen Methoden der Gestaltung auswärtiger polit. Beziehungen zum Ausdruck kam, erwuchs aber auch aus dem gewandelten Denk- und Arbeitsstil, wie er sich schon zu Anfang des 15. Jh. in den italien. Stadtgemeinden herausgebildet hatte. V. a. in Venedig und Florenz, z. T. auch in Mailand, Rom und Neapel wurde ein hoher Stand der Handels- und Wirtschaftstechniken erreicht, der selbst wiederum das Ergebnis einer stärkeren Rationalisierung und Mathematisierung der Handels- und Gewerbetätigkeit war und z. B. die Anfänge einer Statistik in der Gemeinde- und Staatsverwaltung ermöglichte. Die Voraussetzung hierfür war die Übernahme der arab. Ziffern, die in Italien bereits im 14. Jh. allg. verbreitet waren. Von dieser neuen Grundlage aus entwickelte sich in Italien zuerst in Venedig das handelsgeschäftl. Verfahren der doppelten Buchführung. Träger dieser rationellen Wirtschaftspraxis war das städt. Bürgertum, das bes. in Florenz auch den techn. Stand des Handwerks und der Gewerbe, v. a. der Textilherstellung, beträchtl. weiterentwickelte. Auch in Flandern gab es zu dieser Zeit schon ein hochentwickeltes Textilgewerbe und moderne Wirtschaftstechniken, aber die Besonderheit der italien. Entwicklung lag in der engen Verbindung des Wirtschaftslebens mit der Politik und in den Beziehungen der oberen bürgerl. Gesellschaftsschichten zu den Gelehrten, v. a. zu den Humanisten der Zeit.
Die gesellschaftl.-ökonom. Verfassung von Florenz war durch die z. T. noch spätma. Struktur des Zunftwesens, andererseits aber auch durch das moderne Element der frühkapitalist. Bankherren geprägt. Beide Komponenten wirkten in der polit. Verfassung von Florenz zusammen. Die sog. 7 „oberen" Zünfte (reiche Tuch- und Wollkaufleute, Bankiers, die Richter, die Notare, wohlhabende Rentiers) gewannen seit 1378 gegenüber den sog. 14 „unteren" Zünften (einfache Handwerker) ständig an Gewicht; dies bewirkte, daß sich die Kluft zw. beiden Schichten im 15. Jh. immer mehr vergrößerte. Die führenden Fam. trugen die - wenn auch ohne das Heer der 30 000 - 40 000 Manufakturarbeiter und deren Arbeitskraft undenkbare - frühe Entwicklung von Florenz. Auch die fortgeschritteneren Staaten der frühen N. blieben noch durch diese polit. Struktur gekennzeichnet. - Die führenden Geschlechter waren es auch, die den kulturellen Aufschwung der Renaissance in Italien beträchtl. förderten. Die Verbindung von Staatsamt und Gelehrtendasein war ein wichtiges Kennzeichen dieser ersten Phase einer neuen Zeit.
Der Geist analyt.-wiss. Betrachtung wurde wie auf die neue Kunst auch auf die Welt der Politik angewandt. Die Realität der innerstaatl. Machtkämpfe der Parteien und das komplizierte Geflecht der auswärtigen Beziehungen des 15. Jh. sind von Machiavelli zuerst analysiert und in einer Theorie abgebildet worden. Die moderne **Idee der Staatsräson** wird der Sache nach in seiner Schrift „Il principe" (1513/32) begründet. Die Politik wurde hier - im Ggs. etwa zu den spätma. „Fürstenspiegeln" - erstmals als autonom betrachtet. Die Moral des Herrschers („virtù") wurde nicht an einen eth. Tugendkanon gebunden, sondern an die Fähigkeit zur Gewinnung und Erhaltung von polit. Macht als Voraussetzung für einen stabilen Staat. Diese Zweckrationalität einer autonomen Politik hat die polit. Theorie der N., aber auch die Politik selbst nachhaltig bestimmt.
Eine gleichsam mechanist. Betrachtung auch der polit. Verhältnisse, wie sie später T. Hobbes versuchte, wurde durch den starken Aufschwung der Naturwiss. nahegelegt. Die Entdeckungsfahrten bestätigten die Lehre von der Kugelgestalt der Erde. Das heliozentr. System wurde von Nikolaus Kopernikus 1543 auch astronom. untermauert („kopernikan. Wende"). Die Einheit der Welt und der Wiss., wie sie die N. dann zunehmend bestimmt hat, hat zur Durchsetzung des neuen heliozentr. Weltbildes geführt.
Politische, gesellschaftliche und geistige Grundzüge der Neuzeit: Die Geschichte der N. ist polit. die Geschichte von Staatensystemen, in denen sich auch die gesellschaftl. und geistige Entwicklung vollzog. Dabei ist es von grundlegender Bed. gewesen, daß sich diese Systeme überwiegend als Ordnungen von Nat.staaten bildeten und z. T. noch heute bilden. Die europ. Staaten der N. sind meist als Nationalstaaten aufgetreten oder haben sich doch überwiegend eine nat. Interpretation gegeben. Die Wurzeln hierzu lagen schon im Spät-MA, die Verwirklichung des Nationalstaates wurde z. B. in England oder Frankr. im 14. Jh. erreicht, in Spanien im 15. Jh., in Italien und Deutschland erst in den nat. Einigungen des 19. Jh. Der moderne Nationsbegriff ist z. T. eng mit dem für die neuzeitl. Staatengeschichte zentralen Begriff der **Souveränität** verbunden. Es stellt sich dabei die Frage, wer eigtl. die Nation darstellt und somit die Souveränität besitzt. Am Beginn der N. war es in Frankr., England und Spanien, wo sich schon im 14./15. Jh. ein nat. Königtum und eine Nat.kirche entwickelt hatten, kaum umstritten, daß der Träger der Souveränität, abgesehen allerdings von gewissen England betreffenden Einschränkungen,

Neuzeit

das Königtum war. Als nat. Staat im eigtl. Sinne galt der Herrscher und sein Anhang. Doch während dem Begründer der neuzeitl. Souveränitätslehre, J. Bodin, noch die Rechtfertigung der zentralen Herrschergewalt gleichzeitig eine Bindung an göttl. und Naturrecht bedeutete, ging Hobbes noch weiter und begr. die Lehre von der absoluten Gewalt des Souveräns, vor der es auch keine Glaubens- oder Gewissensfreiheit geben könne. Neben diesen Theorien, die für die Herrschaftslegitimation des fürstl. und monarch. Absolutismus des 16.–18. Jh. wesentl. geworden sind, steht als 2. Entwicklungslinie die Idee vom Volksstaat. Wenn auch die zuerst von N. Machiavelli in seinen „Discorsi" entworfene Konzeption noch nicht im modernen Sinne als Demokratie bezeichnet werden kann, so bildete dieser Ansatz aber doch den Beginn einer neuzeitl. Legitimationstheorie, die über die auf dem Gedanken der Volkssouveränität fußende Staatslehre von J. Locke zum Begriff der Volkssouveränität bei J.-J. Rousseau und zur modernen Lehre von der Gewaltenteilung bei Montesquieu geführt hat.

Diese Theorien waren z. T. Deutungen einer tatsächl. staatl. und gesellschaftl. Entwicklung der N., die v. a. durch ein starkes emanzipator. Moment gekennzeichnet war. Dabei handelte es sich zunächst in erster Linie um eine **Emanzipation des Bürgertums** gegenüber dem Adel. Das Bürgertum war in der Stadtkultur und in der schnell wachsenden Geldwirtschaft der N. zu Reichtum und zu einer gewissen Macht gekommen. Der vom Bürgertum des 15. und 16. Jh. getragene Frühkapitalismus (Fugger, Welser, Medici) hat durch seine weitreichenden Handels- und Kapitalverbindungen der Welthandel und das Weltverkehrssystem der N. wesentl. mitbegründet. Diese bürgerl. Handelsmacht wurde seit dem 16. Jh. durch ein bes. Leistungs- und Wirtschaftsethos getragen, das eine eigentüml. säkularisierte Form der ma. Askese darstellt und durch eine sparsame, kalkulierende und dem Luxus gegenüber zurückhaltende ökonom. Lebensführung gekennzeichnet ist. Diese Grundlinie wurde durch die Reformation z. T. noch gestärkt. Das galt bes. für die kalvinist. Niederlande und England, später auch für die USA. Für England trat ein wichtiges sozialgeschichtl. Phänomen hinzu: Die führenden Schichten des Bürgertums verschmolzen hier näml. mit dem Kleinadel, weil der Adelstitel immer nur auf den ältesten Sohn überging. Die nachgeborenen Söhne mußten sich meist Handelsgeschäften zuwenden und heirateten oft Töchter von Bürgerlichen. Die dadurch eingetretene soziale Homogenität einer Mittelschicht, die durch das Zusammenwachsen von niederem Adel (Gentry) und bürgerl.-städt. Oberschicht entstand, war für die Entstehung der modernen parlamentar. Demokratie und später auch für den Beginn der industriellen Revolution von zentraler Bedeutung.

Trotzdem bedeutete die relativ starke Wirtschaftsmacht des Bürgertums noch nicht das Ende der seit dem MA bestehenden polit. Vorherrschaft des Adels und der Geistlichkeit. Es ist deshalb auch die These vertreten worden, daß erst die polit. und gesellschaftl. Umwälzung der Frz. Revolution von 1789 den eigentl. Beginn der N. darstelle. Auf Grund der vielen Neuansätze v. a. zw. 1450 und 1517 erscheint es jedoch richtiger, die Zäsur des Jahres 1789 als Höhepunkt und als Durchbruch einer ganzen Reihe von nationalstaatl., geistigen und gesellschaftl.-emanzipator. Tendenzen zu sehen, die in der modernen Entwicklung schon seit der Mitte des 15. Jh. angelegt waren.

Die historische Gliederung der Neuzeit: Das in der histor. Wiss. mit kleineren Abweichungen übl. Schema einer Gliederung der N. in eine Phase „frühe N." (etwa 1450–1650) und in eine die Zeit ab etwa 1650 umfassende „jüngere N." ist eine Grobeinteilung. Dabei kommt der Zäsur des Jahres 1648 eine bes. Bed. zu. Der Westfäl. Friede brachte das definitive Ende universaler Ordnungsvorstellung, die durch den religiösen Alleingeltungsanspruch des Papsttums und durch die universale Herrschaftsidee der röm.-dt. Kaisertums gekennzeichnet war. Im Westfäl. Frieden wurden die beiden prot. Konfessionen, von denen die luth. schon seit 1555 reichsrechtl. anerkannt war, in der Reichsverfassung endgültig legitimiert. Die religiöskonfessionellen Anlässe des Kampfes waren nunmehr durch die immanenten Machtkräfte des europ. Staatensystems überholt worden, und der Ggs. zw. Frankr. und dem Haus Österreich machte das Reich zum Schlachtfeld der europ. Mächte. Die etwa um 1650 einsetzende „jüngere N." begann mit der Vorherrschaft Frankr. und ist eine Zeit der Entfaltung wiss. und gewerbl.-merkantiler Neuerungen gewesen, die überwiegend vom Bürgertum getragen wurden und schließl. auch die gesellschaftl. und polit. Emanzipation des Bürgertums eingeleitet haben. Bes. in der Staatstheorie J. Lockes sind diese Vorgänge zu einer Lehre von der konstitutionell eingegrenzten Monarchie verarbeitet worden. Dessen Lehre von der **Gewaltenteilung** zw. der vorrangigen gesetzgebenden Gewalt, die beim Volk oder seinen Repräsentanten liegt, und der exekutiven Gewalt der Reg. wurde von Montesquieu 1748 durch eine unabhängige rechtsprechende Gewalt ergänzt. In dieser Form hat die Lehre von der polit. Gewaltenteilung die Verfassungen fast aller parlamentar. Staaten der N., zuerst die der USA von 1787 und die frz. Verfassung von 1791, bestimmt.

Die Aufhebung der feudalklerikalen Privile-

243

Neuzeit

gien in Frankr. 1789 zugunsten der bürgerl. Gleichheit und Freiheit war vorbereitet durch die Philosophie des Rationalismus und der **Aufklärung**. In der den Rationalismus popularisierenden Aufklärungsliteratur war der Gedanke der krit. Vernunft auch auf Gesellschaft und Staat gerichtet worden - bestärkt durch die Idee des Widerstandsrechts, die 1688 in England und 1776 in Amerika wirksam wurde. Der Kreis der Enzyklopädisten war für diese grundlegende Gedankenarbeit repräsentativ. Neue Wiss. wie Nationalökonomie, Soziologie und Psychologie wurden von relativ großen Kreisen mit Verständnis und Interesse aufgenommen. Die arbeitsteilige bürgerl. Leistungs- und Erwerbsgesellschaft führte eine neue Funktionalität des Staatswesens herbei, die darin bestand, daß der Staat nicht nur die Existenz seiner Mgl. sichern, sondern auch Glück und Wohlfahrt des Individuums fördern sollte. Dabei sollten die Freiheitsrechte des einzelnen möglichst geschützt sein. Dieser Liberalismus war polit., gesellschaftl. und wirtsch. orientiert und führte zunächst nur zu größerer Macht der führenden Schichten des Bürgertums, nicht der übrigen bürgerl. Gesellschaft und der unteren Volksschichten. Hieraus entwickelten sich jedoch später neue Kräfte, die nach 1789 immer mehr an Gewicht gewannen.

Wenn man die Frz. Revolution von 1789 innerhalb der seit etwa 1650 zu rechnenden „jüngeren N." als Beginn einer „neuesten Zeit" bezeichnet, so war diese neue Phase auch durch die fast gleichzeitig sich vollziehende **industrielle Revolution** bestimmt, die von Großbrit. ausging und nach dem „frz." sozusagen ein „brit." Zeitalter heraufführte. Durch das 1769 für James Watt erteilte Patent auf seine Dampfmaschine wurde ein Prozeß in Gang gesetzt, der bes. das ältere Manufakturwesen durch die Einführung der Dampfkraft vollkommen veränderte und damit das äußere Erscheinungsbild und die innere Struktur der N. grundlegend wandelte. Die Einführung der Dampfmaschine zwang zur Abschaffung des Zunftwesens und damit zu einer fundamentalen Veränderung der Arbeitsverfassung. Sie entlastete die menschl. Arbeitskraft, erschloß aber zugleich neue Möglichkeiten, Menschen als Arbeitskräfte einzusetzen. Nachdem G. Stephenson 1814 seine erste Lokomotive gebaut hatte, veränderte sich auch das gesamte Verkehrswesen grundlegend.

Es kann jedoch nicht übersehen werden, daß die allg. Verwirklichung der bürgerl. Revolutionsideen von 1789 im Zuge der industriellen Revolution zunächst einen starken Rückschlag erlitten hat. Freiheit und Gleichheit waren für die während der Industrialisierungsbewegung entstandenen Massen des Proletariats kaum zu erreichen; die neue Klasse der Ind.arbeiterschaft mußte sich erst organisieren, ehe der Kampf um die Verbesserung ihrer sozialen Situation Aussicht auf Erfolg haben konnte. In der Erkenntnis dieser Notwendigkeit und in der krit. Begründung lag der wesentl. Unterschied zw. der noch undifferenzierten Auffassung der sog. Frühsozialisten und dem sog. wiss. Sozialismus von K. Marx, der den Internationalismus als Schritt zur Überwindung des auf dem Privateigentum an Produktionsmitteln fußenden bürgerl. und nat. Staates ansah. Die erwartete klassenlose Gesellschaft sollte durch die Selbstvernichtung des Kapitalismus entstehen. Diese „gesetzmäßige" Entwicklung wurde durch W. I. Lenins Programm der proletar. Weltrevolution verändert. Die russ. Oktoberrevolution von 1917 sollte der Anfang auf dem Weg zum Ziel der Weltrevolution sein.

Der Sieg des Bolschewismus in Rußland hat die Machtverhältnisse zw. den großen Mächten stark verändert. Das Jahr 1917 bildet daher auch für eine Untergliederung der N. eine wichtige Zäsur. Die Oktoberrevolution war der Beginn einer ideolog. **Blockbildung** zw. Ost und West, die die Gegenwart weiterhin bestimmt. Dies wurde schon unmittelbar nach dem 1. Weltkrieg deutlich. Aber der 1. Weltkrieg hat an seinem Ende auch Entwicklungen freigesetzt, die auf eine allmähl. Emanzipation der vom Kolonialismus und Imperialismus der europ. Mächte im 19. Jh. erschlossenen und eroberten Überseegebiete hinausliefen. Eine wichtige Zäsur kam 1917 auch darin zum Ausdruck, daß die USA als Großmacht in den Weltkrieg eintraten und ihn prakt. sehr schnell entschieden. Das Schwergewicht der weltpolit. Macht lag nicht mehr in Europa oder doch nicht mehr in Europa allein.

Man hat die „jüngste Phase der N.", die mit dem Jahre 1917 beginnt, auch als **Zeitgeschichte** bezeichnet. Jedoch ist dieser Begriff sehr stark an den Standpunkt der jeweils lebenden Generation und an die Epoche ihres Lebenszeitraums gebunden, so daß der Historiker H. Rothfels den Begriff Zeitgeschichte als „die Epoche der Lebenden und ihre wiss. Behandlung" definiert hat. Hier wird allerdings deutl., daß der Begriff Zeitgeschichte dann nicht mit dem Epochenjahr 1917 verbunden bleiben muß, sondern eine Art gleitender Zeitgrenze erhalten könnte.

So erweisen sich auch der Begriff N. und seine Untergliederungen als heurist. Begriffe, die gewisse Haupttendenzen des histor. Verlaufs beschreiben sollen. Insgesamt gehören zum Inhalt des Begriffs N., wenn man ihn auf den gesamten Zeitraum seit etwa 1450 bezieht, als Grundlinien dieser Entwicklung: die Entstehung des neuen Menschen- und Weltbildes und des modernen Staatensystems nat. Staaten, das Prinzip der Staatsräson, die Säkularisierung, „Verschriftlichung" und „Verwissenschaftlichung" der Kultur, die in-

244

dustrielle Revolution, eine wirtsch. und polit. Emanzipation des Bürgertums, dann auch zunehmend der Arbeiterschaft, zur modernen Ind.gesellschaft.

📖 *Wohlfeil, R./Goertz, H. J.: Gewissensfreiheit als Bedingung der N.* Gött. 1980. - *Hinrichs, E.: Einf. in die Gesch. der frühen N.* Mchn. 1980. - *Friedell, E.: Kulturgesch. der N.* Mchn. 125.–135. Tsd. 1979. - *Beierwaltes, W., u.a. Der Übergang zur N. und die Wirkung v. Traditionen.* Gött. 1977. - *Blumenberg, H.: Die Legitimität der N.* Ffm. 1977. 3 Bde. - *Kulischer, J.: Allg. Wirtschaftsgesch. des MA u. der N.* Mchn. ⁵1976. 2 Bde.

Nevada [ne'va:da, engl. nɛ'va:də], Bundesstaat im W der USA, 286 296 km², 970 200 E (1985), Hauptstadt Carson City.
Landesnatur: Der überwiegende Landesteil von N. gehört zum abflußlosen Great Basin. Der an der SO-Grenze fließende Colorado wird bei Boulder City durch den Hoover Dam aufgestaut. In N–S-Richtung verlaufen 80–120 km lange Bergketten, die Höhen bis über 2 000 m erreichen, dazwischen breite Plateaus, Becken und teils mit Seen gefüllte Wannen. Bedingt durch die Lage im Regenschatten der Sierra Nevada ist das Klima sehr trocken. Im W fallen nur 80 mm Niederschläge/Jahr. Nur in den Ausläufern der Sierra Nevada finden sich Koniferenwälder, im Bereich des Great Basin dominiert die Zwergstrauchheide mit dem Beifuß als verbreitetster Pflanze. Im S gibt es Kakteen (mehr als 30 Varietäten). - Häufig anzutreffen sind Nagetiere, an größeren Säugetieren Dickhornschafe, Rotwild und Gabelböcke. In den Wüstengeb. sind es zahlr. Reptilien (Geckos, Leguane, Klapperschlangen).
Bevölkerung, Wirtschaft, Verkehr: N. gehört zu den am dünnsten besiedelten Staaten der USA. Weiße machen den größten Teil der Gesamtbev. aus; in 22 Indianerreservaten leben rd. 9 000 Indianer. Mehr als 80 % der E leben in den Metropolitan Areas von Las Vegas und Reno. Dort befinden sich auch die beiden Univ. Wichtige Religionsgemeinschaften sind die Katholiken und die Mormonen. - Die vom Klima stark benachteiligte Landw. (v.a. Viehwirtschaft) spielt nur eine untergeordnete Rolle; an Bed. gewinnt der Bewässerungsfeldbau. Zu den wichtigsten Bodenschätzen zählen nach Gold die Kupfer-, Eisen-, Antimonerze und Schwerspat. Bedeutendster Ind.zweig ist die an die Bergbaugebiete gebundene Erzverhüttung, außerdem chem. Ind. und Holzverarbeitung. Weitaus wichtiger für den Staatshaushalt ist jedoch der Fremdenverkehr. Die Einnahmen aus dem Glücksspiel und dem Vergnügungsgewerbe in Las Vegas und Reno machen mehr als 40 % der Steuereinnahmen aus. In N. befinden sich mehrere Naturparks, Naturschutz- und Erholungsgeb. sowie Wintersportgebiete. - Das Straßennetz ist 81 800 km (26 900 km befestigt), das Eisenbahnnetz 2 500 km lang; 1976 gab es 114 offizielle ✈.

Geschichte: Das heutige N. gehörte in der Kolonialzeit zum span. Vize-Kgr. Neuspanien; kam 1848 von Mexiko in den Besitz der USA und wurde Teil des Territoriums Utah. Nach Streitigkeiten zw. den hier wohnenden Mormonen (seit 1849) und Bergleuten (seit 1859) schuf der amerikan. Kongreß 1861 das Territorium Nevada, das im Okt. 1864 als 36. Staat in die Union aufgenommen wurde.

📖 *Laxalt, R.: N. A history.* New York 1977. - *Elliott, R. R.: History of N.* Lincoln (Nebr.) 1973. - *Hulse, J. W.: The N. adventure: a history.* Reno (Nev.) ³1973.

Nevada, Sierra [span. 'sjɛrra ne'βaða], Teil der mex. Cordillera Volcánica, im Popocatépetl 5 452 m hoch.

Nevers [frz. nə'vɛ:r], frz. Stadt an der oberen Loire, 43 000 E. Verwaltungssitz des Dep. Nièvre; kath. Bischofssitz; archäolog., städt. und Fayencemuseum; Herstellung von Elektrogeräten, Maschinen, Textilien und Fayencen. - **Noviodunum**, ein Ort der kelt. Äduer, entwickelte sich in der Römerzeit zur Stadt **Nevirnum**; seit Anfang des 6. Jh. Bischofssitz, im 9. Jh. Hauptstadt einer Gft.; erhielt 1194 Stadtrecht; 1475 bis Ende des 16. Jh. Residenz der Hzg. von N. - Roman.-got. Kathedrale (11.–16. Jh.) mit vorroman. Baptisterium; Herzogspalast (15. und 16. Jh.), Torturm der ehem. Stadtbefestigung (14. Jh.).

Neviges, Teil der Stadt ↑ Velbert.

Nevis [engl. 'ni:vɪs] ↑ Saint Christopher and Nevis.

Nevşehir [türk. 'nɛvʃɛ,hir], türk. Ort östl. des Tuzgölü, 30 000 E. Hauptort des Verw.-Geb. N. - 10 km östl. liegen der Höhlenklöster von ↑ Göreme; 30 km südl. befindet sich eine unterird. Stadt (7 Stockwerke; noch nicht datiert).

Newa [russ. nɪ'va], Abfluß des Ladogasees, mündet in den Finn. Meerbusen, UdSSR, 74 km lang, schiffbar, Mai–Nov. eisfrei; Teil des Wolga-Ostsee-Wasserweges.

Newald, Richard, * Lambach 30. Juli 1894, † Berlin 28. April 1954, östr. Germanist. - 1930 Prof. in Freiburg (Schweiz), ab 1952 in Berlin; Arbeiten bes. zur dt. Literaturgeschichte und zur Literaturgeschichtsschreibung; zus. mit H. de Boor Begründer und z. T. Verf. der „Geschichte der dt. Literatur von den Anfängen bis zur Gegenwart" (1949 ff.).

New Amsterdam [engl. nju:'æmstədæm], Distr.hauptstadt in Guyana, am Atlantik, 23 000 E. Landw. Handelszentrum; Hafen. - 1740 von Niederländern als **Fort Sint Andries** erbaut; brit. ab 1803.

Newark [engl. 'nju:ək], engl. Stadt in den East Midlands, Gft. Nottinghamshire, 24 100 E. Landmaschinenbau, Kugellagerfabrik, Nahrungsmittelind. - Sächs. Gründung;

Newark

Stadtrecht nach 1549. - Pfarrkirche Saint Mary Magdalen (11.–15. Jh.) mit normann. Krypta.

N., Stadt in New Jersey, USA, an der Passaic Bay, 25 km wnw. von New York, 1,96 Mill. E (Metropolitan Area). Sitz eines kath. Erzbischofs und eines anglikan. Bischofs, Teile der Rutgers University und der kath. Seton Hall University; Colleges; naturwiss., Kunst-, Industriemuseum. N. liegt im Zentrum eines der bedeutendsten Wirtschaftsgebiete der USA; Überseehafen; u. a. chem., pharmazeut., Bekleidungs-, Leder-, Eisen-, Stahl-, Elektro-, Nahrungsmittel- und Tabakind.; Finanzzentrum, Hauptsitz zahlr. Versicherungen; Verkehrsknotenpunkt, ⚓. - 1666 von Puritanern gegr. Siedlung mit theokrat. Regiment; bis 1756 Sitz des Colleges of New Jersey († Princeton).

New Bedford [engl. nju: 'bɛdfəd], Hafenstadt in SO-Massachusetts, USA, 98 500 E. Walfangmuseum; eines der führenden Zentren der Textilind. in den USA. - Entstand 1640 als Bedfordvillage, war Ortsteil von Dartmouth, bis es 1787 als Town selbständig wurde; seit 1847 City.

New Brunswick [engl. nju: 'brʌnzwɪk], Stadt im nö. New Jersey, USA, 50 km sw. von New York, 41 000 E. Univ. (gegr. 1766), theolog. Seminar, Herstellung von chirurg. Instrumenten und Arzneimitteln. - Entstand 1681. G. Washington begann von hier aus seinen Feldzug gegen die Briten, der mit dem Sieg der Amerikaner bei Yorktown (1781) endete.

N. B., (dt. Neubraunschweig) kanad. Prov. am Atlantik, 73 436 km^2, 701 000 E (1982), Hauptstadt Fredericton.

Landesnatur: N. B. gehört zum System der Appalachen, mit Plateaus, die von höher aufragenden Ketten (bis 820 m ü. d. M.) unterbrochen werden. Der gesamte zum Sankt-Lorenz-Golf gerichtete Landesteil von der Chaleur Bay bis Nova Scotia wird von Tiefland, das weit nach SW ausgreift, eingenommen. Rd. 85 % sind von Wäldern bedeckt, in denen Elche, Hirsche und Schwarzbären vorkommen. Bäche und Flüsse sind fischreich.

Bevölkerung, Wirtschaft, Verkehr: Das Geb. von N. B. wurde Ende des 16. Jh. von Franzosen besiedelt, seit der Mitte des 18. Jh. setzte eine Anglisierung ein; hinzu kamen aus den USA eingewanderte Loyalisten. 1980 lebten 5 300 Indianer in der Prov.; etwa 51 % der Bev. sind Katholiken, 18 % Baptisten, rd. 14 % Anglikaner. 63 % sprechen ausschließl. Englisch, 16 % ausschließl. Französisch. N. B. verfügt über 4 Univ. - Wichtigster Wirtschaftszweig ist die auf dem Waldreichtum basierende Holzind.; das für die Landw. nutzbare Areal ist eng begrenzt; angebaut werden in überwiegend kleinbäuerl. Betrieben Futterpflanzen, Hafer und Kartoffeln. Sehr bed. ist die Fischerei (Hummern und Austern). An Bodenschätzen werden Zink-, Kupfer-, Blei-, Antimonerze und Kali abgebaut. Wichtigste Ind.zweige sind die Holzverarbeitung, Nahrungsmittelind. und Metallverarbeitung. Die Streckenlänge der beiden transkanad. Eisenbahnlinien beträgt in N. B. 2 768 km, das Highwaynetz ist rd. 3 500 km lang, darunter 544 km des Trans-Canada-Highway. Wichtigster Seehafen ist der ganzjährig eisfreie Hafen von Saint John. N. B. verfügt über ⚓ in Fredericton, Moncton und Saint John.

Geschichte: 1534 wurde das Gebiet des heutigen N. B. für Frankr. in Besitz genommen; die frz. Besiedlung war etwa 1670 abgeschlossen. Dagegen hatte König Jakob I. von England das Gebiet 1621 dem Schotten William Alexander verliehen (Akadien). Nach Auseinandersetzungen zw. Franzosen und Briten mußte Frankr. schließl. 1763 seinen gesamten nordamerikan. Kolonialbesitz an Großbrit. abtreten. 1784 wurde das brit. Akadien in N. B. (Festlandsteil) und in Nova Scotia geteilt. 1867 gehörte N. B. zu den 4 Gründungsprov. des Dominions Kanada.

Newcastle [engl. 'nju:kɑ:sl], austral. Stadt in Neusüdwales, am Pazifik, 419 100 E. Anglikan. Bischofssitz; Univ. (gegr. 1965), Konservatorium, Gemäldesammlung; N. ist Australiens Schwerind.zentrum (Stahlwerke), basierend auf den Steinkohlenvorkommen an der Küste und im anschließenden Binnenland; Hafen; ⚓. - 1804 als Sträflingssiedlung gegr.; seit 1885 City.

Newcastle upon Tyne [engl. 'nju:kɑ:sl ə'pɒn taɪn], Stadt in NO-England, Metropolitan County Tyne und Wear, 16 km oberhalb der Mündung des Tyne in die Nordsee, 192 500 E. Verwaltungssitz der Gft. Northumberland; anglikan. Bischofssitz; Univ. (seit 1963), polytechn. Hochschule, medizin. Forschungsinst.; archäolog. Museum, Museum für Wiss. und Industrie, Kunstgalerie, Stadtarchiv; mehrere Theater; Kohlenexporthafen; größtes engl. Schiffsreparaturzentrum; Fährverkehr mit Esbjerg (Dänemark); ⚓. - An der Stelle der röm. Station **Pons Aelii** entstand der heutige Ort um eine 1080 gebaute Burg; Stadtrecht 1216 bestätigt; 1400 Stadtgrafschaft, seit 1882 City. - Anglikan. Kathedrale (v. a. 14. Jh.); röm.-kath. Kathedrale (vollendet 1844); Guildhall (17. Jh.); Burg (12. Jh.).

Newcomb, Simon [engl. 'nju:kəm], * Wallace (Nova Scotia) 12. März 1835, † Washington (D. C.) 11. Juli 1909, amerikan. Astronom. - Prof. in Washington; bed. Arbeiten über die Bewegungen der Planeten, Planetoiden und des Mondes sowie über Positionsastronomie und astronom. Konstanten; populärwiss. Veröffentlichungen.

Newcomer ['nju:kʌmə; engl. „Neuankömmling"], Bez. für jemanden, der erst seit kurzem, jedoch mit Erfolg tätig ist bzw. auftritt.

New Hampshire

New criticism [engl. 'nju: 'krıtısızm „neue Kritik"], nach der programmat. Schrift J. E. Springarns benannte angloamerikan. literaturwiss. Richtung, entstanden zu Beginn des 20. Jh. als Gegenbewegung gegen eine positivist.-soziolog. Literaturwiss.; von B. Croce beeinflußt, konzentrierte sich der N. c. ganz auf das literar. Kunstwerk als organ. Einheit und auf seine Rezipienten und behandelte unter weitgehendem Verzicht auf histor. und biograph. Hintergründe Fragen der deskriptiven Interpretation, der Stil- und Strukturanalyse, Probleme der Bildlichkeit, der Metaphorik, des Symbolcharakters der Dichtung, der sprach. Doppeldeutigkeit.

New Deal [engl. 'nju: 'di:l „neue Handlungsweise, neue Politik"], Bez. für die staatsinterventionist. Reformen, mit denen Präs. F. D. Roosevelt die Folgen der Weltwirtschaftskrise in den USA zu überwinden suchte. Der N. D. schuf die Voraussetzungen für eine Entwicklung der USA zum modernen Sozialstaat. *1. Phase* (1933–35): Die direkte Belebung der Wirtschaft sollte erreicht werden durch Arbeitsbeschaffungsprogramme (Tennessee Valley Authority), Drosselung der Überproduktion in Ind. (u. a. Arbeitszeitverkürzung, Erhöhung der Mindestlöhne) und Landw. (staatl. prämierte Verringerung der Anbauflächen), inflationäre Währungspolitik und dynam. Außenhandelspolitik. *2. Phase:* 1935 schufen Gesetze die Grundlagen für eine erhebl. Stärkung der Stellung der Gewerkschaften und für eine Alters-, Unfall- und Arbeitslosenversicherung; gleichzeitig wurde die Steuerprogression erhöht und mit einem Gesetz zur Entflechtung der großen Energiekonzerne den monopolist. Tendenzen entgegengewirkt; die Reformen des Banken- und Börsenwesens wurden weitergeführt, die Unterstützungsmaßnahmen für Landarbeiter und Pächter verstärkt.

Die Impulse, die der N. D. der amerikan. Wirtschaft und Gesellschaft gab, reichten zwar nicht aus, die Folgen der Weltwirtschaftskrise zu überwinden, stellten aber wesentl. Weichen für evolutionäre Veränderungen des amerikan. Gesellschaftssystems.

New England [engl. nju: 'ɪŋglənd] ↑ Neuengland.

Newfoundland [engl. nju:fənd'lænd] (dt. Neufundland), kanad. Prov., besteht aus der Insel Neufundland und Teilen von Labrador, 404 517 km², 571 000 E (1982), Hauptstadt Saint John's.

Landesnatur: Das zum Kanad. Schild gehörende Labrador ist ein flachwelliges Hügelland um 500 m ü. d. M., das von einzelnen, bis etwa 1 700 m Höhe ansteigenden Gebirgszügen unterbrochen wird. Die Insel *Neufundland* (108 860 km²) ist der nördl. Ausläufer des Appalachensystems. Im W liegt ein Hochland mit der bis über 800 m ansteigenden Long Range, im Zentrum das 250–450 m hohe Avalon Peninsula. - Das Klima steht unter dem Einfluß des kalten Labradorstroms mit einer langen rauhen Frostperiode und kurzen feuchten Sommern. Nebel sind häufig. Etwa $^2/_5$ der Insel sind bewaldet, sonst überwiegt Tundrenvegetation mit zahlr. Seen, Sümpfen und Mooren. In Labrador geht der Wald ab 375 m Höhe in Tundra und Gebirgsvegetation über. In N. finden sich Schwarzbär, Elch und Karibu, in mehreren Vogelschutzgebieten sind Tölpel, Dreizehenmöwen, Seeschwalben, Alken u. a. Seevögel häufig.

Bevölkerung, Wirtschaft, Verkehr: Die überwiegend an den Küsten lebenden E sind zum größeren Teil brit., zum kleineren frz. Abstammung. Auf Labrador leben außerdem Eskimo. N. verfügt über eine Univ. in der Hauptstadt. - Wichtigste Erwerbszweige sind Holzwirtschaft und Fischfang. An Bodenschätzen werden v. a. Eisenerze, aber auch Zink-, Blei- und Kupfererze gewonnen sowie im Off-Shore-Bereich von Labrador Erdöl u. Erdgas. Nachgewiesen sind Uran-, Kupfer-, Beryll- und Molybdänlagerstätten. Die Landw. hat auf Grund des Klimas und der Böden nur eine untergeordnete Bed.; die Ind. verarbeitet v. a. Fisch, Holz und Erz. - Das gesamte Eisenbahnstreckennetz ist rd. 15 000 km lang. N. verfügt über ein Straßennetz von über 10 000 km, davon etwa die Hälfte mit fester Decke, u. a. der östlichste Abschnitt des Trans-Canada-Highway. Wichtigster Seehafen ist Saint John's. Die Küstenschiffahrt spielt eine bed. Rolle (v. a. in Labrador), ebenso der Flugverkehr. 6 ⌘ werden regelmäßig von 2 kanad. Fluggesellschaften angeflogen, daneben gibt es zahlr. Landepisten.

Geschichte: Um das Jahr 1000 kamen normann. Seefahrer nach N. (Vinland), doch erst die Entdeckung der Insel durch G. Caboto 1497, der sie für England beanspruchte, hatte eine Besiedlung zur Folge. Die nach dem frz. Anspruch auf die Insel als Kolonie einsetzenden engl.-frz. Auseinandersetzungen wurden erst durch den Frieden von Utrecht beendet (1713), in dem Großbrit. seine Besitzansprüche durchsetzen konnte. Erhielt 1854 volle Selbstregierung. Der Plan der brit. Reg., N. an das neugegr. Dominion Kanada (1869) anzuschließen, scheiterte an der ablehnenden Haltung der Inselbevölkerung. Nach erneuter Abstimmung 1948 wurde die Insel 1949 als 10. Prov. in den Kanad. Bund aufgenommen.

📖 Laird, M.: *Bibliography ot the natural history of N. and Labrador.* New York 1980. - Mercer, G. A.: *The province of N. and Labrador. Geographical aspects.* Ottawa ¹³1968.

New Hampshire [engl. nju: 'hæmpʃə], Bundesstaat im NO der USA, 24 097 km², 959 000 E (1983), Hauptstadt Concord.

Landesnatur: Vorwiegend von einem stark gegliederten Bergland, das dem Appalachensystem angehört, eingenommen; höchste Erhebung in den White Mountains (Mount

Washington 1917 m). Im atlant. beeinflußten SO fallen höhere Niederschläge, im N werden niedrigere Temperaturen gemessen. In den White Mountains liegt von Okt. bis Mai eine geschlossene Schneedecke.
Mehr als 80% der Staatsfläche sind von Wald bedeckt: im N herrschen Birken, Buchen, Tannen und Fichten, im S Ahorn, Eichen, Ulmen und Eschen vor. Charakterist. ist die Weymouthskiefer. Die Tierwelt ist sehr artenreich. Der Virginiahirsch ist noch häufig anzutreffen, ebenso Elche, Schwarzbären und auch Nerze.
Bevölkerung, Wirtschaft, Verkehr: Nachdem bis in die zweite Hälfte des 19.Jh. vorwiegend Briten nach N. H. eingewandert waren, siedelten sich nach 1870 auch Frankokanadier, Iren, Polen, Italiener und Skandinavier an. Nur 0,4% der Gesamtbev. sind Schwarze; 1970 wurden 360 Indianer gezählt. In Durham besteht eine Univ. - Milchwirtschaft; seit 1900 hat sich die landw. Nutzfläche um fast 80% verringert; angebaut werden v. a. Futterpflanzen, Kartoffeln, Gemüse und Äpfel. Die Holzwirtschaft ist wichtig für die traditionelle Papierind.; Lederverarbeitung und Textilind. führen im verarbeitenden Gewerbe. Weitere wichtige Zweige sind Elektrotechnik und Elektronik sowie Maschinenbau. Der Fremdenverkehr spielt eine große Rolle. - N. H. verfügt über ein Straßennetz von 7 123 km und ein Eisenbahnnetz von 1 322 km sowie über 52 ✈.
Geschichte: Die Küste wurde 1603 und 1605 erkundet; N. H. wurde 1679 engl. Kronkolonie; setzte als erste Kolonie im Unabhängigkeitskampf den königl. Gouverneur ab; stimmte 1788 als 9. und damit entscheidender Staat der Verfassung der USA zu.

📖 *N. H. atlas and gazetteer.* Hg. v. D. Delorme. New York 1983. - Leavitt, R. F.: *Yesterday's N. H.* Miami (Fla.) 1974.

New Haven [engl. nju: 'hɛɪvn], Stadt in Connecticut, USA, Hafen am Long Island Sound, 126 100 E. Yale University (gegr. 1701), Colleges, Akad. der Künste und Wiss. von Connecticut; Handelszentrum eines Agrargeb.; Schiff- und Maschinenbau, Kautschukverarbeitung, Textilind.; Austernzucht. - Entstand 1638 als Puritanersiedlung; 1701-1875 mit Hartford Hauptstadt von Connecticut; City seit 1784.

New Hebrides [engl. nju: 'hɛbrɪdi:z], svw. Neue Hebriden, ↑ Vanuatu.

Ne Win, eigtl. Maung Schu Maung, *Paungdale (Bezirk Prome) 24. Mai 1911, birman. General und Politiker. - 1958-60 Min.präs. und Verteidigungsmin.; 1962 als Vors. des Revolutionsrates zugleich Min.präs. und Staatsoberhaupt (bis 1974); seitdem bis 1981 als Vors. des Staatsrats Staatspräsident.

New Jersey [engl. nju: 'dʒɜ:zɪ], Bundesstaat im O der USA, 20 295 km², 7 515 Mill. E (1984), Hauptstadt Trenton.

Landesnatur: Der Staat N. J. liegt zw. Delaware River, Hudson River und dem Atlantik und reicht im N bis in das Geb. der Appalachen. Klimat. liegt N. J. in einem Übergangsgeb. mit einer feuchten, subtrop. südl. Klimazone und einer feuchten, mehr kontinentalen nördl. Zone.
Durch Besiedlung, Rodung und Trockenlegung der Küstenebene wurde viel von der natürl. Vegetation zerstört. Der einst verbreitete Hartholzwald ist weitgehend verschwunden, an seine Stelle sind niedrige Nadelholz- und Eichenbuschwälder getreten. Noch anzutreffen sind Rotwild, das Opossum, zahlr. Nager und Schlangen.
Bevölkerung, Wirtschaft, Verkehr: 1980 waren 12,6% der E Schwarze, 1,5% Asiaten und Indianer. ²⁄₃ der Bev. wohnt in der dicht besiedelten Achse zw. New York und Philadelphia. N. J. hat 7 Univ. und Colleges, bekannteste ist die Princeton University. - Die hochentwickelte Landw. beliefert mit ihren Produkten v. a. die städt. Märkte und die großen Konserven- u. Tiefkühlkostfabriken. Dominierend sind der arbeitsintensive Gemüsebau und die Viehzucht; sehr bed. ist die Geflügelzucht. Auch die Fischerei spielt eine größere Rolle. Stark industrielle Konzentration; durch die Verkehrsverbindung mit New York (4 Brücken, 2 Tunnels) entwickelte sich die Ind. auch auf dem W-Ufer des Hudson River sehr schnell. Unter den zahlr. vertretenen Branchen sind die Stahlerzeugung u. der Maschinen- und Fahrzeugbau hervorzuheben. Größte Bade- und Vergnügungsorte sind Atlantic City und Ocean City. Das Verkehrsnetz (54 206 km Straßen und 3 011 km Eisenbahnstrecken) ist sehr gut ausgebaut. Die Häfen am Hudson River weisen hohe Umschlagquoten auf. Es gibt 95 ✈.
Geschichte: Bis 1664 war N. J. Teil der niederl. Kolonie Neuniederlande. Als England die Niederlande zur Übergabe ihrer nordamerikan. Besitzungen zwang, wurde N. J. Eigentümerkolonie, die Eigentumsrechte schließl. von einigen Quäkern unter Führung von W. Penn erworben. 1702 ging die Reg.gewalt an die Krone über, an der Spitze der Kolonie stand nun ein königl. Gouverneur; sein Amt wurde jedoch bis 1738 vom Gouverneur von New York wahrgenommen. N. J. war im Unabhängigkeitskrieg Schauplatz einiger wichtiger Gefechte zw. amerikan. und brit. Truppen (Trenton 1776, Princeton 1777, Monmouth 1778). Am 8. Dez. 1787 nahm N. J. als 3. Staat die Verfassung der USA an.

📖 *Cunningham, J. T.: N. J. America's main road.* New York Neuausfl. 1976. - Bebout, J. E./ Grele, R. J.: *Where cities meet: the urbanization of N. J.* Princeton (N.J.) 1964. - Widmer, K.: *Geology and geography of N. J.* New Brunswick (N.J.) 1964.

Newman [engl. 'nju:mən], Barnett,

New Mexico

*New York 29. Jan. 1905, † ebd. 4. Juli 1970, amerikan. Maler. - Bed. Vertreter der ↑ Farbfeldmalerei; seine meist monochromen Bilder sind auf meditative Wirkung hin angelegt.
N., John Henry, *London 21. Febr. 1801, † Birmingham 11. Aug. 1890, engl. anglikan., später kath. Theologe und Kardinal (ab 1879). - Anglikan. Geistlicher der hochkirchl. Richtung; begründete nach einem Romaufenthalt 1833 die ↑ Oxfordbewegung; konvertierte 1845 zur kath. Kirche; schloß sich in Rom den Oratorianern an; gründete 1848 und 1849 Oratorien in Birmingham und London; 1851-58 Rektor der neugegr. kath. Univ. in Dublin. - Schon als anglikan. Diakon kritisierte N. den theolog. Grundansatz des Kalvinismus sowie den zeitgenöss. religiösen Liberalismus und kam im Anschluß an die Kirchenväter zu der Auffassung von einem Stufenbau der göttl. Ordnung in der Welt und von der Kirche als sakramentaler Verleiblichung des Unsichtbaren. Mit seinem berühmten Aufsatz über den „Glaubenssinn" in der Kirche (1859) weckte er in Rom Mißtrauen gegen seine Rechtgläubigkeit. N. forderte „eine freie Wiss. unter einem Dach mit der Theologie" gegen die päpstl. Vorbehalte gegenüber den staatl. Universitäten. Zunächst Gegner, nach 1870 Befürworter der Unfehlbarkeit des Papstes. In seinem Hauptwerk „Essay in aid of a grammar of assent" (1870) entwickelte er die Lehre von dem „Folgerungssinn" als dem Erkenntnisorgan für das Lebendig-Konkrete; diesen setzte er jeder Form von liberaler Auflösung des Glaubens, der Erlebnisreligion und dem Rationalismus entgegen. - Seine theolog. Bed. liegt in der Durchdringung geschichtl. Erfahrungen der Kirchen der Reformation und der kath. Kirche, die auf einen ökumen. Zielpunkt hinführen. Sein geschichtl. Denken wirkte bis in die Theologie des 2. Vatikan. Konzils hinein. Seine einmalige Leistung ist die Verbindung einer „Theologie der Existenz" mit der „objektiven Vermittlung durch die Kirche".
📖 *Ender, E.: Heilsökonomie u. Rechtfertigung bei J. H. N. Essen 1973. - Theis, N.: J. H. N. in unserer Zeit. Heroldsberg 1973. - William, F. M.: Die Erkenntnislehre Kardinal Newmans. Ffm. 1969.*
N., Paul, *Cleveland (Ohio) 26. Jan. 1924, amerikan. Schauspieler und Regisseur. - Zunächst am Broadway; im Film Darsteller kühl-intellektueller männl. Typen, u. a. in den Filmen „Die Katze auf dem heißen Blechdach" (1958), „Exodus" (1960), „Süßer Vogel Jugend" (1961), „Man nannte ihn Hombre" (1967), „Der Clou" (1973), „Das war Roy Bean" (1975), „Harry und Sohn" (1983).

New Mexico [engl. nju: ˈmɛksɪkoʊ] (dt. Neumexiko), Staat im S der USA, 315 113 km², 1,424 Mill. E (1984), Hauptstadt Santa Fe.
Landesnatur: Der Zentralteil von N. M. wird von den Rocky Mountains (im Wheeler Peak bis 4 042 m hoch) in N-S-Richtung durchzogen. Den NW nimmt das von zahlr. Cañons gegliederte Colorado Plateau ein. Im O reichen die Great Plains mit dem Llano Estacado bis an die Gebirgsketten. Im N des Staates herrscht Steppen-, im S Wüstenklima. N. M. hat mit 350 mm Jahresniederschlag die niedrigsten Werte aller Staaten der USA. In den Gebirgszonen finden sich Fichte, Tanne und Kiefer, im Geb. der Great Plains Piniennuß und Wacholder. In den Wüsten trifft man neben Kakteenarten Yuccabaum, Mesquite- und Kreosotstrauch. - Die Tierwelt ist noch sehr artenreich: Maultierhirsch, Dickhornschaf, Rotluchs und Puma, zahlr. Schlangen und Spinnen (u. a. Schwarze Witwe). Aus Nordafrika wurden Berberschafe eingeführt.
Bevölkerung, Wirtschaft, Verkehr: Die Bev.-dichte ist gering; fast 70 % der E leben in städt. Siedlungen, unter denen nur Albuquerque mehr als 100 000 E zählt. Die 126 000 in Reservaten lebenden Indianer machen 8 % der Gesamtbev. aus. Neben Englisch ist Spanisch Amtssprache. Es bestehen 5 Univ. sowie eine Bergbauakad. - In der Landw. dominiert die Viehwirtschaft (Rinder). Im v. a.

Paul Newman (1973)

im O betriebenen Dry-farming wird v. a. Getreide angebaut, im Bewässerungsfeldbau in den Flußtälern Gemüse, Äpfel, Pfirsiche und Baumwolle. Wichtigstes Bergbauprodukt ist Uran (N. M. verfügt über $2/3$ der Uranerzvorräte der USA), außerdem werden u. a. Kalisalz, Erdöl und -gas, Gold, Silber und Türkise gefördert. Im verarbeitenden Gewerbe führen die chem., die Nahrungsmittel-, die Druckind., die Holzverarbeitung und der Maschinenbau. Beliebte Fremdenverkehrsziele sind die Indianerreservate und der Carlsbad Cavern National Park. - Das Eisenbahnnetz umfaßt 3 300 km, das Hauptstraßennetz rd. 20 700 km; 1984 gab es 78 öffentl. ✈.
Geschichte: Das Gebiet des heutigen N. M. wurde 1540 von span. Konquistadoren erforscht. Die span. Kolonisation begann 1598.

249

New Orleans

1680 zwang ein großer Aufstand der Apachen und Pueblo die Spanier, fast das gesamte Gebiet zu räumen; erst 1692 gelang den Spaniern die Niederwerfung des Indianeraufstandes. Anfang des 19. Jh. setzte die Kolonialreg. in Mexiko die hermet. Schließung der Grenze gegenüber den USA durch. 1846 annektierten die USA N. M. widerstandslos. Zum 1850 gebildeten Territorium N. M. gehörte auch das heutige Arizona, das 1863 selbständiges Territorium wurde. Die NW-Ecke des restl. N. M. kam 1866 zu Nevada. Nachdem die Wähler von Arizona und N. M. es 1906 abgelehnt hatten, einen gemeinsamen Staat zu bilden, wurde N. M. 1912 als 47. Staat in die Union aufgenommen.

📖 Beck, W.: N. M. A history of four centuries. Albuquerque (N. Mex.) 1979. - Fitzpatrick, G./Sinclair, J. L.: Profile of a state: N. M. Albuquerque (N. Mex.) ²1965.

New Orleans [engl. nju: 'ɔːlɪənz, nju: ɔː'liːnz], Stadt im Deltagebiet des Mississippi, Louisiana, USA, 557 500 E. Sitz eines kath. Erzbischofs und eines anglikan. Bischofs; 5 Univ., medizin. Forschungszentrum, Colleges, Kunstmuseum, Bed. Handelsplatz und Ins.standort, Erdöl- und Erdgasverarbeitung, Seefischerei mit Konservenherstellung, Schiffbau, Nahrungsmittel- und Textilind., Salzgewinnung, Gips-, Asbestverarbeitung; zweitgrößter Seehafen der USA; Endpunkt der Schiffahrt auf dem Mississippi, bed. Bahn- und Straßenknotenpunkt, internat. ✈.

Geschichte: 1718 gegr. und nach Philippe II., Herzog von Orléans (* 1674, † 1723) ben.; ab 1722 Hauptstadt der frz. Kolonie Louisiane; 1762–1803 in span. Besitz; 1803 für kurze Zeit erneut frz., danach zu den USA; 1812–49 Hauptstadt des Bundesstaates Louisiana. Die Entwicklung der Flußschiffahrt auf dem Mississippi machte N. O. zu einem wichtigen Handels- und Finanzzentrum im Gebiet des Mississippi. 1963 wurde der Bau eines 120 km langen Kanals zw. dem Hafen und dem Golf von Mexiko beendet. - Im Sezessionskrieg leitete die Eroberung von N. O. im April 1862 durch eine Flotte der Union den Feldzug im Tal des Mississippi ein, den strateg. Wendepunkt des Krieges zugunsten der Union brachte.

Bauten: Der älteste Teil, der frz. Stadtbezirk, ist charakterisiert durch schmale Straßen, alte Häuser mit Arkaden, Innenhöfen und schmiedeeisernen Balkonen. Im Mittelpunkt dieses Vieux Carré die Saint Louis Cathedral (1792–94), der Cabildo (1795; ehem. Reg.sitz, jetzt Museum) und das Presbytère (1791; ehem. Pfarrhaus, jetzt Museum), ferner Madam John's Legacy (1726), Ursulinenkloster (1734), Bank of Louisiana (1821), der frz. Markt (1791). Nördl. des Vieux Carré der nach 1803 von Amerikanern angelegte Bezirk; Sportstadium „Louisiana Superdome" (1975; größte freitragend überdachte Halle der Erde), Wolkenkratzer im Geschäftsviertel, zahlr. Grünanlagen; berühmte Feste.

New-Orleans-Jazz [engl. nju: 'ɔːlɪənz 'dʒæz] (New-Orleans-Stil), Bez. für die erste vollausgebildete Stilform des Jazz, die sich Ende des 19. Jh. in den Südstaaten der USA, speziell in New Orleans, entwickelte. Die charakterist. Besetzung einer New-Orleans-Band bestand aus drei melodietragenden Instrumenten (in der Regel Kornett, Klarinette und Posaune) und einer Rhythmusgruppe mit Banjo, Tuba und Schlagzeug. Erst später kam das Klavier als harmon.-rhythm. Begleitinstrument hinzu, und die Tuba wurde durch den flexibleren Kontrabaß ersetzt. Der Höhepunkt des N.-O.-J. fällt mit der Blütezeit der Stadt als Vergnügungszentrum des amerikan. Südens um 1915 zus. Hauptvertreter waren B. Bolden, J. „King" Oliver, L. Armstrong, J. R. Morton. Eine Variante war der von Kreolen gespielte **Creole Jazz** (Vertreter: S. Bechet, A. Nicholas, A. Picon, K. Ory). Ende des 19. Jh. entstand als Nachahmung des N.-O.-J. durch weiße Musiker der Dixieland. Nachdem der N.-O.-J. in den 1930er Jahren durch den Swingstil fast völlig aus dem Musikleben verdrängt worden war, kam es seit den 40er Jahren und verstärkt seit den 50er Jahren wiederholt zu sog. Revival-Bewegungen (auch: **New-Orleans-Renaissance**), in denen der N.-O.-J. zunehmend popularisiert wurde.

📖 Berendt, J. E.: Die Story des Jazz. Von N.-O.-J. zum Rock Jazz. Bayreuth 1984. - Buerkle, J. V./Barker, D.: Bourbon Street black. The New Orleans black jazzman. London u. a. 1973. - Schuller, G.: Early jazz. London u. a. 1968.

Newport [engl. 'njuːpɔːt], engl. Stadt im Zentrum der Insel Wight, 23 600 E. Verwaltungssitz der Gft. Isle of Wight, ihr Hauptafen, Ind.standort und wichtigstes Marktzentrum.

N., Stadt in SO-Wales, 105 400 E. Verwaltungssitz der Gft. Gwent; Museum, Kunstgalerie; Zentrum der südwalis. Eisen- und Stahlind.; Hafen. - Entstand um einem 1126 errichteten normann. Burg. - Kathedrale (im Kern normann., erweitert im 13. und 15. Jh.).

New Providence Island [engl. nju: 'prɒvɪdəns 'aɪlənd] ↑ Bahamas.

New School für Social Research [engl. 'njuː 'skuːl fə 'soʊʃəl rɪ'sɜːtʃ], Univ. für Sozialwiss. in New York, gegr. 1919; 1933 erweitert um die Graduate Faculty of Political and Social Science, um heimatflüchtigen europ. Gelehrten (viele dt. Herkunft) ein Unterkommen zu bieten („University in Exile").

News of the World [engl. 'njuːz əv ðə 'wɜːld „Nachrichten der Welt"], brit. Sonntagszeitung, ↑ Zeitungen (Übersicht).

Newsweek [engl. 'njuːz,wiːk „Nachrichten der Woche"], amerikan. Nachrichtenmagazin; gegr. 1933; auch europ. und pazif. Ausgaben.

New Thought Movement [engl. 'nju:
'θɔ:t 'mu:vmənt] ↑ Neugeistbewegung.

Newton, Sir (seit 1705) Isaac [engl. nju:tn], * Woolsthorpe bei Grantham (Lincoln) 4. Jan. 1643, † Kensington (= London) 31. März 1727, engl. Mathematiker, Physiker und Astronom. - Sohn eines Landwirts; studierte ab 1661 an der Univ. Cambridge und wurde 1669 als Nachfolger seines Lehrers I. Barrow Prof. der Mathematik in Cambridge und 1672 Mgl. der Royal Society. 1689 entsandte ihn die Univ. Cambridge als ihren Vertreter in das engl. Parlament; 1696 wurde er Münzwardein, 1699 Vorsteher der königl. Münze in London, dann 1703 auch Präsident der Royal Society. Sein Ruhm als Begründer der klass. theoret. Physik und damit (neben G. Galilei) der exakten Naturwiss. überhaupt geht v. a. auf sein 1687 erschienenes Hauptwerk „Philosophiae naturalis principia mathematica" zurück, in dem er u. a. seine 3 Axiome der Mechanik (↑ Newtonsche Axiome) und sein bereits 1666 gefundenes Gravitationsgesetz formulierte. Die gleichzeitige Anwendung seiner theoret. Mechanik und der allg. Massenanziehung auf die Bewegung der Himmelskörper machten ihn zum Begründer der Himmelsmechanik. Die von N. geschaffene Grundlage der Mechanik wurde erst zu Beginn des 20. Jh. durch die Einsteinsche Relativitätstheorie modifiziert. Bei der Durchführung opt. Experimente entdeckte N. die Abhängigkeit des Brechungsindex von der Farbe des Lichts (↑ Dispersion) und die Zusammensetzung des weißen Lichts aus den verschiedenen Spektralfarben. In der Mathematik entwickelte er unabhängig von Leibniz die von ihm als Fluxionenrechnung bezeichnete Differentialrechnung. Er betrieb außerdem intensive chem., alchimist., chronolog. und theolog. Studien.

New York

📖 *Wickert, J.: I. N. Ansichten eines universalen Geistes. Mchn.* ²*1985. - Wagner, Fritz: I. N. im Zwielicht zw. Mythos u. Forschung. Freib. 1976. - Fleckenstein, J. O.: Der Prioritätsstreit zw. Leibniz u. N. Stg. u. Basel* ²*1976. - Wagner, Fritz: Zur Apotheose Newtons. Mchn. 1974.*

Newton [engl. nju:tn; nach Sir I. Newton], Einheitenzeichen N, SI-Einheit der Kraft; Festlegung: 1 N ist gleich der Kraft, die einem Körper der Masse 1 kg die Beschleunigung 1 m/s² erteilt: $1\,N = 1\,kgm/s^2$.

Newtonmeter [engl. nju:tn; nach Sir I. Newton], svw. ↑ Joule.

Newtonsche Axiome [engl. nju:tn], von Sir I. Newton zusammengestellte Grundgesetze der Mechanik: 1. Ursache der Beschleunigung eines Körpers ist eine auf ihn einwirkende Kraft, d. h., jeder Körper verharrt im Zustand der Ruhe oder der gleichförmigen, geradlinigen Bewegung, solange keine Kräfte auf ihn einwirken *(Trägheitsgesetz)*. 2. Die Bewegungsänderung (Beschleunigung) eines Körpers ist der einwirkenden Kraft proportional und ihr gleichgerichtet *(dynam. Grundgesetz)*. 3. Die Wirkung ist stets gleich der Gegenwirkung (actio = reactio), d. h., übt ein Körper A auf einen Körper B eine Kraft F_1 aus, so übt stets auch der Körper B auf den Körper A eine Kraft F_2 aus, die von gleichem Betrage, aber entgegengesetzter Richtung ist, $F_1 = -F_2$ *(Reaktions-, Gegenwirkungs- oder Wechselwirkungsprinzip, Newtonsches Wechselwirkungsgesetz)*.

Newtonsche Ringe [engl. nju:tn; nach Sir I. Newton] (Interferenzringe), Interferenzerscheinung in Form von aufeinanderfolgenden hellen und dunklen konzentr. Ringen (bei monochromat. Licht) bzw. Farbringen (bei weißem Licht). Drückt man eine schwach gewölbte konvexe Linse auf eine ebene Glasplatte, so befindet sich zw. ihnen eine keilförmige (plankonkave) Luftschicht. Senkrecht auftreffendes Licht wird z. T. an der vorderen, z. T. an der hinteren Grenzfläche der Luftschicht reflektiert. Die reflektierten Strahlen überlagern sich, wobei es an bestimmten Stellen zu einer gegenseitigen Auslöschung (Wellenberg trifft auf Wellental) und an bestimmten anderen Stellen zu einer gegenseitigen Verstärkung (Wellenberg trifft auf Wellenberg) kommt. Die so entstandenen *Interferenzminima* bzw. *Interferenzmaxima* liegen auf konzentr. Kreisen, deren gemeinsamer Mittelpunkt der Berührungspunkt zw. Linse und Glasplatte ist. Störend wirkende N. R. treten bei Diapositiven auf, wenn zw. Deckplatte und Film ein Luftraum unterschiedl. Dicke freigeblieben ist.

Newtonsches Abkühlungsgesetz [engl. nju:tn; nach Sir I. Newton], die physikal. Gesetzmäßigkeit der Temperaturabnahme eines Körpers der Oberflächentemperatur T, der sich im Wärmeaustausch mit einer Umgebung der Temperatur T_u befindet: $dT/dt = -k(T - T_u)$ (t Zeit, k **Abkühlungskonstante**).

Newtonsches Gravitationsgesetz [engl. nju:tn; nach Sir I. Newton] ↑Gravitation.

New Towns [engl. 'nju: 'taʊnz] (Neue Städte), in Großbrit. auf Grund des N. T. Act von 1946 und nachfolgender Gesetzgebungen entwickelte Neue Städte mit zentralörtl. Einrichtungen, Wohn- und Gewerbevierteln.

New Wave [engl. 'nju: 'wειv „neue Welle"] ↑neue deutsche Welle.

New York [engl. nju: 'jɔ:k], größte Stadt der USA, auf Inseln und am linken Ufer des Hudson River, der hier in den Atlantik mündet, Bundesstaat N. Y.; Greater N. Y. umfaßt 5 Stadtbez. (Bronx, Brooklyn, Manhattan, Queens, Richmont [auf Staten Island] mit zus. 816 km² und 7,07 Mill. E., die N. Y. Metropolitan Statistical Area hat insgesamt 9,08 Mill. Einwohner. N. Y. ist das kulturelle und wirtsch. Zentrum der USA, Sitz eines kath. Erzbischofs und von Bischöfen der armen., griech.-orth. und russ.-orth. Kirche, Zentrale mehrerer prot. Glaubensgemeinschaften, Hauptquartier der UN. Zahlr. Colleges und 6 Univ., darunter die größte der Erde (City University of N. Y.). Hervorragende Museen, u. a. Metropolitan Museum of Art, Guggenheim-Museum (abstrakte Kunst), Museum of Indian Art, Naturkundemuseum; große Bibliotheken, Philharmon. Orchester. Das Lincoln Center for the Performing Arts verfügt über mehrere Theater, Konzertsaal (1962; 2 658 Plätze) und die berühmte Met (Metropolitan Opera; 1967; 3 600 Plätze); zahlr. Theater, v. a. am Broadway (Sprech-, Musical-, Revuebühnen); botan. Garten, zwei zoolog. Gärten. - Die Bev. setzt sich aus Menschen aller Nationalitäten zus.; es entstanden Stadtviertel mit typ. Gepräge, u. a. Chinatown (Chinesen), Harlem (Schwarze), Little Italy (Italiener). Der Anteil der Farbigen ist durch den Zuzug von Puertoricanern nach dem 2. Weltkrieg stark angestiegen. - N. Y. ist einer der größten Ind.standorte der USA; wichtigste Ind.zweige sind Fahrzeugbau, Baustoff-, Möbel-, Elektro-, Nahrungsmittelind., chem., Textil-, Eisenind., Druckereien. Bedeutendstes Handels- und Finanzzentrum der Erde, Sitz internat. Handels- und Verkehrsgesellschaften, von Banken und Versicherungen, Börsenplatz (Wall Street) mit mehreren Rohstoffbörsen; Zentrum der Buch- und Zeitungsverlage der USA. Große wirtsch. Bed. hat der Hafen; die Uferlinie der Hafenanlage ist 1 200 km lang. Die Verkehrsprobleme werden verschärft durch die Insellage der City. Über 60 Brücken überspannen das Hafengelände, mehrere Tunnels unterqueren es, außerdem verkehren Fähren. Das Streckennetz der U-Bahn ist über 900 km lang. 12 Eisenbahnlinien schneiden sich in N. Y.; mehrere ✈, u. a. der Kennedy Internat. Airport.

Geschichte: 1626 als Handelsstation **Neuamsterdam** von dem in niederl. Diensten stehenden dt. Kolonisator Peter Minnewit (* um 1580, † 1638/41) an der Spitze der unfruchtbaren Granitinsel Manhattan gegr. und zur Hauptstadt der Kolonie Neuniederlande gemacht; 1664 von engl. Kolonisten erobert und in N. Y. umbenannt. Im Unabhängigkeitskrieg verlegte G. Washington nach der Einnahme Bostons durch die Briten sein Hauptquartier nach N. Y. (April 1776), mußte es jedoch nach der verlorenen Schlacht von Long Island den Briten überlassen. Von März 1789 bis Aug. 1790 war N. Y. Sitz der Unionsreg., bis 1797 Hauptstadt des Staates New York. Ende des 18. Jh. begann der planmäßige Aufbau (schachbrettartige Anlage des Straßennetzes, v. a. in Manhattan). Im 19. Jh. entwickelte sich N. Y. zur führenden Ind.- und Verwaltungsstadt der USA, begünstigt durch seine Lage (Nordatlantik-Schiffahrtslinie, Atlantikküstenschiffahrtslinie, Verbindung über den Erie Canal mit den Oberen Seen und Chicago) und den Einwandererstrom (seit etwa 1836; Nationalitätenviertel, erste Slums an der East Side). Nach dem Sezessionskrieg zogen viele Schwarze aus den Südstaaten nach N. Y. (Harlem). 1898 Gründung des Verw.-Bez. Greater N. Y. (= N. Y. City). Nach dem 1. Weltkrieg Entwicklung zur Weltstadt (Sitz zahlr. Weltfirmen), deren heutige Probleme (Arbeitslosigkeit, Kriminalität, Drogensucht, Finanzmisere, Verelendung ganzer Stadtteile) kaum lösbar erscheinen.

Bauten: Berühmt ist die Freiheitsstatue (1866) in der Hafeneinfahrt. Nach dem Bauboom der 1920er und 30er Jahre, in denen u. a. das Empire State Building (1931) und das Rockefeller Center (1931–40) entstanden, veränderte sich die Skyline Manhattans erst wieder nach dem 2. Weltkrieg. Errichtet wurden u. a. der Gebäudekomplex der Vereinten Nationen am East River (1953; 38 Stockwerke), das Union Carbide Building (1960; 52 Stockwerke), das Gebäude der Pan Am (1963; 59 Stockwerke, Hubschrauberlandeplatz) und der Zwillingswolkenkratzer des World Trade Center (1973; 110 Stockwerke). An älteren Bauten sind u. a. zu nennen: Fraunces' Tavern (1719, nach Brand rekonstruiert), Saint Paul's Chapel (1764), Trinity Church (1846), City Hall (1812), Carnegie Hall (1891), Saint Patrick's Cathedral (1910). N. Y. verfügt über zahlr. Grünanlagen (17% des Stadtgeb.), u. a. den 4 km langen, 800 m breiten Central Park in Manhattan. - Abb. S. 251.

📖 *Jacoby, H./Jacoby, M.: N. Y. Porträt einer Weltstadt. Hamb. 1981. - Lietzmann, S.: N. Y. Mchn.* ²*1979. - Marx, H.: N. Y. - Washington. Stg. 1978. - Rosenwaike, I.: Population history of N. Y. City. Syracuse (N. Y.) 1972.*

N. Y., Bundesstaat im NO der USA, 128 401 km², 17,66 Mill. E (1982), Hauptstadt Albany.
Landesnatur: Der gesamte Raum zeichnet sich durch starke morpholog. Gliederung aus. Gebirge (die höchste Erhebung wird im Slide Mountain mit 1 281 m erreicht), Hoch- und Tiefebenen wechseln miteinander ab. Die S-Küste ist durch Nehrungen und Lagunen gegliedert. Das Klima ist kühlgemäßigt und feucht. Im Winter kommt es oft zu Kaltlufteinbrüchen aus dem Norden.
Das Geb. von N. Y. ist knapp zur Hälfte bewaldet; in den Gebirgsregionen herrschen Kiefern und Tannen vor. Im Bereich der Tiefländer dominiert offenes Kulturland, während auf den Plateaus Wald mit Grünland und Ackerland wechselt. In den bewaldeten Teilen ist noch viel Wild anzutreffen.
Bevölkerung, Wirtschaft, Verkehr: N. Y. weist neben Kaliforniens die höchste Bev.dichte aller Bundesstaaten der USA auf. Fast alle europ. Einwanderergruppen sind vertreten, der Anteil der Schwarzen an der Gesamtbev. liegt bei 13,7%. Knapp 90 % der E leben in Städten, allein 65 % in der Stadtregion von New York. N. Y. hat 18 Univ. und polytechn. Hochschulen und berühmte Colleges. - Die hochentwickelte Landw. ist v. a. auf die Versorgung der städt. Agglomerationen ausgerichtet. Führend ist die Viehhaltung; Hauptanbauprodukte sind Getreide, Obst und Gemüse. N. Y. weist die höchste Ind.konzentration innerhalb der USA auf. Mehr als die Hälfte des gesamten Produktionswertes entfällt auf die Stadt New York. Dem Fremdenverkehr bieten sich v. a. in den Gebirgsregionen und an den Seen lohnende Ziele (u. a. Niagarafälle). - Das Straßennetz beläuft sich auf 175 176 km, das Eisenbahnnetz auf 6 226 km; gut ausgebaut ist auch das Wasserstraßennetz; 1981 bestanden 471 ⚓.
Geschichte: 1609 segelte H. Hudson in niederl. Dienst den nach ihm ben. Fluß (bis ungefähr Albany) hinauf. Im gleichen Jahr drang S. de Champlain von Kanada aus ins heutige N. Y. vor und begr. die frz. Ansprüche, doch wurde der unmittelbare Konflikt zw. Franzosen und Niederländern (später Engländern) zunächst durch die Existenz einer Konföderation verschiedener Indianerstämme in der Mitte des heutigen Staates N. Y. verhindert. 1623 schufen die Niederländer die Kolonie Neuniederlande. Auf Grund der ihr 1621 verliehenen Charta entsandte die niederl. Vereinigte Westind. Kompanie die ersten Siedler, die Fort Orange (später Albany) anlegten; Neuamsterdam (New York) wurde 1626 gegr., 1664 erhielt der Hzg. von York (später Jakob II.) von seinem Bruder, König Karl II., weite Gebiete in Nordamerika als Eigentümerkolonie (im gleichen Jahr Eroberung Neuamsterdams) und wandelte sie 1685 in eine Kronkolonie um. In Albany tagte 1754 der Kongreß, auf dem erstmals über einen Zusammenschluß verschiedener Kolonien beraten wurde. Während des ganzen Unabhängigkeitskrieges blieb die Stadt New York von brit. Truppen besetzt und bildete einen Zufluchtsort für viele sog. Loyalisten. 1777 gab sich der Staat N. Y. seine erste Verfassung, die doch erst nach erhebl. Widerständen nahm er am 26. Juli 1788 mit knapper Mehrheit die Verfassung der USA als 11. Staat an. 1797 wurde Albany die Hauptstadt des Staates.

📖 *Regional survey of N. Y. and its environs. Hg. v. R. C. Wade. New York 1974. 10 Bde. - Ellis, D. M./Frost, J. A.: N. Y., the Empire State. Englewood Cliffs (N. J.)* ³*1969. - Ellis, D. M., u.a.: A history of N. Y. state. Ithaca (N. Y.) 1967. - Geography of N. Y. state. Hg. v. J. H. Thompson. Syracuse (N. Y.) 1966.*

New York Five, The [engl. ðə 'nju: jɔ:k 'faɪv], amerikan. Architektengruppe in New York, die, anknüpfend an die Tradition der 20er Jahre (Frühwerk von Le Corbusier), eine rationalist. Tendenz verfolgt, u. a. P. D. Eisenmann, M. Graves, R. A. Meier, der 1982-1985 das Museum für Kunstgewerbe in Frankfurt am Main baute.

New York Philharmonic Orchestra [engl. 'nju: jɔ:k fɪlɑ:'mɔnɪk 'ɔ:kɪstrə] (New Yorker Philharmoniker), gegr. 1842 als „New York Philharmonic Society" von einer Gruppe von Musikern. Zu seinen Dirigenten zählten u. a. G. Mahler (1909–11), W. Mengelberg (1922–30), W. Furtwängler (1925–27), A. Toscanini (1927–33), E. Kleiber (1930–32), B. Walter (1931–33, 1947–49), J. Barbirolli (1937–43), D. Mitropoulos (1949–59), L. Bernstein (1959-69), P. Boulez (1971–77), Z. Mehta (seit 1978).

New York Times, The [engl. ðə 'nju: 'jɔ:k 'taɪmz], amerikan. Tageszeitung, † Zeitungen (Übersicht).

Nexø, Martin Andersen † Andersen-Nexø, Martin.

Nexus [lat.], Zusammenhang, Verbindung.

Ney, Elly [naɪ], * Düsseldorf 27. Sept.

1882, † Tutzing 31. März 1968, dt. Pianistin. - Weltweit gefeierte Interpretin v. a. der Klavierwerke Beethovens, 1939–45 Lehrerin am Salzburger Mozarteum. Sie schrieb „Erinnerungen und Betrachtungen. Mein Leben aus der Musik" (1957).

N., Michel [frz. nɛ], Hzg. von Elchingen (seit 1808), Fürst von der Moskwa (seit 1813), * Sarrelouis (= Saarlouis) 10. Jan. 1769, † Paris 7. Dez. 1815, frz. Marschall (seit 1804) dt. Herkunft. - Nahm an den Koalitionskriegen teil (1799 Divisionsgeneral), zeichnete sich v. a. 1812 bei Borodino aus, wurde aber 1813 bei Dennewitz geschlagen. Von Ludwig XVIII. 1814 zum Pair ernannt, schloß sich 1815 erneut Napoleon an (Teilnehmer an der Schlacht von Belle-Alliance). Nach der Rückkehr der Bourbonen wurde N. gefangengenommen und als Hochverräter erschossen.

Nezval, Vitězslav [tschech. 'nɛzval], * Biskupovice bei Trebitsch 26. Mai 1900, † Prag 6. April 1958, tschech. Dichter. - Begann als Vertreter der „poésie pure"; zunehmende Neigung zum Surrealismus; nach 1945 Tendenz zu patriot. Dichtung. Schrieb außer Lyrik v. a. Kinderbücher und Dramen.

NF, Abk. für: **N**ieder**f**requenz.

Ngala, Bantustammesgruppe in N-Zaïre, am rechten Ufer des Kongo; Rodungsfeldbau, Fischerei.

Ngala, Gruppe von Bantusprachen in Zaïre und Kongo; i. e. S. Bez. nur für die Sprachen li-Ngala (Lingua franca auf beiden Seiten des Kongo), ba-Ngala (Handelssprache im nö. Zaïre und Kongo) und ma-Ngala (allg. Sprache in Zaïre, seltener in Kongo).

Ngamisee, fischreiches Sumpfgebiet in NW-Botswana, 65 km lang, 6–13 km breit.

Ngaoundéré [frz. ngaunde're], Stadt in Nordkamerun, im Adamaua, 1 100 m ü. d. M., 47 500 E. Sitz eines Herrschers der Fulbe; landw. Handelszentrum; Schmuckherstellung. Endpunkt der Transkamerunbahn, ✈. - Guterhaltene Fulbestadt des 19. Jh.

Ngô Đinh Diêm [vietnames. ŋo diŋ ziɛm], * Quang Binh 1901, † Saigon 2. Nov. 1963, vietnames. Politiker. - 1931 Provinzgouverneur, 1933 Innenmin.; Gegner der jap. Herrschaft (1940–45) und des Vietminh; lebte 1950–53 in der Emigration; seit 1954 Min.-präs. von Süd-Vietnam, das er nach der Absetzung des Kaisers Bao-Ðai im Okt. 1955 als Republik proklamierte; regierte als Staatspräs., gestützt auf Katholiken und Amerikanern, mit diktator. Mitteln; im Verlauf eines Militärputsches ermordet.

Ngoni, Bantustamm in Malawi, Sambia, Tansania und Moçambique.

Ngorongorokrater, † Caldera im Hochland der Riesenkrater, in N-Tansania; 22 km Durchmesser, Kraterrand 2400 m ü. d. M., Kraterboden 1 700 m ü. d. M.; Zentrum eines Wildreservats.

Nguni, Bantustammesgruppe in der Republik Südafrika, Simbabwe und Sambia.

Nguyên Cao Ky [vietnames. ŋuiən kau ki], * So'n Tây (Tonkindelta) 9. Sept. 1930, südvietnames. General und Politiker. - 1963 Oberkommandierender der südvietnames. Luftwaffe; 1965–67 Min.präs., seit 1967 Vizepräs., mußte wegen wachsender Spannungen zu Präs. Nguyên Văn Thiêu 1971 zurücktreten; floh im April 1975 aus Süd-Vietnam und lebt seitdem in den USA.

Nguyên-Du [vietnames. ŋuiən zu] (auch Tô-Nhu'), * Tiên-Ðiên (Prov. Ha-Tinh) 1765, † Huê 1820, vietnames. Dichter. - Mandarin; sein Versroman „Das Mädchen Kiêu" gilt als Hauptwerk der klass. vietnames. Literatur; verfaßte auch, z. T. in chin. Sprache, Gedichte und Deklamationsbücher.

Nguyên Hu'u Tho [vietnames. ŋuiən hiu θɔ], * Cholon 10. Juli 1910, vietnames. Politiker. - Seit 1962 Vors. des ZK der Nat. Befreiungsfront, seit 1964 Vors. des Präsidiums des ZK; 1969–76 Vors. des Konsultativrats der Provisor. Revolutionsreg. Süd-Vietnams, seit 1976 Vizepräs. der Sozialist. Republik Vietnam; April 1980–Juli 1981 Staatsoberhaupt, seitdem stellv. Vors. des Staatsrats (kollektives Staatsoberhaupt).

Niagarafälle. Links die amerikanische, rechts die kanadische Seite

Nguyên Văn Thiêu [vietnames. ŋüiən vaįn θiəu], * Phan Rang (Prov. Ninh Thuân) 5. April 1923, südvietnames. General und Politiker. - Kämpfte bis 1954 auf frz. Seite gegen die Vietminh-Streitkräfte, 1963 am Sturz des Staatspräs. Ngô Ðinh Diêm beteiligt, 1964/65 stellv. Min.präs. und Verteidigungsmin., 1965 als Präs. des Direktoriums Staatsoberhaupt; seit 1967 Staatspräs.; hintertrieb die im Pariser Waffenstillstandsabkommen (1973) vorgesehene polit. Lösung des Vietnamkonflikts bis zu seinem Rücktritt (21. April 1975); lebt in den USA.

Ngwane, Staat in Afrika, ↑ Swasiland.

Ngwenya [ŋ'gwɛnja:], Berg in W-Swasiland, 1 829 m hoch; bed. Eisenerzbergbau; Erzbahn nach Maputo.

Nha Trang [vietnames. ɲa traŋ], vietnames. Prov.hauptstadt im Zentralen Tiefland, Hafen am Südchin. Meer, 216 000 E. Kath. Bischofssitz; ozeanograph. Inst.; Marktort.

Ni, chem. Symbol für ↑ Nickel.

Niacin [Kw.], svw. Nikotinsäure (↑ Vitamine).

Niagarafälle, Wasserfälle des Niagara River zw. Erie- und Ontariosee. Goat Island trennt die American Falls (51 m hoch, 350 m breit) von den Canadian (Horseshoe) Falls (49 m hoch, 790 m breit, über 90 % des gesamten Wasservolumens). Unterhalb der N. fließt der Niagara River in einer 11 km langen und 75 m tiefen Schlucht.

Niagara Falls [engl. naɪ'ægərə 'fɔːlz], kanad. Stadt unterhalb der Niagarafälle, 69 000 E. Maschinenbau, Elektro-, Papier-, Leder-, chem., Textilind.; bed. Fremdenverkehr. Durch Brücken mit der gegenüberliegenden Stadt N. F. (USA) verbunden.

N. F., Stadt an den Niagarafällen, Bundesstaat New York, USA, 180 m ü. d. M., 71 300 E; Museum; bekanntes Touristenzentrum; Flugzeug- und Maschinenbau, chem. u. a. Ind. - Entstand 1892.

Niagara Peninsula [engl. naɪ'ægərə pɪ'nɪnsjʊlə], Halbinsel zw. dem W-Ende des Ontariosees und dem NO-Ende des Eriesees, in der kanad. Prov. Ontario.

Niagara River [engl. naɪ'ægərə 'rɪvə], Abfluß des Eriesees aus Ontariosee, Grenzfluß zw. USA und Kanada, 55 km lang; schiffbar bis 30 km oberhalb und ab 10 km unterhalb der Niagarafälle.

Niamey [frz. nja'mɛ], Hauptstadt der Republik Niger, am linken Ufer des Niger, 195 m ü. d. M., 399 100 E, zuzügl. in Lagern lebender Flüchtlinge (aus dem Sahel). Sitz eines kath. Bischofs und einer Dep.verwaltung; Univ. (gegr. 1971), Forschungsinst. (u. a. zur Erforschung der Sonnenenergie), UNESCO-Inst. für die Aufzeichnung mündl. Überlieferungen, Nationalmuseum mit ethnolog. Freilichtmuseum. Wirtschaftszentrum des Landes und Handels- und Verarbeitungszentrum des Umlands. Straßenknotenpunkt mit Verbindungen nach Mali und Obervolta, Brücke über den Niger, Hafen der Nigerschiffahrt (Okt.–März); internat. ✈. - Bestand bis 1925 aus einigen kleinen Dörfern und einem 1903 errichteten frz. Militärposten; wurde 1924/26 Hauptstadt der frz. Kolonie Niger.

Niarchos, Stawros Spiros, * Athen 3. Juli 1909, griech. Reeder. - Gründete 1939 ein Schiffahrtsunternehmen; der Schadenersatz für seine im 2. Weltkrieg eingesetzten und verlorenen Schiffe ermöglichte ihm den Aufbau einer neuen Flotte; N. setzte als erster Supertanker ein.

Niari, Fluß mit sehr unterschiedl. Wasserführung im S der VR Kongo, im Oberlauf **Ndouo,** im Unterlauf **Kouilou** gen., mündet bei Bas Kouilou, 700 km lang.

Nias, indones. Insel im Ind. Ozean, vor der SW-Küste Sumatras, 4 063 km², bis 886 m hoch, Hauptort und -hafen Gunungsitoli. Die altmalai. Bev. ist v. a. durch ihre megalith. Bauten (Dolmen, Menhire u. a.) und Holzskulpturen bekannt.

Niaux [frz. njo], Ort in den Pyrenäen im Tal des Vicdessos, südl. von Foix (Ariège), Frankr.; bei N. befindet sich eine Höhle mit zahlr. bed. prähistor. Wandmalereien (Wildpferde, Hirsche, Steinböcke, Wisente) in meist schwarzer Farbe, die dem jungpaläolith. Magdalénien angehören.

Nibelung, in der german. Heldensage ein dämon. Herrscher, König der *Nibelungen,* Besitzer des *Nibelungenhorts;* nach der Eroberung dieses Schatzes durch Siegfried wurde der Name auf ihn und die Burgunden übertragen.

Nibelungenlied, mittelhochdt. Heldenepos eines namentl. nicht bekannten Dichters um 1200 im Donaugebiet. In Form der Nibelungenstrophe 39 „Aventiuren" von Siegfrieds Werbung um Kriemhild, seine Vermählung mit ihr, seine Ermordung durch Hagen und von Kriemhilds Rache. Die Komposition ist uneincheitl.: german.-heroisches Ethos der

Niaux. Verwundeter Wisent (um 12 000 v. Chr.). Wandmalerei in der Höhle bei Niaux

Nibelungenstrophe

Völkerwanderungszeit wird konfrontiert mit höf. Formen der Stauferzeit. Erhalten sind 36 Handschriften[fragmente] aus dem 13. bis 16. Jh. Auch eine 1986 in München entdeckte Handschrift wird dem N. zugerechnet. Das N. wurde 1755 von J. H. Obereit wiederentdeckt, 1757 von J. J. Bodmer teilweise und 1782 von C. H. Müller vollständig publiziert. Zunächst wurden Überlieferungsverhältnisse und Stoffgeschichte wiss. untersucht; neuere Arbeiten sehen das N. in bezug zur hochma. Zeit und Gesellschaft. - Die ältesten Fassungen der Nibelungensage bewahrt die nord. Überlieferung (Edda). Neben histor. Ereignissen (wie Untergang der Burgunden) gelten myth. Vorstellungen als mögl. Quellen. Es existieren zahlr. Bearbeitungen des Stoffes sowie eine Vielzahl von Gedichten, Balladen und bildl. Darstellungen.

Mackensen, L.: Die Nibelungen. Stg. 1984. - Das N. Hg. v. H. de Boor. Wsb. [21] *1979. - Hoffmann, Werner: Das Siegfriedbild in der Forschung. Darmstadt 1979. - Berndt, H.: Die Nibelungen. Oldenburg (Oldenburg) Neuausgabe 1978.*

Nibelungenstrophe, Strophenform des „Nibelungenliedes"; besteht aus vier paarweise reimenden Langzeilen; die Anverse haben meist klingende, selten volle Kadenz; die ersten drei Abverse bestehen aus drei Hebungen, der letzte Abvers aus vier. - Beliebt war die N. in der Romantik (L. Tieck), v.a. in der Balladendichtung (L. Uhland, A. von Chamisso).

Nibelungentreue, polit. Schlagwort für die unbedingte Bündnistreue des Dt. Reichs zu Österreich-Ungarn (Reichstagsrede Fürst von Bülows vom 29. März 1909).

Nicäa ↑ Nizäa.

Nicaeno-Constantinopolitanum [ni-'tsɛːno...] ↑ Nizänokonstantinopolitanum.

Nicaenum [niˈtsɛːnɔm] ↑ Nizänum.

Nicaragua

[nikaˈraɡua, span. nikaˈraɣua] (amtl.: República de Nicaragua), Republik in Zentralamerika, zw. 11° und 15° n. Br. sowie 83° und 87°30' w. L. **Staatsgebiet:** Es grenzt im N an Honduras, im O an das Karib. Meer, im S an Costa Rica, im W an den Pazifik. **Fläche:** 130 000 km^2 (nach anderen Angaben 148 000 km^2). **Bevölkerung:** 3,22 Mill. E (1985), 24,8 E/km^2. **Hauptstadt:** Managua. **Verwaltungsgliederung:** 16 Dep. **Amtssprache:** Span. **Nationalfeiertag:** 15. Sept. (Unabhängigkeitstag). **Währung:** Córdoba (C$) = 100 Centavos. **Internat. Mitgliedschaften:** UN, OAS, ODECA, MCCA, GATT, SELA. **Zeitzone:** Central Standard Time, d.i. MEZ − 7 Std. (im Winter MEZ − 8 Std.).

Landesnatur: An der karib. Küste, zu der die meisten Flüsse entwässern, erstreckt sich eine bis 80 km breite Küstenebene, die reich an Lagunen und Sümpfen ist *(Moskitoküste).* Westlich davon erhebt sich mit allmähl. Anstieg ein Bergland, das im Grenzgebiet gegen Honduras 2 100 m ü.d. M. erreicht. Es bricht im W steil ab zu einem von Seen (Lago de Managua und N.see sind die größten) erfüllten tekton. Graben, der parallel der Pazifikküste von NW nach SO verläuft. Hier sind Erdbeben häufig. Westl. des Grabens liegt eine Kette von Vulkanen (u.a. El Viejo, 1 780 m ü.d. M.). Zw. den Seen und der Pazifikküste ist im südl. Bereich ein bis 900 m hohes Bergland eingeschoben.

Klima: Das trop. Klima weist geringe jahreszeitl. Temperaturschwankungen auf: im Tiefland 22–26 °C. im Bergland 17–22 °C. Das zentrale Bergland bewirkt eine Trennung zw. den immerfeuchten Geb. mit 2 500–6 000 mm Niederschlag/Jahr im O und den wechselfeuchten Geb. im W mit maximal 2 000 mm Niederschlag/Jahr.

Vegetation: Über 50% von N. sind mit trop. Regenwald bedeckt, der im karib. Raum nördl. des Rio Grande in Kiefernbestände übergeht; im westl. Küstenbereich breiten sich Savannen aus.

Tierwelt: In den Wäldern kommen noch Puma, Jaguar und Affen vor.

Bevölkerung: Die Mestizen überwiegen mit 68% die anderen Bev.gruppen: Weiße (18%), Neger und -mischlinge (9%), Indianer (5%). Die Mehrzahl ist röm.-kath.; 75% leben zw. der Pazifikküste und den großen Seen. Dünn besiedelt ist das feuchtheiße karib. Tiefland, hier leben v.a. Indianer, Neger, Mulatten und Zambos. Trotz allg. Schulpflicht für 6–13jährige gehen nur etwa 50% der Kinder in die Schule. Drei der 6 Hochschulen des Landes haben Univ.rang.

Wirtschaft: Führend ist die Landw. Im pazif. Küstenland werden Baumwolle, Zuckerrohr und Bananen kultiviert. Im zentralen Bergland gibt es Kaffeeplantagen. An der karib. Küste wurden erst in neuerer Zeit Reis-, Bananen-, Zuckerrohr- und Kakaopflanzungen angelegt. Bei der Viehhaltung dominiert die Rinderzucht. Die landw. Großbetriebe sind auf Export eingestellt. Die in bäuerl. Kleinbetrieben angebauten Grundnahrungsmittel decken nicht den Eigenbedarf. Im Karib. Meer werden v.a. Krabben und Langusten gefischt. Die reichen Bodenschätze sind erst wenig erschlossen, gewonnen werden Gold, Silber, Kupfererze. Die Ind. verarbeitet v.a. landw. Erzeugnisse, daneben werden Textilien, Leder-, Metallwaren und Arzneimittel hergestellt. Nach dem Sturz Somozas wurden Banken, Fisch- und Holzind. verstaatlicht.

Außenhandel: Wichtige Ausfuhrprodukte sind Kaffee, Fleisch und Fleischwaren, Baumwolle, Zucker, Holz, Garnelen und Langusten, Futtermittel, Bananen, Kunststoffe und Gold, eingeführt werden Maschinen und Apparate,

Nicaragua

chem. und pharmazeut. Erzeugnisse, Eisen und Stahl, Kfz., Erdöl, Papier, Kautschuk, Weizen u. a. Die wichtigsten Partner sind nach den USA die EG-Länder (bei denen Frankreich an 1. Stelle steht), Japan und die zentralamerikan. Länder, v. a. Mexiko.

Verkehr: Das staatl. Eisenbahnnetz hat eine Länge von 344 km, daneben gibt es noch die Privatbahnen der Bananenplantagen. Das Straßennetz hat eine Länge von rd. 13 000 km, davon sind rd. 1600 km asphaltiert. Wichtigste Strecke ist der nicaraguan. Anteil (384 km) an der Carretera Interamericana. Die wichtigsten Häfen am Pazifik sind Corinto, Puerto Sandino und San Juan del Sur, am Karib. Meer El Bluff und Puerto Cabezas. Die nat. Fluggesellschaft LANICA fliegt 6 inländ. ✈ an sowie Panama, El Salvador, Guatemala, Mexiko und USA (Miami); internat. ✈ bei Managua.

Geschichte: Im SW läßt sich auf der Isla de Ometepe seit etwa 1500 v. Chr. eine Besiedlung mit Feldbau und Töpferei nachweisen. Um 1000 n. Chr. wanderten die aus Mexiko stammenden Chorotegen nach SW-N. und der Península de Nicoya ein. Die ebenfalls aus dem N kommenden Nicarao siedelten seit dem 15. Jh. um den Lago de Managua. Bed. Kulturen mit 4 m hohen, säulenartigen Steinfiguren (um 1000 n. Chr.?) lassen sich im Dep. Chontales nachweisen.

Kolumbus entdeckte 1502 Kap Gracias a Dios und befuhr dann die gesamte atlant. Küste. Die Eroberung von N. begann mit dem Vordringen einer Gruppe von S entlang der pazif. Küste. Blutige Kämpfe zw. verschiedenen span. Gruppen um die Zugehörigkeit des Landes zu bestimmten Gebieten prägten die folgenden Jahre. 1528 wurde N. Prov. und Bistum, 1538 Teil der Audiencia Panamá, 1543 der Audiencia de los Confines. 1570 kam N. zur Audiencia Guatemala. Das 18. Jh. stand im Zeichen der Konflikte mit den Briten und den mit diesen seit 1670 in einem Schutzverhältnis stehenden Misquito-Indianern. Erste Unabhängigkeitsbewegungen begannen in Granada im Dez. 1811. Am 15. Sept. 1821 erklärte N. mit anderen Teilen des Generalkapitanats Guatemala seine Unabhängigkeit. Es schloß sich dem mex. Kaiserreich an. Am 1. Juli 1823 erfolgte die 2. Unabhängigkeitserklärung bei der Bildung der Zentralamerikan. Föderation.

N. war das erste Land, das sich 1838 aus der Zentralamerikan. Föderation zurückzog. Die Misquito-Indianer erhoben sich sofort gegen die junge Republik, weil sie ihre Selbständigkeit bedroht sahen. Großbrit. intervenierte, zwang N., die Selbständigkeit der Moskitoküste anzuerkennen, und stellte dieses Gebiet unter seinen Schutz. 1848 besetzte Großbrit. San Juan del Norte (Greytown), trat jedoch 1860 seine Ansprüche auf die Moskitoküste endgültig an N. ab. Seit der Unabhängigkeit befehdeten sich Konservative und Liberale.

Nach längerer Herrschaft konservativer Reg. kam 1893 der dem „liberalen" Lager angehörende J. Santos Zelaya an die Macht, der die Misquito endgültig unterwarf und ihr Gebiet dem Staat eingliederte; er ließ das Land verkehrsmäßig und wirtsch. erschließen, verwickelte N. aber in Auseinandersetzungen mit den Nachbarrepubliken (v. a. mit Honduras wegen der Moskitoküste). Am folgenschwersten für N. war Zelayas Feindschaft gegen die USA; mit amerikan. Hilfe wurde er 1909 gestürzt; 1912 landeten die USA Marinetruppen, die in den Bürgerkrieg eingriffen und bis 1933 in N. blieben.

In der Folge gewann der Befehlshaber der von den USA aufgestellten Nat.garde, A. Somoza García, rasch an Einfluß; seine Familie baute sich in der Folgezeit eine wirtsch. beherrschende Stellung in N. aus. Bei den Präsidentschaftswahlen 1936 war er der einzige Kandidat; mit Ausnahme der Jahre 1946–50 hatte er dieses Amt bis zu seiner Ermordung (1956) inne und herrschte mit prakt. uneingeschränkter Macht als Diktator. Sein Sohn, L. A. Somoza Debayle (*1922, †1967), folgte ihm im Amt nach, das er bis 1963 ausübte; er leitete umfangreiche polit. und wirtsch. Reformen ein und allmähl. Rückkehr zu verfassungsmäßigen Zuständen. Nachfolger im Amt des Präs. wurde R. Schick Gutiérrez (*1909, †1966), der Privatsekretär Somozas; er starb vor Ablauf seiner Amtszeit.

257

Nicaragua

Die Wahlen von 1967, in deren Gefolge zahlr. polit. Morde und Unruhen das Land erschütterten, verliefen zugunsten A. Somoza Debayles. Da sein Mandat 1972 abgelaufen wäre, wurde auf seinen Wunsch die Verfassung mit dem Ziel außer Kraft gesetzt, eine verfassunggebende Versammlung zu wählen, die die Wiederwahl des Präs. legalisieren sollte. 1972–74 übte eine Junta die Reg.gewalt aus; de facto hatte auch in dieser Zeit Somoza Debayle die Macht inne. Nach Annahme der neuen Verfassung durch die verfassunggebende Versammlung 1974 wurde Somoza Debayle wieder Präs. Erfolgreiche Aktionen der 1962 gegr. linksgerichteten Befreiungsbewegung Frente Sandinista de Liberación Nacional (FSLN) führten im Dez. 1974 zur Verhängung des Ausnahmezustands (im Dez. 1978 aufgehoben, im Juni 1979 erneut verhängt). Nachdem seit Anfang 1977 der Widerstand (auch der kath. Kirche) gegen das Regime Somoza Debayles wachsende Tendenz gezeigt hatte, kam es nach dem Mord an einem führenden Oppositionspolitiker durch dem Präs. nahestehende Kreise im Jan. 1978 zu einem von allen (auch den bürgerl.) Oppositionskräften unterstützten Generalstreik, der sich zu einem Bürgerkrieg mit großen Zerstörungen und hohen Bev.verlusten ausweitete. Am 17. Juli 1979, nachdem es auf Grund der brutalen, Massenmord miteinbeziehenden Maßnahmen des Präs. und seiner Nat.garde zu internat. Protesten - einschl. der USA - gekommen war und die FSLN militär. Erfolge verbuchen konnte, mußte Somoza Debayle N. verlassen. Der am gleichen Tag gebildeten Junta des nat. Widerstands gehörten bis Mitte April 1980 Vertreter der verschiedensten Oppositionsbewegungen gegen das Somoza-Regime an. Nachdem die FSLN Änderungen in der Zusammensetzung des vorläufigen Legislativorgans, des Staatsrats, durchgesetzt hatte, die der FSLN hier ein Übergewicht der Stimmen sicherte, traten 2 Mgl. der Junta zurück, die im Juni 1980 durch Neubenennungen ersetzt wurden. Die amerikan. Reg. unter Präs. R. W. Reagan stellte die wirtsch. Unterstützung ein, da sich N. angebl. in die innenpolit. Verhältnisse in El Salvador einmische. Die Beziehungen zu den USA verschlechterten sich rapide, als diese begannen, die antisandinist. Contras massiv durch Geld und Waffen zu unterstützen. Verhandlungsangebote jeder Seite wies die jeweils andere Seite als unzureichend zurück. Im Hinblick auf die geplanten Wahlen im Nov. 1984 hob die Reg.junta im Juli 1984 den seit 1982 bestehenden Ausnahmezustand auf. Im Nov. fanden dann die ersten Parlaments- und Präsidentschaftswahlen seit der sandinist. Revolution und nach 42jähriger Herrschaft der Fam. Somoza statt. Da sich die Opposition nicht beteiligte, wurde die FSLN eindeutiger Sieger; am 13. Nov. 1984 erklärte der Oberste Wahlrat Juntachef Ortega Saavedra zum neuen gewählten Präs. des Landes. Den Bürgerkrieg im Land suchte die Reg. z.T. unter Vermittlung ausländ. Politiker und der kath. Kirche zu beenden. Auf Grund der Friedensinitiative des costarican. Präs. O. Arias Sanchez kam es zu direkten Verhandlungen zw. Contras und sandinist. Reg. ab 1988. Im Febr. 1989 verpflichteten sich die 5 mittelamerikan. Staaten, die freiwillige Repatriierung der Contras zu unterstützen und deren Stützpunkte in Honduras aufzulösen. Die nicaraguan. Reg. machte im Gegenzug dazu ein Amnestieangebot und zog die für 1991 vorgesehenen Parlamentswahlen auf 25. Febr. 1990 vor. Diese brachten der Unión Nacional Opositora (UNO) und ihrer Präsidentschaftskandidatin Violeta Barrios de Chamorro (* 18. Okt. 1929) einen überraschenden Sieg.

Politisches System: Nach der Verfassung, die am 9. Jan. 1987 in Kraft trat, ist N. eine sozialist. Rep., die dem polit. Pluralismus und der Blockfreiheit verpflichtet ist. Wichtige Bestimmungen der Verfassung, u. a. der Artikel über die Pressefreiheit, wurden gleich nach Verkündung wieder suspendiert. *Staatsoberhaupt* und oberster Inhaber der *Exekutive* ist der Präs. (seit 1990 V. Barrios de Chamorro). Er ist Oberbefehlshaber der Streitkräfte, ernennt und entläßt die Min. und kann den Notstand verhängen. Die *Legislative* liegt beim Einkammerparlament, der Nat.versammlung. Die bislang stärkste *Partei* im Parlament, die Frente Sandinista de Liberación Nacional, verfügt nach den Wahlen vom Febr. 1990 nur noch über 37 Sitze (bisher 63), während das bisherige oppositionelle Parteienbündnis Unión Nacional Opositora 52 Sitze errang. Zur *Verwaltung* ist N. in 16 Dep. und den Distrikt der Hauptstadt gegliedert. Das *Recht* ist am span. Vorbild orientiert. Die *Streitkräfte* werden auf 62 850 Mann geschätzt.

Nicaraguasee, größter See Zentralamerikas, im SW von Nicaragua, 8 264 km², bis 70 m tief, 37 m ü. d. M.

Niccolini, Giovanni Battista, * San Giuliano Terme (Prov. Pisa) 19. Nov. 1782, † Florenz 20. Okt. 1861, italien. Dramatiker. - Verf. histor.-patriot. Dramen zw. Klassizismus und Romantik, u. a. „Nabucco" (1819; gegen den geistl. und weltl. Despotismus).

Niccolò, italien. Form des männl. Vornamens Nikolaus.

Niccolò da Correggio [italien.: nikˈkɔldakorˈreddʒo], * Ferrara 1450, † ebd. 1. Febr. 1508, italien. Dichter. - Bed. ist die dramat. Dichtung „Fabula de Cephalo" (Uraufführung 1487, gedruckt 1510) in Oktaven, Terzinen und Kanzonen.

Nice [frz. nis] † Nizza.

Nicholas, Al[bert] [engl. ˈnɪkələs], * New Orleans 27. Mai 1900, † Basel 3. Sept. 1973, amerikan. Jazzmusiker (Klarinettist). - Wirkte ab 1919 in New Orleans in den Gruppen von J. „King" Oliver und Kid Ory, später v. a. in Chicago und New York bei L. Russell, C. Webb und L. Armstrong, siedelte 1953 nach Europa über.

Nichols [engl. 'nɪkəlz], Beverley, * Bristol 9. Sept. 1898, † Kingston-upon-Thames 15. Sept. 1983, engl. Journalist und Schriftsteller. - Schrieb außer Reiseberichten, Gartenbüchern und Essays erfolgreiche Dramen und Kriminalromane, u. a. „Kein Vogel singt in Moll" (R., 1953), „Verhängnisvolle Musik" (R., 1956), „Der rätselhafte Engel" (R., 1957).

N., Red, eigtl. Ernest Loring N., * Ogden (Utah) 8. Mai 1905, † Las Vegas 28. Juni 1965, amerikan. Jazzmusiker (Trompeter, Orchesterleiter). - Wurde Ende der 20er Jahre v. a. durch seine Band „Five Pennies" bekannt, der zeitweise Musiker wie J. Dorsey, B. Goodman, J. Teagarden und G. Miller angehörten.

Nicholson [engl. 'nɪkəlsn], Ben, * Denham (Buckinghamshire) 10. April 1894, † London 6. Febr. 1982, brit. Maler. - 1932-51 ∞ mit B. Hepworth. Von Stilleben und Architekturansichten ausgehende Kompositionen.

N., Norman Cornthwaite, * Millom (Cumberland) 8. Jan. 1914, engl. Schriftsteller. - Schildert in seinen Werken oft den Lake District; seine Gedichte, Versdramen und Romane zeugen von christl. Grundhaltung.

Nichtangriffspakt, zw. zwei oder mehreren Staaten geschlossener Vertrag, in dem sich die Vertragspartner gegenseitig zusichern, bei der Lösung von Konflikten auf die Anwendung von Gewalt zu verzichten oder im Falle eines Krieges mit anderen Staaten im Verhältnis zueinander neutral zu bleiben.

Nichte [niederdt.] ↑ Neffe.

Nichtehe (Scheinehe), ein von zwei Personen als Ehe begr. Verhältnis, das keinerlei Rechtswirkungen einer Ehe auslöst. Sie ist v. a. gegeben, wenn die Ehe nicht vor einem Standesbeamten oder wenn sie zw. Personen gleichen Geschlechts geschlossen worden ist.

nichteheliche Kinder (außerehel. Kinder), Kinder einer unverheirateten Frau, in einer Nichtehe geborene Kinder, Kinder, deren Ehelichkeit wirksam angefochten worden ist, sowie Kinder aus aufgelösten Ehen, wenn sie später als 302 Tage nach der Eheauflösung geboren sind. N. K. stehen unter der elterl. Sorge der Mutter, erhalten deren Familiennamen und haben das Jugendamt als Pfleger zur Geltendmachung der Vaterschaft, des Unterhalts und zur Regelung des Erbrechts gegenüber dem Vater. Die Vaterschaft wird mit Wirkung für und gegen alle durch Anerkennung oder gerichtl. Entscheidung festgestellt. Vater und Kind sind miteinander verwandt. Der Vater kann dem Kind mit dessen und der Mutter Einwilligung seinen Namen erteilen, jedoch hat er keine elterl. Sorge, nur die der Bestimmung der Mutter unterliegende Befugnis zum persönl. Verkehr. Bis zur Erlangung einer selbständigen Lebensstellung hat er dem Kind unter Berücksichtigung der Verhältnisse beider Eltern Unterhalt zu leisten, bis zur Volljährigkeit jedoch mindestens den gesetzl. Regelunterhalt. Abweichende Unterhaltsvereinbarungen und entgeltl. Abfindungsverträge sind zulässig. Das Kind beerbt den Vater nach allg. Recht, erhält aber statt des Erbteils (neben dessen Ehegatten und ehel. Kindern) nur einen Erbersatzanspruch in Höhe des Wertes. Statt dessen kann es zw. dem 21. und 27. Lebensjahr vorzeitigen Erbausgleich in Geld in angemessener Höhe (dreifacher Jahresunterhalt) verlangen. Die **Ehelicherklärung** ist die durch Staatsakt erfolgende Begründung des rechtl. Status eines n. K. als ehel. Kind. Im Unterschied zur Annahme als Kind ist die Ehelicherklärung nur bei einem n. K. und seinen Eltern zulässig. 1. Die Ehelicherklärung wird auf Antrag des Vaters ausgesprochen, wenn sie dem Wohl des Kindes dient. Erforderlich ist die Einwilligung des Kindes und, wenn es minderjährig ist, seiner Mutter. Mit Ausspruch der Ehelicherklärung erhält es die rechtl. Stellung eines ehel. Kindes seines Vaters und dessen Familiennamen; die elterl. Sorge der Mutter erlischt. 2. Ein n. K. kann auf seinen Antrag für ehelich erklärt werden, wenn seine Eltern verlobt waren und das Verlöbnis durch den Tod eines Elternteils aufgelöst wurde. Es steht dann einem Kinde gleich, das durch Eheschließung seiner Eltern ehelich geworden ist. Zuständig für die Ehelicherklärung ist das Vormundschaftsgericht.

Die rechtl. Stellung der n. K. wurde durch das sog. Nichtehelichengesetz vom 19. 8 1969 (in Kraft seit 1. 7. 1970) neu geregelt.

⌑ *Odersky, F.:* Kommentar zum Nichtehelichen-Gesetz. Bielefeld ²1978. - *Zeller, H.:* Das Recht des nichtehel. Kindes. Stg. 1976. - *Lutter, M.:* Das Erbrecht des nichtehel. Kindes. Ffm. ²1972. - *Gross, H.:* Das Nichtehelichengesetz. Einf. u. systemat. Darst. Stg. ²1971.

Nichteinmischung, nach allg. Völkerrecht Pflicht eines Staates, sich Eingriffen in die inneren Angelegenheiten eines anderen Staates zu enthalten. Sie gilt nicht für von den UN beschlossene Maßnahmen bei Bedrohung oder Bruch des Friedens und bei Angriffshandlungen.

Nichteisenmetalle (NE-Metalle) ↑ Metalle.

Nichterfüllung, Nichterreichung des durch ein Schuldverhältnis angestrebten Erfolges. Die N. kann auf Unmöglichkeit der Leistung, auf Verzug oder auf mangelhafter Erfüllung beruhen. Die Rechtsfolgen der N. sind je nach dem Grund dem Verschulden des Schuldners verschieden.

Nichtigkeit, ein Fall der rechtl. Unwirksamkeit von privaten wie auch von öffentl. Rechtsakten auf Grund schwerwiegender for-

Nichtigkeitsbeschwerde

maler oder inhaltl. Fehler oder Mängel im Ggs. zur relativen und schwebenden Unwirksamkeit und zur Anfechtbarkeit. *Rechtsgeschäfte* sind nichtig bei Verstoß gegen ein gesetzl. Verbot, gegen die guten Sitten, bei Geschäftsunfähigkeit des Handelnden, bei Formmängeln und - nach Anfechtung - bei Willensmängeln. Ist ein Teil eines Rechtsgeschäfts nichtig, so ist das ganze Rechtsgeschäft nichtig, es sei denn, es wäre auch ohne den nichtigen Teil vorgenommen worden. *Verwaltungsakte* und *Urteile* sind nur bei ganz schweren, offensichtl. Fehlern nichtig. Bei sonstigen Fehlern besteht Anfechtbarkeit und - bei Verwaltungsakten - Widerruflichkeit. Ein *Gesetz*, dessen Inhalt gegen eine Rechtsnorm höheren Ranges, insbes. die Verfassung verstößt, ist grundsätzl. nichtig.

Nichtigkeitsbeschwerde, 1. svw. Nullitätsklage, Rechtsmittel, das im *Hl. Röm. Reich* beim 1495 auf dem Wormser Reichstag (Ewiger Landfriede) geschaffenen Reichskammergericht eingelegt werden konnte; die N. war die Zuflucht gegen landesherrl. Unrecht durch Rechtsverweigerung oder grobe Urteilsmängel. - 2. Im *19. Jh.* weitverbreitetes subsidiäres Rechtsmittel, das an den obersten Gerichten der dt. Bundesstaaten eingelegt werden konnte. Mit der N. konnte die Verletzung ausdrückl. oder aus dem Gesetzeszusammenhang abgeleiteter Rechtsgrundsätze, deren Fehlanwendung sowie die Verletzung wesentl. Prozeßgrundsätze (u. a. Verweigerung rechtl. Gehörs, Verletzung der Öffentlichkeit) gerügt werden.

Nichtigkeitsklage, 1. Klage zur Wiederaufnahme rechtskräftig abgeschlossener Zivil- oder Verwaltungsprozesse, die an schweren formellen Mängeln leiden. 2. Klage eines Gatten oder des Staatsanwalts zur Nichtigerklärung der Ehe wegen schwerer Mängel des Eheschlusses (z. B. Bigamie). 3. Verfahren zur Nichtigerklärung einer AG, GmbH oder Genossenschaft bei schweren Mängeln der Satzung (des Vertrags, des Statuts) sowie zur Feststellung der Nichtigkeit von Hauptversammlungsbeschlüssen einer AG. 4. Verfahren zur Nichtigerklärung von Patenten wegen fehlender Patentfähigkeit oder Verletzung der Rechte früherer Anmelder. 5. Klage eines Mitgliedsstaates, des Rates, der Kommission oder eines unmittelbar betroffenen Bürgers beim Europ. Gerichtshof gegen grob mangelhafte Rechtssetzungsakte oder Einzelentscheidungen von Organen der Europ. Gemeinschaften.

Nichtmetalle, diejenigen chem. Elemente, die die charakterist. Eigenschaften der Metalle (Glanz, Duktilität, elektr. und therm. Leitfähigkeit) nicht aufweisen, z. B. die Halogene und Edelgase sowie die Elemente Kohlenstoff, Stickstoff, Sauerstoff, Phosphor und Schwefel. Einen Übergang zu den Metallen bilden die ↑ Halbmetalle.

Nichts, in der antiken Philosophie v. a. im Zusammenhang mit der Darstellung des Werdens und Vergehens von Dingen, in der christl. Kosmologie für Aussagen über die „Schöpfung aus dem N." verwendeter Begriff. In der Existenzphilosophie wird die Rede vom N. aus ihrem theolog. Bezugsrahmen gelöst und zur Darstellung der menschl. Existenz genutzt: Der Mensch ist sich selbst „aus dem N." seine Existenz zu geben (Sartre) und kann in der Begegnung mit dem N. seine Individualität finden (Heidegger).

Nichtseßhafte, Personen, die ohne gesicherte wirtschaftl. Lebensgrundlage umherziehen oder sich in Einrichtungen zur Wiedereingliederung aufhalten. N. ist auf Grund ihrer bes. Lebensverhältnisse eine Teilnahme am Leben in der Gemeinschaft nicht bzw. nur eingeschränkt möglich. Da sie diese Schwierigkeiten nicht aus eigenen Kräften und Mitteln überwinden können, haben N. Anspruch auf Sozial- und Wiedereingliederungshilfe (Nichtseßhaftenhilfe). Der Begriff N. tritt zunehmend an die Stelle der abwertend gebrauchten Bez. Landstreicher.

Nichtunterscheidbarkeit (Ununterscheidbarkeit), grundlegende Erkenntnis der Mikrophysik, nach der alle mikrophysikal. Teilchen gleicher Art (gleichartige Atome, Moleküle, Atomkerne oder Elementarteilchen, insbes. alle Elektronen) überhaupt nicht unterscheidbar sind. Man spricht daher statt von gleichartigen Teilchen auch von *ident. Teilchen*.

nichtverbale Kommunikation, Bez. für alle nichtverbalen Verhaltens- und Interaktionselemente (Gesten, Mimik, Körperhaltungen u. a.), die sog. *Körpersprache*.

Nichtwiederkäuer (Nonruminantia, Suiformes), seit dem Eozän bekannte, im Miozän und Pliozän sehr formenreiche, heute nur noch mit drei Fam. († Schweine, ↑ Nabelschweine, ↑ Flußpferde) vertretene Unterordnung primitiver, hasen- bis nilpferdgroßer Paarhufer mit einfach gebautem Magen.

Nickbewegung ↑ Nickmoment.

Nickel [gekürzt aus schwed. kopparnickel „Kupfernickel", der Bez. für Rotnickelkies - ein Erz, das man von Berggeistern (Nikkeln) verhext glaubte, da sich aus ihm trotz der kupfernen Farbe kein Kupfer gewinnen ließ], chem. Symbol Ni, metall. Element aus der VIII. Nebengruppe des Periodensystems der chem. Elemente, Ordnungszahl 28, mittlere relative Atommasse 58,70, Dichte 8,902 g/cm^3, Schmelzpunkt 1 453 °C, Siedepunkt 2 732 °C. N. ist ein silberweißes, gut verformbares Schwermetall, das sehr resistent gegenüber Sauerstoff, Wasser, nichtoxidierenden Säuren und Alkalien ist und in seinen Verbindungen meist zwei-, seltener ein-, drei- oder vierwertig auftritt. N. steht in der Häufigkeit der chem. Elemente an 22. Stelle und ist in der Erdkruste zu 0,015 Gew.-% enthalten; es kommt in der Natur nicht gediegen vor. Die wichtigsten

N.erze sind Garnierit und Pentlandit, weniger Bed. hat Rotnickelkies. N.erze sind arm an N. und enthalten als Nebenmetalle Eisen, Kupfer und Kobalt, die sich schwer von N. trennen lassen, so daß durch Schmelzprozesse N. (zunächst zusammen mit Eisen und Kupfer als sog. N.-Kupfer-Rohstein) angereichert wird. Durch Verblasen des N.-Kupfer-Rohsteins im Konverter mit Luft oder reinem Sauerstoff und anschließendem Verschlacken des entstandenen Eisenoxids entsteht sog. N.-Kupfer-Feinstein, aus dem durch Abrösten und Reduktion mit Kohle Roh-N. gewonnen wird. Ein weiteres Aufarbeitungsverfahren ist das Umsetzen mit Kohlenmonoxid, wobei flüchtiges Nickeltetracarbonyl entsteht (Carbonylverfahren), aus dem durch Erwärmen sehr reines N. gewonnen wird. N. wird v. a. als Legierungsmetall, z. B. mit Eisen zur Herstellung nichtrostender Stähle verwendet. Weitere wichtige N.legierungen sind Konstantan, Monel, Neusilber und Invar.

Nickelblüte (Annabergit), Mineral von apfelgrüner Farbe, meist erdig; chem. $Ni_3[AsO_4]_2 \cdot 8\ H_2O$; Mohshärte 2; Dichte 3,0–3,1 g/cm³. Verwitterungsprodukt von Nickelerzen.

Nickel-Cadmium-Akkumulator, Akkumulator, bei dem Nickeloxid als Kathode, Kalilauge als Elektrolyt und Cadmium als Anode dient. Die von N.-C.-A. gelieferte Spannung liegt bei etwa 1,2 Volt pro Zelle.

Nickeloxide, Sauerstoffverbindungen des Nickels; techn. wichtig ist das Nickel(II)-oxid NiO, eine graugrüne, wasserunlösl. Substanz, die als Katalysator und zum Färben von Email, Glas und Keramik (ergibt grüne und braune Farbtöne) dient.

Nickelsulfat, $NiSO_4$, das Nickelsalz der Schwefelsäure; grüne, kristalline, gut wasserlösl. Substanz, die zur Herstellung galvan. Bäder für die Vernickelung sowie von Nickelkatalysatoren verwendet wird.

Nicker (Nickfänger) ↑ Jagdwaffen.

Nickhaut (Membrana nictitans), drittes Augenlid vieler Wirbeltiere, das als häufig durchsichtige Bindehautfalte meist im inneren (nasalen) Augenwinkel entspringt, hier von Nickhautdrüsen befeuchtet wird und durch bestimmte Muskeln (*N.muskeln*) unterhalb der beiden anderen Augenlider von innen oben schräg nach unten über den Augapfel ausgebreitet werden kann. Unter den Fischen besitzen nur wenige (z. B. Blauhaie, Hammerhaie) eine N., bei den Amphibien kommt sie bei den Froschlurchen vor. Die Sauropsiden (Reptilien, Vögel) weisen immer, die Säugetiere z. T. eine N. auf. Meist ist die N. bei den Säugetieren aber reduziert, z. B. bei Primaten bis zu einer halbmondförmigen Bindehautfalte.

Nickmoment, das um die [horizontale] Fahrzeug- oder Flugzeugquerachse wirkende Drehmoment; verursacht meist pendelnde *Nickbewegungen* (beim Kfz. z. B. beim Bremsen). Bei Schiffen spricht man vom Stampfen.

Niclas Hagnower ['ha:gnaʊər] (Nikolaus [Niklaus] von Hagenau, Nikolaus Hagenauer), * um 1445, † vermutl. Straßburg vor 1538, oberrhein. Bildhauer. - 1493–1526 in Straßburg nachweisbar, wo er für die Münster 1501 den geschnitzten Fronaltar schuf, von dem eine Beweinung Christi (Straßburg, Sankt Stephan) und vermutl. zwei Prophetenbüsten (ebd., Frauenhausmuseum) erhalten sind. N. H. galt auch als Schöpfer der Schreinfiguren des Isenheimer Altars (gegen 1500; Colmar), die neuerdings Mathis Grün (↑ Grünewald) zugeschrieben werden.

Nicola, italien. Form des männl. Vornamens Nikolaus.

Nicolai [niko'laɪ, 'nɪkolaɪ], Friedrich, * Berlin 18. März 1733, † ebd. 8. Jan. 1811, dt. Schriftsteller und Verleger. - Ab 1758 Leiter der väterl. Verlagsbuchhandlung. Mit Lessing und M. Mendelssohn gründete er die Zeitschriften „Bibliothek der schönen Wiss. oder der freien Künste" (4 Bde., 1757–60) und „Briefe, die neueste Literatur betreffend" (24 Teile, 1759–65). Rezensionen aus dem gesamten dt. Sprachbereich enthielt die von ihm hg. „Allg. Dt. Bibliothek", das wichtigste krit. Organ der Zeit in Deutschland. Nach 1770 polemisierte N. scharf und rücksichtslos gegen alle neueren Richtungen der irrationalen Literatur, wurde jedoch auch von seinen Gegnern (u. a. Goethe, Herder, Schiller, L. Tieck, C. Brentano, J. G. Fichte) heftig angegriffen und verspottet. Satir. Tendenzen gegen Pietismus, Orthodoxie und Empfindsamkeit zeigen auch seine Romane, u. a. „Das Leben und die Meinungen des Herrn Magisters Sebaldus Nothanker" (1773–76). Von kulturgeschichtl. Bed. ist die „Beschreibung einer Reise durch Deutschland und die Schweiz ..." (12 Bde., 1783–96).

N., Otto, * Königsberg (Pr) 9. Juni 1810, † Berlin 11. Mai 1849, dt. Komponist. - Schüler Zelters; wurde 1841 Hofkapellmeister in Wien und begr. die Philharmon. Konzerte; ab 1847 Dirigent des Domchores und der Königl. Oper in Berlin. In seiner bis heute gespielten kom. Oper „Die lustigen Weiber von Windsor" (1849; nach Shakespeare) vereinigt er dt. romant. Tradition mit dem Geist der italien. Opera buffa.

N., Philipp, * Mengeringhausen (= Arolsen) 10. Aug. 1556, † Hamburg 26. Okt. 1608, dt. luth. Theologe und Liederdichter. - Seine Lieder (u. a. „Wie schön leuchtet der Morgenstern", „Wachet auf, ruft uns die Stimme") sind von der Tradition der Meistersinger und von Bernhard von Clairvaux beeinflußt.

Nicolas [engl. 'nɪkələs], engl. Form des männl. Vornamens Nikolaus.

Nicolaus von Kues [ku:s] ↑ Nikolaus von Kues.

Nicole (Nicolle) [frz. ni'kɔl], aus dem Frz.

übernommener weibl. Vorname (zu Nikolaus).

Nicole, Pierre [frz. ni'kɔl], * Chartres 19. Okt. 1625, † Paris 16. Nov. 1695, frz. kath. Theologe und Philosoph. - Führender Vertreter des Jansenismus von Port-Royal. Das mit A. Arnauld verfaßte, als „Logik von Port-Royal" bekannte Werk „La logique ou l'art de penser" (1659), zielt auf Reform der Logik und untersucht und entwickelt allg. die Regeln vernünftiger Denkoperationen.

Nicolet, Aurèle Georges [frz. nikɔ'lɛ], * Neuenburg 22. Jan. 1926, schweizer. Flötist. - 1950–59 1. Flötist der Berliner Philharmoniker, ab 1953 Prof. an der Berliner, seit 1965 an der Freiburger Musikhochschule. Gastiert als bed. Flötenvirtuose in den internat. Musikzentren.

Nicolò dell'Abate [italien. niko'lɔddella'ba:te], italien. Maler, ↑ Dell'Abate, Nicolò.

Nicolsches Prisma [engl. 'nɪkəl; nach dem brit. Physiker W. Nicol, * um 1768, † 1851], auf der Erscheinung der ↑ Doppelbrechung beruhende Vorrichtung zur Erzeugung (Polarisator) und zum Nachweis (Analysator) linear polarisierten Lichts in Form einer Kombination zweier geeignet geschliffener Prismen des opt. einachsigen Kalkspats, die mit Kanadabalsam verkittet sind. Beim Eintritt in das N. P. wird ein Lichtstrahl in zwei Teilstrahlen (*ordentlicher* und *außerordentlicher* Strahl) zerlegt, die senkrecht zueinander polarisiert sind. Während der ordentl. Strahl an der Kanadabalsamschicht total reflektiert wird, verläßt der außerordentliche Strahl das N. P. in urspr. Richtung.

Nicolson, Sir (seit 1953) Harold George [engl. 'nɪkəlsn], * Teheran 21. Nov. 1886, † Sissinghurst Castle (Kent) 1. Mai 1968, brit. Diplomat und Schriftsteller. - 1909–29 im diplomat. Dienst; widmete sich danach v. a. seinen publizist. Interessen; 1913–45 ∞ mit V. Sackville-West. Unter seinen Schriften ragen die Biographien (z. B. „König Georg V.", 1952) und die Arbeiten zur Diplomatiegeschichte (u. a. „Kleine Geschichte der Diplomatie", 1954) heraus. 1935–45 Mgl. des Unterhauses (National Labour Party), trat 1947 der Labour Party bei.

Nicosia, italien. Stadt in Innersizilien, 714 m ü. d. M., 15 500 E. Kath. Bischofssitz:

Nicolsches Prisma (schematisch)

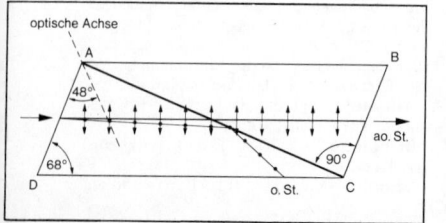

Getreide- und Viehhandel. - Got. Dom (v. a. 14. Jh.) mit Kampanile (13. Jh.); normann. Kastell.

Nicoya, Península de [span. pe'ninsula ðe ni'koja], größte Halbinsel Costa Ricas, am Pazifik, 120 km lang und 30–50 km breit, im Zentrum ein bis 1 168 m hohes Bergland. Die P. de N., Guanacaste (Prov. in Costa Rica), die Isla de Ometepe und SW-Nicaragua bilden den Bereich der archäolog. Kulturprov. *Groß-Nicoya,* seit 1500 v. Chr. im Rahmen einer zentralamerikan. Kultur entlang dem Pazifik. Charakterist. die Jadebearbeitung zw. 300 v. Chr. und 500 n. Chr.; die polychrome Keramik zeigt teilweise mex. Motive, die Großsteinplastiken ab 1000 n. Chr. werden den histor. Chorotegen zugeschrieben.

Nida, röm. Befestigungsanlage (Spuren von 7 Erdlagern, ein Steinkastell) beim heutigen Frankfurt am Main-Heddernheim; angelegt in Verbindung mit dem Chattenkriegen 83 und 88 n. Chr., spätestens 125 aufgegeben. Ausgegraben wurden neben Forum und Theater Heiligtümer oriental. Gottheiten (Mithras, Dolichenus, Isis).

Nidaros ↑ Drontheim.

Nidation [zu lat. nidus „Nest"] (Einbettung), das Sicheinbetten bzw. die Implantation eines befruchteten Eies in die Gebärmutterschleimhaut.

Nidau, Hauptort des Bez. N. im schweizer. Kt. Bern, am Ausfluß der Aare aus dem Bieler See, 434 m ü. d. M., 8 000 E. - Bei der vor 1196 von den Grafen von Neuenburg erbauten Wasserburg 1338 gegr. Stadt. - Schloß (v. a. 1630), barockes Rathaus (18. Jh.).

Nidda, hess. Stadt am S-Rand des Vogelsbergs, 133 m ü. d. M., 16 400 E. Kunststoff- und Spanplattenwerk, Herstellung von Tongehäusen, Betonfertigteilen, Papier, Druckschaltungen, opt. Geräten, Verpackungen u. a. Kurbetrieb im Ortsteil **Bad Salzhausen**. - Im 10. Jh. erstmals urkundl. erwähnt; Stadtrechte seit 1311. - Ev. Stadtkirche (1616–18), ehem. Wasserburg (um 1600).

N., rechter Nebenfluß des Mains, entspringt am Vogelsberg, mündet in Frankfurt am Main, 98 km lang.

Nidden ↑ Neringa.

Nidderau, hess. Stadt in der südl. Wetterau, 14 400 E. Kern der 1970 gebildeten Stadt ist Windecken, dazu kommen Heldenbergen, Ostheim, Erbstadt und Eichen; Maschinenfabriken; Pendlerwohngemeinde.

Nidularie [...i-ɛ; zu lat. nidus „Nest"] (Nestrosette, Nidularium), Gatt. der Ananasgewächse mit rd. 20 (meist epiphyt.) Arten in den feuchten Wäldern Brasiliens; mit rosettenartig angeordneten, dornig gezähnten Blättern und endständigem Blütenstand; Warmhaus- und Zierpflanzen.

Nidwalden, Kurzname des schweizer. Halbkantons ↑ Unterwalden nid dem Wald.

niederdeutsche Literatur

Niebergall, Ernst Elias, Pseud. E. Streff, * Darmstadt 13. Jan. 1815, † ebd. 19. April 1843, dt. Mundartdichter. - Privatlehrer in Dieburg und Darmstadt. Führte die hess. Mundartdichtung zu einem krit.-realist. Höhepunkt; von seinen Lokalpossen hatte „Datterich" (1841), die Tragikomödie eines Aufschneiders, in der der Darmstadter Spießer als Typ des dt. Philisters gezeigt wird, den größten Erfolg.

Niebuhr, Barthold Georg, * Kopenhagen 27. Aug. 1776, † Bonn 2. Jan. 1831, dt. Historiker. - Ab 1800 im dän., 1806–10 und 1813–23 im preuß. Staatsdienst. 1810–12 hielt N. grundlegende Vorlesungen über röm. Geschichte, aus denen sein Hauptwerk („Röm. Geschichte", 1812–45) hervorging. Ab 1823 an der Univ. Bonn. Seine Bed. beruht auf seiner quellenkrit. Methode, mit der er wesentl. zum Aufstieg der dt. Geschichtswiss. im 19. Jh. beitrug.

N., Reinhold, * Wright City (Mo.) 21. Juni 1892, † Stockbridge (Mass.) 9. Juni 1971, amerikan. ev. Theologe. - 1928–60 Prof. für christl. Ethik am Union Theological Seminary in New York. N. wandte sich sowohl gegen die liberale Theologie, wie sie in Amerika v. a. von den Theologen des † Social Gospel vertreten wurde, als auch gegen die Orthodoxie. Er versucht, die Dogmatik von der Anthropologie sowie von der sozialen Wirklichkeit her neu zu formulieren. Method. ist N. stark von P. Tillich beeinflußt und entwickelt im Anschluß an ihn eine christl. Philosophie der Geschichte. Für N. ist das Evangelium die Norm, nach der er Geschichte und Gesellschaft beurteilt. - *Werke:* Moral man and immoral society; a study in ethics and politics (1932), Jenseits der Tragödie (1937), Die Kinder des Lichts und die Kinder der Finsternis (1944), Glaube und Geschichte (1951).

Niebüll, Stadt in der Nordfries. Marsch, Schl.-H., 2 m ü. d. M., 6 700 E. Fries. Heimatmuseum; Handelszentrum. Verladebahnhof für den Kraftverkehr nach Sylt. - Erhielt 1960 Stadtrecht. - Barocke ev. Kirche (1728/29); got. ev. Kirche Deezbüll (13. Jh.).

Niederadel, Bez. für den Adel niederer Rangstufen. Im Hl. Röm. Reich gehörten dazu v. a. die Reichsritterschaft, der landsässige Adel sowie das städt. Patriziat.

Niederafrika † Afrika.

Niederalemannisch, oberdt. Mundart, † deutsche Mundarten.

Niederaltteich, bayr. Ort am linken Ufer der Donau, 1 800 E. Sitz eines ökumen. Inst., Ursulinenkonvent. Benediktinerabtei (gegr. im 8. Jh.; 1803 säkularisiert, seit 1930 wieder Abtei). - Urspr. got. Kirche (1718–22 barockisiert; Chor 1724–26 von J. M. Fischer).

Niederbayern, Reg.-Bez. in Bayern.

Niederblätter (Kataphylla), an der Basis einer Sproßachse (oberhalb der Keimblätter) auftretende einfache, schuppenförmige Blattorgane mit reduzierter Spreite (v. a. aus dem Unterblattanteil bestehend); auch an Rhizomen und Ausläufern und als Knospenschuppen. - † auch Hochblätter.

Niederburgund † Burgund.

Niederdeutsch, Sammelbez. für die dt. Dialekte nördl. der Benrather Linie, die die 2. Lautverschiebung nicht mitgemacht haben. Die schriftl. Überlieferung beginnt mit dem frühen 9. Jh., das *Altsächsische* war der dominierende Dialekt; es unterscheidet sich in vielen Merkmalen vom zeitl. parallelen Althochdt., andererseits weist es viele Gemeinsamkeiten mit dem Altengl. und Fries. auf. Seit der polit. Eingliederung ins Frankenreich unter Karl d. Gr. und seit der Christianisierung geriet es aber immer mehr unter althochdt., bes. fränk. Einfluß und wurde so zu einer dt. Mundart. Ein Neuansatz für eine verstärkte Geltung des N. in schriftl. Form zeigte sich um 1200, angeregt v. a. durch die Werke Eike von Repgows. Dies ist der Beginn der *mittelniederdt. Epoche.* Die frühe mittelniederdt. Schriftsprache ging von dem damaligen geistigen Zentrum Ostfalen aus und wirkte auch auf Lübeck; ihre Blüte (um 1350–1500) war eng mit dem Aufstieg der Hanse und der Stadt Lübeck verbunden, das Mittelniederdt. wurde überregionale nordeurop. Verkehrssprache. Mit dem Niedergang der Hanse um 1500 verlor das Mittelniederdt. als Verkehrssprache seine Bed.; als Umgangssprache hielt es sich noch z. T. bis heute; einen neuen Aufschwung in der schriftl. Verwendung erlebte es in der Mundartdichtung des 19. Jh. (J. H. Voß, F. Reuter, K. Groth). - † deutsche Mundarten, † auch niederdeutsche Literatur.

niederdeutsche Literatur, die auf Grund der zeitl., räuml. und formalen Unterschiede gewonnene Einteilung der niederdt. Sprache markiert zugleich unterschiedl. Erscheinungsformen der Literatur.

Altniederdeutsche Literatur: Der Hauptteil der erhaltenen Literatur gilt der christl. Mission, wobei die etwa 6 000 Stabreimverse umfassende Bibeldichtung „Heliand" (um 830) einen bes. Rang einnimmt. Nach ähnl. Formungsprinzipien entstand zur gleichen Zeit die altsächs. „Genesis", die nur bruchstückhaft überliefert ist.

Mittelniederdeutsche Literatur: Sie ist u. a. Zeugnis für die Notwendigkeit, mittels Sprache zu organisieren und zu registrieren und insbes. die Muttersprache als Rechtssprache zu verwenden, z. B. im „Sachsenspiegel" (um 1224–31) des Eike von Repgow und der ihm zugeschriebenen „Sächs. Weltchronik". Sie steht für die Bemühungen zeitgenöss. *Geschichtsschreibung* um eine Standortbestimmung der Muttersprache; es folgten zahlr. Welt-, Territorial- und Stadtchroniken bis ins ausgehende MA. - Die *mittelniederdt. Dichtung* begann mit der Reimchronik Eberhards

niedere Gerichtsbarkeit

von Gandersheim (1216). Sehr populär war das erzählende geschichtl. Volkslied (z. B. Lieder auf Störtebeker und die Schlacht bei Henningstedt, 1500). Beispiele ep. Dichtungen nach fläm. Muster sind die *höf. Romane* „Flos unde Blankeflos", „Van Namelos unde Valentyn" und „De Deyf von Brughe". Weiteste Verbreitung einer niederländ. Vorlage erfuhr der 1498 in Lübeck erschienene „Reinke de Vos", eine *Satire* auf die ma. Gesellschaftsordnung. *Werke krit. und lehrhaften Charakters* waren H. Botes „Bok von veleme rade" (entstanden 1490–93), „Köker" (entstanden gegen 1520) und „Schichtbok" (entstanden um 1510–13). Einziges wesentl. *Schauspiel* dieser Epoche ist das „Redentiner Osterspiel" aus der 2. Hälfte des 15. Jh., das Figuren des städt. Lebens mit dem Osterereignis verbindet.

Neuniederdeutsche Literatur: Nach einer 200jährigen Zwischenperiode der Gelegenheitsdichtungen wurde (unter Berücksichtigung einer Vielzahl von Ausgangsmundarten, die der jeweilige Autor je nach Standort zum Bezug seiner Sprachgestaltung zu machen hatte) neben J. H. Voß v. a. durch K. Groth mit dessen 1853 erschienenen *Gedichtsammlung* „Quickborn" ein Neubeginn der n. L. geschaffen; für die weitere Entwicklung bed. war F. Reuter. Bes. wurden *ep. Gattungen* gepflegt: der psycholog. Dorfroman von J. H. Fehrs (*1838, †1916), der sozialkrit. Roman von dem Westfalen F. Krüger (*1843, †1915), der Entwicklungsroman von G. Droste (*1866, †1935), der Seefahrtsroman von Gorch Fock (*1880, †1916), der sozialpsycholog. Roman von den Ostfriesen F. G. Lottmann (*1830, †1918) und W. Siefkes (*1890, †1984). Bed. Erzähler sind (für die Zeit vor dem 1. Weltkrieg) die Holsteiner J. Mähl (*1827, †1909) und P. Trede (*1812, †1881) sowie A. Wibbelt (*1862, †1947), danach v. a. M. Jahn (*1884, †1979), H. Heitmann (*1904) und H. Kruse (*1916). Zu den *Lyrikern* H. Claudius (*1878, †1980) und A. Mähl (*1893, †1970) kamen in neuerer Zeit die Motive und Formen erneuernden J. D. Bellmann (*1930) und S. Kessemeier (*1930). Eine (naturalist.) *Schauspieltradition* wurde durch F. Stavenhagen (*1876, †1906) eröffnet. Als erfolgreiche Bühnenautoren gelten K. Bunje (*1897), H. Ehrke (*1898, †1975), A. Hinrichs (*1879, †1956) und P. Schurek (*1890, †1962). Als der Mundartdichtung adäquate Form gilt das *Hörspiel*.

📖 *Hdb. zur niederdt. Sprach- u. Lit.wiss. Bln. 1983. - Schuppenhauer, C.: Plattdt. Klassiker 1850–1950. Leer 1982. - Lex. niederdt. Autoren. Hg. v. C. Schuppenhauer. Leer 1975 ff. - Stammler, W.: Gesch. der n. L. v. den ältesten Zeiten bis auf die Gegenwart. Lpz. 1920. Nachdr. Stg. 1968.*

niedere Gerichtsbarkeit (Niedergericht), im MA bis ins 19. Jh. die mit minderen Rechtsstreitigkeiten (Klagen um Schulden) und leichteren Straftaten (mit Strafen zu Haut und Haar) befaßte Gerichtsbarkeit.

Niederes Gesenke, Teil der Ostsudeten, ČSSR, zw. Altvatergebirge und Odergebirge, bis 800 m hoch.

Niedere Tatra, Teil der Westkarpaten in der ČSSR, zw. Waag und Gran.

Niedere Tauern, östl. Fortsetzung der Hohen Tauern zw. oberer Enns und oberer Mur, Österreich, im Hochgolling 2 863 m hoch; bed. Fremdenverkehr (Radstadt, Orte im Lungau).

niedere Tiere, svw. ↑Wirbellose.

Niederfränkisch, niederdt. Mundart, ↑deutsche Mundarten.

Niederfrequenz, Abk. NF, Bez. für Frequenzen bis 10 kHz, entsprechend einer Wellenlänge von über 30 km. Da niederfrequente Schwingungen nach Umwandlung in Schallschwingungen mit dem Ohr wahrgenommen werden können, bezeichnet man die N. häufig auch als *Tonfrequenz.*

Niederguineaschwelle [...giˈneːa], das Kongobecken im W begrenzendes Hochland.

Niederjagd (niedere Jagd, kleines Waidwerk), wm. Bez. für die Jagd auf Niederwild.

Niederkalifornien, Halbinsel (span. Baja California), zu Mexiko gehörende Halbinsel an der SW-Küste von Nordamerika, durch den Golf von Kalifornien vom Festland getrennt, 1 200 km lang, 50–240 km breit, von Gebirgsketten durchzogen, die von W sanft ansteigen, steil nach O abfallen und im N 3 078 m ü. d. M. erreichen. Das Klima ist trocken. Die Vegetation im zentralen Teil weist stellenweise dornige Trockenbusch- und Kakteensavanne auf, im S Kakteenwälder. In Höhen über 1 800 m finden sich im lichte Kiefernwälder. Das Coloradodelta mit dem Zentrum Mexicali ist zum bedeutendsten mex. Baumwollanbaugebiet geworden; an der NW-Küste Baumwoll-, Tomaten- und Weinkulturen. Große Bed. haben Fischerei, Salzgewinnung und Fremdenverkehr.

Niederlande

(amtl.: Koninkrijk der Nederlanden), konstitutionelle parlamentar. Erbmonarchie in Westeuropa, zw. 53° 32' und 50° 46' n. Br. sowie 3° 23' und 7° 12' ö. L. **Staatsgebiet:** Es grenzt im W und N an die Nordsee, im O an die BR Deutschland, im S an Belgien. **Fläche:** 41 785 km², davon 33 943 km² Landfläche. **Bev.:** 14,5 Mill. E (1986), 347,7 E/km². **Hauptstadt:** Amsterdam; Sitz der Reg. und des Parlaments: Den Haag. **Verwaltungsgliederung** 12 Prov. (einschl. der neugebildeten Prov. Flevoland). **Amtssprache:** Niederländisch. **Nationalfeiertag:** 31. Jan. **Währung:** Holländ. Gulden (hfl) = 100 Cent (c, ct). **Internationale Mitgliedschaften:** UN, NATO, EG, WEU, OECD, GATT, Europarat, Benelux. **Zeitzone:** MEZ (mit Sommerzeit).

Niederlande

Landesnatur: Die N. sind ein Tiefland im Mündungsgebiet der Flüsse Rhein, Maas und Schelde in der westl. Fortsetzung des Norddt. Tieflandes. 20% liegen u. d. M., 8% bestehen aus Binnengewässern. Der tiefste Punkt liegt mit 6,6 m u. d. M. bei Rotterdam, der höchste im südl. Limburg mit 322 m ü. d. M. Fast die gesamte Küste wird durch einen Dünengürtel und Strandwälle gegen die Nordsee abgeschirmt. Im N sind die Westfries. Inseln vorgelagert. Landeinwärts folgt - unterbrochen vom IJsselmeer - ein breiter Marschengürtel (Polderland) mit zahlr. Kanal-, Deich- und Schleusenanlagen. Das Landesinnere besteht aus der schwach ansteigenden, von Moränen und Sanden geprägten Geest mit seenreichen Torfmoorgebieten, Heiden und Wäldern. Zur Bördenzone zählt die im S gelegene Hügel- und Plattenlandschaft von Limburg. Durch teilweise Trockenlegung der abgeschlossenen Zuidersee sollen mehr als 2 000 km² Neuland gewonnen werden. Die teilweise Abriegelung der Meeresarme im Bereich des Rhein-Maas-Deltas durch Deiche und ein großes Sturmflutsperrwerk wurden 1986 abgeschlossen.

Klima: Es ist ozean., nur in S-Limburg machen sich kontinentale Einflüsse bemerkbar. Die Sommer sind kühl, die Winter mild. Nebel sind häufig, v. a. im Winter (6-7 Tage im Monat).

Vegetation: Die urspr. Vegetation ist fast völlig vernichtet. Die Wälder der Geest (Eichen, Birken) sind zu Heiden degradiert (vielfach mit Kiefern aufgeforstet). Sommergrüne Laubwälder (Buchen, Eichen) haben ihre Hauptverbreitung im Utrechter Hügelland.

Tierwelt: In diesem dicht besiedelten Land konnten sich nur zahlr. Wasservögel- und Fischarten einigermaßen halten.

Bevölkerung: Sie besteht zum größten Teil aus Niederländern, einer Vermischung von Friesen, Sachsen und Niederfranken. Nur die Friesen haben eine eigenständige, offiziell anerkannte Sprache erhalten können. Eine große Gruppe Indonesier (v. a. Ambonesen) lebt in den N. sowie Surinamer und Antillianer. Als Gastarbeiter sind v. a. Marokkaner, Türken und Spanier tätig. 40% der Niederländer sind röm.-kath., 33% ref.; knapp 40% leben auf nur 20 % der Gesamtfläche im W des Landes. Zw. den dichtbesiedelten Landesteilen, dem Randstad Holland, der Brabanter Städtereihe und dem Geb. von S- und M-Limburg erstreckt sich ein gering verstädterter, überwiegend landw. genutzter Raum. Schulpflicht besteht für Kinder von 6-15 Jahren. Weit verbreitet sind private, meist konfessionelle Schulen, die den staatl. gleichgestellt sind. N. verfügt über 19 Hochschulen, darunter 10 Univ., 3 TU und 6 Fachhochschulen.

Wirtschaft: Wichtigster Zweig der Landw. ist die Viehhaltung (v. a. in Friesland und Nordholland). Sie ist ganz auf Veredlungswirtschaft eingestellt (Butter, Käse); auch die Geflügel- und Schweinehaltung ist bed.; eine große Rolle spielt der stark spezialisierte Erwerbsgartenbau. In Freilandkulturen werden Gemüse-, Kern-, Stein- und Beerenobst sowie Blumenzwiebeln und Blumen gezüchtet. Ein großer Teil der Sonderkulturen werden in Gewächshäusern gezogen (v. a. Tomaten, Gurken, Salat, Paprika u. a.). Getreide, Kartoffeln, Zuckerrüben, Hülsen- und Ölfrüchte werden v. a. im O und NO angebaut, doch muß Weizen zusätzl. eingeführt werden. Binnen-, Küsten- und Hochseefischerei sind wichtige Wirtschaftsfaktoren. Die N. verfügen über große Erdgasvorkommen in den Prov. Groningen, Friesland, Drente und auf dem Schelf. Erdöl wird im Emslandbecken und bei Den Haag gefördert. Der Abbau von Steinkohle in S-Limburg hat seine Bed. verloren. Salzlagerstätten in den Prov. Overijssel und Groningen werden ausgebeutet. In der Ind. führt die Nahrungs- und Genußmittelind.; es folgt die chem. Ind. mit Erdölraffinerien, Stickstoffwerken, Kunststoffproduktion, die Metallind. mit Schiff-, Auto-, Maschinenbau sowie die elektrotechn. Ind., die Textil- und Bekleidungsind.; bed. sind auch Lederwaren-, Papier-, Keramikind. sowie Diamantenschleifereien und der Fremdenverkehr.

Außenhandel: Ausgeführt werden Erdgas, Erdölprodukte, Maschinen und Geräte, Kunststoffe, Fleisch, Gemüse, Molkereiprodukte, Eier u. a., eingeführt Rohöl, Kfz., Eisen und Stahl, Metallwaren, Getreide. Die wichtigsten Partner sind die EG-Länder (bei denen die BR Deutschland an 1. Stelle steht), die USA und die EFTA-Länder.

Verkehr: Das Eisenbahnnetz hat eine Länge von 2 852 km, das Straßennetz von 95 300 km, davon 1 819 km Autobahnen. Die Binnenwasserstraßen haben eine Gesamtlänge von 4 833 km. Sie sind mit dem dt., belg. und frz. Wasserstraßennetz verbunden. Wichtigste Seehäfen sind Rotterdam und Amsterdam. Wichtigster Zubringer ist die Rheinschiffahrt. Dem Transport von Erdgas, Erdöl und -produkten dient ein ausgedehntes Pipelinesystem (bis Italien). Die staatl. Luftverkehrsgesellschaft KLM bedient den Auslands-, eine Tochtergesellschaft den Inlandsflugdienst. In Schiphol und Zestienhoven internat. ✈.

Geschichte: Für das Gebiet um Schelde, Maas und Niederrhein, das bis auf den NW links der Schelde (Flandern und Artois) im 10. Jh. Teil des entstehenden Hzgt. Lothringen (später Niederlothringen) wurde, kam im 11. Jh. die geograph. Bez. N. („terra inferior") auf. Mit dem Niedergang der lothring. Herzogsgewalt verselbständigten sich in diesem Raum bis zum 13. Jh. die Gft. Hennegau, Namur, Geldern, Holland und Seeland, die Hzgt. Brabant und Limburg sowie die geistl. Territorien von Lüttich, Utrecht und Cambrai. Die für die spätere Geschichte der N. entscheidende Loslösung vom Hl. Röm. Reich begann

265

Niederlande

unter dem Burgunderherzog Philipp dem Guten, der Namur (1429), Holland, Seeland, Hennegau (1433) und Brabant-Limburg (1430) erwarb. Schon 1384 waren Flandern und Artois an Burgund gekommen. Obwohl 1477 durch Maria von Burgund der größte Teil Burgunds an das Haus Österreich fiel, setzte sich der Ablösungsprozeß fort; denn die habsburg. Politik zielte von Beginn an auf Selbständigkeit der neugewonnenen Territorien gegenüber dem Reich. Dem habsburg. Besitz fügte Karl V. 1524 Friesland, 1528 Utrecht und Overijssel, 1536 Groningen und Drente hinzu, 1543 auch Geldern. Die einzelnen Territorien, die mit Ausnahme Brabants unter einem Statthalter standen und ihre polit. Gremien, z. B. Ständeversammlungen ("Staaten"), behielten, waren der in Brüssel errichteten Zentralverwaltung unterworfen, an deren Spitze ein(e) Generalstatthalter(in) stand.

Nachdem Karl V. 1555 seinem Sohn Philipp die Herrschaft über die N. übertragen hatte, verstärkte sich der polit. und finanzielle Druck; religiöse Repression schloß sich an, nachdem die Reformation in den N. Eingang gefunden hatte. Militär. Lasten, Ketzeredikte, die zunehmende Schmälerung ständ. Freiheiten sowie die Errichtung neuer Bistümer trieben Adel und Städte zunächst in die Opposition, sodann zum Aufstand. Philipp II. schickte 1567 den Herzog von Alba mit einem Heer in die N., der die Unruhen durch Zwangsmaßnahmen und zahlr. Hinrichtungen unterdrückte. 1568 erhoben sich die Niederländer gegen die Albasche Willkür (Beginn des sog.

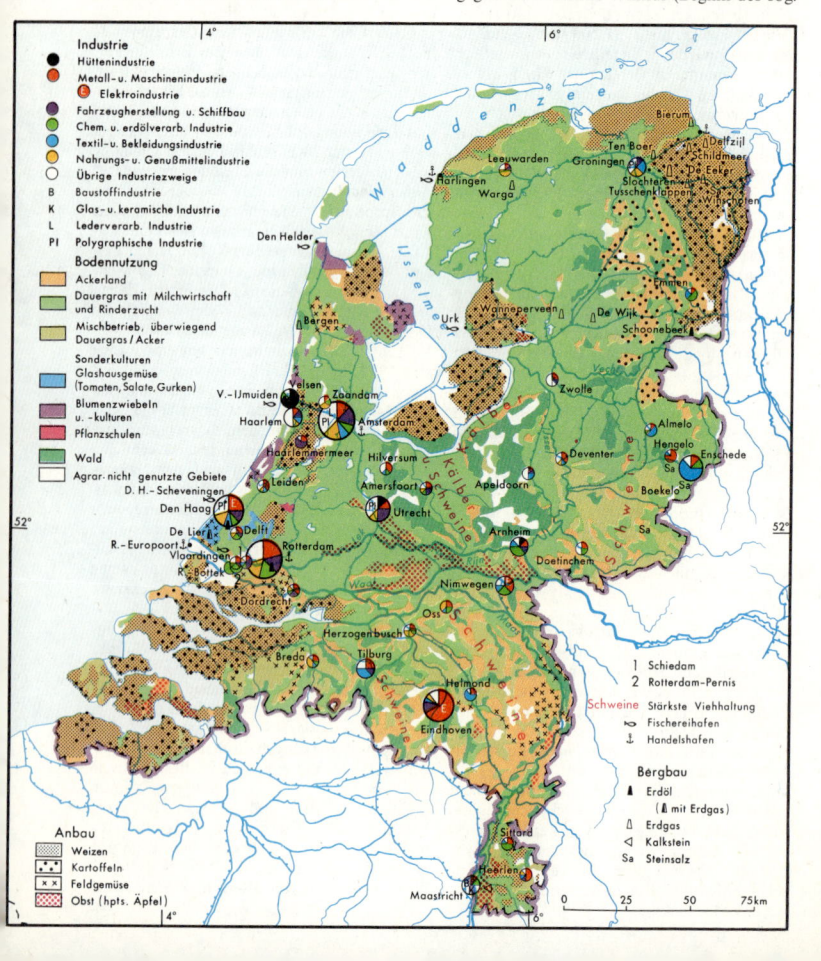

Niederlande. Wirtschaftskarte

Niederlande

Achtzigjährigen Krieges). Wilhelm von Oranien übernahm 1572 die Führung des Aufstandes, der militär. anfängl. von Geusen getragen wurde. Alba wurde 1573 nach Spanien zurückgerufen; an seine Stelle trat L. de Requeséns y de Zúñiga, unter dessen Leitung sich in den nächsten Jahren die span. Herrschaft wieder festigte. Nach seinem Tod schlossen sich alle niederl. Territorien, auch die bis dahin monarchietreuen, in der Genter Pazifikation (1576) gegen Spanien zusammen, um den Bürgerkrieg zu beenden. Doch schon 1577 nahmen sie im Ewigen Edikt die Forderung des Generalstatthalters Don Juan d'Austria nach einem Verbot des Protestantismus an, die Holland und Seeland erneut in die Opposition trieb. Die durch Don Juans Politik heraufbeschworene Radikalisierung der Protestanten führte zu einer Polarisierung der Konfessionen, so daß sich 1579 unter dem Einfluß des neuen Generalstatthalters Alessandro Farnese die südl. Prov. in der Union von Arras (niederl. Atrecht) zusammenschlossen, während die nördl. Prov. die Union von Utrecht bildeten. Die Atrechter Partner verpflichteten sich dem span. König zum Gehorsam (Friede von Arras), die Utrechter beschlossen, den Kampf weiterzuführen. Die - sich freil. häufig ändernde - militär. Grenze zw. den Gebieten wurde so zur polit. und kulturellen Grenze; der Grenzstreifen († Generalitätslande) blieb bis 1648 umstritten. 1581 sagten sich die Utrechter Unionspartner vom span. König los. Der 1587 von den Utrechtern gefaßte Beschluß, sich nicht mehr um einen neuen Landesherrn zu bemühen, enthielt zugleich die Entscheidung für die *Republik der Vereinigten N.* (nach der Vertretung der Prov. auch *Generalstaaten* gen.), deren Kampf gegen Spanien bis 1648 weitergeführt wurde.

Während die span. gebliebenen südl. N. nach dem Span. Erbfolgekrieg an die östr. Habsburger kamen (1713), erreichte die Republik der Vereinigten N. im Westfäl. Frieden (1648) die Anerkennung ihrer Unabhängigkeit von Spanien und schied formell aus dem Verband des Hl. Röm. Reiches aus. Staatsrechtl. gesehen bildeten die 7 Prov. einen Staatenbund, in dem die Souveränität bei den Prov. lag; tonangebend war die Prov. Holland. Die Generalstaaten, in die die Prov. ihre Vertreter mit imperativem Mandat entsandten und deren Vors. der Ratspensionär von Holland war, entschieden ledigl. über Außenpolitik und Verteidigung. Die polit. Macht lag fakt. bei den städt. Regenten, die ein oligarch. Regiment führten. Das Amt des Provinzialstatthalters blieb erhalten. Die Oranier (Haus Oranien-Nassau), im 17./18. Jh. sogar erbl. Träger dieses Amtes, gerieten mehrfach in heftigen Konflikt mit den Regenten oder deren Vertretern.

Im 17. Jh. wuchsen die N. zur führenden europ. See- und Handelsmacht heran. Wirtsch. und kulturell erlebten sie in dieser Periode eine hohe Blüte.

In der 2. Hälfte des 17. Jh. und zu Beginn des 18. Jh. mußten die N. ihre Seemachtstellung in 3 Kriegen gegen England (engl.-niederl. Seekriege) und ihre Sicherheit und ihren Besitzstand in 4 Kriegen gegen Frankr. verteidigen (Devolutionskrieg, 1667/68; Niederl.-Frz. Krieg [Holländ. Krieg], 1672-78; Pfälz. Erbfolgekrieg, 1688-97; Span. Erbfolgekrieg, 1701-14).

Das 18. Jh. bis zum Wiener Kongreß (1815) war gekennzeichnet von polit. Erstarrung und Unruhe zugleich, von wirtsch. Stagnation und kulturellem Rückgang. Außenpolit. wurde die Position der N. durch den Östr. Erbfolgekrieg (1740-48) und durch einen weiteren Krieg gegen Großbrit. (1780-84) geschwächt. Im Verlauf des 1. Koalitionskrieges besetzten frz. Truppen 1795 die Vereinigten N., die, zunächst zur *Batav. Republik* erklärt, von Napoleon I. 1806 in eine Sekundogenitur des Hauses Bonaparte mit dem Namen *Holland* umgewandelt wurden. 1810 gliedterte Napoleon die N. Frankr. ein. Wirtsch. fiel das Land

VERWALTUNGSGLIEDERUNG
(Stand 1986)

Provinz	km²	E (in 1000)	Verwaltungssitz
Drente	2 681	432	Assen
Flevoland	2 116	177	Lelystad
Friesland	5 341	598	Leeuwarden
Geldern	5 144	1 761	Arnheim
Groningen	2 891	560	Groningen
Limburg	2 209	1 088	Maastricht
Nordbrabant	5 083	2 125	Herzogenbusch
Nordholland	3 656	2 323	Haarlem
Overijssel	3 420	999	Zwolle
Seeland	3 040	356	Middelburg
Südholland	3 359	3 165	Den Haag
Utrecht	1 402	944	Utrecht

Niederlande

unter den Auswirkungen der Kontinentalsperre stark zurück. Nach dem Sturz Napoleons I. wurde die ehem. Republik mit dem südl. N. und dem Fürstbistum Lüttich auf Beschluß des Wiener Kongresses zum *Kgr. der Vereinigten N.* unter dem Oranier Wilhelm I. zusammengefügt (1815). Die autokrat. Politik des Königs, seine Sprachenpolitik, der konfessionelle Ggs. sowie das in der frz. Zeit geförderte belg. Bewußtsein in den südl. N. führten im Anschluß an die frz. Julirevolution im Sept. 1830 zum Aufstand im S, der 1831 auf der Londoner Konferenz der Großmächte die Trennung Belgiens vom *Kgr. der N.* zur Folge hatte.

Innenpolit. ging es in den nächsten Jahrzehnten um Änderung der auf eine starke monarch. Gewalt ausgerichteten Verfassung. Nach einer ersten Revision 1840 sah sich Wilhelm II. unter dem Eindruck der Ereignisse in Frankr. und im Dt. Bund 1848 zu weiteren Reformen gezwungen. Doch erst im Verfassungskonflikt 1866–68 mit Wilhelm III. verlagerte sich der staatsrechtl. Schwerpunkt endgültig auf das Parlament. In den folgenden Jahren bestimmte der Kampf um Konfessionsschule, Wahlrecht und Sozialgesetzgebung das innenpolit. Leben. Die Jahrzehnte bis zum 1. Weltkrieg waren durch einen wirtsch. und kulturellen Aufschwung, eine Belebung und Organisierung des polit. Lebens (Gründung von Gewerkschaften) gekennzeichnet. - Im 1. Weltkrieg betrieben die N. eine strenge Neutralitätspolitik. 1917 brachte eine Verfassungsreform die allg. Wahlrecht für Männer, 1922 auch für Frauen. Der Weltwirtschaftskrise versuchte man durch Agrargesetze und Sparmaßnahmen sowie 1936 durch Freigabe des „festen Guldens" (Goldstandard) zu begegnen.

Die Außenpolitik der N. wurde unter dem Eindruck einer drohenden Auseinandersetzung zw. den Großmächten im Sinne strengster Neutralität geführt. Trotzdem wurden die N. ohne Kriegserklärung am 10. Mai 1940 von dt. Truppen überfallen. Königin und Kabinett wichen am 13. Mai nach Großbrit. aus. Nach schwerer Bombardierung Rotterdams kapitulierte das niederl. Heer am 14. Mai. Neben der dt. Militärreg. wurde eine dt. Zivilreg. unter A. Seyß-Inquart als Reichskommissar eingesetzt. Nach dem Verbot der niederl. Parteien blieb nur noch die Nationaal-Socialistische Beweging (NSB) bestehen, die auch für die Bildung einer niederl. SS sorgte. Demgegenüber ließen die erbarmungslose Verfolgung der niederl. Juden und der Zwangsarbeitseinsatz in der dt. Kriegsind. eine Widerstandsbewegung entstehen. Die ersten Pogrome 1941 gaben den Anlaß zum großen Februarstreik, dem sich zahlr. andere Streiks anschlossen. Die niederl. Reg. in London erklärte Japan am 8. Dez. 1941 den Krieg. Wenige Monate später war die niederl. Flotte in der Javasee vernichtet und Niederl.-Indien von den Japanern besetzt. Nach dem Zusammenbruch der jap. Besatzung im Aug. 1945 konnten die N. in weiten Teilen Niederl.-Indiens ihre Herrschaft wiedererrichten. Die N. selbst wurden zw. Sept. 1944 und April 1945 von S her durch die Alliierten befreit.

Nach einem Interimskabinett 1945/46, dem alle Parteien außer den Kommunisten angehörten, wurden immer wieder Koalitionskabinette gebildet. Nach den Wahlen vom Sept. 1982 bildete sich eine Koalitionsreg. aus Christdemokraten und Rechtsliberalen unter Min.präs. R. F. Lubbers (* 1939), die in den Wahlen vom Mai 1986 bestätigt wurde. Innenpolit. umstritten ist angesichts der starken Friedensbewegung der Beschluß zur Stationierung der Marschflugkörper und Mittelstreckenraketen.

Typ. für die partei- und innenpolit. Entwicklung der 1960er Jahre waren deutl. Veränderungen in der traditionellen „Versäulung", der festen Einbettung in konfessionelle oder weltanschaul. soziale Verbände, ein Prozeß, der in den 1970er Jahren seinen Fortgang nahm. Zudem setzte eine starke Dekonfessionalisierungstendenz ein.

Ein bislang ungelöstes Problem bilden die rd. 35 000 in den N. lebenden Ambonesen (Südmolukker), die von der Reg. Unterstützung bei der Wiederherstellung der Republik der Süd-Molukken fordern.

Die N. sahen sich nach 1945 mit Unabhängigkeitsbestrebungen der Kolonien konfrontiert. Niederl.-Indien, 1945 als Republik Indonesien ausgerufen, wurde 1949 durch Vermittlung der UN von den N. die Souveränität zuerkannt; 1963/69 erreichte Sukarno auch den Anschluß des bislang bei den N. verbliebenen W-Neuguinea. Die Niederl. Antillen und Surinam erhielten 1954 innerhalb des Kgr. der N. die Autonomie; 1975 erhielt Surinam die volle Unabhängigkeit. Die seitdem verstärkte Einwanderung von Einwohnern Surinams in die N. (bis Mitte 1979 etwa 200 000 Einwanderer) droht zu einem vorwiegend sozialen Problem noch unabsehbaren Ausmaßes zu werden. In der Außenpolitik traten nach 1945 an die Stelle der Neutralitätspolitik die Öffnung der N. zum Westen und seinen Bündnissystemen und das Bemühen um eine europ. Einigung. Das zunächst gespannte Verhältnis zur BR Deutschland (Forderungen von Gebietsabtretungen usw.) wurde mit 2 Verträgen 1960 und 1963 geregelt. Das Bemühen um eine Wirtschaftsunion mit Belgien und Luxemburg führte 1958 zur Beneluxunion († Benelux). - 1948 dankte Königin Wilhelmina zugunsten ihrer Tochter Juliana, diese 1980 zugunsten ihrer Tochter Beatrix ab.

Politisches System: Die N. sind seit 1848 eine konstitutionelle Erbmonarchie; die heute gültige Verfassung ist seit dem 17. Febr. 1983 in Kraft. Im Laufe der histor. Entwicklung hat

Niederländische Antillen

sich eine parlamentar. Reg.weise gebildet. *Staatsoberhaupt* ist der König (seit 1980 Königin Beatrix aus dem Hause Oranien-Nassau), Er ist formell Oberbefehlshaber der Streitkräfte und nimmt auch exekutive wie legislative Aufgaben wahr. Die Person des Königs ist unverletzl., die Min. sind für die königl. Beschlüsse vor dem Parlament verantwortl.: Alle Gesetze müssen sowohl vom Monarchen wie von einem Min. unterzeichnet werden. Die Thronfolge ist in der männl. wie in der weibl. Linie (bei Bevorzugung des 1. Kindes) erblich. Der Monarch ist auch Präs. des von ihm berufenen Staatsrates (höchstens 20 Mgl., darunter mehrere Angehörige des Königshauses), der Gesetzentwürfe und allg. Verwaltungsmaßnahmen berät. Zur Bildung einer Reg., die die *Exekutive* auf gesamtstaatl. Ebene ausübt, beruft der König nach Beratungen mit den Fraktionsführern einen „Formateur", bei bes. schwierigen Verhandlungen zunächst einen „Informateur". Das Kabinett wird vom Monarchen ernannt; mit der Annahme ihrer Ernennung sind die Min. mit dem Min.präs. an der Spitze dem Parlament verantwortlich. Das Parlament, dem v. a. die Aufgaben der *Legislative* zukommen, besteht aus 2 Kammern (Generalstaaten), wobei das Übergewicht bei der 2. Kammer liegt (Initiativ- und Amendmentrecht). Alle Gesetze bedürfen der Zustimmung beider Kammern. Die 1. Kammer (75 Abg.) wird indirekt von den Provinzialstaaten (Provinzialparlamente) auf 6 Jahre (alle 3 Jahre die Hälfte) gewählt. Die 150 Mgl. der 2. Kammer werden auf 4 Jahre gewählt. Das niederl. *Partei*wesen ist weitgefächert. Die 3 größten Gruppierungen (in Klammern Sitze in der 2. Kammer nach der Wahl vom Sept. 1989) sind die 1946 gegr. sozialdemokrat. Partij van de Arbeid (PvdA; 49); die als christl. Volkspartei rechts von der Mitte 1975 gegr. Sammelpartei Christen Democratisch Appèl (CDA; 54), bestehend aus Katholieke Volkspartij (KVP), Anti-Revolutionaire Partij (ARP) und Christelijk-Historische Unie (CHU); die 1948 gegr. rechtsliberale Volkspartij voor Vrijheid en Democratie (22); daneben gibt es u. a. die 1966 gegr., links von der Mitte stehenden Demokraten '66 (12). Weitere Parteien sind die 1968 von der KVP abgespaltene, für radikale Demokratisierung eintretende Politieke Partij Radikalen (PPR), die 1928 gegr. stark rechtsgerichtete kalvinist. Staatskundig Gereformeerde Partij, die im Jahre 1959 gegr. rechtskonservative Boerenpartij, die 1970 als linke Abspaltung der PvdA entstandenen Democratische Socialisten '70, die 1957 aus der PvdA abgespaltene linkssozialist. Pacifistisch Socialistische Partij und die Gereformeerd Politiek Verbond.

Die Arbeitnehmer sind zu etwa 50 % in 3 *Gewerkschafts*bünden organisiert, die in einem gemeinsamen Beratungsorgan zusammenarbeiten: Nederlands Verbond van Vakvereningen (Abk. NVV), Christelijk National Vakverbond (Abk. CNV), Nederlands Katholiek Vakverbond (Abk. NKV). Jedem dieser Gewerkschaftsbünde sind mehrere nach Berufs- und Ind.zweigen organisierte Einzelgewerkschaften zugeordnet.

*Verwaltungs*mäßig sind die N. in 11 Prov. gegliedert, mit je einem gewählten Parlament (Provinzialstaaten), einer Provinzialreg. und einem von der Krone ernannten Gouverneur an deren Spitze. An der Spitze der Gemeinden stehen gewählte Gemeinderat, die Beigeordneten und der von der Krone ernannte Bürgermeister.

Grundlage der *Recht*sprechung ist weitgehend röm. Recht. Das Gerichtswesen ist in 62 Amts-, 19 Landgerichte, 5 Oberlandesgerichte und (als Kassationsgericht) den Hohen Rat der N. gegliedert.

Die *Streitkräfte* umfassen rd. 100 000 Mann (Heer 67 000, Luftwaffe 16 800, Marine 16 700. Daneben gibt es rd. 4 400 Mann Gendarmerie (Königl. Militärpolizei) und rd. 4 300 Mann Heimatwehr.

⊞ *Atlas van Nederland.* Hg. v. *der Stiftung Wissenschaftl. Atlas van Nederland. Den Haag* ²*1984 ff. 20 Tle. - Vieten, G. C.: 30mal Holland. Mchn. 1983. - Lepszy, N.: Reg., Parteien u. Gewerkschaften in den N. Düss. 1979. - Parker, E.: Der Aufstand der N. Dt. Übers. Mchn. 1979. - Hambloch, H.: Die Beneluxstaaten. Eine geograph. Länderkunde. Darmst. 1977. - Holland.* Hg. v. *O. Siegner. Pullach 1970.*

Niederländische Antillen, autonomer Teil der Niederlande im Bereich der Westindischen Inseln, bestehend aus den Inselgruppen Curaçao und Bonaire, die der venezolanischen Küste vorgelagert sind, sowie Saint-Martin (S-Teil), Sint Eustatius und Saba im Bereich der Leeward Islands (die Insel **Aruba,** 193 km², rd. 67 000 E, Hauptort Oranjestad, erhielt am 1. Jan. 1986 Teilunabhängigkeit); insgesamt 803 km², 193 000 E (1983), Hauptstadt Willemstad (auf Curaçao); Amtssprache Niederländisch, Umgangssprache Papiamento. Die überwiegend kath. Bev. setzt sich v. a. aus Negern und Mulatten zus. Die Wirtschaft basiert fast ausschließl. auf Erdöl, das von Venezuela importiert und auf Aruba und Curaçao raffiniert wird. Auf Curaçao werden Phosphate abgebaut. Daneben petrochem., Farben-, Textilind., Zigarettenfabriken, Fremdenverkehr. Die Haupthäfen, Willemstad auf Curaçao und Oranjestad auf Aruba, gehören zu den bedeutendsten Freihäfen der Erde.

Verfassung: Die innere Autonomie der N. A. beruht auf dem Statut des Kgr. der Niederlande vom 29. Dez. 1954. Staatsoberhaupt ist der niederl. Monarch, der durch einen Gouverneur vertreten wird. Die Exekutive liegt bei der Reg., gebildet aus dem Gouverneur und dem Min.rat unter Führung des Min.präs.; sie ist für die inneren Angelegen-

niederländische Kolonien

heiten zuständig. Der Min.rat ist dem Parlament verantwortl.; Außen- und Verteidigungspolitik werden unter Beteiligung eines Vertreters der N. A. von der niederl. Reg. betreut. Die Legislative liegt beim Parlament (Staaten; 22 vom Volk gewählte Abg.); 7 Parteien sind im Parlament vertreten.

niederländische Kolonien [...'ni-ən], die ehem. Besitzungen der Niederlande. Den Ausgangspunkt für die Begründung der niederl. Kolonialmacht bildete die Errichtung von Handelskompanien (Vereinigte Ostind. Kompanie 1602; 1. Westind. Kompanie 1621), die Handelsniederlassungen an der Goldküste, auf Ceylon, Malakka, Taiwan, und dem Malaiischen Archipel und Stützpunkte an der arab., pers. und ind. Küste sowie im NO der heutigen USA gründeten. Während die meisten Kolonien in Afrika und Indien an Großbrit. verlorengingen (Ceylon 1815, Goldküste 1872), endete die niederländ. Kolonialherrschaft über den größten Teil der Sundainseln, die Molukken und W-Neuguinea (Niederl.-Indien) erst 1949–63 im Zuge der Entkolonisation.

niederländische Kunst, die Kunst im Bereich der Niederlande und des heutigen Belgiens (ab 1830 ↑belgische Kunst); die Kunst in den südl., habsburg. gebliebenen Niederlanden von etwa 1600–1800 (als Stilbez. oft bis 1900) wird als „fläm. Kunst" abgegrenzt.

Mittelalter: Teils zum Hl. Röm. Reich, teils zu Frankr. (Flandern bis 1384) gehörend, lag der niederl. Raum in deren Einflußbereich von der Karolingik und Romanik bis zur späten Gotik. Ein landschaftl. gebundener Stil von hohem Rang entstand zu Beginn des 12. Jh. in der Maasschule, v. a. in der Goldschmiedekunst (Reliquiare, Schreine, Taufbecken, Kultgeräte; deren Meister Reiner von Huy, Godefroid de Huy und Nikolaus von Verdun) mit stilverwandten Zügen in der Steinplastik und Miniaturmalerei. Die roman. Kirchen folgen v. a. niederrhein. (St. Servatius in Maastricht und die Munsterkerk in Roermond), auch normann. (Kathedrale von Tournai) Vorbildern; die got. Kirchen orientieren sich v. a. an der frz. Kathedralbaukunst: Utrecht, Dom (1254– um 1517), Den Haag, Grote Kerk (15. Jh.) sowie die Kathedrale von Antwerpen (1352–1500). Seit dem 14. Jh. zeigt der niederl. Kirchenbau dabei zunehmend ein eigenes Gesicht; die Reihe mächtiger Kirchentürme beginnt mit dem Westturm des Doms von Utrecht (1321–82), es folgen u. a. der Westturm der Martinikerk in Groningen (1545–52) und der Turm der Kathedrale von Antwerpen (1521–30). Typ. ist auch der langgestreckte Chor mit Umgang ohne Kapellenkranz: St. Bavo in Haarlem (vor 1397– um 1400), Grote Kerk in Den Haag. Durch den wirtsch. Aufschwung der Städte im 13. und 14. Jh. gelangte auch der Profanbau zu großer Bed. mit Befestigungen (Delft, Haarlem, Amsterdam), Stadttoren (Gent, Brügge) und bed. Zunftbauten. Die spätgot. Rathäuser (in Brügge [um 1377–87], Brüssel [1402–50], Löwen [1448–68], Gouda [1450–52]) sind Repräsentanten eines selbstbewußten Bürgertums. Eine ihrer größten Blütezeiten erlebte die n. K. 1384–1477, als Flandern (1384), Brabant und Holland (1433) den kunstsinnigen burgund. Herzögen zufielen. Sie vergaben Aufträge u. a. an den größten Bildhauer der Zeit, C. Sluter, sowie an die bedeutendsten Maler der niederl.-burgund. Schule, A. Beauneveu, M. Broederlam, J. de Hesdin, die - v. a. in der Buchmalerei - internat. Linienpsrache des „Weichen Stils" schufen, vollendet von den Brüdern von Limburg, deren erzählfreudige, wirklichkeitsbefrachtete und poet. Miniaturen Ausgang für die spätere niederl. Landschafts- und Genremalerei wurden. - In den südl. Niederlanden beginnt mit den Brüdern van Eyck und dem Meister von Flémalle (R. Campin) die Geschichte des Tafelbildes, mit den Bildnissen des Jan van Eyck die Geschichte der neuzeitl. realist. Bildnisses, sie eröffnen die große Epoche der altniederl. Malerei. Trotz der Erfassung der Erscheinungswelt in ihrer stoffl., farbigen und räuml. Differenzierung bleibt die Malerei des 15. Jh. religiös. Rogier van der Weyden verbindet die neue Wirklichkeitserfassung mit expressiv steigernder spätgot. Linearität; Hugo van der Goes steigert das realist. Element bis ins Irreale. G. David, H. Memling verwalten das Erbe. In den nördl. Niederlanden ging viel in den Religionskriegen verloren, insbes. fast das gesamte Werk von A. van Ouwater. D. Bouts in Löwen steht in der Nachfolge Rogiers van der Weyden, Geertgen tot Sint Jans in Haarlem bringt in den Realismus Humor ein, der für die niederl. Schule charakterist. wird. Bei H. Bosch in Den Haag spürt man den Umbruch der Zeiten in der Spannung zw. Wirklichkeitserfassung und -verwandlung.

16. Jahrhundert: Fremde, v. a. italien. Einflüsse überströmen die differenzierte heim. Überlieferung. Das führte zu manierist. Stilmischungen; führend wird Antwerpen, hier sammeln sich die Hauptmeister des Romanismus: die Maler Q. Massys, J. Gossaert, B. von Orley, J. van Scorel, J. van Cleve. Lucas von Leyden in den nördl. Niederlanden nahm man auch dt. Einflüsse (Dürer) auf, die späteren Haarlemer Meister zeigen einen zugespitzten Manierismus (H. Goltzius). Im Laufe des 16. Jh. erfolgte weitgehend eine Spezialisierung der Künstler, sei es als Porträtisten (A. Mor, P. J. Pourbus, C. Ketel mit ersten Schützenstücken), sei es als Genremaler (J. S. van Hemessen, P. Aertsen mit ersten Küchen- und Marktstücken), sei es als Landschafter. Begründer dieser Bildgattung ist J. Patinir mit seinen „Weltlandschaften", Weg-

niederländische Kunst

bereiter der barocken Landschaft sind G. van Coninxloo und P. Bril. P. Bruegel d. Ä. verwandelt die Errungenschaften seiner Zeit (strenge Komposition, Plastizität, räuml. Tiefenstaffelung) in Freiheit; Überlegung und realist.-zufällige Wirkung gelangen zur Deckung. In der Baukunst erlangte C. Floris internat. Bed., der manierist. Dekorationsstil seiner Grabmäler fand weite Verbreitung, bes. durch seine Ornamentstiche; sein Renaissancerathaus von Antwerpen (1561–65) wurde für den niederl. Raum vorbildlich.

17. Jahrhundert: Hervorragende Bauten der klass. Architektur des Barock sind das Grabmal Wilhelms I. von Oranien in Delft (Nieuwe Kerk, 1614–22, von H. und P. de Keyser) und das Mauritshuis in Den Haag (1633–44, von J. van Campen und P. Post). Das 17. Jh. ist das große Jh. niederl. Malerei. Bei der holländ. Schule vollzieht sich die Loslösung von Manierismus und Romanismus als Ausdruck des Selbstbewußtseins eines revolutionären und bald sehr wohlhabenden Bürgertums. Neben der Sondererscheinung der Utrechter Caravaggisten (H. Terbruggen, G. von Honthorst) sind es v. a. in Haarlem Frans Hals mit Porträts und Gruppenbildern von lärmender Lebenslust, Vermeer van Delft mit seinen klaren von warmen Farbtönen und Tageshelligkeit erfüllten Interieurs, und in der Landschaftsmalerei Jan van Goyen in Leyden und Den Haag mit seiner Tonmalerei, die der holländ. Malerei ihre eigene Sprache geben. Sie sind eingebettet in einen reichen Rahmen hochspezialisierter Künstler, Porträtisten (M. J. von Mierevelt), Stillebenmaler (W. Kalf, W. C. Heda, P. Claesz), Tiermaler (P. Potter, P. Wouvermans), Genremaler, die vornehml. das Bürgertum darstellen: G. Terborch füllt den Bildraum mit kostbar gekleideten Menschen, bei P. de Hooch dominiert das holländ. Interieur, J. Steen stellt ausgelassene Familienfeste dar, vollends anekdot. sind G. Metsu, N. Maes. Auch das Bauerntum findet in den freundl. Wirtshausstuben von A. von Ostade seinen Chronisten. Das Architekturbild, speziell Kircheninnenräume, wurde von P. Saenredam und von E. de Witte gepflegt. Die Landschaftsmalerei erfuhr eine ungeahnte Differenzierung in Stimmung und Thematik. Neben van Goyen arbeiteten in den Niederlanden S. J. van Ruysdael, H. Seghers, A. van der Neer, überragt vom realist.-phantast., schwermütigen Werk von J. van Ruisdael. Heiterkeit strahlt dagegen die Landschaftsmalerei von A. van de Velde aus, auch das italien. beeinflußte (Claude Lorrain) Werk A. Cuyps. Eine Anzahl niederl. Künstler haben auch einen Bezug zum Werk Rembrandts, v. a. zu seinem Frühwerk, aber seine eigtl. Bed. fand kein Verständnis und keine Würdigung. Gleich bed. als Maler, Zeichner und Radierer, verband Rembrandt alle Bildgattungen zu einem Bilderkosmos, der weit über seine Zeit und sein Land hinausweist. – Der große Maler des fläm. Barock, Rubens, war dagegen in aller Munde, er verschmolz italien. und fläm. Impulse zu repräsentativer Einheit. Sein bed. Schüler, A. van Dyck, ging nach England, seinen Einfluß verarbeitete v. a. J. Jordaens, dessen Thema die Kraft des fläm. Volkes ist. Ein Gegenstück zur repräsentativen offiziellen Kunst stellt das Werk A. Brouwers dar, sein Realismus enthüllt menschl. Elend in Schenken, Höfen und Katen.

18., 19. und 20. Jahrhundert: Während im 18. Jh. ein akadem. Klassizismus bestimmend wurde, herrschten im 19. Jh. Historismus und Realismus vor. Ende des 19. Jh. erhält die n. K. Weltgeltung durch V. van Gogh, der in Auseinandersetzung mit zeitgenöss. frz. Malerei in genialer Ausdruckskraft – darin Rembrandt vergleichbar – die Wirklichkeit von Menschen, Landschaften, Dingen sichtbar machte. Einen bed. Beitrag für die internat. Entwicklung der Architektur leisteten H. P. Berlage mit der Nüchternheit der Konstruktion wie, auch als Gegenreaktion gegen die expressionist. „Amsterdamer Schule", die „Stijl-Gruppe" (1917–26) mit P. Mondrian, T. van Doesburg und J. van Eesteren als Zentralfiguren. J. van Eesteren, J. J. P. Oud, G. T. Rietveld u. a. setzen seit den 1920er Jahren deren Ideen teilweise in die Wirklichkeit um, stärker vom „internat. Stil" bestimmt sind J. A. Brinkman und J. Duiker. Auch nach 1945 entstanden vorbild. Siedlungs- und bes. kommunikative Kommunalbauten. Be-

Niederländische Kunst. Rathaus von Brügge (um 1377–87)

niederländische Kunst

kannt wurden Van den Broek und J. B. Bakema, A. van Eyck, H. Hertzberger, P. Blom, F. van Klingeren. Das bedeutendste moderne Monument der Niederlande schuf der frz.-russ. Bildhauer O. Zadkine (Mahnmal für die zerstörte Stadt Rotterdam, 1963). Für die vornehml. konstruktivist. Arbeiten der jüngeren Bildhauergeneration (C. N. Visser, A. Volten) wurde der belg. Stijl-Bildhauer G. Vantongerloo zukunftsweisend. In der Malerei bleibt das neoplast. Werk P. Mondrians uner-

Niederländische Kunst.
Oben (von links): Rogier van der Weyden,
Maria Magdalena (um 1452).
Paris, Louvre; Peter Paul Rubens,
Heilige Familie mit hl. Elisabeth
und dem Johannesknaben (um 1630–35).
Köln, Wallraf-Richartz-Museum;
unten: Rembrandt,
Die Nachtwache (1642).
Amsterdam, Rijksmuseum

niederländische Literatur

reicht, es wurde insbes. für T. van Doesburg und B. van der Leck fruchtbar. Gegen den Konstruktivismus wandten sich seit den 1930er und 40er Jahren surrealist. Bewegungen, seit 1949 die in Amsterdam gegr. Gruppe Cobra (abstrakte Expressionisten). Als Graphiker wurden M. C. Escher und A. Heyboer bekannt. Als Vertreter internat. Strömungen wie Op-art, serielle Kunst, Land-art, Konzeptkunst gelten Woody van Amen, Ad Dekkers, J. Dibbets und J. Schoonhoven.
Friedländer, M. J.: Von van Eyck bis Breugel. Stud. zur Gesch. der niederländ. Malerei. Ffm. Neuausg. 1985. - Haak, B.: Das goldene Zeitalter der holländ. Malerei. Köln 1984. - Klessmann, R.: Holländ. Malerei des 17. Jh. Bln. 1984. - Kayser, H.: Niederländ. u. fläm. Malerei des 16. u. 17. Jh. Osnabrück 1983. - Bauer, H.: Niederländ. Malerei des 17. Jh. Mchn. 1982. - Huizinga, G.: Holländ. Kultur im siebzehnten Jh. Dt. Übers. Ffm. 1977. - Rhein u. Maas. Kunst u. Kultur 800–1400. Ausstellungskat. Köln ³1972. - Walle, A. L. J. van de: Got. Kunst in Belgien. Dt. Übers. Wien u. Mchn. 1972. - Kunstdenkmäler den Niederlanden. Ein Bildhandb. Hg. v. R. Hootz. Mchn. u. Bln. 1971. - Die niederländ. Maler des 17. Jh. Hg. v. W. v. Bernt. Mchn. ³1969–70. 3 Bde.

niederländische Literatur, die Literatur in niederl. Sprache, d. h. die volkssprachl. Literatur in den Niederlanden und in Flandern. Die belg. Literatur hat eine frz.-sprachige und eine niederl.-sprachige *(flämische)* Tradition.

Mittelniederländisch: Fraglich ist, ob die volkssprachl. Denkmäler aus der Zeit vor etwa 1250 als „niederl." betrachtet werden können: Die aus dem 13. Jh. erhaltenen Handschriften und Fragmente, die i. d. R. auf ältere Vorlagen zurückgehen, stammen fast alle aus dem Bereich beiderseits der Grenze zw. dem heutigen dt.-niederl. Sprachgebiet südl. des Rheindeltas, der offenbar im ausgehenden 12. und beginnenden 13. Jh. eine eigene Literaturprovinz gebildet hat (wichtigster Vertreter: Heinrich von Veldeke). Aus der Zeit zw. dem 13. und 15. Jh. ist eine zieml. reiche *geistl. Epik* überliefert mit Nacherzählungen der Evangelien, Heiligenleben, eschatolog. Erzählungen und Legenden (z. B. „Beatrijs"); außerdem *Ritterepik* mit karoling. Erzählungen („Karel ende Elegast"), antiken Romanen, Artusromanen („Walewein") und oriental. Geschichten. Ihren Höhepunkt erreichte die Erzähldichtung in der *Tierepik* (Reinaert); weniger formenreich war die *Lyrik;* auf das myst. Verhältnis übertragene Minnelieder schrieb die Lyrikerin Hadewych. Das älteste ernsthafte weltl. *Theater* ist in den Abele Spelen des 14. Jh. zu finden. Sehr reich ist die *didakt. Literatur,* zu der neben der myst. Traktaten des Jan van Ruusbroec auch zahlr. weltl. belehrende Dichtungen gehören, z. B. die Jacob van Maerlants. Im 15. und 16. Jh. widmeten sich die Rederijkers, städt.-bürgerl. Kunstvereine, der Lyrik sowie dem Theater. Zur Zeit der Reformation bildeten sich im 16. Jh. verschiedene Literaturgattungen heraus. In der Lyrik verherrlichen die „Geusenlieder" den Aufstand gegen Spanien („Wilhelmus", die heutige niederl. Nationalhymne, ist eines dieser Lieder); weiter gab es *Pamphletliteratur* in Prosa sowie die *Satiren* des P. van Marnix gegen die kath. Kirche.

Renaissance, Barock, Klassizismus: Die Frührenaissance (2. Hälfte des 16. Jh.) stand unter dem Einfluß der frz. Pléiade (Lyrik des J. van der Noot). Lag der Schwerpunkt der n. L. bis dahin in Flandern und Brabant, so wurde er im Gefolge der Spaltung der Niederlande (1585) nach Holland verlagert, wo die Renaissanceliteratur in den 1. Jahrzehnten des 17. Jh. einen Höhepunkt erreichte („Goldenes Jh."). Bekannteste Dichter waren P. C. Hooft, G. A. Bredero, J. van den Vondel, J. Cats und C. Huygens. Seit der 2. Hälfte des 17. Jh. wurde für Drama, Komödie und Lyrik der frz. Klassizismus immer mehr zum Vorbild (Dramen von L. Rotgans, Komödien von P. Langendijk, Lyrik von K. H. Poot). Aufklärer. Auffassungen fanden seit etwa 1720 in moral. Wochenschriften nach engl. Modell Verbreitung, v. a. durch J. van Effen mit „De Hollandsche Spectator" (1731–35).

Die **romant.** Literatur setzte etwa 1770 (unter frz., engl. und dt. Einfluß) ein; bedeutendste Vertreter sind R. Feith und W. Bilderdijk. Während not.-romant. Tendenzen im N zw. 1800 und 1820 vertreten waren, führten sie im S zu einer Neubelebung der *volkssprachl. Literatur,* u. a. durch J. F. Willems und H. Conscience. *Histor. Romane* verfaßten auch J. van Lennep, A. L. G. Borboom-Toussaint. Eine rationalist. gemäßigte Romantik findet man im Werk E. J. Potgieters, des bedeutendsten Literaturkritikers seiner Zeit. Bed. Autoren des 19. Jh. sind E. Douwes Dekker (Pseud. Multatuli) und der fläm. Priester G. P. Gezelle, in dessen Lyrik sich eine vorher nie erreichte sprachl. Virtuosität niederschlägt.

Die **„Tachtigers",** eine um 1880 („tachtig" = 80) entstandene literar. Bewegung, wandte sich gegen die Hausbackenheit der Literatur, indem sie anknüpfte an die engl. Romantik, den frz. Naturalismus und Impressionismus und deren Hauptvertreter W. Kloos, H. Gorter, A. Verwey, F. W. van Eeden waren. Für sich stand L. Couperus, dessen naturalist. Romane ohne soziales Engagement den Geist des Fin de siècle repräsentierten. *Naturalist. Dramen* verfaßte H. Heijermans.

Die 1. Hälfte des **20. Jh.** kennzeichnete eine neue Romantik; in der Poesie P. N. van Eyck, A. Roland Holst, J. C. Bloem, M. Nijhoff, im Roman (A. van Schendel, F. Timmermans, E. Claes); iron. Realismus beim Erzähler W. Elsschot. Hauptvertreter im expressionist.

273

Lyrik (seit etwa 1914) ist P. A. van Ostaijen; vitalist. ist H. Marsmans Poesie. Der wichtigste expressionist. Romanautor ist F. Bordewijk. Eine Erneuerung des Romans erfolgte in den 1930er und 40er Jahren: Vertiefung der Dorfgeschichte (G. Walschap), autobiograph., intellektualist., psycholog.-analysierende Erzählungen (S. Vestdijk, M. Gijsen), mag. Realismus (J. Daisne), Neonaturalismus (L.-P. A. Boon). Hauptvertreter einer um 1950 wirksam werdenden Generation, die alle Konventionen bekämpft, das „volle" Leben ausdrücken und keine „poet." Sprache schreiben will, sind L. J. Swaanswijk, H. Claus, W. F. Hermans (* 1921), H. Mulisch.

Im jüngsten Jahrzehnt stand die fläm. Erzählkunst infolge nat.-kulturpolit. Integrationsbestrebungen in die niederl. Literatur weitgehend im Zeichen eines nach Norden ausgerichteten Epigonentums; eigenständige Autoren sind jedoch Maurice Gilliams (*1900, †1982) und Ivo Michiels (*1923). Avantgardist. Lyrik schreiben Patrick Conrad (*1945), Walter Cruyssaert (*1945) und Léo Bruynincx (*1948).

📖 *Meijer, R. P.: Literature of the low countries. Assen 1971. - Forster, L.: Die Niederlande u. die Anfänge der Barocklyrik in Deutschland. Groningen 1967.*

niederländische Musik

niederländische Musik (niederländische Schule), in der modernen Musikgeschichtsschreibung Bez. für die Musik des 15. und 16. Jh., die urspr. im territorialen Bereich der „Vereinigten Niederlande" vom Anfang des 19. Jh. beheimatet war. Ihr Umkreis ist durch die Beteiligung fläm., wallon. und nordfrz. Musiker sowie durch mehrere Kulturzentren gekennzeichnet. Die erste Epoche der n. M. ist mit dem burgund. Hof Philipps des Guten (⚭ 1419-67) und Karls des Kühnen (⚭ 1467-77) verbunden und wird daher auch **burgund. Musik** genannt; ihre bedeutendsten Vertreter waren G. Dufay und G. Binchois (ersterer wirkte auch in Italien). Die Folgezeit, die Zeit der **franko-fläm. Schule** mit Zentren in Cambrai und Antwerpen, wurde in der Auseinandersetzung mit der italien. und engl. Musik für ganz Europa maßgebend und bestimmte die Musikgeschichte bis in das ausgehende 16. Jh. Die niederl. Musiker wurden an die führenden ausländ. Höfe gerufen; ihre Werke - mehrstimmige Messen, Motetten und weltl. Liedkompositionen - fanden zunächst in Handschriften, v. a. aber seit Aufkommen des Notendrucks (Anfang des 16. Jh.) weite Verbreitung. Bedeutendste Vertreter des oft als *Vokalpolyphonie* charakterisierten Stils der Niederländer waren J. Ockeghem, Josquin Desprez, J. Obrecht, H. Isaac, L. Compère, P. de La Rue, A. Brumel, J. Mouton, N. Gombert, A. Willaert (Begründer der venezian. Schule und Lehrer von A. Gabrieli und G. Zarlino), J. Clemens non Papa, C. de Rore, P. de Monte und J. de Kerle. Als Komponist und v. a. als Theoretiker wurde J. Tinctoris bekannt. Die klass. Ausprägung und Vollendung erfuhr die Vokalpolyphonie bei Orlando di Lasso und G. P. Palestrina, der selbst kein Niederländer war und als Haupt der röm. Schule gilt. Als letzter großer Niederländer gilt J. P. Sweelinck, dessen Ruhm v. a. auf seinen Orgelwerken beruht, die für die Musik des 17. Jh. große Bed. erlangten.

📖 *Wangermée, R.: La musique belge contemporaine. Brüssel 1959. - Wolff, H. C.: Die Musik der alten Niederländer. Lpz. 1956. - Reese, G.: Music in the Renaissance. New York 1954. - Bragard, R.: Histoire de la musique belge. Brüssel 1946-49. 2 Bde.*

niederländische Philosophie

niederländische Philosophie, Sammelbez. für die Philosophie des niederl. Sprachbereichs. - Erste Beiträge zur europ. Philosophie finden sich im *MA* bei Siger von Brabant (†1283), einem Vertreter des Averroismus, und Heinrich von Gent (*1217, †1293), der sich gegen den Thomismus wendet, auf seiten der Scholastik v. a. bei G. Groote (*1340, †1384), der im Bereich der Mystik die Grundlagen der Devotio moderna legte. Der *Humanismus* mit seinem Zentrum an der Universität Löwen hat in Erasmus von Rotterdam einen Repräsentanten von überragender europ. Geltung. Der von ihm entwickelte christl. Humanismus steht zunächst zur Reformation in enger Verbindung, die dann jedoch in der Kontroverse mit Luther über den „freien Willen" auch nach außen sichtbar zerbricht, wenngleich der Einfluß auf die oberdt. Reformation (und die anglikan. Kirche) erhalten bleibt. Indirekt wirkt er über die Schule von Salamanca auf die Entwicklung des modernen Naturrechts. Gegen den herrschenden Aristotelismus setzt sich im Laufe des 17. Jh. die Philosophie Descartes' durch, der sich längere Zeit in den Niederlanden aufhielt: H. Grotius (*1583, †1645) wird zu einem Wegbereiter des modernen rationalist. Naturrechts und des modernen Völkerrechts. Spinoza entwirft ein metaphys. System von konsequenter Geschlossenheit; er versucht in Orientierung an mathemat. Methodologie eine Begründung der Ethik „more geometrico". Seine Wirkung erreicht ihren Höhepunkt bei Lessing, Goethe, im dt. Idealismus, v. a. bei Hegel. Um die Mitte des 19. Jh. gewinnen Positivismus und Empirismus und der Materialismus (J. Moleschott) an Bed. Zugleich beginnt die bis ins 20. Jh. reichende Renaissance des Spinozismus.

niederländische Sprache

niederländische Sprache (Holländisch), zur westl. Gruppe der german. Sprachen gehörende Sprache, die in den Niederlanden und N-Belgien *(fläm. Sprache)* gesprochen wird. Die Reste german. Dialekte in N-Frankreich (bei Dünkirchen) sind histor. ebenfalls als niederl. zu betrachten; Tochtersprache ist das ↑Afrikaans. - Während nach

Niederösterreich

der Völkerwanderungszeit die german. Dialekte des heutigen dt.-niederl. Sprachgebiets ein Kontinuum mit allmähl. Übergängen bildeten, verdrängten im 16. und 17. Jh. die sich weiter vereinheitlichenden hochdt. und niederl. Schriftsprachen das Niederdt., so daß zw. ihnen eine Trennungslinie zustandekam, die heute mit der Grenze zwischen der BR Deutschland und den Niederlanden zusammenfällt. In Wallonien und N-Frankreich hat bis ins 10. Jh. eine german. („niederl.") Oberschicht bestanden, die allmähl. von der romanisierten Bev. assimiliert wurde. Im 19. und 20. Jh. entwickelte sich Brüssel zu einer mehrheitl. frz.-sprachigen Insel im niederl. Sprachgebiet.

Altniederländisch (9.–12. Jh.): Aus dieser Zeit sind, von spärl. literar. Resten abgesehen, nur Namen und einige Glossen erhalten.

Mittelniederländisch (13.–16. Jh.): Die ältesten literar. Handschriftenfragmente reichen bis etwa 1200 zurück; um 1240 entstehen die ersten volkssprachl. amtl. Dokumente.

Neuniederländisch: Die gesprochene Sprachform der Amsterdamer und Haager Oberschicht wird im 17. Jh. bald als vorbildl. angesehen. Auf die geschriebene Sprache übt der Sprachgebrauch der großen Dichter P. C. Hooft und J. van den Vondel sowie der offiziellen Bibelübersetzung („Statenbijbel", 1637) einen großen Einfluß aus. Seit dem späten 16. Jh. gibt es Wörterbücher und Grammatiken der n. S. Nach der Trennung der nördl. von den südl. Niederlanden hat die fortschreitende Französierung der Oberschicht im S zur Folge, daß gesprochene n. S. hier in Dialektform vorkommt; die geschriebene n. S. differenziert sich wieder stärker und verpaßt den Anschluß an die Entwicklung im Norden. Erst die † Flämische Bewegung erreicht über eine Reihe von belg. Gesetzen, daß Flandern seit dem späten 19. und 20. Jh. allmähl. wieder homogenes niederl. Sprachgebiet wird. - Das 19. und 20. Jh. werden im N charakterisiert durch eine weitgehende Verdrängung der Mundarten durch umgangssprachl. Varianten der Standardsprache. Durch einige Rechtschreibreformen seit dem Anfang des 19. Jh. verfügt der n. S. über eine verhältnismäßig adäquate Orthographie, wobei in der Schreibung der Fremdwörter eine größere Freiheit erlaubt ist als in den Nachbarsprachen.

  Huisman, C.: Niederländisch für Fortgeschrittene. Wuppertal ²*1984. - Langenscheidts Kurzlehrb. Niederländisch.* Mchn. *1984. - Goossens, J.: Histor. Phonologie des Niederl.* Tüb. *1974. - Goossens, J.: Was ist Deutsch - und wie verhält es sich zum Niederl.?* Bonn *1971.*

Niederländisch-Französischer Krieg (1672–78/79) (Holländ. Krieg), 2. Eroberungskrieg Ludwigs XIV. von Frankr. gegen die Republik der Vereinigten Niederlande. Ab 1673/74 durch das Eingreifen Kaiser Leopolds I., Spaniens, Brandenburgs, Englands (seit 1677/78) zum europ. Konflikt ausgeweitet; durch die Friedensschlüsse von Nimwegen beendet.

Niederländisch-Guayana ↑ Surinam.

Niederlassung, Ort, an dem ein Gewerbebetrieb dauernd betrieben wird. Beim Betrieb eines Handelsgewerbes spricht man von **Handelsniederlassung,** bei Gesellschaften von **Sitz.** Bestehen mehrere N., so ist diejenige die Haupt-N., von der aus das Unternehmen geleitet wird; die anderen sind Zweigniederlassungen; von Bed. für die Eintragung ins Handelsregister und für den Gerichtsstand.

Niederlassungsfreiheit, das Recht jedes Deutschen zur Wohnsitznahme an jedem beliebigen Ort. Die N. wird neben der Aufenthaltsnahme als Teil der Freizügigkeit verfassungsrechtl. durch Art. 11 GG gewährleistet. Die „wirtsch. Freizügigkeit" ist als Differenzierungs- und Diskriminierungsverbot auch in Art. 11 GG enthalten, während die Gewerbefreiheit als Teil der Berufsfreiheit durch Art. 12 GG gesichert wird.

Nach europ. Gemeinschaftsrecht gehört die N. zu den Grundfreiheiten aller Bürger, deren Staaten der EG angehören.

Niederlausitz, Landschaft beiderseits der unteren Spree und der Lausitzer Neiße, DDR und Polen▼. Ihre Oberflächenformung entstand durch eiszeitl. Ablagerungen. Der Abbau der Braunkohle war die Voraussetzung für die Entstehung der Ind.landschaft im Geb. von Lauchhammer, Senftenberg, Hoyerswerda, Spremberg und Bad Muskau.

Geschichte: Kern der späteren N. waren die Wohngaue der zu den Sorben gehörenden westslaw. Lusizen (Lusici, slaw. Lužici; sie hielten sich z. T. bis in die Gegenwart); um Cottbus, Guben und Sorau, die etwa ab 965 Teile der sächs. Ostmark waren; kam erstmals im 11. Jh., dann 1136 an die Wettiner (fast ohne Unterbrechung bis 1302/04); 1367 als Mark-Gft. Lausitz der böhm. Krone unterstellt; nachdem sich in der Folge die Anwendung des Namens Lausitz auf das Land um Bautzen und Görlitz ausdehnte, Unterscheidung in N. und Oberlausitz. 1445/55 fiel der (damalige) Kreis Cottbus an Brandenburg, 1526 die übrige N. an das Haus Österreich; die Reformation setzte sich trotzdem rasch durch. 1623 erhielt Kursachsen den Pfandbesitz beider Lausitzen (1635 als Besitz zugesprochen); 1657–1738 zum Sekundogenitur-Ft. Sachsen-Merseburg; seit 1815 zu Preußen (Prov. Brandenburg).

Niederlothringen ↑ Lothringen.

Niedermarsberg ↑ Marsberg.

Niedermoor, svw. Flachmoor († Moor).

Niederösterreich, Bundesland von Österreich an der tschechoslowak. Grenze, 19 172 km², 1,42 Mill. E (1985), Sitz der Landesbehörden ist Wien; als neue Hauptstadt wurde Sankt Pölten bestimmt.

275

Niederpreußisch

N., das zentral von der Donau durchflossen wird, hat im NW, dem sog. Waldviertel, Anteil an der Böhm. Masse, die auch noch südl. der Donau im Strudengau auftritt. Der NO, das sog. Weinviertel, ist ein z. T. lößbedecktes Hügelland, das in SSW–NNO-Richtung von einer Kalkklippenzone durchzogen wird und im S mit einem Steilrand zum Tullner Becken und zum Marchfeld abfällt. Südl. der Donau hat N. Anteil am Alpenvorland, der Voralpenzone und den Nördl. Kalkalpen. Den SO bildet das Wiener Becken (mit dem Steinfeld) und südl. anschließend die Bucklige Welt. N. liegt im Übergangsgebiet vom ozean. Klima zur pannon. Variante des kontinentalen Klimas. Während der W hohe Niederschläge empfängt, leiden Weinviertel und Wiener Becken unter Trockenheit. In den steppenartigen Niederungen und Hügelländern des O wachsen wärmeliebende Pflanzen und Eichenwälder, im Steinfeld Kiefernwälder. Im Gebirge herrschen Nadelwälder, am Alpenostrand oft reine Buchenwälder vor. Im Waldviertel ist Mischwald verbreitet. Die Flußläufe von Donau, March und Leitha bilden vielfach ausgedehnte Auelandschaften.

Die größte Siedlungsdichte tritt um Wien auf, das als Enklave vollständig von N. umgeben ist. Mehr als $1/5$ der land- und forstwirtsch. genutzten Flächen Österreichs liegt in N.; angebaut werden Weizen, Roggen, Kartoffeln, Zuckerrüben und Futterpflanzen. Grünlandregionen sind die Lieferanten von Rindfleisch und Milch für die Ballungsgebiete. Der Weinbau konzentriert sich auf Weinviertel, Wachau und den O-Rand des Wienerwaldes; Gemüsebau um Wien sowie Obstbau in der Wachau und im äußersten SO. An Bodenschätzen sind Erdöl und Erdgas im Weinviertel und Marchfeld zu nennen. Chem., Metall-, Baustoff-, Holz-, Nahrungsmittel- und Textilind. sind die wichtigsten Wirtschaftszweige. Wichtige Fremdenverkehrsorte sind Baden, Semmering und Puchberg am Schneeberg. Verkehrsmäßig profitiert N. von Wien, da alle Straßen und Bahnen zur Bundeshauptstadt N. queren; Hafen ist Krems an der Donau. In Schwechat liegt der internat. ✈ von Wien.

Geschichte: Für die Siedlungsgeschichte wurde die Teilung des Landes durch die Donau bestimmend. Nördl. des Flusses siedelten german. Völkerschaften, während im S die röm. Stadtterritorien Lauriacum (Lorch = Enns) und Aelium Cetium (= Sankt Pölten) der Prov. Noricum sowie Vindobona (= Wien) und Carnuntum der Prov. Pannonia bestanden. Seit dem 6. Jh. wurde das Alpenvorland überwiegend von Bayern besiedelt. Im 7. Jh. strömten in die östl. Landesteile Slawen ein; um 790 wurde das ganze Gebiet dem Frankenreich eingegliedert. Das heutige N. gehörte zu der nach 955 entstandenen bayr. Ostmark, 996 erstmals Ostarrichi gen.; Markgrafen (seit 1156 Herzöge) waren 976–1246 die Babenberger, ab 1278 die Habsburger. Noch im 13. Jh. setzte eine gewisse Trennung zw. N. und Oberösterreich ein, doch Österreich „unter der Enns" blieb das führende Erbland der Habsburger. Durch den Zerfall der Donaumonarchie 1918/19 wurde N. Grenzland. Seit 1920 sind Wien und N. 2 selbständige Bundesländer, von denen der bisherige Landesteil N. seit 1921 die amtl. Bez. N. führt.
📖 *Gutkas, K.: Gesch. des Landes N. Sankt Pölten u. Wien ^{5}1974. - Thenius, E.: N. Wien 1962. - Feuchtmüller, R., u. a.: N. Landschaft, Gesch., Kultur. Wien u. a. 1961.*

Niederpreußisch, niederdt. Mundart, ↑ deutsche Mundarten.

Niederrhein, Flußabschnitt des Rheins unterhalb von Bonn.

Niederrheinische Bucht, von N in das Rhein. Schiefergebirge eingreifendes Tiefland, eine abgesunkene Scholle, in deren Innern die Ville herausragt, die die **Kölner Bucht** von den westl. gelegenen niederrhein. Börden trennt. Klimat. zählt die N. B. zu den mitteleurop. Gunsträumen (im Lee der Eifel). Die fruchtbaren Böden werden überwiegend von Ackerland eingenommen, waldbedeckt sind nur die Flußauen und Sandgebiete. Von größter wirtsch. Bed. sind die Vorkommen von Braunkohle in der Ville mit großzügiger Rekultivierung der ausgebeuteten Tagebaue sowie die Großind. im Raum Bonn–Köln–Leverkusen und um Siegburg.

Niederrheinisches Tiefland, die nw. Fortsetzung des Niederrheins. Bucht an Niederrhein, Niers und mittlerer Rur. Der Untergrund besteht im wesentl. aus den pleistozänen Schotterablagerungen von Rhein und Maas, im Niederrhein. Höhenzug zw. Krefeld und Kleve auch aus End- und Stauchmoränen. Dauergrünland nimmt etwa $4/5$ der landw. Nutzfläche ein.

Niederrheinisch-Westfälischer Reichskreis (Westfäl. R.) ↑ Reichskreise.

Niedersachsen, Bundesland im N der BR Deutschland, 47 450 km^2, 7,204 Mill. E (1985), Landeshauptstadt Hannover.
Landesnatur: N. hat Anteil an drei großen Landschaftsräumen: Harz, Niedersächs. Bergland, Norddt. Tiefland. Der Harz erhebt sich im N steil aus dem flachwelligen Vorland. Die höchste Erhebung auf niedersächs. Geb. ist der Wurmberg mit 971 m Höhe (bei Braunlage, an der Grenze zur DDR). Das Niedersächs. Bergland (mit Höhen von 300–500 m) besteht aus weitgespannten Aufwölbungen (Weserbergland), Schichtstufen (Leinebergland) und Schichtkämmen (Weser- und Wiehengebirge). Es wird vom Leinegraben durchzogen. Das Norddt. Tiefland ist von eiszeitl. Ablagerungen bedeckt. An die Geest schließen sich mit einer Stufe die Marschen in 10–20 m ü. d. M. (z. T. auch u. d. M.) an. Nur am S-Rand des Jadebusens und bei Cuxhaven

Niedersachsen

erreicht die Geest die Küste. Auf die Marsch folgt das Wattenmeer. Die Ostfries. Inseln liegen auf dem Festlandsockel der südl. Nordsee. - N. liegt im Übergangsklima zw. Nordsee und der europ. Kontinentalmasse. Ozean. Einfluß gleicht Extreme aus, nach SO werden mit zunehmender Höhenlage kontinentalere Einflüsse wirksam. Regenbringende Winde aus NW und SW herrschen vor, Stürme im Küstenland und Oberharz verursachen oft Schäden. Der Wald im Harz ist weitgehend geschlossen, Wiesen treten nur auf den Rodungsinseln der wenigen Siedlungen auf. Laubwald wächst v. a. auf den Rendzinaböden der aus Kalkgestein aufgebauten Bergzüge des Weserberglandes. In der Geest finden sich Kiefernwälder, Heide und Hochmoore. In den Marschen sind Wiesen und Weiden vorherrschend. Die drei großen Ströme Elbe, Weser und Ems und ihre Nebenflüsse durchziehen N.; bei ihnen machen sich die Gezeiten der Nordsee in den Unterläufen bemerkbar. - N. ist reich an Stein- und Kalisalzlagern. Einige ausgebeutete Salzstöcke haben Bed. als Kavernen für die Einlagerung von Erdöl, im ehem. Salzbergwerk Asse wird mittelradioaktiver Abfall gelagert. Nachdem die niedersächs. Landesreg. den Bau einer Wiederaufbereitungsanlage für radioaktive Abfälle abgelehnt hatte, kommt der Salzstock Gorleben nur noch als Atommülldeponie in Frage (Vorbereitungen für Probebohrungen begannen im Juni 1980). Erdöl und Erdgas werden in mehreren Feldern gefördert. Nachgewiesen sind Ölschiefervorkommen zw. Braunschweig und Wolfsburg. Außerdem verfügt N. über Braunkohle (Helmstedt), Eisenerze (Salzgitter/Peine), und Zinkerz sowie Schwerspat (Harz), Asphaltkalk (Eschershausen) und Kieselgur (Lüneburger Heide).

Bevölkerung: Dicht besiedelt sind das Bergvorland und das Niedersächs. Bergland, am dünnsten besiedelt ist der Landkr. Lüchow-Dannenberg auf Grund seiner extremen Grenzlage. 74% der Bev. sind ev., 20% kath. N. verfügt über 4 Univ. (Göttingen, Hannover, Oldenburg [Oldenburg], Osnabrück), 2 TU (Braunschweig, Clausthal-Zellerfeld) sowie eine Medizin. und eine Tierärztl. Hochschule (beide Hannover).

Wirtschaft: Etwa 62% der Landesfläche werden landw. genutzt. Auf sandigen Böden wer-

VERWALTUNGSGLIEDERUNG (Stand 1985)

	Fläche km²	Einwohner (in 1000)		Fläche km²	Einwohner (in 1000)
Regierungsbezirk Braunschweig			Cuxhaven	2130	191,8
Kreisfreie Städte			Harburg	1244	193,5
Braunschweig	192	250,7	Lüchow-Dannenberg	1220	48,7
Salzgitter	224	106,6	Lüneburg	1070	132,7
Wolfsburg	204	122,0	Osterholz	651	94,3
Landkreise			Rotenburg (Wümme)	2070	140,1
Gifhorn	1561	127,4	Soltau-Fallingbostel	1873	126,1
Goslar	965	165,4	Stade	1305	168,2
Göttingen	1117	263,3	Uelzen	1453	94,8
Helmstedt	674	96,5	Verden	788	112,6
Northeim	1266	147,7	**Regierungsbezirk Weser-Ems**		
Osterode am Harz	637	88,6	*Kreisfreie Städte*		
Peine	534	116,5	Delmenhorst	62	70,6
Wolfenbüttel	722	113,7	Emden	112	50,0
Regierungsbezirk Hannover			Oldenburg (Oldenburg)	103	138,4
Kreisfreie Stadt			Osnabrück	120	153,3
Hannover	204	510,8	Wilhelmshaven	103	96,7
Landkreise			*Landkreise*		
Diepholz	1987	183,1	Ammerland	728	93,2
Hameln-Pyrmont	796	153,5	Aurich	1278	169,5
Hannover	2085	546,1	Cloppenburg	1432	112,4
Hildesheim	1205	278,6	Emsland	2880	247,6
Holzminden	692	81,3	Friesland	607	95,2
Nienburg (Weser)	1398	112,0	Grafschaft Bentheim	980	116,5
Schaumburg	676	151,6	Leer	1086	142,9
Regierungsbezirk Lüneburg			Oldenburg (Oldenburg	1063	99,7
Landkreise			Osnabrück	2121	288,1
Celle	1544	164,3	Vechta	812	101,9
			Wesermarsch	822	91,0
			Wittmund	656	53,8

Niedersachsen

Niedersachsen.
Flagge und Wappen

den Kartoffeln, Roggen, Gerste, Futtermais angebaut, auf fruchtbareren Weizen, Zuckerrüben und Gemüse (letzteres z. T. auch unter Glas). Der Obstbau konzentriert sich an der Unterelbe im Alten Land. Wiesen und Weiden sind Grundlage der Viehzucht (Rinder, Schweine, Pferde); Geflügel wird v. a. in Legefarmen gehalten. Ind.standorte sind die Hafenstädte sowie das gewerbereiche Bergvorland und Bergland. An der Küste v. a. Schiffbau, chem. Ind., Fisch- und Importgüterverarbeitung. Im Raum Salzgitter und Peine v. a. Stahlerzeugung, in Hannover Süßwarenind., im Raum Osnabrück Speiseöl- und Speisefettherstellung, in Wolfsburg Kfz.ind. (VW). Nahrungsmittelind. ist weit verbreitet. Im Wattenmeer wird Küstenfischerei betrieben. In einigen Geb. ist der Fremdenverkehr die Haupterwerbsquelle (Nordseeküste samt Ostfries. Inseln, Lüneburger Heide, Luftkurorte im Harz und Solling und in andern Teilen des Niedersächs. Berglandes sowie mehrere Mineral-, Moorbäder und Kneippkurorte).

Verkehr: Der O-W-Verkehr am N-Saum der Mittelgebirgsschwelle ist durch die Grenzlage zur DDR zurückgegangen zugunsten des N-S-Verkehrs, der von den Nordseehäfen ausgeht, die Unterläufe der großen Flüsse benutzt und sich im Bergland an die großen Talzüge und Becken, v. a. das Leinetal hält. Schiene und Straße verlaufen oft parallel. Die Binnenschiffahrt auf Mittellandkanal, Dortmund-Ems-Kanal u. a. Kanälen ist bes. für den Massengutverkehr wichtig. Bedeutendste Binnenhäfen sind Salzgitter-Beddingen, Hannover-Stadt, Oldenburg und Hannover-Misburg, wichtigste Seehäfen Wilhelmshaven, Cuxhaven, Emden, Nordenham und Brake.

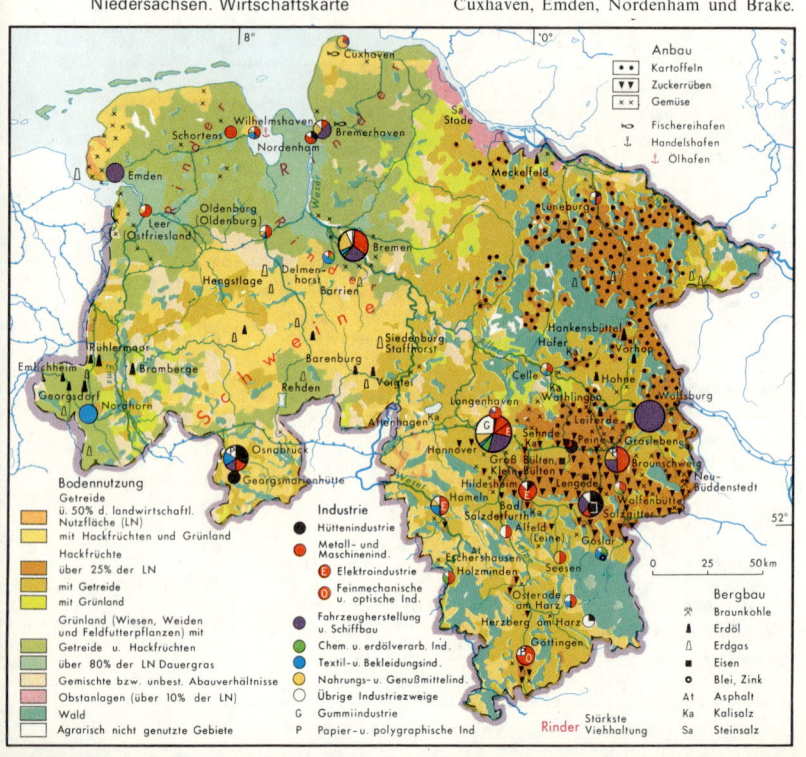

Niedersachsen. Wirtschaftskarte

Niederungsvieh

Wichtigster ⚔ ist der von Hannover.
Geschichte: Die unter brit. Besatzung neugebildeten Länder Braunschweig, Oldenburg und Schaumburg-Lippe sowie die Prov. Hannover wurden von der brit. Militärreg. am 1. Nov. 1946 zum Land N. zusammengefaßt (1. Min.präs. bis 1955 H. W. Kopf [SPD]). Auf ein Allparteienkabinett (1947/48) folgten Koalitionsreg.: SPD, CDU, Zentrum (1948–51), SPD, BHE (1951–55; bis 1953 auch Zentrum), dann die rein „bürgerl." Koalition unter H. Hellwege (DP; Min.präs. bis 1959), CDU/DP, GB/BHE, FDP, gefolgt von einer großen Koalition aus CDU/DP-SPD (1957–59). Nach den sozialdemokrat. geführten Koalitionsreg. aus SPD, GB/BHE und FDP (1959–63; bis 1961 unter Min.präs. H. W. Kopf, danach unter G. Diederichs, SPD, Min.präs. bis 1970), SPD-FDP (1963–65), SPD-CDU (1965–70) wurde A. Kubel (SPD) Min.präs., nachdem des SPD mit 75 zu 74 (CDU) Mandaten in der Landtagswahl 1970 die absolute Mehrheit erreicht hatte. Doch schon die Landtagswahlen 1974 führten zu einer erneuten SPD–FDP Koalition. Nach dem Rücktritt Kubels 1976 wurde der CDU-Kandidat E. Albrecht am 6. Febr. 1976 offensichtl. mit den Stimmen seiner Fraktion und 2 Stimmen aus den Fraktionen von SPD und FDP zum Min.präs. eines CDU-Minderheitskabinetts gewählt. An die Stelle der von ihm 1977 gebildeten Koalitionsreg. aus CDU und FDP trat nach den Wahlen im Juni 1978 eine CDU-Alleinreg. unter Albrecht, da die FDP an der Fünfprozentklausel gescheitert war. Bei den Wahlen 1982 erreichte die CDU die absolute Mehrheit; die FDP kehrte in den Landtag zurück, in den erstmals auch die Grünen einzogen. Nach Verlust der absoluten Mehrheit in der Wahl 1986 koalierte die CDU mit der FDP. Die Landtagswahlen am 13. Mai 1990 verschafften der SPD mit ihrem Spitzenkandidaten G. Schröder einen Stimmenanteil von 44,2% (CDU: 42%; FDP: 6%; Grüne: 5,5%).
Verfassung: Nach der Verfassung vom 13. April 1951 liegt die Legislative beim Landesparlament, dem Landtag, dessen 155 Mgl. auf 4 Jahre gewählt werden. Träger der Exekutive ist die Landesreg. (sog. Landesministerium), bestehend aus dem Landtag gewählten Min.präs. (Richtlinienkompetenz) und den von ihm ernannten Min.; die Reg. bedarf zur Amtsübernahme der Bestätigung durch den Landtag, kann aber nur durch ein konstruktives Mißtrauensvotum gegen den Min.präs. gestürzt werden.

📖 *Dt. Planungsatlas.* Bd. 2: Battré, M., u. a.: *Satellitenbildkarte N., Hamburg u. Bremen.* Hannover 1982. - Steckhan, D.: *N. Landeskunde u. Landesentwicklung.* Hannover 1979. - Topograph. Atlas N. u Bremen, Hg. v. H. H. Seedorf. Neumünster 1977. - Schnath, G., u. a.: *Gesch. des Landes N.* Würzburg ²1973.

Niedersächsisch, niederdt. Mundartgruppe, ↑ deutsche Mundarten.
Niedersächsische Landespartei ↑ Deutsche Partei.
Niedersächsischer Reichskreis ↑ Reichskreise.
Niedersächsisches Bergland, Teil der dt. Mittelgebirgsschwelle zw. Harz im O und Weser bzw. Diemel im W.
Niederschlag, in der *Meteorologie* Bez. für jede Ausscheidung von Wasser in flüssigem oder festem Zustand aus der Atmosphäre (z. B. Regen, Nieseln, Schnee, Hagel, Graupeln, Griesel, Reif, Tau, nässender Nebel u. a.). Die N.menge wird mit Niederschlagsmessern gemessen und i. d. R. als Höhe in Millimetern angegeben, d. h. als die Höhe, bis zu der die Erdoberfläche an der Meßstelle mit N.wasser bedeckt wäre, wenn nichts davon verdunsten würde. Eine N.höhe von 1 mm entspricht einer Wassermenge von 1 Liter pro Quadratmeter.
♦ in der *Chemie* sich aus einer gesättigten Lösung durch chem. Reaktion, Temperaturerniedrigung oder Druckerhöhung abscheidender amopher oder kristalliner Feststoff (früher als *Präzipitat* bezeichnet).
♦ (radioaktiver N.) ↑ Fallout.
Niederschlagsmesser (Regenmesser, Hyetometer, Pluviometer, Ombrometer), Gerät zur Messung der Niederschlagsmenge. Der gebräuchl. N. nach G. Hellmann (**Hellmannscher Regenmesser**) besteht aus einem 46 cm hohen Zylinder mit einer Auffangfläche von 200 cm². Das aufgefangene Niederschlagswasser fließt durch den trichterförmig ausgebildeten Boden des Auffanggefäßes in eine Sammelkanne, die in ein Meßglas entleert wird, an dem die Niederschlagsmenge in Millimetern abgelesen werden kann.
Niederschlagung, die *Abgaben* die Entscheidung der Finanzbehörden, Steuern oder sonstige Geldleistungen vorläufig nicht einzuziehen; im *Strafrecht* ↑ Abolition.
Niederspannung, im Ggs. zur ↑ Hochspannung Bez. für alle elektr. Spannungen bei Wechselstrom bis 1000 V (Effektivwert) und bei Gleichstrom bis 1500 V. Anwendung der N.: 380/220 V für Haushalt, Landw., Ind. und 500 V für Ind. zum Betrieb größerer Motoren.
Niederstift ↑ Stift.
Niederstwertprinzip ↑ Bewertung.
Niederungsvieh (Tieflandrind), Sammelbez. für dt. Rinderrassen, die im Ggs. zum ↑ Höhenvieh vorwiegend im Norddt. Tiefland gehalten werden, heute jedoch zunehmend auch in Mittelgebirgslagen vordringen. Zum N. zählen die weniger knochigen, tiefer gebauten, edleren Rassen wie das **Schwarzbunte Niederungsvieh,** eine auf Milch- und Fleischleistung gezüchtete Rasse schwarz-weiß gescheckter Rinder (v. a. in Ostfriesland, Oldenburg und in der Altmark gezüchtet), das **Rot-**

Niederwald

bunte Niederungsvieh, eine rot-weiß gescheckte Rasse mit guter Milchleistung und Mastfähigkeit (Zuchtgebiete v. a. Schl.-H., Westfalen, Oldenburg), und das ↑Angler Rind.
Niederwald, sw. Teil des Rheingaugebirges, bis 331 m hoch; Weinbau.
Niederwald ↑Wald.
Niederwalddenkmal ↑Denkmal.
Niederwild, wm. Bez. für alles Wild, das nicht zum ↑Hochwild gehört, z. B. Reh, Hase, Kaninchen, Murmeltier, Fuchs, sämtl. kleineres Haarraubwild und Flugwild (mit Ausnahme des Auerhuhns und der Greifvögel).
niedriger Blutdruck ↑Blutdruck.
Niedrigwasser, 1. der niedrigste Wasserstand (*N.stand;* Abk. NW) bzw. Abfluß (NQ) eines Binnengewässers in einem bestimmten Zeitraum; das *mittlere N.* (MNW bzw. MNQ) ist das arithmet. Mittel aller N.stände bzw. N.abflüsse gleicher Zeitspannen. Allg. spricht man von N. auch bei einem Wasserstand, der erhebl. unter dem mittleren Wasserstand liegt; 2. der tiefste Stand des Meeresspiegels zw. Ebbe und Flut an Küsten (*Tiden-N.*); er ist bei Nipptiden am geringsten.

Volkskammerabg.; übte heftige Kritik an den Mißständen, die zum 17. Juni 1953 führten, legte 1954 sämtl. Ämter nieder, schied aus der SED aus und siedelte nach Berlin (West) über; schrieb u. a. „Hitler, ein dt. Verhängnis" (1932).
Niello [italien., zu lat. nigellus „schwärzlich"], Ziertechnik der Goldschmiedekunst, bei der auf Metallgegenständen eine Zeichnung eingraviert wird, in die eine Mischung aus Blei, Kupfer, Salmiak und Schwefel eingeschmolzen wird. Nach dem Polieren hebt sich dann die Zeichnung als schwärzl. Verzierung vom Metall ab.
Niels ↑Nils.
Nielsen, Asta ['niːlzən, dän. 'nelsən], * Kopenhagen 11. Sept. 1881, † Frederiksberg 25. Mai 1972, dän. Schauspielerin und Produzentin. - Nach Theaterengagements 1910 für den Film entdeckt; entwickelte sich v. a. in Deutschland zu einem der populärsten Stars des Stummfilms, den sie durch ihre Ausdruckskraft erstmals auf künstler. Niveau hob; u. a. „Die arme Jenny" (1911), „Die Suffragette" (1913), „Hamlet" (in der Titelrolle, 1921), „Fräulein Julie" (1922), „Hedda Gab-

Asta Nielsen (1925)    Martin Niemöller (1972)    Friedrich Nietzsche

ler" (1925), „Die freudlose Gasse" (1925), „Das gefährl. Alter " (1927).
N., Carl August [dän. 'nelsən], * Nørre-Lyndelse bei Odense 9. Juni 1865, † Kopenhagen 2. Okt. 1931, dän. Komponist. - Komponierte u. a. Opern, Sinfonien, Konzerte, Chorwerke.
Niemann, Walter, * Hamburg 10. Okt. 1876, † Leipzig 17. Juni 1953, dt. Musikforscher und Komponist. - Zahlr. Veröffentlichungen zur Musikwissenschaft.
Niembsch, Edler von Strehlenau, Nikolaus Franz, östr. Dichter, ↑Lenau, Nikolaus.
Niemcewicz, Julian Ursyn [poln. njɛm'tsɛvitʃ], * Skoki 16. Febr. 1757, † Paris 21. Mai 1841, poln. Schriftsteller und Politiker. - Gehörte als Abg. des Sejm zu den Initiatoren der Verfassung vom 3. Mai 1791, für die er auch schriftsteller. eintrat; „Die Rückkehr des Reichstagsabgesandten" (1791) ist

Niehans, Paul, * Bern 21. Nov. 1882, † Montreux 1. Sept. 1971, schweizer. Arzt. - Befaßte sich bes. mit der Drüsen- und Hormonforschung. Er führte dazu zahlr. Drüsentransplantationen durch und entwickelte in den frühen 30er Jahren die sog. Zellentherapie (*N.-Therapie;* „Zellulartherapie", 1954), und zwar zunächst die ↑Frischzellentherapie, danach auch die ↑Trockenzellentherapie.
Niekisch, Ernst, * Trebnitz (Niederschlesien) 23. Mai 1889, † Berlin (West) 23. Mai 1967, dt. Politiker und Publizist. - Lehrer; seit 1917 Mgl. der SPD (1919–22 der USPD), 1921–23 MdL'in Bayern; 1927–34 Hg. der Zeitschrift „Der Widerstand", in der er für einen „Nat.bolschewismus" eintrat; 1937 wegen Hochverrats zu Zuchthaus verurteilt; nach 1945 Mgl. der KPD bzw. SED, 1948–54 Prof. an der Humboldt-Univ. Berlin, 1949

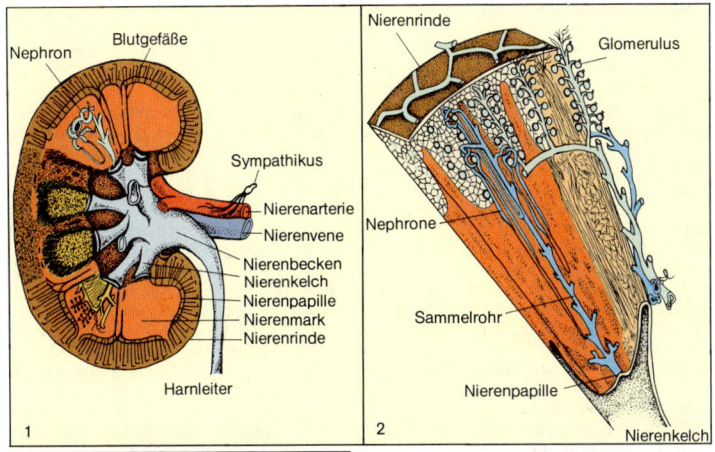

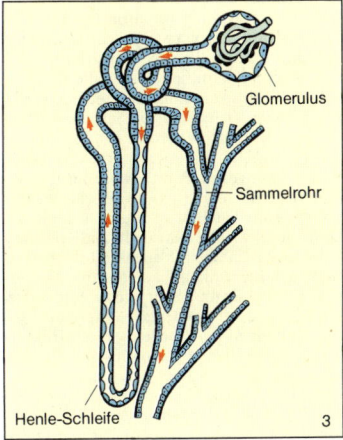

Niere des Menschen. 1 Längsschnitt, 2 Nierenlappen, 3 Nephron

die 1. bed. poln. polit. Komödie. Nahm an den Aufständen 1794 und 1830/31 teil. Lebte ab 1833 in Paris.

Niemeyer, Oscar, * Rio de Janeiro 15. Dez. 1907, brasilian. Architekt. - Arbeitete u. a. im Architekturbüro von L. Costa und war im Neubau des Erziehungsministeriums in Rio de Janeiro (1936–43) und am brasilian. Pavillon zur Weltausstellung in New York (1939) beteiligt. 1941–43 schuf er einen großen Gebäudekomplex in Pampulha bei Belo Horizonte. 1957 wurde N. Mgl. der Gründungsorganisation für Brasília und baute den Palácio da Alvorada (Sitz des Regierungspräs.; 1952–58), den Obersten Gerichtshof (1958–60), die Kathedrale (1960 und 1969) mit kreisförmigem Grundriß und in der Mitte gebündelten Betonrippen sowie den Platz der drei Gewalten mit Justiz- (1966–72), Regierungs- (1958–60) und dem Kongreßgebäude (1958–70), bei dem die beiden Kammern durch Kuppel und Schale akzentuiert sind.

Niemeyer-Verfahren [nach dem dt. Mathematiker Horst Niemeyer], Verfahren zur Errechnung von Parlamentssitzen beim Verhältniswahlsystem: die Stimmzahl der einzelnen Parteien (sofern sie die Fünfprozentklausel überwunden haben) wird mit den zu vergebenden Parlamentssitzen multipliziert und das Produkt durch die Gesamtzahl der Stimmen aller Parteien geteilt; die dabei verbleibenden Restsitze werden im Gegensatz zum ↑d'Hondtschen Höchstzahlverfahren in der Reihenfolge der höchsten Zahlen hinter dem Komma an die Parteien vergeben. Dadurch werden kleinere Parteien begünstigt. Das N.-V. löst in der BR Deutschland das d'Hondtsche Verfahren ab. - *Beispiel:* Im Wahlkreis sind 10 Abg. zu wählen. Auf die Parteien A, B und C entfallen insgesamt 10 000 Stimmen; sie verteilen sich wie folgt:

Partei A	Partei B	Partei C
4 160	3 380	2 460
× 10 =		
41 600	33 800	24 600
: 10 000 =		
4,16	3,38	2,46
4 Sitze	3 Sitze	2 Sitze + 1 Restsitz

Niemöller, Martin, * Lippstadt 14. Jan. 1892, † Wiesbaden 6. März 1984, dt. ev. Theologe. - Während des NS gehörte N. der Beken-

Nienburg (Weser)

nenden Kirche an, zu deren Konstituierung er durch die Gründung des Pfarrernotbundes 1933 beitrug. N. war Mithg. der Denkschrift vom Mai 1936, die die Rechtsbrüche der Reg. sowie die Verfolgung der Kirchen zum Inhalt hatte; entschiedener Gegner der Kirchenpolitik des NS; 1937 verhaftet, 1938-45 in verschiedenen KZ. Seine auf der ersten Kirchenführerkonferenz nach dem 2. Weltkrieg geäußerten Gedanken über die Schuld der Kirche während der Diktatur haben wesentl. zum Stuttgarter Schuldbekenntnis beigetragen. 1947-64 Kirchenpräs. der Ev. Kirche in Hessen und Nassau. Seine Auseinandersetzungen in der EKD mit Vertretern der luth. Konfessionen führten 1956 zu seiner Entlassung aus dem Kirchl. Außenamt und zum Rücktritt aus dem Rat der EKD. N. ist überzeugter Pazifist und Gegner der Wiederbewaffnung der BR Deutschland.

Nienburg (Weser), Krst. an der mittleren Weser, Nds., 26 m ü. d. M., 29 700 E. Fachbereiche Architektur und Bauingenieurwesen der Fachhochschule Hannover. - Spätgot. Pfarrkirche (1441 geweiht); Rathaus (16. Jh.).
N. (W.), Landkr. in Niedersachsen.

Niepce, Joseph Nicéphore [frz. njɛps], * Chalon-sur-Saône 7. März 1765, † Gras bei Chalon-sur-Saône 5. Juli 1833, frz. Erfinder. - Offizier (1792-1800), danach Privatgelehrter. Gilt als einer der Erfinder der Photographie Bildete ab 1822 die mit einer Camera obscura aufgenommenen Gegenstände auf lichtempfindl. Bitumenschichten ab *(Niepcotypie).* 1826 photographierte er mit der 1. Kamera der Welt vom Fenster seines Arbeitszimmers aus mit der Belichtungszeit von 8 Stunden nach der Natur.

Niere (Ren, Nephros), stammesgeschichtl. und auch im Verlauf der Embryonalentwicklung zuletzt ausgebildetes paariges Exkretionsorgan der Wirbeltiere und des Menschen. Die N. des Menschen sind zwei bohnenförmige, dunkelrote, je 120-200 g schwere, etwa 11 cm lange, 5 cm breite und 3 cm dicke Organe, die links und rechts der Wirbelsäule in Höhe der untersten Brust- und oberen Lendenwirbel an der Hinterwand des Bauchraums liegen. Dicht über den beiden oberen N.polen befinden sich die ↑ Nebennieren. Jede N. ist von einer derben, bindegewebigen *Nierenkapsel* und zudem noch von einer sog. *Fettkapsel* umhüllt. Am inneren Rand des Organs (d. h. wirbelsäulenwärts) befindet sich der *N.hilus* als Ein- bzw. Austrittsstelle der N.arterie bzw. N.vene sowie des ↑ Harnleiters und der N.nerven. Die N. besteht innen aus dem *N.mark,* das außen konzentr. von der *N.rinde* umschlossen wird. Das N.mark nimmt stellenweise die Form einer Pyramide an, deren Spitze, die von einer Aussackung des N.beckens *(N.kelch)* umfaßte *N.papille,* in das Nierenbecken hineinragt. Der N.kelch fängt den Harn auf und leitet ihn ans N.becken weiter. -

Die N. des Menschen bestehen aus 10-20 annähernd radiär stehenden *N.lappen,* denen i. d. R. eine Pyramide, eine Papille und je ein N.kelch zugeordnet sind.
Die Funktionseinheit der N. sind die in der N.rinde lokalisierten *Nierenkörperchen* (Malphigi-Körperchen). Jedes N.körperchen enthält einen Knäuel (Glomerulus) aus zahlr. Blutkapillarschlingen, der von einer Kapsel *(Bowman-Kapsel)* umgeben ist. Von dieser führt ein 3-4 cm langes, gewundenes N.kanälchen *(N.tubulus)* in den Bereich des N.marks. Hier verengt es sich und bildet eine sehr dünne, U-förmige Schleife *(Henle-Schleife),* erweitert sich in der N.rinde wieder und geht zus. mit den N.kanälchen in ein Sammelröhrchen über, die im einheitl. Sammelrohr der N.papille zusammenkommen. Die N.kanälchen werden von den Haargefäßen, die aus dem Glomerulus kommen, umsponnen. Eine solche morpholog. und funktionelle Einheit aus N.körperchen und N.tubulus wird auch als **Nephron** bezeichnet. Die N. des Menschen enthält rd. 1. Million Nephronen. - Funktionell wird im N.körperchen durch einen Filtervorgang aus dem Blut der Primärharn bereitet. Im Primärharn finden sich alle Blutplasmaanteile mit Ausnahme der hochmolekularen Eiweiße. Viele wichtigen Salze und Nährstoffe (z. B. Glucose) sowie Wasser werden dann im N.tubulus wieder rückresorbiert. Das Nephron dient damit sowohl der Wasserausscheidung und Stoffwechselschlackenbeseitigung aus dem Blut als auch v. a. der Regulation des elektrolyt. Haushalts zur Konstanthaltung des inneren Milieus (Homöostasewirkung). Beim Menschen passieren tägl. etwa 170 l Wasser die N.körperchen, die ausgeschiedene Tagesmenge beträgt nur 1-2 l. Ein funktionell hoch bedeutsames Strukturdetail der N., der *juxtaglomeruläre Apparat,* befindet sich im Bereich des Gefäßpols der einzelnen N.körperchen. Sein wichtigster Bestandteil sind die epitheloiden Zellen (umgewandelte Muskelzellen), die ↑ Renin bilden und bei Bedarf (u. a. bei einer Verminderung der N.durchblutung) dieses ans Blut abgeben können. Teilaspekte der Homöostasewirkung der N. sind die Einstellung und Erhaltung der geeigneten Ionenzusammensetzung, des normalen osmot. Drucks, des Säurewertes und Volumens der entsprechenden Körperflüssigkeiten. Hinzu kommen mindestens zwei wichtige hormonartige Leistungen der N., die Sekretion von Renin und ↑ Erythropoetin. - Abb. S. 281.

📖 Brod, J.: *Kompendium der Nephrologie. Stg.* ²1985. - *Die N.* Hg. v. A. Bohle u. a. Stg. 1984. - Lange, J. *N. u. ableitende Harnwege.* Stg. 1983. - Valtin, H.: *Funktion der N.* Stg. 1978.

Nierenbaum (Acajoubaum, Cashewbaum, Marañonbaum, Anacardium occidentale), immergrünes Anakardiengewächs aus dem trop. S-Amerika; heute in allen Tropen,

Nierenerkrankungen

v. a. in Indien, kultivierter Obstbaum mit ganzrandigen, ledrigen Blättern und charakterist. Steinfrüchten († Cashewnuß).

Nierenbecken (Pelvis renalis, Sinus renalis), Harnsammelbecken der Niere; wird gebildet durch Vereinigung der (beim Menschen etwa 10) Nierenkelche. Es ist mit glatter Muskulatur versehen, liegt im Nierenhilus hinter den Nierengefäßen und Nerven und nimmt den im Bereich der Nierenpapillen austretenden Harn auf und leitet ihn in den Harnleiter weiter.

Nierenbeckenentzündung † Nierenerkrankungen.

Nierenblock, svw. Nierenversagen († Nierenerkrankungen).

Nierenentzündung † Nierenerkrankungen.

Nierenerkrankungen, in der Niere selbst entstandene (primäre) oder auf dem Blutweg bzw. aus der Nachbarschaft fortgeleitete (sekundäre) akute und chron., entzündl. und nichtentzündl. Krankheiten der Niere und des Nierenbeckens. - Die **Nierenbeckenentzündung** (Pyelitis) ist eine bakterielle Infektion des Nierenbeckens, die auf dem Blut- bzw. Lymphweg oder (häufiger) aufsteigend über die Harnblase zustande kommt. Die *akute Nierenbeckenentzündung* beginnt plötzl. mit Unbehagen, Schüttelfrost, hohem Fieber, Fieberbläschen, Kopfschmerzen und heftigen, kolikartigen Schmerzen in der Nierengegend. Das häufige Wasserlassen ist von brennenden Schmerzen begleitet. Der Harn ist durch Eiweiß und weiße Blutkörperchen getrübt. Die Behandlung erfolgt mit Sulfonamiden. Da die Erreger vom Nierenbecken aus i. d. R. auch das Nierengewebe befallen, kommt es zur **Nierenbecken-Nieren-Entzündung** (Pyelonephritis). Die Symptome gleichen denen der Nierenbeckenentzündung. Behandlung: Bettruhe, reichl. Flüssigkeitszufuhr, spezif. Chemotherapie. Die *akute Pyelonephritis* geht in rd. 20 % der Fälle in das chron. Stadium über. Die *chron. Pyelonephritis* verläuft meist schubweise, wobei die Gefahr einer fortschreitenden bindegewebigen Umwandlung der Niere besteht *(pyelonephrit. Schrumpfniere).* - **Nierenentzündung** i. w. S. umfaßt alle Entzündungen des Nierengewebes; i. e. S. die **Glomerulonephritis.** Letztere ist eine akute, subchron. oder chron. Entzündung der Nierenkörperchen. Haupterscheinungen sind Ödeme, Blutdrucksteigerung sowie Ausscheidung von Eiweiß und roten Blutkörperchen im Harn. - Die Glomerulonephritis kann zum **nephrot. Syndrom** führen. Symptome sind: starke Eiweißausscheidung, niedriger Plasmaalbuminspiegel, erhöhter Gehalt des Blutes an Lipoiden und Fetten und Ödeme. Auslösend wirken Stoffwechselstörungen, Kollagenkrankheiten (Rheumatismus, Sklerodermie), Schwangerschaft. Das nephrot. Syndrom beginnt oft schleichend mit uncharakterist. Allgemeinsymptomen (Müdigkeit, Appetitlosigkeit, Blässe), dann entstehen weiche Ödeme (bes. in der Knöchelgegend und im Bereich der Augenlider). Behandlung: kalor. hochwertige, eiweißreiche und kochsalzarme Diät, Gaben von kochsalzausschwemmenden Medikamenten und Glukokortikoiden. - Zur **Nierenschrumpfung** kommt es nach Untergang bzw. narbiger Umbildung von Nierengewebe als Folgeerscheinung verschiedener N. - Die **chron. Niereninsuffizienz** (langsames Nierenversagen) kann die Folge sehr verschiedener N. sein, die meist zu einer gewissen Zerstörung des Nierengewebes führen. Häufigste Ursachen sind Nieren- und Nierenbeckenentzündungen. Bleiben noch rd. 50 % des Nierengewebes funktionsfähig, so macht sich die mangelnde Ausscheidungsfunktion unter Umständen nur bei bes. Belastung bemerkbar. Sind weniger als 10 % des Nierengewebes noch funktionsfähig, so sind die Schlackenstoffe im Blut meist erhebl. vermehrt und es kann zu einer Harnvergiftung (Urämie) kommen. Die Behandlung besteht in einer Kontrolle des Eiweißkonsums und der genau dosierten Zufuhr von Wasser, Natrium- und v. a. Kaliumsalzen. Im fortgeschrittenen Stadium werden künstl. Entschlackungsmethoden, wie z. B. die künstl. Niere oder eine Nierentransplantation notwendig. - Das **akute Nierenversagen** ist ein meist plötzl. (und unabhängig von einem vorausgehenden Nierenleiden) auftretendes Erliegen der Ausscheidungsfunktion beider Nieren. Es geht mit einem Rückgang oder völligem Stopp des Harnflusses einher. Ursachen: 1. Unzureichende Nierendurchblutung. Meist handelt es sich dabei um eine nerval bedingte Drosselung der Nierengefäße, die v. a. bei niedrigem Blutdruck zum Versagen der Nierenfilter führt. Ein solcher sog. *Nierenschock* kommt nach großen Flüssigkeitsverlusten, nach Blutungen, Verletzungen und Blutgruppenunverträglichkeit vor. 2. Das Nierengewebe kann durch Gifte oder Entzündungen geschädigt sein. 3. Die ableitenden Harnwege können durch eine gutartige Wucherung der Prostata, doppelseitige Nierensteine oder Tumoren verlegt sein. Das akute Nierenversagen verursacht in den ersten Tagen keine wesentl. Beschwerden. Danach kommt es allerdings, nach anfängl. Müdigkeit, Übelkeit u. Schläfrigkeit, schon innerhalb von 5-6 Tagen zu den weiteren, schweren Anzeichen von Harnvergiftung. Die Behandlung richtet sich gegen das Grundleiden. Zur Überbrückung des Nierenausfalls wird eine künstl. Niere eingesetzt. - Durch in der Niere und/oder im Nierenbecken gebildete (bzw. eingeklemmte) **Nierensteine** (entstehen durch Ausfällung von Mineralsalzen, die sonst im Harn gelöst sind) kommt es zum **Nierensteinleiden** (Nephrolithiasis). Die Krankheitserscheinungen hängen von der Größe und dem jeweiligen Sitz

Nierengifte

der Steine ab. Steckengebliebene und größere Steine führen durch Schleimhautreizung, Harnstau u. Krampf der glatten Muskulatur zu heftigen, meist einseitig auftretenden Schmerzanfällen, den sog. *Nieren[stein]koliken*. Diese gehen auch mit Übelkeit, Erbrechen, Schüttelfrost, Fieber und schließl. Harnverhaltung einher. Behandlung: spontaner Abgang durch krampflösende Medikamente, reichl. Flüssigkeitszufuhr und körperl. Bewegung; anderenfalls operative Entfernung (z. B. mit einer Schlinge) oder unblutig durch Zertrümmerung mit Ultraschall bzw. Stoßwellen.
📖 *Bennett, W. M., u. a.: Medikamentöse Therapie bei Nierenkrankheiten. Stg. 1981. - Frech-Hoffmann, M., u. a.: Nieren- u. Blasenerkrankungen Ffm. 1981.*

Nierengifte (Nephrotoxine), endogene und (bes.) exogene Stoffe mit mehr oder weniger selektiv giftiger Wirkung auf die Nieren; z. B. Schwermetalle (v. a. Blei und Quecksilber), Arsen, Phenole und verschiedene Arzneimittel.

Nierengrieß (Nierensand), grießartige kleine bis kleinste Konkremente in den Nieren.

Niereninfarkt, umschriebene Nekrose von Nierengewebe infolge einer Nierenarterienembolie.

Niereninsuffizienz ↑ Nierenerkrankungen.

Nierenkolik ↑ Nierenerkrankungen.
Nierenkörperchen ↑ Niere.
Nierenphthisis, svw. ↑ Nierentuberkulose.

Nierenschrumpfung ↑ Nierenerkrankungen.

Nierensenkung (Senkniere, Wanderniere, Nephroptose), abnorme Beweglichkeit und Verlagerung der Niere nach unten.

Nierensteine ↑ Nierenerkrankungen.

Nierensteinleiden ↑ Nierenerkrankungen.

Nierentransplantation, operative Übertragung einer Spenderniere auf einen Empfänger. Wesentl. Vorteile gegenüber der chron. Hämodialyse (↑ künstliche Niere) sind die Unabhängigkeit des Patienten vom apparativen Aufwand sowie das statist. nachgewiesene seltenere Auftreten von Zweiterkrankungen des Gefäßsystems (Durchblutungsstörungen, Herzkranzgefäßerkrankungen). - ↑ auch Transplantation.

Nierentuberkulose (Nierenphthisis), zuerst die Nierenrinde, dann das Nierenmark und die ableitenden Harnwege befallende Tuberkulose.

Nierentumoren, gutartige und bösartige Geschwülste der Niere; häufigstes Symptom: Bluthanen.

Nierenversagen ↑ Nierenerkrankungen.

Niesel, Wilhelm, * Berlin 7. Jan. 1903, dt. ref. Theologe. - Während des NS mehrmals inhaftiert. Seit 1951 Prof. an der Kirchl. Hochschule in Wuppertal. N. war Moderator des Ref. Bundes, Präs. des Ref. Weltbundes, Mgl. des Rates der EKD und des Zentralausschusses des Ökumen. Rates der Kirchen. Der Schwerpunkt seiner theolog. Arbeit liegt in der Calvin-Forschung. - † 13. März 1988.

Niesen, reflektor. (durch chem., therm. u. a. Reize) ausgelöstes heftiges Ausstoßen von Luft durch die Nase, nachdem zunächst der Rachenraum durch Hebung des Gaumensegels gegen die Nase hin abgeschlossen wurde.

Niesky ['niːski], Krst. in der Oberlausitz, Bez. Dresden, DDR, 150 m ü. d. M., 9 600 E. Fahrzeugbau, Maschinenbau, Holzind. - Entstand 1742 als Gründung der Herrnhuter Brüdergemeine durch Ansiedlung böhm. Exulanten; 1929 mit mehreren Gemeinden vereinigt, seit 1935 Stadt.

N., Landkr. im Bez. Dresden, DDR.

Nießbrauch, das persönl., nicht vererbbare dingl. Recht an einem fremden Gegenstand, die Nutzungen aus ihm zu ziehen (Nutznießung). Der N. kann durch Ausschluß einzelner Nutzungen beschränkt werden. Ein N. kann bestellt werden an bewegl. Sachen, an Grundstücken und an Rechten. Der Nießbraucher ist berechtigt, die Sache in Besitz zu nehmen, er kann eine verzinsl. Forderung gemeinschaftl. mit dem Gläubiger einziehen und kündigen, eine unverzinsl. Forderung jedoch nur allein. Er erwirbt das Eigentum an den Früchten nach der Trennung. Er hat aber kein Verfügungsrecht über den Gegenstand, er darf ihn und seine Nutzungsart nicht ändern. Der N. kann einem anderen zur Ausübung überlassen werden. Der N. erlischt durch den Tod des Nießbrauchers oder durch Widerruf. Der Nießbraucher an verbrauchbaren Sachen wird deren Eigentümer. Nach Beendigung des N. hat er dem Besteller den Wert zu ersetzen *(uneigtl. Nießbrauch).*

Nieswurz [die zu Pulver verarbeiteten Wurzeln rufen einen Niesreiz hervor] (Helleborus), Gatt. der Hahnenfußgewächse mit rd. 25 Arten in Europa und Zentralasien; mit oft fußförmig gefiederten Blättern, röhrenförmigen Honigblättern in der Blüte und Balgfrüchten; giftig. Bekannte einheim. Arten sind ↑ Christrose, **Grüne Nieswurz** (Helleborus viridis, 30–50 cm hohe Staude mit scharf gesägten, fußförmigen Blättern und grünen Blüten-

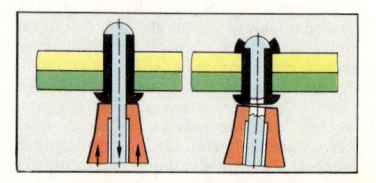

Niet. Blindniet, dessen Zugdorn an der Sollbruchstelle (rechts) abbricht

hüllen) und **Stinkende Nieswurz** (Helleborus foeditus, 30–80 cm hohe Staude mit fußförmigen Stengelblättern und eiförmigen Hochblättern, die in gelbgrüne Blütenhüllblätter übergehen). Die Christrose war eines der wichtigsten Arzneimittel der Antike. Sie wurde als brechenerregendes, menstruationsförderndes, abtreibendes Mittel sowie als Mittel gegen Epilepsie und Manie verwendet.

Niet [eigtl. „breitgeschlagener Nagel"] (umgangssprachl. Niete), Bolzen aus einem leichtverformbaren Material (weicher Stahl, Leichtmetall, Kupfer, Messing usw.) zum unlösbaren Verbinden von Werkstücken. Zum Nieten wird das freie Ende des Schaftes durch Druck- oder Schlagwirkung direkt oder mit Hilfe eines Kopfstempels (Döpper) gestaucht, d. h. zum Schließkopf verformt. **Hohlniete** lassen sich bes. leicht stauchen und werden deshalb zum Verbinden von Metall mit Kunststoff verwendet (z. B. Beläge von Bremse und Kupplung beim Kfz.). Bei nur einseitig zugängl. Bauteilen werden sog. **Blindniete** verwendet. Ein durch den hülsenförmigen Niet hindurchgesteckter nadelförmiger Zugdorn staucht beim Ziehen (mittels Nietzange) die Hülse und bildet so den Schließkopf; der Dorn reißt an der Sollbruchstelle.

Niete, umgangssprachl. für: ↑ Niet.

Niete [zu niederl. niet „nichts"], Los, das nicht gewonnen hat; Reinfall, Versager.

Nietzsche, Friedrich, * Röcken bei Lützen 15. Okt. 1844, † Weimar 25. Aug. 1900, dt. Philosoph und klass. Philologe. - Aus pietist. Pfarrerhaus; erhielt 1854–64 eine Freistelle in Schulpforta, wo ihm eine fundierte klass.-philolog. Ausbildung zuteil wurde. 1864/65 Studium der Altphilologie in Bonn; Schüler F. W. Ritschls, der ihm wegen mehrerer erfolgreicher philolog. Veröffentlichungen noch vor Abschluß seines Studiums 1869 eine Professur für griech. Sprache und Literatur in Basel verschaffte. Nach einer ersten Begegnung mit der Philosophie Schopenhauers 1865 vollzog N. in Basel endgültig die Hinwendung zur Philosophie. Nähere Beziehungen unterhielt N. in Basel zu J. Burckhardt; von bes. Bed. war der freundschaftl. Verkehr mit R. Wagner und Cosima von Bülow; 1876 endgültiger Bruch mit Wagner. Wegen zunehmender Kopf- und Augenbeschwerden 1879 Aufgabe der Professur in Basel. Pläne einer Heirat mit Lou Andreas-Salomé (1882) schlugen fehl. Aufenthalt in Venedig, Genua, Rapallo, Nizza, Sils Maria, Sizilien, Mentone, Turin. Am 3. Jan. 1889 erfolgte in Turin ein endgültiger psych. Zusammenbruch (progressive Paralyse).

Seine Philosophie, mit der er in Teilaspekten als einer der Vorläufer und Wegbereiter der Existenzphilosophie und Lebensphilosophie gilt, ist geprägt durch die Rezeption der Philosophie Schopenhauers. Auch für N. ist die Konsequenz Schopenhauers aus Kants theoret. Philosophie verbindl., daß der Vernunft eine Einsicht in das Wesen der Dinge grundsätzl. verwehrt ist und daß Sinngebungen allein auf menschl. Setzungen, verfestigt in der begriffl. fixierten Sprache, beruhen. In der Frage, wie Freiheit dennoch mögl. sei, sucht N. die Freiheit in bestimmten Lebensformen, deren unterschiedl. Bestimmung den weiteren Entwicklungsgang seiner Philosophie kennzeichnet. Zunächst sieht N. im Künstler eine lebensbejahende Existenzform, eine ästhet. Überwindung der sokrat. vernunft- und moralbestimmten Weltauffassung im Apollinisch-Dionysischen († apollinisch-dionysisch), deren Synthese in der griech. Tragödie und im Musikdrama R. Wagners gelungen sei („Geburt der Tragödie aus dem Geiste der Musik" [1872]). Im „2. Stück" der „Unzeitgemäßen Betrachtungen" (1873–76), „Vom Nutzen und Nachteil der Historie für das Leben", greift N. die Lebensfeindlichkeit der Wiss. an, die mit ihrem Streben nach wissenschaftl. „Objektivität" eine „Schwächung der Persönlichkeit" verursache, er verteidigt demgegenüber die Vorrangigkeit des Handelns, der „prakt. Vernunft". Nach „Menschliches, Allzumenschliches" (1878/79), mit dem er den Bruch zu seiner bisherigen Auffassung und zu Wagner vollzieht, und den dann folgenden Schriften, „Morgenröte" (1881), „Die fröhl. Wissenschaft" (1882), „Also sprach Zarathustra" (1883–85), „Jenseits von Gut und Böse" (1886), „Zur Genealogie der Moral" (1887), wird dagegen die Freiheit nicht mehr durch die Ästhetisierung des Lebens erreicht, sondern durch die Kritik an den traditionellen christl.-jüd.-abendländ. Werten, Wertvorstellungen und -systemen (Mitleid, Wohlwollen, Glaube, Nächstenliebe, Christentum u. a.). Diese seien ledigl. eine nachträgl. Rationalisierung triebhafter, psychosomat. Bedürfnisse zur Überdeckung von Schwächen gegenüber dem Leben; sie seien als Merkmale einer Sklavenmoral, verbunden mit einer Umwertung aller Werte, zu entlarven. Der moral. ungebundene „Übermensch" wird als der sich selbst seine Sinnsetzungen überwindende Mensch definiert; er ist für N. der Mensch der Zukunft. - In den zumeist nach seinem Zusammenbruch veröffentlichten, 1888/89 entstandenen Schriften „Der Fall Wagner" (1888), „Der Antichrist" (1895), „Nietzsche contra Wagner" (1895), „Ecce homo" (hg. 1908), die bereits Spuren der sich ankündigenden Krankheit zeigen, werden Denkelemente der vorausgegangenen Schaffensperioden häufig in polem., teils in pamphletist. Form bis hin zu Extrempositionen radikalisiert. Die u. d. T. „Der Wille zur Macht" 1901 und 1906 veröffentlichten Texte gehen in ihrer Anordnung allein auf seine Schwester Elisabeth Förster-Nietzsche und P. Gast zurück. - Wirkungsgeschichtl. relevant wurde seine Philosophie außer in der Existenzphilosophie und der Lebensphilosophie weltanschaul.-polit. v. a. für die „konservative Revolution" (A. Mohler) und - häufig in tendenziöser Umdeutung - für den NS, wobei diese Inanspruchnahme jedoch an N.s entschiedener Ablehnung des dt. Nationalismus, des Antisemitismus und Biologismus grundsätzl. scheiterte. Sein Einfluß war bed. bes. auf Künstler und Schriftsteller (George-Kreis, T. Mann, E. Jünger, A. Gide, A. Malraux); Psychologie und Anthropologie (L. Klages, A. Adler, A. Gehlen) verdanken N. entscheidende Anregungen. Seine Kritik an der normativen und Wirklichkeit fixierenden Kraft der Sprache fand ihre Fortsetzung in der ↑analytischen Philosophie (v. a. durch L. Wittgenstein). Seine Lehre von der Vernunft als dem Organ eines vergegenständlichenden Herrschaftsstrebens wurde in ontologiekrit. Absicht von Heidegger, in sozialkrit. von der sog. ↑kritischen Theorie aufgenommen. Die Symbolik der Gleichnisreden, die expressive Zeichenhaftigkeit seines Denkens und seiner Ausdrucksweise fanden ihren dichter. Höhepunkt in den „Dionysos-Dithyramben" (entstanden 1888, erschienen 1891), die in vielen Elementen den Expressionismus wie den Impressionismus vorwegnahmen und für die Lyrik der Folgezeit wirksam wurden. - Abb. S. 280.

📖 Bertram, E.: N. Bonn 1985. - Deleuze, G.: N. u. die Philosophie. Ffm. 1985. - Djuric, M.: N. u. die Metaphysik. Bln. 1985. - Heidegger, M.: N. Pfullingen ⁴1982. - Kaufmann, W.: N. Darmst. 1982. - Stern, J. P.: N. Konstanz 1982. - Thiel, M.: N. Ein analyt. Aufbau seiner Denkstruktur. Hdbg. 1980. - Fink, E.: Nietzsches Philosophie. Stg. ⁴1979. - Janz, C. B.: F. N. Biogr. Mchn. 1978. 3 Bde. - Löwith, K.: Nietzsches Philosophie der ewigen Wiederkehr des Gleichen. Wsb. ³1978. - Balkenohl, M.: Der Antitheismus Nietzsches. Paderborn 1976.

Nievo, Ippolito, *Padua 30. Nov. 1831, †auf See 4. oder 5. März 1861, italien. Schriftsteller und Freiheitskämpfer. - Kämpfte unter Garibaldi für die Freiheit der Lombardei und folgte diesem 1860 nach Sizilien, kam auf der Rückfahrt bei einem Schiffbruch ums Leben. Sein bedeutendster histor. Roman „Erinnerungen eines Achtzigjährigen" (hg. 1867, dt. 1877, 1957 u. d. T. „Pisana") zeichnet in autobiograph. Form ein lebendiges Bild der Zeit des Risorgimento am Vorabend der nat. Einigung.

Nièvre [frz. njɛːvr], Dep. in Frankreich.

Nife [Kw. aus Nickel und lat. ferrum „Eisen"] ↑Erde (Aufbau der Erde).

Niger

['niːɡər; frz. niˈʒɛːr] (amtl.: République du Niger), Republik in Zentralafrika, zw. 12° und 23° n. Br. sowie 0° und 16° ö. L. **Staatsgebiet:** Es grenzt im N an Algerien und Libyen, im O an Tschad, im S an Nigeria, im SW an Benin, im südl. W an Obervolta, im nördl. W an Mali. **Fläche:** 1 267 000 km². **Bevölkerung:** 6,48 Mill. E (1985), 5,1 E/km². **Hauptstadt:** Niamey. **Verwaltungsgliederung:** 7 Dep. **Amtssprachen:** Frz. und die Landessprachen Ful, Haussa und Dyerma. **Nationalfeiertag:** 18. Dez. **Währung:** CFA-Franc (F.C.F.A.) = 100 Centimes (c). **Internat. Mitgliedschaften:** UN, OAU, OCAM, der EWG assoziiert. **Zeitzone:** MEZ.

Landesnatur: N. liegt in der Sahara und im Sahel. Das Relief wird durch weite Ebenen bestimmt, aus denen in der Sahara das Gebirge Aïr mit Höhen bis 2 310 m herausragt. Im äußersten N liegen Plateaus in 500–1 000 m Höhe. Im SO hat N. Anteil am Tschadbecken, im SW am Nigerbecken. Der Niger durchfließt das Land in einer Länge von rd. 500 km.

Klima: Es ist semi- bis vollarid mit einer Regenzeit (im S von Mai bis Okt., im Zentrum von Juli bis Okt.). Im Winter steht N. völlig unter dem Einfluß trockener kontinentaler Luftmassen aus NO bis O.

Vegetation: Entsprechend dem Klima findet sich im S Trockensavanne mit wenigen Trockenwaldarealen, die nach N in Dornstrauchsavanne und Halbwüste übergeht.

Tierwelt: N. ist wildarm, nur im Nationalpark im SW, im Grenzgebiet gegen Obervolta und Benin, konnten sich Löwen, Antilopen, Elefanten und Flußpferde halten.

Bevölkerung: Die größten ethn. Gruppen bilden die Haussa (rd. 54 %) und Dyerma (rd. 17 %). Die Fulbe (rd. 11 %) leben v. a. im Sahel, die Tuareg (rd. 3 %) in der Sahara. Wegen der langanhaltenden Dürre mußten die Nomaden ihre Stammesgebiete verlassen und nach S ausweichen. 85 % der Bev. sind Muslime, 14,5 % Anhänger traditioneller Religionen, 0,5 % Christen. In Städten leben nur etwa 12 %. Die Analphabetenquote ist sehr hoch.

Niger. Übersichtskarte

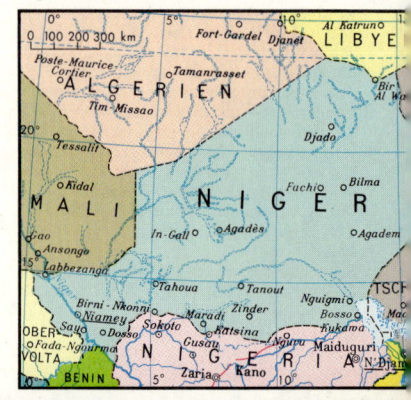

Nigeria

Es gibt 1 Univ.; 1976 wurde mit dem Bau einer Islam. Univ. für Westafrika begonnen.
Wirtschaft: Abgesehen von Oasen sind die Anbaugebiete der Landw. auf den S des Landes beschränkt. Wichtigstes Grundnahrungsmittel ist Hirse. Daneben werden für die Selbstversorgung Mais, Weizen, Reis (am Niger), Hülsenfrüchte u.a. angebaut. Bes. wichtig für den Export ist der Erdnußanbau. Die Viehwirtschaft hat ihren Schwerpunkt im Sahel. Von großer Bed. für die Ernährung ist der Fischfang im Niger und Tschadsee. An Bodenschätzen werden Uran-, Wolfram- und Eisenerze abgebaut sowie Steinsalz.
Außenhandel: Ausgeführt werden Uranerz, Rinder, Schafe und Ziegen, Erdnüsse und Häute, eingeführt Getreide, Kraftfahrzeuge Maschinen und Geräte, Erdölprodukte, Baumwollgewebe, Chemikalien, Zucker u.a. Lebensmittel, Eisen und Stahl. Die wichtigsten Partner sind die EG-Länder (bei denen Frankr. an 1. Stelle steht), Nigeria, Japan, Elfenbeinküste u.a.
Verkehr: Keine Eisenbahn. Das Straßennetz ist 8547 km lang, davon sind über 2700 km mit fester Decke. Der Nigerabschnitt in N. ist von Sept. bis März schiffbar. N. ist Teilhaber an der Air Afrique; eine eigene staatl. Luftverkehrsgesellschaft ist die Air Niger (v.a. Inlandsdienste). Internat. Flughafen Niamey, 5 weitere größere Flugplätze.
Geschichte: Das Gebiet zw. Niger, Tschadsee und Aïr wurde erst in der 2. Hälfte des 19. Jh. erforscht. Militär. durch Frankr. besetzt wurde das Gebiet zw. Niger und Tschadsee zw. 1896 und 1900, bis 1914 wurde der Aïr erreicht. Die völlige Unterwerfung des Gebietes, v. a. der zur Senussi-Bruderschaft gehörenden Tuareg und Tubu, zog sich bis 1923 hin. Erst 1921, als N. Kolonie wurde, stand das Land unter Militärverwaltung. Neben der frz. Zivilverwaltung hatten die überkommenen Autoritäten starkes Gewicht. Das Rahmengesetz von 1957 brachte N. die Selbstverwaltung. Die Häuptlinge übernahmen auf demokrat. Grundlage die Führung. Am 18. Dez. 1958 wurde die Republik N. innerhalb der Frz. Gemeinschaft gebildet. Am 3. Aug. 1960 wurde die Unabhängigkeit proklamiert. Staatspräs. war 1960–74 H. Diori (* 1916). Unter seiner Führung verfolgte N. eine prowestl. Außenpolitik mit enger Anlehnung an Frankr. Am 15. April 1974 wurde Diori durch einen Putsch der Armee gestürzt, der von Oberstleutnant S. Kountché (* 1931) angeführt wurde und mit der Korruption des bisherigen Präs. begründet wurde. Ab dem Jahre 1976 nahm Kountché verstärkt Zivilisten in den Min.rat auf. N. litt schwer unter der Dürrekatastrophe, die zu Beginn der 1970er Jahre die Sahelzone heimsuchte. Wirtsch. Erleichterung verspricht der zunehmende Abbau von Uran, das 1977 70% der Exporte ausmachte. 1983 wurde das Amt des Min.-Präs. geschaffen. Im Aug. 1988 wurde eine neue Einheitspartei, das Mouvement National de la Société de Développement (MNSD), gegr. und die Ausarbeitung einer neuen Verfassung angekündigt, die im Sept. 1989 in einem Referendum angenommen wurde.
Politisches System: N. ist eine präsidiale Republik. Die Verfassung wurde im Sept. 1989 durch Referendum angenommen. Höchstes Staatsorgan ist der Conseil Suprême de l'Orientation Nationale (CSON); sein Vors. ist *Staatsoberhaupt* und oberster Inhaber der *Exekutivgewalt* (Ali Seibou); er ist Oberbefehlshaber der Streitkräfte und ernennt und entläßt die Reg.mitglieder. Der Präs. wird für 7 Jahre gewählt, einmalige Wiederwahl ist zulässig. *Legislativorgan* ist das Parlament, dessen 93 Mgl. in allg. Wahlen bestimmt werden. Einheits*partei* ist das Mouvement National de la Société de Développement, dessen Exekutivbüro der Präs. vorsteht. Die Verfassung sieht die Einheit von Partei und Reg. vor. Dachorganisation der *Gewerkschaften* ist die Union des Syndicats des Travailleurs du Niger mit rd. 15 000 Mgl. *Verwaltungsmäßig* ist N. in 7 Departements eingeteilt. Das *Gerichts*wesen folgt frz. Vorbild. Die *Streitkräfte* umfassen rd. 3 300 Mann.

□ *Krings, T.:* Sahel, Senegal, Mauretanien, Mali, N. Köln 1982.

Niger, drittgrößter Fluß Afrikas, entspringt in S-Guinea, nahe der Grenze gegen Sierra Leone, fließt zunächst in die westl. Sahara und bildet zw. Ségou und Timbuktu (in Mali) ein großes Binnendelta, das bei Hochwasser rund 40 000 km² überflutet; östl. von Timbuktu wendet er sich mit dem *N.knie* nach SO zum Golf von Guinea, in den er mit breitem, weit in das Meer hinausgeschobenem Delta mündet; 4 160 km lang. Sein Einzugsbereich ist 2,092 Mill. km² groß. Bei Hochwasser ist der N. auf weite Strecken schiffbar; Unterbrechungen bilden nur die Stromschnellen zw. Bamako und Koulikoro im Oberlauf sowie unterhalb von Ansongo. Im Delta können Hochseeschiffe die Häfen von Warri, Port Harcourt und Burutu erreichen. - Schon Herodot (als nach O fließender Fluß bei Timbuktu) bekannt; wurde zw. den 1790er und 1870er Jahren erforscht.

Nigeria

(amtl.: Federal Republic of Nigeria), BR in Westafrika, zw. 4° und 14° n. Br. sowie 2° 40′ und 14° 40′ ö. L. **Staatsgebiet:** Es grenzt im S an den Golf von Guinea, im W an Benin, im N an Niger, im O an Kamerun; im äußersten NO besteht im Tschadsee eine kurze Wassergrenze zu Tschad. **Fläche:** 923 768 km². **Bevölkerung:** 92,0 Mill. E (1984), 99,6 E/km². **Hauptstadt:** Lagos (Verlegung ins Landesinnere nach Abuja geplant). **Verwaltungsgliederung:** 21 Bundesstaaten. **Amtssprache:** Engl.; Regional-

287

Nigeria

sprachen: Haussa, Yoruba, Ibo. **Nationalfeiertag:** 1. Okt. **Währung:** Naira (N) = 100 Kobo (k). **Internationale Mitgliedschaften:** UN, OAU, Commonwealth, ECOWAS, OPEC; der EWG assoziiert. **Zeitzone:** MEZ.

Landesnatur: N. erstreckt sich vom Golf von Guinea, der durch das Nigerdelta in die Bucht von Benin im W und die Bucht von Biafra im O gegliedert wird, bis in das Tschadbecken hinein. An die Lagunen und Sümpfen reiche Küstenebene schließen sich ein Plateau (300–500 m ü. d. M.) und Hügelländer (bis 600 m ü. d. M.) an. Nach N folgt ein 80–160 km breiter Trog, dem die Flüsse Niger (von NW) und Benue (von O) folgen. Es schließt sich die nordnigerian. Plateaulandschaft an, die im Bautschiplateau bis 1 780 m Höhe erreicht. Im NW liegt eine Ebene um Sokoto, im NO die Bornuebene, die zum Tschadbecken überleitet. An der Grenze gegen Kamerun liegen die höchsten Berge des Landes (Vogel Peak 2 042 m ü. d. M.).

Klima: Es ist trop. mit einer Regenzeit (im S April–Nov., im Zentrum April–Okt., im N Mai–Okt.). Die Niederschläge nehmen von S nach N ab. Im Küstenbereich ist die Luftfeuchtigkeit sehr hoch (morgens 90–99%).

Vegetation: Auf die Mangroven an der Küste folgt trop. Regenwald, der nach N in Feuchtsavanne mit Galeriewäldern übergeht. Im N ist Trockensavanne verbreitet, im Grenzgebiet zu Niger z. T. Dornstrauchsavanne.

Tierwelt: Die urspr. Tierwelt wurde stark dezimiert, doch kommen noch Antilopen, Gazellen, Elefanten, Leoparden, Hyänen, Affen, Flußpferde, Krokodile, Schlangen, viele Vogel- und Insektenarten vor.

Bevölkerung: Die größten ethn. Gruppen sind neben vielen kleineren die Haussa (rd. 22% der Gesamtbev.), Yoruba (rd. 21%), Ibo (rd. 18%) und Fulbe (rd. 11%). 40–50% sind Muslime, 35% Christen, 15–20% Anhänger traditioneller Religionen. Die allg. Schulpflicht kann noch nicht überall durchgeführt werden. Von 20 Hochschulen haben 13 Univ.rang.

Wirtschaft: Grundlage ist die Landw., die v. a. im traditionellen Wanderfeldbau betrieben wird. Hauptnahrungsmittel sind im S Jams und Maniok, im N Hirse. Exportorientiert ist der Anbau von Kakao, Erdnüssen, Ölpalmen und Heveakulturen. Die Rinderhaltung ist v. a. auf den N beschränkt, da hier die Tsetsefliege kaum verbreitet ist. Neben überall gehaltenen Ziegen, Schafen und Geflügel werden regional auch Pferde, Esel, Schweine gezüchtet. An Edelhölzern kommen Mahagoni, Iroko und Sapelli vor. Eine wichtige Rolle spielt die Küstenfischerei sowie die Fluß- und Teichfischerei. N. ist reich an Bodenschätzen, insbes. an Erdöl, das v. a. im Nigerdelta gefördert wird. Wichtig sind die Zinnminen im Bautschiplateau; außerdem gibt es Stein- und Braunkohle (letztere wird noch nicht abgebaut) sowie Eisenerze. Die Ind. verarbeitet landw. Erzeugnisse, stellt Baustahl, Aluminiumbleche, Haushaltswaren u. a. her. Neben einer Erdölraffinerie gibt es Kfz.montagewerke, Baustoffind. sowie Zigarettenfabriken.

Außenhandel: Ausgeführt werden Erdöl, Kakaobohnen und Kakaoprodukte, Erdnüsse und Erdnußprodukte, Kautschuk, Palmnüsse und -kerne, Zinn, eingeführt nichtelektr. und elektr. Maschinen und Geräte, Kfz., Eisen und Stahl, Garne und Textilien, Arzneimittel, Lebensmittel u. a. Wichtigste Partner sind die EG-Länder (bei denen die BR Deutschland an 3. Stelle steht), die USA, Japan, Schweden u. a.

Verkehr: Die Eisenbahnstrecken haben eine Gesamtlänge von 3 523 km, das Straßennetz von rd. 108 000, davon etwa 30 000 mit fester Decke. Das Pipelinenetz ist 1 200 km lang. Die Binnenwasserstraßen haben eine Länge von 6 400 km. Wichtigster Hafen für den Umschlag Binnenschiffahrt/Hochseeschiffahrt ist Burutu. Die Seehäfen Lagos, Calabar, Port Harcourt sind auch für den Außenhandel von Tschad und Niger bedeutend. Die staatl. Fluggesellschaft Nigeria Airways fliegt 19 inländ. ✈, die meisten Hauptstädte Westafrikas sowie London, Beirut und New York an. Internat. ✈ bestehen bei Lagos und in Kano.

Geschichte: Die ältesten Staaten im N Nigerias waren Kanem-Bornu und die Haussastaaten. Im S entstanden etwa im 15. Jh. die ersten Yoruba-Kgr., Oyo und Benin, mit dem kulturellen Mittelpunkt Ife. Der Gründung zahlr. Handelsstützpunkte durch Briten, Deutsche und Franzosen folgte ab 1880 die Errichtung der brit. Herrschaft. 1914 entstand N. in seiner jetzigen Ausdehnung, als die Protektorate N- und S-Nigeria zum brit. „Colony and Protectorate of N." zusammengeschlossen wurden. Um 1920 setzten in N. die Bestrebungen nach Selbstbestimmung und -regierung ein. 1960 erhielt die Kolonie die Unabhängigkeit, 1963 wurde die Republik N. ausgerufen. Im Jan. 1966 revoltierte die Armee, am 29. Juli 1966 folgte ein 2. Militärputsch, der General Y. Gowon an die Macht brachte. Bundesparlament und Regionalparlamente wurden aufgelöst. Ab Mitte 1967 wurde das Land durch einen Bürgerkrieg erschüttert, den die Sezession der Ostregion, Biafra, unter Führung General C. O. Ojukwus auslöste. Durch militär. Unterwerfung erzwang Gowon nach 3jährigen blutigen Kämpfen die Rückkehr Biafras in die Föderation 1970. Nach innenpolit. Beruhigung und wirtsch. Stabilisierung des Landes wurde Gowon - er weilte im Ausland - im Juli 1975 durch unblutigen Staatsstreich gestürzt. Die Staatsführung übernahm General Murtala Ranat Mohammed, der im Febr. 1976 im Verlauf eines fehlgeschlagenen Putsches ermordet wurde. Sein Nachfolger wurde der bisherige Generalstabschef Olusegun Obasanjo (* 1937), unter dem die nigerian. Militärreg. entschlossen auf die Rückkehr zu einem zivilen Mehrparteiensystem zusteuerte. Am 31. Aug. 1977 wurde eine Verfassunggebende Versammlung gewählt, deren Aufgabe es war, einen im Okt. 1976 veröffentlichten Verfassungsentwurf zu beraten. Nach schwieriger Kompromißfindung verabschiedete am 29. Aug. 1978 die Versammlung die neue Verfassung. Die öffentl. Tätigkeit polit. Parteien wurde am 21. Sept. 1978 wieder zugelassen; im Jan. 1979 ließ der Bundeswahlausschuß 5 Parteien zu den ab Juli 1979 durchgeführten Wahlen zu, in denen die einzelstaatl. Parlamente, die Gouverneure der Staaten, die Mgl. des Bundesparlaments, der Präs. und der Vizepräs. gewählt wurden. Aus diesen Wahlen ging die National Party of Nigeria (NPN) als Siegerin hervor. Im Aug. wurde A. S. Shagari (* 1925) zum Präs. gewählt. Das von ihm im Okt. 1979 gebildete Kabinett setzt sich aus Politikern der NPN und der Nigerian People's Party (NPP) zusammen.

Die reichen Erdöleinnahmen versetzten N. zunächst in die Lage, eine großzügige Entwicklungsplanung zu betreiben; jedoch schufen Anfang der 1980er Jahre Fehlplanungen bei industriellen Großprojekten, kombiniert mit sinkenden Öleinnahmen und wachsender Arbeitslosigkeit eine explosive Situation. Am 31. Dez. 1983 putschte das Militär, setzte die Reg. ab und löste die Nat.versammlung auf. Neues Exekutivorgan wurde der Oberste Militärrat unter Generalmajor M. Buhari. Im Aug. 1985 kam es zu einem neuen unblutigen Putsch, als der Stabschef der Streitkräfte, Generalmajor I. Babangida, Staatschef Buhari absetzte. Der Oberste Militärrat wurde durch einen Regierungsrat der Streitkräfte ersetzt, neues Staatsoberhaupt wurde Babangida, der im Dez. 1985 und März 1986 Putschversuche abwehren mußte. Die im Sept. 1985 ernannte Reg. aus Militärs und Zivilisten soll N. bis 1990 wieder zur Demokratie zurückführen. 1988 fanden Wahlen zu einer Verfassunggebenden Versammlung statt.

Politisches System: Die gegenwärtige Verfassung vom 31. Dez. 1983 basiert auf der Verfassung vom 29. Aug. 1979. Sie wurde durch das Militär mit den Verfassungsdekreten von 1984 und vom Nov. 1985 geändert. *Staatsoberhaupt* und (als Vors. des Regierungsrats der Streitkräfte) oberster Inhaber der *Exekutive* ist der Staatspräs. (seit Aug. 1985 I. Babangida). Der Regierungsrat der Streitkräfte bestimmt die Richtlinien der Politik und ist zuständig für Verfassungsangelegenheiten, die nat. Sicherheit sowie die Berufung der Gouverneure der Bundesstaaten, der Befehlshaber der Streitkräfte, der Mitglieder des Nationalrats und des Ministerrats. Der Nationalrat besteht aus dem Präs., dem Stabschefs der Streitkräfte, Mitgliedern des Regierungsrats der Streitkräfte sowie den Gouverneuren. Der vom Präs. geleitete Min.rat führt die allg. Reg.geschäfte. Die *Legislative* liegt beim Regierungsrat der Streitkräfte. Die polit. *Parteien* wurden im Jan. 1984 verboten. Die wichtigsten Parteien vorher waren die National Party of Nigeria (NPN), die Nigeria Advanced Party (NAP) und das Parteibündnis Progressive Parties' Alliance (PPA). Vom *Gewerkschaftsbund* Nigeria Labour Congress (NLC) spaltete sich 1981 der Congress of Democratic Trade Unions (CDTU) ab. Zur *Verwaltung* ist N. in 21 Bundesstaaten und ein Bundesterritorium gegliedert mit vom Regierungsrat der Streitkräfte ernannten Gouverneuren an der Spitze. *Recht*squellen sind z. T. brit. Recht, soweit nicht nigerian. Recht an seine Stelle trat, im S regionales Stammesrecht, im N islam. Recht. Im Gerichtswesen gibt es den vom Regierungsrat der Streitkräfte ernannten Obersten Gerichtshof, darunter als Bundesgerichte den Federal Court of Appeal und den Federal High Court. Jedes Bundesland hat einen High Court; im N bestehen außerdem Sharia Courts of Appeal als Berufungsinstanzen für islam. Recht. Die *Streitkräfte* sind 94 500 Mann stark (Heer 80 000, Luftwaffe 9 500, Marine 5 000).

📖 *Zartmann, I. W.: The political economy of N.* New York 1983. - *N. in maps.* Hg. v. *K. M. Barbour.* London 1982. - *Cornhaire, J.: Le N. et ses populations.* Brüssel 1981. - *Jaja, J. S.: Staatl. Förderung der Landw. in N.* Tüb. 1981. - *Crowder, M.: The story of N.* London ³1973.

Niger-Kongo-Sprachen, die größte Sprachfamilie innerhalb des Nigerkordofanischen. Unterteilt in: 1. Westatlant. Gruppe, 2. Mandesprachen, 3. Gur-Sprachen, 4. Kwasprachen, 5. Benue-Kongo-Sprachen, 6. Adamaua-Ost (Klassifikation umstritten).

Nigerkordofanisch, Bez. für die größte der 4 Hauptfamilien der afrikan. Sprachen. Wichtigste Untergruppen sind die Niger-Kongo-Sprachen und die kordofan. Sprachen. Diese z. T. umstrittene Klassifikation von J. H. Greenberg wird mit auffallenden Ähnlichkeiten im Bereich der Lexik und Morphologie begründet.

Nigg, Walter, * Gersau (Kt. Schwyz) 6. Jan. 1903, schweizer. ev. Theologe. - Seit 1940 Prof. für Kirchengeschichte in Zürich. - *Werke:* Die Kirchengeschichte. Grundzüge ihrer histor. Entwicklung (1934), Das Buch der Ketzer (1949). - † 17. März 1988.

Nigger [amerikan.], verächtl. Bez. für Angehörige der negriden Menschenrasse. - ↑ auch Neger.

Niggli, Paul, * Zofingen 26. Juni 1888, † Zürich 13. Jan. 1953, schweizer. Mineraloge und Geologe. - Prof. in Leipzig und Zürich; führte wichtige Untersuchungen über die Paragenese der Minerale und Gesteine, die Mineralverwandtschaft und die Kristallstruktur durch.

Nightingale, Florence [engl. 'naɪtɪŋgeɪl], * Florenz 12. Mai 1820, † London 13. Aug. 1910, brit. Krankenpflegerin. - Organisierte nach einer Schwesternausbildung in T. Fliedners Diakonissenanstalt Kaiserswerth im Krimkrieg in der Türkei und auf der Krim Verwundeten- und Krankenpflege.

Nigromant [lat./griech.], Zauberer, Wahrsager; **Nigromantie**, Schwarze Kunst, Magie.

Nihilismus [zu lat. nihil „nichts"], weniger ein festumrissener philosoph. als ein literar. Terminus zur (meist polem.) Pauschalkennzeichnung eines sich v. a. auf die Gottes- und Werterkenntnis beziehenden Skeptizismus; allg. verwendeter Ausdruck erst durch Turgenjews Roman „Väter und Söhne" (1862); im Anschluß an diesen Roman übernahmen ihn die sozialkrit. russ. Anarchisten als Selbstbez. Eine theoret. Reflexion über den N. findet sich nur bei Nietzsche, der im N. die noch unreflektierte, aber notwendige Folge der christl. (moral.) Lebensverneinung sieht.

nihil obstat [lat. „es steht nichts im Wege"], im kath. Kirchenrecht die Unbedenklichkeitsformel für die Erteilung der Druckerlaubnis.

Niigata, jap. Stadt auf Hondo, an der Mündung des Schinano ins Jap. Meer, 457 800 E. Verwaltungssitz der Präfektur N.; kath. Bischofssitz; Univ. (gegr. 1949); wichtigste jap. Hafenstadt am Jap. Meer; Zentrum eines Ind.gebiets; Fährverbindung zur Insel Sado. - Im 10. Jh. als wichtiger Hafen erwähnt; 1868 bei der Öffnung für ausländ. Schiffe einer der 5 großen Handelshäfen Japans; 1955 durch Brand, 1964 durch Erdbeben große Zerstörungen.

Niihau ↑ Hawaii.

Nijhoff, Martinus [niederl. 'nɛjhɔf], * Den Haag 20. April 1894, † ebd. 26. Jan. 1953, niederl. Schriftsteller und Kritiker. - Journalist; begann mit romant.-dekadenter Lyrik, in der er dem Gefühl der Einsamkeit und Lebensangst Ausdruck gab; hervorragender Stilist, in dessen späteren Werken v. a. religiöse Motive vorherrschen; schrieb auch geistl. Spiele.

Nijinska, Bronislava [ni'ʒinska, frz. niʒin'ska], eigtl. Bronislawa Fomowna Nischinskaja, * Minsk 8. Jan. 1891, † Pacific Palisades (Calif.) 21. Febr. 1972, russ. Tänzerin, Choreographin und Tanzpädagogin. - Schwester von W. Nijinski; 1908 Mgl. des Petersburger Marien-Theaters, gründete 1915 in Kiew eine Ballettschule (Schüler S. Lifar), verließ 1921 Rußland und wurde eine der bedeutendsten Choreographinnen von Diaghilews „Ballets Russes".

Nijinski, Waslaw [ni'ʒinski, frz. niʒin'ski], eigtl. Wazlaw Fomitsch Nischinski,

Nigeria. Wirtschaftskarte

*Kiew 12. März 1888 (oder 17. Dez. 1889?), † London 8. April 1950, russ. Tänzer. - Ab 1907 Mgl. des Marien-Theaters in Petersburg; war 1909–13 der Star der „Ballets Russes" unter Diaghilew; er kreierte u. a. Strawinskis „Petruschka" (1911) und choreographierte „L'après-midi d'un faune" von Debussy (1912) und Strawinskis „Le sacre du printemps" (1913), die für das moderne Ballett bahnbrechend wurden.

Nijmegen [niederl. 'nɛimeːxə] ↑ Nimwegen.

Nijvel [niederl. 'nɛivəl] ↑ Nivelles.

Nike, in der griech. Mythologie vergöttlichte Personifikation des „Sieges" (níkē „Sieg"). Meist geflügelt mit Kranz und Palme dargestellt; berühmt die **Nike von Samothrake** (um 190 v. Chr.; Paris, Louvre).

Nikephoros (lat. Nicephorus), Name byzantin. Kaiser:

N. I., *Seleukeia (Pisidien) um 765, ⚔ Pliska 26. Juli 811, Kaiser (seit 802). - Kam durch einen Palastaufruhr auf den Thron; erfolgreiche wirtsch. Maßnahmen (u. a. Steuerreform, Monopol des Staates auf das Zinsnehmen); Kolonisierung der slawisierten Balkangebiete durch Ansiedler aus Kleinasien; von Harun Ar Raschid (806), im Sommer 811 von den Bulgaren unter Khan Krum besiegt.

N. II. Phokas, *in Kappadokien 912, † Konstantinopel 10. oder 11. Dez. 969, Kaiser (seit 963). - Bed. Feldherr unter Romanos II. (Kämpfe gegen die Araber: Eroberung Kretas 961, Besetzung Aleppos 962); nach dem Tod Romanos' II. zum Kaiser ausgerufen und ∞ mit dessen Witwe Theophano; setzte als Kaiser seine siegreichen Kämpfe gegen die Araber fort. Im Innern betrieb er eine Politik zugunsten der Aristokratie; auf Anstiften seiner Gattin ermordet.

Nikias, *um 470, † Syrakus 413, athen. Feldherr und Politiker. - Anhänger des Perikles, Gegner des Kleon; vermittelte im April 421 den für 50 Jahre vereinbarten Frieden mit Sparta (**Nikiasfrieden**). Leitete zunächst mit Alkibiades und Lamachos, zuletzt allein, den erfolglosen sizil. Feldzug. Nach der Kapitulation (8. Okt. 413) hingerichtet.

Nikifor, *Lemkowszeryzna zw. 1893/95, † Krynica 10. Okt. 1968, poln. naiver Maler. - Seine Bilder zählen mit ihrem Farben- und Formenreichtum zu den besten Schöpfungen naiver Kunst.

Nikisch, Arthur, *Lébénye 12. Okt. 1855, † Leipzig 23. Jan. 1922, dt. Dirigent. - Dirigent des Boston Symphony Orchestra, 1893–95 Operndirektor in Budapest, ab 1895 Dirigent des Leipziger Gewandhausorchesters und des Berliner Philharmon. Orchesters, mit dem er große Konzertreisen unternahm; der Romantik verpflichteter Opern- und Konzertdirigent, der v.a. die Werke Tschaikowskis, Brucknders, Wagners und Brahms' mustergültig aufführte.

Nike von Samothrake (oberer Teil; um 190 v. Chr.). Paris, Louvre

Nikita, russ. männl. Vorname (Koseform von Nikolai).

Nikitin, Iwan Sawwitsch, *Woronesch 3. Okt. 1824, † ebd. 28. Okt. 1861, russ. Dichter. - Schrieb schwermütige, meist pessimist. Lyrik, deren Hauptthema die Not der unterdrückten, sozial benachteiligten unteren Schichten ist; in den Naturgedichten meisterhafte Landschaftsdarstellungen.

N., Nikolai Nikolajewitsch, *Petersburg 8. Aug. 1895, † ebd. 26. März 1963, russ.-sowjet. Schriftsteller. - Gehörte zu den „Serapionsbrüdern"; begann mit Romanen und Erzählungen in ornamentalem Stil; später in der Art des sozialist. Realismus, u. a. „Nordlicht" (R., 1950).

Nikko-Nationalpark, jap. Nationalpark auf Hondo, umfaßt im wesentl. das vulkan. Nikkogebirge, im Shirane 2 578 m hoch.

Niklaus von Hagenau ['niːklaʊs, 'nɪklaʊs] ↑ Niclas Hagnower.

Nikobaren, Inselgruppe im Golf von Bengalen (Ind. Ozean), südl. den Andamanen, Teil des ind. Unionsterritoriums Andaman and Nicobar Islands.

Nikobarer, die palämongolid-weddide, zu den Primitiv- oder auch Altmalaien zählende Bev. der Nikobaren; sprechen eine Mon-Khmer-Sprache.

Nikodemus, aus der Bibel übernommener männl. Vorname (zu griech. níkē „Sieg" und dēmos „Volk").

Nikodemus (Nicodemus), Gestalt des N. T., pharisäischer Schriftgelehrter, Mgl. des Synedriums, der Jesus veteidigte und begrub (Joh. 7, 50–52, 19, 38–42); Historizität unsicher.

Nikodim [russ. nika'dim], eigtl. Boris Georgijewitsch Rotow, *Frolowo (Gebiet Rjasan) 16. Okt. 1929, † Rom 5. Sept. 1978, russ.-orth. Metropolit von Leningrad und Nowgorod (seit 1963). - 1960 Bischof und Präs. des Außenamtes der russ.-orth. Kirche, maßgebl. an der ökumen. Öffnung der russ.-orth. Kirche beteiligt (1961 Aufnahme in den Weltrat der Kirchen). 1972 als Leiter des Außenamtes zurückgetreten.

Nikolai [russ. nika'laj], russ. Form des männl. Vornamens Nikolaus.

Nikolaiten [griech.], die in Apk. 2, 6 und 15 gen. Anhänger einer christl. libertinist.-gnost. Sekte, die u. a. zu „huren" lehrten; wohl nach einem in Apg. 6, 5 gen. Nikolaos von Antiochia ben.; das MA nannte nichtzölibatär lebende Prister Nikolaiten.

Nikolajew [russ. nika'lajıf], sowjet. Geb.-hauptstadt im S der Ukrain. SSR, 480 000 E. Schiffbauhochschule, PH, astronom. Observatorium; Kunstmuseum; Maschinenbau; Hafen, Bahnknotenpunkt, ⚓. - 1788 als Zentrum des Schiffbaus im S Rußlands gegr., ab 1789 Sitz der Admiralität; bis 1862 ausschließl. Kriegshafen; drittgrößter Handelshafen Rußlands.

Nikolaus, männl. Vorname (zu griech. níkē „Sieg" und lāós „Volk, Kriegsvolk").

Nikolaus, Name von Päpsten:
N. I., *Rom um 800, † ebd. 13. Nov. 867, Papst (seit 24. April 858). - N. wußte die röm. Tradition vom päpstl. Primat zu akzentuieren, v.a. in der Auseinandersetzung mit dem Patriarchen Photios von Konstantinopel und in der Wahrung der strengen Eheauffassung gegen König Lothar II.

N. II., † Florenz 27. Juli 1061, vorher Gerhard von Florenz, Papst (seit 24. Jan. 1059). - Von der Reformpartei im Einvernehmen mit dem dt. Hof auf Betreiben Hildebrands († Gregor VII.) gewählt. Die leitenden Persönlichkeiten seines Pontifikates waren Humbert von Silva Candida und Hildebrand. Die Lateransynode 1059 verkündete das Papstwahldekret. Der schroffe Reformkurs und die Verbindung des Reformpapsttums mit der Mailänder † Pataria und den süditalien. Normannen leiteten den Bruch mit dem deutschen Hof ein.

N. IV., *Lisciano bei Ascoli um 1230, † Rom 4. April 1292, vorher Girolamo Masci, Papst (seit 22. Febr. 1288). - Franziskaner; krönte 1289 Karl II. von Anjou zum König von Neapel und Sizilien, das aber den Aragonesen nicht entrissen werden konnte († Sizilianische Vesper).

N. V., *Sarzana 15. Nov. 1397, † Rom 24. März 1455, vorher Tommaso Parentucelli, Papst (seit 6. März 1447). - Ihm gelang eine neue Festigung der päpstl. Autorität in Kirchenstaat und Gesamtkirche; 1448 Abschluß des Wiener Konkordats mit Friedrich III., den er 1452 zum Kaiser krönte (letzte Kaiserkrönung in Rom); humanist. gebildet (Begründer der Vatikan. Bibliothek).

Nikolaus, Name von Herrschern:
Rußland:
N. I. Pawlowitsch [russ. 'pavlɛvitʃ], *Zarskoje Selo (= Puschkin) 6. Juli 1796, † Petersburg 2. März 1855, Kaiser (seit 1825). - Schlug den Dekabristenaufstand nieder; errichtete im Innern ein bürokrat. Polizeiregime und wurde zum Vorkämpfer gegen alle nat. Freiheitsbewegungen. Nach dem poln. Aufstand 1830/31 gliederte er Polen als Prov. dem russ. Reich ein; 1849 intervenierte er auf östr. Seiten in Ungarn. Seine lange Zeit erfolgreiche Orientpolitik scheiterte im Krimkrieg.

N. II. Alexandrowitsch [russ. alık'sandrɛvitʃ], *Zarskoje Selo (= Puschkin) 18. Mai 1868, † Jekaterinburg (= Swerdlowsk) 16. Juli 1918 (ermordet), Kaiser (1894–1917). - Hielt starr am autokrat. Prinzip fest und nahm die während der Revolution von 1905 gegebenen konstitutionellen Versprechen in der oktroyierten Staatsgesetzen von 1906 weitgehend zurück. 1915 übernahm N. den persönl. Oberbefehl über alle Streitkräfte, konnte aber angesichts militär. Niederlagen und einer katastrophalen wirtsch. Entwicklung das Ansehen des Zarentums nicht wiederherstellen. Beim Ausbruch der † Februarrevolution 1917 dankte er ab, wurde interniert, nach Sibirien verbannt und während des Bürgerkriegs mit seiner Fam. von den Bolschewiki ermordet.

Nikolaus (N. von Myra), hl., 1. Hälfte des 4. Jh., wahrscheinl. Bischof von Myra. - Gesicherte histor. Zeugnisse fehlen, gesichert ist der Einfluß der Gestalt des Abtes N. des Klosters Sion bei Myra († 546) auf die Legendenbildung; seit dem 6. Jh. Ausbreitung der N.verehrung in der griech., später in der russ. Kirche. Die bald über ganz Europa verbreitete N.verehrung erreicht ihre Blüte im späten MA: N. wird zu den 14 Nothelfern gezählt, er wird zum Schutzherrn der Gefangenen, Bäcker, Apotheker, Schiffer, Kaufleute (der Hanse), Juristen und v. a. der Kinder und Schüler. Die urspr. griech. Legende (N. errettet drei Gefangene, schenkt drei armen Mädchen Gold zur Heirat, rettet drei Unschuldige vom Blutrichter, schützt Schiffer in Seenot) wird vielfältig tradiert und um phantast. Züge bereichert (N. erweckt drei zerstückelte eingepökelte Schüler). - Fest: 6. Dez.
Bildende Kunst: Zahlr. Einzeldarstellungen finden sich v. a. im byzantin. Bereich sowie in der russ. Kunst, in Mitteleuropa erscheint er auch vielfach in Szenen seiner Legende, z. B. auf der Predella eines Altars von Fra Angelico (1437; Perugia, Galleria Nazionale).

Die mit dem *N.fest* am 6. Dez. verbundenen Bräuche gehen darauf zurück, daß in den ma. [geistl.] Schulen das Kinderbischofsspiel („ludus episcopi puerorum") seit dem 13. Jh. auch am 6. Dez. gefeiert wurde; dabei übernahm ein Schüler für einen Tag die Rolle des Bischofs. Mit diesem Spiel waren Umzüge verbunden. Bei der bald einsetzenden Verbreitung im weltl. Bereich traten andere Züge hinzu: ↑Knecht Ruprecht, Krampus, Gangerl u. a. begleiten N., sie werden auch zu Schreckgestalten für die Kinder.

📖 *Heiser, L.: N. v. Myra. Trier 1978. - Metken, S.: Sankt N. in Kunst u. Volksbrauch. Duisburg 1966.*

Nikolaus von Autrecourt [frz. otrɔˈkuːr], latinisiert Nicolaus de Ultricuria, N. de Altricuria, † nach 1350, frz. Philosoph und Theologe. - Lehrte 1320–27 an der Sorbonne in Paris. Vertreter eines radikalen Nominalismus bzw. ↑Ockhamismus; versuchte die Einführung quantifizierender, mathemat. Methoden in die naturwiss. Beobachtung.

Nikolaus von [der] Flüe [ˈflyː(ə)], hl., gen. Bruder Klaus, * auf der Flüe bei Sachseln (Unterwalden ob dem Wald) 1417, † ebd. (im Ranft) 1487, schweizer. Mystiker und Einsiedler. - Der wohlhabende Bergbauer, Vater von zehn Kindern, Ratsherr, Richter und Tagsatzungsgesandter fand Anschluß an die Mystiker des Klosters Engelberg und die Straßburger Gottesfreunde. Unter diesem Einfluß verließ er 1467 seine Familie und lebte als Einsiedler in der nahegelegenen Ranftschlucht. - Fest: 25. Sept.

Nikolaus von Hagenau ↑Niclas Hagnower.

Nikolaus von Kues [kuːs], latinisiert Nicolaus Cusanus, Nicolaus de Cusa, eigtl. N. Chryppfs oder Krebs, * Kues (= Bernkastel-Kues) 1401, † Todi 11. Aug. 1464, dt. Kirchenrechtler, Philosoph, Bischof und Kardinal. - Studierte 1416/17 Philosophie und Mathematik in Heidelberg, 1417–23 in Padua, ab 1425 Theologie in Köln, wo er mit der platon. Scholastik des Albertus Magnus und dem log.-myst. Denken des Raimundus Lullus in Berührung kam. Ab 1432 Bevollmächtigter des Trierer Erzbischofs auf dem Basler Konzil; untersützte zunächst die Konzilspartei, dann die päpstl. Seite. Seine Bemühungen, im Auftrag des Papstes eine Einigung mit den dt. Fürsten herbeizuführen, endeten mit dem Wiener Konkordat und der Ernennung zum Kardinal (1448). 1450 Fürstbischof von Brixen; 1458 verließ er unter polit. Druck Brixen und begann in Rom als Generalvikar und päpstl. Legat eine Reform des Klerus als Auftakt zu einer allg. Kirchenreform. - Seine Lehre und sein polit. Wirken stehen unter seinem dialekt. Prinzip der ↑Coincidentia oppositorum, mit dem es ihm gelingt, die vier „Regionen" Gott, Engel, Welt und Mensch in einem spekulativen philosoph.-theolog. System zusammenzufassen. N. ist einer der ersten Humanisten Deutschlands, der bereits Anschauungen von Gott, Welt und Mensch formuliert, die auch dem neuzeitl. Denken zugrunde liegen: Gott als die absolute, aktual unendl. Einheit. Entgegen der Meinung der Hochschulastik gibt es in bezug auf die Gotteserkenntnis für N. nur die als ↑Docta ignorantia begriffl. oder symbol. gefaßte Formulierung des Nichtwissens von Gott (negative Theologie). Die Welt sieht er als Ausfaltung („explicatio") des Wesens Gottes, in dem alle Dinge eingefaltet sind („complicatio"). Der Mensch ist in der so verstandenen Welt das Bindeglied ihrer Teile („copula universi"). In seinem erkenntnistheoret. Hauptwerk „Idiota" (der Laie; 1450) entwickelt N. in Dialogform eine Erkenntnistheorie, nach der das menschl. Wissen auf Vergleichen und Messen beruht. - N. gilt auch als einer der bedeutendsten Mathematiker seiner Zeit (Versuche zur Quadratur des Kreises).

📖 *Meuthen, E.: N. v. Kues. Skizze einer Biogr. Münster (Westf.)* ⁴*1979. - N. v. Cues, Einf. in sein philosoph. Denken. Hg. v. K. Jacobi. Freib. 1979. - Schulze, Werner: Zahl - Proportion - Analogie. Eine Unters. zur Metaphysik u. Wiss.haltung des N. v. Kues. Münster (Westf.) 1978.*

Nikolaus von Lyra, * Lyre (= La Neuve-Lyre, Eure) um 1270, † Paris 16. (23.?) Okt. 1349, frz. scholast. Theologe, Franziskaner (ab 1300). - Prof. der Theologie in Paris; seine „Postilla litteralis" (erschienen 1471/72) gehörte zu den verbreitetsten und einflußreichsten Bibelkommentaren.

Nikolaus von Myra ↑Nikolaus, hl.

Nikolaus von Oresme, latinisiert Oresmius, * in der Normandie nach 1320, † Lisieux 11. Juli 1382, frz. Gelehrter. - 1359 Lehrer in Paris (u. a. Erzieher Karls V., des Weisen, von Frankr.), 1377 Bischof von Lisieux. Er war einer der Wegbereiter der neuzeitl. Naturwiss. und Mathematik; fand die Gesetzmäßigkeiten der gleichmäßig beschleunigten Bewegung. Er vertrat die Vorstellung, daß die Erde eine tägl. Drehung um ihre Achse vollführe, nahm aber noch nicht das heliozentr. System an. Gilt als Begründer der modernen Nationalökonomie.

Nikolaus von Verdun [frz. vɛrˈdœ̃], lothringischer Goldschmied und Emailleur (nachweisbar zw. 1181 und 1205). - Gesichert sind die 45 Emailplatten eines dreiteiligen Altars der Stiftskirche in Klosterneuburg bei Wien (sog. Verduner Altar; urspr. Verkleidung eines Ambos, 1181) sowie der Marienschrein der Kathedrale von Tournai (1205, Ausführung durch die Werkstatt), Zuschreibung des ↑Dreikönigenschreins im Kölner Dom. N. verarbeitete byzantin. Einflüsse; seine Entwicklung mündet in eine Anlehnung der Antike bestimmten frühgot. Stil von starker Plastizi-

Nikolsburg

tät und Bewegung. - Abb. Bd. 6, S. 129.
Nikolsburg, Friede von, Name von 2 Friedensschlüssen, die in Nikolsburg (= Mikulov, Südmähr. Gebiet, ČSSR) unterzeichnet wurden: **1. Friede vom 6. Jan. 1622** zw. Kaiser Ferdinand II. und Gabriel Bethlen von Iktár, der auf den ungar. Königstitel verzichtete und dafür Reichsfürst wurde. **2. Der Vorfriede vom 26. Juli 1866** beendete den Dt. Krieg 1866 und wurde Grundlage des Friedens von Prag.

Nikomachische Ethik, eth. (in 10 Bücher eingeteiltes) Hauptwerk des ↑Aristoteles, nach dessen Sohn Nikomachos ben.; die N. E. war für die Entwicklung der abendländ. philosoph. Ethik bis Kant richtungweisend.

Nikomedes, Name mehrerer antiker Könige von Bithynien. Bed. v. a.: **N. I.** (⌂ 280 bis 250), Gründer der Hauptstadt **Nikomedeia** (= İzmit); kämpfte gegen die Seleukiden Antiochos I. und holte zur Festigung seiner Macht kelt. Söldner nach Kleinasien, die sich dort festsetzten (Galater). - **N. IV. Philopator** (⌂ 95–75) verlor sein Reich an seinen von Mithridates VI. unterstützten Stiefbruder und floh nach Rom; 84 durch Sulla wieder eingesetzt, vermachte Bithynien testamentar. Rom.

Nikon [russ. 'nikɛn], eigtl. Nikita Minow, * Weldemanowo (Geb. Gorki) 1605, † Jaroslawl 27. Aug. 1681, Patriarch von Moskau. - 1649 Metropolit von Nowgorod, 1652 zum Patriarchen gewählt. Er begann ein Reformwerk, das auf den Widerstand der nat. russ. Kräfte stieß, die Kirche in Rußland erschütterte und spaltete. Da er das Vertrauen des Zaren verlor, resignierte N. 1658. Ein Landeskonzil billigte zwar 1666/67 das Reformwerk und verurteilte dessen Gegner (Altgläubige), was zur Spaltung (russ.: raskol; ↑Raskolniki) der orth. Kirche in Rußland führte, verbannte und degradierte aber auch N.; 1681 rehabilitiert.

Nikopoia [griech. „Siegbringerin"] ↑Mariendarstellungen.

Nikopoler Manganerzlagerstätte, größtes Manganerzvorkommen der UdSSR, in der nördl. Schwarzmeerniederung, Ukrain. SSR, im Bereich der Städte Nikopol, Marganez und Ordschonikidse.

Nikopolis, ma. Stadt (= Nikopol) nö. von Plewen (Bulgarien). - Bei N. schlugen die Osmanen unter Bajasid I. 1396 das abendländ. Kreuzfahrerheer unter König Sigismund von Ungarn vernichtend.

Nikosia [niko'zi:a, ni'ko:zia] (griech. Lefkosia, türk. Lefkoşa), Hauptstadt von Zypern, im Zentrum der Messaria, 161 000 .E. Sitz eines orth. Erzbischofs, des Oberhauptes der autokephalen Kirche Zyperns, theolog. Seminar; Kultur- und Handelszentrum der Insel, Straßenknotenpunkt, internat. ✈. - In der Zeit der Kreuzzüge Residenz des 1192–1489 über Zypern herrschenden Hauses Lusignan; 1570 von den Osmanen erstürmt. Durch N. verläuft heute die De-facto-Grenze des von Türken besetzten N-Teiles der Insel. - Die Altstadt ist von der venezian. Stadtmauer (1567) mit Bastionen und Toren umgeben; in ihr befinden sich die ehem. got. Kathedrale Hagia Sophia (1208–14. Jh.; heute Hauptmoschee), die ehem. got. Katharinenkirche (14. Jh.; jetzt Haidarmoschee) sowie Ruinen ma. Bauten.

Nikotin [frz., nach dem frz. Gelehrten J. Nicot, * 1530, † 1600] (3-(1-Methyl-2-pyrrolidinyl)-pyridin), $C_{10}H_{14}N_2$, Hauptalkaloid der Tabakpflanze, das in der Wurzel gebildet und in den Blättern abgelagert wird. N. ist eine farblose, ölige Flüssigkeit und eines der stärksten Pflanzengifte (tödl. Dosis für den Menschen ca. 0,05 g). In kleinen Dosen führt N. durch Erhöhung der Adrenalin- und Noradrenalinsekretion zur Steigerung von Blutdruck, Darmperistaltik, Schweiß- u. Speichelsekretion. Eine *N.vergiftung* äußert sich durch Speichelfluß, Schwindel, Übelkeit, Erbrechen, Durchfall, Schweißausbruch, Krämpfe und führt zum Tod durch Atemlähmung (↑auch Rauchen). - Chem. Strukturformel:

Nikotinsäure ↑Vitamine.
Nikotinsäureamid ↑Vitamine.
Nikšić [serbokroat. 'nikʃite], jugoslaw. Stadt in den südl. Dinariden, 640 m ü. d. M., 28 500 E. Bedeutendstes Ind.zentrum Montenegros (u. a. Stahl- und Aluminiumwerk).

Nil, Fluß in NO-Afrika, entsteht bei Khartum (Republik Sudan) aus dem Zusammenfluß von ↑Blauem Nil und ↑Weißem Nil, durchbricht als Fremdlingsfluß in weitem Bogen die Tafel des Nub. Sandsteins (6 Katarakte) und bildet dabei im Wüstengebiet Ägyptens eine z. T. tief eingeschnittene, 5–20 km breite Flußoase (Oberägypten); unterhalb von Kairo fächert der N. zu einem großen Delta auf. Von der Quelle des Luvironza über Ruvubu, Kagera, Victorianil, Albertnil und Weißen Nil mit 6671 km längster Fluß Afrikas, Einzugsbereich über 2,8 Mill. km². Bei Asjut zweigt der **Ibrahimijkanal** und von diesem bei Dairut der Seitenarm **Josefkanal** ab. Unterschiedl. Wasserführung; das Hochwasser resultiert aus den Sommerregen im äthiop. Hochland. Der N. ist zw. dem 4. und 3. Katarakt, auf dem Nassersee und ab Assuan schiffbar. Zur Abflußregulierung, verbunden mit künstl. Bewässerung neuerschlossener Landw.flächen und zur Energiegewinnung wurde 1960–70 bei Assuan ein Hochdamm erbaut, der den N. zum Nassersee staut. Der Damm hält aber die Schwebstoffe zurück, wodurch die Fruchtbarkeit der Felder rapide nachläßt. Ebenso wird das Delta nicht mehr weiter ins Meer vorgeschoben, sondern abgetragen.

Nilwaran

Geschichte: Die alten Ägypter nahmen eine oberägypt. N.quelle bei Elephantine und eine unterägypt. bei Alt-Kairo an. Die Höhe der den ägypt. Jahresbeginn markierenden Überschwemmung, maßgebend für die Besteuerung der Felder, wurde auf den Inseln Elephantine und Ar Rauda (= Kairo) in Schächten gemessen und seit dem 3. Jt. v. Chr. in die Annalen aufgenommen. - Die wiss. Erforschung des N. und seines Ursprungsgebietes setzte im Zeitalter der Entdeckungen ein. 1770 entdeckte J. Bruce die Quellen des Blauen N., 1821/22 drang u. a. F. Cailliaud (* 1787, † 1869) zum Zusammenfluß des Weißen und Blauen N. vor. Von O-Afrika aus entdeckte J. H. Speke 1858 den Victoriasee und erforschte 1860–63 mit J. A. Grant (* 1827, † 1892) den Victoria-N. bis Gondokoro, wo er mit Sir S. W. Baker zusammentraf, der 1861–63 den Weißen N. von Khartum an erforschte. In einer Reihe von Reisen, v. a. D. Livingstones am Njassasee (1859), Sir H. M. Stanleys, der u. a. 1875 den Kagera erforschte, sowie R. Gessis (* 1831, † 1881), der 1876 den Abfluß des Albert-N. aus dem Albertsee erreichte, wurde das Geheimnis des N. entschleiert. 1892 stellte O. Baumann den Kagera als Hauptzufluß des Victoriasees und damit indirekt als Hauptquellfluß des Weißen N. fest.
📖 *Said, R.: The geological evolution of the river Nile.* Bln. u. a. 1981. - *Bochow, K. H.: Zu den Quellen des N.* Ffm. 1977. - *Moorehead, A.: Die Quellen des N.* Dt. Übers. Stg. Neuausg. 1965.

Niland, D'Arcy [engl. ˈnaɪlənd], * Glen Innes (Neusüdwales) 20. Okt. 1919, † Sydney 29. März 1967, austral. Schriftsteller. - Lebte jahrelang als Tramp; Journalist; ∞ mit der Schriftstellerin R. Park. Verfaßte [autobiograph.] Landschaftsromane („Shiralee", 1955; „Schwarz ist die Siegespalme", hg. 1969) und Erzählungen.

Nilbarsch ↑ Glasbarsche.

Nilgans ↑ Halbgänse.

Nilgiri Hills, Gebirgsblock im südl. Teil der Westghats, in Indien, durch den Fluß Moyar vom übrigen Dekhan getrennt.

Nilhechte (Mormyriformes), Ordnung etwa 5 cm bis 1,5 m langer, häufig unscheinbar gefärbter Knochenfische mit über 150 Arten in Süßgewässern Afrikas südl. der Sahara und im Nil; Körper meist langgestreckt, mit kleiner Mundöffnung am oft rüsselartig verlängerten Maul und mit schwachen elektr. Organen, die der Orientierung dienen.

Nilkrokodil ↑ Krokodile.

nilohamitische Sprachen ↑ nilotische Sprachen.

Nilosaharanisch, Bez. für eine der 4 Hauptfamilien der afrikan. Sprachen, unterteilt in: 1. Songhai; 2. Saharanisch; 3. Maba; 4. Fur; 5. Schari-Nil; 6. Koman; die bedeutendste Gruppe sind die Schari-Nil-Sprachen. Das Sprachgebiet umfaßt u. a. den größten Teil der östl. Sahara, das obere Niltal und das Gebiet nö., östl. und sö. des Victoriasees.

Niloten, im Obernilgebiet und in den Savannen Ostafrikas lebende Stämme, die eine nilot. Sprache sprechen.

Nilotide [griech.] (nilotide Rasse), Unterform der Negriden; schlanker, hochwüchsiger und langbeiniger Menschenrassentyp mit sehr dunkler Haut. Hauptverbreitungsgebiet sind die Sumpfgegenden des oberen Weißen Nils.

nilotische Sprachen, zur Gruppe der östl. Sudansprachen innerhalb der Schari-Nil-Sprachen gehörende Sprachen in O-Afrika, u. a. Luo, Schilluk, Dinka-Nuer (westl. Gruppe); Bari-Massai (östl. Gruppe) und Nandi-Suk (südl. Gruppe). Auf Grund typolog. Unterschiede wurde früher nur die westl. Gruppe als nilot., die östl. und die südl. Gruppe wurden als **nilohamit. Sprachen** bezeichnet. Mit der Zusammenfassung zu einer Gruppe erstreckt sich das Gebiet der n. S. von der Republik Sudan bis nach Kenia und Tansania.

Nilotohamiten, zusammenfassende Bez. für eine Gruppe von Stämmen in Ostafrika, die nilot. Sprachen sprechen.

Nilpferd ↑ Flußpferde.

Nils [nɪls, niːls] (Niels), männl. Vorname, niederdt. und nord. Form von Nikolaus.

Nil Sorski, eigtl. Nikolai Maikow, * 1433, † 1508, russ. Mönch und Kirchenpolitiker. - Gründete nach einer Orientreise, auf der er den byzantin. ↑ Hesychasmus kennenlernte, an dem Fluß Sora (daher sein Beiname) eine Einsiedelei, aus der sich bald ein idiorrhythm. Kloster entwickelte. Mit seiner spiritualisierenden Auffassung vom Wesen der Kirche geriet er in Auseinandersetzung mit Joseph von Wolokalamsk, der für weltl. Besitz der Klöster eintrat.

Nilsson, Birgit, * Västra Karup (Gemeinde Båstad) 17. Mai 1918, schwed. Sängerin (lyr., dann hochdramat. Sopran). - Seit 1948 Mgl. der Königl. Oper in Stockholm, als Gast an den bedeutendsten Opernhäusern der Welt gefeiert; v. a. bed. Wagnerinterpretin.

N., Bo, * Skellefteå 1. Mai 1937, schwed. Komponist. - Autodidakt; Frühwerke in serieller Technik, später beeinflußt von Stockhausen; sucht in seinen Kompositionen nach ständig neuen Möglichkeiten von Klangfarbigkeit, u. a. „Frequenzen" für sieben Instrumente (1956), „Szene I, II, III" für Orchester (1960–62), „Litanei über das verlorene Schlagzeug" für Orchester (1965).

Nils-Udo, eigtl. N.-U. Pflugfelder, * Lauf an der Pegnitz 27. März 1937, dt. Künstler. - Vertreter der Land-art; lebte 1960–69 in Paris; künstler. Ziel ist stets die opt. und emotionale Vermittlung einer Naturordnung, auch eigene Photodokumentationen seiner Werke (u. a. „Hommage à Gustav Mahler" [1973/74]), „Das Nest" (1978).

Nilwaran ↑ Warane.

Nimba

Nimba, bis 1 752 m hoher Gebirgszug in W-Afrika (Liberia, Guinea, Elfenbeinküste).
Nimbostratus [lat. „Regenwolkendecke"] ↑ Wolken.
Nimburg ↑ Nymburk.
Nimbus [lat.], ↑ Heiligenschein; übertragen: glanzvoller Ruhm.
Nimes [frz. nim], frz. Stadt 45 km nö. von Montpellier, 124 200 E. Verwaltungssitz des Dep. Gard; kath. Bischofssitz; Konservatorium; Kunst-, archäolog., Heimatmuseum, Museum röm. Kunst; Handelsplatz (bes. Wein) für die Bewässerungsgeb. des Languedoc; Konservenind., Landmaschinenbau, Bekleidungs-, Elektro-, Schuh-, Genußmittelindustrie. - **Nemausus,** der Hauptort der kelt. Volcae Arecomici, wurde 121 v. Chr. röm., 16 v. Chr. von Augustus zur Kolonie erhoben (**Colonia Augusta Nemausus**); wurde um 149 n. Chr. Hauptstadt der Prov. Gallia Narbonensis, Ende des 4. Jh. Bischofssitz; während der Völkerwanderung fast völlig zerstört; 738 von den Franken erobert; kam 1185 an die Grafen von Toulouse; gehörte ab 1229 zur frz. Krondomäne; vom 16. Jh. bis 1629 eine der Hauptfestungen der Hugenotten. - N. ist reich an Denkmälern aus röm. Zeit, v. a. das gut erhaltene Amphitheater (vermutl. Anfang des 1. Jh. n. Chr.), die sog. Maison Carrée, ein Podiumstempel (20-12 v. Chr.), sowie der sog. Dianatempel (Rest eines Nymphäums aus dem 1. Jh. n. Chr.) und die Tour Magne (vermutl. 1. Jh. v. Chr.).
Nimmersatte, zusammenfassende Bez. für Vertreter der Gatt. *Ibis* und *Mycteria;* etwa 1 m lange, vorwiegend weiß gefiederte Störche mit 4 Arten v. a. an Gewässern Afrikas, Asiens und Amerikas; gut segelnde, sich v. a. von Fischen und Amphibien ernährende Vögel mit nacktem, häufig auffällig gefärbtem Gesicht, schwarzen Handschwingen und schwarzen Schwanzfedern. Zu den N. gehören: **Afrika-Nimmersatt** (Ibis ibis), Gefieder weiß mit rötl. Schimmer, Gesicht rot, Schnabel und Füße gelb (trop. Afrika, Madagaskar); **Malaien-Nimmersatt** (Ibis cinereus), Gefieder rein weiß (in Hinterindien und auf den großen Sundainseln); **Amerika-Nimmersatt** (Mycteria americana), Gefieder weiß, Kopf und Hals nackt und (wie Schnabel und Füße) bläulichschwarz (South Carolina bis Buenos Aires); Koloniebrüter.
Nimrod, Gestalt des A. T., 1. Mos. 10, 8-12 als sagenhafter Gewaltherrscher und Jäger erwähnt. Sein Ruf wurde sprichwörtl. („ein gewaltiger Jäger vor dem Herrn"). Er soll die Städte Ninive, Rehoboth-Ir, Kalach und Resen erbaut haben.
Nimrud, Ruinenstätte in N-Irak, das altoriental. ↑ Kalach.
Nimwegen (niederl. Nijmegen), niederl. Stadt am linken Ufer der Waal, 10-25 m ü. d. M., 147 200 E. Kath. Univ. (gegr. 1923), philosoph. Fakultät Berchmanianum, Inst. für kirchl. Hochschulunterricht, theolog. Studienzentrum für Laienpriester; Museen; Theater; Garnison; Handelszentrum und bed. Ind.standort; Hafen. - Die nach dem Bataveraufstand von 69/70 nw. eines Legionslagers neu errichtete Zivilsiedlung **Batavodurum** änderte wohl ein Zusammenhang mit der Verleihung des Marktrechts etwa 104 ihren Namen in (**Ulpia**) **Noviomagus** („Neumarkt"); in der 2. Hälfte des 2. Jh. wurde sie Munizipium. Karl d. Gr. errichtete in **Niumaga** eine Pfalz; 1230 Reichsstadt, 1247 an den Grafen von Geldern verpfändet; 1402 Hansestadt. 1585 übergab die von den Kalvinisten unterdrückte kath. Bev.mehrheit N. den Spaniern, den Moritz von Oranien sie 1591 zurückeroberte; Abbau der Festungswerke 1879-86. - Die **Friedensschlüsse von Nimwegen** (1678/79) beendeten den Niederl.-Frz. Krieg: die Niederlande konnten im wesentl. ihren Besitzstand wahren und die Räumung ihres Gebietes durch die Franzosen erreichen; Frankr. gewann die Franche-Comté und 15 Grenzfestungen in den span. Niederlanden, sowie Freiburg im Breisgau und die elsäss. Städte. Zahlr. histor. Bauten wurden 1944 und 1945 zerstört; erhalten sind u. a. die Kirche Sint-Steven (um 1272 bis 15. Jh.) und die ehem. Stadtwaage (1612). Renaissancerathaus (1553). Bed. Überreste eines röm. Amphitheaters (150 n. Chr.) und der von Karl d. Gr. gegr., 1155 durch Friedrich Barbarossa wiederhergestellten Pfalz „Valkhof".
Nin, Anaïs, * Paris im Febr. 1903, † Los Angeles 14. Jan. 1977, amerikan. Schriftstellerin. - Lebte seit den 1920er Jahren in Europa, v. a. in Paris; setzte sich v. a. für den seit 1931 mit ihr befreundeten H. Miller ein; ab 1940 in New York. Ihre Tagebücher (10 Bde.) sind bed. Zeitdokumente des kulturellen und literar. Lebens; schrieb kurze Romane, die als Chroniken des Unbewußten gedeutet werden (u. a. „Ein Spion im Haus der Liebe", 1954) und Erzählungen (u. a. „Unter einer Glasglocke", 1944); auch bed. Schriften (u. a. „Sanftmut des Zorns", dt. 1979).
Ningpo (Ningbo) [chin. niŋbɔ], chin. Stadt 20 km oberhalb der Mündung des Yungkiang in die Hangtschoubucht, 300 000 E. Handels- und Fischereihafen, Textil-, Nahrungsmittelind., Bau von Schiffen, Dieselmotoren und landw. Maschinen; Eisenbahnendpunkt. - Achteckige, siebenstöckige Pagode (14. Jh.); Bibliothekshalle (16. Jh.).
Ningsia (Ningxia) [chin. niŋcja], Autonome Region in China, am Mittellauf des Hwangho, 170 000 km², 3,9 Mill. E (1982), Hauptstadt Yinchwan. Autonomes Geb. der Hui (chin. Muslime). Zentraler Raum ist die Ebene am Hwangho. Jenseits erstreckt sich das Wüstengebiet der Ala Shan. Das südl. N. wird von einem Lößhochland eingenommen; Bewässerungsfeldbau, Schafzucht. Abbau von Kohle. - Entstand 1958 (zuvor seit

1928 Name einer chin. Provinz).

Ninhydrin [Kw.] (1,2,3-Indantrionhydrat, 1,2,3-Triketohydrindenhydrat), Reagenz zum Nachweis von Aminosäuren, Peptiden und Proteinen. Aminosäuren ergeben eine Blau-, Peptide und Proteine eine Violettfärbung. Chem. Strukturformel:

Ninive ['ni:nive] (assyr. Ninua), altoriental. Stadt am linken Tigrisufer gegenüber Mosul (Irak); Hauptstadt des Assyrerreichs von 704 bis zur Zerstörung durch Babylonier und Meder 612 v. Chr. - Ausgrabungen (seit 1842) stießen auf Siedlungsschichten vom 5. Jt. v. Chr. Freigelegt werden konnte der Königspalast Sanheribs, Teile des Palastes Assarhaddons und der Palast Assurbanipals; Funde hervorragender Wandreliefs (z. T. in Paris, Louvre) und der Bibliothek Assurbanipals (etwa 5000 Keilschrifttafeln, u.a. „Gilgamesch-Epos"; v. a. in London, Brit. Museum).

Niob [nach Niobe, der Tochter des Tantalus (wegen der ständigen Vergesellschaftung von N. mit Tantal)] (Niobium; in Großbrit. und den USA bis 1949 auch Columbium), chem. Symbol Nb, metall. Element aus der V. Nebengruppe des Periodensystems der chem. Elemente, Ordnungszahl 41, relative Atommasse 92,9064, Dichte 8,57 g/cm³, Schmelzpunkt 2468 °C, Siedepunkt 4742 °C. N. ist ein reinweißes, gut verformbares, in Säuren (auch Königswasser) nicht lösl. Metall, das meist fünfwertig auftritt. Die wichtigsten N.erze sind ↑ Niobit und ↑ Pyrochlor; da N. stets mit dem chem. ähnl. ↑ Tantal vergesellschaftet ist und nicht in größeren Lagerstätten vorkommt, ist seine Gewinnung schwierig. N. wird als Legierungskomponente für Stähle und spezielle Hochtemperaturwerkstoffe verwendet.

Niobe, Gestalt der griech. Mythologie. Tochter des Tantalus, Schwester des Pelops, Gemahlin des theban. Königs Amphion. Vermessen wie ihr Vater, wagt sie es, vor Leto, die nur zwei Kinder geboren hat, mit ihrer reichen Nachkommenschaft von sechs Söhnen und sechs Töchtern zu prahlen. Apollon und Artemis rächen diese Beleidigung, indem sie alle zwölf Kinder (Niobiden) der Frevlerin mit ihren Pfeilen töten. N. wird zu einem Felsen des Sipylosgebirges versteinert, aus dem seither ihre Tränen quellen.

Niobeöl ↑ Benzoate.

Niobit [griech., nach dem Gehalt an Niob], bräunlich schwarzglänzendes Mineral, das nur in Mischkristallen zusammen mit Tantalit vorkommt (Kolumbitgruppe). Chem. Zusammensetzung: (Fe, Mn) Nb₂O₆. Mohshärte 6, Dichte 5,3 g/cm³. Vorkommen, v. a. in pegmatit. Graniten, in SW-Afrika, Simbabwe, Brasilien, W-Australien, Skandinavien.

Niort [frz. njɔ:r], frz. Stadt im Poitou, 58 200 E. Verwaltungssitz des Dep. Deux-Sèvres; Markt- u. Versorgungszentrum eines Landw.gebiets; Werkzeug- und Landmaschinenbau, Holzind., Handschuhmacherei u. a. Betriebe. - Stadtrechtsverleihung durch den engl. König Heinrich II.; wurde 1557 prot. - Beherrschend am Ufer der Sèvre Niortaise der mächtige Donjon (12./13. Jh.; jetzt Trachtenmuseum); Kirche Notre-Dame (15., 16. und 17. Jh.).

Nipapalme [malai./dt.] (Atappalme, Nypa fruticans), Palmenart der Mangrovengebiete Südostasiens und Australiens; mit sehr kurzem Stamm und bis 7 m langen, gefiederten Blättern; der Saft wird für die Bereitung von Wein und Schnaps verwendet.

Nipperdey, Hans Carl, * Bad Berka 21. Jan. 1895, † Köln 21. Nov. 1968, dt. Jurist. - Prof. in Jena und Köln; Präs. des B.-Arbeitsgerichts 1954–63. Beeinflußte maßgebend die Entwicklung des modernen Arbeitsrechts, daneben bed. Veröffentlichungen zum Verfassungs- und Zivilrecht einschließl. Wirtschaftsrecht. - *Werke:* Lehrbuch des Arbeitsrechts (mit A. Hueck, 1927–30), Tarifvertragsgesetz (mit E. Stahlhacke, 1950), Lehrbuch des bürgerl. Rechts, Allg. Teil, begr. von L. Enneccerus (1959–60), Die Grundrechte (mit F. Naumann u. a., 1966–70).

Nippes ['nipəs, nips, nip; frz.] (Nippsachen), kleine Ziergegenstände, meist aus Porzellan.

Nippon, jap. Bez. für ↑ Japan.

Nippon Steel Corp. [engl. 'nɪpɒn 'sti:l kɔ:pə'reɪʃən] (Shin Nihon Seitetsu), größter jap. Konzern und größter privatwirtschaftl. Stahlproduzent der Erde, Sitz Tokio, entstanden 1970 durch Fusion.

Nipptide [niederdt.] ↑ Gezeiten.

Nippur, altoriental. Stadt, heute Ruinenhügel Nuffar (Niffer) im mittleren Irak. Im 3./2. Jt. Hauptkultort des sumer. Gottes Enlil; bed. Handelsstadt bis in seleukid. Zeit. Ausgrabungen (1888–1900, 1948–50, 1972–75): Ruinen des Enlilheiligtums mit Tempelturm u. v. a. zahlr. Keilschrifttafeln (heute in Philadelphia, Jena, Istanbul), darunter bed. sumer. literar. Texte.

Nirenberg, Marshall Warren [engl. 'naɪrɪnbə:g], * New York 10. April 1927, amerikan. Biochemiker. - Seit 1962 Leiter der Abteilung für biochem. Genetik am National Heart Institute in Bethesda (Md.). N. leistete Pionierarbeiten zur Entzifferung des genetischen Codes, wofür er 1968 (zus. mit R. W. Holley und H. G. Khorana) den Nobelpreis für Medizin oder Physiologie erhielt.

Nirosta ⓡ [Kw.], Bez. für eine Gruppe nichtrostender Stähle.

Nirwana [Sanskrit „Erlöschen, Verwehen"], Begriff, den Buddha zur Kennzeichnung des Heilsziels seiner Religion gebrauchte. N. ist die Überwindung aller Faktoren, die die Last des Daseins bedingen, das Verlöschen der Lebensbegierde und des Wahns, im Dasein eine Realität zu erkennen. In psycholog. Hinsicht bedeutet dies die Aufhebung der Gier nach dem Leben. Dieser Zustand kann bereits zu Lebzeiten erreicht werden. Nach dem Tod tritt der Erlöste dann in das vollkommene N. ein, seine individuelle Existenz erlischt. Er ist dann dem Gesetz der tatbedingten Wiedergeburten entzogen.

Niš [serbokroat. niːʃ] (Nisch), jugoslaw. Stadt kurz oberhalb der Mündung der Nišava in die Südl. Morava, 161 000 E. Wirtsch. und kulturelles Zentrum des südl. Serbien; serb.-orth. Bischofssitz; Univ. (gegr. 1965), Kunstakad., Staatsbibliothek, Theater; Flugzeugbau, Elektro-, Textil-, Nahrungsmittel- und chem. Ind., Verkehrsknotenpunkt. - Das an der Stelle des antiken **Naissus** (164 n. Chr. Munizipium, Geburtsort Konstantins I., d Gr.) entstandene, mehrfach zerstörte byzantin. N. war bereits im 11. Jh. eine reiche Handelsstadt. Seit dem 13. Jh. (bei teils sogar Vasallität) in serb. Besitz, wurde nach Eroberungen 1386, 1428 und 1443 endgültig 1459 osman.; kam 1878 wieder an Serbien. - 1690–1732 ausgebaute Festung; sog. Schädelturm (1809); röm. Ausgrabungen (Mosaike).

Nisam Al Mulk, 1724–1947 Titel der Fürsten von Hyderabad.

Nisan [hebr.], 7. Monat des jüd. Jahres mit 30 Tagen (März/April/Mai). Am 14./15. bis zum 21. N. wird Passah gefeiert.

Nišava [serbokroat. und bulgar. niˈʃava], größter Nebenfluß der Südl. Morava, entspringt in der Stara Planina (Bulgarien), mündet unterhalb von Niš (Jugoslawien), 218 km lang; bildet bei Dimitrowgrad die 17 km lange und 300 m tiefe Sičevo-Schlucht.

Nisch [nɪʃ, niːʃ] ↑Niš.

Nischengrab, in der Vorgeschichte eine seitl. an der Grabschachtbasis angesetzte Grabkammer; in der Archäologie ein in eine Wand eingelassenes Grab, v. a. in unterird. Grabanlagen (Katakomben).

Nischinomija, jap. Stadt, Teil der Conurbation Osaka-Kobe, 410 300 E. Univ. (gegr. 1889); Hüttenwerk, Nahrungsmittelindustrie.

Nischni Nowgorod, bis 1932 Name der sowjet. Stadt ↑Gorki.

Nischni Tagil, sowjet. Stadt am O-Abfall des Mittleren Ural, RSFSR, 415 000 E. Filiale der polytechn. Hochschule von Swerdlowsk, PH; Theater. N. T. ist ein Zentrum der Hüttenind. und des Maschinenbaus.

Nisibis, Ort in SO-Anatolien (= Nusaybin); im Altertum seit dem 9. Jh. v. Chr. wichtige Prov.hauptstadt Assyriens; 129 parth., ab 80 armen., 114 erstmals und ab 162 n. Chr. endgültig röm., wurde 197 Hauptstadt der Prov. Mesopotamia; 363 pers., 640 von Arabern erobert; im 13. Jh. von den Mongolen zerstört.

Nissen, Bez. für die relativ großen Eier der Läuse und Federlinge, die die ♀♀ mit einem aus der Geschlechtsöffnung ausfließenden Kitt einzeln außerordentl. fest an die Haare ihrer Wirte oder an Stoffasern festkleben.

Nissl, Franz [Alexander], *Frankenthal (Pfalz) 9. Sept. 1860, † München 11. Aug. 1919, dt. Neurologe und Psychiater. - Ab 1904 Prof. in München; befaßte sich v. a. mit der Histologie und Histopathologie der Nervenzellen. Er entwickelte 1885 die *N.-Färbung* (von Nervengewebe mit Methylenblau) und entdeckte damit 1894 die neurophysiolog. wichtigen intrazellulären *N.-Schollen* (↑Nervenzelle).

Niterói [brasilian. niteˈrɔj], brasilian. Stadt im östl. Vorortbereich von Rio de Janeiro, 382 700 E. Kath. Erzbischofssitz; Univ., Ingenieurschule, Staatsbibliothek; Schiffbau, Textil-, Tabak-, Zement-, chem., pharmazeut. und Sprengstoffind., Eisenbahnendpunkt. - Gegr. 1671, Stadt seit 1819.

Nithard, † 844, fränk. Geschichtsschreiber. - Enkel Karls d. Gr.; überlieferte in seinem Geschichtswerk („Historiarum libri IV"), das die Kämpfe zw. den Söhnen Ludwigs des Frommen beschreibt, die Straßburger Eide.

Nithart, dt. Maler, ↑Grünewald, Matthias.

Nitidulidae [lat.], svw. ↑Glanzkäfer.

Nitra [slowak. ˈnjitra], Stadt an der mittleren Neutra, ČSSR, 190–220 m ü. d. M., 85 300 E. Hochschule für Landw., PH, archäolog. Inst. der Slowak. Akad. der Wiss.; Nahrungsmittelind., Transportmaschinenbau, Textil-, Lederind. - Seit dem 7. Jh. von Slawen besiedelt; seit 880 kath. Bischofssitz. - Über der Stadt die Burg (11.–17. Jh.); innerhalb der Burgmauern die im 17. Jh. barock umgestaltete Kathedrale und das erzbischöfl. Palais.

Nitratatmung, svw. ↑Denitrifikation.

Nitrate [zu ägypt.-griech. nítron „Laugensalz, Soda, Natron"], die Salze der Salpetersäure; gut wasserlösl. Verbindungen, die beim Erwärmen Sauerstoff abgeben und daher als Oxidationsmittel wirken. Ammoniumnitrat (NH_4NO_3) wird großtechn. als Stickstoffdünger sowie als Sprengstoff hergestellt. ♦ Ester der Salpetersäure, $RO-NO_2$ (R = Alkylrest); techn. wichtig sind die N., die sich von mehrwertigen Alkoholen ableiten, z. B. ↑Nitroglycerin und ↑Nitrozellulose.

Nitratpflanzen (nitrophile Pflanzen, Salpeterpflanzen), nitratanzeigende und teilweise auch nitratspeichernde Pflanzen, die auf stickstoffreichen Böden (z. B. Überschwemmungsböden, Waldlichtungen, Kulturland und Ruderalstellen) bes. gut gedeihen und dort z. T. geschlossene Massenbestände bilden (u. a. Weidenröschen, Brennessel, Bärenklau, Wiesenkerbel).

Nitride [↑Nitrate], Verbindungen des Stickstoffs, v. a. mit Metallen. Nach den Bin-

Nitrosamine

dungsverhältnissen lassen sich die salzartigen N., die in wäßriger Lösung in Ammoniak und Metallhydroxide zerfallen, die sehr harten diamantartigen Stickstoffverbindungen mit Elementen der III. und IV. Hauptgruppe (z. B. Bornitrid, BN) und die ebenfalls sehr harten metall. N., die v. a. mit den Übergangsmetallen gebildet werden, unterscheiden.

Nitrieren [↑ Nitrate], das Umsetzen organ. Verbindungen mit konzentrierter Salpetersäure, *Nitriersäure* (Mischsäure; Gemisch aus einem Teil konzentrierter Salpetersäure mit zwei Teilen konzentrierter Schwefelsäure) u. a., um ein oder mehrere Wasserstoffatome durch ein oder mehrere Nitrogruppen zu ersetzen.

Nitrierhärten (Nitrieren, Aufsticken), Härten der Oberflächenschichten von Stählen durch Reaktion mit stickstoffabgebenden Substanzen (Nitriermitteln), wobei Stickstoffatome in den Stahl eindiffundieren und sich mit dem Eisen und den Legierungsbestandteilen (v. a. Aluminium, Vanadium, Chrom) zu Nitriden verbinden, die eine hohe Härte bewirken.

Nitriersäure ↑ Nitrieren.

Nitrile [↑ Nitrate], organ. Verbindungen mit der allg. Formel $R-C\equiv N$ (R ist ein Alkyl- oder Arylrest); meist farblose, flüssige oder feste Substanzen, die wegen der Dreifachbindung sehr reaktionsfähig sind. Ungesättigte aliphat. N. lassen sich polymerisieren. Techn. wichtig ist z. B. das ↑ Acrylnitril.

Nitrite [↑ Nitrate], die Salze der salpetrigen Säure; bis auf Silbernitrit wasserlösl. Substanzen, die beim Erhitzen (außer den N. der Alkalimetalle) zerfallen. Techn. Bedeutung hat nur das ↑ Natriumnitrit.

◆ Salpetrigsäureester, entstehen durch Reaktion von Alkoholen mit ↑ salpetriger Säure, $RO-NO$. Einige Alkylester werden medizin. als herzkranzgefäßerweiternde Mittel zur Behandlung von Angina pectoris verwendet.

Nitro- [ägypt.-griech.], Bez. der chem. Nomenklatur für die Gruppe $-NO_2$ *(Nitrogruppe)*.

Nivellement zur Bestimmung des Höhenunterschiedes

Nitroanilin (Aminonitrobenzole), Derivate des Benzols, wobei je nach Stellung der Amino- bzw. Nitrogruppe o-, m- und p-Nitroanilin unterschieden wird. N. sind wie Anilin starke Blutgifte und treten als Zwischenprodukte bei der Herstellung von Azofarbstoffen auf.

Nitrobenzol (Mononitrobenzol, Mirbanöl), einfachste aromat. Nitroverbindung; farblose bis gelbl., nach bitteren Mandeln riechende Flüssigkeit, die Zwischenprodukt bei der Herstellung von Anilin ist. N. ist ein starkes Blut- und Nervengift.

Nitrofarbstoffe, ältere Gruppe gelber bis brauner synthet. Farbstoffe, die Nitrogruppen enthalten, z. B. die ↑ Pikrinsäure.

Nitrogelatine, svw. Sprenggelatine (↑ Sprengstoffe).

Nitrogenium [ägypt.-griech./griech.], svw. ↑ Stickstoff.

Nitroglycerin (Glycerintrinitrat), durch Nitrieren von Glycerin mit Nitriersäure hergestellte farblose bis bräunl. geruchlose Flüssigkeit, die bei gewöhnl. Temperatur beständig ist, bei Stoß und Schlag jedoch heftig explodiert und daher als Sprengstoff Verwendung findet. Durch Aufquellen mit Kollodium wird N. handhabungssicher gemacht (Sprenggelatine). Außerdem wird N. medizin. als gefäßerweiterndes Mittel bei Angina pectoris verwendet. Chem. Strukturformel:

$$H_2C-O-NO_2$$
$$HC-O-NO_2$$
$$H_2C-O-NO_2$$

Nitrolacke (Nitrozelluloselacke), Gruppe von Lacken, bestehend aus Zellulosenitrat (Nitrozellulose) in einem Lösungsmittel[gemisch] aus Aceton, verschiedenen Estern, Methanol, Spiritus, Benzol und Glykolderivaten. Lösungsmittel und *Nitroverdünnung* (*Nitroverdünner*) haben übereinstimmende Zusammensetzung.

Nitrosamine [Kw.], organ. Verbindungen mit der allg. Formel $RR'N-NO$ (R,R' aliphat. oder aromat. Rest), die aus der Reaktion sekundärer Amine mit salpetriger Säure

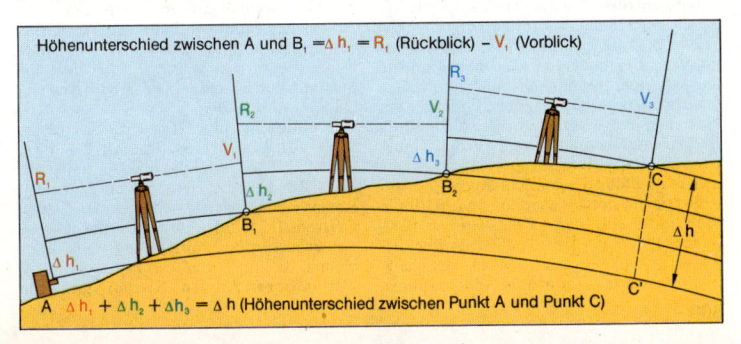

Höhenunterschied zwischen A und $B_1 = \Delta h_1 = R_1$ (Rückblick) $- V_1$ (Vorblick)

$A \; \Delta h_1 + \Delta h_2 + \Delta h_3 = \Delta h$ (Höhenunterschied zwischen Punkt A und Punkt C)

Nitroso-

hervorgehen. N. sind hochgiftige, z. T. krebserzeugende Substanzen. - Neuerdings wurden N. auch in mehreren Nahrungsmitteln wie Bier, Fleisch- und Wurstwaren sowie Käse nachgewiesen, in denen sie sich wahrscheinl. durch Reaktion von aus Eiweiß entstandenen Aminen mit Nitriten oder Nitraten bilden. Insgesamt ist der Gehalt an N. im Bier mit durchschnittl. 0,000013 g pro Liter (dunkle Biere enthalten mehr, helle Biere weniger N.) äußerst gering, so daß eine Gesundheitsgefährdung nach dem derzeitigen Stand des Wissens auszuschließen ist.

Nitroso- [ägypt.-griech.], Bez. der chem. Nomenklatur für die Gruppe $-NO$.

Nitrosyl- [ägypt.-griech.], Bez. der chem. Nomenklatur für die kation. Gruppe NO^+.

Nitrotoluole, Derivate des Toluols mit einer, zwei oder drei Nitrogruppen am Benzolring; die drei Mono-N. o-, m- und p-Nitrotoluol sowie die Di-N. sind Zwischenprodukte bei der Herstellung von Azofarbstoffen, von den Tri-N. hat das gelbe, kristalline 2,4,6-Trinitrotoluol (Trotyl, Tritol), Abk. TNT, als handhabungssicherer, durch Initialzünder zur Detonation zu bringender Sprengstoff große Bedeutung. Chem. Strukturformel des 2,4,6-Trinitrotoluols:

$$\begin{array}{c}\text{CH}_3\\ \text{O}_2\text{N}\underset{\text{NO}_2}{\bigcirc}\text{NO}_2\end{array}$$

Nitrozellulose (Nitrozellstoff, Zellulosenitrat), durch Nitrieren von Zellstoff oder Baumwolle gewonnene weiße, faserige Masse, die beim Entzünden sehr rasch verbrennt. Die freien Hydroxylgruppen der Zellulosemoleküle sind mehr oder weniger mit Salpetersäure verestert; ein niedrig verestertes N.produkt ist die Kollodiumwolle, hochverestere N. ist die Schießbaumwolle.

Ni Tsan (Ni Zan), * 1301, † 1374, chin. Maler und Dichter. - Tätig in Wuhsi (Kiangsu). Einer der „vier großen Meister der Yüanzeit", die eine Wende in der Landschaftsmalerei herbeiführten. Menschenleere, karge, melanchol. Landschaften. - Abb. Bd. 4, S. 281.

Nitschiren (Nichiren) [jap. niˈtʃi.ren, ˈni.tʃiren], * Kominato (Präfektur Tschiba) 1222, † Ikegami bei Tokio 1282, jap. Sektengründer. - Begründete die nach ihm ben. Sekte des jap. Buddhismus, die als autoritative Glaubensgrundlage allein den „Lotos der guten Religion" anerkennt, einen Text des nördl. Buddhismus. Als unduldsamer Prophet eines bewußt nat.-jap. Buddhismus verwarf N. alle anderen buddhist. Schulrichtungen.

Nitti, Francesco Saverio, * Melfi (Prov. Potenza) 19. Juli 1868, † Rom 20. Febr. 1953, italien. Politiker. - Jurist; 1904-24 liberaler Abg., 1911-14 Wirtschafts-, 1917-19 Schatzmin.; versuchte als Min.präs. und Innenmin.

(Juni 1919-Juni 1920) vergebl. das liberale parlamentar. System zu restabilisieren; als scharfer Gegner des Faschismus ab 1924 im Exil; gehörte zu den führenden Vertretern der antifaschist. Opposition; 1943-45 in dt. Haft, 1945 Mitbegr. der liberalkonservativen Unione Democratica Nazionale; 1948 Senator auf Lebenszeit.

Nitzsch, Karl Immanuel [nitʃ], * Borna 21. Sept. 1787, † Berlin 21. Aug. 1868, dt. ev. Theologe. - 1822-47 Prof. für systemat. und prakt. Theologie in Bonn; 1847-68 in Berlin. Gilt als bed. Vertreter der Vermittlungstheologie und als Anhänger der Dogmatik Schleiermachers.

Niue [engl. niːˈuːɛɪ], Koralleninsel im südl. Pazifik, östl. der Tongainseln, 259 km², 2900 E (1984; Polynesier), Hauptort **Alofi** (Hafen, ✈). Rd. 78% der Inseloberfläche sind kultiviert (Kokospalmen, Taro, Jams, Maniok). - 1774 entdeckt, ab 1901 zu Neuseeland, erhielt 1974 die volle Selbstregierung in freier Assoziation mit Neuseeland.

nival [zu lat. nivalis „zum Schnee gehörig"], den Schnee betreffend; von Gebieten gesagt, die dauernd oder sehr langfristig von Schnee oder Eis bedeckt sind (und von bes. angepaßten Organismen, wie z. B. manchen Flagellaten, Fliegen, Gletscherfloh, bewohnt sind).

nivale Stufe ↑Vegetationsstufen.

Niveau [niˈvoː; frz., urspr. „Wasserwaage" (etymolog. verwandt mit ↑Libelle)] (N.fläche), eine Fläche, der ein bestimmter Wert (z. B. auf einer Höhenskala) zugeordnet ist; Bezugsfläche, Bezugsebene (↑Äquipotentialfläche). - In übertragenem Sinn svw. Rang, Stufe, [Bildungs]stand.

Niveauschema [niˈvoː:], svw. Termschema (↑Term).

Nivellement [nivɛl(ə)ˈmãː; frz. „das Abmessen (mit der Wasserwaage)" (zu ↑Niveau)], Verfahren zur Bestimmung des Höhenunterschiedes von Punkten durch horizontales Zielen nach lotrecht gestellten Skalen (**Nivellierlatten**) mit Hilfe des **Nivellier[gerät]s** (Zielfernrohr, das mittels Dosenlibelle oder automat. exakt horizontal einstellbar ist). Die Summierung der einzelnen Höhenunterschiede ergibt dann den Höhenunterschied zw. beliebig entfernten Punkten. Dieses Verfahren wird auch als *geometr. N.* bezeichnet im Ggs. zum *trigonometr. N.*, bei dem die Messung durch trigonometr. Höhenmessung erfolgt. - Abb. S. 299.

Nivelles [frz. niˈvɛl] (niederl. Nijvel), belg. Stadt 12 km südl. von Brüssel, 86-167 m ü. d. M., 21000 E. Metall-, Elektro- u. Papierind. - Residenz der Herzöge von Brabant. - Roman. doppelchörige Stiftskirche Sainte-Gertrude (11./12. Jh.), in der Krypta Überreste der merowing. und karoling. Vorgängerbauten.

nivellieren [frz. (zu ↑Niveau)], gleichma-

chen, einebnen; Unterschiede ausgleichen.
Niven, David, * Kirriemuir (Schottland) 1. März 1910, † Château-d'Oex (Kt. Waadt) 29. Juli 1983, brit. Schauspieler. - Seit 1934 in Hollywood; Charakterdarsteller mit Vorliebe für unaufdringl. Komik, bes. in „In 80 Tagen um die Welt" (1956), „Bonjour Tristesse" (1957), „Getrennt von Tisch und Bett" (1958), „Bevor der Winter kommt" (1969), „Vampira" (1974), „Tod auf dem Nil" (1978).

Nivernais [frz. nivɛrˈnɛ], histor. Geb. im südl. Pariser Becken zw. Loire und Morvan. - Die seit dem 9. Jh. bezeugte Gft. *Nevers* kam im 14. Jh. an die Grafen von Flandern, 1384 an Burgund (1404 an eine Nebenlinie), 1491 an das Haus Kleve; wurde 1539 Hzgt., kam 1566 an die Gonzaga, 1659 an Mazarin, der es seinem Neffen Mancini vermachte, dessen Familie es bis 1789 besaß.

Nivôse [frz. niˈvoːz „Schneemonat" (zu lat. nivosus „schneereich")], nach dem Kalender der Frz. Revolution der 4. Monat des Jahres (21., 22. oder 23. Dez. bis 19., 20. oder 21. Jan.).

Nixdorf Computer AG [kɔmˈpjuːtɐr], dt. Unternehmen der Elektronikind., gegründet 1952, Sitz Paderborn. Wichtigstes Produkt sind elektron. Datenverarbeitungsanlagen; 1990 übernahm die Siemens AG die Aktienmehrheit.

Nixen, Name german. ↑Wassergeister.

Nixenkraut (Najas), einzige Gatt. der Fam. Nixenkrautgewächse (Najadaceae) mit rd. 35 Arten in den trop. und gemäßigten Zonen; einjährige, untergetaucht lebende Wasserpflanzen mit dünnem Stengel und langen, am Rand gezähnten Blättern.

Nixon, Richard Milhous [engl. nıksn], * Yorba Linda (Calif.) 9. Jan. 1913, 37. Präs. der USA (1969–74). - 1946–50 republikan. Abg. im Repräsentantenhaus, 1950–53 Senator für Kalifornien; scharfer Gegner der Kommunisten, wurde 1953 Vizepräs. unter Eisenhower; bei den Präsidentschaftswahlen 1960 von J. F. Kennedy knapp geschlagen, siegte aber 1968 über den Demokraten H. H. Humphrey; setzte, beraten von H. A. Kissinger, die Entspannungspolitik fort, leitete die Normalisierung der Beziehungen zur VR China ein (Pekingbesuch 1972), verhandelte in Spitzengesprächen mit der UdSSR (1972 erster Besuch eines Präs. der USA in der UdSSR), beendete das direkte militär. Engagement der USA in Vietnam (Waffenstillstandsabkommen 1973) und bemühte sich um die Lösung der Nahostfrage nach dem 4. Israel.-Arab. Krieg 1973. Innenpolit. war die Präsidentschaft N. (wiedergewählt 1972) durch eine tiefgreifende polit. Krise, durch soziale und wirtsch. Schwierigkeiten und die ungelösten Rassenprobleme gekennzeichnet. Ein Steuer- und Bestechungsskandal, der den Vizepräs. S. Agnew zum Rücktritt zwang (1973), schließl. die Watergate-Affäre führten zum Sturz von N., der als erster amerikan. Präs. sein Amt niederlegte (9. Aug. 1974), um einer Amtsenthebung (durch Impeachment) zuvorzukommen.

Nizäa (Nicäa, Nicaea), nach der Eroberung (1204) Konstantinopels durch die Kreuzfahrer des 4. Kreuzzuges von Theodor I. Laskaris (1204–22) gegr. Kaiserreich mit der Hauptstadt N. (= İznik); bis 1261.

Nizäa, Konzile von, das 1. Konzil (= 1. ökumen. Konzil), 325 von Kaiser Konstantin I., d. Gr., aus Anlaß der Auseinandersetzung um Arius und über das Datum der Osterfestfeier berufen, tagte wohl vom 19. Juni bis 25. Aug. im kaiserl. Sommerpalast in Nizäa und war die erste Reichssynode. Etwa 250 Bischöfe nahmen am Konzil teil, das die Lehre von Arius († Arianismus) verurteilte und das erste offizielle christl. Glaubensbekenntnis formulierte († Nizänum). Die Beschlüsse des Konzils wurden vom Kaiser bestätigt und als Reichsgesetze verkündet. - Das 2. Konzil (= 7. ökumen. Konzil) wurde von Kaiserin Irene im Herbst 787 berufen. Etwa 350 Bischöfe nahmen am Konzil teil. Es entschied im Bilderstreit, daß die Bilderverehrung erlaubt sei.

Nizänokonstantinopolitanum (Symbolum Nicaeno-Constantinopolitanum, nizänokonstantinopolitan. Symbol), altkirchl. ökumen. Glaubensbekenntnis, 381 vom 1. Konzil zu Konstantinopel formuliert, 451 auf dem Konzil von Chalkedon proklamiert. Es basiert auf dem † Nizänum und nimmt dessen antiarian. Tendenz auf. Das N. hat sich v. a. in der westl. Kirche durchgesetzt.

Nizänum (Symbolum Nicaenum, nizän. Symbol), altchristl. ökumen. Bekenntnis, das auf dem Konzil von Nizäa 325 abgefaßt und beschlossen wurde. Es ist auf dem Hintergrund der arian. Lehrstreitigkeiten entstanden und versucht sie durch drei Zusätze über die Person Jesu beizulegen: „aus dem Wesen des Vaters", „gezeugt und nicht geschaffen" und „wesensgleich mit dem Vater".

Nizon, Paul, * Bern 19. Dez. 1929, schweizer. Schriftsteller und Kunsthistoriker. - Zunächst Kurzprosa „Die gleitenden Plätze" (1959), dann [parodist.] Romane mit gesellschaftskrit. Tendenz („Canto", 1963; „Stolz", 1975); auch Erzählungen wie „Untertauchen. Protokoll einer Reise" (1972), ferner „Am Schreiben gehen" (Vorlesungen, 1985).

Nizza (frz. Nice), frz. Stadt an der Mittelmeerküste, 337 100 E. Verwaltungssitz des Dep. Alpes-Maritimes; kath. Bischofssitz; Univ. (gegr. 1965), Museen (u. a. Chagall-, Matisse-Museum); Observatorium; Theater; Seebad, Metropole der Côte d'Azur, mit starkem Fremdenverkehr; Karnevals-, internat. Folklorefestspiele, internat. Buchfestival; Parfüm-, Nahrungsmittel- u.a. Ind.; Hafen, ⚓. - Als Kolonie von Massalia (= Marseille; der Name **Nikaia** ist nicht gesichert) gegr.;

seit 314 n. Chr. Bischofssitz; gehörte seit 970 zur Gft. Provence, machte sich im 12. Jh. als Freie Stadt selbständig; Stadt und Gft. waren seit dem 16. Jh. zw. Frankr. und Savoyen umkämpft, kamen 1793 unter frz. Oberherrschaft (die Gft. wurde Dep. Alpes-Maritimes); 1814 mußte das Geb. an Savoyen zurückgegeben werden; es wurde 1860 nach einer Volksabstimmung endgültig frz. - Auf dem Schloßberg Fundamentreste der alten Kathedrale (11. und 12. Jh.) sowie der ma. Burg. In der Altstadt die barocke Kathedrale Sainte-Réparate (1650); ehem. Palais Lascaris (17. Jh.), ehem. Rathaus (17. Jh.); Promenade des Anglais. Im Stadtteil Cimiez Reste aus röm. Zeit, Fundamente einer frühchristl. Kathedrale (5. Jh.) sowie die Franziskanerkirche (16./17. Jh.).

Njassaland (engl. Nyasaland), bis 5. Juli 1964 Name des heutigen ↑ Malawi.

Njassasee (Malawisee), drittgrößter See Afrikas, im *Njassagraben*, dem südlichsten Teil des Ostafrikan. Grabensystems (Malawi, Moçambique und Tansania), 472 m ü. d. M., 30 800 km^2, bis 706 m tief; Fischerei.

Njazidja [frz. nʒazid'ʒa] (früher Grande Comore), größte Insel der ↑ Komoren.

Nkomo, Joshua, * in Matabeleland 1917, simbabw. Politiker. - Lehrer und Laienprediger, dann Gewerkschafter; ab 1957 Präs. des African National Council (ANC), nach dessen Verbot 1959 im Exil; kehrte 1960 nach Süd-Rhodesien zurück. Gründete 1961 die ZAPU (Zimbabwe African People's Union); 1964–74 in Haft bzw. in der Verbannung; nach Spaltung des wiedergegr. ANC 1975 Vors. des Inlandflügels; gründete 1976 mit R. G. Mugabe die Patriotic Front, die den Verfassungskompromiß von 1978/79 polit. und militär. erfolgreich bekämpfte. 1980/81 Innenmin., bis Febr. 1982 Min. ohne Geschäftsbereich; 1983 vorübergehend im Exil. Seit Dez. 1987 Min. im Präsidialamt, seit 1988 Vizepräsident Simbabwes.

Nkongsamba [frz. ŋkɔŋsam'ba], Stadt in Kamerun, auf einem Ausläufer der südl. Kamerunberge, 900 m ü. d. M., 86 900 E. Dep.hauptstadt; kath. Bischofssitz; Lehrerseminar; Zentrum des wichtigsten Kaffeeanbaugebietes des Landes; Eisenbahnendpunkt. - Entstand 1912.

Nkrumah, Kwame, * Nkroful (Kreis Axim, Western Region) 21. Sept. 1909, † Bukarest 27. April 1972, ghanaischer Politiker. - Gehörte 1945 zu den Organisatoren des 5. Panafrikan. Kongresses und wurde Leiter des Westafrikan. Nat.sekretariats; kehrte 1947 an die Goldküste zurück und wurde 1951 erster Min.präs. der Goldküste (ab 1957 des unabhängigen Ghana); wurde 1960 Staatspräs. der Republik Ghana. N. war geistiger Führer des Panafrikanismus und des afrikan. Sozialismus; lehnte sich ideolog. immer enger an den Ostblock an; führte 1964 das Einparteiensystem ein, schaltete oppositionelle Politiker aus und förderte den Kult seiner Person. Nach seinem Sturz durch Armeeputsch 1966 gewährte Sekou Touré N. Asyl in Guinea und zeichnete ihn vorübergehend mit dem Ehrentitel Kopräs. aus.

NKWD, Abk. für russ.: Narodny Komissariat Wnutrennich Del („Volkskommissariat für Innere Angelegenheiten [der UdSSR]"), 1934 gebildetes sowjet. Unionsministerium, dem als wichtigstes Ressort die ↑ GPU eingegliedert war; zuständig v. a. für polit. Überwachung, den Nachrichtendienst, polit. Strafjustiz, Verwaltung der Straf- und Verbannungslager, Grenzschutz. 1941 wurde die Hauptverwaltung für Staatl. Sicherheit als KGB zum selbständigen Volkskommissariat erhoben. 1946 in ↑ MWD umbenannt.

n-Leiter ↑ Halbleiter.

nm, Einheitenzeichen für Nanometer: 1 nm = 10^{-9} m = $^1/_{1\,000\,000}$ mm = $^1/_{1\,000}$ µm.

Nm, Einheitenzeichen für Newtonmeter: 1 Nm = 1 Joule.

NMR-Spektroskopie [engl. 'ɛn-ɛm'ɑː; Kurzbez. für engl. **n**uclear **m**agnetic **r**esonance] ([magnet.] Kernresonanzspektroskopie, kernmagnet. Resonanzspektroskopie), ein modernes Untersuchungsverfahren zur Strukturaufklärung chem. einheitl. Substanzen: Die in einem homogenen Magnetfeld sich in bestimmten Richtungen einstellenden magnet. Kernmomente bestimmter Atomkerne in den Molekülen einer Probe klappen bei Einwirkung eines Hochfrequenzfeldes bei bestimmten Frequenzen um. Bei gleichartigen Kernen in unterschiedl. intramolekularen Umgebungen erfolgt dieses Umklappen bei geringfügig verschiedenen Feldstärken eines veränderl. Magnetfeldes bzw. bei geringfügig verschiedenen Frequenzen des eingestrahlten Hochfrequenzfeldes. Diese sog. *chem. Verschiebung*, auf Grund unterschiedl. Abschirmung des Magnetfeldes durch unterschiedl. Elektronendichten in der Kernumgebung, ist charakterist. für Art und Umgebung der Kerne und damit für ihren Bindungszustand. Mit der NMR-S. werden v. a. die Lage, Zahl und Bindungsart der in den Molekülen organ. Stoffe gebundenen Wasserstoffkerne (Protonen) untersucht (man spricht hier auch von *Protonenresonanz-* oder *PMR-Spektroskopie*).

NN (N. N.), Abk. für: ↑ Normalnull.

N. N., Abk. für lat.: nomen nescio („den Namen weiß ich nicht"), der Name ist unbekannt, bzw. lat.: nomen nominandum („der [noch] zu nennende Name").

No, chem. Symbol für ↑ Nobelium.

No ↑ No-Spiel.

Noa, polynes. Begriff, der im Ggs. zu dem sakralen Meidungsbegriff ↑ Tabu das Profane, Alltägl. und frei zu Gebrauchende bezeichnet. N.wörter sind erlaubte Ausdrücke, die ersatzweise für Benennungen gebraucht werden, die auszusprechen verboten ist.

noachische Gebote (noachid. Gebote) [nach Noah], aus dem Bund Gottes mit Noah (1. Mos. 9) allen Menschen erwachsende Verpflichtungen in Form von sechs Verboten (Götzendienst, Gotteslästerung, Mord, Sexualvergehen, Eigentumsdelikte, Essen vom lebenden Tier) und eines Gebots (Einführung von Gesetzen); als Vorläufer des Naturrechts gedeutet, ermöglichen die n. G. dem Juden das Zusammenleben mit Nichtjuden.

Noack, Barbara, * Berlin 28. Sept. 1924, dt. Schriftstellerin. - Verf. populärer Unterhaltungsromane, die Lebensfreude mit witzigkom. Situationen verbinden, u. a. „... und flogen achtkantig aus dem Paradies" (1968), „Der Bastian" (1974), „Auf einmal sind sie keine Kinder mehr" (1978), „Ein Stück vom Leben" (1984), „Ein Platz an der Sonne" (Kindergeschichten, 1985).

N., Hans-Georg, * Burg b. Magdeburg 12. Febr. 1926, dt. Jugendbuchautor. - *Werke:* Hautfarbe Nebensache (1960), Rolltreppe abwärts (1970), Niko, mein Freund (1981).

N., Ursula, *.Halle/Saale 7. April 1918, dt. Schauspielerin und Kabarettistin. - Seit 1948 Bühnenengagements in Erfurt, Berlin, Leipzig, Bremen. 1957–73 Mgl. des Kabaretts „Münchner Lach- und Schießgesellschaft". - † 13. Febr. 1988.

Noah, Gestalt des A. T., deren Name und Herkunft außerisraelit. sind. In 1. Mos. 9, 18–27 sind zwei Traditionen vereint: N. als erster Weinbauer und als Ahnherr von Sem, Ham und Japhet. Auch die Sintfluterzählung vereinigt zwei Traditionen, in denen N. die zentrale Figur ist. In der einen Quelle wird v. a. seine Frömmigkeit hervorgehoben, die zur Rettung seiner Familie beiträgt, in der anderen steht er im Mittelpunkt des Bundes mit Jahwe, wodurch er der Begründer der neuen Menschheit wird.

Noailles [frz. nɔ'aːj], frz. Adelsgeschlecht aus dem Limousin; Anne de N., Graf von Ayen († 1678), erhielt 1663 Hzg.titel und Pairswürde.

nobel [frz., zu lat. nobilis „bekannt"], adlig, edel, vornehm; freigebig.

Nobel, Alfred, * Stockholm, 21. Okt. 1833, † San Remo 10. Dez. 1896, schwed. Chemiker und Industrieller. - Erfand das Dynamit und gründete 1864 bei Hamburg eine Nitroglycerinfabrik (heutige Dynamit Nobel AG); erhielt zahlr. Patente u. a. auf Dynamit und Sprenggelatine. N. hinterließ sein Vermögen einer Stiftung (Nobelstiftung), aus der seit 1901 die Nobelpreise finanziert werden.

Nobel, Goldmünze, ↑ Noble.

Nobelgarde (italien. Guardie Nobili Pontificie), 1801–1969 bestehende, rein repräsentativen Zwecken dienende Leibwache des Papstes, bestand ausschließl. aus italien. Adligen, bes. des [ehem.] Kirchenstaates.

Nobelium [nach A. Nobel], chem. Symbol No, zu den Transuranen zählendes Element aus der Reihe der Actinoide, Ordnungszahl 102; künstl. durch Kernreaktionen hergestelltes, radioaktives Element, dessen Isotop No 255 mit 185 Sekunden die längste Halbwertszeit hat. Die Priorität der Entdeckung beanspruchen A. Ghiorso, G. T. Seaborg und Mitarbeiter, die 1958 durch Beschuß von Curium 246 mit Kernen des Kohlenstoffisotops C 12 das N.isotop No 254 erhielten, und G. N. Fljorow und Mitarbeiter, die 1958 das Isotop No 252 durch Beschuß von Plutonium 241 mit Kernen des Sauerstoffisotops O 16 erhalten hatten.

Nobelpreis, hochangesehene, internat., auf die testamentar. Verfügung A. ↑ Nobels zurückgehende Auszeichnung, jährl. finanziert durch die *Nobelstiftung* mit dem Jahreszins ihres Vermögens, und zwar für Leistungen auf den Gebieten *Physik, Chemie* und *Physiologie oder Medizin* und *Literatur* und für Verdienste um die *Erhaltung des Friedens* (Friedens-N.). Nobel bestimmte, daß die Preisträger für Physik und Chemie von der Schwed. Akad. der Wiss., die Physiologie oder Medizin vom Karolinska Medikokirurgiska Institutet in Stockholm, die Literaturpreisträger von der Schwed. Akad. (der schönen Künste) in Stockholm und die Friedenspreisträger durch einen fünfköpfigen Ausschuß des norweg. Storting ausgewählt werden sollen. In der Regel wird der Friedens-N. vom norweg. König in Oslo verliehen, die anderen N. überreicht der schwed. König in Stockholm am Todestag Nobels (10. Dez.). Die Höhe eines (ungeteilten) Preises (1901: 150 800 schwed. Kronen) betrug 1986 2 Mill. schwed. Kronen (umgerechnet etwa 600 000 DM). Der Fonds des 1969 von der Schwed. Reichsbank anläßl. ihres 300jährigen Bestehens gestifteten sog. N. für Wirtschaftswissenschaften *(Preis für Ökonom. Wiss. in Erinnerung an Alfred Nobel)* ist von dem der Nobelstiftung getrennt. Er wird von der Schwed. Akad. der Wiss. vergeben. - ↑ auch Nobelpreisträger (Übersicht S. 305 ff.).

Nobile, Umberto, * Lauro (Prov. Avellino) 21. Jan. 1885, † Rom 30. Juli 1978, italien. General (1926–29) und Luftschiffkonstrukteur. - Überflog im Mai 1926 mit R. Amundsen und L. Ellsworth im Luftschiff „Norge" den Nordpol; leitete 1928 die mißglückte Polarexpedition mit dem Luftschiff „Italia". Für das Unglück verantwortl. gemacht, schied N. 1929 aus dem italien. Heer aus; 1932–36 Berater des sowjetischen Luftfahrtministeriums.

Nobili, Roberto de, * Montepulciano (Prov. Siena) im Sept. 1577, † Mylapore (Madras) 16. Jan. 1656, italien. Jesuitenmissionar. - Als wichtiger Vertreter der missionar. Akkomodation gewann de N. im südind. Madurai zahlr. Angehörige hoher Kasten für das Christentum. Die von ihm befürwortete par-

Nobilität

tielle Beibehaltung von Hindubräuchen und Kastentrennung blieb heftig umstritten (↑ Ritenstreit), bis sie 1744 durch päpstl. Bulle verworfen wurde.

Nobilität [lat.], der nach Beendigung des Ständekampfes im 3. Jh. v. Chr. aus Patriziern und Plebejern entstandene republikan. Amtsadel in Rom, dem u. a. die Konsuln und deren Nachkommen in männl. Linie angehörten.

Nobilitierung [lat.] (Standeserhöhung), Erhebung in den Adelsstand bzw. in eine höhere Rangstufe.

Nobility [engl. nəˈbɪlɪtɪ (zu ↑nobel)], Bez. für den brit. Hochadel: Duke, Marquis, Earl, Viscount und Baron (Peerage).

Nobiskrug (Obiskrug, niederdt. auch Obbskroog), während des 16. und 17. Jh. Name von Wirtshäusern im niederdt. Sprachbereich; die Deutung wird meist aus griech.-lat. „abyssus" (italien. „abisso" und „nabisso"; „Abgrund", „Hölle") hergeleitet. Als Grenzort ist der N. häufig Handlungsplatz sagenhafter Ereignisse. - Als Höllendarstellung taucht das Motiv N. in Dichtungen zu Beginn des 20. Jh. auf.

Noble [engl. noʊbl, zu lat. nobilis „edel"] (dt. Nobel; niederl. Schuitken), ma. engl. Goldmünze wechselnden Gewichts und Werts; nach dem Bild unterscheidet man Rosen-, Georgs- und Schiffsnoble.

noblesse oblige [frz. nɔblɛsoˈbliːʒ], Adel verpflichtet.

Nóbrega, Manuel da, * 18. Okt. 1517, † Rio de Janeiro 18. Okt. 1570, portugies. Brasilienmissionar. - Jesuit; errichtete 1551 in Bahia das erste brasilian. Jesuitenkolleg und das Bistum Saõ Salvador da Bahia. Förderer der Indianermission; verteidigte auch die Rechte der Indianer; Mitbegr. von Rio de Janeiro und São Paulo.

Nocera Inferiore [italien. noˈtʃeːra], süditalien. Stadt in Kampanien, 39 m ü. d. M., 47 000 E. Kath. Bischofssitz; Zentrum der Gartenbaulandschaft am unteren Sarno und zus. mit dem östl. anschließenden **Nocera Superiore** (18 000 E) bed. Ind.standort. - **Nuceria Alfaterna** wurde unter Augustus Veteranenkolonie (**Nuceria Constantia**); 1137 von Roger II. von Sizilien zerstört. - Über der Stadt die Ruinen des „Castello del Parco" (13. Jh.). In Nocera Superiore die Rundkirche Santa Maria Maggiore, im 19. Jh. unter Einbeziehung eines Baptisteriums (wohl 5. Jh.) erbaut.

Nock, seemänn. Bez. für 1. Ende einer Rah, Gaffel oder eines Baumes; 2. Ende der Verlängerung des Decks der Brücke, von dem aus man die Schiffsseiten überwachen kann (Brückennock).

Nöck (Neck) ↑ Wassergeister.

Nocken, Erhebung (Vorsprung) an einer Welle (*N.welle*) oder Scheibe (*N.scheibe*), die bei deren Drehung anderen Maschinenteilen Bewegungsimpulse erteilt (z. B. zur Steuerung der Ein- und Auslaßventile bei Verbrennungskraftmaschinen).

Nockerln, Klößchen aus Mehl, Grieß u. a. als Suppeneinlage.

Nocturne [frz. nɔkˈtyrn] ↑ Notturno.

Nodier, Charles [frz. nɔˈdje], * Besançon 29. April 1780, † Paris 27. Jan. 1844, frz. Schriftsteller. - Seit 1824 Leiter der Bibliothèque de l'Arsenal in Paris; 1833 Mgl. der Académie française; eine der bedeutendsten Gestalten aus den Anfängen der frz. Romantik, Vorläufer Nervals und des Surrealismus. Verfaßte phantast.-abenteuerl. Romane und Erzählungen, u. a. „Hans Sbogar" (1818), „Die Krümchen-Fee" (1832).

Nodium [lat.], Blattknoten, Ansatzstelle eines Blattes bzw. deren Achselknospe.

Nodus [lat. „Knoten"], in der *Anatomie* Bez. für normalerweise im Körper vorkommende knotenförmige Gebilde; z. B. *N. lymphaticus* (svw. Lymphknoten).

Noël, Marie [frz. nɔˈɛl], eigtl. M. Rouget, * Auxerre 16. Febr. 1883, † ebd. 23. Dez. 1967, frz. Schriftstellerin. - Schrieb v. a. christl. inspirierte Gedichte in klass. Form, auch Erzählungen und ab 1920 das Tagebuch „Notes intimes" (1959, dt. Ausw. 1961 u. d. T. „Erfahrungen mit Gott").

Noël [frz. nɔˈɛl; zu lat. natalis (dies) „Geburtstag"], seit dem 16. Jh. schriftl. bezeugtes Weihnachtslied, das sich teilweise an ältere Volksliedtraditionen anschloß.

Noel-Baker, Philip John [engl. ˈnoʊəlˈbeɪkə], Baron of the City of Derby (seit 1977), * London 1. Nov. 1889, † ebd. 8. Okt. 1982, brit. Politiker. - 1929–31 und 1936–70 Unterhaus-Abg. (Labour Party) 1945/46 Staatsmin. im Foreign Office, 1946/47 Min. für Luftfahrt, 1947–50 für Commonwealth-Beziehungen, 1950/51 für Treibstoff und Energie; erhielt 1959 den Friedensnobelpreis.

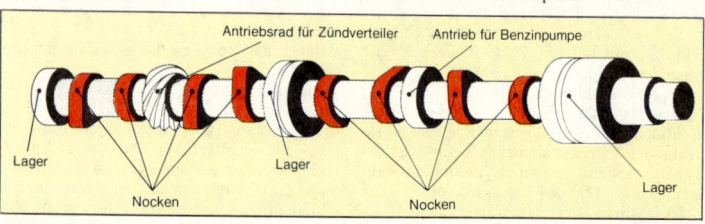

Nockenwelle

Nobelpreis

NOBELPREISTRÄGER

Physik

- 1901 W. C. Röntgen
- 1902 H. A. Lorentz
  P. Zeeman
- 1903 A. H. Becquerel
  P. Curie
  M. Curie
- 1904 J. W. Strutt
  Baron Rayleigh
- 1905 P. Lenard
- 1906 Sir J. J. Thomson
- 1907 A. A. Michelson
- 1908 G. Lippmann
- 1909 G. Marchese
  Marconi
  K. F. Braun
- 1910 J. D. van der Waals
- 1911 W. Wien
- 1912 N. G. Dalén
- 1913 H. Kamerlingh
  Onnes
- 1914 M. von Laue
- 1915 Sir W. H. Bragg
  Sir W. L. Bragg
- 1916 –
- 1917 C. G. Barkla
- 1918 M. Planck
- 1919 J. Stark
- 1920 C. É. Guillaume
- 1921 A. Einstein
- 1922 N. Bohr
- 1923 R. A. Millikan
- 1924 K. M. G. Siegbahn
- 1925 J. Franck
  G. Hertz
- 1926 J. B. Perrin
- 1927 A. H. Compton
  C. T. R. Wilson
- 1928 Sir O. W. Richardson
- 1929 L. V. Prinz von
  Broglie
- 1930 Sir C. V. Raman
- 1931 –
- 1932 W. Heisenberg
- 1933 E. Schrödinger
  P. A. M. Dirac
- 1934 –
- 1935 Sir J. Chadwick
- 1936 C. D. Anderson
  V. F. Hess
- 1937 C. J. Davisson
  Sir G. P. Thomson
- 1938 E. Fermi
- 1939 E. O. Lawrence
- 1940 –
- 1941 –
- 1942 –
- 1943 O. Stern
- 1944 I. I. Rabi
- 1945 W. Pauli
- 1946 P. W. Bridgman
- 1947 Sir E. V. Appleton
- 1948 P. M. S. Blackett
- 1949 H. Jukawa
- 1950 C. F. Powell
- 1951 Sir J. D. Cockcroft
  E. T. S. Walton
- 1952 F. Bloch
  E. M. Purcell
- 1953 F. Zernike
- 1954 M. Born
  W. Bothe
- 1955 W. E. Lamb
  P. Kusch
- 1956 W. Shockley
  J. Bardeen
  W. H. Brattain
- 1957 T. D. Lee
  C. N. Yang
- 1958 P. A. Tscherenkow
  I. M. Frank
  I. J. Tamm
- 1959 E. Segrè
  O. Chamberlain
- 1960 D. A. Glaser
- 1961 R. Hofstadter
  R. Mößbauer
- 1962 L. D. Landau
- 1963 E. P. Wigner
  M. Goeppert-
  Mayer
  H. D. Jensen
- 1964 C. T. Townes
  N. G. Bassow
  A. M. Prochorow
- 1965 J. Schwinger
  R. P. Feynman
  S.-J. Tomonaga
- 1966 A. Kastler
- 1967 H. A. Bethe
- 1968 L. W. Alvarez
- 1969 M. Gell-Mann
- 1970 H. Alvén
  L. Néel
- 1971 D. Gabor
- 1972 J. Bardeen
  L. N. Cooper
  J. R. Schrieffer
- 1973 L. Esaki
  I. Giaever
  B. D. Josephson
- 1974 M. Ryle
  A. Hewish
- 1975 A. Bohr
  B. Mottelson
  J. Rainwater
- 1976 B. Richter
  S. Ting
- 1977 P. W. Anderson
  Sir N. F. Mott
  J. H. Van Vleck
- 1978 P. L. Kapiza
  A. A. Penzias
  R. W. Wilson
- 1979 S. L. Glashow
  A. Salam
  S. Weinberg
- 1980 J. W. Cronin
  V. L. Fitch
- 1981 N Bloembergen
  A. L. Schawlow
  K. M. Siegbahn
- 1982 K. G. Wilson
- 1983 S. Chandrasekhar
  W. A. Fowler
- 1984 C. Rubbia
  S. van der Meer
- 1985 K. v. Klitzing
- 1986 E. Ruska
  G. Binnig
  H. Rohrer
- 1987 J. G. Bednorz
  K. A. Müller
- 1988 L. M. Lederman
  M. Schwartz
  J. Steinberger
- 1989 W. Paul
  N. F. Ramsey
  H. G. Dehmelt

Chemie

- 1901 J. H. van't Hoff
- 1902 E. Fischer
- 1903 S. A. Arrhenius
- 1904 Sir W. Ramsay
- 1905 A. Ritter
  von Baeyer
- 1906 H. Moissan
- 1907 E. Buchner
- 1908 Sir E. Rutherford
- 1909 W. Ostwald
- 1910 O. Wallach
- 1911 M. Curie
- 1912 V. Grignard
  P. Sabatier
- 1913 A. Werner
- 1914 T. W. Richards
- 1915 R. M. Willstätter
- 1916 –
- 1917 –
- 1918 F. Haber
- 1919 –
- 1920 W. Nernst
- 1921 F. Soddy
- 1922 F. W. Aston
- 1923 F. Pregl
- 1924 –
- 1925 R. A. Zsigmondy
- 1926 T. Svedberg
- 1927 H. Wieland
- 1928 A. Windaus
- 1929 Sir A. Harden
  H. von Euler-
  Chelpin
- 1930 H. Fischer
- 1931 C. Bosch
  F. Bergius
- 1932 I. Langmuir

Nobelpreis

1933	–	1980	P. Berg	1935	H. Spemann
1934	H. C. Urey		W. Gilbert	1936	Sir H. H. Dale
1935	F. Joliot-Curie		F. Sanger		O. Loewi
	I. Joliot-Curie	1981	K. Fukui	1937	A. Szent-György
1936	P. Debye		R. Hoffmann		von Nagyrapo
1937	Sir W. N. Haworth	1982	A. Klug	1938	C. Heymans
	P. Karrer	1983	H. Taube	1939	G. Domagk
1938	R. Kuhn	1984	R. B. Merrifield	1940	–
1939	A. Butenandt	1985	H. A. Hauptman	1941	–
	L. Ružička		J. Karle	1942	–
1940	–	1986	D. R. Herschbach	1943	C. P. H. Dam
1941	–		Y. T. Lee		E. A. Doisy
1942	–		J. C. Polanyi	1944	J. Erlanger
1943	G. de Hevesy	1987	D. J. Cram		H. S. Gasser
1944	O. Hahn		C. J. Pedersen	1945	Sir A. Fleming
1945	A. I. Virtanen		J.-M. Lehn		E. B. Chain
1946	J. B. Sumner	1988	J. Deisenhofer		Sir H. W. Florey
	J. H. Northrop		R. Huber	1946	H. J. Muller
	W. M. Stanley		H. Michel	1947	C. F. Cori
1947	Sir R. Robinson	1989	S. Altman		G. T. Cori
1948	A. Tiselius		T. R. Cech		B. A. Houssay
1949	W. F. Giauque			1948	P. H. Müller
1950	K. Alder			1949	W. R. Heß
	O. Diels	*Physiologie oder Medizin*			A. C. Moniz
1951	E. M. McMillan			1950	P. S. Hench
	G. T. Seaborg	1901	E. von Behring		E. C. Kendall
1952	A. J. P. Martin	1902	Sir R. Ross		T. Reichstein
	R. L. M. Synge	1903	N. R. Finsen	1951	M. Theiler
1953	H. Staudinger	1904	I. P. Pawlow	1952	S. A. Waksman
1954	L. C. Pauling	1905	R. Koch	1953	Sir H. A. Krebs
1955	V. du Vigneaud	1906	C. Golgi		F. A. Lipmann
1956	Sir C. N. Hinshel-		S. Ramón y Cajal	1954	J. F. Enders
	wood	1907	A. Laveran		F. C. Robbins
	N. N. Semjonow	1908	P. Ehrlich		T. Weller
1957	Sir A. R. Todd		I. I. Metschnikow	1955	A. H. T. Theorell
1958	F. Sanger	1909	E. T. Kocher	1956	A. F. Cournand
1959	J. Heyrovský	1910	A. Kossel		W. Forßmann
1960	W. F. Libby	1911	A. Gullstrand		D. W. Richards
1961	M. Calvin	1912	A. Carrel	1957	D. Bovet
1962	M. F. Perutz	1913	C. Richet	1958	G. W. Beadle
	J. C. Kendrew	1914	R. Bárány		J. Lederberg
1963	K. Ziegler	1915	–		E. L. Tatum
	G. Natta	1916	–	1959	A. Kornberg
1964	D. C. Hodgkin	1917	–		S. Ochoa
1965	R. B. Woodward	1918	–	1960	Sir F. M. Burnet
1966	R. S. Mulliken	1919	J. Bordet		P. B. Medawar
1967	M. Eigen	1920	A. Krogh	1961	G. von Békésy
	R. G. W. Norrish	1921	–	1962	F. H. C. Crick
	G. Porter	1922	A. V. Hill		M. H. F. Wilkins
1968	L. Onsager		O. F. Meyerhof		J. D. Watson
1969	D. H. R. Barton	1923	Sir F. G. Banting	1963	Sir J. C. Eccles
	O. Hassel		J. J. R. Macleod		A. L. Hodgkin
1970	L. F. Leloir	1924	W. Einthoven		A. F. Huxley
1971	G. Herzberg	1925	–	1964	K. Bloch
1972	C. B. Anfinsen	1926	J. Fibinger		F. Lynen
	W. Stein	1927	J. Wagner-Jauregg	1965	F. Jacob
	S. Moore	1928	C. J. H. Nicolle		A. Lwoff
1973	E. O. Fischer	1929	C. Eijkman		J. Monod
	G. Wilkinson		Sir F. G. Hopkins	1966	C. B. Huggins
1974	P. J. Flory	1930	K. Landsteiner		F. P. Rous
1975	J. W. Cornforth	1931	O. H. Warburg	1967	R. Granit
	V. Prelog	1932	Sir C. Sherrington		H. K. Hartline
1976	W. N. Lipscomb		E. D. Adrian		G. Wald
1977	I. Prigogine	1933	T. H. Morgan	1968	R. W. Holley
1978	P. Mitchell	1934	G. R. Minot		H. G. Khorana
1979	H. C. Brown		W. P. Murphy		M. W. Nirenberg
	G. Wittig		G. H. Whipple		

Nobelpreis

1969	M. Delbrück
	A. D. Hershey
	S. E. Luria
1970	J. Axelrod
	U. S. von Euler-Chelpin
	B. Katz
1971	E. W. Sutherland
1972	G. M. Edelman
	R. R. Porter
1973	K. von Frisch
	K. Lorenz
	N. Tinbergen
1974	A. Claude
	C. de Duve
	G. E. Palade
1975	D. Baltimore
	R. Dulbecco
	H. M. Temin
1976	B. S. Blumberg
	D. C. Gajdusek
1977	R. Guillemin
	A. Schally
	R. S. Yalow
1978	W. Arber
	D. Nathans
	H. O. Smith
1979	A. M. Cormack
	G. N. Hounsfield
1980	B. Benacerraf
	J. Dausset
	G. D. Snell
1981	R. W. Sperry
	D. H. Hubel
	T. N. Wiesel
1982	S. Bergström
	B. Samuelsson
	J. R. Vane
1983	B. McClintock
1984	N. K. Jerne
	G. F. K. Köhler
	C. Milstein
1985	M. S. Brown
	J. L. Goldstein
1986	S. Cohen
	R. Levi-Montalcini
1987	S. Tonegawa
1988	Sir J. W. Black
	G. B. Elion
	G. H. Hitchings
1989	M. J. Bishop
	H. E. Varmus

Literatur

1901	Sully Prudhomme
1902	T. Mommsen
1903	B. Bjørnson
1904	F. Mistral
	J. Echegaray y Eizaguirre
1905	H. Sienkiewicz
1906	G. Carducci
1907	R. Kipling
1908	R. Eucken
1909	S. Lagerlöf
1910	P. von Heyse
1911	M. Maeterlinck
1912	G. Hauptmann
1913	R. Tagore
1914	–
1915	R. Rolland
1916	V. von Heidenstam
1917	K. A. Gjellerup
	H. Pontoppidan
1918	–
1919	C. Spitteler
1920	K. Hamsun
1921	A. France
1922	J. Benavente
1923	W. B. Yeats
1924	W. S. Reymont
1925	G. B. Shaw
1926	G. Deledda
1927	H. Bergson
1928	S. Undset
1929	T. Mann
1930	S. Lewis
1931	E. A. Karlfeldt
1932	J. Galsworthy
1933	I. A. Bunin
1934	L. Pirandello
1935	–
1936	E. O'Neill
1937	R. Martin du Gard
1938	P. S. Buck
1939	F. E. Sillanpää
1940	–
1941	–
1942	–
1943	–
1944	J. V. Jensen
1945	G. Mistral
1946	H. Hesse
1947	A. Gide
1948	T. S. Eliot
1949	W. Faulkner
1950	B. Earl Russell
1951	P. F. Lagerkvist
1952	F. Mauriac
1953	Sir W. Churchill
1954	E. Hemingway
1955	H. K. Laxness
1956	J. R. Jiménez
1957	A. Camus
1958	B. L. Pasternak (mußte den Preis ablehnen)
1959	S. Quasimodo
1960	Saint-John Perse
1961	I. Andrić
1962	J. Steinbeck
1963	J. Seferis
1964	J.-P. Sartre (nahm den Preis nicht an)
1965	M. A. Scholochow
1966	S. J. Agnon
	N. Sachs
1967	M. Á. Asturias
1968	J. Kawabata
1969	S. Beckett
1970	A. I. Solschenizyn
1971	P. Neruda
1972	H. Böll
1973	P. White
1974	H. Martinson
	E. Johnson
1975	E. Montale
1976	S. Bellow
1977	V. Aleixandre
1978	I. B. Singer
1979	O. Elitis
1980	C. Miłosz
1981	E. Canetti
1982	G. García Márquez
1983	W. G. Golding
1984	J. Seifert
1985	C. Simon
1986	W. Soyinka
1987	J. Brodsky
1988	N. Mahfuz
1989	C. J. Cela

Erhaltung des Friedens

1901	H. Dunant
	F. Passy
1902	É. Ducommun
	C. A. Gobat
1903	Sir W. R. Cremer
1904	Institut de droit international
1905	B. Freifrau von Suttner
1906	T. Roosevelt
1907	E. T. Moneta
	L. Renault
1908	K. P. Arnoldson
	F. Bajer
1909	A. M. F. Beernaert
	P. B. Baron de Constant de Rebecque d'Estournelles
1910	Internat. Friedensbüro
1911	T. M. C. Asser
	A. H. Fried
1912	E. Root
1913	H. La Fontaine
1914	–
1915	–
1916	–
1917	Internat. Komitee vom Roten Kreuz
1918	–
1919	W. Wilson
1920	L. V. Bourgeois
1921	H. Branting
	C. Lange
1922	F. Nansen
1923	–
1924	–
1925	Sir J. A. Chamberlain
	C. G. Dawes
1926	A. Briand
	G. Stresemann
1927	F. Buisson
	L. Quidde

Nobelpreis

1928	–	1955	–	1984	D. Tutu
1929	F. B. Kellogg	1956	–	1985	Internat. Ärztebewegung zur Verhütung eines Nuklearkriegs
1930	N. Söderblom	1957	L. B. Pearson		
1931	J. Addams	1958	D. G. Pire		
	N. M. Butler	1959	P. Noel-Baker	1986	E. Wiesel
1932	–	1960	A. J. Luthuli	1987	O. Arias Sanchez
1933	Sir N. L. Angell	1961	D. Hammarskjöld	1988	UN-Friedenstruppe
1934	A. Henderson	1962	L. C. Pauling	1989	Dalai Lama
1935	C. von Ossietzky (Hitler verbot die Annahme des Preises)	1963	Internat. Komitee vom Roten Kreuz		
		1964	M. L. King		*Wirtschaftswissenschaften (Preis für Ökonom. Wiss. in Erinnerung an A. Nobel)*
		1965	UNICEF		
1936	C. Saavedra Lamas	1966	–		
1937	E. A. R. Viscount Cecil of Chelwood	1967	–		
		1968	R. Cassin	1969	R. Frisch
		1969	Internat. Arbeitsorganisation		J. Tinbergen
1938	Internat. Nansen-Amt für Flüchtlinge			1970	P. A. Samuelson
		1970	N. E. Borlaug	1971	S. S. Kuznets
		1971	W. Brandt	1972	K. J. Arrow
1939	–	1972	–		Sir J. R. Hicks
1940	–	1973	H. A. Kissinger Lê Đuc Tho (wies die Annahme des Preises zurück)	1973	W. Leontief
1941	–			1974	F. A. von Hayek
1942	–				G. Myrdal
1943	–			1975	L. W. Kantorowitsch
1944	Internat. Komitee v. Roten Kreuz	1974	E. Sato S. MacBride		T. C. Koopmans
				1976	M. Friedman
1945	C. Hull	1975	A. D. Sacharow	1977	B. Ohlin
1946	E. G. Balch J. R. Mott	1976	B. Williams M. Corrigan		J. E. Meade
				1978	H. A. Simon
1947	The Society of Friends (Quäker)	1977	Amnesty International	1979	Sir W. A. Lewis T. W. Schultz
1948	–	1978	M. A. As Sadat M. Begin	1980	L. R. Klein
1949	J. Boyd-Orr, Lord of Brechin-Mearns			1981	J. Tobin
		1979	Mutter Theresa	1982	G. Stigler
1950	R. J. Bunche	1980	A. Peréz Esquivel	1983	G. Debreu
1951	L. Jouhaux	1981	Büro des Hohen UN-Kommissars für Flüchtlinge	1984	R. Stone
1952	A. Schweitzer			1985	F. Modigliani
1953	G. C. Marshall			1986	J. M. Buchanan
1954	Büro des Hohen UN-Kommissars für Flüchtlinge	1982	A. Myrdal A. García Robles	1987	R. M. Solow
				1988	M. Allais
		1983	L. Wałesa	1989	T. Haavelmo

Noelle-Neumann, Elisabeth [ˈnœlə], * Berlin 19. Dez. 1916, dt. Publizistikwissenschaftlerin. - 1940–43 Journalistin; Mitbegr. und Leiterin des †Instituts für Demoskopie Allensbach; seit 1965 Prof. in Mainz.

Noelte, Rudolf [ˈnœltə], * Berlin 20. März 1921, dt. Regisseur. - Machte sich einen Namen insbes. mit der Inszenierung der Dramatisierung von Kafkas Roman „Das Schloß" durch M. Brod (1953), der „Kassette" (1960) und des „Snobs" (1964) von Sternheim, der „Drei Schwestern" (1965) und des „Kirschgartens" (1970) von Tschechow, „Eines langen Tages Reise in die Nacht" von O'Neill (1975).

Noema [griech.], der Gegenstand des Denkens, der Gedanke, im Unterschied zum Gegenstand der Wahrnehmung; entsprechend bedeutet **Noesis** das Denken, die geistige Tätigkeit (Denkakt).

Noether [ˈnøːtər], Emmi, * Erlangen 23. März 1882, † Bryn Mawr (Pa.) 14. April 1935, dt. Mathematikerin. - Prof. in Göttingen; emigrierte 1933 in die USA; bed. Arbeiten zur höheren Algebra und Invariantentheorie.

N., Max, * Mannheim 24. Sept. 1844, † Erlangen 13. Dez. 1921, dt. Mathematiker. - Vater von Emmi N.; Prof. in Erlangen; Arbeiten zur Theorie der algebraischen Funktionen.

Noetik [griech.], die Lehre vom Erkennen geistiger Gegenstände.

Nofretari (Nefertari), ägypt. Königin des 13. Jh. v. Chr. - Gemahlin Ramses' II.; berühmt durch ihr schönes Grab im „Tal der Königinnen" bei Theben.

Nofretete [altägypt. „Die Schöne ist gekommen"], ägypt. Königin des 14. Jh. v. Chr. - Gemahlin Echnatons; trat im öffentl. Leben stark hervor, ihr Anteil an der religiösen Reform Echnatons ist umstritten. Berühmt ist ihre 1912 in Amarna gefundene Büste (heute in Berlin-Charlottenburg [ägypt. Sammlung]). - Abb. Bd. 1, S. 147.

Nogaier, tatar. Volk am N-Rand des Großen Kaukasus, sprechen Nogaiisch, einen Dialekt des zu den Turksprachen gehörenden Kasachischen; Religion ist der sunnit. Islam.

Nogales, mex. Stadt an der Grenze gegen die USA, 1 180 m ü. d. M., 52 000 E. Zentrum eines Bergbau- und Rinderweidegeb.; Warenumschlagplatz. - Seit 1907 Ciudad.

Nogaret, Guillaume de [frz. nɔga'rɛ], * Saint-Félix-de-Caraman (Haute-Garonne) um 1260–70, † April 1313, frz. Rechtsgelehrter und Staatsmann. - Einer der bedeutendsten Rechtsgelehrten der Krone; 1303/04 und 1307–13 Kanzler; baute die Königsmacht im Innern und gegenüber dem Papsttum aus.

Nogat, östl. Mündungsarm der Weichsel, 61 km lang, schiffbar.

Nogi, Maresuke Graf (seit 1907), * Tschofu (= Schimonoseki) 11. Nov. 1849, † Tokio 13. Sept. 1912 (Selbstmord), jap. Feldmarschall. - 1896–98 Gouverneur von Taiwan; eroberte im Russ.-Jap. Krieg 1904/05 Port Arthur und entschied durch einen Umfassungsangriff im März 1905 die Schlacht von Mukden (= Schenjang) zugunsten Japans.

Noguchi, Isamu [engl. nə'ɡʊtʃɪ], * Los Angeles 17. Nov. 1904, amerikan. Bildhauer. - Seine abstrakte Plastik von pointierter Formfindung verarbeitet Einflüsse von Brancusi, Picasso und der Surrealisten. Schuf Skulpturengärten für die UNESCO, Paris (1956), die Yale Univ. New Haven (1964), das Israel-Museum in Jerusalem (1965), Kinderspielplätze, Bühnenbilder für modernes Ballett. - † 30. Dez. 1988.

Nogutschi, Hidejo, * Okinamura (Präfektur Fukuschima) 24. Nov. 1876, † Accra (Ghana) 21. Mai 1928, jap. Bakteriologe. - Ab 1904 am Rockefeller Institute in New York tätig. Seine Forschungen galten der Wirkung von Schlangengiften, der Kinderlähmung, verschiedenen Tropenkrankheiten (v. a. dem Gelbfieber, dem Trachom und dem Oroyafieber) und der Serumdiagnostik der Syphilis. 1913 gelang ihm der Nachweis des Erregers der Syphilis im Gehirn bei Paralyse und im Rückenmark bei Tabes dorsalis (und damit des Zusammenhangs der beiden Krankheiten).

Nohl, Herman, * Berlin 7. Okt. 1879, † Göttingen 27. Sept. 1960, dt. Philosoph und Pädagoge. - Seit 1920 Prof. für Pädagogik (Entlassung 1937–45) in Göttingen. Entwickelte in Auseinandersetzung mit Dilthey, der Reformpädagogik sowie der Lebensphilosophie eine wert- und kulturphilosoph., insbes. kulturkrit. ausgerichtete „subjektive Pädagogik". Bildung käme „nicht als ein Fremdes gegenüber dem (subjektiven) Leben von oben oder von außen", sondern sei „nur Klärung, Formung... von eigener Erfahrung und Erlebnis". - *Werke:* Die pädagog. Bewegung in Deutschland und ihre Theorie (1933), Charakter und Schicksal. Eine pädagog. Menschenkunde (1938).

Noirmoutier [frz. nwarmu'tje], Insel vor der frz. W-Küste sw. von Nantes, 48 km², Hauptort N. (45 00 E, Seebad, Hafen, Fischkonservenind.); Brücke zum Festland. - Auf der Insel **Her** wurde 676 das Kloster **Hermoutier** gegr. (später N. gen., gab der Insel den Namen; im 9. Jh. aufgegeben).

no iron [engl. 'noʊ 'aɪən; eigtl. „kein Bügeleisen"] † Pflegeleichtausrüstung.

NOK, Abk. für: † Nationales Olympisches Komitee.

Nokkultur, nach Funden bei dem Dorf Nok (40 km sw. von Kafanchan, Nigeria) ben. eisenzeitl. Kultur Z-Nigerias, berühmt die Tonfiguren (v. a. Köpfe); Datierung umstritten; dauerte jedoch wahrscheinl. von einigen Jh. vor Christi Geburt mindestens bis ins 2. Jh. n. Chr.

Noktambulismus (Noktambulie) [lat.], svw. † Schlafwandeln.

Nola, italien. Stadt in Kampanien, Prov. Neapel, 20 km nö. von Neapel, 40 m ü. d. M., 31 500 E. Handel mit landw. Produkten; Konserven- und Textilind. - Urspr. eine Stadt der Osker, später der Etrusker, 313 v. Chr. von den Römern erobert; seit der Spätantike Bischofssitz; gehörte seit der Mitte des 7. Jh. zum Hzgt. Benevent; 1269 erhielt es Guido von Montfort, bis es durch Erbschaft an die Orsini fiel; teilte seit dem 11. Jh. die Geschicke des Kgr. Neapel. - Im Stadtzentrum der klassizist. Dom (im 15. Jh. gegr., nach 1861 neu erbaut), mit Krypta aus dem 11. Jh.; Palazzo Orsini (1460).

Nolde, Emil, eigtl. E. Hansen, * Nolde bei Tondern 7. Aug. 1867, † Seebüll (= Neukirchen, Nordfriesland) 13. April 1956, dt. Maler und Graphiker. - 1898 ff. in München bei A. Hoelzel; nach 1902 lebte er v. a. auf Alsen in Dänemark; 1906/07 Mgl. der „Brücke", fand 1909 zu seinem eigenen Stil. Nach einer Weltreise (1913–14) lebte er v. a. in Berlin und Seebüll, wo er trotz Malverbot (1941) Hunderte von Aquarellen schuf. N. gehört zu den bedeutendsten Künstlern des dt. Expressionismus. Ausgehend v. a. von van Gogh und Munch, steigert er das Medium Farbe zu einer neuen Eigenwertigkeit. Für seine Bilder bes. von Landschaften und Blumen sind die locker gesetzten leuchtenden, kontrastreichen Farben bezeichnend. Seine Menschenschilderung ist von dämon.-ekstat. Leidenschaftlichkeit, häufige Motive sind der Tanz und v. a. religiöse Szenen. In seinen Holzschnitten und Radierungen schuf er mit starken Schwarz-Weiß-Kontrasten neue Ausdrucksmöglichkeiten für die Graphik.
Werke: Abendmahl (1909; Kopenhagen, Statens Museum für Kunst), Maria Aegyptiaca (1912; Hamburg, Kunsthalle), Grablegung Christi (1915; Stiftung Seebüll Ada und E. N.), Blumen und Wolken (1933; Hannover, Kunstmuseum), Mohn und rote Abendwolken (1943, Stiftung Seebüll). - Abb. S. 311.
⌑ *N., E.: Mein Leben. Hg. v. der Stiftung Seebüll Ada u. E. N. Köln Neuaufl. 1979. - E. N. Aquarelle. Nachwort v. G. Busch. Mchn.*

Neuaufl. 1973. - E. N. Das graph. Werk. Hg. v. G. Schiefler u. C. Mosel. Köln ²1966–67. 2 Bde.

Nöldeke, Theodor, * Harburg (= Hamburg) 2. März 1836, † Karlsruhe 25. Dez. 1930, dt. Orientalist. - Prof. in Kiel und Straßburg; trat führend auf dem Gebiet der Koranforschung und der Erschließung der mandäischen Sprache hervor.

nolens volens [lat. „nicht wollend wollend"], wohl oder übel, notgedrungen.

Nolimetangere [lat. „rühre mich nicht an!"], Darstellung des Maria Magdalena erscheinenden Christus (Joh. 20, 14 ff.). Bezeugt seit dem 4. Jh., im MA Thema der Kathedralskulptur, seit dem 14. Jh. bed. Thema der Malerei (Christus meist als Gärtner), u. a. Giotto, Fra Angelico, Tizian, Rembrandt.

Noll, Dieter, * Riesa 31. Dez. 1927, dt. Schriftsteller. - Schrieb den autobiograph. bestimmten, bisher 2bändigen Roman „Die Abenteuer des Werner Holt", („Roman einer Jugend", 1960; „Roman einer Heimkehr", 1963), der das Kriegs- und Nachkriegserlebnis seiner Generation zum Thema hat. - *Weitere Werke:* Mutter der Tauben (E., 1955), Kippenberg (R., 1979), „In Liebe leben" (Ged., 1985).

Nolte, Ernst, * Witten 11. Jan. 1923, dt. Historiker und Politikwissenschaftler. - Ab 1965 Prof. in Marburg, seit 1973 an der FU Berlin; zahlr. Schriften zum Faschismus.

Nomaden [griech.] ↑ Nomadismus.

Nomadismus [zu griech. nomós „auf der Weide (nomós) befindlich"], Wirtschafts- und Gesellschaftsform, die auf Viehwirtschaft beruht und die mit nichtseßhafter Lebensweise verbunden ist. Die Viehzüchter (**Nomaden**), die auch Besitzer der Herden sind, begleiten das Vieh im geschlossenen Familienverband mitsamt dem Hausrat auf ständiger oder period. Wanderung, den klimat. Gegebenheiten entsprechend. Die Siedlungen bestehen meist aus Zelten oder einfachen Hütten. Wichtigste Herdentiere sind Schafe, Ziegen, Rinder, Jaks, Dromedare, Kamele, Rene und Pferde. Feldbau wird äußerst selten und nicht regelmäßig betrieben. Pflanzl. Nahrungsmittel werden von der ackerbautreibenden Bev. eingetauscht oder gekauft. Unter **Halbnomadismus** versteht man eine Wirtschaftsform, bei der der Ackerbau ständig ausgeübt wird und nur Teile der Familie wandern. - Der N. dominierte in den ariden und semiariden Gebieten der Alten Welt und kommt dort, eingeschränkt durch staatl. Kontrolle, Kollektivierung, Verbot der Grenzüberschreitung, bis heute vor.

⌨ *Schwartz, S.: Wenn Laeduma träumt. Nomadenleben in Afrika. Ffm. 1986. - N. - ein Entwicklungsproblem? Berliner Symposium 11.–14. Febr. 1982. Bln. 1982. - Vardiman E. E.: Nomaden. Mchn. 1979. - Best, G.: Vom Rinder-N. zum Fischfang. Wsb. 1978.*

◆ (Vagabundismus, permanente Translokation) in der *Zoologie* das ständige oder fast ständige weiträumige Umherstreifen (↑ Translokation) von Tieren ohne festen Wohnplatz, eine Verhaltensweise zahlr. Arten mit unterschiedl. Ausprägung. Dabei verbinden sich vielfach der Zwang zur Nahrungssuche und ein arteigener Bewegungstrieb. Nahezu dauernde Gruppenwanderungen (auch mit jahreszeitl. bedingtem Gebietswechsel) kennen Huftierherden (z. B. Gazellen, Gnus, Zebras und Rentiere). Ihnen folgen Rudel des Hyänenhundes (Afrika) bzw. des Wolfs (Asien). Den Herden des Bartenwals folgt der räuber. Schwertwal, den Schwärmen des Frühjahrsherings der Heringshai, denen der Wanderheuschrecken der Lappenstar (SW-Afrika) bzw. der Rosenstar (Asien).

Nom de guerre [frz. nõdˈgɛːr „Kriegsname"], frz. Bez. für Deck-, Künstler-, auch Spottname (↑ Pseudonym); urspr. der Name, den ein Soldat beim Eintritt in die Armee annahm.

Nome [engl. noʊm], Stadt in Alaska, an der S-Küste der Seward Peninsula, 2 500 E. Handelszentrum der Eskimo; Fischerei; Hafen (Juni–Nov. eisfrei), ⚓.

Nomen [lat. „Name, Benennung"] (Nennwort, Namenwort; Mrz. Nomina), zusammenfassende Bez. für Substantiv, Adjektiv und Numerale, also für die deklinierbaren ↑ Wortarten ohne Artikel und Pronomen; im Ggs. zu dieser antiken Einteilung steht die seit dem MA übl. Trennung von Substantiv und Adjektiv, so daß heute N. (i. e. S.) auch nur das Substantiv meint. In der Wortbildungslehre unterscheidet man nach der Bed. u. a. *N. actionis* (Bez. des Verlaufs oder Vollzugs eines Verbalgeschehens: „Wurf, Trunk"), *N. instrumenti* (Bez. des Werkzeugs für eine Verbalhandlung: „Schlegel"), *N. agentis* bzw. *N. actoris* (Bez. des Trägers einer Verbalhandlung: Berufsbez. wie „Bäcker, Schütze", auch übertragen auf Geräte: „Bohrer"), *N. qualitatis* (Bez. einer Eigenschaft: „Güte, Schönheit"). Unter *Verbalnomina* versteht man deklinierbare Formen (z. T. erstarrte Kasusformen) von Verben wie Gerundium, Gerundivum, Infinitiv, Partizip, Supinum.

nomen est omen [lat.], der Name ist Vorbedeutung, sprichwörtl. nach „nomen atque omen" („Name und zugleich Vorbedeutung"; nach Plautus, „Persa" 4, 4, 74).

Nomenklatur [zu lat. nomenclatura „Namenverzeichnis"], allg.: 1. die Benennung wiss. Gegenstände und die Methode der Klassifizierung der Begriffe; 2. die Gesamtheit der Fachausdrücke einer Wiss. oder Kunst, auch deren systemat. Ordnung.

In der *Biologie* gibt es im Rahmen der (biolog.) Terminologie außer der für die Anatomie des Menschen festgelegten anatom. N. noch die systemat. (taxonom.) N., d. h. die Namengebung für die Vertreter der systemat. (taxonom.) Kategorien (↑ Taxonomie). Diese N. re-

Nomenklatur

Emil Nolde. Abendmahl (1909). Kopenhagen, Statens Museum for Kunst

gelt die internat. Einheitlichkeit der wiss. Namen der einzelnen Kategorien, von der Unterart aufwärts bis zur Überfamilie („geregelte Nomenklatur"). Dabei gilt im Regelfall das *Prioritätsprinzip:* In der *zoolog. N.* gilt jeweils der erste, einem Tier ab 1. Jan. 1758 (es gilt das Jahr der 10. Auflage von C. von Linnés „Systema naturae") gegebene wiss. Name, sofern er den N.regeln im übrigen gerecht wird. Die *botan. N.* entspricht weitgehend der zoologischen; Ausgangspunkt ist hier das Jahr 1753 (Ausgabe von C. von Linnés „Species plantarum"). - Die Benennung der Arten ist bei Tieren und Pflanzen binär *(binäre N.):* Dem Namen der Gatt. folgt der eigtl. Artname; hinzugefügt wird noch der (eventuell abgekürzte) Name der Person, die den eigtl. Artnamen in Verbindung mit der wiss. Be-

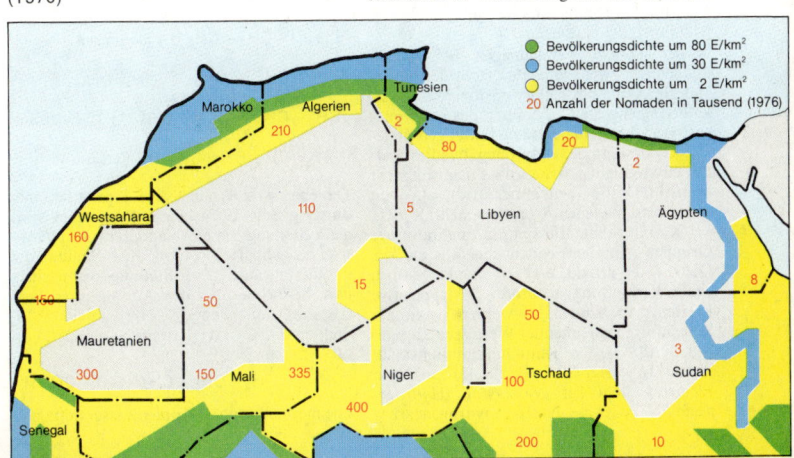

Nomadismus. Anzahl der Nomaden in Nordafrika (1976)

● Bevölkerungsdichte um 80 E/km²
● Bevölkerungsdichte um 30 E/km²
● Bevölkerungsdichte um 2 E/km²
20 Anzahl der Nomaden in Tausend (1976)

Nomenklatur

schreibung gegeben hat, sowie das Jahr, in dem der wiss. Name so erstmals veröffentlicht wurde (z. B. Wolf: *Canis lupus L.*, 1785; *L.* = Linné; korrekterweise müßte statt L. der Name Linnés latinisiert in Kapitälchen ausgeschrieben werden: LINNAEUS). Bei Unterarten wird dem Gattungs- und Artnamen noch ein dritter Name, die wiss. Bez. der Unterart, beigefügt (*trinäre N.*, *ternäre N.*; z. B. Europ. Wolf = *Canis lupus lupus L.*, 1758).
Die anatom. N. wurde zum erstenmal 1895 von der anatom. Gesellschaft in Basel internat. einheitlich festgelegt und kodifiziert. Die daraus resultierenden *Baseler Nomina anatomica* (Kurzform: *BNA*), 1935 durch die *Jenaer Nomina anatomica* (Kurzform: *INA*) und 1955 durch die *Pariser Nomina anatomica* (Kurzform: *PNA*) verbessert, ergänzt und erweitert, bilden das Fundament der modernen internat. Terminologie der Anatomie.
In der Chemie die eindeutige, international verständl. Namengebung für chem. Elemente und Verbindungen durch eine Anzahl von Stammnamen mit voran- und nachgesetzten Silben oder Wörtern. Mit der zunehmenden Zahl der Verbindungen (es gibt schätzungsweise 10 Mill.) wurde es notwendig, ihre Benennung zu regeln. Eine N. organ. Verbindungen wurde erstmals 1892 auf einer Chemikertagung in Genf ausgearbeitet (sog. Genfer N.). Seit 1947 werden diese Richtlinien von einer N.-Kommission der Internationalen Union für Reine und Angewandte Chemie ergänzt und revidiert (sog. IUPAC-Regeln). 1938 wurden von einer IUPAC-Kommission erstmals Regeln für die N. anorgan. Verbindungen vereinbart. Neben den nach den N.regeln aufgestellten Bez. haben sich sog. Trivialnamen erhalten (z. B. Benzol). Die Bez. der Elemente wird durch die chem. Symbole, die aus dem ersten oder dem ersten und einem weiteren Buchstaben des lat. oder griech. Namens des Elements bestehen, festgelegt. Für chem. ähnl. Elemente sind Sammelnamen gebräuchl., z. B. Alkalimetalle, Halogene.

N. der anorgan. Verbindungen: Bei Verbindungen aus zwei Elementen steht der unveränderte Name des elektropositiveren zuerst; an den nachgestellten Namen des elektronegativeren Elements werden Endungen angehängt: -id, wenn der elektronegative Bestandteil einatomig ist bzw. aus einem Element besteht (NaCl = Natriumchlorid), -at, wenn er aus verschiedenen Atomen besteht, K_2SO_4 = Kaliumsulfat. Bestimmte mehratomige Gruppen (Anionen) enden ebenfalls auf -id, OH^- = Hydroxid, NH_2^- = Amid. Sind in einer Verbindung mehrere elektropositive Elemente vorhanden, so werden sie in der Reihenfolge zunehmender Wertigkeit angegeben, $KAl(SO_4)_2$ = Kaliumaluminiumsulfat.
Immer an letzter Stelle der elektropositiven Elemente steht der Wasserstoff (Hydrogenium), $NaHCO_3$ = Natriumhydrogencarbonat. Sind in einer Verbindung mehrere elektronegative Elemente vorhanden, so trägt jedes für sich die Endung -id bzw. -at, CaClBr = Calciumchloridbromid, $Ca_5F(PO_4)_3$ = Pentacalciumfluoridphosphat. Die elektronegativen Bestandteile werden dabei folgendermaßen geordnet: Hydrid (H^-), Oxid oder Hydroxid (O^{2-} bzw. OH^-), Anionen aus einem Element (-id), Anionen aus mehreren Elementen (-at). Die in den Verbindungen vorliegenden stöchiometr. Mengenverhältnisse werden durch griech. Zahlwörter (mon[o]-, di- usw.) angegeben, z. B. Distickstofftetroxid, N_2O_4. Treten Elemente in verschiedenen Wertigkeitsstufen auf, wird die in der Verbindung vorliegende Wertigkeitsstufe durch die entsprechende nachgestellte röm. Zahl angegeben, z. B. Eisen(II)chlorid, $FeCl_2$.

Die **N. organ. Verbindungen** basiert auf der Benennung der Kohlenwasserstoffe. Gesättigte, aliphat. Kohlenwasserstoffe werden, mit Ausnahme der ersten vier, mit den Halbtrivialnamen Methan, Äthan (neuere Schreibweise Ethan), Propan, Butan, belegten, mit einem der Anzahl der Kohlenstoffatome entsprechenden Zahlwort und der Endung -an benannt, die Endungen -en bzw. -in enthalten ungesättigte Kohlenwasserstoffe mit Doppel- bzw. Dreifachbindungen. Für die Bez. der zahlr., durch Ersatz von Wasserstoffatomen durch andere Atome oder Atomgruppen zustandekommenden Verbindungen, z. B. Alkohole, Aldehyde, Ketone, Amine, sind bestimmte Prä- bzw. Suffixe festgelegt. Zur Kennzeichnung der Position von Substituenten sowie von Doppel- bzw. Dreifachbindungen numeriert man die Kohlenstoffatome der Grundkette von einem Ende zum anderen mit arab. Ziffern durch und stellt die Zahlen derjenigen Kohlenstoffatome, an die die Substituenten gebunden sind bzw. von denen die Mehrfachbindungen ausgehen, dem Namen der chem. Verbindungen voran.

$\overset{1}{C}H_2Cl - \overset{2}{C}H_2 - \overset{3}{C}H_3$ 1-Chlorpropan

$\overset{1}{C}H_3 - \overset{2}{C}HCl - \overset{3}{C}H_3$ 2-Chlorpropan

$\overset{1}{C}H_3 - \overset{2}{C}HOH - \overset{3}{C}HOH - \overset{4}{C}H_3$ 2,3-Butandiol

$\overset{1}{C}H_2 = \overset{2}{C}H - \overset{3}{C}H = \overset{4}{C}H_2$ 1,3-Butadien

Daneben ist z. T. auch eine Kennzeichnung durch griech. Buchstaben übl.; dabei wird als α-Stellung die einer anderen Gruppe direkt benachbarte Position, als β-Stellung die darauf folgende, als γ-Stellung die nächste usw. bezeichnet. Bei den Aminosäuren liegt z. B. die Aminogruppe, $-NH_2$, (meist) in α-Stellung zur Carboxylgruppe, $-COOH$, vor.

$\overset{\omega}{C}H_3 - ... \overset{\gamma}{C}H_2 - \overset{\beta}{C}H_2 - \overset{\alpha}{C}H(NH_2) - COOH$

Die meisten aromat. Kohlenwasserstoffe und

ihre Derivate sowie heterocycl. Verbindungen haben Trivialnamen, da die nomenklaturegerechten Namen äußerst kompliziert sind. Die Ringsysteme werden mit arab. Ziffern in einer best. Reihenfolge durchnumeriert und so die Positionen von Substituenten angegeben. Z. B. werden die drei isomeren Dichlorderivate des Benzols als 1,2-, 1,3- und 1,4-Dichlorbenzol, daneben auch als ortho-, meta- und para-Dichlorbenzol (abgekürzt o-, m- bzw. p-Dichlorbenzol) bezeichnet.

1,2-Dichlorbenzol   1,3-Dichlorbenzol   1,4-Dichlorbenzol
o-Dichlorbenzol   m-Dichlorbenzol   p-Dichlorbenzol

Bei aromat. und heterocycl. Verbindungen und Heterocyclen sind z.T. ebenfalls Kennzeichnungen durch griech. Buchstaben gebräuchl.; bei polycycl. Verbindungen z. B. wird als α-Position die der Ringverbindungsstelle benachbarte Stellung, als β-Position die darauf folgende bezeichnet. Beispiele:

1-Naphthol   2-Naphthol
α-Naphthol   β-Naphthol

Gesonderte N.regeln wurden für Verbindungen aus dem Gebiet der Naturstoffe, z. B. für Proteine, Steroide und Kohlenhydrate, ferner für das Gebiet der Stereochemie festgelegt. - Abb. S. 314.
⚃ Carl, H.: Die dt. Pflanzen- u. Tiernamen. Hdbg. ²1986. - Hellwinkel, D.: Systemat. N. der organ. Chemie. Bln. u.a. ³1982 (Nachdr. 1986). - Fresenius, P.: Organ.-chem. N. Stg. ²1983. - Internat. Regeln f. die chem. N. u. Terminologie. Hg. vom Dt. Zentralausschuß f. Chemie. Whm. 1975 ff. Auf 2 Bde. berechnet. - Holland, W.: Die N. in der organ. Chemie. Zürich u. Ffm. ²1973. - Internat. code of botanical nomenclature ... Hg. v. J. Lanjouw u. a. Utrecht 1966.

nominal [lat.], das ↑Nomen betreffend; mit einem Nomen gebildet.
◆ (nominell) in der *Wirtschaft:* zum Nennwert, Nennbetrag u. a. gehörend.

Nominaldefinition (Begriffsdefinition) ↑Definition.

Nominaleinkommen, einzel- wie gesamtwirtsch. das in Währungseinheiten ohne Berücksichtigung der Kaufkraft angegebene Einkommen. - Ggs. ↑Realeinkommen.

Nominalform, svw. ↑infinite Form.

Nominalisierung [lat.], svw. ↑Substantivierung.
◆ Umwandlung von verbalen Ausdrücken oder ganzen Sätzen in eine nominale Phrase, z. B. *den Bau fertigstellen - die Fertigstellung des Baus.*

Nominalismus [zu lat. nomen „Name, Benennung"], in der *Philosophie* Lehre, nach der es für ein Verständnis von „Allgemeinbegriffen" nicht nötig ist, anzunehmen, es existierten „Allgemeindinge" (↑Universalien), die von entsprechenden Wörtern wie mit Namen benannt werden. Es reiche, daß die Wörter den Einzeldingen zugesprochen werden; dieses Zusprechen sei vom Nennen durch Eigennamen zu unterscheiden. - Der N. wird im ↑Universalienstreit des MA als Gegenposition zum ↑Realismus entwickelt, in gemäßigter Form insbes. durch Peter Abälard, Wilhelm von Ockham, Gabriel Biel vertreten. Erkenntniskrit. Ansätze des N. gewinnen Einfluß auf den Wiss.begriff des Empirismus.
◆ in der *Volkswirtschaftslehre* diejenige Theorie über den Wert des Geldes, die den [Nenn]-wert des Zeichengeldes (↑Geld) aus seiner Eigenschaft als gesetzl. Zahlungsmittel ableitet.
⚃ Urban, C.: N. im Naturrecht. Düss. 1979. - Das Universalienproblem. Hg. v. W. Stegmüller. Darmst. 1978.

Nominalkapital (Nennkapital), das ausgewiesene Grundkapital einer AG bzw. Stammkapital einer GmbH.

Nominallohn ↑Lohn.

Nominalphrase, Abk. NP, in der Linguistik eine syntakt. Konstruktion, deren Kernglied ein Nomen ist, das von weiteren Elementen modifiziert werden kann. Im einfachsten Fall besteht eine N. aus einem Eigennamen, einem einfachen Substantiv oder einem Pronomen (z.B. *Rudolf* trinkt Milch). N. können im Satz als Subjekt und als verschiedene Objekte fungieren. N. und ↑Verbalphrase bilden die unmittelbaren Konstituenten eines Satzes (↑Konstituentenanalyse).

Nominalsatz, Satz ohne Verb, z. B.: *Ein Mann, ein Wort; Unsinn!*

Nominalverzinsung ↑Verzinsung.

Nominalwert, svw. ↑Nennwert.

Nominalzins, der auf den Nennwert bezogene Ertrag eines Wertpapiers, im Ggs. zum Real- oder Effektivzins, der auf den Kurswert bezogen ist.

Nomination [zu lat. nominatio „die Ernennung"], staatskirchenrechtl. das Vorschlagen bzw. Ernennen von Anwärtern auf höhere Kirchenämter.

Nominativ [lat. (casus) nominativus „Nennfall"; zu nominare „(be)nennen"], erster Fall in der Deklination, Werfall; der N. (auch *casus rectus* im Ggs. zu den *casus obliqui*; ↑Casus obliquus) dient der Angabe des grammat. ↑Subjektes eines Satzes und gegebenenfalls damit kongruierender Satzglieder sowie der nominalen Form außerhalb einer Satzkonstruktion (z. B. in Ausrufen, Aufzählungen, Überschriften; sog. „absoluter N."). - ↑auch Kasus.

Nominator [lat.], in der Logik ein benennender sprachl. Ausdruck, der den Gegenstand in der Rede vertritt, im Unterschied

nominell

zu den unterscheidenden sprachl. Ausdrücken, den ↑Prädikatoren.

nomin<u>e</u>ll [lat.], [nur] dem Namen nach [bestehend], vorgeblich; auch svw. ↑nominal.

Nom<u>i</u>smus [zu griech. nómos „Gesetz"], im Ggs. zum Antinomismus Bez. für diejenige theolog. Grundauffassung, nach der dem *Gesetz* überragende Bed. als theoret. Leitwert beigemessen wird.

Nomograph<u>ie</u> [zu griech. nómos „Gesetz" und ↑...graphie], Teilgebiet der Mathematik, das die verschiedenen Verfahren zur Aufstellung von *Nomogrammen*, d. h. graph. Darstellungen funktionaler Zusammenhänge zw. mehreren Veränderlichen, und deren Anwendung behandelt. Man bedient sich der Nomogramme v. a. bei öfter auszuführender [graph.] Lösung ein und derselben Gleichung mit veränderten Parametern.

Nomokrat<u>ie</u> [griech.], Herrschaftsform, in der - im Ggs. zur Autokratie - Macht nur im Namen der Gesetze ausgeübt wird.

N<u>o</u>mos [griech.], die Setzung, Norm, Ordnung, die das Handeln bestimmende Regel, das (menschl.) Gesetz, das positive Recht; zunächst die Ordnung, das Gesetz der Natur schlechthin, später mit sozialkrit. Interesse antithet. zu der urspr., absoluten, normsetzenden Physis, der Natur, bestimmter Begriff für das sich in geschichtl. Prozessen herausbildende positive Recht, das den Menschen in Ggs. bringt zur Natur, zum Mitmenschen und zu sich selbst.

◆ in der griech. Musik Name altehrwürdiger poet.-musikal. Weisen für den Apollonkult. Wegen des göttl. Urspungs blieben sie unangetastet, wobei man in schriftloser Zeit jedoch nur am Gerüst unverändert festhielt und die Tonfolgen bei der Ausführung „variierte". Daher gilt N. heute als eine Art Melodietyp. Nach solchem Vorbild geschaffene Weisen wurden zu Kithara oder Aulos gesungen (kitharod., aulod. N.) oder allein auf dem Aulos gespielt (aulet. Nomos).

N<u>o</u>n (None) [zu lat. hora nona „die neunte Stunde"] ↑Stundengebet.

Nonaffektati<u>o</u>nsprinzip [lat.], Verbot der Zweckbindung öffentl. Einnahmen.

Nonchalance [frz. nõʃa'lã:s], Lässigkeit, Unbekümmertheit; **nonchalant**, lässig, ungezwungen.

Non-co-operation [engl. 'nɔnkoʊɔpə-'reɪʃən „Nichtzusammenarbeit"], Bez. für eine polit. Kampfesweise M. K. ↑Gandhis: die Verweigerung der Zusammenarbeit mit den brit. Behörden.

N<u>o</u>ne [lat.], in der *Musik* ein Intervall von neun diaton. Stufen (die Sekunde über der Oktave). **Nonenakkord** heißt ein aus vier Terzen aufgebauter Akkord; er tritt als selbständiger Akkord v. a. als Dominantnonenakkord (Dominantseptnonenakkord) auf; mit ausgelassenem Grundton und kleiner None wird der Dominantnonenakkord als „verminderter Septakkord" bezeichnet.

◆ svw. Non (↑Stundengebet).

N<u>o</u>nen [zu lat. nonus „der neunte"], im altröm. Kalender der 9. Tag vor den Iden (diese mitgezählt), also der 5. (bzw. im März, Mai, Juli und Oktober der 7.) Monatstag.

Non<u>e</u>tt [italien., zu lat. nonus „der neunte"], Musikstück für neun Soloinstrumente (selten Singstimmen), häufig in der Besetzung Violine 1 und 2, Viola, Violoncello (oder Kontrabaß), Flöte, Oboe, Klarinette, Fagott, Horn; auch Bez. für die Ausführenden.

Non-fiction [engl. 'nɔn'fɪkʃən] ↑Sachbuch.

nonfigurat<u>i</u>v [lat.], nicht figürlich, d. h. abstrakt, gegenstandslos (moderne Malerei und Graphik).

Non-food-Abteilung [engl. 'nɔn'fu:d „nicht Lebensmittel"], Abteilung in v. a. auf Lebensmittel ausgerichteten Einkaufszentren, die keine Lebensmittel führt.

N<u>o</u>nius [nach dem latinisierten Namen von P. Nunes] (Vernier), Hilfsmaßstab, der im Zusammenwirken mit einem Hauptmaßstab mit gleichabständiger Teilung das Ablesen von Bruchteilen der Einheiten des Hauptmaßstabs erlaubt, so daß Schätzungsfehler vermieden werden. Sind n Noniusintervalle auf $(n-1)$ Hauptteilungsintervallen aufgetragen, so beträgt die Noniusangabe a, wenn der Endstrich des i-ten N.intervalls mit einem Teilstrich des Hauptmaßstabs deckungsgleich ist, $a = i/n$. Beim meist gebräuch-

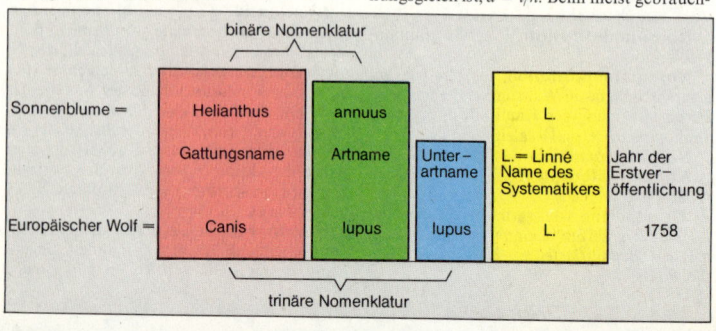

Nomenklatur. Beispiel der biologischen Nomenklatur

	binäre Nomenklatur				
Sonnenblume =	Helianthus	annuus		L.	
	Gattungsname	Artname	Unter-artname	L. = Linné Name des Systematikers	Jahr der Erstver-öffentlichung
Europäischer Wolf =	Canis	lupus	lupus	L.	1758
		trinäre Nomenklatur			

lichen *Zehntel-N.* ist $n = 10$, so daß zehn Intervalle des N. auf der Länge von neun Intervallen des Hauptmaßstabs gleichabständig aufgetragen sind. Ein derartiger N. erlaubt z. B. an einer *Schieblehre* das Ablesen von Zehntelmillimetern.

Nonkonformismus [lat.-engl.], grundsätzl. ablehnende, in abweichendem Verhalten und Gegnerschaft ausgedrückte Haltung bzw. Einstellung gegenüber für allg. verbindl. geltenden gesellschaftl. Werten, Normen und Verhaltensmustern.

Nonkonformisten [lat.-engl.], i. e. S. seit dem 19. Jh. übl. Bez. für ↑Dissenters; i. w. S. (engl. nonconformists) Bez. für Vertreter des ↑Nonkonformismus.

Nonne [nach der an Nonnentracht erinnernden Farbe] (Limantria monacha), bis 5 cm spannender, dämmerungs- und nachtaktiver Schmetterling (Fam. ↑Trägspinner) in Europa; Vorderflügel meist weißl. mit gezackten, schwarzen Querbinden, Hinterflügel grau; Eiablage in Rindenritzen. Die Raupen, grünlich- bis weißbraun, stark behaart, mit bunten Warzen, können durch Blatt- bzw. Nadelfraß sehr schädlich werden.

Nonne [zu spätlat. nonna, eigtl. „Amme"], eigtl. Angehörige weibl. kontemplativer, klausurierter Ordensgemeinschaften mit feierl. Gelübden; allg. für Klosterfrau.

Nonnenmann, Klaus, * Pforzheim 9. Aug. 1922, dt. Schriftsteller und Dramaturg. - Verf. eines iron.-melanchol. Kurzromans „Die sieben Briefe des Doktor Wambach" (1959), humorvoller sozialkrit. Erzählungen „Vertraul. Geschäftsbericht" (1961), „Herbst" (En., 1977).

Nonnenmeise, svw. Sumpfmeise (↑Meisen).

Nonnos, griech. Dichter des 5. Jh. aus Panopolis (Ägypten). - Schildert in dem Epos „Dionysiaká" in 48 Büchern die Geschichte des Gottes Dionysos, bes. dessen Zug nach Indien.

Nonnweiler, heilklimat. Kurort im Schwarzwälder Hochwald, Saarland, 375 m ü. d. M., 8 400 E. Kneippsanatorien.

Nono, Luigi, * Venedig 29. Jan. 1924, italien. Komponist. - Nach 1950 durch serielle Instrumentalstücke (u. a. „Polifonia-Monodia-Ritmica", 1951) bekanntgeworden, entwickelte N. 1955–62 v. a. in sozialist. Chorwerken einen expressiven, Konstruktion und Kantabilität verbindenden Vokalstil; u. a. erste Oper „Intolleranza" (1961; Neufassung 1970). Seit 1964 („La fabbrica illuminata") verwendet N. oft Tonbandeinblendungen zur Verdeutlichung der polit. Aussage. Er schrieb weiter u. a. das Ballett „Der rote Mantel" (1954), das Chorwerk „Il canto sospeso" (1956), die Kantate „Ein Gespenst geht um" (1971), die Oper „Al gran sole carico d'amore" (1975).

non olet [lat. „es (das Geld) stinkt nicht"],

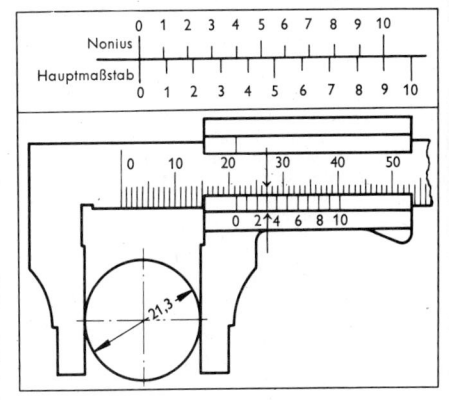

Nonius. Skala eines Zehntelnonius (oben) und Schieblehre mit Zehntelnonius (unten). Der Endstrich des dritten Intervalls ist mit einem Teilstrich des Hauptmaßstabes deckungsgleich

sinngemäß wiedergegebener Ausspruch des röm. Kaisers Vespasian auf einen Vorwurf wegen der Abortbesteuerung.

Nonplusultra [lat. „nichts darüber hinaus"], svw. Unübertreffbares, Unvergleichliches.

Nonproliferation [engl. 'nɔnprəlɪfə'reɪʃən „Nichtweitergabe"], angloamerikan. Bez. für die Nichtverbreitung von Kernwaffen und der zu ihrer Herstellung erforderl. Produktionsmittel durch die Atommächte. Das Prinzip der N. ist Gegenstand des ↑Atomwaffensperrvertrags.

non scholae, sed vitae discimus ['skolɛ ..., 'dɪskimʊs; lat.] ↑non vitae, sed scholae discimus.

Nonsens [engl.], Unsinn; absurde, unlog. [hintersinnige] Gedankenverbindung.

Nonsensverse, [nicht abwertend zu verstehende] Bez. für Dichtungen, die, unter dem Aspekt der Logik oder Semantik betrachtet, unsinnig sind. N. spielen mit Klängen, Wörtern und mit deren oft doppeltem Sinn, sie sind Schöpfungen grotesker Phantasie und führen in die Bereiche des Traumes und der verkehrten Welt. Von N. läßt sich seit E. Lears „Book of nonsense" (1846) – woher der Terminus stammt – sowie L. Carrolls „Alice's Abenteuer im Wunderland" (1865) und „Alice im Spiegelreich" (1871) sprechen, die v. a. ein Phänomen der engl. Literatur geworden sind (bes. im Limerick). Dt. Vertreter sind C. Morgenstern, J. Ringelnatz, P. Scheerbart.

Nonstop [engl.], ohne Halt, ohne Unterbrechung; z. B. *N.flug:* Langstreckenflug ohne Zwischenlandung.

Nonvaleur [nõvaˈløːr; frz.], etwas ohne Wert, insbes. nahezu oder völlig wertloses Wertpapier.

non vitae, sed scholae discimus [ˈskolæ ˈdiskimʊs; lat. „wir lernen nicht für das Leben, sondern für die Schule"], originaler Wortlaut der meist belehrend „non scholae, sed vitae discimus" („nicht für die Schule, sondern für das Leben lernen wir") zitierten Briefstelle bei Seneca.

noologisch [no-o...; griech.], die Lehre vom Geist bzw. den Geist betreffend.

Noone, Jimmie [engl. nuːn], *Cut-Off (La.) 23. April 1895, † Los Angeles 19. April 1944, amerikan. Jazzmusiker (Klarinettist). - Gehört zu den stilbildenden Klarinettisten des New-Orleans-Jazz. Einflüsse auf J. Dorsey und B. Goodman.

Noord, Flußarm im Rhein-Maas-Delta, entsteht 1 km nördl. von Dordrecht.

Noord-Holland ↑ Nordholland.

Noordwijk [niederl. ˈnoːrtwɛjk], niederl. Gem. an der Nordsee, 24 500 E. Besteht aus den Ortschaften *N.-Binnen* im Polderland (Erwerbsgartenbau, Blumenzwiebelzucht) und *N.-aan-Zee* (Seebad). In der Nähe die Anlagen des Europ. Raumfahrtforschungs- und Techniknikzentrums.

Noppen, Bez. für knötchenartige Verdickungen in Garnen und Geweben, die entweder aus Fadenschlingen oder aus Faserflocken, sog. **Niggern,** bestehen.

Nor- [kurz für: normal], Vorsilbe am Namen organ. Verbindungen, die das Fehlen einer Methyl- oder Methylengruppe gegenüber entsprechenden Vergleichssubstanzen anzeigt (z. B. Noradrenalin und Adrenalin; v. a. in der Nomenklatur der Terpene und Steroide gebräuchlich).

Nora, weibl. Vorname, Kurzform von Eleonora (↑ Eleonore).

Noradrenalin [nor-a...] (Norepinephrin, 1-(3,4-Dihydroxyphenyl)-2-aminoäthanol), im Nebennierenmark, Teilen des Stammhirns und v. a. in Synapsen postganglionärer, sympath. Nervenfasern gebildetes Hormon, das gefäßverengend und blutdrucksteigernd wirkt sowie als Antagonist des ↑ Adrenalins die Herzfrequenz vermindert und nur geringe Wirkung auf den Fett- und Kohlenhydratstoffwechsel hat. Chem. Strukturformel:

$$HO-\underset{HO}{\bigcirc}-\underset{OH}{CH}-CH_2-NH_2$$

Noranda [engl. nɔˈrændə], kanad. Stadt im W der Prov. Quebec, 11 000 E. Zus. mit der Nachbarstadt *Rouyn* (18 000 E) Zentrum eines bed. Bergbaugeb.; Kupferschmelze; Bahnstation; ✈.

Norbert, alter dt. männl. Vorname (zu althochdt. nord „Norden" und beraht „glänzend").

Norbert von Xanten, hl., *Xanten 1082 (?) als Edler von Gennep, † Magdeburg 6. Juni 1134, dt. Ordensstifter. - Kaplan Kaiser Heinrichs V.; versuchte das Stift Xanten zu reformieren; gründete 1120 im Tal von Prémontré bei Laon den Prämonstratenser-Orden (nach der Augustinerregel) und in Florette eine zweite Stiftung; 1126 bestätigte Honorius II. den Orden. Auf dem Reichstag zu Speyer wurde N. zum Erzbischof von Magdeburg gewählt; seine Reformbestrebungen schufen ihm anfangs Schwierigkeiten, jedoch fand der Orden in den Wendenländern sein Hauptarbeitsfeld. Kaiser Lothar III. ernannte N. zum Kanzler für Italien. - Fest: 6. Juni.

Nord [frz. nɔːr], Dep. in Frankreich.

Nord ↑ Norden.

Nordafrikanische Ginsterkatze ↑ Ginsterkatzen.

Nordafrikanischer Wildesel ↑ Esel.

Nordalbingien [...i-εn], Geb. nördl. der Niederelbe, im frühen MA die Wohnsitze der Dithmarscher, Holsten und Stormarn umfassend.

Nordamerika, der nördl. Teil des amerikan. Doppelkontinents, umfaßt einschließl. Mexiko und Grönland, rd. 23,5 Mill. km². N. hat eine N–S-Erstreckung von fast 7 000 km und eine O–W-Erstreckung von über 4 600 km. Nach anderer Auffassung wird Mexiko als lateinamerikan. Land nicht zu N. gerechnet (↑ auch Mittelamerika). N. wird vom Pazifik, Nordpolarmeer und Atlantik umspült, im S grenzt es an der Landenge von Tehuantepec an Zentralamerika. Die Atlantikküste ist stark gegliedert durch den tiefeingreifenden Meeresteil der Hudsonbai, durch die Trichtermündung des Sankt-Lorenz-Stroms, die Fjordküsten Labradors und die haff- und buchtenreichen Flachküsten im O und an der Golfküste. Die Pazifikküste ist eine buchtenarme Steilküste, die durch die Fjordküste zw. Vancouverinsel (Kanada) und dem Alexanderarchipel (USA) sowie die Halbinsel Niederkalifornien (Mexiko) gegliedert ist. Im N löst sich N. im Kanad.-Arkt. Archipel auf. Zahlr. große Ströme entwässern N., die Hauptwasserscheide verläuft im W in den Rocky Mountains.

Gliederung: Sie spiegelt in großen Zügen den geolog. Bau wider: Kern ist der ↑ Kanadische Schild, der auch große Teile Grönlands umfaßt. An ihn legten sich im Paläozoikum das Appalachensystem im O und im Mesozoikum und Alttertiär das Kordillerensystem im W an. Der Kanad.-Arkt. Archipel zeigt auf Baffinland hochalpine Formen mit steilen Graten, Karen, Trogtälern und teilweiser Vergletscherung. Auf den westl. von Baffinland gelegenen Inseln überwiegt Tafellandcharakter. In den nördl. Appalachen sind Mittelgebirgsformen mit Höhen um 500 m typ., die bis 2 037 m hohen südl. Appalachen weisen eine Gliederung auf mit breiten Talungen, Pla-

Nordamerika

teaus und steilen Schichtstufen. Zw. Kanad. Schild und Appalachen im O sowie den Rocky Mountains im W breitet sich vom Nordpolarmeer bis zur Golfküstenebene ein Geb. weitgespannter Ebenen aus (Great Plains, Interior Plains, Golf-Küstenebene, Atlant. Küstenebene). Das Kordillerensystem im W zeigt eine klare Gliederung in zwei Faltenstränge, die zahlr., in sich gegliederte Hochbecken und Plateaus einschließen: Die Rocky Mountains erheben sich steil aus den Great Plains. Sie setzen in Alaska mit der Brooks Range ein, wenden sich in Kanada aus der W–O- in die NW–SO-Richtung, gegliedert durch zwei Ketten, die im N eine Furche, den Rocky Mountain Trench, weiter im S tekton. Becken, die Parks, und das Colorado Plateau einschließen. Südl. der Sangre de Cristo Mountains setzen die Rocky Mountains aus, setzen sich dann aber in der mex. Sierra Madre Oriental fort. Die höchste Erhebung der z. T. vergletscherten, etwa 4 300 km langen Rocky Mountains ist mit 4 398 m der Mount Elbert (im Bundesstaat Colorado). Die Reihe der inneren Becken und Plateaus beginnt im N mit dem Yukon Plateau. Sie ist im Frazer Plateau, Columbia Plateau, Great Basin und im Hochland von Mexiko bes. gut ausgeprägt. Die pazif. Küstengebirge säumen die W-Seite des Kontinents in einer Doppelkette mit einer dazwischen eingeschlossenen Längsalreihe (im S Kaliforn. Längstal, Golf von Kalifornien). Sie erstrecken sich in Fortsetzung der Aleuten von der zur inneren Kette gehörenden Alaska Range, in der der höchste Berg von N. liegt (der vergletscherte Mount McKinley, 6 193 m ü. d. M.) bis zur Sierra Madre Occidental in Mexiko, während die äußere Kette von Kodiak Island über die Saint Elias Mountains u. a. bis zur Halbinsel Niederkalifornien zieht.

Klima: Es reicht von den Geb. mit Dauerfrostboden bis in die Tropen. Der Hauptteil von N. gehört jedoch zu den gemäßigten Breiten und in das Geb. der außertrop. Zirkulation, für die wandernde Zyklonen und starker Witterungswechsel typ. sind. Die Kordilleren im W hemmen das Eindringen pazif. Meeresluft und fördern einen Luftaustausch von N nach S und S nach N. Dadurch kommt es häufiger als in anderen Erdteilen zu Einbrüchen extremer Kaltluft aus der Arktis (Blizzards) und zu Vorstößen schwülwarmer Golfluft aus dem S. Mit der geograph. Situation hängt auch zus., daß die Niederschlagsgürtel nicht zonal wie in Afrika, sondern meridional angeordnet sind. Die größten Niederschlagsmengen fallen in einem schmalen Streifen längs der pazif. Küste (bis 3 000 mm/Jahr). Bereits im O. den Küstengebirgen und den Rocky Mountains ist es sehr trocken, im S sogar wüstenhaft. Längs der O-Abdachung der Rocky Mountains liegt der fast 3 000 km lange Präriegürtel mit Niederschlagsmengen unter 500 mm/Jahr. Erst weiter im O werden die Niederschläge wieder größer, östl. des Mississippi und Ohio bis zur Atlantikküste fallen im Durchschnitt mehr als 1 000 mm/Jahr. Die arkt. Geb. sind relativ niederschlagsarm. Vom Atlantik her erreichen trop. Wirbelstürme (Hurrikans) auf westl. gerichteten Bahnen den Kontinent. Der Golfstrom begünstigt relativ hohe Winterniederschläge auf den angrenzenden nordamerikan. Festland und mildert das Winterklima bis an den Rand der Arktis. Die pazif. Küste steht im S unter dem Einfluß des kalten Kaliforn. Stroms, im N unter dem des warmen Alaskastroms.

Vegetation: Im N erlaubt die Temperatur nur auf einem Teil der Inseln Pflanzenwuchs, das Innere von Grönland ist Eiswüste. An eisfreien Küsten breiten sich subpolare Wiesen, Teppich- und Spaliersträucher sowie Felsentundra mit Polsterpflanzen aus. Auf dem Festland verläuft die Tundrenzone von der N-Spitze Neufundlands bis zur Beringstraße. Nach S schließt sich die boreale Nadelwaldzone an, die, abgesehen von der Tundra, die einzige quer durch N. verlaufende Zone bildet. Im zentralen Teil grenzt sie mit einem Übergangsgürtel von Laubwald an die Prärie- und Trockensteppen, an der pazif. Küste unmittelbar an die Hartlaubvegetation des Winterregengebiets. Trockenste Teile von N. sind das Landesinnere von SO-Kalifornien und S-Arizona (Death Valley, Mojave Desert, Imperial Valley, Gila Desert) mit der kümmerl. Vegetation der Halbwüste. Das Hochland von Mexiko hat eine differenzierte Vegetation von Kakteenwüsten bis zu Tieflandregenwäldern. Im O wechseln im Übergangsgebiet von der Nadelwaldzone ab atlant. Laubwäldern in der Seenregion und beiderseits des Sankt-Lorenz-Stromes Nadel-, Misch- und Laubwälder miteinander ab. Sie sind durch Buche, Zuckerahorn und Gelbbirke bestimmt, oft mit Hemlocktanne vermischt. Der Hauptteil des atlant. sommergrünen Laubwalds hat in seinen nördl. Bereichen Wälder, die dem europ. Laubwald ähneln (Eichen, Ulmen, Eschen, Pappeln, Buchen). Im Übergang zur Prärie sind diese und der Laubwald miteinander verzahnt, hier hat der Hickorybaum seine Hauptverbreitung. Nach S herrschen langnadelige Kiefern vor, in jahreszeitl. überschwemmten Geb. Sumpfzypressen, in Florida trop. Pflanzen.

Tierwelt: N. umfaßt nahezu die gesamte nearkt. Region. Faunenaustausch zw. Nord- und Südamerika fand über die mittelamerikan. Landbrücke während den Zeiten ihres Bestehens statt, ebenso Rückwanderung von S nach N. Überaus reich ist N. an Wirbellosen (allein über 88 500 Insektenarten). Unter den Fischen sind die Löffelstöre und der Schlammfisch bes. kennzeichnend. Die Kriechtierfauna zeigt Beziehungen zur Alten

Nordamerika

STAATLICHE GLIEDERUNG

Land	km²	E in 1000 (Schätzung 1984)	E/km²	Hauptstadt
Kanada	9 922 330	25 128	2,5	Ottawa
Mexiko	2 022 058	75 567	37,4	Mexiko
USA	9 363 353	236 600	25,3	Washington
abhängige Gebiete				
von Dänemark				
Grönland	2 175 600			
davon eisfrei	341 700	52,9	0,15	Godthåb (Nuuk)
von Frankreich				
Saint-Pierre-et-Miquelon	242	6,1	25,2	Saint-Pierre

Welt und zum trop. Amerika (u. a. Schildkröten); einheim. sind Mississippialligator und Ringelschleichen. Giftschlangen sind die Amerikan. Korallenschlangen und Grubenottern. Fast ausschließl. auf N. beschränkt sind die Truthühner; Neuweltgeier und Kolibris kommen auch in Südamerika vor. Bei den Säugetieren sind ebenfalls paläarkt. und südamerikan. Gruppen vermischt; eingewandert aus S ist z. B. das Opossum, das einzige Beuteltier der nördl. Halbkugel. An Raubtieren kommen Kojote, Schwarz-, Braun-, Eisbär und Grizzly vor. Der Waschbär ist weit verbreitet. Bes. zahlr. sind die Nagetiere (u. a. das einheim. Stummelschwanzhörnchen und Hasen). Die Unpaarhufer haben auf dem amerikan. Doppelkontinent einen großen Teil ihrer stammesgeschichtl. Entwicklung durchlaufen, starben aber vor der Besiedlung durch den Menschen aus (Mustangs sind verwilderte europ. Hauspferde). Die Paarhufer sind durch Wapiti, Maultierhirsch, Virginiahirsch, Elch und Ren (bzw. Karibu) vertreten. Die früher in riesigen Herden die Graslander durchziehenden Bisons wurden fast ausgerottet, sie konnten sich in Schutzgeb. aber wieder vermehren. Typ. für den NW sind Bergziegen und Dickhornschaf, im nördlichsten Bereich konnte dank strenger Schutzmaßnahmen der Moschusochse überleben.

Bevölkerung: Abgesehen von Mexiko war N. vor der europ. Landnahme dünn besiedelt. Ureinwohner sind sowohl die Eskimo, die sich in ihrer Lebensweise den extrem harten Bedingungen ihres arkt. Lebensraumes angepaßt haben, als auch die Indianer, die in mehreren Schüben aus Asien einwanderten. Bei der Entdeckung Amerikas durch die Europäer lebten die Indianer auf verschiedenen Kulturstufen: Jäger und Sammler, Feldbauern, Fluß- und Hochseefischer sowie in Mexiko Hochkulturvölker. Erst nach der Übernahme des Pferdes und der Feuerwaffen von den Europäern entstand die kurzlebige Präriekultur, die durch Literatur und Film in Europa populär wurde. Durch die europ. Landnahme († auch Nordamerika [Geschichte]) wurden die Indianer nach und nach fast überall aus ihren Stammesgeb. vertrieben, in den USA der Treuhänderschaft des Bureau of Indian Affairs (gegr. 1824) unterstellt und in Indianerreservate eingewiesen. Heute bilden Eskimo und Indianer in Kanada und USA Minderheiten, die sich auf ihre ethn. Identität besinnen und für ihre so oft verletzten Rechte kämpfen. In Mexiko ist Indianer kein rass., sondern ein sprachl.-kultureller Begriff. Das heutige Bev.bild von N. ist durch die Einwanderung bestimmt. In Angloamerika überwiegen die Weißen; in der Kolonialzeit und in der ersten Zeit nach der Unabhängigkeit der USA wanderten v. a. Angelsachsen und Franzosen ein neben anderen Europäern. Im von Spanien eroberten Mexiko bilden heute die Mestizen die größte ethn. Gruppe. Neger wurden als Sklaven von 1619–1808 v. a. in die Südstaaten der USA verschleppt sowie in die feucht-heißen Küstengebiete Mexikos. Zahlr. Chinesen, Japaner, in jüngerer Zeit auch Filipinos wanderten in N. ein.

Geschichte: Vorgeschichte: Die erste Einwanderung von Menschen erfolgte nach heutiger Ansicht um 40 000 v. Chr. während eines Stadials (stationäre Eisrandlage innerhalb einer Eiszeit). Über die damals bestehende Landverbindung zw. NO-Sibirien und Alaska wanderten Menschen auf der Jagd nach eiszeitl. Großwild nach Amerika ein. Im folgenden Interstadial wurde die Landbrücke überschwemmt. Dadurch brach die Verbindung ab und entstand erst wieder um 25 000 v. Chr. Damals kamen neue Gruppen aus Asien. Dieser Vorgang wiederholte sich; man weiß aber nicht, wie viele „Einwanderungswellen" nach Amerika kamen. Die letzten größeren Einwanderungen der Frühzeit erfolgten nach 8 000 v. Chr. Die frühesten Funde in N. werden zw. 35 000 und 11 000 v. Chr. datiert. Man ordnet sie auf Grund des Fehlens von Projektilspitzen dem Vorgeschoßspitzenhorizont zu. Er ist Teil der pa-

Nordamerika

läoindian. Zeit, die zw. 8 000 und 4 000 v. Chr. in den verschiedenen Großräumen endete. Ab 9 500 v. Chr., mit dem ersten Auftreten von Projektilspitzen, beginnt man, bestimmte Gruppen zu unterscheiden. Die älteste ist der Cloviskomplex (9 500–8 500), für den kannelierte Projektilspitzen (Clovisspitzen) typ. sind. Das Kerngebiet des Cloviskomplexes lag im SW der USA und in den Prärien. Clovisähnl. Projektilspitzen kommen auch im O vor. Im Kerngebiet folgte die Lindenmeiertradition (9 000–8 000) mit ihren charakterist. Folsomspitzen. Größtes Jagdtier war der Altbison. Der um 6 000 v. Chr. an die Stelle des Altbisons tretende nordamerikan. Bison wurde zum wichtigen Jagdtier der Planokulturen der Prärie, deren verschiedene Projektilspitzentypen zw. 8 000 und 4 000 zu datieren sind. Der W wurde zw. 9 000 und 5 000 durch die Altkordillerenkultur (Old Cordilleran) beherrscht, charakterisiert u. a. durch weidenblattförmige Projektilspitzen. Jagen und Sammeln waren die wirtsch. Grundlage dieser Kulturen.

Der Osten: Ab 8 000 v. Chr. entwickelte sich aus den paläoindian. Kulturen die archaische Tradition. Sie repräsentiert Gruppen mit Jagd- und Sammelwirtschaft, die an Waldgebiete angepaßt waren. Die erfolgreiche Ausnutzung ökolog. Gegebenheiten wird durch die Errichtung einzelner fester Siedlungen dokumentiert. Um 4 000 v. Chr. begann man, das am Oberen See anstehende reine Kupfer durch kaltes und warmes Aushämmern zu Projektilspitzen, Messern, Beilen u. a. zu formen. Diese Old-Copper-Kultur kennzeichnet den Beginn einer bis in die Eroberungszeit reichenden nordamerikan. Metallbearbeitung. Seßhaftigkeit trat während der spätarchaischen Periode (2000–1000) ein. Künstl. Erdhügel, Bodenbau und Keramik sind Kennzeichen der Waldlandtradition (Woodland Tradition), die um 1 000 v. Chr. die archaische Tradition im östl. N. ablöste und deren Kerngebiet das mittlere Ohiotal war. Hier bildete die Adenakultur während der Grabhügelzeit I (Burial Mound Period I; 1 000–300) einen Höhepunkt. In der Grabhügelzeit II (Burial Mound Period II; 300 v.–700 n. Chr.) entwickelte sich im Ohiotal die Hopewellkultur, die weite Teile des O beeinflußte. Mit Beginn der Tempelhügelperiode I (Temple Mound Period I; 700–1200) wurde die Mississippikultur beherrschend. Von den Entstehungszentren, u. a. am mittleren Mississippi, breitete sie sich durch Wanderung in die großen Flußtäler aus.

Die Prärien und die Great Plains: In diesem Raum folgte den paläoindian. Planokulturen gegen 4 000 v. Chr. eine archaische Tradition mit Jägern und Sammlern. Äußere Einflüsse ließen danach im O eine Prärievariante der Waldlandtradition mit Seßhaftigkeit, Bodenbau, Keramik u. a. entstehen. Um 1000 n. Chr. bildete sie mit Elementen der Mississippikultur die Prärie-Dorf-Tradition (Plains Village Tradition, bis ins 18./19. Jh.), deren Dörfer auf den Steilufern der Prärieströme, die Felder in deren Flußauen lagen.

Der Westen: In den trockenen Gebieten des Great Basin entwickelte sich um 8 000 v. Chr. die Desert Culture, ausgerichtet auf saisonales Wandern und das Sammeln von Samen und Knollen. - Die Wirtschaft der kaliforn. Gruppen beruhte auf dem Sammeln von Eicheln im Landesinneren und Fischen und Jagen an der Küste. Das erforderte zwar getrennte Entwicklungen, doch bestanden so viele Ähnlichkeiten, daß man im Bereich der kaliforn. Küste und des kaliforn. Längstals von der California Coast and Valley Tradition spricht. Sie bestand seit 5000 v. Chr. - Im Bereich der NW-Küste und der Interior Plains ist ab 1 000 v. Chr. eine auf Sammeln und Fischfang ausgerichtete Kultur nachweisbar. Typ. sind geschliffene und polierte Steinobjekte, die in einem bes. Kunststil verziert wurden. Eine ähnl. Entwicklung läßt sich an der NW-Küste beobachten.

Der Südwesten: Nach dem Ende der paläoindian. Traditionen um 7 000 v. Chr. wurde hier die Desert Culture bestimmend, deren SW-Variante als Cochisekultur bezeichnet wird. Während ihrer Endphase (2 000–200 v. Chr.) kamen erste Kulturpflanzen (Mais, Kürbisse, Bohnen) aus Mexiko in den SW. Weitere Einflüsse aus Mesoamerika betrafen u. a. Töpferei und Bewässerungsanlagen, vielleicht auch Weberei. Aus ihnen und der Desert Culture entstanden während der letzten vorchristl. Jh. in ökolog. unterschiedl. Räumen einzelne Kulturen bzw. Traditionen, von denen die Anasazitradition (ab 100 v. Chr. in den Plateaugebieten des nördl. New Mexico, nördl. Arizona, sö. Utah und sw. Colorado) im Laufe der Zeit die anderen Kulturen aufsog. Ihre größte Ausdehnung erreichte sie zw. 1 100 und 1 300. Danach wurden viele der stadtähnl. Siedlungen (Pueblos) in N. aufgegeben.

Arktis und Subarktis: Auf eine Reihe paläoindian. Funde mit unsicherer Datierung folgt die eventuell aus Asien stammende Arkt. Kleingerättradition. Träger dieser Tradition waren Protoeskimo. Deutl. eskimoisch ist die an der Beringstraße entstandene Nördl. Meerestradition, an der die Okvikzeit (500 v. bis 100 n. Chr.) beginnt; ihr folgt die Old-Bering-Sea-Kultur (100–500). Aus dieser entstanden einerseits die Punukphasen (500–1 100) bei Saint Lawrence Island, andererseits das Birnirk (500–900) in N-Alaska. Letzteres entwickelte sich zur Thulekultur, deren Träger gegen 1 000 nach O bis Grönland vorstießen. Dort wandelte sie sich gegen 1 300, vielleicht unter normann. Einfluß, zur Inugsukkultur. Vorher hatte es eine Reihe eigenständiger regionaler eskimoischer Entwicklungen gegeben, die nicht der Nördl.

319

Nordamerika

Meerestradition angehörten.
Entdeckungsgeschichte: Die ersten Entdecker Amerikas waren Normannen oder Wikinger. Ausgehend von Island, fand Erich der Rote 982 Grönland; sein Sohn Leif Eriksson segelte um das Jahr 1000 bis in die Gegend von Boston. Vieles spricht dafür, daß die seit 1961 ausgegrabene Normannensiedlung von L'Anse aux Meadows an der N-Spitze Neufundlands mit Leifs „Vinland" ident. ist.
Die nordamerikan. Festlandküste fand dann erstmals G. Caboto 1497. Sichere Kenntnisse vom Verlauf der O-Küste N. erbrachten die Fahrten der portugies. Brüder G. (*1450, †1501?) und M. († 1502?) Cortereal (1500/01) und des Spaniers J. Ponce de León (*um 1460, †1521). Mit den Fahrten des Franzosen J. Cartier (1534–41) war die O-Küste von N. entschleiert. Bis 1588, als die Niederlage der span. Armada die span. Vorherrschaft auf dem Meere beendete, mußten sich Franzosen und Engländer auf die Gebiete von N. beschränken, an denen Spanien kein Interesse zeigte. Das span. Hauptinteresse galt den um den Golf von Mexiko gruppierten Gebieten. Die vage Kunde von goldreichen Ländern veranlaßte die Spanier ab 1517, von ihren Kolonien Hispaniola und Kuba aus neue, unbekannte Küsten anzusteuern. Die Eroberung des Aztekenreiches durch H. Cortés (1519–21) leitete die Inbesitznahme des nordamerikan. Kontinents durch die Europäer ein. Auch an der W-Küste von N. hatten die Spanier zunächst eine konkurrenzlose Stellung. 1513 hatte V. Núñez de Balboa den Isthmus von Panama überschritten und damit den Pazifik entdeckt und für Spanien in Besitz genommen. Mit der Fahrt von J. R. Cabrilho (1542, †1543), der bis etwa 42° n. Br. vordrang, endete prakt. die span. Aktivität an der W-Küste von N., weil es offensichtl. weiter im N nur Wildnis gab. Ende des 16.Jh. nahm die aufstrebende Seemacht England aus wirtsch. Motiven die Suche nach dem nördl. an Amerika vorbeiführenden Weg nach O-Asien wieder auf. Den Anfang machte 1576–78 Sir M. Frobisher, der die S-Küste von Baffinland erreichte. J. Davis folgte 1585–87 zur grönländ. W-Küste bis etwa 73° n. Br., wo ihn das Eis zur Umkehr zwang; W. Baffin gelangte 1616 bis in den Smith Sound. 1610 hatte H. Hudson die nach ihm ben. Bai entdeckt. Aber auch die Hudsonbai öffnete nicht den ersehnten Durchgang zum Pazifik: 1631 erkannte L. Foxe die Hudsonbai als Meeresbucht; in dem nach ihm ben. Foxe Basin versperrte ihm das Eis die Weiterfahrt. Am 21. Aug. 1732 hatte der Russe M. Gwosdew von Kamtschatka aus zufällig die Küste Alaskas entdeckt. Die S-Küste Alaskas befuhr 1741 V. J. Bering bis 58° 28′, der ihn begleitende A. I. Tschirikow (*1703, †1748) untersuchte gleichzeitig die Küste zw. 55° 21′ und 57° 50′. Haupttriebkraft der russ. Ausdehnung war die Seeotterjagd. 1784 gründete G. I. Schelichow (*1747, †1795) die erste Siedlung auf Kodiak Island, sein Nachfolger A. Baranow (*1746, †1819) gründete 1799 Sitka. 1813 errichteten die Russen zur Getreideversorgung der nördl. Siedlungen in der Bodega Bay, 150 km nördl. von San Francisco, einen Posten, 1820 in der gleichen Gegend Fort Ross. Mit dem Rückgang des Pelzhandels bzw. des Seeotters nahm die Bed. der Besitzung ab, und Rußland verkaufte sie im Jahre 1867 an die USA.

Kolonialgeschichte: An der Kolonisation von N. waren neben Spanien, Großbrit. und Frankr. auch die Niederlande, Schweden und Rußland beteiligt. Ihr Beitrag hatte nicht unbed. Anteil an der Herausbildung der Territorien der 3 nordamerikan. Staaten.

Span. Kolonialgeschichte: Man kann 2 mehr oder weniger voneinander unabhängige span. Kolonialgebiete in N. – abgesehen von Mexiko – unterscheiden: Florida und den SW. Die frühen Kolonisierungsversuche scheiterten alle. Nur wenige Teilnehmer einer Expedition erreichten 1536 unter A. Nuñez Cabeza de Vaca die span.-mex. Siedlung Culiacán, nachdem sie den ganzen nordamerikan. S durchzogen hatten. Auf Grund ihrer Berichte brach 1539 H. de Soto nach Florida und von dort in nö. Richtung auf. Nachdem er im Mai 1541 den Mississippi bei Memphis überschritten hatte, versuchte er weiter nach W zu kommen, scheiterte jedoch. Erst frz. Bedrohungen bewirkten eine Inbesitznahme Floridas. Im Aug. 1565 gründete P. M. de Avilés Saint Augustine, das Hauptsiedlung der Spanier blieb, obwohl F. Drake 1586 und J. Davis 1605 es in Asche legten. Zur Sicherung gegen das frz. Louisiane wurde 1696 Pensacola gegr.; Florida u. Pensacola gingen im Frieden von Paris (10. Febr. 1763) an Großbrit. verloren, kamen aber nach dem Unabhängigkeitskrieg 1783 mit ehem. frz. Küstenteilen wieder an Spanien. 1813/14 besetzten die USA Mobile und Pensacola, um dann im Vertrag von Madrid (22. Febr. 1819) gegen 5 Mill. Dollar das ganze Küstengebiet westl. des Mississippi zu erwerben. - Zu einer Besiedlung des SW kam es erst 1596 unter J. de Oñate, der bis zum Kansas River vordrang. Die im oberen Tal des Rio Grande gelegenen Siedlungen mit dem um 1610 gegr. Santa Fe wurden 1680 von einem Aufstand der Puebloindianer hinweggefegt. Santa Fe wurde Ende 1693 nach Unterwerfung der Aufständischen wieder besiedelt. 1690 nahm A. de León Texas für die span. Krone in Besitz. - Ein 2. Vorstoß span. Machtausweitung erfolgte an der pazif. Küste. Nachdem 1683 ein Siedlungsversuch in Niederkalifornien gescheitert war, wurde die „Befriedung" der Halbinsel 1696 den Jesuiten übertragen. Oberkalifornien wurde erst später, als man seine Besetzung durch Briten oder Russen

Nordamerika

befürchtete, in den span. Machtbereich integriert. 1769 wurde San Diego gegr., 1770 Monterey, 1776 San Francisco. - Ein Versuch, auch die Ansprüche aus den Entdeckungen im N der pazif. Küste zu festigen, führte zum Konflikt mit den Briten, denen im Vertrag von San Lorenzo (28. Okt. 1790) gleiche Rechte an der NW-Küste eingeräumt werden mußten. Kernstück des span. N. blieb New Mexico. Nach dem Ende des brit.-frz. Kolonialkrieges erhielt Spanien 1762 in einem Geheimvertrag das westl. Louisiane, d. h. alle Gebiete westl. des Mississippi einschl. New Orleans und Saint Louis. Das span. Kolonialreich in N. hatte damit seine größte Ausdehnung erreicht. Auch der Friedensvertrag nach dem Nordamerikan. Unabhängigkeitskrieg (1783) bestätigte den Mississippi als Grenze zw. Spanien und den USA. 1800 erwarb Frankr. von Spanien das westl. Louisiane, das es 1803 an die USA verkaufte.

Frz. Kolonialgeschichte: Mit der Gründung der Niederlassung Quebec am Sankt-Lorenz-Strom leitete S. de Champlain 1609 die frz. Inbesitznahme und Besiedlung von Neufrankr. ein.

Träger der frz. Kolonien waren von der Krone privilegierte Handelsgesellschaften. Durch den frz. Staat, der die Verwaltung der Kolonien im Verlauf des 17. Jh. an sich zog, genoß die Auswanderung kaum Förderung; die Übertragung der feudalist. Sozialstrukturen und der zentralist. Herrschaftsformen aus dem Mutterland ließ keinen zusätzl. Anreiz wirtsch. oder polit. Art entstehen. Aus diesen Gründen blieb das frz. Kolonialreich in N. bis zu seinem Ende nur äußerst dünn besiedelt. Seine territoriale Ausdehnung schritt dagegen rasch fort. Wohl schon in den 1630er Jahren war die Green Bay am O-Ufer des Michigansees erreicht. Als der Einsatz frz. Truppen 1665/66 die feindl. Irokesen zum Rückzug zwang und den Weg nach W öffnete, stand den Franzosen der Weg zum Mississippi offen. Die Inbesitznahme des Stromgebietes des Mississippi durch La Salle brachte Frankr. ein großes, leicht zu erschließendes Stück des Kontinents N. ein; die Besiedlung des riesigen Territoriums (Louisiane) unterblieb jedoch.

Engl./brit. Kolonialgeschichte: England begann als letzte der westeurop. Nationen mit dem Aufbau eines eigenen Kolonialreiches in N.; dabei wandte es sich fast ausschließl. den Küsten des östl. N. zu, auf die es seit den Entdeckungsfahrten G. Cabotos (1497/98) Anspruch erhob. Im Ggs. v. a. zu Frankr. sollten die Kolonien von Anfang an nicht nur Handelskolonien, sondern Siedlungskolonien sein, in denen sich Auswanderern aus dem übervölkerten Mutterland neue, bessere Lebensmöglichkeiten boten. Einen weiteren wichtigen Unterschied zu den Kolonien anderer europ. Staaten ergab der Verzicht der Engländer, das Feudalsystem in den Kolonien einzuführen: Das vom Auswanderer besiedelte Land ging nach Erstattung der vom Unternehmer investierten Kosten in seinen Besitz über. Die ersten Versuche der Engländer, in N. Kolonien anzulegen, scheiterten. Der Versuch einer Gruppe aus Bristol, an der Mündung des Sagadahock River in Maine Fuß zu fassen, schlug fehl; eine Expedition aus London landete im Mai 1607 am Ufer des James River und gründete dort die Siedlung Jamestown, die Keimzelle von Virginia.

An der Küste von Neuengland etablierte sich 1620 die erste dauerhafte Kolonie. Aus dem Hafen von Leiden lief mit der „Mayflower" eine Gruppe etwa 100 engl., in die Niederlande emigrierter Dissidenten aus, um sich in Amerika eine neue Existenz zu suchen. Die Auswanderergruppe landete Ende 1620 an der Stelle des heutigen Plymouth, nachdem die Führer der Gruppe mit dem „Mayflower-Compact" die Bildung einer eigenen Reg. beschlossen hatten, weil sie annahmen, daß sie keiner anderen Reg. unterstünden. In ihrer Lebenshaltung paßten sich die Kolonisten den neuen Gegebenheiten an. Neben dem Akkerbau trieben sie Fischfang und Pelzhandel. Die Londoner Kaufleute, die das Unternehmen finanziert hatten, sicherten 1621 die Anerkennung der Kolonie Plymouth durch den Rat für Neuengland; 1627 beglichen die Kolonisten ihre Verbindlichkeiten bei ihren Geldgebern, und 1629 erwarben sie vom Rat für Neuengland ein neues Privileg. Damit war Plymouth prakt. unabhängig. Für die weitere Entwicklung in Neuengland wurde jedoch die Kolonie der Puritaner an der Massachusetts Bay bestimmend. 1623 hatten an der ersten Puritaner aus Dorchester in S-England bei Kap Ann ein Fischerdorf gegr., 1629 erwirkten sie eine Charta der Krone, durch die die Massachusetts Bay Company ins Leben gerufen wurde, die die nun einsetzende Masseneinwanderung engl. Puritaner übernahm. Das volle Bürgerrecht in der Kolonie war an den Besitz von Land und die Mitgliedschaft in der puritan. Gemeinde gebunden. Die Intoleranz der rasch wachsenden Kolonie rief jedoch Opposition hervor; 1636 wanderten unzufriedene Puritaner aus und gründeten die Kolonie Providence-Rhode Island, die erste amerikan. Kolonie, in der religiöse Toleranz oberstes Gesetz war. Andere gründeten 1635 Connecticut und 1638 New Haven; allen diesen Tochterkolonien gelang es, von der engl. Krone nachträgl. Privilegien zu erlangen. Eine zweite Rechtsform, auf der Kolonialgründungen beruhten, war die lehensläng. Landvergabe an einzelne oder mehrere Adlige. Die erste Gründung dieser Art war Maryland, wo der Sohn von Lord Baltimore engl. Katholiken ansiedelte. Die letzte Gründung dieser Art war 1733 Georgia.

1 N.H.
2 Mass.
3 R.I.
4 Conn.
5 N.J.
6 Del.
7 Md.

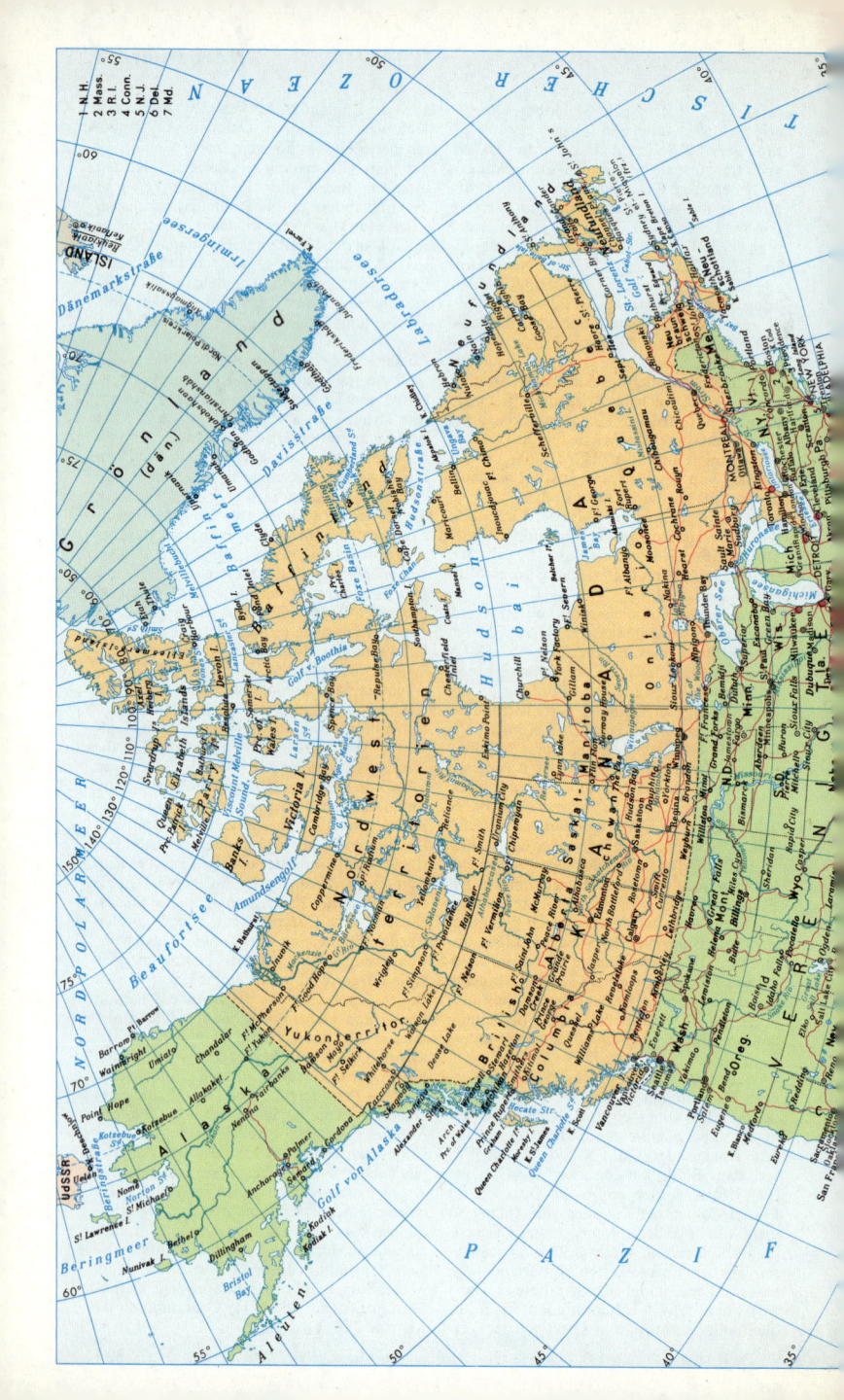

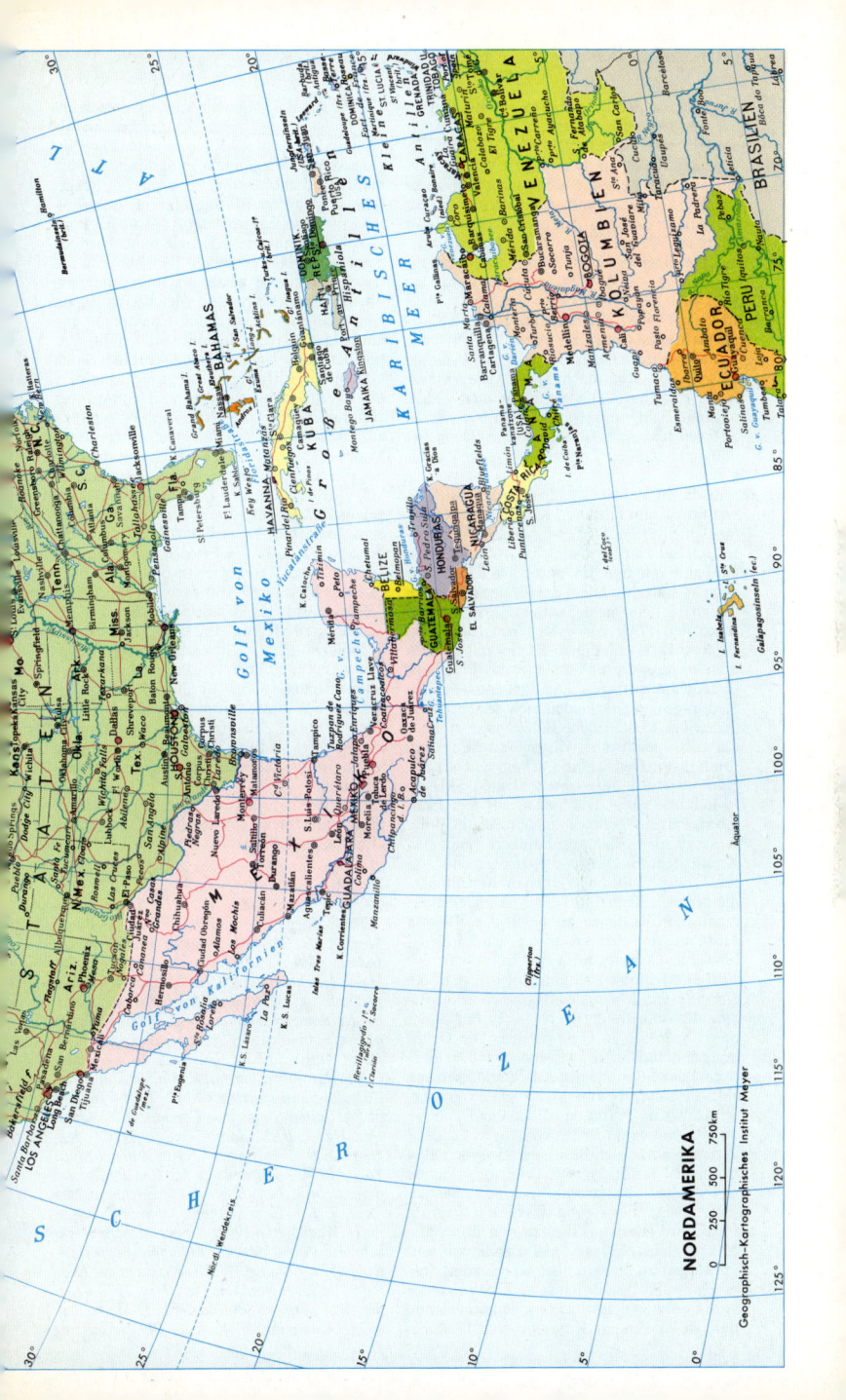

NORDAMERIKA

Nordamerika

Die unterschiedl. natürl. Gegebenheiten in den Ländern an der amerikan. Ostküste prägten die verschiedenartige wirtsch. Entwicklung der Kolonien. Die kargen Böden Neuenglands zwangen die Kolonisten, sich nach zusätzl. Existenzgrundlagen umzusehen. So entwickelten sich florierender Schiffbau und lebhafter Handel. Die mittleren Kolonien gewannen einen beträchtl. Wohlstand durch ihre Getreide- und Mehlproduktion. In den südl. Kolonien entdeckten die Siedler bald im heim. Tabak ein Produkt, dessen Absatzmarkt in aller Welt rasch wuchs. Diese Pflanze erschöpfte jedoch den Boden rasch, bedingte die ständige Urbarmachung, die viele Arbeitskräfte erforderte. Die südl. Kolonien gingen deshalb bald zum Import von schwarzen Sklaven über; die Haltung von Sklaven begünstigte dann die Entstehung großer Plantagen.

Um die Mitte des 18. Jh. begannen sich in den nördl. und mittleren Kolonien die ersten für den Eigenbedarf der Kolonien produzierenden Ind. zu entwickeln. Zw. 1660 und 1760 fand eine ständige Bewegung der Kolonisten nach W statt. Nachdem das für den Ackerbau geeignete Land in der Atlant. Küstenebene unter den Pflug genommen war, begannen die Siedler, in ständigem Kampf mit den Indianern über die Fall Line in das Piedmont Plateau einzudringen. Die dort entstehenden Siedlungen unterschieden sich wesentl. von denen der Küstenebene: Die Siedler stammten nicht mehr überwiegend aus England, sondern aus Deutschland, Irland und Schottland; die Farmhöfe waren kleiner, Sklaven fehlten fast völlig. Die Siedler auf dem Piedmont Plateau gerieten auch rasch in polit. Ggs. zu den Plantagenbesitzern und den Kaufleuten des O. Aus diesen Ggs. entstand im 17. und 18. Jh. eine Reihe von Rebellionen, die die brit. Reg. zum Anlaß nahm, Sonderrechte der Kolonien zu beseitigen: Bis auf Maryland und Pennsylvania sowie Rhode Island und Connecticut konnte Großbrit. bis 1763 alle Kolonien zu königl. Prov. machen.

Der brit.-frz. Kolonialkonflikt: Schon zu Beginn der Besiedlung von N. waren Engländer und Franzosen in Ggs. geraten. Die Gründung der Hudson's Bay Company (1670) leitete eine neue Periode der Auseinandersetzung ein. Im hohen N kam es zur ersten großen, direkten Konfrontation beider Länder in N., die 1713 mit dem Frieden von Utrecht endete, in dem Frankr. den Besitz der Hudson's Bay Company bestätigen und Teile von Akadien an Großbrit. abtreten mußte. Eine Folge dieser Auseinandersetzung war, daß Frankr. seine nordamerikan. Besitzungen durch die Anlage eines Netzes von Stützpunkten und Festungen zu sichern suchte. Bis zum Ausbruch des großen, durch seine Ergebnisse die nordamerikan. Geschichte in entscheidende Bahnen lenkenden Kampfes von 1754 bis 1763 hörten die kleineren Auseinandersetzungen nie ganz auf. Dieser Kampf begann, als Kolonialtruppen aus Virginia unter der Führung von G. Washington in das Tal des Ohio eindrangen und von den Franzosen zurückgeschlagen wurden. Ein Jahr darauf wiederholten brit. Truppen den Angriff auf die frz. Positionen an Ohio und Eriesee, mußten jedoch nach Niederlagen ebenfalls den Rückzug antreten; immerhin gelang es ihnen, sich am oberen Ohio festzusetzen. Gleichzeitig begannen die Kämpfe am Lake Champlain und am Hudson River; auch hier mußten die Briten Niederlagen einstecken. Dagegen gewann Großbrit. die Herrschaft über die Mündung des Sankt-Lorenz-Stromes und konnte nun Neufrankr. von seiner direkten Verbindung zum Mutterland abschneiden. Über diesen Strom drang dann auch 1759 der entscheidende, von der brit. Flotte vorgetragene Angriff auf Quebec vor. Vor den Toren der Stadt gelang den Briten am 13. Sept. ein Sieg, der zum Ende des Krieges in N. führte. 1763 bestätigte Frankr. im Frieden von Paris den Verlust seiner Territorien in N.: Die Gebiete östl. des Mississippi trat es an Großbrit., die Gebiete westl. des Mississippi an Spanien ab. Von den zu Beginn des 17. Jh. in N. nach kolonialem Besitz strebenden europ. Mächten waren nach über 150 Jahren Kampf nur Spanien und Großbrit. übriggeblieben. Im äußersten NW des Kontinents begann sich jedoch zu dieser Zeit eine neue Kolonialmacht zu etablieren: Rußland, dessen Niederlassung in N. jedoch Episode blieb († Alaska, Geschichte).

Zur weiteren nordamerikan. Geschichte † Kanada (Geschichte), † Mexiko (Geschichte), † USA (Geschichte).

📖 Läng, H.: *Kulturgesch. der Indianer Nordamerikas.* Freib. 1981. - Hofmeister, B.: *N.* Ffm. ⁹1980. - Haberland, W.: *N.* Baden-Baden ³1979. - Riege, H.: *N.* Mchn. 1978. 2 Bde. - Feest, C. F.: *Das rote Amerika. Nordamerikas Indianer.* Wien 1976. - *Atlas zur Biogeographie.* Hg. v. J. Schmithüsen. Mhm. u. a. 1976. - Schulze-Thulin, A.: *Weg ohne Mokassins. Die Indianer Nordamerikas heute.* Düss. 1976. - *Climates of North America.* Hg. v. R. A. Bryson u. F. K. Hare. Amsterdam u. New York 1974. - Hunt, C. B.: *Natural regions of the United States and Canada.* San Francisco (Calif.) ²1974. - *Indians of the United States and Canada. A bibliography.* Hg. v. D. L. Smith. Oxford 1974. - Jennings, J. D. *Prehistory of North America.* New York ²1974. - Reichert, C.-L.: *Red Power. Indian. Sein u. Bewußtsein heute.* Mchn. 1974. - Snell, T. L.: *The wild shores: America's beginnings.* Washington 1974. - Ungers, L.: *Die Rückkehr der Roten Mannes. Indianer in den USA.* Köln 1974. - Lindig, W.: *Die Kulturen der Eskimo u. Indianer Nordamerikas.* Ffm. 1973. - Lindig, W.: *Vorgesch. Nordamerikas.* Mhm. u. a. 1973. - Cumming, W. P., u. a.: *Die Entdeckung*

Nordamerikas. Dt. Übers. Mchn. u.a. 1972. - Hofmeister, B.: *Stadt u. Kulturraum Angloamerika.* Brsw. 1971. - Kellog, A. R., u. a.: *Wild animals of North America. Washington* ⁵*1971.* - Sanderson, I. T.: *N. Dt. Übers. Mchn. u. Zü. 1966.* - Knapp, R.: *Die Vegetation v. Nord- u. Mittelamerika u. der Hawaii-Inseln. Stg.; Jena 1965.* - *The quaternary of the United States. Hg. v. H. E. Wright u. D. G. Frey. Princeton (N. J.) 1965.* - Rutledge, J. L.: *Century of conflict; the struggle between the French and the British in colonial America. Garden City (N. Y.) 1956.* - Andrews, Ch. M.: *The colonial period of American history. New Haven (Conn.) 1934–38. 4 Bde. Nachdruck 1964.* - Shelford, V. E.: *The ecology of North America. Urbana (Illinois) 1963.*

Nordamerikanebel (Amerikanebel), ein im Sternbild Cygnus (Schwan) gelegener Reflexions- und Emissionsnebel (NGC 7 000), der die Form des nordamerikan. Kontinents ₊hat; Entfernung rd. 2 600 Lichtjahre, Masse an interstellarer Materie etwa 3 000 Sonnenmassen, Dichte rd. 10 Atome/cm³.

Nordamerikanischer Unabhängigkeitskrieg (Amerikan. Revolution), Krieg zw. Großbrit. und seinen 13 nordamerikan. Kolonien 1775–83. Anlaß waren brit. Handelsbeschränkungen und Steuergesetze für die Kolonien (z. B. Stempelakte, 1765). Die Kolonisten reagierten zunächst v. a. mit der Forderung nach parlamentar. Mitsprache („No taxation without representation") und schließl. mit Gewaltakten († Boston Tea Party, 16. Dez. 1773), die brit. Disziplinierungsmaßnahmen gegen Massachusetts auslösten. Am 19. April 1775 kam es zu den ersten Gefechten bei Lexington und Concord (Mass.). Anfangs konzentrierten sich die Kämpfe auf den N (Boston am 17. März 1776 von den Briten geräumt). Die Kolonisten unter der Führung G. Washingtons erklärten am 4. Juli 1776 ihre Unabhängigkeit. Die Briten brachten den Rebellen bei Long Island (26./27. Aug. 1776) und auf dem Rückzug Washingtons durch New Jersey (White Plains, 28. Okt. 1776; Germantown, 4. Okt. 1777) schwere Niederlagen bei. Die amerikan.: Truppen waren den brit. Berufssoldaten und dt. Söldnern in offener Feldschlacht nicht gewachsen, operierten aber oft als kleine Einheiten erfolgreich aus dem Hinterland. Die entscheidende Wende nahm der Krieg, als der brit. General J. Burgoyne bei dem Versuch, Nord- und Südstaaten durch einen Keil von Kanada nach New York zu trennen, der US-Armee in Saratoga (= Schuylerville) am 17. Okt. 1777 unterlag. Zur moral. Wirkung dieses Sieges trat das letztl. kriegsentscheidende frz.-amerikan. Bündnis vom 6. Febr. 1778, dem 1779/80 der Kriegseintritt Spaniens und der Niederlande gegen Großbrit. folgte. Der Kriegsschauplatz verlagerte sich in den S, wo die Hauptmacht der Loyalisten jedoch am 7. Okt. 1780 am King's Mountain (S. C.) entscheidend geschlagen wurde. Der brit. General C. Cornwallis wurde nach anfängl. Erfolgen (Schlachten von Camden [S. C.], 16. Aug. 1780, und von Guilford Court House [N. C.], 15. März 1781) in Yorktown (Va.) von den Amerikanern zu Land und von den Franzosen zur See eingekesselt (Kapitulation am 19. Okt. 1781). Im Pariser Frieden (3. Sept. 1783) erkannte Großbrit. die Unabhängigkeit der USA an. ⌑ *Die Amerikan. Revolution in Augenzeugenberichten. Hg. v. W. P. u. A. M. Adams. Dt. Übers. Mchn. 1976.* - Ferguson, E. J.: *The American Revolution; a general history 1763–1790. Homewood (Ill.) 1974.* - Ward, C.: *The War of the Revolution. Hg. v. J. R. Alden. New York 1952. 2 Bde.*

Nordamerikanisches Becken, Tiefseebecken im Nordatlantik, zw. Nordatlant. Rücken, Antillen und nordamerikan. Festland.

Nordamerikanisches Flughörnchen ↑ Flughörnchen.

Nordäquatorialschwelle ↑ Asandeschwelle.

Nordäquatorialstrom, eine im Bereich der Passate der niederen geograph. Breiten in allen drei Ozeanen auftretende, westwärts gerichtete Strömung; nur im Ind. Ozean während des SW-Monsuns Umkehrung in einen ostwärts gerichteten Monsunstrom.

Nordatlantischer Rücken, nördl. Teil des Mittelatlant. Rückens, ↑ Atlantischer Ozean.

Nordatlantischer Strom ↑ Golfstrom.

Nordau, Max, eigtl. M. Simon Südfeld, * Budapest 29. Juli 1849, † Paris 22. Jan. 1923, Schriftsteller. - Arzt; ging 1880 nach Paris; mit T. Herzl einer der Begründer des Zionismus. Verfaßte kultur- und zeitkrit. Studien auf rationalist.-materialist. Basis.

Nordaustralisches Becken, Meeresbecken im Ind. Ozean, zw. der NW-Küste Australiens und den Kleinen Sundainseln; bis 6 840 m tief.

Nordbrabant (niederl. Noord-Brabant), niederl. Prov. zw. dem Unterlauf der Maas und der belg. Grenze, 5 083 km² (davon 137 km² Binnenwasserflächen), 2,125 Mill. E (1986), Verwaltungssitz Herzogenbusch. Die Prov. wird zum größten Teil von einem aus Rhein- und Maasschottern aufgebauten Flachland eingenommen, das von 35 m im SO langsam auf 5 m ü. d. M. im NW abfällt. Im O erstreckt sich der Peel, ein ehem. Hochmoor. Trotz einer erhebl. Industrialisierung während der letzten 50 Jahre ist N. noch überwiegend agrar. strukturiert; traditionelle Ind.zentren sind Breda, Tilburg, Herzogenbusch und Eindhoven. - Geht auf den im Achtzigjährigen Krieg (1568–1648) von den Generalstaaten eroberten nördl. Teil des histor. Gebietes Brabant zurück.

Nordchilenische Wüste

Nordchilenische Wüste ↑Atacama.
Norddeich, Ortsteil von ↑Norden.
Norddeutsche Allgemeine Zeitung, 1861–1918 Titel der ↑Deutschen Allgemeinen Zeitung.
Norddeutscher Bund, Bundesstaat von 22 Mittel- und Kleinstaaten sowie Freien Städten nördl. der Mainlinie, der 1866 entstand und eine wichtige Zwischenstufe im Prozeß der Entstehung des Dt. Reiches bildete. Das Bundesgebiet umfaßte eine Fläche von rd. 415 000 km^2 mit 30 Mill. E. Wirtsch. und militär. stand er unter preuß. Vorherrschaft. Über Zollparlament und Zollbundesrat (Dt. Zollverein) waren auch die südüdt. Staaten mit dem N. B. verbunden. - Der N. B. war als Provisorium gedacht, da frz. Widerstand 1866 den Weg zu einer formell-nat.-staatl. Lösung der dt. Frage versperrte. Die liberalen und föderalist. Elemente des N. B. waren ein Entgegenkommen an die südüdt. Staaten, seine dahinter unverkennbare Tendenz zur Absicherung der preuß. Vorherrschaft Ausdruck der Reichsgründung „von oben". Zu Beginn des Dt.-Frz. Krieges 1870/71 schlossen sich die südüdt. Staaten dem N. B. an, der im Dez. 1870 den Namen Dt. Reich annahm.
Norddeutscher Lloyd [lɔyt], ehem. dt. Linienschiffahrtsgesellschaft, gegr. 1857, Sitz Bremen; wichtigste Linien nach N- und S-Amerika, Australien und O-Asien; das Flaggschiff lief stets unter dem Namen „Bremen". 1970 ging der N. L. in dem Unternehmen ↑Hapag-Lloyd AG auf.
Norddeutscher Rundfunk ↑Rundfunkanstalten (Übersicht).
Norddeutsches Tiefland, Teil des mitteleurop. Tieflands nördl. der dt. Mittelgebirge (BR Deutschland, DDR und Polen), gegliedert in Niederrhein. Tiefland, die Geest zw. Ems und Weser, das Flachland zw. Weser und Elbe, die Marschen, Lüneburger Heide, Altmark, Fläming, die Grundmoränenplatten und Urstromtäler in Schl.-H., Mecklenburg und Brandenburg, das Platten- und Hügelland in N-Brandenburg, Pommern und Ostpreußen sowie das Küstengebiet der Ostsee. Das N. T. wird fast vollständig von Ablagerungen pleistozäner Inlandvereisungen bedeckt (Grund- und Endmoränen, Sander; tiefliegende Flächen sind von Wasseradern und Brüchen eingenommen), anstehendes Gestein tritt nur an wenigen Stellen auf, u. a. in den Rüdersdorfer Kalkbergen (Muschelkalk), im Segeberger Gipsberg (Zechstein), auf Rügen (Kreide) und auf Sylt (Tertiär). Die äußerste Vereisungsgrenze zieht sich von Kleve bis zum Fuß der Sudeten. Das jüngste Glied der Glazialandschaft ist der seen- und kuppenreiche Balt. Landrücken, der das Ostseebecken südl. umrahmt. Die Durchbruchtäler von Oder, Weichsel und Memel gliedern ihn in Mecklenburg., Pommersche und Masur. Seenplatte. Durch Brandung bzw. Strandversetzung an der Ostseeküste bildeten sich Steilküsten (Rügens) oder Ausgleichsküsten (mit Nehrungen in Ostpreußen, Stranseen in Hinterpommern) aus. Das N. T. ist v. a. ein Agrargebiet (Weizen-, Roggen-, Zuckerrüben- und Kartoffelanbau, Grünlandnutzung und Viehzucht, Futterpflanzenanbau, Obst und Gemüse, Tabak, Hülsenfrüchte; Rindviehhaltung, Schweinezucht und Schafhaltung). An Bodenschätzen werden seit dem MA Solequellen genutzt (Lüneburg, Halle/Saale); im 19. Jh. begannen die Gewinnung des Kalisalzes in Bergwerken und in größerem Umfang die Torfstecherei. Erdöl- und Erdgasfelder gibt es im mittleren Emsland, O-Holstein, im Geb. zw. Leine und Lüneburger Heide, bei Salzwedel, Braunkohlen in der Niederlausitz. Die Eisen- und Stahlind. konzentriert sich v. a. auf diese Geb. sowie auf Hafenstädte und auf dem Raum um Berlin. Von größter Bed. ist die Schwerind. im Ruhrgebiet und in Oberschlesien, die auf den dortigen Steinkohlenvorkommen beruht. Die wichtigsten Verkehrslinien verliefen bis zum 2. Weltkrieg in W-O-Richtung am N-Rand der Mittelgebirge, danach hat der N–S-Verkehr in jedem der drei Staaten zugenommen.
Nordelbische evangelisch-lutherische Kirche, die mit dem Vertrag vom 21. Mai 1970 zw. den ev.-luth. Landeskirchen von Eutin, Hamburg, Hannover (für ihren Kirchenkreis Harburg), Lübeck und Schleswig-Holstein als Körperschaft des öffentl. Rechts angestrebte und am 1. Jan. 1977 vollzogene Kirchenföderation der EKD mit insgesamt rd. 3 Mill. Mgl.
Norden, Albert, * Mysłowice 4. Dez. 1904, † Berlin (Ost) 30. März 1982, dt. Politiker. - Seit 1921 Mgl. der KPD, ab 1925 Redakteur an Parteizeitungen; 1933 Emigration nach Frankr., 1941 in die USA; 1946 Rückkehr nach Deutschland, Mgl. der SED; 1949–52 im Amt für Information (der DDR); 1955–81 Mgl. des ZK der SED und dessen Sekretariats, 1958–81 auch des Politbüros; 1976–81 Mgl. des Staatsrats.

N., Eduard, * Emden 21. Sept. 1868, † Zürich 13. Juli 1941, dt. klass. Philologe. - 1895 Prof. in Greifswald, 1898 in Breslau, ab 1906 in Berlin; emigrierte 1938 in die Schweiz; arbeitete bes. über röm. Literatur, Rhetorik und Religion. - *Werke:* Die antike Kunstprosa (1898), Die röm. Literatur (1905, ^{6}1961), Die Geburt des Kindes, Geschichte einer religiösen Idee (1924).

Norden, Stadt 25 km nördl. von Emden, Nds., 2 m ü. d. M., 23 900 E. Kornbrennerei, Maschinenfabrik, Herstellung elektr. Geräte, Teeverarbeitungsbetrieb. Der Stadtteil **Norddeich** ist Eisenbahnendpunkt mit Hafen; Seebäderverkehr nach Juist, Norderney, Baltrum; Küstenfunkstelle. - 1255 erstmals gen.; erhielt vermutl. in der 1. Hälfte des 16. Jh.

Stadtrecht. - Die Ludgerikirche hat einen freistehenden Glockenturm, roman. Langhaus (beide 13. Jh.), spätgot. Hochchor mit Umgang (1445–81) und Querschiff (14. und 15. Jh.); barocke Orgel (17. Jh.) von A. Schnitger. Altes Rathaus (1542).

Norden (Nord) [eigtl. „weiter nach unten (Gelegenes)"], Himmelsrichtung. - In der Navigation unterscheidet man **rechtweisend Nord**, die Richtung zum geograph. Nordpol der Erde, **mißweisend Nord** *(magnet. Nord)*, die Richtung, in der sich eine ungestörte, horizontal schwingende Magnetnadel einstellt, und **Kompaßnord**, die vom Kompaß in einem Schiff oder Flugzeug angezeigte Nordrichtung.

Nordenham, Stadt am linken Weserufer, kurz vor ihrer Mündung, Nds., 1–2 m ü. d. M., 29 000 E. Theater; Versorgungszentrum und wirtsch. Schwerpunkt der nördl. Wesermarsch mit Großind., die v. a. Werften, Phosphatgewinnung, Verhüttung von Blei- und Zinkerzen sowie die Herstellung von Seekabeln umfaßt; Eisenbahnendpunkt, Hafen. - 1908 Stadtrecht. - In N.-Blexen got. Pfarrkirche (13. Jh.) mit roman. Turm (11. Jh.).

Nordenskiöld [schwed. ˌnuːrdənˈʃœld], Adolf Erik Frhr. von (seit 1880), * Helsinki 18. Nov. 1832, † Dalbyö (Södermanland) 12. Aug. 1901, schwed. Polarforscher. - Nach 5 Forschungsreisen nach Spitzbergen (1858, 1861, 1864, 1868, 1872/73), einer Expedition nach W-Grönland 1870 und 2 Reisen 1875 und 1876 durch die Karasee zum Jenissei Durchquerung der Nordöstl. Durchfahrt (1878–80) und Umschiffung Asiens.

N., Erland Frhr. von, * Södertälje 19. Juli 1877, † Göteborg 5. Juli 1932, schwed. Ethnologe. - Sohn von Adolf Erik Frhr. von N.; Prof. in Göteborg; Forschungsreisen in Südamerika. Histor.-geograph. Studien über die südamerikan. Indianerkulturen.

Norderney [...ˈnai], Insel der Ostfries. Inseln (in der Nordsee), 13 km lang, bis 3 km breit; bis 25 m hoch. Der Landverlust im W wird durch Anlandungen im O wieder ausgeglichen. Die Stadt N. (8 100 E) im W der Insel ist das älteste dt. Nordseeheilbad (seit 1797), Fischerhaus-Museum; Spielbank; Natur- und Vogelschutzgebiet; Schiffsverbindung mit Norddeich; ⚓. - 1398 erstmals als **Oesterende** erwähnt.

Norderoog [...ˈoːk], Hallig vor der W-Küste Schl.-H., Vogelschutzgebiet.

Norderstedt, Stadt am N-Rand von Hamburg, 28 m ü. d. M., 66 800 E. 1970 durch Zusammenlegung mehrerer Gem. gebildet. Metall-, Holz- und Papierverarbeitung

Nordeuropa, zusammenfassende Bez. für die im N Europas liegenden Länder.

Nordfjord [norweg. ˈnuːrfjuːr], Fjord in W-Norwegen, 110 km lang, 1,5–4,5 km breit.

Nordfledermaus † Fledermäuse.

Nordfriesische Inseln, Inselgruppe im Wattenmeer vor der W-Küste von Schl.-H. (BR Deutschland) und Nordschleswig (Dänemark) von Fanø im N bis zu den Halligen im S. Auf der Seeseite der größeren Inseln ausgedehnte Dünen und Sandstrände (Badeorte), in den Marschengeb. im O Landwirtschaft.

Nordfriesland, Landkr. in Schl.-H.

N., Marschenlandschaft im nw. Schl.-H. (BR Deutschland) und sw. Nordschleswig (Dänemark). Umfaßt das Festland zw. der Wiedau im N und der Eider im S sowie die vorgelagerten Nordfries. Inseln. - Die erst 1424 als Nordfriesen bezeichneten Einwohner dieser Region siedelten zw. dem 7./8. und dem 12. Jh. aus Süd- und Ostfriesland auf das unbesiedelte dän. Königsland Uthland über, gelangten aber nie zu polit. Unabhängigkeit.

Nordgau (bayr. N.), Teil des bayr. Stammeshzgt. nördl. der Donau; ab 1. Hälfte 16. Jh. als Oberpfalz genannt.

Nordhausen, Krst. im südl. Harzvorland, Bez. Erfurt, DDR; 180–250 m ü. d. M., 47 400 E. Ingenieurschule für Landtechnik; Theater, Museum; Bau von Traktoren und Dieselmotoren, Tabakind., Schachtbau; Kornbrennerei. - 927 erstmals erwähnt; wurde erst 1220 selbständig und erhielt danach Stadtrecht (bis 1802/03 Reichsstadt). - Im 2. Weltkrieg weitgehend zerstört. Wiederhergestellt wurden der got. Dom (14. Jh.), die spätgot. Pfarrkirche Sankt Blasii (15. Jh.) und das Renaissancerathaus (17. Jh.) mit Roland (1717).

N., Landkr. im Bez. Erfurt, DDR.

Nordholland (niederl. Noord-Holland), Prov. in den westl. Niederlanden, 3 656 km² (davon 984 km² Binnenwasserflächen), 2,3 Mill. E (1986), Verwaltungssitz Haarlem. Die Prov. gliedert sich von W nach O in drei Landschaftseinheiten: An die bis 4 km breite, bis 56 m hohe Nordsee-Küstendünenzone schließt sich ein zu ihr parallel verlaufender, 0–10 m ü. d. M. liegender Geestststreifen von unterschiedl. Breite an, auf den die Polderlandschaft folgt, die den größten Teil von N. einnimmt. Die Oberfläche dieses weitgehend künstl. entstandenen Landes liegt durchweg unter oder in Meereshöhe. Ein ausgedehntes Kanalsystem dient der Entwässerung des Polderlandes; mit Ausnahme der stark verstädterten, zur Randstad Holland gehörenden Zone im S und der Ind.gebiete, v. a. am Nordseekanal, ist der nördl. Teil der Prov. überwiegend Landw.gebiet.

Nordhorn, Krst. im südl. Emsland, Nds., 22 m ü. d. M., 47 800 E. Verwaltungssitz des Landkr. Gft. Bentheim; Theater; Textilind., ferner Papierfabrik, Fertighausmontage, opt. und elektrotechn. Ind. - Das im 14. Jh. entstandene N. erhielt 1379 Stadtrecht. - Spätgot. Pfarrkirche (15. Jh.).

Nordide (nord. Rasse), Unterform der † Europiden; schlanker, hochwüchsiger, langköpfiger und schmalgesichtiger (kräfti-

Nordinsel

ges, reliefreiches Profil; gerade Nase mit anliegenden Nasenflügeln und spitzer Kuppe) Menschenrassentyp mit weißrosiger Haut (Aufhellung der Hautfarbe gegenüber anderen Europiden am weitesten fortgeschritten), goldblonden bis hellbraunen Haaren und blauen bis blaugrauen Augen; Hauptverbreitungsgebiet: Nord- und Nordwesteuropa, speziell Skandinavien und Dänemark, Norddeutschland und Nordpolen, Niederlande und Brit. Inseln.

Nordinsel, eine der beiden Hauptinseln ↑ Neuseelands.

Nordirland, Teil von ↑ Großbritannien und Nordirland.

nordische Kombination, Skisportwettbewerb, der aus einem *Sprunglauf* auf der Normalschanze und einem *Langlauf* über 15 km besteht; wird an 2 aufeinanderfolgenden Tagen ausgetragen. Das Endergebnis setzt sich aus der Addition der Punkte aus beiden Disziplinen zusammen.

nordische Rasse, svw. ↑ Nordide.

Nordischer Krieg, Bez. für 2 schwed. Hegemonialkriege: **1. Nordischer Krieg** (1655–60, *Schwed.-Poln.-Russ.-Dän. Krieg*): Zur Abwehr der Ansprüche Johanns II. Kasimir von Polen auf den schwed. Thron fiel Karl X. Gustav in Polen ein. Wegen der mit Hilfe der brandenburg. und russ. Verbündeten errungenen schwed. Erfolge (Sieg bei Warschau 28.–30. Juli 1656) schlossen sich Dänemark und Kaiser Leopold I. Polen an; Rußland und der Große Kurfürst, dem Polen im Vertrag von Wehlau (19. Sept. 1657) die Souveränität in Preußen zuerkannte, wechselten die Fronten. Die Schweden zwangen nach einem Überraschungsangriff über die Belte Dänemark zum Frieden von Roskilde (1658), scheiterten aber beim Angriff auf Kopenhagen. Nach Beginn einer erfolgreichen Offensive der antischwed. Koalition in Jütland und Pommern drängten England und Frankr. zum Frieden. Im Frieden von Oliva konnte Schweden seine Stellung im Baltikum halten (mit Dänemark Friede von Kopenhagen).

2. Nordischer Krieg (1700–21, *Großer Nord. Krieg*): Als 1699 ein Bündnis Rußlands, Dänemarks und Polen-Sachsens die schwed. Vormachtstellung im Ostseeraum gefährdete, zwang Karl XII. die in Schleswig-Holstein eingefallenen Dänen zum Frieden von Traventhal (18. Aug. 1700) und schlug die Russen bei Narwa (30. Nov. 1700). Dann wandte er sich gegen den in Livland eingedrungenen August II. von Polen-Sachsen, der im Frieden von Altranstädt (1706) auf die poln. Krone verzichten mußte. Zar Peter I. besiegte 1709 den in die Ukraine eingefallenen Karl bei Poltawa, verhalf August zur Rückkehr auf den poln. Thron und eroberte Livland und Estland. Karl, der in das osman. Bessarabien geflüchtet war, bewog die Osmanen zur Intervention; der Zar mußte trotz einer Niederlage gegen die Osmanen am Pruth 1711 lediglich Asow abtreten und konnte 1713 Finnland erobern. 1715 Beitritt Hannovers und Preußens zur antischwed. Koalition; Schweden verlor seine balt. und norddt. Besitzungen 1719–21 (Friedensschlüsse von Stockholm, Frederiksborg und Nystad).

📖 *Opitz, E.:* Österreich u. Brandenburg im Schwed.-Poln. Krieg 1655–1660. Boppard 1969. - *Mediger, W.:* Mecklenburg, Rußland u. England-Hannover 1706–1721. Hildesheim 1967. 2 Bde. - Um die poln. Krone. Sachsen u. Polen während des N. K. 1700–1721. Bearb. v. *J. Kalisch* u. *J. Gierowski.* Dt. Übers. Bln. 1962.

Nordischer Rat, seit Juni 1952 bestehendes Organ für die Zusammenarbeit der Parlamente und Reg. Dänemarks, Finnlands (Beitritt im Okt. 1955), Islands (Beitritt im Dez. 1952), Norwegens und Schwedens; besteht aus je 18 Vertretern der Parlamente Dänemarks, Finnlands, Norwegens und Schwedens und 6 Vertretern des isländ. Parlaments; kann in Angelegenheiten, die die nord. Staaten gemeinsam oder mindestens 2 von ihnen betreffen, Empfehlungen an die Reg. aussprechen, die nicht an sie gebunden, aber verpflichtet sind, dem Rat über die Maßnahmen, die sie auf Grund dieser Empfehlungen ergriffen haben, zu berichten. Die Außenmin. der Mgl.staaten bereiten i. d. R. für die Vollversammlung der UN gemeinsam ihre Stellungnahme zu weltpolit. Fragen vor.

nordische Sprachen, svw. ↑ skandinavische Sprachen.

Nordisches Volksboot (Nordisches Folkeboot), Segelboot (Kielboot) in Klinkerbauweise mit 24 m² Segelfläche und 2 t Wasserverdrängung; Länge 7,64 m, Breite 2,20 m, Tiefgang 1,20 m. Klassenzeichen: F im Segel.

Nordistik, svw. ↑ Skandinavistik.

Nordkalotte, Bez. für den nördl. des Polarkreises gelegenen Teil der N-Halbkugel der Erde.

Nordkanal, Meeresstraße zw. Nordirland und Schottland, verbindet die Irische See mit dem Atlant. Ozean.

Nordkap, Felsvorsprung im N der norweg. Insel Magerøy, mit Steilabfall von 307 m Höhe zum Europ. Nordmeer, fälschl. für die Nordspitze Europas gehalten; Touristenziel. - ↑ auch Knivskjelodden.

Nordkaper ↑ Glattwale.

Nordkinn [norweg. ˌnuːrçiːn], nördlichster Punkt des europ. Festlandes auf der gleichnamigen Halbinsel, etwa 80 km nördl. von Tana (Norwegen).

Nordkirchen, Ortschaft und Großgemeinde im Kr. Coesfeld, NRW (8 300 E), mit berühmter barocker Wasserschloßanlage („münster. Versailles"), 1703–34 anstelle eines Wasserschlosses des 16. Jh. errichtet durch Fürstbischof F. C. von Plettenberg (†1706) und F. Graf von Plettenberg. Architekten:

Nördlingen

G. L. Pictorius, ab 1706 P. Pictorius und ab 1724 J. C. Schlaun.

Nord-Korea ↑Korea, Demokratische Volksrepublik.

Nordland [norweg. ˌnuːrlan], Verw.-Geb. im südl. N-Norwegen, 38 327 km², 244 700 E (1984), Hauptstadt Bodø. N. wird durch den Polarkreis in zwei ungleiche Hälften geteilt. Zum größeren nördl. Teil gehören noch die Lofoten. Aus der von zahllosen Inseln begleiteten Küste, die reich an Fjorden ist, erhebt sich steil das zentralnorweg. Gebirge. Die Landw. beschränkt sich im wesentl. auf Viehzucht, bed. ist der Fischfang auf Hering und Kabeljau; Eisenerzvorkommen; Ind.zentren sind Mo i Rana und Mosjøen.

Nordlandhunde, Sammelbez. für die im hohen Norden der Alten und der Neuen Welt gezüchteten spitzartigen Hunderassen: Polarhund, Finnenspitz, Elchhund, Husky, Karel. Bärenhund, Renhund, Laiki, Samojedenspitz.

Nordli, Odvar [norweg. ˌnuːrli], * Stange (Verw.-Geb. Hedmark) 3. Nov. 1927, norweg. Politiker (Arbeiterpartei). - Seit 1961 Abg. im Parlament, ab 1974 Mgl. des Zentralkomitees der Partei; 1971/72 Min. für Arbeit und kommunale Angelegenheiten; 1973–75 Fraktionsvors.; 1976–81 Min.präsident.

Nördliche Dwina, Fluß im europ. Teil der UdSSR, entsteht bei Weliki Ustjug durch Zusammenfluß von Jug und Suchona, mündet unterhalb von Archangelsk in die **Dwinabucht** des Weißen Meeres, 740 km lang (mit der Suchona 1 302 km); schiffbar, Mitte April/Mitte Mai–Mitte/Ende Okt. eisfrei.

Nördliche-Dwina-Wolga-Kanal, Schiffahrtskanal zw. dem Tscherepowezer Stausee und der Suchona; verbindet die Wolga mit dem Weißen Meer.

Nördliche Hungersteppe ↑Hungersteppe.

Nördlingen

Nördliche Kalkalpen, Teil der Ostalpen (Österreich, z. T. auch in der BR Deutschland), ↑Alpen.

Nördliche Krone ↑Sternbilder (Übersicht).

Nördlicher Glatthai ↑Glatthaie.

Nördliches Eismeer ↑Nordpolarmeer.

Nordlicht ↑Polarlicht.

♦ iron., oft abschätzig verwendete Bez. (v. a. aus süddt., bes. bayr. Sicht) für eine aus Norddeutschland stammende (die eigene Bed., die eigenen Fähigkeiten überschätzende) Persönlichkeit des öffentl. Lebens, bes. der Politik, die sich (überflüssigerweise, ärgerlicherweise) in Süddeutschland oder auf nat. Ebene betätigt.

Nördlingen, bayr. Stadt im Ries, 430 m ü. d. M., 18 300 E. Städtisches Museum, Bauernmuseum; Maschinenbau und Textilind., Kunststoffverarbeitung, Nahrungsmittelind., Fremdenverkehr. - Geht auf röm. und alemann. (nach 233 n. Chr.) Ursprung zurück; 898 zuerst, 1290 als Stadt erwähnt; wurde im 13. Jh. reichsfrei. Die Pfingstmesse (1219 erstmals belegt) hatte im MA große Bed. Nach Stadterweiterung v. a. in der 1. Hälfte des 14. Jh. ummauert. Seit 1349 nahm der Einfluß der Zünfte stetig zu. N. war Mgl. des Schwäb. Städtebundes (1376–89) und übernahm 1390 die Führung der „unteren Städte" im neuen Schwäb. Städtebund. 1522 Einführung der Reformation; im Dreißigjährigen Krieg Einquartierungen und Durchzug zahlr. Heere, v. a. nach der Schlacht bei N. (6. Sept. 1634). Fiel 1803 an Bayern. - Ma. Stadtbild mit Fachwerkbauten aus Spätgotik und Renaissance. Pfarrkirche Sankt Georg (1427–1505); ihr fast 90 m hoher Turm („Daniel") ist Mittelpunkt der Stadt. Ehem. Karmelitenklosterkirche (1422 geweiht; 1829 umgestaltet) mit spätgot. Wandfresken (1460). Spital (gegr. im 13. Jh.; heutige Gebäude 15. und 16. Jh.; jetzt z. T. Stadtmuseum, z. T. Alten-

Nordluchs

heim) mit Spitalkirche, spätgot. Rathaus (14.–16. Jh.) mit Freitreppe von 1618. Sehr gut erhaltene kreisrunde Stadtummauerung mit Wehrgängen und 5 Toren (14.–17. Jh.). - Abb. S. 329.

Nordluchs ↑Luchse.

Nordmannstanne [nach dem finn. Naturwissenschaftler A. von Nordmann, *1803, †1866] ↑Tanne.

Nordmark (sächs. Mark), umfaßte urspr. neben dem seit 1310 ↑Altmark gen. linkselb. Gebiet auch das Land zw. mittlerer Elbe und Oder; auf die N. übertrug sich schließl. der Name Mark Brandenburg.

Nordmarsch-Langeneß, Hallig vor der W-Küste von Schleswig-Holstein.

Nordmeseta (Altkastil. Hochfläche), nördlicher Teil der zentralen Hochfläche Spaniens, durch das Kastil. Scheidegebirge von der Südmeseta getrennt. Im N vom Kantabr. Gebirge, im O vom Iber. Randgebirge begrenzt, im W greift die N. über die span.-portugies. Grenze auf das östl. Hochportugal über. Die N. setzt sich aus einzelnen Rumpfflächen zus.; sie senkt sich von den Gebirgsrändern zum Duero ab, der sich mit seinen Nebenflüssen tief eingeschnitten und so die eigtl. Hochfläche in Restflächen aufgelöst hat. Das Klima ist kontinental. Die Wälder bestehen v. a. aus Kiefern (Harzgewinnung). Der größte Teil der N. wird von Macchien und Gariguen bedeckt. In den Flußauen Bewässerungsfeldbau, sonst Trockenfeldbau und v. a. Viehhaltung. Bergbau auf Zinn-, Eisen-, Kupfer- und Bleierze sowie Steinkohle in den Randgebieten; Nahrungsmittel-, Textil- und Lederindustrie.

Nordossęten, ASSR der, autonome Sowjetrepublik innerhalb der RSFSR, am N-Abhang des Großen Kaukasus, 8000 km², 610000 E (1984; davon rd. 49% Osseten und rd. 37 % Russen), Hauptstadt Ordschonikidse. Das von schneebedeckten, z. T. vergletscherten Gipfeln (z. B. Uilpata: 4638 m) überragte Gebirgsland fällt nach N zur Terekniederung ab. 25 % der Fläche sind bewaldet. Abgebaut werden Blei- und Zinkerz. Neben Nahrungsmittelind. und Holzverarbeitung v. a. Ackerbau. Durch die ASSR führen die Grusin. und die Osset. Heerstraße.
Geschichte: Im Gebiet der heutigen ASSR lebten im 7. Jh. v. Chr. die Skythen, 3.–2. Jh. v. Chr. die Sarmaten, in den ersten nachchristl. Jh. die Alanen (Vorfahren der Osseten); Herausbildung von Stammesverbänden im 2./3. Jh., von den Hunnen (4. Jh.) und Awaren (6. Jh.) überrannt; 1222 drangen die Mongolen ein; 1774 Anschluß an Rußland; 1920 Bildung eines Osset. Nat. Kreises, 1924 in das Nordosset. Autonome Gebiet, 1936 in eine ASSR umgewandelt.

Nordostland, zweitgrößte Insel ↑Spitzbergens.

Nordostpassage (Nordöstl. Durchfahrt), Seeweg zw. Atlantik und Pazifik längs der N-Küste Eurasiens im Bereich der Randmeere des Nordpolarmeeres, rd. 6 500 km lang. Wichtige Erkenntnisse über die N. lieferten W. Barentsz, V. J. Bering, D. J. Laptew, H. Hudson, doch gelang es erst A. E. von Nordenskiöld 1878–80, über Karasee und Ostsibir. See zur Beringstraße vorzustoßen. Seit 1967 ist die N., die im Sommer 2–3 Monate befahrbar ist, für die internat. Schiffahrt freigegeben.

Nordostpolder, Polder und Gem. im östl. IJsselmeer, Niederlande, 4,5 m ü. d. M. bis 5 m u. d. M., 37900 E. Hauptort mit Verwaltungs-, Wirtschafts- und kulturellen Funktionen ist Emmeloord; archäolog. Museum in Schokland.

Nord-Ostsee-Kanal, internat. Schiffahrtskanal, der Nord- und Ostsee verbindet. An den beiden Endpunkten Brunsbüttel (an der Elbe) und Kiel-Holtenau befinden sich jeweils Doppelschleusen, die die Wasserstandsschwankungen zw. Nord- und Ostsee ausgleichen; 98,7 km lang, bis 102,5 m Wasserspiegelbreite, bis 11 m tief. Der N.-O.-K. ist eine der wichtigsten Weltseeverkehrsstraßen, bed. für die Ostsee-Anrainerstaaten und den dt. Küstenverkehr; den größten Nutzen hat Hamburg.

Nord-Pas-de-Calais [frz. nɔrpɑdkaˈlɛ], Region in N-Frankr., umfaßt die Departements Nord und Pas-de-Calais, 12414 km², 3,933 Mill. E (1982), Regionshauptstadt Lille.

Nordpazifischer Strom, warme, ostwärts gerichtete Meeresströmung im nördl. Pazifik.

Nordpfälzer Bergland ↑Saar-Nahe-Bergland.

Nordpol ↑Pol.

Nordpolargebiet ↑Arktis.

Nordpolarmeer (Nördl. Eismeer), Nebenmeer des Atlantiks, umfaßt das Meeresgebiet im Bereich des Nordpolarbeckens und als Randmeere Tschuktschensee, Ostsibir. See, Laptewsee, Karasee, Barentssee, die Meeresstraßen des Kanad.-Arkt. Archipels und die Beaufortsee; 12,26 Mill. km². Die tiefste Stelle mit 5449 m liegt nördl. von Spitzbergen. Das N. wird von einem in ständiger Bewegung befindl., im Winter in der Regel geschlossenen Pack- und Treibeisfeld bedeckt. Die allg. Drift des Eises, die zum Durchlaß zw. Spitzbergen und Grönland gerichtet ist, bestimmt im wesentl. die Oberflächenströmungen.

Nordrhein-Westfalen, Bundesland im W der BR Deutschland, 34068 km², 16,665 Mill. E (1986), Landeshauptstadt Düsseldorf. **Landesnatur:** NRW hat Anteil am Norddt. Tiefland und am Mittelgebirgsland. Das Tiefland greift in der Niederrhein. Bucht tief in das Mittelgebirge ein, gegliedert durch die Ville, den Viersener Horst, Terrassenflächen, die aus den Gebirgstalflanken austreten und sich verbreitern sowie eiszeitl. Moränenzüge.

Nordrhein-Westfalen

VERWALTUNGSGLIEDERUNG (Stand 1985)

	Fläche km²	Einwohner (in 1000)		Fläche km²	Einwohner (in 1000)
Regierungsbezirk Düsseldorf			Gelsenkirchen	105	284,4
Kreisfreie Städte			Münster	302	268,9
Duisburg	233	516,6	*Kreise*		
Düsseldorf	217	561,2	Borken	1 417	307,9
Essen	210	617,7	Coesfeld	1 108	178,2
Krefeld	138	216,7	Recklinghausen	760	622,3
Mönchengladbach	171	254,7	Steinfurt	1 791	381,0
Mülheim a. d. Ruhr	91	171,0	Warendorf	1 314	247,2
Oberhausen	77	222,1			
Remscheid	75	121,0			
Solingen	89	158,0			
Wuppertal	168	375,3	**Regierungsbezirk Detmold**		
Kreise			*Kreisfreie Städte*		
Kleve	1 231	262,1	Bielefeld	257	299,2
Mettmann	407	477,9	*Kreise*		
Neuss	577	405,2	Gütersloh	966	286,9
Viersen	563	261,7	Herford	450	225,1
Wesel	1 042	414,6	Höxter	1 199	140,6
			Lippe	1 247	323,5
Regierungsbezirk Köln			Minden-Lübbecke	1 151	279,4
Kreisfreie Städte			Paderborn	1 245	230,7
Aachen	161	238,6			
Bonn	141	290,8			
Köln	405	914,0	**Regierungsbezirk Arnsberg**		
Leverkusen	79	154,7	*Kreisfreie Städte*		
Kreise			Bochum	145	381,0
Aachen	550	287,6	Dortmund	280	569,8
Düren	941	236,5	Hagen	160	206,1
Erftkreis	705	404,1	Hamm	226	166,2
Euskirchen	1 250	161,1	Herne	51	171,5
Heinsberg	628	216,6	*Kreise*		
Oberberg. Kreis	916	246,0	Ennepe-Ruhr-Kreis	408	336,1
Rhein.-Berg. Kreis	439	248,4	Hochsauerlandkreis	1 957	260,4
Rhein-Sieg-Kreis	1 153	480,2	Märkischer Kreis	1 059	411,8
			Olpe	710	123,1
Regierungsbezirk Münster			Siegen-Wittgenstein	1 131	278,6
Kreisfreie Städte			Soest	1 327	267,6
Bottrop	101	112,1	Unna	542	391,2

Die ebenfalls tief eingreifende Westfäl. Bucht ist durch die flächenhafte Überformung während der Eiszeit geprägt, wobei größere Moor- und Sandflächen entstanden. Das Mittelgebirgsland gehört zum Rhein. Schiefergebirge und Weserbergland. Linksrhein. besteht das Rhein. Schiefergebirge in NRW aus dem N-Abfall der Eifel mit der Kommerner Bucht, dem Hohen Venn und dem Aachener Becken, rechtsrhein. liegen Berg. Land und Sauerland, Rothaargebirge und Siegerland, das Siebengebirge und ein Teil des vorderen Westerwalds. Zum Weserbergland zählen das Lipper Bergland und die Schichtkämme des Wiehengebirges und Teutoburger Waldes. - Wasserreichtum und starkes Gefälle führten zu früher Nutzung der Wasserkraft für zahlr. Gewerbe. Heute ist der Wasserreichtum wichtig für die Stromgewinnung und Speicherung von Trinkwasser für die Ballungsräume. Wichtigste Bodenschätze sind die Steinkohlenlager des Ruhrgebiets sowie bei Aachen und Ibbenbüren und die tertiären Braunkohlenlager am Rand der Ville und wnw. von Düren. Der Ausbau des Steinkohlenbergbaus war der Grund für die Entwicklung der beiden Reviere zu Industrielandschaften (Ruhrgebiet, Aachener Revier). Der rhein. Braunkohlenberg-

Nordrhein-Westfalen

Nordrhein-Westfalen.
Flagge und Wappen

bau wird heute im vollmechanisierten Tieftagebau größten Ausmaßes betrieben. Die Rekultivierung der ausgebeuteten Tagebaue schafft neue Siedlungsgebiete und Erholungslandschaften. Die Eisenerze des Siegerlandes waren die Grundlage einer schon in vorgeschichtl. Zeit blühenden Eisenind.; später kam die Nutzung der Vorkommen im Oberbergischen, in der Eifel, am S-Rand des Ruhrreviers hinzu, heute ist die Erzförderung stark rückläufig, abgesehen vom Zinkabbau in Meggen (= Lennestadt). Kalkvorkommen sind die Grundlage der Zementind., Quarzsande für Glas-, Waschmittel- und keram. Ind.; Steinsalz wird bei Gronau(Westf.)-Epe und Rheinsberg-Borth gewonnen, Badesalinen finden sich in Hamm, Bad Oeynhausen, Bad Salzuflen und Bad Sassendorf, die Solen längs des Hellwegs dienen nur noch z. T. Badezwecken. Daneben gibt es auch Kohlensäurebäder (Bad Honnef, Bonn-Bad Godesberg, Bad Driburg) und Thermalwässer (Aachen). Die entscheidende Ausprägung der heutigen Siedlungslandschaft zu einer der massiertesten Bev.ballungen der Erde im Dreieck Hamm-Köln-Wesel erfolgte im Zuge der Industrialisierung seit der Mitte des 19. Jh. Der Ausbau des Rheins zum Großschiffahrtsweg, der verstärkte Abbau der Kohle, der Aufbau einer Schwerind. und der Übergang von handwerkl. und kleinbetriebl. Gewerbe zur fabrikmäßigen Herstellung, gefördert durch den Bau der Eisenbahn und Ausbau des Straßennetzes waren die Gründe für die rasche Vergrößerung von Städten. Dünn besiedelt sind dagegen weite Teile der Eifel.
Bevölkerung: Nach dem 2. Weltkrieg hat sich die Religionsstruktur durch den Zuzug von Heimatvertriebenen zwar verschoben, sie spiegelt aber doch noch die histor. bedingte Konfessionszugehörigkeit wider. So sind die Reg.-Bez. Detmold und Arnsberg vorwiegend ev., Münster und Köln dagegen überwiegend kath. Das Land verfügt über 12 Univ., die TH Aachen und die Dt. Sporthochschule in Köln.
Wirtschaft: Im Hohen Venn, im Berg. Land und im Sauerland überwiegt die Grünlandnutzung. Auf den Bördenflächen werden Weizen, Wintergerste und Zuckerrüben angebaut. Auf sandigen Böden, bes. im Münsterland, herrscht Roggen-Kartoffel-Anbau vor. Hier und im Lipper Bergland sind gemischte Akkerbau-Viehzucht-Betriebe verbreitet. Die Forstwirtschaft spielt eine bed. Rolle, da große Wälder Teile der Eifel, des Sauerlands, des Rothaargebirges und des Teutoburger Waldes bedecken.

Das Ruhrgebiet gehört immer noch zu den bedeutendsten Schwerind.zentren der Erde. Neben Steinkohlenförderung und Stahlerzeugung sind Schwermaschinenbau, Kohlechemie, Glasherstellung, Großbrauereien u. a. bed. Nach 1960 formierten sich in der Rheinachse Petrochemie, Kaltwalz-, Röhren- und Kabelwerke, Automobilind., Großmühlen u. a. Ind.zweige. Im Dürener und Aachener Raum sind Metall- und Textilind. bed., im Siegerland Blechverarbeitung, bei Bielefeld und im Münsterland Textilind., ebenso im Raum Mönchengladbach/Krefeld.
Leistungsfähiger Eisenbahnschnellverkehr besteht in den Ballungsräumen. NRW ist durch Straßen und Autobahnen und den Ruhrschnellweg gut erschlossen. Dem Binnenschiffsverkehr stehen der Rhein und das von ihm ausgehende Kanalsystem zum Mittelland- und Dortmund-Ems-Kanal zur Verfügung. Größter Rheinhafen ist Duisburg, im Ruhrgebiet sind Dortmund und Gelsenkirchen die wichtigsten Häfen. Neben Regionalflughäfen verfügt NRW über die [internat.] ✈ Düsseldorf und Köln/Bonn.
Geschichte: Das Land NRW wurde durch Verordnung der brit. Militärreg. vom 23. Aug. 1946 aus der Prov. Westfalen und der Nordrheinprov. gebildet; am 21. Jan. 1947 trat ihm das Land Lippe bei. Nach 2 ernannten Allparteienreg. unter R. Amelunxen (Zentrum) 1946/47 und (dann gewählten) 3 Koalitionsreg. unter dem Christdemokraten K. Arnold (1947–50 CDU, SPD, KPD, Zentrum; 1950–54 CDU, Zentrum; 1954–56 CDU, FDP) kam es am 20. Febr. 1956 zum Sturz Arnolds und zur Bildung einer SPD-FDP-Zentrum-Reg. unter F. Steinhoff (SPD). Nachdem die Landtagswahlen vom 6. Juli 1958 der CDU die absolute Mehrheit gebracht hatten, wurde F. Meyers Chef einer Alleinreg. der CDU, ab 1962 einer CDU-FDP-Koalition. Am 8. Dez. 1966 wurde eine SPD-FDP-Koalition unter H. Kühn (SPD) gebildet, die von seinem Nachfolger J. Rau (SPD) seit Sept. 1978 weitergeführt wurde. Bei den Landtagswahlen 1980, 1985 und 1990 gewann die SPD mit einem Anteil von 48,4 %, 52,1 % und 50 % die Mehrheit der Stimmen und Mandate, die J. Rau die Bildung reiner SPD-Kabinette erlaubte.
Verfassung: Nach der Verfassung vom 28. Juni 1950 liegt die Exekutive bei der Reg.:

Nordrussischer Landrücken

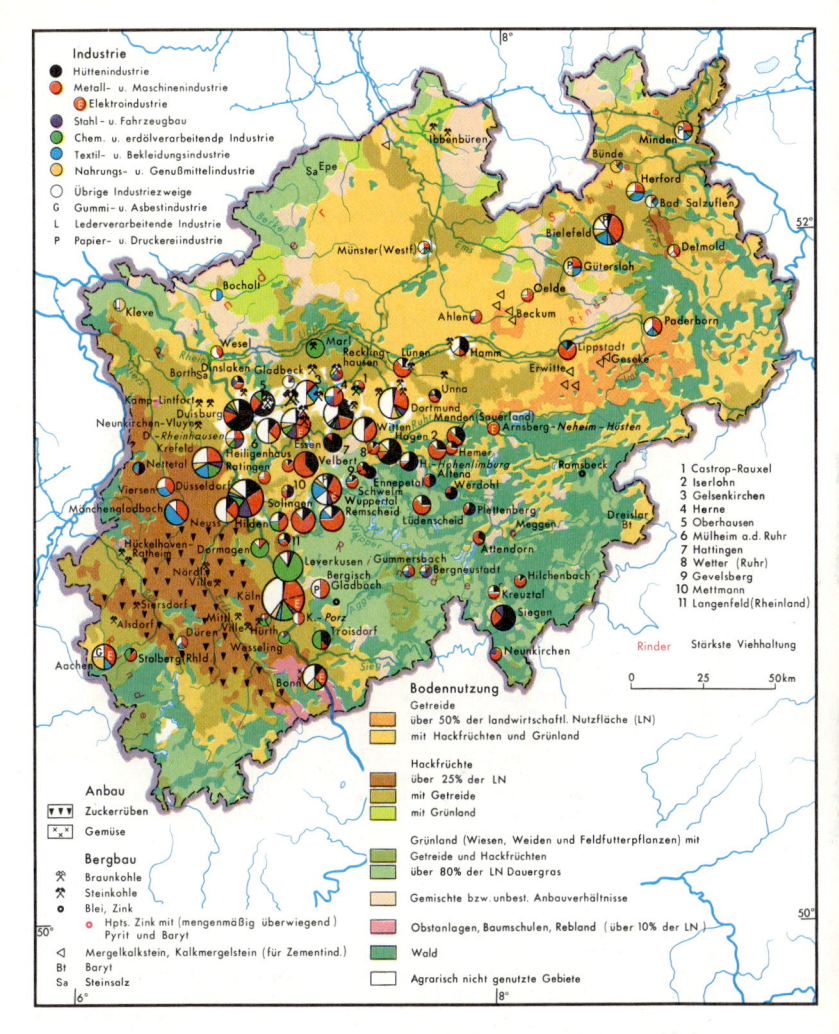

Nordrhein-Westfalen. Wirtschaftskarte

dem vom Landtag gewählten Min.präs. (Richtlinienkompetenz) und den von ihm ernannten Min. Der Min.präs. kann nur durch konstruktives Mißtrauensvotum gestürzt werden. Die Legislative liegt beim Parlament, dem Landtag (200 auf 5 Jahre gewählte Abg.). Es besteht die Möglichkeit, in die Gesetzgebung durch Volksentscheid u. Volksbegehren einzugreifen. Der Verfassungsgerichtshof entscheidet in Verfassungsstreitigkeiten.

⌑ *Dt. Planungsatlas. Bd.1: N.-W.* Hann. 1982 ff. - Lange, N. de: *Städtetypisierung in N.-W.* Paderborn 1980. - Siegner, O.: *N.-W. Dt./ engl./frz.* Pullach bei München 1978. - Tiggemann, R.: *Die kommunale Neugliederung in N.-W.* Meisenheim 1977. - *N.-W. neu gesehen. Luftbildatlas.* - Hg. v. G. Cordes u. D. Glatthaar. Bln. 1976. - Hesemann, J.: *Geologie N.-Westfalens.* Paderborn 1975. - Wisplinghoff, E., u.a.: *Gesch. des Landes N.-W.* Würzburg 1973.

Nordrhodesien (engl. Northern Rhodesia), bis 23. Okt. 1964 Name des heutigen ↑Sambia.

Nordrussischer Landrücken, rd.

600 km langer Höhenrücken im europ. Teil der UdSSR.

Nordschleswig, Geb. auf Jütland, Dänemark, umfaßt den nördl. Teil des ehem. Hzgt. Schleswig. Im Frieden von Prag (1866) verlor Österreich alle im Frieden von Wien (1864) erworbenen Rechte auf die Hzgt. Schleswig und Holstein an Preußen. Der Versailler Vertrag legte in den Art. 109–114 die Abtretung N. an Dänemark nach einer Abstimmung fest. 1955 einigten sich Dänemark und die BR Deutschland weitgehend über die Rechte der dt. Minorität in N. und der dän. in Südschleswig.

Nordschwarzwald, Region in Bad.-Württemberg.

Nordsee, Randmeer des Atlantiks, zw. den Brit. Inseln im W, den Küsten Belgiens, der Niederlande und der BR Deutschland im S und SO, Dänemarks und Norwegens im O und NO; offen sind die Grenzen nach SW im Kanal, nach O zur Ostsee und im N, wo die Grenze von den Shetlandinseln nach Stadland (Norwegen) gezogen wird; rd. 580 000 km², mittlere Tiefe 93 m. Die Tiefe der N. nimmt von S nach N zu. In der mittleren N. ragt die Doggerbank bis auf weniger als 20 m u. d. M. auf. Nö. davon treten Bänke, Rinnen und tiefe Löcher auf (Teufelsloch, 243 m tief). Im O vor der norweg. Küste verläuft die bis 725 m tiefe Norweg. Rinne. An den Küsten im SO und S dominieren breite Wattengebiete. Die Gezeitenperiode beträgt 12 Std. und 25 Min.; der mittlere Tidenhub an der dt. Küste beträgt bis zu 4 m, an den Brit. Inseln über 6 m. Infolge der breiten Verbindung zw. Atlantik und N. ist der Salzgehalt der nördl. N. höher als in der Dt. Bucht vor S-Norwegen (Süßwasserzufuhr). Die Oberflächentemperatur im Aug. beträgt im Mittel 18 °C vor der SO- und S-Küste; sie nimmt nach NW bis auf 13 °C ab. Im Winter ist das Küstenwasser mit unter 3 °C am kältesten, während im NW noch 7 °C vorherrschen. Bei auflandigen Sturmlagen können bes. an den dt. und niederl. Küsten erhebl. Wasserstandserhöhungen auftreten. Die N. ist eines der wichtigsten Fischfanggebiete der Anliegerstaaten. Auf Grund der Überfischung wurden von der Nordostatlant. Fischereikommission nat. Fangquoten festgesetzt. Die Rolle der N. im Seeverkehr ist infolge der starken Industrialisierung der Anrainerstaaten sehr bed. Wegen der Erdöl- und Erdgasvorkommen wurde der Festlandsockel unter den Anrainern aufgeteilt (1965 und 66). Von den produzierenden Feldern ist **Ekofisk** (Norwegen) eines der wichtigsten. Von hier führt eine untermeer. Erdölpipeline nach Teesside, eine Erdgasleitung nach Emden. Auch die brit. und niederl. Felder sind durch Rohrleitungen mit Küstenorten verbunden. - Die S- und SO-Küsten der N. sind dank des gemäßigten Seeklimas und der Häufigkeit der Sonnentage Zentren des Fremdenverkehrs.

Nordseegarnele ↑ Garnelen.

Nordseekanal, Kanal zw. Amsterdam und der Nordsee, 27 km lang, befahrbar für Schiffe bis 85 000 t; bei IJmuiden 4 Seeschleusen, von denen die größte 400 m lang und 50 m breit ist.

Nordstrand, eingedeichte Marscheninsel im Wattenmeer vor Husum, durch einen 3 km langen Straßendamm mit dem Festland verbunden. Entstand (mit Pellworm) durch die Neueindeichung der von einer Sturmflut 1634 zerstörten Insel **Strand.**

Nordström, Ludvig [schwed. ‚nu:rdstrœm], * Härnösand 25. Febr. 1882, † Stockholm 15. April 1942, schwed. Schriftsteller. - Schrieb Reiseberichte, Erzählungen und Novellen; in seinen Romanen und theoret. Schriften setzte N. sich für den von ihm entwickelten „Totalismus" ein, eine Weltvereinigung in Frieden und Glück auf der Grundlage der vereinenden Kraft des techn. Fortschritts.

Nord-Süd-Kanal ↑ Elbeseitenkanal.

Nord-Süd-Konflikt, Bez. für die Gegensätze, die sich aus dem wirtsch.-sozialen und polit.-kulturellen Entwicklungsgefälle zw. den Ind.staaten der nördl. Erdhalbkugel einerseits und den afroasiat. (und südamerikan.) ↑ Entwicklungsländern andererseits (**Nord-Süd-Gefälle**) nach dem 2. Weltkrieg speziell im Gefolge der Entkolonisation und v. a. als Konsequenz von Bev.explosion, Nahrungsmittelknappheit und unzureichender Industrialisierung ergaben. Eine Entschärfung des N.-S.-K. wird im Rahmen des sog. **Nord-Süd-Dialogs** auf der Konferenz über internat. wirtsch. Zusammenarbeit (KIWZ) seit Ende 1975 angestrebt. Ende 1977 konstituierte sich eine „**Nord-Süd-Kommission**" (18 Politiker bzw. Wissenschaftler, die keiner Reg. angehören und je zur Hälfte aus Ind.- und Entwicklungsländern stammen, Vors. W. Brandt), deren Aufgabe die Verbesserung des Verhältnisses zw. Ind.- und Entwicklungsländern ist. Sowohl ihr 1. Bericht vom Febr. 1980 als auch die in Verbindung mit seiner Vorlage vorbereitete Nord-Süd-Gipfelkonferenz in Cancún im Okt. 1981 erzielten nur bescheidene Ergebnisse. Im Febr. 1983 legte die Kommission ihren 2. Bericht vor.

Neuere sozialwiss. Forschung läßt Zweifel an den bisherigen Versuchen zur Lösung des N.-S.-K. aufkommen. Statt der alten kolonialen wurde eine neue entwicklungspolit. Abhängigkeit geschaffen, die das Gefälle und damit das Konfliktpotential aufrecht erhält. Es wird deshalb gefordert, die „peripheren Gesellschaften" vom kapitalist. Weltwirtschaftssystem „abzukoppeln", ihre Binnenmärkte systemat. zu erschließen und die Verbindung zw. den Entwicklungsländern bestimmter Regionen zu verbessern.

Nordterritorium (amtl. Northern Terri-

Norfolk

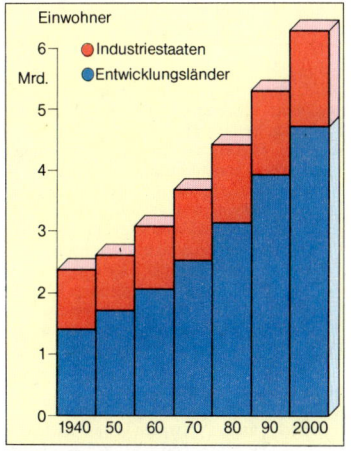

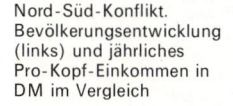

Nord-Süd-Konflikt. Bevölkerungsentwicklung (links) und jährliches Pro-Kopf-Einkommen in DM im Vergleich

tory), Territorium des Austral. Bundes im N des Kontinents, 1 346 200 km² (einschl. der Ashmore and Cartier Islands), 139 000 E (1984), Verwaltungssitz Darwin. Ausgedehnte Flachländer sind vorherrschend, nur im S ragen Inselberge und Inselgebirge auf, die in den Macdonnell Ranges 1 510 m Höhe erreichen. Die Küste wird durch Buchten und Flußmündungen stark gegliedert. Haupteinnahmequelle ist die Fleischrindzucht. Das N. ist reich an Bodenschätzen, v. a. an Uranerzen, die im Eingeborenenreservat von Arnhemland entdeckt wurden. - Im 17./18. Jh. durch Niederländer erforscht; ab 1824 europ. besiedelt. 1911 dem Austral. Bund angeschlossen.

Nord-Trøndelag [norweg. ˌnuːrtrœndəlaːg], Verw.-Geb. in Norwegen, umfaßt den N-Teil der Landschaft Trøndelag, 22 463 km², 127 100 E (1984), Hauptstadt Steinkjer.

Nordwestdeutscher Rundfunk, Abk. NWDR, ehem. dt. Rundfunkanstalt; Anstalt des öffentl. Rechts mit Hauptsitz in Hamburg; ging als Sendeanstalt der brit. Besatzungszone einschl. des brit. Sektors von Groß-Berlin 1948 aus einem Militärsender hervor. 1953 wurde der NWDR-Berlin als SFB verselbständigt, 1954/55 der WDR gegr. Der „Rest-NWDR" bildete durch Staatsvertrag (am 8. Juni 1978 von Schl.-H. mit Wirkung zum 1. Jan. 1980 gekündigt) 1955 zw. den Ländern Hamburg, Niedersachsen und Schleswig-Holstein den NDR.

Nordwestliche Durchfahrt ↑ Nordwestpassage.

Nordwestliches Territorium (engl. North-Western Territory), histor. Verw.-Geb. in Britisch-N-Amerika, das den N und W des heutigen Kanada umfaßte. Das Geb. wurde ab dem Ende des 18. Jh. durch die Anlage von Handelsstützpunkten erschlossen. 1858–70 bestand das N. T. als eigener Verw.-Bez. und gehört seither mit Rupert's Land zu den kanad. Northwest Territories.

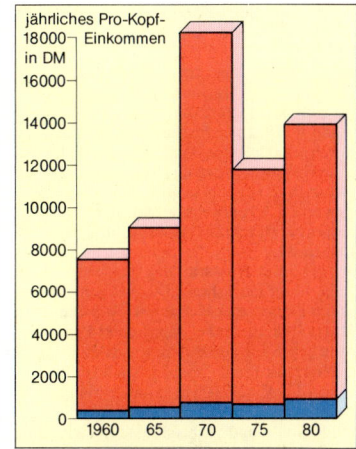

Nordwestpassage (Nordwestl. Durchfahrt), Durchfahrt vom Atlantik zum Pazifik nördl. des nordamerikan. Festlandes durch den Kanad.-Arkt. Archipel. Die Versuche des 16. und des frühen 17. Jh. wurden von Gerüchten über die sagenhafte eisfreie **Straße von Anian** beflügelt, nach der bis zum 18. Jh. gesucht wurde; sie blieben jedoch ergebnislos. 1850–53 bezwang Sir R. J. Le M. McClure die N. von W nach O; 1903–06 durchfuhr R. Amundsen mit der „Gjøa" die N.; erste Durchquerung in beiden Richtungen 1940–42 bzw. 1944/45 von H. Larsen mit der „St. Roch".

Nordwestterritorien ↑ Northwest Territories.

Noreia, im Altertum die durch Eisenabbau bekannte Hauptstadt von Noricum, wo 113 v. Chr. ein röm. Heer von den Kimbern besiegt wurde. Die genaue Lage ist unbekannt (bisher u. a. Gleichsetzung mit dem Dorf N. bei Neumarkt in der Steiermark und mit dem Magdalensberg).

Norfolk [engl. ˈnɔːfək], engl. Hzg.titel; erstmals 1397 an T. Mowbray (* 1366, † 1399) verliehen; später Titel der Fam. Howard; der 12. Hzg. von N., Bernard Edward (* 1765, † 1842), zog 1829 als erster kath. Peer ins Oberhaus ein. Henry, der 14. Hzg. von N. (* 1815, † 1860), nahm den Fam.namen Fitzalan-Howard an. Bed. Vertreter:

N., Thomas Howard, Hzg. von, * 1443, † Schloß Framlingham (Suffolk) 21. Mai 1524,

Norfolk

Staatsmann und Heerführer. - Lordschatzmeister (1501–22) und außenpolit. Berater Heinrichs VII. und Heinrichs VIII.; besiegte Jakob IV. von Schottland bei Flodden.

N., Thomas Howard, Hzg. von, *1473, † Kenninghall (Norfolk) 25. Aug. 1554, Staatsmann. - 1522 Lordschatzmeister; gewann durch seine Nichten Anna Boleyn und Catherine Howard zeitweilig großen Einfluß auf Heinrich VIII.; wirkte mit am Sturz T. Wolseys und T. Cromwells; als Gegner der Reformation 1546 verhaftet und erst unter Maria I. freigelassen.

N., Thomas Howard, Hzg. von, *10. März 1536, † London 2. Juni 1572, Adliger. - Wegen seines Planes einer Heirat mit der gefangenen Maria Stuart verhaftet, wegen einer Verschwörung gegen Elisabeth I. hingerichtet.

Norfolk [engl. 'nɔːfək], Stadt in SO-Virginia, USA, 267 000 E. Univ.; Hauptquartier der amerikan. Atlantikflotte. Küstenschiffahrts- und Überseehafen; Schiffbau, Gießereien, Automontage, Nahrungsmittel- und Textilind., Holzverarbeitung, Herstellung von Arzneimitteln, Kunstdünger und landw. Geräten. - Gegr. 1682; spielte im 18. Jh. eine bed. Rolle im Handel mit den Westind. Inseln. - Saint Paul's Church (1739).

N., Gft. in O-England.

Norfolk Island [engl. 'nɔːfək 'aɪlənd], austral. Insel im südl. Korallenmeer, bis 318 m hoch, Hauptort Kingston. - 1774 von J. Cook entdeckt, 1788–1851 Verbrecherkolonie; 1913 dem Austral. Bund eingegliedert.

NOR-Funktion [aus engl. not-or „nicht-oder"], svw. ↑Peirce-Funktion.

Noria (Noira) [arab.-span.], Wasserschöpfrad, eine Kombination von einem Wasserheberad mit einem unterschlächtigen Wasserrad; v. a. an Flüssen in Vorderasien, bis 22 m Durchmesser (Höhe). Die N. wird durch die Strömung des Flusses angetrieben, die sich dabei füllenden Gefäße des Heberades werden in der gewünschten Höhe in auffangende [Holz]rinnen entleert, die das Wasser auf das zu bewässernde Land leiten.

◆ auf der Iber. Halbinsel und im westl. Nordafrika Bez. für durch ↑Göpel („Tretmühle") angetriebene Wasserschöpfanlagen.

Noricum, röm. Prov. in den Ostalpen zw. Rätien, Pannonien und Italien; von Diokletian in das südl. *N. mediterraneum* und das donauländ. *N. ripense* geteilt. Urspr. von Illyrern bewohnt, wurde N. im 4./3. Jh. von den kelt. Tauriskern und Norikern besiedelt, letztere einigten im 2. Jh. v. Chr. die nor. Stämme und errichteten das Kgr. N. mit der Hauptstadt ↑Noreia. N. wurde nach längeren Handelsbeziehungen (Eisen-, Gold- und Silbervorkommen) mit Rom von diesem um 15/10 v. Chr. friedl. besetzt und um 45 n. Chr. zur prokurator. Prov. (bed. Städte: Iuvavum [= Salzburg], Lauriacum [= Lorch]) gemacht. Seit 395 Germaneneinfälle; fiel nach 535 an die Franken und wurde um 600 von Slawen und Awaren besetzt.

Noriker (Nor. Pferd) [nach der Prov. Noricum], bis 165 cm schulterhohes Kaltblutpferd; meist braun (auch rauhhaarig) oder gescheckt. Ergebnis einer Kombinationszüchtung, vermutl. ausgehend von den schweren röm. Pferden der Prov. Noricum unter Einkreuzung mehrerer anderer Rassen (z. B. Normänner, Cleveländer, Oldenburger); Gebirgs- und Arbeitspferd in zwei Schlägen, dem leichteren *Oberländer* in Bayern und dem schweren *Pinzgauer* v. a. in Österreich.

Norilsk [russ. na'riljsk], sowjet. Stadt im NW des Mittelsibir. Berglands, RSFSR, 183 000 E. Ind.-Abendhochschule, landw. Forschungsinst.; Theater; Empfangsstation für Fernmeldesatelliten; Abbau und Verhüttung von Nickel-, Kupfer- und Kobalterzen sowie Steinkohle; metallverarbeitende und Baustoffind. - 1935 gegr., seit 1953 Stadt.

Norit [nach Norwegen], bas. Tiefengestein der Gabbrogruppe, v. a. aus bas. Plagioklas (Labradorit) und rhomb. Augit.

Norm [zu lat. norma „Winkelmaß, Richtschnur, Regel"], vieldeutig verwendeter wiss. Kernbegriff, v. a. in den sog. *normativen (dogmat.) Wiss.* wie Rechtswiss., Moralphilosophie, Ethik u. a., die sich mit Handlung befassen und/oder diese bewerten. N. kann *regulativ* (wertfrei) verwendet werden für beliebige Aufforderungen (Handlungsanweisungen) bzw. zur Erstellung von alltägl. oder rechtl. Institutionen, oder *moral.-eth.* (wertend) für Handlungsorientierungen, die eine moral. Argumentation zu ihrer Rechtfertigung erfordern. Deshalb werden auf solche Handlungen, Handlungsweisen oder -orientierungen bezogene Beurteilungen **normativ** gen.; da häufig das Bestehende auch eine Orientierungsfunktion besitzt, spricht man auch von der *Normativität des Faktischen*.

◆ in der (dogmat.) *Rechtswiss.* Gesetze im materiellen Sinne, d. h. Rechtssätze, in denen der Gesetzgeber seinen Willen, die Beziehungen zw. den Rechtssubjekten allgemeinverbindl. zu regeln, durch Gebote und Verbote ausdrückt.

◆ in den *Sozialwiss.* die empir. feststellbare Regelmäßigkeit eines sozialen Verhaltens in den verschiedenen Formen des menschl. Zusammenlebens. Der einzelne wird von der sozialen N. als gesellschaftl. mehr oder weniger feste und genaue Forderung nach einem bestimmten Verhalten betroffen. Unterschieden werden latente (noch nicht klar artikulierte, aber schon wirkende) von manifesten (allg. verabredeten und erklärten), traditionelle (unscharfe, aber ohne erklärten Sinnbezug immer schon geltende) von rationalen N. (zumeist gesatzten Rechtsnormen). N. regeln in sozialen Beziehungen, welche Rollen die Beteiligten zu spielen haben. Inwieweit es in einer

Normalton

Gesellschaft zur Übereinstimmung von N. und tatsächl. Verhalten kommt, hängt ab vom Grad der Verinnerlichung (Internalisierung) und Anerkennung der N. durch die Individuen, von der Strenge und Wirksamkeit der Sanktionen gegen normwidriges Verhalten und (langfristig) von der Wirksamkeit (Funktionalität) der N. für gewünschte Handlungsziele.
◆ in der *Technik* ↑Normung.

Norma [lat.] ↑Sternbilder (Übersicht).

normal [lat.], allg. der Norm entsprechend, vorschriftsmäßig; üblich, gewöhnlich.
◆ Abk. n, in der *Chemie* svw. geradkettig, unverzweigt (bezogen auf Moleküle).

Normalbenzine ↑Vergaserkraftstoffe.

Normalbrennweite ↑photographische Objektive.

Normale [lat.], eine Gerade, die in einem vorgegebenen Punkt einer Kurve *(Kurven-N.)* bzw. Fläche *(Flächen-N.)* senkrecht zur Tangente bzw. Tangentialebene in diesem Punkt steht.
◆ zur Darstellung einer bestimmten Einheit im Meßwesen oder zu Eichzwecken verwendete Körper oder Apparate, für die bestimmte Bedingungen festgelegt wurden. N. sind notwendig zur Verkörperung der Einheiten und werden auch als *Urmaß* oder *Prototype* bezeichnet (z. B. Urmeter und Urkilogramm). N. müssen hohe zeitl. Konstanz des Meßwertes gewährleisten; man ist deshalb bestrebt, statt künstl. N., wie dem Urmeter, geeignete Naturerscheinungen zur Realisierung der Einheiten heranzuziehen, z. B. die Wellenlänge einer Spektrallinie als *Längennormal*.

Normalelektrode, svw. ↑Bezugselektrode.

Normalelement, eine konstante Spannung lieferndes elektrochem. Element, das zum Eichen von Meßgeräten verwendet wird, z. B. das ↑Weston-Element.

Normalgewicht ↑Körpergewicht.

Normalhöhenpunkt, Abk. NHP oder NH, amtl. festgelegter geodät. Höhenpunkt, auf den alle Höhenmessungen eines Staates bezogen werden. - ↑auch Normalnull.

Normalhorizont ↑Normalnull.

Normalität [lat.], einer Norm entsprechende Beschaffenheit oder Eigenschaft; normaler Zustand. In quantitativer Hinsicht ist N. definierbar als Verteilung von Typen oder (typ.) Merkmalen im Mittelbereich der ↑Normalverteilung. - Im älteren Sprachgebrauch gilt als N. der (fiktive) Zustand einer wünschenswerten und damit als wertvoll erachteten Vollkommenheit und Ausgeglichenheit.
◆ (N. einer Lösung) ↑Konzentration.

Normaljahr (nlat. annus normalis [decretorius]), im Westfäl. Frieden 1648 auf 1624 (1. Jan.) festgesetzter Termin, entsprechend dessen Besitzstand geistl. Güter und die konfessionellen Verhältnisse wiederhergestellt bzw. in ihrem Fortbestand garantiert wurden.

Normalkraft, eine Kraft, die senkrecht auf der Bahnkurve eines Massenpunktes oder Körpers oder auf einer Fläche (z. B. Oberfläche eines Körpers) steht.

Normalleistung, nach der REFA-Lehre diejenige Arbeitsleistung, die bei ausreichender Eignung und voller Übung nach vollzogener Einarbeitung und bei normalem Kräfteinsatz im Mittelwert der Schichtzeit und bei Einhaltung der vorgegebenen Erholungs- und Verweilzeiten dauernd und ohne Gesundheitsschädigung von allen denjenigen Arbeitern erreicht und erwartet wird, die den genannten Voraussetzungen genügen.

Normallösung, bei Maßanalysen verwendete, meist wäßrige Lösung einer Substanz (Reagenz), die im Liter eine der ↑Äquivalentmasse der Substanz in Gramm entsprechende Menge, d. h. ein Grammäquivalent, enthält (1n-Lösung; Einheit: 1 Val/l). Daneben werden auch Lösungen mit bestimmten Bruchteilen eines Grammäquivalents (z. B. 0,5n-Lösung) verwendet.

Normalnull, Abk. NN oder N.N., in der Geodäsie Bez. für eine bestimmte Niveaufläche, die in einem Land als einheitl. Bezugsfläche bei der Ermittlung bzw. Angabe der Vertikalabstände beliebiger Punkte der Erdoberfläche vom mittleren Meeresniveau dient; diese auch als *N.fläche, Landes-* oder *Normalhorizont* bezeichnete Bezugsfläche geht durch einen in definierter Weise festgelegten *N.punkt,* der häufig ebenfalls als N. bezeichnet wird. Die dt. N.fläche für Höhenmessungen und Höhenangaben (als *Meereshöhe* oder *Höhe über* bzw. *unter N.;* angegeben in m ü. NN bzw. m u. NN) ist vom Nullpunkt des *Amsterdamer Pegels,* d. h. vom mittleren Wasserstand der Nordsee bei Amsterdam, abgeleitet. In Österreich beziehen sich die Höhenangaben auf eine Höhenmarke am Triester Pegel, in der Schweiz auf eine Höhenmarke an einem Felsblock im Genfer See.

Normalobjektiv ↑photographische Objektive.

Normalpotential (elektrochem. Standardpotential), Formelzeichen E_0, die bei 25 °C gemessene elektr. Spannung zw. einem Halbelement (z. B. einer aus einem Metall gefertigten, in eine einmolare wäßrige Lösung eines seiner Salze tauchenden Elektrode) und einer Wasserstoffelektrode als Bezugselektrode, deren N. gleich Null gesetzt wird.

Normalschall ↑Normalton.

Normalsichtigkeit (Emmetropie), Abk. E., Brechungszustand des optisch normalen Auges, bei dem sich parallel einfallende Lichtstrahlen beim Sehen in die Ferne, d. h. bei ausgeschalteter Akkomodation, in einem Punkt in der lichtempfindl. Netzhautschicht vereinigen. Abweichungen von der N. bezeichnet man als ↑Fehlsichtigkeit.

Normalton, in der *Akustik:* reiner Ton mit einer Schwingungszahl von 1 000 Hz und

337

Normaluhr

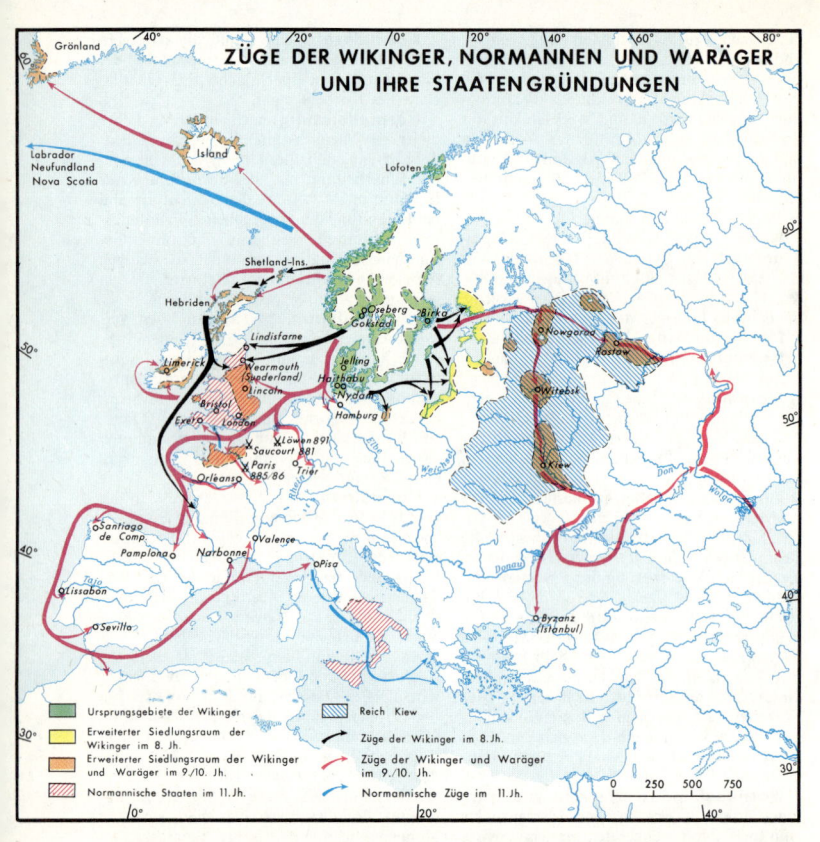

ZÜGE DER WIKINGER, NORMANNEN UND WARÄGER UND IHRE STAATENGRÜNDUNGEN

Kartenlegende:
- Ursprungsgebiete der Wikinger
- Erweiterter Siedlungsraum der Wikinger im 8. Jh.
- Erweiterter Siedlungsraum der Wikinger und Waräger im 9./10. Jh.
- Normannische Staaten im 11. Jh.
- Reich Kiew
- Züge der Wikinger im 8. Jh.
- Züge der Wikinger und Waräger im 9./10. Jh.
- Normannische Züge im 11. Jh.

konstanter Amplitude. Eine ebene fortschreitende Schallwelle dieser Schwingungszahl mit definiertem Schalldruck wird als *Normalschall* bezeichnet.

Normaluhr, sehr genau gehende Uhr, deren Zeitanzeige maßgebend für die Zeitanzeige anderer Uhren ist, z. B. die astronom. Hauptuhr in Sternwarten, die Mutteruhr in elektr. [Normalzeit]uhrenanlagen, von der aus die Nebenuhren gesteuert werden.

Normalverteilung (Gauß-Verteilung), die von C. F. Gauß 1794 gefundene Wahrscheinlichkeitsverteilung, die die Fehlerverteilung bei unendl. vielen Einzelmessungen einer Größe (Zufallsvariable) angibt, wenn bei diesen (abgesehen von einem stets gleichen systemat. Fehler) nur zufällige Fehler auftreten.

Normalzeit, svw. ↑Standardzeit.
Normalzustand, svw. ↑Normzustand.
Norman (Normann), alter dt. männl. Vorname (zu althochdt. nord „Norden" und man „Mann").

Normandie [nɔrmɑ̃'di:, frz. nɔrmɑ̃'di], histor. Geb. in NW-Frankr. (heute die Regionen Basse-N. und Haute-N.). Die an den Kanal grenzende N. bildet keine landschaftl. Einheit; während die W noch Anteil am Amorikan. Gebirge in Fortsetzung der Bretagne besitzt, wird der größere östl. Abschnitt vom W-Flügel des Pariser Beckens beherrscht. Im W Heckenlandschaft (Bocage), der O gehört den offenen Agrarlandschaften an. Das Klima ist ozean. Viehwirtschaft dominiert auf der Halbinsel Cotentin und in der Bocage normand. In den Ebenen von Caen, Argentan und Alençon werden Getreide, Zuckerrüben, Kartoffeln und Lein angebaut, im Vexin Zuckerrüben, Rinder-, Schafmast und Milchwirtschaft. Zahlr. Obstkulturen (Herstellung von Cidre, Weiterverarbeitung zu Calvados). Ind.-schwerpunkt ist das Geb. der unteren Seine mit den Zentren Rouen und Le Havre, außerdem Caen; wichtigster Hafen ist Dieppe. Zahlr. Seebäder.

Geschichte: Nach den Normannen ben., die

im 9. Jh. Teile des Landes eroberten. Das 911 gegr. normann. Hzgt. an der unteren Seine um Rouen und Évreux konnte bis 933 seine Besitzungen um Bayeux, Coutances und die Halbinsel Cotentin erweitern. Die Ausweitung des normann. Machtgebietes auf England – 1066 wurde der normann. Hzg. Wilhelm II. König von England, wohin sich auch das Machtgewicht verlagerte – bedrohte Machtinteressen des frz. Königshauses. 1202 wurden dem engl. König Johann I. ohne Land vom frz. König Philipp II. August seine frz. Lehen aberkannt, 1204 eroberte Philipp die N. Die Engländer erlangten erneut die Oberhoheit über die N. 1417–20; die frz. Rückeroberung wurde 1450 abgeschlossen. Im 2. Weltkrieg fand im Juni 1944 an der Küste der N. die Invasion der alliierten Streitkräfte statt.

Normannen, Bez. für diejenigen Wikinger, die sich auf dem Kontinent (N-Frankr.) niederließen und von dort nach England und S-Italien übergriffen. Die N. wurden 911 als Vasallen des frz. Königs in der Normandie ansässig. Unter ihrem Hzg. Wilhelm II. eroberten sie 1066 England (↑ Wilhelm I., der Eroberer). Die ab 1016 in Unteritalien als Söldner verwendeten N. unterwarfen 1057–85 unter Robert Guiscard die Reste des byzantin. Besitzes sowie die langobard. Ft.; Roberts Bruder Roger I. vertrieb 1061–91 die Sarazenen aus Sizilien. Roger II. vereinigte 1130 beide Herrschaftsbereiche zum Kgr. Sizilien, das 1194 an die Staufer überging. - Die N. überlagerten in England die angelsächs. Kultur und schufen hier wie in der Normandie einen straff zentralisierten Lehnsstaat; in Sizilien kam es zur Entfaltung eines Feudal- und Beamtenstaates. Das Lehnsrecht der N. war stark vom german. Sippen- und Gefolgschaftsethos geprägt.

📖 *Jäschke, K.-U.: Die Anglo-N. Stg. u. a. 1981. - Norwich, J. J.: Die N. in Sizilien 1130–1194. Dt. Übers. Wsb.* ²*1973.*

Normannisch, frz. Mundart, gesprochen in der Normandie. In der frz. Literatur, v. a. in den Lustspielen von Molière und P. de Marivaux, in den Novellen von G. de Maupassant erscheinen das N. als Sprache der Bauern. Für eigenständige Mundartdichtung wurde es nur im 17. Jh. verwendet.

Mit der Eroberung Englands durch die Normannen (1066) kam das N. nach England und unterschied sich bis etwa 1120 nur geringfügig vom Festland-N. In diesem Frühanglonormann. wurden am Hofe Heinrichs II. die ersten frz. literar. Werke von europ. Bedeutung verfaßt; in frühanglonormann. Handschriften sind das „Alexiuslied" und das „Rolandslied" (Oxforder Roland) überliefert. - Nach 1120 begann sich das eigtl. **Anglonormannische** zu entwickeln. Nach dem Verlust der Normandie (1204) verlor es den Zusammenhang mit dem Festland-N. und veränderte sich stark, z. T. unter dem Einfluß des Angelsächsischen. Dennoch blieb es Sprache des Hofes und der Oberschicht bis ins 15. Jh.

normannischer Baustil, in der Normandie ausgeprägte roman. Bauschule, pflanzte sich über Wilhelm II. 1066 nach England fort, über Roger I. nach Sizilien. Charakterist. Merkmale: dreischiffige Basilika, Doppelturmfassade, Vierungsturm über quadrat. Grundriß, dreiteiliger Wandaufriß (Arkaden, Emporen, Lichtgaden), Staffelchor, urspr. Flachdecke, ab etwa 1100 Kreuzrippenwölbung. Bauten in Frankr.: Abteikirche von Jumièges (1040–67, heute Ruine), Saint-Étienne (1065–81) und Sainte-Trinité (1059 ff.) in Caen, Abteikirche des Mont-Saint-Michel (2. Hälfte des 11. Jh.); sie bilden die Vorstufe der frz. Kathedralgotik. In England: Abteikirche in Saint Albans (1077–88) sowie der erste Bau der Kathedralen von Canterbury (1067 ff.), Winchester (1079 ff.), Durham (1093 ff.) und Peterborough (1118 ff.). In Sizilien: Dom von Cefalù (1131 ff.).

normativ [lat.] ↑ Norm.

normative Grammatik ↑ Grammatik.

Normdruck ↑ Normzustand.

Normenkontrolle, Prüfung und Entscheidung in einem *Normenkontrollverfahren,* ob eine Rechtsnorm (z. B. Gesetz) mit einer höherrangigen Norm (z. B. der Verfassung) übereinstimmt. Die N. kann bei der Entscheidung von Einzelfällen als *konkrete (indizente) N.* oder davon losgelöst als *abstrakte N.* erfolgen. Im letzteren Fall ist die Gültigkeit der Norm Streitgegenstand *(prinzipale Normenkontrolle).*

Konkrete Normenkontrolle: Wegen des Grundsatzes der Gesetzmäßigkeit der Verwaltung und Rechtsprechung sind die Gerichte und Verwaltungsbehörden zur konkreten N. in unterschiedl. Weise befugt. Kommt es für die Entscheidung eines Rechtsstreits auf die formelle und materielle Gültigkeit einer Rechtsnorm an, so ist jedes Gericht zur Prüfung berechtigt und verpflichtet. Vielfach kann es über die Vereinbarkeit der Norm mit einer höherrangigen selbst entscheiden. Lediglich bei förml. (im ordentl. Gesetzgebungsverfahren zustande gekommenen) und nachkonstitutionellen (nach dem ersten Zusammentritt des Dt. Bundestages am 7. 9. 1949 erlassenen bzw. in den Willen des Gesetzgebers aufgenommenen früheren) Gesetzen ist dem Gericht eine negative Entscheidung untersagt, da nur das Bundesverfassungsgericht wegen der erforderl. Rechtssicherheit und der Achtung der Autorität der gesetzgebenden Gewalt die Befugnis hat, ein Gesetz wegen Verstoßes gegen die GG mit Gesetzeskraft für verfassungswidrig zu erklären (Verwerfungskompetenz). Bei Verletzung einer Landesverfassung durch ein Landesgesetz können die Verfassungsgerichte der Länder angerufen werden. Dagegen ist jedes Gericht

Normtemperatur

befugt, die Übereinstimmung eines Gesetzes mit der Landes- oder Bundesverfassung selbst festzustellen (positives Entscheidungsrecht). Verletzt ein Gesetz Grundrechte des Bürgers, so kann dieser unter bestimmten Voraussetzungen beim Bundesverfassungsgericht Verfassungsbeschwerde erheben, wodurch ebenfalls eine N. herbeigeführt wird. Den Verwaltungsbehörden obliegt hinsichtl. der von ihnen anzuwendenden Normen ein Prüfungsrecht und eine Prüfungspflicht. Im Einzelfall können sie eine gerichtl. Überprüfung der von ihnen beanstandeten Norm herbeiführen. Weitgehend wird der Verwaltung das Recht zur Aussetzung des Gesetzesvollzuges zugestanden, weil die Behörden nicht zur Anwendung eines Gesetzes gezwungen werden können, das wahrscheinl. für nichtig erklärt wird.

Abstrakte Normenkontrolle: Bei Meinungsverschiedenheiten oder Zweifeln über die förml. oder sachl. Vereinbarkeit von Bundesrecht oder Landesrecht mit dem Grundgesetz oder über die Vereinbarkeit von Landesrecht mit Bundesrecht entscheidet das Bundesverfassungsgericht. Antragsberechtigt sind die Bundesreg., eine Landesreg. oder ein Drittel der Mgl. des Bundestages. Ferner entscheidet das Bundesverfassungsgericht bei Meinungsverschiedenheiten über das Fortgelten von vorkonstitutionellem Recht als Bundesrecht. Ein Fall der abstrakten N. liegt auch vor, wenn landesrechtl., im Rang unter dem Gesetz stehende Normen (z. B. Satzungen, die nach dem BundesbauG oder StädtebauförderungsG erlassen worden sind) dem Oberverwaltungsgericht zur Überprüfung der Rechtmäßigkeit vorgelegt werden, ohne daß im konkreten Einzelfall Anlaß für eine solche Überprüfung besteht.

In *Österreich* obliegt die N. ausschließl. dem Verfassungsgerichtshof; Prüfungsmaßstab ist allein die Gesetzeslage. - Auch in der *Schweiz* können Rechtssätze auf ihre formelle und materielle Verfassungsmäßigkeit hin überprüft werden. Eine selbständige verfassungsgerichtl. N. kennt die Schweiz allerdings nicht.

📖 *Peine, F.-J.: Systemgerechtigkeit. Die Selbstbindung des Gesetzgebers als Maßstab der N. Baden-Baden 1985. - Holzer, N.: Präventive N. durch das Bundesverfassungsgericht. Baden-Baden 1979. - Moench, C.: Verfassungswidriges Gesetz u. N. Baden-Baden 1977.*

Normtemperatur ↑ Normzustand.

Normung [lat.], in *Technik, Industrie und Wirtschaft* Bez. für eine Vereinheitlichung bzw. Festlegung einer (möglichst eindeutigen, sinnvoll abgestimmten) rationellen Ordnung durch Normen, wobei jede *Norm* eine optimale Lösung gleichartiger Aufgaben darstellt. Bei Anwendung von Normen werden die mögl. Spielarten eines Erzeugnisses vermindert, so daß eine rationale Massenfertigung mögl. wird ("Typenbeschränkung"). Darüber hinaus führt N. u. a. zu Verringerung von Lagerbeständen, Vereinfachung von Ein- und Verkauf. Die N. von Begriffen schafft Eindeutigkeit im wirtsch. und wiss. Verkehr. - Man unterscheidet im einzelnen: *Verständigungs-* bzw. *Begriffsnormen* (z. B. Einheitensystem, Formelzeichen, Begriffe, Symbole), *Sortierungsnormen* zur Einteilung von Größen und Qualitäten, *Typennormen* zur Stufung und Typisierung bestimmter Erzeugnisse nach Art, Form, Größe, *Stoffnormen* für die Festlegung physikal., chem. und technolog. Eigenschaften von Werkstoffen, *Gütenormen* (z. B. für Mineralöle, Werkzeuge), *Konstruktionsnormen* (z. B. für Schrauben, Türen, Gewinde, Papierformate), *Prüfnormen* für Meß- und Untersuchungsverfahren, *Liefer-* und *Dienstleistungsnormen* für entsprechende Vereinbarungen und *Sicherheitsnormen* zum Schutz von Leben und Gesundheit sowie Sachwerten († auch DIN Deutsches Institut für Normung e. V., ↑ International Organization for Standardization).

Normzustand (Normalzustand), der Zustand eines festen, flüssigen oder gasförmigen Körpers bei bestimmten, allg. festgelegten physikal. Bedingungen. I. d. R. wird der N. durch eine bestimmte Temperatur (**Normtemperatur**) und einen bestimmten Druck (**Normdruck**) gekennzeichnet. Als **physikal. Normzustand** bezeichnet man den Zustand eines festen, flüssigen oder gasförmigen Körpers bei einer Temperatur von 0 °C und einem Druck von 101 325 Pa (= 1 atm = 1,01325 bar). Das Volumen eines Körpers, insbes. eines Gases, im physikal. Normzustand wird als **Normvolumen** bezeichnet.

Nọrnen [im 18. Jh. entlehnt aus altnord. norn „Schicksalsgöttin"; wohl verwandt mit schwed. norna, nyrna „heiml. warnen, leise mitteilen"], die drei Schicksalsschwestern **Urd, Werdandi** und **Skuld** der german. Mythologie, die den griech. Moiren und den röm. Parzen entsprechen. Sie verweilen bei der Schicksalsquelle am Fuß der Weltesche Yggdrasil und bestimmen den Menschen bei der Geburt Geschick und Lebensdauer.

Nọrodom Sihanuk (N. Sihanouk), Prinz Samdech Preah, * Phnom Penh 31. Okt. 1922, kambodschan. Politiker (kambodschan. König 1941–55). - Bestieg 1941 den Thron, dankte 1955 zugunsten seines Vaters Norodom Suramarit (* 1896, † 1960) ab; gründete 1955 die „Volkssozialist. Partei" und wurde Min.-präs. (mit Unterbrechungen), nach dem Tode seines Vaters 1960 Staatspräs., 1970 gestürzt; ging ins Exil nach Peking; im April 1975 als Staatschef und Vors. der Nat. Einheitsfront bestätigt; kehrte im Sept. 1975 nach Kambodscha zurück; im April 1976 Rücktritt von allen Ämtern; bildete im Juni 1982 eine Exilreg. in Kuala Lumpur.

Nọrrbotten, nördlichster Küstenbereich Schwedens, ehem. Prov. zw. Torneälv und

Piteälv. Flache Küstenebene mit breitem Schärenhof, zu ²/₃ bewaldet, z. T. vermoort.

Norris, Frank, eigtl. Benjamin Franklin N., * Chicago 5. März 1870, † San Francisco 25. Okt. 1902, amerikan. Schriftsteller. - Gilt als Wegbereiter und Hauptrepräsentant des amerikan. Naturalismus um 1900. Sein bedeutendstes Werk, die unvollendete R.-Trilogie „Das Epos des Weizens" (1901–03), beschreibt den Existenzkampf der Weizenfarmer gegen die Eisenbahntrusts und gibt ein realist. Bild Kaliforniens um 1900.

Norrish, Ronald [engl. 'nɔrıʃ], * Cambridge 9. Nov. 1897, † ebd. 7. Juni 1978, brit. Physikochemiker. - Prof. in Cambridge; arbeitete über Reaktionskinetik, Photochemie und entwickelte mit G. Porter spektroskop. Untersuchungsverfahren für schnell ablaufende Reaktionen. 1967 erhielt er zus. mit M. Eigen und G. Porter den Nobelpreis für Chemie.

Norrköping [schwed. ˌnɔrtçø:piŋ], Ind.-stadt in M-Schweden, an der Mündung des Motalaström in die Ostsee, 118 100 E. Zentraler Ort für weite Teile Östergötlands, mehrere Museen; Garnison; Textilind., Herstellung von Radio- und Fernsehapparaten; Maschinen-, Holz- und Zellulose-, Gummi-, chem.-techn. und Nahrungsmittelind.; Hafen, Bahnknotenpunkt, internat. ⚓. - 1284 erstmals als Stadt belegt, seit dem MA eine der bedeutendsten Städte Schwedens. - Kirchen des 17./18. Jh., Rathaus (1907–10).

Norrland, histor. Bez. für Nordschweden.

Norrström ↑ Mälarsee.

NOR-Schaltglied [aus engl. not–or „nicht–oder"] ↑ Peirce-Funktion.

Norstad, Lauris [engl. 'nɔːstæd], * Minneapolis 24. März 1907, amerikan. General. - Leitete im 2. Weltkrieg u. a. die Operationen der alliierten Luftstreitkräfte im Mittelmeerraum 1943/44; 1951 Oberbefehlshaber der US-Luftstreitkräfte in Europa, 1956–62 aller NATO-Streitkräfte in Europa. - † 12. Sept. 1988.

Norte de Santander, Dep. in Kolumbien, an der Grenze gegen Venezuela, 21 658 km², 872 000 E (1985), Hauptstadt Cúcuta. N. de S. liegt in der Ostkordillere der Anden, reicht im S in die Magdalenasenke und im O bis in das Maracaibobecken.

North, Sir Dudley [engl. nɔːθ], * Westminster (= London) 16. Mai 1641, † Covent Garden (= London) 31. Dez. 1691, engl. Nationalökonom. - Wurde im Levantehandel reich; bekleidete bis 1688 verschiedene öffentl. Ämter. Berühmt wurde N. als einer der ersten Verfechter der Freihandelstheorie.

NORTHAG [engl. 'nɔːθæg] ↑ NATO (Tafel).

Northampton [engl. nɔːˈθæmptən], Stadt in den East Midlands, England, 156 800 E. Verwaltungssitz der Gft. Northamptonshire; kath. Bischofssitz; Techn. College; Museen, Kunstgalerie; Theater; metallverarbeitende, Schuh- und Bekleidungsind., Druckereien. - 914 erstmals erwähnt; seit 1189 Stadt. - Kirchen Saint Sepulchre's (11. Jh.; Rundbau), Saint Peter's (1160) und Saint Giles's (z. T. 12. Jh.).

Northamptonshire [engl. nɔːˈθæmptənʃɪə], engl. Grafschaft.

North Atlantic Treaty Organization [engl. 'nɔːθ ətˈlæntɪk 'triːtɪ ɔːɡənaɪˈzeɪʃən] ↑ NATO.

Northbrook, Thomas George Baring, Earl of N. (seit 1876) [engl. 'nɔːθbrʊk], * London 22. Jan. 1826, † Stratton Park (Hampshire) 13. Nov. 1904, brit. Politiker. - 1857/58 und 1880–85 Erster Lord der Admiralität; 1872–76 Vizekönig von Indien.

North Carolina [engl. 'nɔːθ kærəˈlaɪnə], Bundesstaat im O der USA, 136 197 km², 6,08 Mill. E (1983), Hauptstadt Raleigh.

Landesnatur: Im O hat N. C. Anteil an der Atlant. Küstenebene. Hinter der Flachküste mit ihren Nehrungen, Inseln und Lagunen folgt eine Marsch- und Sumpfzone. Sie wird landeinwärts vom hügeligen Piedmont Plateau abgelöst. Die Appalachen ragen mit zwei Ketten im O und im W in das Staatsgebiet. Das Klima ist im SO subtrop., im W dagegen feucht-kontinental. N. C. ist bes. reich an Hartholzarten.

Bevölkerung, Wirtschaft, Verkehr: Nur 48 % der Bev. leben in Städten; 22 % aller E sind Schwarze; 1988 wurden rd. 6 100 Indianer gezählt. Führende Religionsgruppen sind Baptisten, Methodisten und Presbyterianer. Neben den 4 staatl. Univ. - die älteste und bedeutendste in Chapel Hill - bestehen private, vorwiegend kirchl. höhere Bildungsstätten. - Die Landw. ist der wichtigste Wirtschaftszweig; Hauptanbauprodukte sind Tabak (wichtigster Tabakproduzent der USA), Mais, Baumwolle, Erdnüsse und Sojabohnen. Die Viehwirtschaft wurde verstärkt nach 1950 entwickelt.; bed. Forstwirtschaft. Wichtige Bodenschätze sind Phosphat, Feldspat, Lithium und Glimmer. Führende Ind.zweige sind die Textil- und Zigarettenind., die Herstellung von Möbeln und von Ziegeln (jeweils Platz 1 in den USA), außerdem chem., Elektromaschinen- und Nahrungsmittelind. Das Netz der staatl. Straßen beträgt 121 651 km, das der Eisenbahnen 6 587 km. N. C. besitzt 71 ⚓.

Geschichte: Nach der Entdeckung des Landes 1524 und Entdeckungsreisen der Spanier begann England zunächst erfolglos mit der Besiedlung; 1653 erste Siedlungen (am Albemarle Sound). 1689 Teilung der Kolonie in South Carolina und N. C. Bis zum Unabhängigkeitskrieg entwickelte sich N. C. zur drittgrößten Kolonie des Kontinents (rd. 300 000 E). Früher als andere Kolonien trat N. C. für die Trennung vom Mutterland ein (12. April 1776) und verabschiedete (12. Nov. 1776) seine erste Verfassung. 1866 entschied

sich N. C. für die Sezession. Nach Kriegsende 1868 wurde eine neue Verfassung verabschiedet, worauf die Wiederaufnahme in die Union im gleichen Jahr erfolgte. Verfassungszusätze entzogen 1900 der schwarzen Bev. prakt. das Wahlrecht, was erst in jüngster Zeit durch die Bundesreg. geändert wurde.
◫ *Lefler, H. T./Newsome, A. R.: N. C. The history of a Southern state. Chapel Hill (N. C.)* ³*1973. - Lefler, H. T.: N. C.; history, geography, government. New York Neuaufl. 1966.*

Northcliffe, Alfred Charles William Harmsworth, Viscount (seit 1917) [engl. 'nɔ:θklɪf], * Chapelizod bei Dublin 15. Juli 1865, † London 14. Aug. 1922, brit. Verleger. - Baute mit seinem Bruder H. S. Harmsworth, Viscount Rothermere, den Zeitschriftenkonzern Amalgamated Press auf; begründete 1896 das erste Half-Penny-Blatt, die „Daily Mail", 1903 den „Daily Mirror" (erstes illustriertes Massenblatt seit 1904); besaß und sanierte finanziell „The Observer" (1905–11) und „The Times" (1908–22); veröffentlichte u. a. „Lord N.'s war book" (1917).

North Dakota [engl. 'nɔ:θ də'koʊtə], Bundesstaat im N der USA, 183 022 km², 686 000 E (1984), Hauptstadt Bismarck.
Landesnatur: Der östl. Teil von N. D. gehört zum Zentralen Tiefland, der westl. zu den Great Plains. Beide Landschaftsräume trennt der teilweise aufgestaute Missouri. Das Klima kennzeichnen lange, oft sehr kalte Winter und kurze Sommer. Urspr. herrschte auf Grund der niedrigen Niederschläge Grasland vor, das heute zum großen Teil durch Getreidebau genutzt wird. Entlang der mit Wald bestandenen Flüsse finden sich Virginiahirsche, Elche und Bären.
Bevölkerung, Wirtschaft, Verkehr: Im letzten Drittel des 19. Jh. erhöhte sich die Zahl der Einwanderer sprunghaft (1870: 2 400 E; 1900: 319 000 E). Schwarze stellen nur 0,4 % der Gesamtbev., dagegen leben in N. D. 23 600 Indianer, überwiegend in den 3 Reservaten. Rd. 49 % der Bev. leben in Städten, unter denen Fargo die größte ist. In N. D. gibt es 2 Univ. - Wichtigster Wirtschaftszweig ist die Landw. bei vorherrschendem Ackerbau. Oft ist künstl. Bewässerung notwendig. In der Gersten- und Roggenerzeugung ist N. D. führend, in der Weizenerzeugung liegt es auf Platz 2; außerdem Anbau von Mais, Zuckerrüben, Kartoffeln und Flachs; Rinderzucht. Wichtige Bodenschätze sind Erdöl, Erdgas und im W von N. D. Braunkohle. Führender Ind.zweig ist die Nahrungsmittelind. N. D. hat mehr als 170 000 km Straßen, aber nur 8 419 km Eisenbahnlinien. Es gibt 262 ✈.
Geschichte: Erste Weiße im Gebiet des heutigen N. D. waren 1738 Franzosen; kam als Teil von Louisiana 1803 in den Besitz der USA, durchlief bis zur Gründung des Staates N. D., der 1889 als 39. Staat in die Union aufgenommen wurde, die gleiche geschichtl. Entwicklung wie der südl. Schwesterstaat ↑ South Dakota.
◫ *Jelliff, T. B.: N. D. A living legacy. Fargo 1983. - Robinson, E. B.: History of N. D. Lincoln (Nebr.) 1966.*

Northeim, Krst. oberhalb der Rhumemündung in die Leine, Nds., 121 m ü. d. M., 31 100 E. Zentraler Ort eines landw. Geb. mit Gummi- und Stahlind., Maschinen- und Fahrzeugbau. - Um 800 erstmals gen.; im 11. Jh. Stammsitz der Grafen von N., die hier 1080 ein Benediktinerkloster gründeten; erhielt 1252 Stadtrecht; bis 1556 Mgl. der Hanse. - Spätgot. Sankt-Sixti-Kirche (1464–1519); Reste des Mauerrings (1252 ff.).

N., Landkr. in ↑ Niedersachsen.

Northern Army Group, Central Europe [engl. 'nɔ:ðən 'ɑ:mɪ 'gru:p 'sɛntrəl 'jʊərəp] ↑ NATO (Tafel).

North Minch [engl. 'nɔ:θ 'mɪntʃ] ↑ Hebriden.

North Platte River [engl. 'nɔ:θ 'plæt 'rɪvə], linker Quellfluß des Platte River, entsteht (mehrere Quellflüsse) im nördl. Colorado, 1 094 km lang.

Northrop, John Howard [engl. 'nɔ:θrəp], * Yonkers (N. Y.) 5. Juli 1891, amerikan. Chemiker. - Prof. am Rockefeller Institute in New York und in Berkeley; stellte 1930 Pepsin und Trypsin, 1941 den ersten Antikörper kristallin dar und erhielt 1946 zus. mit W. M. Stanley und J. B. Sumner den Nobelpreis für Chemie. - † 27. Mai 1987.

North Slope [engl. 'nɔ:θ 'sloʊp] ↑ Alaska.

Northumberland [engl. nɔ:'θʌmbələnd], engl. Earl- und Hzg.titel. 1. Earl von N. wurde 1377 Henry de Percy (* 1341, † 1408), in dessen Fam. der Titel bis auf das Zwischenspiel von John Dudley bis 1670 blieb; 1750 erbte Sir Hugh Smithson (* 1715, † 1786) den Titel (1766 zum Hzg. von N. erhoben). Bed. Vertreter:

N., John Dudley Hzg. von (seit 1551), Viscount Lisle (seit 1542), Earl of Warwick (seit 1547), * 1502, † London 22. Aug. 1553, Staatsmann. - Übte als Mgl. des Regentschaftsrates für Eduard VI. 1549–53 die Herrschaft über England aus; versuchte, seine Schwiegertochter Lady Jane Grey auf den Thron zu bringen; wurde von den Anhängern Königin Marias I. gefangengesetzt und hingerichtet.

Northumberland [engl. nɔ:'θʌmbələnd], nördlichste Gft. Englands.

Northumbria [engl. nɔ:'θʌmbrɪə] (Northumbrien), angelsächs. Kgr. in NO-England zw. Humber und Firth of Forth, Anfang des 7. Jh. entstanden; wurde 955 Bestandteil des entstehenden Kgr. England.

North-West Frontier Province [engl. 'nɔ:θ 'wɛst 'frʌntɪə 'prɒvɪns], Prov. in Pakistan, an der Grenze gegen Afghanistan, 74 522 km², 11,1 Mill. E (1981), Hauptstadt Peshawar. - Die Prov. ragt im N mit Höhen

von über 7 000 m bis in den Hindukusch und Karakorum hinein und sinkt nach S bis zum Kabul auf unter 2 000 m ab. Südl. des Kabul erhebt sich die Safed Koh Range bis zu 4 750 m Höhe. Das Klima wird vom Monsun und westl. Tiefdruckausläufern (Winterregen) beeinflußt. Wichtigster Wirtschaftszweig ist die Landw. (Anbau von Weizen, Reis, Gemüse, z. T. in Bewässerungsfeldbau, daneben nomad. Schaf- und Ziegenhaltung in den Bergländern).
Das Gebiet wird von den zahlr. krieger. Stämmen der Pathanen beherrscht, deren Autonomiebestrebungen von Afghanistan unterstützt werden.

North West Highlands [engl. 'nɔːθ 'wɛst 'haɪləndz] ↑ Highlands.

Northwest Territories [engl. 'nɔːθ-'wɛst 'tɛrɪtərɪz] (dt. Nordwestterritorien), nordkanad. Verw.-Geb., 3 379 700 km², 50 500 E (1985), Hauptstadt Yellowknife.
Landesnatur: Der größte Teil der N. T. wird vom Kanad.-Arkt. Archipel und vom Kanad. Schild eingenommen. Westl. an ihn schließt sich die Niederung am Mackenzie River an. Das Klima ist subarkt. bis arkt.; die Grenze des Dauerfrostbodens verläuft nur wenig abweichend der nördl. Baumgrenze etwa von Mündungsgebiet des Mackenzie River über den östl. Großen Bärensee und den Großen Sklavensee zur Hudsonbai in der Höhe von Churchill. Im SW und W nimmt offene Tundra weiten Raum ein. In den N. T. leben Karibu, Elch, Schwarzbär, Grizzly, Wolf, Lemming, Polarhase, Polarfuchs, Biber, Nerz, Marder, Hermelin sowie Moschusochse, Bergziege und Bergschaf. Die Gewässer sind überaus fischreich.
Bevölkerung, Wirtschaft, Verkehr: Urspr. war das Geb. v. a. von Eskimo, aber auch Athapasken bewohnt, die zus. heute 74 % der Bev. ausmachen. Wichtigster Wirtschaftszweig ist der Bergbau auf Zink, Blei, Gold, Silber, Wolfram, Kupfer, Cadmium und Wismut. Erdöl wird bei Norman Wells seit 1920 gefördert, in jüngerer Zeit auch im Bereich des Deltas des Mackenzie River. Trotz der großen Schwierigkeiten wird auch im Kanad.-Arkt. Archipel Erdöl und -gas gefördert. Wichtig sind auch den Pelztierfang und die kunsthandwerkl. Arbeiten der Eskimo. Die einzige Bahnlinie (nur Fracht) führt nach Hay River und Pine Point am Großen Sklavensee. Die Binnenschiffahrt auf den Flüssen und Seen ist auf etwa 4 Monate im Jahr beschränkt. Durch Highways sind Yellowknife und Fort Simpson mit dem S verbunden. Überaus wichtig ist das Flugzeug als Verkehrsträger.
Geschichte: 1869 trat die Hudson's Bay Company ihre bisherigen Besitzungen in Brit.-Nordamerika an die kanad. Reg. ab, die sie 1870 zu den N. T. vereinigte, 1880 um den vorher brit. Kanad.-Arkt. Archipel erweiterte. Aus dem Teil der N. T. südl. von 60° n. Br. und westl. der Hudsonbai entstanden bis 1912 die Prov. Manitoba; Saskatchewan, Alberta in ihren heutigen Grenzen. Die Prov. Ontario und Quebec wurden bis zur Hudsonbai bzw. bis zur Hudsonstraße erweitert. Der äußerste NW wurde 1898 als selbständiges Yukon Territory organisiert. Die heutige Einteilung der N. T. in die Distrikte Mackenzie, Keewatin und Franklin besteht seit 1920.
📖 *Rea, K. J.: The political economy of the Canadian North.* Toronto 1968. - *Phillips, R. A. J.: Canada's North.* Toronto 1967.

Northwest Territory [engl. 'nɔːθ'wɛst 'tɛrɪtərɪ], erstes nat. Territorium der USA, zw. Ohio, Mississippi und den Großen Seen gelegen, im Frieden von Paris (1783) den USA zugesprochen. 1787 verabschiedete der Kongreß die sog. Northwest Ordinance, die provisor. Verwaltung des N. T. schuf, jedoch gleichzeitig die polit. Weiterentwicklung des N. T. mit zunehmender Bev.dichte festlegte: Vorgesehen war die Aufgliederung in Territorien mit Selbstverwaltung, die nach Erfüllung bestimmter Voraussetzungen (v. a. Erreichung der Einwohnerzahl des kleinsten bestehenden Bundesstaates) als Bundesstaaten in die USA aufgenommen werden sollten. Die Northwest Ordinance war das grundlegende Beispiel für die polit. Entwicklung sämtlicher US-Territorien. Der Friedensvertrag von Greenville (1795) beseitigte den bis dahin bestehenden starken Widerstand der Indianer und bewirkte den endgültigen Abzug der Briten. Als Folge der sofort einsetzenden Masseneinwanderung erhielt das N. T. eine gewählte Legislative; der sö. Teil wurde 1800 ausgegliedert und 1803 als Staat Ohio in die Union aufgenommen. Aus dem verbliebenen Gebiet entstanden die amerikan. Bundesstaaten Indiana (1816), Illinois (1818), Michigan (1837) und Wisconsin (1848); der äußerste NW des N. T. kam zum 1849 gegr. Territorium Minnesota.

North Yorkshire [engl. 'nɔːθ 'jɔːkʃɪə], Gft. in N-England.

Norvo, Red [engl. 'nɔːvoʊ], eigtl. Kenneth Norville, * Beardstown (Ill.) 31. März 1908, amerikan. Jazzmusiker (Vibraphonist, Xylophonist). - Leitete ab 1935 zahlr. eigene Gruppen und arbeitete u. a. in den Orchestern von B. Goodman und W. Herman. Einflußreich wurde sein Trio von 1950 (mit T. Farlow und C. Mingus), mit dem er eine Art „Kammer-Jazz" pflegte. N. ist stilist. bes. dem Swing verbunden.

Norway, Nevil Shute [engl. 'nɔːweɪ], engl. Schriftsteller, ↑ Shute, Nevil.

Norwegen

(amtl.: Kongeriket Norge), konstitutionelle Erbmonarchie in Nordeuropa, zw. 57° 57' und 71° 11' n. Br. sowie 4° 30' und 31° 10' ö. L.
Staatsgebiet: Es grenzt im N und W an das

Norwegen

Europ. Nordmeer, im SW an die Nordsee, im S an das Skagerrak, im O an Schweden, im NO an Finnland und über die UdSSR. Zu N. gehören außerdem im Europ. Nordmeer Svalbard (einschließl. Spitzbergen) und Jan Mayen sowie im Südatlantik die Bouvetinsel und im Pazifik die Peter-I.-Insel. **Fläche:** 386 975 km². **Bevölkerung:** 4,1 Mill. E (1984), 10,6 E/km². **Hauptstadt:** Oslo. **Verwaltungsgliederung:** 19 Fylker, zuzügl. Außenbesitzungen. **Amtssprache:** Norweg. **Staatskirche:** Ev.-luth. **Nationalfeiertag:** 17. Mai. **Währung:** Norweg. Krone (nkr) = 100 Øre (Ø). **Internationale Mitgliedschaften:** UN, NATO, Nordischer Rat, Europarat, EFTA, OECD, Freihandelsabkommen mit den Europäischen Gemeinschaften. **Zeitzone:** MEZ.

Landesnatur: N. liegt im W der Skand. Halbinsel. Die N–S-Ausdehnung beträgt 1 752 km, die größte O–W-Ausdehnung 430 km. $^{1}/_{3}$ des Staatsgebiets liegt nördl. des Polarkreises. Die Küstenlänge beträgt mit Einbeziehung der Buchten und Fjorde rd. 21 000 km (ohne diese 2 650 km). Das Landesinnere wird durch weite Hochflächen bestimmt. Im W liegt das zentralnorweg. Gebirge, das nach W steil, nach O schwach abfällt und Höhen von über 2 000 m Höhe erreicht; die höchsten Lagen sind vergletschert. Die Küsten, denen zahlr. Schären und Inseln vorgelagert sind, sind durch Fjorde stark gegliedert.

Klima: Es wird bestimmt durch die Breitenlage, die Lage innerhalb der außertrop. Westwindzone und den Einfluß des Nordatlant. Stroms (Golfstrom). Der Unterschied zw. N und S ist gering, der zw. O und W stark ausgeprägt. Die Luvseite der Gebirge ist niederschlagsreich. Die Schneegrenze liegt in Küstennähe bei 1 200 m, im Landesinneren bei 2 000 m ü. d. M.

Vegetation: An der Skagerrakküste treten noch mitteleurop. Laubwälder auf. Mittel- und Nord-N. liegen im nordeurop. Nadelwaldgürtel. Auf die Nadelwaldstufe folgt im ganzen Land ein Birkengürtel; er ist in der Finnmark oft flächenhaft ausgedehnt. Die Vegetationsstufe des Fjell besteht aus Zwergsträuchern, Stauden, Moosen und Flechten.

Tierwelt: Selten geworden sind Bär, Wolf und Luchs. Häufig kommen Elch, Fuchs, Marder, Dachs, Lemming und Biber vor neben dem halbgezähmten Ren der Lappen. Die Flüsse sind reich an Forellen und Lachsen. Zahlr. Seevögel nisten auf Kliffen und Vogelfelsen.

Bevölkerung: Neben den zur nord. Rasse gehörenden Norwegern leben als Minderheiten Lappen und Finnen im Land, auf Spitzbergen auch Sowjetbürger. 90% der Bev. gehören der Staatskirche an. Es besteht 9jährige Schulpflicht. N. verfügt über 4 Univ., 8 Hochschulen und eine theolog. Fakultät.

Wirtschaft: Traditionsgemäß ist auf den norweg. Bauernhöfen, deren landw. Nutzfläche meist unter 2 ha liegt, die Landw. eng verknüpft mit Fischerei bzw. Waldarbeit. Angebaut werden v. a. Roggen, Gerste und Kartoffeln. Die Erträge sind hoch auf Grund moderner Methoden und z. T. starker Mechanisierung der Betriebe. Die wichtigsten Anbaugebiete liegen auf der Halbinsel Jæren, am Oslofjord und in Trøndelag. Die Viehwirtschaft hat sich auf die Erzeugung von Milch und Milchprodukten spezialisiert. Holzwirtschaft und Fischerei sind wichtige Wirtschaftsfaktoren, letztere ist im N weitgehend die einzige Existenzgrundlage. Angelandet werden v. a. Hering (der zum großen Teil zu Fischmehl verarbeitet wird) und Dorsch (der als Klipp- und Stockfisch, gesalzen, tiefgefroren oder in Konserven in den Handel kommt). Der Walfang spielt prakt. keine Rolle mehr. An Bodenschätzen verfügt N. über Eisenerze nahe der Grenze zur UdSSR, Kupfererze in Nordland, Titanoxid und Molybdän in Süd-N. sowie Kohle auf Spitzbergen. Wichtige Bodenschätze sind jedoch die Erdöl- und Erdgasvorkommen, die in der Nordsee gefördert werden. 1971 begann die Förderung im Feld Ekofisk. Stavanger und Bergen entwickelten sich zu Zentren der Erdölind.; dank der Erdölvorkommen und der Nutzung der Wasserkraft ist N. autark in der Energieversorgung. Wichtigster Ind.zweig ist die elektrochem. und metallurg. Ind., insbes. die Aluminiumind. Bed. sind auch Schiffbau, Holzveredlung (u. a. Zeitungspapier, Pappe), Fischverarbeitung und Fremdenverkehr.

Außenhandel: Ausgeführt werden Erdöl und -produkte, Wasserfahrzeuge, Aluminium, Eisen und Stahl, nichtelektr. Maschinen, Chemikalien, Fisch und Fischwaren, Papier und Pappe, eingeführt Schiffe, Maschinen und Geräte, Kfz., Erze, Bekleidung, Metallwaren u. a. Die wichtigsten Handelspartner sind die EG-Länder (bei denen die BR Deutschland an 2. Stelle steht), die EFTA-Staaten, USA und Japan.

Verkehr: Das Eisenbahnnetz hat eine Länge von 4 242 km, das gesamte Straßennetz von rd. 84 000 km. Der Anteil der Fährstrecken am Straßennetz beträgt 2 226 km. Große Bed. hat die Küstenschiffahrt, da viele Orte vom Land her nicht erreichbar sind. N. besitzt die viertgrößte Handelsflotte der Erde. Wichtige Seehäfen sind Narvik, Tønsberg, Oslo, Prosgrunn, Stavanger, Kirkenes, Bergen, Drontheim und Mo i Rana neben vielen kleineren Häfen. Zwei Fluggesellschaften bedienen den Inlandsverkehr. Neben 38 ✈ verfügt N. über einen internat. ✈ bei Oslo.

Geschichte: Zur Vorgeschichte ↑Europa. - *Mittelalter:* Die älteste Überlieferung von N. als einer geschichtl. Einheit findet sich in der „Heimskringla". Harald I. Hårfagre (⚰ um 863–933) überwand in N. erstmals das herrschende Kleinkönigtum. Dauer gaben dem von ihm locker zusammengefügten Verband

Norwegen

von Regionen, Küsten und Inseln erst einige gemeinschaftsbildende Normen im Bereich des Rechtswesens und der Religion. Olaf I. Tryggvesson (✝ 995–1000) setzte um die Jahrtausendwende die Christianisierung mit Hilfe engl. Missionare durch. Olaf II. Haraldsson (✝ 1015–28) setzte das Werk der Neuerungen und Reformen fort (u. a. Einführung lehnsrechtl. Bindungen), erneuerte die Kirchenorganisation mit Hilfe engl. Geistlicher, veranlaßte ein 1024 von einer Reichsversammlung erlassenes Kirchengesetz und unterstellte die Kirche dem Erzbischof von Bremen. Die Abhängigkeit von der dt. Kirche endete mit der Errichtung des Erzbistums Lund (1103) für ganz Skandinavien. Durch die Erhebung des Bistums Nidaros (= Drontheim) zum Erzbistum (1152/53) für N., Island, Grönland und mehrere Inselgruppen wurde die norweg. Kirchenorganisation weiter gestärkt.

Daß N. seit dem Ende des Hoch-MA, das in der norweg. Geschichtsschreibung mit dem Erlöschen des norweg. Königstums im Mannesstamm (1319) angesetzt wird, bis 1905 (mit geringen Unterbrechungen) kein selbständiges und von 1380/87 an überhaupt kein von eigenen Herrschern regiertes Land gewesen ist, beruht auf dynast. Zufall. 1387 bis Anfang 1814 trugen die dän., Ende 1814 bis 1905 die schwed. Könige die norweg. Krone. Die Witwe des letzten selbständigen norweg. Königs Håkon VI. Magnusson (✝ 1355–80), Margarete († Margarete I., Königin von Dänemark, Norwegen und Schweden), machte solche thronfolgerechtl. Möglichkeiten einer Union zum erklärten Ziel ihrer Politik. Nach dem Tod ihres einzigen Sohnes Olaf IV. Håkonsson (✝ 1380–87) verhalf sie ihrem Großneffen Erich (als Erich VII., König von Dänemark, N. und Schweden) auf den Thron der 3 skandinav. Reiche (1397 Krönung in Kalmar; Kalmarer Union). 1523 erklärte Gustav I. Wasa Schwedens Austritt aus der Kalmarer Union.

Dän.-norweg. Union: N., das durch die Union von Bergen (1450) enger mit Dänemark verbunden war als Schweden, wurde 1536 zu einem Teil Dänemarks erklärt, der norweg. Reichsrat wurde aufgelöst. Als histor. Einheit blieb N. jedoch erhalten und erlangte seine jetzige Gestalt durch den Gewinn Finnmarks (Friede von Knäred, 1613) einerseits und den Verlust von Härjedalen, Jämtland (Friede von Brömsebro, 1645) und Bohuslan (Friede von Roskilde, 1658) an Schweden andererseits. Diese polit. Veränderungen zu Beginn der *Neuzeit* brachten für N. v. a. wirtsch. Verbesserungen. Europas Seehandelsinteressen richteten sich durch die Verlagerung des Schwerpunkts der Außenpolitik nach dem europ. W auf den Atlantik. Konzentration und Aufblühen von Handel und Handwerk in den seit je bed. norweg. Städten betonten die wichtigen Funktionen der atlant. Häfen. Die bis ins 18. Jh. durch ein dän. Einfuhrmonopol gestützte landw. Selbstversorgung besserte sich, als N. sich aus der wirtsch. Abhängigkeit der Hanse lösen konnte. Die alten Wirtschaftszweige Schiffbau und Holzexport wurden durch vorausschauende Beschränkung im Holzeinschlag gesichert und durch techn. Neuerungen (z. B. wasserbetriebene Sägewerke seit dem 16. Jh.) rationalisiert; eine bed. Handelsflotte wurde aufgebaut. Mit dieser Entwicklung ging die Entstehung eines freien Bauernstandes und eines modernen Handelsbürgertums einher. Die Napoleon. Kriege und die Kontinentalsperre bedeuteten für den norweg. Seehandel einen vollkommenen Stillstand. Gleichzeitig bahnte sich jedoch ein polit. Wandel an, als der gewählte schwed. Thronfolger Karl (XIV.) Johann Dänemark zum Verzicht auf N. - mit Ausnahme der ehem. norweg. Besitzungen Island, Grönland und der Färöer - zugunsten Schwedens (Kieler Friede, Jan. 1814) zwang. Der dän. König hatte diese Gefahr abwenden wollen und seinen Vetter Christian Friedrich als Statthalter nach N. geschickt. Dort bemühten sich unverzügl. Kräfte, die ungeklärte Situation zur Wiedererlangung der Selbständigkeit auszunutzen. Am 17. Mai 1814 wurde in Eidsvoll eine Verfassung auf der Grundlage der Gewaltenteilung (Storting, Kabinett) beschlossen und Christian Friedrich zum König gewählt. Das neuerrungene selbständige Königtum konnten die Norweger gegen die Einwände der Großmächte jedoch nicht halten, wohl aber ihre Verfassung bewahren; zudem gründete die Union mit der schwed. Krone, die ihnen von den Großmächten aberverlangt wurde, auf dem Beschluß eines eigens einberufenen Stortings (20. Okt. 1814) und mithin wenigstens formal auf dem Willen des norweg. Volkes, nicht auf dem Kieler Frieden.

Während der Zeit der *schwed.-norweg. Union* standen Bemühungen um größere Selbständigkeit im Zentrum der norweg. Politik; die diesen Bestrebungen entgegengesetzte Bewegung des Skandinavismus, die auf einen Zusammenschluß der skandinav. Länder zielte, fand demgegenüber nur wenige Anhänger. König Oskar II. (✝ 1872–1905) stimmte 1873 der seit 1854 vom Storting geforderten Aufhebung des Statthalterpostens für N. zu. Zur gleichen Zeit jedoch entstand der sog. Vetostreit, aus dem sich ein langwieriger Verfassungskonflikt entwickelte: Nach 3maligem Veto des Königs gegen eine vom Storting erstmals 1872 beschlossene Verfassungsänderung entschied die Stortingsmehrheit 1880, daß das Gesetz auch ohne königl. Billigung gültig sei, d. h., daß der König kein absolutes Veto besitze. Das polit. Ergebnis des Streits war, daß die Opposition - die liberalen Linken (Venstre) - die große Mehrheit gewann und 1884 die Reg. bildete. Sie erreichte 1898 das

345

Norwegen

allg. Wahlrecht für Männer (1913 wurde es auch den Frauen zuerkannt). Als sich die Unionsfrage erneut zuspitzte, trat die norweg. Staatsratsabteilung in Stockholm am 7. Juni 1905 zurück und entzog damit dem König die verfassungsmäßige Grundlage zur Ausübung seiner Funktionen in N. Nachdem eine Volksabstimmung (13. Aug.) eine Mehrheit von fast 100 % für die Auflösung der Union erbracht hatte, stimmte Schweden zu. Am 18. Nov. 1905 wurde der dän. Prinz Karl zum König von N. gewählt (als Håkon VII., König von Norwegen).

Der selbständige norweg. Staat: Im 1. Weltkrieg bewahrte N. trotz brit. Drucks und trotz der Eröffnung des uneingeschränkten U-Boot-Kriegs durch Deutschland (1917) die Neutralität. In der Zwischenkriegszeit dominierten innenpolit. Fragen. Inflation und Arbeitslosigkeit führten in den 1920er Jahren zu einer Radikalisierung der 1887 gegr. Arbeiterpartei, die sich 1927 mit den Sozialdemokraten zusammenschloß, und zur Gründung einer kommunist. Partei (1923). 1933 gründete V. A. L. Quisling die faschist. Splitterpartei der Nat. Sammlung (Nasjonal Samling). Bed. erlangte sie erst, nachdem Hitler im 2. Weltkrieg das norweg. Bemühen um Beibehaltung der Neutralität mit dem Einmarsch dt. Truppen in N. (9. April 1940) zunichte gemacht hatte und Quisling am 1. Febr. 1942 eine von Reichskommissar J. Terboven abhängige Reg. gebildet hatte. Kurz nach ihrer Wiederkehr trat die Exilreg. zurück, um einem Übergangskabinett unter E. Gerhardsen, dem Führer der Arbeiterpartei, Platz zu machen. Die Wahlen vom Okt. 1945 brachten der Arbeiterpartei die absolute Mehrh. Min.präs. Gerhardsen (1945–51, 1955–65) führte die norweg. Innenpolitik auf dem vor dem Krieg eingeschlagenen, vom schwed. Sozialismus beeinflußten Weg weiter. Außenpolit. gab N. seine Neutralität auf und trat 1949 der NATO bei, nachdem der Plan eines skand. Verteidigungspakts gescheitert war. 1960 schloß sich N. der EFTA an und bemühte sich 1963 gemeinsam mit Großbrit. vergebl. um die Aufnahme in die EWG. Ab 1970 führte N. Verhandlungen über einen EG-Beitritt, die jedoch im Sept. 1972 in einer Volksabstimmung abgelehnt wurde; im Mai 1973 schloß N. einen Freihandelsvertrag mit der EG. Nach der Wahl vom Sept. 1973 führte T. M. Brattelli ein Minderheitskabinett der Arbeiterpartei; 1976 löste ihn O. Nordli ab. Eine Lösung der wirtsch. und außenpolit. Probleme des Landes wurde nicht erreicht. N. hat v. a. mit einer hohen Inflationsrate zu kämpfen (10,9 %; 1980); daneben bilden die Auseinandersetzungen mit der UdSSR um den Grenzverlauf in der Barentssee einen außenpolit. Schwerpunkt: N. vertritt die Auffassung, daß Spitzbergen auf seinem Festlandsockel liege und betrachtet daher eine von beiden Landpositionen aus gezogene Mittellinie als Grenze, während die UdSSR eine vom Pol zu ihrer W-Grenze gezogene Linie als maßgebl. ansieht. Die Wahlen vom Sept. 1977 ermöglichten wiederum ledigl. die Bildung eines Minderheitskabinetts der Arbeiterpartei unter Min.präs. O. Nordli, der Ende Jan./Anfang Febr. 1981 sein Amt an Gro Harlem-Brundtland abtrat, die erste Frau als norweg. Reg.chef. Die Parlamentswahlen vom Sept. 1981 brachten zwar einen Sieg für die bürgerl. Parteien; jedoch scheiterte die Bildung einer bürgerl. Koalitionsreg.; im Okt. 1981 wurde Kaare Willoch Min.präs. einer Minderheitsreg. der Konservativen Partei. Bei den Parlamentswahlen im Sept. 1985 konnten die bürgerl. Reg.parteien trotz Verlusten an der Reg. bleiben. Nachdem ein vorgelegtes Sparprogramm gescheitert war, trat die Reg. Willoch im Mai 1986 zurück. Die Sozialdemokrat. Partei unter G. Harlem Brundtland stellte 1986–89 die Reg. und konnte ein scharfes Sparprogramm durch das Parlament bringen. Seit Okt. 1989 (Rücktritt der Reg. Brundtland) neue Minderheitsreg. unter Min.präs. J. P. Syse (Høyre).

Politisches System: Nach der Verfassung vom 17. Mai 1814, zuletzt geändert im Nov. 1967, ist N. eine konstitutionelle Erbmonarchie. *Staatsoberhaupt* ist der König (seit 1957 Olav V.). Er ist Oberbefehlshaber der Streitkräfte und Oberhaupt der ev.-luth. Staatskirche, der er selbst angehören muß. Der König ist oberster Inhaber der *Exekutive*, die er durch den Staatsrat ausübt. V. a. unter dem Einfluß brit. Traditionen hat sich die Stellung des Königs auf repräsentative Funktionen reduziert. Die Ernennung des Staatsrates (Reg.) ist in der Praxis die Bestätigung der Min.liste des Führers der stärksten Fraktion oder einer Parteienkoalition. Die Reg. ist dem Parlament unmittelbar verantwortl. Die *Legislative* liegt beim Parlament (Storting), das aus 165 Abg. besteht, die nach dem Verhältniswahlsystem (aktives u. passives Wahlrecht mit 20 Jahren) für 4 Jahre gewählt werden. Das Parlament ist während der Legislaturperiode nicht auflösbar. Ein Viertel der Abg. wird aus dem Gesamtparlament in das *Lagting* gewählt, die übrigen bilden das Odelsting, in dem jedes Gesetz zuerst vorgeschlagen werden muß.

Seit den Wahlen von 1989 sind im Storting folgende *Parteien* vertreten: Arbeiterpartei (Arbeiderpartiet, 1887 gegr. sozialdemokrat. Partei) 63 Sitze; Konservative Partei (Høyre, 1885 gegr. Partei des „modernen Konservatismus") 37 Sitze; Fortschrittspartei (Fremskrittspartiet, eine Steuerprotestpartei nach dän. Vorbild) 22 Sitze; Sozialist. Linkspartei (Sosialistik Venstreparti, 1975 aus dem 1973 gegr. Sozialist. Wahlverband hervorgegangen) 17 Sitze; Christl. Volkspartei (Kristelig Folkeparti, 1938 gegr.) 14 Sitze; Zentrum (Senterpartiet, 1920 gegr.) 11 Sitze; Liberale Partei (Venstre, 1884 gegr. sozialliberale Partei). Die *Gewerk-*

norwegische Kunst

VERWALTUNGSGLIEDERUNG (Stand 1984)

Fylke	km²	E (in 1 000)	Hauptstadt
Akershus	4 587	386	Oslo
Aust-Agder	8 485	94	Arendal
Buskerud	13 851	219	Drammen
Finnmark	45 879	77	Vadsø
Hedmark	26 120	187	Hamar
Hordaland	14 962	398	Bergen
Møre og Romsdal	14 596	237	Molde
Nordland	36 302	244	Bodø
Nord-Trøndelag	21 056	127	Steinkjer
Oppland	24 073	182	Lillehammer
Oslo	427	447	Oslo
Østfold	3 891	235	Moss
Rogaland	8 553	320	Stavanger
Sogn og Fjordane	17 925	106	Hermansverk
Sør-Trøndelag	17 839	246	Drontheim
Telemark	14 186	162	Skien
Troms	25 121	147	Tromsø
Vest-Agder	6 817	140	Kristiansand
Vestfold	2 140	191	Tønsberg

schaften haben rund 760 000 Mgl. und sind im 36 Einzelgewerkschaften umfassenden Landesgewerkschaftsbund (seit 1899) zusammengeschlossen.
*Verwaltungs*mäßig ist N. in 19 Verw.-Geb. (Fylker), 47 Stadt- und 407 Landgemeinden organisiert. Von großer Wichtigkeit ist der (seit 1962) vom Parlament ernannte Ombudsmann, der die Rechte der Bürger gegenüber staatl. Aktivitäten wahren soll.
Das *Recht* beruht auf dem Gesetzbuch Christians V. aus dem 17. Jh., das zu einem modernen Rechtssystem mit weitgehender Angleichung an das Recht der anderen nord. Staaten innerhalb des Nord. Rates weiterentwickelt wurde. Das Gerichtswesen kennt Kreis- und Stadtgerichte, Vergleichsgerichte und einen Obersten Gerichtshof. Das ad hoc zusammentretende Reichsgericht besteht aus Mgl. des Obersten Gerichtshofes und des Lagting und behandelt Anklagen des Odelsting gegen Mgl. des Parlaments, der Reg. und des Obersten Gerichtshofes.
Die *Streitkräfte* umfassen rd. 35 800 Mann (Heer 19 000, Luftwaffe 9 100, Marine 7 700). Außerdem existiert eine rd. 80 000 Mann starke Heimwehr. Es besteht allg. Wehrpflicht.
▭ *Lindemann, R.: N. Stg. 1986. - Imber, W./Tietze, W.: N. Bern; Mchn. 1980. - Patitz, A.: N. Ostfildern 1980. - Kunz, H.: N./Island. Freib.* ²*1979.*

norwegische Kunst, der Raum des heutigen Norwegens gehört in der Frühzeit zum Bereich der skand. Tierstile (↑ germanische Kunst). Von n. K. im engeren Sinn spricht man seit Begründung des Reiches durch Harald I. Die auf hohem Niveau stehende Zimmermannstechnik der Wikinger (Tempel, Königshallen, Schiffe, z. B. Osebergfund) wurde auch für die christl. sakrale Baukunst fruchtbar: sie wurde für den Stabkirchenbau übernommen. Es haben sich etwa 25 Stabkirchen mehr oder weniger rein erhalten, u. a. Urnes am Lusterfjord (um 1060), Borgund (um 1150), ↑ Heddal. Fast alle Kirchen hatten urspr. eine bemalte Decke wie in Torpo im Hallingdal (um 1280), weitere derselben Zeit befinden sich heute in Oslo. Daneben entstanden bald nach 1100 roman. Steinkirchen, z. B. die Gamle Akers kirke in Oslo, es waren v. a. schlichte Landkirchen. Die beiden größten Bauten, die Domkirche in Stavanger (letzte Ausgestaltung um 1272) und die nach 1248 erweiterte von Drontheim, beide mit reichem Figurenschmuck, stehen im Einflußbereich der engl. Hochgotik. An profanen Bauten des MA sind v. a. die Festungen Akershus in Oslo (um 1300), deren Inneres im 17. Jh. in ein Renaissanceschloß umgewandelt wurde, und Bergenhus in Bergen mit Håkonshalle (13. Jh., restauriert) und Rosenkranzturm von 1560 zu nennen. Während der Gotik erlebt die Tafelmalerei eine Blüte (Antependien), bed. Zeugnisse roman. und got. Plastik besitzt u. a. das Dommuseum in Drontheim (Hl. Olaf aus Vaernes, um 1150) und das Histor. Museum in Bergen (Skulpturen aus Urnes, Ende 12. Jh.). Im ausgehenden MA wurden Schnitzaltäre aus Lübeck und den Niederlanden importiert. Infolge der ungünstigen polit. Situation schied Norwegen in der Folgezeit aus der internat. Kunstgeschehen weitgehend aus, im 17. und 18. Jh. entwickelte sich aber eine reiche Volkskunst, Schnitzereien an den Bauernhäusern, Speichern (Stabburs) und Kirchen (z. B. von J.

Klugstad) und Malerei, deren „Rosendekor" (u. a. von O. Hansson) Wände, Decken, Möbel, Geschirr überzog.
19. und 20. Jh.: Es entstanden einige repräsentative Bauten: Schloß (H. D. F. Linstow, 1825–48) und Univ. (C. H. Grosch, 1841–53) in Oslo sowie als modernes Wahrzeichen das Rathaus (A. R. Arneberg mit M. Poulsson, 1931–50). Die Landschaftsmalerei fand mit J. C. C. Dahl Anschluß an die zeitgenöss. Kunst Mitteleuropas; ihm folgten T. Fearnely, P. Balke u. a., Schilderer des ländl. Milieus war A. Tidemand. Den Naturalismus der 1880er Jahre leitet C. Krohg, den Expressionismus der bedeutendste norweg. Maler, E. Munch, ein. Daneben fanden impressionist. Maler Anerkennung, fauvist. Elemente (Matisse) fanden vielfach Eingang, auch die abstrakte Malerei. In der norweg. Bildhauerei des 20. Jh. nimmt das Werk von G. Vigeland großen Raum ein (Freianlage und Museum in Frognerpark, Oslo). - Abb. S. 350.
Norweg. Malerei der Gegenwart. Ausstellungskat. Hg. v. der Dt.-Norweg. Gesellschaft. Bonn 1974. - Kusch, E.: Alte Kunst in Skandinavien. Nürnberg 1964.

norwegische Literatur, sie läßt sich nicht in allen Epochen eindeutig von den benachbarten Literaturen abgrenzen. Im MA bildete die altnorweg. Literatur mit der altisländ. Literatur die ↑altnordische Literatur aus.
Auf Grund der polit. Union mit Dänemark (seit 1397), die den kulturellen Niedergang Norwegens einleitete, wurde das Norweg. aus den Städten in abgelegene Landbezirke verdrängt. Norweg. Verf. wie P. Dass, J. H. Wessel, N. K. Bredal (* 1733, † 1778) und J. N. Brun (* 1745, † 1816) wurden zwar in die dän. Literatur integriert, doch konnten gerade diese Autoren eine spezif. norweg. Komponente bewahren. Erst seit der Lösung des Landes von Dänemark (1814) konnte sich die Nationalliteratur entwickeln. In einer großangelegten Nachholbewegung wurden die Epochen der Aufklärung, Empfindsamkeit, Romantik und des Biedermeier gegen 1830 mit einer neuen republikan.-liberalen Gesinnung erfüllt und zu einem eigentüml., sich jeder Epochenbezeichnung entziehenden Stil verschmolzen; Hauptvertreter war H. A. Wergeland, der sich im „norweg. Kulturstreit" mit seinem dän. gesinnten Rivalen J. S. Welhaven auf die Eigenständigkeit der n. L. berief. Gefördert wurden diese Bestrebungen nach 1845 von der wiss. Entdeckung und der nat. Förderung der alten Volksliteratur, durch nat. Geschichtsschreibung und die Entwicklung des Landsmål (↑norwegische Sprache). Literar. reflektiert wurde die kulturelle Vergangenheit in der „Nationalromantik", deren bedeutendster Vertreter Å. O. Vinje war. An ihr orientierten sich zunächst auch H. Ibsen und B. Bjørnson. Während Ibsen jedoch mit seinen Gesellschaftsstücken das moderne europ. Drama begründete und den dt. Naturalismus beeinflußte, wurde Bjørnson die Leitfigur in den polit. und kulturellen Fragen der Nation. Den Typus der zw. Idealismus und Realismus schwankenden und bis weit ins 20. Jh. stilbildend wirkenden Bauernerzählung Bjørnsons überführten die großen realist. Erzähler J. Lie und A. L. Kielland ins bürgerl. Milieu, während A. Garborg diese Thematik dem Naturalismus erschloß. Die „Sittlichkeitsdebatte" der 1880er Jahre, ausgelöst u. a. durch A. Skram und C. Krohg, leitete themat. die dekadente Seelendichtung der 1890er Jahre ein.
Die vielfach heterogenen kulturellen und literar. Strömungen des 19. Jh. entwickelten sich im 20. Jh. weiter auseinander. So wirkte z. B. bei K. Hamsun, dem bedeutendsten Epiker, ein von Nietzsche beeinflußter Vitalismus mit antizivilisator. und antidemokrat. Tendenz weiter. Hauptthema verschiedener, der Erzähltradition des 19. Jh. verpflichteter Romanautoren wie H. E. Kinck (* 1865, † 1926), S. Undset, O. Duun (* 1876, † 1939), ist der Antagonismus zw. alter Bauernkultur und moderner bürgerl. Zivilisation. Neben dem Roman ist nur die Lyrik noch von größerer Bedeutung.
Themen und Techniken der „modernist." europ. Literatur, die Einsichten Freuds und die formalen Neuerungen von M. Proust und J. Joyce fanden erst in den 1930er und 1940er Jahren Eingang, z. B. in den Romanen von S. Hoel, begleitet von der Sozialdebatte und der Faschismuskritik, die zeitweilig die unterschiedl. gesellschaftspolit. Standpunkte verschiedener Autoren vereinigte und ihnen im Widerstand gegen die dt. Besatzung ein gemeinsames Ziel gab. Nach der literar. Bewältigung des „NS-Traumas" und den epochemachenden experimentellen Arbeiten der „Profil"-Gruppe Ende der 1960er Jahre begann ab 1970 eine starke Politisierung der n. L.: Unter vorwiegend antikapitalist. Vorzeichen werden die Diskussionen um Sozialrealismus und EG-Beitritt, dann v. a. um Frauenemanzipation, Industrialisierung und Umweltschutz in gesellschaftskrit., oft marxist. orientierten „parteiischen" Romanen literarisiert.
Nord. Lit.gesch. Hg. v. M. Brønsted u. a. Dt. Übers. Mchn. 1982–84. 2 Bde. - Grundzüge der neueren skandinav. Literaturen. Hg. v. F. Paul. Darmst. 1982. - Buchholz, P.: Vorzeitkunde. Mündl. Erzählen u. Überliefern im ma. Skandinavien. Schwabach 1980. - Aspekte der skandinav. Gegenwartsliteratur. Hg. v. D. Brennecke. Hdbg. 1978.

norwegische Musik, sie ist durch Instrumentenfunde bereits für die german. Vorzeit belegt; später (frühe Zeugnisse in den „Sagas") und bis in die jüngste Zeit gibt es eine lebendige Volksmusikpraxis unter bes. Verwendung von ↑Langleik und ↑Hardangerfiedel. Mit der Christianisierung erfolgte die Übernahme des Gregorian. Gesanges. Einen Niedergang des Musiklebens brachte die Reformation. Im 18.Jh. entwickelten sich Christiania (= Oslo), Drontheim und Bergen zu Zentren aufblühenden Liebhabermusizierens und sinfon. Konzerte. Als Komponisten traten im 19.Jh. hervor: W. Thrane (*1790, †1828; erstes norweg. Singspiel, „Fjeldeventyret", 1825), Ole Bull (*1810, †1880, Volkslieder), H. Kjerulf (*1815, †1868, nat. Tendenzen unter Verwendung von Volksweisen), R. Nordraak (*1842, †1866). Internat. Bedeutung erlangten J. S. Svendsen und C. Sinding, v. a. aber E. Grieg.

norwegische Sprache, Oberbegriff für die beiden offiziell zugelassenen Schriftsprachen in Norwegen, **Bokmål** (früherer Name: *Riksmål*) und **Nynorsk** (früher: *Landsmål*). - Norweg. gehört zur nord. Gruppe der german. Sprachen; seine Geschichte beginnt etwa um die Mitte des 11.Jh., als innerhalb der westl. Gruppe des Nord. (Altwestnord.) sondersprachl. Entwicklungen eintraten († auch altnordische Sprache).
In die *altnorweg. Epoche* (etwa 1050–1370) fallen die Einführung des Christentums und der Schriftkultur (von England aus). Das Flexionssystem des Altnorweg. ist formenreich, der Wortschatz erfährt bed. Einflüsse durch das Christentum.
In die *mittelnorweg. Epoche* (etwa 1370–1530) fällt die polit. Union mit Schweden bzw. Dänemark. Die sprachl. Auswirkungen zeigen sich in einer starken Überfremdung, die im Erliegen der heim. Schriftsprache am Ende der Epoche bewirkt; Dänisch wird Schul-, Kirchen- und Verwaltungssprache.
Die *neunorweg. Epoche* (seit 1530) zeigt einen bed. Einschnitt zu Beginn des 19.Jh.: 1814 errinigt Norwegen für einige Monate seine polit. Unabhängigkeit. Das Gedankengut der Romantik fördert zu gleicher Zeit die sprachl. Besinnung und Erneuerung. Die Erneuerer suchten den eigtl. Norweg., wie sie es in den Mundarten und der Umgangssprache vorfanden, zum Durchbruch zu verhelfen (bes. auf Grundlage der Dialekte O-Norwegens einschließl. Oslos). H. A. Wergeland, J. I. Moe u. a. schrieben in Norweg., das im Wortschatz auf die heim. Tradition zurückgriff und das von den großen Dichtern des Jh., H. Ibsen, B. Bjørnson, A. L. Kielland, J. Lie, gepflegt wurde (sog. Riksmål). Auf der anderen Seite trat bes. I. Aasen entschieden für eine Erneuerung der n. S. auf der Grundlage altertüml. (noch formenreicher) Dialekte (bes. des Westlandes) ein. Seine um die Mitte des Jh. erschienenen Arbeiten bilden wichtige Grundlagen des sog. Landsmål, das nach seinem Willen als „Norsk Folkesprog" das Riksmål ersetzen sollte. Die endgült. Anerkennung als zweite Schriftsprache erfolgte 1907.
📖 *Seip, D. A./Saltveit, L.: N. S.gesch. Dt.*

Nosologie

Übers. Bln. u. a. 1971. - Sandvei, M.: Norweg. Konversationsgrammatik. Dt. Übers. Hdbg. ⁵1965.

Norwich [engl. 'nɔrɪdʒ], engl. Stadt am Zusammenfluß von Wensum und Yare, 122300 E. Verwaltungssitz der Gft. Norfolk; anglikan. Bischofssitz; Univ. (gegr. 1961), Kunstschule, Lehrerbildungsanstalt, Inst. für Pflanzenforschung; Museen, Theater; Handelsstadt; Schuh- und Nahrungsmittelind., Maschinen- und Elektromotorenbau, Bekleidungs-, Möbelind., Druckereien; Flußhafen. - Entstand als sächs. Gründung, seit 1094 Bischofssitz (1558 anglikan.); erhielt 1158 Stadtrecht; 1504–1888 Stadtgrafschaft, seit 1900 City. - Inmitten der Stadt auf einem künstl. Hügel die Burg (12.Jh., mit normann. Wohnturm), Kathedrale im normann. Stil (1101 geweiht) mit Kreuzgang (13.–15.Jh.) und Fächergewölbe (15.Jh.). Am Marktplatz Guildhall (1407–13), Giebelhäuser (15./16.Jh.); Assembly House im Georgian style (1950 restauriert).

nosce te ipsum [lat.] †Gnothi seauton.
Nosean [nach dem dt. Mineralogen C. W. Nose, *1753, †1835] †Sodalithgruppe.
Nosemaseuche (Nosemakrankheit) [zu griech. nósēma „Krankheit"], Bez. für zwei durch unterschiedl. Nosemaarten hervorgerufene, seuchenhaft sich ausbreitende und tödl. endende Insektenkrankheiten, v.a. bei Nutzinsekten, z.B. Honigbienen *(Darmseuche)* und Seidenspinnerlarven *(Flecksucht, Fleckenkrankheit, Pebrine, Gattina)*. Der Befall zeigt sich in Flugunsicherheit und krampfartigen Bewegungen der Bienen bzw. in durchscheinender Haut und schmutzigroter Verfärbung der Seidenspinnerlarven.
Noskapin [Kw.] (1-α-Narkotin), eines der Hauptalkaloide des Opiums (Anteil 3 bis 10 %); wirkt hustenstillend.
Noske, Gustav, *Brandenburg/Havel 9. Juli 1868, †Hannover 30. Nov. 1946, dt. Politiker. - Machte als Journalist in der SPD Karriere; 1906–18 MdR; unterdrückte im Auftrag der Reichsreg. als Gouverneur von Kiel im Dez. 1918 den Matrosenaufstand und schlug als Leiter des Militärressorts des Rats der Volksbeauftragten (ab Ende Dez. 1918) bzw. als Reichswehrmin. (ab Febr. 1919) im Frühjahr 1919 in Berlin und anderen Teilen des Reichs revolutionäre Erhebungen nieder; mußte nach dem Kapp-Putsch (1920) zurücktreten; 1920–33 Oberpräs. von Hannover; 1939 und 1944 inhaftiert.
Nösnergau, Siedlungsgeb. der Siebenbürger Sachsen um Bistrița in N-Siebenbürgen, Rumänien.
noso..., Noso..., nos..., Nos... [zu griech. nósos „Krankheit"], Bestimmungswort von Zusammensetzungen mit der Bed. „Krankheit", „krankhafter Prozeß".
Nosologie, Krankheitslehre; die systemat. Einordnung und Beschreibung von

349

No-Spiel

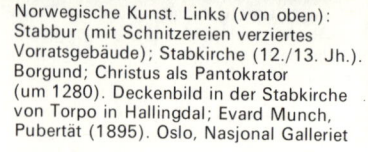

Norwegische Kunst. Links (von oben): Stabbur (mit Schnitzereien verziertes Vorratsgebäude); Stabkirche (12./13. Jh.). Borgund; Christus als Pantokrator (um 1280). Deckenbild in der Stabkirche von Torpo in Hallingdal; Evard Munch, Pubertät (1895). Oslo, Nasjonal Galleriet

Krankheiten und Krankheitsformen, ein Teilgebiet der Pathologie.

No-Spiel [jap./dt.], lyr. Gattung des klass. jap. Theaters, die im 14. Jh. aus verschiedenen Vorformen entstand und von Seami Motokijo (* 1363, † 1443) in die noch heute gültige Form gebracht wurde. Es wird nur von Männern in kunstvollen Masken und prächtigen Kostümen gespielt. Orchester (3 Trommeln, 1 Flöte), Chor und Rezitatoren bestimmen

Tanzschritte und stilisierte Gestik; Possenspiele (Kiogen) zw. den Stücken karikieren menschl. Schwächen.

Nossack, Hans Erich, * Hamburg 30. Jan. 1901, † ebd. 2. Nov. 1977, dt. Schriftsteller. - Bekam 1933 Publikationsverbot und mußte 1943 den Verlust aller Manuskripte hinnehmen; schrieb dem Existenzialismus nahestehende Gedichte, Dramen, Erzählungen, Romane und Essays. Themen sind die Situation des Untergangs, das Überleben nach der Katastrophe („Nekyia", E., 1947), die Erfahrungen, Angst, Vereinzelung, Entfremdung in einer „Trümmerwelt" („Spätestens im November", R., 1955). Skept. gegenüber der Gesellschaft, wandte sich N. gegen Gewöhnlichkeit, falsche Gefühle und die Funktionalisierung des Menschen. Erhielt 1961 den Georg-Büchner-Preis.
Weitere Werke: Interview mit dem Tode (Bericht, 1948), Die Hauptprobe (Dr., 1956), Nach dem letzten Aufstand (R., 1961), Dem unbekannten Sieger (R., 1969), Die gestohlene Melodie (R., 1972), Ein glückl. Mensch (R., 1975).

Nostalgie [zu griech. nóstos „Heimkehr" und álgos „Schmerz"], Rückwendung zu früheren, in der Vorstellung verklärten Zeiten, um eine leicht sentimentale Gestimmtheit dem Unbehagen an der eigenen Zeit entgegenzusetzen. N. begegnet seit dem 18.Jh. (A. von Haller, J.-J. Rousseau), dann bes. in der dt. Romantik (Schlegel), als auch das Wort in die Literatursprache eindringt. Im 20.Jh. tritt der Begriff auch in kulturkrit. Arbeiten auf (D. Riesman, A. Mitscherlich). Anfang der 1970er Jahre begann sich eine große N.welle auszubreiten als Wiederbelebung von Mode, Kunst und Kunstgewerbe, Musik, Trivialliteratur usw. v. a. der 1920er, später und der 1950er Jahre.

Nostitz-Wallwitz, Helene von, geb. von Beneckendorff und von Hindenburg, * Berlin 18. Nov. 1878, † Bassenheim bei Koblenz 17. Juli 1944, dt. Schriftstellerin. - Berichtete in Essays und Memoiren v.a. über ihre freundschaftl. Kontakte mit H. von Hofmannsthal, R. M. Rilke und A. Rodin („Rodin in Gesprächen und Briefen" 1927; „Berlin: Erinnerung und Gegenwart", 1938).

Nöstlinger, Christine, * Wien 13. Okt. 1936, östr. Schriftstellerin. - Verf. populärer Kinder- und Jugendbücher; phantasievolle, aber an realem Milieu orientierte Geschichten und Romane, u. a. „Wir pfeifen auf den Gurkenkönig" (Kinderroman, 1972), „Achtung! Vranek sieht ganz harmlos aus" (1974), „Stundenplan" (R., 1975), „Die unteren sieben Achtel des Eisbergs" (R., 1978), „Man nennt mich Ameisenbär" (1986).

Nostradamus, eigtl. Michel de No[s]tredame, * Saint-Rémy-de-Provence 14. Okt. 1503, † Salon-de-Provence 2. Juli 1566, frz. Mathematiker und Astrologe. - Stellte Horoskope und prophezeite auf Grund angebl. göttl. Offenbarungen. Seine visionären Aussagen wirkten bis in die Neuzeit.

Nota [lat. „Kennzeichen, Schriftstück"], Note, Rechnung, Vormerkung.

Notabeln [frz., zu lat. notabilis „bemerkenswert"], im Ancien régime die Mgl. der vom König aus den privilegierten Oberschicht meist aller drei Stände einberufenen **Notabelnversammlung** (frz. Assemblée des notables). Ohne das Recht der Steuerbewilligung der absolutist. Politik weniger hinderl., wurden sie häufiger einberufen als die Generalstände. Nach 1626/27 schalteten die Könige auch diese stünd. Mitsprache aus, bis der drohende Staatsbankrott von 1787 zu ihrer erneuten Einberufung zwang.

notabene [lat. „merke wohl!"], Abk. NB, übrigens, wohlgemerkt.

Notar [zu lat. notarius „zum (Schnell)-schreiben gehörig; öffentl. Schreiber" (zu ↑Nota)], eine vom Staat mit öffentl. Glauben ausgestattete jurist. Amtsperson, die zur Wahrnehmung bestimmter Rechtspflegeaufgaben von der Landesjustizverwaltung nach Anhörung der Notarkammer bestellt wird. Der N. muß die Befähigung zum Richteramt haben; er ist hauptberufl. N. und Anwaltsnotare. Sie sind u. a. zuständig für die Beurkundung von Rechtsgeschäften (d. h. die schriftl. Festlegung, daß ein bestimmtes Rechtsgeschäft, z. B. ein Hauskauf, stattgefunden hat), Beglaubigungen (d. h. Zeugnis über die Echtheit einer Erklärung) über Unterschriften, Handzeichen und Abschriften, zur Entgegennahme von Auflassungserklärungen über ein Grundstück und zur Ausstellung von Teilhypotheken- und Teilgrundschuldbriefen. Bei der Ausübung seines Amtes ist der N. unparteiischer Betreuer der Beteiligten. Soweit es sich um öffentl. Beurkundungen handelt, hat er Prüfungs- und Belehrungspflichten. Im übrigen ist er zur Verschwiegenheit verpflichtet. Für seine Tätigkeiten berechnet der N. Kosten, die sich aus Gebühren und Auslagen zusammensetzen. N. unterstehen der Aufsicht der Landgerichtspräs., der Oberlandesgerichtspräs. und der Landesjustizverwaltung.
In *Österreich* wird der N. nach abgeschlossenem jurist. Studium und bestandener Notariatsprüfung vom Bundesjustizmin. ernannt; Notariat und Anwaltschaft sind grundsätzl. getrennt. - In der *Schweiz* ist die Rechtsstellung des N. in den einzelnen Kt. unterschiedl. geregelt; sie entspricht aber im wesentl. den dt. rechtl. Bestimmungen.

Notargehilfe, unterstützt auf Grund seiner theoret. und prakt. Ausbildung ($2^{1}/_{2}$ Jahre) den Notar bei dessen Tätigkeit bzw. führt die Geschäfte der Kanzlei.

Notariatssignet [lat.] (Notarszeichen), ein nur von einem bestimmten Notar verwendetes Zeichen.

notarielle Beurkundung

notarielle Beurkundung [lat./dt.] ↑Form.

Notarkammer, Körperschaft des öff. Rechts, die i. d. R. durch die in einem Oberlandesgerichtsbezirk bestellten Notare gebildet wird. Sie hat u. a. über das Ansehen ihrer Mgl. zu wachen, die Aufsichtsbehörden zu unterstützen, die Pflege des Notariatsrechts zu fördern und für eine gewissenhafte Berufsausübung der Notare zu sorgen. Organe sind der Vorstand (mit geschäftsführendem Präs.) und die Versammlung. Auf B.-Ebene sind die N. zu der *Bundesnotarkammer* zusammengeschlossen.

Notation [lat.], in der *Musik* svw. Notenschrift (↑Noten).

♦ im *Schach* die Aufzeichnung der Züge einer Schachpartie oder der Lösung eines Schachproblems.

Notaufnahme, Erlaubnis zum ständigen Aufenthalt in der BR Deutschland und Berlin (West) für Personen aus der DDR und Berlin (Ost). Auf diese Aufenthaltserlaubnis, die nicht auf Grund des Ausländergesetzes, sondern nach dem Gesetz über die N. von Deutschen in das Bundesgebiet erteilt wird, besteht wegen des Grundrechts auf Freizügigkeit aller Deutschen ein Rechtsanspruch. Das N.gesetz regelt ledigl. das Verfahren; alle Flüchtlinge müssen sich in Lagern (Berlin-Marienfelde oder Gießen) melden und werden dann einem Bundesland zugeteilt.

Notbremse, Bremseinrichtung von Eisenbahnen, Straßenbahnen u. a. zur Schnellbremsung von jedem Wagen aus. Bei den Reisezugwagen der Eisenbahn erfolgt beim Ziehen des Notbremsgriffs eine Drucksenkung in der Hauptbremsluftleitung; die Bremsung erfolgt dann selbsttätig. Zur Verstärkung der Bremswirkung wird u. a. bei Lokomotiven und Straßenbahnen zusätzl. [grober] Sand auf die Schienen gestreut.

Note [zu lat. nota „Kennzeichen"], in der *Musik* ↑Noten.

♦ Formeln bzw. Ziffern zur Kennzeichnung von Leistungen und/oder Verhaltensweisen, namentl. in der Schule (Zensur, Zeugnisnote). Die Bewertungsskala für schul. Leistungen in der BR Deutschland: 1 = sehr gut, 2 = gut, 3 = befriedigend, 4 = ausreichend, 5 = mangelhaft, 6 = ungenügend. In der gymnasialen Oberstufe Punktwertung von 0 bis 15 Punkten, die Zeugnispunkte werden summiert (↑Abitur).

♦ im *Sport* von Kampfrichtern vergebene Bewertung in verschiedenen Disziplinen, z. B. Eiskunstlauf, Rollkunstlauf, Skispringen.

♦ im *Völkerrecht* eine amtl. Mitteilung im Verkehr zw. Staaten oder anderen Völkerrechtssubjekten. Die Übergabe erfolgt meist durch die diplomat. Vertretung an das Außenministerium, kann aber auch direkt von Reg. zu Reg. erfolgen. Man unterscheidet die *N. im engeren Sinn* (förml. Schreiben mit Anrede, bestimmter Höflichkeitsfloskel und Unterschrift), die sog. *Verbal-N.* (schriftl. Mitteilung in der dritten Person, ohne Unterschrift), die *Aufzeichnung* (Memorandum, Mémoire; unpersönl., ohne Unterschrift). Gleichlautende N. an verschiedene Empfänger werden *Zirkular-N.* genannt. Der Empfang von N. muß bestätigt werden.

Noten [zu lat. nota „Zeichen"], Zeichen zur schriftl. Festlegung musikal. Töne. Sie geben den rhythm. Wert eines Tones an, während die Tonhöhe durch die Stellung im Liniensystem, durch Schlüssel und Vorzeichen bestimmt wird. Eine Note besteht aus N.kopf, N.hals und Fähnchen; jeder Note entspricht eine Pause:

Note		Pause	
○	ganze Note	▬	ganze Pause
♩	halbe Note	▬	halbe Pause
♩	Viertelnote	𝄽	Viertelpause
♪	Achtelnote	𝄾	Achtelpause
♬	Sechzehntelnote	𝄿	Sechzehntelpause
♬	Zweiunddreißigstelnote	𝅀	Zweiunddreißigstelpause
♬	Vierundsechzigstelnote	𝅁	Vierundsechzigstelpause

Die **Notenschrift** (Notation) dient einerseits der Festlegung musikal. Vorstellungen zum Zwecke der Reproduzierbarkeit, andererseits der theoret. Durchdringung des Tonmaterials. - Die abendländ. N.schrift geht auf die aus den Neumen entwickelte Choralnotation zurück, aus der sich im 12. Jh. die Modalnotation, im 13. Jh. die Mensuralnotation entwickelte. Die zunächst partiturmäßig notierte mehrstimmige Musik wurde seit der Ars antiqua in einzelnen Stimmen, im 15./16. Jh. in Stimmbüchern notiert. In der Tabulatur für Tasten- und Zupfinstrumente wurden Buchstaben in Verbindung mit rhythm. Wertzeichen verwendet, im Generalbaß Zahlen in Verbindung mit Noten. In der Partitur sind mehrere Liniensysteme, durch eine Akkolade verbunden, untereinander angeordnet. Takt- und Tempovorzeichnung bestimmen Tondauer und metr. Gewicht, seit dem 19. Jh. präzisiert durch Metronomangaben, seit B. Bartók durch Angabe der Aufführungsdauer. Zusätzl. Angaben wurden gemacht zu Verzierungen, Vortrag, Dynamik, Phrasierung und Artikulation, oft wurden dazu Abbreviaturen benutzt. Das 19. Jh. brachte eine ständige Komplizierung des N.bildes; Anfang des 20. Jh. wurden neue Zeichen eingeführt, z. B. Haupt- und Nebenstimme und Vierteltöne. Die musikal. Entwicklung seit etwa 1950 stellt derart ungewohnte Anforderungen an die N.schrift, daß viele Komponisten eigene

Schriften entwickelten. - Der **Notendruck** kam fast gleichzeitig mit dem Buchdruck im 15. Jh. auf. Anfängl. wurden entweder nur das Liniensystem oder die N. gedruckt und der andere Teil von Hand nachgetragen. 1487 entstand der einfacher zu handhabende Blockdruck, bei dem N. und Linien reliefartig aus Holz herausgeschnitten werden (*Hochdruck*). Bald danach entwickelte sich der N.druck mit bewegl. Typen. Im Zweitypendruck wurden N. und Linien in getrennten Verfahren gedruckt. Der 1525 erfundene Eintypendruck vereinigte in einer Type N. und Liniensystem. J. G. I. Breitkopf verfeinerte 1755 durch die Entwicklung zerlegbarer Typen den Typendruck, der heute nur noch im Buchdruck (Gesang-, Liederbücher) eine Rolle spielt, während sonst der **Notenstich** angewandt wird, der von S. Verovio († nach 1608) 1586 in Rom eingeführt wurde; er basiert im Unterschied zum Blockdruck auf dem *Tiefdruckprinzip*. Bei diesem seit dem 18. Jh. geübten Verfahren wird das N.bild in zwei Arbeitsgängen in eine Metallplatte mit einem Stahlstempel eingeschlagen (unveränderliche Zeichen) oder mit einem Stichel eingestochen (veränderliche Zeichen) und anschließend die geschwärzte Gravur auf Papier bzw. auf eine Zinkdruckplatte übertragen. Heute dient als Druckvorlage meist ein mit vorgefertigten Schablonen hergestelltes N.bild, wobei die Schablonen durch Andrücken (Abreiben) in ein Liniensystem gebracht werden.

Notenbank, Bank, die das Recht der Notenausgabe hat. Während früher teilweise Privatbanken das Privileg der Notenausgabe hatten, führte die Entwicklung in diesem Jh. in den meisten Staaten zu einer Zentralisierung und Verstaatlichung der Notenausgabe. Gleichzeitig wurden die N. (als ↑Zentralbanken) Träger der Währungspolitik.

Notendruck ↑Noten.

Noteneinlösungspflicht (Einlösungspflicht), Verpflichtung der Zentralnotenbank, die von ihr ausgegebenen Banknoten jederzeit gegen Gold oder Devisen einzulösen (besteht in der BR Deutschland nicht).

Notenprivileg, das einer Bank vom Staat verliehene Recht zur Ausgabe von Banknoten; liegt heute im allg. bei der Zentralnotenbank des betreffenden Landes.

Notenschlüssel ↑Schlüssel.

Notenstich ↑Noten.

Notfrequenz, internat. festgelegte Funkfrequenz, auf der z. B. in Not befindl. See- und Luftfahrzeuge Hilfe anfordern können: N. im Telegrafieverkehr 500 kHz, im Sprechfunkverkehr 2 182 kHz. Weitere Frequenzen für Sicherheitszwecke sind 121,5 MHz (Flugfunk-Dringlichkeitsfrequenz), 156,8 MHz (Sprechfunkdienst), 8 364 kHz und 243 MHz (Rettungsgerät-Funkstellen) sowie 20,007 MHz (im Weltraum).

Notfrist, v. a. im Zivilprozeß vorgesehene gesetzl. bestimmte Frist, die weder durch Parteivereinbarung noch durch behördl. Anordnung verlängert oder gekürzt werden kann und auch während der Gerichtsferien und beim Ruhen des Verfahrens [weiter]läuft.

Notgeld, Münzen oder Geldscheine, die bei Mangel an Zahlungsmitteln, bes. in Kriegszeiten, ersatzweise vom Staat selbst oder von nicht münzberechtigten Auftraggebern (Städten, Banken, Firmen usw.) ausgegeben werden in Abweichung von bestehenden gesetzl. Normen; oft in großer Eile und daher in behelfsmäßiger Ausführung hergestellt; Abweichungen betreffen Form und Gepräge (bei Einhaltung des vorgeschriebenen Metallwertes) und/oder Material und damit Realwert (minderwertiges Münzmetall; Papier, Pappe, Leder, Glas, Porzellan, Ton usw.). Anfänge schon im 15. Jh.; Höhepunkt in Deutschland 1918-23.

Noth, Martin, * Dresden 3. Aug. 1902, † Sharta (Israel) 30. Mai 1968, dt. ev. Theologe. - Prof. für A. T. in Königsberg und Bonn. N. wurde v. a. bekannt durch seine Forschungen zur „Geschichte Israels" (1950), zur Überlieferungsgeschichte der alttestamentl. Literatur und durch seine These von der Sonderexistenz des deuteronomist. Geschichtswerks.

Nothelfer, Bez. für Heilige, die in bestimmten Nöten um Hilfe angerufen werden. Die Gruppe der 14 N. ist seit dem 14. Jh., zunächst in Süddeutschland (Regensburg), bezeugt; in der bildenden Kunst sehr häufig dargestellt. Die Normalreihe bilden: die drei Bischöfe Dionysius von Paris, Erasmus, Blasius von Sebaste; die drei Jungfrauen Barbara, Margaretha von Antiochia, Katharina von Alexandria; die drei ritterl. Heiligen Georg, Achatius, Eustachius; der Arzt Pantaleon; der Mönch Ägidius; der Diakon Cyriakus von Rom; der Knabe Vitus; Christophorus als Träger des Christuskindes. Landschaftl. Unterschiede bei der Zurechnung (anstelle der genannten) von Heiligen sind möglich: z. B. Nikolaus, Papst Sixtus, Antonius d. Gr. Es finden sich zahlr. den N. geweihte Wallfahrtskirchen und -kapellen mit Votivkult; Schwerpunkt des Kultes ist Vierzehnheiligen.

Notierung (Notiz) [lat.], Feststellung der amtl. Börsenkurse: 1. *Einheitskurse*: Für jedes Wertpapier wird vom zuständigen Makler zur festgesetzten Zeit aus allen hereingegebenen Börsenaufträgen der Kurs ermittelt, zu dem die meisten Aufträge ausgeführt werden können; 2. neben Einheitskursfestsetzung gibt es sog. *fortlaufende* oder *variable Notierungen*.

Nötigung, das rechtswidrige Zwingen eines anderen zu einem von ihm nicht gewollten Verhalten mit Hilfe von Gewalt oder durch Drohung mit einem empfindl. Übel. N. wird gemäß § 240 StGB mit Freiheitsstrafe bis zu 3 Jahren oder Geldstrafe, in bes. schweren Fällen bis zu 5 Jahren bestraft.

Notke, Bernt, * vermutl. Lassahn (Pommern, Landkr. Hagenow) um 1440 (1430?), † Lübeck 1509, dt. Bildschnitzer und Maler. - Seit 1467 in Lübeck nachweisbar, ging 1483 nach Stockholm, seit 1498 wieder in Lübeck bezeugt; unterhielt dort die bedeutendste norddt. Werkstatt der Spätgotik, die ganz Skandinavien und die Ostseeländer belieferte. Seine Werke bezeugen seine monumentale Gestaltungskraft und eine prunkvoll-dekorative Phantasie, bes. sein Hauptwerk, die Sankt-Georgs-Gruppe (1489; Stockholm, Nikolaikirche; Siegesdenkmal und Grabmal des Reichsverwesers Sten Sture), auch schon das Triumphkreuz (1477; Lübeck, Dom). - *Weitere Werke* (Gemälde): Totentanzfragment der Nikolaikirche in Reval (z. Z. in Schloß Kadriorg; urspr. wohl für die Lübekker Marienkirche, 1463 oder 1466), Altar des Doms in Århus (1478/79), Flügelbilder des Johannesaltars der Schonenfahrer (um 1483; Lübeck, Sakt-Annen-Museum), Gregorsmesse (sein bedeutendstes Gemälde, für die Lübecker Marienkirche, verbrannt).

Notker Balbulus [„N. der Stammler"], sel., *Jonschwil (Kanton Sankt Gallen) um 840, † Sankt Gallen 6. April 912, Benediktiner und Mönch. Dichter. - Mönch, Lehrer und Bibliothekar in Sankt Gallen; seine lat. Dichtung, v. a. seine etwa 40 Sequenzen (z. T. mit eigenen Melodien), hatte großen Einfluß auf die Sequenzdichtung und die ma. lat. Dichtung; N. B. verfaßte u. a. die „Gesta Karoli Magni" (Anekdotenerzählungen über Karl d. Gr.).

Notker Labeo [„N. der Großlippige"] (Notker Teutonicus, Notker der Deutsche), * um 950, † Sankt Gallen 29. Juni 1022, Benediktiner und frühscholast. Theologe. - War Neffe und Schüler von Ekkehart I., Mönch und Leiter der Klosterschule in Sankt Gallen. Seine kommentierten Übersetzungen lat. Schultexte, in denen er eine philosoph. und theolog. Terminologie in althochdt. Sprache schuf, sind in einer dt.-lat. Mischprosa abgefaßt und in sorgfältiger, die phonet. Besonderheiten berücksichtigender Rechtschreibung, die den alemann. Dialekt erkennen läßt, geschrieben; für die Entwicklung der dt. Sprache waren sie von großer Bedeutung.

Noto, italien. Stadt in S-Sizilien, 159 m ü. d. M., 22 500 E. Kath. Bischofssitz; Weinbau- und landw. Marktzentrum. - Die Innenstadt wurde nach einem Erdbeben (1693) einheitl. im Barockstil wiederaufgebaut. - Sö. der heutigen Stadt lag das antike Neton (**Netum**), eine Sikelerstadt, die 263 v. Chr. vertragl. an Hieron II., später als „civitas foederata" unter röm. Herrschaft kam, heute **Noto Antica** (oder **Noto Vecchia**) genannt. - Ausgegraben wurden sikel. Nekropolen, hellenist. Gräber und Katakomben.

Notogäa [griech.], svw. ↑australische Region.

Notopfer Berlin, Abgabe an den Bund, die von Einkommen- (bis 1956) und Körperschaftssteuerpflichtigen (bis 1957) gesondert zur Finanzierung aufgebracht wurde; bis 1956 wurde Berlin aufgebracht wurde; bis 1956 wurde auch ein N. B. auf Postsendungen erhoben.

notorisch [lat.], offenkundig, altbekannt; gewohnheitsmäßig.

Notparlament ↑Gemeinsamer Ausschuß.

Notre-Dame de Paris [frz. nɔtrəˈdam dəpaˈri] (Unsere Liebe Frau von Paris), Name der Kathedrale von Paris, ein früher Höhepunkt der got. Baukunst, 1163ff., vollendet in der 1. Hälfte des 13. Jh. Fünfschiffige Basilika mit doppeltem Chorumgang und Kapellenkranz (dieser erst nach 1300), wenig vorspringendem Querhaus und doppeltürmiger Westfassade. Sehr steil proportionierter Innenraum mit Rundpfeilern und sechsteiligem Gewölbe, Weitung des Raums im Querschiff, an dessen O-Wand der urspr., 4teilige Aufriß, an den Stirnwänden große Rosen. Für die Kathedralgotik vorbildl. wurde v. a. die fast quadrat. Westfassade in ihrer ausgewogenen Gliederung mit Königsgalerie, Rosenfenster und Arkaden. Bed. Bauplastik v. a. an den drei Westportalen (um 1220).

Notre-Dame-Schule [frz. nɔtrəˈdam], zusammenfassende Bez. für einen Kreis von Komponisten, der um 1160/80–1230/50 mit der Kathedrale Notre-Dame de Paris in Verbindung stand. Hauptmeister waren Leoninus und Perotinus Magnus. In der N.-D.-S. wurde die mehrstimmige Musik bis zur Drei- und Vierstimmigkeit erweitert.

Notschlachtung, die Schlachtung von Haustieren und Wild aus zwingenden Gründen, z. B. wegen eines Unglücksfalls (bei dem das Tier zu Schaden kam), wegen Erschöpfung oder Erkrankung (**Krankschlachtung**) oder zur Abwendung der Gefahr einer Seuchenausbreitung. Bei einer N. unterbleibt gemäß Fleischbeschaugesetz die Schlachttierbeschau, während die Untersuchungen des Fleisches zwingend vorgeschrieben sind.

Notsignale, akust., opt. oder Funksignale, die von Schiffen, Luftfahrzeugen, Bergsteigern u. a. in Notsituationen gegeben werden. *See-N.* sind meist akust. Signalen (z. B. Dauerton mit Schiffssirene oder Nebelhorn) die opt. Signale, z. B. das Flaggensignal „N" über „C", eine viereckige Flagge oder unter einem Signalball, rote Flammensignale, orangefarbene Rauchsignale, das mit Lampen oder Spiegeln nach dem Morsecode gegebene „SOS" und das Heben und Senken der ausgestreckten Arme, ferner das auf einer Notfrequenz ausgestrahlten *Funk-N.* „SOS" und „Mayday", wie es in der *Luftfahrt* verwendet werden. - ↑auch alpines Notsignal.

Notstand, Kollisionslage zw. rechtl. geschützten Interessen, bei der die einen nur durch Verletzung der anderen gerettet werden können.

Im Strafrecht liegt ein **rechtfertigender Notstand** (bis 1975 übergesetzl. N. gen.) gemäß §34 StGB vor, wenn zur Abwendung einer gegenwärtigen, nicht anders abwendbaren Gefahr von sich oder einem anderen für ein beliebig schützenswertes Rechtsgut (z. B. Leben, Freiheit, Eigentum) ein anderes Rechtsgut verletzt wird. Die Rechtsgutverletzung ist jedoch nur dann gerechtfertigt, d. h. kein Unrecht, wenn bei einer Abwägung zw. den betroffenen Rechtsgütern und der ihnen drohenden Gefahren das geschützte Interesse das beeinträchtigte wesentl. überwiegt. Die Rechtsverletzung selbst muß ein angemessenes und geeignetes Mittel zur Gefahrenabwendung sein.
Keine Güterabwägung setzt der **entschuldigende Notstand** gemäß §35 StGB voraus. Danach handelt zwar rechtswidrig, aber entschuldigt, wer in einer gegenwärtigen, nicht anders abwendbaren Gefahr für Leben, Leib oder Freiheit eine rechtswidrige Tat begeht, um die Gefahr von sich, einem Angehörigen oder einer ihm nahestehenden Person abzuwenden. Kann dem Täter zugemutet werden, die Gefahr hinzunehmen (z. B. weil er als Polizist, Feuerwehrmann oder Soldat in einem bes. Rechtsverhältnis steht), so bleibt seine Tat strafbar. Nimmt der Täter irrig Umtände eines N. an (**Putativnotstand**), ist er nach den Grundsätzen über den Verbotsirrtum zu bestrafen. Kein N. im eigtl. Sinne (aber ebenfalls ein Entschuldigungsgrund) ist das Handeln auf Grund eines rechtswidrigen, aber verbindl. Befehls, dessen Rechtswidrigkeit nicht erkannt wird (**Befehlsnotstand**).
Im *Polizeirecht* bezeichnet N. den durch eine plötzl. auftretende Gefahr entstandenen Zustand, den die Polizei mit den ihr zu Gebote stehenden Mitteln nicht beseitigen kann. Zur Behebung der Gefahr kann sich die Polizei an unbeteiligte Dritte (Nichtstörer) wenden, obwohl diese die Gefahr nicht verursacht oder für den polizeiwidrigen Zustand einer Sache nicht verantwortl. sind. Derartige Maßnahmen dürfen jedoch nur getroffen und aufrechterhalten werden, soweit und solange die Polizei keine anderen Maßnahmen zur Gefahrenbeseitigung treffen kann. Der Nichtstörer kann Ersatz des ihm entstandenen Schadens verlangen.
Im *Staatsrecht* ist N. eine Notlage für den Bestand, die Sicherheit oder die bestehende Ordnung eines Staates. Dieses N. erwehrt sich der Staat durch außerordentl. Maßnahmen, die ihm entweder auf Grund ungeschriebener oder in der Verfassung vorgesehener Ermächtigung zustehen. Der N. kann durch Bedrohung von außen (äußerer N.) oder durch Vorgänge im Innern (innerer N., z. B. durch Aufruhr, Revolution, Katastrophen) verursacht werden. In der BR Deutschland ist durch N.gesetze und N.verfassung Vorsorge für den äußeren und inneren N. getroffen worden.

Notstandsgesetze sind die Gesamtheit des einfachgesetzl. Bundesrechts, das zus. mit der N.verfassung der Bewältigung eines äußeren oder inneren Not- oder Ausnahmezustandes dient. Sie gliedern sich in Gesetze, die lebenswichtige Leistungen sicherstellen, inbes. die Versorgung der Zivilbevölkerung und der Streitkräfte ermöglichen sollen, sowie in solche, die sich dem zivilen Bevölkerungsschutz widmen. Zu den ↑Sicherstellungsgesetzen gehören u. a. das Wirtschafts-, Ernährungs-, Verkehrs-, Wasser- und Arbeitssicherstellungsgesetz. Zu den Zivilschutzgesetzen († Zivilschutz) zählen das Luftschutzgesetz, das Katastrophenschutzgesetz, das Schutzbaugesetz und das (vorläufig suspendierte) Zivilschutzkorpsgesetz. Zu den N.gesetzen ist ferner das ↑Abhörgesetz zu rechnen. Unter **Notstandsverfassung** wird die Gesamtheit der verfassungsrechtl. Regelungen des GG zur Bekämpfung des äußeren und des inneren Notstandes verstanden; sie wurde 1968 nach z. T. heftigen Protesten aus Gewerkschaftskreisen und v. a. der Studentenbewegung in das GG eingefügt. Sie sieht im einzelnen Kompetenzänderungen im staatl. Organisationsrecht, bes. Befugnisse hinsichtl. des Einsatzes der Streitkräfte sowie die Einschränkung bestimmter Grundrechte (Berufsfreiheit, Freizügigkeit) vor († auch Bündnisfall, ↑ innerer Notstand, ↑ auch Katastrophennotstand, ↑ Spannungsfall, ↑ Verteidigungsfall, ↑ Vorbereitungsfall, ↑ Vorsorgefall).
Im *Zivilrecht* eine Zwangslage, in der zur Abwendung einer drohenden Gefahr sowohl die Beschädigung der gefahrbringenden Sache als auch die Einwirkung auf eine Sache, von der die Gefahr nicht ausgeht, erlaubt ist. Die N.handlung muß objektiv erforderl. sein; der durch die Beschädigung entstandene Schaden darf nicht außer Verhältnis zu der abgewendeten Gefahr stehen.
Im *östr.* und im *schweizer. Recht* gelten entsprechende Regelungen.
📖 Schneider, Michael: *Demokratie in Gefahr? Der Konflikt um die Notstandsgesetze.* Bonn 1986. - Gallent, K.: *Katastrophe u. N.* Graz 1983. - Koja, F.: *Der Staats-N. als Rechtsbegriff.* Salzburg 1979. - Seelmann, K.: *Das Verhältnis des §34 StGB zu anderen Rechtfertigungsgründen.* Hdbg. 1978. - Waldmann, E.: *N. u. Demokratie.* Boppard 1968. - Benda, E.: *Die N.verfassung.* Mchn. [10]1968.

Notstromaggregat, aus Antriebsmaschine (z. B. Dieselmotor), Generator und Schaltautomatik bestehendes Aggregat, das die normalerweise netzgespeisten lebens- und betriebswichtigen Verbraucher, z. B. Krankenhäuser, Pumpanlagen, bei Stromausfall automat. weiterversorgt.

Nottaufe ↑Taufe.
Nottestament ↑Testament.
Nottingham [engl. ˈnɒtɪŋəm], engl. Stadt am Trent, 271 100 E. Verwaltungssitz der Gft.

Nottinghamshire

Nottinghamshire; kath. Bischofssitz; Univ. (gegr. 1948), Colleges; naturhistor. Museum, Bibliothek; Theater. Wirk-, Strickwaren-, Fahrrad- und pharmazeut. Ind., Tabakverarbeitung; Binnenhafen. - Im 6. Jh. als **Snotingaham** erstmals bezeugt; unter dän. Herrschaft im 9. Jh. eine der sog. „Fünfburgen", erhielt 1155 Stadtrechtsbestätigung, wurde 1449 Stadtgrafschaft, 1897 City. - Burg (1679 Neubau) mit Museum und Gemäldegalerie.

Nottinghamshire [engl. 'nɒtɪŋəmʃɪə], engl. Gft. in den East Midlands.

Nottrauung, nach *kath. Kirchenrecht* die in Todesgefahr oder sonstiger Notlage gegebene Möglichkeit, eine Ehe ohne einen trauungsberechtigten Geistlichen vor wenigstens zwei Zeugen zu schließen, gleichgültig, ob die Ehe privat oder vor einem Standesbeamten oder vor einem nichtkath. Geistlichen geschlossen wird. - Nach dem PersonenstandsG der BR Deutschland grundsätzl. verboten.

Notturno [italien.], im 18. und 19. Jh. Bez. für ein mehrsätziges Musikstück beliebiger Besetzung, das zur Nachtzeit im Freien aufgeführt wurde bzw. den Stimmungsgehalt solcher Aufführungen wiedergab. Im 19. Jh. wurden unter der frz. Bez. **Nocturne** Klavierkompositionen träumer.-schwärmer. Charakters beliebt; **Nachtstücke** für Klavier komponierten u. a. auch M. Reger und P. Hindemith.

Notula [lat.] ↑gotische Schrift.

Notverkauf, svw. ↑Selbsthilfeverkauf.

Notverordnungen (Notgesetz, Notstandsverordnungen), gesetzesvertretende Verordnungen, mit denen die Exekutive die Scheidung von Gesetz und Verordnung überbrücken und (in Fällen bes. Dringlichkeit oder bei akuten Notsituationen) dem Gebiet der Gesetzgebung vorbehaltene Materien ohne vorherige Mitwirkung der Legislative regeln kann. In der konstitutionellen Monarchie des 19. Jh. dienten die N. zugleich als Instrument des monarch.-bürokrat. Staates, um im Fall des Konflikts zw. Exekutive und Volksvertretung die Macht zugunsten des monarch. Prinzips zu erhalten oder zu verschieben. Die N. mußten als „provisor. Gesetze" im allg. nachträgl. von den Kammern gebilligt werden; das Recht zu N. konnte auf Gegenstände der einfachen Gesetzgebung beschränkt sein oder selbst Verfassungsänderungen einschließen.

Bes. Bed. erlangten N. in der Anfangs- und Endphase der Weimarer Republik. Während einige Länderverfassungen nach der Novemberrevolution das Recht zu N. beibehielten, bot die Weimarer Verfassung von 1919 die Möglichkeit zu N. nur auf Grund von Ermächtigungsgesetzen (v. a. 1923/24 zur Überwindung der Inflation genutzt) bzw. gemäß Art. 48 (Diktaturparagraph mit großer Ermessensfreiheit für den Reichspräs. bzw. eine Reg. seines Vertrauens). Das geplante Ausführungsgesetz zu Art. 48 mit limitierenden Bestimmungen kam indessen nicht zustande. Nachdem 1920-23 die Reichsreg. eine Fülle von N. gemäß Art. 48 überwiegend zur Abwehr von Störungen der öffentl. Sicherheit und Ordnung erlassen hatte, wurden N. seit 1930 unter Aufhebung der Gewaltenteilung zum eigtl. Reg.instrument († auch deutsche Geschichte).

Die Verfassung der BR Deutschland sieht kein vergleichbares Recht zum Erlaß von N. vor († Gesetzgebungsnotstand, ↑Notstand).

📖 *Boldt, H.:* Rechtsstaat u. Ausnahmezustand. Bln. 1967.

Notwehr, die zur Abwehr eines gegenwärtigen, rechtswidrigen, nicht aber unbedingt schuldhaften Angriffs notwendige Verteidigung (§ 227 BGB, § 32 StGB). Der Angriff kann gegen ein beliebiges Rechtsgut des Abwehrenden oder eines Dritten (dann Fall der Nothilfe) gerichtet sein; er muß von einem Menschen ausgehen. Die N. kann defensiv (Schutzwehr) oder durch Gegenangriff (Trutzwehr) ausgeübt werden. Der N. Leistende braucht keine Güterabwägung zw. dem angegriffenen und dem durch die N.handlung bedrohten Rechtsgut vorzunehmen; die N. findet allerdings ihre Grenzen am Rechtsmißbrauch. Daher ist die Gefährdung des Lebens zur Verteidigung geringwertiger Vermögensgüter unzulässig. Eine Verteidigung ist nicht erforderl., wenn dem Angegriffenen ein Ausweichen zugemutet werden kann. Die N. bildet sowohl im Zivil- als auch im Strafrecht einen Rechtfertigungsgrund für die Verletzung der Rechtsgüter des Angreifers.

Notwehrexzeß, Überschreiten der Grenzen der Notwehr über das erforderl. Maß hinaus *(intensiver N.)* oder Verteidigung gegen einen nicht oder nicht mehr gegenwärtigen Angriff *(extensiver Notwehrexzeß).* In beiden Fällen handelt der Täter rechtswidrig.

notwendige Verteidigung ↑Verteidiger.

Notzucht, veraltete Bez. für ↑Vergewaltigung.

Nouakchott [frz. nwak'ʃɔt], Hauptstadt von Mauretanien, 4 km vom Atlantik entfernt, 135 000 E. Kath. Bischofssitz; Lehrerseminar, Meerwasserentsalzungsanlage, Staatsdruckerei; Zuckerraffinerie; Hafen, internat. ✈. - Gegr. 1903, seit 1957 Hauptstadt.

Nougat (Nugat) ['nu:gat, frz. nu'ga; provenzal.-frz., eigtl. „Nußkuchen" (zu lat. nux „Nuß")], Süßware aus gerösteten und zerkleinerten Nüssen oder Mandeln, Zucker, Vanille und Kakaomasse.

Nouira, Hédi [frz. nwi'ra] (arab. Nuwira, Hadi), * Monastir 6. April 1911, tunes. Politiker. - 1938-43 wegen seiner Mitarbeit in der Neo-Destur Partei in frz. Haft; 1954/55 Handels- und 1955-58 Finanzmin.; 1958-70 Gouverneur der Zentralbank; 1970 Wirtschaftsmin.; 1970–80 Ministerpräsident.

Nouméa [frz. numeʼa], Hauptstadt des frz. Überseeterritoriums Neukaledonien, an der SW-Küste der Insel Neukaledonien, 60 100 E. Kath. Erzbischofssitz; Hüttenind., Hafen, internat. ⚓.

Noumeait (Numeait) [nu...; nach der Stadt Nouméa], svw. ↑ Garnierit.

Nous [nu:s; griech.], svw. ↑ Nus.

Nouveau Paris-Match [frz. nuvopariˈmatʃ], frz. illustrierte Wochenzeitschrift mit internat. Verbreitung; 1926 gegr. als Sportblatt „Match", 1940 eingestellt; 1949 wiedergegr. als „Paris-Match"; seit 1972 N. P.-M.

Nouveau réalisme [frz. nuvoreaˈlismə] (Neuer Realismus), Erneuerung der Dadabewegung (Neo-Dada), gegen Konstruktivismus und abstrakten Expressionismus gerichtete Objekt- und Aktionskunst; zur Pioniergruppe gehörten Arman, Y. Klein, D. Spoerri, J. Tinguely und seit 1961 auch César, Christo u. a.

Nouveau roman [frz. nuvorɔˈmã „neuer Roman"] (Dingroman, gegenstandsloser Roman), nach 1945 in Frankr. entstandene experimentelle Form des Romans, die sich von den herkömml. Strukturen und Bedingtheiten löst, so bes. von einem allwissenden Erzähler und von einem realitätsorientierten, von bestimmten Gestalten getragenen Handlungsverlauf und Geschehniszusammenhang (Antiheld). Die Kategorien Raum und Zeit werden überspielt, in der Darstellung fallen die Welt der Erscheinungen und die Ebene der Sinnbezüge auseinander. Die Dingwelt wird mit laboratoriumsähnl. Distanziertheit registriert, der Erzählvorgang ebenso in Frage gestellt wie die Möglichkeit des Schreibens überhaupt. Der N. r. knüpft v. a. an M. Proust und J. Joyce an, vorbereitet wurde er durch die bereits vor 1945 entstandenen Werke N. Sarrautes, die später neben A. Robbe-Grillet, M. Butor, F. Ponge, J. Cayrol, C. Simon, R. Pinget, M. Duras, C. Mauriac u. a. eine der wichtigsten Vertreterinnen wurde.

Nouvelle cuisine [frz. nuˈvɛl kɥiˈzin] (neue Küche), in den letzten Jahren in Mode gekommene Kochkunst, die den Eigengeschmack eines Nahrungsmittels nicht überdecken, vielmehr mittels Gewürzen verstärken will. Verwendung frischer Ware bei kurzer Kochzeit (gern wird püriert). Als ihr Schöpfer gilt P. Bocuse.

Nouvelle théologie [frz. nuvɛlteɔlɔˈʒi „neue Theologie"], Richtung der frz. kath. Theologie zw. 1940 und 1950, die v. a. folgende Themen behandelte: die zeitgenöss. Philosophie im Zusammenhang der Glaubenslehre; das Problem der Unveränderlichkeit und der Geschichtlichkeit der Wahrheit; Verhältnis zw. Natur und Gnade; Marxismus; Christentum und nichtchristl. Religionen; Gotteserkenntnis. Hauptvertreter: J. Daniélou, Y. Congar, H. de Lubac.

Nouvelle vague [frz. nuvɛlˈvag] ↑ Neue Welle.

Nova [lat. „neuer (Stern)"] (Mrz. Novae), Bez. für einen veränderl. Stern der Klasse der eruptiven Veränderlichen, charakterisiert durch einen plötzl. Helligkeitsausbruch bis zum 100 000fachen des urspr. Werts, wobei das Maximum in Stunden oder Tagen erreicht wird. Die Helligkeit fällt dann in einem Zeitraum von einigen bis zu 100 Jahren ab.

Novaesium [noˈvɛ:ziom] ↑ Neuss.

Nova Gorica [slowen. ˈnɔ:va gɔˈri:tsa], jugoslaw. Nachbarstadt der italien. Stadt Gorizia am Isonzo, 82 m ü. d. M., 12 000 E. Handels-, Verwaltungs- und Verkehrszentrum im westl. Slowenien, Grenzübergang. - Entstand aus den Außenbez. der ehem. östr. (seit 1919 italien.) Stadt Gorizia (dt. Görz), die 1947 Jugoslawien zugesprochen wurden.

Novak, Helga M[aria] [ˈnovak], verh. H. M. Karlsdottir, * Berlin 8. Sept. 1935, dt. Schriftstellerin. - Schreibt sozialkrit. Lyrik und Prosa in spröder, einprägsamer Sprache. - *Werke:* Aufenthalt in einem irren Haus (En., 1971), Die Landnahme von Torre Bela (Prosa, 1976), Margarete mit dem Schrank (Ged., 1978), Die Eisheiligen (R., 1979), Legende Transsib (Ged., 1985).

N., Vítězslav [tschech. ˈnɔva:k], * Kamenice nad Lipou (Südböhm. Gebiet) 5. Dez. 1870, † Skuteč (Ostböhm. Gebiet) 18. Juli 1949, tschech. Komponist. - Schüler von A. Dvořak; unter dem Einfluß der dt. Romantik, des frz. Impressionismus und v. a. der slowak. und mähr. Volksmusik komponierte er Opern, Orchesterwerke (sinfon. Dichtungen), Kammer- und Klaviermusik, Chorwerke, Lieder.

Novalis, eigtl. Georg Philipp Friedrich Frhr. von Hardenberg, * Oberwiederstedt (= Wiederstedt, Landkr. Hettstedt) 2. Mai 1772, † Weißenfels 25. März 1801, dt. Dichter. - Bedeutendster Lyriker und Prosadichter der dt. Frühromantik. 1790–94 Studium in Jena, Leipzig und Wittenberg; befreundet mit Schiller, den Brüdern Schlegel und L. Tieck. Entscheidend beeinflußt durch den dt. Idealismus. 1795 Verlobung mit der 13jährigen Sophie von Kühn, die 2 Jahre später starb; wandte sich dann der Mystik zu. Erstrebte eine „progressive Universalpoesie", in der Traum und Wirklichkeit sich verbinden. Wie die „Geistl. Lieder" (1802; u. a. „Wenn alle untreu werden", „Wenn ich ihn nur habe") sind auch die „Hymnen an die Nacht" (1800) ein Zyklus, bestehend aus 6 sich steigernden Gedichten, in denen der Eros ins Myst.-Religiöse erhöht, die Nacht als Reich der Poesie verherrlicht und subjektive Todesüberwindung mit der Auferstehung Christi in Parallele gesetzt wird. Die aphorist. „Fragmente" (ein Teil u. d. T. „Blütenstaub" 1798 in der Zeitschrift „Athenäum" gedruckt) sind Zeugnis eines „mag. Idealismus", der im Ggs. zu Fichte das Ich nicht als Vernunft, sondern als Gemüt

Nova Lisboa

versteht, in dem Endlichkeit und Unendlichkeit als Einheit gefaßt werden. Nur der Dichter, dessen Werden im fragmentar. Bildungsroman „Heinrich von Ofterdingen" (1802) dargestellt wird, ist fähig, das Universum in stufenweiser Erkenntnis zu durchdringen. Er gewinnt die blaue Blume, das Symbol der Romantik.
Weitere Werke: Die Christenheit oder Europa (Schrift, entstanden 1799; gedruckt 1826), Die Lehrlinge zu Sais (Romanfragment 1802).
Heine, R.: Transzendentalpoesie. Studien zu F. Schlegel, N. u. E. T. A. Hoffmann. Bonn ²*1985. - Kurzke, H.: Romantik u. Konservativismus. Das polit. Werk F. v. Hardenbergs ... Mchn. 1983. - Seidel, M.: Novalis' Geistl. Lieder. Ffm. 1983. - Haslinger, J.: Die Ästhetik des N. Königstein i. Ts. 1981. - Schmid, Martin Erich: N. Hdbg. 1976.*

Nova Lisboa [portugies. ˈnɔvɐ liʒˈβoɐ]
↑ Huambo.

Novara, italien. Stadt in Piemont, in der Poebene, 164 m ü. d. M., 102 600 E. Hauptstadt der Prov. N.; kath. Bischofssitz; kartograph. und geograph. Inst.; Museen, Gemäldegalerie, Staatsarchiv; Baumwoll- und Seidenverarbeitung, Stahlwerk, chem. Ind.; Getreidemarkt. - In der Antike *Novaria* (ligur. Ursprungs, dann kelt.), wurde unter Cäsar röm. Munizipium, im 4. Jh. Bischofssitz; Anfang des 11. Jh. freie Kommune, 1110 zerstört; trat 1167 dem Lombardenbund bei; mußte sich im 14. Jh. den Visconti unterwerfen; fiel mit Mailand 1535 an das Haus Österreich (zunächst an Spanien, 1714 an Österreich), 1735 an Sardinien. - Neben dem Dom (1865-69) ein achteckiges Baptisterium aus dem 10./11. Jh. mit roman. Fresken (1070); Kirche San Gaudenzio (1577-1659) mit bed. Kuppel.

Novarro, Ramon [engl. nouˈvɑːrou], eigtl. Ramón Gil Samaniegos, * Durango (Mexiko) 6. Febr. 1899, † Los Angeles-Hollywood 31. Okt. 1968 (ermordet); amerikan. Filmschauspieler mex. Herkunft. - Als Typ des südländ. Liebhabers zählte er zu den populärsten Stars des amerikan. Films; u. a. in „Scaramouche" (1923), „Ben Hur" (1926), „Alt Heidelberg" (1927), „Mata Hari" (1932), „Die Dame und der Killer" (1960).

Novás Calvo, Lino [span. noˈβas ˈkalβo], * Grañas del Sor (Prov. La Coruña) 23. Sept. 1903, span.-kuban. Schriftsteller. - Einer der bedeutendsten hispano-amerikan. Erzähler der Gegenwart. Emigrierte 1960 in die USA; Verfasser von Faulkner beeinflußter Romane und Erzählungen, u. a. aus dem Milieu kuban. Armenviertel und aus der Zeit des Span. Bürgerkriegs.

Nova Scotia [engl. ˈnouvə ˈskouʃə] (dt. Neuschottland), kanad. Prov. am Atlantik, 55 500 km², 881 300 E (1985), Hauptstadt Halifax.
Landesnatur: Die Prov. umfaßt eine langgestreckte Halbinsel am Atlantik, die durch die tiefeingreifende Bay of Fundy vom Festland getrennt ist. Jenseits der Strait of Canso ist ihr im NO Cape Breton Island vorgelagert. Beide Landesteile werden von Bergketten durchzogen, die auf Cape Breton Island 532 m ü. d. M. erreichen. Sümpfe, Seen, Bäche und Flüsse sind zahlr. Die Küsten sind stark gegliedert durch Buchten und Flußmündungen. In der Bay of Fundy wird der höchste Tidenhub der Erde gemessen. Im Atlantik, 280 onö. von Halifax, liegt die zu N. S. gehörende Insel Sable Island. Die Sommer sind warm, die Winter kalt. Etwa 75 % von N. S. sind von Nadel- und Mischwald bedeckt. Die Bäche und Seen sind fischreich (Forelle, Lachs). An jagdbarem Wild kommen v. a. Rotwild und Elch vor.
Bevölkerung, Wirtschaft, Verkehr: Die Nachkommen der voreurop. Bewohner (Micmac-Indianer) leben heute in Reservaten. Brit. Abstammung sind heute rd. 71 % der Bev., 12 % frz., 6 % dt. Herkunft, neben zahlr. anderen europ. Gruppen und einer schwarzen Minderheit, die sich nach 1812 bei Halifax ansiedelte. Etwa ²⁄₃ der Bev. gehören ev. Kirchen an, ¹⁄₃ sind kath. N. S. verfügt über 14 Colleges und Univ. sowie ein Gäl. College in Saint Ann's. Die Landw. ist v. a. auf Milchwirtschaft, Geflügelzucht und Eierproduktion spezialisiert. Im Tal des Annapolis River bed. Apfelbaumkulturen. Große Bed. hat die Fischerei sowie die Austernzucht. An Bodenschätzen werden Kohle, Bleierz, Gips, Schwerspat und Salz gewonnen. Im Off-shore-Bereich von Sable Island wird Erdgas gefördert. Ein traditionelles Gewerbe ist der Bootsbau. An Ind.betrieben finden sich Erdölraffinerien, Stahlwerke, holz-, metallverarbeitende sowie Nahrungsmittelind. Die Eisenbahnstrecken in N. S. sind 1 432 km lang, das Highwaynetz mit fester Decke 11 597 km. Fähren verbinden N. S. mit Prince Edward Island, New Brunswick und Maine (USA). Wichtigster eisfreier Hafen ist Halifax. Südl. des Damms in der Strait of Canso entstand ein eisfreier Tiefwasserhafen für Öltanker. Die wichtigsten ✈ sind in Halifax, Yarmouth und Sydney.
Geschichte: Kam als Teil des zw. Frankr. und Großbrit. umstrittenen Akadien 1713 in brit. Besitz; 1755 wiesen die Briten die meisten der frz.sprachigen Siedler aus; 1758 erhielt die Kolonie eine eigene Legislative; 1784 wurde die Grenze zu der neugeschaffenen Kolonie New Brunswick festgelegt; schloß sich nach Annahme der British North America Act 1867 dem neugeschaffenen Dominion Kanada an.

Novatianer, Anhänger des Gegenpapstes Novatian († 258 [?]), die nach der Exkommunizierung 251 eine Gegenkirche bildeten, die sich v. a. durch einen rigorist. Kirchenbegriff auszeichnete: Todsündern kann nur Gott, nicht die Kirche vergeben; sie lehnten deshalb deren Wiederaufnahme in die Kirche ab. Die N. bestanden bis ins 7. Jahrhundert.

Novation [zu lat. novatio „Erneuerung"] (Schuldumwandlung, Schuldumschaffung, Schuldersetzung), vertragl. Ersetzung eines Schuldverhältnisses durch Aufhebung des bestehenden und Begründung eines an dessen Stelle tretenden neuen Schuldverhältnisses.

Novelle [italien., eigtl. „(kleine) Neuigkeit"], Erzählung in Prosa, seltener in Versform; gestaltet ein real vorstellbares Ereignis oder eine Folge aufeinander bezogener Ereignisse, wobei die Ereignisfolge auf einem zentralen Konflikt beruht. Formal bedingt dies eine straffe, meist nur einsträngige Handlung, das pointierte Herausarbeiten eines Wendebzw. Höhepunktes und eine Tendenz zur geschlossenen Form. Häufig finden sich Vorausdeutungen durch sprachl. Leitmotive oder Dingsymbole. Beliebt war die Anordnung mehrerer N. zu einem Zyklus, der durch eine Rahmenerzählung zusammengehalten wurde. Ansätze zu novellenähnl. Erzählungen finden sich neben volksliterar. Gattungen in oriental. Sammelwerken (z. B. „1001 Nacht"), bei antiken Historikern (Herodot), in den kürzeren Verserzählungen des MA und den altfrz. Fabliaux. Bewußt gestaltet erscheint die N. im Übergang vom MA zur Neuzeit im roman. Sprachraum: z. B. im „Decamerone" (1348-53) des G. Boccaccio, der die zykl. und zugleich zeitbezogene Rahmenform einführte und verbindl. machte. Daran orientiert erschienen in England G. Chaucers „Canterbury tales" (1378 ff.), in Frankr. die „Cent nouvelles nouvelles" (um 1462) und das „Heptameron" (1559) der Margarete von Navarra. Cervantes verzichtete in seinen „Exemplar. Novellen" (1613) auf die Rahmenform. Erst am Ende des 18. Jh. entwickelte sich die dt. N., die v. a. Motive des Traumhaften, Dämon. und des Märchens einbezog; neben Übertragungen und Nachbildungen aus den roman. Sprachen wie dem Zyklus „Das Hexameron von Rosenhain" (1805) von C. M. Wieland traten mit Goethes „Unterhaltungen dt. Ausgewanderten" (1795) auch zeitgenöss.-aktuelle N. - Im 19. Jh. wurde die N. in vielen europ. Literaturen eine der wichtigsten ep. Gattungen (G. de Maupassant, Stendhal, A. S. Puschkin, L. N. Tolstoi, A. P. Tschechow, R. L. Stevenson.) In Deutschland entstanden weitere N.-Zyklen, z. B. E. T. A. Hoffmanns „Serapionsbrüder" (1819-21) oder G. Kellers „Sinngedicht" (1882); Einzelnovellen, u. a. von C. Brentano, L. Tieck, E. Mörike konzipiert, wurden in Anthologien zusammengestellt. Bekannt ist der „Dt. Novellenschatz" (1871-76) von P. Heyse und H. Kurz. Im 20. Jh. erweiterte sich die Formenvielfalt, die Grenzen zu anderen Erzählgattungen, insbes. zur Kurzgeschichte, wurden aufgehoben.

Wiese, B. v.: N. Stg. ⁸1982. - Paine, J. H.: Theory and Criticism of the Novella. Bonn 1979. - Kunz, J.: Die dt. N. im 19. Jh. Bln. ²1978. - Kunz, J.: Die dt. N. im 20. Jh. Bln. 1977. -

Novemberrevolution. Marinesoldaten vor dem Brandenburger Tor

Wetzel, H.: Die roman. N. bis Cervantes. Stg. 1977. - N. Hg. v. J. Kunz. Darmst. ²1973. - Theorie u. Kritik der dt. N. v. Wieland bis Musil. Hg. v. K. K. Polheim. Tüb. 1970.

Novelle [zu lat. novella (lex) „neues (Gesetz)"], der abändernde oder ergänzende Nachtrag zu einem bestehenden Gesetz. Durch eine N. werden i. d. R. kleinere Korrekturen vorgenommen, wenn sich Lücken gezeigt haben oder Anpassungen an geänderte Rechtsverhältnisse notwendig sind. Eine völlige Neubearbeitung eines Gesetzes nennt man *Neufassung*. Werden größere Teile umgearbeitet, spricht man von einer *Reform*.

November [lat., zu novem „neun"], der 11. Monat des Jahres, mit 30 Tagen; urspr. der 9. Monat der röm. Jahresordnung; Monat des Totengedenkens (Allerseelen, Totensonntag, Volkstrauertag).

Novemberrevolution, Revolution im Dt. Reich und in Österreich (-Ungarn) ab Nov. 1918, die die Monarchien stürzte und zur Errichtung parlamentar. Republiken führte, ohne daß es zu einer sozialen Revolution gekommen wäre. Die N. war unmittelbare Folge der militär. Niederlage der beiden Mittelmächte im 1. Weltkrieg, des Ausbleibens bzw. der Verspätung innerer Reformen und der wirtsch. Notlage insbes. auf dem Gebiet der Ernährung. Im *Dt. Reich* ging die N. von meuternden Matrosen der Hochseeflotte aus (29. Okt. 1918 Wilhelmshaven, 3./4. Nov. Kiel). Von der Küste griff die Meuterei auf die großen Städte des Binnenlandes über, wo am 7. Nov. mit den Wittelsbachern in Bayern die erste Dyn. gestürzt wurde. In Berlin verkündete am 9. Nov. Reichskanzler Prinz Max von Baden unter dem Druck der

Massen eigenmächtig die Abdankung Wilhelms II., 2 Stunden später rief P. Scheidemann (SPD) aus Sorge vor dem Radikalismus in USPD und Spartakusgruppe (ab 11. Nov. Spartakusbund) und gegen den Willen des Parteiführers F. Ebert die dt. Republik aus, während K. Liebknecht kurz danach die „freie sozialist. Republik" ausrief. Binnen kurzem wurden alle dt. Bundesfürsten gestürzt. Träger der N. waren die sich spontan bildenden Arbeiter- und Soldaten-Räte, deren radikale Minderheit mit Hilfe der Spartakusgruppe und von Teilen der USPD das Ziel eines Rätesystems verfocht, während der Mehrheitssozialisten (SPD) die Errichtung einer parlamentar. Demokratie durch die baldige Einberufung einer Nat.versammlung zu sichern suchten. Im Rat der Volksbeauftragten (3 SPD-, 3 USPD-Mgl.) als neuer, vom Großberliner Arbeiter-und-Soldaten-Rat legitimierter Reichsreg. setzte sich schließl. die Politik der SPD durch. Gestützt auf die eindeutige Mehrheit in der Arbeiterschaft wie bei der Reichskonferenz der Arbeiter- und Soldaten-Räte (16.–21. Dez.) erreichte die SPD die Festlegung des Termins zur Wahl der Nat.-versammlung auf den 19. Jan. 1919. Nach der Niederschlagung des Spartakusaufstandes im Jan. 1919 schloß die Wahl F. Eberts zum Reichspräs. und die Bildung einer parlamentar. Reichsreg. aus SPD, Zentrum und DDP (Weimarer Koalition) am 13. Febr. die N. ab.

In *Österreich* konstituierte sich auf der Grundlage des kaiserl. Manifests vom 16. Okt. 1918 am 21. Okt. aus Mgl. aller Parteien des bisherigen Wiener Reichsrates eine Provisor. Nat.versammlung des selbständigen dt.-östr. Staates. Kaiser Karl I. erklärte sich am 11. Nov. bereit, deren Beschlüsse im voraus anzuerkennen und von einer weiteren Teilnahme an den Staatsgeschäften abzusehen. Daraufhin proklamierte die Provisor. Nat.-versammlung am 12. Nov. 1918 Deutschösterreich zur demokrat. Republik und zum Bestandteil der dt. Republik.

m *Schmidt, Ernst-Heinrich: Heimatheer u. Revolution 1918.* Stg. 1981. - *Haffner, S.: Die dt. Revolution 1918/19.* Mchn. 1979. - *Müller, Gerhard: Dolchstoß oder Dolchstoßlegende? N. 1918.* Pähl 1979. - *Kolb, E.: Die Arbeiterräte in der dt. Innenpolitik 1918–1919. Bln. 1978.* - *Meyer, Georg P.: Bibliographie zur dt. Revolution 1918/19.* Gött. 1977. - *Kluge, U.: Soldatenräte u. Revolution.* Gött. 1975.

Noverre, Jean Georges [frz. nɔˈvɛːr], * Paris 29. April 1727, † Saint-Germain-en-Laye 19. Okt. 1810, frz. Tänzer und Choreograph. - Arbeitete in Paris, London, Lyon, Stuttgart, Wien und Mailand. Gilt als einer der wichtigsten Reformer des Balletts und verhalf einer auf natürl. Ausdruck gerichteten dramat. Ballettkunst zum Durchbruch.

Noviomagus, antiker Name von ↑Lisieux, ↑Nimwegen und ↑Speyer.

Novi Pazar [serbokroat. ˈnɔvi ˌpazaːr], jugoslaw. Stadt im Tal der Raška, 544 m ü. d. M., 29 000 E. Teppichweberei; Endpunkt einer Stichbahn. - Das strateg. wichtige Gebiet des **Sandschaks von Novi Pazar** zw. Serbien und Montenegro war von Österreich-Ungarn 1878–1908 besetzt, danach wieder bis zum 1. Balkankrieg osmanisch. - Oriental. geprägt, mit Moscheen, Karawanserei, ehem. Festung.

Novi Sad (dt. Neusatz), Hauptstadt der Autonomen Prov. Wojwodina in der Republik Serbien, Jugoslawien, an der Donau, 80 m ü. d. M., 169 800 E. Orth. Bischofssitz; Univ. (gegr. 1960), Kunstakad., Museen, Gemäldegalerie, Theater; Getreidehandelsplatz; Flugzeugfabrik, chem., metallverarbeitende u. a. Ind. - 1690 von serb. Flüchtlingen gegr.; entwickelte sich zum Zentrum des Serbentums innerhalb der Habsburgermonarchie; wurde 1748 königl. Freistadt; entwickelte sich trotz fast völliger Zerstörung durch die Ungarn 1849 im 19.Jh. zum literar. Zentrum aller Serben. 1695 Anlegung der Festungsstadt **Petrovaradin** (Peterwardein) am rechten Donauufer, Anfang des 16.Jh. als Brückenkopf unter dem Namen *Peterwardeiner Schanze* bed. - Bei Peterwardein schlug Prinz Eugen am 5. Aug. 1716 das osman. Hauptheer.

Novität [lat.], Neuerscheinung, Neuigkeit.

Noviziat [lat.], nach kath. Kirchenrecht mindestens einjährige Vorbereitungs-, Einführungs- und Erprobungszeit für Klosterleute vor Ablegung der öff. Gelübde (**Novizen**); auch deren Wohn- und Ausbildungsstätte.

Novocain® [Kw. aus lat. novus „neu" und Cocain], svw. ↑Procain.

Novotný, Antonín [tschech. ˈnɔvɔtniː], * Letňany bei Prag 10. Dez. 1904, † Prag 28. Jan. 1975, tschechoslowak. Politiker. - Seit 1921 Mgl. und Funktionär der KPČ. Nach KZ-Haft in Mauthausen (1941–45) Parteisekretär in Prag und Mgl. des ZK, seit 1948 Parlamentsabg.; nach dem Sturz R. Slánskýs in das Sekretariat des ZK der KPČ (Sept. 1951–Jan. 1953) und als stellv. Min.präs. (bis Sept. 1953) in die Reg. berufen, im März 1953 zum 1. Sekretär der KPČ, im Nov. 1957 zum Staatspräs. gewählt; mußte am 5. Jan. 1968 sein Parteiamt an A. Dubček und am 27. März 1968 seine Staatsfunktionen an L. Svoboda abtreten.

Novum [lat. „Neues"], Neuheit; neu hinzukommender Gesichtspunkt.